Anne Wodtcke: **Westafrika** – Reisehandbuch
Mauretanien, Guinea, Senegal, Gambia, Mali, Niger, Burkina Faso,
Elfenbeinküste, Ghana, Togo, Benin

Unter dem Gütesiegel

erscheinen Reisebücher verschiedener Verlage, die
der Verlagsgruppe REISEKNOW-HOW angehören.
Därr Reisebuch-Verlags-GmbH ist Mitglied der
Verlagsgruppe REISE KNOW-HOW.

Anne Wodtcke

Westafrika

Reisehandbuch

Cip-Kurztitelaufnahme der Deutschen Bibliothek
Wodtcke, Anne:
West-Afrika-Reisehandbuch : [Burkina Faso, Mali, Niger,
Senegal, Elfenbeinküste, Ghana, Togo, Benin, Gambia,
Guinea, Mauretanien,] / Anne Wodtcke. – 3. Aufl. -
Hohenthann : Därr Reisebuch-Verl., 1994
  (Reise-Know-how)
  ISBN 3-921497-02-7

Auslieferung für den Buchhandel:
Deutschland: Prolit Buchvertrieb
PF 9, 35463 Fernwald, oder Barsortimente
Schweiz: AVA Buch 2 000
PF 89, CH-8910 Affoltern a. A.
Österreich: Mohr & Morawa Buchvertrieb,
Postfach 260, A-1101 Wien
Niederlande: Nielsson&Lamm, NL-Weesp

Impressum
©1987 Därr Reisebuch Verlags- GmbH
3. Auflage 1994 Därr Reisebuch Verlags-GmbH,
Im Grund 12, 83104 Tths.-Hohenthann
Alle Rechte vorbehalten
- Alle Angaben ohne Gewähr -

Mit Beiträgen von: Gerhard Göttler (Mauretanien),
Daniel Kammermann (Guinea)
Regina Steinleitner (Elfenbeinküste)
Umschlag-Konzept und Design: M. Schömann, P. Rump, Bielefeld
Umschlagfotos: Vorderseite: Th. Keller, Klappe vorne: Luisa Francia,
Rückseite: Anne Wodtcke, Klappe hinten: Michael Strobel
Fotos Innenteil: siehe Fotonachweis im Anhang.
Layout: Eva Lörsch, Erika Därr, Franz Riegel
Karten: Astrid Fischer, Eva Lörsch
Illustrationen: Wolf-Winhart Krug, Waltraud Dörr
Satz/Lektorat/Korrektur: Michael Luck, Erika Därr, Helgard Herrmann
Satzbelichtung: O. Loidl, Garching
Lithos: Repro Heinloth, München
Druck: Clausen & Bosse, Leck

Inhaltsverzeichnis

Vorwort 15

Land und Leute 23

Geographie und Geologie 24
Lage und Landschaft 24
Wichtigste Flüsse und Seen 24, Klimazonen 26
Vegetationszonen und Tierwelt 30
Wirtschafts- und Lebensformen 37
Geschichte Westafrikas 41
Vor- und Frühgeschichte 41
Entdeckungsreisende in Westafrika 42
Frühe Handels- und Königreiche 45
Königreiche im westlichen Sudan 45, Küstenkönigreiche 51
Sklavenhandel (1441–1880) 53
Kolonialmächte in Afrika 57
Dekolonisierung und Unabhängigkeit 59
Missionare 61
Bevölkerung 62
Völker und ethnische Gruppen Westafrikas 62
Weißafrikaner 62, Negroide Völker 70, Schwarzafrikaner (Negride) 72
Sprachen 87
Soziale Struktur und politische Organisation 88
Altnigritische Gesellschaften 89, Neusudanische Völker 91, Völker an der Atlantikküste 95, Heutige Entwicklungen 95, Traditionelle Sitten und Bräuche 96
Die Rolle der Frau in Afrika 104
Religionen 108
Traditionelle afrikanische Religionen 108
Hexen, Zauberer und Medizinmänner 118, Islam 121, Christentum 123
Märkte und Handel 126
Kunst und Kultur 130
Die Kunst des Körperschmucks 130
Siedlungsformen und Haustypen 139
Traditionelle „Architektur" 139
Kunsthandwerk 144
Holzschnitzkunst 148, Korb- und Mattenflechterei 149, Weben und Spinnen 149, Färben 150, Töpferei 151, Lederhandwerk 151, Metallverarbeitung 152, Verzierung von Kalebassen 155, Glasperlen und -ringe 155, Tierzähne und Muscheln 155
Masken, Tänze, Musik 156
Masken und Kulte 157, Dicht- und Erzählkunst 168, Musik 170, Moderne Musik Westafrikas 173

Reisevorbereitungen **175**
Diplomatische Vertretungen und Informationsstellen **176**
Botschaften westafrikanischer Länder 176, Weitere Informationsstellen 177,
Einreisebestimmungen **179**
Impfbestimmungen 179, Einreisebeschränkungen 179
Gesundheitstips **181**
Impfungen 181, Gesundheitsvorsorge 183, Informationsquellen 191, Bücher 191
Tropenmedizinische Institute 191, Reiseapotheke 192
Reisegepäck **193**
Ausrüstungs-Checkliste 193, Rucksackausrüstung 193, Autoausrüstung 195
Foto- und Filmausrüstung **198**
Versicherungen/Hilfe in Notfällen **200**
Rückholflugorganisationen 201, Hilfe in Notfällen 202
Reisekasse und Lebenshaltungskosten **204**
Reisezeit **206**
An- und Weiterreise **207**
Mit dem Flugzeug 207, Billigfluganbieter 208, Reiseveranstalter 210, Auf dem Landweg – mit eigenem Fahrzeug 212, Fahrzeugverkauf in Westafrika 214, Fährverbindungen 215, Auf dem Landweg – per Autostop/Bus 216, Mit dem Schiff 217
Reisepartner **219**

Praktische Tips für unterwegs 221

Reisen in Westafrika **222**
Mit dem eigenen Fahrzeug **223**
Fahrzeugpapiere 223, Straßenverhältnisse 224
Verkehrsregeln/Vorsichtsmaßnahmen **225**
Mit öffentlichen Verkehrsmitteln **227**
Buschtaxis 228, Busse 229, Eisenbahn 230, Flugzeug 231, Schiff 232
Trampen 232, Verkehrsmittel in großen Städten 232
Reisen von Staat zu Staat **233**
Meldepflicht während der Reise **234**
Unterkunft und Verpflegung **235**
Übernachtung 235, Restaurants, Verpflegung 237
Sprache und Verständigung **247**
Geld und Währung **251**
Verhalten unterwegs / Europäer in fremden Kulturen **252**
Einheimische Führer 257, Reisetips für Frauen 258
Einkaufen / Handeln / Tauschen **261**
Kriminalität 263, „Rauschgift" und Drogen 264
Post und Telefon **265**
Massenmedien **266**
Zeitungen, Rundfunk, Fernsehen

Inhaltsverzeichnis 7

Länder, Routen, Sehenswürdigkeiten 267

Mauretanien
Landeskundliche Informationen *271*
Geographie 271, Klima 272, Tier- und Pflanzenwelt 274, Bevölkerung 275
Sprache 278, Geschichte 279, Regierung 282, Wirtschaft 282, Gesundheitswesen 285, Bildungswesen 285, Medien 286, Die mauretanische Küche 286
Praktische Informationen *287*
An- und Weiterreise 287
Visa/Einreise/Zollkontrolle 288
Adressen/Botschaften/Auskünfte 290
Reisen in Mauretanien 290
Verkehrsmittel 290
Unterwegs als Selbstfahrer 292
Post/Telefon 293
Geld/Banken/Kosten 293
Öffnungszeiten/Feiertage/Feste 294
Trinkwasser/Strom/Uhrzeit 294
Reiserouten, Städte, Sehenswürdigkeiten *295*
Nouakchott 295
Die Meeresküste zwischen Nouakchott und Noudhibou 298
Parc National du Banc d'Arguin 298
Nouâdhibou 300
Städte im Adrar-Bergland: Atar, Chinguetti und Ouadane 302
Von Nouakchott nach Süden zum Senegal 304
„Route de l'Espoir" – von Nouakchott nach Nema 305
Alte Städte und Oasen im Südosten: Tidjikja, Tichit und Oualata 308

Senegal
Landeskundliche Informationen *312*
Geographie 312, Klima 312, Tier- und Pflanzenwelt 313, Bevölkerung 314
Sprache 314, Religion 314, Geschichte 314, Regierung 316, Wirtschaft 317
Gesundheitswesen 318, Bildungswesen 318, Medien 319
Praktische Informationen *321*
An- und Weiterreise 321
Visa/Einreise/ Zollkontrolle 322
Botschaften 323
Reisen in Senegal 324
Verkehrsmittel 324
Unterwegs als Selbstfahrer 326
Post/Telefon/Geld/Währung/Banken 327
Öffnungszeiten/Feiertage/Feste 328
Trinkwasser/Verpflegung 328
Strom/Uhrzeit 328

Routen, Städte, Sehenswürdigkeiten *329*
Dakar 329
Der Norden 343
Thiès 343, St. Louis 343, Der Senegalfluß 347, Rosso 348, Richard Toll 348
Dagana 348, Podor 348, Matam 349, Bakel 349
Das Zentrum 350
Die Küste südlich von Dakar (Petite Côte) 350
Rufisque 350, Sali Portugal 351, Mbour 351, Nianing 352, Joal 352, Fadiouth 353, Kaolack 353, *Mündungsdelta des Sine-Saloum (Nationalpark) 353* Ndangane 353, Missirah 354, Djiffer 354, Palmarin 354, *Rundfahrt zu den 354 Megalithen des Sine-Saloum 354*
Der Süden – Casamance 356
Casamance 356, Ziguinchor 360
Basse-Casamance 366
Oussouye 366, Elinkine 366, Ile de Karabane 367, Mlomp 367, Pointe St. Georges 367, Cap Skirring 367, Djembering 369, *Nationalpark Basse Casamance 369*
Der Südosten 370
Tambacounda 370, Nationalpark Niokolo Koba 371, *Bassari-Land 373* Kédougou 374, Salémata 374, Etiolo 374, Ebarak 374

Gambia *375*
Landeskundliche Informationen *376*
Geografie 376, Klima 376, Tier- und Pflanzenwelt 377, Bevölkerung 378, Sprache 378, Religion 378, Geschichte 378, Regierung 381, Wirtschaft 381, Gesundheitswesen 382, Bildungswesen 382, Medien 383
Praktische Informationen *384*
An- und Weiterreise/Visa/Einreise/Zollkontrolle 384
Botschaften 385
Reisen in Gambia/Verkehrsmittel/Unterkunft 385
Geld/Währung/Banken 385
Feiertage/Feste 386
Trinkwasser/Maße/Gewichte/Strom 386
Reiserouten, Städte, Sehenswürdigkeiten *387*
Banjul 387
Kombo – St. Mary-Area 394
Bakau/Fajara 394, Kololi Point 395, Kerr Sering 395, Ghanatown 398, Serekunda 398, Brikama 398
Fahrten auf dem Gambia-Fluß 399
Das Nordufer 399
Barra 399, Berending 399, Fort James Island 399, Albreda 399, Juffure 399 Farafenni 399, Wassu 399
Das Südufer 400
Bintang 400, Kerewan 400, Tendaba 400, Mansa Konko 400, Georgetown 400 Basse Santa Su 400

Guinea 401
Landeskundliche Informationen 403
Geographie 403, Klima 405, Tier- und Pflanzenwelt 406, Bevölkerung 407
Sprache 410, Religion 410, Geschichte 413, Regierung 419, Wirtschaft 419
Gesundheitswesen 421, Bildungswesen 422, Kultur 423, Medien 425
Praktische Informationen 427
An- und Weiterreise 427
Flug 427, Schiff 427, Straße 428
Visa/Einreise/Zollkontrolle 431
Botschaften 432
Reisen in Guinea/Unterkunft 434
Essen 435
Straßen/Orientierung 436
Unannehmlichkeiten 437
Karten und Informationen/Post/Telefon 438
Geld/Banken/Kosten 439
Fotografieren 440
Öffnungszeiten/Feiertage/Feste 441
Verkehrsmittel/Straßenverhältnisse/Unterwegs als Selbstfahrer 444
Gesundheit/Trinkwasser/Strom/Uhrzeit 447
Reiserouten, Städte, Sehenswürdigkeiten 448
Conakry 449
Conakry – Labé – Mali 466
Conakry – Labé 466, Kindia 467, *Weiterfahrt nach Mamou 471*, Mamou 473
Weiterfahrt nach Labé 474, Bafingstausee und Quelle 474, Dalaba 474, Pita 476
Kinkon-Fälle 477, Labé 477, *Weiterfahrt von Labé nach Mali-Yambering 481*
Mali 482, Mt. Loura 482
Conakry – Kamsar – Boké 483
Chien qui Fume 483, Plage Bel-Air 484, Kamsar 485, Boké 486
Mamou – Dabola – Kankan 487
Timbo 487, Dabola 488, Kouroussa 489, Kankan 490
Kankan – Kissidougou – Guekedou – Macenta – Nzérékoré 495
Kankan – Kissidougou 495, Tokounou 495, Kissidougou 495,
Kissidougou – Nzérékoré 496, Guekedou 499, Macenta 499, Sérédou 500,
Nzérékoré 501
Kissidougou – Faranah – Mamou 507, Banian und Nigerquelle 507, Faranah 507

Mali
Landeskundliche Informationen 512
Geographie 512, Klima 513, Flora und Fauna 513, Bevölkerung 514
Sprachen 515, Religionen 515, Geschichte 515, Regierung und Verfassung 517
Wirtschaft 518, Gesundheitswesen 519, Bildungswesen 519, Medien 520
Praktische Informationen 521
An- und Weiterreise 521
Visa/Einreise/Zollkontrolle 522

Botschaften **524**
Reisen in Mali **525**
Verkehrsmittel **525**
Unterwegs als Selbstfahrer **528**
Geld/Währung/Banken/Post/Telefon **529**
Übernachtung/Versorgungsmöglichkeiten **529**
Feiertage/Feste **529**
Öffnungszeiten **530**
Trinkwasser/Strom/Uhrzeit **530**
Reiserouten, Städte, Sehenswürdigkeiten *531*
Bamako **531**
Der Westen und Nordwesten **541**
Nationalpark Boucle de Baoulé 541, *Bamako – Kita – Manantalis – Kayes 541*
Bamako – Kita 541, Kita – Manantalis 541, Manantalis – Kayes 542
Kayes 542, *Bamako – Nara 542*
Der Süden und das Niger-Binnendelta **543**
Bamako – Bougouni – Sikasso 544, Sikasso 544,
Bamako – Segou – San – Djenné – Mopti 544, Ségou 544, San 545, Djenné
546, Mopti 549, Sévaré 553
Das Land der Dogon *557*
Die Dogon 557, Bandiagara 560
Der Osten und Nordosten *567*
Timbuktu 567, *Von Mopti über Timbuktu nach Gao 570,* Mopti – Timbuktu 570
Timbuktu – Gao 570,
Von Mopti über Douentza nach Gao 570, Mopti – Douentza 570, Douentza 571,
Douentza – Hombori – Gao 571, Hombori 572, Gao 572,
Von Gao in Richtung Süden (Niger) 574, Ansongo – Ayorou (Grenze) 574,
Von Gao Richtung Norden (Algerien) 576, Tessalit 576

Niger *578*
Landeskundliche Informationen *579*
Geographie 579, Klima 579, Pflanzenwelt 579, Bevölkerung 580, Sprachen 581
Religionen 58, Geschichte 581, Regierung 581, Wirtschaft 583, Gesundheitswesen 583, Bildungswesen 584, Medien 584
Praktische Informationen *585*
Sicherheit **585**
An- und Weiterreise **585**
Mit dem Flugzeug 585, Mit dem Auto 585, Internationale Verkehrsverbindungen
von/nach Algerien 585
Visa/Einreise/Zollkontrolle **586**
Botschaften **587**
Reisen im Land **588**
Versorgungsmöglichkeiten **588**
Camping **588**
Verkehrsmittel/Straßenverhältnisse **588**

Geld/Währung/Banken 590
Post/Telefon/Telex 590
Feiertage/Feste/Öffnungszeiten 591
Trinkwasser/Strom/Uhrzeit 591
Reisen, Routen, Sehenswürdigkeiten *592*
Niamey 592
Der Westen und die Umgebung von Niamey 598
Nördlich von Niamey 598, Südlich von Niamey 599, Der Nationalpark „W" 599
Von Niamey nach Gaya 601
Der Süden 602
Von Niamey über Zinder zum Tschad-See (Nguigmi) 602, Maradi 603
Zinder 603, *Von Zinder nach Nguigmi 607,* Nguigmi 607
Die Hoggarpiste bis zu Grenze Algeriens (Birni-Nkonni – Tahoua –Agadez – Arlit – Assamka) 608
Birni-Nkonni – Tahoua – Agadez 608, Tahoua 608, Agadez 608
Von Agadez nach Arlit und Assamaka (Grenze Algerien) 613
Arlit 614, *Arlit – Assamaka 615*
Die nordöstlichen Wüstenregionen 616
Das Aïr-Gebirge 616, *Von Agadez nach Iferouane 616,*
Von Agadez nach Bilma (Ténéré-Wüste) 616, Oase Bilma (Kaouar) 618,
Variante Agadez – Bilma über Achegour – Dirkou 618,
Bilma – Nguigmi 618, Dirkou – Djado 619

Burkina Faso *625*
Landeskundliche Informationen *627*
Geographie 627, Klima 627, Bevölkerung 627, Sprachen 629, Religionen 629
Geschichte 631, Regierung 634, Wirtschaft 636, Gesundheitswesen 636
Bildungswesen 637, Medien 638
Praktische Informationen *639*
An- und Weiterreise 639
Visa/Einreise/Zollkontrolle/Botschaften 641
Reisen in Burkina Faso/Verkehrsmittel 642
Unterwegs als Selbstfahrer 643
Nationalparks/Tierreservate 644
Geld/Währung/Banken/Öffnungszeiten/Feiertage/Feste 645
Trinkwasser/Strom/Uhrzeit 646
Routen, Städte, Sehenswürdigkeiten *647*
Ouagadougou 647
Von Ouagadougou nach Fada N'Gourma (Nationalpark Arly) 671
Nationalpark Arly 674
Von Ouagadougou nach Bobo-Dioulasso 675
Koudougou 675, Sabou 676, Boromo 677, Bobo-Dioulasso 677
Bobo – Banfora – Gaoua (Lobi-Land) 689
Bobo – Banfora 689, Bobo – Gaoua 689, Banfora 689, *Banfora – Gaoua 695*
Gaoua 695

Der burkinische Sahel 696
Ouagadougou – Ouahigouya 696, Ouagadougou – Gorom-Gorom 696,
Kaya 698, Ouanobian 698, Yalogo 699, Bani 699, Dori 699, Gorom-Gorom 699
Rückfahrt nach Ouaga 700, Aribinda 700

Elfenbeinküste **701**
Landeskundliche Informationen *702*
Geographie 702, Klima 703, Bevölkerung 704, Sprache 705, Religion 705
Geschichte 706, Regierung 706, Wirtschaft 708, Gesundheitswesen 709
Bildungswesen 709, Medien 709, Feste und Feiertage 710, Küche 712
Praktische Informationen *714*
An- und Weiterreise 714
Visa/Einreise/Zollkontrolle 714
Botschaften 715
Reisen im Land/Verkehrsmittel 717
Unterwegs als Selbstfahrer 719
Post/Telefon/Geld/Währung/Banken 720
Öffnungszeiten 720
Trinkwasser/Strom/Uhrzeit 720
Routen, Städte, Sehenswürdigkeiten *721*
Abidjan 721
Der Südwesten 731
Abidjan – Jaqueville – Grand-Lahou 731, Jacqueville 73, Ile de Tiegba 732,
Grand Lahou 732, *Grand Lahou – Divo – Gagnoa 733*, Divo 733, Lakota 733,
Gagnoa 734, *Gagnoa – Sassandra – Tabou – Taï-Nationalpark 734*, Sassandra
735, San-Pédro 737, Grand-Bérébi 738, Tabou 739, Taï-Nationalpark 739
Das Zentrum – Land der Baule 740
Abidjan – Yamoussoukro – Bouaké – Katiola 740, Yamoussoukro 740, Bouaké
743, Katiola 744, *Yammoussoukrou – Bouaflé – Daloa – Man – Touba 744*
Bouaflé 745, Daloa 745, Man 746, Touba 749
Der Osten und Nordosten 750
Abidjan – Grand Bassam – Assini 750, Grand Bassam 750, Assini 752
Abidjan – Abengourou – Comoé-Nationalpark 753, Abidjan – Aboisso 753
Aboisso 753, *Aboisso – Ayamé – Abengourou 754,* Ayamé 754, Abengourou 754
Abengourou – Bondoukou 756, Bondoukou 756, Bouna 758, Der Comoé-
Nationalpark 758
Der Norden und Nordwesten 763
Ferkéssedougou – Odiénné 763, Ferkessédougou 764, Korhogo 767, Boundiali
771, Odienné 773

Ghana *775*
Landeskundliche Informationen *777*
Geographie 777, Klima 777, Bevölkerung 777, Sprache 778, Religion 778
Geschichte 778, Regierung 780, Wirtschaft 781, Gesundheitswesen 782
Bildungswesen 782, Medien 782

Praktische Informationen *783*
An- und Weiterreise 783
Visa/Einreise/Zollkontrolle 784
Botschaften 785
Reisen im Land/Verkehrsmittel 789
Unterwegs als Selbstfahrer 791
Workcamps/Post/Telefon 792
Geld/Währung/Banken 793
Fotografieren/Öffnungszeiten 793
Feiertage/Feste/Trinkwasser/Strom/Uhrzeit 794
Reisen, Routen, Sehenswürdigkeiten *795*
Accra 795
Nordöstlich von Accra und Volta-Region 807
Akropong und Umgebung 807, Koforidua 807, Larteh 807, Akosombo 807, Ho 808
Die Küste östlich von Accra 809
Tema 809, Keta 809
Die Küste westlich von Accra 812
Cape Coast 813, Elmina 815, Sekondi-Takoradi 816
Das Zentrum – Ashanti-Region 819
Kumasi 819
Der Norden 825
Tamale 825, Mole National Park 826, Bolgatanga 827, *Bolgatanga – Bawku 828*
Paga 828, *Bolgatanga – Wa 828,* Navrongo 828, Tumu 828, Wa 828

Togo
Landeskundliche Informationen *831*
Geographie 831, Klima 831, Bevölkerung 831, Sprachen 832, Religionen 832
Geschichte 832, Regierung 834, Wirtschaft 834, Gesundheitswesen 836,
Schulwesen 836, Medien 836
Praktische Informationen *837*
An- und Weiterreise 837
Visa/Einreise/Zollkontrolle/Botschaften 838
Reisen im Land/Verkehrsmittel 839
Unterwegs als Selbstfahrer/Straßenverhältnisse 839
Einheimische Küche 840
Geld/Währung/Banken 840
Post/Telefon 840
Öffnungszeiten 842
Feiertage/Feste 842
Trinkwasserversorgung 842
Strom/Uhrzeit 842
Reisen, Routen, Sehenswürdigkeiten *843*
Lomé 843
Lac Togo 850, Pirogenfahrt von Baguida nach Togoville 850

Der Süden und das Zentrum ... 851
Aného (ehem. Anécho) 851, *Lomé – Kpalimé – Atakpamé – Blitta 852*
Kpalimé (ehem. Palimé) 852, Klo(u)to 854, Notsé 854, Atakpamé 855

Der Norden ... 857
Sokodé 857, Kara 859, Kétao 860, Pya 860, Sarakawa 860, Niamtougou 861
Kandé 861, Nationalpark von Kéran 862, Sansanné-Mango 863
Dapaong (Dapango) 864, Cinkassé 864

Benin ... *867*
Landeskundliche Informationen ... *868*
Geographie 868, Klima 868, Bevölkerung 868, Sprachen 869, Religionen 869
Geschichte 873, Regierung 875, Wirtschaft 875, Umweltprobleme 876,
Gesundheitswesen 876, Schulsystem 877, Medien 878

Praktische Informationen ... *879*
An- und Weiterreise ... 879
Visa, Einreise, Zollkontrolle ... 879
Botschaften ... 880
Reisen im Land/Verkehrsmittel ... 880
Unterwegs als Selbstfahrer/Camping ... 881
Fotografieren ... 881
Geld/Währung/Banken/Post ... 882
Öffnungszeiten/Feiertage/Feste ... 882
Trinkwasser ... 882
Strom/Uhrzeit ... 882

Reisen, Routen, Sehenswürdigkeiten ... *883*
Cotonou ... 883
Die Küstenregion ... 890
Ganvié 890, Porto-Novo 891, Ouidah 892, Grand-Popo 894

Das Zentrum ... 895
Cotonou – Abomey – Parakou 895, Toffo 895, Abomey 895, Dassa-Zoumé 898
Savé 898, *Dassa –Savalou – Djougou 898*

Der Norden ... 899
Parakou 899, *Parakou-Natitingou 899,* Natitingou 900, Pendjari-Nationalpark 902
Guessou Sud – Malanville 903, Kandi 903, Malanville 903

Anhang ... *904*
Glossar ... 904
Literatur und Karten zu Westafrika ... 912
Nachwort ... 916
Register ... 918

Vorwort

Über den *„unheimlichen, schwarzen Kontinent"* Afrika existieren zahlreiche Klischees. Urwüchsige Natur, *„primitive"*, lebensfrohe Menschen, aber auch grausame „kannibalische Wesen", Hungerkatastrophen und blutige Machtwechsel.
Wenn Sie nach Afrika fahren, sollten Sie dies alles nach Möglichkeit vergessen. Jeder, der in Afrika war, erlebt und erzählt etwas anderes, und alles mag stimmen, denn das „typische" Afrika gibt es nicht. So mag auch manches in diesem Buch anders beschrieben sein, als Sie es vielleicht erleben werden. Und dennoch wird jeder dort letztlich das finden, was er sucht bzw. braucht. Ein Tourist, der Sonne, Strand, Erholung und etwas „Kultur" (in Form von Schautänzen usw.) braucht, wird dies ebenso finden wie jemand, der die Begegnung mit einem anderen, ihm fremden Kulturkreis sucht.
Westafrika ist (im Vergleich zu Ostafrika) vom Massentourismus bisher verschont geblieben, Pauschalreisen gibt es nur wenige, und auch sogenannte „Globetrotter" sind relativ selten hier anzutreffen. In manchen Gebieten Westafrikas können Sie wochenlang umherfahren, ohne einem „Weißen" zu begegnen. Westafrika ist jedoch im allgemeinen **kein billiges „Reiseland"**, auch wenn der Franc CFA inzwischen abgewertet worden ist und man heute als Europäer mit harter Währung einen etwas günstigeren Kurs bekommt (max 30%) als vor der Abwertung im Jan.94.
In den CFA-Ländern selbst hat dies jedoch eine drastische Verschlechterung des Lebensstandards zur Folge. Alles, was importiert wird, kostet nun doppelt so viel. Dies betrifft nicht nur die bei der Elite beliebten europäischen Autos, französischen Weine und Parfums. Die meisten afrikanischen Länder sind auch darauf angewiesen, Grundnahrungsmittel zu importieren, da die eigene Produktion nicht ausreicht. Auch Maschinen und Medikamente werden in der Regel nicht im eigenen Land hergestellt, sondern müssen importiert werden.
Der mit der CFA-Abwertung verbundene rapide Preisanstieg wrude mit heftigen Protesten von Seiten der Bevölkerung beantwortet. Bei gewalttätigen Demonstrationen in Dakar, der Hauptstadt der Republik Senegal, bei denen auch der Rücktritt des Präsidenten *Diouf* gefordert wurde, fanden nach offiziellen Angaben sechs Menschen den Tod.
Eine Neuorientierung der afrikanischen Länder scheint nun noch notwendiger geworden zu sein, als bisher.

Im Folgenden ein kleiner Überblick über die in diesem Buch behandelten Länder, die sich auf sehr unterschiedliche Weise und zum Teil nur sehr zögernd dem Tourismus geöffnet haben.

Mauretanien
von Gerhard Göttler, Freiburg

Mauretanien, klassisches Übergangsland zwischen „weißem", arabischen Nordafrika und schwarzem, sudanischem Westafrika, erfüllt diese Funktion heutigen Reisenden in ganz besonderer Form: Es ist das einzige saharische Durchgangsland, das eine von Banditen und politisch oder religiös motivierten „Rebellen" unbehelligte Anreise auf dem Landweg zu den westafrikanischen Ländern ermöglicht. Seine kulturelle Eigenständigkeit rechtfertigt im Rahmen dieses Buches die Darstellung einer Landesmonographie im Anhang.

Der Gegensatz zwischen saharisch-wüstenhaftem Inland und einer weitgehend naturnahen Atlantikküste begründen eine besondere touristische Attraktivität, die wegen Mauretaniens Randlage auf dem afrikanischen Kontinent noch kaum bekannt wurde; ein Land, das es nicht nur von Durchgangstouristen noch zu entdecken gilt.

Guinea
von Daniel Kammermann, Luzern

Tourismus ist für Guinea noch weitgehend ein Fremdwort. Bis vor wenigen Jahren wurden Reisenden keine Visa ausgestellt. Auch heute, nachdem sich das Land geöffnet hat, sind Visa nicht immer leicht zu bekommen. Westafrikareisende machen deshalb oft einen großen Bogen um das lange Zeit vergessene Land. Guinea führt nach wie vor ein Mauerblümchendasein. Völlig zu Unrecht, ist es doch vielleicht das attraktivste Land Westafrikas überhaupt. Hier findet man auf kleinem Raum die unterschiedlichsten Landschaftstypen vereint, und die größten Flüsse entspringen in Guinea. Es gibt große Vorräte an Bodenschätzen und weite fruchtbare Gegenden. Dennoch liegt das Land seit Jahren an letzter Stelle der UNO Entwicklungsrangliste. Die ältesten Großreiche Westafrikas haben hier ihre Wurzeln. Die kulturelle Vielfalt, dank der verschiedenen Ethnien schon vorgegeben, ist wegen der langdauerndem Isolation authentischer als anderswo. Die Guinesen sind noch nicht an Reisende gewöhnt und begegnen ihnen manchmal mit etwas verhaltenem, aber echtem und herzlichem Interesse. Behinderungen von Beamten sind oft darauf zurückzuführen, daß diese keine Vorstellung von Tourismus haben und deshalb Leute, die nur einfach so herumreisen, etwas mißtrauisch betrachten. Touristische Infrastruktur ist in Guinea kaum zu finden. Reisende müssen improvisieren können und bereit sein, Strapazen auf sich zu nehmen.

Senegal

Im Senegal hat der frühe Kontakt mit den Europäern zu einer starken kulturellen Durchdringung mit französischen Einflüssen geführt. Kein westafrikanisches Land ist so stark vom westlich - europäischen Lebensstil geprägt wie der Senegal; besonders deutlich wird dies in der Hauptstadt Dakar. Und dennoch haben sich, vor allem auf dem Land, noch traditionelle Strukturen erhalten, üben Dorfälteste sowohl im sozialen als auch im politischen Bereich großen Einfluß aus. Die Verwendung von Zaubermitteln, Amuletten usw. ist auch heute noch allgemein üblich. Und in abgelegenen Gegenden leben ethnische Minderheiten, bei denen Initiationsriten, Maskentänze, Geheimbünde sowie Männerbünde noch eine große Bedeutung haben.

Auf dem Markt in Gambia

Der Senegal gehört zu den touristisch am besten erschlossenen Ländern Westafrikas, wobei die zahlreichen Campements Gelegenheit bieten, das Land und seine Bevölkerung „hautnah" kennenzulernen. Und für den gestreßten Europäer versprechen die kilometerlangen Sandstrände entlang der „Petite Côte" Erholung. Eine bisher vernachlässigte Region ist die ehemalige französische Kolonialstadt St. Louis und seine Umgebung. Nicht nur das angenehmen Küstenklima macht sie zu einem erholsamen Ort, die Ausflüge in die Nationalparks Djoudj und Langue de Barbarie zählen zu den unvergesslichen Erlebnissen eines jeden Senegal-Aufenthaltes; selbst Strände hat St. Louis zu bieten.

In der touristisch attraktiven Casamance (Badestrände von Cap Skiring/ Club Med etc.) ist die Reisesicherheit derzeit angesichts der immer wieder aufflammenden Auseinandersetzungen zwischen den Separatisten und dem Miltiär leider etwas eingeschränkt. Mit verstärkten Straßenkontrollen muß gerechnet werden. Touristen sind bei den Unruhen bis jetzt jedoch noch nicht zu Schaden gekommen.

Gambia

Der kleineste Staat Westafrikas ist das beliebteste Reiseland dieser Region. Dafür sind nicht nur die kilometerlange unberührten Sandstrände, das milde Klima an der Küste (vor allem während der Wintermonate in Europa) und eine faszinierende Vogelwelt verantwortlich (über 400 verschiedene Arten wurden registriert), sondern vor allem die freundlichen Menschen, die neben ihrer einheimischen Sprache auch Englisch sprechen, was vielen Europäern

leichter fällt, als Französisch.
International bekannt wurde Gambia durch den Roman „Roots" von Alex Haley: *Kunta Kinte*, der Romanheld kommt aus Juffure, einem kleinen Dorf am nördlichen Gambiaufer. Für den Nicht-Nur-Sonnenanbeter bietet sich somit eine sogenannte „Roots-Tour" ebenso an, wie der Besuch eines Ringkampfes („wrestling" genannt) oder des Abuko-Nationalparks; aber auch eine Pirogenfahrt auf dem Gambia-River, vorbei an Galerie-Wäldern, weidenden Rinderherden, alten Forts und Faktoreien sowie ein Besuch der Steinkreise von Wassu hinterlassen einen unvergesslichen Eindruck.

Mali
Auch wenn man Mali zu den ärmsten Ländern der Welt rechnet, hat dieses Land einige touristische Attraktionen, wie z. B. das Dogon-Land und die sudanesische Lehmarchitektur (bekanntestes Beispiel ist die Moschee von Djenné), aufzuweisen. Daneben hat die Kargheit der sahelischen Landschaft seinen ganz besonderen Reiz, seine ganz besondere Faszination für den Europäer.
Viele Saharadurchquerer verbringen hier ihren Urlaub.
Aufgrund der innenpolitischen Auseinandersetzungen zwischen Tuareg und Militär ist der Norden des Landes derzeit nur im Militär-Konvoi zu durchqueren.

Niger
Den besonderen Reiz der Republik Niger macht sicher die von Tuareg-Nomaden bewohnte karge, vegetationsarme, wüstenhafte Landschaft aus. Nicht weniger beeindruckend ist aber auch das Leben der Tuareg-Nomaden sowie die alte Lehmarchitektur der *Haussa* mit ihren traditionellen geometrischen Ornamenten; am besten in so geschichtsträchtigen Städten wie Agadez, Maradi und Zinder zu sehen. Eine weitere Attraktion stellt die riesige Sandwüste des Ténéré dar. Und je nachdem, ob man mit dem eigenen Auto, mit öffentlichen Verkehrsmitteln oder auf dem Rücken eines Kamels die Gegend bereist und „erforscht", wird die Begegnung mit der dortigen Bevölkerung sehr unterschiedlich sein.
Wegen der anhaltenden Auseinadersetzungen zwischen Tuareg und der Armee ist der Norden des Landes (Region von Arlit) derzeit jedoch nur im Konvoi unter Militärbegleitung zu durchqueren.

Burkina Faso
Obwohl Burkina Faso zu den am meisten benachteiligten und ärmsten Ländern der Welt zählt, hat es einige touristische Reize zu bieten, die man auf der Reise durch das Land entdecken kann, sofern man bereit ist, einige Strapazen auf sich zu nehmen. Charakteristisch ist die relativ große Vielfalt der Landschaft, wobei jede Region ihre Besonderheiten aufzuweisen hat, was Lebensform, Konstruktion der Häuser, Sitten und Bräuche betrifft. Und man wird überrascht sein von der Vielfalt der traditionellen Tänze, denn jede Region hat ihren typischen Tanzstil und fast jedes Dorf seine eigene Tanzgruppe.

Côte d'Ivoire (Elfenbeinküste)
Die Elfenbeinküste kann keine herausragenden Besucherzahlen vorweisen, auch wenn das Land mit einer für westafrikanische Verhältnisse hervorragenden Infrastruktur und seinen durchaus nicht unbedeutenden Attraktionen (wie

idyllische, kaum erschlossene Strände am Golf von Guinea und eines der letzten Urwaldgebiete Westafrikas) über zahlreiche Regionen verfügt, die einen Besuch wert sind, wie z. B. das *Senufo-Land* im Norden mit geheimnisvollen Mythen, Masken und Tänzen. In der Elfenbeinküste werden Sie übrigens auch relativ viele weiße „Expatriates" antreffen, denn der (inzwischen stark im Abflauen begriffene) Wirtschaftsboom hat damals eine Vielzahl von Spekulanten und „Glückssuchern" ins Land gezogen.

Ghana

In Ghana kann von Tourismus derzeit kaum die Rede sein; die wirtschaftliche Situation hat sich jedoch in den letzten Jahren wesentlich verbessert. Die früher sehr schwierige Beantragung und Erteilung von Visa haben dem Land unter Reisenden einen ausgesprochen schlechten Ruf eingebracht; inzwischen sind diese Bestimmungen erheblich erleichtert und verbessert worden. Die Förderung des Tourismus genießt derzeit hohe Priorität. Die einst stark vernachlässigte Infrastruktur ist inzwischen wieder aufgebaut worden und erleichtert das Reisen im Lande erheblich. Ghana hat sowohl mit der etwa 600 km langen Atlantikküste (mit zahlreichen schönen Sandstränden) als auch mit historischen Sehenswürdigkeiten aus der Kolonialzeit und mehreren Nationalparks und Tierreservaten einige touristische Attraktivitäten zu bieten.

Togo

Von den westafrikanischen Ländern touristisch am meisten erschlossen ist sicherlich Togo, das über eine Handvoll luxuriöser Strandhotels verfügt, die dem Touristen jeglichen Komfort bieten. Der Tourismus beschränkt sich jedoch auf einge wenige Plätze zwischen der Hauptstadt Lomé und dem Lac Togo, während es im übrigen Land fast nur „Durchreisetourismus" gibt.

Aufgrund der besonders ausgeprägten deutsch- bzw. bayrisch-togolesischen Beziehungen ist der Anteil an deutschen Urlaubern bisher immer sehr hoch gewesen.

Wegen der politischen Unruhen besteht derzeit im Land jedoch nur eine eingeschränkte Reisesicherheit. (Vor der Reise sollten Sie sich unbedingt bei Ihrer Botschaft nach dem aktuellen Stand erkundigen.) Die politischen Unruhen haben leider eine starke Verwüstung des Landes verursacht, „Swinging Lomé" gibt es nicht mehr und der Kéran-Nationalpark existiert nur noch auf dem Papier. Auch die wirtschaftliche Situation hat sich drastisch verschlechtert.

Benin

Hier ist der Tourismus noch wenig entwickelt, die touristische Infrastruktur soll aber ausgebaut werden. Benin ist inzwischen das demokratischteste Land Westafrikas und politisch stabil. Die Küstenabschnitte sind genauso schön wie in Togo und das Hinterland nicht weniger interessant. Vor allem die Gebirgsregion Chaine de l´Atakora an der Grenze zu Burkina Faso und der Nationalpark W sind touristische Höhepunkte. Vor den Unruhen in Togo bekam Benin vom togolesischen Tourismus einen gewissen Teil ab, sowohl da die Schlußetappe der meisten Saharadurchquerer (vor den Tuaregunruhen), die Strecke Niamey-Lomé, durch Benin führte als auch weil die Strandhotels in Togo Ausflüge in das Nachbarland (vor allem nach Ganvié) anbieten.

Überwiegend handelt es sich beim beninschen Tourismus jedoch um Ausflugsbzw. Durchreisetourismus; nur wenige Reisende verbringen längere Zeit in der Republik Benin.

Sämtliche Angaben in diesem Buch wurden mit großer Sorgfalt unterwegs notiert, zusammengetragen und aktualisiert; angesichts der Fülle von Informationen sind Fehler jedoch nicht auszuschließen und Ungenauigkeiten nicht zu vermeiden. (Bei aktuellen Infos über Politik, Wirtschaft und Kultur stüzte ich mich weitgehend auf die vom Münzinger Archiv in Ravensburg herausgegebenen „Münzinger Länderhefte" sowie auf Informationen des Statistischen Bundesamtes.)

Wer Länder der Dritten Welt kennt, weiß, daß sich dort (z. B. bei Verkehrsverbindungen, Hotels, Restaurants etc.) in kurzer Zeit erhebliche Veränderungen ergeben können. Um dieses Reisehandbuch auf einem aktuellen Stand zu halten, möchte ich an dieser Stelle alle Reisenden um entsprechende Mitteilungen über falsche oder überholte Angaben bitten. (Leserbriefe mit Korrekturen und Ergänzungen bitte direkt an den Verlag!)

Wie fast alles in Westafrika, sind auch die in diesem Reisehandbuch angegebenen Preise ständigen Veränderungen unterworfen und daher nur als grobe Richtwerte zu verstehen. Im Jan. 94 kam nun noch die Abwertung des CFA um 50 % hinzu. Die von mir angegebenen Preise (CFA) beziehen sich häufig noch auf den alten Kurs vor bzw. kurz nach der Abwertung. Mit einem Preisanstieg von 40-90 % (einheimische Waren um ca. 40 %, Importwaren, Hotel- und Restaurantpreise bis zu 90 %) ist daher zu rechnen.

Die Wiedergabe der Begriffe entspricht im allgemeinen der ortsüblichen französischen bzw. englischen Transkription. Ortsnamen sind entsprechend der Michelin-Karte 953, Nord- und Westafrika angegeben.

In dem vorliegenden Reisehandbuch habe ich versucht, dem Leser/Reisenden einige Hintergrundinformationen zu vermitteln, die es ihm vielleicht ermöglichen, Land und Leuten mit etwas mehr Respekt und Achtung zu begegnen. Daß dies aus ganz subjektiver Sichtweise geschehen mußte, ist klar, denn objektive Wahrheit gibt es nicht. Auch bei meinem Quellen- und Literaturstudium bin ich immer wieder auf sehr unterschiedliche Informationen und Meinungen gestoßen.

Afrika teilt sich dem Besucher nicht leicht mit. Nur ein Reisender, der in der Lage ist, frei von jeglichen Bildern und Vorurteilen Land und Menschen zu begegnen, sich dem afrikanischen Lebensrhythmus anzupassen, der mit offenem Herzen durch das Land reist, wird „etwas" Afrika erleben, wie auch immer sich dieser Kontinent dem einzelnen erschließen mag. Um Afrika begreifen und „verstehen" zu können, muß man sich vor allem bewußt sein, daß unsere Begriffe von Kultur und Moral, Wirtschaft, Recht und Gesetz nicht auf die afrikanische Kultur übertragbar sind. Nur wenn man bereit ist, die Dinge in Afrika mit ihren eigenen Maßstäben zu messen, hat man die Möglichkeit, die afrikanischen Gegebenheiten (wenigstens in Ansätzen) zu verstehen.

Und wer sich mit der Frage beschäftigt, ob sich die afrikanischen Kulturen gar nicht bzw. weniger entwickelt haben als die westlichen, wird nie zu einem echten Verständnis für Afrika gelangen. Die leider noch weit verbreitete westliche Überheblichkeit und Geringschätzigkeit fremden Kulturen gegenüber, die man gerne als „primitiv" und „rückständig" abtut, ist meiner Meinung nach Ausdruck einer erheblichen Engstirnigkeit. Was man jedoch feststellen kann, ist die Tatsache, daß sich die afrikanischen Kulturen *anders* entwickelt haben.

München, April 1994

Anne Wodtcke

Vorwort zur 3. Auflage

An dieser Stelle möchte ich mich zunächst für die vielen, sehr ausführlichen Leserzuschriften bedanken, ohne die ich das vorliegende Reisehandbuch nicht in dem Umfang hätte überarbeiten und aktualisieren können. Wie Sie sich wahrscheinlich vorstellen können, ist es für mich so gut wie unmöglich, jeden genannten Ort, jede Information etc. vor jeder neuen Auflage selbst zu bereisen bzw. eigenhändig zu überprüfen. Für etwaige Fehler oder Ungenauigkeiten bitte ich daher um Verständnis.

Auch bei dieser Auflage wurde das Handbuch erweitert: dem kleinen Staat Gambia wurde ein eigenes Kapitel gewidmet, und hinzugekommen sind die beiden Kapitel über die touristisch noch wenig erschlossenen Länder Mauretanien und Guinea (Conakry).

Kurz möchte ich an dieser Stelle auf die derzeitige politische Situation in Afrika, und speziell in Westafrika eingehen. Durch die Auflösung des Machtblocks der ehemaligen Sowjetunion ist es bei vielen sozialistisch ausgerichteten afrikanischen Staaten zu einer gewissen Orientierungslosigkeit gekommen. Demokratische Systeme stellen nun das erstrebenswerte Vorbild dar. Daß der Weg von der für Afrika typischen Einheitspartei- und Militärregimen zur Mehrparteiendemokratie sehr schwierig ist, zeigt sich aktuell in verschiedenen Staaten Westafrika´s wie Côte d´Ivoire, Togo und Burkina Faso. Zwar werden zum Teil andere Parteien, jedoch bei Präsidentschaftswahlen keine Gegenkandidaten zugelassen. Benin macht da – neben ein paar anderen positiven Beispielen wie Mali und Niger – eine Ausnahme; es ist das erste Land Westafrikas, in dem eine afrikanische Diktatur auf demokratische Weise beendet worden ist. Ansonsten fällt es den afrikanischen Machthabern, die meist schon seit Jahrzehnten im Amt sind, sehr schwer, ihren politischen Monopolanspruch aufzugeben.

Ugandas Präsident *Yoweri Museveni* hält jedoch die westliche, parlamentarische Demokratie mit seinem Mehrparteiensystem für afrikanische Staaten grundsätzlich für unpassend (sh. Main-Post vom 4.11.93 und Afrika-Post 1/94). In Europa seien die Parteien aus dem Klassenkampf zwischen Unternehmer und Lohnabhängigen entstanden, so daß der Wähler einen Interessenvertreter wählt. In der pre-industriellen Gesellschaft Afrikas sind jedoch die Mehrheit Bauern, soziale Interessen spielen laut Museveni bei Wahlen (noch) keine Rolle. Man wählt also eher die Partei, die sozusagen den eigenen Volksstamm vertritt. Somit läßt ein Mehrparteiensystem seiner Meinung nach die alten Fehden zwischen rivalisierenden Volksgruppen wieder aufleben.

Museveni spricht sich eindeutig für die demokratischen Grundlagen aus wie

Rede-, Versammlungs- und Pressefreiheit aus, und praktiziert eine Personen-Demokratie. Die Politiker der Opposition in Uganda dürfen sagen, was immer sie denken, nur nicht als Parteipolitiker. Für Museveni sind somit die wesentlichen demokratischen Grundlagen gleich, nur die Formen sind (iin Afrika) anders.

Seit seinem Machtantritt versucht Museveni ein basisdemokratisches Modell in die Realität umzusetzen. Er hat Volkskommitées auf nicht parteigebundener Basis gebildet und im Juli 1993 zwei der zahlreichen traditionellen Stammeskönige wieder eingesetzt, jedoch nur mit zeremonieller Funktion. Einer von ihnen ist Prinz *Ronald Mutebi*, der Sohn des 1966 gestützten und ins Exil getriebenen Königs *Mutesa*. Der andere ist *Patrick Olimi Kaboyo*, Bruder der ehemaligen Außenministerin unter *Idi Amin Dada*, *Elisabeth Bagaya*.

Aber die Rückbesinnung auf diese traditionellen Strukturen scheint auch nicht unproblematisch, da nicht ausbleibt, daß sich die Bevölkerung die Wiederherstellung der Königreiche wünscht, und daß sich die wieder inthronisierten „zeremoniellen" Könige auch um politischen Einfluß bemühen.

Für afrikanische Länder kann es m.M.n. nicht darum gehen, sich ein kommunistisches oder demokratisches System als allein seeligmachende Staatsform überzustülpen, sondern vielmehr darum, ihr eigenes Gesellschaftssystem zu finden, d.h. ihren eigenen Weg zu gehen. Das Stichwort „afrikanischer Sozialismus" ist in diesem Zusammenhang schon öfter gefallen. Und hat man sich etwas mit der traditionellen afrikanischen Gesellschaftsstruktur vertraut gemacht, so erscheint einem diese Staatsform als sehr naheliegend. Aber Afrika hat Zukunft und die Zukunft wird zeigen, für welchen Weg sich Afrika entscheidet, vorausgesetzt es hat eine Wahlmöglichkeit.

Notwendige Vorraussetzung dafür ist, daß die Potentaten der westlichen Länder einsehen, daß Afrika seine eigene Zivilisation hat, die es zu respektieren gilt, daß die Afrikaner ihr eigenes Welt- und Menschenbild haben, das es zu achten gibt, und daß sie womöglich andere gesellschaftspolitische Formen haben bzw. für sich entwickeln werden, die nicht zwangsläufig unseren Vorstellungen von Demokratie entsprechen müssen.

Dies ist jedoch noch ein langer Weg, denn bisher wird die Abhaltung freier Wahlen immer noch von westlichen Geberländern als Bedingung für finanzielle Unterstützung gefordert, mit dem Argument, daß – solange es keine Opposition im Land gibt – das Geld mehr oder weniger in die eigene Tasche des Potentaten fließen könne. Und die Geschichte der letzten Zeit bestätigt dies vielfach. Aber „Amigos" und Vetternwirtschaft gibt es ja nicht nur in Afrika, wie wir im letzten Jahr mehrfach erfahren mußten.

Viel Spaß beim Lesen und beim Reisen!

Land und Leute

Geographie und Geologie

Lage und Landschaft

Das als Westafrika bezeichnete Gebiet erstreckt sich von der **Atlantikküste** im Westen bis zum **Tschad-See** im Osten und wird im Norden von der **Sahara** begrenzt, während es im Süden bis zum **Golf von Guinea** (Guineaküste) reicht. Wichtigster Fluß ist der **Niger,** der Westafrika in einem riesigen Bogen durchfließt und im sogenannten **Niger-Becken** (Mali) ein „Binnendelta" bildet; dem **Senegal** und dem **Volta** kommen für die Bewässerung Westafrikas ebenfalls große Bedeutung zu.

Charakteristisch für die Landschaft der **Sahel-Sudan-Zone** sind weitgespannte Becken und endlos weite Ebenen innerhalb verschiedener **Plateaulandschaften** von unterschiedlicher Höhe (500–800 m), aus denen sich nur gelegentlich höhere Gebirgsmassive (wie z. B. das **Air-Gebirge** im Norden der Republik Niger) mit knapp 2000 m Höhe erheben. Südlich des Nigerknies stellen die nach Süden hin steil abfallende Schichtstufe, die **„Falaise von Bandiagara",** sowie die bis zu 1000 m hohen Zeugenberge in der Gegend von **Hombori** eine Unterbrechung dar, während sich die nördlichen Ausläufer des **Futa Djalon** (Guinea) im südöstlichen Senegal und westlichen Mali abzeichnen. Die **Atakora-Gebirgs-Kette** (N-Benin) reicht bis in den Süden Togos und nach Norden bis in die Republik Niger hinein; im äußersten Westen der Elfenbeinküste machen sich noch die südlichen Ausläufer des Futa Djalon bemerkbar. Entlang der gesamten **Atlantikküste** (Senegal bis Nigeria) bestimmen Mündungsgebiete von Flüssen sowie Lagunen das Landschaftsbild. Es gibt nur wenige natürliche Häfen. Die meisten wurden in den letzten Jahrzehnten künstlich angelegt, z.b. Cotonou/Benin, Lomé/Togo, Takoradi und Tema/Ghana, Abidjan/Elfenbeinküste.

In der nördlichen Sahel-Sudan-Zone und in der Sahara herrschen weite **Sanddünenmeere** vor. Die Wüste **El Djouf** (Mauretanien), die weit nach Mali hineinragt, sowie die **Ténéré-Wüste** und der **Erg von Bilma** (beides Republik Niger) zählen zu den bekanntesten Sandmeeren.

Wichtigste Flüsse und Seen

Mit einer Länge von 4200 km (und einem Einzugsgebiet von zwei Millionen qkm) ist der **Niger** (nach dem Nil und Kongo/Zaire) der **drittlängste Strom Afrikas**. Er entspringt den südlichen Ausläufern des *Futa-Djalon-Bergmassives* (Grenze Guineas/Sierra Leone). In den Oberlauf des Niger (*Djoliba* bzw. *Djoli-Ba*) münden mehrere kleine, wasserreiche Flüsse, die ihn nach ca. 200 km zu einem breiten Fluß anschwellen lassen. Östlich von *Bamako* ergießt er sich dann in das von ihm selbst aufgeschüttete Niger-Becken, wo er sich in mehrere Nebenarme verzweigt und zusammen mit dem **Bani,** der bei Mopti in den Niger mündet, ein **Binnendelta** bildet, das eine Fläche von 40 000 qkm bedeckt. Während der Regenzeit sind weite Gebiete überflutet, was den Bauern nach Sinken des Wasserstandes, da der zurückbleibende Schlamm sehr fruchtbar ist, den Anbau von Reis und von Hirse ermöglicht (**Überschwemmungsfeldbau**). Die **zahlreichen Seen** *(Debo, Kararou, Tanda, Niangay, Garou* und *Faguibine)* im Binnendelta dienen als natürliche Wasserstandsregler. Ursprünglich, d.h. vor seiner Anzapfung, endete der (Djoliba-)Niger in der Nähe Timbuktus in einem 300 000 qkm großen Binnensee, der bis in die Gegend von **Araouane** (Sahara) reichte. Das **Wadi des Tilemsi**, welches – aus dem Bergland des *Adrar des Iforas* kommend – bei Gao in den Niger mündet, ist somit als ursprünglicher Quellfluß des Niger anzusehen, denn erst seit Beginn des Tertiärs ist dem *(Djoliba)-Niger* der Abfluß bei *Tosaye* in südöstlicher Richtung möglich. Auf dem Weg durch die Republik Niger ist das Flußbett des Niger dann relativ breit, mit mehreren eingelagerten Inseln. Bei *Kainji* (Nigeria) wird er dann zwecks Energiegewinnung und Wasserstandsregulierung aufgestaut, um anschließend als 1500 m breiter Strom ruhig zur Küste zu fließen. Bei *Lokoja* wird er noch von dem wasserreichen **Benue-Fluß** gespeist, bevor er sich im 25 000 qkm großen Mündungsdelta, das sich immer weiter ins Meer hinausschiebt, in mehrere Mündungsarme verzweigt. Mit 30 000 m³/sec (an der Mündung) führt er mehr Wasser als der Nil! Die zahlreichen, von Mangrovensümpfen umgebenen Delta-Inseln sind mit Ölpalmen bewachsen, weshalb die Mündungsarme auch „Oil rivers" genannt werden. Auf seinem Weg durchfließt der Niger mehrmals die verschiedenen Klimazonen Westafrikas (tropischer Regenwald, Savanne und Halbwüste), so daß der Wasserstand aufgrund unterschiedlicher Niederschlagsmenge und Verdunstungsquote in den einzelnen Teil-

Mangrovensümpfe bei Fadiouth

abschnitten des Flusses sehr stark schwankt, was natürlich seine Auswirkungen auf die Flußschiffahrt hat. Während der obere Lauf des (Djoliba-) Nigers (bis Bamako) nur in der Regenzeit schiffbar ist, verkehren auf dem Teilstück Bamako (Kulikoro) – Mopti größere Schiffe normalerweise in den Monaten August bis November und auf dem zwischen Mopti und Gao in der Regel bis Januar. In den letzten Jahren war jedoch aufgrund der allgemein geringen Niederschläge im Sahel die Zeit des Hochwassers und somit auch die Zeit der Flußschiffahrt um einiges verkürzt. *(s. a. Kapitel: Mali)*

Der **zweitwichtigste Fluß Westafrikas**, der **Senegal,** entspringt ebenfalls im *Futa-Djalon*-Bergmassiv. Seine beiden Quellflüsse **Bafing** (= Schwarzwasser) und **Bakoy** (= Weißwasser) fließen bei *Bafoulab* (Mali) zusammen und bilden den eigentlichen Senegalfluß, der von *Kayes* (Mali) bis zur Mündung bei *St. Louis* (Senegal) in den Atlantik auf einer Strecke von 925 km als breiter Strom dahinfließt und nur zur Zeit des Hochwassers (August bis Oktober) schiffbar ist. Auf dem Unterlauf (von *Podor* bis zur Mündung) ist dagegen das ganze Jahr Schiffahrt möglich, da aufgrund des geringen Gefälles das Meerwasser auch in der Trockenzeit weit in das Landesinnere eindringt. Ähnlich wie beim Niger sind auch hier während der Regenzeit die Nebenarme mit Wasser gefüllt und weite Teile des umliegenden Tieflandes überschwemmt. Dieser Umstand ermöglicht auch hier den ansässigen Bauern (*Sarakolle* und *Tukulor*) den Anbau von Reis, Hirse und Baumwolle. Wie unterschiedlich der Wasserstand des Senegal in den einzelnen Jahreszeiten ist, zeigen die folgenden Meßwerte zur Wasserführung in Kayes: in den Monaten März/April (Trockenzeit) 5 m³/sec und im September/Oktober (Regenzeit) 5000 m³/sec.

Drittlängster Fluß Westafrikas ist der 1600 km lange **Volta.** Seine Quellflüsse (Schwarzer, Roter und Weißer Volta) entspringen alle in Burkina Faso (ehem. Obervolta) und bewässern nicht nur den südlichen Teil Burkinas, sondern haben auch für Ghana große wirtschaftliche Bedeutung. Der in den 60er Jahren errichtete **Volta-Stausee** zählt mit einer Fläche von 8730 qkm zu den größten von Menschenhand geschaffenen Gewässern und dient überwiegend der Stromerzeugung (Staudamm bei Akosombo/Ghana).

Das **Mündungsdelta des Sine-Saloum** mit seinen weitverzweigten Seitenarmen sowie der **Casamance**-Fluß im Süden Senegals stellen wichtige Lebensadern dar; ebenso der im Futa Djalon-Massiv entspringende und sich auf 1600 km durch den kleinen Staat Gambia schlängelnde **Gambia-River**. Darüber hinaus verhindert er die weitere Ausdehnung der Sahelregion, stellt quasi eine natürliche Begrenzung der Sahelzone im Süden dar.

Klimazonen

In Westafrika lassen sich grob **drei Klimazonen** unterscheiden:
Sahel, Sudan und **Guineaküste,** welche mehr oder weniger parallel zu den Breitenkreisen verlaufen. Niederschlagsmenge und Regenzeitdauer nehmen dabei von Norden nach Süden kontinuierlich zu. Der Begriff **Sahel** (arab. „Ufer" oder „Küste") ist vor allem wegen der Dürrekatastrophen der 70ger Jahre bekannt. Er bezeichnet den **Rand der Wüste,** d.h. die **südlich an die Sahara grenzenden Gebiete** von der

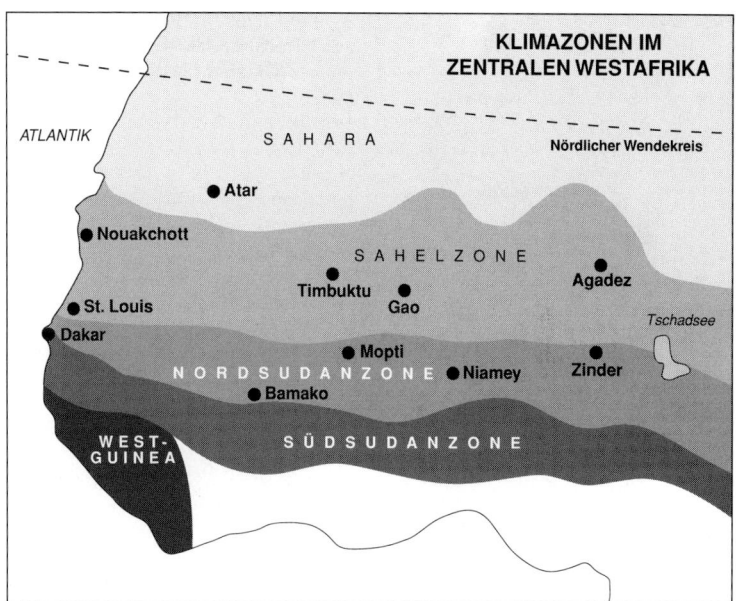

Klimazonen

Atlantikküste im Westen bis zum Roten Meer im Osten. Der Sahel ist eine **Übergangszone** zwischen Wüste und Savanne bzw. zwischen Weiß- und Schwarzafrika. Der Begriff **Sudan** (arab. „Bled es Sudan" = Land der Schwarzen) bezeichnete dagegen ursprünglich die von dunkelhäutigen Menschen bewohnten Gebiete südlich der Sahara. Ich möchte diese Bezeichnung jedoch im folgenden für die Region verwenden, die sich zwischen dem Rand der Wüste im Norden und dem äquatorialen Regenwald im Süden und vom Atlantischen Ozean im Westen bis zum Roten Meer im Osten erstreckt. Er ist nicht zu verwechseln mit der Republik Sudan, die diesen geographischen Begriff als Staatsbezeichnung übernommen hat *(s. Karte Klimazonen)*!

Als Klimazone ist der **Sahel** durch eine **maximale Regenzeit** von 4 Monaten gekennzeichnet, wobei mit **jährlichen Niederschlägen** zwischen 50 und 400 mm zu rechnen ist. In der **Sudanzone** dagegen fallen bereits **jährliche Niederschläge** von 400 bis 1000 mm in einem Zeitraum von 4 bis 6 Monaten. Die im Süden angrenzende Küstenzone ist durch Niederschlagsmengen von mehr als 2000 mm/Jahr (in manchen Gegenden bis zu 4000 mm/Jahr) gekennzeichnet.

Typisch für die Sahelzone ist die ungleiche regionale Verteilung der Niederschläge. Der Regen fällt meist als heftige und örtlich begrenzte Gewitter, was bei extrem ungünstiger Verteilung

28 Land und Leute

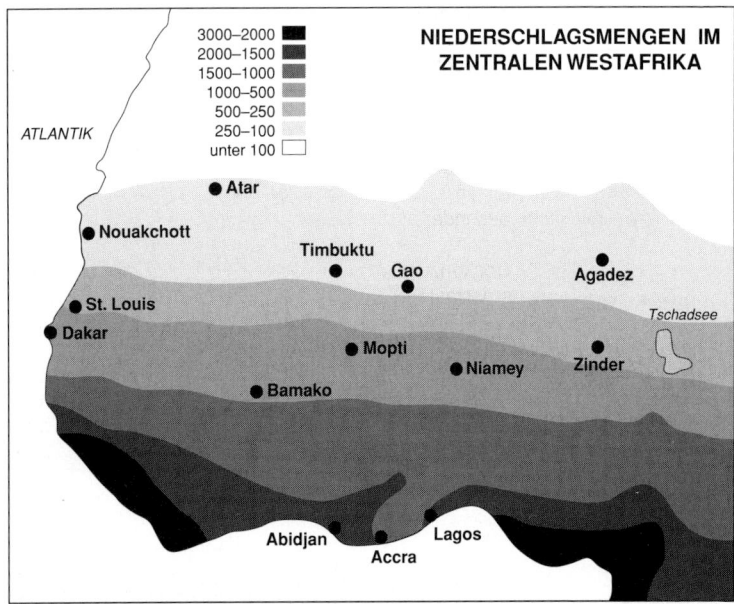

Niederschlagsmengen

bzw. bei völligem Ausbleiben zu Dürrekatastrophen, wie die in den Jahren 1968 und 1973 führen kann.
In den aufgeführten Klimazonen sind die Jahreszeiten (Regenzeit, Trockenzeit) jeweils ganz unterschiedlich verteilt.

Sahel

In der Sahelzone ist die **Regenzeit** am kürzesten; sie dauert nur von Juli bis September. In der restlichen Zeit des Jahres (**Trockenzeit**) sind durchschnittliche Tagestemperaturen bis etwa 40° Celsius zu erwarten. In den heissesten Monaten von März bis Mai können die Tagestemperaturen jedoch bis auf max. 47° Celsius klettern. Mit **starken Temperaturschwankungen** zwischen Tag und Nacht ist in den Monaten **von November bis Februar** zu rechnen. Da können die nächtlichen Temperaturen im Sahel bis unter 10 Grad Celsius sinken.

Sudan

In der Sudanzone dauert die **Regenzeit** bereits wesentlich länger, in der Regel von Mai bis Oktober. Die durchschnittlichen Tagestemperaturen belaufen sich während dieser Zeit auf etwa 30° Celsius mit einer relativ hohen Luftfeuchtigkeit von 66%.
Während der **Trockenzeit** von November bis April sind die **durchschnittlichen Tagestemperaturen** von 30° C aufgrund der geringen Luftfeuchtigkeit erträglich; die Nächte sind jedoch auch

hier während der Trockenzeit empfindlich kühl; in den Monaten November bis Februar bewegen sich die nächtlichen Temperaturen zwischen 15 und 18° C. Die Monate **März und April** sind mit maximalen Tagestemperaturen bis etwa 35° Celsius **die heißesten Monate des Jahres** im Sudan. Das Reisen ist während dieser zeit nicht besonders zu empfehlen.

Charakteristisch für die Trockenzeit im gesamten Sahel-Sudan ist der fast ständig aus der Sahara wehende **Harmattan,** ein Wind, der in den Monaten Dezember bis Februar große Mengen feinen roten Wüstensandes weit nach Süden (bis zur Atlantikküste im Senegal und bis an die Küste von Benin) trägt. An manchen Tagen ist dann der ganze Himmel mit einem sandigen Schleier überzogen und völlig verdunkelt. Drückende Schwüle, gefolgt von Wirbelstürmen und schweren, wolkenbruchartigen Regenfällen kündigen dann im Mai bzw. Juni den Beginn der Regenzeit an; meist rückt aus Westen eine riesige schwarze Wolkenwand heran, begleitet von starken Sturmböen. Unter ständigem Blitzen und Donnern entladen sich innerhalb kürzester Zeit riesige Wassermassen, die manchmal Hütten und Straßen mitreißen. Nach einem solchen Gewitter ist die Luft jedoch sehr angenehm und erfrischend kühl. Und bald nach den ersten Regenfällen ist die Landschaft des Sahel-Sudan von einem feinen, grünen „Grasteppich" überzogen.

Harmattan im Sahel: Häufig verdunkelt sich tagsüber der Himmel und überall hängt ein Staubschleier in der Luft

Küstenregion

In der **Küstenregion** unterscheidet man im Vergleich zum Sahel-Sudan in der Regel **zwei Regenzeiten**: die „große", von Mitte Mai bis Mitte Juli, und die „kleine", von Anfang Oktober bis Anfang Dezember, manchmal aber auch nur eine von Mitte Mai bis Anfang Oktober.

Die jeweils dazwischen liegenden **Trokkenzeiten** sind gekennzeichnet durch eine etwas geringere Luftfeuchtigkeit.

Die **Tagestemperaturen** sind mit mindestens 20 bis maximal 35 °Celsius das **ganze Jahr über relativ hoch**, mit geringen Temperaturschwankungen zwischen Tag und Nacht, und hoher Luftfeuchtigkeit (77–88%).

Während der trockenen Wintermonate (Dezember – Februar) bläst der Harmattan aus der Sahara gelegentlich bis an die Küste *(s.o)*, verschleiert den Himmel und verringert die Fernsicht erheblich.

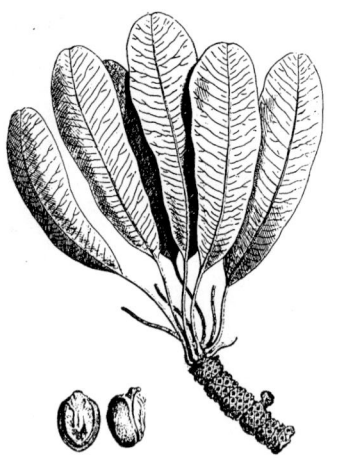

Früchte und Blätter des Schibutterbaum

Vegetationszonen und Tierwelt

In Westafrika lassen sich fünf Vegetationsformen unterscheiden: **tropischer Regenwald** (Urwald), **Feuchtsavanne, Trockensavanne** und **Dornbuschsavanne** bzw. **Halbwüste.**

Feuchtsavanne und Regenwald

Im Tiefland entlang der Guineaküste sind immergrüne tropische Regenwälder charakteristisch (lediglich zwischen Accra und Lagos wird der **Guinea-Wald** von der bis zur Küste reichenden Savanne unterbrochen). Allerdings wurde ein Teil des **Primärwaldes** bereits durch Abholzung (vor allem der Edelhölzer) und Brandrodung zerstört und allmählich durch den **Sekundärwald** (mit weniger wertvollen Harthölzern und mehr Gestrüpp) ersetzt.

Lediglich in Zentralafrika (Äquatornähe) sind noch weite Flächen von Urwald bedeckt. Dieser ursprüngliche Wald setzt sich aus mehreren „Stockwerken" zusammen, überragt von den Kronen der über 60 m hohen Baumriesen. In den unteren Etagen wachsen neben zahlreichen *Moos-* und *Pilzarten Farne* und verschiedene **Schlinggewächse** (wie Lianen) und Orchideenarten. Reste dieses ursprünglichen, geschlossenen Regenwaldes sind in Westafrika fast nur noch in Naturreservaten bzw. Nationalparks zu finden.

Charakteristisch für diesen äquatorialen Regenwald sind der *Fromager*, ein laubabwerfender Baum mit riesigen Dornen und glockenförmigen Blüten, die an Magnolien erinnern, sowie der *Parasolier,* ein großer schnellwüchsiger Baum, der an seinen schirmförmigen Blattrosetten zu erkennen ist. Hier befinden sich die Lebensräume von

Vegetationszonen und Tierwelt

In einem 1604 erschienenem Buch über See- und Landreisen befand sich dieser Stich, der die afrikanische Tierwelt darstellen sollte. Trotz der damals geringen Kenntnisse der afrikanischen Fauna können die meisten der etwas seltsam geformten Tiere erkannt werden.
A: Elefant; B: weiblicher Leopard; D: Krokodil; E: Schildkröte; F: Stachelschwein; G: Chamäleon (?); H: Nashorn; I: Riesenfrosch; K: Schakal (?)

Elefanten, Flußpferden, Affen, giftigen und ungiftigen *Schlangen* sowie zahlreichen *Echsen* und *Insekten* neben einer Vielzahl von bunten Vögeln.
In den **Küstensumpfzonen** wachsen *Mangroven, Raphia-* und *Ölpalmen* sowie *Bambusdickichte, Kokos-* und *Phoenixpalmen.*
Seit der Kolonisierung durch die Franzosen sind weite Teile der ursprünglichen Waldzone durch riesige **Kakao-** und **Kaffeeplantagen** (Monokulturen) verdrängt worden. Bei 10–12 Grad nördl. Breite geht die Regenwaldzone der Guineaküste in die Feuchtsavanne (mit einer Trockenperiode von fünf Monaten) über. Sie ist durch kleinere Wälder (*Galeriewälder* entlang der Flüsse) und vereinzelte Baumgruppen (anstelle des dichten Regenwaldes) sowie durch hohe Steppengräser (*Elefantengras*), Sträucher und Büsche gekennzeichnet. Typisch für diese Vegetationszone sind die aus weiten Grasfluren ragenden *Kapok-* oder *Wollbäume,* die in der Trockenzeit ihre Blätter abwerfen. **Wichtigste Nutzpflanzen** sind die Knollenfrüchte *Yams, Maniok* und

die *Süßkartoffel* (Batate); sie werden auf die verschiedenste Art und Weise zubereitet; in Kokos- oder Palmkernöl ausgebacken schmecken sie wie „Pommes frites".
Die Blätter des *Maniok* werden als Gemüse bzw. zur Herstellung von Soßen verwendet. Weitere Nutzpflanzen sind *Mais* und *Sorghumhirse* (auch Mohrenhirse genannt) daneben *Ölpalme* und *Bananenstauden*, auch *Mango-, Papaya* und *Guavenbäume*. Eines der Grundnahrungsmittel, *Reis,* wird überwiegend in feuchten (Fluß-) Niederungen angebaut (Niger-Binnendelta, Senegal, Casamance). Ergänzt wird die Nahrung durch den reichen **Fischbestand** der Seen und Flüsse. Während der Trockenzeit sind im gesamten **Savannengebiet** immer wieder **Buschfeuer** zu sehen, mit denen riesige Grasflächen abgebrannt werden, um den Graswuchs zu fördern; damit wird jedoch auch gleichzeitig der Nachwuchs von jungen Bäumen verhindert, was verheerende Folgen für die Umwelt hat *(s. a. Kapitel: Desertifikation).* Früher waren die weiten Grasflächen noch viel stärker von Bäumen durchsetzt, während jetzt mehr und mehr das Gras vorherrschend wird.
Typisch für die Savanne sind der *Karité-* oder *Schibutterbaum* (aus den Fruchtkernen wird ein vielfältig verwendbares pflanzliches Fett gewonnen) sowie *Néré-Tamarinden-* und die bereits erwähnten *Kapokbäume.* Tabak und *Kolanuß* zählen zu den wichtigsten Genußmitteln; *Baumwolle* wird überwiegend für den Export, aber auch zur Eigenherstellung von gewebten Stoffen angebaut. Eine wichtige Nutzpflanze ist auch der *Flaschenkürbis;*er liefert die vielfältig verwendeten Kalebassen.

Entsprechend der Vegetation ändert sich auch die **Tierwelt.** In der Savanne sind *Gazellen, Antilopen, Büffel* und *Giraffen* zu Hause; *Löwen, Panther, Gepard* und andere *Wildkatzen*, die durch das hohe Steppengras streifen; in den waldreicheren Gebieten entlang der Flüsse auch *Elefanten* und *Flußpferde*, soweit sie nicht vom Menschen verdrängt oder (durch die mörderischen Jagdsafaris der Europäer und die Einführung von Gewehren bei den einheimischen Jägern) ausgerottet wurden. Die Bevölkerungsexplosion und mangelnde Schutzmaßnahmen der Regierungen tragen das übrige dazu bei, daß Großtiere in Westafrika immer weniger anzutreffen sind. Lediglich in den Nationalparks sind noch vereinzelt Elefanten, Giraffen und Flußpferde zu beobachten. Großkatzen sind kaum mehr anzutreffen.
Neben den zahlreichen *Insekten* und *Käfern* stellt die *Heuschrecke* eine ganz besondere Bedrohung für die Bevölkerung dar; sie vernichtet durchschnittlich 20% der Ernte.

Trockensavanne und Dornensavanne
Bei etwa **14 Grad nördl. Breite** geht die **Feuchtsavanne** dann allmählich in die **Trockensavanne** über, was sich durch das zunehmende Auftreten von *Akazienbäumen* bemerkbar macht.
Typisch für diese Vegetationszone ist auch der *Baobab* (oder Affenbrotbaum), der als Wahrzeichen Afrikas anzusehen ist. Der massige, merkwürdig geformte Stamm mit seiner silbriggrauen glatten Rinde verleiht diesem Baum ein archaisches Aussehen; in diesem Stamm kann er während der Regenzeit bis zu 5000 l Wasser speichern und somit längere Trockenzeiten überdau-

Baobab

ern. Bei manchen dieser gigantischen Bäume hat man ein Alter von 1000 Jahren nachgewiesen, und es erscheint nicht verwunderlich, daß er in manchen Gegenden Afrikas als heilig gilt.

Das seltsame Aussehen des Baumes wird der Sage nach folgendermaßen erklärt: Gott (Allah) ist bei der Welterschaffung der Baum mit der Krone nach unten auf die Erde gefallen und die eigentlichen Wurzeln des Baumes ragen nun als Äste in die Luft.

Normalerweise werden die Blattspitzen des Baobab als Gemüse oder als Soße zum Hirsebrei (tô) gegessen, und das vitamin-C-haltige trockene Fruchtfleisch, das von seiner Konsistenz an Brausepulver erinnert, entweder gelutscht oder zu einem Getränk verarbeitet. In der sechs- bis achtmonatigen Trockenzeit werfen fast alle Bäume ihre Blätter ab, was zusammen mit den vertrockneten Gräsern ein recht trostloses Bild ergibt.

Erdnuß wird hauptsächlich für den Export angebaut, dient aber genauso wie die *Sesampflanze* als wichtiger Fettlieferant. Die Erdnuß wurde ursprünglich von den portugiesischen Seefahrern aus Südamerika an die Westküste Afrikas gebracht und hat sich von dort aus ins Landesinnere verbreitet.

Neben *Sorghum*- und *Kolbenhirse* gedeiht (auch auf sehr steinigen Böden) *Fonio,* ein sehr anspruchsloses hirseähnliches Gras, auch Hungerreis genannt.

Außerdem sind *Okra* (Gombo), *Pfefferschoten, Zwiebeln* und *Knoblauch* als Nahrungsmittel von Bedeutung für die

34 Land und Leute

Langhornrinder im Sahel

Bevölkerung der Savanne. Weiter im Norden geht die **Trockensavanne** in die **Dornensavanne** über. Diese ist durch weiter abnehmende Niederschläge und längere Trockenzeit (8–10 Monate, die sich in der Halbwüste auf 11 Monate erstrecken kann) gekennzeichnet, und gilt als typische Vegetationszone des Sahel. Durch reduzierte Blattoberflächen, Dornen und Wasserspeicherung haben sich die Pflanzen auf diese extremen klimatischen Bedingungen eingestellt. Dornbüsche und Dornengestrüpp sowie **Sukkulentengewächse** (wie z.B. die *Aloe*) und zahlreiche Trockengräser, die jedoch nur als vereinzelte Grasbüschel auftreten, sind charakteristisch für diese Gegend.

Der spärliche Graswuchs dient als Weideland, und überall ist das bekannte *Cram-Cram-Gras* anzutreffen. Seine stacheligen Samenkapsel bleiben wie Kletten überall hängen, an Kleidung und auch an der Haut. Wähend der **Dürrekatastrophen** wurden die Cram-Cram-Samen von den Nomadenfrauen gesammelt und stellten eine der letzten Notrationen dar.

Die dichten Wedel der Dumpalmen und die zahlreichen Akazienarten bestimmen entscheidend das Landschaftsbild, wobei besonders der *Gao-Baum* zu erwähnen ist, der als einziger Baum in der Trockenzeit seine Blätter bekommt und somit als **Schattenspender** sehr wichtig ist. In der **Sahara** (Vollwüste) kann es nur dort, wo Grundwasser erreichbar ist, zur Entstehung von **Oasen** kommen. Dort ist die *Dattelpalme* die wichtigste Nutzpflanze; außerdem werden *Oliven, Feigen, Aprikosen, Mandeln* und *Getreide* angebaut.

Das Problem der Desertifikation (Verwüstung)

Die möglichen Ursachen für das Fortschreiten der Wüste sind sehr komplex und sollen daher im folgenden nur kurz angedeutet werden. Da sowohl Menschen als auch Tiere in der Sahelzone während der Trockenzeit tagelang unterwegs sind auf der Suche nach Wasser, versuchte man (im Rahmen von Entwicklungshilfeprojekten) mit dem Bau von Brunnen diesem Mißstand Abhilfe zu schaffen. Abgesehen davon, daß einige Brunnen aufgrund schlechter oder gar keiner Wartung nicht funktionieren, hat dieser „Eingriff" letztendlich zu einem Absinken des Grundwasserspiegels und damit zu einer verstärkten Verwüstung der Sahara-Randgebiete geführt. Man hatte auch nicht bedacht, daß die riesigen Viehherden, die zu den Brunnen kommen, in der unmittelbaren Umgebung alles niedertrampeln, so daß kein Gras mehr wächst. Außerdem siedelten sich viele der Nomaden in der Nähe der jetzt zahlreichen Wasserstellen bzw. Brunnen an und durchstreiften lediglich die in unmittelbarer Nähe liegenden Gebiete, was zu einer Überweidung der Flächen führte sowie Austrocknung der Böden und Erosion zur Folge hatte. Doch nicht nur die Tiere, auch die Menschen tragen ständig zur Zerstörung der unmittelbaren Umgebung der Wasserstellen bei, indem sie jetzt nur noch im Umkreis von Tagesmärschen Feuerholz sammeln und damit das Gebiet in kürzester Zeit baum- und buschlos machen. Durch den Bedarf von Brennholz wurden auch weite Gebiete in unmittelbarer Umgebung von größeren Siedlungen weitgehend verändert. 100 km im Umkreis von Ouagadougou ist z.B. kein Brennholz mehr zu finden!

Die konkurrierende Landnutzung von nomadisierenden und seßhaften Bevölkerungsgruppen in diesen Gebieten stellt ein anderes Problem dar. Während der Viehbestand u.a. durch bessere tiermedizinische Versorgung ständig zunimmt, was für die Besitzer eine eher erfreuliche Erscheinung ist, da es größeres Ansehen und Prestige bedeutet, schränkt der weiter in die Wandergebiete der Viehzüchter vordringende Ackerbau deren Nutzfläche mehr und mehr ein, was zu Auseinandersetzungen zwischen den seßhaften Bauern und den viehzuchttreibenden Nomaden führt. Früher waren die Nutzungsrechte zwischen Bauern und Nomaden durch Absprachen ganz klar geregelt. Der Kampf ums Überleben ließ diese „vertraglichen" Regelungen ungeachtet.

Auch der im Rahmen von Entwicklungshilfeprojekten gestartete Versuch, die Sahelregion mit Hilfe künstlicher Bewässerung (Ableitung von Wasser aus Flüssen) fruchtbar zu machen, hat seine Folgen. Entnimmt man nämlich zu viel Wasser im Oberlauf des Niger (Mali), so fehlt es dann am Unterlauf (Nigeria), wo das Nigerwasser zur Elektrizitätsgewinnung benützt wird (Kainji-Staudamm). Im Jahre 1977 hatten z.B. die geringen Niederschläge in der Sahelregion und die verstärkte Abzweigung von Wasser für Bewässe-

rungszwecke (in den anliegenden Staaten Niger und Mali) zur Folge, daß die Elektrizitätsversorgung von Lagos und Südnigeria völlig zusammenbrach.
Aufgrund der verstärkten künstlichen Bewässerung in den trockenen Gebieten hat sich jedoch auch das Grundwasserreservoir, das sich unter der Wüste befindet, erheblich verringert. Dies wiederum führte dazu, daß die Brunnen in den Randgebieten versiegten und die Viehherden nun zu den wenigen in dieser Region übriggebliebenen Wasserstellen bzw. Brunnen ziehen müssen, die meist dann gar nicht für eine so große Anzahl von Tieren ausreichen.
Der in Zusammenhang mit Bewässerungsprojekten erfolgte Bau von Staudämmen hat ebenfalls zu z.T. unvorhersehbaren Folgeerscheinungen geführt. Durch den in Akosombo errichteten Volta-Staudamm wird z.B. verhindert, daß sich der vom Volta mitgeführte „Sickersand" vor der Küste ablagern kann; das Meer spült daher Jahr um Jahr immer weitere Teile der Küste Togos und Benins weg.
Die Sahara war nicht immer die extreme Wüste, sie war einst grün! Davon zeugen noch die zahlreichen Felszeichnungen, auf denen weidende Tiere sowie Menschen dargestellt sind. Der Klimawechsel, der dieses Gebiet zur Wüste werden ließ, geschah wahrscheinlich vor etwa 1500 Jahren in Zusammenhang mit unseren Eiszeiten. Flüsse und Wälder verschwanden allmählich und mit ihnen mehr und mehr auch die Tiere und Menschen. Und seit den letzten Jahrzehnten bewegen sich die Sahara und die angrenzende Sahelzone unaufhaltsam immer weiter nach Süden. Dürreperioden gab es auch schon in früheren Zeiten immer mal wieder, sie hatten jedoch nie verheerende Folgen. Die starke Ausdehnung der Anbaugebiete in die Wüstenregionen hat zusammen mit der starken Überweidung das ökologische Gleichgewicht der Natur erheblich ins Wanken gebracht. Riesige Hirseanbaugebiete sind „versandet", d. h. von der Wüste vereinnahmt worden. Die riesigen Mengen an Holz (Feuerholz und Bauholz für Hütten und Zäune), die verbraucht werden, sind auch durch die verschiedenen Aufforstungsversuche (zum Teil mit dem schnellwachsenden Eucalyptusbaum) nicht zu decken und bedeuten eine zunehmende Ausweitung von Grassteppen in Gebieten mit ehemals relativ dichtem Baumbestand.

Wirtschafts- und Lebensformen

Es lassen sich, entsprechend den geographischen Bedingungen, **drei verschiedene Wirtschafts- und Lebensformen** in Westafrika unterscheiden: die *Nomaden* (Voll- und Halbnomadismus), die *Savannenbauern* und die *Waldlandbauern*.

Nomadismus

Charakteristische Wirtschafts- und Lebensform in der **Sahelregion** (Dornbuschsavanne und Halbwüste) ist der **Hirtennomadismus**. Die Niederschläge sind zu gering, um einen einigermaßen rentablen Ackerbau zu betreiben. Die Lebensgrundlage der Hirtennomaden ist daher die **Viehzucht**; sie haben ihr Leben völlig auf die Bedürfnisse der Tiere abgestimmt und ziehen mit ihren Vieh- (Kamele, Rinder, Schafe und Ziegen) Herden über die weiten Grasfluren von Wasserstelle zu Wasserstelle, d. h. sind gezwungen, ständig ihren Wohnort zu wechseln. Entsprechend „leicht" müssen ihre Behausungen sein; meist sind es nur Zelte bzw. in der heißesten Zeit nur Strohhütten.

Die **Fulbe** und **Tuareg** (s. a. Kapitel Bevölkerung) sind (neben den überwiegend in Mauretanien lebenden Mauren) als typische Nomaden der Sahel-Sudanzone anzusehen. Je nach Jahreszeit ziehen die Tuareg mit ihren Kamelen und Ziegen, die beide bekanntlich sehr anspruchslos sind, zwischen Sahara und Sahel hin und her.

Kamele dienen den Tuareg an erster Stelle als **Transportmittel** durch die Wüste, und erst an zweiter Stelle haben sie wirtschaftliche, politische und soziale Bedeutung. Je größer die Herde eines Targui (Sing.), desto größer ist sein Ansehen. Für das Überleben sind jedoch Ziegen und Schafe als Fleisch- und Milchlieferant von größerer Bedeutung (obwohl die Tuareg auch Kamelmilch trinken). Die Tuareg der Sahara, die „Ritter der Wüste", sind Vollnomaden und lassen Getreide entweder in den Oasen von Hörigen produzieren oder betreiben **Tauschhandel** (ein paar Ziegen oder Schafe gegen ein paar Säcke Getreide).

Generell wandern die Nomaden in der Trockenzeit (Oktober – Januar) Richtung Süden, an den Rand der Sahelzone und in den letzten Jahren auch weit in die Sudanzone hinein, auf der Suche nach Weideland für ihre Herden. In der Regenzeit ziehen sie dann wieder nach Norden, wo bald nach den ersten Regengüssen zahlreiche Gräser und Kräuter wachsen. Für die rinderhaltenden Hirtennomaden Westafrikas ist die „**zyklische Weidewanderung**" typisch, d.h. sie durchstreifen in der Regel nur ein relativ begrenztes Gebiet in unmittelbarer Nähe von Wasserstellen und Brunnen.

Statt des Vollnomadismus, wie in der Sahara üblich, bei dem die Nomadenfamilien das ganze Jahr unterwegs sind, ist vor allem in der Sahel-Sudanzone mehr der sogenannte Halb-Nomadismus anzutreffen, d.h. ein Teil der Familie (meist die Frauen oder die Älteren) lebt (während der Regenzeit) seßhaft und beschäftigt sich mit dem Anbau von Hirse, während die Männer mit den Viehherden durch die Gegend ziehen. Dadurch sind den Nomadenfamilien nicht nur die wichtigsten Nahrungsmittel Milch, Butter und Käse „gesichert", sondern auch noch die Hirse. Man nimmt an, daß die Milchverwertung erst relativ spät aufgekommen ist, d.h. erst für die Vollnomaden von großer Bedeutung wurde, während die früheren

Hirtenvölker sich noch stärker von Jagd und Sammelwirtschaft ernährten. Viele Fulbe-Hirten, die ihre Viehherden während der letzten Dürrekatastrophen verloren hatten, sind damals seßhaft geworden, um überleben zu können.

Savannenbauern

Ganz anders sieht es dagegen in der **Sudanzone** (Trocken- und Feuchtsavanne) aus, wo **Regenzeit-** und **Überschwemmungsfeldbau typische Wirtschaftsformen** darstellen, ergänzt von **Großviehzucht.** Hier werden die Tiere jedoch weniger als Fleisch- und Milchlieferanten gehalten, sondern dienen mehr als Opfertiere bzw. als Kapitalanlage. Esel hält man als Lasttiere und Pferde als Reittiere, Schweine hingegen nur da, wo der Islam den Genuß ihres Fleisches nicht verbietet. Der Mist dient als Dünger für die Felder. Entlang den Flüssen kommt auch dem Fischfang große Bedeutung zu. Im Niger, Senegal und Volta findet man neben dem bekannten Kapitänsfisch auch Karpfen, Hechte, Flußschollen, Welse und Aale.

Das **Obernigergebiet** gilt als **Kerngebiet des ältesten Bauernvolkes**, der *Mande (s. a. Kapitel: Bevölkerung).* Als **wichtigste Vertreter des traditionellen Bauerntums** Westafrikas, das sich angeblich bereits vor 500 Jahren aus dem Sammler- und Jägertum in der Sudanzone entwickelt haben soll, gelten heute die **Senufo** und **Dogon** (Altnigiriter) sowie die **Wolof, Bambara** und **Songhay** (Neusudanische Völker). Nach G.P. Murdock sollen zur gleichen Zeit, als sich in Ägypten ein „Frühbauerntum" entwickelte (5000–4500 v.Chr.), auch am Oberlauf des Niger bereits die ersten Kultivierungsbemühungen stattgefunden haben. Hauptanbauprodukte sind heute die traditionellen Hirsearten sowie Reis, Mais, Bohnen, Erdnüsse, Yams, Sesam und Baumwolle. Als alkoholisches Getränk wird Hirsebier gebraut. Die ausgeprägten Regen- und Trockenzeiten bestimmen den jahreszeitlichen Rhythmus von Anbau und Ernte. Mit der Vorratshaltung in Getreidespeichern ist das ganze Jahr über für eine mehr oder weniger ausreichende Ernährung gesorgt. **Wichtigstes Werkzeug** für die Bestellung der Felder ist die Hacke. **Brandrodungsbau** ist in der Savannenregion weit verbreitet. In der Trockenzeit werden Bäume gefällt und als Feuerholz getrocknet und Gras und Büsche dann abgebrannt, wobei die Asche als Dünger dient. Während das Urbarmachen des Savannenbodens (durch

Targui beim Wasserholen

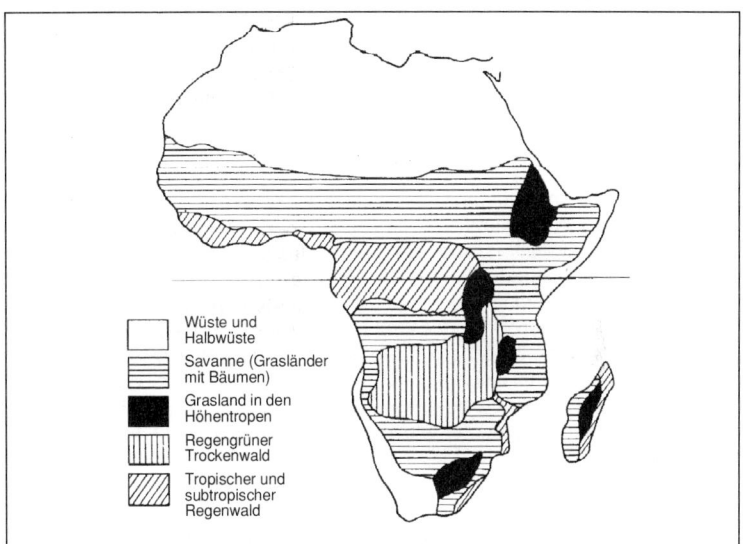

Die Vegetationszonen (nach g.P. Murdock, op. cit)

Buschfeuer etc.) Aufgabe der Männer ist, sind die Frauen überwiegend für das Pflanzen und für die Aussaat zuständig. Gelegentlich helfen jedoch auch die Männer beim Pflanzen, Jäten und Ernten. Düngung erfolgt auch heute noch überwiegend „organisch" mit Abfällen, Mist und menschlichen Exkrementen. Feldbewässerung war lange Zeit unbekannt und wird in verstärktem Maße durch Entwicklungshelfer eingeführt. Die fruchtbarsten Gebiete befinden sich vor allem an den Ufern von Flüssen bzw. Seen und in den Überschwemmungsgebieten.

Normalerweise sind mehrjährige Brachezeiten für die Regenerierung des Bodens notwendig; aufgrund des starken Bevölkerungswachstums ist dies längst nicht mehr durchführbar, weshalb es zu einer schnelleren Erschöpfung des Bodens kommt, was zu großen Problemen in weiten Teilen Westafrikas geführt hat *(s. a. Kapitel: Desertifikation)*.

Waldlandbauern

In dem letzten von allen Landschaftszonen besiedelten Gebiet, dem **immergrünen Regenwald**, ist der **Dauerfeldbau** die **typische Wirtschaftsform**, ergänzt durch **Jagd, Kleintierzucht** (Hühner und Schweine) und **Sammelwirtschaft**.

Die Haltung von Großvieh ist wegen des Klimas und der *Tsetsefliege* so gut wie unmöglich; lediglich eine gegen *Trypanosomiasis* (Schlafkrankheit) relativ resistente Rinderart ist gelegentlich dort anzutreffen.

Dem **Fischfang** kommt in dieser Wirtschaftsform als Eiweißlieferant eine besondere Bedeutung zu. Die Frauen sind neben der Kleintierzucht und dem Sammeln von Früchten hauptsächlich für das Pflanzen, Jäten und Ernten zuständig. Während früher nur kleine Flächen des Regenwaldes für die **Feldgewinnung** gerodet wurden, um die *Banane* (Hauptnahrungsmittel), verschiedene Hirsearten und Knollenfrüchte wie *Yams, Taro und Maniok* anzubauen, werden jetzt immer größere Gebiete kahlgeschlagen bzw. brandgerodet, wo dann neben verkohlten Urwaldriesen in zartem Grün Maniokpflänzchen sprießen. Die dünne Humusschicht wird dann jedoch sehr leicht von den heftigen Regengüssen weggeschwemmt, da das dichte Wurzelwerk, das den Boden „zusammenhält", fehlt.

Der **Boden** der tropischen Regenwälder selbst **enthält nur wenig Nährstoffe** und ist daher darauf angewiesen, daß er von den ständig herunterfallenden Blättern und Pflanzenteilen immer wieder mit frischen Nährstoffen versorgt wird. Fehlt dieser „schützende" Wald, so ist der Boden nach kurzer Zeit erschöpft, was die meisten dort ansässigen sogenannten Waldlandbauern nicht weiter stört, solange sie immer noch ein Stück Wald zum Roden finden. Sie sind es gewohnt, daß der Regenwald mit seinem üppigen Wachstum uneingeschränkt Nahrung liefert und ziehen dann einfach weiter. Früher war genug Platz und genug Zeit für die Natur, sich zu erholen. Heutzutage ist aufgrund des erhöhten Bevölkerungszuwachses kaum noch Raum für „Wanderungen", und der Wald hat keine Zeit, sich zu regenerieren. Dadurch wurde der ursprüngliche Wald im Laufe der Zeit durch einen sogenannten Sekundärwald ersetzt.

Bauerngehöfte in Gambia

Geschichte Westafrikas

Vor- und Frühgeschichte

Lange bestand das **Vorurteil**, Afrika sei ein **„geschichtsloser Kontinent"**, da schriftliche Aufzeichnungen weitgehend fehlen und nur wenige Funde aus ur- und frühgeschichtlicher Zeit vorlagen. Erst in unserem Jahrhundert sind einige Ausgrabungen gemacht worden, die darauf schließen lassen, daß der afrikanische Kontinent als **„die Wiege der Menschheit"** anzusehen ist. Alle dem Homo sapiens vorausgegangenen Entwicklungsstadien sind auf dem afrikanischen Kontinent nachgewiesen worden, wobei sich die meisten Fundstellen in Ost- und Südafrika befinden.

Der afrikanische Kontinent spielt in der Menschheitsentwicklung die entscheidende Rolle, und man nimmt an, daß es während der Eiszeit in Nordeurasien in Afrika mehrere Regenperioden *(Pluvialzeiten)* gab, welche im Gebiet der heutigen Sahara eine Savannenlandschaft mit entsprechender Jägerkultur entstehen ließen.

Zu **Beginn der Jungsteinzeit** wurde wahrscheinlich ganz Westafrika von einer negriden Bevölkerung bewohnt. Bereits vorher (10 000 vor unserer Zeitrechnung) war in bestimmten Gebieten Ostafrikas ein **hohes Niveau prähistorischer Kultur erreicht** (Faustkeile, steinerne Lanzenspitzen, Knochenharpunen und polierte Mahlsteine); auf 5000 v. u. Zt. werden verschiedene Töpferwaren und Gefäße aus bearbeitetem Stein datiert. Die frühesten menschlichen Überreste mit negroiden Zügen *(Mensch von Asselar)* wurden im *Wadi von Tilemsi*, 200 km nördlich von *Gao* (Mali) gefunden. Die von *Henri Lhote* bei *Arlit* gefundenen Skelette wurden ebenfalls auf etwa 4000 Jahre vor unserer Zeit datiert.

Zu Homers Zeiten, etwa 800 v. Chr. erschien „Africa" das erste Mal auf einer griechischen Weltkarte.

Die **Phönizier** sollen bereits um 500 v. Chr. an der Küste Marokkos und Mauretaniens mit den dort ansässigen Afrikanern gehandelt haben; erste karthagische Stützpunkte sind aus dieser Zeit nachgewiesen. Die Gründung Karthagos erfolgte um 800 v. Chr. und anschließend die Kolonisierung der nordafrikanischen Küste.

Die **Römer** faßten etwa 150 v. Chr. das erste Mal in Afrika Fuß. Anfangs bezeichneten sie die Einwohner Karthagos als „Africani", und später dann alles Land westlich Ägyptens als „Africa". Nach dem Sieg über Karthago (146 v.Chr.) unternahmen sie auch die ersten Exkursionen in die Sahara. Eine Durchquerung der Sahara war jedoch erst möglich, als das Kamel um die Zeitenwende (aus Asien) eingeführt wurde. Die Araber hatten bereits im 7. Jh. vor Chr. intensive Beziehungen zu den Bewohnern Ostafrikas. Da die Nachfrage nach afrikanischen Produkten (vor allem Gold) sowohl im Mittelmeerraum als auch in der arabischen

Eine Karawane zieht nach Timbuktu Abb. nach einer Zeichnung von H. Barth

Welt sehr groß war, wurde das Netz der Karawanenstraßen zwischen dem Maghreb und Westafrika immer dichter. Die Bewohner Westafrikas dagegen waren an dem Salz aus den Minen der nördlichen Sahara interessiert sowie an wertvollen Stoffen und Luxusgegenständen.

Bevor die Portugiesen im 15. Jh. die Guineaküste entdeckt hatten, stellten der *Maghreb* und die *Sahara* die einzigen Zugangswege nach Westafrika dar. Im europäischen Mittelalter führten zahlreiche arabische Händler und Geographen große Reisen nach Afrika durch. **Timbuktu** und **Gao** waren damals **wichtige Handelszentren**. Teilweise wagten sich die arabischen Händler bis an die Grenze des Regenwaldes vor, wo die Tse-Tse-Fliege eine große Gefahr für Last- und Transporttiere darstellte.

Als *Vasco da Gama* Ende des 15. Jh. auf seinem Weg nach Indien den afrikanischen Kontinent umsegelte, wurden die gesamten Umrisse Afrikas bekannt. Aber erst die Forschungs- und Entdeckungsreisenden des 18./19. Jh. sorgten dafür, daß auch das Landesinnere erforscht wurde.

Entdeckungsreisende in Westafrika

Vor 200 Jahren war das Innere Afrikas für die Europäer noch eine „terra incognita". Afrika, der „dunkle" Erdteil, **unerforschte Wildnis**, voll unabsehbarer Gefahren! Das war das Bild von Afrika. Im Jahre 1788 wurde dann in London die „African Association for promoting the discovery of the interior parts of Africa" gegründet; sie rüsteten vier Expeditionen aus, die jedoch alle scheiterten. Der britische Major *Houghton*, der den Lauf des Niger erforschen sollte, wurde unterwegs ermordet. Deshalb beauftragte die *African Association* den damals erst 22jährigen schottischen Arzt *Mungo Park*, den Verlauf des Nigerflusses zu erkunden. Am 22. Mai 1795 verließ er die senegalesische Küste Richtung Osten und erreichte ein Jahr später bei *Segou* den *Niger*, wo er seine Vermutung bestätigt fand, daß der Niger, der „große Fluß der Schwarzen", der schon seit *Ptolemäus* bekannt war, nach Osten und nicht, wie bis dahin angenommen, nach Westen fließt. Bei seiner zweiten Reise von 1805–1806 kam er in den Bussa-Stromschnellen (heutiges Nigeria) ums Leben, ohne die Niger-Mündung erreicht zu haben.

Andere Forschungsreisen (von *Clapperton, Denham* und *Oudney*) folgten einige Jahre später, brachten jedoch in der Niger-Frage keine neuen Informationen und Erkenntnisse. Schließlich gelang es *Dixon, Denham, Hugh und Clapperton*, von Tripolis in den Zentralsudan vorzudringen und Sokoto zu erreichen; Clapperton näherte sich anschließend mit *Richard Lander* von der Guineaküste aus Richtung Norden dem Niger, wo er 1827 an der Ruhr starb. Die Verbindung der nördlichen mit der südlichen Reiseroute war damit hergestellt. Lander unternahm anschließend (1830) zusammen mit seinem Bruder John eine weitere Reise, bei der er von *Bussa* als erster den Niger abwärts bis zur Mündung fuhr. Die **Quelle des Niger** entdeckten der Franzose *Marius Moustier* und der Schweizer *Josua Zweifel* erst im Jahre 1879. Der Schotte *Gordon Laing* erreichte als **erster Europäer** die sagenumwobene Stadt **Timbuktu**, wurde jedoch auf dem Rückweg ermordet. Bereits ein Jahr später (1828) gelang es dem Franzosen *René Caillé*, als Maure verkleidet, die Handelsmetropole Timbuktu zu besuchen. Der deutsche Historiker, Geograph und Naturforscher *Heinrich Barth*, der von 1850–1856 den Sahel und Sudan bereiste, erweckte mit seinen Reisebeschreibungen großes Aufsehen in Europa. Er hatte in Timbuktu Manuskripte von arabischen Geschichtsschreibern gefunden und konnte als erster Europäer auf die **bemerkenswerte Geschichte und Kultur der schwarzafrikanischen Völker** hinweisen.

Mit dem Eintreffen der Europäer im 16. Jh. begann eine Entwicklung, die zur verhängnisvollen Ausbeutung eines ganzen Kontinents führte. Portugiesen, Spanier, Holländer, Engländer und Franzosen errichteten entlang der Küsten (Senegal und Guineaküste) Handelsstützpunkte, von wo aus der **Sklavenhandel in die Karibik und nach Südamerika** organisiert wurde.

Heinrich Barth (1821–1865)

44 Land und Leute

Frühe Handels- und Königreiche

Die ältesten westafrikanischen Reiche entwickelten sich in der westlichen Sudanzone.

Man nimmt an, daß ein Teil der Bevölkerung die allmählich austrocknende Sahara verließ und sich weiter im Süden in die grünen Savannen zurückgezogen hat, während einzelne Gruppen von berberischen Nomaden und Reitern sich an die Lebensbedingungen in der Wüste angepaßt haben.

Das Pferd wurde irgendwann durch das Kamel (Dromedar) ersetzt, sodaß die Berber auch unter den extremeren Bedingungen den Handel und Verkehr zwischen dem westlichen Sudan und der Mittelmeerküste auf mehr oder weniger festgelegten Reiserouten aufrechterhalten konnten.

Dieses **dauerhafte Handelssystem** zwischen Nord- und Westafrika führte zur Erweiterung alter und **Gründung neuer Märkte**. Am südlichen Ende der **Karawanenstraßen** bildeten sich seit dem 5. Jh. n. Chr. sogenannte **Handelsreiche**, nämlich die westlichen Sudanreiche **Ghana, Mali, Songhay** und **Kanem-Bornu**.

Das Königreich Ghana entstand am Ausgang der westlichen Karawanenstraße, die zum Teil der prähistorischen Reiseroute durch die westliche Sahara entspricht. Das Königreich Songhay lag am Endpunkt der Karawanenstraße von Tripolis nach Gao, und Kanem befand sich am Ende der östlichen Karawanenstraße von Ägypten und dem Fezzan (Libyen) zum Tschadsee.

Später dehnten die Kaufleute das Handelsnetz des Transsahara-Handels bis in die Region des Regenwaldes aus und errichteten neue Märkte und Umschlagplätze.

Königreiche im westlichen Sudan

Das Reich Ghana

Das älteste westafrikanische Großreich Ghana (die ehemalige Kolonie Goldküste hat diesen Namen übernommen ohne irgendwelche geschichtlichen oder kulturellen Zusammenhänge) entstand etwa 600 n.Chr. im Gebiet der **Soninke**, zwischen den Flüssen Senegal und Niger. Den Überlieferungen nach sollen die ersten Herrscher dieses Reiches „Weiße" (Berber?) gewesen sein. Seine Märkte waren wichtige **Umschlagplätze für den Handel** zwischen Nordafrika und den Gebieten südlich der Sahara. Groß war die Nachfrage nach Gold im Norden und ebenso groß der Bedarf an dem lebensnotwendigen Salz bei den Bewohnern des westlichen Sudan; daneben wurden andere westafrikanische Waren wie **Elfenbein, Ebenholz, Halbedelsteine, Baumwollstoffe, Lederwaren und Straußenfedern** gegen Glasperlen, Messing, Kupfer, Seide und Pferde aus dem Maghreb eingetauscht. Das Salz kam aus den **Minen** von *Idjil und Teghaza*, während das **Gold** Ghanas vor allem in *Bambuk*, südwestlich des Reiches, oder in *Galam* geschürft wurde. Zahlreiche Sklaven wurden damals als Arbeiter in die Salinen verschickt, ohne jegliche Hoffnung auf Rückkehr.

Das Monopol im Goldhandel machte Ghana zu einem reichen Land, so reich, daß der arabische Reisende *Ibn Hawkal*, der Westafrika im Jahre 977 bereiste, schrieb: „Der König von Ghana ist der reichste König der Erde."

Aufgrund neuer archäologischer Forschungen nimmt man an, daß es sich bei den in **Koumbi Saleh** freigelegten Ruinen um die Überreste der einstigen Hauptstadt des Königreiches Ghana handelt (etwa 100 km südwestlich der mauretanischen Stadt Néma gelegen). Im 11. Jh. schrieb der Araber *El Bekri*, daß die Hauptstadt Ghanas aus zwei Stadtteilen bestehe; in dem einen wohnten die islamischen Gelehrten und Kaufleute und im anderen der König mit seinem Hofstaat. Im moslemischen Stadtviertel soll es 12 Moscheen gegeben haben und viele Gärten, und der König soll in einem prunkvoll eingerichteten Schloß mit Glasfenstern gewohnt haben. Die Bauern bewässerten ihre Felder und schöpften das Wasser aus befestigten Süßwasserbrunnen. Gold sei überall im Überfluß vorhanden. Der König erhob Steuern und Wegzölle nach festen Tarifen, und es gab einen Verwaltungsapparat, der die Waren kontrollierte.

Der Ghana-König *Kaya Maghan Ciss*, auch Ciss Tunka genannt, der 790 als erster schwarzer König den Thron bestieg, vergrößerte das Reich. Unter dieser Dynastie, die vom 9.–11. Jh. dauerte, erlebte Ghana den Höhepunkt seines Reichtums und seiner Macht. Mitte des 11. Jh. setzte allmählich der Zerfall ein, als *Abdullah Ybn Yassin* versuchte, in fanatischem Eifer die Bewohner zu einem strengen islamischen Glauben zu bekehren. Der Überlieferung zufolge zog er sich auf eine Insel im Senegal zurück, wo er ein Kloster gründete, *Almorabétin* (= die vom Kloster), woraus später der Name *Almoraviden* abgeleitet wurde. (Diese Almoraviden werden Mitte des 11. Jhs. zur Herrscherdynastie in Marokko.)

Im Jahre 1052 kämpften die Almoraviden gegen Ghana, etwas später eroberten sie *Aoudaghost*; die Hauptstadt *Koumbi Saleh* konnten sie erst 1076 einnehmen. Königspalast und große Teile der Stadt wurden zerstört, die Bewohner zum islamischen Glauben gezwungen. Diese Jahre waren eine Zeit der Plünderungen und Verwüstungen. Lange konnten die Almoraviden jedoch ihre Macht nicht aufrechterhalten und zogen sich wieder zurück. Die Herrschaftsstrukturen des alten Ghana-Reiches waren jedoch entscheidend geschwächt; zahlreiche Teilkönigtümer und Stadtstaaten lösten sich vom Reich. Mit dem Zerfall Ghanas flohen viele Stämme, die den neuen Glauben nicht annehmen wollten, wie *Wolof, Bambara, Songhay und Akan*, Richtung Süden; die *Fulbe* zogen sich ins Niger-Binnen-Delta und in die Bergländer Guineas zurück.

Weiter im Osten war ein anderes Handelsreich, das von **Kanem-Bornu** entstanden, das vom 9. Jh. bis ins 19. Jh. existierte (1846 verließ der letzte König seinen Thron). Anstelle von Gold wurden hier **Baumwolle und Edelhölzer** gegen **Salz und Kupfer** eingetauscht.

Das Reich Mali

Nach dem Königreich Ghana entstand **im Land der Malinke** (Mande) das **Großreich Mali**, das zu einem der berühmtesten mittelalterlichen Staatswesen im westlichen Sudan wurde.

Nach dem Zusammenbruch Ghanas gelang es dem sagenumwobenen Mande-König *Sundiata* (Mari Djata = „Löwe von Mali") in der großen Schlacht bei *Kirina* im Jahre 1235, die Oberhand zu gewinnen und das Reich Ghana zu erobern. Und nachdem er *Koumbi Saleh* (1240) völlig zerstört hatte, ließ er *Niani*, die neue Hauptstadt des Mali-Reiches, errichten. Als eigentlicher Gründer des Mali-Reiches, das schon seit dem 11.Jh. als kleines Fürstentum unter der Vorherrschaft Ghanas existierte, wird *Moussa Keita*, der von

1200–1218 regierte, angesehen. Sundiata gelang es jedoch während seiner Regierungszeit, das Reich erheblich zu vergrößern, bis es sich vom Futa Djalon im Westen bis ans Nigerbinnendelta im Osten erstreckte. In seinem Gebiet lagen die **Goldminen von Bambuk und Wangara**. Sundiata ließ auch den Anbau von Baumwolle einführen und unterstützte damit die wirtschaftliche Entwicklung dieser Region. Neben dem Islam wurden auch die traditionellen religiösen Kulte toleriert.

Der berühmteste und **mächtigste aller Mali-Herrscher** war *Mansa Moussa* oder *Kankan Moussa,* der 1312 den Thron bestieg. Als er im Jahre 1324 seine legendäre Pilgerreise nach Mekka antrat, verteilte er angeblich in Mekka so viele Goldstücke, daß der Goldpreis inflationsartig sank und sich erst 12 Jahre später wieder einigermaßen erholte. Kankan Moussa förderte die kulturellen und kommerziellen Beziehungen zwischen Ägypten und Mali. Von einer seiner Pilgerfahrten brachte er zahlreiche arabische und ägyptische Gelehrte und Wissenschaftler mit. **Timbuktu und Djenné** waren damals nicht nur wichtige Umschlagplätze des Transsaharahandels, sondern auch wichtige kulturelle Zentren des Reiches. Moussa brachte auch den arabischen Architekten *Es Saheli* mit, der den **sudanesischen Baustil** schuf. In Timbuktu baute Es Saheli neue Moscheen, Minarette und Lehmpaläste mit Holzdecken und Terrassen. Neben den vielen arabischen Händlern kamen auch zahlreiche Koranlehrer in die Städte des Sudan, die die arabische Schrift mitbrachten und eine **verstärkte Islamisierung** bewirkten. Der islamische Glaube war jedoch lange Zeit lediglich die Religion der Oberschicht und der Gelehrten, während die Masse der Bevölkerung weiterhin ihre traditionellen Kulte praktizierte. Diese Epoche ist als das „**Gol-**

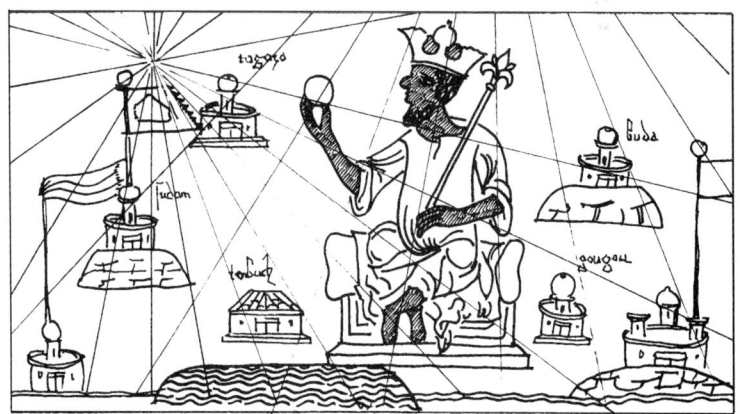

Mansa Musa hält eine Goldkugel – Symbol für den Wohlstand seines Königreiches Mali – in der Hand (Katalanische Karte, 1375)

dene Zeitalter", als Zeit des Friedens und Wohlstands in die Geschichte eingegangen und wird auch heute noch überall im Sudan von den *Griots* besungen. Kankan Moussa war sogar im damaligen Europa bekannt, wie eine europäische Karte aus dem 14. Jh. zeigt; dort ist er als „Herr der Neger von Guinea" mit Zepter und Krone abgebildet. Als Kankan Moussa im Jahre 1335 starb, war das Reich auf dem Höhepunkt seiner Macht und erstreckte sich in West-Ost-Richtung von der Atlanikküste bis an die Grenzen des heutigen Nigeria und von der Sahara bis zum tropischen Regenwald.

Mit **Beginn des 15. Jh.** setzte langsam der **Verfall des berühmten Mali-Reiches** ein; es konnte sich nicht mehr erfolgreich gegen die Angriffe der umliegenden Völker wie *Songhay, Mossi, Bambara, Fulbe und Tekrur* wehren. Im 18. Jh. waren von der einstigen Hauptstadt *Niani* nur noch ein paar Ruinen übrig.

Die ehemalige französische Kolonie „Soudan Francais" gab sich nach erlangter Unabhängigkeit im Jahre 1960, in Erinnerung an dieses einst mächtige Königreich den Namen Mali.

Das Reich Songhay

Während die Macht des Mali-Reiches immer mehr verblaßte, gewann die **Handelsstadt Gao** an Einfluß und wurde zum Zentrum eines neuen Reiches, das Mali bald in den Schatten stellte. Die *Songhay* haben die Stadt Gao wahr-

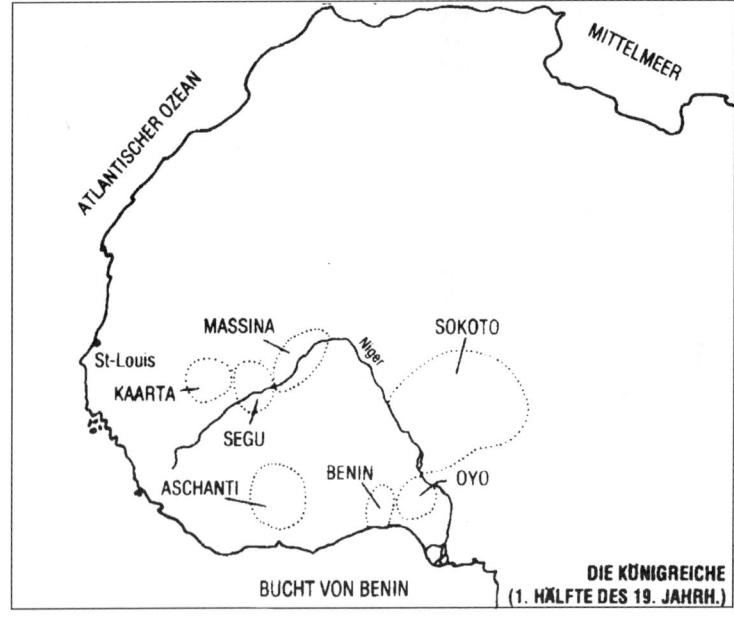

DIE KÖNIGREICHE (1. HÄLFTE DES 19. JAHRH.)

scheinlich schon im 8. oder 9. Jh. in Besitz genommen. Ihre Herrscher traten bereits im 11. Jh. zum Islam über, bewahrten jedoch auch ihren alten Glauben. Der berühmteste von ihnen war *Sonni Ali* oder *Ali Ber*, der von 1464 bis 1492 regierte. Ihm gelang es, das Reichsgebiet erheblich zu vergrößern. Als der Stadtstaat Gao im 14. Jh. von Mali vereinnahmt wurde, konnte er sich relativ schnell wieder von der Fremdherrschaft befreien und anschließend das Mali-Reich unterwerfen. Neben einigen Feldzügen gegen die sich immer mehr ausbreitenden Fulbe mußten die Songhay in den Jahren 1477 bis 1483 auch häufig gegen die Mossi kämpfen, die immer wieder in das Nigerbinnendelta einfielen. Als Sonni Ali im Jahre 1492 starb, war Songhay das führende Reich im Sudan. Unter seinem Nachfolger *Askia Mohammed Ture* (auch „Askia der Große" genannt), der von 1493 bis 1528 regierte, erlebte das Songhay-Reich seine eigentliche Blütezeit. Auch er konnte das Staatsgebiet erheblich erweitern. Gegen Ende seiner Regierungszeit war es zu einem Riesenreich angewachsen, das den größten Teil des heutigen Senegal, Mali, Mauretanien und Niger umfaßte.

Erst die marokkanische Invasion gegen Ende des 16. Jh. brachte den Zusammenbruch des Songhay-Reiches.

Die Bambara-Reiche
Segou und Kaarta

Mit dem Untergang des Songhay-Reiches gewannen die *Bambara*, ein animistisches Volk von Ackerbauern und Kriegern, wieder ihre Unabhängigkeit und auch zunehmend an Bedeutung. Zu Beginn des 17. Jh. hatten sich an den Ufern des Niger zwei Reiche gebildet, die öfter im Streit miteinander lagen: im Westen das der Bambara von **Segou**, im Osten das Reich der Bambara aus **Kaarta**. Im Gegensatz zur Bevölkerung von Mali und Songhay sind die Bambara bis zur Kolonisierung durch die Franzosen ihrem alten animistischen Glauben treu geblieben.

Fulbe-Staaten

Seit dem 11. Jh. breiteten sich die Fulbe, ein **viehzüchtendes Nomadenvolk**, vom Senegal immer weiter in der westlichen Sudanzone aus. Auf ständiger Suche nach guten Weideplätzen für ihre Rinderherden wanderten sie von der Sahara im Norden bis zum Regenwald im Süden hin und her. Durch strikt eingehaltene **Endogamie** (Binnenheirat) konnten sich die Hirten bis heute einen sehr reinen anthropologischen Typus erhalten und durch ihre allein auf den Herden basierende Ernährungsweise eine relativ starke Autonomie bewahren, (s. a. Kapitel Bevölkerung). Zum Teil haben sie sich aber auch niedergelassen und mit den seßhaften, negriden Bauern vermischt. Im Senegal sind auf diese Weise die *Tukulor* und die *Toronke* entstanden sowie durch die Vermischung von Fulbe mit Malinke die *Fulanke*. Die in zahlreiche Sippen zersplitterten Fulbe hatten sich in relativ kurzer Zeit über den ganzen Sahel-Sudan ausgebreitet. Die massenhafte Bekehrung zum Islam stellte die treibende Kraft für die Expansion der Fulbe im 19. Jh. dar. Die neue Religion hatte nicht nur eine einigende Wirkung, sondern vermittelte den Fulbe auch ein Gefühl der Überlegenheit gegenüber den im alten Glauben verhafteten Bauern. Im 18. Jh. hatten die Fulbe dann bereits mehrere Hegemonien geschaffen, die von historischer Bedeutung werden sollten: der Fulbestaat **Futa Toro** im Norden des heutigen Senegal, **Futa Djalon** im heutigen Guinea, **Massina** im heutigen Mali, **Liptako** im heutigen Burkina Faso, **Sokoto** im Norden des heutigen Nigeria und **Adamaua**, ein riesiges Gebiet im Norden des heutigen Kamerun. Jahrhundertelang hatten die Fulbe in begrenzten Gebieten unter Vorherrschaft der damaligen sudanischen Reiche gelebt, bis es zu Beginn des 19. Jh. der Dynastie des **Bari-Clans** gelang, die Unabhängigkeit zu erlangen. Der 1754 im *Haussastaat Gobir* geborene Fulbe *Osman dan Fodio* versuchte den sudanesischen Bauernmassen den neuen Glauben gewaltsam aufzuzwingen und führte von **1804–1810 den „Heiligen Krieg"** *(Djihad)* gegen die Haussastaaten. Er schlug nicht nur die Haussa in die Flucht, sondern unterwarf auch noch mehrere Fürstentümer der Haussa. Danach zog er sich nach Sokoto zurück. Eine andere wichtige Figur war der 1775 in Massina geborene *Amadou Bari* (später auch Amadou Sekou genannt), der an den Feldzügen Dan Fodios im Haussaland teilgenommen hatte. Ahmadou Sekou war als frommer Moslem bekannt, der sich streng an die religiösen Vorschriften hielt; er wurde daher auch „Herrscher der Gläubigen" genannt. Sekou führte ein Steuersystem ein, das ihm die Unterhaltung einer gut funktionierenden Verwaltung und Armee ermöglichte. In der im heutigen Nordkamerun gelegenen Fulbe-Niederlassung machte *Adama* als frommer Moslem und Schriftgelehrter, aber auch als großer Diplomat und Heerführer von sich reden. Alle Ungläubigen wurden verfolgt und zum Teil in Gefangenschaft genommen; das eroberte Land bekam den Namen *Adamaua*. (Das *Massif de L'Adamaoua* erinnert noch heute an diese „Mission".) Die bewegte Geschichte der Fulbe-Reiche, gekennzeichnet von zahlreichen blutigen Glaubenskriegen, nahm mit dem Vordringen der Europäer in die Sudanzone im ausgehenden 19. Jh. ihr Ende.

Königreiche am Oberen Volta
Mossi

Die Mossi, ein Kriegervolk, sind etwa im 11. Jh. von Osten her in ihr heutiges Wohngebiet eingedrungen. Dort kam es am Oberlauf des Volta zur Gründung mehrerer Staaten *(Dagomba, Mamprusi, Wagadugu, Wahiguya und Tenkodogo)*, die sich bis in die französische Kolonialzeit erhalten haben. **Charakteristisch** für die **Königreiche der Mossi** sind (ähnlich wie bei den Bambara) das in Afrika häufig anzutreffende **animistische Brauchtum** (Ahnen- und Erdkulte) und die göttliche Verehrung der Herrscher („sakrales Königtum"). D. h. an der Spitze der Feudalgesellschaft mit Sklaven, Bauern und Adligen stand ein „sakraler" König, der *Mogho-Naba*. Als allein Gott unterstellter, souveräner Herrscher war er Gebieter über Leben und Tod. Sein Hofstaat bestand aus mehreren Hundert Frauen sowie Ministern, Leibwächtern und Sklaven. Bemerkenswert ist auch das hochentwickelte Verwaltungssystem. Man ist sich nicht einig, ob diese Mossi die Vorfahren der heute in Burkina Faso lebenden Volksgruppe der Mossi sind. Nominell regiert der *Mogho-Naba* auch heute noch; sein Hof befindet sich in Ouagadougou (s.a. Kapitel: Burkina Faso), wo ihm nach wie vor große Verehrung entgegengebracht wird. Dem *Naba Ubri* gelang es gegen Ende des 15. Jh., die autochthone Bevölkerung zu unterwerfen oder zu vertreiben (wie z.B. die Dogon) und das Königreich *Ubritenga* (Land des Ubri) in *Wagadugu (Ougadaougou)* zu gründen, das mit zahlreichen Fürstentümern umgeben war. Die Mossi konnten sich gegen die Expansionsbestrebungen der Mali- und Songhay-Herrscher erfolgreich zur Wehr setzen (im 14. Jh. plünderten sie sogar Timbuktu) und auch den verstärkten Islamisierungsversuchen aus dem Norden sowie den aus dem Süden einfallenden Sklavenjägern erfolgreich Widerstand leisten. Gegen Ende des 19. Jh. leiteten bürgerkriegsähnliche Zustände jedoch den Verfall des Mossi-Reiches ein und erleichterten den Franzosen die Intervention.

Dagomba

Das westafrikanische Bauernvolk der Dagomba, die heute am weißen Volta (Nord-Ghana) leben und mit den Mossi (sprachlich) verwandt sind, sollen der Überlieferung zufolge ebenfalls ein blühendes Staatswesen unter König *Niakse* gegründet haben; wichtigste Zentren waren die Hauptstadt *Yendi* sowie *Tamale* und *Gambaga*. Im 18. Jh. fiel es jedoch den Expansionsbestrebungen der *Ashanti* zum Opfer. Bis zur Kolonisierung durch die Engländer im Jahre 1874 mußten die Dagomba einen jährlichen Tribut in Form von Sklaven an die Ashanti zahlen. 1894/95 wurde das Gebiet von Deutschen Truppen besetzt, und es entstand die Kolonie Togo.

Küstenkönigreiche
Ashanti

Die Ashanti gehören zur Gruppe der *Akan* und kamen wahrscheinlich ursprünglich aus den Savannen nördlich der Regenwaldzone, wo sie in unmittelbarer Nachbarschaft der Dagomba lebten *(s. o.)*. Nachdem die ihre politische Unabhängigkeit erlangt hatten, zogen sie nach Süden in ihre heutigen Wohngebiete (Umgebung von *Kumasi*/Ghana). Seit dem 11./12. Jh. hatten die *Ashanti* mehrere Fürstentümer gegründet und im Laufe der Zeit durch Bündnisse und Eroberungen immer mehr autochthone Stämme assimiliert. Das im 17. Jh. von *Osei Tutu* gegründete **Ashanti-Reich** war **mächtig** genug, um den **größten Teil des heutigen Ghana fast 200 Jahre lang zu beherrschen**. Als Symbol für den Zusammenschluß der Völker ließ sein Priester, *Okomfo Anokya*, nach Anrufung des Himmels einen goldenen Stuhl (*sikadwa*) auf die Knie des Königs gleiten. Dieser „Goldene Stuhl" der Ashanti, der die Seele der Nation verkörpert, und als Personifizierung der beiden ersten *Ashantihene* (Könige) angesehen wird, sollte später in der Begegnung mit den Europäern eine große Rolle spielen. Zu den königlichen Insignien gehörten neben dem goldenen Stuhl auch der Ehrenthronbaldachin, ein Schild aus Elefantenhaut sowie eine mit Gold eingefaßte Trommel.

Die Ashanti spielten sowohl im innerafrikanischen als auch **im internationalen Sklavenhandel eine dominierende Rolle**, hatten sie doch im Sklavenhandel ein sehr einträgliches Geschäft entdeckt.

Seit Beginn des 18. Jh. waren die Ashanti der Hauptlieferant für die englischen und holländischen Sklavenhändler. Als Mittelsmänner dienten die benachbarten *Fanti*, mit denen sie ständig in Streit lagen. Als die Ashanti einen Vorstoß zur Küste wagten, um den ganzen Handel unter Kontrolle zu bekommen, versperrten die *Fanti* ihnen den westlichen Zugang zum Meer, sodaß

Menschenopfer in Dahomey, hist. Darstellung nach einem Bericht von M. Repin, einem franz. Marinearzt.

sie sich auf den östlichen beschränken mußten. Unter dem König *Osei Osibe Kwamina* erlebte das Ashanti-Reich im 19. Jh. seine Blütezeit. Sein Einflußgebiet erstreckte sich über den größten Teil des heutigen Ghana, über das Gebiet der Mossi und der Kong (im heutigen Burkina-Faso und im nördlichen Teil der Elfenbeinküste).

Bereits 1470 wurde von Portugiesen das erste Fort *Saint-Georges de la Mine (El Mina)* errichtet; weitere folgten in *Axim* und *Accra*. Von Elmina aus betrieb man intensiven Handel mit Gold und den im Fort festgehaltenen Sklaven. 1637 fiel die Festung jedoch in die Hände der Holländer. Die Schweden gründeten Forts in *Takoradi, Cape-Coast, Ossu* und *Christiansborg* (Accra). Nach den ersten internationalen Einschränkungen des Sklavenhandels im Jahre 1807, die den Ashanti ihre wirtschaftliche Grundlage entzogen, waren sie mit den Engländern in 70 Jahre dauernde Auseinandersetzungen verwickelt. 1874 besetzten die Engländer *Kumasi*, die Hauptstadt der Ashanti, und gründeten die Kronkolonie „Goldküste". Die nördlich des Ashanti-Reiches gelegenen Gebiete standen nun unter britischem Protektorat, doch blieben die Ashanti selbst noch unabhängig.

Erst 1902 wurde das ganze Ashanti-Reich britische Kronkolonie, und der *Ashantihene* (König) blieb bis zur Unabhängigkeit im Jahre 1957 Titualherrscher.

Das Königreich der Ashanti wurde Teil der Republik Ghana. Die *Akan* sind bekannt für ihre künstlerischen Fähigkeiten (vor allem Goldschmiedekunst, Messingverarbeitung, Holzbildhauerei, Weben).

Dahomey

Zur gleichen Zeit wie das Reich der Ashanti erlebte auch das im Jahre 1625 gegründete **Fon-Königreich Dahomey** seinen politischen Aufstieg. Es verfügte ebenfalls über eine gute militärische und wirtschaftliche Organisation. Unter *Agadscha* (1807–1732) erreichte das Königreich Dahomey sein größtes internationales Ansehen. Er stellte auch eine weibliche Truppe auf. Dahomey lag bis ins 19. Jh. in ständigem Krieg mit seinen Nachbarn, den *Yoruba*, welche ebenfalls Zugang zum Meer und zum einträglichen Sklavenhandel haben wollten. 1698 verwüsteten sie *Porto Novo* und machten das Königreich Dahomey tributpflichtig. Der Fürst *Ghezo* (1818–1858) kam durch einen Staatsstreich an die Macht. Seine lange Regierungszeit sollte für Dahomey die erfolgreichste sein, denn er schuf eine straffe Verwaltung im Innern und versuchte, langsam den Sklavenhandel durch den Handel mit Palmöl abzulösen. Doch der Handel mit Sklaven blühte noch eine Zeitlang weiter. Es kam zur Gründung des Dorfes *Kotonu* (Cotonou), das ebenfalls zum Umschlagplatz für Sklaven wurde.

In der Hauptstadt *Abomey* sollen angeblich anläßlich großer Feste zu Ehren des gefürchteten Herrschers zahlreiche Menschenopfer dargebracht worden sein.

Yoruba

Die Vorfahren der *Yoruba* sind wahrscheinlich aus dem Gebiet des oberen Nil in ihr heutiges Gebiet eingewandert, wo sie sich zum Teil mit der dort lebenden Bevölkerung vermischt haben bzw. diese unterwarfen. Das Reich der Yoruba lag östlich von Dahomey, seine Hauptstadt war *Oyo*. Es war um einiges älter als die Reiche Ashanti und Dahomey, löste sich jedoch gegen Ende des 18. Jh. bereits wieder auf.

Sklavenhandel (1441–1880)

Die Haltung von Haussklaven und Zwangsarbeit war **bereits in den afrikanischen Königreichen** des Mittelalters **üblich**; die Sklaven hatten jedoch in dem „afrikanischen System" gewisse Rechte (durften Frauen und Kinder sowie privates Eigentum haben) und wurden relativ gut behandelt (körperliche Züchtigung brauchten sie nicht zu befürchten). Und die Herren hatten ihnen gegenüber ganz bestimmte Pflichten zu erfüllen; meist wurden die Sklaven auch nach einiger Zeit in die Familie aufgenommen, und erhielten eine gewisse politische Macht, indem sie als Verwalter von Provinzen eingesetzt wurden.

Der von Europäern seit dem 15. Jh. an der westafrikanischen Küste betriebene Sklavenhandel sah dagegen ganz anders aus. Während die Portugiesen zunächst nur an Gold, Elfenbein und Gewürzen interessiert waren, wurde es **an europäischen Höfen bald Mode, schwarze Bedienstete zu haben,** womit der lukrative **Handel mit Menschen** begann. Und als gegen Ende des 16. Jh. *Kolumbus* Amerika entdeckt hatte, eröffneten sich ganz neue Perspektiven. Für die harte Arbeit auf den großen Zuckerrohrplantagen in Mittel- und Südamerika wurden jede Menge Arbeitskräfte benötigt, wofür die robusten Afrikaner wesentlich besser geeignet waren als die einheimischen

Indios. Damit war der internationale Sklavenhandel zwischen Europa, Afrika und Amerika eröffnet. Organisiert wurde dieser Handel von großen Handelsgesellschaften, wie z.B. der „Westindischen Kompanie" oder der „Kompanie des Kap Verde und des Senegal", die sich zum Teil Handelsmonopole entlang der Küste sicherten. Wichtige Häfen dieses Dreieckshandels waren Amsterdam, Liverpool, Bordeaux und Nantes. Europäische Produkte wie Glasperlen und Eisen, Branntwein und Gewehre gingen nach Afrika; Gold, Elfenbein, Kautschuk wurden direkt zurück nach Europa transportiert, während das wertvolle „Ebenholz", wie die Sklaven von den Sklavenhändlern ironisch genannt wurden, in Maßangaben wie Tonnagen nach Amerika verschifft wurden. Produkte aus Übersee, wie Zucker, Rum, Kaffee und Gewürze, gingen im Austausch dafür nach Europa.

„Als die ersten europäischen Seefahrer in die Bai von Guinea kamen und bei Whida das Land betraten, waren die Kapitäne sehr erstaunt, sorgfältig angelegte Straßen zu sehen, auf vielen Meilen ohne Unterbrechung eingefaßt von angepflanzten Bäumen; Tagesreisen weit nichts als mit prächtigen Feldern bedecktes Land, Menschen in ...Gewändern aus selbstgewebten Stoffen... eine bis ins Kleinste durchgeführte Ordnung großer wohlgegliederter Staaten, machtvolle Herrscher, üppige Industrien, Kultur bis ind ie Knochen!... Aber Amerika brauchte Sklaven, schiffsladungsweise... Der Menschenhandel erforderte eine Rechtfertigung... so wurde der Neger zu einem Halbtier gemacht, zu einer Ware. Die Vorstellung vom barbarischen Neger ist eine Schöpfung Europas." (Leo Frobenius, 1933)
Während der monatelangen Fahrt nach Amerika hockten die Sklaven an Hän-

Das Innere eines Sklavenschiffes; nach einer Zeichnung des Malers Moritz Rugendas, 1835

den und Füßen gefesselt, dicht gedrängt in den dunklen Schiffsbäuchen der Schiffe. Und obwohl man durch entsprechende Anweisungen versuchte, die Verluste während des Transports so gering wie möglich zu halten, starben viele während der Überfahrt aufgrund mangelnder Hygiene und grassierender Seuchen. (Eine beeindruckende Schilderung dieses Menschenhandels bzw. Transports gibt der Roman „Roots".)

Bevor die Sklaven verschifft wurden, waren sie oft monatelang in einem der Forts an der Küste (z. B. Porto Novo) unter ähnlich unmenschlichen Bedingungen zusammengepfercht worden. Dicht gedrängt wie Sardinen in einer Büchse standen sie (manchmal 1000) in einem Raum, den sie fast nie verlassen durften. Die „Scheiße" stand ihnen meist bis zu den Knien und wurde erst ausgeräumt, wenn sie eine bestimmte Markierung an der Wand erreicht hatte; auch inzwischen verstorbene Sklaven wurden bei dieser Gelegenheit entfernt.

Bei den von den Afrikanern an die Europäer gelieferten Sklaven handelte es sich zunächst um in Stammesfehden gemachte Gefangene oder um sogenannte Kriminelle; später machten auch bezahlte Afrikaner systematisch Jagd auf Sklaven. Im Austausch erhielten die „Jäger" von den Europäern u.a. die begehrten Feuerwaffen, die ihnen später auch bei der Verteidigung gegen die Europäer dienen sollten. Im 17./18. Jh. hatte sich der „Menschenhandel" sowohl für die Europäer als auch für die Afrikaner zu einem lukrativen Geschäft entwickelt, was zu einer Wiederbelebung der alten Reiche wie Ashanti, Dahomey und Yoruba führte. Der afrikanische Binnenhandel wurde immer stärker vernachlässigt, da man sich immer mehr auf den Seehandel konzentrierte. Im Senegal war die **Insel Gorée** (wo man heute noch die Sklavenhäuser besichtigen kann) Hauptverschiffungsort für Sklaven. Das größte **Sklavenhandelszentrum** war im 18. Jh. jedoch im **Yoruba-Land** wo durch die vielen Stammesfehden zahlreiche Sklaven gemacht wurden. Die Ashanti an der Goldküste galten als die am meisten gefürchteten Sklavenjäger. Sie verkauften die Sklaven an die Fanti, die sie als Zwischenhändler dann an die europäischen Kaufleute verkauften, welche (aus Sicherheitsgründen) meist in einiger Entfernung vor der Küste ankerten.

Die Zahl der in vier Jahrhunderten (von 1441–1880) deportierten Afrikaner wird sehr unterschiedlich eingeschätzt. Manche nehmen an, daß etwa 10 Mio. lebend die andere Seite des Atlantik erreichten, andere gehen von 60 Mio. aus, wobei die Zahl derer, die den Transport nicht überlebten, noch hinzuzurechnen ist. Nicht zu vergessen die „indirekten" Opfer des Sklavenhandels, denn häufig wurden eine beträchtliche Anzahl Erwachsener und Kinder von den Sklavenjägern einfach niedergemetzelt, und solche Dörfer, die ihrer männlichen Erwachsenen beraubt wurden, waren kaum in der Lage, noch für das Lebensnotwendige zu sorgen, ganz zu schweigen von der Zerstörung der Intelligenz und des Wissens ganzer Generationen. Ganze Landstriche wurden auf diese Weise entvölkert. Im 17./18. Jh. lieferten die Goldküste und die benachbarte Sklavenküste (heutiges Benin) den größten Teil der Ladungen an wertvollem „Ebenholz"; der Kongo und Angola lieferten ebenfalls bedeutende Sklavenkontingente. Zu dieser Zeit lag der Sklavenhandel überwie-

56 Land und Leute

Ausschiffung von Sklaven nach Brasilien. (Hist. Zchng. von Moritz Rugendas)

gend in den Händen der Engländer. Später im 19.Jh., als der Sklavenhandel bereits offiziell verboten war, sollte das Nigerdelta eine wichtige Rolle im Sklavenschmuggel spielen, der von sogenannten „Halbpiraten" durchgeführt wurde, die unter keiner nationalen Flagge fuhren.

Schon gegen Ende des 18. Jh. wurden in Europa immer mehr Stimmen gegen den Menschenhandel laut.

1815 hatte der **Wiener Kongreß** die **Aufhebung der Sklaverei** zwar verkündet, Frankreich schaffte sie in seinen Kolonien aber erst 1848 ab.

England hatte bereits 1772 den Sklavenhandel im eigenen Land verboten und 1807 auch in seinen Kolonien; aber erst wesentlich später (z. T. erst um 1900) wurden alle Sklaven des Britischen Empires befreit.

Und dann stellte sich ein neues Problem. Was sollte mit den befreiten Sklaven geschehen? Wohin mit ihnen? Etwa 10 000 ehemalige Sklaven siedelte man in Sierra Leone (Freetown) wieder an, nachdem man aus dem Gebiet kurzerhand eine britische Kronkolonie gemacht hatte. Zwischen den eingeführten Sklaven (sogenannten „Kreolen") und der einheimischen Bevölkerung entstand jedoch kein gutes Verhältnis. Auch die „American Colonization Society" hatte die **Wiederansiedlung freigelassener Sklaven in Afrika zum Ziel**, und da man davon ausging, daß sich Afrikaner überall in Afrika zu Hause fühlen, kaufte man ein Stück Land, gründete die Stadt Monrovia, wo ebenfalls einige heimgebrachte Sklaven angesiedelt wurden.

Diese Niederlassung bekam unter dem Namen **Liberia** (1839) den Status eines Staates, der von einem afrikanischen Gouverneur verwaltet wurde, zunehmend an Autonomie gewann und bereits im Jahre 1847 die Unabhängigkeit erlangte.

Neben den humanistischen Bestrebungen spielten jedoch gegen Ende des 18. Jh. auch klare wirtschaftliche Interessen ein Rolle. Mit dem Beginn der industriellen Revolution wurden in England und Frankreich, Belgien, Holland, in den USA sowie im Deutschen Reich immer mehr Rohstoffe gebraucht und gleichzeitig auch neue Absatzmärkte für die Industrieprodukte gesucht.

Während Europa und die USA aus dem Sklavenhandel erhebliche Gewinne zogen, die den Aufbau von Industrieanlagen sowie eine rasche technische Entwicklung ermöglichten, führten jahrhundertelanger Menschenhandel und die anschließende hemmungslose wirtschaftliche Ausbeutung durch die Kolonialmächte zur hoffnungslosen Verarmung vieler afrikanischer Länder. Somit steht der „Reichtum" Europas in direktem Zusammenhang mit der „Armut" Afrikas.

Kolonialmächte in Afrika

Vom 16. bis 19. Jh. errichteten Holländer, Briten, Franzosen, Schweden, Dänen und Brandenburger zahlreiche Niederlassungen und Handelsstützpunkte entlang der Küste Westafrikas. 1626 kam es zur Gründung der **französischen Westafrika-Kompanie,** und die Franzosen ließen sich im Senegal nieder, errichteten Festungen und Dörfer, nahmen die holländischen Stützpunkte *Gorée* und *Rufisque* ein; dafür nahmen die Holländer den Engländern ihre Forts an der Goldküste weg. Generell bekämpften sich die Europäer in ihrer Gier gegenseitig, häufig kaperten sie fremde Schiffe und eroberten fremde Forts. 1663 errichteten die Engländer in Gambia das **Fort James.** Das 1657 von den Schweden gegründete *Fort Cape Coast* (Ghana) wurde später von den Dänen übernommen, die auch (1657) das *Schloß Christiansborg* (bei Accra) errichteten. 1677 schickte Friedrich Wilhelm von Brandenburg eine Expedition nach Afrika und ließ an der Goldküste ebenfalls ein Fort bauen.

Nachdem durch die zahlreichen Forschungsreisen (s. o.) das Innere des „unheimlichen", afrikanischen Kontinents etwas erhellt worden war, begann zwischen Franzosen und Engländern der Wettlauf um militärische Kontrolle und ökonomische Einflußgebiete im afrikanischen Hinterland. Die Franzosen, die vom Senegal, ihrer ältesten Kolonie in Westafrika, immer weiter nach Osten vordrangen, hatten gegen erheblichen Widerstand der Afrikaner zu kämpfen. Die Engländer breiteten sich von ihren Stützpunkten an der Goldküste immer weiter nach Norden aus. Gegen Ende des 19. Jh. kam es dann zwischen den europäischen Mächten zur Balgerei um Afrika (scrambel for Africa), was in der Berliner Kolonial-Konferenz (1884) gipfelte, wo die Kolonialmächte Afrika in sogenannte „Einflußgebiete" einteilten.

Der Sahel-Sudan, Elfenbeinküste, Guinea und Dahomey (heutiges Benin) wurden „französisch", Nigeria, Goldküste und Sierra Leone „britisch", während Togo und Kamerun an die Deutschen fielen. Später wurden dann durch gegenseitige Abkommen die eigentlichen Kolonialgrenzen festgelegt, über die Köpfe der Afrikaner hinweg, unabhängig von ethnischen Gruppierungen oder afrikanischen Herrschaftsgebieten. Die heutigen politischen Grenzen der westafrikanischen Staaten weichen nur in geringem Maße von den damals geschaffenen Grenzen ab.

Während die Zeit von **1880–1900** eine **Periode der Eroberung und Besetzung** war, können die Jahre von **1900–1920** als **Zeit der „Befriedung" und Etablierung der Kolonialherrschaft** angesehen werden. Dabei wurden in den einzelnen Kolonien zwei verschiedene Verwaltungssysteme, die der „direkten" und der „indirekten" Herrschaft entwickelt. Die Engländer versuchten „Könige" und „Häuptlinge" als vertrauenswürdige Mittelsmänner für eine indirekte Verwaltung *(indirect rule)* zu finden. Die Franzosen, die in langen, blutigen Kriegen letztendlich die Unterdrückung der Völker erreicht hatten, neigten eher dazu, die überlieferten Autoritätsstrukturen völlig zu zerstören und alle Macht in die Hände eigener Offiziere zu legen. Und dort, wo lokale Herrscher beibehalten wurden, residierten sie, der politischen Macht enthoben, mehr oder weniger nur nominell.

Die **Kolonien** in Afrika waren für Frankreich hauptsächlich ein **Reservoir an Menschen**, aus dem man im Kriegsfall jede Menge Soldaten rekrutieren konnte. Und in beiden Weltkriegen stellten die tapferen „Senegalesen", wie die schwarzen Soldaten ungeachtet ihres Herkunftslandes genannt wurden, einen beträchtlichen Teil der französischen Streitkräfte. Hunderttausende von Afrikanern kämpften auf den Kriegsschauplätzen Europas und Nordafrikas, um nach Kriegsende mit einer kleinen Pension *(Gloriole)* in ihre Heimat zurückzukehren.

Mit den Portugiesen kamen im 15. Jh. auch einige Nutzpflanzen wie Kassava, Mais, Kartoffeln, Erdnüsse, Reis und Yams (sowie Mango und Banane) nach Afrika, die man damals noch nicht kannte und die als Verpflegung für die Sklaven während der Überfahrt angebaut wurden, da die einheimischen Waldfrüchte und der Trockenfisch nicht ausreichten. Manchen mag es verwundern, daß diese heute als afrikanische Grundnahrungsmittel bekannten Produkte nicht afrikanischen Ursprungs sind.

Die Kolonialzeit hat jedoch auch einige Vorteile für die jeweiligen Länder gebracht. Auch wenn in den französischen Kolonien der Schwerpunkt auf der Landwirtschaft lag und die Anlage von Monokulturen (Erdnuß, Baumwolle, Ka-

Fort Friedrichsburg (hist. Darstellung)

kao und Kaffee) verheerende Folgen nach sich ziehen sollte *(s. a. Kapitel: Desertifikation)*, so ist die Infrastruktur zumindest in den landwirtschaftlich interessanten Gebieten erheblich erweitert worden. Zahlreiche Straßen und die Bahnlinie von Dakar nach Bamako wurden in „freiwilliger" Arbeit gebaut. Im französischen Sudan begann das „Office du Niger" im Jahre 1929 ein umfangreiches Bewässerungsprogramm im Nigerbinnendelta, das den Anbau von Reis und Baumwolle ermöglichte. 25 000 ha Savannenlandschaft wurden auf diese Weise für eine intensive Bewirtschaftung erschlossen. Da die einzelnen Kolonien je nach Region sehr unterschiedlich „entwickelt" waren, kam es zu einer erheblichen **Abwanderung von Arbeitskräften aus dem Hinterland in die großen Städte** bzw. in die Küstenregionen.

Daneben wurde auch auf den **Ausbau des Gesundheits- und Bildungswesens** großer Wert gelegt; auf dem Land entstanden die ersten Krankenhäuser sowie kleinere Sanitätsstationen (Dispensaires). Die tropischen Krankheiten wurden studiert und Methoden zur Bekämpfung entwickelt; außerdem Impfkampagnen in großem Ausmaß durchgeführt, womit die Gelbfieberepidemien zum Beispiel fast völlig verschwanden. Auf dem Bildungssektor wurden neben den ersten Realschulen, Gymnasien und Hochschulen auch die ersten staatlichen Dorfschulen errichtet. Zusammen mit den vielen kirchlichen Einrichtungen im Gesundheits- und Bildungswesen sorgten sie für die Herausbildung einer kleinen intellektuellen Schicht, die später in der Unabhängigkeitsbewegung sehr aktiv war. Während die Engländer eher dazu tendierten, das Unterrichtsniveau dem afrikanischen Milieu anzupassen, war bei den Franzosen die Erziehung der Afrikaner auf die Vermittlung der französischen Kultur ausgerichtet, wozu meist auch ein Studienaufenthalt in Frankreich gehörte.

Die Phase der Kolonisierung durch die Europäer stellt zwar nur einen kurzen Abschnitt in der Geschichte Afrikas dar, doch hat sie den Kontinent entscheidend verändert. Mit ihrer Kolonialpolitik griffen die Europäer zum Teil sehr tief in das traditionelle Leben der afrikanischen Völker ein. Durch die Berührung mit der europäischen Kultur setzten **Akkulturationsprozesse** ein, in deren Verlauf das traditionelle afrikanische Gesellschaftsgefüge aufgelöst und zerstört, alle bisher gültigen Werte umbewertet wurden, was eine große Verunsicherung mit sich brachte, die auch heute noch überall zu spüren ist. Während frühere Fremdeinflüsse eher assimilierbar waren, bewirkten die Einflüsse der Kolonialmächte den völligen **Zusammenbruch der traditionellen afrikanischen Gesellschaft**.

Dekolonisierung und Unabhängigkeit

Für das Aufkommen eines verstärkten „Unabhängigkeitsbedürfnisses" sowie eines **afrikanischen Nationalbewußtseins** spielten verschiedene Ereignisse eine wichtige Rolle. Zunächst waren es die beiden Weltkriege, wo die Afrikaner als „französische Soldaten" auf andere Europäer schießen mußten. Dies veränderte erheblich ihr Bild von den „weißen Herren". Außerdem kamen die Intellektuellen, die in Frankreich studiert hatten, mit den Ideen von Freiheit, Gleichheit und Brüderlichkeit in Berührung, sie lernten progressive Politiker kennen, die gegen die Kolonialpolitik waren. Für die Emanzipation der Afrikaner waren außerdem Schriftsteller wie *Leopold Sédar Senghor* und *David Diop* von großer Bedeutung, die mit ihrer Dichtung *(négritude)* den Afrikanern zu einem neuen Selbstverständnis verhalfen und den Europäern die Möglichkeit boten, Einblick in die Situation der Afrikaner zu gewinnen.

Nach dem Zweiten Weltkrieg verbreitete sich die anti-kolonialistische Stimmung über die ganze Welt, weshalb sich die Kolonialmächte unter dem Druck der Weltöffentlichkeit gezwungen sahen, eine andere Politik einzuschlagen. Außerdem waren die USA durch den Zweiten Weltkrieg zur Weltmacht Nr. 1 geworden, hatten aber keine Kolonien. Ihre Haltung gegen Kolonialismus hatte zum Ziel, die Einflußgebiete der „alten", geschwächten Kolonialmächte England und Frankreich auf andere Weise „in den Griff" bekommen zu können – durch den Konsum- bzw. „Coca-Cola-Imperialismus".

Die Engländer strebten eine allmähliche Hinführung zur Selbstverwaltung an, während Frankreich eine Assimilierung der Afrikaner praktizierte, indem es zum Teil schwarze Abgeordnete ins Parlament nahm, wie z. B. *Blaise Diagne* und *Lamine Gueye* aus Senegal sowie den späteren Präsidenten von Senegal, *Léopold S. Senghor,* oder den heutigen Präsidenten der Republik Elfenbeinküste, *Felix Houphouët-Boigny*. Eine kleine Gruppe von schwarzen Intellektuellen stellte somit die Keimzelle für ein neues afrikanisches Bewußtsein dar; ihre Ideen fanden jedoch erst nach dem Zweiten Weltkrieg Resonanz in der afrikanischen Bevölkerung.

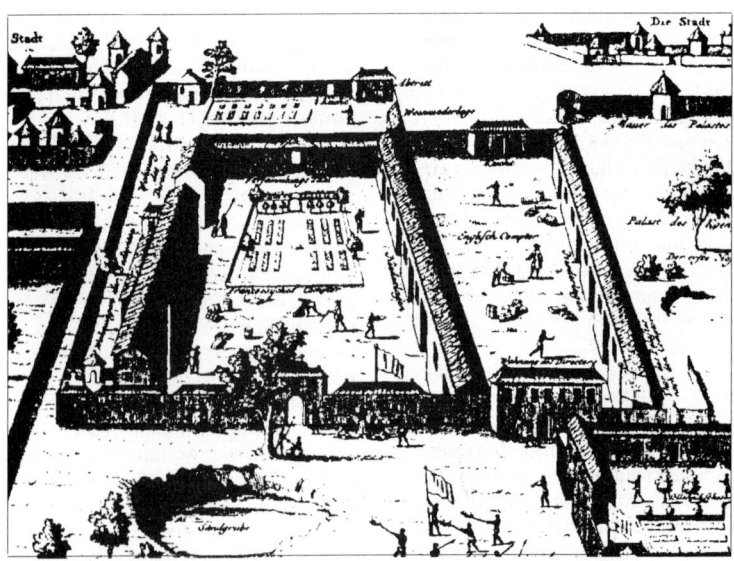

Europäisches Kontor (Handelsplatz) im 18. Jh. in Dahomey (hist. Darstellung)

Frankreich und England versuchten den Widerspruch zwischen „imperialem Ehrgeiz" und der „Idee der Freiheit" dahingehend zu lösen, daß sie als „rechtmäßiger Vormund" ihre „minderjährigen Völker" auf die „Volljährigkeit" hinführen wollten. Die Vorstellungen darüber, wie dies zu erreichen sei, gingen jedoch weit auseinander.

Die Engländer waren bereit, ihre Kolonien langsam in den Zustand völliger Autonomie zu führen, wobei jedoch die wirtschaftlichen Beziehungen sowie die Treue zur britischen Krone aufrechterhalten werden sollten.

Die Franzosen hatten die Vorstellung von einer „Union" freier und gleichberechtigter Bürger mit derselben Sprache (Französisch!) und denselben Rechten. In welchem Zeitraum jedoch diese Entwicklung zur Gleichstellung vollzogen werden sollte, darüber gingen die Meinungen weit auseinander. Nachdem zunächst die **Forderung nach Gleichberechtigung** in den Kolonien laut wurde, kam bald darauf der **Wunsch nach Unabhängigkeit** von der Kolonialmacht. Als Marokko und Tunesien im Jahre 1956 die Unabhängigkeit erlangten, wurden auch in den westafrikanischen Ländern diese Bedürfnisse nach Unabhängigkeit stärker. Die Kolonie Goldküste erlangte 1957 unter *Kwame Nkrumah* ihre Unabhängigkeit und wurde bei dieser Gelegenheit in Erinnerung an das alte sudanesische Reich in Ghana umgetauft. Guinea ernannte sich im Jahre 1958 zur unabhängigen Republik, was einen Zusammenschluß Senegals, des Französisch Sudan (heutiges Mali), Obervolta (heutiges Burkina Faso) und Dahomey (heutige Republik Benin) zur „Mali-Föderation" im Jahre 1959 bewirkte. Und im selben Jahr wurde der „Soudan-Française" unter *Modibo Keita* zur Republik Mali erklärt und *Léopold S. Senghor* zum Präsidenten der Republik Senegal gewählt. Ein Jahr später folgten die Unabhängigkeitserklärungen von Obervolta (heutiges Burkina Faso), Elfenbeinküste, Niger, Togo und Dahomey (heutiges Benin).

Missionare

Zu Beginn des 19. Jh. kamen die ersten Missionare an die malariaverseuchte Küste Westafrikas, die daher auch gern „das Grab des weißen Mannes" genannt wurde. Nur wenige der protestantischen oder katholischen Geistlichen hielten es lange dort aus bzw. überlebten ihren Aufenthalt. Im Jahre 1825 sollen an der Westküste allein 52 Missionare dem „Fieber" erlegen sein. Aber es fanden sich immer wieder neue Freiwillige, die ohne jeden Zweifel an ihrem Tun versuchten, in ihrem missionarischen Eifer aus den „wilden, schwarzen Heiden" „richtige Menschen" zu machen. Bei der Taufe bekamen die Afrikaner christliche Namen und mußten ihre traditionellen afrikanischen Namen ablegen. Meist wurden sie auch gezwungen, europäische Kleidung zu tragen, da die „afrikanische" Kleidung (Hüfttuch, Lendenschurz etc.) nicht „keusch" genug war. Neben der Errichtung von Schulen und Krankenstationen betrieben die Missionare zum Teil intensive Sprachstudien und erstellten Grammatik- und Wörterbücher für die wichtigsten afrikanischen Sprachen. Um 1900 gab es kaum Gebiete ohne Missionare. Durch das starke **Engagement im Bildungssektor** und der Heranbildung einer christlich erzogenen Elite trugen sie auch zur **Entstehung antikolonialer Denkrichtungen** bei.

Bevölkerung

Völker und ethnische Gruppen Westafrikas

Afrika kann zwar mit Sicherheit als die **„Wiege der Menschheit"** angesehen werden, jedoch ist die Urgeschichte der afrikanischen Bevölkerung ungeklärt. Man nimmt an, daß die Sahara zu Zeiten, als sie noch grün war, unter anderem von den negroiden Vorfahren der heutigen Pygmäen und Buschmänner bewohnt wurde. Mit dem Beginn der Trockenperiode (vor allem ab ca. 3000 v. Chr.) begannen dann **endlose Völkerwanderungen**. Von Norden her drangen „Weißafrikaner" immer weiter südlich in die Siedlungsgebiete der negro-afrikanischen Bauernvölker vor und vertrieben die damals dort lebende schwarze Bevölkerung immer weiter in den Urwald und in ihre heutigen Lebensräume. Durch Karawanenhandel und kriegerische Eroberungszüge drangen seit alten Zeiten entscheidende kulturelle Einflüsse aus dem Mittelmeerraum in den Sudan, aber auch aus dem Osten kamen orientalische Einflüsse nach „Schwarzafrika". Es entstanden zahlreiche große neusudanische Reiche und einflußreiche Königtümer (s. a. Kapitel: Geschichte).

Um sich vor Versklavung bzw. Islamisierung zu schützen, zogen sich einige Bevölkerungsgruppen in abgelegene, meist bergige und unwegsame Regionen (z. B. in die Falaise von Bandiagara) zurück.

Aufgrund der starken Wanderbewegungen ist die **Rassenvermischung** der verschiedenen Völker in Afrika zu allen Zeiten sehr groß gewesen, die „schwarze" Bevölkerung kann daher nicht als homogen und klar definierbare Einheit angesehen werden.

Weißafrikaner

Als wichtigste Vertreter der hellhäutigen Bevölkerung Westafrikas sind (neben den überwiegend in Mauretanien lebenden Mauren) die in der Sahara und der im Süden angrenzenden Sahelzone als Hirtennomaden lebenden Tuareg und Fulbe anzusehen.

Die Tuareg

Die *Tuareg* (sing. *Targi* für den Mann und *Targia* für die Frau) sind mit ihren Kamelkarawanen und der geheimnisvoll wirkenden Gesichtsverschleierung als **„Blaue Ritter der Wüste"** bekannt geworden.

Sie selbst bezeichnen sich als *Imuschagh,* was „Freie", „Unabhängige" bedeutet. Der Name Tuareg leitet sich wahrscheinlich von dem arabischen Wort „Targa" ab, der alten Bezeichnung für das Gebiet des heutigen Fezzan. Man schätzt ihre Gesamtzahl auf 350 000 und unterscheidet mehrere Gruppen (Kel heißt „Leute von"): die *Kel Ahaggar* oder *Ihaggeren* (Hoggar-Massiv), die *Kel Ajjer* (im Tassilin Ajjer-Massiv), die *Kel Adrar* (od. Iforas) (im Bergland des Adrar des Iforas), die *Asben* oder *Kel Air* (Air-Gebirge), *Kel Antessar* (Gegend von Timbuktu), die *Ullemeden* (Ullimiden), *Iwellemmeden* oder *Aullimiden* (im Sahel der Republik Niger) und die *Usalen* (südl. des Niger). Abstammung und Ursprung der Tuareg sind zwar noch ungeklärt, man nimmt jedoch an, daß sie von den Berbern abstammen; ihre Sprache ist das **Ta-**

Tuareg in Nord-Mali

maschek *(Tamahak)*, eine **Berbersprache** mit eigener Schrift, dem **Tifinagh** oder *Tifinar*.
Durch die Invasion arabischer Beduinen im 11. Jahrhundert aus Nordafrika waren die Tuareg gezwungen, weiter nach Süden, in die Sahelregion, zu ziehen, und später auch südlich des Niger. Ähnlich wie andere Hirtenvölker haben auch die Tuareg ein **Gesellschaftssystem mit starker hierarchischer Gliederung**. Die Macht liegt in den Händen der hellhäutigen Adeligen *(Imoschag / Imusaren / Imajeren)*, die durch ihre stolze Körperhaltung auffallen. Ihre große Eitelkeit spiegelt sich sowohl in der Kleidung als auch im Schmuck wieder.
In Abhängigkeit von den Adligen stehen die **Vasallen,** die von ihren Herren **Imrad** (Sing. Amerid) genannt werden (= ungehobelter Vasalle) und wahrscheinlich von den autochthonen berberischen Ziegenhirten abstammen, die bei Eroberungszügen unterworfen wurden. Sie selbst nennen sich *Kel Ulli* (Ziegenleute). Sie beschäftigen sich auch hauptsächlich mit der Aufzucht der Ziegen, Schafe und Rinder, während der Besitz von Kamelen früher das Privileg der Adligen war, die vor allem kriegerische Tätigkeiten ausführten, wie Raubzüge, Kontrolle der Karawanenstraßen oder selbst Karawanen durch die Wüste führten. Eine Hacke in die Hand zu nehmen stand (und steht auch heute noch vielfach) unter der Würde der Adligen. Als sie nach den letzten Dürrekatastrophen ihre Herden verloren hatten, gingen einige Tuareg zum Betteln in die Städte, nur wenige wurden seßhaft und betrieben Akkerbau. Der jährliche Tribut (Getreide, Vieh, Häute etc.), den die Vasallen früher an ihre Herren zu zahlen hatten, ist seit der Kolonialzeit weitgehend abge-

schafft. Viele Vasallen gelangten durch Viehzucht und Handel zu Wohlstand, während die Adligen mehr und mehr verarmten. Bei einigen Gruppen der Tuareg, die im Sahel leben, ist die soziale Trennung zwischen Adligen und Vasallen bereits aufgehoben.

Die Vasallen haben im Vergleich zu ihren Herren stark negroide Züge, und die **Sklaven (Iklan)** bilden die dritte wichtige Klasse der Tuareg-Gesellschaft. Die Iklan leben als abhängige Bauern in den Oasen der Sahara, wo sie für ihre Herren Getreide anbauen bzw. in den adligen Familien die Hausarbeit machen. Die Sklaven wurden, wenn auch von ihren Herren eher verachtet, recht gut behandelt, denn sie hatten jederzeit die Möglichkeit, den Herrn zu wechseln. Seit der Kolonisierung sind die Sklaven jedoch weitgehend unabhängig von ihren ehemaligen Herren.

Buzu oder Bella heißen die **Sklaven der Sahel-Tuareg**, die meist einfache, schwarze Kleidung tragen.

Eine zum Teil verachtete, zum Teil geschätzte gesellschaftliche Gruppe stellen die **Schmiede** *(Ineden)* dar; sie sind ebenfalls negroid und bearbeiten Metall und Holz, stellen Waffen, Werkzeuge und Schmuck her. Aufgrund ihrer magischen Fähigkeiten (und ihrer Heilkunst) sind sie zum Teil auch sehr gefürchtet.

Die soziale Stellung der Heiligen *(Marabouts)*, der moslemischen Korangelehrten, von den Tuareg *Ineslemen* genannt, ist in den einzelnen Gruppen sehr unterschiedlich. Sie führen als Träger von geistigen, heilbringenden Kräften (baraka) religiöse Riten durch und helfen bei der Auslegung der Korangesetze sowie als Schiedsrichter bei Streitigkeiten.

Die Tuareg sind zwar seit ihrer ersten Berührung mit dem Islam Moslems, jedoch ist aus früheren Zeiten der Glaube an Naturgeister und an magische Kräfte (z. B. den „Bösen Blick") lebendig geblieben.

Die meisten Tuareg-Familien ziehen mit ihren Herden in unmittelbarer Umgebung ihrer Lägerplätze umher, nur wenige von ihnen betreiben noch mit ihren Kamelkarawanen *(Azelai)* Salzhandel.

Während die in der Sahara lebenden Gruppen vorwiegend Kamele züchten, halten die in der Sahelregion überwiegend Ziegen und Schafe und nur gelegentlich Rinder. Milch, Butter, Dickmilch und Käse stellen neben Weizen und Hirse die Hauptnahrungsmittel dar; nur zu besonderen Anlässen (z. B. Familienfeiern) werden Rinder oder Schafe geschlachtet. Die Tuareg leben überwiegend in Zelten aus Ziegen- bzw. Schafhäuten; mehrere miteinander verwandte Familien bilden ein Lager. Die *Kel Air Tuareg* verwenden z. B. auch kuppelförmige Mattenzelte. In der heissesten Jahreszeit wird das Leder-Zelt durch eine Hütte aus Stroh ersetzt.

Die Tuareg-Männer tragen einen Gesichtsschleier (arab.„*litham*",auf tamaschek „*Tagelmoust"),* einen mehrfach um den Kopf geschlungenen Stoffschal, der vor allem die Nase und den Mund vor dem vielen Sand und vor dem Austrocknen schützen soll. Während die Adligen dunkelblaue Schleier tragen, sind die der Vasallen weiß. Die Tuareg-Frauen verschleiern dagegen nie ihr Gesicht, tragen jedoch meist ein Kopftuch aus demselben Stoff als Zeichen des Erwachsenseins. Ihre Kleidung besteht aus Tüchern, die sie um die Hüfte wickeln und mit einem Gürtel zusammenhalten; sowohl die Haare als auch

Tuaregschmied *phot. R. G.*

Hals und Arme sind reich mit Schmuck verziert. Das bekannteste Schmuckstück der Tuareg, das Kreuz, wird u. a. als Amulett gegen den „Bösen Blick" getragen, denn man glaubt den gefährlichen „ersten" Blick mit einem besonders auffälligen Gegenstand „einfangen" zu können. Das Kreuz von Agadez *(tasagalt)* hat von allen die vollendetste ästhetische Form und ist daher auch bei Touristen sehr beliebt.

Als **Kleidung** bevorzugen die Tuareg indigogefärbte Stoffe, die jedoch nicht farbecht sind, weshalb ihre Haut manchmal leicht blauschwarz schimmert, was ihnen ein besonders geheimnisvolles Aussehen verleiht.

Die traditionelle Waffe der Tuareg sind das Schwert mit Kreuzgriff (*takuba*) (gleichzeitig auch Statussymbol des erwachsenen Mannes) sowie die am Oberarm getragenen Ringdolche.

Das legendäre „Mutterrecht", d. h. die ursprüngliche **matrilineare Abstammungsfolge** (Betonung der Verwandtschaft der Frau gegenüber der des Mannes) bei den Tuareg sagt relativ wenig über die gesellschaftliche Stellung der Frau aus; um „Gleichstellung" mit dem Mann oder sogar „Herrschaft der Frauen" handelt es sich hier nicht. Die Tuareg-Frauen sind zwar im Vergleich zu den meisten anderen islamischen Gesellschaften relativ frei und geachtet, ihre Einflußmöglichkeiten jedoch gering. Sie können keine Ämter innehaben, und zu den Ratsversammlungen der Männer haben sie auch keinen Zutritt. Die Tuareg-Frau gilt als Trägerin der Kultur (sie kann die Tifinar-Schrift schreiben), stellt kunstvolle Lederarbeiten her und ist Musikerin oder Poetin. Eine Targia kann ihren Ehepartner frei wählen und ihn auch wieder verlassen. Eheschließungen finden überwiegend innerhalb der eigenen sozialen Schicht statt. Trotz des islamischen Einflusses herrscht Monogamie vor. Es kommt auch vor, daß ein Adliger eine Vasallenfrau heiratet, adlige Frauen dagegen gehen selten eine Ehe mit Vasallen ein, jedoch gelegentlich mit vornehmen Arabern. Als Brautpreis dienen bei den Adligen Kamele, bei den Vasallen Ziegen und Schafe. Geht eine Adlige eine Ehe mit einem Sklaven ein, so werden die Kinder entsprechend der matrilinearen Abstammungsfolge zum Adel gerechnet. Vor der Kolonisierung war die politische Führungsrolle der Adligen unbestritten. Die **„Blauen Ritter der Wüste"** leisteten den französischen Kolonialherren bis 1934 erheblichen Widerstand, wobei sie stark dezimiert wurden. Während und nach der Kolonialzeit haben sich jedoch die alten hierarchischen Sozialstrukturen immer mehr aufgelöst. Der Adel hat erheblich an Macht (und seine Sklaven und Vasallen) verloren. Die ehemaligen Sklaven, die nach wie vor an Kultur und Tradition der Tuareg festhalten, leben nun als „Unabhängige", was sie gerne durch auffällige Gewänder und riesige mit Amuletten geschmückte Turbane demonstrieren.

Bevölkerung, Weißafrikaner – die Tuareg 67

Aufstand in der Wüste

Juni 1990: Le Monde berichtete in ihrer Schlagzeile von Armeeüberfällen auf friedliche Tuareglager im Niger. Kurze Zeit später forderte Amnesty International die nigrische Regierung zur Auskunft auf über Verhaftungen, Folterungen und Morde an prominenten Tuaregführern. Aus Mali drangen Greuelnachrichten über öffentliche Exekutionen von Tuareg nach draußen. Zugleich sprach die Presse von Rebellen und Guerillakrieg im Norden des Landes. Eine der wenigen scheinbar stabilen Regionen in Afrika scheint plötzlich in Bewegung geraten zu sein.

Was war passiert? Lapidar schieben die Regierungsstellen die Schuld auf Arbeitsmigranten und Flüchtlinge, die zu Tausenden aus Algerien und Libyen in ihre angestammten Gebiete im Niger und Mali zurückgekehrt seien und hier „Unruhe" stifteten. Tatsächlich waren in den ersten Monaten des Jahres 1990 etwa 18 000 Tuareg wieder nach Niger und Mali gekommen, nicht ganz freiwillig allerdings. Die meisten von ihnen hatten die Sahelländer verlassen, als die zweite große Dürreperiode 1984 ihre Lebensgrundlage – ihre Herden – vernichtet hatte. Als Gastarbeiter verdingten sie sich in Algerien und Libyen oder vegetierten in Flüchtlingslagern vor sich hin. Einige Nomaden besannen sich auf ihren traditionellen Broterwerb, den Karawanenhandel, und begannen mit einer lukrativen Handelstätigkeit zwischen Algerien und den südlichen Nachbarländern. „Schmuggel" nannte das die algerische Regierung, was es denn nach ihren Gesetzen auch war, und machte Jagd auf die Gesetzesbrecher. Bald schon unterstellte man – zu Recht oder zu Unrecht – die Tuareg würden nicht die vorgegebenen Luxusgüter und Lebensmittel befördern, sondern Waffen, um eine Revolte anzuzetteln. Die modernen Karawaniers jedoch stritten dies immer ab und verwiesen vielmehr auf den dringenden Bedarf an Lebensmitteln in vielen Tuareglagern jenseits der Grenze, die von Algerien aus sehr gut, von ihren Mutterländern Mali und Niger jedoch nur sehr mühevoll versorgt werden konnten.

Sowohl Algerien als auch Libyen gaben sich Mühe, die ungeliebten Asylanten wieder loszuwerden. Eine Aktion, bei der die Tuareg auf Lkw über die Grenze geschafft und mitten in der Wüste ausgesetzt wurden, mußte wegen der internationalen Proteste jedoch abgebrochen werden. Schließlich einigte man sich nach langen Verhandlungen, die Rückführung der Dürreflüchtlinge mit der finanziellen Unterstützung der FIDA (UNO) zu unternehmen und den Heimkehrern in Niger und Mali die nötigen Mittel für einen Neuanfang zur Verfügung zu stellen. Hinter vorgehaltener Hand munkelt man auch, die Präsidenten Ali Saïbou und Moussa Traoré seien für die Rücknahme ihrer Tuareg von Libyen und Algerien auch privat reich entlohnt worden.

Anfang 1990 wurde die Aktion dann gestartet: 18 000 Tuareg kehrten nach mehrjährigem „Exil" heim. Sie wurden in provisorischen Lagern untergebracht – und vergessen. Die bereitgestellten Mittel versickerten in den tiefen Taschen der zuständigen Beamten und nicht zuletzt die Präfekten von Agadez und Tahoua sollen sich an diesem Projekt eine goldene Nase verdient haben. Gelieferte Zelte und andere Hilfsmittel tauchten – wie bereits bei der ersten Dürrekatastrophe in den siebziger Jahren – auf den Märkten von Niamey und Agadez auf. Als dann die immer dringenderen Beschwerden der Tuareg ungehört verhallten – die Protestierer wurden kurzerhand interniert – griffen einige den Polizeiposten von Tchin Tabaraden an. Bilanz: 63 tote Tuareg und 9 Polizisten. Die Aktion bestärkte die nigrische Regierung einmal wieder in ihrer Angst, die Tuareg könnten, möglicherweise unterstützt vom Unruhestifter Ghadafi, den Aufstand wagen. Die Vergeltungsmaßnahmen waren brutal: Marodierend und mordend zogen die nigrischen Soldaten durch das Land und mähten – genüßlich, wie es in der Süddeutschen Zeitung hieß – alles nieder, was ihnen vor die MPs kam. Das Massaker forderte unzählige Todesopfer, die Zahlen schwanken zwischen 700 und 2000, zumeist Frauen und Kinder. Inzwischen hat Niger angeblich fast alle verhafteten Tuareg wieder entlassen und im Land herrscht gespannte Ruhe. Die Aktion wurde nicht vertuscht, was nicht zuletzt auch dem Informationsminister Khamed Abdoulaye zu verdanken ist, einem Tuareg, der einen Großteil seiner Familie bei diesem Massaker verloren hat und sich öffentlich zu den Vorgängen äußerte.

Ganz anders dagegen ist die Situation in Mali. Einige der Niger-Tuareg hatten sich vor der Armee nach Mali geflüchtet, wo die Nachricht von den Ereignissen im Niger sofort zu Aktionen gegen das malische Militär führte. Hier jedoch gelang es den Tuareg, die im Übrigen ebensowenig von Geld und Hilfslieferungen gesehen hatten, wie ihre Leidensgenossen im Niger, einen strategischen Vorteil zu erringen. Sie erbeuteten Waffen und zogen sich in den Cercle de Kidal zurück, ein Gebiet, das die Aufständischen nun kontrollieren. In den unwegsamen Steppenlandschaften operieren sie mit traditionellen Guerillataktiken erfolgreich gegen die schweren Waffen der malischen Armee. Den ursprünglich wenigen hundert Mann haben sich inzwischen auch andere Tuareggruppen angeschlossen. Man schätzt die Zahl der Rebellen auf etwa 1500. Mali, das die Kontrolle über seine nördlichen Landesteile verloren hat, sah sich gezwungen, die Tanezrouft-

Piste zu sperren. Man spricht von getöteten und vermißten Touristen im Kriegsgebiet – Morde, die den Tuareg in die Schuhe geschoben werden, die jedoch Augenzeugenberichten zufolge von panischem Militär begangen wurden, das sich von Tuareg attakiert wähnte, als die Touristenfahrzeuge sich näherten.

Der spontane Aufstand hat sich zu einer organisierten Widerstandsbewegung entwickelt, die größere politische Autonomie und Bewahrung der kulturellen Identität auf ihre Fahnen geschrieben hat. Die Niger-Tuareg gründeten 1991 die FLAA, die Befreiungsfront Air Azawag, die den bewaffneten Kampf gegen die nigrische Regierung aufnahm.

Einer der Wortführer der FLAA war Manyo Dayak, der ehemalige Chef von Temet-Voyage in Agadez. Militär und Geheimpolizei verstärkten daraufhin ihren Druck auf die Zivilbevölkerung: Tuareg wurden wahllos aufgegriffen, gefoltert und ermordet. Eine nur kurzfristige Entspannung der Lage brachten die Wahlen 1993. Danach wurden zunächst geheime Friedensverhandlungen zwischen Tuareg und Regierung aufgenommen, die in der Unterzeichnung eines vorläufigen Vertrages im Juni 1993 mündeten. Kurze Zeit später erklärte Manyo Dayak überraschend in Paris die Abspaltung einer FLT (Front de libération de Tamoust) genannten Gruppe unter seiner Führung von der FLAA. Über die Gründe, die zu dieser Spaltung geführt haben, und die Zielsetzung der FLT ist kaum etwas bekannt.

Man kann vermuten, daß die wachsende Kritik an der mangelnden Kompromißbereitschaft der FLAA-Rebellen eine Ursache für das Zerwürfnis in der Tuareg-Bewegung ist. Zahlreiche Kämpfer der FLAA sollen, wenn man den Gerüchten glauben kann, „Entwurzelte" sein, Tuareg, die Niger verlassen hatten, um für Ghaddafi an den verschiedenen Krisenherden wie beispielsweise im Libanon zu kämpfen und die nun, möglicherweise immer noch im Auftrag des Libyers, im Niger den jahrhundertealten Konflikt zwischen Tuareg und Schwarzen instrumentalisieren. Die Bevölkerung des Air muß in diesem Krieg die größten Opfer bringen – von Militär und Geheimpolizei tyrannisiert können die Tuareg weder ihre Felder bestellen, noch das Vieh auf die Weiden bringen, ohne Gefahr zu laufen, von einer der beiden Seiten unter Beschuß zu geraten. Zur persönlichen Unsicherheit gesellen sich Armut und Hunger, und auch die Touristen bleiben aus. So verwundert es nicht, daß viele Männer in alter Nomadentradtition nach Norden, nach Libyen gezogen sind, wo sie von dem aufkeimenden Libyen-Tourismus profitieren und damit ihre Familien im Niger ernähren.

Etwas beruhigt hat sich dagegen die Lage in Mali, wo offensichtlich auch wieder Reisen nach Timbuktu und Gao möglich sind. Ob die laufenden Verhandlungen zwischen Regierung und Tuaregrebellen zu einem dauerhaften Frieden führen können, sei dahingestellt.

Daniela Schetar-Köthe

Fulbemädchen (hist. Darstellung)

Negroide Völker

Im folgenden sollen nur die wichtigsten Ethnien beispielhaft dargestellt werden, um eine Idee von der traditionellen Kultur Westafrikas zu vermitteln.

Unter den negroiden Völkern Westafrikas nehmen die Fulbe eine gewisse Sonderstellung ein, da sie (u. a.) eines der größten Völker des Sudan bilden.

Die Fulbe

Die Fulbe (je nach Region und Sprache auch *Ful, Fula, Fellani, Fellata* oder frz. *Peul* genannt) sind in kleinen Gruppen in ganz Westafrika (vom Senegal bis zur Republik Sudan, vom Sahel bis zu den Grenzen des tropischen Regenwaldes) anzutreffen. Sie selbst nennen sich eher *Fulani,* ihre Sprache ist das *Fulfulde.*

Der Ursprung der Fulbe ist noch ungeklärt; die Gesamtzahl der Fulbe schätzt man heute auf über 6 Millionen.

Die ursprünglich ausschließlich als **viehzüchtende Nomaden und Jäger** lebenden Fulbe siedelten sich etwa seit dem 10. Jh. mehr und mehr in Gebieten der seßhaften schwarzen Bevölkerung des Sudan (in der Nähe von Städten) an. Sie nahmen den islamischen Glauben an und führten zahlreiche weitgehend religiös motivierte Eroberungszüge durch, die im 17.-19. Jh. mehrere Staatenbildungen zur Folge hatten (s. a. Kapitel: Geschichte).

Nach ihren kulturellen und sozio-ökonomischen Strukturen lassen sich die Fulbe in drei Hauptgruppen unterteilen: Die **Fulbe Bororo** sind vollnomadisch lebende **Rinderhirten**, die einzige Gruppe mit stark äthiopiden Zügen, die als „reinrassig" gelten und um ihre helle Hautfarbe von den Vertretern der anderen Gruppen beneidet werden, da dies als besonderes Schönheitsideal gilt. Die Bororo haben ein stark ausgeprägtes Rassenbewußtsein und sind auch heute noch darauf bedacht, ihr Blut durch Endogamie (Binnenheirat) „rein" zu halten.

Man könnte sie als besonders „schöne" Menschen bezeichnen, denn sie fallen auf durch ihr sehr ästhetisches Äußeres, durch ihren stolzen Gang und ihren reichhaltigen bunten Schmuck. Die Bororo-Frauen haben ihr Gesicht häufig mit Schmucknarben verziert. Die Fulbe-Bororo sind nur z.T. islamisiert und ziehen mit ihren Rinderherden je nach Jahreszeit von Norden nach Süden bzw. umgekehrt, wobei sie meist nur zwei bis drei Tage am selben Ort bleiben. Da der bewegliche Hausrat der Bororo sehr klein ist, ist das Lager schnell auf- und abgebaut. Außer Ledersäcken, Matten, Kalebassen und ein paar Bettstangen besitzen sie nicht viel mehr, als was sie am Körper tragen. In Siedlungen und auf Märkten tauschen sie Milch und Milchprodukte, gelegentlich auch Ziegen und Schafe gegen Getreide ein; Rinder werden dagegen nur in äußersten Notfällen verkauft bzw. zu besonderen Festen geschlachtet. Neben den langhörnigen Rindern, zu denen sie eine starke emotionale, fast mystische Beziehung haben, spielen Schafe, Ziegen, Kamele, Pferde und Esel als Haus- bzw. Lasttiere eine untergeordnete Rolle.

Der besonders stark **ausgeprägte Schönheitskult** der Bororo (siehe auch Kunst des Körperschmucks im Kapitel Kunst und Kultur) kommt besonders bei Festen zum Ausdruck, wo sie ihre Schönheit durch Schminke noch zu unterstreichen versuchen. Wichtigstes Fest ist das *Gereol*, eine Art „Brautschau", die jedes Jahr zu Ende der Regenzeit (Oktober/November) stattfindet. Die jungen Männer tanzen dort vor den Frauen. Sie betonen die Augen mit roten Strichen, um sie größer wirken zu lassen und schminken Mund und Augenpartie schwarz, damit das Weiß der Zähne und Augäpfel stärker zum Vorschein kommt. Zusätzlich wird die Nase mit einem ockerfarbenen Strich betont und das Gesicht mit weißen Linien verziert. Daneben gehört reichlicher Schmuck (Halsketten, Amulette und Spiegel) und ein neuer Lederschurz zu dem aufwendigen Festtagsgewand. Die jungen Männer versuchen sich dann durch auffällige Gesten und möglichst vorteilhafte Bewegungen sowie durch Augenrollen in Szene zu setzen.

Bei den Bororo genießen die Frauen, im Vergleich zu anderen, stärker islamisierten Fulbe-Gruppen relativ große Freiheiten.

Die **Fulbe Nai** (nai = Rinder) sind halbnomadisch lebende Hirten, die um ihre Standquartiere Feldbau betreiben; nur vorübergehend (in der Trockenzeit) verlassen sie diese auf der Suche nach Weideplätzen für ihr Vieh.

Die **Fulbe Sire** (sire = Häuser) waren meist durch Verlust der Herde gezwungen seßhaft zu werden und Feldbau (Sorghum und Erdnüsse) zu betreiben. Vor allem nach den letzten Dürrekatastrophen im Sahel war diese Entwicklung verstärkt zu beobachten. Sie haben sich dabei weitgehend den anderen Gruppen angeglichen (z. B. Wolof, Bambara, Haussa).

Schwarzafrikaner (Negride)
Die Dogon

Das auf dem Plateau und in der Falaise von Bandiagara lebende **Bauernvolk** der *Dogon* wurde in den dreißiger Jahren von dem französischen Ethnologen *Marcel Griaule* „entdeckt" und eingehend erforscht. Mit 240 000 Menschen stellen sie etwa 5% der Bevölkerung Malis. Ihren Lebensunterhalt besorgen sie durch Anbau (Hackbau) von Hirse, vielfach im Terrassenfeldbau (in der Falaise); daneben bauen sie auch Mais, Reis und Zwiebeln sowie Baumwolle, Indigo, Tabak und Hanf als Marktprodukte an, mit deren Erlös sie sich dann Trockenfisch, Salz und Fleisch, aber auch Stoffe einhandeln können. Als Haustiere halten sie neben Schafen und Ziegen Hühner und Bienen, während Pferde und anderes Großvieh mehr aus Prestigegründen gehalten werden.

Die **Ackerbauern** gehören zur obersten Schicht in der Dogon-Gesellschaft, darunter folgen die Handwerker (Schmiede, Gerber) in berufsspezifischen Kasten. Die meist vom Schmied ausgeführten Holzschnitzereien, wie Masken und Kultfiguren (Fetische), zählen zu den bekanntesten Westafrikas.
Die aus **patrilinearen Großfamilien** bestehenden Dörfer werden von Ältestenräten regiert; eine politische Zentralgewalt haben die Dogon nie gehabt. Neben den dörflichen Funktionären gibt es noch ein religiöses Oberhaupt *(Hogon)* für die einzelnen Dörfer und Distrikte sowie für das ganze Dogon-Gebiet. Der Hogon führt in seiner Funktion als Priester die religiösen Zeremonien durch, ist aber auch oberster Richter und darüberhinaus noch für die Auslegung und Weitergabe der mythologischen Überlieferungen (Schöpfungsmythen etc.) verantwortlich *(s. a. Kapitel: Mali).*

Die Bobo

Die mit den Dogon kulturverwandten *Bobo* leben zwischen dem oberen Niger und dem oberen schwarzen Volta in Burkina Faso. Sie bauen vor allem Hirse an und leben weitgehend vom **Ackerbau**. Außerdem halten sie zur Bereicherung ihres Speisezettels Ziegen, Schafe, Hühner, während Rinder nur zu Opferzwecken oder der Häute und des Dungs wegen gehalten werden. Meist haben sie mit dem Hüten des Viehs Fulbe beauftragt, die dann als Entlohnung die Milch verkaufen dürfen.
Die Bobo wohnen in rechteckigen Lehmhäusern mit Flachdach. Eine Sied-

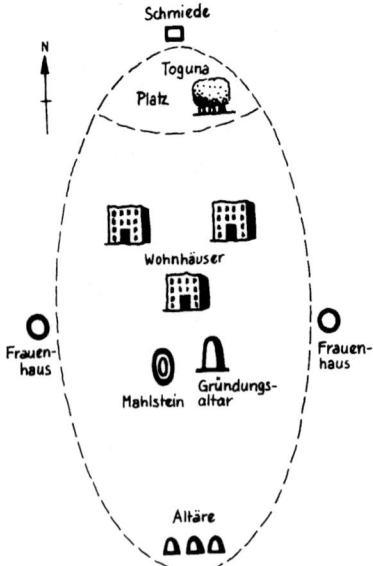

Idealer Grundriss eines Dogondorfes

lung besteht jeweils aus mehreren Gehöften, wobei jedes Gehöft von einer mit Zinnen bestückten Lehmmauer umgeben ist und etwas an „Lehmburgen" erinnert.

Sklaverei war früher bei den Bobo üblich, Handwerker (Schmiede und Lederarbeiter) werden auch heute noch als endogame Kaste behandelt und geächtet.

Während in den Städten die traditionellen Glaubensvorstellungen durch **Islam und Christentum** weitgehend verdrängt wurden, sind sie auf dem Land noch weitgehend lebendig. Zahlreiche rituelle Feste und Maskentänze werden auch heute noch alljährlich in der Umgebung von Bobo-Dioulasso abgehalten (s. a. Kapitel: Burkina Faso bzw. Masken).

Die Senufo

Untergruppen der Senufo (ca. 850 000) leben im Südosten von Mali, im Norden der Elfenbeinküste und im Südwesten von Burkina Faso.

Die Senufo **bebauen** ihre **Felder mit Reis, Mais und Hirse**. Ihre Dörfer bestehen aus zahlreichen kleinen Lehmziegelhäusern, wobei die zu einer Familie gehörigen Hütten jeweils mit einer Mauer bzw. mit Palisaden umgeben sind. Während die Häuser im „trockenen" Norden üblicherweise ein Flachdach haben, sind sie im „feuchten" Süden mit einem kegelförmigen Strohdach bedeckt.

Die sprachliche und kulturelle Vielfalt spiegelt sich auch in der Symbolik und in den verschiedenen Stilen wieder.

Berühmt sind die Musikanten der Senufo sowie die Holzschnitzer, die ursprünglich überwiegend Ahnenfiguren und Masken hergestellt haben. Das bedeutendste Werk der Senufo-Kunst

Urmutterfigur (Kâtiélo) der Senufo

ist der Nashornvogel, der mythologischen Traditionen zufolge eines der ersten von Gott geschaffenen Tiere und ein Fruchtbarkeitssymbol. Während der lange Schnabel als männliches Glied gesehen wird, deutet der dicke Bauch eine Schwangerschaft an. Bekannt sind auch die im Wachsausschmelzverfahren hergestellten Figuren (Talismane etc.).

Die **Islamisierung** unter den Senufo nimmt immer mehr zu.

Lobi
Die *Lobi* (etwa 200 000) leben in den Savannen des Volta-Beckens, im Südwesten von Burkina Faso und in den nördlichen Gebieten der Elfenbeinküste und Ghanas. Ihren Lebensunterhalt gewinnen sie durch Anbau von Hirse, Viehhaltung, Jagd und Fischfang. Früher spielte auch noch die Gold- und Eisengewinnung eine gewisse wirtschaftliche Rolle. Außerdem sind sie auch Händler, die in vorkolonialer Zeit Kauri-Muscheln als Zahlungsmittel benutzten. Charakteristisch für die Siedlungsweise der Lobi sind die relativ verstreut liegenden „Lehmburgen" mit Flachdach.
Die traditionelle Verehrung der Ahnen und einer Erdgottheit hat auch trotz teilweiser oberflächlicher Islamisierung nur wenig an Bedeutung verloren *(s. a. Kapitel: Burkina Faso).*

Vertreter der sogenannten **neusudanischen Kultur** sind die im Obernigergebiet lebenden *Mande,* zu denen neben *Bambara, Soninke, Malinke, Dialonke* und *Marka* auch die *Diola* zählen. Die *Somono* sind (nach J. Zwernemann) eine zu den Bambara gehörige Fischerkaste. Im Nigertal (zwischen Niafounke und Gao) haben sich die *Songhay* angesiedelt, während die Flußgebiete des Niger und Bani den Lebensraum der Fischervölker Bozo und Sorko bilden. Die *Mossi* stellen die größte Bevölkerungsgruppe in der Republik Burkina Faso (ehem. Obervolta) dar; die *Haussa* sind nicht nur im Niger, Nord-Nigeria und Tschad, sondern auch in Burkina Faso vertreten. Und die mit den Songhay verwandten *Djerma* leben entlang des Niger zwischen Ansongo und Doddo. Im Gebiet zwischen Aribinda und Ouahigouya (im Norden von Burkina Faso) leben die *Kurumba,* die Nachkommen der autochthonen Altbevölkerung, der *Nyonyosi,* die sich jedoch im Laufe der Zeit sehr stark mit Mossi, Songhay und Fulbe vermischt haben. In Senegambia sind die sehr stark durch Mauren und Fulbe beeinflußten und bereits lange islamisierten *Wolof* anzutreffen. Die in unmittelbarer Nachbarschaft lebenden *Serer* bauen hauptsächlich Hirse und Erdnüsse an, während sich die in der Umgebung der Hauptstadt Dakar lebenden *Lebu* vollkommen auf die Seefischerei spezialisiert haben. Im nördlichen Senegal leben die Tukulor, und der südliche Senegal (Casamance) stellt den Lebensraum der *Diola* dar, die für ihren Reisanbau bekannt sind.

Die Bambara
Sowohl *Bambara* als auch *Malinke* zählen zu den Mande und sind die zahlenmäßig stärksten Stämme der West-Mande, zu denen außerdem *Soninke, Bozo, Dialonke, Khasonke, Kagore* etc. zählen.
Als „*Mande*" werden die kultur- und sprachverwandten Stämme bezeichnet, die in den Savannen des westlichen Sudan zwischen Senegal und Niger leben. Die meisten Gruppen haben sich im Laufe der Zeit sehr stark mit den Fulbe vermischt. Zur Gruppe der Ost-Mande gehören die *Mano, Dan, Tura* und *Samo.*
Der größte Teil der *Soninke* (Sarakolle, Marka, Serawuli etc.) lebt nördlich der Bambara zwischen Nara und Kayes; sie sind aber auch in der Gegend von Mopti und Djenne sowie San anzutreffen und darüber hinaus auch weiter östlich im Norden Burkina Fasos. Das Siedlungsgebiet der *Malinke* (Mandingo, Madinka etc.) erstreckt sich entlang

Bevölkerung, Schwarzafrikaner – Lobi und Bambara

Frau aus Gambia

Ghanaer

Al Hadschi, Gagberi (Ghana)

Fulbefrau

des oberen Senegal, Niger und Gambia und von Kayes bis nach Man, in die Elfenbeinküste; außerdem im Westen bis nach Senegal, Guinea und Guinea-Bissau.

Das Gebiet der Bambara erstreckt sich von Nioro im Norden bis nach Odiénné im Süden (leben überwiegend in der Republik Mali zwischen dem Oberlauf des Niger und dem Senegal). Kleinere Bambara-Gruppen leben auch im Sine-Saloum (Senegal) und in Guinea-Bissau.

Die *Bambara* bestreiten ihren Lebensunterhalt hauptsächlich mit dem Anbau von Hirse, Mais, Yams, Maniok (in Überschwemmungsgebieten auch Reis) sowie mit verschiedenen anderen Feld- und Gartenfrüchten; daneben sind sie **Jäger und Fischer**. Von gewisser wirtschaftlicher Bedeutung ist auch der **Handel** mit (meist indigogefärbten) Baumwollgeweben. Die Bambara sind berühmt für ihre Holzschnitzereien, für ihre Metallarbeiten, ihr Töpferhandwerk und ihre Lederarbeiten.

An anderer Stelle (Museum für Völkerkunde, Freiburg i. Br.) fand ich den Hinweis, daß die Bambara selbst nicht schnitzen, und daß fast alle von ihnen benutzten Holzgegenstände von den Numu-Schnitzern (einer Gruppe von Schmiedehandwerkern) hergestellt worden sein sollen.

Die *Numu*, ebenfalls eine Mande-Gruppe, sind wahrscheinlich schon im 15. Jh. in Ghana und der Elfenbeinküste eingewandert.

Als „Abkömmling des Dorfgründers" hat der Erdpriester in der Funktion des Dorfvorstehers die Aufgabe, das Land zu verwalten, das dem Stamm gehört (dem einzelnen wird nur das Recht vergeben, es zu bebauen), sowie die in Zusammenhang mit Erd- und Ahnenkult stehenden Rituale abzuhalten. Als Überreste der ehemaligen feudalistischen Staatsorganisationen gibt es auch heute noch bei den Bambara neben der Adelsschicht eine soziale Schichtung in Abhängige, Sklaven und verachtete endogame Kasten (Schmiede, Gerber, Holzschnitzer). Ähnlich wie die anderen Mande-Stämme gründeten auch sie **einst bedeutende Kö-**

Bambaraköcher

nigreiche (im 17. Jh. das von *Ségou* und *Kaarta, s. a. Kapitel: Geschichte),* die bis ins 19. Jh. existierten. Große Teile der Bambara haben trotz gewaltsamer Islamisierungsversuche der Fulbe ihren traditionellen Glauben beibehalten.

Die Diula (Dyula)

sind ein westafrikanisches Volk (ca. 140 000), das vermutlich von den Soninke abstammt und im nördlichen Burkina Faso, Mali, Ghana und der Elfenbeinküste meist mit Bambara und Malinke zusammenlebt. Als Händler im ganzen Westsudan bekannt, wird ihr Name „Diula" oft synonym für „Händler" verwendet; ihre Sprache ist das Diula, ein Mande-Dialekt.

Heute liegt der **Handel** zwischen den Viehzüchtern im Norden und den Produzenten von Kolanüssen und Textilien im Süden größtenteils in ihren Händen. In früheren Zeiten war auch der Handel mit Sklaven von großer Bedeutung. Während sich in der Trockenzeit hauptsächlich dem Fernhandel widmen, betreiben sie in der Regenzeit auch **Feldbau** (Yams, Mais, Maniok). Überregionale politische Organisationen kennen sie nicht; entscheidend sind die verwandtschaftlichen und wirtschaftlichen Verbindungen. Aufgrund ihrer Zugehörigkeit zum Islam, ihrer **wirtschaftlichen Unabhängigkeit** und ihrer überdurchschnittlichen Schulbildung sind die Diula bei den anderen Ethnien meist sehr angesehen.

Die Songhay (Sonrhai)

leben in den Savannen des Nigerbinnendeltas und der nigerianischen Grenze und werden zusammen mit den *Djerma* (Zarma) und *Dendi* auf etwa 450 000 Menschen geschätzt. Das Gebiet zwischen Tillabery und Gao gilt als das eigentliche Zentrum der Songhay. Im Norden Nigerias leben die zu den Songhay gehörenden *Sorka.* Die Songhay-Sprache hat drei Hauptdialekte: Songhay, Djerma und Dendi. Das **Songhay-Djerma** stellt neben dem Haussa die **wichtigste Handels- und Verkehrssprache** in Niger dar.

Während der Regenzeit betreiben die Songhay **Getreideanbau** (Hirse); **Jagd und Fischfang** liefern die Zusatznahrung. Viehzucht spielt nur eine geringe Rolle. Die Songhay waren außerdem schon lange am **Transsahara-Handel** beteiligt. Ihre Gesellschaft besteht aus Adligen, Abhängigen (Vasallen), Handwerkskasten (Schmiede, Holzschnitzer, Töpfer und Lederarbeiter), „*Griots*"(Bänkelsänger und Chronisten) und früher auch noch Sklaven. Diese gesellschaftliche Ordnung geht auf die Songhay-Reiche im 15./16. Jh. zurück. **Abstammungs- und Erbfolge** sind **patrilinear.**

Die Mossi

stellen mit etwa 3 Mio. Menschen die **größte Bevölkerungsgruppe** der Republik Burkina Faso dar. Autochthone altnigiritische Vorfahren der heutigen Mossi sind laut Mossi-Tradition die *Ninise,* beiderseits des Weißen Volta (die Wissenschaftler sind sich über die Zuordnung uneinig). Sie stellen auch heute noch vielfach in den Dörfern die Erdherren („Nyonyosi" heißt die „Ersten, die zuerst Dagewesenen") und verteidigen ihr altüberliefertes Brauchtum (Erd- und Buschheiligtümer); daneben sind Ahnenkult und ein ausgeprägtes Maskenwesen von Bedeutung. Die Sprache der Mossi, das *Moré,* gehört zu den *Gur-Sprachen;* ebenfalls zur Gur-Sprachfamilie zählen Mamprusi, *Dagomba* u. a.

Grundnahrungsmittel ist Hirse. Viehhaltung und Rodung ist Sache der Männer, während die Bestellung der Felder von beiden Geschlechtern ausgeführt wird. Handwerker (Schmiede und Lederverarbeiter) sind in verachteten Kasten organisiert.

Das bis zur französischen Kolonialzeit bestehende **Königreich der Mossi** kann als typisches Beispiel einer afrikanischen Despotie angesehen werden. Es war eine klare feudalistische Gesellschaftsstruktur vorhanden, mit Adligen, freien Bauern und Sklaven; darüber stand der absolutistisch regierende sakrale König (Mogho Naba). Ihm stand ein prunkvoller Hofstaat zur Verfügung mit Hunderten von Frauen, Ministern, Leibwächtern, Eunuchen und Sklaven. Auch die politische Organisation des Reiches war straff hierarchisch, mit dörflichen und regionalen Autoritäten. Der heute noch nominell regierende *Mogho Naba* hat seinen Sitz in Ouagadougou. Ihm zu Ehren wird (auch heute noch) jeden Freitagmorgen eine Zeremonie abgehalten, die inzwischen zur touristischen Attraktion geworden ist.

Man nimmt an, daß die Mossi um 1000 n. Chr. aus dem Osten in ihr heutiges Wohngebiet eingedrungen sind, wo sie die noch bis in die französische Kolonialzeit hinein bestehenden Staaten Dagomba, Mamprusi, Yatenga und Wagadugu gründeten.

Die Religion der bäuerlichen Landbevölkerung ist auch heute noch sehr stark vom traditionellen **Ahnen- und Erdkult** geprägt; Islam und Christen-

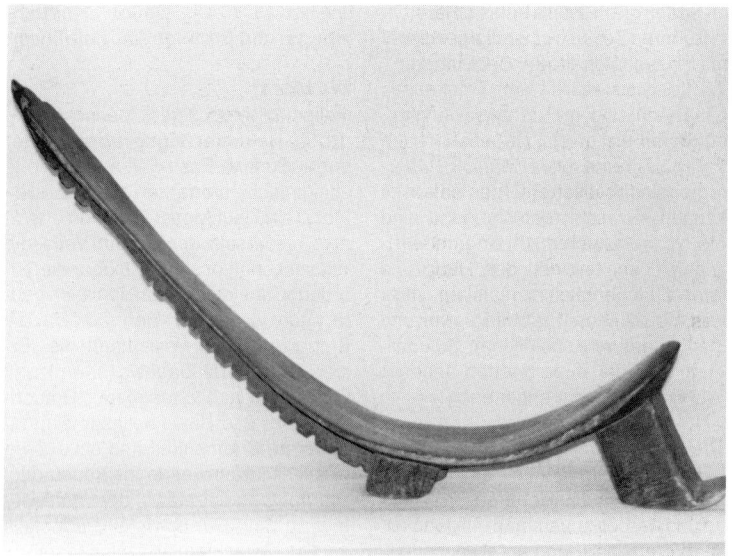

Liegestuhl der Mossi

tum konnten lediglich in den Städten einige Anhänger gewinnen.
Im Süden schließen sich *Mamprusi* und die mit den Mossi verwandten *Dagomba* an, deren altnigritisches Kulturgut zum Teil durch andere Einflüsse überlagert wurde.
Die *Dagomba* leben in Nord-Ghana zwischen Oti und Weißem Volta. Ihre Sprache, das Dagbane, ist eine der offiziellen Landessprachen Ghanas. Anbau von Hirse, Mais, Yams und Erdnüssen, in geringem Umfang auch **Viehhaltung** (Rinder, Ziegen, Schafe, Geflügel); Jagd und Fischfang haben nur geringe Bedeutung. Die Dagomba bewohnen relativ **kompakte Dörfer**, wobei jeder Haushalt mehrere eng miteinander verwandte Männer und deren Frauen und Kinder umfaßt. Jede Frau lebt mit ihren Kindern in einem eigenen Haus.
Häuptlingsfamilien heben sich aus der ansonsten sozial nur wenig geschichteten Gesellschaft der Dagomba heraus; sie werden als Nachkommen der Ur-Ahnen angesehen. **Patrilineare Abstammungsregelung** ist bei der Vererbung von Besitz sowie von politischen und rituellen Rechten entscheidend.
Im 18. Jh. besaßen die Dagomba ein Staatswesen mit den drei Hauptzentren Yendi, Tamale und Gambaga. Dieses Reich fiel jedoch der Expansion der Ashanti zum Opfer, so daß sie bis zum Ende des 19. Jh. jährliche Tribute in Form von Sklaven an die Ashanti zahlen mußten.

Die Haussa

sind ein etwa 10 Mio. Menschen umfassendes Volk, das in den Savannen Nord-Nigerias und des Tschad, aber auch in Niger und in Burkina Faso lebt. Ihre Sprache, das **Haussa**, ist neben dem Diula in ganz Westafrika als **Verkehrssprache** verbreitet. (Der Dialekt von Kano/Nigeria wurde standardisiert und zur Literatur- und Rundfunksprache.)
Der größte Teil der Haussa sind **Bauern**, die in erster Linie für den Eigenverbrauch (Subsistenzwirtschaft) produzieren; daneben werden Baumwolle und Erdnüsse als Marktprodukte angebaut. Die Haussa sind bekannt für ihre handwerklichen Fähigkeiten, die Produkte (Leder-, Töpfer-, Seiler-, Textil- und Schmiedearbeiten) auf allen Märkten sehr geschätzt. Als leidenschaftliche **Händler** sind sie – ähnlich wie die Diula – in ganz Westafrika anzutreffen.
Der größte Teil der Haussa ist seit dem 14. Jh. islamisiert. Während die nichtislamisierten Haussa in kleinen Dorfgemeinschaften mit patrilinearer Verwandtschaftsregelung leben, sind die islamisierten in mehrere große Stadtstaaten organisiert: *Kano, Daura, Rano, Biram, Zaria, Katsena* und *Gobir*, jeweils am südlichen Ende bzw. Ausgangspunkt der Karawanenstraßen durch die Sahara.
An der Spitze der Gesellschaft steht der Emir oder Sultan, dem eine **Regierungsbürokratie** unterstellt ist. Die Berufsklassen sind bei den Haussa erblich, doch haben „persönliche" Bindungen fast genauso große Bedeutung wie bürokratische oder erbständige Anrechte bzw. Verpflichtungen.

Die Kurumba

leben im Norden Burkina Fasos (zwischen Aribinda und Ouahigouya). Sie haben sich im Laufe der Zeit sehr stark mit den Mossi, Songhay und Fulbe vermischt, und werden auf ca. 86 000 Menschen geschätzt. Ihre Sprache ist das

Ihren Lebensraum bilden die Trockensavannen des Sahel. In der "Regenzeit" ist der **Anbau** (Hackbau) von **Hirse, Sorghum, Baumwolle** und **Erdnüssen** möglich; in manchen Gebieten auch das Anpflanzen von Bohnen und Tomaten sowie von Papayas und Mangos. Daneben halten die Kurumba Ziegen, Schafe, Esel und Hühner; das Hüten der Rinder überlassen sie den Fulbe. Sie leben in Großfamilien in geschlossenen, von einer Mauer umgebenen Einzelgehöften. In der Trockenzeit widmen sich die Männer der Weberei, wobei sie nicht mehr nur für den Familienbedarf, sondern vermehrt auch für den Verkauf auf dem Markt produzieren. Die meisten Schmiede betreiben heute auch Feldbau. Ihre Frauen sind Töpferinnen, die ihre Ware auf dem Markt verkaufen. Wanderhandwerker versehen die Flecht- und Lederarbeiten. Wegen der vermehrten Abwanderung junger Leute in die Städte sind die zurückbleibenden Familien in zunehmendem Maße unterversorgt.

Im Norden beginnen die Einflüsse des Islam das traditionelle Gefüge langsam zu verändern. In den abgelegenen Dörfern des zentralen *Yatenga* ist jedoch der alte Glaube noch fest verankert und hat sich möglicherweise in letzter Zeit gerade aufgrund der "Bedrohung" durch den Islam noch verstärkt.

Kurumfé, eine mit dem Gur verwandte Altsprache, die in letzter Zeit sehr stark vom Moré der Mossi überlagert wurde. Meist beherrschen nur noch alte Leute das *Kurumfé*, oft wird es heute auch als **Kultsprache** verwendet.

Man nimmt an, daß die Kurumba die Nachkommen der autochthonen Altbevölkerung, der *Nyonyosi*, sind.

Die Tukulor (toucouleur)

sind anthropologisch gesehen (nach J. Zwernemann) mit den Wolof, Serer und Lebu verwandt, nicht aber, wie oft behauptet, mit den Fulbe, von denen sie lediglich die Sprache übernommen haben. Die *Tukulor*, die überwiegend an den Ufern des unteren Senegals leben, betreiben **Feldbau**. Einige haben sich auch unter *El Hadj Omar* im

Futa Djalon (Guinea) niedergelassen und dort von den Fulbe die Viehzucht übernommen.

Die Wolof

leben in den Savannen von Senegal und Gambia. Sprachlich werden zu den *Wolof* (ca. 1,2 Mio.) auch die Serer und Lebu gezählt.

Der **Anbau von Hirse und Reis** dient der Selbstversorgung; **Erdnüsse** werden dagegen hauptsächlich für den Verkauf angepflanzt. Die **Haltung von Großvieh** (Rinder und Pferde) ist bei den Wolof weit verbreitet. Sie sind auch als **Handwerker** bekannt, vor allem als Goldschmiede. Viele Wolof sind heute als Lehrer oder Beamte im öffentlichen Dienst in Dakar tätig.

Die **komplexe Gesellschaftsordnung** (mit aristrokratischen Dynastien, Kriegerklassen, freien Bauern und Sklaven) geht auf das Gottkönigtum zurück; manche der Handwerkskasten waren bzw. sind auch heute noch verachtet.

Ursprünglich lebten die Wolof etwas weiter nördlich, wurden dann aber von islamisierten Berbern nach Süden in des Mündungsgebiet des Senegal vertrieben, wo sie im 11. Jh. von den Tukulor in ihr Reich integriert wurden. Erst im 14. Jh. konnten sie sich von dieser Vorherrschaft wieder befreien und zwischen Senegal und Gambia ein eigenes Reich errichten.

Im 15. Jh. entwickelte sich ein lukrativer Sklavenhandel mit den Portugiesen, der bis in die Mitte des 16. Jh. anhielt.

Mehrere Gruppen von Altvölkern haben sich während der ständigen kriegerischen Auseinandersetzungen der früheren Jahrhunderte in die bewaldeten Bergländer des heutigen Togo und Benin zurückgezogen, zum Teil sind sie auch von jüngeren Ethnien verdrängt worden. Sich teilweise befehdend, sich teilweise vermischend, unternahmen sie immer wieder kleinräumige Wanderungen. Zu den eingehender untersuchten Untergruppen zählen die *Moba* im Norden Togos und die *Nyende* und *Tamberma* (Somba) im Norden der Volksrepublik Benin.

Die Nyende

sind ein etwa 12 000 Menschen zählendes **Bauernvolk**, das nahe der Nordostgrenze der Volksrepublik Benin lebt. Im Südosten grenzt das Gebiet der im Atakora-Gebirge lebenden *Somba* an, die vor allem durch ihre malerischen Lehmburgen bekannt geworden sind. Die Nyende leben ebenfalls in über das Land verstreuten Gehöften, heutzutage manchmal auch in Dörfern. Hauptnahrungsmittel sind Hirse, Yams und Fonio. In den Jahren mit guter Ernte kann das überschüssige Getreide auf dem Markt verkauft werden. Die gehaltenen Haustiere (Hühner, Ziegen, Schafe) werden vor allem für sakrale Opferungen verwendet. Die Jagd auf Kleinwild liefert das notwendige Protein.

Die Moba

leben in der Gegend von Dapaong (Nordwesten Togos) sowie im benachbarten Grenzgebiet Nord-Ghanas, wo sie unter dem Namen *Bimoba* bekannt sind. Die ca. 110 000 Moba leben überwiegend vom **Feldbau** (Hirse, Mais, Reis, Erdnüsse, Erderbsen, Gemüse). In den relativ weit voneinander entfernten Gehöften lebt jeweils eine Großfamilie; nur gelegentlich bildet die Ansammlung mehrerer Gehöfte eine Art Dorf. Durch **Haustierhaltung** ergänzen die Moba ihre Ernährungsgrundlage. Die Frauen sammeln außerdem die Nüsse des Karité- oder Schibutterbaumes, die sie zur Fettgewinnung benutzen, während sie die Früchte des Néré-Baumes als Gewürz verwenden. Mit der **Jagd** auf Kleinwild wird der Speisezettel erweitert. Die Moba-Frauen betreiben fast alle **Handel** auf dem Markt, daneben flechten und töpfern sie.

Die Moba sind durch die Vermischung mehrerer Ethnien (Konkomba, Gurma, Mamprusi, Haussa und Mossi) entstanden; nur wenige Gruppen (Clans) sind autochthon. Traditionelles Häuptlingswesen sowie die alte Sozialstruktur sind bis heute weitgehend erhalten geblieben.

Küstenvölker

Die Gruppe der sogenannten **Lagunenvölker** zählt etwa 150 000 Menschen; zum Teil autochthone Stämme, die in den Lagunen und (Ur-)Wäldern der östlichen Elfenbeinküste (zwischen Lahou und Assini) leben. Sie werden als echte **Vertreter der Urwaldkultur** angesehen. Anthropologisch repräsentieren sie noch die kleinwüchsige **Alt-Sudaniden** („Palänegriden").

Für die Wirtschaft aller Lagunenvölker spielt der **Fischfang** (überwiegend Lagunen-, selten Seefischerei) eine zentrale Rolle. Daneben betreiben sie etwas **Wanderhackbau** und **Brachfeldkultur**. Hauptnahrungsmittel sind Yams, Maniok und Bananen; Yams spielt auch im kultischen Leben eine wichtige Rolle, was auf einen Einfluß der *Anyi-Baule* (s. u.) zurückzuführen ist. Die Dörfer bestehen jeweils aus mehreren Familiengehöften. Der typische westafrikanische Hüttentyp (Rechteckhütte mit Palmblatt- oder strohgedecktem Giebeldach, Wänden aus Stroh, Schilf oder Reisig, die mit Lehm ausgefacht werden) herrscht vor; daneben findet man auch Pfahlbauten. Die soziale Ordnung wird von **patrilinearen Großfamilien** gebildet, die politische von Dorfhäuptlingen und **Ältestenrat**. Die mutterrechtlichen Züge, die sich bei den meisten Lagunenvölkern finden (matrilineare Abstammung, Vererbung und Nachfolge) sind, so nimmt man an, auf den Einfluß der Anyi und Baule zurückzuführen. Haussklaverei war früher allgemein üblich; teilweise war der Sklavenstand erblich. **Polygamie** ist allgemein verbreitet. Erwähnenswert ist das relativ hochentwickelte Kunsthandwerk dieser Ethnien. Eine andere wichtige Bevölkerungsgruppe bilden die *Anyi (Agni)*, die überwiegend im Innern der östlichen Elfenbeinküste leben; der bekannteste Anyi-Stamm, die *Baule*, leben im Savannengebiet zwischen *Bandama-* und *Nzi-Fluß*.

Akan

Das typische Kulturbild des Oberguineagebietes repräsentieren die Völker der Akan-Gruppe, die heute den größten Teil der Bevölkerung des heutigen Ghana darstellen; ihre Sprache, das *Twi*, wird der *Kwa-Sprachengruppe* zugeordnet.

Hauptstamm der Akan sind die *Ashanti (Asante)*, die im südlichen Ghana, zwischen Tano- und Volta-Fluß, leben; ihr Zentrum ist die Stadt *Kumasi*. An der Küste des östlichen Ghana schließen sich die sprachlich und kulturell mit ihnen verwandten *Fanti* (Fante) an. Überlieferungen zufolge sind die Akan aus dem oberen Niger-Gebiet in mehreren kleinen Einwanderungsgruppen in ihr heutiges Wohngebiet gezogen; die charakteristischen Elemente der **Akan-Kultur** zeigen deutliche Verbindungen zur Oberschicht der sudanesi-

schen Großreiche sowie zu libyschen Berbern. Die frühesten Akan-Staaten waren *Bonu* und *Banda*, angeblich im 13. Jh. in der Feuchtsavanne nördlich des Urwaldes (der Goldküste) gegründet.
Der genaue Ausgangspunkt und die Datierung der **Akan-Wanderungen** sind zwar noch umstritten, jedoch sind ab dem 16. Jh., seitdem die Europäer die geschichtlichen Vorgänge weitgehend mitbestimmten, genauere Informationen vorhanden.
Als eigentlicher Begründer des Staatenbundes der Ashanti gilt *Osai (Osei) Tuto* (ca. 1665–1731), der die umliegenden Stämme nacheinander durch Bündnisse und Eroberungen in das Reich eingliederte und dadurch in den Besitz wichtiger Goldminen gelangte, die lange Zeit den wichtigsten wirtschaftlichen Faktor des Reiches darstellten.
Die ca. 1 Mio. Menschen umfassenden Ashanti leben heute überwiegend von der **Landwirtschaft**, wo sie zur Selbstversorgung Yams, Maniok, Bananen und verschiedene Gemüse anbauen und daneben in riesigen Plantagen Kakao für den Export.
Neben der **Haustierhaltung** spielt bei den Ashanti der **Handel** eine wichtige Rolle. Früher waren für sie das Gold und der innerafrikanische (später auch der internationale) Sklavenhandel von großer Bedeutung *(s. a. Kapitel: Geschichte)*. Das mächtige *Ashanti-Reich* mit *sakralem Königtum* brachte eine höfische und weltlich orientierte Kunst hervor, wobei der Schwerpunkt auf der Repräsentation des Herrschers und seines Hofstaates lag. Wichtigstes Requisit der Ashanti-Könige ist der berühmte „*Goldene Stuhl*", ein mit Gold beschlagener Schemel, Symbol der Nation, der jedoch nicht als Thron benutzt wurde, sondern die Welt der Ahnen verkörpert und für die Ashanti somit eine Verbindung zwischen den Lebenden und den Toten darstellt.
In der Ashanti-Gesellschaft wird die Stellung des einzelnen nicht durch die männliche **Abstammungslinie** bestimmt, sondern durch die der Mutter, ist also **matrilinear**. Die Mutter des Königs oder seine Schwester waren zum Beispiel seine wichtigsten Beraterinnen.
Die Ashanti waren als Krieger gefürchtet und geschätzt aufgrund ihres Kunsthandwerks: die **Verarbeitung von Gold** („Goldgewichte" als Kleinplastiken, etc.), die Herstellung von Terrakotta-Grabplastiken, hölzernen Puppen, gewebten Stoffen und Farbdrucken zählen zu den bekanntesten handwerklichen Fähigkeiten der Ashanti.

Die Ewe
Das Verbreitungsgebiet der *Ewe* erstreckt sich von Südost-Ghana über Süd-Togo bis nach Süd-Benin. Ihr Hauptgebiet, das eigentliche Ewe-Land, liegt zwischen dem unteren Volta und dem Mono-Fluß, in Togo. Die etwa 1 Mio. Ewe sind in mehrere Stämme unterteilt; die wichtigsten sind die *Anlo, Anecho, Watyi, Fon* (s. u.) und *Gun*. Das verbindende Element ist nicht nur ihre gemeinsame Sprache (mit zahlreichen Dialekten), sondern auch der Glaube an ihre gemeinsame Herkunft aus *Oyo* (westl. Nigeria). Die Sprache der Anlo (West-Ewe) wurde zur Schriftsprache. Angeblich wanderten die Ewe erst im 17. Jh. in ihren heutigen Lebensraum.
Mit der nach dem ersten Weltkrieg vorgenommenen Teilung Togos in ein britisches und ein französisches Togo-

land sind die Ewe über ihre Köpfe hinweg „gespalten" worden.
Während sich im Westen des Ewe-Gebietes (Gegend von Aneho) Akan-Einflüsse bemerkbar machen, sind es im Osten Einflüsse der *Yoruba* und *Edo*. Vereinzelt eingewanderte Mossi und Dagomba leben ebenfalls unter den Ewe. Autochthone Gruppen finden sich noch im Nordwesten, entlang des Volta-Flusses.

Aufgrund historischer und kultureller Unterschiede erscheint eine Teilung in **West-Ewe** und **Ost-Ewe** gerechtfertigt. Die West-Ewe bewohnen das eigentliche Ewe-Land in Südost-Ghana und Süd-Togo; sogenannte „Togo-Restvölker" grenzen im Norden an ihr Gebiet an. Die Ost-Ewe oder *Fon* bewohnen den Süden der Volksrepublik Benin (ehemaliges Dahomey).

Die historisch bedeutsamste Leistung der Ost-Ewe oder Fon ist die **Gründung des Königreiches Dahomey**, das auf den kleineren Staaten von *Arda* (Allada) im Norden sowie *Whydah* (Ouidah) und *Porto-Nuovo* an der Küste im Süden basierte. Charakteristisch waren die **straffe Organisation des Militärs** und eine **zentralisierte Verwaltung** des Reiches.

Mit den Europäern betrieben sie einen sehr intensiven Handel; Sklaven wurden gegen Waffen und Munition (Schießpulver) eingetauscht. Der **Sklavenhandel** bildete bis zur Besetzung durch die Franzosen im Jahre 1894 die wirtschaftliche Grundlage des Staates. Gegen Ende erstreckte sich das Reich von Savalou im Norden bis zur Küste im Süden und vom Couffo- bis zum Ouémé-Fluß.

Heute lebt der größte Teil der Ewe von der **Landwirtschaft** (Hackbau und Wanderfeldbau); sie bauen als Grundnahrungsmittel Yams, Reis und Mais an. Daneben halten sie Kleinvieh (Schafe, Ziegen, Hühner und Schweine); an der Küste ist auch der **Fischfang** von Bedeutung. Fast überall sind **Handwerker** (Schmiede, Töpfer, Weber, Spinner) anzutreffen. **Handel** ist ebenfalls wichtiger Bestandteil des wirtschaftlichen Lebens der Ewe. In den Städten stellen sie heute einen Großteil der Angestellten.

Die soziale und politische Organisation wird überwiegend von den **Patrilineages** bestimmt. Oberhaupt einer Lineage ist der Verwalter des Besitzes, Schlichter von Streitigkeiten und als Priester auch Mittler zwischen den Lebenden und den Ahnen.

Abgesehen vom mächtigen Königreich von Dahomey waren die Ewe lediglich in verschiedenen Häuptlingstümern organisiert, nie jedoch in einer größeren staatlichen Organisation.

Die im Süden Benins lebenden Ost-Ewe oder Fon sind überwiegend **Bauern** (Anbau von Taro, Yams und Maniok). **Kleinviehhaltung** ist überall anzutreffen. Die **Jagd** nimmt eine wichtige Stellung für die Ernährung ein; das Jagen wird nur von speziellen Jägern ausgeführt, die einem mit magischen Fähigkeiten ausgestatteten Häuptling unterstehen. **Fischfang** ist an der Küste von Bedeutung. Die Arbeitsteilung der Geschlechter ist auch bei den **Handwerkern** zu finden. Während Männer als Schmiede und Weber arbeiten, obliegt den Frauen das Töpfern.

Die **soziale Grundeinheit** bildet die **polygyne Familie**, die politische das einem Häuptling unterstellte Dorf. Früher (18./19. Jh.) galten die Häuptlinge als Stellvertreter des Königs von Dahomey, ihr Amt war erblich; heute haben sie mehr Schiedsrichterfunktion.

Junge beim Wasserholen

Zeremonialstab der Yoruba

Die Yoruba

leben zwar hauptsächlich im Südwesten Nigerias, doch einzelne Gruppen auch in Benin und Togo. Die Yoruba-Sprache wird von etwa 11 Mio. Menschen gesprochen und zählt zu den *Kwa-Sprachen*. Sie sind in mehrere Stämme unterteilt: die *Oyo* (die eigentlichen Yoruba) im Nordwesten, die *Ife* im Zentrum etc; die in Togo und Benin lebenden Yoruba heißen *Atakpamé* bzw. *Nago*.

Der überwiegende Teil der Yoruba lebt auch heute noch vom **Hackbau** (Yams, Maniok, Hirse, Bananen), hauptsächlich für den Eigenverbrauch; Kakao wird dagegen in großen Plantagen für den Markt produziert. Mit dem Yam sind auch viele kultische Feste (Yamfeste) verbunden. Frauen beherrschen mehr oder weniger das **Marktwesen**, während die Männer sich um die Bewirtschaftung der Felder kümmern. Holzschnitzer, Gelbgießer, Schmied, Lederarbeiter und Jäger sind typische **Männerberufe**; der **Schmied** ist bei den Yoruba hoch angesehen, da er alle Werkzeuge für den täglichen Bedarf herstellt. Das Weben von Baumwollstoffen und das Flechten von Matten werden sowohl von Männern als auch von Frauen ausgeführt. **Töpferei** dagegen ist ausschließlich Domäne der Frauen, die sich damit meist ein kleines Nebeneinkommen verdienen. Für die Yoruba, die auch bekannte **Händler** sind, hängt der soziale Status im wesentlichen vom kommerziellen Erfolg ab. Mit entsprechender Ausbildung sind viele Yoruba heute auch in der städtischen Verwaltung und anderen höheren Berufen tätig.

Die Bildung von Städten hat bereits in vorkolonialer Zeit eine wichtige Rolle bei den Yoruba gespielt. Es waren mehrere **politisch unabhängige Stadtstaaten** entstanden, die sehr straff organisiert waren.

Die **sakrale Kunst** (Terrakotta- und Gelbgußfiguren, „Köpfe von Ife") an den Königshöfen der Yoruba ist sehr berühmt geworden.

Sprachen

Die afrikanischen Sprachen übertreffen die europäischen häufig bei weitem in der Möglichkeit, **detaillierte Schilderungen der Natur** zu geben oder einen Gegenstand je nach Form, Gewicht, Volumen, Farbe genau zu benennen; Handlungen oder Tätigkeiten werden präzise wiedergegeben, je nachdem, ob einmalig, mehrmalig, schwach, intensiv ausgeführt. Neben der starken, für uns meist nur schwer nachvollziehbaren **Spezifizierung** existiert andererseits auch eine starke **Generalisierung**: im Ewe z. B. kann das Wort „tsi" = Wasser, Saft, Milch, Tränen, Wein, Brühe, Eiter etc. heißen; um eventuelle Mißverständnisse beim Zuhörer zu vermeiden, muß man zu dem Wort „tsi" eine entsprechende Ergänzung hinzufügen (z. B. Wasser der Früchte = Saft, der Brüste = Milch, der Augen = Tränen, der Wunden = Blut, des Palmbaumes = Wein etc.) Nicht so stark ausgebaut ist dagegen die abstrakte Begrifflichkeit.

Fast alle afrikanischen Sprachen sind ohne Schrift; **umfangreiche mündliche Überlieferungen** waren (und sind auch z. T. heute noch) durch die **Bänkelsänger und Chronisten**, die „Griots", gewährleistet. Manche Sprachen wie z. B. das *Anlo* (Ewe) in Ghana oder der *Haussa-Dialekt* von Kano wurden jedoch inzwischen standardisiert und zur (Rundfunk-) Schriftsprache gemacht. Außerdem haben sich manche Sprachen, wie das *Diula* (Mandingo) und *Haussa* zu in ganz Westafrika üblichen **Handels- und Verkehrssprachen** entwickelt, ähnlich wie das *Kiswaheli* in Ostafrika. Auch das *Fulfulde* (oder Ful) ist aufgrund der starken Wanderbewegungen der Fulbe in ganz Westafrika verbreitet.

Die größten (sprachlich relativ einheitlichen) Gruppen bilden neben den Fulbe (ca. 10 Mio.) die Diula (etwa 10 Mio.), die Haussa (ca. 10 Mio.), die Mossi (ca. 3 Mio.) und die Yoruba (ca. 11 Mio.). Nach Diederich/Westermann sind folgende Sprachgruppen in Westafrika zu unterscheiden:

- **Die westatlantischen Sprachen,** zu denen das *Wolof*, das *Fulfulde*, *Serer* und die anderen atlantischen Küstensprachen gerechnet werden;
- **die Mande-Sprachen,** bei denen man unterscheidet zwischen dem **Mande-Tan**, vor allem von den Bambara, den Diula, Malinke, Soninke, Bozo und Somono gesprochen, und das **Mande-Fu**, bei den Völkern der Waldgebiete in Elfenbeinküste, Sierra Leone und Guinea verbreitet;
- **die Gur- oder Volta-Sprachen,** die vor allem von den altnigritischen Völkern im Voltagebiet, Burkina Faso (Mor, Bobo, Lobi, Dagbane) und in Mali und nördlicher Elfenbeinküste (Dogon und/bzw. Senufo) gesprochen werden;
- **die Kwa-Sprachen,** zu denen das *Agni, Baule, Fanti, Twi (Ashanti), Ewe/Fon, Yoruba* zählen;
- **die Tschado-hamitischen Sprachen,** zu denen das auf vielen Märkten Westafrikas gesprochene *Haussa* zählt.
- Das **Tamaschek** der Tuareg rechnet man zu den **Berber-Sprachen**; im Nordosten Malis (sowie in Nordafrika) wird auch Arabisch gesprochen.

Neben der oft erwähnten sprachlichen Zersplitterung ist jedoch in manchen Gebieten auch mehr und mehr eine Vereinheitlichung zu beobachten; so beim *Tamaschek* in Mali und Niger und Mauretanien, bei der *Akan-Baule*-Grup-

Ahaggar		Ayr		Transcription and value in Arabic letters	
⊡	yeb	⊙	eb	b	ب
ⵉ	yech	ⴾ	ech	ch	ش
V	yed	ⴺ	ed	d	د
ⴻ	yeḍ			ḍ	ص
ⵝ	yef	ⵀ	ef	f	ف
ⴾ	yeg	ⵊ	eg	g	
ⵍ	yeġ			ġ	
ⵏ	yeh	ⵏ	eh	h	ه
ⴸ	yey	ⴻ	ey	y (i)	ي
ⵅ	yej	ⵢ	ej	j	
ⵠ	yek	ⵠ	ek	k	ك
ⵯ	yeḳ	ⵡ	eḳ	ḳ	ق
⵪	yekh	⵪	ekh	kh	خ
‖	yel	‖	el	l	ل
ⵑ	yem	ⵛ	em	m	م
ⵐ	yen	ⵐ	en	n	ن
ⵣ	yeñ			ñ	
ⵇ	yew	ⵇ	ew	w (u)	و
◯	yer	◯	er	r	ر
ⵟ	yer̄	ⵟ	er̄	r̄	غ
⊙	yes	⊙	es	s	س
+	yet	+	et	t	ت
ⵥ	yeṭ			ṭ	ط
		⊢	et'	t'	
ⵥ	yez	ⵥ	ez	z	ز
ⵤ	yeẓ			ẓ	

pe in Ghana und der Elfenbeinküste, beim *Fon-Eweina* in Togo, Benin und Ghana, beim *Mor* der Mossi in Burkina Faso, beim *Wolof* in Senegal und beim *Songhay-Djerma* in Mali und Niger.

Im Verlauf des modernen Akkulturationsprozesses findet eine sprachliche Anpassung zum Teil ans Englische oder Französische statt; viele Begriffe (wie z. B. Television, Atom, Radar) werden ohne Veränderung aus dem internaional gebräuchlichen Wortschatz übernommen.

Moderne afrikanische Dichtung wird meist in der Sprache der ehemaligen Kolonialherren, in **Englisch oder Französisch**, verfaßt (z. T. von J. Jahn u. a. ins Deutsche übersetzt), und fand somit Verbreitung in Europa, auch wenn der Symbolgehalt dieser Literatur manchmal nur sehr schwierig zu interpretieren ist. Der berühmteste Schriftsteller *ist Léopold Sédar Senghor*, der ehemalige Präsident von Senegal (u. a. Tam-Tam schwarz, 1955); ein anderer bekannter Literat ist Amos Tutola aus Nigeria (u. a. Der Palmweintrinker, 1955), nicht zu vergessen *W. Soyinka* aus Nigeria, der im Jahre 1986 den ersten afrikanischen Nobelpreis für Literatur erhielt.

Amtssprachen wurden ebenfalls von den Kolonialherren übernommen: Französisch, Englisch (vereinzelt auch Portugiesisch und Spanisch).

In Zusammenhang mit der Entwicklung des modernen Afrika stellt die Sprachenfrage einen wichtigen Faktor in bezug auf das Selbstbewußtsein der Staaten dar.

Die **Vielfalt an Sprachen** bringt sicherlich gewisse **Schwierigkeiten in der Erziehungs- und Kulturpolitik** der einzelnen Staaten mit sich, jedoch ist der **größte Teil der Bevölkerung mehrsprachig** (manchmal beherrschen die Afrikaner 10 verschiedene Dialekte bzw. Sprachen).

Soziale Struktur und politische Organisation

Im folgenden soll eine Gegenüberstellung der gesellschaftlichen Strukturen
- **der altnigritischen Völker** (Dogon, Senufo)
- **der neusudanischen Völker** (Wolof, Bambara, Fulbe) und

◆ **der Oberguineavölker**
(Akan, Ewe, Yoruba) erfolgen.
In diesem Zusammenhang ist zu erwähnen, daß bei vielen Ethnien die soziale Ordnung nicht so leicht zu durchschauen ist und darüber hinaus die soziologischen Begriffe sehr unterschiedlich gebraucht und ungenau definiert wurden.

Altnigritische Gesellschaften

Charakteristisch für die **altnigiritischen Gesellschaften** im Sahel-Sudan sind die **Verwandtschaftsgruppen.** Die Zugehörigkeit zu einer *Lineage* bzw. einem *Clan* (der sich aus mehreren Lineages zusammensetzt) wird in sogenannten **patrilinearen Gesellschaften** nach der väterlichen Abstammungslinie bestimmt bzw. bei **matrilinearen** nach der mütterlichen. Der **Clan** stellt bei den Altnigritern die **wichtigste soziale und politische Einheit** dar; neben strengen Exogamieregeln und einem eigenen Namen ist fast immer ein gottähnlicher Schutzgeist anzutreffen. Der Clanchef wird als direkter Nachfahre des mythischen Ahnen angesehen; er ist auch für die Durchführung der kultischen Handlungen zuständig. Mehrere Clans wurden zusammengefaßt zu Stämmen bzw. Unterstämmen (und in Kriegszeiten bestanden kurzfristig auch lose Konföderationen zwischen verschiedenen Stämmen).

Die kleinste soziale Einheit bildet bei den altnigritisschen Völkern die meist **patrilineare Großfamilie,** wobei auch gewisse „mutterrechtliche Tendenzen" zu beobachten sind. So hat bei den *Lobi* (Burkina Faso) die Beachtung des mütterlichen Clantabus Vorrang vor dem väterlichen, und der Clanname wird matrilinear vererbt. Die Großfamilie besteht aus dem Familienoberhaupt,

Alter Mann aus Ghana

seinen Frauen und Kindern, seinen jüngeren unverheirateten Brüdern und Schwestern; Vettern und Cousinen werden ebenfalls als Brüder und Schwestern bezeichnet. (Dies wird jeder, der eine afrikanische Familie kennengelernt hat, bemerkt haben; die Zahl der „Brüder" und „Schwestern" erscheint unendlich groß.) Unter der Autorität des Patriarchen lebt eine solche Großfamilie in der Regel in einem Gehöft, bestehend aus mehreren Hütten. Mehrere miteinander verwandte Großfamilien leben meist zusammen in einem Dorf oder Quartier (Viertel).

Die **große Solidarität,** die unter den Mitgliedern eines Sozialverbandes wie der Lineage besteht, bietet dem einzelnen **soziale Sicherheit** und Unterstützung in Notzeiten. In einer patrilinearen Gesellschaft wächst ein Junge meist bei den Verwandten des Vaters (von ihm als „Onkel" oder „große Brüder" bezeichnet) auf, die ihn auch beim Aufbringen des „Brautpreises" unterstützen. Bei frühzeitigem Tod bleiben seine Frauen und Kinder ebenfalls in der Obhut seiner Verwandten. Erbe und Nachfolger ist in der Regel der älteste Sohn des ältesten Bruders (Bruder-Erbrecht anstelle von Sohn-Erbrecht nach koranischem Recht).

Die **politische Organisation** der Altnigriter wird häufig als eine Art *„Urdemokratie"* bezeichnet und basiert im wesentlichen auf der Herrschaft der Ältesten. Die einzelnen Familienoberhäupter sind meist in sogenannten **Ältestenräten** organisiert; die Vorsitzenden dieser Räte erfüllen neben ihrer **politischen Funktion** meist auch **religiöse** (Ahnen Priester, Regenmacher) und **juristische Aufgaben**. Daneben gibt es in der altnigritischen Gesellschaft herausragende Persönlichkeiten wie Erdherr, Magier und Initiationsmeister, die ganz spezielle **kultische Aufgaben** erfüllen.

Andere Elemente der gesellschaftlichen Ordnung stellen bei den Altnigritern die **Alters- und Initiationsgruppen** sowie die **Maskenbünde** dar.

Während sich früher die Einteilung in Altersklassen über alle Altersstufen erstreckte, sind heute häufig nur noch die Jugendaltersklassen vorhanden. Innerhalb einer solchen Gemeinschaft gibt es (aufgrund der gemeinsam erlebten Initiation oder gemeinsamer Interessen) ebenfalls eine starke Solidarisierung von Gleichaltrigen, womit ein gewisser „Ausgleich" zu der hierarchischen Ordnung der Großfamilie geschaffen wird.

Mit der **Initiation** erfolgt der Übertritt vom Kind zum jungen Erwachsenen, wird der Junge zum Mann und das Mädchen zur heiratsfähigen Frau. Während der Vorbereitungszeit leben die Jugendlichen meist mehrere Wochen lang weit weg von ihrem Heimatdorf im Busch, wo sie bestimmte Mutproben durchstehen müssen, darüber hinaus aber auch in die Mythologie sowie in das kultische Leben (Maskenwesen) des Stammes eingeführt werden. Die **Beschneidung** der Knaben (Zirkumzision) und der Mädchen (Exzision) stellt meist den **Höhepunkt des Initiationsrituals** dar. (Exzision nach UNO-Konvention offiziell verboten – aber in Afrika weiterhin stark verbreitet.)

Während bei den Senufo und Somba die Beschneidung im Knabenalter üblich ist, findet bei den Mossi, Dagomba, Songhay, Senufo und Fulbe die Beschneidung kurz vor der Pubertät statt. Bei den Dogon (Mali) bestimmt der Dorfälteste das Jahr, in dem die Beschneidung der Knaben stattfinden soll; bevor ein Vater seinen Sohn zur Beschneidung schickt, befragt er einen Wahrsager. Die Mädchen werden in der Regel zwischen dem 13. und 15. Lebensjahr beschnitten. Gleichzeitig mit der Jünglingsweihe findet bei manchen Stämmen Westafrikas auch die Aufnahme in den Maskenbund (bei den Dogon Awa-Bund genannt) statt. Neben den eigentlichen kultischen Handlungen der Maskenbünde, die fast immer in engem Zusammenhang mit dem **Ahnenkult** stehen *(s. a. Kapitel: Traditionelle Religion)*, lernen die Initianden auch das Schnitzen von Masken.

Die Ehepartner wurden früher von den Familienoberhäuptern bestimmt, denn traditionsgemäß wurde die **Ehe als Gemeinschaftsangelegenheit** angesehen, vor allem als Bündnis zweier Sippen und weniger als Verbindung zweier Einzelmenschen. „Verlobungen" fanden

häufig schon im Kindesalter oder sogar vor der Geburt statt. Offiziell wurde dies in den meisten Staaten von seiten der Regierung abgeschafft, so daß theoretisch die mündliche Einwilligung des Mädchens zur Eheschließung notwendig ist. Vor allem in ländlichen Gebieten gibt es Zwangsehen aber auch heute noch. Die Zahlung eines Brautpfandes ist üblich; heutzutage ist aufgrund der modernen Familienrechte meist auch eine Ehe ohne Brautpfand gültig *(s. a. Kapitel: Sitten und Bräuche).*
Übergeordnete zentralistische Regierungs- und Verwaltungssysteme sind in den altnigritischen Gesellschaften unbekannt.

Neusudanische Völker

Auch bei den neusudanischen Völkern *(Bambara, Fulbe, Wolof)* bilden die **Verwandtschaftsgruppen** (Lineage, Clan, patriarchale Großfamilie) die soziale Ordnung der Gesellschaft. Jedoch haben die Clans viel größere Ausmaße, und auch eine **Großfamilie** kann bis zu hundert Mitglieder umfassen. Meist handelt es sich um die erweiterte Großfamilie, zu der neben dem Familienoberhaupt mit seinen Frauen, unverheirateten Kindern und seinen verheirateten Söhnen mit ihren Familien auch jüngere Brüder des Familienoberhauptes mit ihren Frauen und Kindern zählen; sie alle leben auf einem gemeinsamen Gehöft und bilden eine **Wirtschaftseinheit**. Alle Gehöftmitglieder sind zur Arbeit auf den gemeinsamen Familienfeldern verpflichtet. Das **Familienoberhaupt** ist **Priester des Ahnenkultes** der erweiterten Familie und **Verwalter des gemeinsamen Vermögens** (Felder, Vieh, Ernte etc.). Namen berühmter Clans sind im Senegal die *Diop* und *Ndiaye*, in Mali die *Keita, Toure, Traore, Dyara, Coulibaly* usw.

Clantotemismus ist ebenfalls häufig anzutreffen: die Clans haben ihre **heiligen Tiere**, die angeblich als Helfer des Clangründers aufgetreten sind und daher für die Nachkommen als „tabu" gelten, d. h. sie dürfen weder gejagt, noch getötet, noch gegessen werden.

Die **Altersklassen** sind bei den neusudanischen Völkern ebenfalls weit verbreitet. **Patrilokale Ehen** (Polygynie) sind die Regel. Die erstgeheiratete Frau ist die Hauptfrau und besitzt die Führung über die anderen Frauen. Heirat unter nahen Blutsverwandten wird als inzestuös angesehen. Sippen sind daher meist exogam.

Familiäre Zeremonien und traditionelle Feste wie Geburt, Namensgebung, Initiation, Hochzeit und Tod eines Mitgliedes stellen zentrale Ereignisse im Leben eines afrikanischen Familienclans dar. Bei diesen Festen ist meist die ganze Verwandtschaft eingeladen. Die bei den Zeremonien geopferten Tiere (Ziegen, Hühner etc.) werden für das Festmahl zubereitet, an dem alle geladenen Gäste teilhaben; dazu werden riesige Reis-Schüsseln serviert.

Mit der **Taufe** und **Namensgebung**, Die eine Woche nach der Geburt stattfinden, wird das neue Mitglied in die Gemeinschaft aufgenommen. Der Name wird dabei dem Kind vom ältesten Familienmitglied ins Ohr geflüstert, nachdem der erste Haarschnitt erfolgt ist und (wie bei der christlichen Taufe) etwas Wasser auf den Kopf des Neugeborenen gegossen wurde.

die nächste wichtige Station stellt der Übergang von der Kindheit ins Erwachsenenalter dar, wo die **Initiation** erfolgt, die vor allem früher immer mit einer Beschneidung verbunden war.

Die **Hochzeit** stellte früher vorwiegend

die Verbindung zweier Familienclans her, und nicht die zweier Individuen. Erst in jüngster Zeit, mit zunehmender Auflösung der Traditionen wird die Liebesheirat akzeptiert.

Stirbt ein Familienmitglied, so ist in der Regel ein ehrenvolles **Begräbnis** üblich; Verbrecher und noch nicht in die Gemeinschaft aufgenommene Babies werden ohne jegliche Zeremonie in den Busch geworfen oder beerdigt. Die **Totenfeier** dient der Heimführung des Toten ins Totenreich. Oft kann eine Totenfeier wegen der hohen Kosten für die Bewirtung der Gäste sowie für die Opfertiere erst Monate oder Jahre nach dem Tode stattfinden; manchmal finden heutzutage auch zwecks Kostenersparnis die Totenfeiern für mehrere Tote zusammen statt. Bis zur Totenfeier wird der Verstorbene meist als „lebender Leichnam" angesehen (deshalb gilt auch die Amtszeit von Würdenträgern als weiter bestehend); und von Witwen und Witwern wird solange strikte eheliche Treue gefordert.

Charakteristisch für die alten Großreiche waren die **feudalistische soziale Hierarchie** und ein ausgeprägtes **Kastenwesen**. (Kasten sind endogame Gruppen, deren Mitglieder nur innerhalb des eigenen Berufsstandes heiraten können.)

Neben den **Adligen** und den **Freien (Bauern)** gab es früher **Krieger**, Angehörige der **Berufskasten** und **Sklaven**. In den meisten Gesellschaften der Mande-Stämme (Bambara, Malinke, Soninke etc.) steht der **Schmied** an erster Stelle, der gleichzeitig als Priester, Sprecher des „Fama", Totengräber, Henker und Beschneider tätig ist; danach folgen Gelbgießer und Kupferarbeiter, Lederarbeiter, Schnitzer und Sattler, Jäger, Fischer und Musikanten.

Die Fulbe kennen außerdem noch die Kaste der Händler, die der hörigen Bauern, die der Schnitzer, Weber, Schneider, Färber und Bettler.

In der Hierarchie noch unter den Kastenangehörigen stehen die Nachkommen von Sklaven (Haussklaven).

Die Schmiede haben bei den meisten Ethnien eine gewisse Sonderstellung, da sie sowohl verachtet als auch geschätzt und etwas gefürchtet werden. Geachtet, da sie Eisen (Werkzeuge und Waffen für Feldbau, Jagd und Verteidigung) sowie Kupfer und Stein verarbeiten; daneben gefürchtet wegen ihrer Fähigkeit, mit dem gefährlichen Feuer umgehen zu können. Ihre „magischen" Fähigkeiten erlauben ihnen neben der normalen Verarbeitung von Metall auch die von Holz (Schnitzen von Masken, Fetischen etc.).

Die größte politische Einheit bildet bei den Mande-Stämmen (Bambara) heute der **Kanton** (*kafo*), der vom Oberhaupt *(fama)* der herrschenden Familie geleitet wird. Sein Amt ist erblich, und das Oberhaupt war bis in die heutige Zeit mit zahlreichen Sitten und Bräuchen umgeben, die auf das sakrale Königtum zurückgehen; es gab einen sogenannten „Sprecher", der die leise gesprochenen Worte des „fama" laut wiederholte, außerdem näherte man sich dem „Fama" kriechend. Beschlüsse faßte er jedoch nur nach Beratung mit den Ältesten. Manchmal ist das **Kantonsoberhaupt** gleichzeitig auch **Erdherr** seines Gebietes. Auch ist der Erdherr (bei Bambara) gleichzeitig u. U. Dorfoberhaupt; er delegiert jedoch meist die Verwaltung des Dorfes an einen Dorfhäuptling.

Neben kleineren regionalen Staaten, die meist von einem **König** und einem **Ältestenrat** regiert wurden, entstan-

Bevölkerung, soz. Struktur und pol. Organisation 93

Palaver der Ältesten (hist. Darstellung)

den auch mehrere riesige Königtümer (Ghana-, Bambara-, Mali-, Songhay- und Fulbe-Reiche, wobei die letzten drei sich erst unter Einfluß des Islams zu großen Staaten entwickelten, *s. a. Kapitel: Geschichte).*
Meist sah dies so aus, daß ein mächtiger Clan an Macht und Einfluß gewann und dann die militärische Kontrolle über die benachbarten Königtümer hatte. Durch Überfälle wurde der Einflußbereich ständig erweitert, und die unterworfenen Volksgruppen wurden tributpflichtig gemacht. Je mehr sich das Territorium vergrößerte, desto mehr stieg der **Clanführer** zum **absoluten Herrscher** auf, gestützt von einem **stehenden Heer, einem Verwaltungs- und Justizapparat**, sowie einer **Polizei**. Es kam zur Etablierung eines Königshofes (mit zahlreichen Bediensteten) und eines Ministerrates, der dem König zur Seite stand. In diesen mittelalterlichen Reichen soll matrilineare Thronfolge üblich gewesen sein, ebenso in einigen Fulbe-Staaten. Der feudale Charakter dieser großen Königtümer äußerte sich in der **Abhängigkeit und Tributpflicht der unterworfenen Länder**.
Diese politischen Strukturen wurden durch europäische Einflüsse weitgehend verändert. Die alten mächtigen Clans *Ndiaye, Traore* und *Coulibaly* haben jedoch auch heute noch in den meisten Ländern des Sahel-Sudans die politische Führungsmacht inne.
Die **Regenwaldkultur** wurde eine Zeitlang gerne als *„mutterrechtlich"* bezeichnet, was in dieser Verallgemeinerung heute nicht mehr haltbar ist, auch wenn bei den Ethnien des Oberguinea-

gebietes zahlreiche **mutterrechtliche Tendenzen** zu finden sind. Die charakteristische monarchische Staatenbildung mit prunkvollem Hofstaat und straffer Verwaltungsorganisation wurde vermutlich über die sudanesischen Großreiche vermittelt.
Die späteren Einflüsse aus dem Sudangebiet sowie die ständigen Völkerwanderungen in die Waldgebiete brachten mehr und mehr vaterrechtliche Tendenzen in die *Hyläa* (und wurden noch verstärkt durch die Einflüsse der westlichen Zivilisation).
Diese Auseinandersetzung hat bei manchen Völkern (z. B. den Akan) zu einem interessanten Kompromiß geführt, wo patrilineare und matrilineare Abstammungsregelungen nebeneinander existieren:
Bei den *Ashanti* (Akan) besteht bei der sozialen Organisation eine **Verzahnung von patrilokaler Großfamilie und matrilinearer Sippe**, d. h. die Namen, öffentliche Ämter und Titel, Eigentum an Boden vererben sich nach der mütterlichen Linie, nach dem *weiblichen Prinzip, abusua* genannt (synonym für Blut).
Nach dem *männlichen Prinzip, ntoro* genannt, werden die Riten und Kulte, Totems und totemistische Meidungsverbote sowie gewisse bewegliche Güter bestimmt. Eine Frau muß neben ihren eigenen (vom Vater geerbten) ntoro-Geboten auch die ihres Mannes beachten.
Während der Gehöftvorstand zwar eine gewisse Autorität im Rahmen seiner Großfamilie hat, unterstehen seine leiblichen Kinder mehr dem Mutterbruder oder Onkel, der in der Regel auch für die Erziehung der Kinder verantwortlich ist. Den Kindern selbst steht es offen, ob sie beim eigentlichen Vater oder beim „Onkel" wohnen wollen.
Nach W. Hirschberg überwiegen die mutterrechtlichen Tendenzen im Sozialgefüge der Ashanti, was seinen Ausdruck darin findet, daß angeblich nur für die Mädchen Pubertätsfeiern abgehalten werden. Spuren von „Mutterrecht" findet man auch bei den West-Ewe, wo der Mutterbruder eine wichtige Rolle spielt, und der persönliche Besitz matrilinear an den Sohn der Schwester vererbt wird.
Als **Geheimbünde, Kultbünde und Jugendbünde** sind bei vielen Völkern des Oberguinearaumes Männer- und Frauenbünde anzutreffen; die männlichen Geheimbünde hatten vielfach große politische Macht. Die bekannte *Yehwe*-Kultgesellschaft der Ewe wurde vermutlich aus Dahomey eingeführt; sie hat ihr Zentrum in Anlo. In jeder Ewe-Siedlung gab es Frauenbünde, die vom Häuptling zu gegebenem Anlaß konsultiert wurden, und Jungmännerbünde, die in Kriegszeiten eigene Kampfmannschaften stellten.
Ein festes Altersklassensystem kennt man nicht, jedoch eine Einteilung der männlichen Bevölkerung (je nach Funktion) in meist drei verschiedene Altersgrade.
Das politische Gefüge dieser meist **zentralistisch organisierten Staaten** war sehr stark auf den **König** ausgerichtet. Sowohl die Oberhäupter der Akan-Staaten (Ashanti), des Dahomey-Reiches als auch der Yoruba-Reiche wurden als *„Gottkönige"* oder *„Priesterkönige"* angesehen und verehrt. Sie waren Mittler zwischen dem Volk und den Königsahnen und mit zahlreichen Tabus belegt. Sie hatten jedoch auch gewisse **Privilegien wie Marktkontrolle und Handelsmonopole** und z. B. in Dahomey auch das „Privileg" der **Menschenop-**

fer. Eine wichtige Rolle spielte in den Königtümern fast immer die „Königin-Mutter" oder „Schwester" des amtierenden Königs. (Es handelte sich dabei jedoch meist nicht um die leibliche Mutter oder Schwester, sondern sie wurde dem König mehr oder weniger „von Amts wegen" als Beraterin beigegeben.) Die absolute Gewalt des Königs war durch die sogenannten **Notablenräte** (Staats-, Minister- und Palasträte) und die verschiedenen **Geheimbünde** sehr stark eingeschränkt. Bei Machtmißbrauch konnte dem König im Namen des Volkes das Vertrauen entzogen werden, und manchmal wurde er auch zum Freitod gezwungen. Die Thronfolge war ursprünglich wahrscheinlich matrilinear, später jedoch setzte sich Patrilinearität weitgehend durch.

Bei den **Lagunenvölkern** an der Elfenbeinküste sind **demokratische Dorfverfassung** mit Dorfvorsteher und Ältestenrat sowie patriarchalische Großfamilien charakteristisch.

Matrilineare Abstammung, Vererbung und Nachfolge, die bei den Lagunenvölkern zu finden sind, könnten auf Einflüsse der *Anyi* und *Baule* zurückzuführen sein. Ein Kastenwesen war unbekannt, es gab aber überall Haussklaverei und Schuldknechtschaft. Meist war der Sklavenstand erblich.

Völker an der Atlantikküste

Das hochentwickelte Königtum der *Wolof* weist ebenfalls viele charakteristische Merkmale des **sakralen Königtums** auf; die *Serer* dagegen kannten im wesentlichen keine zentrale politische Macht. Die Wolof hatten auch ein sehr **differenziertes Klassen- und Kastenwesen** (Adlige, Freie, Marabouts, Bauern, Haussklaven, Handwerkskasten etc.).

Im *Diola*-Gebiet gab es viele **kleine Königs- und Fürstentümer**; die Könige wurden jeweils aus zwei oder drei Familien gewählt, die sich turnusmäßig im Amt abwechselten. Der König war auch gleichzeitig Priester des Schutzdämons des jeweiligen Gebietes. Die Wahl erfolgte durch die Ratgeber des alten Königs sowie durch Orakelbefragung.

Heutzutage wird diese alte Tradition zwar noch fortgesetzt, die Diola-Könige haben jedoch keine politische Macht mehr, jedoch aufgrund ihres Priesteramtes nach wie vor erheblichen Einfluß.

Matrilineare Deszendenz war zumindest beim Hochadel der Wolof früher ausschlaggebend für Amtsnachfolge und allgemeine Erbfolge; heute ist die **patrilineare Deszendenz** maßgeblich. Matrilineare Deszendenz ist auch bei den *Serern* belegt; bei den *Lebu* ist die Großfamilie matrilinear organisiert, die matrilineare Verwandtschaft (Mutterbruder) hat besondere Bedeutung. Bilaterale Züge sind bei verschiedenen Ethnien der Atlantikküste zu beobachten.

Heutige Entwicklungen

Die oben beschriebenen traditionellen sozialen Strukturen der westafrikanischen Völker sind heute fast nur noch auf dem Land anzutreffen. Dort stellt auch heute noch die **Großfamilie** den kleinsten sozialen Verband dar und bildet eine **Wirtschaftseinheit**, in der die Feldarbeit gemeinsam verrichtet wird. Theoretisch ist jedes Mitglied außerdem dazu verpflichtet, auch andere Einkünfte (zumindest zum Teil) dem **Familienoberhaupt** abzuliefern. Dieser hat nicht nur für die Ernährung und Kleidung der Familienmitglieder zu sorgen, sondern darüber hinaus auch für sie Steuern zu zahlen und sie gegebenenfalls rechtlich zu vertreten. Außerdem obliegt ihm die Durchführung des **Familienkultes** (Ahnenkult).

In neuester Zeit nimmt jedoch die wirtschaftliche Bedeutung der **Kleinfamilie** ständig zu; jeder Mann, der genügend Kapital hat, kann sich selbständig machen. Durch Kolonialzeit und Missionstätigkeit hat sich die auf dem Leben in der Gemeinschaft beruhende afrikanische Sozialstruktur mehr und mehr in eine das Individuum betonende umgewandelt. Die große Solidarität innerhalb des traditionellen Familienverbandes sowie die alten Sitten und Bräuche lösen sich mit zunehmender Verstädterung immer mehr auf. Die soziale Sicherheit und Unterstützung in Notzeiten ist damit nicht mehr in ausreichendem Maße gegeben, wodurch es unweigerlich zur **Verelendung von immer mehr Familien** kommt. Denn durch die viel härteren Lebensbedingungen in den Städten (hohe Lebenshaltungskosten, Konkurrenzkampf am Arbeitsplatz.) ist es einem Verdiener alleine unmöglich, eine ganze Großfamilie zu ernähren, die nach und nach in die **Slums** (bidonvilles) zieht.

Ebenso haben sich die traditionellen politischen Strukturen durch die Kolonialherrschaft weitgehend geändert, obwohl auch heute noch einige Grundzüge anzutreffen sind. Die traditionelle Häuptlingsherrschaft hat sich den modernen politischen Strukturen angepaßt oder ist in ihnen aufgegangen. Ein bekanntes Beispiel ist die Elfenbeinküste, wo durch Präsident *Houphouët Boigny* (der selbst Häuptling war) die **traditionelle Häuptlingsherrschaft** mehr oder weniger fortbesteht. In diesem Zusammenhang ist auch das traditionsgemäß hohe Ansehen der Ältesten zu erwähnen, das auch heute noch von großer Bedeutung ist. Wie sonst könnte es sein, daß ein Staatsmann wie Houphouët Boigny noch im Amt ist; bei uns wäre er schon lange in den Ruhestand getreten bzw. abgesetzt worden.

Die Solidarität zur Familie hat in Afrika bekannterweise ebenso Tradition und ist in der Politik auch heute noch immer wieder stark zu spüren. Mitglieder des „Familienclans" werden von den Staatsoberhäuptern bevorzugt in der Regierung eingesetzt, wodurch andere Volksgruppen benachteiligt werden. Diese Familienklüngel haben z. B. in der Volksrepublik Benin immer wieder zu erheblichen Spannungen innerhalb der Bevölkerung geführt.

Traditionelle Sitten und Bräuche

Der **Lebenszyklus** ist in den afrikanischen Stammeskulturen von verschiedenen Übergängen von einer Lebensphase in die andere gekennzeichnet. Jeder dieser Übergänge wird von bestimmten **Riten** *(Rites de passage)* begleitet, welche den Segen der Ahnen sicherstellen sollen. Jeder „Übergang" stellt für den einzelnen eine Art Verwandlung oder Wiedergeburt dar und markiert gleichzeitig die einzelnen Phasen des Lebens (Geburt, Namensgebung, Beschneidung, Eheschließung und Tod). **Kinderreichtum** wird in Afrika als Zeichen von Glück und Segen angesehen und hat zudem die Funktion der Altersversorgung. Mit der Zeugung des ersten Kindes hat der Mann seine „Männlichkeit" bewiesen, mit der Geburt die Frau ihre wichtigste „Schicksalsbestimmung" erfüllt. Geburtenregelung kennen die meisten Ethnien nicht, doch kann die lange Stillzeit (2–3 Jahre), während der die Frau in der Regel enthaltsam lebt, als eine gewisse Regulierung angesehen werden. In bezug auf die Empfängnis gibt es sehr unterschiedliche Vorstellungen. Bei den Akan (Ashanti) gilt sie als Verbindung des materiell-weiblichen mit dem geistig-männlichen Element (Dieser alte Dualismus ist eine bei vielen altafrikanischen Kulturen anzutreffende Vorstellung). Während das Kind von der Mutter das Fleisch, das Blut und alle sozialen Eigenschaften bekommt, die es immer an die Familie der Mutter binden werden, erhält es vom Vater die Lebenskraft und eine Art Gruppenseele, wodurch das Kind in religiöser Hinsicht immer einen starken Bezug zur Familie des Vaters haben wird.

Die **Schwangerschaft** stellt eine Zeit voller Ängste und Hoffnungen dar, denn die schwangeren Frauen sind besonders gefährdet durch „böse" Einflüsse. Die Frau muß bestimmte (Speise-)**Tabus und Vorschriften** einhalten, mit denen das noch ungeborene Kind vor Unfällen, dem Zorn der Ahnen und vor Hexerei geschützt werden soll. Darüber hinaus sind schwangere Frauen auch meist gefürchtet, da sie sich in einem besonderen Zustand befinden. Zur Entbindung (besonders beim ersten Kind) geht die Frau meist in ihr heimatliches Dorf in das Haus ihrer Mutter zurück, wo ihr alte Frauen aus ihrer Sippe bei der Geburt beistehen und Hebammendienste leisten. Oft kommt auch ihre Mutter, Tante, Kusine etc. zu ihr. Männer dürfen in der Regel bei der Geburt nicht anwesend sein.

Kinderreichtum: für viele Afrikaner Segen und Altersversorgung zugleich.

Die **Geburt** selbst verläuft als **magisch-religiöse Zeremonie**, die eine weitgehend beruhigende Wirkung auf die Gebärende haben soll. Die für die Entbindung traditionell „richtige" Position kann sehr unterschiedlich aussehen. Plazenta und Nabelschnur werden bei fast allen afrikanischen Völkern eine besondere Bedeutung zugemessen. Sie werden meist an einem geheimen Ort vergraben, denn würden eine Hexe oder ein Zauberer in ihren Besitz kommen, hätten sie das Leben des Neugeborenen in der Hand. Bei manchen Völkern wird die Plazenta als symbolischer Zwilling angesehen. In Anlehnung an die bereits erwähnte Vorstellung vom *Dualismus* des Menschen glaubt man, daß jedes Kind zweigeschlechtlich geboren wird, was seinen Niederschlag zum Teil auch in den Beschneidungsriten findet.

Zwillinge und mit Anomalien geborene Kinder wurden früher häufig als böses Omen gesehen. Man vermutete in ihnen die Inkarnation böser Geister, die sich für irgendwelche Untaten der Eltern oder anderer Familienmitglieder rächen wollen; **Zwillinge** wurden daher meist getötet, da man glaubte, daß sonst schweres Unheil über die Familie kommen würde. Heute werden sie zum Teil als Segen betrachtet und willkommen geheißen, teils auch gefürchtet *(s. a. Zwillingskult in Benin).*

Während der ersten Woche verlassen Mutter und Kind als Schutz vor dem „bösen Blick" meist nicht die Hütte; bei den Akan wird ein neugeborenes Kind in dieser Zeit noch als „Geistkind" betrachtet, das jederzeit ins Reich der Geister zurückkehren kann, weshalb man es nicht besonders beachtet.

Bei der **Namensgebung** gibt es verschiedene Etappen. Zunächst bekommt das Kind (bei Akan und Ewe) unmittelbar nach der Geburt einen „Wochentagsnamen"; nach acht Tagen erhält es dann vom Vater oder einem anderen Angehörigen einen weiteren Namen (häufig nach einem seiner Verwandten). Danach erhält ein Kind im Laufe der Zeit noch Grußnamen, Schutznamen, Sippennamen, Scherznamen etc. Ebenso wird vielfach bei der Intitiation oder beim Eintritt in einen Kult- oder Geheimbund ein neuer Namen verliehen. Bei den Malinke, Bambara und Bozo erfolgt die Namensgebung ebenfalls eine Woche nach der Geburt. Der Vorname wird dabei von dem Ahnen übernommen, dessen Seele man reinkarniert glaubt, während der Clanname vom Vater geerbt wird. Bei den Dogon erhält das Kind seine drei Namen von den Oberhäuptern der mütterlichen und der väterlichen Lineage sowie vom Binu-Priester. Zwillingen gibt man bei den Yoruba besondere Namen: der Erstgeborene wird „Taiwo", der Vorausgesandte, genannt, während der Zweitgeborene „Kehinde", der Spätergekommene, heißt. Während der ganzen Kindheit (und meist auch später im Erwachsenenalter) werden die Kinder mit zahlreichen Amuletten behangen, die sie vor bösen Geistern und Menschen schützen sollen.

Die **Pubertät** ist der Zeitpunkt, wo die Jugendlichen den Status des Erwachsenen bekommen. Häufig ist dies von einer entsprechenden **Initiationszeremonie** begleitet. Bei den Ashanti werden entsprechend den überwiegend mutterrechtlichen Tendenzen angeblich nur für die Mädchen Pubertätsfeiern abgehalten. Bei den Knaben wird die „Mannbarkeit" durch das Erlegen eines großen Jagdtieres bewiesen. Sie gehören danach zu den heirats- und

Bevölkerung, traditionelle Sitten und Bräuche 99

Initiationsriten, Jungen vor der Beschneidung

kriegsfähigen Männern. Bei vielen Völkern ist die Initiation mit der **Beschneidung** verbunden; wenn nicht, so müssen die Initianden bestimmte schmerzvolle Mut- und Kraftproben bestehen. Während die Beschneidung der Knaben aus hygienischen Gründen sinnvoll sein mag – sie ist auch bei Juden, Moslems und manchen Christen üblich –, ist die Beschneidung der Mädchen als brutale Verstümmelung anzusehen, wodurch die Frau zum reinen Sexualobjekt erniedrigt wird. Man unterscheidet bei den Mädchen die Exzision (Entfernung der Klitoris, manchmal auch noch der kleinen Schamlippen). Die Beschneidung bedeutet für die Mädchen vor allem den Übergang von der Kindheit ins heiratsfähige Erwachsenenalter. Das Beschneidungsalter ist bei den einzelnen Ethnien sehr unterschiedlich; für die Knaben in der Regel zwischen 11 und 17 Jahren, für die Mädchen zwischen 10 und 17 Jahren. Bei den Ewe und Yoruba erfolgt die Beschneidung jedoch schon im frühen Kindesalter, ohne jegliche Zeremonie. Bei einigen Stämmen der Atlantikküste dagegen ist die Mädchenbeschneidung mit der Aufnahme in den Frauenbund verbunden; die Beschneidung der Knaben im Alter von 6–12 Jahren dagegen nicht unbedingt mit der Einweihung in einen Geheimbund gekoppelt. Und bei den Anyi-Akan gibt es für beide Geschlechter keine Beschneidung. Bei den Yoruba wurde auch die Exzision der Klitoris praktiziert, während bei den Ost-Ewe eine Verlängerung der Labien (Schamlippen) üblich sein soll.
Für den Sinn der Beschneidung sind sehr unterschiedliche Erklärungen in Umlauf. Bei den Dogon und Bambara ist der Glaube verbreitet: Jeder Mensch ist nach dem Glauben der Dogon von Geburt an bisexuell; das männliche Element sitzt in der Klitoris, während sich das weibliche in der Vorhaut befindet.

Durch die Beschneidung findet die endgültige Bestimmung des Geschlechtes statt. Bei den Bambara herrscht eine ähnliche Vorstellung, wobei sie noch davon ausgehen, die in der Klitoris bzw. in der Vorhaut sitzende unheilvolle Kraft zu beseitigen. Nach alter Tradition spielt sich eine Beschneidung folgendermaßen ab: Die Beschneider gehören meistens der Kaste der Schmiede an und tragen manchmal schreckliche Masken. Der Schmied und seine Helfer bzw. die Schmiedefrau leben meist eine gewisse Zeit vor der Operation in absoluter Keuschheit und absoluter Reinlichkeit, um das Risiko von Komplikationen so weit wie möglich zu verringern. Ungeheure Schmerzen müssen die jungen Männer und Frauen bei der Beschneidungsprozedur über sich ergehen lassen. Nachdem sich die Kandidaten durch rasenden Tanz in Trance getanzt haben, setzen sie sich in eine Reihe oder im Kreis zusammen und spreizen die Beine. Wenn der Beschneider seine Instrumente über dem Feuer zum Glühen gebracht hat, nähert er sich seinem „Opfer", zieht ihm plötzlich die Vorhaut nach vorne und schneidet sie mit dem heißen Eisen blitzschnell ab, während seine Gehilfen den jeweiligen Kandidaten festhalten. Um den Schmerz zu lindern, dürfen die Kandidaten lediglich das Wasser austrinken, in dem die Instrumente eingetaucht werden; manchmal bekommen sie aber auch schmerzlindernde Betäubungsgetränke.

Die Rituale für Frauen sehen ähnlich aus. Die Entfernung der Klitoris wird teilweise durch Ausätzung, meist jedoch durch Ausschneiden vorgenommen. Die Beschneiderin greift die Klitoris mit einer hölzernen Pinzette, und schneidet sie mit einem Messer, manchmal auch mit einer Glasscherbe ab. Danach werden die Mädchen häufig dazu gezwungen, ungeachtet der Schmerzen und des Blutverlustes zu tanzen, wobei sie den Koitus imitieren. Das Durchleben dieser starken Schmerzen bewirkt (nach Vorstellung der Afrikaner) eine gewisse Veränderung der Persönlichkeit der Initianden.

Heutzutage verweigern sich viele Mädchen der Beschneidung, während sie bei den Knaben noch als ganz normal angesehen wird. Laut UNO-Resolution ist die **Beschneidung der Mädchen offiziell verboten.**

Der Anteil der beschnittenen Mädchen ist heute von Ethnie zu Ethnie sehr unterschiedlich; während bei den Wolof nur noch etwa 0,5 % der Frauen beschnitten sind, sind es bei den Mande noch etwa 45 %, bei den Fulbe etwa 53 % und bei den Diola etwa 50 %. Auf dem Land findet dieser Eingriff bei etwa 80 % aller Frauen auch heute noch meist unter katastrophalen hygienischen Verhältnissen im Heiligen Hain statt, während er in der Stadt immer häufiger im Krankenhaus durchgeführt wird. Darüber hinaus hat der religiöse und der soziale Standpunkt der Frau/Mutter ebenfalls einen entscheidenden Einfluß darauf, ob sie ihre Kinder dieser Zeremonie unterziehen läßt oder nicht.

Entsprechend der großen Bedeutung von Fruchtbarkeit im Leben haben die Afrikaner meist ein sehr **natürliches Verhältnis zur Sexualität.** Da sie Leben spendet, der Familie mit den zahlreichen Kindern Glück und Reichtum beschert und darüber hinaus auch noch Spaß macht, hat Sexualität für sie im gewissen Sinne eine göttlich-magische Bedeutung. Bei vielen Völkern Westafrikas genießen die Mädchen vor ihrer Ehe relativ große sexuelle Freiheit.

Bei der **Brautwerbung** ist in der Regel jeder einzelne Schritt durch die Tradition festgelegt. Die Einwilligung der Eltern einzuholen, ist oft eine lange Prozedur; das „Ersuchen" wird jedoch nicht vom Bräutigam selbst vorgenommen, sondern er wird seine Verwandten oder Freunde damit beauftragen. Meist überbringen diese zunächst (heimlich) dem Mädchen ein kleines Geschenk von dem Freier; beim nächsten Mal erhalten Tochter und Mutter ein Geschenk (Kolanüsse, Tiere, Stoffe), wodurch die Mutter in Kenntnis von der Werbung gesetzt wird. Es folgen weitere Geschenke, während sich die „Besitzer" (Verwandten) des Mädchens beraten und die guten und schlechten Eigenschaften des jungen Mannes und seiner Familie abwägen. Denn bei der Eheschließung ist die **soziale Funktion**, das Bündnis zweier Familien, **wichtiger** als die gegenseitige Zuneigung der Ehepartner. Manchmal wird das Mädchen auch gefragt, ob sie den Freier kennt und ihn heiraten möchte. Generell ist es für die Afrikaner keine Frage, ob geheiratet wird, sondern lediglich wann und vor allem wen. Die ideale Braut sollte fleißig, sanftmütig und bescheiden sein, und ihre Eltern sollten auch über gute charakterliche Eigenschaften und eine hoch angesehene Ahnenschaft verfügen – und völlig frei von jedem Verdacht sein, womöglich Hexerei zu betreiben. (Die Frau in Afrika, B. L. Kossodo, S. 174).

Die **Hochzeitsbräuche** sehen bei den verschiedenen Ethnien sehr unterschiedlich aus. Bei den Fulbe-Bororo müssen die jungen Männer zuvor in der alljährlich stattfindenden *Scharo-Zeremonie* durch das lautlose Erdulden wahnsinniger Schmerzen ihre Männlichkeit unter Beweis stellen.

Die jungen Frauen müssen bei der Schwiegermutter eine Probe und Lehrzeit durchmachen. Bei den Yoruba, wo die Brautwerbung ebenfalls sehr langwierig ist, befragen die Eltern des Mädchens vor der Zusage einen Wahrsager, um zu erfahren, ob die Ehe ihrer Tochter Glück, viele Kinder und Wohlstand bringen wird.

Haben die Eltern der jungen Frau eingewilligt, erfolgt die Übergabe des Brautguts: Es kann je nach Gebiet mehrere Rinder, Schafe, Hühner sowie Kleidungsstücke und Gebrauchsgegenstände umfassen; früher wurden häufig auch Sklaven als Brautgut gegeben. Das **Brautgut** erfüllt sowohl eine **wirtschaftliche, soziale, religiöse als auch eine gefühlsmäßige Funktion**. Es entschädigt in erster Linie die Familie der Braut für die verlorene Arbeitskraft und ist gleichzeitig eine Opfergabe an die Götter des Clans für die verlorene Erzeugerin von Nachkommen. Im Falle einer Scheidung muß das Brautgut zurückgezahlt werden; insofern trägt es auch zur Festigung der Ehe bei, bzw. die Eltern der Frau werden entsprechend Einfluß nehmen. Häufig wohnt die Frau bis zur Geburt ihres ersten Kindes im Haushalt ihrer Eltern.

Polygamie (oder genauer gesagt Polygynie) ist in Afrika weit verbreitet; etwa ein Drittel aller Ehen in traditionellen Stammeskulturen ist polygam. Die Rolle der Frau in der vom Islam geprägten Gesellschaft ist weitgehend durch die beiden Koranverse bestimmt „Männer haben Vorrang vor den Frauen" und „die Männer sind über die Frauen erhaben, weil sie Allah dazu ausersehen hat". Die Töchter bleiben so lange in der Obhut ihres Vaters, bis sie mit der Heirat in die ihres Mannes übergehen.

102 Land und Leute

Sossi-Chef, Nord-Ghana

Während die Frau zur völligen Unterwerfung verpflichtet ist, genießt der Mann weitgehende Freiheit und kann sich auch je nach Belieben jederzeit von seiner Frau scheiden lassen, was der Frau nur in besonderen Fällen möglich ist. Töchter erben außerdem nur halb soviel wie Söhne, und die Aussage eines Mannes zählt vor Gericht doppelt so viel wie die einer Frau. Töchter werden schon früh zur Unterwürfigkeit erzogen. Mit dem Vordringen des Islam haben sich die mutterrechtlichen Gesellschaftsformen immer mehr in vaterrechtliche verwandelt.

Nach dem Islam sind polygame Ehen in der Regel auf vier Frauen beschränkt, wobei immer gewährleistet sein muß, daß der Mann auch in der Lage ist, eine weitere Frau bzw. vier Frauen zu ernähren. Und vor einer neuen Heirat ist es üblich, daß der Mann seine bisherigen Frauen mit Geld oder Kleiderstoff „zufriedenstellt".

Jede Frau hat ihr eigenes Haus, wo sie mit ihren Kindern lebt, sowie ihren eigenen Haushalt. Ein gewisses **Rotationsprinzip**, bei dem der Mann alle drei Tage von einer Frau zur anderen wechselt, um seinen ehelichen Verpflichtungen nachzukommen, regelt die Beziehungen. Andere Eheformen sind das Levirat und das Sororat. Beim Levirat heiratet eine Witwe den Bruder ihres verstorbenen Mannes. Dadurch ist sowohl das Fortbestehen der Sippe gewährleistet, als auch eine angemessene Altersversorgung der Frau. Beim Sororat ist die Familie der Ehefrau verpflichtet, im Falle von Unfruchtbarkeit oder frühzeitigem Tod ihrem Schwiegersohn eine andere Tochter zur Frau zu geben.

Bei manchen Völkern wird die erste Frau vom Vater bzw. den Verwandten bestimmt, während sich der Ehemann die zweite, dritte und vierte Frau selbst wählen kann.

Scheidungsgründe können u. a. Ehebruch, Unfruchtbarkeit, Verweigerung der ehelichen Pflichten, Hexerei, Diebstahl, Verlassen des ehelichen Wohnsitzes und wiederholtes „schlechtes Benehmen" sein. Bei manchen Ethnien verläuft die Scheidung relativ einfach, sobald den Ehepartnern ein weiteres Zusammenleben unmöglich erscheint. Bei manchen wird die Frau dazu erzogen, in der Ehe viel zu erdulden, in anderen dagegen (z. B. Dogon) hat sie das Recht, das Haus ihres Mannes zu verlassen und in das Dorf ihrer Eltern zu ziehen, wenn der Mann sie schlecht behandelt hat (jüngere Frauen machen davon häufiger Gebrauch als ältere). Dieses Recht hat die Frau auch, wenn der Ehemann seinen ehelichen Verpflichtungen z. B. bei längerer Abwesenheit nicht nachkommt.

Witwen oder **Witwer** brauchen in Afrika kein einsames Leben führen (s.o.); sie werden ebensowenig von der Gemeinschaft ausgeschlossen wie die Alten. In Afrika werden die Alten sogar besonders verehrt und geachtet, weil sie ein langes Leben hinter sich haben, ihre Erfahrungen wertvoll sind und sie jetzt dem Tod entgegen sehen. Sie bereiten sich bereits auf die Welt des Jenseits vor und sind dadurch in gewisser Weise den Ahnen näher als den Lebenden. Denn sie haben sich die Fähigkeit erworben, die Wünsche der Ahnen zu erfahren.

Dem Glauben der traditionellen afrikanischen Religion zufolge wohnt in allen lebenden Dingen ein unsichtbares „inneres Selbst" (Seele), was in Zusammenhang mit einem universalen „inneren Selbst" (Weltseele) zu der Vorstellung von Unsterblichkeit bzw. **Wiedergeburt** führt. Beim **Tod** verläßt die menschliche Seele ihre leibliche Hülle und begibt sich in die Welt der Geister. Mit der Geburt eines Kindes kehrt sie dann wieder in die Familie zurück, wobei das neugeborene Kind nicht nur einem Verstorbenen ähnelt, sondern dieser Verwandte ist.

Während früher die Verstorbenen (besonders Häuptlinge) häufig in ihrem Haus oder Gehöft begraben wurden, ist es heute üblich (z. B. bei den Bambara) sie auf einem besonderen Friedhof zu bestatten. Bei manchen Völkern geht man davon aus, daß der Geist des Verstorbenen weiterhin das Haus bewohnen wird, weswegen man die Hütte verläßt. Die Akan kennen die offenbar sehr alte und weitverbreitete Sitte, den Leichnam anstatt durch die Tür durch ein extra zu diesem Zweck in die Hüttenwand geschlagenes Loch hinauszutragen; und manche Völker drehen ihn danach auch noch ein paarmal im Kreis, damit die Seele die Tür nicht wieder findet. Ist der Tote keines natürlichen Todes gestorben und vermutet man, daß böse Geister, Hexen oder Zauberer mit im Spiel waren, so versucht man auf sehr unterschiedliche Art, den Verdächtigen zu finden. **Grabbeigaben** (Töpfe und Kalebassen) sollen dem Toten bei der Zubereitung von Speisen im Jenseits dienen. Manchmal (z. B. bei den Anyi) werden der Seele auch Gegenstände und Botschaften an die Ahnen mitgegeben. Die Ewe legen ihren Toten wertvollen Schmuck, Kaurimuscheln und kostbare Kleider mit ins Grab, damit sie auch in der Welt der Geister ihren Lebensstandard beibehalten können. Den **Totengeistern** werden häufig noch einige Tage nach der Beerdigung, solange sie sich noch in der Nähe des Grabes aufhalten, Speisen und Getränke als Opfergaben auf das Grab gestellt, denn sonst findet der Tote nicht ins Totenreich und kann nicht zum Ahnen erhoben werden. Die Akan (Ghana) geben ihren Verstorbenen „Seelengeld" in Form von Goldstaub mit auf den Weg ins Reich der Ahnen. Die normale Bestattung erfolgte bei manchen Ethnien einfach im Busch oder Wald in einer kleinen Grube ohne jegliches Trauergefolge und ohne Kennzeichnung des Grabes. Personen, die eines außergewöhnlichen Todes starben (Frauen während der Schwangerschaft, bei der Geburt oder im Wochenbett, bei Unfällen oder im Kampf umgekommene Männer, Vergiftete, Verhexte oder Selbstmörder) werden in der Regel außerhalb des Dorfes im Busch bestattet und meist nur mit etwas Erde bedeckt oder in hohlen

Bäumen beigesetzt. Ihre Bestattung würde die Erde nur irritieren und verunreinigen.

Die **Dogon** (Mali) bestatten ihre Toten in Höhlen der Falaise oder unter überhängenden Felsen. Am Schluß der **Trauerzeit** (die unterschiedlich lang sein kann) findet ein **Totenfest** statt, dessen Umfang sich nach der Stellung und dem Ansehen des Verstorbenen richtet. Wenn der Tote dem Maskenbund angehörte, ist dies bei den Dogon ein Anlaß für einen Maskentanz. Die vielen geladenen Gäste werden meist reichlich mit Essen und Hirsebier bewirtet. Mit dem Ende des Totenfestes ist der Verstorbene zum Ahnen geworden. Bis zum Begräbnis, das normalerweise drei Tage nach dem Tode stattfindet, wird gesungen, getrommelt und getanzt. Danach fasten die Freunde und Familienangehörigen eine Woche lang. Die Beisetzung erfolgt in der Regel auf dem **Clanfriedhof**.

Bei den **Ashanti** findet am fünften Tag nach dem Tode das Fest der Auferstehung statt. An diesem Tag schneiden sich alle Blutsverwandten des Toten die Haare ab und legen sie in einen Topf. Danach wird ein Schaf geopfert und gekocht. Das Fleisch wird zusammen mit anderen Gegenständen und dem Topf mit den Haaren an einen bestimmten Ort auf dem Friedhof gestellt, wo ihn der Totengeist finden und mit auf die Reise nehmen kann. Auch wenn die Ashanti danach wieder ihr normales Leben aufnehmen, trauern sie am achten, fünfzehnten, vierzigsten und achtzigsten Tag und nach einem Jahr. Außerdem halten sie alle 21 Tage ihre *Adae-Riten* ab, wo sie den Geistern ihrer verstorbenen Herrscher Opfer bringen und sie um Hilfe und Beistand bitten.

Wenn ein **Wolof** gestorben ist, informieren die Frauen die Dorfbewohner mit einem Schrei. Die Älteren bereiten dann das Begräbnis vor und beten für den Toten. Nach der rituellen Waschung findet das Begräbnis nach islamischem Brauch in der Moschee statt. Während die Witwe über vier Monate trauern muß, ist der Witwer zu keiner Trauer verpflichtet.

Die Rolle der Frau in Afrika

Die Fähigkeit, Kinder zu gebären, ist für die afrikanische Frau wichtigste Vorbedingung für ein „glückliches" und erfülltes Leben, für Ansehen und Respekt in der Gesellschaft. Eine kinderlose Frau dagegen wird meist bemitleidet oder getadelt. Mit magischen Riten versucht man einer Frau zur **Fruchtbarkeit** zu verhelfen, oder sie versorgt ihren Mann mit einer „Ersatzfrau".

Auch eine unverheiratete Frau wird nicht besonders geschätzt; jedoch mehr geachtet, als eine kinderlose Ehefrau. Die unverheiratete (kinderlose) Frau sieht man als ein „soziales" Übel; und manchmal bleibt ihr nur die Möglichkeit, als **Prostituierte** zu arbeiten. (Von daher erscheint es nicht verwunderlich, daß einer alleinreisenden, unverheirateten Frau in Afrika kein Respekt entgegengebracht wird, *(s. a. Kapitel: Frauen alleine unterwegs.)*

Prostitution und Sexualität in Westafrika

Die Anschauung, wann käufliche Liebe zur „Prostitution" wird, ist in den afrikanischen Städten in der Regel wesentlich enger gefaßt als bei uns. Wenn sich eine Frau, die in finanziellen Schwierigkeiten ist, zum Beispiel mit einem befreundeten Mann einläßt und dafür Geld nimmt, so wird dies kaum jemand als verwerflich ansehen.

Geld ist nämlich in Afrika nicht nur ein wirtschaftliches Austauschmittel, sondern auch ein Soziales. Geldgeschenke fördern soziale Beziehungen (siehe Brautgut), erhalten die Freundschaft, machen Freude, können Trost spenden usw. Als Prostituierte werden daher im allgemeinen nur solche Frauen bezeichnet, die für eine bestimmte Zeit oder ständig mit dem „Verkauf von sexuellen Dienstleistungen" ihren Lebensunterhalt verdienen, und die zu ihren „Kunden" lediglich sexuelle Beziehungen haben.

Prostitution, das „älteste Gewerbe der Welt", gibt es in Afrika wahrscheinlich erst seit Ankunft der Europäer, denn die traditionelle Familiengemeinschaft hat in der Regel für jedes einzelne Mitglied sowohl alle wirtschaftlichen als auch sozialen Bedürfnisse geregelt und befriedigt. Es gab dort (vor allem in den polygamen Ehen) weniger sexuell frustrierte Männer sowie wirtschaftlich auf sich allein gestellte Frauen, die sich mit Prostitution ihren Lebensunterhalt verdienen mußten.

Bei anderen Völkern Westafrikas wurden die Kinder meist zu starker sexueller Disziplin erzogen, da die eng mit der Zeugung von Nachkommen verbundene Sexualität als eine mehr soziale als persönliche Angelegenheit angesehen wurde. Die Bedeutung der Sexualität in Afrika wurde vor allem von den christlichen Missionaren oft mißverstanden und als „unmoralisch" abgetan, wobei sich gerade die Missionare an detaillierten Beschreibungen der „Unmoral" aufgegeilt haben.

Bei manchen Völkern Afrikas ist die „käufliche Liebe" etwas so schändliches, daß Frauen diesen Beruf meist unter einem anderen Namen ausführen. Unter Umständen werden sie auch von allen religiösen Tanzfesten und Riten ausgeschlossen und dürfen auch an keinem Begräbnis (Ahnen!) mehr teilnehmen.

In Hauptstädten wie Accra, Abidjan und Lomé leben die Prostituierten (häufig geschiedene oder von Männern verlassene Frauen aus allen sozialen Schichten, Fabrikarbeiterinnen oder arbeitslose Hausangestellte, die bei Europäern gearbeitet haben) in bestimmten Stadtvierteln. Das verdiente Geld schicken sie meist zu ihren Familien nach Hause. Manche kehren nach ein paar Jahren selbst wieder in ihr heimatliches Dorf zurück, andere bleiben für immer in der Stadt bzw. bis sie einen „ehrbaren" Mann gefunden haben, der sie aus ihrer „miserablen" Situation heraushol. Was für die meisten bleibt, ist jedoch lediglich die Hoffnung.

Bei der obigen Beschreibung des Lebenszyklus in der traditionellen afrikanischen Stammesgesellschaft wurde schon ein kleiner Einblick in die **traditionelle Rolle der Afrikanerin** gegeben. Vor allem in den größeren Städten, wo die Lebensbedingungen und sozialen Strukturen ganz anders sind als auf dem Land, sind die alten Traditionen aufgeweicht. Das Leben in den Städten, wo die Gegensätze zwischen Armen und Reichen, Gebildeten und Nichtgebildeten, Zugewanderten und Ansässigen noch krasser zu spüren sind, führen aufgebrochene Familienstrukturen zu **Identitätsverlust und Aufhebung der traditionellen Werte**. Als ungelernte Arbeitskräfte fühlen sich viele Männer und Frauen ihres ehemaligen gesellschaftlichen Status und ihrer Würde beraubt, was einen **Persönlichkeitsverlust** bewirkt, der nur schwer aufzufangen ist. Viele versuchen, durch Alkoholkonsum der Realität zu entfliehen. Die afrikanische Frau, deren Rolle in der traditionellen Stammes- und Familiengemeinschaft festgelegt war, ist jetzt häufig mit einer ganz neuen Situation konfrontiert, die neue Aufgaben und Anforderungen an sie stellt. Sie sieht sich vieler traditioneller Vorrechte beraubt; hinzu kommt eine starke psychische Belastung durch die starke Unsicherheit und den Existenzkampf in den Städten, der sie meist nicht gewachsen ist. Aber auch auf dem Lande hat sich die Situation für die Frauen verändert, da viele Männer – vor allem die jungen arbeitsfähigen – in die Städte gehen und die zurückbleibenden Frauen nun viele einstige Männerarbeiten übernehmen müssen. Viele junge Mädchen lehnen heute die traditionelle Frauenrolle ab, gehen in den Städten auf die Schule und kehren meist nicht in ihre Heimat zurück. In der Stadt arbeiten sie dann entweder als Verkäuferin, Schreibkraft oder Büroangestellte. Ihr **sozialer Status** und ihr Ansehen ist jedoch wesentlich **geringer als in der traditionellen Familie**; sie haben sich dafür aber natürlich auch von zahlreichen Verboten und Beschränkungen befreit. In der traditionellen Stammeskultur unterstand die Frau zunächst der Autorität und Obhut des Vaters, dann ihres Mannes bzw. (in matrilinearen Gesellschaften) des Bruders ihrer Mutter; dieser verlangte absoluten Gehorsam. Während früher Status und Ansehen in der Sippe ihr Selbstbewußtsein stärkten, hängt jetzt (in den Städten) der soziale Status der Frau von anderen Faktoren wie Bildung und Arbeitsplatz etc. ab. Die Ausbildungsmöglichkeiten für Frauen sind in den meisten Entwicklungsländern jedoch noch ungenügend, auch wenn heute mehr und mehr Mädchen (fast 50%) die Hauptschule besuchen. An den Alphabetisierungskursen auf dem Lande nehmen ebenfalls zunehmend mehr Frauen teil. (Die Analphabetenquote liegt im Durchschnitt bei 85–95%). Viele Frauen in Westafrika betreiben **Handel** (meist mit Textilien oder Lebensmitteln); manche von ihnen haben ihr eigenes Geschäft und betreiben Import und Export von Waren. Jeder kennt die fast schon legendären „Marktfrauen" Westafrikas. In Ghana sollen angeblich 80% aller Dorffrauen Handel betreiben (die meisten als Wiederverkäuferinnen oder Hausiererinnen).

Auch wenn Kaufhäuser und Supermärkte in den größeren Städten eine gewisse Konkurrenz für den Kleinhandel darstellen, scheint dieser doch den Bedürfnissen eher zu entsprechen. Heute ist ein Teil der Marktfrauen zur Arbeit in

Bevölkerung, die Rolle der Frau 107

Landfrau

der Fabrik übergegangen, da der Handel zu „mühsam" ist. Die meisten haben jedoch den Wunsch, sich eines Tages wieder selbständig zu machen (Geschäft oder Handwerk), was größtenteils ziemlich utopisch erscheint, da sich mit der Zeit eine gewisse Resignation breitmacht. Auch wenn heute einige Fauen als Krankenschwestern, Lehrerinnen, Sekretärinnen und Büroangestellte oder als Ärztinnen, Apothekerinnen, Rechtsanwältinnen oder in Ministerien usw. arbeiten, so ist das doch die kleine Minderheit. Und nur ein paar haben die Möglichkeit (in Europa oder Afrika) zu studieren.

Ob die zunehmende **Verstädterung und Industrialisierung** auch in Afrika zu der in Europa üblichen **Kleinfamilie** führen wird, scheint ungewiß. Eine verstärkte Tendenz in diese Richtung ist sicher, jedoch nie so kraß wie in Europa, denn den gleichen Grad von Verstädterung und Industrialisierung wird Afrika auf lange Sicht nicht bekommen. Auch wenn sich in den Städten neue Lebensformen entwickeln, so darf man nicht außer acht lassen, daß die Frau in Afrika zu ihrer eigenen Familie meist eine stärkere Solidarität bindet als zu ihrem Ehepartner und sie zu ihrem Vater, Onkel, Brüdern oft auch mehr Vertrauen hat als zu ihrem Ehemann. Darüber hinaus ist die „weibliche" Solidarität meist stärker als die eheliche. Polygamen Eheverhältnissen stehen sie daher oft positiv gegenüber. Außerdem verringert sich ihre Arbeitsbelastung dadurch erheblich; Feldarbeit und Haushalt muß sie dann nicht alleine machen, sondern kann sie teilen. Für die erste Frau („Hauptfrau") ist eine junge Zweit- oder Drittfrau daher oft nichts anderes als ein Dienstmädchen.

Religionen

Traditionelle afrikanische Religionen

In Zusammenhang mit afrikanischen Naturreligionen wird oft von *„Animismus"* gesprochen, da sich die Afrikaner ihre natürliche Umwelt (von Wassergeist, Donnergott, Buschseele etc.) belebt vorstellen. Die Verwendung des Begriffes **„Animismus"** ist in diesem Zusammenhang insofern nicht ganz richtig, da der Animismus im eigentlichen Sinne zwar von der Vorstellung ausgeht, daß nicht nur Menschen, Tiere und Pflanzen, sondern auch Felsen und Höhlen sowie Blitz und Donner „beseelt" sind, jedoch nicht die in Westafrika weit verbreitete Ahnenverehrung beinhaltet. Außerdem legt der Begriff „Animismus" (ebenso wie „Fetischismus" etc.) nahe, es gäbe (analog zu Islam, Christentum, Buddhismus etc.) eine Religionsform, die man so benennen könnte, in Wirklichkeit handelt es sich aber um viele verschiedene Vorstellungen. (Der Begriff „Animismus" entspringt somit auch der Sucht der Europäer, alles klassifizieren und in Schubladen stecken zu müssen.)

Über sogenannte **Naturreligionen** und **Geisterglauben** wird bei uns meist abfällig gesprochen, die traditionellen Religionen der Afrikaner meist als „primitiv" dargestellt, was insofern eine gewisse Berechtigung haben mag, als sie dem Ursprung der Gottesidee näher sind. Als universale Wurzel der Religion ist das Bedürfnis des Menschen nach Geborgenheit und der Erklärung der unverständlichen Phänomene des Lebens anzusehen. **Ahnenverehrung, Fruchtbarkeitsrituale, Totemismus** und **liturgisches Vortragen von Schöpfungsmythen** sind allgemeiner Bestandteil afrikanischer Religiosität und haben etwas „Ursprüngliches", das bei den sogenannten Hochreligionen nicht mehr in dem Sinne zu finden ist. Neben den kulturellen Gegensätzen, die aus den geographischen Gegebenheiten herrühren, zeigt sich eine große Gemeinsamkeit der westafrikanischen Völker in ihrer tiefen Beziehung zur Natur und ihrer (fast) mystischen Beziehung zu den Naturgewalten. Die „ursprüngliche" Welt der Afrikaner ist erfüllt und beherrscht von einer Vielzahl von Göttern und Geistern jeder Art, denn für die Afrikaner sind unsichtbare Mächte ebenso real wie alltägliche Gegenstände.

Um die traditionellen afrikanischen Religionen zu verstehen, muß man sich stets vor Augen halten, daß alle sogenannten Stammeskulturen auf der Einheit und der Vorrangigkeit der Gemeinschaft begründet sind. Der einzelne ist der Gemeinschaft im Leben wie im Tode verbunden, ist Teil von ihr, und alles, was er tut oder unterläßt, zählt nur in bezug auf die Tatsache, ob es der Gemeinschaft nützt oder schadet; denn es war (und ist z. T. noch) nur die Gemeinschaft, die in einer lebensfeindlichen Umwelt überleben konnte, niemals ein einzelnes Individuum (wie das bei uns heute durchaus möglich ist – wenn auch mit erheblichen psychischen Schäden).

Das tägliche Leben ist dementsprechend von zahlreichen **religiösen Riten** (Opfer und Zauberpraktiken) geprägt, die den Schutz vor den und durch die „übernatürlichen" Mächte sichern. Oberstes Gebot ist es, die **Harmonie der kosmischen Kräfte** aufrechtzuerhalten und zu respektieren. Nichts ist dem Zufall überlassen, weder Tod noch Krankheit noch Unglücksfälle; sie alle werden als verschuldet angesehen und bewirken ein Ungleichgewicht. Und es ist Aufgabe des Fetischmeisters, Zauberers oder Medizinmannes, die kosmische Harmonie durch bestimmte Rituale wiederherzustellen.

Kein Afrikaner wird ein Feld bestellen, ein Haus oder einen Speicher bauen, ohne nicht vorher mit einem **Opferritual** die Geister der Ahnen gnädig gestimmt und um Hilfe und Unterstützung gebeten zu haben. So wie die materielle Welt mit der der Geister verbunden ist, sind die Lebenden mit den Toten verbunden. Der Tod wird nicht als das Ende, sondern als ein Übergangsstadium angesehen. Die menschliche Gemeinschaft besteht sozusagen aus den Ungeborenen, den Lebenden und den Toten, wobei die Toten als „geistige Kräfte" weiter existieren.

Natur und Geist stellen für die Westafrikaner eine **untrennbare Einheit** dar, wodurch ihrem Leben eine andere Qualität verliehen wird, mit einem besonderen Sinn für das Heitere und das Schreckliche. Dem Lachen kommt daher eine ganz besondere Bedeutung zu. **Lachen** wird als unabhängige Macht angesehen, welche die Möglichkeit in sich birgt, auf Leid, Bosheit und Eintönigkeit lindernd einzuwirken. Jeder, der längere Zeit in Afrika ist, wird dies beobachten können. „*In jener Nacht war uns das Lachen persönlich begegnet. Denn als in jener Nacht jedermann aufgehört hatte, uns zu verspotten, da vergaßen mein Weib und ich unsere Schmerzen, und wir lachten gemein-*

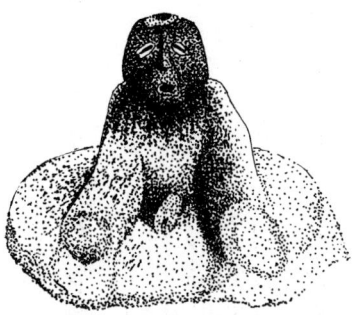

Opferstein

sam mit ihm, denn er lachte mit so sonderbaren Stimmen, wie wir sie nie zuvor gehört hatten. Wir wußten die Zeit nicht, die wir mit ihm verlachten, aber wir lachten einzig über das Lachen des Lachens, und niemand, der es lachen gehört hätte, hätte nicht lachen müssen, ..." aus Amos Tutuola: Der Palmweintrinker).

Die **Schönheit** wird ebenso als besondere Kraft angesehen, die sich folgendermaßen manifestieren kann:

„*Dieser Mann war so schön: wäre er auf ein Schlachtfeld gegangen, kein Feind hätte ihn getötet oder gefangen genommen ..., und wenn Bomber ihn in einer Stadt gesehen hätten, die bombardiert werden sollte, sie hätten ... keine Bombe geworfen – oder wenn sie es getan hätten, die Bombe wäre nicht explodiert, bis er heraus aus der Stadt war, so schön war er.*" (ebenfalls aus A. Tutuola, Der Palmweintrinker).

Durch zahlreiche **Schöpfungsmythen**, Legenden und Gesänge werden die Glaubensinhalte festgehalten und in bestimmten Zeremonien (Initiation) der nächsten Generation weitergegeben. Der Sonne und dem Mond werden zum Teil magische Kräfte zugeschrieben,

Urmutterfigur (Kâtiélo) der Senufo

und der Regenbogen wird von manchen Völkern als Riesenschlange gesehen, die eine Verbindung zwischen Himmel und Erde darstellt.

Entsprechend den schwierigen Umweltbedingungen im Sahel-Sudan sind **Fruchtbarkeitskulte** in Verbindung mit **Ahnenverehrung** bei fast allen Völkern dieser Region anzutreffen. Außerdem ist die psychotherapeutische Wirkung kultischer Handlungen, wie z. B. das Austreiben von Krankheitsgeistern und der Exorzismus von Dämonen, bei Angstzuständen nicht zu unterschätzen. Interessenkonflikte und gruppendynamische Prozesse werden ebenfalls durch entsprechende Rituale und Kulthandlungen ziemlich direkt gelöst bzw. ausgetragen und sind daher nur für kurze Zeit eine Belastung für die Gemeinschaft.

Die bei diesen religiösen Bräuchen verwendeten Gegenstände wie „Fetische", Masken, Trommeln, Zeremonienstäbe und Kultgewänder, die heute weltweit die Vitrinen der Museen füllen, sollen im Kapitel „Kunst und Kultur" näher betrachtet werden.

Bei den Kulturen der Savanne sind die Religionen der altnigritischen Stammesgesellschaften von denjenigen der neusudanischen Völker zu unterscheiden. (Auch wenn ich mir der Problematik bewußt bin, die eine starke Verallgemeinerung mit sich bringt, da sie der Komplexität der traditionellen afrikanischen Religion auf keinen Fall gerecht wird, so lassen sich doch eine Reihe gemeinsamer Züge feststellen, die ich im folgenden kurz erwähnen möchte.)

Für die Religionen der **altnigritischen Völker** ist ein **„Hochgott"** charakteristisch, der als **Schöpfer aller Dinge** auch für Regen, Blitz und Donner zuständig ist; er wird aber nicht (wie „unser" Gott) als „Allmächtiger" angesehen, der für den heutigen Alltag von Bedeutung ist, sondern ist eher etwas ganz Mystisches, Entferntes aus der Urzeit. Dieser Hochgott wird neben zahlreichen Naturgeistern manchmal auch als Sonnengott verehrt; ebenso wird die Mutter Erde als göttlich angesehen. Sie ist nicht nur für die Fruchtbarkeit des Bodens, sondern auch der Menschen zuständig. Zahlreiche der Mutter Erde geweihte Rituale begleiten den Wechsel der Jahreszeiten.

Zuweilen wird dieser Hochgott auch als Schöpfer des ersten Menschen angesehen, und in den sakralen Königtümern des Mittelalters galten die Stammesführer und Könige manchmal auch als die Vertreter des Hochgotts auf Erden.

Neben diesen **Himmel- und Erdgottheiten** existieren für die Afrikaner zahlreiche **untergeordnete Gottheiten** und **Geister,** die im Gestein, im Wasser und in der Luft zu Hause sind und andere kleinere Geister und Kobolde, die im alltäglichen Leben der Afrikaner große Bedeutung haben, da sie von einem Menschen Besitz ergreifen (ihn sozusagen „besessen" machen) können. Durch zahlreiche Kulthandlungen und Opferrituale, begleitet von Musik, Tänzen und Gesängen, versucht man diese Götter und Geister gnädig zu stimmen. Ausgeführt werden diese kulturellen Zeremonien meist von Clanoberhäuptern oder „Fetischpriestern", wobei jeder Stamm seine eigenen Götter hat. Die einzelnen Geistwesen haben meist ambivalente Haltung, d. h. sie können helfen und heilen, aber auch Schaden anrichten und zerstören.

Der Fetischpriester bannt zuweilen niedere Geister in irgendeinen Gegenstand (Kralle eines Vogels, Holzfigur, Maske o. ä.), die dann zum Symbol, zum „Fetisch" wird. Und der Zauberer besitzt durch den „Fetisch" die Gewalt, den jeweiligen Geist zu beschwören. Auch den Geistern muß man ständig opfern und für sie Zeremonien abhalten, damit sie kein Unheil anrichten. Durch zahlreiche magisch-rituelle Handlungen versuchen die Afrikaner somit, die Angst vor dem Ungewissen zu bannen und von den Göttern und Geistern mehr oder weniger deren Hilfsbereitschaft zu „erzwingen".

Ganz **spezielle Riten** werden von den jeweiligen **Geheimgesellschaften** in „heiligen" Wäldern abgehalten; meist bedienen sich die Mitglieder dabei auch einer Geheimsprache.

Eine wesentlich größere Bedeutung als der Götter- und Geisterkult hat bei den Altnigritern jedoch die **Verehrung der Ahnen.** Urahne und Stammvater werden oft in Gestalt eines Erdherrn verehrt, der (z. B. bei den Dogon) seinen Grund und Boden den Nachkommen zur Nutzung überlassen hat und für Fruchtbarkeit zuständig ist. Die „Stammeserde" wird ebenso wie ihre Früchte als unveräußerlicher Besitz der Clan-Geister und damit als Gemeingut angesehen.

„Jene, die tot sind, gehen niemals fort –
Sie sind in der Brust der Frau,
Sie sind in dem Kind, das klagt,
Sie sind im Feuer, das da lodert.
Die Toten sind unter der Erde;
Sie sind im absterbenden Feuer;
Sie sind im Geheule um die Felsen,
Sie sind im Walde, sie sind im Haus,
Sie sind nicht tot, die Toten."

(Birago Diop aus Senegambia, übersetzt von J. Jahn, Schwarzer Orpheus) Manche Totengeister ziehen es vor, im Wasser (Quellen) oder auf Bäumen oder Felsen zu wohnen. Häufig anzutreffen ist auch die Vorstellung, daß sich die **Ahnengeister in Tiergestalten** reinkarnieren. Und mit der Begründung – dies ist unser Vorfahre – wird das jeweilige Tier als heilig angesehen. Von manchen Sippen werden bestimmte Tiere wie z. B. Krokodil, Löwe oder Schlangen nicht gejagt und nicht verzehrt; ihnen werden regelmäßig Opfer gebracht, und man dankt ihnen nach der Ernte oder man ruft sie bei Gefahr an und bittet um Schutz. Dabei muß es sich nicht unbedingt um eine totemistische Vorstellung leiblicher Abstammung von diesem Tier handeln (was der häufig verwendete Begriff „Totemismus" meint), sondern u. U. lediglich um ein Schutzbündnis, das ein menschlicher Vorfahre mit dem Tier geschlossen hat, als er in Not war.

Im Westsudan besonders häufig anzutreffen ist die enge Verbindung zwischen dem Kult für den ersten Gründer eines Dorfes (Urahn) und dem Erdkult. Sowohl bei den *Senufo* als auch bei den *Lobi* sind Lehmkegel als Altäre oder Repräsentanten der Ahnen vor dem Hauseingang oder im Gehöft zu finden, meist mit Resten von Hirsebreiopfern, Blut und Hühnerfedern bedeckt. Bei den **neusudanischen Völkern** wie *Bambara, Songhay* und *Haussa* sind die Religionen ebenfalls von Geisterglauben und Ahnenkult gekennzeichnet, wobei die hochdifferenzierte Glaubenswelt dieser Völker über die Jahrhunderte durch **Vermischung der autochthonen Glaubenswelt mit islamischen Elementen** entstanden ist.

Die Bambara verehren ein Pantheon von Göttern und Geistern, die in hierarchischer Ordnung gegliedert sind.

Charakteristisch für das soziale Leben der Bambara sind die zahlreichen **Kultgemeinschaften** (Männer- und Frauenbünde), die oft auch einen großen Einfluß auf das politische Leben haben. Von den sechs Männerbünden der Bambara ist der *Komo* der bekannteste. Er widmet sich dem Ahnenkult und ist für Wahrsagerei zuständig ist; ihm kommt auch eine gewisse richterliche Funktion zu. Der *Nama-Bund* hat sich dagegen auf die Verfolgung von Hexen, Zauberern und „Seelenfressern" spezialisiert; und dem *Tyi-wara* ist die kultische Pflege des Feldbaus überlassen.

Charakteristisch für die nur oberflächlich islamisierten **Songhay** sind die **Besessenheitskulte** *(Zin-* und *Holey-Kult),* bei denen verschiedene Geister von den Initiierten Besitz ergreifen und im Zustand der Besessenheit dann den Willen des jeweiligen Geistes (meist mit hoher Stimme) wiedergeben.

Die **Kulturen des Regenwaldes** (Oberguineagebietes) zeigen dagegen zum Teil andere Merkmale; durch den Rückzug in die Hyläa konnten zahlreiche altafrikanische Kulturelemente konserviert werden. Für die Religion der Waldlandbauern sind die Betonung der weiblichen Elemente und die damit verbundenen **Fruchtbarkeitskulte** charakteristisch. Es werden weibliche Erdgottheiten und Regengöttinnen verehrt, und in den Mythen erfinden Frauen die Masken und die Bebauung der Felder. Die besondere Wertschätzung der Frauen in den Kulturen des Regenwaldes findet seinen Ausdruck in **weiblichen Sexualsymbolen**, die häufig auf zeremoniellen Gegenständen zu finden sind.

Außerdem waren bei den *Fon* und *Ewe* Frauenhäuptlinge keine Seltenheit, und sowohl im Aschanti- wie im Benin-Reich hatten die Mütter der Könige eine wichtige beratende Funktion. Heute herrschen zwar die patriarchalischen Züge vor, doch ist vor allem bei den Küstenvölkern das **Ansehen und der Einfluß der Frauen noch sehr groß**; es gibt sowohl unzählige erfolgreiche Geschäftsfrauen („mama benz") sowie einige Frauenchiefs (Frauen als Dorfchefs).

Ein **Mondkult** ist bei verschiedenen Völkern des Regenwaldes anzutreffen. Nach dem Mondlauf werden zum Teil

Geschlechtsverkehr und Fruchtbarkeit geregelt. Auch Frauenbünde, die sowohl das soziale als auch das spirituelle Leben weitgehend unter Kontrolle hatten, spielten damals eine bedeutende Rolle und sind heute wahrscheinlich nur noch gelegentlich anzutreffen.

Den **Naturgeistern, Gnomen, Hexen** und **Zauberern** kommt dagegen eine größere Bedeutung zu. In der Hyläa stößt man fast überall auf „Fetische", das sind hölzerne, anthropomorphe Idole, die ein Geistwesen repräsentieren (ähnlich den Heiligenfiguren der christlichen Kirche).

Der **Ahnenkult** spielt auch bei den Völkern der Oberguineaküste eine große Rolle. Opfergaben (Hirsebrei, Hühner, Feldfrüchte) werden den Totenseelen bzw. -geistern an ganz bestimmten, mit Ahnenfiguren aus Holz, Lehm oder Stein versehenen Altären, Schreinen oder anderen Aufenthaltsorten der Ahnengeister wie Bäumen, Pfosten etc. dargebracht.

Die *Aschanti* verehren viele Götter, die alle einem obersten Gott unterstellt sind. Dem **männlichen Himmelsgott** steht eine **weibliche Erdgottheit** zur Seite (Pythonschlange als wichtigstes Symbol). Eine größere Bedeutung kommt jedoch den **Ahnen und Naturgeistern** zu, die mit dem Wasser, der lebensspendenden Kraft, zu tun haben. Unter diesen Göttern des Meeres und der großen Flüsse war der Flußgott *Tano* der wichtigste; seine Nebenarme und Zuflüsse wurden als seine Frauen und Kinder verehrt. Alle Götter hatten ihre Boten *(abosom)* oder niedere Geister. Bei diesen erdnahen Geistern ist von seiten der Menschen der Einfluß eher möglich als bei dem fernen obersten Gott (Hochgott). Ein alter Mythos der Aschanti erklärt, weshalb sich Gott nach

Somba-Fetisch

der Erschaffung der Erde in einen entfernten Winkel des Himmels zurückgezogen hat:

...damals, als Gott noch in den Wolken, ganz dicht über der Erde wohnte, zerstampfte eine alte Frau ihre Yamsknollen. Der Stößel, den sie dafür verwendete, war jedoch zu lang, sodaß sie Gott ständig damit anstieß, woraufhin dieser sehr wütend wurde und sich an einen Platz zurückzog, wo er von den Menschen nicht mehr gestört werden kann.

An der Spitze des umfangreichen Götterhimmels der *Yoruba* steht *Olorun*, der **Himmelsgott**. *Der zweite Himmelsgott Oschalla (Obatala)* wird in der Mythologie als androgynes Wesen dargestellt und ist mit der bisexuellen **Erdgottheit** *Oduduva* vermählt. Jede Sippe hat außerdem ihren **Sippengott**, den *Orischa*, dessen Altar sich im Gehöft befindet; er wird als Stammvater der Familie verehrt. Daneben gibt es zahlreiche andere Gottheiten, denen alle eine bestimmte Funktion zukommt. Wichtigster Gott im 401-köpfigen Yoruba-Pantheon ist *Xango (Schango)*, der

Gott des Donners und Blitzes; *Olokun* wird als **Meeresgott**, *Oko* als **Gott des Ackerbaus**, *Ogun* als **Gott des Eisens, der Schmiede, des Krieges und der Jagd**, *Ifa* als **Gott des Schicksals und der Weisheit**, und *Schakpanna* als **Gott der Pocken** verehrt.

Zentrale Figur des **Fruchtbarkeitskultes** ist *Legba,* der fast immer mit einem großen Phallus dargestellt ist. Ihm sind viele Altäre oder Schreine (Erdhügel, Gesteinsbrocken, Gefäße) gewidmet, besonders vor Hauseingängen, aber auch an den Eingängen zum Dorf, Gehöft und zum Markt.

Die wichtigsten religiösen Feste sind aber auch bei den Yoruba die **Totenfeste**, bei denen bestimmte Totenmasken *(Egungun)* verwendet werden. Angeblich sollen sich diese Masken ursprünglich in den Händen der Frauen befunden haben. Die geheimen Rituale des **Totenkultbundes** *Egungun*, zu dem ausschließlich Männer Zugang haben, sollen den Männern angeblich die Potenz erhalten. Der Gott dieses Männergeheimbundes soll den Menschen den Gebrauch der Masken gelehrt haben; diese zu sehen war früher (und ist auch heute noch) für Uneingeweihte gefährlich. Deshalb müssen alle Kinder und Frauen im Haus bleiben, wenn nachts die Masken herauskommen. Die Mitgliedschaft in einem der Geheimbünde wird streng geheimgehalten.

Und angeblich sollen diesem Geheimbund heute auch viele sogenannte „gebildete" Männer angehören. Der Bund soll auch vor Zauberern und Hexen schützen.

Der *Ogboni-Männerbund* hatte in früheren Zeiten die eigentliche Staatsgewalt inne, denn er kontrollierte den König.

Die im gefürchteten *Oro-Bund* verwendeten „Schwirrhölzer" haben einen gewissen Ahnencharakter, denn ihr schwirrendes Geräusch wird als Stimme der Ahnen gedeutet.

Der Glaube an übernatürliche Kräfte, die in bestimmten Objekten der belebten und unbelebten Natur vorhanden sind, ist ebenfalls überall anzutreffen. Amulette, Talismane, „Fetische" oder „Jujus" sind daher überall in Gebrauch und spielen eine wichtige Rolle. In islamisierten Gegenden sind immer häufiger die in kleine Lederbeutel eingenähten Koranverse als Fetische anzutreffen. Um die ihnen innewohnende magische Kraft zu erneuern bzw. zu stärken, müssen hin und wieder zeremonielle Reinigungen abgehalten werden.

Die **Voodoo-Zeremonien** sind ursprünglich Riten des aus Dahomey stammenden Schlangenkultes, der als eine spezifische Form der Ahnenverehrung anzusehen ist. Der in diesem Kult verehrten Riesenschlange (Python) ist in *Ouidah*, im heutigen Benin, ein Tempel geweiht.

In dem Zusammenhang spielt die mythische Regenbogenschlange *(Dangbe)* eine wichtige Rolle. Und da Schlangen eine bestimmte Beziehung zur Erde und damit auch zu der Erdgöttin und den Toten (Ahnen) und zum Wasser als Symbol der Fruchtbarkeit haben, liegt es auf der Hand, daß Schlangen auch eine ganz besondere Rolle in Fruchtbarkeitskulten spielen.

Die **Orakelbefragung** (Divination) erlaubt den Menschen in einer Welt voller Ungewißheiten und Gefahren einen Blick in die Zukunft. Das bekannteste ist das *Ifa-Orakel* der Yoruba, das alle fünf Tage von einem Wahrsager befragt wird. Er benützt dazu ein Orakelbrett, das er mit Sand oder Mehl bestreut; dann nimmt er 16 Palmkerne zur Hand und wirft diese in die Höhe und versucht, so viele wie möglich davon wieder aufzufangen. Je nachdem, ob die Anzahl der Palmkerne gerade oder ungerade ist, zeichnet er mit den Fingern einen oder zwei kleine Striche auf das Brett. Nachdem er diesen Vorgang achtmal wiederholt hat, ist auf dem Brett ein Muster von Linien entstanden, das es nun anhand der „odus" (rituellen Verse) zu interpretieren gilt. Bei dem Ifa-Orakel gibt es neben zahlreichen Hauptfiguren jede Menge Kombinationen mit jeweils unterschiedlichem Aussagewert.

Auch bei manchen **Küstenvölkern** in **Ghana** und bei den **Ewe (Fon)** ist diese Art von Orakelbefragung üblich.

Während man früher das Orakel vor der Wahl eines Königs oder vor einer Kriegserklärung konsultierte, wird es heute von sehr verschiedenen Personen befragt, von Geschäftsleuten, die wissen wollen, ob die geplanten Geschäfte oder eine Reise erfolgversprechend sein werden, von Leuten, die fragen, ob eine Heirat glückbringend sein wird oder die einen Ahnen in einem Neugeborenen identifizieren wollen.

In diesem Zusammenhang sei auf die traditionelle afrikanische Auffassung von Glück und Reichtum hingewiesen, die nicht dem westlichen Begriff von „materiellen" Gütern entspricht, denn das wesentliche „Kapital" ist für die Afrikaner das Wohlwollen der übernatürlichen Mächte. Das hier jedoch eine gewisse Interdependenz besteht, scheint allzu offensichtlich, denn wer genügend materielle Güter besitzt, ist auch in der Lage, sich die Gunst der Götter und Geister durch Opfer zu „verschaffen". Und sind diese ihm wohlgesonnen, so wird sich sein Ansehen und damit sein „Reichtum" unweigerlich vermehren.

Zwillingskult in Benin

Wie die Yoruba sehen auch die Ewe in Zwillingen besondere Wesen, denen **übernatürliche Kräfte** zugeschrieben werden (sie sollen sich z. B. in Tiere verwandeln können). Die Seelen verstorbener Zwillinge gelten als besonders gefährlich. Man schützt sich vor ihnen, indem man sich kleine Holzfiguren anschafft, die in der Familie als Stellvertreter der Verstorbenen gelten und wie lebende Mitglieder gefüttert, bekleidet und gebadet werden. Solche „Totenpuppen" können auch die von den Überlebenden gefürchteten Totenseelen „ruhigstellen". Bei Müttern, die nacheinander mehrere neugeborene Kinder wieder verloren haben, glaubt man, daß eine ungehorsame Seele aus dem Jenseits sich weigert, wiedergeboren zu werden und daher immer wieder zu den verstorbenen Angehörigen zurückkehrt.

Bei den **Völkern der Atlantikküste** und des westlichen Oberguineagebietes stellt ebenfalls der **Ahnenkult** wichtigsten Bestandteil der Religion dar. Die Ahnen schützen und fördern nicht nur die Angelegenheiten ihrer Nachkommen, sondern sie wollen auch über alles genau informiert sein. Vor allem vor der Aussaat und nach der Ernte werden ihnen Opfer dargebracht, da sie auch für das Wachstum der Feldfrüchte verantwortlich sind; manchmal werden sie jedoch mehr oder weniger nur als Mittler zwischen dem Himmel- bzw. Erdgott angesehen. Die Erde als Gottheit zu verehren ist bei vielen Stämmen üblich; es gab manchmal besondere Kultplätze, wo sie der Erde Opfer brachten. Heute übernimmt der Erdherr den Kult der Erde und des Lokaldämons; er ist auch für die Opfer zuständig.

In unmittelbarem Zusammenhang mit der Ahnenverehrung stehen die **Geheimbünde**, welche sowohl auf das politische, wirtschaftliche als auch soziale Leben der einzelnen Stämme großen Einfluß haben. Früher halfen sie vielfach dem Häuptling, Anordnungen durchzusetzen, und galten darüber hinaus als höchste Gerichtsinstanz. Bei manchen Ethnien der Elfenbeinküste gibt es angeblich ähnliche Institutionen (die Informationen darüber sind jedoch sehr dürftig!) wie den in Sierra Leone bekannten *Poro-Bund* und den bei den Bambara bekannten *Komo-Bund*. Wichtigster Kultgegenstand des Poro-Bundes ist die große Maske („big devil" genannt), welche eine Verkörperung aller Ahnen darstellen soll und fast nur vom „Bundmeister" getragen wird; daneben gibt es noch zahlreiche andere Masken. Die **Initiation** verläuft in verschiedenen Stufen; die Mitgliedschaft ist für alle Männer obligatorisch. Frauen haben normalerweise keinen Zugang, werden jedoch in die untersten Grade initiiert, wenn sie aus Versehen in den Poro-Bezirk eingedrungen sind (früher wurden sie getötet!). Die Frauen werden dann jedoch rituell als Männer angesehen und sollen angeblich unfruchtbar werden. Dies kann jedoch von der initierten Bundhelferin, die auch die Initianden im Busch versorgt, geheilt werden.

In bezug auf die Initiation hat man die Vorstellung, daß der Bunddämon die Novizen „verschlingt" und am Ende der Initiationszeit wieder „ausspuckt". Die Narben, die den Initianden in der Zwischenzeit am Körper angebracht wurden, werden dann als Spuren der Zähne des Bunddämons gedeutet. Wie in anderen Initiatonen werden auch hier die Novizen in die Bräuche und Sitten des Stammes eingeweiht.

Neben dem Poro-Männerbund gibt es einen entsprechenden **Frauenbund**, den *Zande* (Sande) oder *Bundu,* der als **Fruchtbarkeitskult** angesehen werden kann. Hier gibt es ebenfalls verschiedene Initiationsgrade sowie eine Bundmaske. Zur Initiation gehört hier auch die Beschneidung; daneben werden die Frauen in Kochen, Kinderpflege und Kindererziehung, in sexuellem Verhalten und in der Behandlung der Männer unterwiesen, aber auch über Zauber, das Fangen von Zauberern, die Herstellung von Giften (was als die wichtigste Waffe der Frauen angesehen wird) unterrichtet.

Außer diesen beiden Hauptbünden gibt es noch andere Gesellschaften zur Abwehr von Zauber bzw. zu Heilzwecken sowie die bekannten Schlangen-, Krokodil- und Leopardenbünde. Für die Herstellung von Medizinen verwenden sie angeblich Teile des menschlichen Körpers (Fett, Blut, Haut, Genitalien, Leber). Beim *Kusanga-Bund* der Diola sollen die Mitglieder bei ihren Versammlungen eine Mischung aus Menschenblut und Palmwein trinken; als Gefäße dienen menschliche Hirnschalen. Sie sind sehr gefürchtet, da man glaubt, daß sie Seelen „fressen".

Der **Einfluß des Islam** ist besonders im Senegal bei den *Wolof, Lebu* und *Serer* zu merken, wobei sich die Wolof noch ihre alten Glaubensvorstellungen wie Ahnenkult und Verehrung von Lokaldämonen erhalten haben. Auch die Lebu (in der Gegend von Dakar) führen noch alte Regentänze auf, und bei den Frauen sind in Verbindung mit den zahl-

Maskentanz in Burkina Faso

reichen Lokaldämonen noch Besessenheitskulte lebendig.
Christliche Missionare haben sich zwar schon mit den ersten europäischen Kontakten in dieser Gegend niedergelassen, jedoch nur wenig Erfolg verbuchen können.

Hexen, Zauberer und Medizinmänner

Magische Handlungen sind bei allen (auch den oberflächlich islamisierten) Völkern Afrikas anzutreffen und auch heute noch für viele von großer Bedeutung im alltäglichen Leben, wie die zahlreichen von Magiern hergestellten **Amulette** *("Gris-gris")* belegen. Manchmal kann man Männer, Frauen und Kinder sehen, die zehn oder mehr verschiedene Amulette an Hals, Oberarm, Handgelenken und Oberkörper tragen, um sich gegen Krankheit, Unfruchtbarkeit, Hexenzauber, aber auch Messerstiche etc. zu schützen.

Von einem Magier glaubt man, daß er sowohl die Natur als auch die Menschen beherrschen kann, wenn er von seiner Fähigkeit Gebrauch macht, übernatürliche Kräfte durch sich wirksam werden zu lassen.

Die westafrikanischen Magier stellen aber auch „Fetische" her, wobei die magischen Objekte der *Songhay* und *Haussa* besonders berühmt sind. Ein **Fetisch** kann ein Tongefäß, eine Kalebasse oder ein anderes Behältnis sein, das als „magischen" Stoff ein Pulver, ein Knochenstück oder Kräuter enthält, kann aber auch eine Holzfigur sein. Diesen kraftbringenden Objekten bringt man ebenfalls Opfer dar, indem man sie mit Hirsebrei oder Tierblut übergießt. (Reste von Tierblut sind auf manchen alten hölzernen Fetischfiguren der Dogon zu finden; manchmal werden sie heute jedoch auch auf diese Art und Weise für den Verkauf an Touristen „alt" gemacht.)

Außerdem ist bei den Afrikanern (ähnlich wie vor nicht allzulanger Zeit bei uns) der **Hexenglauben** weit verbreitet. Hexen und Zauberer (Hexer) leben meist solange „unerkannt", bis sie sich durch ihre Taten verraten haben. Sie treiben lediglich nachts ihr Unwesen, werden als Verursacher von Krankheiten und Todesfällen gesehen, indem sie die Seelen von Schlafenden „fressen" (die Seele entfernt sich nämlich nachts von ihrem Körper). In der Vorstellung der Afrikaner geschieht dies folgendermaßen: wenn die Hexe anstelle der ganzen Seele (was für den Betreffenden den Tod bedeutet) nur einen Teil erwischt, wie z. B. ein Bein oder eine Hand der Seele erwischt, so wird der Mensch krank, bekommt sie die ganze, stirbt er. Erscheint dem Kranken dann eine bestimmte Person des Dorfes im Traum, so wird diese für die Krankheit verantwortlich gemacht und ist somit als Hexe entlarvt. Manche Stämme haben ihre Hexen bestraft, indem sie diese gefesselt in die glühende Sonne legten, bis der Kranke wieder gesund war. Häufig sind sich die Hexen ihrer Taten nicht bewußt, manchmal jedoch sehr wohl; sie schließen sich dann in geheimen Bünden zusammen. Dem Glauben der Afrikaner zufolge wird man zur Hexe bzw. zum Zauberer geboren; beide vererben ihre Kräfte an eine ihrer Töchter bzw. Söhne. Im Vergleich zu der geachteten Persönlichkeit des Magiers werden sie als Kriminelle angesehen, da sie ihre Macht nicht in den Dienst der Gemeinschaft stellen, sondern sie bösartig und eigennützig mißbrauchen. Sobald die Hexe oder der Hexer von einem Wahrsager oder Hellseher „entlarvt" war, wurden sie meist getötet und den Hyänen vorgeworfen oder verbrannt, denn der Hexer ist der einzige Mensch, der nicht als Verstorbener weiterexistieren darf.

Die „Prüfung" bzw. der Beweis für die „Untat" wurde zum Teil dadurch erbracht, daß man die vermeintliche Hexe Gift trinken ließ. Wenn sie daran starb, war sie schuldig.

In diesem Zusammenhang spielen **Wahrsager** eine wichtige Rolle. Sie sagen nicht nur die Zukunft voraus, sondern können auch die Ursache von Krankheiten (Hexe?!) mit Hilfe eines Orakels bestimmen bzw. erklären. Auch bei wichtigen Entscheidungen wird das Orakel befragt. Das bereits erwähnte Ifa-Orakel der Yoruba ist die am höchsten entwickelte Wahrsagerei Westafrikas. Daneben ist uns die von den *Dogon* angewendete Wahrsagerei bekannt, die mit Hilfe des Wüstenfuchses (*Yurugu*) durchgeführt wird, der nach dem Glauben der Dogon in unmittelbarer Verbindung mit dem höchsten Gott Amma steht.

„Gris-gris" bzw. „Jujus" (engl.) sind **Amulette**, die vor allem zur **Abwehr negativer Einflüsse** hergestellt werden, aber auch, um jemanden vor Krankheit und Tod zu bewahren, sich wirtschaftlichen Erfolg zu sichern, um das Haus vor Dieben zu schützen, um die Liebe eines Mannes oder einer Frau zu erwirken, aber auch, um eine Krankheit oder sogar den Tod eines anderen Menschen zu bewirken. Zur Herstellung von Gris-gris verwendet der Medizinmann oder Magier die unterschiedlichsten Materialien: Knochen in jeder Art und Größe, Hörner von Ziegen und Schafen, Federn, getrocknete Vogel-, Ratten- und Affenköpfe, verschiedene

Gris-Gris

Kräuter, Schlangenhäute, Leoparden- und Tigerfelle, Straußeneier und v. m. Auf den größeren afrikanischen Märkten findet man meist mehrere Stände, die solche Gegenstände verkaufen.

Eine wichtige Funktion in der traditionellen Gesellschaft der Afrikaner hat auch der **Medizinmann** (in francophonen Ländern „guérisseur", in anglophonen „native doctor" oder „herbalist" genannt) inne. Meist haben sie, ähnlich wie die Magier, ihr Wissen vom Vater übernommen und vererben es an einen ihrer Söhne, d. h. es bleibt in der Familie. Manchmal besteht aber auch die Möglichkeit, die Fähigkeit in jahrelanger Lehrzeit zu erlernen.

„Apotheke" in Westafrika

Die Medizinmänner sind häufig entweder **Kräuterspezialisten**, die aufgrund ihrer besonderen Kenntnisse von Pflanzen ganz bestimmte Krankheiten heilen können, oder Spezialisten, die in der Lage sind, unbekannte Leiden zu diagnostizieren, indem sie herausfinden, an welcher Form „spiritueller Unreinheit" der Patient leidet, und dann eine entsprechende „Reinigungszeremonie" durchführen. Damit ist ein Medizinmann nicht nur Arzt, sondern gleichzeitig auch eine Art **Psychotherapeut.** Der Heilerfolg hängt natürlich auch stark von der Persönlichkeit des „guérisseurs", von seiner Überzeugungskraft und vom Glauben des Patienten ab (ein auch in der westlichen Welt nicht unbekanntes Phänomen!). Bei den Afrikanern steht jedoch die Wirkung eines Medikaments entsprechend ihrer Philosophie vor allem in unmittelbarem Zusammenhang mit der Zauberkraft des „Wortes". Auch Senghor schreibt:

„*Das Wort ist mächtig im schwarzen Afrika.*" „*Durch Nommo, die Lebenskraft, die alles Leben bewirkt, die auf die „Dinge" einwirkt, und zwar in der Gestalt des Worts." ...(wird jede Verwandlung, jedes Zeugen und Erzeugen bewirkt) ..." Und da der Mensch mächtig ist über das Wort, ist er es, der die Lebenskraft dirigiert*" (aus J. Jahn, Muntu: S. 128).

Und durch *Nommo*, das Wort, setzt der Mensch seine Herrschaft über die Dinge. Alle Wirkung des Menschen, alle Bewegung in der Natur beruht also auf der zeugenden Kraft des Wortes, das somit Lebenskraft selbst ist. Alle Zauberei ist somit **Wortzauber,** ist **Beschwörung, Bann und Fluch**. Und so wirkt auch mehr oder weniger die traditionelle Medizin der Afrikaner.

Alle Talismane, Zauberhörner und Medizinen wirken nicht ohne das Wort, nützen nichts, wenn sie nicht „besprochen" sind. Denn aus sich selbst heraus haben sie keinerlei Aktivität und Wirkung.

Die in den USA durchgeführten Placebo-Versuche (Experimente mit Blindpräparaten) haben gezeigt, daß auch in der westlichen Welt die magische Wirkung von Medizin eine häufig unterschätzte Rolle spielt (bei 60% der Patienten mit Kopfschmerzen gingen in einem sogenannten „Doppel-Blindversuch" die Beschwerden mit Placebos weg!).

Je größer die Überzeugungskraft des Medizinmannes, je mächtiger sein Wort ist, um so wirkungsvoller ist seine verabreichte Medizin (Placebo), ob man sie einreiben, einnehmen oder an irgendeiner Körperstelle tragen muß.

Welche Macht und welcher Einfluß dem Medizinmann zugeschrieben wird, zeigt auch die Tatsache, daß er, falls sich der Patient nach erfolgreicher Behandlung weigert, zu zahlen, durch eine entsprechende Beschwörung die eigentliche Kraft aus der Medizin wieder herausziehen kann, so daß der Patient wieder krank wird. Nicht jedes traditionelle afrikanische Medikament bestand aus Placebo. In der letzten Zeit werden jedoch die afrikanischen Heilkräuter immer mehr durch europäische Arzneien ersetzt, die man als Placebos gebraucht, obwohl sie es keineswegs sind.

Da man die europäischen „Gifte" für ebenso unschädlich hält wie die Heilkräuter der Medizinmänner, wird erheblicher Mißbrauch mit ihnen getrieben. Drei „rote" Kapseln eines Antibiotikums(!) werden zum Beispiel von einem der illegalen Arzneimittelhändler das eine Mal gegen Würmer verabreicht, das andere Mal gegen Magenschmerzen oder Husten. Manche Pharmakonzerne haben inzwischen mitbekommen, daß die Afrikaner der Macht des Wortes mehr glauben als der Macht der Materie und versehen daher ihre Schmerztabletten, Antibiotika etc. mit wirksamen Werbesprüchen. Wie leicht vorzustellen ist, erzielen sie reißenden Absatz.

Islam

Der Islam hat in Westafrika etwa seit dem 7. Jahrhundert große **religiöse, sozio-kulturelle und politische Umwälzungen** bewirkt. Während er im Sahel-Sudan als die wichtigste Religion (mit schätzungsweise 100 Mill. Anhängern) angesehen werden kann, spielt er in den Küstenländern nur eine untergeordnete Rolle (Ausnahme Senegal).

In Westafrika trifft man häufig Anhänger traditioneller afrikanischer Religionen, Christen und Mohammedaner, die alle friedlich in einem Dorf nebeneinander leben. Zum Teil gehören sie auch mehreren Religionen an.

Den Islam zu praktizieren, ohne dabei die traditionelle Religion zu verraten, bereitet den Afrikanern in der Regel keine Schwierigkeiten, denn Gebote und Verbote des Islam lassen sich leichter mit afrikanischen Traditionen vereinen als die des Christentums. Ein Moslem tritt jedoch unter Umständen (z. B. wenn er in einer Missionsschule eine Ausbildung machen kann) auch noch der katholischen Kirche bei. Daher kann man selbst innerhalb einer Familie Anhänger verschiedener Religionen antreffen.

Der Islam wurde im 11. Jahrhundert von berberischen Nomaden aus Nordafrika über die Sahara weiter nach Süden (etwa bis zum 10. Breitengrad) gebracht, wo er seit dem 18. Jh. entscheidend die kulturelle und politische Entwicklung prägt. *(sh. Sudanesische Lehmarchitektur).* Der **Transsahara-Handel** trug stark zum kulturellen und religiösen Austausch des Sudan mit den islamischen Zentren Nordafrikas bei. Angeblich hatten die *Soninke* und *Tukulor* (des alten Ghana-Reiches) als erste schwarzafrikanische Völker den Islam übernommen; durch die Diola-Händler gelangte er dann in die Handelszentren des Nigergebietes (Timbuktu, Mopti usw.), wo einflußreiche Handelsgemeinschaften entstanden.

Es bildete sich eine spezielle westafrikanische Form des Islam heraus, die viele Elemente der „alten" Religionen übernommen hat. Auch blieben die alten Sitten und Bräuche (Verwandtschaftsregelungen, Brautpreis etc.)

weitgehend unverändert. Der Islam wurde an die alten Traditionen angepaßt und veränderte somit weniger die sozialen Strukturen. Solange Allah als einziger Gott und Mohammed als Prophet anerkannt und verehrt wurden, konnte der Islam mit unzähligen traditionellen Sitten und Gebräuchen koexistieren; die religiösen Rituale in bezug auf den König, der Glaube an die Ahnen, an Magie und Geister vertrugen sich gut mit ihm. Der Islam gestattet den Afrikanern auch die Vielehe. Einige afrikanische Frauen, die sich zum Islam bekennen, gehen zum Beispiel auch unverschleiert auf den Markt.

Auch werden in weiten Teilen Westafrikas nur drei der insgesamt sieben **islamischen Feste** gefeiert:

Neujahr *(Muharam),* Ende des Ramadan *(Id el Fitr)* und großes Hammelfest während der Mekka-Pilgerfahrten *(Id el Kibir).*

Die wichtigsten Vorschriften sind **das Bekenntnis zu Allah,** dem einzigen Gott, **fünfmal täglich Gebete und Waschungen** (freitags in der Moschee), **Fasten im Monat Ramadan, Almosengeben** (heute als Steuern), und (soweit möglich) die **Wallfahrt (Hadj) nach Mekka.** Daneben sind u. a. der Verzehr von Schweinefleisch, Alkohol, Glücksspiele und Geldverleih gegen Zins verboten.

Bei einer längeren Fahrt im Busch-Taxi (z. B. im Sahel) können die zu einer festen Zeit vorgeschriebenen Gebete mitunter sehr lästig sein, wenn man mitten auf der Piste in praller Sonne verweilen muß, bis alle moslemischen Fahrgäste ihre Gebete beendet haben. Diese „Pause" wird keinesfalls vorher angekündigt; zu gegebenem Zeitpunkt hält der Fahrer einfach an, um nach der rituellen Waschung seinen Gebetsteppich auszurollen und zu beten. Manchmal fällt es selbst (andersgläubigen) Afrikanern schwer, Geduld und Verständnis aufzubringen, ...aber irgendwann geht es dann auch weiter.

In den alten sudanischen Großreichen bekannten sich häufig lediglich die führenden Schichten (König und sein Gefolge, Priesterkaste, Gelehrte, reiche Kaufleute) zum Islam, während die Masse der Bevölkerung (Bauern) weiterhin ihre „animistischen" Rituale praktizierte.

Bambara, Dogon, Mossi und die Fulbe-Nomaden widersetzten sich lange Zeit erfolgreich dem Islam.

Die *„heiligen Kriege"* der Fulbe im 18./ 19. Jh., die von den zahlreichen fanatischen Fulbe-Herrschern des Futa Djalon (Guinea) und des Futa Toro (Senegal) ausgingen, haben entschieden zur weiteren Verbreitung des Islam in Westafrika beigetragen. Ein **islamisches Großreich** wurde später unter Anführung *Osman dan Fodios* geschaffen; seinem missionarischen Eifer konnte sich kaum einer widersetzen. In seinem Auftrag führte auch *Adamaua* zu Beginn des 19. Jh. den Glaubenskrieg weiter, Richtung Südosten, über den Benue-Fluß hinweg, in das Gebiet des heutigen Kamerun. Fragt man sich nun, weshalb der Islam so großen Erfolg hatte, so muß man bedenken, daß er nach einer Zeit der Unsicherheit und Unruhe kam (Sturz des alten Ghana-Reichs, Entstehung des Mali-Reichs, dessen Ausdehnung mit der Ausbreitung des Islam einhergeht). Unter *Mansa Mussa* (1312 bis 1337) erschien der Islam dann als die große fortschrittliche Religion.

Denn der Islam war den traditonellen Religionen in geistiger, organisatorischer und politischer Hinsicht weit über-

Moschee Von Djenné

legen. Es entstanden Koran-Schulen, die Macht- und Führungsstrukturen wurden neugestaltet, eine stärkere Bürokratisierung fand bei der Regierung von Städten und Reichen statt, der Abbau von Rassentrennung (alle Menschen sind dem Prinzip nach gleich) und eine hierarchische Struktur brachten (etwa seit dem 16. Jh.) eine starke Schichtung vieler westafrikanischer Gesellschaften mit sich. Außerdem kamen mit dem Islam neue Methoden des Handels nach Schwarzafrika, welche die kommerziellen Aktivitäten vieler Völker erheblich verstärkte. Die islamisierte städtische Bevölkerung übernahm bald die Führung, gegen die sich die Landbevölkerung, die in der Regel noch dem alten Glauben treu geblieben war, stellte.

Mit der kolonialen Eroberung durch die Europäer werden dann andere Einflüsse wirksam, jedoch nimmt auch heute noch der Islam in weiten Teilen Westafrikas ständig an Bedeutung zu, da ihm gegenüber dem Christentum eindeutig der Vorzug gegeben wird. Viele Staatsmänner, die früher Christen waren, sind inzwischen (häufig aus wirtschaftspolitischen Gründen) zum Islam übergetreten. Außerdem gilt das Christentum als „weiße, koloniale" Religion, der Islam als „schwarze".

Christentum

In Nordafrika (speziell heutiges Tunesien) gab es bereits im 3. Jh. n. Chr. etwa 500 katholische Bistümer; zu Beginn des 5. Jh. wurde jedoch durch den Einfall der Vandalen dieses Zentrum der frühen christlichen Kirche zerstört. Erst viel später (im 15. Jh.) wurde die Missionstätigkeit auf dem „schwarzen Kontinent" wieder von spanischen und portugiesischen Seefahrern belebt. *Diego Cao* brachte 1482 einige Afrikaner nach Europa, um sie mit dem christlichen Glauben „bekannt" zu machen. Auch bei *Heinrich dem Seefahrer* war neben dem Abenteuer und den wirtschaftlichen Interessen auch missionarischer Eifer Antriebskraft für seine Unternehmungen. Machtpolitische und kommerzielle Interessen waren dabei aufs engste miteinander verknüpft.

Eine dritte Phase der Christianisierung Afrikas setzte im 19. Jahrhundert zusammen mit der politischen und wirtschaftlichen Expansion der europäischen Industriestaaten ein. Diese Missionarstätigkeit wurde sowohl von Protestanten als auch von Katholiken getragen, die in ihrem missionarischen Eifer ohne jeden Zweifel an ihrem Tun aus „schwarzen Heiden" „richtige Menschen" machen wollten. Manche der Geistlichen, die von den (in England, Deutschland, Frankreich und der Schweiz gegründeten) Missionsgesellschaften nach Afrika entsandt wurden, sollten in der Geschichte eine bedeutende Rolle spielen; so z. B. der deutsche *Pastor Homberger,* der im Jahre 1874 an der Goldküste als Mittelsmann zwischen Engländern und den damals dort ansässigen Anlo (Ewe) fungierte. Die *„Väter vom Heiligen Geist"* (gegr. 1848) wurden als Priester nach Senegal und Gabun entsandt.

Die im Jahre 1854 gegründete Lyoner Missionsgesellschaft für Afrika war vor allem für die Länder am Golf von Guinea zuständig. Eine andere Organisation entsandte die *„Weißen Väter" (Pères Blanc)* bzw. die „*Weißen Schwestern".* Sie alle haben sich sowohl für die **Abschaffung des Sklavenhandels** und die **Bekämpfung von Seuchen** eingesetzt, als auch mit der **Alphabetisierung** begonnen. Zu ihren wichtigsten Tätigkeiten gehörten neben intensiven sprachwissenschaftlichen Studien (zwecks Übersetzung der Bibel) die Errichtung von **Schulen und Krankenstationen;** häufig fungierten sie auch als „Friedensstifter". Zum Teil wurden die Missionare als Informanten für europäische Staatsmänner mißbraucht. *„Ihr Priestergewand schützt sie und dient zur Verhüllung der politischen und geschäftlichen Absichten. Sie kosten wenig und werden von den Barbaren geachtet ... Der religiöse Eifer, der die Priester belebt, läßt sie Arbeit übernehmen und Gefahr trotzen, die über die Kräfte eines bürgerlichen Beamten gehen würden."* (Napoleon, 1804).

Viele der ersten Missionare starben zum Teil am „Fieber" (Malaria etc.) und wurden nicht ersetzt. Auch später erlagen viele den zahlreichen **Tropenkrankheiten** oder kehrten gesundheitlich ruiniert nach Europa zurück. Für den Besuch einer Missionsschule war die **Taufe** fast immer Voraussetzung. Und mancher Kranke, dem in einer der Missions-Krankenstationen geholfen wurde, trat aus Dankbarkeit zum Christentum über. Selten jedoch wurden die Afrikaner aus Überzeugung Christen, dazu war ihnen die vorgeschriebene Monogamie unverständlich, zudem auch in der Bibel kein ausdrücklicher Hinweis auf das Verbot der Vielehe zu finden ist. Sie setzen sich daher oft einfach darüber hinweg und haben auch als „Christen" mehrere Frauen.

Bei der Taufe mußten die Afrikaner fast immer ihre traditionellen Namen ablegen und „christliche" Namen anneh-

men. Meist zwang man sie auch, europäische Kleidung zu tragen, da das Hüfttuch oder der Lendenschurz als „unkeusch" angesehen wurden.
Die wenigsten Missionare waren in der Lage, sich auf die afrikanische Mentalität einzustellen und damit umzugehen; die meisten versuchten lediglich, den Afrikanern ihre Glaubensvorstellungen aufzuoktroyieren. In letzter Zeit sind die Missionare jedoch eher bereit, die Afrikaner so zu akzeptieren, wie sie sind, und ihnen lediglich „Hilfe" anzubieten.
Seit dem Zweiten Weltkrieg hat sich überall eine deutliche **„Afrikanisierung" der Kirche** vollzogen. Neben den europäischen entstanden verschiedene selbständige afrikanische Kirchen mit eigenen Regeln (teilweise auch mit der Erlaubnis zur Vielehe). Außerdem entwickelten sich zahlreiche „nachchristliche Sekten", in denen sich Vorstellungen der traditionellen afrikanischen Religion mit der christlichen Anschauung verbinden.
Heute leben schätzungsweise 30 Mill. katholische und etwas weniger protestantische Christen in Westafrika. Die Bedeutung des Christentums ist in Westafrika im Vergleich zum Islam (aus den oben genannten Gründen) gering. Während die Glaubensinhalte den Afrikanern anfangs zu fremd waren, assoziierte man später Missionare und Christentum mit Kolonialherrschaft und widersetzte sich beidem gleichermaßen.

Im Norden Benins traf ich einen Mann, der zunächst eine Lösung für seine Probleme (eine schwerkranke Frau) im Islam suchte; als dies jedoch keine Änderung brachte, trat er vor einiger Zeit zum Christentum über. „Jetzt bin ich schon bei diesen da (wobei er mit der rechten Hand ein Kreuz vor seiner Brust machte), und es hat noch immer nicht geholfen!".

Familienaltäre in Burkina Faso

Märkte und Handel

Bereits in frühen Zeiten gab es ein weitverzweigtes Netz von Handelswegen in Westafrika. **Salz** und **Gold** waren bis zum 17. Jahrhundert die wichtigsten Handelsprodukte. Mit dem **Kamel**, dem „Schiff der Wüste", war etwa seit Beginn unserer Zeitrechnung der **transsaharische Handel** möglich. Dadurch erlangten die mittelalterlichen Großreiche (Mali, Songhay und Ghana) Macht und Wohlstand, denn sie kontrollierten den Handel von **Salz, Gold** und **Sklaven**, aber auch von Elfenbein, Straußenfedern, Fellen, Häuten, rotem Pfeffer und Baumwolle. Importe aus dem Norden waren **Glasperlen, bedruckte Baumwolltücher, Papier, arabische Bücher, Datteln, Zukker** und **Pferde** aus **Nordafrika**.

Am südlichen Ende der vier großen Transsahara-Routen entwickelten sich Marktzentren zu wichtigen Umschlagplätzen, welche später die Zentren der mittelalterlichen Großreiche bildeten *(siehe auch Kapitel Geschichte)*.

Die **Karawanen** (Tausende von Menschen und Tieren) mußten an den Rastplätzen versorgt werden. Daher intensivierten die Anrainer den Anbau von Yams, Maniok und Hirse und vermehrten ihre handwerkliche Produktion. Die wichtigsten südlichen Endpunkte dieses Transsahara-Handels waren *Timbuktu, Katsina, Kanu* und *Bornu*.

Der ursprünglich lokale Handel mit den Dörfern der Nachbarschaft bzw. zwischen Bauern und Nomaden weitete sich im Laufe der Zeit immer mehr aus. Die Händler drangen in weiter entfernte Gebiete vor, um einheimische Produkte gegen „Luxusgüter" einzutauschen.

Der **innerafrikanische Handel** wurde im westlichen Sudan schwerpunktmäßig von den *Dioula-Händlern* und im östlichen Sudan von den *Haussa* durchgeführt. Sie waren es auch, welche „neue Ideen" auf den weitverzweigten Handelswegen innerhalb Westafrikas verbreiteten. Viele Marktorte entwickelten sich zu Städten. Auf diese Weise drang auch der Islam ins Innere Westafrikas vor.

Während sich die Dioula auf den Handel mit Gold spezialisiert hatten (die Herkunft des Goldes blieb immer ein wohlgehütetes Geheimnis!), war der Handel mit *Kolanüssen* Domäne der Haussa-Händler.

Markt in Djenné

Grundsätzlich lassen sich in Westafrika **drei verschiedene Markttypen** unterscheiden:
- Der tägliche Markt,
- das „rotiende Marktsystem" (alle drei Tage)
- der „Wochenmarkt", der an einem bestimmten Wochentag stattfindet *(marché hebdomadaire).*

Während in Burkina Faso der Markt im Drei-Tage-Rhythmus üblich ist, wird im Sahel in der Regel nur einmal pro Woche Markt abgehalten und dies meist in Dörfern, die etwa 30–50 km voneinander entfernt sind. Solche Buschmärkte sind auch z. B. in *Oursi* und *Markoy* (Burkina Faso) anzutreffen.

Täglichen Markt gibt es in den Hauptstädten *Bamako, Ouagadougou, Niamey* sowie in den regionalen Verwaltungszentren wie z. B. *Dori, Djibo, Ouahigouya, Kayes* usw.

Bemerkenswert ist, daß die ständigen Märkte meist relativ eintönig und unbelebt sind; das Angebot an einheimischen Waren und Handwerksprodukten ist ziemlich limitiert und mehr auf Nahrungsmittel und Importwaren konzentriert. Ganz anders dagegen die Wochenmärkte im Sahel, im Kontaktbereich von Bauern und Nomaden, wo ein Austausch von Waren (Getreide, Kalebassen, Fleisch, Felle, Leder usw.) geradezu notwendig ist, da diese beiden Bevölkerungsgruppen unterschiedliche Nahrungsmittel produzieren und sich ebenso auf verschiedene handwerkliche Fertigkeiten (Weben, Lederverarbeitung, Kalebassenreparatur etc.) spezialisiert haben.

In den Haupt- und Kreisstädten sowie wichtigen Handelszentren gibt es Markthallen aus Lehm oder Beton neben Bretterbuden. Die ländlichen Märkte

werden meist etwas außerhalb der Ortschaft abgehalten; oft unter sogenannten „Hangars", d. h. mattengedeckten Sonnendächern, die auf einem Gerüst aus Knüppelholz und Gabelpfosten ruhen. Außerdem nutzt man jeden schattigen Platz (unter Bäumen oder an Häusermauern), um seine Waren zum Verkauf auszubreiten.

Die westafrikanischen Märkte werden weitgehend von den Frauen beherrscht, während der Karawanen- und Viehhandel Domäne der Männer ist. Männer handeln meist mit Getreide, Salz, Datteln, Kolanüssen und Importwaren, Frauen dagegen mit (z. T. selbst zubereiteten) Nahrungsmitteln wie Fettgebackenes, Pfannkuchen oder Kekse. Sie verkaufen gesponnene Baumwolle, die aus den Nüssen des *Karité-Baumes* gewonnene „Schibutter", Akazienschoten (für die Gerberei), Tamarindenschoten und Hirsestengel (für die Färberei), Palmblatt und Grasbüschel (zum Korb- und Mattenflechten) und natürlich auch Erzeugnisse aus dem Garten wie Tomaten, Zwiebeln, Knoblauch, rote Pfefferschoten und andere Gewürze. Während sich die Fulbe-Frauen auf den Verkauf von Sauermilch und Kalebassen spezialisiert haben, ist der Verkauf von Zwiebeln (meist in Form von getrockneten Bällchen) fast ein Monopol der Dogon-Frauen.

Die Einnahmen aus ihren Verkäufen sichern den Frauen eine relative Unabhängigkeit und Selbständigkeit; hiervon kaufen sie sich Kleidung, Schmuck und Haushaltsgeräte.

Auch jede Menge **handwerkliche Produkte** (Lederarbeiten, Tonkrüge, Strohmatten, Schmiedearbeiten etc.) werden auf den Märkten angeboten; in den letzten Jahren auch immer mehr „westliche" Artikel aus Plastik, welche die Kalebassen, das noch bis vor kurzem weitverbreitetste „Geschirr" Afrikas, verdrängen. Typisch für die Sahelmärkte sind die mobilen Werkstätten der Wanderhandwerker (Sandalenmacher, Schneider, Kalebassenreparatur etc.). Daneben sind **Märkte** natürlich wichtige **Zentren des sozialen Lebens**. Auf dem Markt trifft man nicht nur Freunde und Verwandte, Schuldner und „Feinde" und hört den neuesten Ratsch und Tratsch; der Markt ist gleichzeitig auch eine Art „Heiratsmarkt", ein Treffpunkt für heiratsfähige Töchter, und ebenso ein günstiger Platz, um z. B. eine entlaufene Ehefrau wiederzufinden (trifft man sie selbst nicht, so hört man doch zumindest, wo sie ist) oder um nach einem neuen Mann bzw. einer neuen Frau Ausschau zu halten.

Durch den Autotransport ist natürlich der Einzugsbereich erheblich erweitert worden, und „Profi-Händler" können nun jeden Tag zu einem anderen Markt fahren.

Metallverarbeitung in Westafrika

Kunst und Kultur

Das künstlerische Schaffen (Schmuck, figürliche Kunst, Masken, Tanz, Musik und Dichtung) der Völker Westafrikas steht in engem **Zusammenhang mit ihrer Religion und Mythologie**. Um die Symbolik ihrer Kunst-Werke zu verstehen, muß man ihre Glaubenswelt kennen, von der ihr Leben so unmittelbar bestimmt wird. Schnitzerei, Metallbearbeitung, Musik, Tanz und Dichtung, alle diese Kunstformen dienten funktionalen Zwecken; immer waren/sind sie mit einem sozialen Ereignis wie einem traditionellen Fest bzw. Ritual quasi untrennbar verknüpft.

Durch verschiedene Einflüsse hat sich jedoch die ursprüngliche Symbolik meist im Laufe der Zeit stark verändert, zum Teil ist sie auch ganz in Vergessenheit geraten. Meist können nur noch ein paar alte Männer oder Frauen über die ursprüngliche Bedeutung Aufschluß geben.

Die Kunst des Körperschmucks

Kaum ein Volk der Erde läßt den menschlichen Körper im „Urzustand"; fast bei allen sind Modifikationen des Körpers anzutreffen, modische Veränderungen durch Kosmetik, Kleidung, Haarfrisuren, Schmuck, aber auch Benarbungen, Tätowierungen, Deformationen und „Verstümmelungen". Sie haben jedoch alle neben dem rein ästhetischen noch einen anderen Zweck, sie dienen entweder dem Schutz des Körpers oder geben **Auskunft** über die **Zugehörigkeit zu einer bestimmten ethnischen oder religiösen Gemeinschaft**, gesellschaftlichen Gruppe, Altersklasse oder über die soziale Stellung, den Familienstand und die Zahl der Kinder.

Was die Verschönerung des Körpers betrifft, so sind die Schönheitsideale natürlich sehr unterschiedlich und vor allem bei uns sehr stark der Mode unterworfen, (so z.B. die „Twiggi-Figur; im Vergleich dazu zählt ein „dicker Hintern" bei vielen Afrikanerinnen zum absoluten Schönheitsideal!).

Die Afrikaner haben eine besondere Vorliebe für Schmuck und verstehen es in der Regel auch, sich mit viel Geschmack herzurichten. Dies kann je nach Region sehr unterschiedlich aussehen.

Für die (zeitweilige) **Körperbemalung** werden die drei Farben rot, weiß und schwarz, die jeweils kultische Bedeutung haben, meist aus folgenden Rohstoffen hergestellt: Rot, die Farbe des Lebens, wird aus Ochsenblut, Lateriterde, rotem Ton, natürlichem Ocker oder pulverisiertem Rotholz *(Tukula)*, (das mit Palmöl vermischt teilweise auch als Ersatz für Blut verwendet und auf Körper oder Holzfiguren *(Fetisch)* aufgetragen wird), hergestellt.

Weiß, die Farbe des Todes und der Geister, stellt man aus Maniokmehl, Schlangen- oder Vogelexkrementen, Kaolinerde, Kalkmergel oder weißer Kreide her. **Schwarz**, die Farbe der Dämonen, wird meist aus Holzkohle, Grasasche, schwarzen Haaren, Schweineblut, Knochenkohle, schwarzem Schlamm bzw. schwarzer Erde gewonnen. Bei der Körperbemalung dient das Schminken der Augenpartien

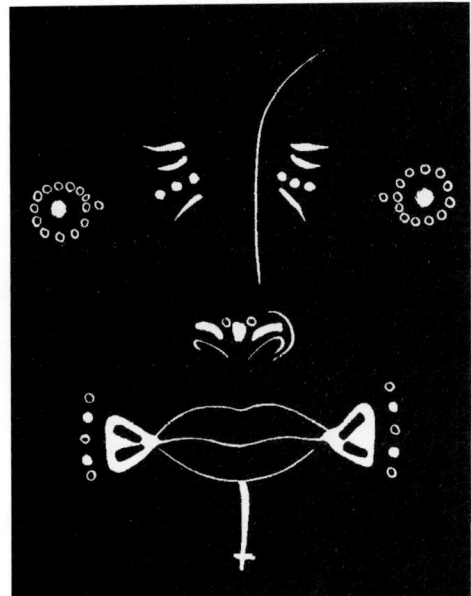
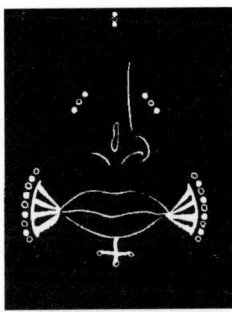
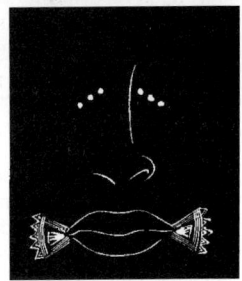

Gesichtsverzierungen der Fulbe-Bororo

mit Antimonpulver *(Wolof)* rein ästhetischen Zwecken. **Rote Farbe** (Symbol der Kraft und des Lebens) wird auch als Kraftspender auf den Körper eines Kranken aufgetragen. Die *Kru*-Stämme der Elfenbeinküste kennen auch Bemalung von Gesicht und Körper mit Indigo oder weißer Erde zu ästhetischen und zeremoniellen Zwecken (Initiation).

Die jungen *Fulbe-Bororo* Männer *(Wodaabe)* schminken sich zu dem alljährlich stattfindenden *Jereol-Fest* sehr kunstvoll; das Gesicht bemalen sie mit Ocker gelb, betonen die Nasenlinie mit einem gelben Strich, schwärzen die Augenpartie und die Lippen mit Kohlepulver (Antimon?) und verzieren Wange, Mundwinkel und Kinn mit roten, weißen und schwarzen Punkt-, Kreis- und Strichornamenten. Zahlreiche Schmuckketten aus Glasperlen und Messing sowie aufwendige Baumwolltuniken und ein weißer Turban über den langen Zöpfen runden das Festtagsgewand der Wodaabe-Männer ab. Auffallend ist auch die klassische **Haarfrisur** der Wodaabe-Frauen mit dem Stirnhaarknoten sowie der Ohrschmuck, der aus acht bis zwölf großen Aluminium- oder Messing-Ohrringen besteht. Auf Stirn, Wangen und Mundpartie sind feine, blaue geometrische Muster tätowiert, die magische Wirkung haben, und vor dem „bösen Blick" schützen sollen.

Benarbungen werden häufig (z. B. bei *Serer*) während des Intitationsritus angebracht. Narben- und Farbentätowierungen dienen nicht nur der Ästhetik, sondern vor allem der Zuordnung zu einer bestimmten ethnischen Gruppe. Im Obervolta-Gebiet *(Mossi)* waren früher Gesichtsnarben üblich, werden jedoch heute kaum mehr praktiziert (zum Teil von seiten der Regierung verboten); **Narbenmuster** (Ziernarben) um den Bauchnabel sind dagegen auch heute noch vor allem bei Mädchen und Frauen sehr beliebt. In Westafrika sind Hohlnarben üblich, im Gegensatz zu den sonst in Afrika häufig anzutreffenden plastisch hervortretenden Narbenmustern (Punktnarben).

Bei einigen Ethnien (z. B. *Fulbe, Wolof*) gilt das Tätowieren von Unterlippe und Zahnfleisch (wobei Antimonpulver oder Ruß eingerieben wird) als absolutes Schönheitsideal. Obwohl die Behandlung sehr schmerzhaft ist, lassen sie viele Frauen über sich ergehen.

Das **Verzieren** von **Ohren, Nase und Mund**, wo der „Austausch zwischen innerer und äußerer Welt stattfindet", war vor allem früher üblich. Dazu gehörte Ausweitung der Ohrläppchen, Nasenringe und Lippenscheiben aus Stein, Holz, Knochen oder Metall. Diese **Lippenpflöcke** sind (in dem hier behandelten Gebiet von Westafrika) heute nur noch bei älteren Lobi- und Moba-Frauen anzutreffen.

Als **Schmuckstücke** dienen Arm-, Bein- und Fingerringe, zum Teil im Gelbgußverfahren aus Eisen, Kupfer (seltener aus Gold oder Silber) hergestellt, sowie Armringe aus Stein (*Dogon, Songhai*) oder Elfenbein (Guineaküste und Zentralafrika), Glasperlen, Kaurimuscheln, Halbedelsteine (Karneol, Quarz) und Bernsteinkugeln (Amber).

Die früher von den Frauen meist als Mitgift und Statussymbol um die Fußgelenke geschmiedeten schweren Arm- und Fußreifen aus Gelbguß werden heute so gut wie nicht mehr hergestellt. Bei den *Senufo* und *Bobo* wurden Fußreifen angeblich auch häufig als Schutz vor Buschgeistern getragen. Zu den beeindruckendsten Schmuckstücken zählen sicher auch die von den Fulbe-Frauen des Massina getragenen riesigen Ohrgehänge aus Gold sowie die zahlreichen Bernsteinkugeln, die kunstvoll in die Frisuren der Songhay- und Fulbe-Frauen eingearbeitet werden. Nasenringe aus Gold (und früher bei den *Dogon* auch Lippenringe) sind bei Frauen noch relativ häufig zu sehen. Ringe und Amulett-Anhänger aus Kupfer, Gold, Silber (*Baule, Anyi, Senufo, Lobi*) sind ebenfalls häufig zu finden. Charakteristisch für den Baule-Schmuck sind die geometrischen Muster sowie die filigrane Verzierung, die durch die Wachsausschmelztechnik möglich ist. Bei manchen Ethnien (besonders bei den Altnigritern) besteht der Schmuck jedoch häufig auch aus weniger aufwendigen Materialien wie Tierzähnen, Vogelfedern, kleinen Holzstäbchen, Straußeneierschalen, scheibenförmig zugeschnittenen Muscheln, Perlen unterschiedlichster Form und Größe, europäischen Knöpfen, geflochtenen Grashalmen etc.

In ihrer Vorstellungswelt können sowohl „böse" als auch „gute" Geister in verschiedene Tiere (Chamäleon, Schlange, Antilope, Elefant etc.) schlüpfen. Ihnen zu Ehren, bzw. um sie zu besänftigen, werden kleine Bronzefiguren gegossen und Masken oder Statuetten geschnitzt. (Ebenso versucht man die Gunst der Ahnengeister mit bestimmten Ritualen und Opfergaben

Alte Ashanti- und Baulé-Goldgewichte; *phot. R.G.*

zu erwirken.) Das Chamäleon ist zum Beispiel ein Tier, das aufgrund seiner charakteristischen Merkmale, wie ständig wechselnde Farben, wackeliger Gang usw. bewundert wird und gleichzeitig auch Furcht auslöst; ebenso ist die Pythonschlange sehr gefürchtet und bei Amuletten der *Senufo* und *Dogon* häufig anzutreffen. Bei den Senufo werden nach dem Rat des Wahrsagers bestimmte Bronzeringe, Armreifen, Anhänger oder Amulette mit Tiermotiven zum Schutz bzw. zur Abwehr böser Geister getragen. Schlange, Chamäleon, Schildkröte, Krokodil und Nashornvogel haben bei den Senufo eine ganz besondere Bedeutung, da sie in ihrem Glauben die fünf zuerst geschaffenen Tiere sind. (Der Schmuck der *Gurunsi*, *Lobi* und *Bobo* ist dem der *Senufo* sehr ähnlich, jedoch oft stärker stilisiert.) Die *Lobi* tragen zahlreiche **Schutzanhänger** zur Abwehr böser Geister (Lippenpflock, Chamäleon-, Schlangenanhänger und eisernen Beinschmuck, ebenfalls mit Schlangenmotiv). Und bei Frauen sind Kaurimuscheln als Symbol der Fruchtbarkeit sehr beliebt.

Üppiger Goldschmuck war bei den Königen der *Ashanti* üblich und wird auch heute noch zu festlichen Gelegenheiten und zermoniellen Anlässen (Inthronisation oder Hochzeit eines Häuptlings) getragen. (Gold galt als Symbol der Macht; der Besitz von Gold war lediglich dem König erlaubt.) Oft trugen sie an jedem Finger einen Ring, und jedes Schmuckstück hatte symbolische Bedeutung, so daß der König die Änderung seiner Meinung oder seines Pla-

nes bei einer Versammlung dadurch zum Ausdruck brachte, daß er die „Kleidung" wechselte und anders angezogen wieder erschien.
Die am weitesten verbreitete „Verstümmelung" des Körpers sind Beschneidung und Exzision (s. o.), die häufig in Zusammenhang mit **Initiationsriten** vorgenommen werden.
Früher war auch das Herausreißen der oberen Schneidezähne oder das spitze Zufeilen der Zähne (zu Initiationszwecken) bei manchen Völkern (*Dogon, Lobi*) üblich; dieser Brauch stirbt jedoch inzwischen aus. Während das Beschleifen der Schneidezähne bei den Lobi zum Teil zur weiblichen Körperverschönerung, zum Teil als Bewährungsprobe bei der Initiation vorgenommen wurde, stand es bei den *Dogon* in Zusammenhang mit dem mythologischen Ursprung der Sprache.
Die Vielfalt der mit großer Sorgfalt kunstvoll gefertigten **afrikanischen Frisuren** sind Ausdruck eines uneingeschränkten Schönheitskultes. Die ästhetische Gestaltung der Haare ist heutzutage vor allem als Ausdruck der Mode, der Lebensfreude und manchmal auch als Provokation zu sehen, während früher die traditionellen Haartrachten in engem Zusammenhang mit dem soziokulturellen Hintergrund und der magisch-religiösen Welt der jeweiligen Ethnien standen und zum Beispiel über die soziale Stellung der Frau Aufschluß gaben. In die kunstvollen Zöpfchenfrisuren werden meist allerlei symbolträchtige Objekte und sonstige Schmuckstücke (Bernsteinkugeln, bunte Glasperlen, silberne Ringe usw.) eingearbeitet. Zu großer Berühmtheit sind die riesigen goldenen Ohrgehänge der Fulbe-Frauen gelangt; ebenso die prächtigen mit Bernsteinperlen versehenen traditionellen Frisuren der Fulbe- und Songhay-Frauen aus dem Nigerbinnendelta (heute beliebtes Postkartenmotiv!). Um die Frisuren noch prachtvoller erscheinen zu lassen, wurden früher vielfach Pflanzenfasern mit hineingeflochten; heute verwendet man vor allem bei den modernen, städtischen Frisuren in großen Mengen künstliche Haare. Meist verbringen die Afrikanerinnen die heißen Mittagsstunden damit, sich im kühlen Schatten der Häuser, Bäume oder Sonnendächer gegenseitig zu frisieren. Diese Verschönerung nimmt oft sehr viel Zeit (meist mehrere Stunden, manchmal auch mehrere Tage) in Anspruch, aber Zeit hat man in Afrika genug. Bei dieser Gelegenheit können die Frauen in völlig entspannter Atmosphäre auch ihre intimsten persönlichen Probleme und Sehnsüchte untereinander austauschen. Eine (von einer professionellen Friseuse) kunstvoll gefertigte Frisur, die zu besonderen sozialen Anlässen (Hochzeiten, religiösen Festen usw.) angelegt wird, kostet nicht selten zwischen 20 und 100 DM, was für afrikanische Verhältnisse viel ist!
Während auf dem Land die **reichhaltigen, traditonellen Haartrachten** (charakteristisch für die jeweilige Ethnie) getragen werden, sind in den Städten seit mehreren Generationen die durch westlichen Kultureinfluß geprägten „**modernen**" **Frisuren** mit ungeheurer Formenvielfalt anzutreffen. Früher konnte man anhand der Haarfrisur auf einen Blick eine Fulbe-Frau von einer Bambara-Frau unterscheiden; auch erkannte man sofort, ob die Frau gerade einen Sohn geboren hat, ob ihre Tochter bereits initiiert, ihr Sohn verheiratet oder ihr Mann gestorben ist. Kinder erhalten bei der rituellen Namens-

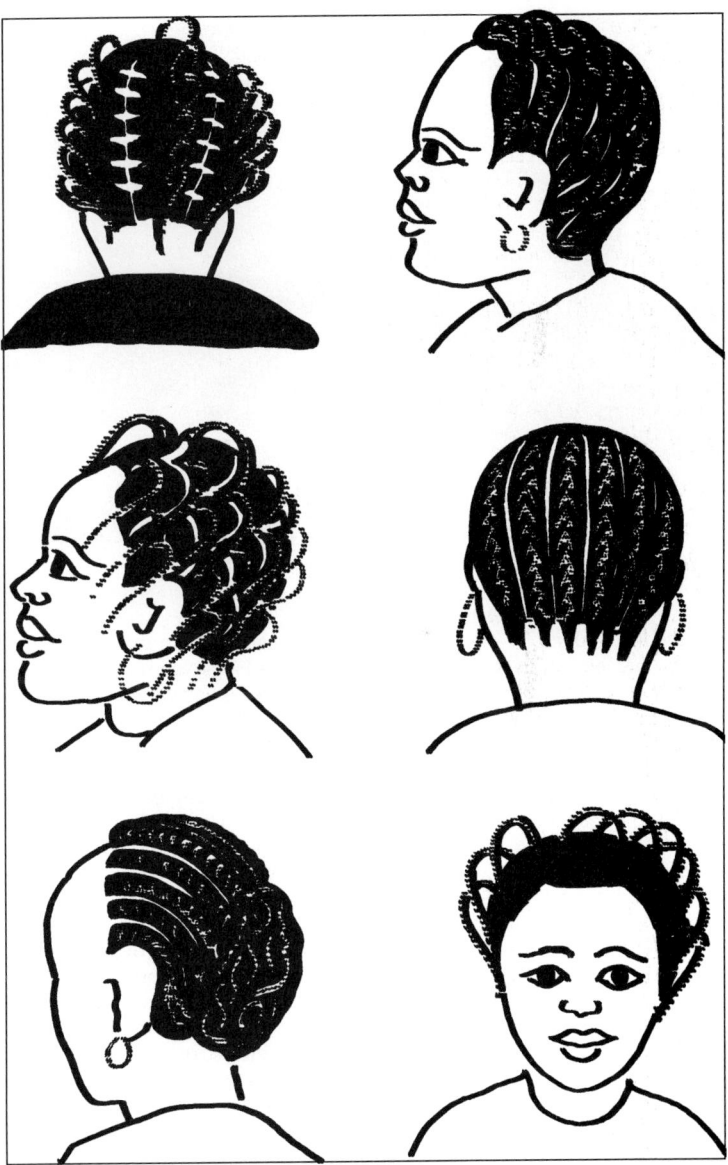

Beim Friseur

gebung (Aufnahme in die Gemeinschaft) ihre erste Frisur (meist eine Kahlrasur), später läßt man je nach Alter, Clan, Kaste usw. bestimmte Haarbüschel oder -streifen stehen.

Die Knaben der Tuareg fangen erst im Alter von 11–13 Jahren an, ihre bis dahin wild wachsenden Haare zu langen Zöpfen zu flechten; im Erwachsenenalter verstecken sie diese dann meist unter dem Turban. Aufwendige, kunstvoll gestaltete Frisuren waren früher auch (vor allem im Gebiet der Guineaküste) für Männer typisch.

Langes, geflochtetes Haar scheint bei vielen afrikanischen Völkern ein Symbol für Macht und Stärke gewesen zu sein, wie semantische Analysen belegen. Haare haben aber eigentlich bei fast allen Völkern schon immer eine große Bedeutung gehabt. Bei zahlreichen „alten" Völkern Westafrikas gelten Haare, Finger- und Fußnägel sowie Blut, Schweiß und die Exkremente als Träger der Seele und Lebenskraft. Üppiger Haarwuchs wurde z. B. bei den alten Griechen als Zeichen von besonderer Potenz gesehen, während kurz geschnittene Haare meist auf Verweigerung der weltlichen Gelüste und als Zeichen der Zurückgezogenheit von der Welt sowie der Unterwerfung hindeuteten.

Auch bei den Afrikanern haben die Haare oft einen besonderen Bezug zur Sexualität; unbedecktes Kopfhaar gilt auch heute noch häufig als schamlos. Strenggläubige Moslems tragen daher z. B. immer Kappe, Turban, Fez o. ä.

Die meist mit bestimmten sexuellen Symbolen versehenen Frisuren dürfen daher nicht in der Öffentlichkeit gezeigt werden. Eine anständige, geachtete Frau versteckt sie unter einem Tuch. Dieser Brauch ist auch heute noch (vor allem im islamischen Kulturkreis) weit verbreitet. Bei den *Kurumba* oder *Mossi*, die im Norden von Burkina Faso leben, hat jede Altersklasse der Frauen eine spezielle Haartracht.

Bei den modernen Frisuren (meist in Anlehnung an die traditionellen Frisurenstile entwickelt) ist eine deutliche Vermischung der Stile zu beobachten, ein Zeichen für das zunehmende Nationalbewußtsein der Afrikaner (?). Neben den verschiedenen kunstvollen Zöpfchen- und „Antennen"-Frisuren ist der „Rasta-Look" zur Zeit groß in Mode.

Bei der **Kleidung** sind in Westafrika je nach geographischer Lage und klimatischen Verhältnissen sowie kulturellem Erbe sehr unterschiedliche Stile anzutreffen, vom früher üblichen „Nacktgehen" über das Tragen eines Hüfttuches bis zur totalen Vermummung. Während in der Wüste und in den angrenzenden Savannengebieten des Sahel-Sudan lange Gewänder *(Boubou* im frankophonen Westafrika, im anglophonen *Dappay* genannt) und Turbane als Schutz gegen die extremen Temperaturen, die austrocknenden Winde und Sandstürme getragen werden, reicht in den südlicheren Feuchtsavannen und Küstengegenden eine minimale Bekleidung. Vor allem früher beschränkte sich die Kleidung wirklich nur auf das Notwendigste und entsprach häufig nicht europäischen moralischen Vorstellungen, wie den Berichten von Missionaren und Reisenden aus damaligen Zeiten zu entnehmen ist. Bei den *Somba* (Nord-Benin) war zum Beispiel der Mann mit einer aus einem Kalebassenhals hergestellten Penishülle „bekleidet", welche die Geschlechtsteile eher betonte als verdeckte, während die Frau einen (an einer Hüftschnur befestigten) Blätterbüschel trug.

Wenn die Frauen auf dem Land zum Wasserholen, aufs Feld oder an den Fluß zum Wäschewaschen gingen, waren sie oft nur mit einem **Hüfttuch** bekleidet; manchmal hatten sie auch noch ein Tuch über der Brust zusam-

138 Land und Leute

Mann im „Boubou", der typischen westafrikanischen Kleidung

mengeknotet. Bei den Altnigritern ist dies auch heute noch die vielfach übliche Bekleidung, während man sich in der islamisierten bzw. christianisierten Bevölkerung in der Öffentlichkeit nur vollbekleidet zeigen darf. Dazu gehören neben den langen, wallenden Gewändern *(Bou-Bou)* vor allem für die verheirateten Frauen ein Kopftuch sowie reichhaltiger Schmuck, der soziale Stellung und Wohlstand symbolisiert. Ein deutlicher Unterschied in der Kleidung ist ebenso zwischen Seßhaften und nicht Seßhaften festzustellen: Während Hirten oft nur sehr bescheidenen Schmuck und grobgewebte Baumwollstoffe tragen, bekleiden sich wohlhabende Bauern oder Händler(innen) mit teuren (meist in England, Holland, Senegal oder Elfenbeinküste hergestellten), farbenprächtigen Batikstoffen. Die Frauen in den Städten hüllen sich meist in drei etwa 2–3 m lange und 1,5 m breite Tücher *(pagnes* genannt); eins wird als Rock um die Hüfte geschlungen, ein zweites als Bluse über der Brust zusammengebunden (manchmal ist es auch ein fertig genähtes Oberteil), und ein drittes verstehen sie sehr kunstvoll um den Kopf zu wickeln. Meist geht man barfuß (vor allem auf dem Land) oder trägt Sandalen aus Plastik (Made in China), aus alten Autoreifen oder seltener auch aus Leder. Die groben, meist erdfarbenen Baumwollstoffe der Senufo und Baule sind auch heute noch zum Teil mit zahlreichen überlieferten Mustern und Motiven verziert; bei den Dogon sind indigofarbene Tücher die übliche Bekleidung. Der traditionelle „Faserrock" wird bei den Bambara und Dogon heute von den Maskentänzern nur noch zu zeremoniellen Anlässen getragen. In der Küstenregion waren vor dem Eindringen der Baumwolle Kleidungsstücke aus Palmfasergewebe und Rindenstoffe üblich.

An der Kleidung lassen sich die **verschiedenen Kultureinflüsse** oft deutlich erkennen. Während sich im Sudan überwiegend die islamische Vollkleidung durchsetzte, gelang es (als koloniales Erbe) der westlichen Kleidung, in den Regenwaldgebieten Fuß zu fassen. Im feuchtwarmen Klima laufen die Kinder meist nackt herum. Später tragen sie Hüfttücher oder kurze Hosen und Kleider. Zu besonderen Gelegenheiten tragen die Männer über der linken Schulter geknotete oder einfach übergeworfene Stoffe (besonders bei *Anyi-Akan* und *Ewe* anzutreffen).

Heute sind leider fast überall auf den Märkten riesige Berge von **Altkleidersammlungen** zu finden, welche mehr und mehr die traditionellen Gewänder verdrängen. Kleidung ist Statussymbol, und wer möchte nicht eine Jeans aus dem „fortschrittlichen" Europa oder Amerika tragen? Die (wirtschaftlichen) Auswirkungen dieser „Rot-Kreuz-Kleidung" sind noch nicht abzusehen; fast überall erzeugen sie jedoch ein jämmerliches Bild.

Siedlungsformen und Haustypen
Traditionelle „Architektur"

Da die Afrikaner in der Regel mehr im Freien leben, betrachten sie ihr Haus, ihre Hütte oder ihr Zelt sowie ihr Eigentum lediglich als Schutz gegen Sonne, Regen und Sandstürme, Tiere und Feinde. Neben geflochtenen Matten und Tierhäuten spielt Lehm als Baustoff v.a. im Sahel-Sudan eine große Rolle.

Die Vielzahl der in Westafrika anzutreffenden unterschiedlichen Formen der Behausungen läßt sich in die folgenden **sechs Grundtypen** zusammenfassen:

- **Zelte**
- **Bienenkorbhütten** mit Wänden aus Strohgeflecht (dem unsteten Leben der Hirtenvölker angemessen)
- **Kegeldachhütte**, meist zylindrische Hütten mit Lehmmauer und kegelförmigem Strohdach (Ackerbauern der Savanne)
- **Lehmkastenhaus** mit flachem Terrassendach (Sudan)
- **Rechteckhäuser**, meist ohne Fenster, mit Wänden aus Blättern oder Rinden und Satteldach (Regenwald).
- **Pfahlbauten** (an Küsten, Seen und Flußläufen), auf einer durch Stützpfähle gehobenen Plattform errichtet.

Als **früheste Formen der Behausung** können die Unterschlupfe unter vorspringenden Felsen sowie **Höhlenwohnungen** angesehen werden. Aus den Windschirmen entwickelten sich die weit verbreiteten **Kuppel- oder Bienenkorbhütten**. Diese Behausungen sind besonders bei Gruppen mit großer Mobilität anzutreffen, bei den Hirten also. Die nomadischen *Fulbe-Bororo* leben in der Regel in temporären, von einem Dornengestrüpp umgebenen Lagern. Das transportable, kuppelförmige Stangengerüst bedecken sie mit Matten, Blättern oder Gras. Die *seßhaften Fulbe* dagegen bevorzugen in der Regel runde oder rechteckige Lehmbauten mit flachen Terrassendächern und Innenhof. Die *Songhay* leben ebenfalls in Strohmattenzelten; ein Holzgerippe bildet das Tonnengewölbe, das mit Matten bedeckt wird. Die *Tuareg* dagegen leben in Zelten aus gefärbten Schaf- oder Ziegenhäuten.

In ganz Westafrika haben die Angehörigen der oberen Schichten bereits seit dem Mittelalter Wert auf Wohnkomfort

Haussa-Gehöft

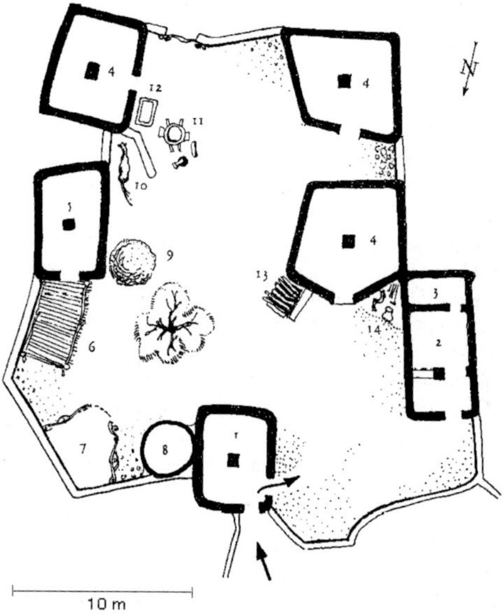

Aufteilung eines Haussa-Gehöftes:

1 = Werkstatt
2 = Wohnraum
3 = Materiallager
4 = Frauenhaus
5 = Hausherr
6 = Palaver
7 = Ziegen
8 = Mehlsilo
9 = Wertgegenstände
10 = Pferd
11 = Küche
12 = Wasserreservoir
13 = Holzvorrat
14 = Haus- und Küchengerät, Werkzeug

10 m

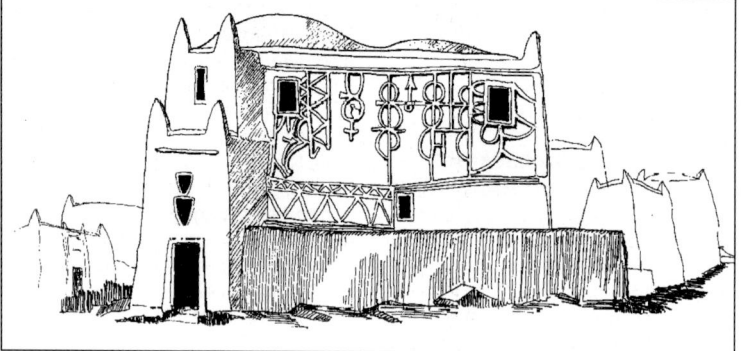

gelegt, wie das die **sudanesischen Lehmbauten** bezeugen, die man am oberen Niger zwischen San und Timbouktou antrifft.

Gestampfte Erde und luftgetrockneter Lehm sind das meistverwendete Bau- und Abdichtungsmaterial in Westafrika. Mit oder ohne Beimischung von pflanzlichen Fasern (wie z. B. Strohhalme) wird der Lehm meist in Form von Lehmziegeln verarbeitet. (Man nimmt an, daß die im Sudan weit verbreiteten Lehmbauten mit Flachdach auf Einflüsse aus dem Orient und Nordafrika zurückzuführen sind.) Daneben wird der „Banco" aber auch zu Wülsten verarbeitet und aufeinandergestapelt, wie man bei den Lehmburgen der *Lobi* (Burkina Faso und Nord-Ghana) gut erkennen kann.

Die *Somba* (Nord-Benin) dagegen verputzen ihre Gehöfte, so daß die einzelnen Schichtformen anschließend nicht mehr sichtbar sind. Je nach Region werden Holz, Palmblätter, Stroh, Rinden und auch Lianen für die Dächer verwendet.

Jedoch sind in den traditionell erbauten Gehöften immer öfter Häuser mit Wellblechdach anzutreffen, haben inzwischen die „fortschrittlichen" und „unverwüstlichen" Dächer (aus Wellblech, Asbest, Aluminium, Dachpappe o. ä.) die traditionellen Materialien weitgehend verdrängt. Da sich die Hitze unter einem Wellblechdach jedoch zu sehr staut und im Sahel die Häuser in den Wintermonaten nachts zu sehr auskühlen, haben diese Häuser längst nicht mehr die angenehmen klimatischen Verhältnisse der traditionellen Bauten. Um ein solches **Lehmkastenhaus** mit Flachdach zu errichten, setzt man zunächst Gabelpfosten als Eckpfeiler, die man durch Querlatten verbindet. Auf dieses Gerüst legt man dann oben eine Lage Knüppelholz, die mit Lehm verschmiert wird. Die Wände zieht man aus luftgetrockneten Lehmziegeln hoch und verschmiert sie meist mit einem Lehm-Ton-Gemisch (oft dient auch Termitenerde als Bindemittel). Nach jeder Regenzeit müssen umfangreiche Ausbesserungsarbeiten vorgenommen werden.

Bei größeren Bauten wie z. B. Moscheen werden zur Stützung nach außen durchragende Knüppelgerüste eingefügt; diese dienen bei Ausbesserungsarbeiten als Klettergerüst.

In den Städten des westlichen Sudan hat sich ein mehrstöckiger Lehmkastenbau mit Dachterrasse durchgesetzt, mit Spitzbogen und Zinnendächern (wie z. B. in Djenné, Mali). Früher hatten die Häuser in der Regel keine Fenster; die Tür diente als Rauchabzug. Auch heute gibt es im Lehmhaus meist nur winzige Fenster, die kaum Licht hineinlassen und oft mit einem Stück Stoff verhängt sind oder mit einem kleinen Fensterladen verschlossen werden.

Zum Teil haben die Häuser auch sehr kunstvolle Formen angenommen, wie z. B. bei den traditionellen Wohnhäusern der *Dogon*. Auf kleinstem Raum haben die Dogon früher ihre Dörfer „in" die Felswand (Falaise von Bandiagara) gebaut. Heute legen sie ihre Dörfer in der Gondo-Ebene wesentlich großzügiger an, da die Schutzlage gegen Feinde nicht mehr erforderlich ist.

Die *Diola* der Basse Casamance (Senegal) haben ebenfalls einen ganz besonderen Baustil. Eine dieser Bauformen ist das **Impluvium-Haus**. Es ist meist rund gebaut und umschließt einen Innenhof, mit einem nach innen geneigten, langen Dach, auf dem das Regenwasser in das zentrale Auffangbecken fließt.

Die meiste Aufmerksamkeit erregen jedoch immer wieder die im **sudanesischen Baustil** errichteten **Moscheen**; die bekanntesten sind die von *Djenné* und *Mopti*. Die alte Moschee von *Bobo-Dioulasso* (Burkina Faso) oder von *Ka-*

Speicher zwischen Gao und Niamey (Mali) *phot.R.G.*

wara (Elfenbeinküste) erinnern in ihrem Baustil sehr stark an Termitenhügel.
Bei manchen Völkern werden die Häuser noch künstlerisch gestaltet. Einige bemalen sie mit geometrischen Mustern und Ornamenten, andere versehen sie mit geschnitzten Türen, Balken oder Gabelpfosten. Die *Dogon* haben früher die Holztüren der Getreidespeicher mit mehreren Ahnenreihen geschmückt; ebenso sind bei den *Senufo* die Türen mit Masken, Menschen oder Tieren versehen. Die *Baule* (Elfenbeinküste) schmücken ihre Türen meist nur mit der Darstellung eines einzigen Tieres (Fisch, Krokodil etc.), bei den *Ashanti* und *Fon* sind buntbemalte Schnitzereien an den Türen üblich. Türen und Schlösser gehören vor allem deshalb zu den am häufigsten verzierten Gebrauchsgegenständen, da sie den wichtigsten Punkt des Hauses, den Eingang, schützen, wo der Austausch zwi-

schen Drinnen und Draußen stattfindet.
Die Türschlösser verzierten die *Dogon* mit einem Ahnenpaar. Auch die Versammlungshäuser der alten Männer (z. B. bei den Dogon) hatten früher kunstvoll geschnitzte Gabelpfosten.
Im Süden Burkina Fasos sowie in den nördlichen Gebieten der Elfenbeinküste, Ghanas, Togos und Benins sind ganz besondere Gehöftformen üblich. Zu den bekanntesten zählen die **Lehmburgen** der *Somba* (Benin) und der *Lobi* (Burkina Faso). Bei diesen Ethnien, die sich zu Zeiten größerer Auseinandersetzungen in abgelegene Gebiete zurückgezogen haben, hat der Verteidigungsaspekt bei der Konstruktion dieser Lehmburgen eine wichtige Rolle gespielt.
An den Lagunen Benins (z. B. in Ganvié) sind **Pfahlbauten** anzutreffen; eine Bauweise, welche die Bewohner vor Wasser und durch den ständigen Luftzug auch vor Ungeziefer (vor allem den Insekten) schützt. Auf einer von vier (oder mehr) Stützpfeilern getragenen Plattform wird die je nach Region übliche Rund- oder Viereckhütte mit Kegel- oder Satteldach errichtet. Solche Pfahlbauten dienen jedoch nicht nur als ständige Behausung oder temporärer Unterschlupf, sondern auch als Speicher oder Wachhäuschen in den Feldern.
Die Bevölkerung der Regenwaldgebiete bevorzugt in der Regel das westafrikanische **Giebeldachhaus.** Als Baumaterial dienen meist die Rippen der Raphiapalme und Bananenblätter.
Das Gehöft einer traditonellen Großfamilie besteht aus mehreren Hütten und Getreidespeichern, die z. T. durch Mauern aus Lehm miteinander verbunden sind. Häufig (vor allem bei den Völkern des Voltagebietes) liegen die Gehöfte weit auseinander, wobei jedes Gehöft von Feldern umgeben ist.
Während für die **Völker des Regenwaldes** das **Rechteckhaus** und **Straßendorfsiedlungen** charakteristisch sind, bevorzugen die **Völker der Savanne** normalerweise das **Kegeldachhaus** im **Rundling** oder **Haufendorf.** Natürlich kommen auch vor allem im Kontaktbereich zweier Kulturen zahlreiche Mischformen vor.
In engen Tälern und auf schmalen Uferstreifen rücken die Häuser eines Dorfes enger zusammen, da der Platz begrenzt ist. Im offenen Gelände dagegen lockern sich die Straßendörfer auf.
Bei den **Städten** lassen sich verschiedene Typen unterscheiden:

♦ Die **jungen Kolonialstädte**, meist im 19. Jh. gegründete „Villes Blanches", die ihre Entstehung und Entwicklung fast ausschließlich der jeweiligen europäischen Kolonialmacht verdanken und in ihrer Struktur vor allem von ihrer Verwaltungsfunktion geprägt wurden, z. B. *Bamako (Mali), Niamey (Niger), Tamale (Ghana)* und viele kleinere Regionalzentren. Früher lebten afrikanische und weiße Bevölkerung dort in getrennten Wohnvierteln.

♦ Die alten **afrikanischen Städte**, die meist schon in vorkolonialer Zeit bestanden und z. B. als Marktort oder Häuptlingssitz eine Funktion hatten, dagegen für die europäische Kolonisation nur von geringer Bedeutung waren.

♦ Die **Hafenstädte** (Küsten-, Lagunen- und Flußhäfen), Verkehrsknotenpunkte, wo die Produkte für den Weltmarkt verschifft wurden, wo also Kolonialwirtschaft im Vordergrund stand.

Kunsthandwerk

Kunst, Handwerk und Religion waren bei den Afrikanern lange Zeit eng miteinander verbunden. Ein „l'art pour l'art" kannten sie früher nicht. (In den meisten afrikanischen Sprachen existiert auch kein Wort für unseren heutigen Begriff von Kunst, im Sinne von „reiner Kunst".) „Kunst" war in Afrika immer im gewissen Sinne zweckbestimmt, hatte **religiöse Funktionen**, diente dem **Ahnenkult** oder einfach als **Schmuck**. Dies verleitete viele Europäer zu der Behauptung, die Afrikaner hätten keine Kunst, lediglich Kunsthandwerk. Sie übersahen dabei, daß die afrikanische Ästhetik auf „der Harmonie von Bedeutung und Rhythmus, von Sinn und Form" beruht. „Schönheit wird mit der Qualität, vor allem mit der Wirkungskraft gleichgesetzt."

Erst in der Aktion kommt die Wirk-Kraft des „Kunstwerks" zum Ausdruck, ist das Kunstwerk „Kunst" im Sinne afrikanischer Ästhetik. „Kunst ist in Afrika nie ein Objekt, sondern stets ein Verhalten" (J. Jahn, Muntu, S. 178/179). Die Wirk-Kraft der Maske und ihre Schönheit kommt erst in der Bewegung des Tanzes, das Gedicht erst bei der Rezitation und die Holzstatue erst in ihrer Funktion als Stimulans bei der Anbetung eines göttlichen Ahnen voll zum Tragen.

Und die (lediglich) als Schmuck hergestellte „Kunst" hat die Funktion, Kraft ihrer Schönheit bei den Menschen Zufriedenheit zu bewirken. Und damit haben auch diese Werke eine sinnvolle Funktion. Wenn ich oben von „Zweckbestimmtheit" der afrikanischen Kunst gesprochen habe, so ist in diesem Zusammenhang darauf hinzuweisen, daß die Funktion eines Gegenstandes oder Sachverhaltes in der afrikanischen Kultur nicht auf den Zweck, sondern vielmehr auf den Sinn zielt.

Und erst durch das Wort (*Nommo*), durch die „Ernennung", erhält das Werk seinen Symbolgehalt, wird die geschnitzte Figur zu dem bestimmt, was sie ausdrückt. Eine beliebige Figur kann „Kraft der Ernennung des Bildes" einmal den Orischa X. und ein anderes Mal den Ahnen Y. oder den König Z. bedeuten.

Der Künstler oder Handwerker war jedoch nicht frei, die Dinge nach seiner individuellen Vorstellung und als Ausdruck seiner Persönlichkeit zu gestalten, sondern versuchte, sich selbst als Werkzeug der Geister sehend, in seinen Werken die Kräfte der Natur zu binden und somit „greifbar" zu machen. Der afrikanische Künstler war mehr Handwerker als Künstler und schnitzte, fest eingebunden in die Gemeinschaft seines Clans bzw. Volkes, im Geiste seiner Vorfahren nach traditionellen Vorbildern, die ihn jedoch nicht daran hinderten, „Neues" entstehen zu lassen. Die individuelle Geschicklichkeit wurde zwar anerkannt und geschätzt, jedoch war sein besonderes Verhältnis zur „Welt der Geister" für seine Arbeit viel wichtiger.

Die verschiedenen Kunstwerke zeugen von der besonderen **Spiritualität der Afrikaner**.

Betrachtet man das künstlerische Schaffen der Afrikaner, so fällt auf, daß, abgesehen von der jahrtausendealten **Felsbildkunst** in der Sahara, in Ost- und Südafrika, die **Malerei** in Westafrika früher nur eine **untergeordnete Rolle** spielte. Man zeichnete in den Sand, auf dem menschlichen Körper, auf Rindenstücken und bemalte die Hauswände mit Naturfarben, die schnell wieder verblaßten. Heute haben einige

junge Künstler sich Anregungen aus Europa und Amerika geholt und sind dabei, die traditionellen („Kunst"-)Formen zu verdrängen.
Plastische Gebilde aus Holz, Ton, Metall, Knochen usw. waren dagegen fast überall anzutreffen. Und fast alle Gebrauchsgegenstände (Kalebassen, Holzschemel, Trommeln, Waffen, Holztüren, Messer- und Türgriffe, Krüge etc.) waren kunstvoll verziert (s. u.).
Die **afrikanischen Holzplastiken** haben auch als erstes die Aufmerksamkeit der Europäer auf sich gezogen, und das Kunstschaffen von berühmten Künstlern wie *Picasso* zu Beginn des 20. Jahrhunderts entscheidend beeinflußt. *Leo Frobenius* hatte gegen Ende des letzten Jahrhunderts bereits ausdrücklich auf die künstlerische Tätigkeit der Schwarzen hingewiesen, nachdem man lange Zeit den Afrikanern jedes Kunstverständnis abgesprochen hatte.
Heute füllen vor allem ihre plastischen Kunstwerke (Statuetten, Masken etc.) auf der ganzen Welt die Vitrinen der Museen; die meisten (der besten) Stücke sind heute nicht in Afrika zu sehen, sondern in den Museen der einstigen Kolonialmächte.
Da die Masken eingehender im darauffolgenden Kapitel in Zusammenhang mit rituellen Tänzen behandelt werden, möchte ich hier nur ein paar Beispiele von plastischen Gebilden (Holzskulpturen, Statuetten etc.) geben.
Am **bekanntesten** sind die **Holzfiguren** der **Dogon**, deren Mythen und Riten von *Marcel Griaule, Germaine Dieterlen, Solange de Ganay* u. a. eingehend erforscht wurden.
Während die Masken der Dogon meist von den frisch Initiierten unter Leitung des ältesten Stammesmitgliedes geschnitzt werden, ist die Herstellung von hölzernen Statuen („Fetischfiguren") bei den Dogon Aufgabe des Schmiedes; diese werden im Gegensatz zu den Masken auch niemals öffentlich gezeigt.
Einige der in der *Falaise von Bandiagara* gefundenen Figuren werden heute von den Dogon selbst den *Tellem* zugeschrieben, die vor ihnen (im 13. bis 15. Jh.) in den Felsenklippen gewohnt haben sollen, und diese Kultfiguren angeblich zurückgelassen haben. (Ob es die Tellem jemals gab, wer sie waren, ist unklar.)
Auffallend ist die Bisexualität vieler Dogon-Figuren, was sich aus dem Schöpfungsmythos erklären läßt. Denn als *Amma,* der Schöpfungsgott, das göttliche Zwillingspaar *Nommo* aus Lehm geschaffen hatte, bekamen sie jeder zwei Seelen, eine männliche und eine weibliche. Während der Mann die weibliche in seiner Vorhaut trägt, sitzt die männliche bei der Frau in ihrer Klitoris. Erst durch die Beschneidung erfolgt die endgültige Geschlechtsbestimmung, werden Mann und Frau geschaffen.
Auch bei den **Senufo** (Elfenbeinküste, Mali, Burkina Faso) stellen die Kunstschöpfungen mehr oder weniger die „materielle" Grundlage ihrer geistigen und gesellschaftlichen Vorstellungswelt dar. Immer wiederkehrende Themen sind bei den Holzplastiken der Senufo: Frau mit Korb auf dem Kopf, die mit dem *Sadogo-Frauenbund* in Zusammenhang stehen soll; auf einem Stuhl sitzende Frau und der Reiter mit und ohne Lanze. Häufig sind die Figuren um den Bauchnabel mit Narbenmustern verziert, Symbole der Fruchtbarkeit.
Die Darstellungen des **Nashornvogels** mit ausgebreiteten Schwingen gehö-

146 Land und Leute

Mutter- und Kind-Figur (Ashanti)

Schalenträgerin (Dogon)

„Mpo-Reiter" (Dogon), Gelbguß

Senufo-Elfenbeinfigur

ren jedoch zu den schönsten Werken der Senufo (s. Abb.).

Masken spielen in Zusammenhang mit den Geheimbünden auch bei den Senufo eine wichtige Rolle und haben fast immer einen Bezug zum Tod bzw. zu den Ahnen (s. u.).

Bei den **Ashanti** sind, neben dem **goldenen Stuhl** und der **goldenen Maske**, wohl die **Fruchtbarkeitspuppen** *(akua-ba)* die bekanntesten Skulpturen; sie werden von schwangeren Frauen getragen, um ein schönes Kind zu bekommen.

Im ehemaligen *Dahomey* (heutiges Benin) waren **Holzstatuen** ebenfalls eng mit kultischen Bräuchen und traditionellen Zauberpraktiken verbunden. Die Hüter des Hauses („bochio") waren kleine Holzfiguren, die auf dem Gehöftplatz Wache hielten. Die **Zwillingsstatuen** sind auch heute noch bei den **Ewe** (Togo, Benin) häufig für einen verstorbenen Zwilling in Gebrauch. Diese Zwillingsfigur kann dann anstelle des Verstorbenen in die betreffende Familie aufgenommen werden, wobei sie wie die lebenden Mitglieder gefüttert, bekleidet und gebadet wird. Mit diesem Kult (durch die gute Behandlung des Stellvertreters) versucht man, die von der Seele des verstorbenen Zwillings drohende Gefahr abzuwenden.

Die **Holzplastiken** der **Yoruba** sind von den Kulten der einzelnen Gottheiten (*Xango, Ogun, Eschu, Olokun* u. a.) inspiriert; auch sie kennen neben Heroen- und Familienkulten einen besonderen Zwillingskult.

Die **Anyi** der **Elfenbeinküste** haben sehr **ausdrucksvolle Tonplastiken** geschaffen. Beim Begräbnis eines Königs mußte zum Beispiel die Statue (Nachbildung) des Verstorbenen seinen Platz einnehmen.

Da in der religiösen Weltsicht der Afrikaner **Fruchtbarkeit** eine besondere Stellung einnimmt, ist es nicht verwunderlich, daß bei der Darstellung des menschlichen Körpers besonderer Wert auf die Darstellung der Genitalien gelegt wurde. Auch bei den Bambara und Senufo sind (ähnlich wie bei den Dogon) häufig bisexuelle Figuren anzutrefffen, was wiederum aus ihrem mythologischen Hintergrund zu erklären ist, wonach alle Menschen zunächst zweigeschlechtlich zur Welt kommen und erst durch die Beschneidung ihr eigentliches Geschlecht erhalten. Die besondere Bedeutung der Sexualität und des Zeugungsaktes wird jedoch am besten im Tanz ausgedrückt, was im nächsten Kapitel eingehender beleuchtet werden soll.

Früher spielte die **Handwerkskunst** eine besonders wichtige Rolle im kulturellen und wirtschaftlichen Leben der Afrikaner; sie wird heute jedoch zunehmend durch das Fortschreiten des „bilderfeindlichen" Islam und der billigen industriellen Massenproduktion und importierten Plastikware und anderem „Ramsch" verdrängt. Die Handwerker waren in den verschiedenen afrikanischen Gesellschaften fast immer in Zünften oder (meist endogamen) Kasten organisiert. Oft befand sich (und befindet sich in ländlichen Gebieten auch heute noch) der Arbeitsplatz unter einem schattenspendenden Baum oder in der Eingangshalle des Wohnhauses. Meist sind es sogenannte „Familienbetriebe", wo ein Vater mit seinen Söhnen arbeitet (denn häufig wird das Handwerk vererbt) und wo Kinder häufig als Hilfskräfte eingesetzt werden (beim Schmied z. B. bedienen meist Kinder den Blasebalg). Die meisten Handwerker produzieren nur auf Bestellung, wobei das Arbeitsmaterial häufig auch vom Auftraggeber besorgt werden muß. Einige haben sich jedoch auch auf die **Produktion für den Markt** spezialisiert oder auch für die weniger anspruchsvolle **Touristenproduktion**. (Letzteres fördert in besonderem Maße die Degeneration des afrikanischen Kunsthandwerks, denn Touristen zeichnen sich selten durch ein besonderes Kunstverständnis oder besonders guten Geschmack aus. Vielfach wird lediglich schnell ein „Mitbringsel" oder „Souvenir" erstanden.)

Manche **Handwerke** werden **nur von Männern** (Weben, Metallverarbeitung) ausgeübt, **andere** (wie z. B. das Töpfern) **nur von Frauen**.

Früher arbeiteten die Handwerker zum Teil im Auftrag eines Königs und wurden von dem jeweiligen Herrscher gefördert, denn sie waren diejenigen, welche die Taten der Könige darstellten und somit zur Vermehrung ihres Ruhmes beitragen konnten. Im alten Reich Dahomey waren z. B. die **Schneider** und **Sticker** zu offiziellen „Geschichtsschreibern" des Königshauses ernannt worden. Sie stellten u. a. **Wandbehänge** her, auf denen mit Hilfe von Symbolen (je nach Taten und Fähigkeiten der einzelnen Herrscher) die Geschichte des Reiches bzw. die Heldentaten der jeweiligen Könige erzählt wurden. König *Gezo*, ein brillianter Feldherr und Politiker, wurde z. B. durch einen Büffel, König *Gelele*, ein gefürchteter Krieger, durch einen Löwen symbolisch dargestellt. Die Handwerker stellten natürlich, wenn sie im Dienste der Könige standen, lediglich solche Dinge her, die den jeweiligen Herrscher rühmten. Im Gegensatz zu den normalen Handwerkern, die häufig in Holz schnitzten, verarbeiteten die **königlichen Meister-**

Handwerker häufig edle Materialien wie **Gold, Bronze, Kupfer** und **Elfenbein** und arbeiteten ausschließlich für den König. Sie verewigten nicht nur die Geschichte des jeweiligen Königshauses, sondern stellten auch die wichtigsten Symbole der Macht wie Zepter, Thron und Gewänder her. Ebenso fertigten sie die königlichen Geschenke an, mit denen z. B. die Könige von abhängigen Staaten bei guter Laune gehalten wurden. Der „goldene Stuhl" war zum Beispiel das wichtigste Symbol, das die Ashantihene verschenkten, denn fast jeder Häuptling wollte seinen eigenen Sessel haben, der im Glauben der Ashanti die Seele der ganzen Nation verkörperte. Für die Herstellung dieses heiligen Stuhles kamen nur drei verschiedene Holzarten in Frage, und das Fällen dieser Bäume war mit einem ganz bestimmten Ritual verbunden, das den Geist des jeweiligen Baumes besänftigen sollte. Religion, Kunst und Handwerk waren somit früher nicht voneinander zu trennen, weder für die Könige noch für das Volk noch für die Handwerker selbst.

Holzschnitzkunst

Aus Holz werden nicht nur Masken und Fetischfiguren geschnitzt, die im Ahnen- und Fruchtbarkeitskult verwendet werden, sondern auch Trommeln, Sitzschemel, Mörser und Stößel. Berühmt für ihre plastischen Holzfiguren und ihre Maskenschnitzkunst sind vor allem die Bambara, Dogon und Senufo. Die Holzschnitzer der Dogon (meist waren es Schmiede) fertigten früher neben den hölzernen Fetischfiguren und Masken auch Speichertüren und Türschlösser mit dem mythischen Ahnenpaar sowie anderen **Symbolen** der **Dogon-Mythologie** (Krokodil, Schlange usw.) an. Ihr Maskenwesen wurde in den dreißiger Jahren eingehend von dem französischen Ethnologen *Marcel Griaule* erforscht, der eine große Anzahl verschiedener Maskentypen feststellte *(s. a. Kapitel: Musik, Tänze, Masken)*. Heute werden diese Masken und Holzfiguren vor allem für Touristen hergestellt und nicht selten dafür auf „alt" gemacht, indem man sie mit Tierblut übergießt und anschließend für einige Zeit in der Erde vergräbt. Berühmt sind auch die **Holzschnitzarbeiten der Senufo.** Zu den wichtigsten Arbeiten zählen die verschiedenen im Poro-Bund verwendeten Masken sowie der bekannte Nashornvogel, Symbol der Fruchtbarkeit. Die Masken, die häufig Tiere (Vogel, Schlange, Hyäne, Antilope, Büffel, Affe etc.), aber auch Menschen darstellen sowie andere Kultgegenstände werden normalerweise in den heiligen Hainen versteckt und nur zu bestimmten rituellen Anlässen hervorgeholt. Ebenso wie die Dogon verzieren auch die Senufo ihre Türen an Hirsespeicher und Wohnhaus sowie Holzlöffel, Holzschalen, Schemel und Trommeln mit zahlreichen figürlichen Motiven und Mustern.

Die verschiedenen **Antilopen-Maskenaufsätze** der **Bambara** (*Tjiwara* etc.) werden besonders von Kunstsammlern sehr geschätzt *(s. a. Kapitel: Musik, Tänze, Masken)*.

Korb- und Mattenflechterei

Körbe und Matten gehören zu den wichtigsten Gegenständen in einem afrikanischen Haushalt. Meist werden sie sowohl von Männern als auch von Frauen aus wildwachsenden Gräsern oder Palmblättern hergestellt. Die afrikanischen Körbe werden nicht nur zum Einkaufen auf dem Markt, sondern auch

zum Aufbewahren von Vorräten benützt. Sie haben meist einen eckigen Boden und schließen oben mit einem runden Rand ab. Zu den bekanntesten Korbherstellern zählen die *Diola* (Senegal) und die *Dogon* (Mali).

Geflochtene Matten dienen nicht nur als Sitzmatten und **Schlafplatz**, sondern, besonders bei den nomadisch lebenden Hirtenvölkern, auch zum **Zelt- und Hüttenbau.** Sowohl bei den *Fulbe* als auch bei den *Tuareg* ist das Flechten von Matten Frauensache. Besonders auffallend sind die von den *Tuareg* und *Songhay* für die kuppelartigen Hütten verwendeten schwarzgemusterten Matten. Meist werden in der Savanne aus Palmblättern und Wildgräsern auch andere nützliche Gegenstände wie Säcke u. ä. hergestellt. In der Regenwaldzone verwendet man bevorzugt Lianen.

Weben und Spinnen

Das am häufigsten verwendete Material ist **Baumwolle**, die schon seit dem Mittelalter im Sudan kultiviert wurde; während der französischen Kolonialzeit wurde ihr Anbau noch erheblich gefördert (Monokulturen!).

Bei der Herstellung von Textilien ist eine strikte **Arbeitsteilung zwischen Mann und Frau** üblich; während die Frauen für das Spinnen der rohen Baumwolle zuständig sind, ist das Weben (ebenso wie Stickerei und Schneiderei) ausschließlich Männersache. In Westafrika wird man fast überall an den Straßen Männer sehen, die auf ihren altertümlichen Trittwebstühlen meterlange, etwa **handbreite Baumwollbänder** weben. Diese fallen jedem durch ihre besonders langen und bunten Kettfäden auf; nicht selten werden die Fäden um einen ganzen Häuserblock gespannt, bevor sie auf die Spule gewickelt werden. Auf den Märkten kann man nicht nur die wagenradgroßen Spulen handgewebter Baumwollstreifen sehen, hier werden auch die aus mehreren Baumwollstreifen zusammengenähten Tücher und Decken zum Kauf angeboten. Teilweise werden die Baumwollbänder gleich mehrfarbig, zum Teil mit bestimmten Mustern, gewebt, zum Teil auch erst anschließend gefärbt (s. u.) oder mit Batikmustern versehen. Im Binnendelta des Niger, wo von den Fulbe seit langem die Zucht von Wollschafen betrieben wird, verarbeitet man auch **Wolle**. Berühmt sind die *Kassa-Decken* mit ihren schwarzweißen, geometrischen Mustern, die überwiegend in der Gegend von Mopti hergestellt werden. Und der ponchoartige Wollumhang stellt bei den Fulbe-Hirten ein traditionelles Kleidungsstück dar, meist schwarz oder weiß mit zahlreichen eingestickten Mustern.

Färben

Beim **Färben** verwenden die Afrikaner **sehr unterschiedliche Techniken**. Sie bemalen die zusammengenähten Baumwollstreifen bzw. Stoffe oder bedrucken sie mit Stempeln (*Ashanti*). Die *Bambara* haben vor allem früher häufig die Baumwollgewebe mit **gelbem Wurzelsaft** eingefärbt, anschließend mit Ornamenten und Mustern versehen und danach mit einer ätzenden Flüssigkeit bestrichen und mit einer Schlammschicht bedeckt, die nach dem Trocknen abgeklopft wurde. Eine andere sehr häufig verwendete Technik ist das Abbinden oder Knoten, wobei früher häufig kleine Steinchen oder Samenkörner eingenäht bzw. kleine Holzstückchen oder Schablonen auf den Stoff genäht wurden. Anschließend taucht man den Stoff in **Indigofarbe** und breitet ihn zum Trocknen auf dem Boden aus. Danach werden die Nähte wieder aufgetrennt, die Stoffknoten aufgelöst und die Steinchen etc. entfernt. Dann schlägt man sie mit breiten Holzlatten „trocken", wodurch die Stoffe ihren begehrten Glanz erhalten. Die indigogefärbten Stoffe färben meist sehr stark ab, was sie bei den Tuareg besonders beliebt macht.

Auch die traditionelle Tracht der Dogon-Frauen besteht aus indigogefärbten Wickelröcken mit kleinen **Batikmustern**. Die Männer trugen früher zu besonderen rituellen Anlässen Hosen und Hemden aus Baumwollstoffen, die mit **eisenhaltigem Schlamm** rostrot, senfgelb oder braun gefärbt waren.

Heute versucht man teilweise bei der maschinellen Herstellung von Stoffen, die typischen Kennzeichen wie starkes Abfärben, Glanz und Streifenmusterung, die durch das Zusammennähen der schmalen Baumwollstreifen entsteht, nachzuahmen, manchmal mit verblüffendem Erfolg.

In manchen Ländern gibt es inzwischen auch einheimische Textilfabriken, wie z. B. *SOFITEX* in Burkina Faso etc.

Batikstoffe werden zum Trocknen aufgehängt

Töpferei

Das Herstellen von Töpferwaren ist in ganz Westafrika fast immer **Sache der Frauen**; meist wird es von den Frauen der Schmiede betrieben. Die Tonwaren werden entweder aus Wülsten aufgebaut oder mit einem Holz oder Steinstößel getrieben, oft auch in einer Mischtechnik aus Wulsten und Treiben hergestellt, wobei die Töpferinnen überall **ohne Töpferscheibe** arbeiten. Die Ergebnisse sind meist verblüffend. Die Arbeiten werden in einer offenen Grube gebrannt und anschließend mit pflanzlichen oder mineralischen Farbstoffen eingerieben, die ihnen Glanz verleihen. Manche verzieren sie noch durch Aufsetzen plastischer Teile oder durch Einprägen und Einritzen von geometrischen Mustern und Ornamenten, wozu spitze Holzstücke oder abgegessene Maiskolben dienen können. Wasserkrüge, Kochtöpfe und Trinkschalen produzieren die Frauen vor allem für den Markt. Tonkrüge werden nicht nur zum Wasserholen vom Brunnen, zum Aufbewahren des Wassers in den Häusern (es bleibt darin angenehm kühl!), sondern auch zum Kochen und Bierbrauen verwendet.

Die *Lobi* (Burkina Faso) sind bekannt für ihre besonders großen Tonkrüge (*Kanari*).

Lederhandwerk

Ein anderes sehr beliebtes und häufig verwendetes Material ist das Leder. Die *Tuareg, Fulbe, Haussa* und die *Mandevölker* (z. B. *Malinke, Soninke, Bambara*) sind bekannt für ihre **kunstvolle, hochentwickelte Lederverarbeitung**. Früher wurden die Farben aus Eisenoxyd, Samen und Wurzeln gewonnen, während sich heute immer mehr Anilinfarben durchsetzen. Ledersäcke und Taschen, Kissen, Zaumzeug und Sattel, Hüte, Schuhe und Sandalen, Schwerter, Pulverhörner u. ä. werden auch heute noch mit den unterschiedlichsten Techniken (Bemalen, Ritzen, Flechten, Applizieren, Bestikken, Ritzen, Stanzen etc.) kunstvoll verziert. Im Sahel-Sudan relativ häufig anzutreffen sind die breitkrempigen, lederbesetzten Hüte der Fulbe-Hirten sowie die Kameltaschen und Kissen der Tuareg, die von den Frauen der Schmiede hergestellt werden.

Metallverarbeitung

Man nimmt an, daß die Kenntnis der Eisenbearbeitung bereits einige Jahrhunderte v. Chr. in den westlichen Sudan vordrang und dort die *Nok-Kultur* (Nigeria) ermöglichte. Die **Schmiede** haben in fast allen westafrikanischen Gesellschaften eine **eigentümlich ambivalente Stellung** inne. Sie werden geschätzt, da sie all die wichtigen Werkzeuge und Waffen herstellen, die für den Ackerbau und die Jagd notwendig sind; bei den Tuareg dagegen sind sie verachtet, gleichzeitig aber – aufgrund ihres Umgangs mit Feuer – gefürchtet, weshalb man ihnen auch magische Fähigkeiten und Zauberkräfte zuschreibt. In den meisten Gesellschaften leben sie sozial von den anderen abgesondert, meist am Rande des Dorfes als eigene Kaste mit strengen endogamen Heiratsvorschriften; ihre soziale Stellung ist jedoch bei den einzelnen Stämmen sehr unterschiedlich. Bei den Dogon sind die Schmiede nicht nur für die Verarbeitung von Metall zuständig, sondern stellen auch die zahlreichen **Masken** und **Kultfiguren** her. Früher (noch bis vor ein paar Jahren) wurde das Eisen in großen Hochöfen aus Lehm „gekocht", oder man verwendete aus Europa gelieferte Eisenblökke.

Heute benutzt man vor allem Alteisen. Während die Grobschmiede die Treibtechnik anwenden, wird von den Feinschmieden fast überall in Westafrika der **Gelbguß** (Legierung aus Kupfer und Zinn = Bronze bzw. Kupfer und Zink = Messing) oder **„Guß in verlorener Form"** mit dem Wachsausschmelzverfahren angewendet, der ihnen die Möglichkeit zu sehr feiner, filigraner und künstlerischer Arbeit gibt. Bei dieser Technik wird zuerst die zu gießende Form aus Bienenwachs geformt und dann mit feinem Lehm ummantelt (bei feinen Arbeiten wird der Lehm mit einem Pinsel aufgetragen). Die getrocknete Form wird dann erhitzt und das geschmolzene Wachs herausgegossen, während man unterdessen das Metall flüssig macht und anschließend in die Form gießt. Die erkaltete Form wird zerschlagen, das gegossene Stück herausgeholt (weshalb man diese Technik „Guß in verlorener Form" nennt). Anschließend legt man die Form in eine saure Lösung (aus Salz und Zitrone), um sie von den verbrannten Wachsresten zu reinigen und schmirgelt das Schmuckstück mit feinem Sand. Dann werden, vor allem beim Silberschmuck, noch die feinen Ziselierarbeiten ausgeführt.

Gold war früher, zur Zeit der mittelalterlichen Großreiche (Mali) beliebte **Handelsware** im Sudan; Goldgewichte spielten eine wichtige Rolle. Auch der König der *Ashanti* war über ganz Westafrika für seinen Gold-Reichtum bekannt. Von den Goldarbeiten der *Ashanti* ist die etwa 1,5 kg schwere, aus reinem Gold gegossene Maske wohl die berühmteste. Aber auch der üppige Schmuck der Ashanti-Könige, die vergoldeten Insignien (der goldene Stuhl), goldene Applikationen an der

Beninkrieger aus Gelbguß (Fon)

Kleidung etc. zeigen das handwerkliche Können der **Goldschmiede**, die damals eine eigene Zunft am Hofe des Königs bildeten. Daneben werden von den *Ashanti* und *Anyi* auch kleinere Goldfiguren gegossen. Bei den *Fulbe*

Gelbgußherstellung in der verlorenen Form

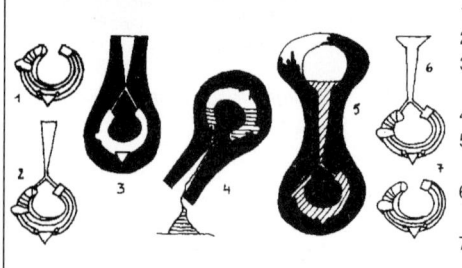

1. Wachsmodell des Armreifs
2. Wachsmodell mit Gußkanal
3. Wachsmodell mit Tonmaterial
4. Flüssiges Wachs
5. Form mit flüssigem Gußmetall gefüllt
6. Gießling nach Entfernen der Form
7. Vollendete Form nach Entfernen des Gußkanals

des *Massina* gehörten bis vor kurzem noch die riesigen goldenen Ohrgehänge zur traditionellen Tracht; sie wurden meist aus großen Goldbarren gehämmert und anschließend ziseliert.
Silber wird dagegen fast ausschließlich für **Schmuck** verwendet (besonders in den islamischen Einflußgebieten); österreichische Maria-Theresia-Taler liefern das Rohmaterial. Neben dem bekannten Silberfiligran-Schmuck der Moslems ist im Sahel-Sudan der reichhaltige Silberschmuck der *Tuareg*, die verschiedenen „Kreuze" *(Kreuz von Agadez, Zinder, Tahoua, Iferouane* etc.) anzutreffen, die früher angeblich auch als „Goldgewichte" benutzt wurden. Heute wird vor allem **Bronze** (z. B. bei den *Senufo)* zu Schmuck und Amulettanhängern verarbeitet.

Verzierung von Kalebassen

Kalebassen, die getrockneten Früchte des Flaschenkürbis, liefern das Material für zahlreiche **Gebrauchsgegenstände**. Sie werden in ganz Westafrika vor allem als Eß- und Trinkgefäße, aber auch als Wasserflaschen, Vorratsbehälter und z. B. von den Fulbe-Frauen zum Transport und zur Aufbewahrung von Milch verwendet. Man stellt daraus aber auch Musikinstrumente und Spielzeug sowie kleineres Werkzeug her. Meist werden die Flaschenkürbisse direkt neben dem Haus angepflanzt und ranken über den Strohdächern der Hütten. Ausgehöhlt und meist in zwei Teile geschnitten bzw. in Bruchstücken werden sie weiterverarbeitet. Manche Ethnien (*Dogon und Haussa*) verzieren ihre Kalebassen sehr kunstvoll, indem sie Muster mit einem scharfen Messer einritzen oder sogar einbrennen, wobei die Muster meist bereits von Dorf zu Dorf variieren. Während man die Kalebassen der **Dogon** an der **figürlichen Darstellung** (Totemtiere und Masken) erkennt, sind für **Haussa geometrische Muster** typisch. Häufig werden die Kalebassen auch kunstvoll mit (rotbraunen) Pflanzenfarben eingerieben bzw. bemalt oder auch mit Kaurimuscheln verziert. Leider verdrängen Plastikschüsseln und galvanisierte Eisenkübel sowie das aus China importierte, mit langweiligen Schablonenmustern verzierte Emailgeschirr immer mehr diese alte Volkskunst.

Glasperlen und -ringe

Glasperlen waren bei den Afrikanern schon immer als Schmuckstücke sehr beliebt. Aus Ägypten und Karthago kamen diese in alten Zeiten auf den damaligen Handelswegen nach Schwarzafrika, und später, im Mittelalter, waren die berühmten venezianischen Perlen an afrikanischen Fürstenhöfen sehr gefragt. Glasschmelzhütten gibt es im Hinterland der Guineaküste, Glasperlenketten auf fast allen Märkten Westafrikas. Zentrum der **Glasfabrikation** ist jedoch *Bida* (Nigeria). Die Kunst, Glas zu bearbeiten, ist, so nimmt man an, aus dem Vorderen Orient (wo man ähnliche Ringe herstellt) nach Afrika gekommen. Heute werden in den Glasmacherwerkstätten vor allem alte Flaschen wieder eingeschmolzen und zu Perlen und Armreifen verarbeitet.

Tierzähne und Muscheln

Elfenbein, ursprünglich **Symbol der Kraft**, wurde früher vor allem für die Kunst an Königshöfen (altes Benin und Yoruba) verwendet. Die Bearbeitung von Knochen und Zähnen, Muscheln und Straußeneierschalen war früher ebenfalls weit verbreitet. Löwen- und Leopardenzähne wurden früher von Königen und Fürsten gerne als **Symbol der Macht** getragen, ebenso die Wirbel und Knochen von Schlangen, Haifischen und Elefanten. Die Tuareg sollen Kamelzähne als Amulett tragen. Auch Elefanten- und Giraffenhaare werden gelegentlich für die Herstellung von Schmuck verwendet. Die **Kaurimuschel** war früher beliebtes **Zahlungsmittel** und ist heute außer für die Herstellung von Schmuck vor allem bei rituellen Masken und Kostümen in Westafrika fast überall anzutreffen.

Die Bearbeitung von Stein ist dagegen in Afrika viel seltener. Die Schmiede der Tuareg stellen Armreifen aus Stein her, welche die Männer am Oberarm als Schmuckstück, aber vor allem als Schutz gegen böse Geister tragen. Das Material, weiches Schiefergestein, stammt meist aus Steinbrüchen des *Air*-Berglandes. Um die Armringe schwarz zu färben, wird Arachid-Öl in den porösen Stein gebrannt.

Dogon-Maske

Masken, Tänze, Musik

Ganz anders als die Kunst der Plastik ist die Kunst des Tanzes überall in Schwarzafrika anzutreffen und scheint schon immer eine zentrale Bedeutung gehabt zu haben.

Selbst auf den Felsmalereien der Sahara sind zahlreiche Szenen mit maskierten, tanzenden Gestalten abgebildet.

In den ersten Berichten von Entdeckungsreisenden und Forschern, die mehr oder weniger zufällig **rituellen Tänzen** beiwohnten, ist eine bemerkenswerte Mischung aus Faszination und Erschrecken angesichts dieser Phänomene zu spüren; häufig wird den Afrikanern entfesselte und zügellose „animalische" Sexualität vorgeworfen. Das, was sich bei oberflächlicher Betrachtung als instinktiver, spontaner Ausdruck im Tanz darstellt, dieses scheinbare Durcheinander, ist jedoch nach einem exakten und verbindlichen Zeremoniell geregelt und hat sich aus der Magie und **Mythologie** der jeweiligen Stämme entwickelt. Die meisten Tänze werden nur zu einem bestimmten Zweck und zu bestimmten Zeiten und Anlässen aufgeführt. Nicht nur die **wichtigsten Stationen im Leben** des Menschen waren (sind) Anlaß zum Tanzen, sondern auch allein das Bedürfnis, der **Freude am Leben** Ausdruck zu verleihen. Man tanzt beim Wechsel der Jahreszeiten (vor der Aussaat, nach der Ernte), wenn ein Kind geboren, eine Hochzeit gefeiert oder ein Toter begraben wird. Früher tanzte man auch am Vorabend eines Kriegszugs; ebenso gab es Sieges- und Trauertänze, und bei der Thronbesteigung eines Königs oder Häuptlings wurde ebenfalls getanzt. Öffentliche Tanzveranstaltungen waren für den einzelnen ein wichtiges Hilfsmittel, sich in die Gemeinschaft einzufügen und sich in ihr geborgen zu fühlen. Solange das einzelne Mitglied in Kontakt mit der Gruppe war, hatte es auch Anteil an der Energie und Macht der Gruppe. Diesen Kontakt zur Gruppe zu unterbrechen, bedeutete in vielen Fällen nicht nur in symbolischer Hinsicht den Tod. Besonders bei Einweihungsriten wurde großer Wert darauf gelegt, daß die Initiierten die gemeinschaftlichen Bande als lebenswichtig erfuhren, und somit der **Sinn für die Gemeinschaft** geweckt wurde.

Masken und Kulte

Dem Tanz und der ihn begleitenden Musik kommt immer eine reinigende, die Geister beschwichtigende und die kosmische Ordnung wiederherstellende und gewährleistende Funktion zu. Denn der Tanz war und ist auch heute noch meist eine zutiefst religiöse Angelegenheit, eine Möglichkeit, mit den Göttern und Geistern in Verbindung zu treten. Bei solchen **religiösen Tänzen** waren Masken ein wichtiges Requisit. Bei vielen Völkern Westafrikas gibt es auch heute noch **Maskenbünde**, die entweder öffentlich oder nur unter größter Geheimhaltung auftreten. Frauen sind meist nicht zugelassen, dürfen auch als Zuschauerinnen an den Maskentänzen nicht teilnehmen. Die Maskentänze werden in der Regel ausschließlich von Mitgliedern der Maskenbünde aufgeführt, wobei die verwendeten Masken und Kostüme je nach Region sehr unterschiedlich aussehen können.

Grundsätzlich lassen sich bei den Masken in bezug auf Material und Form **sechs verschiedene Gruppen** unterscheiden:

Sonnenmaske der Bobo

- Masken aus Blättern, Flechtwerk oder Stoff;
- Masken, die nur das Gesicht bedecken;
- Helmmasken (z. B. bei Yoruba);
- Masken, die auf dem Kopf getragen werden (da die Darsteller von den Zuschauern nicht gesehen werden sollen);
- Masken aus Platten (z. B. bei Dogon, Bobo, Mossi);
- Masken mit Figurenaufsatz (Häuser, Nähmaschine, Motorräder, Stühle etc.).

In bezug auf die Themen lassen sich unterscheiden:
Tiermasken jeglicher Art, **menschenähnliche Masken** und solche, die phantastische Geschöpfe oder Mischwesen (halb Mensch, halb Tier) darstellen, einerseits, sowie solche, die verschiedenartige Objekte tragen.

Es gibt solche Masken, die **lebendige Menschen** darstellen *(Muzima)* und eher profanen Zwecken (Unterhaltung, Belustigung) dienen, und solche, die kein reales Gesicht haben, und einen **Verstorbenen** *(Muzimu)* oder **Ahnen** darstellen.

Auch die Maske erhält ihren Sinn und ihre Bedeutung durch die „Ernennung", wobei dies bei der Maske eine doppelte ist: die „habituelle" Ernennung durch den Künstler und die „aktuelle" durch den Tänzer. Denn ebenso wie das Gedicht unvollständig ist, wenn es nicht vorgetragen wird, bleibt die Maske unvollständig, solange sie nicht benutzt wird. Erst in der Aktion, durch den Tänzer, offenbart sie ihre übernatürlichen Kräfte.

Die Masken geben den übernatürlichen Wesen Gelegenheit, sich zu inkarnieren. Im Tanz wird der Maskenträger (durch die jeweilige Maske und das meist den ganzen Körper bedeckende Kostüm unkenntlich) zu einem „übernatürlichen Wesen".

Damit eine Maske „*Muzimu*" bedeutet, hat man verschiedene Gestaltungsmöglichkeiten: Man kann ihr eine unmenschliche, phantastische Gestalt geben; sie kann auch Tiergestalt annehmen oder durch weiße Farbe (Totenfarbe) angedeutet werden. Eine Tiermaske bedeutet somit (laut J. Jahn) kein verstorbenes Tier, sondern das Nicht-Gesicht eines Ahnherrn. Eine Tiergestalt drückt somit etwas „Überwirkliches" aus, auch wenn es konkrete Bedeutungen gibt (z. B. symbolisiert die Spinne Klugheit) und die „Tiere" z. B. gewisse Schutzfunktionen für die Dorfgemeinschaft haben.

Bei vielen Völkern gibt es eine regelrechte **Maskenhierarchie**. Außer der großen Maske, die höchste Geistermaske, die nur zu wichtigen Anlässen auftritt, gibt es Masken, welche die Frauen „töten", wenn sie sie sehen, solche, die streng geheim sind, solche, die als Richter, Friedensstifter, Hexenriecher, Ordnungshüter, persönliche Schutzgeister oder als Totenseelen amtieren, und solche, die lediglich als Unterhalter auftreten. Die meisten Masken sind mit zahlreichen Symbolen versehen, die der Eingeweihte „lesen" kann. Außer der rein **religiösen Funktion** wird durch ihren Mund auch der **Wille der obersten Würdenträger und des Ältestenrates** verkündet, der einem aus dem „Jenseits", von den Ahnen stammenden Befehl gleichkommt.

Gebet an die Masken
Masken! O Masken!
Schwarze Maske, rote Maske, ihr schwarz-weißen Masken,
Viereckige Masken durch welche der Geist weht,
Ich grüße Euch schweigend!
Und dich nicht zuletzt, mein pantherköpfiger Ahn.
Ihr hütet diesen jeglichem Frauenlachen, jedem vergänglichen Lächeln verschlossenen Ort.
Ihr klärt die Luft der Ewigkeit hier wo ich die Luft der Väter atme.
Masken der maskenlosen Gesichter, frei von Grübchen und frei von Runzeln,
Ihr habt dies Bildnis zusammengefügt, dies mein Gesicht, das sich hinbeugt auf den Altar von weißem Papier...
(aus L.S. Senghor, Tam-Tam Schwarz, 1955)

Während der **Tanz bei vielen rituellen Zeremonien** und festlichen Anlässen in allen Kulturen Schwarzafrikas praktiziert wird, sind **Masken nicht allgemein verbreitet**. Am häufigsten findet man sie bei den Völkern der Savanne und des Waldlandes, wo **Geheimbünde** (Maskenbünde) üblich sind.

Die *Lobi* (Burkina Faso), *Ewe* (Togo), *Ashanti* (Ghana) und *Anyi* (Elfenbeinküste) schnitzen dagegen zum Beispiel keine Masken.

Wer die Masken verstehen will, muß sie in Zusammenhang mit den dazugehörigen Kostümen und dem alles umfassenden, komplexen Schauspiel (Musik, Tanz, Chorgesänge, Rezitationen etc.), der Zeremonie sowie der Gemeinschaft selbst sehen.

Der *„awa"-Bund* der Dogon („Gemeinschaft der Masken") scheint dies nach den Untersuchungen von *Marcel Griaule* am deutlichsten darzustellen.

„Diese Gesamtheit – die das Wort awa umfaßt –, offenbart sich deutlich bei dem eigentlichen Schauspiel, das Masken, Tanz, Musik, Gesang und mythischen Vortrag vereint... jedes Element (vom Kostüm bis zur Tanzfigur, vom Polyrhythmus bis zum Chorgesang oder Solo) ist auf ein System bezogen, das strengen Regeln unterliegt. Es verbindet die Welt der irdischen, alltäglichen Aktivitäten mit einer kosmischen Ordnung, wie sie am Anfang aller Dinge von Gott oder dem Demiurgen festgelegt wurde, und es stellt eine Verbindung her zwischen dem Ereignis der Schöpfung und seiner symbolischen Wiederholung in der Gegenwart" (Michel Huet, Afrikanische Tänze, DuMont 1979).

Bei den **Diola** (Senegal, Basse Casamance) werden mit einer großen **Holztrommel** *(Kabisa)*, einer Schlitztrommel, die wichtigen Augenblicke im Leben der Gemeinschaft angekündigt (z. B. der Tod eines Dorfältesten, oder auch zu Beginn und während der Trauerzeremonien), sie werden aber auch bei den Ring-Wettkämpfen verwendet. Die **Ringer** *(Atuma)*, junge Männer zwischen sechzehn und zwanzig Jahren, jeweils ihr Dorf oder Dorfviertel vertretend, treten paarweise zum Kampf an, der selbst nur etwa zwei bis drei Minuten dauert und strengen Regeln unterliegt. Von frühester Jugend an lernen die Diola bereits die etwa zwanzig wichtigsten Griffe, die man zur Teilnahme an einem *„Katag"* beherrschen muß. Beim Wettkampf selbst werden Kraft, Beweglichkeit und Schnelligkeit der Ringer zur Schau gestellt. Am Ende des Wettstreits zeigen sich beim „Tanz der Ringer" Sieger und Besiegte wieder als „brüderliche" Paare.

Die **Stelzenmaske** *(Kwouya)* ist nicht nur bei den *Kono* (Guinea), sondern auch bei den *Dan* (Elfenbeinküste) anzutreffen; sie tritt bei der Initiation der Knaben auf. Die Stelzen, die aus etwa zwei Meter hohen Palmholzrippen bestehen, sind bei den schnellen Schritten, Sprüngen, Drehungen und gekreuzten Beinen eine große Herausforderung an das Gleichgewichtsgefühl des Tänzers. Symbolisch soll damit die **Überwindung der Schwerkraft** dargestellt werden. *„Diese Suche nach dem rechten Gleichgewicht, diese Überschreitung der Grenzen macht deutlich, daß der Mensch die Macht hat, sich den Fallen zu entziehen, die ihm die „Zauberer" immer wieder stellen."* (M. Huet, S. 27.)

In dem **Frauenbund** *(Topka)* sind bei den *Dan* die Frauen vereint, welche die Initiation der jungen Mädchen durchführen sowie die Exzision, daneben aber auch als Hebammen tätig und für die Reinigung des Dorfes von Buschgeistern zuständig sind.

Bei den *Dan* und *Guèrè* (Elfenbeinküste) zählten die eindrucksvollen Tänze der „**Schlangenbeschwörer**" *(Simbo)*, bei denen diese giftige Schlangen öf-

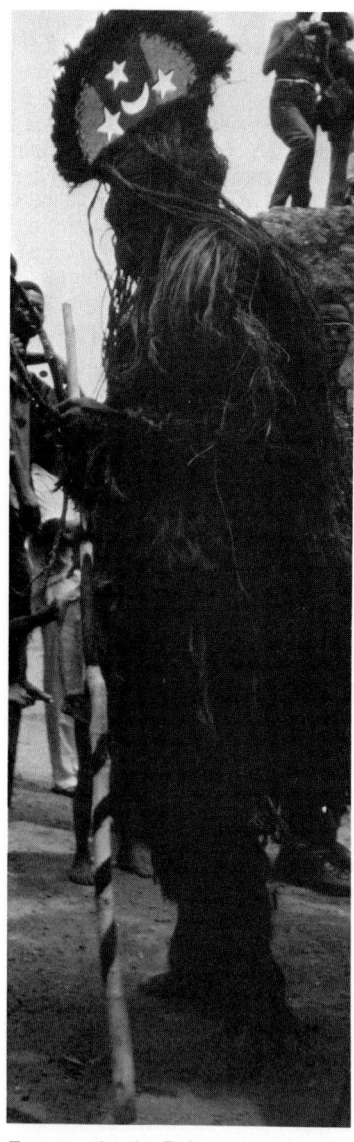

Fasermaske der Bobo

fentlich zeigten, früher zu den spektakulärsten Darbietungen des Schlangenbundes. Meist wurden sie von jungen Mädchen begleitet, die ebenfalls gekonnt mit den Schlangen umzugehen wußten. Heute werden diese teilweise sehr akrobatischen Tänze von sogenannten Gauklergruppen vorgeführt, bei denen sowohl junge Männer von zwanzig bis dreißig Jahren als auch junge Mädchen mitmachen. Manche dieser Tänze erinnern noch an die der alten Schlangenbeschwörer; bei einem rollt sich die junge Partnerin um den Körper des Tänzers, bei einem anderen erinnern ihre wellenartigen Bewegungen an die einer Schlange.

Die *Gur* benutzten bei bestimmten Ereignissen, die soziale Spannungen mit sich brachten (wie z. B. Krankheiten oder Todesfälle, längere Streitigkeiten zwischen zwei Familien, schlechte Ernte), verschiedene Masken, um die Dorfbewohner zu belustigen und abzulenken.

Die **Sängermaske** *(Ble-gla)* ruft man zum Beispiel bei Todesfällen, die **Weisheitsmaske** *(Gbona gla),* der sehr viel Verehrung entgegengebracht wird, bei größeren Streitigkeiten. Entsprechend der Ursprungsmythe waren die Menschen am Anfang der Welt ständig in Auseinandersetzungen verstrickt, so daß der Schöpfergott „*Nyon sua*" Geister auf die Erde schickte, die den Menschen halfen, ein Leben in Ordnung und Wohlstand zu führen. Die Maske verkörpert diese für das Leben in der Gemeinschaft gültigen Gesetze. Jedesmal, wenn die Dorfgemeinschaft in Schwierigkeiten ist, rufen die Menschen die Maske an, die dank ihrer göttlichen Herkunft Streit schlichten, Zauber bannen und somit die Ordnung wiederherstellen kann.

Felszeichnungen am Initiationsplatz von Songo (oben), (unten) Felsennester und alte Getreidespeicher in der Falaise von Bandiagara (Dogon-Land / Mali).

Toguna, Versammlungshaus der Dorfältesten (o. links); Kultplatz eines Jägers (o. rechts); (unten) Blick über die Dächer von Tirelli (Dogon-Land / Mali).

Alltag in einem Bozo-Fischerdorf (oben / Mali),
Junge, modebewußte Senegalesin (unten);

In einem Dogon-Gehöft in Dourou (Mali) (oben);
Hirsebrei: eine typisch afrikanische Mahlzeit (unten).

Blick von der Falaise auf die Gondo-Ebene (Dogon-Land / Mali).

Hombori-Berge auf der Strecke Mopti-Gao (oben und Mitte);
Piroge, das übliche Verkehrsmittel im Niger-Binnendelta (Mali).

Targi in seiner typischen Kleidung (Mali).

Markt in Djenné (oben), (unten) im Hintergrund die Moschee von Djenné (Mali).

Die *Baule,* bei denen matrilineare Erbfolge üblich ist, lassen bei Zeremonien und wichtigen Anlässen Masken mit weiblichen Gesichtszügen auftreten und die als Ahnherrin verehrte Königin *Aura Pokou* anrufen.

Bei den in Togo und Ghana lebenden *Ewe* lassen sich sowohl kulturelle Einflüsse der *Akan* als auch solche der *Yoruba* feststellen. Die zahlreichen Untergruppen des Volkes *(Anlo, Mina etc.)* sind jeweils in unabhängige Stadtstaaten aufgeteilt und einem Häuptling, einem Rat der Ältesten und militärischen Befehlshaber unterstellt. Zeremonien, bei denen der Häuptling anwesend ist, werden meist mit großem Pomp und nach strenger Etikette durchgeführt. Die Ankunft des Häuptlings kündigt ein Orchester von Elfenbeintrompeten an. Die goldene Halskette, Armbänder, Ringe und der Kopfschmuck, den er trägt, sind Symbole seiner Macht und Autorität.

Einige **religiöse Kulte** wie *„Yewe",* der Donnerkult, *„Hebieso",* der Blitzkult und *„Afa",* der Wahrsagekult, erinnern laut J. L. *Paudrat* sehr stark an die Voodo-Kulte der *Fon* sowie an die Orishas der *Yoruba.*

Die **Fon** stllen sich bei Ihrem **Voodoo-Kult** die Interaktion zwischen Gottheiten, Ahnen und Menschen folgendermaßen vor: Während die Götter ihre Kraft aus den ihnen gewidmeten Kulten erhalten, ziehen die Menschen wiederum ihr Wohlergehen und ihre Zufriedenheit aus der Kraft der Götter.

Im Glauben der Fon stammt das Schöpfungspaar *Mawu* und *Lisa* von der Regenbogenschlange *Dan* ab, von *Gu,* der Gottheit der Metalle, und ebenso von *Hebioso,* dem Gott der himmlischen Erscheinungen. *Mawu,* das *weibliche Element,* wird durch den Mond symbolisiert, *Lisa,* das *männliche Element,* durch die Sonne.

Hebioso, dargestellt durch die Blitzsteine *(Sokpe)* oder die mit einem feuerspeienden Widder verzierte Axt, entspricht dem *Xango* der Yoruba und verkörpert das fruchtbare **Prinzip des Keimens.** Er wird sowohl mit Blitz, Donner, Regen als auch mit rauschenden und stehenden Gewässern in Zusammenhang gebracht.

Das **Prinzip der Kontinuität,** *Dan,* wird durch eine Schlange symbolisiert, die sich selbst in den Schwanz beißt; außerdem wird sie mit Lebenskraft, Ausdauer und Fülle in Verbindung gebracht. *Gu* ist der Gott der Metalle und der *Voodoo* der Schmiede, der Ackerbauern, der Krieger, und all derjenigen, die in irgendeiner Form Eisen benutzen. Ihm werden zahlreiche Tieropfer dargebracht, wobei das Blut die Verbindung zwischen den Menschen und den Göttern herstellt. (Die Fon benutzen dafür den Ausdruck „den voodoo trinken".)

Während die *Voodoo-*Kulte für die allgemeine Öffentlichkeit bestimmt sind, zählen die *Tohosu-* und *Nesuhwe-*Kulte, die sich der Verehrung der Geister der verstorbenen Herrscher widmen, zu den Kulten der königlichen Familie von Abomey.

Für die Kultur der **Yoruba** sind die beiden **Kulte Egun** (Rückkehr des Geistes der Toten) und **Gelede** (Besänftigung der Mütter) charakteristisch. Der von Kindern dargestellte Egun kommt im Glauben der Yoruba auf die Erde zurück, um den Menschen zu helfen. Die Kinder gehören gleichzeitig der Welt der Toten und der der Lebenden an, denn sie können sprechen, aber man kann sie nicht berühren, weil ihre Die-

162 Land und Leute

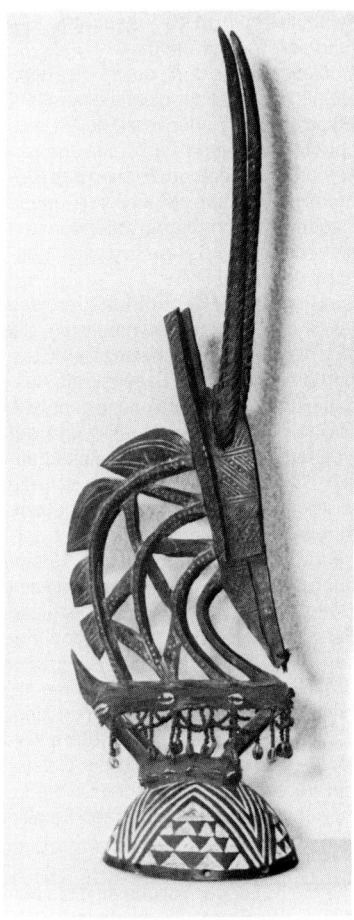

Tjiwara-Maskenaufsatz der Bambara

meinschaft nützen, denn man hat die Vorstellung, daß die „Mütter" (das weibliche Prinzip) sowohl wohltätig als auch gefahrvoll sein können. Eine Gefahr stellen die Frauen dar, die als Zauberinnen ihr Unwesen treiben, wogegen man sich nur schwer schützen kann; sie kennen jene Mixturen, die krank oder unfruchtbar machen oder kleine Kinder töten. Die „Mütter" können jedoch auch wohlwollend sein, Schutz spenden und ihre Kinder behüten. Zahlreiche Masken des Gelede-Bundes haben Fruchtbarkeit bzw. Mutterschaft zum Thema, dargestellt z. B. durch riesige Busen als „Bauchmasken".

Die **Malinke** (Elfenbeinküste, Region Odiènne), sind zwar bereits seit Jahrhunderten islamisiert, dennoch haben sich bei ihnen (ähnlich wie bei ihren „heidnischen" Nachbarn, den *Senufo* und *Bambara*) die **Initiationsbünde** und Masken, die traditionellen Ackerbauriten sowie die sogenannten „Jäger"-, „Musiker"- und „Schmied"- Gemeinschaften erhalten.

Die öffentlichen Vorstellungen des *Manykomori* haben sehr stark satirischen Charakter; es treten Masken auf, die besondere Aspekte der Gesellschaft beleuchten und kritisieren (z. B. strenge Heiratsgesetze). Eine Art Narrenmaske ist die Affenmaske, welche Widersprüche in der Gesellschaft zum Ausdruck bringt; niemand wird von ihrem Spott verschont.

Bei den **Bambara** (Mali) hat ein Mensch, um „vollkommen" zu werden, sechs verschiedene Initiationsbünde zu durchlaufen. Die vorletzte Stufe dieser geistig-religiösen Unterweisung stellt die **Tjiwara-Initiation** dar.

Die ungünstigen klimatischen Bedingungen im Sahel beeinträchtigen sehr stark die Bebauung des Bodens. Daher

ner all diejenigen mit Stöcken schlagen, die versuchen, sich ihnen zu nähern.

Der *Gelede*-Bund hat die Aufgabe, die „Mütter zu besänftigen", ihre Kraft so zu lenken, daß sie dem Wohl der Geist es nicht verwunderlich, daß die Bauern dieser Gegend die Beziehung des Menschen zur „nährenden" Erde zum zentralen Thema ihrer Mythologie und zum Gegenstand zahlreicher ritueller Handlungen gemacht haben. Die *Tjiwara-Mythe* gibt Aufschluß über das Verhältnis des Menschen zum Universum, so wie es die Bambara sehen. *„Am Weltenanfang war ein Wesen, Tier und Mensch zugleich, Abkömmling von Mousso Koroni und der Schlange. Dieses Wesen zeigte mit Hilfe seines Stabes und seiner Klauen, wie man den dornigen Busch in Hirsefelder verwandeln konnte. Die Bambara, die seinen Ratschlägen folgten, wurden glücklich und reich. Doch der Überfluß, in dem sie nun lebten, ließ sie vergessen, daß sie die Erde mit Sorgfalt bearbeiten sollten, ließ sie nachlässig werden gegenüber jenem, der ihnen die Kenntnisse des Ackerbaus vermittelt hatte. Ob dieser Undankbarkeit verbarg sich Tjiwara tief in der Erde und wartete darauf, daß die Menschen ihn durch den Kult ehrten, der ihm zustand. Und so schnitzten sie die Antilopenfiguren (sogoni kun) und trugen sie bei der Aussaat der Hirse auf die Felder, um das Andenken des Wohltäters der Bambara zu ehren."* (Afrikanische Tänze, M. Huet, S. 100.)

Meist treten die **Antilopen-Masken** des **Tjiwara-Bundes** paarweise in einem mit Lehm eingefärbten Fasergewand und auf einen Stock gestützt auf. An einer Art Tarnkappe aus langen, das Gesicht verdeckenden Pflanzenfasern sind die stilisierten Antilopen-Masken befestigt, die je nach Region sehr unterschiedlich aussehen können. Sie tanzen kurz vor der Regenzeit oder wenn in der Trockenzeit ein neues Feld gerodet wird, danken für die letzte Ernte und bitten um Fruchtbarkeit für die nächste. Sind die Antilopentänzer vom Feld wieder ins Dorf zurückgekehrt, so wiederholen sie den Tanz meist nochmal, von Trommeln begleitet, für alle Bewohner.

Wenn bei den **Dogon** (Region Sangha) ein Verstorbener eine bedeutende religiöse oder gesellschaftliche Stellung innehatte, so wird von seiner Familie nach der ersten Totenfeier noch ein „Dama"-Fest (Abreise der Seele) veranstaltet. Dieses Fest, das bis zu sechs Tagen dauern kann, hat die Aufgabe, die geheimnisvolle Kraft des Toten einzufangen und zu den heiligen Orten zu lenken, es bedeutet auch die Aufhebung der Verbote, die für die Verwandten des Verstorbenen bestanden, um sie vor der umherirrenden Seele zu schützen. Mit dem Ende des Dama ist der Verstorbene in die Reihe der Ahnen aufgenommen und die ursprüngliche Ordnung wiederhergestellt. Um in diese Ordnung wieder zurückkehren zu können, sind zahlreiche symbolische Handlungen erforderlich wie das Auftreten von Masken (die wichtigsten sind *Kanaga* und *Sirige*), Musik und reichlicher Genuß von Speisen und Hirsebier.

Das Ertönen des *Schwirrholzes* (sein Surren erinnert an die Stimme des ersten verstorbenen Ahnen) kündigt die Vorbereitung eines Dama an. Dann werden abseits vom Dorf im Busch oder in Felsenhöhlen von den Angehörigen des *Awa* (Maskenbundes) die Masken geschnitzt bzw. neu bemalt und die Faserröcke geflochten und (schwarz, rot oder gelb) gefärbt. Außerdem werden die Kostüme mit Kaurimuscheln und verschiedenen Ornamenten verziert. Bei der Ankunft der Masken im Dorf ziehen sich die Kinder und Frauen in die Häuser zurück, denn diese Masken stehen in Zusammenhang mit dem Tod und stellen eine Gefahr für Frauen dar, die neues Leben spenden.

Die Mitglieder des Awa sind Darsteller eines „kosmischen Theaters", denn sie wiederholen in ihrem Tanz quasi die Erschaffung der Welt, der Menschen, der ersten Tiere und Pflanzen sowie der Sterne. Und indem sie die Erschaffung des Universums beschwören, wird die durch den Tod hervorgerufene Unordnung beendet und die ursprüngliche Ordnung wieder hergestellt.

Die *Kanaga-Maske* besteht aus einer Art Helm, auf dem eine Stange mit zwei parallelen Leisten befestigt ist, von denen die eine mit kleinen Brettchen nach oben, die andere nach unten zeigt. Angeblich soll dies den Menschen und die Weltachse symbolisieren, die sowohl auf den Himmel, als auch auf die Erde zeigt und somit auf die Stellung des Menschen zwischen Himmel und Erde hinweist. Daneben gibt es aber noch zahlreiche andere Interpretationen und Deutungen.

Die *Sirige-Maske,* auch „Große Maske" genannt, besteht aus einer länglichen Gesichtsmaske, die von einer bis zu fünf Meter hohen Holzlatte überragt wird. Die aufgemalten oder herausgeschnittenen geometrischen Muster (Dreiecke und parallele Linien) dieser *„Stockwerkhausmaske"* stellen sowohl die verschiedenen Stadien der Schöpfung als auch die Stufen, die den Himmel von der Erde trennen, und die Folge der Generationen dar. Mit den parallelen, vertikalen Linien soll die Fassade des *„Ginna"* (Familienhauses) symbolisiert werden bzw. analog die „große menschliche Familie".

Der Legende nach wurde die erste „Große Maske" an jenem Tag geschnitzt, als der Tod auf der Erde erschien. Vorher war der Tod bei den Dogon unbekannt gewesen; die Verstorbenen verwandelten sich in Schlangen oder Bäume. Als das Geheimnis des Dogon-Kultes jedoch an Fremde verraten wurde, bestrafte man die Vorfahren damit, daß sie sterblich wurden. Von dieser Zeit an war die Gemeinschaft jedesmal, wenn jemand starb, von dem Geist des Toten bedroht. Um sich davor zu schützen bzw. die Macht des Geistes zu bannen, schnitzte man zwei Masken, die *„Große Maske",* eine Schlange darstellend, und eine andere, die einen alten Mann symbolisierte.

Der **Tanz der Sirige-Maske** zählt zu den **beeindruckendsten Vorführungen**, die in *Sangha* (heute auch vielfach für Touristen) aufgeführt werden. Ändert sich nach den ersten Schritten plötzlich der Rhythmus der Trommeln, so beugt sich der Träger der Sirige-Maske zunächst nach Osten (anschließend auch nach Westen, Süden und Norden) vorn über und berührt mit dem oberen Ende der Maske den Boden, um die Grenzen des Horizonts und die Himmelsrichtungen zu markieren. Nachdem er sich kurz aufgerichtet hat, versetzt er die Maske in eine horizontale Drehbewegung, welche den Lauf der Sonne symbolisiert.

Nach diesen beiden Masken erscheinen solche, die (da weniger abstrakt) den Nicht-Initiierten vertrauter sind. Sie stellen Tiere aus dem Busch dar (Hasen, Antilopen, Affen etc.) oder verschiedene Figuren aus dem Leben der Dogon, wie z. B. das „junge Mädchen", erkennbar an der mit Kauris verzierten Gesichtsmaske und den aus Früchten des Affenbrotbaumes hergestellten Brüsten, oder die Maske der „Fulbe-Frau" mit ihrer typischen Frisur, die Maske „Madam" (der weißen Frau) oder „Doktor" (des Ethnologen); daneben gibt es auch die Masken der verschiedenen Handwerkskasten wie Schmiede, Schuster usw.

Bekannteste Maske der im Grenzgebiet zwischen Mali und Burkina Faso lebenden **Kurumba** ist der **Antilopenaufsatz** *(Adone),* der oft bei Zeremonien verwendet wird, welche die Trauer der „Herren der Erde" beenden. Die umherirrende Seele des Verstorbenen wird vom Adone eingefangen.

Die als **Bobo** bezeichnete Volksgruppe von Ackerbauern leben im Südosten von Mali und im Südwesten von Burkina Faso. Die *Bobo-Fing* (aus der Gegend von Bobo-Dioulasso) verwenden **Helmmasken** mit menschlichen Gesichtszügen sowie eine große Anzahl von **Tiermasken** wie Büffel, Antilopen und verschiedene Vögel. Die *Bobo-Ule* (Region San und Dédougou) dagegen schnitzen Masken mit geometrisch bemalten Brettern als Aufsatz.

Als Ackerbauern sind die Bobo in der trockenen Savanne auf Regen angewiesen, was sich in zahlreichen Riten zeigt, welche die Beziehung des Menschen zur Erde als der Quelle des Lebens und Überlebens darstellen. Im Gegensatz zu anderen afrikanischen Gesellschaften erscheint ihnen die Natur nicht ambivalent (mal großzügig, mal bedrohlich), sondern von Grund auf gut. Lediglich die Bedürfnisse, Fehler und Irrtümer des Menschen können die Natur aus dem Gleichgewicht bringen. Die Masken haben bei den Bobo eine reinigende Funktion und die Aufgabe, das Schlechte auszulöschen, das in jeder menschlichen Gemeinschaft immer wieder entsteht. Diese Reinigung steht in direkter Verbindung zur

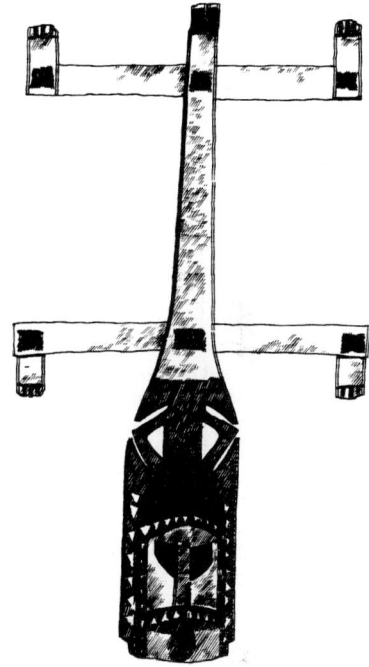

Kanaga-Maske

Schöpfungsmythe und ist für die zyklische Erneuerung der Vegetation notwendig.

„Wuro, der Weltenschöpfer, hat eine harmonische Ordnung zwischen Sonne, Erde und Regen hergestellt. Doch die Menschen haben dieses Gleichgewicht durch ihre Lebensweise und durch ihre Schwäche in Gefahr gebracht. Das Aufbrechen der Erdkrume, die der Akkerbau mit sich bringt, bedeutet einen Angriff auf Syxo, die Gottheit des Busches, und damit zugleich auf Wuro, ihren Schöpfer. Aber auch andere Verstöße gegen die Lebensgesetze haben Auswirkungen auf die umgebende Na-

tur. Wird ein Verbot gebrochen, so können unheilvolle Folgen entstehen, die gleichermaßen das Reich der Natur wie das der Menschen berühren: Der Trockenheit folgen Dürre, Krankheit, Unfruchtbarkeit und nicht selten der Tod. Doch Wuro hat Dwo einen Teil seiner Güte mitgegeben. Dieser Vermittler zwischen Gott und den Menschen hat nun die Aufgabe, das bedrohte Gleichgewicht wiederherzustellen." (Aus *Afrikanische Tänze*, M. Huet).

Dwo ist in den unansehnlichen und furchterregenden **Blättermasken** inkarniert, welche die *Bobo-Fing „Koro"* nennen. Diese Masken fertigt man nach der Hirseernte im Busch aus den Blättern des Karité-Baumes an; sie bedecken, zusammengehalten von Pflanzenfasern, den ganzen Körper des Trägers. Der „*Zami*", ein Kopfschmuck aus Federn und Stroh, zeigt, daß es sich um eine männliche Maske handelt. Wenn die Masken bei einbrechender Dunkelheit ins Dorf eilen, berühren sie Getreidespeicher, Häuser und Dorfbewohner und nehmen mit ihrem Laub all den „Staub" auf, der aus den Fehlern der Menschen besteht. Auf diese Weise reinigen sie das Dorf von allem Schlechten, das sich im Laufe des Jahres angesammelt hat.

Bei anderen Zeremonien, die der Wiederbelebung der Vegetation dienen, und gegen Ende der Trockenzeit abgehalten werden, treten sowohl Blätter-, Faser- als auch geschnitzte Masken auf. Die **Fasermasken** stehen mit den Elementen des Buschs in Verbindung und werden meist vom Schmied geflochten und bemalt. Bei den Fasermasken werden Clanwappen (geometrische Muster) als Kopfschmuck getragen, woran zu erkennen ist, aus welchem Dorf die Masken kommen (siehe Foto S. 160). **Holzmasken** dagegen haben meist Tiergestalt (Warzenschwein, Büffel, Antilope etc.) und stellen Schutzgeister des Dorfes dar.

Der **Doyo** oder **Nwo** ist ein anderer bei den *Bobo* häufig anzutreffender Maskentyp. Man erkennt diese Maske an dem runden Gesicht mit konzentrischen Kreisen umgebenen Augen und der mit geometrischen Mustern (Rauten, Schachbrettmuster, Dreiecke etc.) versehenen Holzplatte. In dieser Maske sind Elemente verschiedener Tiere vereint (Gesicht der Eule, Schnabel des *Calaos* usw.). Alle Masken der Bobo, ob aus Blättern, Holz oder Fasern, ob realistisch oder abstrakt, verkörpern Fruchtbarkeit, Fülle und Wachstum und somit die wohlwollende Macht von Dwo, dem Vermittler zwischen Gott und den Menschen. Anthropomorphe Masken dagegen sind selten bei den Bobo.

Für die **Lobi**, ein Volk von Bauern und Jägern, das im Dreiländereck Burkina Faso, Ghana und Elfenbeinküste lebt, ist der Tanz Ausdruck der göttlichen Energie, welche die Welt belebt. Ihre tänzerischen Bewegungen stehen in direktem Zusammenhang mit dem Rhythmus des Universums. Die meisten Tänze finden in der Trockenzeit statt, um den Göttern für die Ernte zu danken. Um das Wachstum zu beschwören, bewegen sich die Tänzer spiralförmig vom Orchester in der Mitte aus.

Bei den **Senufo** der Elfenbeinküste (Region *Korhogo, Sinématiali, Boundiali*) stehen alle sozialen, religiösen, wirtschaftlichen und politischen Aktivitäten in Zusammenhang mit dem *Poro-Bund*. Weshalb der Poro so großen Einfluß auf das Gemeinschaftsleben der Senufo hat, erklärt die Schöpfungsmythe. Da die Welt am Anfang weder Form noch Gesetz kannte, konnte die menschliche Gesellschaft nicht planvoll gestaltet werden. Der **Schöpfergott** *Kulotyolo* schrieb daher eine Reihe von Gesetzen vor; doch hatte er bald keine Lust mehr, den Menschen auf diese Art und Weise zu helfen. Deshalb besteht immer noch die Gefahr, daß die Welt in das ursprüngliche Chaos zurückfällt. Und da die Kinder (die als unvollendete Wesen angesehen werden) und die Zauberer durch ihre unheilvollen Kräfte wieder die anfängliche Ordnungslosigkeit herstellen könnten, muß angesichts dieser drohenden Gefahr in jeder Generation die Gesellschaft symbolisch wieder neu erschaffen werden. Und dies ist im wesentlichen die Aufgabe des Poro-Bundes. Angeblich hat jedoch der Schöpfergott, bevor er sich zurückzog, einen Teil seiner Weisheit und ordnenden Kraft einem Wesen übermittelt, das heute in einem **heiligen Hain** *(Cinzana)* in einiger Entfernung der Dörfer lebt. Dieses übernatürliche Wesen wird *Kâtiélo* genannt, was soviel heißt wie „alte Mutter des Dorfes", und stellt den Mittelpunkt des Poro dar. Und in den heiligen Hainen, ihrem Reich, werden die Senufo-Männer eingeweiht. Vor der letzten Prüfung des Poro findet das *Kagba*-Ritual statt, bei dem den Novizen der „*Nasolo*" (eine Art Riesenochse) vorgeführt wird. Bestehend aus einem zylindrischen Holzgerüst (ca. 1,20 m hoch und bis zu 5 m lang), das von zwei Männern getragen wird, und mit buntgescheckten Matten bedeckt, bewegt er sich am Rande des Cinzanga. Diese Maske symbolisiert geistige und körperliche Vollkommenheit und wird mit dem fertigen Menschen, dem erwachsenen Initiierten, *Tyolobele* genannt, gleichgesetzt.

Die letzte Einweihung des Poro findet jeweils im Dezember bei Neumond statt und stellt eine Art **„Neugeburt"** dar. Nackt warten die zukünftigen *Tyolobele* am Eingang des heiligen Waldes. Aus der Dunkelheit erscheinen Gestalten, die nach den Kandidaten greifen, um sie in die Höhle von *Kâtiélo*, der Mutter des Poro, zu führen, wo die Initianden nach einigen Reinigungszeremonien durch einen engen Gang kriechen, um in das Zentrum des heiligen Platzes zu kommen. Diese Rückkehr in den Schoß der „Mutter" wird von heftigem Klatschen und Heulen der Poro-Würdenträger begleitet, dem „Todeskampf" und dem „Geschrei der Neugeborenen". Frisch initiiert und „wiedergeboren" verlassen sie mit neuen Kleidern, die ihren neuen Status kennzeichnen, den heiligen Hain, um ins Dorf zurückzukehren, wo sie freudig empfangen werden. Denn jetzt ist die Ordnung wiederhergestellt.

Das Ende der Initiation wird mit dem *Kafo* gefeiert, einem Fest, bei dem verschiedene andere Masken auftreten, welche die Macht des Poro darstellen. Es sind dies die *Nayogo* (riesige mit Kaurimuscheln besetzte Aufsätze), die *Kwonbele* (bunt bemalte Helmmasken), die *Fre* („Panther des Poro", an seinen fleckigen Gewändern zu erkennen), und die *Poniugo*-Masken („Köpfe des Poro").

Beim *Kafo* der Mädchen tragen die Initiierten bei ihren Tänzen einen helmartigen Kopfputz und lange Bänder, die über und über mit Kaurimuscheln besetzt sind.

Bei einem Todesfall, der eine Bedrohung für die ganze Gemeinschaft darstellt, da er die Ordnung in Gefahr bringt, sind es allein die Initiierten, welche die Macht besitzen, den „Schatten des Toten" zu bändigen. Von großen Holztrompeten und langen Trommeln begleitet, verfolgt *"Laladyogo"*, eine in Baumwolltücher eingehüllte Gestalt, die an ihrem mit weißen und schwarzen Federn besetzten Strohhut zu erkennen ist, zusammen mit den anderen Poro-Masken *(Gpelige, Tyobige* und *Waniugo)* die Spur der Seele des Verstorbenen bis zu dem Ort, wo der Leichnam ruht, um dort dann mit viel Getöse die Seele zu verjagen, damit sie den Weg ins Reich der Toten jenseits des Dorfes und der Felder finden kann.

Das große Interesse der **Fulbe-Bororo** (Niger) an „Schönheit", zeigt sich am stärksten in dem jährlich stattfindenden **Jereol-Fest** (Gerwol), häufig als „Schönheitswettbewerb" beschrieben. Aber auch sonst kultivieren sie ihr ästhetisches Ideal durch Schminken, Schmuck, Tanz und Gesang. *(S. a. „Die Kunst des Körperschmucks").*

Den *Yake-Tanz* der Fulbe-Bororo beschreibt *J.-L. Paudrat* in dem Buch „Afrikanische Tänze" folgendermaßen: „Der Yake wird langsam getanzt, in den Knien wippend und von einem Fuß auf den anderen; dabei klatscht man in die Hände. In einer ersten Tanzphase stehen sich die Tänzer gegenüber, in einer zweiten durch eine Vierteldrehung seitlich nebeneinander. Die Tanzbewegungen wiederholen sich immer wieder. Hüpfen und Stampfen wechseln sich ab, doch stets sehr gemäßigt. Auf den Gesichtern zeigt sich ein starrer Ausdruck: ein betontes Lächeln bei weit geöffneten Augen. Hier sollen zum einen die schönen Zähne, zum anderen das Weiß des Augapfels gezeigt werden." Oft nehmen die Tänzer vorher einen sogenannten Schönheitstrank ein, der ihnen „glänzende" Eigenschaften verleihen soll.

„Junge Mädchen...umkreisen die Gruppe; sie klatschen in die Hände, wobei ihr Metallschmuck sich klingend bewegt. Gegen Ende des Yake treten eine oder zwei von ihnen vor, um die Männer zu wählen, die sie als die Schönsten ansehen. Diese verlassen dann den Kreis und werfen ihr Beil in die Luft."

Wie bereits oben erwähnt, kommt eine Maske erst in Gebrauch richtig zur Geltung; erst in der Aktion zeigt sich, ob die Maske gut geworden ist.

„Begleitet von unablässigen Trommelklängen, kamen die maskierten Gestalten langsam aus dem Wald hervor. Jeder Teilnehmer war selbst zum Teil der Zauberkraft geworden, die sich jetzt vor den Augen der ehrfürchtigen Zuschauermenge bei Fackellicht und Mondschein entfaltete"
(Schwarze Königreiche, A. Atmore u. G. Stacey, Herder Verlag, S. 107).

Dicht- und Erzählkunst

Die **Dicht- und Erzählkunst**, „orale Literatur" (im Vergleich zur Literatur) ist auch heute noch in der afrikanischen Kunst von großer Bedeutung. Hierzu zählen die großen **Schöpfungsmythen** der Völker des westlichen Sudan (Dogon, Bambara usw.) sowie die **Königsepen der Guineaküste**. Bei fast allen gesellschaftlichen Anlässen findet sich Gelegenheit, sowohl die guten als auch die bösen Taten der Vorfahren zu besingen, Verwandtschaftsbeziehungen und Wanderungen darzustellen und Geschichten von der Entstehung der Welt sowie der Tiere und Menschen zu erzählen. Einen besonderen Stellenwert nehmen die kurz und treffend formulierten Aussagen (Sinngedichte, Spottverse) über die unterschiedlichsten Lebenserfahrungen ein.

Kunst und Kultur, Masken, Tänze, Musik

Goro-Maske (40 cm), Elfenbeinküste

Dogon-Maske (70 cm), Mali

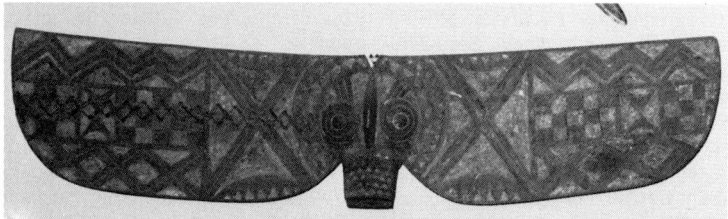

Grusi-Schmetterlingsmaske (147 cm), SW-Burkina Faso

Musik

Afrikanische Musik wird vom **Rhythmus** beherrscht.

"In Afrika ist reine Musik Rhythmus. Das erste Gebet des Menschen bat um Regen. Der erste Regentropfen schlug den Grundrhythmus aller afrikanischen Musik, dazu improvisierten die Menschen auf Trommeln über dieser Basis gegenläufig mit Synkopen. Dann erst kam die Melodie."
(L. S. Senghor)

Rhythmus ist für den Afrikaner nicht so sehr ein Zeitelement, sondern verkörpert das Leben mit all seinen Empfindungen und Ausdrucksformen. *"Der Rhythmus ist die Architektur des Seins, die innere Dynamik, die ihm Form gibt, ist der reine Ausdruck der Lebenskraft. Der Rhythmus ist der Schock, der die Vibration erzeugt, er ist die Kraft, die durch die Sinne hindurch uns an der Wurzel des Wesens packt. Der Rhythmus drückt sich durch die stofflichsten Mittel aus: durch Linien, Farben, Oberflächen und Formen in Architektur, Plastik oder Malerei durch Akzenteindichtung und Musik, durch Bewegungen im Tanz. Indem er das tut, weist er alles ins Geistige. In dem Maße, in dem sich der Rhythmus sinnlich verkörpert, erleuchtet er den Geist."* (L. S. Senghor, in Jahn: Schwarze Ballade, S. 226.)

Polymetrie und **Polyrhythmik** charakterisieren nach J. H. Jahn die afrikanische Perkussionsrhythmik. Bei der Polymetrie erklingen gleichzeitig verschiedene Grundmetren, während bei der Polyrhythmik mehrere rhythmische Versionen eines Metrums, die durch Akzentverschiebung bzw. Synkopen erzeugt werden, miteinander kombiniert werden. Beiden Grundformen gemeinsam ist das Prinzip der **"Kreuzrhythmik"**, wo die Hauptakzente der verwendeten Grundformen kreuzförmig übereinandergelagert werden, und somit "hinreißende Akzentfolgen" und "ekstatische Schlagformeln" erzeugen.

Die **Verwandtschaft von Sprache und Musik** zeigen semantische Untersuchungen. Bei den Bambara hat das Verb "fo", im Sinne von " ein Instrument spielen" die eigentliche Bedeutung von "sagen, sprechen, anzeigen"; ein Instrument spielen heißt somit "es sprechen lassen oder durch seinen Mund sprechen". Instrumente (vor allem Trommeln) dienten den Afrikanern nicht nur zur **Nachrichtenübermittlung** und zur Unterhaltung, sondern auch als **"Sprachrohre" der Ahnen**, um das Gleichgewicht zwischen dem Universum und der menschlichen Gesellschaft aufrechtzuerhalten.

Das wichtigste afrikanische Musikinstrument ist die **Trommel**, die in vielen verschiedenen Formen und Ausführungen über den ganzen Kontinent zu finden ist. Nicht nur zeremonielle Ereignisse werden von Trommelmusik und Gesang begleitet, sondern zum Teil auch die alltäglichen Arbeiten.

Man kann sagen, daß den Afrikanern der Rhythmus mehr oder weniger in die Wiege gelegt ist, denn schon als Säugling sind sie, mit einem Tuch auf den Rücken der Mutter gebunden, bei nächtlichen Tanzfesten dabei, wo man bis zur Erschöpfung auf dem Dorfplatz tanzt.

Der Begriff *"Griot"* bzw. *"Griotte"* steht für **Musiker und Sänger**, die mehrere wichtige soziale Funktionen erfüllen. Meist sind sie in Zünften organisiert und vererben ihre Kunst auf den Sohn bzw. die Tochter; schon früh müssen sie das Rezitieren von Texten lernen. Als **Bewahrer der mündlichen Über-**

lieferungen (Genealogien der Herrscherhäuser, Geschichte des Reiches, große Schlachten, Eroberungen usw.) besangen sie früher (manchmal auch heute noch) die Heldentaten der Könige, und sind vor allem als **Moritatensänger** und **Geschichtenerzähler** sehr begehrt. Die Griots, die früher entweder Hofmusiker oder Wandermusikanten waren, werden häufig mit unseren Barden, Hofmusikern und Spielmännern verglichen. Aufgrund ihrer Position am Hofe konnten die Griots großes Ansehen genießen, gehörten jedoch meist zu den unteren Schichten der gesellschaftlichen Hierarchie, waren somit zugleich (ähnlich wie die Schmiede) geachtet und verachtet.

Als Bewahrer der Tradition, der Sitten und der Moral haben Griots zwar erheblich an Einfluß verloren, jedoch werden sie nach wie vor zu familiären Festen geladen.

Der Griot spielt entweder selbst auf einem Instrument oder wird von einer Sängerin (meist der Ehefrau) begleitet. Zu den bekanntesten Instrumenten der Griots zählt die *Kora,* ein 21saitiges, harfenähnliches Instrument, mit einer runden Holzstange als Hals und einer Kalebasse als Klangkörper. Andere beliebte Saiteninstrumente (Chordophone) sind die fünfsaitige *„Spießlaute",* Khalam *(Xalam)* genannt, und die einsaitige Fiedel (*„Goje"* oder *„Gonje"*), die in Westafrika ebenso weit verbreitet sind. Die Fiedel wird mit einer Art Bogen gestrichen und klingt ziemlich heiser (bei den Tuareg wird sie lediglich von den Frauen gespielt).

Auch der *Mundbogen* (eine Art Maultrommel) ist in ganz Afrika anzutreffen; er wird aus einem biegsamen Stock hergestellt, an dessen Enden eine Saite gespannt ist. Dabei dient die Mund-

höhle als Resonanzkörper; Töne werden erzeugt, indem der Spieler die Mund- bzw. Zungenstellung verändert. Ein wichtiges Instrument ist auch das *Ballaphon,* eine Art **Xylophon**, bei dem unter den bis zu 22 Schlaghölzern verschieden große Kalebassen als Resonanzkörper befestigt sind.

Von den vielen verschiedenen **Trommelarten** (Membranophone) seien nur einige wenige genannt: die *Djembe, Sabar, Dundun* oder *Talking-Drum* etc. Mit der *„Dundun"* ist es dem Yoruba-Trommler möglich, die Yoruba-Sprache, die eine Tonsprache ist, in ihrer Sprachmelodie zu imitieren. Aber auch andere Ethnien verwenden diese **„Sprechtrommel"**, die mit einem ge-

Djembé-Spieler

krümmten Schlagstock gespielt wird, jedoch meist in der kleineren Ausführung. Die Trommel selbst besteht aus einem sanduhrförmigen Holzkörper, der beidseitig mit einem Fell bespannt ist. Die beiden Schlagflächen sind mit einer Lederschnur verbunden, wodurch die Fellmembranen auf entsprechenden Druck des Oberarms gespannt bzw. gelockert werden können. Auf diese Weise lassen sich die verschiedenen Tonhöhen erzeugen, aber auch gedehnte Töne.

Die **Schlitztrommel** der *Diola* (Senegal), die *„Kabisa"*, ist eine rituelle Trommel und kündigt nur wichtige Ereignisse des Dorfes (wie den Tod des Häuptlings oder den Beginn der Ringkämpfe) an; sie darf daher nur von Initiierten geschnitzt und geschlagen werden.

Bei der ursprünglich aus Guinea stammenden *Djembé* (und auch vielen anderen Instrumenten) sind **Schnarrbleche** sehr beliebt, die beim Spielen vibrieren, scheppern und rasseln. Denn sie verhindern bzw. schwächen die Klarheit des einzelnen Tons, was bei den Afrikanern meist sehr beliebt ist (im Gegensatz zu unserem Ideal des klaren und reinen Tons).

Andere selbstklingende Instrumente sind die verschiedenen **Glocken** und **Rasseln** (z. B. Kürbisrasseln), die geschlagen bzw. geschüttelt werden oder mit Rillen versehene Klangstäbe, die „geschrappt" werden.

Bei den **Blasinstrumenten** (Aerophone) sind vor allem die Bambus- oder Hornflöten der Hirten zu nennen; die einfachste Version ist das aus einem Hirsestengel hergestellte Rohrblatt, das einen schnarrenden Ton erzeugt.

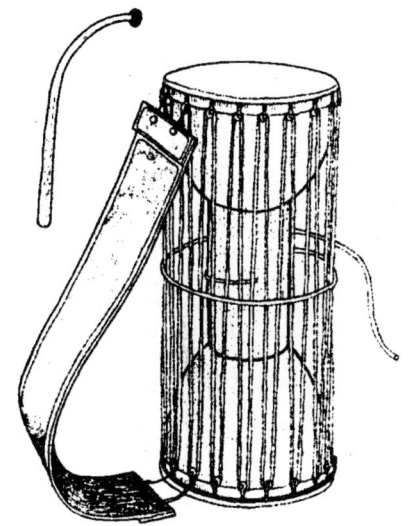

Moderne Musik Westafrikas
(Westafrikanischer Highlife und JUJU-Musik der Youruba)

Berühmtes Beispiel für Highlife ist der in Englisch verfaßte Titel „Ghana-Guinea-Mali" von *E.T. Mensah and His Tempos Band* (zitiert nach Wolfgang Bender, Sweet Mother; S. 33).

Die Union Ghana-Guinea-Mali / hat einen festen Grundstock gelegt / für die Erlösung Afrikas / für die wir so stark gekämpft haben.
(Chor: Ghana, Guinea, Mali)
das Kernstück des großen Bundes
(Chor: Ghana,...)
Afrikas stärkste Gründung
(Chor: Ghana,...)
das Kernstück des großen Bundes
(Chor: Ghana,...)
liegt nun für immer fest.
So wie es Ghana und Guinea waren / später Ghana, Guinea, Mali / wird es bald ganz Afrika sein, / die Vollendung der großartigsten Sache.

(Instrumentalstück)
Afrika ist jetzt erwacht, / das die Einheit ersinnt. / Alle Führer der Mutter Afrika sind aufgerufen, / sich diesem großen Bund anzuschließen.
(Dieses Bündnis Ghana-Guinea-Mali sollte der Anfang einer panafrikanischen Gemeinschaft sein.)

Transistorradios und Kassettenrekorder verdrängen mehr und mehr das abendliche „Tam-tam" um die Ecke, wo man sich spät abends, wenn es kühler ist, trifft und umgeben von einem großen Zuschauerkreis tanzt.

In der modernen afrikanischen Musik werden natürlich mehr und mehr elektrische bzw. elektronische Instrumente verwendet. Zu den **bekanntesten modernen Gruppen Westafrikas** zählen *Toure, Kounda, Youssou N'dour, Super Diamano, Alpha Blondy, Woya* usw. sowie die Sängerinnen *Oumar Sanga-*

re, *Nahawa Doumbia* und *Aicha Kone;* daneben seit Jahren bekannte und bedeutende Musiker und Sänger wie *Manu Dibango, Miriam Makeba, Dollar Brand, Sunny Ade* und *Fela-Kuti,* der als der kompromißloseste Musiker Schwarzafrikas anzusehen ist.

In den letzten Jahren hat das Interesse an afrikanischer Musik auch in Europa sehr stark zugenommen. Bei berühmten Trommlern wie *Adama Drame* (Bouaké, Elfenbeinküste) oder *Teddy Addy* (Accra, Ghana) haben sich seit Jahren zahlreiche europäische Schüler eingefunden. Während man sich früher mehr oder weniger „ins Blaue" auf den Weg machte, einen Lehrer zu finden, werden inzwischen auch bei uns zahlreiche Kurse und Workshops organisiert.

Cool Running Tours: Spezialist für sozio-kulturelle „Begegnungsreisen" (z. B. Frauen treffen Frauen) veranstaltet Rundreisen (Senegal/Gambia, Casamance, Guinea-Bissau), Bildungsreisen (Traditionelle Medizin) und Workshops (Trommel- und Tanzkurse für Anfänger und Fortgeschrittene) nach Gambia. Übernachtung in dem ökologisch angelegten Boucarabou-Hotel bei Kerr Sering, Gambia.

Nähere Informationen bei:
Cool Running Tours
Eisenacherstr. 71, 10823 Berlin,
Tel. (030) 7 81 20 48,
Fax (030)7 81 20 47

Amadou Konate und Christine Uekermann
Danckelmannstr. 38, 14059 Berlin,
Tel. (030) 8 21 46 80
veranstalten Tanz- und Trommelworkshops in M'Bour (Senegal).

Percussion-Workshops ebenso bei:
Freies Musikzentrum (FMZ) e.V.
Ismaninger Straße 29,
81675 München, Tel. (089) 4 70 63 14

Workshop Hannover
Listermeile 4, 30161 Hannover,
Tel. (0511) 34 47 11

Die *Werkstatt e. V.*
Börnestraße 10, 40211 Düsseldorf,
Tel. (0211) 35 78 12

Afrikanischer Tanz und Trommeln aus Ghana bei *Brigitte Lartey*
Neusönnerstr. 13, 81825 München
Tel. (089) 42 58 04 oder 4 20 20 62
Kurse für Anfänger und Fortgeschrittene.

Reisevorbereitungen

Diplomatische Vertretungen und Informationsstellen

Botschaften westafrikanischer Länder

♦ Botschaft der Volksrepublik Benin
Rüdigerstr. 10, 53179 Bonn,
Tel. (02 28) 34 40 31/32,
Fax (02 28) 85 71 92,
geöffnet: Mo–Fr 9.00–16.00 Uhr;
ist auch für die Schweiz zuständig.

♦ Botschaft der Republik Burkina Faso
Wendelstadtallee 18, 53179 Bonn,
Tel. (02 28) 33 20 63;
geöffnet: Mo–Do 9.00–16.00 Uhr,
(auch für Österreicher und Schweizer zuständig!).

♦ Botschaft der Republik Elfenbeinküste (Côte d´Ivoire)
Deutschland
Königstr. 93, 53115 Bonn,
Tel. (02 28) 21 20 98/99,
Fax 21 73 13 geöffnet:
Mo–Do 9.00–12.30, 13.30–16.00,
Fr 9.00–12.30, 13.30–15.00 Uhr.
Österreich
Alserstr.28, A-1090 Wien.
Schweiz
Thormannstr. 51, CH-3005 Bern.

♦ Botschaft von Gambia
in Brüssel (Belgien):
The Gambia Embassy
126, Av. Franklin Roosevelt,
B-1050 Brüssel,
Tel. (00 32-2) 6 40 10 49,
Fax (00 32-2) 6 46 32 17.

Honorarkonsulat in der BRD
Kurfüstendamm 103, 10711 Berlin,
Tel. (030) 8 92 31 21,Fax 8 91 14 01

Generalkonsulat in Österreich
Larochegasse 30, A-1130 Wien,
Tel. (00 43- 1) 8 77 62 45,
Fax (0043-1) 8 77 74 17 23.

Konsulat in der Schweiz
Via al Poggio 6, CH-6932 Breganzano/Lugano,
Tel. (00 41-91) 56 32 92,
Fax (00 41-91) 57 18 24.

♦ Botschaft der Republik Ghana
Deutschland
Rheinallee 56–58, 53173 Bonn,
Tel. (02 28) 35 20 11–13,
Fax (02 28) 36 34 98,
geöffnet: Mo–Fr 10.00–13.00 Uhr.
Österreich
Konsulat der Republik Ghana
Mariahilferstr. 72, A-1070 Wien.
Schweiz
Belpstr.11, CH-3007 Bern.

♦ Botschaft der Republik Guinea-Bissau in Brüssel (Belgien):
70, Av. Roosevelt, B-1050 Brüssel,
Tel. (00 32-2) 647 08 09.

♦ Botschaft der Republik Guinea
Rochusweg 50, 53129 Bonn,
Tel. (02 28) 23 10 97/98.

♦ Botschaft der Republik Mali
Deutschland
Basteistr. 86, 53173 Bonn,
Tel.(02 28) 35 70 48,
geöffnet: Mo–Fr 9.00–16.00 Uhr.
Österreich
Konsulat
Josefstädterstr. 55, A-1080 Wien.

Schweiz
Generalkonsulat
89, Rue Cherche-Midi, F-75006 Paris (Visaerteilung).

◆ *Botschaft der Republik Niger*
Deutschland
Dürenstr. 9, 53173 Bonn,
Tel. (02 28) 35 60 57,
Fax (02 28) 36 32 46,
geöffnet: Mo–Do 9.00–12.30, 13.30–15.30, Fr 9.00–14.00 Uhr.
Schweiz
154, Rue de Longchamp, F-75116 Paris, ist für Schweizer zuständig.
Österreich
78, Av. Roosevelt, B-1050 Brüssel, ist für Österreicher zuständig.

◆ *Botschaft der Republik Senegal*
Deutschland
Argelanderstr. 3, 53115 Bonn,
Tel. (02 28) 21 80 08/09,
Fax (02 28) 21 78 15,
Sprechzeit: Mo–Fr 9.00–12.30, 14.30–17.00 Uhr.
Österreich
Post-Gasse 16, A-1010 Wien,
Tel. (00 43-1) 533 34 88,
Fax (00 43-1) 533 56 89.
Schweiz
Bahnhofsquai 15, CH-8001 Zürich,
Tel. (00 41-1) 211 28 14

◆ *Botschaft der Republik Togo*
Deutschland
Beethovenallee 13, 53173 Bonn,
Tel. (02 28) 35 50 91,
Fax (02 28) 35 16 39,
geöffnet: Mo–Fr 9.00–16.00 Uhr.
Österreich
Konsulat
Siebensterngasse 19, A-1070 Wien,
Tel. (0043-1) 3 17 20 29.

Schweiz
Konsulat
6, Rue Bellot, CH-1206 Genf.
Tel. (0041-22) 3 46 52 60.

Adressen der bundesdeutschen, österreichischen und Schweizer Botschaften in Westafrika *(siehe Länderkapitel!)*

Weitere Informationsstellen

◆ *ADAC* (Touristik Afrika)
81373 München, Am Westpark 8,
Tel. (089) 76 76 60 06, 76 76 61 69.

◆ *Därr Expeditionsservice GmbH*
Theresienstr. 66, 80333 München,
Tel. (089) 28 20 32.
Globetrottersprechstunde, Auskünfte über geöffnete Strecken durch die Sahara und über Grenzschwierigkeiten freitags 15 Uhr.

◆ *Goethe-Institut*
Zentralverwaltung, Lenbachplatz 3, Postfach 20 10 09, 80333 München,
Tel. (089) 59 99-1.
Hier kann man ein Adressenverzeichnis aller Deutschen Kulturinstitute (im In- und Ausland) erhalten. Meist kann man in dem jeweiligen Gastland über das Goethe-Institut Kontakt mit interessierten Einheimischen aufnehmen. Außerdem liegen in den Institutsräumen in der Regel deutsche Tageszeitungen aus; daneben gibt es Bücher, und z. T. werden auch deutsche Filme gezeigt (oft auch recht gute).

◆ *Dt.Stiftung für Int. Entwicklung*
Endenicher Str. 42, 53115 Bonn,
Tel. (02 28) 63 18 18.
Dort erhalten Sie entwicklungspolitisches Informationsmaterial.

- *World Wide Fund Umweltstiftung WWF-Deutschland*
  Hedderichstr. 110, 60591 Frankfurt,
  Tel. (0 69) 6 05 00 30.

- *Gesellschaft für bedrohte Völker*
  Postfach 2024, 37010 Göttingen,
  Tel. (0551) 49 90 60.
  Informationen und Hilfsmaßnahmen zu/für schutzbedürftige Minderheiten und bedrohte Völker.

- *Deutsche Gesellschaft für Technische Zusammenarbeit* (GTZ)
  Postfach 51 80, 65726 Eschborn.
  Die GTZ entsendet qualifizierte Fachkräfte in Länder der Dritten Welt; der DED (Berlin), Entwicklungshelfer.

Clubs

- *Deutsch-Afrikanische Brücke e.V.*
  c/o Dritte Welt Café,
  Daiserstraße 9,
  8000 München,
  Tel. (0 89) 77 26 96;
  Kontakttel.: (0 89) 21 80 26 72 (vormittags), (0 89) 1 23 73 36 (nachmittags/abends)
  Der „Verein für interkulturelle Begegnung" will ein differenziertes, realitätsgerechtes Bild Afrikas vermitteln. Zu diesem Zweck werden Konzerte, Ausstellungen, Filmvorführungen, Lesungen etc. veranstaltet.

- *Euro-Arabischer Freundeskreis e.V*
  c/o Peter Hecht,
  Köhlerweg 4, 83558 Maithenbeth.
  Dort erhält man viele aktuelle Reiseinformationen über Afrika und die Sahara.

- *DZG (Deutsche Zentrale für Globetrotter)*
  c/o H.M. Buer, Birkenweg 19,
  24558 Henstedt-Ulzburg.
  Mitglied kann man werden, wenn man mindestens 3 Monate auf eigene Faust in außereuropäischen Ländern gereist ist. Tips, Erfahrungen und Kontakte vor der Reise, Reisepartnervermittlung, Archiv für Zeitungsausschnitte, ein etwa vierteljährlich erscheinendes Clubheft und Globetrotter-Feten.
  Bei Anfragen Rückporto im Brief beilegen! Nichtmitgliedern steht die Info-Börse gegen DM 5, (in Briefmarken) zur Verfügung.

- *Sahara-Club e.V.*
  c/o Gunter Frenzel,
  Schmaler Weg 17,
  61352 Bad Homburg.
  Der Sahara-Club legt Heftchen mit Informationen zu den Sahara-Ländern und Westafrika vor und bietet Jahres- und Mitgliedertreffen.

- *Globetrotter-Club*
  Rennweg 35, CH-8023 Zürich
  Tel. (00 41-1) 2 11 77 80
  Der Globetrotter-Club bringt ein sehr informatives Globetrotter-Magazin heraus, gibt Reiseberatung und Tips und verkauft über den angeschlossenen *Globetrotter Travel Service* Flugtickets und Reisehandbücher.

Einreisebestimmungen

Erforderlich ist ein Reisepaß, der noch für mindestens sechs Monate über den Einreisetag hinaus gültig ist; bei Reisen durch mehrere Länder sollte er noch genügend freie Seiten für die überaus zahlreichen Stempel enthalten.
Schweizerische und österreichische Staatsbürger benötigen **für alle behandelten Staaten ein Visum.**
Bürger der **Bundesrepublik Deutschland** dagegen nur für **Mauretanien, Benin, Ghana und Mali** sowie für die Nachbarstaaten **Guinea-Bissau, Sierra Leone, Liberia, Guinea und Nigeria**. (Visum für Guinea-Bissau innerhalb von 24 Std. in Banjul problemlos erhältlich; nicht Tourismus, sondern „Besuche" angeben! Visum für Guinea in Bamako nicht erhältlich, aber in Dakar und Accra (sicherer ist es jedoch, dieses in Deutschland zu besorgen); Visum für Sierra Leone problemlos bei der British High Commission in Abidjan; Visum für Nigeria in Lomé/Togo, Cotonou/Benin, oder in Tunis bei der britischen Botschaft innerhalb von 2 Tagen.)
Visa sollten Sie **rechtzeitig** (mindestens 6 bis 8 Wochen vor Reiseantritt) bei den zuständigen Botschaften **beantragen**; diese schicken auf Anfrage auch die erforderlichen Antragsformulare zu.
Unterwegs lassen sich Visa auch besorgen, jedoch nicht immer problemlos, da längst nicht alle Staaten diplomatische Vertretungen in den Nachbarländern haben.

Achtung: Visa gibt es nur bei den Botschaften, nicht an den Grenzen!

Die Visagebühren sind im allgemeinen relativ hoch (z.T. 30 DM und mehr), von Land zu Land sehr unterschiedlich.
Sofern Ihre Reiseroute einigermaßen feststeht, ist zu empfehlen, sich die Visa „zu Hause" zu besorgen; das spart unterwegs nicht nur Zeit, sondern vor allem Nerven (außer Visum für Nigeria, welches in Deutschland nur mit Bankbürgschaft erhältlich ist).

Impfbestimmungen

Impfungen gegen Gelbfieber und Cholera (im Internationalen Impfpaß eingetragen) sind nur vorgeschrieben, wenn man aus einem Infektionsgebiet kommt. Der Impfpaß wird zwar nicht an jeder Grenze kontrolliert, können Sie diesen jedoch auf Anfrage nicht vorweisen, wird man Ihnen sicherlich die Einreise verweigern. Der Impfpaß ist daher ein genauso wichtiges Reisedokument wie der Reisepaß.

Malariaprophylaxe und weitere Maßnahmen zur Gesundheitsvorsorge *siehe nächstes Kapitel Gesundheitstips.*

Einreisebeschränkungen

Wegen der Tuaregaufstände und zahlreicher Überfälle ist eine Einreise in die nördlichen Gebiete Malis derzeit nicht möglich. Die Tanezrouftpiste ist gesperrt.
Die Gebiete des nördlichen Niger sind aufgrund der gleichen Problematik *(siehe auch Kastentext im Kapitel Land und Leute „Aufstand in der Wüste")* sehr unsicher. Obwohl die Hoggarpiste

offen ist (Befahrung nur im Konvoi), wird von Reisen im Nordniger derzeit abgeraten (Stand Mai 1994).

Da sich dies jedoch kurzfristig ändern kann, sollten Sie sich vor Reiseantritt bei der Botschaft in Bonn oder bei den Konsulaten erkundigen.

Trotz anderweitiger Aussagen der mauretanischen Botschaft ist eine **Anreise nach Westafrika über Marokko – Mauretanien** seit Herbst 1992 wieder und nach wie vor möglich. Die Strecke kann im Konvoi befahren werden und die Grenzbehörden störten sich bislang nicht daran, wenn das Visum nur für die Einreise per Flugzeug oder auf dem Landweg von Mali oder Senegal kommend, gültig war.

Ein Visum für die Einreise per Land von Marokko aus stellen die mauretanischen Behörden nicht aus, deshalb sollten Sie dieses als Einreiseland erst gar nicht erwähnen. Die mauretanischen Behörden stellen sich auf den Standpunkt, daß eine Einreise von Marokko aus nicht möglich ist, da es keine gemeinsame Grenze gibt. Die Annektion der Westsahara wurde von Mauretanien nicht anerkannt. Solange der Status der Westsahara nicht offiziell geklärt wurde, gibt es deshalb auch keine offizielle Grenze zwischen den beiden Staaten. Auf der Michelinkarte von 1994 wurde (wahrscheinlich aufgrund von mauretanischer Einflußnahme) die Verbindungsstrecke zwischen der Westsahara und Mauretanien im Süden weggelassen und die Strecke entlang der Atlantikküste in Mauretanien und dem Nationalpark Parc D´Arguin als „piste interdite" ausgewiesen *(siehe auch Kapitel Mauretanien).*

Gesundheitstips

Impfungen
Welche **Impfungen** für das jeweilige Land vorgeschrieben sind, finden Sie in dem jeweiligen Länderkapitel.
In ganz Westafrika besteht aufgrund der weitverbreiteten Fäkaliendüngung ein relativ **hohes Infektionsrisiko**. Man kann sich jedoch durch eine Injektion Gammaglobulin *(s.u.)* etwas schützen (für ca. 6 Wochen ein etwa viermal geringeres Risiko).
Außerdem kann man das Risiko durch entsprechende Reinlichkeit erheblich verringern. Hände oft und gründlich waschen, nicht jedem die Hand drücken, Wäsche häufig wechseln, möglichst kein unabgekochtes bzw. ungefiltertes Wasser trinken, keine frischen Salate, kein Eis etc. essen.
Cook it, peel it or forget it! – das ist eine der wichtigsten Regeln bei der Nahrungsaufnahme in tropischen Ländern!
Die **Hepatitis A** ist in allen tropischen und subtropischen Gegenden aufgrund mangelhafter hygienischer Verhältnisse weit verbreitet, und wird entweder über Nahrungsmittel, Trinkwasser, Kontakt mit infizierten Personen oder durch infizierte Spritzen übertragen. Die infizierte Person scheidet die Hepatitis-A-Viren bereits zwei Wochen vor Auftreten erster *Symptome* mit dem Stuhl aus. Bei Fäkaliendüngung und entsprechender Lebensweise kann dies zur Verseuchung von Speisen (Salate, Muscheln usw.) führen.
Symptome der infektiösen Gelbsucht (Hepatitis A) sind Appetitlosigkeit, Abneigung gegenüber fetten Speisen, Alkohol und Nikotin, Abgeschlagenheit, Übelkeit; außerdem können Fieber (bis 39 Grad), Durchfälle und Schmerzen unter dem rechten Rippenbogen (Leber) auftreten. In späterem Stadium eine Gelbfärbung der Augen, Dunkelfärbung des Urins bei gleichzeitiger Entfärbung des Stuhls (weißlich!). Spätestens bei diesen Symptomen sollten Sie einen Arzt konsultieren! Der Kranke sollte jede körperliche Anstrengung vermeiden (Bettruhe!), kein Alkohol und Schonkost aus gekochten, leichten Speisen (Gemüse, Obst, mageres Fleisch und gekochter Fisch, Reis, Haferflocken usw.); keine gebratenen oder fritierten und fetten Speisen. Aber alles, was der Kranke nicht essen sollte, schmeckt ihm normalerweise während der Krankheit ohnehin nicht.
Durch eine Blutuntersuchung kann man feststellen, ob bereits Antikörper im Blut vorhanden sind; wenn ja, kann mit einem lebenslangen Schutz gegen Hepatitis A gerechnet werden. Wahrscheinlich hat man dann bereits (unbemerkt) eine Hepatitis-Infektion durchgemacht.
Es gibt inzwischen eine wirksame **Impfung gegen** Gelbsucht – **Hepatitis A** mit dem Impfstoff Havrix. Es handelt sich um eine zweimalige Impfung im Abstand von 14 Tagen, nach einem Jahr ist eine Wiederholungsimpfung notwendig. Eine Impfung gegen Hepatitis A ist aber auf jeden Fall empfehlenswert, wenn Sie häufig in tropische Länder reisen. Ein eingeschränkter Schutz gegen eine Hepatitis A stellt eine **Gammaglobulin**-Spritze dar *(s.o.)*. Dieses Mittel erhöht die Widerstandskraft des Körpers gegen jede Art von Krankheitserregern, also auch ge-

gen die meisten Arten der Hepatitis. Es wird daher von Tropenärzten bei kurzen und seltenen Tropenaufenthalten empfohlen, sich kurz vor der Abreise eine solche Spritze verpassen zu lassen. Der Schutz hält ca. 6 Wochen bis 3 Monate an und senkt das Risiko einer Infektion um 50 %.

Gegen die **Hepatitis-B-Serumhepatitis,** die auf dem Blutwege (z. B. durch Bluttransfusionen, durch ungenügend sterilisierte Spritzen, oral oder durch intimen Körperkontakt) übertragen wird, ist eine Impfung möglich, die jedoch sehr teuer ist (ca. 100 DM). Sie ist vor allem für Homosexuelle, Fixer, Prostituierte und Menschen mit häufig wechselnden Geschlechtspartnern, sowie Menschen in Heilberufen zu empfehlen.

Tetanus (Wundstarrkrampf) und **Polio** (Kinderlähmung) zählen zu den sogenannten Standardimpfungen; ihre Erreger sind auf der ganzen Welt anzutreffen, weshalb Sie auf jeden Fall dagegen geimpft sein sollten, egal, welches Land Sie bereisen.

Bei den sogenannten Auslandsimpfungen wie Pocken, Gelbfieber, Typhus und Cholera ist folgendes zu berücksichtigen.

Pocken waren lange Zeit angeblich auf der ganzen Welt ausgerottet, weshalb die Weltgesundheitsorganisation WHO (sie hatte die Welt im Jahre 1980 für pockenfrei erklärt) das gesundheitliche Risiko lediglich bei der Impfung selbst sah; inzwischen sind jedoch angeblich wieder einige Pockenfälle bekannt geworden!

Die Pockenimpfung ist z. Zt. in keinem Land vorgeschrieben!

Die Erreger von **Gelbfieber** sind überall im tropischen Afrika anzutreffen und werden von Stechmücken übertragen.

Diese **Impfung ist dringend zu empfehlen**; Gültigkeit 10 Jahre! In den meisten Ländern Westafrikas wird daher der Nachweis dieser Impfung im gelben Internationalen Impfausweis verlangt.

Die Impfung gegen **Typhus** (Schluckimpfung mit Typhoral L) kostet ca. 30 DM und bietet nur einen Schutz von 85% für die Dauer von einem Jahr. Wer diese Schluckimpfung machen will, sollte bedenken, daß sie nicht zusammen mit Antibiotika, Sulfonamiden sowie Malariamitteln eingenommen werden darf; auch ist ein gewisser Zeitabstand zu anderen Impfungen zu beachten.

In Westafrika ist die **Cholera** selten, häufiger dagegen in Zentralafrika. Da die Impfung jedoch nur einen geringen Schutz bietet, wird sie von der WHO nicht mehr verlangt, wohl aber von den jeweiligen nationalen Gesundheitsbehörden, wenn man aus einem Infektionsgebiet kommt oder bei einer Epidemie.

Mit den Impfungen sollte spätestens 4 bis 8 Wochen vor Abreise begonnen werden!

Zum Beispiel:
7 Wochen vor Ausreise:
erste Tetanusimpfung, Polio;
4 Wochen vor Ausreise:
Hepatitis A erste Impfung;
3 Wochen vor Ausreise:
Gelbfieber (mit 4 Wochen Abstand zur Polio), zweite Tetanusimpfung;
2 Wochen vor Ausreise:
Typhus. Hepatitis A zweite Impfung;
1 Woche vor Ausreise:
Cholera und Beginn der Malariaprophylaxe;
Etwa zwei Tage vor Ausreise:
Gammaglobulin (Hepatitis), sofern nicht die Hepatitis A Impfung gewählt wurde.

Dies ist nur ein Vorschlag! Erkundigen Sie sich genau über die jeweils vorgeschriebene bzw. notwendige Infektionsprophylaxe bei Ihrem Tropeninstitut! Wer sich einen vollständigen Schutz gegen Tropenkrankheiten zulegen will, der kann sich gegen *Gelbfieber, Cholera, Typhus, Paratyphus, Wundstarrkrampf, Poliomyelitis, Diphtherie, Tuberkulose* und *Pocken* impfen lassen; inwieweit dies sinnvoll ist, ist eine andere Frage, meist auch überflüssig, wenn man bestimmte Vorsichtsmaßnahmen und Verhaltensregeln (Hygiene!) beachtet.

Gesundheitsvorsorge

Da **Malaria** und **Hepatitis A** nach wie vor zu den gefährlichsten Tropenkrankheiten zählen, sollten Sie sich nicht allein auf Medikamente und Impfungen verlassen, sondern auch durch Ihr Verhalten eine mögliche Infektion von vorneherein verhindern oder zumindest einschränken.

Eine besonders wichtige Rolle spielt in diesem Zusammenhang die **Trinkwasserversorgung**. Trinken Sie unterwegs nach Möglichkeit kein unbehandeltes Wasser!!! Mit einem Katadyn-Taschenfilter z. B. kann man sich sein Trinkwasser selbst zubereiten und sogar trübes Wasser aus verschmutzten Tümpeln oder Wasserlöchern filtern und entkeimen (hilft jedoch nicht gegen den Medinawurm!). Der Katadyn-Filter ist angeblich absolut virendicht und filtert auch die Krankheitserreger von Cholera, Typhus, Ruhr, Amöben und Bilharziose-Parasiten heraus. Eine andere Möglichkeit, unterwegs keimfreies Wasser herzustellen, bietet MICROPUR (Tabletten oder Pulver). Es entkeimt klares Wasser bis zu 6 Monaten, desinfiziert den Wassertank, ist unbegrenzt haltbar und auch bei Überdosis für den Menschen absolut unschädlich. (Nachteil: es braucht 1 Std. bis zur vollen Wirkung, was einen, wenn man sehr durstig ist, schon auf eine harte Probe stellen kann!). Wesentlich billiger und praktischer, da es das Wasser sofort entkeimt, ist das Präparat ROMIN.

Achten Sie bei starkem **Schwitzen** darauf, den Flüssigkeits- und Salzverlust zu ersetzen, und sorgen Sie für ausreichende Vitaminzufuhr (Obst, und bei sehr einseitiger Ernährung, Vitamintabletten).

Bei der intensiven **Sonneneinstrahlung** in diesen Breitengraden sollten Sie, vor allem, wenn Sie sich länger in der prallen Mittagssonne aufhalten, unbedingt ihren Kopf durch einen Hut oder ein Kopftuch schützen, um einen möglichen Sonnenstich und Hitzschlag zu vermeiden. Und lassen Sie sich nicht in der größten Mittagshitze am Strand braten, außer Sie wollen am Abend krebsrot aussehen (und die Hautkrebswahrscheinlichkeit steigern). Die meisten Reisenden unterschätzen die Sonneneinstrahlung in den Tropen völlig!!!

Eine **Erkältung** erwischt man im tropischen Klima sehr schnell. Die Zugluft in Bussen und Buschtaxis wird zwar im ersten Moment als erfrischend erlebt, verursacht aber gerade dann leicht eine Erkältung, wenn man überhitzt oder in Schweiß gebadet ist.

Ebenso sind klimatisierte Räume ungesund. Wenn Sie auf eine Klimaanlage (in Ihrem Hotelzimmer) nicht verzichten können, so stellen Sie diese wenigstens auf die kleinste Stufe und vermeiden Sie es, sich von einem Ventilator, der lediglich die Luft im Zimmer umwälzen soll, direkt anblasen zu lassen.

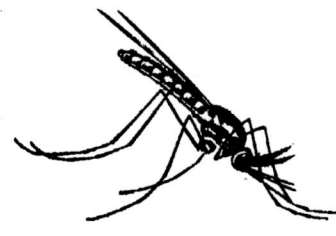

Anophelesmücke

Malaria ist die weitverbreitetste Infektionskrankheit (250 Millionen Menschen erkranken jährlich, geschätzte Todesfälle ca. 2 Millionen pro Jahr). Sie wird durch Stiche der weiblichen Anophelesmücke übertragen, insbesondere während der Dämmerung und in der Nacht. Man sollte daher möglichst versuchen, gar nicht erst gestochen zu werden. In der Nacht ist man unter einem Moskitonetz am besten geschützt; es läßt sich relativ leicht aus Moskitotüll bzw. Gardinenstoff (Maschengröße max. 1 mm) herstellen. Überprüfen Sie jedoch vor dem Einschlafen, ob das Netz auch überall dicht ist! Eine andere Möglichkeit, sich vor Stichen zu schützen, sind Mittel zum Auftragen auf die Haut (z. B. Zedan, Autan etc.) oder Räucherspiralen (Tiger Brand Moskito-Coils); dies sind aus Kräutern hergestellte Spiralen, die, ähnlich wie Räucherstäbchen, langsam durchglühen und dabei einen Rauch entwickeln, der die Mücken vertreibt. Bei sehr trockener Luft und bei Wind ist eine Spirale nach etwa 5 Stunden abgebrannt, bei hoher Luftfeuchtigkeit und Windstille dauert es bis zu 8 Stunden. Schließlich ist auch zu empfehlen, nach Sonnenuntergang eine lange Hose, Socken und Oberbekleidung mit langen Ärmeln zu tragen, durch welche die Mücken nicht hindurchstechen können. (Den Körper so gut wie möglich mit Kleidung zu bedecken, ist auch tagsüber vor allem wegen Sonnenbrand, Flüssigkeitsverlust und Parasiten zu empfehlen. Kleidung schützt den Körper!!!).

Wichtig ist natürlich auch die regelmäßige(!) Einnahme von Chloroquin-Präparaten (Resochin, Nivaquine etc.). Bei starken Durchfällen oder Erbrechen kurz nach der Einnahme sollte man die Dosis vorübergehend erhöhen; am besten verträglich abends nach dem Essen mit reichlich (alkoholfreier) Flüssigkeit. Um die Einnahme nicht zu vergessen, empfiehlt es sich, das Medikament stets an den gleichen Wochentagen (z. B. Montag und Donnerstag) oder täglich ½ Tablette zu nehmen. Die Einnahme sollte 1 Woche vor Einreise begonnen und 6 Wochen nach Verlassen des Malariagebietes fortgesetzt werden!!!

Für Westafrika wird derzeit eine Kombination aus Paludrine und Resochin empfohlen; über den aktuellen Stand sollten Sie sich unbedingt bei Ihrem Tropeninstitut erkundigen.

Die **Symptome der Malaria** sind anfallartiges Fieber (meist abends), Schüttelfrost, Schweißausbruch, Benommenheit und Gliederschmerzen. Charakteristisch ist außerdem, daß diese Symptome in regelmäßigen Abständen (täglich, jeden dritten oder jeden vierten Tag) wiederkehren. Viele fieberhafte Erkrankungen haben ähnliche Symptome aufzuweisen; die Verwechslung mit einer Grippe kommt sehr häufig vor. Daher immer einen Erregernachweis im Blutausstrich (goutte épaisse) in einem Labor machen lassen. Zur Behandlung unbedingt einen Arzt aufsuchen.

Da die Inkubationszeit etwa 7 Tage dauert, besteht somit der Verdacht auf eine Malaria-Infektion, wenn vom 8. Tag nach der Einreise Fieberanfälle mit Schüttelfrost und/oder Gelenkschmerzen auftreten.

Notfalls, wenn kein Arzt zu finden oder erreichbar ist, auf Verdacht mit *Mefloquin (Lariam R)* behandeln, unter Berücksichtigung der für dieses Präparat geltenden Gegenanzeigen.

Notfalltherapie: 1000 mg (= 4 Tabl. oder 15 mg/kg) als Eintagesdosis. (Zur vollständigen Ausheilung bei Europäern und anderen Nicht- Immunen auf höhere Dosis unter ärztlicher Aufsicht empfohlen: initial 750 mg, nach 6 Std. 500 mg, falls Körpergewicht über 60 kg: nach 12 Std. weitere 250 mg.) Dabei viel trinken und Bettruhe; evtl. Wadenwickel und Kreislaufmittel. Malaria sollten Sie nicht unterschätzen, sie kann tödlich sein! (z. B. die Malaria tropicana ist in 20% der Fälle tödlich!) Wird sie jedoch rechtzeitig erkannt, läßt sie sich (bei richtiger Behandlung) fast immer ausheilen.

Eine Behandlung mit *Halofantrin (Halfan R)* ist *nur* unter der Kontrolle eines Arztes zu empfehlen, da es in Zusammenhang mit der Einnahme von Halofantrin in seltenen Fällen zu lebensbedrohlichen Herz-Rhythmus-Störungen sowie zu Todesfällen gekommen ist. Ob dabei ein kausaler Zusammenhang mit der Einnahme von *Halfan* besteht, wird derzeit erforscht.

Die bisher häufig verabreichten Mittel *Fansidar* und *Daraprim* sind inzwischen wegen schädlicher Nebenwirkungen (auch Todesfällen) in Verruf geraten. Zur Zeit können daher für die normale Malariaprophylaxe *Chloroquin (Resochin R)*, bei Chloroquinresistenz in Verbindung mit *Proguanil (Paludrine R)* unter Berücksichtigung der für diese Präparate geltenden Gegenanzeigen ohne große Einschränkungen empfohlen werden. In Gebieten mit sehr hohem Malariarisiko und verbreiteten (Multi-) Resistenzen bietet eine Prophylaxe mit *Mefloquin (Lariam R)* derzeit den besten Schutz. (Zur Vergewisserung sollten Sie sich jedoch immer über den aktuellen Stand im nächsten Tropeninstitut erkundigen, *siehe Liste unten.*)

Bei fieberhaften Erkrankungen selbst Monate nach der Rückkehr sollten Sie immer an Malaria denken und Ihren Arzt auf diesen Verdacht hinweisen.

Eine der ältesten bekannten Tropenkrankheiten ist die **Bilharziose;** in ganz Afrika weitverbreitet. Die Erreger dieser Krankheit sind winzige Parasiten, die im Wasser von trüben, stehenden oder langsam fließenden Gewässern (in einer Wasserschnecke als Zwischenwirt) leben. Die Parasiten dringen durch die Haut (gewöhnlich der Füße) in den Körper des Menschen ein und wachsen in 8 Wochen innerhalb der Blutgefäße zu 2 cm langen Würmern heran. Im Darm oder in der Blase setzen sie sich schließlich fest; erst jetzt (nach Monaten) tauchen die ersten *Symptome* auf: blutiger Urin oder Stuhl und schmerzhaftes Wasserlassen, Fieber und chronische Darm- und Blasenentzündung. Sie können sich aber auch in der Leber festsetzen und dort zu schweren Schädigungen führen. Bei rechtzeitiger Behandlung kann die Krankheit inzwischen wirksam geheilt werden. Das Baden in stehenden oder langsam fließenden, tropischen Gewässern ist daher zu meiden! Große Infektionsgefahr besteht im *Dogonland* in Mali, hier möglichst alle Seen und Flüsse meiden. Manchmal läßt es

Baden in Flüssen und Seen vermeiden, Billharziosegefahr!

sich bei Expeditionen jedoch nicht vermeiden, durch stehende Gewässer zu waten. Es sind auch schon Bilharziosefälle bekannt, geworden die durch Hotelduschen, die mit See- oder Flußwasser oder Zisternen betrieben werden, verursacht wurden! Lassen Sie, falls eine Infektionsgefahr bei Ihrem Aufenthalt in Westafrika bestanden hat, auf alle Fälle zwei bis drei Monate nach Ihrer Heimreise eine Stuhl- und Urinuntersuchung machen! Es gibt inzwischen zur Behandlung ein gutes und wirksames Medikament, bei Nichtbehandlung führt die Krankheit allerdings zum schleichenden Tod.

Ähnlich häufig in begrenzten Gebieten Afrikas (vor allem Mali/Niger) kommt der **Medinawurm** vor. Meist entsteht zunächst eine Blase, dann ein kleines Geschwür am Bein, in dessen Mitte der Kopf des Wurmes (Weibchen wird bis zu 1 m lang) sichtbar wird. Kommt man mit der Öffnung an Wasser, werden die Larven ausgeschieden und von winzigen Krebsarten gefressen, die mit dem bloßen Auge nicht sichtbar sind. In diesen entwickeln sie sich dann weiter. Trinkt man Wasser, das aus offenen Brunnen stammt, ungefiltert, kann man diese winzigen Krebse mitverschlucken. Daher in diesen Gebieten das Wasser im Zweifelsfalle entweder abkochen oder filtern.

Die Erreger der **Onchozerkose** (Flußblindheit) sind Filarien, lange fadenförmige Gewebswürmer, deren Larven durch Mücken übertragen werden, die nur in Flußgebieten vorkommen. Sie verursachen chronischen Juckreiz und Knotenbildungen unter der Haut und führen zur Erblindung. Früher wurden durch diese Krankheit ganze Landstriche im Volta- und Nigergebiet entvölkert. Die WHO hat dort in den letzten Jahren eine Kampagne zur Bekämpfung der Onchozerkose durchgeführt, mit einigem Erfolg, so daß man inzwischen darangeht, einzelne Gebiete wieder zu besiedeln.

Sonstige **Insektenstiche** sind unangenehm, aber nicht gefährlich. Zur Gefahr werden sie erst, wenn sie aufgekratzt werden und sich entzünden. In feuchtem, tropischem Klima können sich unangenehme Ekzeme entwickeln, die nur schwer abheilen und sich dann tief in das Fleisch und sogar in den Knochen bohren. Daher lieber nicht kratzen! Und wenn es unbedingt sein muß, neben dem Stich kratzen!

Durchfälle können völlig harmlos sein. Sie entstehen oft allein aufgrund der Klimaumstellung, des ungewohnten Essens, zu kalter Getränke in großen Mengen oder durch Verwendung von schlechtem Fett beim Braten, sowie durch Erkältung, Aufregung u. a. Wenn zuviel getrunken wird, verdünnt dies die Magensäure, welche die Bakterien abtötet. Die Konzentration bleibt erhalten, wenn sehr stark gesalzen wird. Scharfe Gewürze (mit Chilli, Pfeffer oder Knoblauch) vermindern ebenso das Risiko einer Darminfektion, da sie die Sekretion des Magensaftes anregen, der keimtötende Wirkung hat. Knoblauch wirkt nicht nur im vorbeugenden Sinne gegen Magen- und Darmerkrankungen, sondern hat auch einen desinfizierenden Effekt, wodurch unerwünschte Bakterien und Parasiten sowie Fäulnisprozesse im Darm gehemmt bzw. verhindert werden.

Ein gefährliche Durchfallerkrankung ist die **Amöbenruhr**. Erreger sind einzellige Darmparasiten, die mit dem Stuhl ausgeschieden werden und vor allem durch Fäkaliendüngung und Schmierinfektion wieder auf andere Menschen übertragen werden. Vom harmlosen Reisedurchfall unterscheidet sie sich durch den schleimigen, von Blut durchsetzten Stuhl. Die sonstigen **Symptome** ähneln einer Grippe, was die Gefahr einer falschen Behandlung in sich birgt. Daher bei einer Grippe nach der Rückkehr immer an die Möglichkeit einer Amöbenruhr denken! Die Verschleppung von Amöben in die Leber und andere Organe kann zu erheblichen Komplikationen führen. Die Behandlung ist kein Problem, wenn die Krankheit rechtzeitig erkannt wird.

Bei einem normalen Reisedurchfall sollten Sie am besten Diät mit schwarzem Tee, Zwieback, Haferflocken und viel Salz halten und Kohletabletten oder ein anderes Durchfallmedikament zu sich nehmen. Bei starken Flüssigkeitsverlusten sollte der Tee mit 1 Teel. Salz und 10 Teel. Zucker pro Liter getrunken werden! Eine andere Möglichkeit, den Flüssigkeitshaushalt wieder ins Gleichgewicht zu bringen, sind Glucose-Elektrolyt-Mischungen wie *Elotrans*, *Oralpädon* für Kinder oder *GEM*. (Unterwegs in manchen Ländern auch als *Sel de Rehydration orale* erhältlich.)

Greifen Sie nicht gleich zu schweren Geschützen wie *Sulfonamiden* und *Antibiotika*; die töten nämlich nicht nur die Bakterien, sondern schädigen auch die Darmflora. Heben Sie sich solche Mittel für ernste Fälle auf! Sollten die Durchfälle jedoch von Fieber, Benommenheit, Krämpfen begleitet werden und sich über Wochen hinziehen, ist auf alle Fälle im Arzt aufzusuchen.

Das **Dengue-Fieber** (engl. *dandy feaver*, franz. *la dengue*), auch Siebentagefieber genannt, ist ein plötzlicher Fieberanfall mit heftigen Gelenk- und Muskelschmerzen. Es ist in allen tropischen Ländern anzutreffen. Die Übertragung erfolgt durch den Stich der Gelbfieber-

188 Reisevorbereitungen

mücke. Das Fieber bleibt meist für 2–3 Tage; dabei treten Kopf-, Augen- und Rückenschmerzen auf, die auch nach Abklingen des Fiebers oft noch längere Zeit bleiben. Am 4./5. Tag tritt evtl. ein juckartiger Hautausschlag auf, mit erneutem Fieberanstieg.

Sie sollten auf alle Fälle einen Arzt aufsuchen, da leicht eine Verwechslung mit **Meningitis** (Hirnhautentzündung) möglich ist; nur ein Arzt kann dies durch eine Rückenmarkspunktion im Zweifelsfalle abklären.

Die Meningitis ist in Afrika weit verbreitet und endet, wenn zu spät erkannt, oft tödlich. Übertragen wird die Krankheit (ähnlich wie eine Erkältung) durch Tröpfcheninfektion von Mensch zu Mensch oder durch direkten Kontakt. Es gibt verschiedene Krankheitsbilder, denen allen gemeinsam jedoch in der Regel *Symptome* wie plötzliches hohes Fieber, Erbrechen, starke Kopfschmerzen und ausgeprägte Nackensteifheit sind. Jede Meningitis bedarf unbedingt ärztlicher Behandlung!!! (Angeblich ist neuerdings eine Impfprophylaxe möglich.)

Geschlechtskrankheiten sind nicht nur in den vom Massentourismus heimgesuchten Ländern weit verbreitet, sondern mehr oder weniger eigentlich überall in den Tropen anzutreffen. Am ehesten Schutz bieten Kondome oder Enthaltsamkeit. Eine Infektion ist auch auf oralem Wege möglich. Syphilis verläuft in der Frühphase häufig symptomlos; sie kann jedoch bei einer routinemäßigen Untersuchung festgestellt und mit einer hohen Antibiotika-Dosis behandelt werden. Meist wird jedoch durch unsachgemäße Einnahme der Antibiotika eine Resistenz gegenüber bestimmten Präparaten bewirkt, weshalb in der Zwischenzeit nur noch massive Antibiotika-Hämmer wirken.

Ebenso ist beim Tripper (Gonorrhoe) eine zunehmende Widerstandsfähigkeit der Erregerkulturen festzustellen. Außerdem treten auch vermehrt schwierig zu behandelnde **Virus-** und **Pilzinfektionen** auf, die ebenfalls durch Geschlechtsverkehr übertragen werden.

Beim geringsten Verdacht auf eine Geschlechtskrankheit sollten Sie den nächsten Arzt aufsuchen.

In diesem Zusammenhang ist natürlich auch die Viruskrankheit **AIDS** (franz. *SIDA*) zu nennen, die das menschliche Abwehrsystem schwächt; ein Gegenmittel ist bisher nicht bekannt.

In der letzten Zeit wurde von der Presse sehr viel Panik gemacht, und eine richtige AIDS-Angst machte sich in der Bevölkerung breit. Horrormeldungen von entvölkerten Landstrichen in Zentral- und Ostafrika erschütterten die Gemüter. Verschiedene Theorien über Herkunft und Ursache von AIDS gingen nacheinander durch die Medien. Mit Angst und Schrecken ist jedoch dieses Thema nicht zu bewältigen, sondern nur mit Verantwortung.

Auch wenn AIDS in Westafrika noch nicht so weit verbreitet ist, wie in Zentral- und Ostafrika, so sollten Sie es nicht verharmlosen. Da der HI-Virus hauptsächlich durch Geschlechtsverkehr übertragen wird, sollten Sie nicht nur zu Ihrem Schutz, sondern auch zum Schutz anderer, insbesondere bei Sexualkontakten mit Prostituierten, Strichern und Personen, die sie nur flüchtig kennen, Kondome benutzen.

HI-Viren sind vor allem im Blut, in der Samen- und Scheidenflüssigkeit enthalten (nur in geringen Mengen im Speichel); daher ist eine Ansteckung vor allem bei analem, vaginalem und oralem Sexualkontakt möglich. Kleinste

Apotheker in Guinea

Verletzungen der dünnen Mund- und Darmschleimhaut genügen dem HI-Virus, um in den Körper einzudringen.

Über andere Kontakte wie Händeschütteln, Umarmungen usw. ist eine Ansteckung nicht möglich, genausowenig wie durch Speisen und Getränke, die Benutzung von Eß- und Trinkgeschirr, Schwimmbädern, öffentlichen Toiletten oder durch Anhusten, Annießen oder durch Insektenstiche.

Benutzen Sie jedoch immer nur Ihre eigene Zahnbürste (Zahnfleischbluten!) und Ihren eigenen Kamm bzw. Bürste. Außerdem sollte man beachten, daß Blutkonserven in vielen tropischen Ländern nicht untersucht werden können; das Risiko ist daher relativ groß, sich bei einer Bluttransfusion zu infizieren.

Gehen Sie auf alle Fälle einige Wochen vor der Abreise noch einmal zum Zahnarzt, denn die veränderten Klimabedingungen können versteckte Entzündungsherde aktivieren. In einem Entwicklungsland zum Zahnarzt gehen zu müssen, ist meist keine angenehme Sache!

Auch wenn man keine Krankheitssymptome (wie z. B. ständige Abgeschlagenheit, Durchfälle, häufig wiederkehrende Fieberanfälle, auffallende Verfärbung des Urins oder Stuhls oder auffällige Hauterscheinungen) hat, sollte man etwa zwei bis drei Monate **nach Rückkehr eine tropenmedizinische Untersuchung durchführen lassen**, um abzuklären, ob man nicht irgendwelche Krankheitserreger bzw. Parasiten mitgebracht hat, welche, wenn sie unbemerkt bleiben, unter Umständen schwerwiegende Langzeitfolgen haben können. Viele Tropenkrankheiten haben eine lange Inkubationszeit!

In Westafrika gibt es verschiedene Arten von **Schlangen** und **Skorpionen,** darunter auch eine ganze Reihe von giftigen. Das Risiko, gebissen bzw. gestochen zu werden, ist allerdings nicht besonders groß, da die Tiere sehr scheu sind und nach Möglichkeit vor dem Menschen fliehen. Da die meisten Arten nachtaktiv sind, besteht nachts die größte Gefahr.

Folgende Vorsichtsmaßnahmen sollten Sie daher beachten: Gehen Sie im Busch niemals barfuß und möglichst auch nicht in Sandalen; bewegen Sie sich dort, wo Sie mit Schlangen zu rechnen haben, möglichst geräuschvoll (festes Auftreten vertreibt die Schlangen, jedoch nicht die ungeheuer trägen Skorpione!) bzw. schlagen Sie mit einem Stock auf das Gebüsch oder auf den Boden. Bedenken Sie, daß sich Schlangen und Skorpione vor der Tageshitze gerne in Mauerritzen, Felsspalten oder unter Steinen verkriechen. Lassen Sie besondere Vorsicht walten, wenn Sie im Freien übernachten, denn Schlangen und Skorpione suchen nachts die Wärme und kriechen deshalb gerne in Schlafsäcke oder Schuhe (aus dem gleichen Grunde legen sie sich abends gerne auf Asphaltstraßen, die die Tageshitze gespeichert haben). Nach dem Aufwachen vorsichtig Schlafsack, Decken, abgelegte Kleider und Schuhe sowie den Lagerplatz inspizieren. Eventuell Kleider etc. nachts in einer Plastiktüte verpacken und zubinden oder aufhängen. Auch Proviant sollten Sie nach Möglichkeit aufhängen und auf alle Fälle in einiger Entfernung vom Schlafplatz aufbewahren, da Mäuse, Käfer und andere kleine Nagetiere dadurch angelockt werden. Das Rascheln stört meist beim Schlafen und läßt sich außerdem im Dunkeln nicht als ungefährlich abtun. Skorpione verkriechen sich auch gerne in verdorrten Bäumen und im Gestrüpp; daher besondere Vorsicht beim Holzsammeln! In bezug auf Feuer ist folgendes zu beachten: Schlangen fliehen normalerweise vor dem Feuer, werden aber zunächst aufgescheucht. (Ich hörte unterwegs, daß jemand direkt neben dem Feuer von einer Schlange gebissen worden ist!) In der Nähe von Wasser sollten Sie bedenken, daß Schlangen sehr gut schwimmen können und nicht, wie häufig fälschlicherweise angenommen, wasserscheu sind.

Sollten Sie gebissen bzw. gestochen werden, die Wunde zum Herz hin fest abbinden und sofort einen Arzt aufsuchen!!! Versuchen Sie sich das Aussehen des Tieres zu merken, denn eine genaue Beschreibung hilft, das richtige Anti-Serum auszuwählen.

Eine erste Hilfe soll der *Schwarze Stein* (od. Black Stone) bieten, der von den Einheimischen häufig verwendet wird. Auch die Weißen Väter, ein Orden, der in den schwierigsten Gebieten der Welt missionarisch tätig ist und über einige praktische Erfahrung in der 3. Welt verfügt, benützen diesen Stein.
Erhältlich ist der Schwarze Stein für ein paar Mark bei:
Prokuur der *Witte Paters,*
25, Keizerstraat, B-2000 Antwerpen.
Originaltext der Beschreibung:
Der schwarze Stein ist ein vortreffliches Heilmittel gegen Blutvergiftung, die durch Bisse bzw. Stiche von Schlangen, Tausendfüßlern, Spinnen, Bienen, Wespen und allen giftigen Insekten verursacht wird. Dieser Stein ist ein unfehlbares Mittel und sozusagen unmittelbar wirksam.
Der Schwarze Stein ist angeblich auch unfehlbar gegen alle Arten von Blutvergiftung, hervorgerufen durch irgendwel-

che Ursachen: Verwundungen, Hautverletzungen, Nägel, Geschwüre, Starrkrampf, Bisse von tollwütigen Hunden, vergiftete Pfeile usw.

Gebrauchsanweisung: Die Biß- oder Verwundungsstelle muß zum Bluten gebracht werden; sobald der Stein mit dem Blut in Kontakt kommt, bleibt er haften und löst sich erst dann, wenn er sämtliches Gift ausgesaugt hat (daher nicht festbinden!). In manchen Fällen läßt der Schmerz gleich nach, aber manchmal verursacht der Stein einen Schmerz, der das Geschwür zur Reifung bringt und in kurzer Zeit die Heilung bewirkt.

Wenn bei einmaligem Anlegen des Steines die Heilung nicht erfolgt, kann er mehrere Male, z. B. alle drei Stunden, angewandt werden bis zur vollkommenen Heilung.

Nach dem Gebrauch legt man den Stein eine halbe Stunde lang in warmes Wasser; wenn keine Bläschenbildung mehr stattfindet, legt man ihn zwei Stunden lang in Milch. Danach wird er mit frischem Wasser abgewaschen und dann an der Luft gut getrocknet.

Der Stein kann unbegrenzt lange benützt werden. Wie die modernen Wissenschaften allerdings dazu stehen, ist mir nicht bekannt.

Zum bekannten Aufschneiden und Aussaugen der Wunde sollten Sie nur im äußersten Notfall greifen, denn die Gefahr einer Infektion bei unsachgemäßer Durchführung kann unter Umständen größer sein, als die des Schlangengiftes. Die Wirkung von Skorpionbissen wird ohnehin meist weit überschätzt. Die Bisse sind zwar sehr schmerzhaft, für einen erwachsenen Menschen mit stabilem Kreislauf aber nur in sehr seltenen Fällen lebensbedrohend, für Kinder dagegen schon.

Informationsquellen
Bücher

Weitere Informationen über Tropenkrankheiten finden Sie in folgenden Büchern:
Wo es keinen Arzt gibt von Dr. Werner (Reihe Reise Know-How),
Dünnpfiff, Gips und Reisefieber bzw. *Taschenklinik* von Dr. Rainer Lössl
Praktisch für unterwegs ist die vom Tropeninstitut der Universität München herausgegebene Broschüre *Medizinischer Ratgeber für Tropen- und Fernreisende* (erhältlich gegen Voreinsendung von 7,- DM).

Tropenmedizinische Institute
Deutschland:
- 10179 Berlin-Mitte, Engeldamm 62, Tel. (0 30) 2 74 60.
- 20359 Hamburg, Bernhard-Nocht-Str.74, Tel. (0 40) 31 18 20.
- 69120 Heidelberg, Im Neuheimer Feld 324, Tel. (0 62 21) 56 29 25.
- 72074 Tübingen 1, Wilhelmstr. 31, Tel. (0 70 71) 29 23 64.
- 80802 München 40, Leopoldstr. 5, Tel. (0 89) 33 33 22.
- 97074 Würzburg, Salvatorstr. 7, Tel. (09 31) 7 91 28 21.

Schweiz:
- CH-4051 Basel, Socinstr. 57, Tel. (0 61) 2 84 82 55.

Österreich:
- A-1090 Wien, Kinderspitalgasse 15, Tel. (02 22) 40 64 39 20.

Tse-Tse-Fliege

Reiseapotheke

Für den Notfall sollten Sie eine Grundausstattung an Medikamenten und Verbandszeug dabei haben. Hier ein Vorschlag:

- **Malariaprophylaxe:**
  Resochin (manche bevorzugen eine Vorbeugung auf homöopathischer Basis, mit natürlichem Chinin).

- **Fieber:**
  Aspirin, Novalgin, Paracetamol (Fieberthermometer!).

- **Schmerz:**
  Gelonida, Aspirin.

- **Durchfall:**
  Kohletabletten, Diarrhel (homöopath. Mittel) bei leichtem Durchfall; bei längeren Durchfällen Kaopectate-Saft und Flüssigkeitsersatz durch Elotrans od. Oralpädon. Perenterol, Bactrim od. Eusaprim bei fieberhaftem, blutigem Durchfall.

- **Verstopfung:**
  Depuran (Pflanzenpräparat).

- **Infektionen:**
  Tetracyclin, Hostacyclin, Vibramycin (sollten Sie nur im Notfall ohne ärztliche Verschreibung nehmen!). Beachten Sie außerdem: ein Antibiotikum wirkt nur, wenn die auf dem Waschzettel (Beschreibung in der Medikamentenschachtel) angegebene Dosis nicht unterschritten wird! Sie sollten also das Medikament zu Ende nehmen und nicht nach zwei Tagen, wenn die Beschwerden abgeklungen sind, absetzen. Bei äußerlichen Infektionen wirkt antibiotischer Puder besser als Salbe, da er die Wunde auch austrocknet.

- **Multivitamintabletten:**
  Multibionta, Supradyn o. ä.

- **Kreislauf:**
  Effortil (Tropfen od. Tabletten); besonders in der Regenzeit kann das feucht-heiße Klima zu Kreislaufschwierigkeiten (Mattigkeit) führen.

- **Wundbehandlung:**
  zur Desinfektion: Mercurochrom, Betaisadona-Lösung;
  zur Heilung: Kamillosan, antibiot. Salbe: Betaisadona od. Aureomycin.

- **Verbandszeug:**
  Mull-Kompressen, Mullbinden, elastische Binden, Hansaplast, Dreiecktuch, Pinzette, Schere, 2 und 5 ml Einmalspritzen und Kanülen (sehr wichtig u. a., um sich vor einer AIDS-Infizierung und Hepatitis zu schützen; damit kann man bei intensiven Zollkontrollen jedoch auch als Fixer verdächtigt werden!).

- **Hautsalbe:** Kamillosan.

- **Übelkeit:** Paspertin-Tropfen.

- **Wasserdesinfektion:**
  Micropur-Tabletten, Romin, Certisil oder Relags- bzw. Katadyn-Filter.

- **Husten:**
  Wick-Vaporub (zum Einreiben), Codipront Dragees, Bisolvon.

- **Insektenschutzmittel:**
  Zedan, Autan, oder ähnliches, Moskitospiralen (auch unterwegs erhältlich). Zedan besteht aus Glycerin, Walnuß- und Zedernöl, Minze, Eukalyptus, Nelken etc. (in Apotheken erhältlich).

Reisegepäck

Grundsätzlich empfiehlt es sich, **möglichst wenig Gepäck** mitzunehmen. Jedes überflüssige Kilo kann unterwegs zur Qual werden. Mit der relativ ausführlichen Ausrüstungscheckliste möchte ich Ihnen eine Idee geben, was unterwegs alles nützlich sein kann, über jeden einzelnen Gegenstand ließe sich natürlich diskutieren, inwieweit er wirklich notwendig ist.

Also entscheiden Sie selbst, was Sie für wichtig halten. Ausschlaggebend ist natürlich immer die Art und Weise, wie Sie reisen, ob Sie zu Fuß in sehr abgelegene Gebiete gehen oder mehr oder weniger von Hotel zu Hotel fahren.

Ausrüstungs-Checkliste

- ❐ Rucksack oder Reisetasche
- ❐ Zelt
- ❐ Hängematte
- ❐ Kocher, Kochgeschirr
- ❐ Isolier-/Liegematte
- ❐ Schlafsack
- ❐ Schuhe (Sandalen, Wanderschuhe)
- ❐ Lange Hose bzw. Rock, Shorts
- ❐ T-shirts, Baumwollhemd
- ❐ Unterwäsche
- ❐ Sweatshirt od. Wollpullover
- ❐ Badeanzug, Badehose
- ❐ Geldgürtel, Brustbeutel, Hüfttasche
- ❐ Handtuch
- ❐ Sonnenhut
- ❐ Sonnenbrille (Gletscherbrille !!!)
- ❐ Hals- bzw. Kopftuch
- ❐ Wasserflasche
- ❐ Mikropur od. ähnl., Wasserfilter
- ❐ Feuerzeuge
- ❐ Taschenlampe, Kerzen
- ❐ Taschenmesser (Schweizer Offiziersmesser o.ä.)
- ❐ Vorhängeschloß
- ❐ Reisewecker
- ❐ Regenschirm
- ❐ Paketschnur
- ❐ Sonnenschutzmittel (mit hohem Lichtschutzfaktor!)
- ❐ Moskitonetz, Moskitospiralen
- ❐ Nähzeug, Sicherheitsnadeln
- ❐ Zahnbürste, Zahnpasta
- ❐ Seife, Shampoo
- ❐ Watte, Tempos, Toilettenpapier
- ❐ Tampons, Pille, Kondome
- ❐ Fieberthermometer
- ❐ Medikamente (s. Reiseapotheke)
- ❐ Reisepaß, Personalausweis, Visum
- ❐ Impfausweis
- ❐ Internationaler Studentenausweis
- ❐ Kompaß
- ❐ Führerschein (international)
- ❐ Paßbilder (ca. 10 Stück; je nach Reiseverlauf für Visabschaffung unterwegs)
- ❐ Reiseschecks, Bargeld
- ❐ Flugtickets
- ❐ Fotoausrüstung
- ❐ Kugelschreiber, Geschenke
- ❐ Reiselektüre, Landkarten
- ❐ Sprachführer (z. B. *Französisch für Afrika-Reisende*, Reihe Kauderwelsch, Peter Rump Verlag)

Rucksackausrüstung

Wenn Sie **überwiegend mit öffentlichen Verkehrsmitteln** reisen wollen, sollte Ihr **Reisegepäck möglichst kompakt** und **strapazierfähig** sein. Haben Sie sich vorgenommen, hin und wieder auch mal ein paar Kilometer zu Fuß das Land zu erkunden, so sollten Sie unbedingt einen **Rucksack** mitnehmen, denn das Schleppen unhandlicher

Gepäckstücke in tropischer Hitze kann zu einem Horrortrip werden. (Mancher zieht jedoch eine große, robuste Reisetasche einem Rucksack vor).Außer dem Rucksack bzw. der Reisetasche, die auch die grobe Behandlung in überfüllten und verschmutzten Bussen aushalten sollten, ist es ratsam, noch eine kleine Umhängetasche oder einen Tagesrucksack mitzunehmen, wo all die Dinge, die Sie während der Fahrt brauchen, Platz haben; denn wegen der Gepäckberge, die in und auf den Bussen verstaut werden, ist es während der Fahrt meist unmöglich, an sein Gepäck zu kommen. Ihre Wertsachen sollten Sie immer am Körper bei sich tragen!

Ein **Zelt** ist nur dann zu empfehlen, wenn man öfter „en brousse" campieren will, abseits von Siedlungen; man kann aber auch genausogut unter freiem Himmel schlafen. Sie werden jedoch ansonsten immer irgendeine andere Übernachtungsmöglichkeit finden. Die **Hängematte** gehört ohne Zweifel zu den Luxusartikeln, aber es gibt kaum etwas Schöneres, als eine warme tropische Nacht in der Hängematte zwischen zwei Kokospalmen zu verbringen.

Ein richtiger **Schlafsack** ist lediglich für die Übernachtung in der Sahara und im Sahel notwendig, wo in den Monaten Nov.–Febr. die Nächte sehr kühl werden (bis unter Null Grad in der Sahara, und 10 bis 15 Grad im Sahel). Mit zwei Decken kommt man im Sahel jedoch auch aus. Ein Leinenschlafsack o. ä. ist oft wegen der nicht ganz sauberen Bettwäsche in den billigeren Hotels sehr nützlich.

Schuhe sollten strapazierfähig, leicht, bequem und luftdurchlässig sein und eine griffige Profilsohle haben. Die in Afrika meist von Entwicklungshelfern getragenen Birkenstock-Sandalen finde ich z. B. sehr bequem und praktisch für den normalen Gebrauch. Für Wanderungen im tropischen Regenwald sollten die Schuhe natürlich geschlossen sein (wie z. B. die Palladium). Als Badeschuhe haben sich die Plastik-Sandalen bewährt, die auch von den Einheimischen getragen werden.

Für die Tropen empfiehlt sich leichte, strapazierfähige **Baumwollkleidung,** die nicht zu eng anliegen sollte. Lange Hosen sollten sehr leicht, aber dicht gewebt sein, damit Moskitos nicht durchstechen können. Shorts sollte man ausschließlich am Strand oder in der Wildnis tragen und nicht in der Stadt *(s. a. Kapitel: Verhalten unterwegs).* Für Behördengänge und Einladungen sollten sie auch ein feineres (weißes oder zumindest helles) Kleidungsstück mitnehmen.

Ein **Hals- bzw. Kopftuch,** um den Kopf gewickelt, schützt vor zu starker Soneinstrahlung und bei Bus-, Auto- und Motorradfahrten vor Erkältung. Es kann ebenso als erstes Verbandszeug dienen oder als Dreieckstuch bei Verletzungen; zugeknotet ist es ein Allzweckbeutel. Die Verwendungsmöglichkeiten sind nahezu unbegrenzt.

Eine bruchfeste **Wasserflasche** (mindestens 1 Liter Inhalt) ist im Sahel, auf Langstreckenfahrten und Wanderungen absolut unentbehrlich.

Weite Gebiete Westafrikas sind **nicht elektrifiziert,** außerdem kommt es in den größeren Städten häufig zu Stromausfällen, eine handliche Taschenlampe ist deshalb sinnvoll. Besonders praktisch sind Teelichter: sie stehen von alleine, können nicht umfallen, tropfen nicht und verformen sich unterwegs nicht bei größerer Hitze und dienen als Zimmerbeleuchtung.

Camping im Busch

Ein **Vorhängeschloß** ist nützlich zum Verschließen von Hotelzimmern, Rucksäcken, Reisetaschen etc.
In einfacheren Hotels ist der Reisewekker unentbehrlich, um frühe Busabfahrtszeiten nicht zu verpassen.
Sie sollten sich mit ausreichend **Reiselektüre** eindecken, da deutschsprachige Literatur in Westafrika nur selten zu finden ist.
Gute Landkarten *(s. Literaturliste)* sind in Westafrika nur äußerst selten aufzutreiben, als Gesamtübersichtskarte ist die Michelin 953 zu empfehlen, es gibt aber auch gute Landkarten zu einzelnen Staaten Westafrikas bei Reiseausrüstern zu kaufen.
Als **Geschenke** und **Tauschobjekte** eignen sich z. B. Kugelschreiber, Bleistifte, Ansichtskarten (von zu Hause), Hefte, Schreibblocks, Feuerzeuge, Armbanduhren, Zigaretten, Seifen, Sonnenbrillen, Taschenmesser, gebrauchte (jedoch nicht zerschlissene!) Kleidung, wie bedruckte T-shirts, Wollmützen, Jeans, Jeansjacken etc. sowie Kassettenrekorder und Walkman.

Autoausrüstung

Wenn Sie mit dem eigenen Fahrzeug nach Westafrika fahren wollen, so sollten Sie berücksichtigen, daß alle **französischen Modelle** wie Peugeot und Renault dort **verhältnismäßig häufig anzutreffen** sind, entsprechend weniger problematisch ist im Falle einer Panne auch die Besorgung von Ersatzteilen. Besorgen Sie sich vor Abfahrt von der Hauptvertretung Ihrer Automarke in Deutschland ein Verzeichnis der Niederlassungen und Reperaturwerkstätten in Afrika. Die Werkstättenausstattung in Afrika ist zwar sicher nicht mit europäischen Maßstäben zu messen, das Improvisationstalent der Afrikaner ist dafür um so größer.

Da der Straßenzustand in Afrika sehr schlecht ist (auch bei Asphaltstraßen viele Löcher), sollten Sie auf jeden Fall zwei **Ersatzreifen**, Montiereisen, Flickzeug und eine Luftpumpe mitnehmen. Und üben Sie am besten vorher zu Hause das Reifenflicken!

Die Fahrzeugausrüstung hängt natürlich vom Grad Ihrer Unternehmungslust ab. Beschränken Sie sich weitgehend auf die Hauptstrecken, so genügen in der Regel außer den Ersatzreifen ein Keilriemen, Zündkerzen, Ersatzkanister, Kleinteile für die Elektrik wie Anlasserkohlen, Unterbrecherkontakte, Verteilerkappe, Zündkabel, Treibstoffpumpenmembran. Ein wichtiges Utensil ist **Bindedraht**, mit dem Sie gerissene Aufhängungen wieder in Ordnung bringen bzw. den Auspuff wieder befestigen können.

Wenn Sie jedoch in Westafrika auch auf **abgelegenen Strecken** fahren wollen, sollten Sie außerdem unbedingt **Sandbleche**, mehrere **Ersatzkanister** für Benzin, mehrere große **Wasserkanister** (ausreichend für einige Hundert Kilometer!) mitnehmen. Außerdem sollte eine(r) der Mitfahrer(innen) in der Lage sein, das Auto in Notfällen wieder zum Laufen zu bringen.

Für ausgefallene Nebenpisten oder Wüstenstrecken ist das Buch *TransSahara* von Klaus Därr, Reihe REISE-KNOW-HOW, dringend zu empfehlen, in dem alle erdenklichen Fahrzeug- und Formalitätenprobleme in Afrika behandelt sind, neben zahlreichen Tips für die Vorbereitung des Fahrzeugs. Routenbeschreibungen und Versorgungs-

Eine Afrikadurchquerung ist meist nur mit Geländewagen sinnvoll

möglichkeiten zu gesamt Afrika sind im Buch *Durch Afrika* von den Därrs/Touring Club der Schweiz in der REIHE REISE-KNOW-HOW enthalten.

Wie für Autofahrer, so gilt auch für **Motorradfahrer**, daß Sie in der Lage sein sollten, sich abseits der großen Routen im Falle einer Panne selbst weiterzuhelfen. Ersatzkanister bzw. Zusatztank sind unbedingt notwendig. Über bestimmte Problempunkte bei einzelnen Modellen (z. B. bei der Honda XL 500 S ist die Zylinderkopfdichtung der Hitze in Afrika nicht gewachsen etc.) informiert das Buch *Motorradreisen zwischen Urlaub und Expedition* von Th. Trossmann, ebenfalls in der REIHE REISE KNOW-HOW, neben vielen anderen Tips und wichtigen Informationen, und ist daher für alle Motorradfahrer ein absolutes Muß.

Im folgenden eine Liste von **empfehlenswerten Ausrüstungsläden**:

- *Därr Expeditionssservice*
  Theresienstr. 66, 80333 München, Tel. (089) 28 20 32. Katalog gegen Portogebühr!
- *Globetrotter-Zentrale Tesch*
  Karlsgraben 69, 52064 Aachen, Tel. (02 41) 3 36 36.
- *Globetrotter Ausrüstung Denart und Lechardt*
  Wiesendamm 1, 22305 Hamburg, Tel. (040) 29 12 23.
- *Transglobe*
  Zülpicherstr. 38, 50674 Köln Tel. (0221) 23 93 98.
- *Alles für Tramper*
  Bundesallee 88, 12161 Berlin, Tel. (030) 8 51 80 69.
- *Bannat Globetrotter Ausrüstungen*
  Lietzenburgerstr. 65,
  10719 Berlin,
  Tel. (030) 8 82 76 01.
- *Sahara Spezial*
  Bahnhofstr. 69, 35390 Giessen, Tel. (0641) 7 47 74 und 7 31 95, Fax. (0641) 7 67 70.
- *Pritz Globetrotter Ausrüstungen*
  Schmiedgasse 17–19,
  94032 Passau, Tel. (08 51) 3 62 20.

Die Besitzer und Mitarbeiter obiger Ausrüstungsläden kennen alle Afrika aufgrund mehrerer eigener Reisen durch den Kontinent und können deshalb auch gute Beratung zu den erforderlichen Ausrüstungen bieten. Es gibt noch eine Reihe weiterer Ausrüstungsläden in allen Großstädten die mehr oder minder gut Bescheid über Afrika wissen und sinnvolle Ausrüstungen empfehlen können. Ein ziemlich vollständiges Verzeichnis finden Sie im Infoheft der *Deutschen Zentrale für Globetrotter (siehe Informationsstellen).*

Österreich:

- *Hof u. Turecek Expeditionsservice*
  Markgraf-Rüdiger-Str. 1, A-1150 Wien, Tel. (02 22) 9 82 23 61 und 9 85 21 74.
  Fax (02 22) 9 82 19 21.
- *Hagen & Holler*
  Landgutstr. 33, A-1100 Wien, Tel. (01) 6 04 40 61.

Schweiz:

- *Transa Backpacking*
  Josefstr. 59, CH-8005 Zürich, Tel. (01) 271 90 40.
- *Voodoovison Expeditionsservice und Reiseladen*
  Bahnhofstr. 62 c, CH-3232 Ins, Tel. (0 32) 83 24 38 (Autoausrüstung) und Schauplatzgasse 31, CH-3011 Bern, Tel. (0 31) 22 90 44 (Rucksackausrüstung im Atlas-Reisebuchladen).

Foto- und Filmausrüstung

Ob man lieber nur eine Pocketkamera, die klein, handlich und einigermaßen stabil ist und in jeder Tasche noch Platz hat, oder eine umfangreiche Ausrüstung mit mehreren Objektiven und Filtern mitschleppen will, muß jeder selbst entscheiden.

Am besten vor Staub und Feuchtigkeit geschützt ist Ihre Foto- oder Filmausrüstung in einem **Fotokoffer** aus Aluminium; jedoch erregt so ein glänzender Tropen-Foto-Koffer unnötiges Aufsehen (erhöhte Diebstahlgefahr). Viel unauffälliger ist es, den Fotoapparat (z. B. während eines Stadtbummels) in einem einfachen Beutel und/oder einer Plastiktüte unterzubringen, und gegebenenfalls mit ein paar Kleidungsstücken zu polstern. Grundsätzlich sollten Sie Ihre Foto- und Filmausrüstung immer im Handgepäck haben, sowohl im Flugzeug als auch im Taxi-Brousse.

In **Westafrika** sind **Filme teuer** und aufgrund langer Lagerzeiten und großer Hitzeeinwirkung meist von schlechter Qualität. (Häufig werden sie in Apotheken verkauft, da es Fotofachgeschäfte nur selten gibt.) Sie sollten sich daher mit ausreichend Filmmaterial eindecken. Für Tagesaufnahmen in den Tropen sind Filme mit geringer Empfindlichkeit von 15 DIN (25 ASA) bzw. 19 DIN (64 ASA) zu empfehlen, während für Aufnahmen in der Dämmerung und von dunklen Innenräumen (wie z. B. in Moscheen) und vor allem im Schatten 24- bzw. 27-DIN-Filme (200 bzw. 400 ASA) notwendig sind. Sie sollten die Filme soweit wie möglich vor Hitze schützen, z. B. indem Sie diese in der Mitte der Reisetasche, umgeben von Kleidungsstücken, aufbewahren, um eine Verminderung der Farbqualität zu vermeiden. Außerdem ist es ratsam, die Filme in einem Filmshield aufzubewahren, wo sie nicht nur vor Röntgenstrahlen (bei Durchleuchtung in Flughäfen) geschützt sind, sondern auch vor Feuchtigkeit, wenn man eine Aktigel-Trockenpatrone mit hineinlegt. Diese aus Bleifolie hergestellte Tüte ist zwar relativ teuer (ca. 20 DM), jedoch sehr stabil und daher für mehrere Reisen verwendbar.

Für Menschen- und Tieraufnahmen ist ein **Teleobjektiv** zu empfehlen (Stativ nicht vergessen!), eventuell sogar ein Winkelspiegelvorsatz (auf Märkten etc.); für Landschafts- und Gebäudeaufnahmen ist dagegen ein **Weitwinkelobjektiv** günstig. Um bei den sehr unterschiedlichen Licht- und Wetterverhältnissen immer gute Fotos machen zu können, sollten Sie auch verschiedene **Filter mitnehmen**: ein Polarisationsfilter läßt die Farben satter erscheinen, klärt bei Dunst und dient als Objektivschutz.

Vor der Reise auf jeden Fall neue **Batterien** für Fotoapparat und Blitz besorgen. Ein Blitzgerät ist in manchen Situationen sehr nützlich, in anderen (wie z. B. Zeremonien, religiösen Festen und Maskentänzen) absolut unangebracht, da das Blitzlicht einfach stört, hier sind hochempfindliche Filme besser! Bemühen Sie sich also um etwas Gefühl für die Situation und fragen Sie vorher, ob fotografieren erwünscht ist.

Generell sollten Sie sich angewöhnen, vor dem Fotografieren die jeweiligen **Personen um Erlaubnis zu bitten**. Manche lassen sich z. B. aus religiösen Gründen überhaupt nicht fotografieren, andere gestatten es nur gegen Bezahlung (normalerweise 100 CFA). Häufig wollen sie auch einen Abzug haben, und wenn man diesen versprochen hat, sollte man es auch halten.

Generell ist das **Fotografieren** von militärischen Anlagen sowie Flugplätzen, Bahnhöfen, Brücken, Dämmen, Tunnels und Regierungsgebäuden **verboten**. In manchen Ländern braucht man zum Fotografieren bzw. Filmen eine offizielle Erlaubnis *(s. Länderkapitel)*. Dieses Verbot sollte man unbedingt beachten. Polizei und Militär werden ausgesprochen böse, wenn man erwischt wird; man riskiert die Abnahme der Kamera, und der Film ist auf alle Fälle weg. Leistet man dann auch noch Widerstand, droht einem Gefängnis.

Tips zum Thema „Menschenbilder"

1. *Zum Fotografieren nicht in Gruppen gehen. Alleine oder zu zweit sein. Nur so kann man unauffällig Kontakte knüpfen.*
2. *Zeit lassen. Wer immer nur im Laufschritt fotografiert, wird nie zu guten Resultaten kommen, schon gar nicht bei Menschen und Porträts. Gute Bildchancen eröffnen sich oft mehr beim Warten an einer günstigen Stelle als bei dauerndem Herumgehen.*
3. *Augenkontakt aufnehmen (in islamischen Ländern sollten das Frauen Männern gegenüber jedoch nicht tun!). Mit der Kombination aus Körpersprache, Freundlichkeit und Gesten die Reaktion auf die Fotografierabsicht testen.*
4. *So, wie Sie die nötigsten Worte wie ‚bitte", „danke", ‚Entschuldigung" etc. in der Landessprache lernen sollten, so sollten Sie auch den Satz parat haben, der um Erlaubnis zum Fotografieren bittet.*
5. *Nicht herausfordernd auftreten. Nicht direkt auf das Ziel zusteuern. Ist das Modell bereit, sich fotografieren zu lassen, sollte man erst einmal auf dessen Wünsche eingehen.*
6. *Bevor ich mit meiner Kamera auf einen Menschen zugehe, sollte ich ihm erst einmal Zeit geben, mich betrachten zu können.*
7. *Nahezu beiläufig fotografieren: aus einem Gespräch heraus, ohne lange Vorbereitungen. Die Kamera muß voreingestellt sein, das Auslösen ist eine Sache von Sekunden.*
8. *Alle Fotografen sagen ‚Bitte lächeln", doch vormachen tun es wenige. In Afrika beobachtete ich einmal einen Straßenfotografen, der nach seinen Einstellungen kurz vor der Aufnahme das gewinnenste Lächeln hinter der Kamera hervorschob und dann beim – meist unwillkürlichen – Zurücklächeln seiner Modelle nur noch abzudrücken brauchte.*
9. *Wenden Sie sich nicht sofort zum Gehen, sondern bedanken Sie sich freundlich.*
10. *Bei Erinnerungsaufnahmen von Sehenswürdigkeiten ist eine Nahaufnahme mit Kopf und Schultern (Weitwinkel), die die Sehenswürdigkeit im Hintergrund hält, vorteilhafter als das Aufstellen davor.*

aus: Helmut Hermann, Die Welt im Sucher, Handbuch für perfekte Reisefotografie, Reihe REISE KNOW-HOW, Markgröningen 1987, für alle Fotofreunde unbedingt empfehlenswert!

Versicherungen/Hilfe in Notfällen

Wenn Sie sich Ärger vor der Reise ersparen wollen, können Sie eine **Reiserücktrittskostenversicherung** abschließen; die Unterlagen erhalten Sie bei allen Reisebüros, die Flugscheine verkaufen. Lesen Sie sich vor Abschluß der Versicherung jedoch genau die Bedingungen durch, und achten Sie darauf, ob die möglicherweise entstehenden Rücktrittskosten auch voll gedeckt sind (meist Eigenbeteiligung von mindestens 50 DM). Und erkundigen Sie sich, ob die Versicherung auch die Kosten bei Rücktritt von der Rückreise trägt, wo unter Umständen zusätzliche Hotelkosten etc. entstehen können!

Eine **Reisegepäckversicherung** sollten Sie in Erwägung ziehen, da gelegentlich das Gepäck schon auf der Anreise irgendwo verloren geht und die Fluggesellschaften in der Regel nicht in voller Höhe für den Schaden aufkommen (nur bestimmte Summe pro kg Gewicht). Lesen Sie sich vorher das Kleingedruckte genau durch, um zu wissen, welche Wertsachen vom Versicherungsschutz ausgeschlossen sind. Wichtig ist auch, die Kaufquittungen der diversen Ausrüstungsgegenstände, die Sie mit sich führen, aufzuheben, denn sonst ist es sehr schwer, im Versicherungsfall einen Nachweis über den tatsächlichen Schaden zu erbringen. Die meisten Versicherungen übernehmen nicht mehr die Haftung für Fotoapparate und Filmkameras, da sich

Unkalkulierbares Risiko „öffentliche Verkehrsmittel"

zu viele bereits auf diese Weise ihre Spiegelreflex finanziert haben. Achten Sie auch darauf, daß Sie nicht unterversichert sind, was z. B. der Fall wäre, wenn Sie Gepäck im Wert von 3 000 DM dabei haben, aber, um die Versicherungsprämie möglichst niedrig zu halten, nur einen Wert von 2 500 DM angegeben haben!

Bevor Sie eine **Reiseunfall- oder Reisekrankenversicherung** abschließen, sollten Sie sich bei Ihrer normalen Krankenversicherung erkundigen, ob in dem jeweiligen Gastland Versicherungsschutz besteht oder nicht. In den meisten Fällen ist es empfehlenswert, eine weltweit gültige Zusatzversicherung abzuschließen, und wenn Sie viel unterwegs sind, unter Umständen auch Mitglied in einem weltweit operierenden Flugrettungsdienst zu werden (Mitgliedsbeitrag etwa 50 DM), sofern der Rückholdienst im Krankheitsfalle nicht von der Reisekrankenversicherung abgedeckt ist. Unterlagen für eine Reisekrankenversicherung gibt es normalerweise auch im Reisebüro. Meist lohnt es sich, bei einer der großen Versicherungen ein Angebot einzuholen, um zu vergleichen, was dort eine Reisekrankenversicherung kosten würde.

Und falls Sie ganz auf Nummer sicher gehen wollen, gibt es noch: Flugunfallversicherungen, Rechtsschutzversicherung und den Auslandsschutzbrief der Automobilclubs (nur für die Anreise – Mittelmeeranrainerstaaten). Und wenn Ihnen das noch nicht ausreicht, bleiben Sie besser zu Hause!

Rückholflugorganisationen

- *Deutsche Flugambulanz*
  40474 Düsseldorf/Flughafen Halle 3,
  Tel. (0049-2 11) 43 17 17,
  Fax (0049-2 11) 4 36 02 52.
- *Deutsche Rettungsflugwacht*
  Postfach 230127,
  70624 Stuttgart/Flughafen,
  Tel. (0049-7 11)-70 10 70.
- *Flugdienst des Deutschen Roten Kreuzes*
  Friedrich-Ebert-Allee 71,
  53113 Bonn,
  Tel. (0049-2 28) 23 00 23.
- *SOS-Flugrettung e.V.*
  Postfach 230323,
  70623 Stuttgart/Flughafen,
  Tel. (0049-7 11) 70 55 55.
- *Malteser Hilfsdienst (MHD)*
  Einsatzzentrale,
  Leonhard-Tietz-Str. 8, 50676 Köln,
  Tel. (0049-2 21) 20 30 80.
- *Flugrettungsring*
  Postfach 230311,
  70623 Stuttgart/Flughafen,
  Tel. (0049-7 11) 79 50 79.
- *Verein für internationale Krankentransporte*
  Villemombler Str. 62–64,
  53123 Bonn,
  Tel. (0049-2 28) 61 20 32-33.
- *KVDB Westerheim*
  Tel. (0049-0 73 33) 80 82 02.

Rettungsflugdienst in der Schweiz:
- *Rettungsflugwacht REGA*
  Zürich, Tel. (0041-1) 3 83 11 11.

Rettungsflüge nach Deutschland werden nur durchgeführt, wenn eine medizinische Notwendigkeit besteht, den Patienten in Deutschland behandeln zu lassen, eine ärztliche Bestätigung für die Notwendigkeit ist zu erbringen. Wenn Sie Mitglied beim Roten Kreuz oder Malteser Hilfsdienst sind, ist der Flugrettungsdienst in manchen Landesverbänden über Ihren Mitgliedsbeitrag abgedeckt, erkundigen Sie sich vorsorglich bei Ihrem Landesverband.

Hilfe in Notfällen

Sollten Sie trotz aller Vorsichtsmaßnahmen durch Diebstahl, Krankheit oder Unfall in eine Notsituation geraten, überlegen Sie zunächst in aller Ruhe, ob Ihnen ein Anruf, Telegramm oder Telex an Ihre Angehörigen eventuell weiterhelfen könnte.

Für solche Fälle hat der Därr-Expeditionsservice einen **Notfaxdienst** eingerichtet. Über die Fax-Nr. 089/28 25 25 gibt der Expeditionsservice im Notfall kostenlos eine Nachricht an Ihre Verwandten oder Freunde weiter und schickt auch dringend benötigte Medikamente oder Ersatzteile in alle Welt, wenn in dem Fax angegeben ist, wer die Kosten trägt. Ein Fax nach Europa können Sie von den wenigen Luxushotels in den Großstädten wegschicken, von manchen Postämtern und gelegentlich von europäischen Firmenniederlassungen.

Sollten Sie sich jedoch auf diese Weise nicht selbst helfen können, so wenden Sie sich an die nächste diplomatische Auslandsvertretung (Botschaft, Generalkonsulate, Honorarkonsulate), denn die Deutschen **Botschaften** und Konsulate sind nach dem Konsulargesetz von 1974 dazu **verpflichtet,** jedem deutschen Staatsbürger zu helfen, wenn er im Ausland in Not geraten ist und die Notlage nicht anders behoben werden kann. Die Hilfe beschränkt sich nicht nur auf die Vermittlung eines Anwalts (z. B. im Falle eines Unfalls oder einer Verhaftung) oder das Ausstellen eines neuen Reisepasses. Darüber hinaus ist das Konsulat dazu verpflichtet, dem Reisenden **in finanziellen Notlagen** (z. B. für fällige Hotelrechnungen, bis die Eigenmittel eingetroffen sind) einen Geldbetrag vorzustrecken, der innerhalb einer festgesetzten Frist mit Zinsen zurückgezahlt werden muß. Wenn Ihnen jedoch in den ersten Tagen bereits Ihr ganzes Geld abhanden kommt, kann das Konsulat Ihnen lediglich soviel Geld vorstrecken, damit Sie auf dem schnellsten und billigsten Weg wieder nach Hause fliegen können; zusätzlich bekommen Sie auch noch ein „Handgeld", welches so bemessen ist, daß Sie auf dem Weg nach Hause nicht wieder in Geldschwierigkeiten kommen. Ihren Urlaub bzw. Aufenthalt in Westafrika kann und darf Ihnen die Botschaft jedoch nicht finanzieren!

Auch im Krankheitsfalle kann die Auslandsvertretung Ihnen ein Darlehen für die Bezahlung von Arzt-, Medikamenten- und Krankenhauskosten geben.

Im Falle einer **Festnahme durch Polizeibehörden** des jeweiligen Gastlandes hat man laut Wiener Konvention das Recht, spätestens 72 Stunden nach der Verhaftung mit seiner Auslandsvertretung Kontakt aufzunehmen. Sie sollten bis zu diesem Zeitpunkt kein Protokoll oder Schriftstück unterschreiben, dessen Inhalt Sie nicht kennen!

Im Falle einer **Naturkatastrophe oder kriegerischer Auseinandersetzungen** sollten Sie sich an Ihre Auslandsvertretung wenden, falls Sie das Land nicht sofort verlassen können; ebenso, wenn ein Angehöriger unterwegs vermißt wird.

Die Telegrammadresse der Deutschen Botschaft lautet immer: *Diplogerma* mit dem jeweiligen Ortsnamen, z. B. *Diplogerma Ouagadougou* (Adresse *s. Länderkapitel*).

Im Falle eines **Diebstahls** rufen Sie sofort die Polizei und erstatten Sie Anzeige. Sollte Ihnen etwas in Ihrem Hotelzimmer abhanden gekommen sein, verändern Sie bis zum Eintreffen der Polizei nichts im Raum und fassen Sie auch nichts an (Spurensicherung!). Zusammen mit der Polizei erstellen Sie eine Liste dessen, was alles abhanden gekommen ist. Lassen Sie sich von der Polizei eine Bestätigung für die Anzeige geben, denn diese brauchen Sie z. B. unbedingt bei der Botschaft für die Ausstellung eines neuen Reisepasses, bei der Bank für die Rückerstattung der Reiseschecks und für die Schadensersatzforderung bei der Reisegepäckversicherung!

Wenn Ihnen Ihre **Reiseschecks gestohlen** worden sind, melden Sie dies nach der Anzeige bei der Polizei sofort bei der nächsten Zweigstelle der Bank, von der Sie die Reiseschecks haben. Dabei ist wichtig, daß sie die Nummern der gestohlenen Reiseschecks angeben können. Bewahren Sie also den Zettel mit den Nummern der Reiseschecks immer separat von den Reiseschecks auf und am besten irgendwo anders auch noch eine Abschrift davon. In der Regel werden die *American Express Travellerchecks* innerhalb von kurzer Zeit ersetzt.

Falls Sie von Ihrer Bank in Deutschland (Schweiz/Österreich) sich Geld schicken lassen wollen, so geht dies per **telegraphischer Geldanweisung**. Dazu müssen Sie ein Fax an Ihre Bank schicken. Die Geldanweisung erfolgt dann von Ihrer Bank über die Dresdner Bank oder Deutsche Bank in Frankfurt am Main z. B. an die *BICIS-Bank* in Dakar (Telex Nr. 09 06-2 18 00 oder 2 16 42).

Reisekasse und Lebenshaltungskosten

Den größten Teil Ihrer Reisekasse sollten Sie in Form von Reiseschecks (Traveller cheques) mitnehmen. In den frankophonen Ländern in Form von Französischen Francs, in den anglophonen Ländern in Form von Dollars.

In den Städten werden Sie nirgends größere Schwierigkeiten beim Wechseln haben. Um jedoch (unabhängig von Banken) stets „flüssig" zu sein, sollten Sie außerdem einen gewissen Vorrat an Bargeld (in kleinen Scheinen) mitführen, am besten Französische Francs (bzw. US $). Generell gilt, daß Bargeld leichter zu tauschen ist als Travellerschecks.

Die westafrikanischen Staaten Senegal, Mali, Burkina Faso, Benin, Togo, Elfenbeinküste und Niger gehören der „Communité Fiscalière de la l´Afrique de l´ Ouest" an. Sie werden häufig als CFA-Länder bezeichnet, denn die dort gültige Währungseinheit ist der **Franc-CFA,** der in einem festen Wechselverhältnis zum Französischen Franc (FF) steht **(1 FF = 100 CFA)** und frei konvertierbar ist. Der FF wird in all diesen Ländern auch als Zweitwährung akzeptiert (zum Einkaufen auf den Märkten sollte man jedoch immer genügend Kleingeld in CFA mitnehmen!). Seit der Abwertung des CFA im Januar 1994 erhält man für eine DM etwa das Doppelte wie vor der Währungsreform, sprich 1 DM = 339 CFA (Stand: Jan. 1994). Die Preise von importierter Ware sind dadurch rasant gestiegen.

Ihre Reisekasse bzw. Geldvorräte sollten Sie ebenso wie Reisepaß, Impfpaß und Flugtickets stets an einem sicheren Ort aufbewahren, d. h. am besten immer am Körper bei sich tragen. Bar-

geld sollten Sie in einem Geldgürtel aufbewahren (ebenso die Versicherungspolice bzw. Kaufquittungen der Travellerschecks), Paß und sonstige Dokumente in einem Brustbeutel bzw. einer Gürteltasche. Wertsachen gehören nicht in eine Umhängetasche, die man Ihnen mit Leichtigkeit entreißen kann! Reiseschecks immer getrennt von den Kaufquittungen aufbewahren! Deponieren Sie außerdem, wo immer möglich, Ihre Wertsachen bei der Hotelrezeption (außer, diese ist alles andere als vertrauenserweckend). Mit Bargeld sollten Sie jedoch vorsichtig sein, da dies u. U. eine zu große Versuchung für den Rezeptionisten ist. Und sollte Ihr Reisepaß abhanden kommen, erleichtern Fotokopien die Ausstellung von Ersatzpapieren.

Die westafrikanischen Staaten sind keine ausgesprochenen Billigreiseländer, und zwar vor allem deshalb, weil die **Hotelkosten relativ hoch** sind. Selbst bei sehr bescheidenen Ansprüchen müssen Sie mit mindestens 20 bis 30 DM pro Doppelzimmer rechnen; wollen Sie jedoch ein Mindestmaß an Komfort, so werden es sehr schnell 50 DM und mehr.

Sonstige Ausgaben belasten das Budget nicht allzusehr, insbesondere dann nicht, wenn Sie „afrikanisch" essen. Mahlzeiten und Getränke in einfachen einheimischen Restaurants bzw. Bars sind ausgesprochen billig (die Bierpreise zählen z. B. zu den niedrigsten der Welt), und an Straßenständen bei den „Bonnes Femmes" zahlt man meist nur Pfennigbeträge. Das Essen ist natürlich nicht immer nach unseren gültigen Hygienevorschriften zubereitet, aber europäische Maßstäbe muß man/frau in Afrika zumindest auf dem Land ohnehin vergessen.

Traditionelle afrikanische Kochstelle

Relativ **niedrig** liegen auch die **Transportkosten für öffentliche Verkehrsmittel**; für Busse und Busch-Taxis werden Sie pro 100 km selten mehr als sechs oder sieben DM bezahlen, häufig sogar weniger.

Wenn Sie also in einfachen bzw. mittleren Hotels übernachten und überwiegend afrikanisch essen, sollten Sie mit einem Tagesbudget von 50 DM pro Person (ohne Transportkosten) auskommen, bei spartanischen Ansprüchen auch mit weniger.

Westliche Konsumgüter und Nahrungsmittel sind in den Supermärkten in relativ bescheidener Auswahl erhältlich, jedoch zu entsprechend hohen Preisen; am besten sortiert sind die Supermärkte in der Elfenbeinküste, in Togo und Benin sowie im Senegal.

Reisezeit

Im gesamten Sahel-Sudan ist die günstigste Reisezeit in der relativ kühlen Trockenzeit von November bis März. Die Regenzeit von Juni bis September ist aufgrund der hohen Luftfeuchtigkeit für die meisten Europäer unerträglich. Die größte Hitze herrscht dagegen in den Monaten April und Mai.

An der Küste herrscht das ganze Jahr über feucht-heißes Tropenklima mit zwei Regenzeiten, von März bis Juli und von September bis November. Als unerträglich schwül gelten die Monate April und Mai sowie Oktober. Weiter im Landesinneren der Küstenländer ist das Klima trocken-heiß, wo als beste Reisezeit wieder die Monate Dezember bis April gelten. Während und nach der Regenzeit sind viele Straßen und Pisten unpassierbar. *(S.a Kapitel Klima)*

Niederschlagsmengen:
- 0-50 mm
- 50-100 mm
- 100-200 mm
- 200-300 mm
- 300-400 mm
- + 400 mm

Monate	1	2	3	4	5	6	7	8	9	10	11	12
Paris	1	1	3	6	9	12	14	14	11	7	4	1
Abidjan	23	24	24	25	24	23	23	21	22	23	24	24
Accra	23	23	23	23	23	22	21	21	22	22	23	23
Agadez	10	13	17	21	25	24	24	23	23	20	15	12
Bamako	17	20	24	26	26	27	23	23	22	22	19	18
Bechar	2	4	9	13	17	22	26	25	20	14	8	3
Bobo-Dieu	16	18	21	23	23	21	21	21	20	21	19	16
Conakry	22	22	23	24	24	23	23	23	22	22	23	23
Dakar	18	17	17	19	20	23	25	25	24	25	23	20
Douala	23	23	23	23	23	23	22	22	23	22	23	23
Ilorin	14	14	19	20	19	19	19	19	19	19	15	13
Kandi	16	19	23	25	24	23	22	32	22	22	18	16
Kankan	15	18	21	22	23	21	21	21	21	21	20	15
Kayes	12	15	18	21	22	20	19	20	20	19	16	13
Lagos	20	22	22	22	22	22	22	21	22	21	22	21
Lome	23	24	25	24	24	23	23	22	23	23	23	23
Monrovia	19	21	21	20	19	21	19	21	20	21	20	19
Niamey	16	18	22	26	27	25	24	22	23	23	19	15
Nouadhibou	13	13	14	15	16	17	19	20	20	19	17	15
Nouakchott	13	14	16	18	20	22	24	24	24	22	18	14
Ouagadougou	16	18	22	25	27	24	23	22	22	23	21	16
Reggane	8	11	15	19	23	28	30	31	28	22	15	8
Tamanrasset	4	5	9	13	17	21	21	21	19	15	10	6
Tombouctou	13	15	19	22	26	27	25	24	24	24	18	14

An- und Weiterreise

Mit dem Flugzeug
Zwischen Mitteleuropa und Westafrika besteht ein ausreichend dichtes Flugnetz; mindestens ein- oder mehrmals wöchentlich bestehen ab Paris, Brüssel, Amsterdam, Düsseldorf, Frankfurt, Berlin, Köln, Stuttgart, Hannover, Hamburg oder München Flugverbindungen zu den Hauptstädten der hier behandelten Länder. Die **besten Verbindungen** bestehen nach *Abidjan* und *Dakar*, gefolgt von *Accra* und *Lomé*. Die meisten Flüge werden von der französischen Fluggesellschaft *UTA* und der afrikanischen *Air Afrique* (von zehn Staaten gemeinsam betriebene Fluggesellschaft mit Sitz in Abidjan) unterhalten; außerdem sind zu nennen die sowjetische *Aeroflot*, die belgische *Sabena*, die niederländische *KLM* und die *British Airways*, sowie die nationalen Gesellschaften (z. B. Ghana Airways). Westafrika ist **kein ausgesprochener „Billigflugmarkt"**, Flüge zu „Dumpingpreisen", wie sie es in die USA oder nach Südostasien gibt, werden Sie kaum finden. Wollen Sie nicht den vollen Linienflug zahlen (für den derzeit für Hin-/Rückflug etwa 3600 DM hinzublättern sind), so bleibt Ihnen bei den *I.A.T.A*-Gesellschaften meist nur ein „Exkursionstarif" übrig, der jedoch auf eine maximale Aufenthaltsdauer von 45 od. 90 Tagen begrenzt ist. Unter 2000 DM für Hin- und Rückflug werden Sie aber auch hier kaum etwas bekommen.
Günstige Flüge kann man auch über *Espace Afrique*, 54, Rue des Ecoles, F 75005 Paris, Tel. 46 34 21 17 buchen. *Sabena, Iberia* und *BalkanAir* haben im Moment die günstigsten Flugangebote nach Westafrika. *Aeroflot* ist nicht immer die billigste Möglichkeit. Für *Aeroflot* gibt es Anschlußflüge von allen größeren Städten Deutschlands bzw. Europas, der Sicherheitsstandard dieser Linie hat aber infolge der wirtschafltichen Rezession in Rußland erheblich nachgelassen, so daß Aeroflot nur noch beschränkt empfohlen werden kann. Sämtliche westafrikanischen Hauptstädte werden von Aeroflot angeflogen (Ticketgültigkeit: 1 Jahr). Für Aeroflot gibt es Anschlußflüge von allen größeren Städten Deutschlands bzw. Europas. Nachteil ist, daß alle Flüge von Moskau starten und die verschiedenen Zubringerflüge von westeuropäischen Flughäfen meist so ungünstig liegen, daß ein oder zwei Tage Wartezeit in Moskau einzukalkulieren sind, die man im (!) Flughafen-Transithotel verbringen muß (sofern man kein Visum für Rußland hat!).
Ein „oneway"-Ticket von allen Hauptstädten der hier behandelten Länder ist für Leute, die ihr Auto nach der Saharadurchquerung unten verkauft haben und nur einen Rückflug brauchen, die günstigste Möglichkeit, wieder nach Europa zu fliegen (kann auch in Westafrika gebucht werden, jedoch meist etwas teurer). Von Vorteil ist auch, daß dieses Ticket ein Jahr gültig ist und „open" verkauft wird, sollte aber nach Möglichkeit hier bereits gebucht werden! Hin- und Rückflug Frankfurt – Ouaga kostet bei Aeroflot z. Z. ca. 1600 DM (1/94). Achten Sie also darauf, daß Ihr Rückflugschein, den Sie aus Deutschland mitnehmen, nicht zu einem festen Datum benutzt werden muß.

Versuchen Sie einen „open-date"-Flugschein zu bekommen oder vergewissern Sie sich, daß der bereits reservierte Flugtermin nachträglich abgeändert werden darf.

Wenn Sie ein festes Rückflugdatum gebucht haben, so vergewissern Sie sich, ob Sie den **Flug rückbestätigen** müssen, um nicht am Flughafen festzustellen, daß leider kein Platz mehr in der Maschine ist.

Von *Ouagadougou* bestehen relativ günstige Verbindungen in alle westafrikanischen Küstenstaaten, vor allem nach Togo (tägl. Peugeot-Taxis nach Lomé, ca. 20 Std.) und in die Elfenbeinküste (tägl. Zug nach Abidjan, ca. 32–36 Std.) *(s. a. Verkehrsverbindungen Burkina Faso).*

Ein Rückflug mit *Air Algerie* ist nicht zu empfehlen, da diese Linie als sehr unzuverlässig gilt, außerdem ist wegen der innenpolitischen Probleme in Algerien ein Zwischenstop in Algier nicht zu empfehlen.

Die meisten afrikanischen Fluggesellschaften geben auf ihre Flüge ca. **40% Studentenermäßigung,** deshalb ist es nützlich, einen Internationalen Studentenausweis mitzunehmen!

Günstige Flüge gibt es bei *Sabena* ab Brüssel (jedoch nur Hin- und Rückflug!) nach Banjul (Gambia), nach Bamako (Mali), nach Niamey (Niger). Ebenso günstige Charterflüge nach Banjul gibt es bei *Condor* von Frankfurt, Stuttgart, Düsseldorf und München.

Balkan Air fliegt nach Abidjan (Elfenbeinküste) ab Frankfurt (Hin- und Rückflug) über Sofia, nach Cotonou (Benin), nach Lomé (Togo) und nach Accra (Ghana).

Iberia fliegt ab Brüssel nach Abidjan, via Madrid nach Dakar (Senegal). Rückreise *(one-way)* z. B. von Banjul via London mit *British Airways,* von Abidjan oder Mamako via Paris mit *UTA* und Abidjan oder Dakar mit *Air Afrique;* z. T. auch günstige Studentenflüge. Ein Vergleich lohnt sich.

Billigfluganbieter

Ein sehr **vollständiges Verzeichnis von Billigfluganbietern** finden Sie im Info-Heft der *DZG (Deutsche Zentrale für Globetrotter – Adresse siehe Praktische Tips, Kapitel Informationsstellen, S. 178)* oder in der zweimonatlich erscheinenden Zeitung *Reise & Preise* aus dem Relax-Verlag, Oliver Kühn in Hamburg (im Zeitschriftenhandel). Zudem gibt es inzwischen in jeder größeren Stadt *Billigflugbüros,* die sich auf die Vermittlung von Flugtickets zu Sondertarifen (sogenannte Graumarkt-Tikkets) spezialisiert haben. Diese Büros inserieren regelmäßig in den Reiseseiten der Tages- und Wochenzeitungen *(Süddeutsche Zeitung, Die Zeit, Frankfurter Rundschau, Stern, Tours, Abenteuer & Reisen).*

Da aber nicht alle seriös arbeiten, hier einige **Adressen von zuverlässigen Billigflug- und Reisebüros:**

Deutschland
Aachen
- *SHR Reisebüro*
  Alexianergraben 9, 52064 Aachen, Tel. (02 41) 2 15 73.

Berlin
- *Reiseladen*
  Zossener Straße 20, 10961 Berlin, Tel. (0 30) 6 91 50 81.
- *Sun Travel*
  Gasteiner Straße 3, 10717 Berlin, Tel. (0 30) 86 06 75.
- *Team Reisen*
  Hauptstr. 9, 10827 Berlin, Tel. (0 30) 7 81 40 05.

An- und Weiterreise 209

Bielefeld
- *SHR Reisebüro*
Altstätter Kirchstraße 6,
33602 Bielefeld.
Tel. (05 21) 6 84 65 und:
Universitätsstraße, 33615 Bielefeld,
Tel. (05 21) 10 07 97.

Bonn
- *Reiseladen Fernweh*
Herwarthstraße 11, 53115 Bonn,
Tel. (02 28) 65 00 01.
- *Walther-Weltreisen*
Udo Schwark,
Hirschberger Straße 30,
53119 Bonn,
Tel. (02 28) 66 12 39,
(Preisliste gegen frankierten Rückumschlag).

Bremen
- *Travel Overland*
Fedelhören 14, 28203 Bremen,
Tel. (04 21) 32 04 87.

Düsseldorf
- *Explorer GmbH*
Hüttenstraße 17, 40215 Düsseldorf.
Tel. (02 11) 99 49 01,
Fax 37 60 87 und:
Oststraße 122, 40210 Düsseldorf,
Tel. (02 11) 13 35 13 und:
Luisenstraße 5, 40215 Düsseldorf,
Tel. (02 11) 37 70 55.

Erlangen
- *SHR Reisebüro*
Obere Karlstr. 26, 91054 Erlangen,
Tel. (0 91 31) 2 20 92.

Essen
- *Explorer GmbH*
Weber Straße 1–3, 45127 Essen,
Tel. (02 01) 23 36 41.

Frankfurt am Main
- *Flugbörse D+S Reisen GmbH*
Münchner Straße 15,
60329 Frankfurt, Tel. (0 69) 23 97 50,
Berger Straße 21, 60316 Frankfurt,
Tel. (0 69) 4 90 90 76 und 77.
- *Getaway Travel*
Klingerstr. 20, 60313 Frankfurt,
Tel. (0 69) 28 97 91.
- *Nouvelles Frontières*
Schillerstraße 44, 60313 Frankfurt,
Tel. (0 69) 29 04 61.

Freiburg
- *SHR Reisebüro*
Universitätsstr. 15, 79098 Freiburg,
Tel. (07 61) 3 10 78.

Hamburg
- *SHR Reisebüro*
Rothenbaumchaussee 55,
20148 Hamburg, Tel. (0 40) 4 10 50 47

Hannover
- *Explorer GmbH*
Röselerstr. 1, 30159 Hannover,
Tel. (05 11) 31 70 01.
- *SHR Reisebüro*
Lavesstraße 3a, 30159 Hannover,
Tel. (05 11) 32 76 17.

Kiel
- SHR Reisebüro
Fleethörn 64, 24103 Kiel,
Tel. (04 31) 5 12 75.

Köln
- *Dt.-Arabisches Reisebüro*
Mauritiusweg 85, 50676 Köln,
Tel. (02 21) 23 40 04.

Mainz
- *SHR Reisebüro*
Mailandsgasse 5, 55116 Mainz,
Tel. (0 61 31) 23 39 18 und:
Jacob-Welder-Weg 3a,
55128 Mainz-Uni,
Tel. (0 61 31) 3 10 71.

Marburg
- *SHR Reisebüro*
Erlenring 2, 35037 Marburg,
Tel. (0 64 21) 2 50 39.

München
- *Äquator*
Hohenzollernstraße 93,
80796 München,
Tel. (0 89) 2 71 13 50.

- *Dr. Kneifel Fernreisen*
  Landwehrstr. 10, 80336 München,
  Tel. (0 89) 59 66 01.
- *Maxim International Flights*
  Schleißheimerstraße 98,
  80797 München,
  Tel. (0 89) 52 87 87.
- *Nouvelles Frontières*
  Augustenstraße 54,
  80333 München,
  Tel. (0 89) 5 23 40 56.
- *Travel Overland*
  Barerstr. 73, 80799 München,
  Tel. (0 89) 27 27 60 (24 Std.-Info),
  Fax 2 72 55 09.
- *Ticket-Shop*
  (ebenfalls Travel Overland)
  Theresienstraße 66,
  80333 München,
  Tel. (0 89) 28 08 50.

Nürnberg
- *Explorer GmbH*
  Färberstraße 52, 90402 Nürnberg,
  Tel. (09 11) 20 94 40.

Stuttgart
- *Explorer GmbH*
  Theodor-Heuss-Straße 6,
  70174 Stuttgart,
  Tel. (07 11) 1 62 52 11.
- *Schwaben International*
  Charlottenplatz 6,
  70173 Stuttgart,
  Tel. (07 11) 24 16 51.

Belgien
- *Nouvelles Frontières*
  National Straße 14,
  B-2000 Antwerpen,
  Tel. (0032-3) 2 32 98 75.

Frankreich
- *Nouvelles Frontières*
  31, Allée de Tourny,
  F-33000 Bordeaux,
  Tel. (00 33) 56 44 60 38.

Österreich
- *Ökista*
  Türkenstraße 6, A-1090 Wien,
  Tel. (00 43-1) 40 14 80.
  Büros auch in Graz, Linz
  und Salzburg.
- *Reiseladen*
  Reisebüro und Buchhandlung,
  Dominikanerbastei 4, A-1010 Wien,
  Tel. (00 43-1) 5 13 75 77,
  Fax 5 13 79 49/19.

Schweiz
- *Nouvelles Frontières*
  19, Rue de Berne, CH-2010 Genève
  Tel. (00 41-22) 7 32 04 03.
- *Nouvelles Frontières*
  3, Av. du Rond-Point,
  CH-1600 Lausanne,
  Tel. (00 41-21) 26 88 91.
- *Globetrotter-Travel-Service*
  Rennweg 35, CH-8001 Zürich,
  Tel. (00 41-1) 2 11 77 80,
  Filialen in Basel, Winterthur und Bern.
- *Schweizer Studentenreisen SSR*
  Bäckerstr. 52, 8026 Zürich,
  Tel. (00 41-1) 2 97 11 11.
  Filialen in Basel, Bern, Biel, Chur,
  Fribourg, Genf, Lausanne, Luzern,
  Neuchâtel, St. Gallen, Winterthur,
  Zürich (günstige Flüge und Mietwagen mit dem *fly-and-drive-Tarif*).

Reiseveranstalter

Auch wenn man Westafrika am kostengünstigsten und besten auf eigene Faust entdecken kann, so gibt es bestimmte Gebiete, die nur sehr schwer oder gar nicht mit öffentlichen Verkehrsmitteln zu erreichen sind und wo sich (vor allem für diejenigen, die nicht unendlich viel Zeit haben, aber dennoch etwas sehen wollen) eine Exkursion in der Gruppe anbietet. Es gibt inzwischen einige Reiseveranstalter, die nicht nur gängige „Abhakreisen" von Höhepunkt zu Höhepunkt veranstalten, sondern interessante Alternativen bieten, z. B.:

- *Krigar Afrika Expeditionen*
  Sigmund Krigar,
  Heßstr. 100, 80797 München,
  Tel. (0 89) 1 29 66 06 oder direkt:
  B.P. 2170, Ouagadougou 01, Burkina Faso, Tel. (00 22 6–30) 49 15.
  Der deutsche Spezialist für Expeditionen und Erlebnisreisen in Burkina Faso, aber auch Trans-Sahara: über Tunesien, Algerien, Mali;
  Mali: Land der Dogon und Timbuktu, Pirogenfahrt auf dem Niger;
  Mali-Mauretanien: Bamako, Kayes, Tichit, Oualata, Nara, und vieles mehr.
  Es besteht die Möglichkeit, Allrad-Fahrzeuge mit Chauffeur (guide) und Campingausrüstung sowie Sandbleche zu mieten.
- *Ivory Tours GmbH*
  Postfach 1546,
  91126 Rednitzhembach,
  Tel. (09 11-77) 51 41,
  Fax (09-91-77) 51 35.
  Der deutsche Spezialist für Studien- und Erlebnisreisen in die Elfenbeinküste, Mali, Burkina Faso, Ghana etc.
- Bei *Faso Tours*
  Ouagadougou *(s. Burkina Faso)*, kann man auch Gruppenreisen buchen.
- *Minitrek Expeditionen*
  Bergstr. 153, 69121 Heidelberg,
  Tel. (0 62 21) 40 14 43.
- *Dr. Foerst Reisen GmbH*
  Albert-Mays-Straße. 11,
  69115 Heidelberg,
  Tel. (0 62 21) 2 18 01,
  Fax (0 62 21) 2 18 28,
  ist auf Reisen in arabisch-islamische Länder spezialisiert und bietet auch Kamel-Touren an.
- *Explorer*
  Düsseldorf 1, Tel. (02 11) 99 49 01.
  Lkw-Touren in großen Gruppen des engl. Veranstalters *Encounter-Overland* (dies ist die billigste Art, eine organisierte Tour durch die Sahara zu unternehmen).
- *Travel Overland*
  80799 München, Barerstr. 73,
  Tel. (0 89) 27 27 60, Fax 2 72 55 08
  und
- 80333 München, Theresienstr. 66,
  Tel. (0 89) 28 08 50.
  Bietet ähnliche Lastwagen-Touren wie Explorer quer durch Afrika an.
- *Frauen Reisen*
  Potsdamerstr. 139, 1 Berlin 30,
  Reisen von und für Frauen; Katalog ist erhältlich gegen Portoersatz.
- *Cool Running Tours*
  Eisenacherstr. 71, 10823 Berlin,
  Tel. (0 30) 6 93 73 17,
  organisiert Begegnungs- und Kulturreisen in kleinen Gruppen, z. B. „Africa live" Tanz- und Trommelworkshops, und „Frauen treffen Frauen" in Gambia.
- *Hauser Exkursionen International*
  Marienstr. 17, 80331 München,
  Tel. (0 89) 2 35 00 60,
  Fax 2 91 37 14 (Trekkingreisen etc.).
- *Oase-Reisen,* Werner Gartung
  Karthäuserstr. 54, 79102 Freiburg,
  Tel. (07 61) 28 00 56, Fax 28 00 22,
  u.a. Kameltouren, Radreisen in Burkina Faos etc.
- *Sliva-Expeditionen,* Georg Sliva
  Ledererstr. 2, 80331 München,
  Tel. (0 89) 29 43 36,
  führt Extrem-Reisen mit Lkw und Geländefahrzeugen von Algerien nach Mauretanien durch. Nichts für zart besaitete Gemüter!

Auf dem Landweg – mit eigenem Fahrzeug

Wenn Sie lieber mit dem eigenen Auto unterwegs sind, um nicht auf öffentliche Verkehrsmittel angewiesen zu sein etc., werden Sie wahrscheinlich durch die Sahara anreisen. Laut Information verschiedener Reisender ist die Anreise nach Senegal über Marokko, Westsahara und Mauretanien derzeit unter Berücksichtigung einiger Besonderheiten möglich.

Anreise über Marokko, Westsahara und Mauretanien

Das Visum für Mauretanien ist schnell und problemlos bei der mauretanischen Botschaft in Bonn erhältlich, vorausgesetzt man gibt nicht an, daß man von Marokko kommend einreisen möchte, sondern eine Einreise vom Senegal oder von Mali aus beabsichtigt. Trotzdem wird häufig in den Paß der Vermerk „par avion" gestempelt, was aber bislang (Mai 94) die mauretanischen Grenzbehörden in Noudhibou nicht gestört hat. Offiziell heißt es von den mauretanischen Botschaften, daß eine Einreise von der Westsahara her nicht möglich ist, die Praxis wird aber anders gehandhabt. Eine endgültige Sicherheit, daß die Praxis nicht geändert wird, hat man allerdings nicht. Eine Rückreise von Mauretanien nach Marokko (Westsahara) ist nicht möglich. Von einer illegalen Ausreise ist dringend abzuraten, da die Strecke durch Minenfelder führt. Es gibt allerdings schon illegale Führer, die einem den Weg durch die Minenfelder weisen.

Die Fahrt nach der Westsahara ist ohne jede Formalität möglich. Kontrollen vor und nach allen größeren Orten. Hier werden sowohl sämtliche Daten des Fahrzeugs, des Passes, als auch über die Einreise, geplante Route, Vorfahren etc. abgefragt. Sinnvoll ist es die Angaben über die persönlichen Daten schon in mehrfacher Ausfertigung vorbereitet parat zu haben, das spart Zeit bei der Anreise *(siehe Musterformular)*.

Die Asphaltstraße wurde während des Krieges als Nachschublinie konzipiert und ist ohne jedes Schlagloch. Kraftstoff ist in der Westsahara subventioniert, so daß dieser ab Laayoun gegenüber Marokko um ca. 40 –50 % billiger ist.

Von Dakhla bis zum Ende der Teerstraße ist die Fahrt im eskortierten Konvoi obligatorisch. (Konvois immer dienstags und freitags, begleitet von der Gendarmerie).

Dafür notwendige Formalitäten: zunächst zur Provinzverwaltung (*Province*), dann zum *Commissariat de Police* und anschließend zur Gendarmerie

```
SURETE REGIONALE          DAKHLA , le _____
DE   D A K H L A
N°         /R.G
                    -o-  FICHE DE RENSEIGNEMENTS


- NOM ET PRENOM   :

- NATIONALITE   :

- DATE ET LIEU DE NAISSANCE   :

- FILIATION   :

- PROFESSION   :

- SITUATION DE ; FAMILLE   :

- PIECES D'IDENTITE   :

- DATE ET POSTE FRONTALIER D'ENTREE AU MAROC :


- MOYEN DE LOCOMOTION   :

- VILLES MAROCAINES VISITEES   :


- DATE ET MOYEN DE TRANSPORT D'ARRIVEE A DAKHLA :


- MOTIF DE LA VISITE   :


- OBSERVATIONS  :
```

(*Etat Major*), von wo aus der Konvoi losfährt.
Campingmöglichkeit: von *Laayoun* kommend durch Dakhla hindurchfahren; nach den Zeltlagern saharischer Flüchtlinge am Stadtrand rechts halten. Nach ca. 2 km schöne Strände.
Am Verteidigungswall (Ende der Teerstraße) endet der Begleitschutz. Von dort sind es ca. 10 km bis zum ersten mauretanischen Vorposten. Auf 4 km felsige Piste mit sehr sandigen Stellen. Diese ist im Abstand von wenigen Metern links und rechts durch Steinmännchen gekennzeichnet. Danach erreicht man die Trasse einer ehemaligen Teerstraße, der man – nach rechts – weitere 6 km bis zum Kontrollposten folgt. Vorsicht, das Gelände ist vermint!
Ab dem Kontrollposten wird man bis zur Grenzstation von einem Führer begleitet, da das Gelände weiterhin vermint ist. Nach 17 km trifft man auf die von Osten kommende Bahntrasse und folgt dieser Richtung Westen. Einreiseformalitäten zügig und ohne Schwierigkeiten. Weiterfahrt bis zum *Commissariat de Police* in *Nouadhibou* mit Führer.
Achtung! Die Strecke von Marokko nach Mauretanien ist auf der neuesten Michelinkarte nicht mehr eingezeichnet, da offensichtlich eine Durchquerung der Sahara von den mauretanischen Behörden nicht erwünscht ist. Durch das Weglassen der Piste in der Michelinkarte sollen scheinbar Touristen von der Fahrt dieser Route abgehalten werden, was angesichts der Berichte zahlreicher Reisender berechtigt ist. Denn laut dieser Aussagen fahren immer mehr „Autoverkäufer" mit schlecht ausgerüsteten Pkws diese schwierige Route. Wann es die ersten Toten geben wird, ist eine Frage der Zeit.
Die weiteren 525 km Piste (sandig und nahezu ohne Markierungen) nach Nouakchott sind für Fahrzeuge ohne Allrad-Antrieb nicht zu empfehlen!
Näheres zu den Strecken *siehe Länderkapitel Mauretanien!*

Der Großteil der Strecken in Westafrika und auf der Anreise muß auf staubigen Pisten bewältigt werden

Anreise über Algerien/Niger/Mali

Die politischen Unruhen in Algerien (Fundamentalisten), in Mali und Niger (Tuaregaufstände) haben den Transsaharatourismus weitgehend eingeschränkt, jedoch ist die „Anreise" auf dem Landweg immer noch sehr beliebt. Derzeit ist die *Tanezrouft-Piste* jedoch geschlossen. Die *Hoggar-Piste* ist zwar z. Z. (Stand: Mai 94) wieder offen, jedoch nur im Konvoi befahrbar. Sie ist aber wegen der Sicherheitslage in Algerien und wegen massiver Bedrohungen im Niger sowohl durch marodierendes Militär als auch durch unverschämte Geldforderungen aller möglichen Beamten und sonstigen Bewohner nicht zu empfehlen!

Ausführliche Informationen über Vorbereitung und Durchführung einer Saharadurchquerung finden Sie im *Trans-Sahara* von Klaus Därr, Reise-Know-How, Därr Reisebuch Verlags-GmbH, Hohenthann (8. Auflage 1991, 9. Auflage in Vorbereitung) sowie detaillierte Streckenbeschreibungen im „Durch Afrika" von Därr/TCS, ebenfalls Därr Reisebuch Verlags-GmbH (8. Auflage 1991, 9. Auflage in Vorbereitung).

Fahrzeugverkauf in Westafrika

Vor den Tuaregaufständen in Mali und Niger waren vor allem Niger und Togo beliebte Fahrzeugverkaufsländer. Hauptmarkt für den Autoverkauf war Lomé; von hier wurde der Umschlag mit dem nahen Nigeria getätigt – nach Lagos sind es nur ein paar Autostunden. Seit der Regierungskrise in Togo, aber auch durch die gesperrten Anreisewege, ist dieser Markt praktisch tot. Lediglich in Mauretanien entwickelt sich zur Zeit wieder ein Markt für Gebrauchtfahrzeuge aus Europa. Da aber Mauretanien keine harte Währung hat, muß der Verkauf in Mali abgewickelt werden und das kompliziert die Sache zusehends. Außerdem ist es inzwischen bei europäischen Banken kaum mehr möglich, CFA in harte Währung umzutauschen. Selbst in Paris ist der CFA nicht mehr beliebt und ein Wechsel wird häufig schlicht verweigert. Wer also vor hat, sein Fahrzeug in einem der westafrikanischen Länder zu verkaufen, sollte bedenken, daß damit inzwischen kein Vermögen mehr zu machen ist. Der Ölboom in Nigeria (einst Hauptmarkt für Gebrauchtwagen) ist seit einigen Jahren vorbei; mittlerweile befindet sich das Land in einer tiefen Wirtschaftskrise. Inzwischen kann man froh sein (egal in welchem Land Westafrikas man das Fahrzeug verkauft), wenn man die Unkosten gedeckt hat und darüber hinaus noch ein kleiner Betrag für einen kurzen Aufenthalt übrig bleibt.

Generell finde ich es ziemlich unverschämt, die letzten Schrottkisten noch für „viel" Geld zu verkaufen.

Fährverbindungen

Die kürzeste Fährverbindung ist die Strecke Genua-Tunis (Überfahrt 1½ Tage). Da sich die Tarife jährlich ändern, sollten Sie sich von mehreren Reisebüros ein Angebot einholen.
Der *Ticket-Shop von Travel Overland GmbH,* Theresienstr. 66, 80333 München, Tel. (089) 28 08 50 bietet Fähren über das Mittelmeer an, aber auch in großen Reisebüros kann man Fähren über das Mittelmeer buchen.

Generalagenturen für die tunesische Fähre Habib sind:
- *Alpha-Tours GmbH*
  Stresemannallee 61, 60596 Frankfurt
  Tel. (0 69) 63 30 00 36,
  Fax (0 69) 63 30 00 31.

- *Avimare*
  Oerlikoner Str. 47, CH-8057 Zürich,
  Tel. (01) 3 11 76 50, Fax 3 11 20 78.

- *Universal Reisen GmbH*
  Schubertring 11, A-1010 Wien,
  Tel. (01) 27 13 63 48-9,
  Fax (01) 27 13 34T07.

Generalagentur für Fähren nach Marokko:
(*Comanav* und *Trasmediterranea*)
- *Seepassagen- und Touristik-Agentur*
  PF 111821, 60327 Frankfurt/Main,
  Tel. (0 69) 73 04 71-72,
  Fax 7 39 13 52.

Manchmal bucht man in unseren Nachbarländern oder direkt am Hafen wesentlich preisgünstiger als in Deutschland. Dies liegt jedoch nicht an unseren Reisebüros, sondern an den Preisen, die die deutschen Generalagenturen mit den Reedereien vereinbart haben. Das Risiko, keinen Platz mehr zu bekommen, muß jedoch einkalkuliert werden.
Es lohnt sich, die Preise zu vergleichen.
Wenn Sie Ihre Reise nach Westafrika nur in einer Richtung durch die Sahara unternehmen möchten, haben Sie die Möglichkeit, Ihr Fahrzeug in einem der Häfen Westafrikas zu verladen oder über eine Roll on/Roll Off- Fähre nach Dakar (Keller Shipping, *siehe Anreise, Schiff auf den nachfolgenden Seiten*)

anzureisen und dann zurückzufliegen. Für eine Containerverschiffung sollten Sie sich dafür bei den international tätigen Speditionen wie *Danzas, Schenker, Panalpina, Kühne & Nagel* ein schriftliches Angebot für den kompletten Preis (ab Abgabe des Fahrzeugs am Hafen bis Entladung des Fahrzeugs in europäischem Hafen incl. Verladung, Zoll etc.) einholen.

Meist sind die Preise jedoch ohne Zollgebühren berechnet (mehr dazu *siehe Kap. An- und Weiterreise mit dem Schiff*).

Auf dem Landweg – per Autostop/Bus

Diese Möglichkeit bietet sich infolge der instabilen Verhältnisse in fast allen Anreiseländern kaum mehr und ist sehr anstrengend. Früher gut möglich auf der Hoggarpiste, derzeit für Rucksackreisende noch weniger empfehlenswert als für Autofahrer. Evtl. besteht eine Möglichkeit, von Touristen in Dakhla (Westsahara) mitgenommen zu werden. Am besten dort mindestens einen Tag vor Abfahrt der Konvois (Dienstag und Freitag) dort sein und Touristen ansprechen, ob noch ein Platz im Auto ist. Ausreiseformalitäten müssen dann vor Abfahrt des Konvois noch erledigt werden. Ein Mauretanienvisum sollte vorhanden sein (keine Ausstellung an der Grenze oder in Rabat). Es fährt ein Bus der staatlichen marokkanischen Busgesellschaft CTM-LN bis nach *Dakhla*. Günstigste Abfahrzeit für Reisen durch die Sahara ist Oktober, da es dann in der Wüste nachts nicht ganz so kalt ist. Entlang der Atlantikküste sind die Temperatauren allerdings auch im Hochsommer recht angenehm. Decken Sie sich auch mit genügend Verpflegung und Wasser ein; denn Tramper, die sich als „Schmarotzer" entpuppen und sich total versorgen lassen, nimmt keiner gerne mit, noch dazu, wo in schlechtem Gelände ohnehin alles überflüssige Gewicht vermieden wird.

Wer es doch durch Algerien versuchen möchte, kann folgende Anfahrt wählen: Kommt man mit der Fähre in *Tunis* an, so hat man von dort gute Busverbindungen über *Gafsa* und *Tozeur* nach Nefta. Ab *Nefta* häufig Taxis *(Louages)* zur algerischen Grenzstation Hazoua und von dort wiederum Taxis nach *El Oued* (Algerien). Ab El Oued mehrmals wöchentlich Busse nach *Ghardaia* (unbedingt das Ticket im voraus kaufen!). Das Hauptproblem bei den Bussen in Algerien ist, herauszufinden, wo und wann (nämlich nur zu ganz bestimmten Zeiten) die Tickets verkauft werden – im Bus kriegt man meist keine mehr. Und dieses Spielchen ist vor allem in *In Salah* nicht ganz leicht!

Fährt man von *Marseille* aus mit der Fähre nach *Algier,* so kommt man mit dem Bus zunächst bis *Bou-Saada* und von dort nach *Ghardaia*.

Von Ghardaia verkehren mehrmals wöchentlich Busse nach In Salah und von dort mehrmals wöchentlich nach *Tamanrasset* (jeweils ca. 18–20 Std. Fahrt über Nacht). Nach „Tam" gibt es auch Flüge ab *Algier, In Salah* und *Ghardaia*, es sollte sogar von Europa eine Direktverbindung nach *Djanet* geschaffen werden, um eine Zwischenlandung in Algier zu vermeiden. Das ist derzeit sicherer, als über den von islamischen Fundamentalisten terrorisierten Norden anzureisen.

Ab *Tam* bis *Arlit* gibt es keine öffentliche Transportmittel; man ist auf Lkw (bei Tankstellen nachfragen, relativ feste Tarife, die meist Verpflegung beinhal-

An- und Weiterreise 217

ten) oder Touristen angewiesen (Kontakt: Camping in Tam). Auf dieser Strecke müssen Sie immer mit mehreren Tagen Wartezeit rechnen; auch sollten Sie sich (in Tam) mit genügend Verpflegung und Wasser eindecken, da bis Arlit kaum Versorgungsmöglichkeiten bestehen. Ab Arlit gibt es viele „Taxi brousse" nach Agadez, ab dort keine Transportprobleme mehr (u. a. Direktbus nach Niamey).

Von *Adrar* bzw. *Reggane* verkehren zweimal wöchentlich Wüstenbusse bis *Bordj Mokthar* an der Grenze zu Mali (Tanezrouft-Piste). Ab dort kommt man mit viel Glück per Lkw weiter nach Gao.

Mit dem Schiff

(Fähren *siehe Anreise auf dem Landweg, mit eigenem Auto.*)
Zwischen Hamburg und verschiedenen Häfen der westafrikanischen Küste verkehren **regelmäßig Frachtschiffe**. Informationen gibt es z. B. bei der *Reiseagentur Hamburg-Süd (s. u.).*

Außerdem gibt es zwei Linien von Fracht-/Passagierschiffen ab Marseille nach Dakar (Senegal), Abidjan (Côte d'Ivoire) und Tema (Ghana); Preis zwischen 900 und 1400 FrS (Schweizer Franken). Autos bis 1000 kg kosten 1400 FrS und von 1501 bis 2000 kg 2200 FrS.

Anfragen und Buchungen bei:
- *Reiseagentur Hamburg-Süd*
  20457 Hamburg, Ost-West-Str. 59, Tel. (0 40) 3 70 50, Fax 37 05 24 00. Diese Reiseagentur führt auch Seereisen von Europa nach Westafrika durch.
- *DEUGRO Van & Car*
  20515 Hamburg, Postfach 28 02 64, Tel. (0 40) 78 45 55,
  Fax (0 40) 78 48 20.
  Alteingesessenes Speditions-Unternehmen, das sich auf die Verladung von Fahrzeugen weltweit spezialisiert hat und die komplette Abwicklung übernimmt.

218 Reisevorbereitungen

υ *Margis Reiseagentur GmbH*
Stahlwiete 11, 22761 Hamburg,
Tel.(0 40) 8 51 28 60, Fax 8 50 50 52.
Spezialist für Seereisen. Buchungen von Passagierreisen und KFZ-Plätzen bei Frau Funken. Der KFZ-Transport selbst wird von
NAVIS Seefracht- und Speditionsgesellschaft in Hamburg,
Tel. (0 40) 78 94 82 44 abgewickelt.

υ *Keller-Shipping S.A.*
CH-4002 Basel,
Holbeinstr. 68,
Tel. (00 41-61) 2 81 86 86,
Fax (00 41-61) 2 81 86 79.
Sehr lange vorher buchen!
Roll on/Roll off-Schiffe befahren alle zwei Wochen die Strecke Marseille, Dakar, Abidjan, Cotonou, Lagos, Douala und nehmen einige Fahrzeuge und Passagiere mit. Buchungen in Richtung Süden sollten in Basel erfolgen; für die Rückreise per Schiff von Afrika, sollte man vor der Abreise in Basel die ungefähren Termine erfragen und sich die Anschrift der Agenten im jeweiligen afrikanischen Hafen geben lassen.
Nähere Informationen für die Strecke **Abidjan – Bremen** bei:

υ *Herrn Doumbia* :
Nakoufret S.A. (Exportabteilung),
B.P. 3920, Abidjan 01, Tel. 5 36 91 44,
Telex 43 38 KNFSHI Cl.

Die *Polish Ocean Lines* bieten ca. monatlich eine Abfahrt mit Frachtschiffen von Hamburg zur Westküste Afrikas über *Dakar – Banjul – Freetown – Monrovia – Abidjan – Lomé* an; sie können 12 Passagiere mit an Bord nehmen (2-Bett-Kabinen mit Dusche und WC).
Nähere Informationen bei:
υ *Hamburg-Süd Reiseagentur GmbH*
Ost-West-Str. 59-61,
204457 Hamburg,
Tel. (040) 3 70 55 91/5 93.

Umgekehrt ist das natürlich auch möglich. Angebote zu erfragen bei *Delmas* in Paris, Marseille, Dakar; Containerverladung dreimal pro Woche von Le Havre nach Dakar.
Eine gute Übersicht über die existierenden (Mittelmeer-)Fährverbindungen und Roll-on/roll-Off-Verbindungen, sowie mögliche Schiffsverbindungen (mit Containerverschiffung) ist in der *Deutschen Verkehrszeitung* veröffentlicht.

Reisepartner

Diese Frage taucht bei fast jedem auf, der eine Reise unternehmen will.
Es sei denn, Sie fahren immer mit Ihrem Freund oder Ihrer Freundin, Ihrer Frau oder Ihrem Ehemann in den Urlaub bzw. auf eine längere Reise. Aber warum eigentlich nicht mal alleine verreisen?
Auf meinen bisherigen Reisen, die ich fast alle alleine unternommen habe, traf ich unterwegs gelegentlich Reisende, die sich über das schwarze Brett eines Ausrüstungsladens oder über eine Anzeige in einer Stadtzeitung einen Reisepartner gesucht hatten. Selten hatte ich den Eindruck, daß sie sich zusammen besonders wohlfühlten; unterwegs, vor allem in extremen Situationen, kommen dann ganz andere Seiten zum Vorschein, als man aufgrund der paar Gespräche, die man vor der Abfahrt hatte, hätte vermuten können. Und meist fällt es dann viel schwerer, sich unterwegs in aller Freundschaft wieder zu trennen. Wesentlich häufiger versucht man dann, sich doch irgendwie zu arrangieren, Kompromisse einzugehen, und ist letztendlich doch nicht so ganz mit der Situation zufrieden. Der eine mag vielleicht denken „Wieso habe ich nur solch einen ‚Trottel' mitgenommen?", der andere „Wieso bin ich nur mit so einem ‚Trottel' mitgefahren?" Nur selten habe ich bisher erlebt, daß solche Partnerschaften für die Dauer der Reise gut gegangen sind.
Ganz anders ist die Situation, wenn man unterwegs Leute kennenlernt und beschließt, für eine gewisse Zeit gemeinsam zu reisen. Und wenn man dann an einen Punkt kommt, wo das Gemeinsame nicht mehr vorhanden ist, so fällt es viel leichter, sich von solch einer Reisebekanntschaft wieder zu trennen und alleine weiterzureisen, als von einem Partner, den man von zu Hause mitgenommen hat.
Falls Sie keinen Partner haben sollten, mit dem Sie zusammen verreisen können/wollen, möchte ich Sie ermutigen, alleine zu reisen. Denn Sie sind letztendlich nur solange alleine, solange Sie alleine sein wollen! Und gerade bei den sehr kontaktfreudigen Afrikanern werden Sie immer einen Gesprächspartner finden (vorausgesetzt Sie sprechen etwas Französisch bzw. Englisch). Wenn ich alleine gereist bin, habe ich viel mehr Kontakt zu meiner Umwelt aufgenommen, als wenn ich mit Freunden unterwegs war. Auch für die Bewohner des Gastlandes erscheint ein Pärchen oder eine Gruppe von Leuten als eine mehr oder weniger abgeschlossene Einheit. Die schönsten und intensivsten Erinnerungen habe ich von Reisen mitgebracht, die ich alleine unternommen habe, wobei eine alleinreisende Frau bestimmte ungeschriebene Gesetze *(s. Kapitel: Frauen alleine unterwegs)* beachten muß, um nicht ständig angesprochen zu werden, was (vor allem bei längeren Reisen) sehr anstrengend sein kann.
Nicht jeder ist jedoch ein Fan des Alleinreisens.
Wenn Sie zu denjenigen gehören, die lieber mit einem Partner verreisen, um ihre Erlebnisse unterwegs mit jemandem teilen zu können, so haben Sie verschiedene Möglichkeiten, um einen

Reisepartner zu suchen. Sie können in Ihrem Ausrüstungsladen einen Zettel ans Schwarze Brett hängen oder in eine der Stadtzeitungen oder Reisemagazine eine Anzeige setzen, was auch relativ erfolgreich zu sein scheint. Über die *„Deutsche Zentrale für Globetrotter"* kann man (als Mitglied) in der clubeigenen Zeitschrift ebenfalls eine Suchanzeige für Reisepartner abdrucken lassen.
(Adresse der *DZG sh. Informationsstellen und dipl. Vertretungen*)

◆ *Bon Voyage*
vermittelt Reisepartner/Innen für alle Urlaubsziele:
Info. unter Tel. (069) 49 96 53.

◆ *Frauen Reisebörse*
vermittelt Reisepartnerinnen für alleinreisende Frauen; Info unter Tel./Fax (0221) 51 52 54.

In fast allen Reisezeitschriften wie *Tours* oder *Abenteuer und Reisen* etc. findet man Reisepartneranzeigen.

Im „Taxi brousse", dem herkömmlichen Buschtaxi, kann man gut Kontakte mit Einheimischen knüpfen

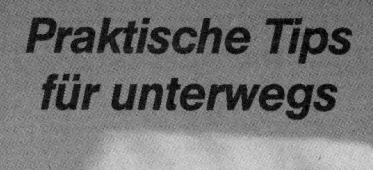

Praktische Tips für unterwegs

Reisen in Westafrika

Ob Sie lieber mit dem Flugzeug, der Bahn, dem Auto oder öffentlichen Verkehrsmitteln, dem Motorrad, dem Fahrrad oder zu Fuß unterwegs sein wollen, müssen Sie selbst entscheiden. Es ist in Westafrika grundsätzlich alles möglich, lediglich eine Frage der Zeit und des Geldes. Auf allen meinen Reisen waren die Zeiten jedoch, in denen ich mich zu Fuß fortbewegt habe, immer die bei weitem schönsten. Ich hatte genügend Zeit und Ruhe, einfach zu schauen, unmittelbaren und direkten Kontakt zur Natur herzustellen sowie zur einheimischen Bevölkerung (die mir unterwegs begegnete), spürte den Boden unter meinen Füßen und konnte die Landschaft ganz anders genießen, als wenn ich durch die Umgebung hindurchfahre bzw. sie an mir vorbeirauschen lasse. Aber mehrere Tage zu Fuß unterwegs zu sein ist sicher nicht jedermanns Sache. Für mich ist es jedoch die schönste und angenehmste Art zu reisen.

Das **Fahrrad** ist zwar auch ein relativ langsames Fortbewegungsmittel (auch von Einheimischen verhältnismäßig oft benutzt); doch kostet es auch einige Nerven, wenn man ständig einen Platten hat (was z. B. im Sahel bei dem Dornengestrüpp öfter vorkommen kann); mein Fall ist es jedenfalls nicht, in größter Hitze unter dem spärlichen Schatten einer Akazie einen Reifen zu flicken. Sollten Sie sich für das Fahrrad als Verkehrsmittel entscheiden, so wäre jedoch zu empfehlen, sich das Fahrrad aus Europa mitzunehmen (plus genügend Ersatzflickzeug!), denn in Westafrika sind (wenn überhaupt) nur sehr einfache Modelle erhältlich. *(s. a. Mit dem Fahrrad durch Afrika von H. Hermann, Abt. Report, Schneider-Verlag und H. Hermann, Fahrrad Weltführer, Reihe REISE KNOW-HOW, sowie Bike-Abenteuer Afrika, von Kairo nach Kapstadt mit dem Mountain-Bike, Reihe REISE-KNOW-HOW - Rad + Bike)*

Das **Motorrad** wird von vielen als das ideale Fahrzeug in Afrika dargestellt; man wird auch kaum einen Entwicklungshelfer dort unten treffen, der keine Geländemaschine vor der Tür stehen hat. Ich fand es jedoch meist ziemlich lästig, bei größter Hitze mir auch noch einen Sturzhelm aufsetzen zu müssen (ist bei den dortigen Verkehrsverhältnissen unbedingt erforderlich) oder mich in dicke Jeanskleidung zu verpacken (denn bei einem Sturz auch auf der Piste schützt ein dünnes T-shirt so gut wie gar nicht). Informationen zum Reisen in Afrika, vor allem die kompletten Vorbereitungsmaßnahmen etc., sind in dem Buch „Motorradreisen" von Thomas Troßmann, Reihe REISE-KNOW-HOW, zu finden.

Unter den vierrädrigen Fahrzeugen bleiben entweder das **eigene (oder geliehene) Auto** oder die **öffentlichen Verkehrsmittel** wie Buschtaxi und Busse zur Auswahl. Während man im eigenen Auto weitgehend selbst entscheiden kann, wann man anhalten will und wieviel Gepäck man mitnimmt, aber auch am meisten von Land und Leuten isoliert ist, reist man in einem Buschtaxi meist von einem größeren Ort zum nächsten, auf einem viel zu kleinen Sitzplatz und eingezwängt zwischen

Auch in Westafrika ist das Motorrad populär

jede Menge Gepäck und hat dafür aber viel Kontakt zu den Menschen.
In Westafrika mit der Eisenbahn zu fahren ist ein Erlebnis für sich, aber nicht unbedingt für längere Strecken zu empfehlen.

Mit dem eigenen Fahrzeug

Wer in Westafrika mit dem eigenen Fahrzeug reisen möchte, sollte sich unbedingt die neueste Michelin-Straßenkarte 953 Nord- und West-Afrika besorgen, auf der relativ zuverlässig die aktuellen Straßenzustände verzeichnet sind (evtl. auch die entsprechenden Detailkarten der einzelnen Länder).

Fahrzeugpapiere

Wenn Sie mit dem eigenen Auto oder Motorrad fahren, brauchen Sie jede Menge Papiere:

Grüne Versicherungskarte, internationale Zulassung, Internationaler Führerschein (ist fast überall erforderlich), und evtl. Carnet de Passages (internationales Zollbürgschaftsdokument).
Mit dem „*Carnet de Passage*" verbürgt sich der Aussteller *(ADAC, DTC, AvD)*, beim Verbleib des Fahrzeugs im Land die Zollkosten zu übernehmen, fordert aber diese dann von Ihnen zurück.

Erhältlich ist das Carnet de Passage bei folgenden Organisationen:

- ◆ *ADAC*
  81373 München, Am Westpark 8, Tel. (089) 76 76-1.
- ◆ *DTC*
  81215 München, Postfach 140, Tel. (089) 8 11 10 48.
- ◆ *AvD*
  60528 Frankfurt, Lyonerstr. 16, Tel. (069) 6 60 62 24 /287.

Um ein „Carnet de Passage" zu erhalten, muß man entweder eine Bürgschaftssumme (ca. 4000 DM) oder eine Bankbürgschaft beim Aussteller hinterlegen. Außerdem sind noch die Ausstellungsgebühren zu zahlen (ca. 170 DM).
Erkundigen Sie sich jedoch vorher genau über die Bedingungen im Falle eines Verlustes etc. *(Siehe auch Klaus Därr, TransSahara; Reihe REISE KNOW-HOW)*
In vielen afrikanischen Staaten ist es jetzt schon möglich, ohne Carnet einzureisen, wenn man an der Grenze um ein *„Laissez Passer"* (Passierschein) bittet und diesen von der Polizei abstempeln läßt. Dies ist in der Regel in folgenden Staaten möglich: Algerien, Tunesien, Niger, Mali, Burkina Faso, Togo, Guinea und Benin. An der Grenze zu Mauretanien von der Westsahara kommend, wird das Carnet ebenfalls nicht verlangt, jedoch an anderen Grenzübergangsstellen. Das *Laissez Passer* fürs Auto wird an der Grenze in den einzelnen Ländern zu sehr unterschiedlichen Preisen (3000–6000 CFA) und für sehr unterschiedliche Zeit (7 Tage bis 4 Wochen, Verlängerung jedoch meist möglich) ausgestellt, z. T. auch mit dem Vermerk, daß man das Auto nicht verkaufen darf (wie z. B. in Burkina Faso).
Ein *Carnet de Passage* ist unbedingt erforderlich für Ghana, Elfenbeinküste, Benin und Nigeria.
Den **Internationalen Führerschein** stellt Ihnen ihr Landratsamt (Führerscheinstelle) gegen Vorlage des nationalen aus.
Außerdem kann eine Adressenliste mit den Niederlassungen des Fahrzeugherstellers (in den jeweiligen Ländern) sehr nützlich sein, wenn Sie unterwegs Ersatzteile brauchen sollten. Mit einer offiziellen Niederlassung, die auch noch über ein halbwegs vernünftiges Ersatzteilangebot verfügt, ist aber nur in den Hauptstädten der jeweiligen Länder zu rechnen
Eine **KFZ-Unfall-Haftpflicht-Versicherung** wird in der Regel an der Grenze des jeweiligen Landes abgeschlossen. Vor Ort kann man in den Grenzorten für folgende Staaten eine gemeinsame Versicherung (C.D.A.O.) abschließen:
Niger, Nigeria, Mali, Togo, Benin, Ghana, Mauretanien, Cote d'Ivoire, Burkina Faso (nicht für Algerien!).
Diese Versicherung ist günstiger, als in jedem dieser Staaten eine separate Versicherung abzuschließen.

Straßenverhältnisse

In Westafrika werden Sie den unterschiedlichsten Straßenverhältnissen begegnen – überraschend großzügig ausgebaute Hauptverkehrsstraßen sind hier ebenso anzutreffen wie (weitaus häufiger) schlechte Pisten, die nur in der Trockenzeit, und auch dann nur mit Lkw oder Geländewagen befahrbar sind. Allgemein kann man sagen, daß die **großen Hauptverkehrsadern**, d. h. die wichtigsten Nord-Süd-Strecken, sowie die Küstenstraßen, **asphaltiert** und damit ganzjährig passierbar sind. Asphaltiert bedeutet aber nicht „in gutem Zustand" – mangelhafte Instandhaltung hat aus vielen ehemaligen Schnellstraßen Schlaglochpisten gemacht, auf denen man zum Teil wesentlich langsamer vorwärts kommt als auf mancher unbefestigten Piste.
Nebenstrecken sind fast immer **unbefestigt**, wobei auch hier die Qualität von einer glatten, ganzjährig befahrbaren Straße über eine gut geschobene

Piste bis zu Wegen reichen kann, auf denen man dann streckenweise nur im Schrittempo vorwärts kommt und die sich nach kurzen Regenfällen bereits in unüberwindliche Schlammlöcher verwandeln. Auf Nebenstrecken müssen Sie auch immer damit rechnen, „stekken" zu bleiben, wenn Flußläufe den Weg queren, denn nur in den seltensten Fällen gibt es (intakte) Brücken, meist Furten oder Fähren. Während der Regenzeit sind die Pisten auch häufig gesperrt (Regensperren), bis das Wasser weitgehend abgelaufen bzw. versickert ist.

Kurz gesagt: Die Mehrzahl der westafrikanischen Straßen bedeutet eine Strapaze für Nerven und Fahrzeug!

Verkehrsregeln/Vorsichtsmaßnahmen

In allen hier behandelten Ländern gelten die üblichen internationalen Verkehrsregeln und Vorschriften; generell (auch in den ehemaligen britischen Kolonien Ghana und Nigeria) herrscht Rechtsverkehr.

In allen Staaten gibt es **häufig Straßensperren** von Polizei und Militär *(s. u.).* An allen Sperren muß grundsätzlich angehalten werden; winkt der Beamte Sie nicht zur Seite, sollten Sie zumindest die Geschwindigkeit auf Schrittempo reduzieren und eine Geste abwarten, die Ihnen freie Fahrt gewährt. Bei Europäern begnügen sich die Beamten meist mit einem kurzen Inspizieren der Papiere und eventuell einer flüchtigen Kontrolle des Gepäcks, während von Einheimischen – insbesondere von Bus- und Lkw-Fahrern – in aller Regel ein kleines „Schmiergeld" erwartet wird. Beginnt ein Beamter an Ihrem Fahrzeug oder Ihren Papieren etwas zu beanstanden, so möchte er auch Sie zu einer kleinen Zahlung veranlassen. (Besonders in Mali üblich!) Wenn Ihre Papiere in Ordnung sind, tun Sie ihm den Gefallen nicht. Manchmal wird Ihnen jedoch nichts anderes übrig bleiben.

Im Vergleich zu anderen Teilen der Welt herrschen in Westafrika keine besonders rüden Verkehrssitten, die Mehrzahl der Autofahrer verhält sich eher defensiv (abgesehen von der Elfenbeinküste und Nigeria), obwohl die gut ausgebauten Asphaltstraßen zum Rasen verleiten). Allgemein ist die Verkehrsdichte außerhalb der wenigen Ballungszentren sehr gering; von allen Kontinenten ist Afrika mit Abstand am geringsten motorisiert. (In ganz Afrika gibt es ca. 9 Millionen Kraftfahrzeuge – in der BRD dagegen alleine ca. 31 Millionen! Auf 1000 Einw. entfallen in der BRD somit knapp 500 Fahrzeuge, in der Elfenbeinküste sind es z. B. nur 19 und in Togo lediglich 8 – auch das Zahlen, die einiges über die Verteilung des Wohlstandes aussagen.)

Dennoch gibt es einige spezifische Gefahren, auf die Sie vorbereitet sein sollten: In den Großstädten sind es vor allem die zahlreichen Mofa- und Fahrradfahrer, die einem das Autofahren zur Qual werden lassen. Sie überholen oder weichen einem Loch grundsätzlich aus, ohne nach hinten zu schauen, und Rückspiegel gibt es nicht. Sie sollten also versuchen, mit sehr viel Gefühl für die jeweilige Situation und entsprechender Voraussicht sich in einer afrikanischen Stadt durch die Masse der Verkehrsteilnehmer zu bewegen. In ländlichen Gebieten dagegen sollten Sie daran denken, daß die hier lebenden Menschen meist nicht an Kraftfahrzeugverkehr gewohnt sind und sich daher sorglos auf Straßen und

So gute Teerstraßen wie hier in Mali (Hombori-Berge) sind selten

Wegen bewegen. Rechnen Sie also jederzeit damit, daß jemand unerwartet die Straße überquert, und erwarten Sie nicht, daß Passanten die Straße räumen, ohne daß Sie mit lautstarkem Hupen auf sich aufmerksam gemacht haben! Ebenso häufig geschieht es, daß Viehherden die Straße versperren und sie nur mit spürbarem Mißfallen und äußerst langsam wieder freigeben, also niemals mit hohem Tempo auf eine Viehherde zufahren! Im Busch müssen Sie außerdem immer damit rechnen, daß kleinere Wildtiere die Fahrbahn queren.

Die meisten **westafrikanischen Straßen** sind **sehr schmal**; begegnen sich zwei Fahrzeuge, so wird stets von dem kleineren erwartet, daß es auf den Seitenstreifen bzw. ins Gebüsch ausweicht. Bedenken Sie, daß auch bei asphaltierten Straßen der Seitenstreifen nicht befestigt ist und richten Sie Ihre Geschwindigkeit darauf ein! Vorsicht auch vor unübersichtlichen Kurven; gerade wegen der geringen Verkehrsdichte neigen viele Fahrer zu recht sorglosem Überholen. Außerdem ist stets damit zu rechnen, daß umgestürzte Bäume, Erdrutsche, ein liegengebliebenes Fahrzeug o. ä. die Straße blockieren (Pannen werden mit Vorliebe mitten auf der Straße behoben!). Bedenken Sie, daß sich in Afrika viele Fahrzeuge in einem mangelhaften technischen Zustand befinden, insbesondere viele Busse und Taxis! Seien Sie vor allem auf schlecht (oder gar nicht) funktionierende Bremsen gefaßt! Und rechnen Sie auf Schotter- bzw. Erdstraßen damit, daß von anderen Fahrzeugen emporgeschleuderte Steinchen die Windschutzscheibe zertrümmern können; halten Sie daher entsprechenden Ab-

stand bzw. pressen Sie die Hand gegen die Windschutzscheibe (das hilft tatsächlich!). Auf schlechten Straßen besteht auch eine erhöhte Gefahr von Reifenpannen, also **Reservereifen immer in einsatzfähigem(!) Zustand mitführen.**
Da in Westafrika nicht immer alle Grenzen passierbar sind, d. h. aus politischen Gründen mal geöffnet, dann wieder geschlossen und wieder geöffnet werden, ist es ratsam, sich kurz vor der Reise nochmal beim *ADAC* in München (Touristik Afrika) oder beim *Därr Expeditionsservice* in München (*siehe Informationsstellen* – tel. Reisesprechstunde ist am Freitag ab 15 Uhr) über die aktuelle Situation an den Grenzen zu informieren.

Mit öffentlichen Verkehrsmitteln

Das Reisen mit öffentlichen Verkehrsmitteln ist zwar in Westafrika im großen und ganzen **unproblematisch,** jedoch **alles andere als erholsam.** Die meisten Fahrzeuge befinden sich in einem schlechten bzw. miserablen Zustand (bei uns wären sie schon längst auf dem Schrottplatz gelandet!) und sind fast immer total überfüllt. Da das Angebot an Verkehrsmitteln gering ist, wird jedes Eckchen und manchmal auch ein bißchen mehr zum Verstauen von weiteren Fahrgästen und jeder Menge Gepäck verwendet. Hühner, Ziegen und Schafe sind ebenfalls Fahrgäste. Ein volles Fahrzeug gibt es jedoch für die Afrikaner eigentlich nicht, denn ein Passagier paßt immer noch hinein, auch wenn die Tür nicht mehr zugeht oder die Fahrgäste halb wieder zum Fenster hinausquellen, und ein Sack Hirse oder ein Fahrrad passen auch immer noch aufs Dach, selbst wenn das Gepäck auf dem Dach bereits ein größeres Volumen hat, als das Fahrzeug selbst. Daß man mit so einem total überladenen Fahrzeug wegen Reifen- bzw. mechanischer Pannen häufig auf der Strecke bleibt oder zumindest einige Zeit unbeabsichtigten Aufenthalt hat, ist nicht weiter verwunderlich. Auch aufgrund der schlechten Straßenzustände und der zahlreichen Polizei- und Militärkontrollen (in manchen Ländern alle 30 km!) ist die Reisegeschwindigkeit gering. Dafür sind die Fahrpreise niedrig (und je niedriger der Preis, desto weniger Sitzplatz!), und zumindest auf den Hauptrouten gibt es recht häufige und manchmal auch relativ regelmäßige Verbindungen. Feste Fahrpläne exisitieren jedoch nur für Überlandbusse, für die Eisenbahn und für Flugzeuge. Normalerweise fährt man dann los, wenn das Fahrzeug voll besetzt ist, wobei es häufig scheint, daß ein Fahrzeug nie wirklich voll ist (zumindestens nach Meinung des Fahrers); und manchmal muß man dann eben noch ein paar Stunden oder einen Tag warten. Für Nebenstrecken sind meist längere Wartezeiten einzukalkulieren, dennoch ist praktisch jeder größere Ort wenigstens einmal pro Woche (wenn Markt ist) mit öffentlichen Verkehrsmitteln zu erreichen, schließlich müssen die Händler und Käufer ja zu den Märkten kommen können, (und wer verfügt in Afrika außerhalb der Hauptstädte schon über ein eigenes Auto?)
Manchmal ist es notwendig, bereits ein oder zwei Tage vorher einen Platz zu reservieren (erkundigen Sie sich also rechtzeitig vorher an Ort und Stelle!). In der Regel wird für jedes Gepäckstück eine Art Frachtgebühr berechnet, die einen gewissen Prozentsatz (etwa

5% des Fahrpreises) ausmacht. Bei Touristen versucht man meist, einen überhöhten Preis zu verlangen, und nur selten läßt der Fahrer mit sich handeln.

Buschtaxis

Die **wichtigsten öffentlichen Verkehrsmittel** in Westafrika, mit denen fast jeder Ort zu erreichen ist, stellen die verschiedenen Arten der **Gemeinschafts-** oder **Sammeltaxis** dar; in den frankophonen Ländern **Taxi-Brousse** (=Buschtaxi) genannt und in Ghana als Tro-Tro bezeichnet, neben zahlreichen lokalen Namen. Sie befahren zwar festgelegte Routen, **einen festen Fahrplan gibt es jedoch nicht**; ebenso gibt es keine Haltestellen (abgesehen von dem Start- und Zielbahnhof), daher muß man sich einfach an die Straße stellen und das Fahrzeug anhalten.

Wer mit dem Buschtaxi fahren will, sollte es nicht eilig haben und braucht gute Nerven und viel Geduld, denn mit der Platzreservierung bzw. dem Ticketkauf ist es noch lange nicht getan. Ein Transportunternehmen versucht normalerweise so viel Geld wie möglich zu machen; eine Beladung mit 19 Personen in einem Peugeot 404 Pickup (plus Gepäck auf dem Dach) ist keine Seltenheit. Reparaturen werden in der Regel nur notdürftig ausgeführt. (Sollten Sie vor der Abfahrt noch etwas Zeit haben, so werfen Sie gegebenenfalls einen Blick auf die Profile der Reifen.)

Als grobe Richtwerte für die Abfahrtszeiten gilt folgendes: die meisten Fahrzeuge verlassen den Taxi-Brousse-Bahnhof am frühen Morgen zwischen 6 und 9 Uhr, bei Langstrecken auch häufig am frühen Abend zwischen 17 und 19 Uhr, um nicht in der größten Hitze fahren zu müssen. Sollten mehrere Fahrzeuge pro Tag dieselbe Strecke fahren, so ist es immer am günstigsten, frühmorgens in dem ersten Wagen noch einen Platz zu bekommen, dann sind die Wartezeiten relativ gering. Und wenn man dann endlich losgefahren ist, sind zu der eigentlichen Fahrzeit die häufigen Pannen und Straßenkontrollen (ca. alle 30 km) hinzuzurechnen. Also Geduld!!

Als sogenannte Buschtaxis werden die unterschiedlichsten Fahrzeugtypen eingesetzt: relativ komfortable und schnelle *Peugeots 504* (Kombi), *Peugeots 404 bachée* (Pick-ups mit seitlichen Holzbänken), Minibusse (französischer oder japanischer Bauart), aber auch LKWs mit improvisierten Holzbänken auf der Ladefläche, Land-Rover mit selbstgezimmertem Aufbau; kaum eine Fahrzeugvariante, die nicht denkbar wäre.

Auf den Hauptstrecken stehen meist mehrere Fahrzeugtypen zur Auswahl. Sie sollten grundsätzlich in solchen Fällen die kleinste Variante bevorzugen, also allen voran die Peugeot-Kombis, danach die Minibusse etc. Steigen Sie nur dann in ein größeres Fahrzeug (LKW o. ä.), wenn Sie sicher sind, daß es keine andere Transportmöglichkeit gibt, denn je größer das Fahrzeug, desto geringer zwar der Fahrpreis, desto geringer aber auch der ohnehin bescheidene Komfort und desto länger vor allem die Fahrzeit!

Für mich ist es immer wieder faszinierend, wieviele Passagiere z. B. in einen Bachée hineinpassen; gelegentlich 25 bis 30 Leute!

Die Plätze vorne neben dem Fahrer (la cabine) sind immer etwas teurer, aber normalerweise um einiges bequemer, außer wenn eine dicke Mama Benz ebenfalls in der Kabine sitzt. Oft ist ein Sitzplatz vorne in der „cabine" auch für

Funktionäre (Polizei, Militär etc.) freigehalten, d. h. sie haben ein gewisses Vorrecht auf diesen Platz. Auf den Sitzbänken der offenen Ladefläche werden dann Passagiere und Gepäck mehr oder weniger übereinander geschichtet. Windig und zugig ist es meist trotzdem noch, so daß es ratsam ist, sich während der Fahrt ein Tuch um den Kopf zu wickeln und evtl. sogar eine Sonnenbrille (Gletscherbrille!) aufzusetzen.

Auf den drei Sitzbänken eines Peugeot 504 (Kombi) werden normalerweise 10 bis 12 Personen untergebracht; von Komfort kann da wohl kaum mehr die Rede sein, auch wenn dieses Fahrzeug eindeutig zu den besseren zählt, in bezug auf Reisegeschwindigkeit und Wartezeiten an den Straßenkontrollen. Die besten Plätze in Bussen und Taxis sind (außer nebem dem Fahrer) in der Nähe der Tür: bei Zwischenstops und Pausen kann man als erster aus- und als letzter einsteigen; die hintersten Winkel sollte man nach Möglichkeit meiden.

Befindet man sich jedoch (zusammen mit 70 bis 80 Personen) auf einem LKW, so dehnen sich die Fahrten bis ins schier Endlose aus; und überquert man mit einem solchen Fahrzeug eine Grenze, gehören Wartezeiten von einem halben oder ganzen Tag durchaus zur Regel, schließlich muß jeder einzelne Reisende sorgfältigst kontrolliert werden!

Wenn andere Passagiere oben auf dem Gepäckträger Platz genommen haben, bzw. auf der Ladefläche mitfahren, während Sie vorne in der Kabine sitzen, sollten Sie ihr Gepäck auf dem Dach nicht unbeaufsichtigt lassen; dies sind ideale Gelegenheiten, um Taschen aufzuschlitzen bzw. auszuräumen.

Busse
Überlandbusse spielen in den meisten westafrikanischen Ländern nur eine untergeordnete Rolle. Ausnahmen sind in Ghana die State Transport Company, die über moderne, ziemlich schnelle, zuverlässige und selten völlig überfüllte Busse verfügt, sowie in der Elfenbeinküste die zahlreichen privaten Gesellschaften, die den größten Teil des Langstreckenverkehrs (ebenfalls mit relativ neuen und leistungsfähigen Fahrzeugen) abwickeln. Nigeria verfügt ebenfalls über ein gut ausgebautes Bussystem. Überlandbusse gibt es auch z. B. zwischen Abidjan und Accra *(s. Länderkapitel)*.

Die angegebenen Abfahrtszeiten werden in der Regel einigermaßen pünktlich eingehalten. Sie sollten versuchen, das Busticket bereits am Vortag zu besorgen und auch zwei Stunden vor Abfahrt bereits an der Busstation sein, da die *State Transport Company* wegen der guten Qualität sehr beliebt ist. Die Buschtaxi- bzw. Busbahnhöfe (franz. „Gare routière", „Gare des Voitures", engl. „Busstation") liegen normalerweise im Innenstadtbereich; gibt es in einer größeren Stadt jedoch mehrere, so befinden sie sich meist in der Peripherie, an den jeweiligen Ausfallstraßen.

Langstrecken mit öffentlichen Verkehrsmitteln sind in Westafrika **fast immer strapaziös**. Reiseproviant müssen Sie jedoch nicht unbedingt mitnehmen, da sowohl Busse als auch Buschtaxis in gewissen Abständen Essenspausen einlegen; meist halten sie dazu an Straßenständen oder kleinen Restaurants. Aber auch die zahlreichen fliegenden Händler bieten an fast jeder Straßensperre die unterschiedlichsten lokalen Leckerbissen an. Wesentlich wichtiger bzw. dringend zu empfehlen ist es, in einer WasserflascheTrinkwasser (evtl. mit Zitronen oder mit Tee) mitzunehmen; die unterwegs angebotenen Erfrischungsgetränke sind fast immer sehr süß, mit lokalem Wasser zubereitet und oft brühwarm; die Infektionsgefahr (u. a. Hepatitis!) ist daher sehr hoch, und wenn möglich sollten Sie diese Getränke meiden bzw. nur nach Behandlung mit *Micropur* bzw. *Romin* trinken (ebenso das meist lauwarme in Plastikbeuteln abgefüllte Wasser!). In Flaschen abgefüllte Erfrischungsgetränke sind außerhalb der Städte nur sehr selten und dann meist nur zu hohen Preisen erhältlich. Den mit gekochtem Wasser zubereiteten Kaffee können Sie dagegen in der Regel ohne Bedenken trinken; aber verlassen Sie sich auch da auf Ihr Gefühl! Haben Sie den Eindruck, er sei nicht sauber genug für Sie, lassen Sie ihn lieber stehen! Ein weiteres Problem auf langen Überlandstrecken sind die nicht vorhandenen Toiletten. Die Busse (natürlich auch die Buschtaxis) halten grundsätzlich nur in den Orten. Wer ein dringendes Problem hat, setzt sich einfach in den Straßengraben, auch mitten im Ort. Wer dies als Europäer nicht gewohnt ist, steht häufig vor einem unlösbaren Problem, den bei weitem nicht alle Kneipen verfügen über ein WC, geschweige denn über ein halbwegs zumutbares Örtchen. Als Mann hat man es hier etwas leichter, als Frau ist es besser, mit einem weiten Rock zu reisen, dann kann man sich notfalls auch in den Straßengraben setzen.

Eisenbahn

Das westafrikanische Eisenbahnnetz ist **nur gering entwickelt**, und entspricht wie in fast allen ehemaligen Kolonien den Bedürfnissen einstiger Kolonialmächte; es bestehen lediglich Verbindungslinien von wirtschaftlichen Zentren im Landesinneren (Bergwerke, wichtige landwirtschaftliche Zentren u. ä.) zu den Küstenhäfen, aber kaum Querverbindungen, geschweige denn ein wirkliches Netz.

Ein Teil der wenigen bestehenden Bahnlinien ist ohnehin stillgelegt, wird ausschließlich für Frachtverkehr genutzt oder stellt wegen endloser Fahrtzeiten keine attraktive Alternative zum Straßenverkehr dar. Die einzige wichtige Ausnahme ist die Linie *Ouagadougou – Abidjan,* die täglich von relativ modernen, recht komfortablen und zuverlässigen Zügen in 30 (max. 40) Stunden bewältigt wird und eine der günstigsten internationalen Verbindungen in ganz Westafrika darstellt. Regional von Bedeutung sind die Bahnstrecken in *Benin, Togo* und *Ghana* (die Straßen-Verbindungen sind jedoch in aller Regel schneller) sowie die Verbindung *(Bamako – Tambakounda – Dakar)* von *Mali* nach *Senegal.*

Bus in Ghana

Bahnfahrten sind ein Erlebnis für sich, ein Abenteuer, das man sich nicht entgehen lassen sollte. Es gibt Schnell-, Express- und Bummelzüge (= Billigklassenzüge), und meist werden bis zu 5 Klassen unterschieden, wobei die erste Klasse, die teuerste, meist auch die leerste ist und die billigste auch gleichzeitig die vollste. Sucht man jedoch mehr Kontakt mit der einheimischen Bevölkerung, so sollte man in der 2. oder 3. Klasse fahren, vorausgesetzt man will auf (jeglichen) Komfort verzichten.

Für die **erste Klasse** ist **meist eine Reservierung notwendig** (ein oder zwei Tage vorher) oder zumindest zu empfehlen. Außerdem sollten Sie bereits einige Zeit vor der angegebenen Abfahrtszeit am Bahnhof sein, um sich in dem großen Gedränge (meist nur in den billigeren Klassen) unter Umständen auch noch einen Sitzplatz zu erkämpfen. Die Essensversorgung ist in den Zügen ebenso wie bei Fahrten mit dem Buschtaxi kein Problem. An jedem Bahnhof bzw. jeder Haltestelle warten ganze Scharen von fliegenden Händlern, die, sobald der Zug hält, die verschiedensten Imbisse zum Fenster hineinreichen (gebratene Fische, Hähnchen, gekochte Eier, Erdnüsse, Bananen, Orangen und jede Menge ausgebackene Teigwaren). Für ausreichend Trinkwasser sollten Sie jedoch selbst sorgen *(s. o.)*.

Flugzeug

Die meisten westafrikanischen Staaten verfügen über ein **relativ dichtes Inlandsflugnetz**, was bei den schlechten Straßen, von denen viele nur in der Trockenzeit befahrbar sind, auch unbedingt notwendig ist. Die wichtigsten regionalen Zentren werden in der Regel recht häufig angeflogen, der Zustand der Maschinen ist relativ gut, und die Flugpreise liegen im allgemeinen niedrig (wenngleich natürlich um einiges höher als die entsprechenden Preise für Sammeltaxis und Busse). Im Vergleich zum übrigen Verkehrsaufkommen spielt das Flugzeug hinsichtlich des Inlandsflugverkehrs sicher eine größere Rolle als bei uns. Die Nachteile der Binnenflüge sind zum einen, daß es nur wenige Querverbindungen, d. h. meist nur Verbindungen von der Hauptstadt in die Regionalzentren gibt (die Reise von einer Provinzhauptstadt zur anderen macht also häufig den zeitraubenden und teuren Umweg über die Kapitale notwendig), und daß die Hauptstrecken oft lange im voraus ausgebucht sind, d. h. rechtzeitige Planung und Reservierung notwendig sind. Auch Überbuchungen sind keine Seltenheit; nicht wenige Reisende berichten, daß sie trotz eines o.k. auf dem Ticket keinen Platz in der Maschine bekamen. Zwischen den verschiedenen westafrikanischen Hauptstädten bestehen meist mehrmals wöchentlich Flugverbindungen (*Air Afrique* und nationale Gesellschaften).

Schiff

Schiffsverkehr ist, abgesehen von Pirogen und Fähren, nur auf Teilstücken der großen Flüsse (wie Niger und Senegal) möglich. Während man in der Ersten Klasse eine Kabine hat, befinden sich die anderen Klassen entweder an Deck oder sogar unter Deck, häufig direkt neben dem Maschinenraum (viel Lärm und schlechte Luft!); außerdem unterscheiden sich die einzelnen Klassen meist auch noch bezüglich der Essensqualität. Bei längeren Fahrten bzw. Nachtfahrten an Deck empfiehlt es sich, mit einer Matte o. ä. rechtzeitig einen (Liege-)Platz zu reservieren, da die Deckklassen meist hoffnungslos überfüllt sind.

Bei mehrtägigen Pirogenfahrten (z. B. auf dem Niger) sollten Sie sich unbedingt ausreichend Trinkwasser (3–5 Liter/Tag!) mitnehmen sowie genügend Proviant in Form von Konserven, etc.

Trampen

ist in Westafrika etwas schwierig, da die Touristenfahrzeuge meist voll besetzt (und überladen) sind und die einheimischen LKW-Fahrer den Reisenden bzw. die Reisende nur gegen Bezahlung mitnehmen wollen oder ohnehin voll sind. Auf kürzeren Strecken, vor allem zwischen zwei größeren Städten, ist das Trampen jedoch eher möglich, denn hier sind häufiger Geschäftsleute unterwegs.

Verkehrsmittel in großen Städten

Linienbusse sind in den Hauptstädten fast immer anzutreffen und stellen das billigste Transportmittel mit festen Preisen dar. Mit großen Gepäckstücken (Rucksack etc.) erweist sich das Ein- und Aussteigen jedoch als relativ schwierig; überfüllte Busse sind auch ein beliebter Arbeitsplatz von Taschendieben. Es ist in diesem Fall daher eher zu empfehlen, ein **Taxi** zu nehmen, das meist ebenfalls zu festen Tarifen (am besten vor Ort genau erkundigen) im Stadtgebiet verkehrt. Den Preis jedoch unbedingt vorher ausmachen und erst bei Fahrtende bezahlen! In manchen größeren Orten wie z.B. St. Louis (Senegal) ist auch eine Art Pferdewagen, genannt *calèche*, als Transportmittel im Einsatz.

Reisen von Staat zu Staat

Der **Grenzverkehr** zwischen den meisten frankophonen Staaten Westafrikas ist ausgesprochen rege, inzwischen auch wieder zwischen Ghana und dem Nachbarland Togo.
Zumindest auf den Hauptstrecken besteht dichter Verkehr.
Unbedingt sollte man bei öffentlichen Verkehrsmitteln durchgehende Verbindungen wählen, da sonst nicht gewährleistet ist, daß man am gleichen Tag weiterkommt.
Grenzformalitäten in Westafrika sind in aller Regel eine sehr zeitraubende Angelegenheit. In manchen Fällen mögen die Formalitäten in weniger als einer halben Stunde erledigt sein, in anderen ist mit stundenlangen Wartezeiten zu rechnen. Europäer werden meist zuvorkommend und zügig abgefertigt, was aber nur dann ein Vorteil ist, wenn man alleine oder mit nur wenigen Afrikanern reist. Fährt man dagegen in einem Bus oder Lkw mit 30, 50 oder mehr Afrikanern, wird man warten müssen, bis auch deren Grenzformalitäten abgewickelt sind; Übernachtungen an der Grenze sind deshalb nichts Ungewöhnliches und durchaus keine Seltenheit.
Für den grenzüberschreitenden Verkehr gilt deshalb folgender Rat: Wo immer möglich, (und auf fast allen Hauptstrecken besteht diese Möglichkeit), sollten Sie „durchgehende" Verbindungen wählen und versuchen, ein kleines Fahrzeug *(s. auch vorhergehendes Kapitel, Reisen mit öffentlichen Verkehrsmitteln)* zu bekommen. Achten Sie auch darauf, in welchem technischen Zustand sich das Fahrzeug befindet, und wählen Sie – wenn möglich – das Neuere.
Sollten Sie jedoch mehr oder weniger gezwungen sein, ein Transportmittel mit vielen Insassen zu benützen, so bleibt Ihnen nur, sich in Ihr Schicksal zu fügen.
Bitte beachten: Die afrikanischen **Grenzen** sind normalerweise **nachts nicht offen** und schließen meist mit Sonnenuntergang!
In allen westafrikanischen Staaten sind die **Grenzkontrollen** ausgesprochen gründlich, auch wenn bei Europäern gelegentlich ein Auge zugedrückt wird. In der Regel wird das gesamte Gepäck sorgfältigst durchsucht, gelegentlich nicht nur einmal, sondern mehrfach, da Polizei und Militär getrennte Kontrollen vornehmen. Beachten Sie deshalb genau die geltenden Zoll- und Devisenvorschriften (s. u.). Strengstens verboten sind nicht nur die Einfuhr von „Rauschgift" und Waffen, sondern auch die von „pornographischen" (der Begriff wird sehr eng ausgelegt) und „staatsfeindlichen" Schriften.
Gepäckdurchsuchungen finden nicht nur an den Grenzen statt, sondern häufig auch im Rahmen von **Straßenkontrollen** der Polizei und des Militärs, die es an manchen Strecken (insbesondere in grenznahen Gebieten) im Abstand von wenigen Kilometern gibt. Es ist daher durchaus nicht ungewöhnlich, daß das Reisegepäck im Laufe eines Tages ein dutzendmal „gefilzt" wird. Und dabei heißt es Ruhe bewahren, denn aufregen hilft überhaupt nichts, im Gegenteil, fordert die Beamten nur zu Sanktionen heraus, was eine weitere

Verzögerung der Fahrt bedeutet. Also: *keep cool!!*
Vorsicht bei Grenzkontrollen: Grenzbeamte lassen mitunter das eine oder andere Stück – z. B. den Fotoapparat – beim Gepäckdurchsuchen verschwinden.
An kleinen, von Europäern nur wenig frequentierten Grenzübergängen kann es vorkommen, daß die polizeiliche Registrierung erst in der nächsten größeren Stadt erfolgt (Nicht vergessen, sonst kann es bei der Ausreise Ärger geben und ein Bestechungsgeld erforderlich werden!).

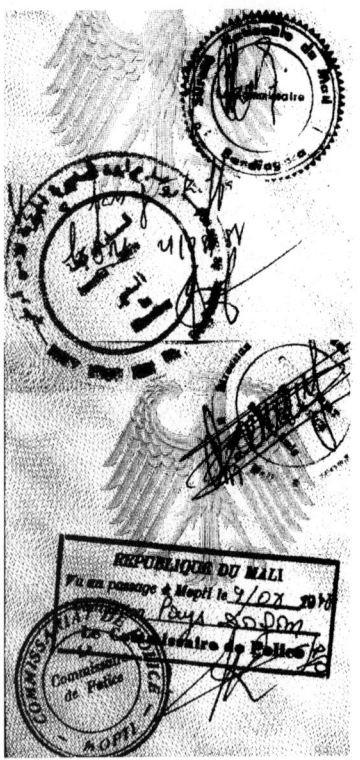

Meldepflicht während der Reise

Eine Meldepflicht während der Reise besteht **lediglich in** den Ländern **Niger** und gelegentlich aus alter Gewohnheit noch in **Mali**, wo man in jedem großen und grenznahen Ort beim *Commissariat de Police* vorsprechen und seinen Reisepaß zeigen sollte. Da fast jedesmal ein Sichtvermerk in den Paß eingetragen wird, sollten Sie bei längerer Reise in diesen Ländern noch genügend freie Seiten in Ihrem Reisepaß haben. In Mali besteht zwar diese Regelung nicht mehr offiziell, man wird aber trotzdem oft genug von der Polizei gebeten, eine Registrierung vornehmen zu lassen.

Generell sollten Sie sich auch angewöhnen, unmittelbar nach Ankunft in einem kleineren Dorf sich beim Dorfchef oder Dorfältesten zu melden bzw. vorzustellen und diesem Ihr Anliegen (z. B. Durchreise oder Besuch für 1 – 2 Tage o. ä.) vortragen; in der Regel wird Sie der Dorfchef dann im Namen aller Dorfbewohner willkommen heißen und Ihnen gegebenenfalls auch bei der Suche nach einer Unterkunft behilflich sein. **Bitte mißachten Sie dieses Ritual nicht!** Ansonsten kann es sehr leicht passieren, daß Ihnen die Bewohner des Dorfes mit sehr argwöhnischen und ängstlichen Blicken begegnen und Sie als „Eindringling" empfinden (zu tief sitzen die schlechten Erfahrungen aus Zeiten der Missionierung und Kolonisation). Haben Sie sich jedoch vorgestellt und sind „offiziell" willkommen geheißen worden, dann wird man Ihnen mit der üblichen Gastfreundschaft begegnen und nicht selten wird der Gast eingeladen, oder zumindest in ausführliche Gespräche, über seine Herkunft und seine Reiseziele, verknüpft..

Unterkunft und Verpflegung

Übernachtung

Westafrika kann zwar sicher kein lückenloses Netz von internationalen Luxushotels aufweisen, aber an einfachen Unterkünften mangelt es in der Regel nicht.

Luxushotels internationalen Standards findet man praktisch nur in den Hauptstädten oder den wenigen Touristenzentren entlang der Küste.

Sogenannte **Mittelklasse-Hotels** (mit eigenem Bad und Toilette versehen sowie einigermaßen komfortabel ausgestattete Zimmer) gibt es in allen Städten und darüber hinaus auch in allen Provinzhauptstädten bzw. größeren Marktorten. Sie entsprechen aber selten den europäischen Maßstäben.

Auf dem Lande hingegen **muß** in der Regel **auf jeglichen Komfort verzichtet werden**. Die hygienischen Verhältnisse entsprechen längst nicht unseren Vorstellungen; die Duschen sollten Sie nur mit Plastikschuhen (Badeschuhe) betreten und die Toiletten nur stehend bzw. hockend benützen. Davon abgesehen bestehen unterwegs die meisten Toiletten sowieso nur aus einem (oft bereits überfüllten) Loch im Boden; in der Hitze trocknet das jedoch alles sehr schnell, so daß in der Regel keine Gefahr besteht, auszurutschen.

Hotel „Chevalier des Boufflers" auf der Insel Goreé vor Dakar (Senegal)

Sofern es überhaupt Hotels gibt, handelt es sich überwiegend um äußerst bescheidene Etablissements, im übrigen muß man mit einem Schlafplatz in einer Hütte vorliebnehmen (beim Dorfchef oder bei der Polizei nachfragen). Die **Übernachtung** in westafrikanischen Hotels ist jedoch auch bei Verzicht auf Komfort **nicht billig.**
Die internationalen Luxushotels haben auch das internationale **Preisniveau** (100–150 DM), und für ein Doppelzimmer in einem Hotel mittleren Standards müssen Sie bereits zwischen 30 und 50 DM hinblättern. Und selbst sehr bescheidene Zimmer kosten in der Regel zwischen 10 und 20 DM. (Die in den einzelnen Länderkapiteln angegebenen Preise sind lediglich Richtpreise; Stand 1993/94. Durch die CFA-Abwertung zum Jahresanfang werden deshalb die meisten angegebenen Hotelpreise um ca. 80–90% steigen, ein verbindliches neues Preisniveau hat sich noch nicht eingependelt).
Die Namen und Adressen einiger Luxushotels gebe ich vor allem deshalb an, weil dies in manchen Ländern die einzigen Orte sind, wo man eine deutsche Zeitung bekommt oder wo man im Notfall schnell nach Deutschland telefonieren bzw. ein Telex oder Fax schicken kann. Außerdem kann auch unter Travellern die Situation eintreten (sofern man es sich leisten kann), wo man durchaus mal froh über ein komfortables Hotel ist, vor allem im Falle von Krankheit, oder wenn die Nerven am Ende sind.
Campingplätze gibt es in Westafrika nur sehr selten. Und das Zelten an Touristenstränden ist nicht zu empfehlen, da Diebstähle und Überfälle (an solchen Plätzen) sehr häufig sind. Fragen Sie lieber auf der Polizeistation (oder Missionsstation), ob Sie dort zelten können. Hat man vor, „en brousse" zu kampieren, so sollte man auch da wissen, wo man zeltet, und um keine bösen Überraschungen zu erleben, vorher die Bevölkerung der näheren Umgebung (des nächsten Hofes) um ihr Einverständnis fragen bzw. sich bei ihr informieren; sie kennen die Gefahren der Gegend am besten (z. B. wilde Tiere, Überfälle etc.)! Sie sollten immer bedenken, daß Sie Gast in einem fremden Land sind!!

Für Einheimische ist der Wunsch vieler Touristen, an einem ruhigen Ort außerhalb des Dorfes zu übernachten, meist unverständlich. Sie selbst versuchen, bei Dunkelheit wieder zu Hause zu sein oder zumindest einen Ort erreicht zu haben, in dem sie übernachten können. Die meisten Touristen, die mit eigenem Auto unterwegs sind, sind jedoch froh, wenn sie dem Menschengewimmel entfliehen und in Ruhe für sich sein können; indem sie sich isolieren, (ver)meiden sie ganz deutlich den Kontakt zur einheimischen Bevölkerung. Besuch bekommt man aber auch fast immer an einem vermeintlich abgeschiedenen Ort; kaum ist man an einem schönen Platz angekommen, erscheinen meist bereits kurze Zeit später ein paar Einheimische, die auf dem Weg ins (nächste) Dorf sind. Meist bleiben sie eine Zeitlang in respektvoller Entfernung stehen, um die Fremden voller Neugierde und mit großem Interesse zu begutachten; manchmal suchen sie auch den direkten Kontakt (besonders wenn sie Französisch oder Englisch sprechen) und versuchen, mehr von den Fremden zu erfahren. Auch für Sie eine Möglichkeit, etwas mehr über Land und Leute zu erfahren! Sollten Sie jedoch das Interesse einer ganzen Kinderschar auf sich gezogen haben, zeigen Sie Verständnis(!). Um sich ein bißchen Distanz zu schaffen (falls die Kinder Ihnen zu sehr auf die Pelle gerückt sind), hilft es fast immer, wenn Sie eine Grenz-Linie (um das Auto) ziehen, die nicht überschritten werden darf (der magische Kreis). Sobald es dunkel wird, macht sich die neugierige Bande sowieso wieder auf den Heimweg. Sollten Sie nach einer anstrengenden Fahrt einmal absolut Ruhe brauchen, so verstehen die Kinder dies meist auch und sind durchaus rücksichtsvoll, sofern Sie ihnen die Gelegenheit in Aussicht stellen, etwas später (oder am nächsten Tag) sich mit ihnen zu unterhalten, mit ihnen Kontakt aufzunehmen (und das sollten Sie natürlich auch einhalten!).

Restaurants, Verpflegung

Restaurants, die **internationale Küche** servieren (häufig zu relativ hohen Preisen), finden sich im allgemeinen **nur in den Hauptstädten** und darüber hinaus in Orten, die über Hotels der Mittelklasse verfügen. Sie haben jedoch überall Gelegenheit, sich mit der afrikanischen Küche vertraut zu machen.

Es gibt in Westafrika kaum ein Dorf, wo Sie nicht mindestens ein **einfaches afrikanisches Lokal** finden, das **Reis oder Fufu** mit einer Fleisch- oder Fischsauce zubereitet, und keine Busstation, an der nicht jede Menge Straßenhändler **Fleischspießchen** *(brochettes),* **gebratene Bananen** und **Yams, Gebäck** oder andere kleine **Imbisse** anbieten. Morgens und abends werden

Zubereitung von Hirsebier

auch an vielen Plätzen Straßenstände aufgebaut, die Milchkaffee mit Baguette (evtl. auch Omelette) servieren (in den frankophonen Ländern wird ein vorzügliches Weißbrot gebacken!). Einfache afrikanische Gerichte bzw. Imbisse kosten nur sehr wenig (selten über 3 DM). Das Essen in den einheimischen Restaurants (so finde ich) ist meist viel besser als in solchen, die versuchen, französisch zu kochen.

Einfache Bars in Städten und größeren Provinzorten verkaufen in einheimischen Brauereien hergestelltes **Bier**, sowie internationale und lokale (in Flaschen abgefüllte) **Soft-drinks**, bei den Straßenhändlern (Jungs, die mit einer Kühlbox durch die Straßen gehen/fahren) kann man die Erfrischungsgetränke meist billiger bekommen.

Auf dem Land sieht es diesbezüglich ungünstiger aus (nicht zuletzt wegen fehlender Kühlmöglichkeiten); die Menschen trinken schlicht und einfach Wasser bzw. je nach Region **Hirsebier** oder **Palmwein**. Wegen der schlechten Getränkeversorgung sollten Sie immer eine Wasserflasche und Desinfektionstabletten/Filter bei sich haben, damit Sie gegebenenfalls auf Wasser zurückgreifen können. Manchmal wird unterwegs in Plastikbeutel abgefülltes Wasser angeboten; damit kann man gut seine Wasserflasche auffüllen (Entkeimungsmittel unbedingt zufügen!). Den Durst stillen auch die fast überall angebotenen Orangen. Meist wird die oberste Hautschicht der Orangen mit einem Messer oder einer Rasierklinge kreisförmig in kleinen Streifen heruntergeschält und trichterförmig die Blüte entfernt; so vorbereitet, lassen sich die Orangen gut auslutschen, wenn man zwischendurch immer mal wieder den Saft herausdrückt.

Afrikanische Küche

Der Speiseplan von 90% der Bevölkerung Westafrikas ist sehr einfach. Dreimal am Tag gibt es eine Schüssel Hirsebrei, mittags und abends meist mit einer scharfen Gemüse-, Fleisch- oder Fischsoße, morgens oft auch eine relativ geschmacklose, nur leicht mit Zucker gesüßte Suppe aus Hirsemehl (sofern man sich Zucker überhaupt leisten kann). Reis gibt es nur dort, wo er angebaut bzw. als Importware angeboten wird (z. B. in den Städten). Die Elite bzw. Bürgerschicht hat dagegen mehr oder weniger die französische Küche übernommen.

Je nach Region sind Hirse, Reis, Mais, Maniok und Yams (Süßkartoffel) die wichtigsten Grundnahrungsmittel, aus denen die verschiedensten Gerichte zubereitet werden. Als Gemüse werden neben Tomaten, Okra und Zwiebeln auch gerne Maniok- und Baobabblätter verwendet.

Während für die Hirtenvölker im Sahel Kuhmilch (meist als Sauermilch) zusammen mit Hirse und Weizen für die tägliche Nahrung von großer Bedeutung ist (Fleisch wird nur bei Festen oder besonderen Anlässen gegessen), ernährt sich die Bevölkerung der Küstenregion überwiegend von Maniok, Yams und Bananen; die Soßen werden mit den im Atlantischen Ozean üblichen Fischsorten (Seelachs, Makrelen und Hering) angereichert.

In der Savanne (West- und Ostsudan) ernähren sich die Menschen hauptsächlich von Hirse und Reis, sowie den verschiedenen Sorghumarten; der Fisch wird durch Fleisch (Rind, Ziege, Schaf) ersetzt bzw. durch Geflügel, kleinere Wildtiere, Buschratten oder Schlangen. Die Hirse wird meist zu einem steifen Brei *(tô)* gekocht und mit

Zubereitung von Kariténußbutter

einer scharfen Soße gegessen *(s. auch Rezept unten).*
Mais, der am besten in der Küstenregion wächst, spielt ebenso eine große Rolle für die Ernährung der Bevölkerung wie die Erderbse und die Erdnuß. Als Öl- und Pflanzenfettlieferant dienen der *Kariténußbaum* (Schibutterbaum), *Sesam* und *Ölpalme* (überwiegend an der Küste). Mit Palmkernöl lassen sich sehr schmackhafte Soßen zubereiten. Erdnuß wird im Sahel-Sudan gerne zur Anreicherung von Soßen (Proteine und Fett) verwendet; in der Savanne wird man *Riz Sauce* fast immer mit Erdnußsoße zubereitet finden. Ist man **Gast in einer afrikanischen Familie** und zum Essen eingeladen, so setzt man sich in der Regel auf kleinen Holzschemeln im Kreis am Boden. Eine Schüssel mit Wasser wird gebracht und reihum zum Händewaschen gereicht.

Das Essen selbst wird in einer großen, runden Schüssel serviert, die in die Mitte auf den Boden gestellt wird. Gegessen wird mit der rechten Hand, die linke dagegen gilt als unrein (da man sich damit auf der Toilette den Hintern sauber macht). Jeder ißt stets von seiner Seite zur Mitte hin, dem Gast werden jedoch in der Regel die besten Fleisch- bzw. Fischstücke zugeschoben. Zu einem einfachen afrikanischen Gericht wird meistens Wasser gereicht. (Überlegen Sie sich jedoch gut, ob Sie davon trinken!)
Manchmal, wenn man weiß, daß Sie das Wasser nicht gewohnt sind und nicht vertragen, wird man Ihnen vielleicht auch einen Soft-drink anbieten. Nach dem Essen wird zum Händewaschen wieder die Wasserschüssel herumgereicht und eventuell auch noch ein arabischer Tee zubereitet.

Wenn Sie in einer Moslem-Familie zum Essen eingeladen sind, werden Sie bemerken, daß die Männer getrennt von den Frauen und diese manchmal auch getrennt von den Kindern jeweils aus einer eigenen Schüssel essen.

Eine Packung chinesischer grüner Tee sowie eine Packung Zucker oder Zigaretten sind zum Beispiel ein gerngesehenes **Gastgeschenk**, das Sie, auch wenn Sie kurzfristig und spontan zum Essen eingeladen worden sind, noch in jedem kleinen Laden kaufen können! In den stärker islamisierten Gegenden Westafrikas ist die Tee-Zeremonie in arabischem Stil sehr verbreitet, nicht nur nach dem Essen, sondern auch zwischendurch, während man in gemütlicher Runde zusammensitzt. Wundern Sie sich also nicht, wenn Sie (abends) zu einem Tee eingeladen werden, sondern nehmen Sie die Einladung ruhig an, eine gute Gelegenheit, mit Einheimischen ins Gespräch zu kommen.

Gebräuchliche Getränke und Speisen
Genußmittel
Kola-Nuß

Die Kolanuß kann als die traditionelle Droge Westafrikas bezeichnet werden; die kastanienförmige Nuß gibt es in Weiß, Rosa oder Purpurrot und ist wegen der anregenden Wirkung vor allem bei Älteren sehr beliebt und ein ideales Gastgeschenk; in manchen Gegenden wird sie auch als Zahlungsmittel (Brautpreis) verwendet sowie zur Wahrsagerei. Die ineinander übergehenden Kerne der Kolanuß werden als Symbol der Freundschaft gesehen, weshalb sie früher bei keinem Gastgeschenk fehlen durften. Ebenfalls war es üblich, Eide auf die Kolanuß zu schwören.

Hauptanbaugebiet ist Nigeria, wo der 10 bis 20 m hohe Kola-Baum auf riesigen Plantagen angebaut und die Nuß in ganz Westafrika verkauft wird. Man findet sie daher fast überall auf den Märkten und in den Straßen von fliegenden Händlern angeboten; die Kola-Nuß ist jedoch nicht nur wegen ihrer stimulierenden Wirkung z. B. bei den Moslems, die keinen Alkohol trinken dürfen, sehr beliebt, sondern auch weil sie Hunger und Durst zumindest vorübergehend unterdrückt und auch die Mattigkeit (z. B. bei zu großer Hitze) vertreibt. Der extrem bittere Geschmack ist jedoch nicht jedermanns Sache.

Hirsebier

Das traditionelle Hirsebier, *Dolo* oder *Diapalo* genannt (in Ghana heißt es *pito)*, das einen Alkoholgehalt von 2 bis 4% hat, wird in keiner anderen Bar ausgeschenkt als in den „Cabarets"; so heißen die einheimischen Hirsebierkneipen. Auf ländlichen Märkten sind meist auch einige Stände mit Hirsebier zu finden (früher wurde nur zu Markttagen gebraut, heute fast täglich). Zur Begrüßung bekommt man meist einen Probeschluck „liga" gereicht, und dann trinkt man so viel, bis der Durst gelöscht ist; dabei reicht man gewöhnlich die Kalebassen reihum. Am besten schmeckt das Hirsebier frisch (es hält sich höchstens 24 Stunden); manchmal, wenn es nicht gut gebraut oder alt ist, schmeckt es etwas säuerlich und hat eine stark blähende Wirkung.

Das Hirsebier spielt im gesellschaftlichen Leben der Afrikaner eine große Rolle und darf auch bei festlichen Anlässen nicht fehlen. Es wird fast ausschließlich von Frauen in einer dreitägigen Prozedur (Mälzen, Darren, Brauen und Gären) hergestellt, die sich dadurch eine gewisse wirtschaftliche Eigenständigkeit erwerben. Mit Früchten und Rinden versuchen sie den Geschmack des Hirsebiers zu verfeinern. Meist helfen Nachbarinnen und Freundinnen beim Brauen und übernehmen zum Teil auch die Auslieferung bzw. den Verkauf auf dem Markt, in den großen gebrannten Tonkrügen *(canaris)*.

Kaffe/Tee
Kaffee (Nescafe) und Tee (Teebeutel) sind zwar auch fast überall zu haben, werden jedoch nur von einem kleinen Teil der Bevölkerung konsumiert, da es sich die meisten nicht leisten können. Nescafe mit gezuckerter Kondensmilch wird an kleinen Straßenständen (an Busstationen etc.) angeboten und meist mit einem Stück Baguette auf französische Art genossen. Der einheimische Tee/Kaffee besteht dagegen aus einem Aufguß von Blättern und hat eigentlich keine anregende Wirkung.
Im **Sahel-Sudan** hat jedoch das **Teetrinken,** wie auch im arabischen Raum, **zeremoniellen Charakter.** Während man gemütlich im Kreis zusammensitzt und sich unterhält, wird in gewissen Abständen ein Glas Tee gereicht (meist ein Aufguß aus chinesischem grünen Tee, mit frischer Pfefferminze und viel Zucker). Erst nach dem dritten Glas ist die Zeremonie beendet, und es wird im allgemeinen als unhöflich angesehen, wenn man vorher die Runde verläßt!

Palmwein
wird hauptsächlich in der Küstenregion getrunken; man gewinnt ihn, indem man die Blütenstauden der Kokospalme zusammenbindet, deren Spitzen abschneidet und ein Gefäß darunterbindet und nach Möglichkeit auch noch Blätter oder ein Tuch drumwickelt, damit keine Insekten hineinfallen. Die Flüssigkeit, welche eigentlich die Frucht bilden sollte, fließt nun in dieses Gefäß und fermentiert bei den hohen Temperaturen sofort; frisch vom Baum geholt schmeckt der Palmwein am besten und erinnert etwas an Apfelmost; läßt man ihn jedoch einen Tag lang stehen, bekommt er einen scharfen Geschmack und wird sehr alkoholhaltig.

Coutoucou
Mittels Hefe selbstgebrauter hochprozentiger Schnaps, der bei längerem Genuß blind macht, denn meist wird er nicht sauber destilliert (es bildet sich dann Methylalkohol; dieser führt zur

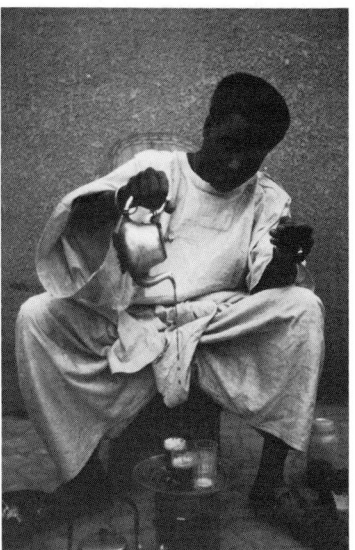

Tee ist das „Nationalgetränk" im gesamten islamischen Raum

Erblindung). In den Küstenregionen werden die Kinder jedoch schon sehr früh daran gewöhnt und dürfen schon als Kleinkind davon probieren. Dies vor allem wegen der, wie überall in der Dritten Welt, elenden wirtschaftlichen Verhältnisse und dem Zusammenbruch des sozialen Gefüges.

Der Alkoholismus stellt vor allem in den westafrikanischen Städten ein großes Problem dar. Und wer sich das teure, in Flaschen abgefüllte Bier nicht leisten kann, hält sich eben an die selbstgebrauten Alkoholika. Es gibt mehrere Berichte, denen zufolge ganze Hochzeitsgesellschaften (o. ä.) nach dem Genuß von selbstgebranntem Schnaps gestorben sind!

Früchte, Gemüse, Lebensmittel
Banane

Eine der ältesten Nahrungspflanzen in der Küstenregion (wahrscheinlich gelangte sie aus Indien nach Afrika) und wird sehr unterschiedlich zubereitet: Es gibt die sogenannte Kochbanane, die geschält und wie Kartoffeln gekocht oder in Öl ausgebacken bzw. auf einem Holzkohlenfeuer gegrillt wird; man stampft sie auch, um Foufou daraus zu bereiten.Andere Arten werden in Scheiben geschnitten an der Sonne getrocknet, und relativ selten werden sie in voll reifem Zustand als Süßbanane gegessen. Selbst Bananen-Wein stellen die Bewohner des Regenwaldes her (die zerschnittenen Bananen werden mehrere Tage lang in Holzkrüge gelegt und zum Gären gebracht.)

Chillies *s. Piment*

Erdnuß
In Westafrika wird Erdnußmus/-butter vor allem zur Anreicherung von Soßen verwendet oder zur Herstellung von Nußplätzchen und Nougat.

Gombo *s. Okra*

Kinkeliba-Tee
Traditioneller Tee, der aus den Blättern des gleichnamigen Baumes gebrüht wird. Kinkeliba-Tee wird auch häufig an den *Tanganas* oder „Cafe-au-Lait-Ständen" angeboten.

Kokosnuß
Geraspelte bzw. gestampfte Kokosnuß wird überwiegend zur Herstellung von Soßen, Gemüse oder für Kuchen verwendet. Der Saft einer jungen Kokosnuß ist ein sehr erfrischendes und nahrhaftes Getränk.

Maniok (Cassava)
Beim Maniok unterscheidet man zwei verschiedene Sorten: die süße, deren Wurzeln man entweder roh oder in Asche geröstet verzehrt, und die blausäurehaltige, die gewässert und gekocht werden muß, damit die Blausäu-

Erdnuß (Koltsche)

re entweicht. Die Maniok-Blätter werden gerne zur Herstellung von Gemüsesoßen verwendet.

Okra

In Westafrika *Gombo* oder *Ladyfingers* genannt, werden diese grünen Schoten als Gemüse und vor allem bei der Herstellung von Tô-Soßen zum Eindikken verwendet, wodurch die Soße Fäden zieht.

Lait Caillé

Sauermilch, die von den Fulbe-Frauen (Peul) vor allem auf den Märkten zum Verkauf angeboten wird. Ein typisches Peul-Gericht sind Hirsebällchen in lait caillé mit Zucker; da die Hirse jedoch roh gegessen wird, liegt sie ziemlich schwer im Magen!

Palmkernöl

Das aus den Kernen der Ölpalme (durch Auskochen) gewonnene rötliche Öl wird häufig als Grundlage für Soßen verwendet und gibt diesen einen sehr runden Geschmack.

Patate (Süßkartoffeln)

Diese Knollenfrucht kam mit den Portugiesen aus Südamerika nach Afrika; sie ist viel kleiner als Yams (wenn auch viel größer als unsere Kartoffel), eher rundlich und hat innen eine leicht rötliche Farbe sowie einen angenehm süßlichen Eigengeschmack.
Als „patate frite" oder „chips de patate doux" werden sie an kleinen Straßenständen mit Salz und/oder einer scharfen Tomatensoße angeboten.

Piment (franz. = Chillies)

Besonders scharfe Chillisorte, deren Schoten nicht größer als 2 cm werden (wer sich einen Vorgeschmack verschaffen will, findet sie in Kräuter- oder Gewürzläden getrocknet auch bei uns). In Afrika wird man die unterschiedlichsten einheimischen Bezeichnungen dafür antreffen, z. B. pilli-pilli.

Plantain

Mehl- oder Kochbananen *(s. a. Banane).*

Yams (Yngnam)

Eine einheimische afrikanische Knollenfrucht, die von den Nährstoffen her der Kartoffel sehr ähnlich ist. Die Früchte werden sehr groß (bis ca. 1 m), sind länglich und haben keinen starken Eigengeschmack. In Westafrika (vor allem Ghana, Togo und Benin) werden die gekochten Yams-Knollen unter Hinzufügen von etwas Wasser in einem Mörser zu einem klebrigen Brei gestampft, aus dem man Kugeln (=Fufu oder Foutou) formt; dazu werden eine extrem scharf gewürzte Gemüsesoße sowie Fleisch und Fisch gegessen. Diese Soßen waren selbst mir zum Teil zu scharf, und das will was heißen, denn ich esse gerne sehr scharf gewürzt; aber probieren Sie selbst!

Rezepte bekannter westafrikanischer Gerichte

Riz Sauce (4 Pers.)

500 g Fleisch (in kleine Stücke schneiden)
1 große Zwiebel
4 Tomaten
2 Eßl. Öl
1 Eßl. Tomatenmark
Gemüse (Kohl, Spinat, Auberginen, Zucchini)
1 Würfel Maggi
Salz, Piment (nach Belieben)
1–2 Eßl. Erdnußbutter/-creme

Zubereitung: Öl erhitzen, die in kleine Stücke geschnittene Zwiebel darin dünsten, Fleisch hinzugeben, 5 Min. anbraten, Tomaten hinzugeben, weiter anbraten, bis das Wasser aus dem Fleisch ist, Tomatenmark und kurz darauf das Gemüse hinzugeben und weich dünsten; erst anschließend Wasser hinzufügen und 10 Min. kochen lassen, mit Maggi, Piment und Salz würzen. Erdnußcreme zugeben, bis die Soße etwas dickflüssig ist, dann ca. 30 Min. kochen lassen, bis das Öl als Fettaugen oben schwimmt.
In einem anderen Topf währenddessen den Reis garen lassen (auf 1 Tasse Reis 3 1/2 Tassen Wasser). In zwei getrennten Schüsseln servieren.

Thieboudiènne
(Reis, Fisch u. Gemüsesoße f. 4 Pers.)
750 g Weißfisch
125 g Tomatenmark
125 g Stockfisch
300 g Süß-Kartoffeln (oder auch normale)
300 g Auberginen
300 g Karotten
3 Zwiebeln von mittlerer Größe
1–2 Piment (wenn möglich 1 rotes und ein grünes)
Petersilie, Öl, Salz, Pfeffer
750 g Reis
Zubereitung: Zwiebel, ein Piment und Petersilie kleinhacken und vermengen. Die Fische in mittelgroße Stücke schneiden. In jedes Stück ein kleines Loch schneiden und dieses mit einem Teil der Kräutermasse füllen. In einem Topf Öl erhitzen und die Fischstücke darin andünsten; anschließend die Stücke wieder herausnehmen und die restliche Kräutermasse sowie das Tomatenmark in dem Öl dünsten. Das Gemüse und den Stockfisch in kleine Stücke schneiden und zur Soße geben und alles mit Wasser bedecken. Salz und Pfeffer hinzufügen und nach kurzem Aufkochen noch etwa 30 Min. auf kleiner Flamme köcheln lassen. Die (gefüllten) Fischstücke dazugeben und nochmals erhitzen und zusammen mit dem in einem extra Topf gekochten Reis servieren.

Riz (Aux) Gras (4 Pers.)
500 g Fleisch (evtl. Huhn)
½ Kaffeetasse Öl
1 große Zwiebel
6 Tomaten
2 Eßl. Tomatenmark
1 Maggiwürfel, Salz, Piment
2 Gläser Reis
Zubereitung: Öl erhitzen, Zwiebeln, Fleisch, frische Tomaten zusammen mit Tomatenmark gut dünsten, dann 4 bis 5 Gläser Wasser hinzugeben und zum Kochen bringen. Wenn es kocht, Piment, Salz und Maggi zufügen und 20 Min. kochen lassen. Dann den Reis hinzufügen und ca. 15 Min. auf kleiner Flamme kochen lassen, bis er gar ist (evtl. Wasser zugeben). Man kann dieses Gericht auch noch mit Kohl (extra in Salzwasser gekocht) geschmacklich verfeinern.

Riz (Aux) Gras mit gefülltem Capitain
1 großer Fisch (Capitain)
Für die Füllung verschiedene Kräuter (Dill, Petersilie, Basilikum etc.), Salz, Pfeffer, Tomaten, Zwiebeln, evtl. Gemüse; kleinhacken, Fisch ausnehmen und waschen; Blech mit Öl bestreichen, Fisch salzen, pfeffern und mit Knoblauch spicken und mit den gehackten Kräutern füllen, während des Bratens (im Ofen) den Fisch alle 5 Min. mit Bouillon beträufeln, bis er gar ist.

Tô de Mil (bzw. de Mais)
500 g Hirsemehl (250 g Maismehl)
3 Zitronen (1 Zitrone)
Zubereitung: 2 Gläser Wasser mit Zitronensaft in einem Topf zum Kochen bringen. 1 Glas kaltes Wasser in eine Schüssel geben und 2 Eßl. Mehl darin glattrühren (evtl. mit Schneebesen); dann das angerührte Mehl unter ständigem Rühren in das heiße Wasser geben, aufkochen lassen, dann löffelweise das restliche Mehl unter ständigem Rühren hinzufügen und weiterhin ständig umrühren, bis der Brei dick und klebrig wird; auf kleiner Flamme noch 15 Min. kochen lassen, dabei weiterhin ständig umrühren, damit er nicht anbrennt. (Während des Umrührens eventuell noch Salz und Fett hinzufügen, um ihn geschmeidig zu machen.)
Für die Soße:
Ein paar Okra, Fleisch (von Kalb, Rind, Schaf oder Ziege), Zwiebeln, Tomaten, Maggi, Salz, Piment (evtl. auch getrockneten Fisch).
Zubereitung: Zunächst Zwiebeln in Öl dünsten, dann Fleisch hinzufügen und ebenfalls dünsten, Tomaten und 2½ Gläser Wasser zugeben und kochen lassen, dann Maggi, Salz, Piment (zerriebenen Trockenfisch) zufügen. 20 Min. kochen lassen; die in kleine Stücke geschnittenen (oder zerstampften) Okra zufügen und zugedeckt 20 bis 30 Min. kochen lassen. Wenn sich die Samen der Okra rot färben, ist es fertig!

Soße mit Maniokblättern und Fisch
1 kg frischen Fisch, Palmöl, Tomaten, Zwiebeln, Knoblauch, junge Maniokblätter, Petersilie, 1 Lorbeerblatt, Maggi, Salz und Piment.
Zubereitung: Fisch braten und zugedeckt beiseite stellen. Kleingeschnittene Zwiebeln und Knoblauch in Palmöl andünsten, ebenso wie die zerdrückten Tomaten und die sorgfältig kleingestampften Maniokblätter. Von Zeit zu Zeit umrühren und zwischendurch etwas Wasser zufügen. Den gebratenen Fisch zufügen und für einige Minuten bei schwacher Hitze kochen lassen.

Ragout de pomme de terre (oder d'Yngnam)
500 g Fleisch (in kleine Stücke geschnitten)
2 Eßl. Öl
Tomaten, Tomatenmark, Zwiebeln, Maggi, Salz, Piment
300 g Kartoffeln oder eine Yams-Knolle (in kleine Stücke geschnitten).
Zubereitung: Öl erhitzen, Zwiebeln dünsten, dann Fleisch hinzufügen und ebenfalls dünsten, damit das Wasser rauszieht, die frischen Tomaten und das Tomatenmark hinzufügen, bis alles Wasser entwichen ist und nur Öl übrigbleibt. 2½ Gläser Wasser hinzufügen und 20 Min. kochen lassen, dann die Kartoffeln zufügen und weitere 15 Min. garen lassen, so daß noch ein wenig Soße da ist. (Yams gleich nach dem Fleisch zufügen, da es länger braucht, bis es weich ist.)

Yassa (Poulet) mit Huhn
wurde früher überwiegend mit Affenfleisch zubereitet, schmeckt aber (falls man gerade keinen Affen auftreiben kann) auch mit Huhn, Hammel oder Fisch.
1 großes Brathähnchen
3 grüne Zitronen
3 große Zwiebeln
1 kleine Pfefferschote
6 Eßl. (Erdnuß-)Öl
Salz, Pfeffer.

Vorbereitung: Zwei Stunden (besser am Abend) vorher, Hähnchen in gleichgroße Stücke schneiden und, in Marinade aus Zitronensaft, Salz, Pfeffer, kleingeschnittener Pfefferschote und zwei Eßl. Öl gelegt, ziehen lassen.

Zubereitung: Hähnchen aus der Marinade nehmen, abtropfen lassen, im Grill ohne Fett leicht anbraten. Die Zwiebelwürfel aus der Marinade nehmen, im restlichen Öl dünsten, bis sie goldgelb sind, mit der Marinade auffüllen, und wenn die Soße gut heiß ist, die angebratenen Hähnchenteile zufügen. 1 Glas Wasser zugeben und alles bei geschlossenem Topf ½ Stunde bei mäßiger Hitze kochen lassen.

Dazu als Beilage Reis oder Baguette.

Weitere Spezialitäten sind **Kiedjenou,** ein in einem Tontopf, der mit Bananenblättern zugedeckt wird (meist zusammen mit Gemüse), gedünstetes Huhn; und **Attieke,** eine aus Yams hergestellte Getreidebeilage, die von der Konsistenz her an Cous-Cous erinnert.

In der Elfenbeinküste wird (vor allem in der Küstenregion) neben Fisch auch häufig Affenfleisch verwendet, was ebenfalls sehr schmackhaft ist, aber sicher nicht jedermanns Sache!

Kenkey ist in Ghana vor allem an der Küste häufig anzutreffen. Man stampft den Reis, läßt ihn fermentieren und kocht ihn dann in Bananenblättern eingewickelt als kleine Bälle; zwei bis drei dieser Kugeln sind zusammen mit etwas Soße oder Fleisch bzw. Fisch ausreichend für ein Mahl. Zu festlichen Gelegenheiten wird das Maismehl mit Palmkernöl rötlich gefärbt.

Frauen bei der Zubereitung von Yams

Sprache und Verständigung

In allen hier behandelten Ländern ist, neben den vielen einheimischen Sprachen, die Sprache der einstigen Kolonialherren nach wie vor die offizielle Amtssprache, d. h. bis auf Ghana und Gambia überall das Französische.

Sie sollten daher, wenn Sie in Westafrika reisen, mindestens ein paar **Grundkenntnisse in Französisch** (wenn Sie nach Ghana und Gambia fahren, in Englisch) mitbringen! Man kann sich zwar auch auf die nonverbale Kommunikation beschränken und mehr oder weniger mit Händen und Füßen verständigen, doch wird dies relativ schwierig, wenn Sie z. B. mit einem Beamten an der Grenze Grenzformalitäten klären wollen!

In Togo und Benin trifft man zwar noch eher Afrikaner, die neben Französisch auch (etwas) Englisch verstehen, ansonsten aber ist Englisch in den frankophonen Ländern kaum verbreitet.

In abgelegeneren Gegenden auf dem Land ist es meist schwieriger, einen Gesprächspartner zu finden, doch wird nach einigem Herumfragen letztendlich immer jemand aufzutreiben sein, der Französisch bzw. Englisch spricht; in den Ferien sind auch viele Schüler und Studenten zu Hause in ihren Dörfern.

Sollten Sie sich die Mühe machen, die Begrüßung und ein paar Worte in der einheimischen Sprache zu lernen, so wird es vielleicht eine Weile dauern, bis Sie diese richtig ausgesprochen haben, aber Sie werden auf alle Fälle herzlich miteinander lachen und sich mit Ihrem Interesse auch viele Sympathien erwerben.

Wichtigste einheimische Sprache im *Senegal* ist das *Wolof*, während in *Mali* das *Bambara* (im Westen) und das *Songhay* (im Osten) von einem Großteil der Bevölkerung gesprochen werden.

In der *Republik Niger* sind *Songhay* und *Hausssa*, aber auch arabisch weit verbreitet, in *Mauretanien* ist *arabisch* Landessprache.

Eine Umgangssprache, die eine „lingua franca" für das gesamte Gebiet darstellt (wie etwa das Suaheli in Ostafrika) gibt es in Westafrika nicht.

Regionale Bedeutung als Handelssprache haben aber das *Fulfulde* (dessen Verbreitungsgebiet vom Senegal über Mali bis in den Niger reicht), das *Tamaschek* der Tuareg (im Sahel) und das *Haussa* (das im südlichen Niger und nördlichen Nigeria gesprochen wird, aber auch auf vielen Märkten der Nachbarländer, u. a. in Nordghana); gebildete Moslems können im allgemeinen etwas oder sogar gut arabisch, da der Koran ja nur im Original (also in arabisch) gelesen werden soll (Koranübersetzungen sind für Moslems ungültig!).

Für diejenigen, die im Französischen nicht so fit sind, kann der Kauderwelsch-Reiseführer *Französisch für Afrika* unter Umständen gute Dienste leisten; ebenso der in der gleichen Reihe erschienene Sprachführer *Wolof für Senegal*; beide erschienen im Peter Rump Verlag, Bielefeld.

Die in ganz Westafrika am weitesten verbreitete Handelssprache ist jedoch das *Diula*, ein Mande-Dialekt.

Im folgenden ein paar **nützliche Redewendungen in Diula** (Dioula):

Wichtige Redewendungen:

Französisch	Dioula	Deutsch
Bonjour	any sogoma	Guten Morgen/Tag
Bonsoir	any oulá	Guten Abend
Bonne nuit	any sou	Gute Nacht
Bienvenue	Dansè	Willkommen
Merci beaucoup	Anitié	Vielen Dank
Je veux...	n'bafè...	Ich möchte...
Je ne veux pas	n' tafè	Ich möchte nicht
J'ai faim	kongo-bina	Ich habe Hunger
J'ai soif	Dji nogo bina	Ich habe Durst
J'ai assez/bon!	A kagni	Gut!/Ich habe genug
Je suis content(e)	n'housso cady	Ich bin zufrieden
ça fait combien?	Djoli-lo?	Wieviel kostet das?
aujourd'hui	by	heute
demain	siny	morgen
hier	counou	gestern
avant-hier	counou na siny	vorgestern
s'il vous plaît	sabari	Bitte
je veux me laver	n' biko	Ich möchte mich waschen
l'eau	dji	Wasser
l'eau froide	dji souma	kaltes Wasser
l'eau chaude	dji bani	warmes Wasser
l'eau est finie	dji bana	es gibt kein Wasser mehr
thé	té	Tee
pain	bourou	Brot
manger	doumouni	essen
case	bougou	Hütte
maison	sô	Haus
viens ici!	naja!	Komm (hier)her!
oui	onho (auoong)	Ja
non	oon	Nein
je ne suis pas là	n'té	ich bin nicht da
il (n')y a personne	o té	es ist niemand da
je reviens	me tákana	ich komme zurück
ou tu vas?	abi tami	wohin gehst Du?
...au marché!	me ta talohora	...zum Markt
...me promener	me ta jala	...spazieren
je vais sortir	mi bora	ich gehe aus dem Haus
je vais en ville	me ta dougou kono	ich gehe in die Stadt

je vais chez B.	me ta B. noung kasô	ich gehe zu B.
je pars et je reviens	ambi takana	ich gehe und komme zurück
apportez moi un thé	ambi takana un thé	Bringen Sie mir einen Tee!
je ne parle pas le dioula	n'ti dioula kafo	Ich spreche nicht d.
je ne comprends pas le dioula	n'ti dioula kame	Ich verstehe kein d.

Begrüßung auf der Straße

Bonjour	Any sogoma	Guten Tag
Comment ça va?	here sera	Wie geht es Ihnen?
...et la famille?	somohodo	und der Familie?
Merci, bien!	hére (od.toroté)	Danke, gut!
...et la santé?	kakerné	... und die Gesundheit?
...et le travail ?	any bara	... und die Arbeit?
Au revoir	n'tara	Auf Wiedersehen!
à plus tard	ambi doni	Bis später
à demain	ambi sini	Bis morgen
à ce soir	ambi oula fé	Bis heute abend
Dites des salutations à votre famille!	n'tara sofou	Grüßen Sie die Familie von mir!

Zum Einkaufen auf dem Markt ist es unter Umständen nützlich, ein paar Zahlen (Geld!) auf Dioula zu kennen. Dabei ist zu beachten, daß die kleinste Einheit von 5 CFA als eins angesehen wird.

```
 5 = an dasti kélé (1)          70 = an dasti tany nany
10 = an dasti fla (2)           75 = an dasti tany lourou
15 = an dasti sawa (3)          80 = an dasti tany worou
20 = an dasti nany (4)          85 = an dasti tany wouroula
25 = an dasti lourou (5)        90 = an dasti tany segi
30 = an dasti worou (6) etc.    95 = an dasti tany konoutou
35 = an dasti woroula          100 = an dasti mouga
40 = an dasti segi             150 = bi saba
45 = an dasti konoutou         200 = bi nany
50 = an dasti tah              250 = bi lorou
55 = an dasti tany kélé        300 = bi worou
60 = an dasti tany fla         350 = bi woroula
65 = an dasti tany sawa        400 = bi segi
```

450 = bi konoutou	850 = kémé ny bi woroula
500 = kémé	900 = kémé ny bi segi
550 = kémé tany	950 = kémé ny bi konoutou
600 = kémé ny mouga	1000 = kémé fla (2x500)
650 = kémé ny bi saba	2000 = kémé nany (4x500)
700 = kémé ny bi nany	3000 = kémé worou
750 = kémé ny bi lorou	4000 = kémé segi
800 = kémé ny bi worou	5000 = wa kéle

Beim Kontakt mit Einheimischen sollten Sie u. a. auch folgendes berücksichtigen:
Während es bei uns üblich ist, dem Gegenüber offen in die Augen zu schauen, gilt der direkte Blickkontakt in Afrika dagegen fast immer als aufdringlich! Und es wird als ein Zeichen des Respekts (vor allem gegenüber Älteren) angesehen, wenn man bei der Begrüßung betont zur Seite schaut. *(s. a. Kapitel: Verhalten unterwegs)* Und bedenken Sie noch eines: Bei Verständigungsschwierigkeiten erreichen Sie viel mehr mit respektvoller Höflichkeit und Freundlichkeit als mit Arroganz und Überheblichkeit. Und auf sogenannte Herrenmanieren reagieren die meisten Afrikaner sehr empfindlich!

Verständigungsprobleme oder unerfüllte Forderungen ?

Geld und Währung

Die hier behandelten frankophonen Staaten gehören alle zur sogenannten **CFA-Zone** (Communaute Fiscalière de l'Afrique de l'Ouest), in der der Franc CFA als einheitliche Währung gilt. Diese frei konvertierbare Währung steht in einem festen Wechselverhältnis zum Französischen Franc (FF).
Hinweis: Im Januar 1994 fand eine Abwertung der CFA-Währung statt. Während man noch im Nov. 1993 für 1 DM etwa 170 CFA bekommen hat, erhält man heute ungefähr das Doppelte. Mit Preiserhöhungen von 40–90% muß gerechnet werden, bei einheimischen Waren ca. 40, bei Importwaren, Hotel- und Restaurantpreisen mit einer Preissteigerung von bis zu 90%.

Die im Buch angegebenen Preise beziehen sich auf den Stand kurz vor bzw. kurz nach der Abwertung; mit starken Preisänderungen ist daher zu rechnen. (Bitte teilen Sie mir neuere Entwicklungen mit.)
Wechselkurs (Stand Jan. 1994) nach der Abwertung des CFA.
1 FF = 100 CFA.
1 DM = 338 CFA.
1000 CFA = ca. 3 DM.
Die Ein- und Ausfuhr von CFA und anderen Devisen sind in der Praxis unbegrenzt (CFA-Länder verlangen keine Devisendeklaration), und in den Nachbarstaaten, die nicht zur CFA-Zone gehören, ist der CFA-Franc problemlos in die jeweilige Landeswährung konvertierbar und auch in Deutschland ohne Verlust rückzutauschen. Für die frankophonen Länder empfiehlt sich die Mitnahme von Reiseschecks sowie von FF-Banknoten in bar. In die anglophonen Länder sollte man Reiseschecks und Dollarnoten in bar mitnehmen.
In **Ghana** ist die Landeswährung der „**cedi**"; er darf weder ein- noch ausgeführt werden und ist nicht frei konvertierbar. Außerdem müssen bei Einreise sämtliche Devisen auf einem Formblatt deklariert werden; jeder im Land vorgenommene Umtausch (bei der Bank oder bei einem *Forex Bureau*) wird auf diesem Blatt vermerkt. Bei der Ausreise werden zwar die wieder ausgeführten Devisen nicht immer nachgezählt, im Falle einer Kontrolle muß jedoch alles genau stimmen.
In Ghana gibt es daher einen sehr lebhaften Schwarzmarkt, auf dem für Devisen (insbesondere für US $, Französische Franc und CFA-Franc) ein Mehrfaches des offiziellen Bankkurses geboten wird. Dieser Kursgewinn ist für Reisende natürlich reizvoll, aber auch sehr riskant. Das Wechseln von Devisen auf dem Schwarzmarkt ist offiziell verboten und wird als illegale Handlung und Vergehen gegen die Devisenvorschriften auch streng geahndet.

Verhalten unterwegs / Europäer in fremden Kulturen

Afrika, der schwarze, unheimliche Kontinent, wo die Wilden wohnen. Dieses Bild von dem unzivilisierten Wilden, der primitiv und einem völlig fremd ist (und eher Angst macht als Zutrauen erweckt), spukt auch heute noch vielfach in den Köpfen der Europäer herum. Viele sind (meist aus Unkenntnis) der Annahme, daß die Afrikaner geschichts- und kulturlose Wesen seien. Wenn man sich jedoch etwas mit dem kulturellen Hintergrund und der Geschichte des afrikanischen Kontinents beschäftigt hat, wird man feststellen, daß sich in Afrika (ebenso wie in Europa) auch in früheren Jahrhunderten bereits zahlreiche relativ hochstehende Kulturen und Reiche entwickelt haben und zwar ganz besonders in Westafrika *(s. a. Kapitel: Geschichte).* Und daß die Afrikaner einen anderen kulturellen Hintergrund haben, wird jeder wirklich Interessierte ziemlich schnell feststellen. So hat z. B. die Zeit eine ganz andere oder besser gesagt keine Bedeutung für die Afrikaner, was man in den unterschiedlichsten Situationen sehr schnell merkt und, sobald man die Zeit-ist-Geld-Hektik abgelegt hat, auch meist als sehr angenehm empfinden wird.

„Von nichts gibt es so viel wie von der Zeit, denn es kommt ja immer mehr Zeit!" (altes afrik. Sprichwort).

Begegnet man dem Afrikaner **nicht** mit **Überheblichkeit** und **Arroganz**, sondern mit respektvoller Höflichkeit und Freundlichkeit, so wird man feststellen, daß die meisten sehr aufgeschlossen und neugierig sind und relativ unkompliziert im Umgang, vorausgesetzt, man beachtet gewisse Regeln. **Respekt vor dem Alter** ist in Afrika (noch) eine Selbstverständlichkeit, d. h. man begrüßt stets die Älteren zuerst. Geld haben die meisten Afrikaner nicht, aber dafür viel Zeit, was sich vor allem in den sozialen Beziehungen widerspiegelt. Die **Begrüßung** ist zum Beispiel nicht nur der Austausch einer kurzen Begrüßungsformel, sondern eine regelrechte Zeremonie, bei der man sich nicht nur danach erkundigt, wie's dem Gegenüber geht (ob er gut geschlafen bzw. geträumt hat), sondern auch noch nach dem Ehepartner, den Kindern, der Familie, der Arbeit etc. Man hat Zeit für den (die) anderen und Muße zu plaudern.

Fragen Sie einen Einheimischen auf der Straße nach dem Weg etc., so sollten Sie zunächst mit einem „Guten Tag, wie geht es Ihnen?" beginnen und dann erst die eigentliche Frage stellen; ohne vorherige Begrüßung zu fragen ist unhöflich.

In manchen Gegenden (besonders bei orthodoxen Moslems) gibt ein Mann niemals einer Frau zur Begrüßung die Hand, sondern nur Männer bzw. Frauen unter sich.

Das Austauschen von Zärtlichkeiten zwischen Mann und Frau in der Öffentlichkeit (oder z. B. Arm in Arm spazieren gehen) ist bei den Moslems tabu und wird auch von den Afrikanern in der Regel als unpassend angesehen (je nach Gegend etwas anders). Wenn Sie sich und den anderen unbedingt beweisen müssen, wie frei und emanzipiert Sie sind, indem Sie sich nackt an den Strand legen, sollten Sie besser nach Sylt fahren!

Ein wichtiges Thema ist der Gebrauch der richtigen Hand. Hier gibt es ebenso eine wichtige Regel zu berücksichtigen: **nur mit der rechten Hand essen** und auch Geschenke lediglich mit der rechten Hand reichen, da die linke als unrein angesehen wird, da man sich damit nach der Toilette den Hintern reinigt. Ebenso sollten Sie darauf achten, generell nicht mit der linken Hand einzukaufen, denn das Berühren der Ware mit der linken Hand wird als schlecht (da unrein) empfunden. Also **immer mit der rechten Hand** !

Dagegen sollten Sie mit beiden Händen ein Geschenk annehmen, auch wenn man es problemlos von der Größe her mit einer Hand entgegennehmen könnte, um auszudrücken, daß man sehr dankbar ist. Würde man lediglich die rechte Hand benützen, würde man damit zu verstehen geben, daß es zu wenig sei.

Im Allgemeinen wird es als unhöflich angesehen, wenn man ein Essen ablehnt; sollten Sie aber keinen Appetit auf das Ihnen angebotene Essen haben, so versuchen Sie sich mit dem „Ich habe gerade gegessen oder bin krank, habe Magenschmerzen" etc. zu entschuldigen; ansonsten sollten Sie wenigstens probieren (vorausgesetzt, es ist frisch zubereitet und gekocht!).

Nach einem **Besuch** oder einer **Essenseinladung** wird meist ein **Gastgeschenk** erwartet, und die Enttäuschung ist groß, wenn Sie sich nicht mit einem Geschenk bedanken. Als kleine Geschenke bieten sich Kugelschreiber, Feuerzeuge, Seifen, Postkarten aus Deutschland, Fotos von sich selbst, sowie getragene Kleidung (T-Shirts, Jeans, Jacken etc.) an. Und achten Sie beim Schenken darauf, nicht mit der großzügigen, gönnerhaften Gestik eines reichen Europäers aufzutreten, der den armen Afrikanern auch mal etwas zukommen läßt, sondern zeigen Sie (soweit vorhanden) Ihre aufrichtige, innere Dankbarkeit.

Und achten Sie stets auf **angemessene Kleidung,** d. h. eine Frau sollte nie Shorts, kurze Röcke, weitausgeschnittene T-Shirts, Blusen oder sonstige verführerischen Oberteile tragen, auch nicht in Begleitung eines/ihres Mannes. *(s. a. Kapitel: Tips für Frauen alleine unterwegs).* Generell sollten Sie sich darüber im klaren sein, daß bei uns gängige Verhaltensmuster in einem anderen Kulturkreis, d. h. vor einem anderen gesellschaftlichen Hintergrund anders interpretiert werden und zu völlig falschen Schlußfolgerungen führen können.

Vor allem in den Touristenzentren sieht man immer wieder Touristen, die mit vollen Taschen wahllos an die armen Kinder Geld verteilen. (In den Köpfen mancher Einheimischer spukt das Bild vom reichen Touristen herum, der eine Gelddruckmaschine in der Tasche hat (vielleicht in Taschenrechnerformat?), die beliebig viel Geld nachdrucken kann!) Die **bettelnden Kinder** werden damit zu Bettlern regelrecht herangezogen und gehen nicht in die Schule, weil dieser Job einträglicher ist. Denn welches Kind bemüht sich um einen anderen Beruf, wenn es mit diesem Geschäft mehr Geld verdient als z. B. sein Vater oder seine Mutter, die in mühevoller Arbeit die Felder bestellen oder ein Handwerk ausüben und damit gerade das Existenzminimum der Familie sichern können? Sie tun den armen Kindern damit also letztendlich keinen Gefallen, sondern beruhigen le-

Irène bei der Zubereitung von Hirsebrei

diglich Ihr schlechtes Gewissen. Viele Kinder und Jugendliche haben sich inzwischen darauf spezialisiert, als Fremdenführer (guide) mit den Touristen ihr Geld zu verdienen. Seien Sie auch gefaßt auf sogenannte Schlepper, die Sie lediglich zu Antiquitäten- und Souvenirläden führen, wo sie eine gewisse Vermittlungsgebühr bekommen, oder solche, die mehr auf privater Ebene versuchen, ihr Geschäft mit den Touristen zu machen und Ihnen zu Hause bei einer Tasse Tee ein paar Souvenirs (meist zu unangemessenen Preisen) verkaufen wollen.

Zum Thema **Reichtum** der Europäer bzw. **Armut** der Menschen in Entwicklungsländern sollten Sie berücksichtigen, daß dies sehr relativ ist. Entscheidend ist dabei auch, welches Bild die anderen von mir haben. Sage ich z. B.: „Ich bin Student", wird bei uns in Europa damit assoziiert, man habe wenig Geld; in Entwicklungsländern ist es dagegen nur demjenigen möglich zu studieren, der aus einer reichen Familie stammt, denn Bafög gibt es dort nicht. Und sollten Sie versuchen, andere Erklärungen abzugeben, so wird man Ihnen nicht glauben (es sei denn man kennt die europäischen Verhältnisse etwas) und Ihr Verhalten eher als Bescheidenheit auslegen. Da man jedoch als Reicher der Oberschicht zugehörig eingestuft wird, erwartet man daher von Ihnen auch ein entsprechendes Verhalten! Dies bezieht sich sowohl auf die Umgangsformen als auch besonders auf die Kleidung, die in den Entwicklungsländern als wichtigstes Statussymbol fungiert. Mit mehr oder weniger abgerissener Kleidung und ungepflegt herumzulaufen (wie das gerne die sogenannten Globetrotter und Weltenbummler tun), wird somit als absolut unschicklich, fast als Verspottung der Armut angesehen.

Und Sie werden feststellen, daß relativ arme Menschen in den Entwicklungsländern unverhältnismäßig viel Geld für sogenannte ordentliche Kleidung (d. h. standesgemäß und sauber) ausgeben. Schuhe sind in der dritten Welt teuer, viele Leute haben gar keine oder nur billige Sandalen aus Plastik oder Autoreifen. Wer etwas Geld hat, kauft aber sogleich auffällige, extravagante Schuhe. Auf den Flughäfen sieht man oft aus Europa zurückkehrende Afrikaner, die ganze Taschen voll teurem Schuhwerk anschleifen. Daher u. a. auch die Bedeutung der Schuhputzer: das teure Statussymbol muß schließlich immer schön sauber sein!

Ich war die ersten Male sehr überrascht, als ein Einheimischer seine sehr einfache Lehm- oder Strohhütte in gebügeltem Hemd und gebügelter Hose verließ. Übrigens sind die Afrikaner (wenn man die miserablen hygienischen Verhältnisse und die Probleme der Wasserversorgung bedenkt) viel sauberer als die Europäer. So elend auch jemand leben mag, er wird fast immer bemüht sein, so sauber wie möglich angezogen zu sein. Bei Moslems ist das Reinheitsgebot sogar religiös begründet.

Auch ein wichtiger Punkt im Umgang mit Einheimischen sind Versprechungen, wie z. B. „Ich schicke Fotos oder Ich schreibe, Ich komme wieder", die man oft viel zu leichtfertig macht; sie sollten dann auch eingehalten werden! Und seien Sie besonders vorsichtig mit Versprechungen, die weitreichende Konsequenzen mit sich bringen, wie finanzielle Hilfe oder Heirat. Es kann nämlich sein, daß sich die andere Person darauf einstellt und z. B. die

Einladungen in solchen Dörfern erfordern Rücksichtnahme

Arbeit aufgibt, da ja demnächst Hilfe von einem reichen Freund bzw. Freundin aus Europa kommt, was verheerende Folgen haben kann. „Selbst Schuld" denken Sie vielleicht; für mich ist es Mißachtung der anderen Person. Afrikaner äußern sich nur dann so klar und eindeutig, wenn sie es auch wirklich so meinen. Ansonsten benützen sie vage Formulierungen wie „Es liegt in den Händen Gottes" o. ä.

Achtung gegenüber dem anderen heißt auch, seine Privatsphäre zu respektieren, d. h. nicht einfach in Hof, Garten, Haus einzudringen, sondern nur auf Einladung. Beim Fotografieren sollten Sie daher immer versuchen, sich in die Situation des/der anderen hineinzuversetzen *(s. a. Kapitel: Fotografieren).*

In den meisten westafrikanischen Ländern besteht zwar schon seit einiger Zeit Kontakt mit der westlichen bzw. europäischen Kultur, doch scheint dieser Kulturkontakt zum Teil destruktive Auswirkungen mit sich zu bringen. Man hat vielfach den Eindruck, daß die Afrikaner die alten Werte wegwerfen, um sie durch die westlichen Werte der Konsumgesellschaft und des Fortschrittsglaubens zu ersetzen; diese mehr westlich orientierten Afrikaner versuchen die Weißen zu kopieren, was leider oft lächerlich wirkt, und halten eine Stereoanlage, Diplomatenköfferchen oder einen Mercedes für erstrebenswerte Statussymbole. Immer mehr von ihnen (vor allem junge Afrikaner) scheinen heute Opfer dieser Konsum- und Wegwerfgesellschaft zu werden, und immer weniger von ihnen sind stolz auf ihre Tradition und versuchen, Altes mit Neuem zu verbinden. Diese Orientierung an westlichen Konsumgütern hat besonders in den Küstenstädten, wo die große Kluft zwischen Arm und Reich am stärksten zu spüren ist, zum Ansteigen der Kriminalität geführt. In diesen Touristenzentren kommt es häufig zu Diebstählen und Überfällen; wer mit reichlich wertvollem Schmuck behangen oder protzigem Fotoapparat durch die Straßen läuft, sollte sich nicht wundern, wenn er überfallen wird. Ebenso sollten Sie Geld in großen Mengen niemals in aller Öffentlichkeit zeigen bzw. aus Tasche oder Hemd ziehen. Haben Sie daher immer genügend Kleingeld parat, und sollten Sie an Ihre Reserven (Geldgürtel) müssen, gehen Sie in eine uneinsichtbare, sichtgeschützte Ecke eines Ladens o. ä.

Wer glaubt, schlauer als die Wilden zu sein, sollte lieber zu Hause bleiben; wir sind lediglich anders und vor allem viel reicher! Und vielleicht sollten Sie sich auch noch durch den Kopf gehen lassen, auf wessen Kosten wir reich geworden sind, ist doch der Reichtum der westlichen Industrienationen nicht zuletzt durch Ausbeutung der Länder der Dritten Welt zustande gekommen bzw. möglich geworden; und diese Ausbeutung geschieht jetzt zum Teil unter dem Deckmantel der Entwicklungshilfe bzw. des Tourismus.

Bei vielen sogenannten Alternativtouristen ist neben einer hohen Anspruchshaltung und Überheblichkeit (Tourist ist immer der andere!) auch ein ausgeprägtes Schmarotzertum zu beobachten. Mit absoluter Selbstverständlichkeit nehmen sie oft die Gastfreundschaft der einheimischen Bevölkerung in Anspruch, leben mehr oder weniger auf Kosten der Gastgeber, die mit Mühe und Not ihre 15köpfige Familie mit einer Schüssel Hirsebrei ernähren. Falls Sie also vorhaben sollten, so billig wie möglich zu reisen und zu Lasten der einheimischen Bevölkerung zu leben, sollten Sie selbiges lieber in der Heimat versuchen (das spart Flugkosten, und interessante Erfahrungen lassen sich auch da machen!).

Am Strand zu campieren (obwohl dies verboten ist), anstatt sich bei den Einheimischen für ein paar Mark ein billiges Zimmer zu mieten, und sich von den wild wachsenden Kokosnüssen und Bananen zu ernähren, die ja allen(!) gehören, anstatt in einheimischen Restaurants zu essen, zeugt ebenfalls von absoluter Ignoranz. Und auch wenn die negativen Auswirkungen des Ferntourismus (Prostitution, Kriminalität, Kinderbettelei, kulturelle Entfremdung, Infrastruktur für Touristen anstatt für Einheimische, Ausrottung bedrohter Tiere und Pflanzen usw.) erst seit ein paar Jahren deutlich geworden sind, berechtigt dies den einzelnen Reisenden nicht, ohne Bewußtsein für die jeweilige Situation herumzureisen.

Einheimische Führer

In manchen eher abgelegenen Gegenden (wie z. B. dem Dogon-Land) ist es unter Umständen ratsam, vor Ort einen einheimischen Führer (guide) anzuheuern, der Ihnen die Umgebung (z. B. die Dogondörfer) zeigt; meist weiß er auch einiges Interessantes zu erzählen und hat vielleicht gute Kontakte zu Dorfbewohnern. Sie sollten sich jedoch vorher über den Preis einigen. Warten die guides vor einem noblen Hotel auf Kundschaft, so verlangen sie meist das Doppelte als vor einem einfacheren, denn sie wissen ganz genau, wo sie absahnen können. Generell ist es üblich, daß der Reisende gleichzeitig auch Patron ist, d. h. für Essen und Trinken, Fahrtkosten, Übernachtung etc. des Führers aufkommt, solange dieser für ihn arbeitet. Grundsätzlich ist es natürlich viel besser, sich einen Guide in einem kleinen Ort anzuheuern, als in einer größeren Stadt oder einem Touristenzentrum (wie z. B. Mopti/Mali), wo sich inzwischen zu viele Guides auf das Geschäft mit den Touristen spezialisiert haben und zu regelrechten Touristenfängern oder Schleppern geworden sind, die ihre Beute nicht so schnell wieder aus den Klauen lassen.

Reisetips für Frauen

Als Frau ohne männliche Begleitung oder gar alleine in einer fremden Kultur unterwegs zu sein, kann durch ständige Anmache unter Umständen sehr nervig sein. Um sich frauengerecht verhalten zu können, muß man wissen, welche Rolle die Frau in dem jeweiligen Kulturkreis hat und welche Tabus damit verbunden sind. Für eine verheiratete und ehrwürdige Moslemfrau schickt es sich zum Beispiel nicht, sich mit einem (fremden) Mann auf offener Straße zu unterhalten!

Will ich als alleinreisende Frau unnötigen Ärger vermeiden, muß ich einige **ungeschriebene Gesetze beachten**. Mir selbst fällt es auch immer wieder schwer, einige dieser Selbstverständlichkeiten, Privilegien und Freiräume (die ich zuhause gewohnt bin) aufzugeben, wenn ich mich in einem fremden Kulturkreis aufhalte. Aber entweder ich akzeptiere die anderen Länder mit ihren kulturellen Traditionen und versuche, mich diesen anzupassen, oder ich verreise besser nicht!

Durch die meist **strengen Moralvorstellungen** der Länder mit überwiegend moslemischer Bevölkerung (wie Mali und Niger) bleibt mir keine andere Wahl, als mich durch entsprechende Kleidung vor gierigen Männerblicken zu schützen. Am besten sind **weite, lange T-shirts oder Blusen und lange Röcke bzw. weite Hosen**. Eine Frau, die jedoch (auch in Begleitung ihres Mannes oder Freundes) in weitausgeschnittenen Kleidern und hautengen, ärmellosen T-shirts, kurzen Röcken und Bermuda-Shorts herumläuft, braucht sich nicht zu wundern, wenn ihr die Männer hinterherpfeifen und sie als bessere Nutte oder Freiwild betrachten. Auch wenn hier der direkte Blickkontakt inzwischen mehr oder weniger üblich ist, wird es von Männern in Afrika fast immer als Aufforderung gesehen, wenn man ihnen offen ins Gesicht schaut (eine unauffällige Sonnenbrille mit dunklen Gläsern verhindert z. B. jeglichen Blickkontakt). Auch eine freundliche Geste wird meist falsch interpretiert.

Für viele Afrikaner ist es auch einfach eine Prestigesache, eine europäische Freundin zu haben bzw. mit einer Weissen mal im Bett gewesen zu sein; viele nehmen daher jede sich bietende Gelegenheit wahr. Sie haben aber auch eine viel natürlichere Beziehung zu der lebensspendenden Kraft Sexualität.

Neben anständiger Kleidung ist es daher empfehlenswert, einen Ehering, den man natürlich als echt ausgibt, an der linken Hand zu tragen. Wenn Sie mit einem festen Partner reisen, sind Sie selbstverständlich verheiratet; Sie haben zwei oder drei Kinder (Foto von Mann und Kindern bei jeder Gelegenheit zeigen), wobei Söhne meist mehr zählen.

Um einen lästigen und aufdringlichen Gesprächspartner abzuwimmeln, hilft es (auch wenn Sie alleine unterwegs sind) meist, zu sagen, daß Ihr Ehemann Sie im Hotel XY erwartet und/oder für eine im Land bekannte große europäische Firma arbeitet (Hoechst, Bayer, Shell, BP, Volkswagen o. ä. kennt man überall); dies erhöht ungemein seine Autorität; mit solchen einflußreichen Leuten will man sich nicht gerne anlegen.

Und da es in weiten Teilen Westafrikas auch üblich ist, daß eine verheiratete Frau ihren Kopf mit einem Tuch bedeckt, sollten auch Sie ein **Kopftuch** tragen, anstatt diesen Körperteil unbedeckt und somit (für Moslems gleichsam ein nackter Hintern!) schamlos in der Öffentlichkeit zu zeigen!

Jegliche Bemühungen sind natürlich umsonst, wenn Sie erzählen, wie toll das Alleinreisen ist, wie schön es ist, offen zu sein für Kontakte und wieviel mehr Sie dadurch erleben. Dies wird von fast allen Männern, sofern sie diese nicht bereits näher kennengelernt haben, fast immer als Aufforderung angesehen. Und auf die Frage, aus welchem Grund Sie alleine reisen, sollten Sie Besuch bei Freunden bzw. Verwandten angeben, denn diese Anlässe zum Reisen kennen die meisten Afrikaner; wie allerdings jemand eine mehrmonatige (Urlaubs-)Reise nur zum Spaß und ohne jemand im besuchten Land zu kennen unternehmen kann, bleibt den meisten unverständlich. Und wenn eine Frau längere Zeit alleine in der Welt herumreist, muß sie verrückt sein bzw. kann irgend etwas mit ihr nicht stimmen. Also binden Sie, falls Sie als Frau längere Zeit alleine reisen sollten, nicht jedem gleich auf die Nase, wie lange Sie schon unterwegs sind bzw. wie lange Sie noch unterwegs sein werden. Dies führt nur zu falschen Interpretationen und Vorstellungen,

Kontakt unter Frauen ist schnell hergestellt: die Autorin mit einer Senegalesin

denn wer es sich leisten kann, so lange unterwegs zu sein, muß jede Menge Geld haben. Also lohnt es sich, mit so einer Frau Freundschaft zu schließen, sie in seine Familie aufzunehmen, um an dem Geld teilhaben zu können. Dies ist keineswegs böswillig gemeint, sondern in Westafrika durchaus üblich. Auch ein reicher Onkel wird (nach alter afrikanischer Tradition) sein Vermögen seiner ganzen Verwandtschaft zugute kommen lassen. Also überlegen Sie sich gut, worauf Sie sich einlassen!

Viele Frauen mögen sich die Frage stellen, ob es denn gefährlich sei, alleine als Frau in Westafrika zu reisen. Wenn Sie die Gefahr einer **Vergewaltigung** meinen, würde ich sagen: nein! Afrikaner sind zwar unter Umständen aufdringlich, aber in der Regel nicht aggressiv. Und durch entsprechendes Verhalten können Sie sich die Männer auf respektvolle Distanz halten.

Natürlich dürfen Sie eine solche Situation auch nicht herausfordern, indem Sie (bei Dunkelheit) alleine am Strand spazieren gehen bzw. übernachten oder nachts durch unbeleuchtete Gassen schlendern. In den Städten sind die Männer nämlich westlicher orientiert und um einiges aggressiver; sowohl im Fernsehen als auch im Kino sehen sie ständig Filme, in denen Gewalt mehr oder weniger verherrlicht und die europäische Frau fast immer als freizügiges Lustobjekt dargestellt wird. Kein Wunder, daß sie dann mit entsprechenden Vorstellungen einer weißen Frau begegnen. Und viele Frauen, die alleine reisen, tun dies wegen sexueller Abenteuer. Gegen einen Quickfick haben sie in der Regel nichts einzuwenden, wenn sie sich dadurch entsprechende Vorteile (bei Behörden etc.) erkaufen können. Daß sie durch ihr Verhalten jedoch auch den anderen Frauen (nicht nur alleinreisenden Touristinnen, sondern auch den einheimischen) schaden, ist den wenigsten bewußt! Viele Frauen haben verständlicherweise Angst vor einer Vergewaltigung; für manche ist dies ein Grund, nicht alleine zu verreisen. Ich selbst bin bereits zweimal fast vergewaltigt worden (jedoch nicht in Westafrika!). In beiden Situationen hat es mir geholfen, den Typen in ein Gespräch zu verwickeln. Ich versuchte, ihm die Situation bewußt zu machen, erzählte, daß ich verheiratet sei, Kinder habe, und er mir im Namen Gottes (Allahs) dies nicht antun könne. Das reichte bei mir bereits aus, um den Typen von seinem Vorhaben abzuhalten. Falls dies jedoch nichts nützt, sagen Sie einfach, daß Sie AIDS (frz. SIDA) hätten!

Zur **Empfängnisverhütung** (contraception) ist die Benutzung von Präservativen (condom oder capot anglais bzw. French cap) anzumahnen, da sie gleichzeitig auch vor Geschlechtskrankheiten und einer HIV-Infektion schützen.

Falls sich eine intensivere Freundschaft zwischen Ihnen und einem Afrikaner bzw. einer Afrikanerin entwickelen sollte, so seien Sie sich darüber im klaren, daß eine solche neben jeder noch so großen Liebe (Verliebtheit?) oft nur als Mittel zum Zweck gesehen wird, d. h. als eine Möglichkeit, nach Europa zu kommen. Wer damit einverstanden ist und auch gegen eine Heirat (zwecks Aufenthaltsgenehmigung) nichts einzuwenden hat, braucht vor einer solchen Beziehung nicht zurückzuschrecken. Ansonsten sollten Sie sich genau überlegen, was Sie tun und unter Umständen lieber die Finger davon lassen!

Einkaufen / Handeln / Tauschen

Fast alles, was man zum Leben braucht, bekommt man in der Regel auf den einheimischen Märkten (Ausnahme: Sahelmärkte). Und wenn Sie nicht in einem der Hotels von internationalem Standard ihr Frühstück einnehmen, aber doch mal Appetit auf europäische Produkte wie Käse, Butter, Marmelade etc. haben sollten, so finden Sie diese Luxusartikel in einem der Supermärkte der Städte, natürlich zu extrem hohen Preisen (aufgrund des langen Transportweges meist doppelt so hoch wie in Europa!). Käse, Butter und Marmelade werden im Senegal, Côte d'Ivoire, Togo und Burkina Faso auch lokal produziert, denn diese Länder haben eine relativ entwickelte Nahrungsmittelindustrie (vor allem die Côte d´Ivoire); und dann sind sie nicht so teuer.

Beim Einkaufen von Souvenirs sollten Sie daran denken, daß **jegliche Ein- und Ausfuhr** lebender und toter Exemplare der **vom Aussterben bedrohten Tier- und Pflanzenarten verboten ist**. Gegenstände aus Krokodilleder, Elefantenstoßzähne usw. werden in der Regel vom Zoll beschlagnahmt; außerdem müssen Sie mit einer relativ hohen Geldbuße rechnen. Die meisten Länder sind verständlicherweise auch darauf bedacht, daß wichtige und alte Kultobjekte oder Kunstgegenstände (Antiquitäten) nicht das Land verlassen. Die Ausfuhr solcher Gegenstände ist meist nur mit Genehmigung des zuständigen Ministeriums erlaubt.

Andere Souvenirs wie gewebte Decken, Korb- und Lederwaren, Silberschmuck, Holzschnitzereien etc. können Sie meist ohne weiteres ausführen. Beim Kauf solcher Gegenstände sollten Sie berücksichtigen, daß es in Afrika durchaus **üblich** ist **zu handeln!** Sie sollten sich jedoch nur auf einen Handel einlassen, wenn Sie auch wirklich die Absicht haben zu kaufen. Ansonsten können Sie dem Verkäufer die Lust am Feilschen verleiden, indem Sie einen extrem niedrigen Preis nennen.

Fast immer kann man jeden vom Verkäufer genannten Preis auf ein Drittel bzw. auf die Hälfte herunterhandeln. Dies geht folgendermaßen: Der Verkäufer nennt einen Preis, Sie bieten etwa ein Viertel bzw. ein Drittel davon und können dann noch ein wenig nach oben gehen *(augmenter)*, während der Händler Ihnen durch Senken *(dimi-*

nuer) seines Preises entgegenkommt. Auf einem Preis zu verharren, ist nicht üblich! Haben Sie Ihren letzten Preis *(le dernièr prix)* genannt, sollten Sie einfach gehen und damit Ihre Endgültigkeit und Entschlossenheit kundtun. Meist werden Sie noch nicht weit gegangen sein, bis Ihnen der Händler oder ein von ihm geschickter Bote hinterher gelaufen kommt, um auf Ihr letztes Angebot mit *Donnez l'argent!* einzugehen. Jetzt noch einen Rückzieher zu machen, wäre absolut unhöflich und würde den Händler total vor den Kopf stoßen, auch wenn Sie natürlich nicht gezwungen sind zu kaufen. Also überlegen Sie es sich vorher, ob Sie an einem Gegenstand Interesse haben oder nicht!

Normalerweise kann man auf den ländlichen Märkten einheimische Handwerksprodukte um einiges billiger einkaufen als auf den Märkten der Touristenzentren und Großstädte. Wenn Sie jedoch überhaupt keine Lust haben zu feilschen, suchen Sie einen der staatlichen Läden (Cooperativen) auf, wo die Preise festgesetzt sind, das Angebot aber auch längst nicht so vielfältig ist. Der Besuch solcher Läden ist immer empfehlenswert, um sich einen Überblick über das örtliche Preisniveau zu verschaffen.

In ländlichen Gegenden sind die Leute oft bereit, Souvenirs gegen gebrauchte Kleidungsstücke oder andere Gegenstände zu tauschen. Die gebrauchte Kleidung sollte jedoch noch gut erhalten sein und einigermaßen modisch. Meist wollen die Leute bei einem Tausch inzwischen außerdem noch etwas Geld haben, da sie selbst sich meist die Rohmaterialien für das Souvenir (bzw. Lebensmittel) kaufen müssen.

Bootsmarkt im Pfahlbaudorf Ganvié, Benin

Kriminalität

Die Kriminalität beschränkt sich meist auf die großen Städte und Touristenzentren entlang der Küste. In den Städten sollten Sie nachts nicht alleine in dunkle, unbeleuchtete Straßen gehen und tagsüber an einsamen Strandabschnitten in Stadtnähe sehr vorsichtig sein. Besonders Accra hat diesbezüglich einen üblen Ruf, aber auch Abidjan und Lomé schneiden nicht viel besser ab.

Selten ist mit physischer Gewaltanwendung zu rechnen; meist wird bei Überfällen nur mit einem Messer o. ä. gedroht. Der „schnelle Diebstahl" passiert, indem Ihnen z. B. im Vorbeilaufen die Handtasche, Kamera etc. entrissen oder Wertgegenstände in einem unbeaufsichtigten Moment aus dem Auto geholt werden.

Sie sollten daher nach Möglichkeit vermeiden, durch demonstratives Vorzeigen von Wertgegenständen (Fotoapparat, goldene Uhr, Schmuck etc.) Diebstähle zu provozieren.

Ideale „Arbeitsplätze" für Taschendiebe sind Märkte und überfüllte Busse, wo man in dem dichten Gedränge schwer feststellen kann, ob das Anrempeln nur aus Versehen geschah oder mit der Absicht, einem gleichzeitig in die Tasche zu greifen bzw. diese aufzuschlitzen. Zum Einkaufen auf dem Markt sollte man lieber eine Plastiktüte als eine teure, verführerische Ledertasche mitnehmen.

Ein beliebter Trick (der zum Teil organisierten Diebesbanden) ist es während Sie ihr Auto parken, Ihnen die Hinterreifen aufzuschlitzen. In dem Moment, wo Sie beim Anfahren feststellen, daß mit den Hinterreifen etwas nicht stimmt und verwirrt aussteigen, um nachzuschauen, was los ist, bedienen sich die Diebe der unbeaufsichtigt im Wagen gelassenen Handtasche, Fotoausrüstung etc.

Varianten davon: Ein Junge macht im Vorbeilaufen Kratzer ins Auto oder läuft gegen den Wagen, als sei er angefahren worden (in beiden Fällen steigt man aus).

Auf der Straße übliche Tricks:
Anrempeln zu mehreren („versehentlich" stoßen zwei, drei, vier Leute mit einem zusammen; nach allgemeinem „sorry" oder „pardon" ist die Brieftasche weg!).

In Bamako sehr verbreitet ist der folgende Trick: Ein vermeintlicher Verkäufer hält Ihnen einen Zeitungsstapel, ein Tablett mit Souvenirs o. ä. etwa in Kinnhöhe entgegen; eine Hand versucht unterdessen an Ihre Brusttasche bzw. Ihren Geldbeutel zu gelangen.

Zum Thema Diebstahl eine kleine Geschichte:
„Ein Geschäftsmann, der es nicht gewohnt war, in einem sogenannten Entwicklungsland zu reisen, hatte sich, um nicht zu sehr mit der einheimischen Bevölkerung in Kontakt zu kommen, auf Anraten seines Freundes, der dort bereits jahrelang lebte, in einem noblen Hotel einquartiert. Er hatte eine Verabredung in einem Restaurant in der Stadt. Wie gewohnt trat er kurzentschlossen vor das Hotel, um nach einem Taxi zu schauen. In dem Moment kam ein relativ einfach gekleideter Einheimischer auf ihn zu und deutete mit dem Finger auf seinen Arm, denn er wollte wissen,

wie spät es ist. Der Geschäftsmann, völlig verwirrt und erschrocken, zog sofort seine goldene Uhr raus und reichte sie dem Einheimischen in der festen Überzeugung, daß dies ein „Überfall" sei, und bestieg so schnell er konnte das nächste Taxi."
Sicher werden Sie immer wieder mal von „netten Jungs" eingeladen, doch seien Sie mißtrauisch, wenn Ihre Gastgeber gar zu „freundlich", um nicht zu sagen, aufdringlich sind: Nicht selten wollen Sie Ihnen lediglich etwas verkaufen bzw. sind einfach nur auf Ihr Geld aus. Gelegentlich holen „freundliche Studenten" den frisch angekommenen, ahnungslosen Touristen vom Flughafen ab, laden ihn zum Essen ein und später auch zu sich nach Hause, wo sie (noch unterstützt von einigen Kumpels) die Ahnungslosen ungehindert um ihr Reisebudget erleichtern können. (Ärgerlich, wenn sich herausstellt, daß der „dumme Tourist" lediglich mit Travellerschecks bzw. einer Kreditkarte unterwegs ist.) Besonders Afrika-Unerfahrene sollten in den ersten Tagen ruhig übertrieben mißtrauisch sein; nach einer Weile merkt man dann, wo es langgeht. Und nach einiger Zeit sieht man es den Leuten sozusagen an der Nasenspitze an.
Als Grundregel können Sie sich daher folgendes merken: Alle Leute, die aufdringlich sind und unbedingt etwas von Ihnen wollen bzw. Sie zu irgend etwas drängen wollen (da und da muß man unbedingt hin, das und das ist ganz besonders wichtig, im Hotel ausruhen können Sie auch noch später) sind entweder „Schlepper" oder auf irgendeine Art „Geschäftemacher", während die anderen in der Regel wesentlich zurückhaltender und wirklich hilfsbereit sind.

Sollten Sie eine gewisse Standhaftigkeit und eigenen Willen zeigen, so werden es die Jungs eventuell auch mit „Rassismus" probieren, wenn man nicht auf sie eingehen mag. „You don't want to talk to African people? You racist"! Spätestens dann wird mancher „unerfahrene" Europäer weich.
Bei gewaltsamem Überfall sollten Sie **auf Gegenwehr verzichten** (es sei denn, Sie beherrschen Karate o. ä.).
Bei Diebstählen (vorausgesetzt, man stellt sie gleich fest), sollten Sie sofort die Umgebung lautstark darauf aufmerksam machen; einige werden sich bemühen, den Dieb zu stellen. Merkt man den Diebstahl erst später, nützt die Polizei herzlich wenig - es sei denn, Sie brauchen ein Protokoll für die Versicherung.
Sehr häufig wird an den Stränden geklaut, werden Autos aufgebrochen und Wertgegenstände herausgeholt, während die Leute beim Baden sind. Es passiert gelegentlich, daß Touristen vom Baden nur noch mit der Badehose zum Hotel zurückkommen. Gehen Sie daher immer abwechselnd ins Wasser.

„Rauschgift" und Drogen

In Westafrika ist zwar das Rauchen von „Gras" (getrocknete, zerkleinerte Blätter und Blüten der Hanfpflanze) weit verbreitet und allgemein üblich, jedoch sind sowohl der Erwerb, Besitz als auch die Ausfuhr von Drogen in allen westafrikanischen Ländern **strengstens verboten.**
Nicht selten hörte ich unterwegs von Leuten, die versucht haben, sich durch Drogenhandel ihre Reise zu finanzieren und jetzt irgendwo ihre Strafe absitzen. Und die afrikanischen Gefängnisse sind keineswegs „schöner" als die deutschen, hab ich mir sagen lassen!

Post und Telefon

Post

Wollen Sie Post nach Europa schikken, so sollten Sie die Briefmarken nach Möglichkeit in Ihrer Anwesenheit abstempeln lassen, da es sonst passieren kann, daß die Marken wieder abgelöst und nochmals verkauft werden.

Luftpost-Briefe kommen in der Regel innerhalb einer Woche in Europa an, Postkarten dagegen dauern 10 bis 14 Tage. **Wichtige Briefe** am besten per **Einschreiben** schicken oder z. B. Briefe und belichtete Filme einem anderen Touristen aus der Heimat mitgeben, der gerade nach Hause fliegt.

Um unterwegs Post zu erhalten, können Sie sich die Briefe an die **Botschaft** Ihres Landes **senden lassen**, wo sie in der Regel 4 bis 12 Wochen aufbewahrt wird, oder **postlagernd**, *(Poste restante),* an die Hauptpostämter *(G.P.O.* bzw. *Poste central)* schikken lassen. Gegen Vorlage des Reisepasses können die Briefe am Poste-Restante-Schalter abgeholt werden. Sie sollten jedoch immer unter den Anfangsbuchstaben des Vor- und des Nachnamens nachsehen lassen. Um nicht zusätzliche Verwirrung zu stiften, sollte der Name deutlich und unverwechselbar (Nachnamen in großen Druckbuchstaben, unterstrichen) geschrieben werden. In der Regel wird von den Postämtern pro Brief eine Gebühr (ca. 100 CFA) verlangt. Postlagernde Briefe werden in Westafrika normalerweise nicht länger als 14 Tage oder drei Wochen aufbewahrt und dann an den Absender zurückgeschickt.

Telefon

Eine Direktwahl nach Europa ist zur Zeit noch nicht überall möglich; fast immer wird das Gespräch über Paris vermittelt. Die Vermittlung dauert zwischen 10 Min. und ein bis zwei Stunden. Wenn Sie schnell und sicher eine Nachricht nach Europa bringen wollen, schicken Sie am besten ein Telex oder Fax (in großen Hotels, europäischen Firmen etc.).

Für echte Notfälle hat Därr-Expeditionsservice einen Notfaxdienst eingerichtet, *siehe „Hilfe in Notfällen" S.202.*

Massenmedien

Zeitungen

Lokale französischsprachige sowie die gängigen **französischen Tageszeitungen** (wie z. B. *Le Monde*) bekommen Sie normalerweise in jeder **größeren Stadt** in Buchhandlungen, oft auch englischsprachige wie *International Herald Tribune* und *Financial Times*, deutsche Zeitungen dagegen nur in den Hauptstädten oder Touristenzentren (und dort am ehesten in großen Hotels). Deutsche Wochenzeitschriften oder Illustrierte wie *Spiegel* oder *Stern* sind nur schwer erhältlich (meist mit einer Woche Verzögerung).

Auf Afrika spezialisierte englische bzw. französische Journale wie *Jeune Afrique, Afrique Asie, L'Afrique aujourd'hui* gibt es dagegen fast überall in den größeren Städten. Englischsprachige Zeitungen sind *Africa Now, New African, Afric Asia, South*. Verbreitet sind auch die US-Magazine *Time* und *Newsweek*.

Das kostenlose Programmheft für einen Monat können Sie anfordern bei: *Deutsche Welle*, Köln, Postfach.

Fernsehen gibt es nur in begrenztem Umfang. Dort, wo es empfangen werden kann, stellt es jedoch ein wichtiges Medium dar; die Leute sind (da es neu und modern ist) regelrecht fernsehgeil. Natürlich dominieren amerikanische, britische und französische Produktionen mit viel Werbung; Eigenproduktionen sind selten.

Aber einen Abend lang mal lokales Fernsehen anschauen, verrät auch einiges über internationale Abhängigkeiten und Ideale, die der Bevölkerung vorgesetzt werden. Und wenn man in einer ärmlichen Kneipe sitzt, wo die Leute gebannt auf einen Werbespot für den neuesten Mercedes starren oder die neueste Sendung von Dallas verfolgen, ist auch dies in all seiner Absurdität ein Stück westafrikanische Realität.

Rundfunk und Fernsehen

Da die **Analphabetenquote** in den meisten westafrikanischen Ländern noch **sehr hoch** ist, stellt das **Radio** vor allem auf dem Land das **wichtigste Medium** zur Information dar.

Nachrichten aus Deutschland sendet die Deutsche Welle tägl. von 18.00 bis 2.00 Uhr (GMT);
Empfang auf:
7.175 kHz im 41-m-Band.
9.735 kHz im 31-m-Band.
11.795 kHz im 25-m-Band.
15.275 kHz im 19-m-Band.
21.600 kHz im 13-m-Band.

Länder, Routen
Sehenswürdigkeiten

Republik Mauretanien

von Gerhard Göttler

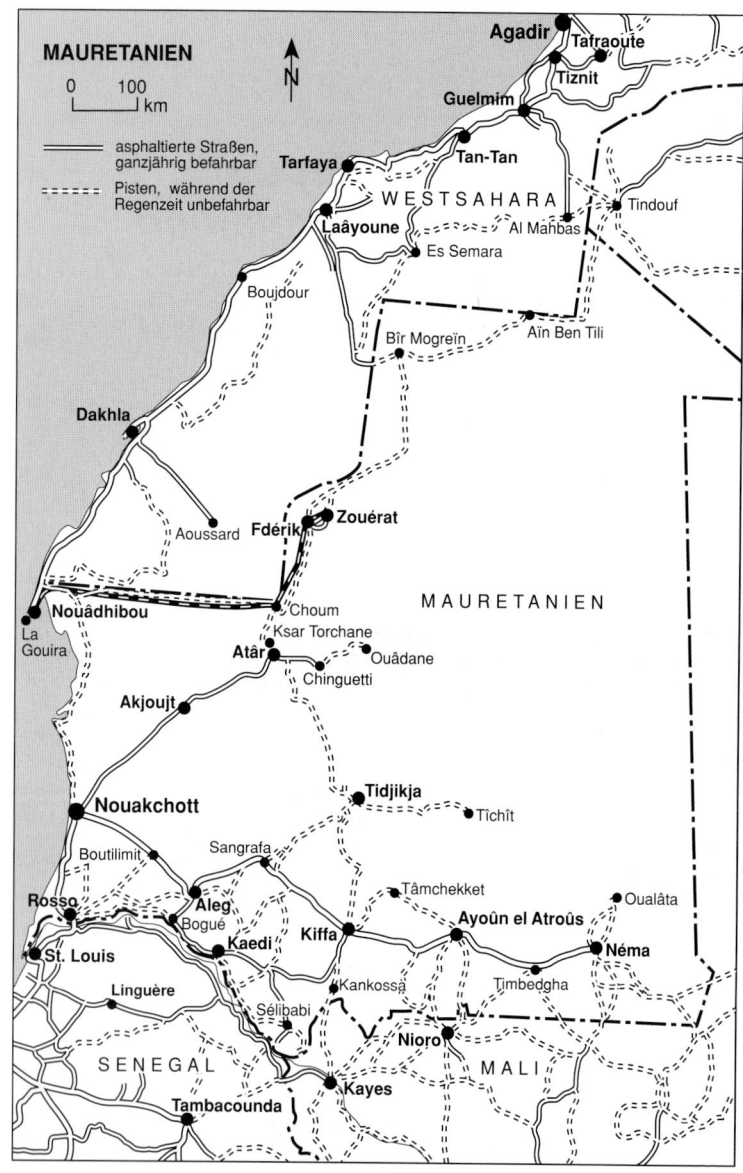

Landeskundliche Informationen

Geographie

Die „Republique Islamique de la Mauritanie" ist mit 1 030 700 qkm etwa so groß wie die Republik Mali (1,24 Mio. qkm) oder die Republik Niger (1,26 Mio. qkm), dreimal so groß dagegen wie die heutige Bundesrepublik Deutschland (357 000 qkm). Das Land grenzt im Westen mit einer Küstenlinie von annähernd 700 km an den Atlantischen Ozean. Im Süden bildet der *Senegal-Fluß* auf weiten Strecken die natürliche Grenze zur nach diesem Fluß benannten Republik Senegal; im Südosten und Osten wurden dagegen alte, willkürlich am „grünen Tisch" gezogene Verwaltungsgrenzen, mit der Unabhängigkeit zur Landesgrenze mit der Republik Mali. Dies gilt ebenso für die vergleichsweise kurze „saharische Grenze" zum heutigen Algerien. Unter aktuellen Gesichtspunkten besonders bedeutungsvoll ist die Grenze im Norden und Nordwesten zum Gebiet der *Westsahara*, der ehemaligen spanischen Kolonie *Rio de Oro* und *Saguia el Hamra*: Mit dem Abzug der Spanier aus ihrer größten Besitzung in Afrika Mitte der 70er Jahre begannen Marokko und Mauretanien Besitzansprüche auf diese Gebiete auch militärisch geltend zu machen. Gegen eine von Algerien unterstützte Befreiungsbewegung, die *POLISARIO* (Frente Popular para la Liberacion de Saguia el-Hamra y Rio de Oro) wurde über Jahre eine Art Guerilla-Krieg geführt, der schließlich 1979 mit einem Rückzug Mauretaniens endete. Daraufhin annektierte Marokko das gesamte verbleibende Gebiet, so daß die gesamte Nord- und Nordwestgrenze Mauretaniens heute de fakto an Marokko stößt. Die bis zum gegenwärtigen Zeitpunkt unklare Grenz- und Machtsituation hat weitreichende Folgen für Reisende in diesem Grenzgebiet (s. u.).

Die **Atlantik-Küste** läßt sich in zwei Teile gliedern: Im Norden zwischen *Nouâdhibou (Cap Blanc)* und *Cap Timiris* ist eine stark gegliederte Küste von Buchten, vorgelagerten Inseln, Sandbänken und Flachwasserzonen charakteristisch. Dies schafft die idealen Voraussetzungen für den **Nationalpark Banc d'Arguin**, in dem neben einer lebhaften Meeresfauna Millionen von Zugvögeln überwintern oder auf ihrem Weiterzug rasten. Im Süden verläuft die Küste geradlinig: Der mit hohen Brechern gegen die Küste anrollende Atlantik hat hier mit Meeresströmungen alle Buchten abgeschnitten; Sanddünen dringen bis zur Küste vor. Das **Hinterland** wird hier von unwirtlichen Salztonebenen charakterisiert, denen vor allem südlich der Hauptstadt *Nouakchott* in der Region *Trarza* mächtige nordöstlich orientierte Dünenzüge aufgelagert sind. Die gesamten Küstengewässer zählen zu den fischreichsten der Welt. Im Bereich der nördlichen Steilküsten werden tonnenweise Krustaceen (besonders Langusten) gefangen und vor allem nach Europa verkauft.

Die **Senegal-Niederung** stellt den fruchtbarsten Landesteil dar. Auf Überschwemmungsböden wird hier intensive Landwirtschaft betrieben. Gemeinsam mit den Nachbarländern Senegal und Mali wurden in den letzten Jahren riesige Bewässerungsprojekte verwirk-

Bei Ayoûn el'Atroûs zur Regenzeit

licht, die die natürliche Tal-Aue gründlich verändert, wenn nicht zerstört haben.

Von einem schmalen sahelischen Streifen im Süden abgesehen, ist das gesamte verbleibende Hinterland saharischem Regime unterworfen. Aus weiten Sand- und Steinebenen (letztere oft als Hochflächen der nachfolgend genannten Bergländer) heben sich nur einige wenige **Bergregionen** hervor. Diese sind im Laufe der Erdmillionen stark erodiert und treten deshalb vor allem mit Randstufen als Tafelbergländer im Gelände hervor. Im Süden sind dies das *Massiv von Assaba* (höchste Erhebung 464 m), die *Berge von Affolé* (bis 600 m) und schließlich das *Tagant* (bis 615 m). Nach Nordosten hin schließen sich an das Tagant in weitem Bogen nach Osten und Südosten hin mit einer markanten Stufe nach Süden die Bergländer *Dahr Ou Senn, Dahr Tichit, Dahr Oualata* und bis zur Grenze nach Mali hin der *Dahr Nema* an, in sich ein altes Meer umschließend, das *Aoukâr*. Nach Norden zu dagegen leitet das Tagant hinauf ins *Adrar-Massiv*, eine Plateaulandschaft mit tiefeingeschnittenen Schluchten und Tälern. Die Höhen liegen hier kaum über 600 m. Noch weiter im Norden schließlich die höchste Erhebung Mauretaniens, die *Kediet ej Jill*, nur 915 m hoch, aber Zentrum des Eisenerzabbaus, wichtigstes Exportgut des Landes. Eine geologische Einzigartigkeit schließlich der Riesenkrater des *Guelb er Richat*: Bei einer Höhe von nur 485 m ist der Einschlag eines Meteoriten im umgebenden ähnlich hohen Gelände kaum noch auszumachen, geschweige denn bei trübem Licht und einem Durchmesser von 40 km (!) als geschlossener Krater zu erkennen.

Die fast unermeßlich weiten Gebiete dazwischen sind sehr häufig von **Sanddünen** bedeckt. Im Nordosten des Landes handelt es sich dabei um nordost-südwestorientierte, mächtige Dünenkordons, die allerdings immer wieder auch netzartig von Querdünen überlagert sind. Ähnliches gilt wie schon erwähnt auch für die Dünen im Südwesten. Die übrigen Sanddünengebiete dagegen sind vor allem durch *Barchan-Dünen* gekennzeichnet, eine Dünenform, die in Mauretanien weit häufiger vorkommt als in allen anderen saharischen Regionen.

Klima

Als Wüstenland ist Mauretanien in seinen weitesten Teilen **saharischem Klima-Regime** unterworfen: Niederschläge fehlen fast ganz, die mittleren Tagestemperaturen liegen vor allem im Sommer sehr hoch (über 40°C, der Temperatur-Gradient (Tag-Nacht-Unterschied) liegt nahe bei 20°C. Beständig weht ein Wind aus nordöstlicher Richtung, der besonders tagsüber oft heftig auffrischt und für trübe Sicht durch Verfrachtung von Staub und Sand verantwortlich ist. Ähnliches gilt für das Winterhalbjahr, doch liegen hier die Temperaturen im Schnitt etwa 10 Grad niedriger.

Nur im äußersten Süden und noch südlich einer Linie *Nouakchott-Oualata* machen sich auch **sahelische Klimaeinflüsse** bemerkbar: Hier treten bei durchschnittlichen Trockenperioden von zehn Monaten Sommerregen von weiträumig meist geringer Intensität auf. Lokal können diese Regen jedoch als heftige Starkregen verbunden mit ebenso heftigen Gewittern niedergehen. Je weiter man dabei nach Süden kommt, desto heftiger und intensiver werden die Niederschläge: Während *Nouakchott* noch ein Jahresmittel von knapp 150 mm verzeichnet (und damit noch nördlich der hygrischen Südgrenze der Sahara in dieser Wüste liegt), sind es für die Ortschaft *Sélibabi* im äußersten Südzipfel Mauretaniens (auf einer Breite liegend wie Dakar, der Hauptstadt des Senegal) bereits fast 600 mm.

Ganz anders stellen sich die Verhältnisse dagegen in einem schmalen Küstenstreifen von kaum 20 km Tiefe dar, wo die mäßigenden Einflüsse des Meeres deutlich werden: Hier herrscht (bei nach Norden hin abnehmenden bis nicht mehr vorhandenen Niederschlägen) ganzjährig eine sehr gleichmäßige Temperatur mit Schwankungen zwischen 29 und 35°C in *Nouakchott* und zwischen 25 und 31°C in *Nouâdhibou*. Etwa bis zum *Cap Timiris* machen sich hier mitunter unangenehm heftige Nordwinde bemerkbar.

Ausbleibende Niederschläge und als Folge davon rasch abnehmende Wasserreserven stellen eines der größten Probleme des Landes dar. Ganze Städte wie z. B. *Nouâdhibou* werden heute schon per Eisenbahnwaggons (!) aus großen Entfernungen mit Trinkwasser versorgt; dies trifft auch für die kleinen Fischer-Ansiedlungen entlang der Küste zu, die jedoch – mangels Erzbahn – ihr Trinkwasser mit Tankwagen per LKW erhalten. Der Zeitpunkt ist absehbar, an dem der einzige ganzjährig wasserführende Fluß, der *Senegal*, aufgrund seiner Übernutzung im gesamten Verlauf trockenfallen wird. Vom Senegal-Fluß abgesehen gibt es im gesamten riesigen Land kein einziges natürlich fließendes Gewässer, von einem rinnsalgleichen Bächlein im Bergland bei *Atar* einmal abgesehen – dies sollten wir uns einmal klarmachen, wenn wir über Regenwetter hierzulande klagen. Abgesehen von der Küste eignen sich für den nicht akklimatisierten Reisenden die Wintermonate am ehesten für Reisen ins Landesinnere oder auch für Mauretanien insgesamt. Wer allerdings schon Erfahrungen mit saharischen Temperaturen gemacht hat und meint, diese gut ertragen zu können, dem seien unsere **Herbstmonate Oktober** und **November** empfohlen: Die Tagestemperaturen übersteigen kaum noch 35°C, nachts kühlt es nicht so stark ab, daß man schon mit der im Winter doch empfindlichen Kälte rechnen muß; auch haben die Winde noch nicht die Stärke der Wintermonate erreicht, so daß mit relativ klarer Sicht gerechnet werden kann. Wer allerdings während unserer Hauptferienzeit im Juli oder August unterwegs sein will oder muß, der sollte sich dessen bewußt sein, daß nach extrem heißen und trockenen Sahara-Abschnitten in Mauretanien eine Weiterreise über Mauretanien hinaus nach Westafrika oft durch Regenfälle behindert wird und Pisten über Tage hinweg unpassierbar sein können.

Tier- und Pflanzenwelt

Nach Jahren anhaltender und wiederholter **Dürren** sind in der Tier- und Pflanzenwelt kaum mehr gutzumachende Schäden eingetreten. Dies gilt ganz besonders für jagbare **Groß-Säugetiere**, die auch im Rahmen der (bewaffneten) Auseinandersetzungen um die Westsahara mit der Bewaffnung weiter Bevölkerungsgruppen verheerend dezimiert wurden. Groß-Antilopen sind ausgerottet; die letzte *Addax*-Herde, aus dem westsaharischen *Zemmour* ins *Adrar-Bergland* übergewechselt, wurde dort erst 1993 zur Fleischversorgung vom Militär niedergemetzelt. Klein-Antilopen wie zum Beispiel die in anderen saharischen Regionen noch häufigen *Dorkas* gelten in ihrem Bestand als gefährdet. Kaum bekannt ist, daß noch bis vor wenigen Jahren Herden einer saharischen Klein-Elefanten-Rasse in der Regenzeit aus den Savannen Nord-Malis bis ins *Affolé-Bergland* wechselten; auch diese Tiere gelten mittlerweile als ausgestorben. Füchse, Schakale und Hyänen sind dagegen in Bergländern und ganz besonders an der Nordküste noch häufig. Die **aquatische Fauna** hat inzwischen im Bereich des *Arguin-Nationalparkes* den ihr gebührenden Schutz erfahren: Delphine, Wale, Robben oder auch verschiedene Meeres-Schildkröten können dort neben einer artenreichen **Vogelwelt** auch en passant beobachtet werden – die Bereisung des Parkes selbst ist *(siehe das entsprechende Kapitel im Reiseteil Mauretanien)* Fachleuten vorbehalten.

Der **Pflanzenwelt** setzt wie überall in saharisch-sahelischen Regionen der gesteigerte Beweidungsdruck durch das Bevölkerungswachstum bei gleichzeitig zunehmender Desertation zu. Überall macht sich Sekundär-Flora breit: Alle Pflanzen, die nicht von den Tieren gefressen werden, finden wegen fehlender Konkurrenzpflanzen bessere Wachstumsbedingungen vor. Die Übernutzung der Baumvegetation zu Heiz- und Bauzwecken ist besonders im Umfeld der Ortschaften ein ungelöstes Problem. Im Süden sind *Akazien-*

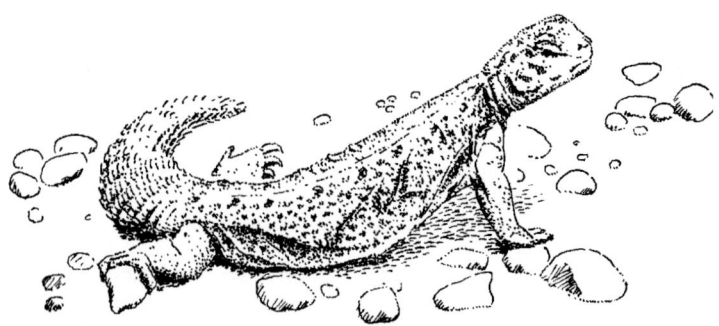

Vielfältige Vogelwelt an der Banc d´Arguin

Arten aber noch so häufig, daß sich die Nomaden mit dem Einsammeln von *Gummiarabicum* ein nicht zu unterschätzendes Nebeneinkommen verschaffen können. Immense Schäden an Kultur- und Naturpflanzen werden auch immer wieder durch die biblische **Plage Heuschrecken** hervorgerufen: Mauretanien ist eines der am schlimmsten von diesen Heerscharen von kleinen Fress-Ungeheuern betroffenen Länder.

Bevölkerung

Die Einwohnerzahl Mauretaniens wird auf etwa 2 Mio. geschätzt (1990), eine Projektion fürs Jahr 2025 nimmt eine Zahl von dann 5 Millionen Menschen an. Praktisch alle bekennen sich zum **Islam als Staatsreligion**, wobei die Religionsausübung durch einige im Vergleich zu anderen saharischen Ländern auffallenden Eigenheiten charakterisiert ist: Traditionsgemäß gilt und galt Mauretanien seinen Bewohnern immer als ein Hort der Gelehrsamkeit und so wird dem Besucher die große Zahl von Mauren auffallen, die mit dem Studium von Korantexten beschäftigt sind oder die einfach mit einem solchen Text unter dem Arm über die Straße gehen. Gar nicht so selten auch wird dem Reisenden (bei einer insgesamt herzlichen Gastfreundschaft), sofern er denn als Europäer bzw. Christ zu erkennen ist, eine religiös motivierte Ablehnung oder auch Arroganz begegnen. Nur in Mauretanien habe ich es bisher erlebt, daß mir als „Christenhund" gar das Gespräch verweigert wird. Dem entgegen steht eine auffallende Lässigkeit im Umgang mit ande-

ren Glaubensregeln, so etwa das häufige Rauchen des Tabakpfeifchens oder auch wiederholt beobachtetes Teetrinken während des Fastenmonats *Ramadan* – beides in nordafrikanischen Ländern tagsüber und vor Publikum unmöglich. Im Vergleich mit den westafrikanischen Ländern dagegen kann die Einhaltung der religiösen Vorschriften als sehr streng bezeichnet werden.
Seit Generationen haben islamische Bruderschaften einen starken Einfluß; *Kadiriya*, bereits im 12. Jh. im Irak gegründet, und die wesentlich jüngere *Tidschaniya* sind dabei die bedeutentsten.

Unter **ethnischem Gesichtspunkt** stellen die Bewohner ebenso einen Übergang zwischen „weißem" Nordafrika und schwarzem Westafrika dar wie unter geographischen Aspekten. Während die hellhäutigen *Mauren* (Eigenbezeichnung *Beidani* = die Weißen), eine Mischung aus Arabern und Berbern, etwa drei Viertel der Bevölkerung ausmachen, stellen schwarze Volksgruppen das restliche Viertel. Unterschiede in der Lebensweise (Nomaden bzw. Händler gegenüber Bauern), in der Sprache (*Hassaniya*, ein arabischer Dialekt mit berberischem Einschlag, gegenüber Sudan-Sprachen wie *Fulfulde, Soninké, Bambara* u. a.), verbunden mit einem seit Jahrhunderten etablierten Kastensystem, das der hellhäutigen die hochrangigen, der dunkelhäutigen Bevölkerung die niedrigrangigen Plätze bis hin zum Sklaven-Status zuweist, führen immer wieder zu heftigsten Konflikten zwischen den ethnischen Gruppen. Bis in jüngste Vergangenheit hinein bestimmen solche **Rassenprobleme** das alltägliche Leben; ethnische Spannungen sind auch die Erklärung für heftigste Auseinandersetzungen mit dem Nachbarstaat Senegal. Erst auf Druck dieses Staates und anderer westafrikanischer Länder wurde in Mauretanien 1980 (!) die Sklaverei offiziell abgeschafft. Diskriminierungen schwarzer Bevölkerungsteile sind jedoch auch heute noch allgegenwärtig und geben dem bösen Wort von der „mauretanischen Apartheid" immer wieder aufs neue Nahrung. Vor diesem Hintergrund sind auch die Aggressionen verständlich, denen maurische Händler in anderen westafrikanischen Ländern immer wieder ausgesetzt sind.

Die **Bevölkerungsverteilung** ist sehr unausgewogen: Mehr als 80% des Staatsterritoriums sind wüstenhaft und damit nicht bewohnbar. Dies gilt für die gesamten Nordregionen, klassisches Land der Oasen, der Dattelkulturen, der Kamel- und Ziegennomaden, und klassisches Land auch der Handelskarawanen. Hier liegen auch die traditionell bewirtschafteten *Salinen (Idjil)*; in modernen Zeiten kommt diesen Regionen vor allem wegen der Bodenschätze Bedeutung zu. Es ist dies auch das klassische Land der Mauren und nicht umsonst gilt ihnen die *Oase Atar* als „heimliche Hauptstadt".

Traditionell sind alle maurischen Gruppen von einer stark **hierarchischen Struktur** geprägt. Die Kasten der Krieger und der Korangelehrten, meist stolz auf ihre arabische Abstammung, stand über der Kaste der (berberischen) abgabepflichtigen Vasallen. Diesen allen untergeordnet die Kaste der Diener und Sklaven, dunkelhäutige Nachfahren aus dem Sudan eingeschleppter Schwarzafrikaner. In den Oasen hatten und haben diese Bediensteten als „Haratin" die Arbeit der Feldbestellung zu leisten.

Wer sind die Mauretanier?

Wer sind die Mauretanier? Gabus beschreibt dies in seinem Buch „Völker der Wüste" mit folgendem Gleichnis: Des Teufels Tochter will heiraten. Ehe er aufbrach, ihr einen Mann zu suchen, verlangte sie von ihm das übliche Kamel und ihre Sänfte. Der Teufel händigte ihr das Gewünschte aus und sagte: „Ich werde dich mit einem Hassan-Krieger verheiraten." „Nein, sein Stolz wird ihn hindern, mir zu gehorchen." „Ich werde dich mit einem Tolba (jungen Theologiestudenten) verheiraten." „Nein, wenn er erst erwachsen ist, wird er sich Gott zuwenden." „Ich werde dich mit einem jungen Vasallen verheiraten." „Nein. Der schuldet jedem einen Teil seiner Milch und einen Teil von seinem Fleisch. Ein solcher Mann muß zu viel abgeben; mein Anteil wäre zu klein." „Willst du den Sohn eines Schmiedes?" „Nein. Der arbeitet zuviel. Und was er verdient, ißt er selbst und er wird mir nichts lassen. Nein, mein Vater, gib mir den alten Griot! Ich will keinen anderen." „Nein!", rief der Teufel hitzig. „Den will ich selbst!"

Im Übergangsbereich zwischen saharischer Wüste und sudanischem Regenfeldbau liegen die Weiden der Viehhalter, auch diese ähnlich hierarchisch strukturiert wie die *Beidani* des Nordens. Den Launen ausbleibender Niederschläge ganz besonders ausgeliefert, kam gerade aus diesen Gebieten in Dürrejahren die größte Zahl an Flüchtlingen als Zuzügler in die wenigen größeren Ortschaften und ganz besonders in die erst um 1960 gegründete Hauptstadt *Nouakchott*. In diesen Regionen sind aber auch heute noch ganze Stammesverbände mit ihren Zelten und Herden (darunter auch Schafe und Rinder) unterwegs.

Eine ganz anders geartete Bevölkerungsgruppe stellen die *Imragen* dar, längs der Küste in kleinen Gruppen bis vor kurzem halbnomadisch lebende dunkelhäutige Fischer. Üblich ist der Fang mit Netzen, die vom Boot aus gelegt werden. Einem internationalen Publikum bekannt wurden sie aber erst, nachdem eine ihrer Fangtechniken, bei denen sie sich freilebender Delphine als „Treibjäger" bedienen, filmisch dokumentiert wurde und diese Filme dann von den Fernsehanstalten verbreitet wurden.

Die im äußersten Süden entlang des Senegal-Flußes lebenden Regenfeld-Bauern gehören durchweg den ethnischen Gruppen an, die auch auf der Südseite des Flusses zu finden sind. Es sind dies insbesondere *Tukulor*, *Soninke*, *Bambara*, *Wolof* und *Fulbe*. Im Rahmen der oben kurz erwähnten rassischen Auseinandersetzungen wurden im April 1989 viele dieser Bauern von ihren traditionellen Anbauflächen verjagt oder flüchteten von sich aus außer Landes in die Republik Senegal. Trotz der zwischenzeitlich erfolgten Normalisierung der Beziehungen auf Staatsebene, sind viele der Betroffenen bis heute nicht wieder in ihre angestammten Gebiete zurückgekehrt. Von einer „ethnischen Säuberung" kann hier durchaus gesprochen werden *(s. u. Abschnitt Geschichte).*

Im Südosten Mauretaniens leben seit wenigen Jahren auch größere Gruppen von *Tuareg*, die nach politisch und rassisch bedingten Unruhen und entsprechenden Auseinandersetzungen aus der Republik Mali hierher geflüchtet sind. Hier bleibt allerdings zu hoffen, daß Hilfsprogramme zu ihrer Reintegration, an denen u.a. auch die Bundesrepublik Deutschland beteiligt ist, Wirkung zeigen und die Flüchtlinge wieder in ihre Heimat zurückkehren können.

Der **Anteil der Ausländer** ist denkbar gering. Nur wenige Geschäftsleute leben in den größeren Städten vor allem an der Küste. Mauretanien ist kein Einwanderungsland wie etwa der Senegal oder die Elfenbeinküste, im Gegenteil: Viele Mauretanier verdienen sich ihren Lebensunterhalt im Ausland. In fast allen Ländern Nord- und Westafrikas sind sie als Händler tätig; insbesondere im Handel mit Zucker und Tee, mit Salz oder Lebensmitteln ganz allgemein, haben sie überall ihre händlerische Tüchtigkeit unter Beweis gestellt. Diese Tatsache macht sie vielerorts bei der einheimischen Bevölkerung nicht beliebter...

Sprache

Als **Amtssprache ist Französisch** offizielle Landessprache neben Arabisch. Wichtigste **Umgangssprache** ist jedoch ein arabischer Dialekt berberischen Einschlages, das *Hassaniya*. Im Süden werden die Sprachen der erwähnten ethnischen Gruppen gesprochen. Im gesamten Land findet der Tourist immer Ansprechpartner, die des Französischen mächtig sind.

Geschichte

Ur- und Frühgeschichte der westlichen Sahara sind bis heute nur sporadisch erforscht. So läßt sich über weit zurückliegende Zeitepochen nur sagen, daß im Gebiet des heutigen Mauretaniens in der **Altsteinzeit**, d. h. vor 40 000 bis 30 000 Jahren, annähernd Verhältnisse herrschten, die unseren heutigen Tropen vergleichbar sind. Überall floß Wasser, kleine und größere Seen bedeckten das Land. Die Fauna entsprach mit Elefanten, Giraffen, Flußpferden oder Büffeln in etwa dem, was manchen Touristen aus den Tierparks Ostafrikas bekannt ist. Die Spuren, die die damaligen Menschen hinterlassen haben, bestehen vor allem in massiven Werkzeugen aus Stein.

Mehr Erkenntnisse liegen dagegen aus der **Jungsteinzeit** vor. Auch hier sind es wieder steinerne Werkzeuge, Pfeilspitzen, Angelhaken oder auch Armringe aus Stein, die ein beredtes Zeugnis ablegen vom Leben in jener Zeit: Zerklüftete Felswände (ganz besonders die des *Tagant*) dienten als Zuflucht. Von hier aus unternahmen die Sippen ihre Beutezüge als Jäger und Sammler. Die Haltung von Haustieren kam ebenso wie ein bescheidener Anbau von Feldfrüchten hinzu.

Mit dem **1. Jahrtausend v. Chr.** kommt die Kenntnis der Metallverarbeitung auf, wahrscheinlich mitgebracht von Neuankömmlingen in dieser Region. Möglicherweise wurden die Wanderungsprobleme ausgelöst durch beginnende Erscheinungen einer ersten Austrocknung. Die negroïde Urbevölkerung wird jedenfalls abgelöst durch eine waffentechnisch überlegene Zivilistion aus dem nördlichen und östlichen Afrika.

Vom **9. Jh.** an berichten dann arabische Geographen von berberischen Viehhaltern in diesen Regionen. Die mächtigen Stämme der *Sanhadscha* kontrollierten den **transsaharischen Karawanenhandel:** Salz aus den *Salinen* der Sahara, aus *Aoulil, Ej Jill,* und *Trhâza,* dem Vorläufer von *Taoudenni,* Kupfer, Silber aus dem *Atlas*, Gold und Sklaven aus den „Goldländern", den schwarzen Reichen von *Tekrur* und *Ghana* im Bereich des Senegal-Flusses. In diese Zeit fiel die Gründung von *Aoudaghost*. Im **10. Jh.** konnte sich der Islam entlang dieser Handelswege verbreiten: Kaufleute aus dem südlichen Marokko brachten die Religion des Propheten mit und konnten die Stammesführer der mächtigsten Berbergruppen zu ihr bekehren.

Die neue Religion gelangte dabei zu einer ganz neuen Dynamik: Unter einem ihrer gelehrten Führer und Reformatoren, einem gewissen *Ibn Yassin* aus Südmarokko, entstand die fanatische Bewegung der *Almoraviden*: Ganz Marokko wurde erobert (Gründung von Marrakech), in der Folgezeit die iberische Halbinsel bis zum Ebro. In einem „Heiligen Krieg" eroberte die Streitmacht Ibn Yassins weite Gebiete des heutigen Mauretaniens, den gesamten Adrar und das Tagant. Im Süden wurde das mächtige Reich Ghana erfolgreich attackiert. Die Almoraviden-Dynastien herrschten in ihrem Imperium über die gesamte damals bekannte westliche Welt vom Ebro bis zum Senegal.

In der **Mitte des 12. Jh.s** löste die berberisch-islamische Erneuerungsbewegung der *Almohaden* die Almoraviden ab. Das Machtzentrum verlagerte sich nach Osten. **Anfang des 13. Jh.s** geraten auch die Almohaden in Bedrängnis: In Spanien beginnt die christliche reconquista, von den Balearen aus bedrohen arabische Krieger das almohadische Stammland Marokko: Der Zerfall der Berberdynastie ist nicht mehr aufzuhalten. Gleichzeitig gelangen südlich der Sahara neue Staaten zur Blüte, die Reiche *Songhay* und von *Kanem-Bornu*. Auch die Handelsrouten verlagern sich dadurch nach Osten. Die noch durch die Westsahara führenden Karawanenrouten bleiben unter der Kontrolle verschiedener Berberstämme.

Interne Streitigkeiten der Berbergruppen erleichtern das Vordringen arabischer Streitkräfte nach Westen. Große Berberstämme werden aus der nördlichen Sahara in Gebiete des heutigen Mauretaniens verdrängt. Im gleichen Zeitraum wecken die Reichtümer des Songhay-Reiches die Begehrlichkeit der marokkanischen Sultanate: Es gelingt diesen **Ende des 16 Jh.s** schließlich, nach den Salzminen von *Trhâza* auch *Gao* und *Timbuktu* zu erobern. Dabei kommt es in einigen Städten Mauretaniens, so in *Ouadâne* und *Chinguetti* im Norden, zu Plünderungen, wohingegen andere, etwa *Oualâta*, inmitten des herrschenden politischen Chaos Horte des Friedens und der Gelehrsamkeit bleiben. Vor allem portugiesische Seefahrer hatten bis dahin längst die atlantische Küste erkundet. Die europäischen Mächte waren bereits dabei, ihre kolonialen Interessen in Schwarzafrika auszubauen. In *Arguin* hatten die Portugiesen bereits ein Handelskontor gegründet, das vor allem den Goldhandel mit den Ländern am Senegal zum Ziel hatte. Im Landesinnern dagegen halten Kämpfe zwischen arabischen und berberischen Stammesverbänden über Generationen hinweg an.

Mit der Niederlage eines der bedeutensten Berber-Heerführers, des *Fürsten Nasr-ed-Din*, gegen die *Maqil-Araber*, wird die Grundlage zu einer der Säulen des maurischen hierarchischen Systems gelegt: Die siegreichen Araber dürfen sich fortan „Hassan" (= Berufskrieger) nennen. Die arabische Sprache, die Sprache der neuen Religion, dominiert nach und nach auch die Berberdialekte. Eine neue politisch-soziale Gliederung lehnt sich an die hierarchischen Strukturen der Hassan-Araber an. Territorial erfolgt die Einteilung Mauretaniens in *Emirate*: *Adrar*, *Brakna*, *Assaba*, *Hodh* und *Trarza*. Anhaltende Rivalitäten dieser von einzelnen arabo-berberischen Familien beherrschten Stadt-Staaten untereinander führten zum endgültigen Niedergang des Transsahara-Handels. Die alten, einst blühenden maurischen Handelsstädte, *Ouadâne*, *Oualâta*, *Rachid* oder auch *Tichit* lagen darnieder.

Die strategisch bedeutsame Westsahara konnte die **Kolonialmächte** nicht lange an diesen Regionen uninteressiert lassen. Nachdem Frankreich seine Macht in Nordafrika und am Senegal gefestigt hatte, geriet auch Mauretanien mehr und mehr in seine Interessensphäre. Mit friedlichen Mitteln wurde zunächst der Süden erkundet. Nach der Ermordung des französischen Vertreters dieser Politik der „pénétration pacifique", Xavier Coppolani in Tidjikja 1905, griff die zukünftige Kolonialmacht jedoch ungenierter auch zu militärischen Mitteln. Gegen 1910 ist die militärische Unterwerfung mehr oder weniger abgeschlossen. Nach einem Rückschlag wegen der Inanspruchnahme im Ersten Weltkrieg, gelingt Frankreich dann doch die Befriedung gegen den erbitterten Widerstand vieler kriegerischer Mauren mittels einzelner „Polizei-Operationen". Bis heute verehren die Mauretanier einen der erbittersten Widersacher des kolonialen Vordringens, ihren Stammesführer *Cheikh Ma el Ainine* und einen seiner vielen Söhne, *El Hiba*, als Nationalhelden. Von Marokko und Südmauretanien aus, unterstützt von den Spaniern im Westen, führen die Kolonisatoren Zangenoperationen gegen ihre Widersacher. Mit der Eroberung von *Smara*, dem Zentrum der Widerstandsbewegung, gilt 1934 die Westsahara als endgültig „befriedet".

Der Gouverneur der neuen Kolonie Mauretanien residiert in *St.Louis* am Senegal. In mehreren Konferenzen zwischen 1900 und 1912 wurden die Einflußsphären Frankreichs und Spaniens abgegrenzt: Vom *Cap Blanc (Nouâdhibou)* bis zur Mündung des *Draa* wurde die Sahara spanisches Protektorat. Spanische Fremdenlegion auf der einen, französische *Meharisten* (Kamelreitertruppen) auf der anderen Seite, überwachten die Einhaltung des Friedens. Bis in die 50er Jahre blieb die gesamte Region ruhig. Erst als Marokko 1956 unabhängig wurde, versuchten erste Freischärler-Kommandos, die Präsenz der Kolonialmächte und des jetzt unabhängigen Königreiches Marokko in der Sahara aufzuheben.

Im Zuge einer Neuorientierung der gesamten Kolonialpolitik begannen Ende der Fünfziger Jahre Verhandlungen um die Unabhängigkeit Mauretaniens. Ende **November 1960** wurde schließlich die **Unabhängigkeit der Islamischen Republik Mauretanien** verkündet. Auf diesen Zeitraum datiert auch die Gründung der neuen *Hauptstadt Nouakchott*: Mauretanien, im wesentlichen ein Nomadenland, wies nur wenige größere Ansiedlungen auf. Neben strategischen Überlegungen hatten die mit der Bildung des neuen Staates befaßten Politiker durchaus auch ethnische Aspekte vor Augen: Es sollte weder eine Stadt im Land der „Weißen" noch eine solche in einer von Schwarzen dominierten Region sein. Schließlich wurde der Beschluß gefaßt, die neue Kapitale ex nihilo zu gründen, an einem Punkt des Weges, der längs des Meeres Nordafrika mit Schwarzafrika verband. Die Stadt wurde für 15 bis 20 000 Einwohner geplant und bei der Proklamation der neuen Republik lebten hier gerade 6500 Einwohner. Mit einer **Landflucht**, die vor allem im Gefolge der Dürren von 1973 und 1984 oder auch als Folge des Krieges um die Westsahara zwischen 1975 und 1979 Hunderttausende in die Stadt trieb, hatte damals keiner gerechnet... 500 000 Einwohner zählt heute die Stadt!

Die Auseinandersetzungen um die von Spanien aufgegebene Westsahara entwickelten sich nach einer kurzen, vor allem auf dem Export von Eisenerz basierenden Prosperität rasch zum größten Problem des jungen Staates. In einem zwischen Spanien, Marokko und Mauretanien 1976 geschlossenen Abkommen war Mauretanien zunächst die Südhälfte der ehemaligen spanischen Besitzung zugesprochen worden. Als Reaktion auf dieses Abkommen wurde von der **POLISARIO** die Unabhängigkeit der „Demokratischen Arabischen Republik Sahara" (DARS) proklamiert. Unterstützt von Algerien, begann die *Polisario* jetzt einen nie offen erklärten Krieg um dieses wegen seiner Lage am Atlantik und wegen seiner Bodenschätze interessante Wüstenland. Die Angriffe wurden bis weit ins mauretanische Staatsgebiet vorgetragen und trafen auch entscheidend die wirtschaftliche Lebensader Mauretaniens, die Erzbahn, die vom Abbaugebiet bei *Zouérate* im Nordwesten des Landes bis zur Verladestation im Hafen von *Nouâdhibou* führt. Als die Militärausgaben nicht mehr bezahlbar wurden, gab der junge Staat schließlich auf: Mauretanien schloß im August 1979 einen Friedensvertrag mit der *Polisario* und zog sich aus seinen neuen Besitzungen zurück – die daraufhin sofort von Marokko annektiert wurden.

Regierung

Seit dem Jahr 1984 ist nach einem **Staatsstreich** *Colonel (Oberst) Sid' Ahmed Taya* Staatsoberhaupt und Regierungschef. Auch dieses Militärregime wird in den Folgejahren wiederholt von Umsturzversuchen erschüttert. Die stets verdächtigten Militärs werden in verschiedenen Gerichtsverfahren zum Tode verurteilt. Ethnische Spannungen nehmen im Gefolge einer ökonomischen Krise zu. Schließlich kommt es nach Streiterein um Weide- bzw. Anbaurechte im April 1989 zu Gewalttaten gegen „Senegalesen", Schwarze, die seit Generationen ihre Felder im Senegal-Tal bestellt haben. Die Reaktion in der Republik Senegal läßt nicht lange auf sich warten und erfolgt ebenso heftig: Zehntausende von Mauren werden Opfer von Übergriffen und flüchten außer Landes. Die beidseitigen Vertreibungen laufen nicht ohne brutalste Massaker mit einer Vielzahl von Toten auf beiden Seiten ab. Die Grenzen zwischen beiden Staaten werden geschlossen, die diplomatischen Beziehungen abgebrochen, Militär in den Grenzgebieten zusammengezogen. Nur dem Druck der ehemaligen Kolonialmacht Frankreich ist es zuzuschreiben, daß es nicht zu einem Krieg zwischen den beiden aus ethnischen Motiven verfeindeten Nachbarländern kommt.

In einer „Politik der kleinen Schritte" gelingt es der französischen Diplomatie schließlich, die beiderseitigen Beziehungen wieder zu normalisieren. Die Grenzen werden im Mai 1992 wieder geöffnet, die diplomatischen Beziehungen wieder hergestellt, Post- und Flugverbindungen wieder aufgenommen. Was aber bis zum heutigen Tage fehlt, sind trotz der offiziellen Normalisierung die Beziehungen des Vertrauens: Noch immer tendiert der „kleine Grenzverkehr" gegen Null (Touristen allerdings passieren ohne Probleme), noch immer warten hüben wie drüben „Mauretanier" oder „Senegalesen" voller Mißtrauen auf günstigere Möglichkeiten der Rückkehr...

Wirtschaft

Es sind nur zwei Bereiche, auf denen die gesamte Wirtschaft Mauretaniens ruht: **Fischfang** und Abbau von **Eisenerz**; etwa zwei Drittel seiner Deviseneinnahmen erwirtschaftet das Land mit Fisch, das verbleibende Drittel mit Eisenerz.

Die mauretanische Küste zählt zu den fischreichsten Gewässern der Erde. Grund dafür sind aufsteigende, kalte und sauerstoffreiche Tiefenwasser, die vom tagaus-tagein mit dem Nordostpassat eingewehten Wüstenstaub „gedüngt" werden, durchmischt dazu mit warmen, oberflächennahen Wasserschichten. Dies führt zu einer variantenreichen Nahrungskette, die eine wirtschaftliche Verwertung aller möglichen

Landeskunde – Regierung, Wirtschaft 283

Fischer bei Nouakchott

Fisch- und Krustazeenarten erlaubt. Neben dem traditionellen Fischfang (s. o. die Ausführungen zu den Imragen), der an allen Stränden Mauretaniens außerhalb des *Parc d'Arguin* beobachtet werden kann, spielt mehr und mehr der industrielle Fischfang eine wichtige Rolle. Gemeinsam mit der EG wurde in den vergangenen Jahren eine mauretanische Fischfangflotte aufgebaut.

Mitten in der Sahara im Nordwesten Mauretaniens liegt der „Eisenberg" (Mineralgehalt etwa 65%!), der *Kediet ej Jill*. Um dieses Mineral abzubauen, wurde eine regelrechte Stadt gegründet und diese über eine 600 km lange Bahnlinie mit dem Meer bei *Nouâdhibou* verbunden. Die auf dieser Strecke von der staatlichen Erzgesellschaft SNIM betriebenen Züge gelten als die längsten und schwersten Züge weltweit: 2 Kilometer lang, 200 Loren-Wagen, vier oder auch sechs Loks – kein Wunder, daß dabei die Schienen regelrecht von den Wagenrädern „plattgeschmiedet" werden.

In den traditionellen Sektoren spielt vor allem die **Viehhaltung** eine wichtige Rolle. Eine Reise ins Hinterland zeigt dem Besucher rasch, daß Mauretanien bis zum heutigen Tag ein Land der Nomaden geblieben ist. Es sind vor allem diese Nomaden, die neben ihrem Vieh einen anderen, interessanten „Artikel" produzieren: Das **Gummi arabicum**, Sekret verschiedener Akazienbäume, besonders aber der *Acacia senegal* (dieser Baum liefert 90% des marktfähigen Gummi arabicum), die im Süden Mauretaniens den häufigsten Savannenbaum darstellt. Die in

Mauretanien, Land der Nomaden: Ein Schafhirte mit seiner Herde

der Trockenzeit rissig werdende Rinde des Baumes scheidet das Gummi von alleine aus, doch besteht eine gängige „Ernte-Methode" darin, die Rinde beim Herden-Durchzug einzuritzen und dann bei der Rückkehr das zwischenzeitlich ausgetretene und fest gewordene Gummi arabicum einzusammeln. Seit 4000 Jahren wird dieses Gummi arabicum bereits als Lebensmittel verwendet! Zu einem geringen Teil findet es auch Verwendung in der Medizin oder als kosmetisches oder technisches Hilfsmittel. Hätten Sie gewußt, daß mauretanisches Gummi arabicum unter anderem in unseren Gummibärchen, in Drops und Kaugummis, in Lebkuchen und anderen Bäckerei- und Konditoreierzeugnissen, aber auch im Leim unserer Briefmarken Verwendung findet?

Gebiete, in denen Regenfeldbau oder Bewässerungskulturen zur Erzeugung von Lebensmitteln unterhalten werden können, sind insgesamt von so geringer Ausdehnung, daß ein ständiges Defizit Mauretanien zur **Einfuhr von Lebensmitteln** zwingt; der Import von Maschinen, Fahrzeugen, chemischen Erzeugnissen oder auch von Erdölraffinerieprodukten und dem gegenüber tendenziell und relativ sinkende Erlöse aus dem Export des mauretanischen Eisenerzes sind Ursachen für ein beständiges **Außenhandelsbilanz-Defizit**; die Staatsverschuldung hat zwischenzeitlich die Höhe der 5fachen jährlichen Exporterlöse erreicht, 16% der Exporterlöse müssen für den Schuldendienst aufgewendet werden! Hierin unterscheidet sich Mauretanien nur wenig von anderen Drittweltländern.

Gesundheitswesen

Trockenheit und Sonneneinstrahlung sind dafür verantwortlich, daß es in Mauretanien weit weniger Krankheiten gibt als in anderen Ländern Westafrikas. Für Aufenthalte südlich von *Nouakchott* und ganz besonders für Reisen im *Senegal-Tal,* ist **Malaria-Prophylaxe** erforderlich. Malaria ist – des vorhandenen Wassers wegen – auch in den Oasen verbreitet. Wer weiter über Mauretanien hinaus nach Süden reist, sollte rechtzeitig daran denken, daß eine **Gelbfieber-Impfung** erforderlich ist.

Das **Gesundheitswesen ist zweigleisig**: Staatliche Krankenhäuser in den Städten, staatliche *Dispensaires* (Krankenstationen) in jeder halbwegs bedeutsamen Ortschaft. Gegen eine Gebühr ist für die Bevölkerung die Versorgung hier kostenlos. Auch die während eines stationären Aufenthaltes verabreichten Medikamente müssen nicht bezahlt werden, ebensowenig die Medikation für den ersten Tag nach der Entlassung. Daneben bestehen einige wenige kleine private Kliniken und vor allem wieder in den Städten private Facharzt-Praxen. Hier ist die Behandlung kostenpflichtig. Medikamente werden gegen Rezept und zu vergleichsweise sehr günstigen Preisen in den schon genannten Dispensaires oder in einer relativ großen Zahl von Apotheken verkauft.

Bildungswesen

Mauretanien ist ein „junges Land"; der Anteil der auszubildenden Heranwachsenden in der Bevölkerung liegt deutlich über 50%. Auch wenn angesichts dieser Tatsache so gerne die Rede ist von „unserer Hoffnung für die Zukunft", sind doch die Probleme nicht zu übersehen, die mit der Erziehung und Ausbildung eines so großen Bevölkerungsteiles verbunden sind: Der Staat ist überfordert. Abgesehen von den traditionell bedeutsamen und überall im Land verbreiteten privatrechtlich organisierten Koran-Schulen (die allerdings bevorzugt den Jungen offenstehen), ist das **Schulsystem staatlich**. Es ist nach französischem Vorbild organisiert. Offizielle Schulsprache ist Arabisch, doch hat der Schüler prinzipiell die Wahl, sich auch in einen zweisprachigen Unterricht (Arabisch und Französisch) anzumelden. Der schulpfichtige Grundschulunterricht *(enseignement fondamental)* dauert sechs Jahre. Angesichts massiver Finanzprobleme übt der Staat jedoch nur wenig Druck zur Durchsetzung der Schulflicht aus und so liegt die Einschulungsrate heute kaum über 50%.

An den Grundschulunterricht (die Lehrer dieses Schulabschnitts sind ausschließlich Mauretanier) schließt sich ein freiwilliger gymnasialer Unterricht *(enseignement secondaire)* an, der ebenfalls sechs Jahre dauert. Die entsprechenden Lehranstalten finden sich nur in den Städten; die Lehrkräfte rekrutieren sich zu etwa einem Viertel aus Frankreich. Abschluß ist das Abitur *(baccalauréat),* das zum Studium an den nationalen Hochschulen in *Nouakchott* berechtigt. Während an den europäischen Universitäten das mauretanische Abitur nicht mehr anerkannt wird (eine spezielle Eignungsprüfung ist erforderlich), ermöglichen doch beinahe alle afrikanischen und viele Universitäten in den arabisch-sprachigen Ländern den mauretanischen Abiturienten ein Studium. Auch das Studium wird vom Staat über Stipendien finanziert.

Medien
Presse
In den letzten Jahren wurden im Zuge der Demokratisierungsbewegungen gleich mehrere Tages-, Halbwochen-, Wochen- und Monatszeitschriften ins Leben gerufen. Solche Zeitschriften erscheinen sowohl in arabischer Schrift bzw. Sprache als auch auf französisch, die **ältese Tageszeitung** *Chaab* (= Das Volk) erscheint gar in arabischer und französischer Ausgabe. Bescheiden ist noch das Angebot an ausländischen Zeitschriften. Besonderes Interesse erfährt dabei das Magazin *Jeune Afrique*, das in Paris herausgegeben wird und sich immer wieder in kritischen Artikeln mit den Verhältnissen in den nord- und westafrikanischen Ländern und auch in Mauretanien auseinandersetzt. Für alle Zeitschriften gilt jedoch, daß sie außerhalb *Nouakchott* und *Nouâdhibou*, den Wirtschaftszentren des Landes, kaum erhältlich sind.

Radio und Fernsehen
Der mauretanische Rundfunk sendet täglich ab 6 Uhr 30 in arabischer Sprache. Mehrfach im Tagesablauf werden Nachrichten auch in französischer Sprache gesendet. Es existiert auch eine Fernsehstation, deren Sendungen jedoch nur in *Nouakchott* empfangen werden können. Auch größere Ortschaften im Hinterland, etwa *Kiffa* oder *Nema*, verfügen zum gegenwärtigen Zeitpunkt ja noch nicht einmal über Elektrizität. Eine dezentrale Stromversorgung für fünfzehn größere Ortschaften war jedoch 1994 im Aufbau begriffen.

Die mauretanische Küche
In den Städten der Küste sind die Restaurants stark von französischen Einflüssen geprägt (es sei denn, der Inhaber ist z. B. Libanese oder Vietnamese); der wichtigste eßbare Exportartikel des Landes, Fisch, Fisch, Fisch, fehlt neben anderen Meeresfrüchten in den Restaurants auf kaum einer Speisekarte. Im Inland allerdings sind Restaurants rar und dann vor allem – ähnlich dem, was auch auf privaten Tischen (die keine sind, man ißt von Platten und Schalen, die auf dem Boden stehen) zu finden ist – vom nomadischen Milieu bestimmt: Fleisch (Hammel, Kamel, Rind) in Verbindung mit Reis oder Hirse, zunehmend auch Nudeln, dazu Soße und – eine absolute Notwendigkeit und nie fehlendes Ritual – süßer, grüner Minztee. Gegessen wird mit der (rechten!) Hand; das Händewaschen schließt das Ritual des Essens insgesamt ab. Mit einer vegetarischen Küche sollten Sie nirgendwo rechnen, ebensowenig sollten Sie außerhalb einiger weniger (sehr weniger!) Restaurants in den größten Hotels der größten Städte mit alkoholischen Getränken rechnen – und die sind dann ganz dem Verständnis entsprechend, das man im muslimischen Mauretanien solchen Getränken entgegenbringt, geradezu sündhaft teuer: Die kleine Flasche Bier aus dem Senegal importiert kostet über 10 DM! Je nachdem, wo Sie zu Gast sind, können Sie aber mit ganz anderen Köstlichkeiten rechnen: Kamelmilch, Datteln, überall süßes Fett-Gebäck. Wohl dem, der so etwas mag! Er wird sich bei den überaus gastfreundlichen Mauren rasch heimisch fühlen.
Ein Tip vorweg: Stellen Sie sich beizeiten darauf ein, Fisch selbst zuzubereiten. Holz ist nirgendwo zu finden, Holzkohle dagegen auf allen Märkten erhältlich. Fisch kaufen Sie im Bereich der Küste täglich fangfrisch zu Erzeugerpreisen!

Praktische Informationen

An- und Weiterreise
Flug
Nouakchott wird von einer ganzen Reihe verschiedener Fluggesellschaften angeflogen. Wichtigste Verbindungen bestehen über Paris mit mehreren Flügen je Woche; mindestens wöchentlich gibt es Verbindungen zu den Nachbarländern, von denen aus dann wieder Verbindungen nach Europa bestehen. Die meisten Flüge verzeichnet die multinationale Gesellschaft *Air Afrique* – auch Mauretanien ist ja als Staat in dieser Gesellschaft Mitglied. Häufige Flüge auch von Seiten der *Air France* und den nationalen Gesellschaften der Nachbarländer, z. B. *Royal Air Maroc* und *Air Algerie* – jedes Reisebüro kann Ihnen die aktuellen Flugpläne über den Computer abrufen. Schwieriger wird es da schon, einen wirklich günstigen oder gar billigen Flug zu erhalten. Sie sollten ggf. die Möglichkeit prüfen, über Senegal zu fliegen und dann von dort auf dem Landwege nach Mauretanien zu reisen.

Schiff
Die Häfen *Nouakchott* und *Nouâdhibou* werden nur von Frachtschiffen angelaufen; Sie können dorthin wohl Ihr Fahrzeug verschiffen, die Möglichkeit aber, im selben Schiff mitzureisen, besteht nach meinen Kenntnissen nicht.

Mit dem eigenem Fahrzeug
Dies ist m.E. sicher die interessanteste Art, Mauretanien zu bereisen. Nur zwei Möglichkeiten bestehen angesichts der Risiko-Probleme auf den klassischen Transsahara-Routen:

♦ Die **Anreise über Marokko** ist trotz aller prohibitiven Maßnahmen von Seiten der mauretanischen Botschaft in Bonn derzeit leicht möglich. Es gilt nur zu berücksichtigen, daß die Durchquerung der Westsahara unter marokkanischer „Aufsicht" im Konvoi zu erfolgen hat. Teilen Sie durch die Angabe des Einreiseortes in Ihrem Visum-Antrag der mauretanischen Botschaft in Bonn mit, daß Sie auf diesem Wege einreisen wollen, wird Ihnen das Visum verweigert! Geben Sie also ruhig einen anderen Einreiseort an: Schweizer, Holländer, Italiener, Spanier, alle mit Visum, erscheinen nämlich auch von Marokko kommend an der mauretanischen Nordgrenze, ohne daß in ihrem Visum ein Einreiseort angegeben wäre. Und Sie als Deutscher reisen auch mit einem anderen im Visum angegebenen Einreiseort dort ein, sogar ganz ohne Visum vollzog sich noch im März 1994 die Einreise völlig problemlos... Sie sollten **Wartezeiten** auf marokkanischer Seite (zwei Konvois in der Woche und die sind mitunter „ausgebucht") und auf mauretanischer Seite (die Grenzwachen müssen per Funk irgendwo Genehmigungen einholen) einkalkulieren. Informieren Sie sich über den aktuellen Stand der Einreisesituation z. B. bei der Firma *Därr Expeditionsservice* in München. Beachten Sie auch, daß in letzter Zeit eine Ausreise aus Mauretanien in Richtung der von Marokko annektierten Westsahara legal nicht möglich war! Von Algerien z. B. durch den *Erg*

Chech und den *Erg Iguidi* über die „grüne Grenze" einzureisen, setzt zweierlei voraus: Erstens perfekte Sahara-Kenntnisse und -Ausrüstung und zweitens den Mut, die algerischen Strecken trotz eines dort bestehenden Verbotes zu benutzen, – auf mauretanischer Seite haben Sie dann keine Schwierigkeiten von Seiten der Behörden zu erwarten.

♦ Sie **verschiffen** Ihr Fahrzeug z. B. nach *Nouakchott* oder (einfacher) nach *Dakar* und reisen selbst nach Ankunft Ihres Fahrzeuges per Flugzeug dorthin. Dies ist dann relativ einfach, wenn Sie den Vorschriften entsprechend ein *Carnet de Passages* bei einem Automobilclub erworben haben und dieses mit sich führen. Sie sollten sich nur nicht in die Hände eines Verzollungs-Agenten begeben, sondern die Behördengänge im Hafen selbst erledigen.

Offene Grenzübergänge, die sich mit eigenem Fahrzeug in beiden Richtungen ganz offiziell befahren lassen, sind: zur Republik Senegal der Übergang *Rosso/Mauretanien* nach *Rosso/Senegal* (derzeit nur dieser eine Grenzübergang!), zur Republik Mali: *Nema-Adel Bagrou* nach *Nara*, alle kleinen Grenzorte, die auf der Michelin-Karte verzeichnet sind (Achtung! Teils schwierige Pisten, v. a. in der Regenzeit!).
Die Grenzübergänge östlich der Linie *Nema – Nara* sollten derzeit aus Sicherheitsgründen nicht benützt werden!

Mit einer organisierten Reise

In Reisezeitschriften wie z. B. *tours* oder *abenteuer&reisen* werden auch Pauschalreisen nach Mauretanien angeboten. Da die Verhältnisse sich derzeit praktisch von Tag zu Tag ändern, erscheint es mir sinnvoll, Sie der Aktualität wegen auf den Anzeigenteil solcher Zeitschriften zu verweisen. Ein breiteres Angebot an Pauschalreisen wird in Frankreich angeboten. Nur zwei Adressen seien hier genannt:
Uniclam Voyages
Tel. (0033)-1-43 29 12 36 und
Africatours
Tel. (0033) -1-44 37 22 22.

Visa/Einreise/Zollkontrolle

Spezielle Impfungen sind nicht vorgeschrieben und werden weder in Zusammenhang mit dem Visum-Antrag noch bei der Einreise anhand des **Impfpasses** überprüft. Empfehlenswert ist die Mitnahme dieses Dokumentes dennoch; dringend anzuraten ist auch eine Gelbfieberimpfung, da Ihnen die Ein- oder Weiterreise z. B. nach Mali oder Senegal verweigert werden kann, wenn Sie dorthin wollen oder auch die Einreise nach Mauretanien, wenn Sie aus einem Gelbfiebergebiet kommen – und die Einschätzung dessen, wo solche Krankheiten grassieren, ist oft genug von politischen Motiven bestimmt.
Deutsche, Schweizer und Österreicher benötigen für einen Aufenthalt von bis zu 3 Monaten einen gültigen **Reisepaß mit Visum**. Die nötigen Antragsunterlagen und Auskünfte können vor Antritt der Reise bei folgenden Dienststellen eingeholt werden:
Deutschland:
Botschaft der Islamischen Republik Mauretanien
Bonner Straße 48, 53173 Bonn,
Tel. (0228)-36 40 25.
Honorarkonsulat der Islamischen Republik Mauretanien
Herr Hubertus Spieker,
Technologie-Park 13, 33100 Paderborn,
Tel. (05251)-64 08 88, Fax 64 08 38.

Schweiz:
Consulat de Mauritanie
54, rue des Acacias,
CH 1211 Genf 24,
Tel. (022)-3 42 00 57.

Österreich:
Österreicher müssen mangels Botschaft die entsprechenden Dienststellen in Deutschland, Frankreich oder in der Schweiz bemühen.

Vorsicht: Zwar existiert in *Rabat*/Marokko eine mauretanische Botschaft, doch erteilt diese nur dann ein Einreise-Visum, wenn sichergestellt ist, daß der Reisende nicht auf dem Landweg von Marokko her einreisen will!
Wer von Mauretanien aus in die Nachbarländer weiterreisen will, sollte sich rechtzeitig und am besten noch vor Antritt der Reise über die dort gültigen Bestimmungen informieren. Dies gilt ganz besonders unter dem Aspekt erforderlicher Impfungen.

Devisen in Form von Bargeld oder Reiseschecks können unbegrenzt eingeführt werden, nicht jedoch die **Landeswährung** *Ouguiya (UM)*. Eine Devisendeklaration ist erforderlich. Da ein Schwarzmarkt nicht existiert, mithin bei einem Geldtausch außerhalb der Banken keine oder nur geringste Tauschvorteile zu erwarten sind, erscheint es besonders wichtig, diese Devisenerklärung sorgfältig und korrekt auszufüllen. Besonders bei Einreisen auf dem Landweg kommt es mitunter je nach diensthabenden Beamten zu genauen Kontrollen bis hin zu Leibesvisitationen.
Kontrollen finden auch bzgl. Alkohol statt: Während die üblichen Mengen des täglichen Bedarfs eher großzügig ausgelegt werden, stoßen Sie bei Alkohol auf keinerlei Freigrenzen; die Einfuhr ist grundsätzlich verboten.
Bei der Einreise mit dem eigenen Fahrzeug von Norden her kommend ist kein

Der Senegalfluß trennt die beiden Länder Mauretanien und Senegal

Carnet de passages erforderlich; dies gilt auch bei Weiterreise in Richtung Mali. Dagegen besteht der Senegal auf dem Carnet, weshalb die mauretanischen Grenzposten in *Rosso* gewohnt sind, bei der Einreise aus dem Senegal mit dem eigenen Fahrzeug immer auch ein Carnet zu verlangen. Internationale Zulassung und internationaler Führerschein, immer wieder empfohlen, sind nicht zwingend erforderlich.

Adressen/Botschaften/ Auskünfte

Neben den oben bereits angegebenen Anschriften von Botschaften und Konsulaten können folgende Adressen nützlich sein:

Botschaft der Bundesrepublik Deutschland in Mauretanien
B.P. 372, Nouakchott,
Tel. (002222)-5 17 29,
Sprechzeiten vormittags.
Auswärtiges Amt Bonn
Für Mauretanien zuständiges Referat:
Tel. (0228)-17 33 10.

Konsul Franz A. Mejchar
Opernring 21/9, A 1010 Wien,
Tel. Wien 5 87 58 71,
Fax Nr. Wien 5 87 58 73 (gibt Informationen, versendet Visum-Formulare, stellt aber keine Visa aus).

Ministère de la Jeunesse et de la Culture
Direction du Tourisme,
B.P. 172, Nouakchott.

Adrar-Voyages, Nouakchott
B.P. 926, Tel. (002222)-5 17 17,
Fax 5 32 10 (einer der größeren Reiseveranstalter in *Nouakchott*, bietet die gesamte Palette von Sahara-Reisen per Geländewagen innerhalb Mauretaniens an. Nicht gerade billig!).

Consulat de Mauritanie
89, rue du Cherche-Midi, 75006 Paris,
Tel. (0033)-1-40 49 07 14, 45 48 23 88 (erteilt keine Visa für deutsche Staatsbürger!).

Direction du Parc National Banc d'Arguin
B.P. 124, Nouâdhibou.

Deutsches Ledermuseum
Offenbach, Frankfurter Straße 86, 63067 Offenbach (das wohl einzige Museum in Deutschland, das eine nennenswerte Zahl von Objekten aus Mauretanien in der Dauerausstellung zeigt).

Linden-Museum Stuttgart
Hegelplatz 1, 70174 Stuttgart, (Völkerkunde-Museum mit einer guten, allerdings magazinierten Mauretanien-Samlung. Nach Voranmeldung ist die Sammlung evtl. zu besichtigen.)

Musée d'Ethnographie
4, Rue St.Nicolas, CH 2006 Neuchâtel, Schweiz (Völkerkunde-Museum mit einer sehr umfangreichen magazinierten Mauretanien-Sammlung, die nach Voranmeldung eventuell zu besichtigen ist.)

Reisen in Mauretanien
Verkehrsmittel
Flugzeug

Die *Air Mauritanie* bietet ein relativ enges Inlandsflugnetz an. Die Preise liegen sehr niedrig (zwischen 70 und 150 DM), weshalb diese Flüge häufig überbucht sind. Oft kommt es auch vor, daß ein für Sie gebuchter Platz dann

Buschtaxi, das weit verbreitetste Beförderungsmittel in Westafrika

doch nicht zur Verfügung steht... Neben der Hauptstadt *Nouakchott* werden folgende Orte angeflogen: *Nouâdhibou*, *Atar* und *Zouerate* im Norden, *Kaédi* und *Sélibaby* im Süden bzw. Südosten, *Kiffa*, *Tidjikja*, *Aïoun el Atrous* und *Nema* im Osten.

Bahn
Es existiert eine einzige Bahnlinie: Die **Erzbahn**. Für Pfennigbeträge können auf dieser – auf dem Erz oder in den leeren Loren sitzend – auch Personen mitreisen. Die Mauretanier machen von dieser preisgünstigen Reisemöglichkeit regen Gebrauch. Von Touristen erfordert es neben „Sitzfleisch" auch unbedingt einen guten Schal gegen die immense Staubentwicklung dieses Zuges! Die Erzbahn bietet darüber hinaus die Möglichkeit, Fahrzeuge von *Nouâdhibou* bis nach *Choum* per Plateau-Wagen transportieren zu lassen. Auch dies ist eine preiswürdige, aber auch langwierige Angelegenheit: Ein Motorrad kostet ca. 15 DM, ein PKW 70 DM und ein Geländewagen ca. 90 DM – eine ganz andere Frage ist es dagegen, wann ein solcher Plateauwagen zur Verfügung steht. Die Fahrt dauert ca. 12 Stunden.

Busse
Eine öffentliche Buslinie war (ist?) auf der „Route de l'Espoir" unterwegs. Einem „on-dit" zufolge war diese Buslinie jedoch so oft von Pannen betroffen, daß sie mittlerweile eingestellt wurde.

Buschtaxi
Wie überall in Afrika verkehren auch in Mauretanien überall Buschtaxis, die von einem „Gare Routier" eines Ortes zum „Gare Routier" des nächsten Ortes fah-

ren. Diese Taxis sind in Mauretanien oft Pritschenwagen oder auch die schon erwähnten Mercedes-Kleinbusse vom Typ 207. Diese Fahrzeuge verkehren zwar regelmäßig, regelmäßig aber immer nur dann, wenn sie voll sind. Der Begriff „voll" wird in Mauretanien wie überall in Afrika als „brechend voll" ausgelegt und deshalb sind **Fahrzeugzusammenbrüche** an der Tagesordnung. Nach schlimmsten Erfahrungen mit dieser Art Transportmittel kann ich persönlich nur dringend davon abraten – andere Reisende sind wagemutiger oder sehen oder kennen das Risiko nicht. Wer es dennoch wagt: Angesichts des geringen Verkehrsaufkommens sind lange Wartezeiten für diese Todesritte einzuplanen – Sie leben desto länger.

Unterwegs als Selbstfahrer

Mauretanien ist ein riesiges und im Vergleich zu seiner Fläche kaum besiedeltes und dazu noch armes Land. Straßen dürfen Sie kaum erwarten; soweit solche vorhanden sind (im Prinzip existieret derzeit nur die Straße *Nouakchott – Nema*, die „Route de l'Espoir" und die Straße nach *Rosso*), ist der Verkehr äußerst gering. In den beiden Metropolen des Landes, *Nouakchott* und *Nouâdhibou* dagegen geht es chaotisch zu: Hier verkehren Taxis und Sammeltaxis in großer Zahl (aber immer noch nicht genug), und da deren Fahrer mit dem Fahren ihr Geld verdienen, fahren sie eben: Ob Sie Vorfahrt haben oder die Ampel gerade rot zeigt, interessiert dann nur am Rande – die Fahrzeuge sind in einem entsprechenden Zustand. Auffallen wird Ihnen dabei auch, daß die Firma Mercedes-Benz offensichtlich über gute Kontakte zu Mauretanien verfügt: Die Sammeltaxis sind fast ausschließlich kleine Mercedes-Busse der Typen 207.

Darüber hinaus wickelt sich der Verkehr in Mauretanien auf Pisten ab. Diese sind oft unangenehm schlecht, häufig auch schwierig, immer aber kaum oder gar nicht markiert. Ein Geländefahrzeug ist da von großem Vorteil. Dem eigentlichen Sahara-Reisenden wird dann Mauretanien zum „Land der unbegrenzten Möglichkeiten".

Beste und aktuellste **Straßenkarte** ist immer noch die *Michelin-Karte 953*. Übersichtlich und mit weiteren Informationen versehen daneben die vom IGN herausgegebene Karte „mauritanie" im Maßstab 1 : 2 500 000, die über die Expeditionsausrüster zu beziehen ist. Wer allerdings kleine Pisten befahren will, der sollte unbedingt mit Detailkarten unterwegs sein: Wie gesagt, Pistenmarkierungen fehlen praktisch immer, und der Verkehr ist so gering, daß Spuren oft nicht zu erkennen sind. Dazu kommen die für Mauretanien so typischen, lebhaften *Barchan-Dünen*: Sie versperren oft gewohnte Pfade, der Verkehr sucht sich andere Wege – und schon verlaufen aktuelle Pisten ganz anders als die alten, ausgefahrenen Wege. Wer sich abseits der Hauptachsen in Mauretanien bewegen will (und das ist ja durchaus lohnend), dem eröffnet sich mit der Kombination von Detailkarten und Satellitennavigation die richtige Reise-Dimension...

Die **Treibstoffpreise** können in einem Land ohne eigene Mineralölvorkommen nicht sehr niedrig sein. Sie schwanken auch innerhalb des Landes beträchtlich. Als Richtwerte galten im Frühjahr 1994:

- ◆ Super-Benzin: ca. 1.25 DM
- ◆ Normal-Benzin: ca. 1.10 DM
- ◆ Diesel: ca. 0.60 DM

Die Versorgung in der Fläche ist nicht immer gewährleistet. Denken Sie rechtzeitig daran, Ihre Vorräte wieder zu ergänzen.

In verschiedenen Landesteilen waren im Frühjahr 1994 umfassende Straßenbauarbeiten im Gange: Auf der Strecke *Atar-Chinguetti* wurde der *Paß d'Amogjar* völlig neu trassiert, evtl. als Vorbereitung zur Asphaltierung! Ähnliches auf der Strecke zwischen *Cangarafa* (an der „Route de l'Espoir") und *Tidjikja* (völlig neue Trasse vor Asphaltierung bei *Moudjeria*). Auf der Strecke *Kiffa* in Richtung *Kankossa* waren die Asphalt-Arbeiten schon abgeschlossen. In den Landkarten noch nicht vermerkt ist auch die beendete Asphaltierung der Strecke *Aleg-Bogué-Kaedi*.

Mietwagen

Mietwagen werden in *Nouakchott* angeboten. Soweit es sich um Fahrzeuge mit nur einer angetriebenen Achse handelt, dürfen Sie damit das Umfeld der Stadt nicht verlassen. Allradfahrzeuge können Sie nur mit Fahrer mieten – und das kostet dann viel Geld. Rechnen Sie mit 400 DM je Tag.

Post/Telefon

Postämter sind selten und außerhalb der Städte praktisch nicht mehr existent. Besorgen Sie sich also rechtzeitig Briefmarken. *Poste-restante*-Schalter gibt es in allen Postämtern. Eine Anlauf-Adresse stellt auch die deutsche Botschaft in *Nouakchott* dar. Die Brieflaufzeiten sind erstaunlich kurz: Meine Postkarten waren stets innerhalb weniger als 10 Tagen in Deutschland.

Mit Erstaunen werden Sie feststellen, daß das Telefon-Netz hervorragend funktioniert – dies gilt mindestens für *Nouâdhibou* und *Nouakchott*. Überall finden Sie im Innenstadtbereich privat betriebene „Cabines publiques", von denen aus Sie Deutschland direkt anwählen können. Die Verständigung ist fast immer sehr gut; die Preise sind erstaunlich niedrig. Von solchen privaten Telefon-Büros aus können Sie fast immer auch ein Fax senden.

Geld/Banken/Kosten

Wie schon erwähnt, können Devisen unbeschränkt eingeführt werden, müssen aber deklariert werden. Die Einfuhr und Ausfuhr der Landeswährung *Ouguiya (UM)* ist verboten; problematisch auch die Landeswährung CFA der Nachbarländer: Nach einem vorübergehenden Einfuhrverbot für diese Währung ist leider noch immer mit einem restriktiven Verhalten der kontrollierenden Grenzorgane zu rechnen: Führen Sie keine größeren Beträge in dieser Währung mit sich. Bekannteste Währung ist der französische *Franc*, doch lassen sich DM, Dollar, usw. auf allen Banken problemlos eintauschen. Dies gilt auch für Reiseschecks. Banken sind außerhalb der großen Städte äußerst selten! Tauschen Sie rechtzeitig und in ausreichender Menge. Nicht akzeptiert werden Euroschecks. Auch mit Kreditkarten kommen Sie kaum weiter: Bargeld ist gefragt!

Beachten Sie, daß die **Wechselkurse** der verschiedenen Banken stark differieren! Anfang 1994 bot die staatliche Bank BCM *(Banque Centrale de Mauritanie)* regelmäßig den günstigsten Kurs: 1 DM = ca. 80 UM. Andere Banken boten dagegen fast immer unter 75 UM. Beim Wechseln benötigen Sie immer Ihren Paß. Beachten Sie auch, daß die Schließzeiten der Banken sich wie oben erwähnt nach dem

muslimischen Kalender richten.
Das **Preisniveau** ist insgesamt niedrig. Hotels kosten zwischen 30 und 100 DM (Doppelzimmer), das *Novotel* in *Nouakchott*, qualitativ eine Klasse für sich, dagegen ca. 200 DM. Essen in den Restaurants der Hotels ist teurer als bei uns. Essen in den Restaurants an der Straße 3 bis 7 DM – wirklich günstig lebt, wer sich selbst verköstigen kann.

Öffnungszeiten
Büros und Dienststellen:
Samstag bis Mittwoch durchgehend 8 Uhr bis 14.30 Uhr.
Donnerstag: 8 Uhr bis 12 Uhr.
Freitag: Schließtag.
Behörden und Banken haben dem muslimischen Kalender folgend am Donnerstagnachmittag und am Freitag geschlossen.
Einzelhandelsgeschäfte:
Schließtag ist auch hier der Freitag. Ansonsten unregelmäßige Öffnungszeiten vormittags, nach einer längeren Mittagspause ca. zwischen 12 Uhr und 15 Uhr dann nochmals nachmittags bis ca. 18 Uhr. Verschiedene sogenannte „Supermarchés" (meist einfache Selbstbedienungsläden) öffnen gar noch einmal abends nach 20 Uhr.

Feiertage/Feste
Feste Feiertage:
Neujahr 1. Januar; Tag der Arbeit 1. Mai; Gründung der OUA (Organisation Afrikanischer Einheit) 25. Mai; Tag der Unabhängigkeit 28. November.
Bewegliche Feiertage:
Die muslimischen Feiertage folgen dem Mond-Kalender und finden daher von Jahr zu Jahr etwa 10 bis 11 Tage früher statt. Die genauen Daten liegen oft erst unmittelbar vor dem Fest vor, weshalb die hier angegebenen Zahlen nur ungefähren Charakter haben:
Aid el-Fitr (= Aid es Seghir) findet statt am 3.3.1995, *Aid el-Adha* am 10.5.1995, *Muharrem* (= *Achoura*, muslimischer Neujahrstag) am 10./11.6.1994 bzw. vom 31.5. zum 1.6.1995, schließlich *Mouloud* am 19./20.8.1994 bzw. am 9./10.8.1995.

Trinkwasser
Wasser ist überall in Mauretanien ein äußerst **kostbares Gut**. Rechnen Sie also nicht damit, an der Tankstelle Ihren Kanister füllen, geschweige denn, Ihre Windschutzscheibe reinigen zu können. Nach einem Wasserhahn werden Sie fast überall suchen müssen. Leitungswasser sollten Sie grundsätzlich mit Mißtrauen begegnen und daran denken, daß zum Beispiel in *Nouâdhibou* wie oben erwähnt das Wasser mit Tankwagen per Eisenbahn aus etwa 100 km Entfernung herangefahren und dann ins Leitungsnetz gepumpt werden muß. Nehmen Sie unbedingt Filter oder Entkeimungsmittel mit. In den Städten ist überall Mineralwasser in Kunststofflaschen erhältlich. In den Ortschaften auf dem flachen Land macht sich solches rar; hier wird dann aber oft z. B. Cola oder vergleichbare Limonade in den Lebensmittelgeschäften verkauft.

Strom
Sofern Strom vorhanden ist – d. h. auf dem „flachen Lande" nirgendwo – ausschließlich **220 Volt**.

Uhrzeit
Mauretanien hat **GMT-Zeit.** Um 12 Uhr mittags in *Nouakchott* ist es während der Winterzeit bei uns 13 Uhr und während der Sommerzeit 14 Uhr.

Reiserouten, Städte, Sehenswürdigkeiten

Nouakchott

Mauretanien ist ein ruhiges Land. Einen krassen Gegensatz bildet dazu die **Hauptstadt** – dynamisch nennen dies die Wohlmeinenden, chaotisch dagegen die, die vor all dem Trubel möglichst rasch wieder in die Stille der Dünenlandschaften fliehen wollen. Wer hier aber während der Siesta unterwegs ist, an einem Freitag, oder auch am frühen Morgen – der findet auch mitten auf der *Avenue Gamal Abdel Nasser* noch ein ruhiges Plätzchen. Eine moderne Stadt dabei: Daß sie erst um 1960 gegründet wurde, sieht man ihr in jeder Straße an. Von dem, was zuvor dort war, nämlich ein kleines unscheinbares *Bordj (Festung)*, ist heute (fast) nichts mehr vorhanden.

500 000 Einwohner! Der einst auf dem Reißbrett entstandene Grundriß ging von weniger als 5% der heutigen Zahl aus! So fließt heute die Stadt nach Osten zu (im Westen liegt ja das Meer) geradezu in die Dünen hinein: Wer hier zu Fuß unterwegs ist, hat auch nach drei Stunden Marsch zwischen unansehnlichen Hüttensiedlungen die Stadtgrenze noch nicht erreicht!

Sehenswürdigkeiten

Wer eine solche Stadt nicht per se als sehenswert begreift, dem werden auch die anderen Sehenswürdigkeiten nicht allzu viel sagen: Da ist ein Jusitzpalast, der eher der Kommandobrücke eines Schiffes gleicht, da sind (von außen zu besichtigende) Moscheen, ein rundes Verwaltungsgebäude mit dem Sitz mehrerer Fluggesellschaften, da ist der zweistöckige Loch-Quader des v. a. nachmittags äußerst lebhaften Marktes – alles Gebäude, denen anzusehen ist, daß sich damals äußerst tüchtige Architekten um den „genialen Wurf" bemüht haben. Nur – ein gewachsenes Stück Leben, das finden Sie hier nur in Form der Menschen selbst, die diese Architektur erst beseelen.

Der **Markt:** Sie finden hier alles, was Mauretanien im materiellen Bereich ausmacht, nicht zuletzt eine Vielzahl von Kunst-Handwerkern, die ihre Produkte in der zentralen Marktstraße anbieten. Vorsicht jedoch: Man darf hier nicht fotografieren! Womit aber nicht gesagt werden soll, daß Sie hier nicht

Auf dem Markt in Nouakchott

296 Länder, Routen, Sehenswürdigkeiten – Mauretanien

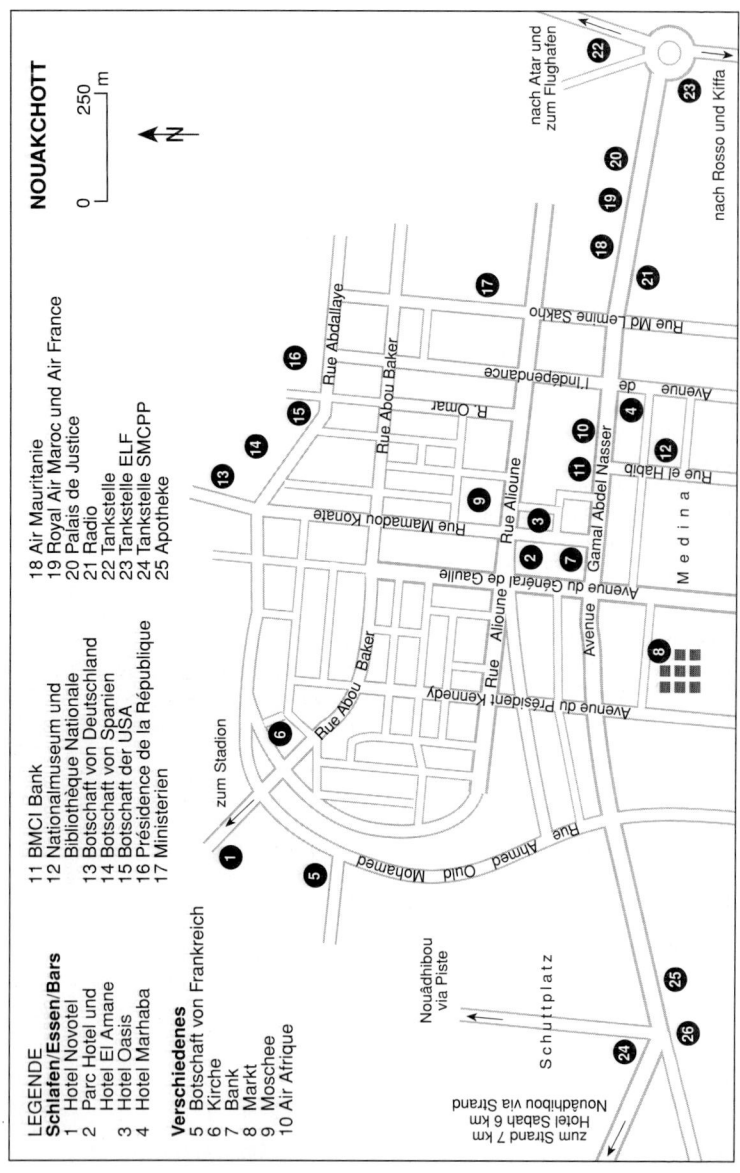

von sehr freundlichen und sehr zurückhaltenden Menschen umgeben sind: Ein Spaziergang in Nouakchott vollzieht sich ohne „Gefolgschaft"! Alles einschließlich Kunsthandwerk im Bereich des zentralen Marktes.

Besonders sehenswert: Noch südlich des Hotels *Sabah* und in dessen unmittelbarer Nachbarschaft am Strand liegt hinter den modernen Gebäuden zur Fischverarbeitung die Landestelle der Fischer. Hier wird jeden Abend etwa ab 16 Uhr in drangvoller Enge Boot um Boot mit den Tagesfängen angelandet. Zwischen Bergen von Fisch, den Booten und Fischern im Ölzeug zwängen sich die Aufkäufer. Hilfskräfte nehmen die Fische direkt am Strand aus: Der Rogen ist gefragt. Mit einer eigenartigen Drehtechnik werden die schweren Boote nach der raschen Durchquerung der hohen Atlantik-Dünung den Strand hinaufgezogen und -geschoben. Jeder ist hier so sehr mit seiner Aufgabe beschäftigt, daß Sie in einer für Afrika ganz untypischen Art unbehelligt und in völliger Ruhe das Treiben beobachten können – in Ihren besten Kleidern sollten Sie sich allerdings nicht in dieses Fisch-Gedränge stürzen.

Das **Museum:** Bei meinen Besuchen war es immer geschlossen – anscheinend ist dies der Normalzustand!

Wer aber schon einige Zeit Natur, Sand, Staub, Piste hinter sich gebracht hat, dem sind vielleicht folgende Adressen wichtig.

PRAKTISCHE INFORMATIONEN

 UNTERKUNFT

Hotels
Luxus-Klasse:
Hotel Novotel, Doppelzimmer ca. 200 DM.

Mittelklassehotels:
Parc Hotel, Hotel El Amane, Hotel Marhaba, Hotel Oasis und ca. 6km außerhalb am Strand: *Hotel Sabah*.

Einfache Hotels:
Es gibt mehrere im Umfeld des zentralen Marktes und in der Medina.
Die Lage der Hotels ist aus dem Stadtplan zu ersehen.
Alkoholische Getränke nur im *Novotel, Hotel Oasis* und im *Hotel Sabah*.

Camping
Eine Art Campingplatz befindet sich direkt am Strand in Nachbarschaft zum Hotel *Sabah*: *Tergit-Vacances*, ein Platz mit mehreren Bungalow-Hütten. Hier endet die Strandpiste von *Noudahibou* her endgültig. Wer von hier den Strand entlang nach Norden will: So schmal wie an dieser Stelle ist der befahrbare Strand nicht überall.

 ESSEN UND TRINKEN
Restaurants
Eine große Zahl von Restaurants befindet sich im Umfeld der *Avenue Gamal Abdel Nasser*. Qualitativ und preislich bestehen kaum Unterschiede. Selbst das Angebot scheint abgestimmt zu sein, von Spezialitäten-Restaurants einmal abgesehen. Die Restaurants in den Hotels bieten nicht unbedingt bessere Qualität, sind jedoch erheblich teurer.

 NACHTLEBEN
Nur im Hotel *Oasis* (hier gibt es ja Alkohol) kann in Ansätzen von dergleichem gesprochen werden.

FESTE/VERANSTALTUNGEN
Regelmäßige kulturelle Veranstaltungen finden im *Centre Culturel Français* statt.

Die Meeresküste zwischen Nouakchott und Noudhibou – Parc National du Banc d'Arguin

⇨ 530 km. Strand, teilweise schwierige Piste.

Wollen Sie die Küste von Süden nach Norden fahren, haben Sie es recht einfach: Unmittelbar nach der Einfahrt zum Hotel *Sabah* zweigt links, zwischen den Strand-Dünen hindurch, ein Weg ab zum Strand bei *Tergit-Vacances*. Bei Ebbe fahren Sie den Strand hinab zum Wasserrand und dann diesem entlang immer nach Norden. Beim Dorf *El Mhaijrât* entrichten Sie am Polizeiposten den Obulus für das Betreten des National-Parkes (ca. 10 DM, Quittung für spätere Kontrollen aufheben), fahren dann weiter – unter Beachtung von Ebbe und Flut – mit ruhigem Blut den hohen Dünen entlang auf dem Strand weiter nordwärts, bis Sie nach ca. 200 km vom Dorf *Nouâmghâr* und dem *Cap Timirist* daran gehindert werden, weiter dem Strand zu folgen. Für diese 200 km ist die Routenfindung einfach: Sie fahren immer auf dem Spülsaum. Auch wenn die sich anschließende Strecke in Nordrichtung ohne Führer „machbar" ist, sollten Sie sie doch nur dann in Angriff nehmen, wenn Sie über beste Sahara-Ausrüstung (Detail-Karten, Satelliten-Navigation, Sandbleche!) und auch Sahara-Erfahrung verfügen. Bis *Nouâdhibou* bleibt die Piste danach überwiegend im Hinterland, kommt jedoch an Buchten auch in Sicht- und Reichweite der Küste. Nach einer Fahrstrecke von ca. 530 km ist *Nouâdhibou* erreicht.

Kein ungefährliches Unterfangen: Entlang der Küste bei einsetzender Flut

„Fahr ich... oder fahr ich lieber nicht?"
Wissenswertes in Zusammenhang mit Ebbe und Flut an der mauretanischen Küstenstrecke.

Einen ganzen Tag stehen die drei Geländefahrzeuge schon am Strand bei Nouâmghâr: Ihre Besatzung diskutiert über den Gezeitenstand und kommt nur zu der Erkenntnis, daß zwischen Ebbe und Flut kaum ein Unterschied feststellbar ist. Immer wieder schlagen Wellen bis hoch an den weichen Spülsaum. In einer solchen Situation den Strand entlang fahren, die Fahrzeuge gefährden? Undenkbar!

Sollten Sie mit Ihrem Fahrzeug dort irgendwo ohne Führer am Strand stehen und den in der Michelin-Karte vermerkten knapp 200 km langen „Itinéraire à marée basse" (Weg bei Ebbe) auf dem Strand zwischen Nouâmghâr und Nouakchott in Angriff nehmen wollen, ist folgendes gut zu wissen:

Unabhängig von Ebbe und Flut sind Strandform und Gezeitenverlauf an dieser Küste so, daß Ihnen nirgendwo eine kilometerbreite feste Rennstrekke eröffnet wird. Der fahrbare Strand als Abstand zwischen Wasser und nicht fahrbarem (weil zu weichem) Spülsaum ist im günstigen Fall vielleicht fünf bis zehn Meter breit. An ungünstigen Tagen müssen Ihnen dagegen gerade zwei Meter genügen, um das Risiko zu wagen. Wann aber sind günstige, wann ungünstige Tage? Abgesehen von Wind, Wetter, Strömungen, Küstenform und anderen Gezeiteneinflüssen ist ja allgemein bekannt, daß der Mond wichtigstes Element ist, welches Ebbe und Flut und deren zeitlichen und höhenmäßigen Eintritt bestimmt. Weit weniger bekannt dagegen ist, daß auch die Sonne einen wichtigen Einfluß auf die Gezeiten nimmt. Auch wenn die Gezeiten-Kraft des Mondes etwa 2,2 mal so stark ist wie die der Sonne, bestimmt doch der Stand der beiden Gestirne zueinander, d. h. ob ihre Kräfte in gemeinsamer oder entgegengesetzter Richtung wirken, entscheidend über Höhe und Stärke der Differenzstrecke zwischen Ebbe und Flut. Zur Zeit von Voll- und Neumond sind diese Kräfte gleichgerichtet: Es entstehen Springfluten bzw. breiteste Ebbstrände. Zur Zeit des ersten oder auch letzten Mond-Viertels dagegen wirken die Kräfte fast entgegengesetzt: Nippfluten sind die Folge, ein fahrbarer Ebbstrand wird kaum freigelegt.

Sollten Sie also gerade in einer ungünstigen Mondphase unterwegs sein, reduzieren Sie nochmals den Luftdruck um einige Zehntel. Das erleichtert Ausweichen und Fahren im weichen Spülsaum. Tröstlich dann auch der Gedanke, daß Ihnen der Küstenverlauf fast überall die Flucht ins Hinterland ermöglicht – gegen ein dort fast unvermeidliches Einsanden sollten Sie allerdings schon ausgerüstet sein. Nur auf einigen wenigen Abschnitten reichen hohe Dünen bis ans Meer und verhindern jedes Ausweichen. Diese Abschnitte sind von weitem erkennbar und ziehen sich nie weiter als 3 km hin. Sollten Sie hier unsicher werden, warten Sie im Zweifelsfalle rechtzeitig vor den hohen Stranddünen, ob einheimische Fahrer sich auf die Strecke wagen und schließen Sie sich diesen gegebenenfalls an.

Kommen Sie dagegen von Norden, wird in *Nouâdhibou* schon so viel Druck auf Sie ausgeübt werden, daß Sie diese Strecke nur mit Führer in Angriff nehmen werden. Bedienen Sie sich dazu eines Führers, der durch die Nationalpark-Verwaltung gestellt wird, kostet das ca. 400 DM. Die von einer Art Führer-Büro gegenüber der Polizei vermittelten Führer sind billiger und auch zu Preisverhandlungen eher bereit. Von Norden kommend ist die Wegfindung deutlich schwieriger. Auch die sogenannte LKW-Piste, die bei Michelin eingezeichnet ist, läßt sich nicht immer einfach verfolgen (in der 1994er-Ausgabe dieser Karte ist diese Strecke als „verboten" gekennzeichnet). Eine Bahnverladung nach *Choum* ist möglich und nicht teuer, erfordert jedoch u. U. längere Wartezeiten, bis ein Plateau-Waggon zur Verfügung steht (s. o.).

Walfischgerippe an der Küste

Nouâdhibou

Nouâdhibou ist Endpunkt der Erzbahn und **wichtiger Hafen** für den Export dieses Minerals. Daneben ist es ein überaus lebhafter Hafen (nicht zu besichtigen) für die mauretanische Fischereiflotte. Ganz ähnlich der Hauptstadt *Nouakchott* quirlt auch diese Stadt zu bestimmten Zeiten geradezu über vor Leben. Für Einreisende von Norden kommend sind hier zudem alle erforderlichen Einreiseformalitäten zu erledigen. Aus Marokko kommend werden Sie hier von geschäftstüchtigen Mauretaniern angesprochen, die an Ihrem Fahrzeug oder auch an dessen Ausrüstung interessiert sind.

Achtung: Eine Möglichkeit zur legalen Ausreise besteht hier derzeit nicht! Unter der Hand bieten sich jedoch Führer an, die Ausreisewillige durch die Minenfelder im Grenzbereich schmuggeln; ein fragwürdiges Unternehmen!

Neben der für eine Stadt typischen Infrastruktur (siehe Stadtplan) hat der Ort nicht viel zu bieten: Immerhin lohnt die Besichtigung des *Cap Blanc*, ein dem *Arguin-Nationalpark* angegliedertes Schutzgebiet, in dem noch die vom Aussterben bedrohte Mönchsrobbe lebt.

Besonders sehenswert: Zweimal am Tage erreicht die Erzbahn diese zweitgrößte Stadt des Landes. Fahren Sie – am Hafen und am (kaum als solchem zu erkennenden) Bahnhof vorbei – ein, zwei Kilometer nach Süden hinaus aus der Stadt, wenn ein Zug eingetroffen ist. Der schwerste Zug der Welt! Betrachten Sie die Schienen: Sie werden sich dann nicht mehr wundern, warum sich Reifenpannen beim Befahren von Strecken entlang der Geleise geradezu häufen: Überall liegen – Granatsplittern gleich – die von den Rädern umgeschmiedeten Fetzen der Gleislaufflächen neben den Schienen...

PRAKTISCHE INFORMATIONEN

 UNTERKUNFT

Hotels
Hotel Maghreb
Mittelklassehotel in der Windung des Bd Médian hinab zum Bd Maritim gelegen (hier werden Sie ggf. den Großteil der Konvoi-Teilnehmer aus Marokko wiedersehen.Achtung: Der Hotelhof ist vor Diebstahl aus dem dort abgestellten Fahrzeug nicht sicher. Die Inhaberin des Hotels verlangt für die Fahrzeugbewachung extra 5 DM pro Fahrzeug!)
Hotel Sabah
Mittelklassehotel nahe der Einmündung des Bd Médian in den Bd Maritim, etwas abseits gelegen.
Einfache Hotels befinden sich in den Wohnvierteln hinter der Tankstelle am *Boulevard Médian*.

 ESSEN UND TRINKEN
Restaurants finden sich im Verlauf des zentralen *Boulevard Médian*.

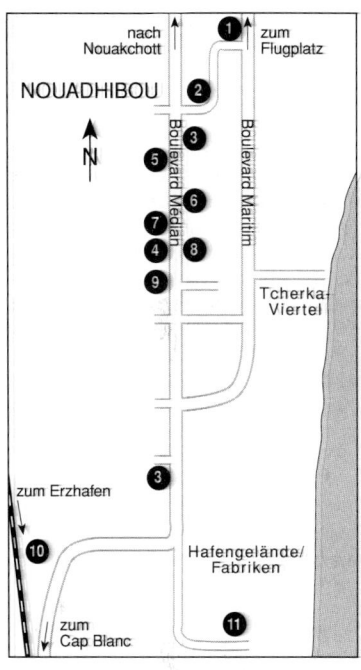

LEGENDE

Schlafen/Essen/Nachtleben
1 Hotel Sabah
2 Hotel Maghreb
3 Restaurant
4 Restaurant-Café

Verschiedenes
5 National-Verwaltung
6 Bank
7 Führer-Büro
8 Polizei
9 Tankstelle
10 Bahnhof
11 Zoll

Hinweis: Am Ortsausgang Richtung Norden liegt ein wichtiger **Kontrollposten**, der „Bouchon des Mines". Dort finden regelmäßig die unangenehmsten Kontrollen in ganz Mauretanien statt. Die Grenzwächter dort haben offen ausgetragenen Streit untereinander, wem das Recht zusteht, die vor allem aus dem Norden im Konvoi ankommenden Touristen auszunehmen. Eine gängige Methode besteht darin, das erste der im Konvoi ankommenden Fahrzeuge gründlichst zu filzen. Vermeiden Sie also, an vorderster Front zu fahren! Machen Sie sich auch auf sehr genaue Devisenkontrollen gefaßt. Jeder Pfennig, der nicht notiert und aufgeschrieben ist, wandert in die Taschen der dortigen Polizisten oder Zöllner! Rechnen Sie auch nicht damit, daß Geldverstecke wie z. B. Wadenbeutel oder Geldgürtel nicht bekannt sind! Diesen Posten müssen Sie sowohl bei Aus- wie bei Einreise aus *Nouâdhibou* passieren.

Städte im Adrar-Bergland:
Atar, Chinguetti und Ouadane

Die Asphalt-Straße von *Nouakchott* in Richtung Norden ist nur auf etwa 80 km das, was man sich darunter vorstellt. Danach beginnt ein knallharter Sturzacker, der jeden Verkehr auf die parallel verlaufenden Pisten zwingt. Planungen, einen besseren Zustand herzustellen, sind im Gange.
Bis *Akjoujt* (km 255, sprich Akschuscht) führt die Strecke durch relativ uninteressante und weitgehend flache Landschaft. Immer wieder versperren *Barchan-Dünen* die Straße bzw. Piste. Der Ort selbst hat wenig zu bieten; in der Umgebung des kleinen Bergbaustädtchens wird seit Jahrhunderten Kupfer abgebaut – ohne dieses Erz gäbe es ihn vermutlich gar nicht.

Atar
Bei km 440 ist Atar erreicht, Hauptstadt des *Adrar-Berglandes* und gleichnamigen Departementes, dazu **heimliche Hauptstadt der Mauren**. Atar ist eine Oase und lebt traditionell von und mit dem Anbau der Dattelpalme (etwa die Hälfte der mauretanischen Dattelpalmen wachsen allein in dieser Oase!). Im Juli erlebt der Ort mit dem Fest „Gettna" einen Höhepunkt: Viele Mauren kommen jetzt anläßlich des Dattelernte hierher, Feste werden gefeiert, Hochzeiten abgehalten. Wer jedoch in die Geheimnisse dieser vom Gegensatz zwischen kahlen Bergabbrüchen und grünen *Oueds* gekennzeichneten Region weiter eindringen will, der sollte die kleinen Oasen *Terjit* oder *Oujeft* besuchen: In engen, mit dichten Palm-Gärten bewachsenen, schluchtartigen Tälern rieselt hier das kostbare Wasser, kühl die Luft. Nur gedämpft dringt das Licht durchs grüne Gewölbe der Palmbäume. Wer denkt hier nicht an paradiesische Gärten?
Trotz seiner administrativen Bedeutung ist Atar ein Städtchen mit unvollständiger Infrastruktur: Es ist weder ein Hotel noch eine Bank vorhanden.
In Atar verzweigt sich die Piste: Nach Nordwesten führt eine stärker befahrene Strecke weiter nach *Choum*, einem wichtigen Bahnhof an der Erzbahnstrecke und Endpunkt der Fahrzeugverladung von *Nouâdhibou* her, von dort dann weiter nach Norden bis zu den Eisenerzgruben im Gebiet der *Kediet ej Jill*. Nach Osten führt eine kleine Piste in die **dramatische Berglandschaft** um den *Paß d'Amogjar* (km 39 ab *Atar*), einen der schönsten Punkte in ganz Mauretanien. Derzeit jedoch gleicht der Paß einem Steinbruch: Bauarbeiten sind im Gange, um diese Strecke in absehbarer Zeit zu asphaltieren. Auf der Paßhöhe steht sehr malerisch ein Torbogen aus Trockenmauerwerk, ein Blendwerk, denn Gemäuer und dramatische Landschaft dienten als Kulisse für einen Film!

Bergab gehts dem *Bergland von Chinguetti* zu. Schon von weitem sind dann einerseits die Dünen des *Ouarane-Erg* zu sehen, andererseits aber auch der Beton-Wasserturm der Ortschaft: Der Widerspruch könnte krasser kaum sein. **Chinguetti** wurde schon im 12. Jahrhundert gegründet und war dann über Jahrhunderte hinweg eine der wichtig-

Im Adrar-Bergland

sten Etappen im Transsahara-Handel. Die Stadt gilt noch heute als eine unter den sieben heiligsten Städten des Islam. Hier sammelten sich Gläubige aus weitesten Gebieten der Westsahara, um die Pilgerreise nach Mekka anzutreten. In einem kleinen Museum werden alte Handschriften aufbewahrt. Eindrucksvoll auch heute noch die **Moschee**: Trocken aufgemauert, wird ihr Minarett von vier Ecktürmchen gekrönt – mit jeweils darauf befestigten Straußeneiern als Symbol ewig währender Fruchtbarkeit. Auch hier wieder ein krasser Gegensatz: Nur wenige Schritte weiter werden die Oasengärten von den vordringenden Dünen geradezu verschüttet.

Eine Fahrt zum **Krater des Guelb er-Richat** kann man sich bei ungünstigen Lichtverhältnissen sparen: Mit einem Durchmesser von 40 km ist der vermutliche Meteoriten-Einschlag zu riesig, um als Krater vom Erdboden aus überhaupt erfaßt werden zu können. Interessanter ist dann schon **Ouadane** (je nach Route etwa 120 km östlich von Chinguetti), auch dieses ähnlich Chinguetti einst wichtiger Ort im Transsahara-Handel; noch heute legt die Ausdehnung der in **Ruinen** liegenden alten Ortschaft ein beredtes Zeugnis von ihrer früheren Bedeutung ab.

Sowohl in Chinguetti als auch in Ouadane fehlen Hotels oder vergleichbare Unterkünfte, von einfachsten „Gites d'Etapes" (oft geschlossen!) einmal abgesehen. Keine Tankstelle. Kleine Läden mit eingeschränkter Versorgungsmöglichkeit.

Von Nouakchott nach Süden zum Senegal

Eine bestens ausgebaute Asphaltstraße verbindet die mauretanische Hauptstadt über ca. 200 km mit dem großen Ort *Rosso* am Senegal-Fluß. Die Straße verläuft zwischen großen, hügelartigen Dünen, die in dieser Region jedoch fast überall bewachsen sind. Entsprechend häufig sehen Sie hier Zelte von Nomaden. Obwohl die Küste nie weit entfernt ist, läßt sich das Meer doch von keiner Stelle der Straße aus erblicken. In *Rosso* vollziehen Sie die Ein- bzw. Ausreise nach/aus Mauretanien in einem geschlossenen Geviert an der Anlegestelle der **Fähre** über den Senegal-Fluß. Diese Fähre – derzeit die einzige, die Mauretanien mit der Republik Senegal verbindet – verkehrt nur zweimal täglich: Abfahrt auf mauretanischer Seite um 10.30 Uhr und 17.00 Uhr, Abfahrt auf senegalesischer Seite um 11.15 Uhr und 17.45 Uhr.
Achtung: Die Bank an der Anlegestelle auf mauretanischer Seite hat nur nachmittags geöffnet!
Einfaches Hotel *Union* in Rosso an der Straße nach *Nouakchott*.
Lebhafter Markt mit verschiedenen kleinen Garküchen östlich der Straße.
Tip: Wer z. B. durch den *Nationalpark Banc d'Arguin* in Mauretanien auf den Geschmack gekommen ist, der kann von *Rosso*/Senegal aus direkt zum senegalesischen *Nationalpark Djoudji* durchfahren. Nur etwa 50 m nach der Anlegestelle der Fähre auf senegalesischer Seite biegt man noch im Ort *Rosso* nach Erledigung der Einreiseformalitäten rechts (nach Westen) ab und folgt dann immer auf der Dammkrone (Aussicht!) einer kleinen Piste dem Senegal-Fluß nach Westen. Nach etwa 43 km ist dann der Nordosteingang des *Nationalparks Djoudji* (Pelikane, Warzenschweine, Millionen überwinternder Zugvögel) erreicht.

Hotel in Ayoûn el Atroûs

„Route de l'Espoir" – Die Straße der Hoffnung von Nouakchott nach Nema

Seit 1985 verbindet eine mit ausländischer Hilfe erstellte Straße die Hauptstadt *Nouakchott* über 1100 km mit *Nema* im äußersten Osten der Republik Mauretanien. „Route de l'Espoir – Straße der Hoffnung" wird diese „Transmauretanien" genannt, sollte sie doch all denen Hoffnung geben, die sich zuvor im Hinterland allzu ab- und eingeschlossen vorkamen. Hoffnung auch darauf, den Hafen *Nouakchotts* auch zur Drehscheibe für das Binnenland Mali werden zu lassen. Die weltweiten ökonomischen Krisen haben solche Träume jedoch rasch wieder zunichte gemacht. Trotzdem hat diese Achse den Ortschaften im Hinterland einen neuen Aufschwung gebracht. Dem Touristen bietet sie die Möglichkeit, Gebiete mit einfachen Mitteln zu besuchen, wo früher ein expeditionsähnlicher Aufwand zu treiben war.

Teile der Straße sind seit einiger Zeit in schlechtem Zustand – in einem einzigen Reisetag läßt sich *Nema* heute von *Nouakchott* aus nicht mehr erreichen. Zwar sind Reparatur-Kolonnen unterwegs; die schadhaften Strecken sind jedoch so lang, daß eine dauerhafte Besserung kaum zu erwarten ist. Fahren Sie also vorsichtig, rechnen Sie westlich von *Kiffa* immer wieder mit Schlaglöchern. Besonders schlecht ist der Streckenabschnitt *Aleg – Kiffa*.

Schier endlos ziehen sich zunächst die Hüttensiedlungen im Weichbild der Hauptstadt hin. Erst nach etwa 15 km und einem Kontrollposten ist freies Gelände erreicht: Vor Ihnen liegt das **Dünengebiet** der Region *Trarza*. Die ungefähr von Nordost- nach Südwest orientierten Dünen-Cordons sind auffallend bunt: In den Senken ist der Sand grau-weiß, geht dann in den Dünenhängen in graubraun über, um schließlich bei den ganz oben aufgesetzten Dünen eine intensive gelbrote Farbe anzunehmen: Fahrt durch einen bunten Sandkasten! In den Senken stehen überall zwischen einzelnen Lehmhäusern die Zelte der Nomaden. Angesichts der nur spärlichen Vegetation ist kaum vorstellbar, wovon so viele Viehhalter hier leben können! Achten Sie bei all dem auf Ihre Straße: Der Wind treibt die Sandberge immer wieder auch über die Straße; Bulldozer räumen die Hindernisse beiseite. Bei Gegenverkehr bleibt jedoch oft nur eine enge Spur – und Bremswege sind auf sandbedeckter Straße lang! Nach 154 km ist *Boutilimit* erreicht, Sitz der Provinz-Verwaltung der Region *Trarza*. In verschiedenen Häusern entlang der Straße bieten Kooperativen von Handwerkern die kunsthandwerklichen Produkte der Region an: Lederwaren, typisch maurische Teekannen, Flechtwaren, Schmuck.

Die Straße durchquert weiterhin immer wieder Dünenlandschaften, teilweise kann man sich des Eindrucks nicht erwehren, durch ein Meer von bewegten (Dünen-)Wogen zu fahren. Daß die Straße nicht nur nach Osten, sondern gleichzeitig auch in südlicher Richtung führt, macht sich an einem zunehmend dichter werdenden Bewuchs bemerkbar. Nur wenige Kilometer genügen hier, um einige Tropfen mehr Regen in der Regenzeit zu erhalten – schon gedeihen die anspruchslosen Pflanzen der *Sahel-Region*. In einem weiten Bogen umgeht die Straße dann den *See von Aleg*, der außerhalb der Regenzeit kaum einmal Wasser enthält. *Aleg* (km 263) selbst, erkennbar schon von weitem an einer alten, auf einem Felshügel liegenden und heute vom Militär benutzten **Burg**, ist lebhaftes Handelszentrum mitten im Nomadenland. Nur wenige Kilometer vor dem Ort, am südlichsten Zipfel der See-Umfahrung, zweigt nach Süden die neue Asphaltstraße ab, die nach *Bogué* am Senegal-Fluß führt.

Hinter *Aleg* wird die Straße trotz Reparaturen deutlich schlechter. Wir durchqueren weiterhin typische Sahel-Landschaft; überall werden hier Nomaden seßhaft. Die Straße führt uns mehr und mehr auch wieder gen Norden: Wahre Meere an *Barchan-Dünen* säumen unsere Strecke. *Magta Lahjar* und *Sangrafa* werden durchfahren, beides Ortschaften, deren Bedeutung mit der Straße deutlich zugenommen hat. Kurz hinter *Sangrafa* zweigt nach Norden die Piste nach *Tidjikja* ab (s. u.).

Das **„Land der Felsen"** *(Trab el-Hajra)* ist jetzt erreicht: Wir nähern uns den hohen Felsabbrüchen der *Bergländer von Assaba* (im Süden) und *von Tagant* (im Norden). Hinter *Oued el Abiod* zieht unsere Strecke in die Berge hinein, durchquert und folgt zunächst malerischen Tälern mit Palm- und Akazienbewuchs, windet sich dann über den niedrigen *Paß von Djouk*. Immer wieder bieten sich weite Ausblicke in von eingewehten Dünen „verzierte" Fels- und Tallandschaften.

Dann erreichen Sie die größte Ortschaft an der Strecke, **Kiffa** (km 607), Sitz der

Provinz-Verwaltung der Region *Assaba*. Das eigentliche Ortszentrum liegt nördlich der Straße. Sehr lebhafter Markt, ein einfaches Hotel nahe des Verwaltungszentrums, ein riesiger „Gare Routier" – Kiffa ist Ausgangs- und Endpunkt für viele Wegstrecken in dieser Region. So lassen sich von Kiffa aus z. B. die **Ruinen** der einst so wichtigen Stadt *Aoudaghost* besuchen (Piste über *Tâmchekket*, ca. 150 km, *vgl. Geschichte Mauretaniens*).

Nach landschaftlich eindrucksvollen Passagen durch die oft skurril erodierten Berglandschaften von *Affolé* liegt ein weiteres Verwaltungszentrum vor uns: **Ayoûn el'Atroûs** (km 817), Sitz der Departement-Verwaltung der Region *Hodh el-Gharbi*. Auch hier handelt es sich wiederum um ein **lebhaftes Städtchen** mit bescheidener Infrastruktur einschließlich Hotel und Tankstelle.

Ayoûn liegt am Südrand jener großen, heute sanddünengefüllten Senke, dem einstigen See oder besser Meer *Aoukar*, das wiederum im Norden von einem Felskranz eingerahmt ist, der Abfolge der Bergländer von *Tagant* über *Tichit* bis *Nema*.

Bis Nema befindet sich die Straße in hervorragendem Zustand: Wer will, ist schon drei Stunden später dort und hat damit den Endpunkt der Straße der Hoffnung nach 1100 km erreicht. Nach solch einer komfortablen Reise fällt dann die Fortsetzung auf den kleinen und schlechten Pisten nach Süden (Richtung *Nara* in Mali, Grenzformalitäten in *Nema*) oder nach Norden (Richtung *Oualata*) um so schwerer. Vor einer Benutzung der Pisten in Richtung Osten muß angesichts der Sicherheitslage im Grenzgebiet Mauretanien/Mali derzeit dringend abgeraten werden.

Wüstenoase Nema, nahe der malischen Grenze

Alte Städte und Oasen im Südosten: Tidjikja, Tichit und Oualata

Diese Strecke in ihrer Gesamtheit sollte nur von Sahara-Routiniers mit guter Ausrüstung (Detailkarten, Satellitennavigation) in Angriff genommen werden. Das neueste „Durch Afrika" liefert eine exakte Streckenbeschreibung. Dem weniger wagemutigen öffnen sich andere Möglichkeiten, die immer noch abenteuerlich genug sind:
Ca. 5 km östlich der Ortschaft *Sangrafa* zweigt die deutlich erkennbare Piste Richtung Norden nach *Tidjikja* (sprich Tidschikscha oder auch Tidschikdscha) ab. Zunächst noch einfach und flott auf ganz neu geschobener Baustellenstraße befahrbar, mündet sie bei *Letfata* in eine Straßentrasse ein, die rasch in dem vor *Moudjéria* gelegenen *Barchan-Feld* verschwindet. Haben Sie dieses in tiefsten Sandspuren bewältigt, geht es in die *Tagant-Berge* hinein. Nach Durchquerung einer Hochfläche sind erneut in einem *Barchan-Feld* Sandqualitäten gefragt. Danach wartet eine **Bilderbuch-Oase** auf Sie: *Nbeika*, in einem grünen Tal gelegen, Wasser in Hülle und Fülle. Auf steiniger Piste wird dann *Tidjikja* erreicht. Diese alte Stadt ist heute Zentrum der Region *Tagant*. Sollten Sie nicht mit bester Ausrüstung und Geländewagen reisen, haben Sie hier ihren Wendepunkt erreicht.

Relativ einfach ist es auch, von *Nema* aus *Oualata* zu erreichen, wobei zwei Strecken zur Verfügung steht: Eine Route für die, die gerne weich im sandigen Gelände fahren, führt am Fuß des *Dahr Nema* über eine Distanz von 120 km nach *Oualata*. Die Alternative führt steinig über die Hochebene hinweg: 10 km nördlich von *Nema* geht es steil hinauf und dann weiter nach Norden. Kurz vor *Oualata* führt die Piste von der Hochebene herunter und 20 km weiter in den Ort hinein. Die Bergvariante ist ca. 15 km kürzer.

Oualata hat bis auf den heutigen Tag nichts von seinem Charme verloren. Am Fuße der Steilwand des *Dahr Oualata* ducken sich die eng aneinandergebauten Häuser, als würden sie vor den oft heftigen Nordostwinden Schutz suchen. Schutz suchten hier zu allen Zeiten nicht nur die Karawanenleute: Als Mitte des 15. Jh. im 400 km entfernten *Timbuktu* Tuareg die Stadt angriffen, flüchteten die Gelehrten hierher nach Oualata. Über Jahrhunderte blieb die Stadt ein **Hort der Gelehrsamkeit**, die größten Bibliotheken der westlichen Sahara befanden sich in ihren Mauern. Diese Mauern sind mit einer Vielzahl von geometrischen Mustern verziert; jedes Haus scheint darin das Nachbarhaus übertrumpfen zu wollen. Dieser Dekor wird ausschließlich von den Frauen aufgetragen. Während die Farben auf den Außenwänden weiß auf rötlich-ockerfarbenem Grund sind, verkehren sie sich im Innern ins Gegenteil: Rötlichbraun auf weißem Untergrund. Bis heute haben die wenigen Einwohner der heute zur Bedeutungslosigkeit verdammten Stadt diese Tradition bewahrt, und es hat den Anschein, als käme es in einer Art Rückbesinnung gar zu einer Renaissance. Bis heute ist Oualata eine Stadt geschickter Kunsthandwerker geblieben. Typisch sind neben Schmuck und Lederarbeiten kleine Objekte aus gebranntem und verziertem Ton.

Republik Senegal

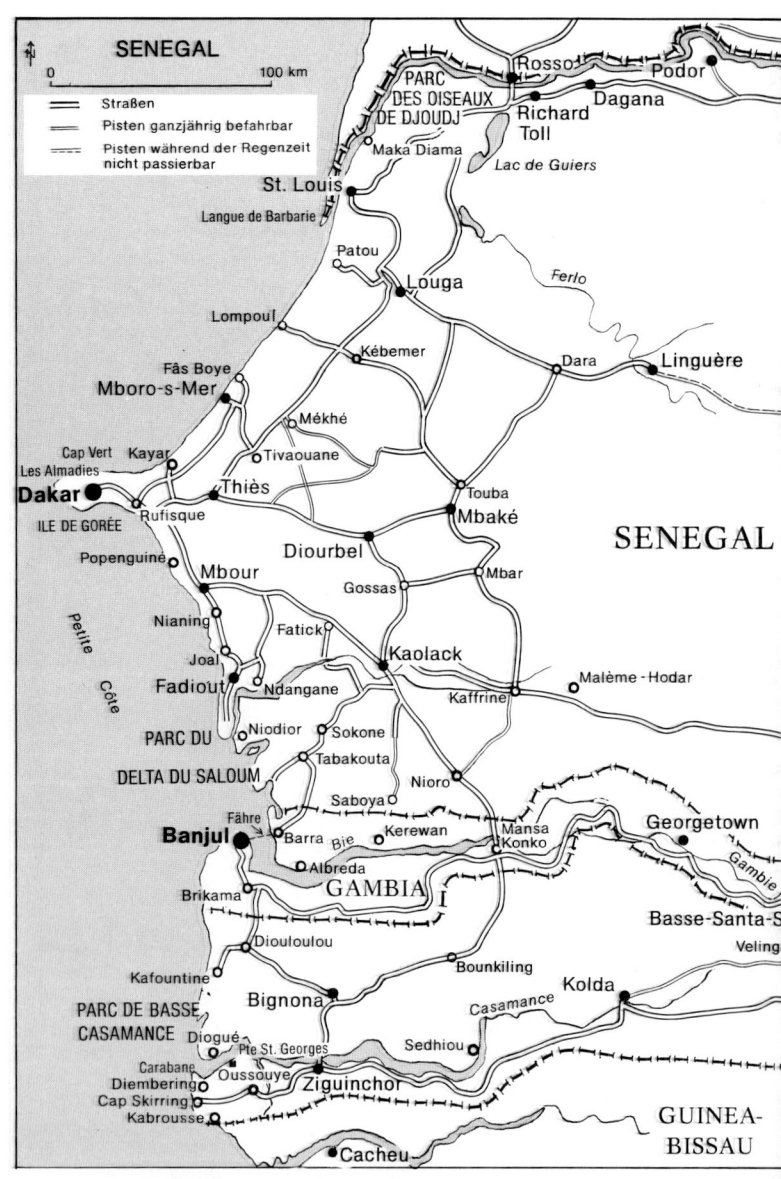

Übersicht Senegal 311

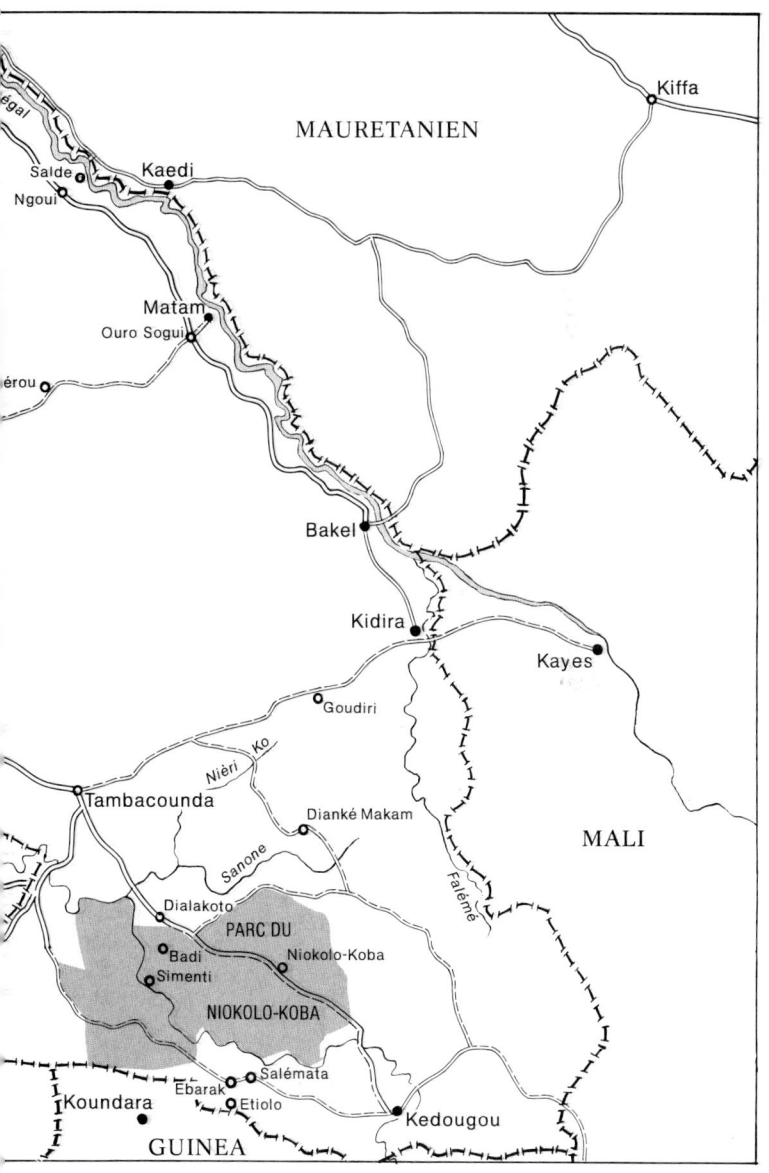

Landeskundliche Informationen

Geographie

Senegal liegt an der Westspitze des afrikanischen Kontinents. Grenzfluß im Norden ist der 1430 km lange Senegalstrom und im Osten dessen Nebenfluß Falémé. Im Süden grenzt Senegal an Guinea und die ehemalige portugiesische Kolonie Guinea-Bissau. Im Westen begrenzt der atlantische Ozean das Staatsgebiet.

Der größte Teil des Landes ist weitgehend flach; im Südosten reichen Ausläufer des *Fouta Djalon* nach Senegal hinein. Die etwa 500 km lange Küste im Westen – mit ihren kilometerlangen Sandstränden – ist im Mündungsgebiet des *Sine-Saloum* und des *Casamance-Flusses* stark, nördlich des Cap Vert dagegen kaum gegliedert. Die dem Hafen Dakar vorgelagerte *Insel Gorée* diente einst als Umschlagsplatz für den Sklavenhandel.

Die zeitweilig mit Senegal konföderierte Enklave *Gambia* (entlang des Gambia-Flusses) reicht im Süden etwa 300 km tief in das Staatsgebiet Senegals hinein und trennt den südlichen Teil Senegals, die Casamance, weitgehend vom übrigen Teil des Landes ab. Der größte Teil Senegals liegt in der *Sahelzone* und war mehrmals von Dürren betroffen.

Der 1700 km lange Senegal-Strom, der südlich von St. Louis ins Meer mündet, stellt seit alten Zeiten eine der wichtigsten Verkehrsverbindungen ins Innere des Kontinents dar; er ist das ganze Jahr bis nach Podor schiffbar. Seine Flußniederungen zählen zu den fruchtbarsten Gegenden des Landes, da in der Regenzeit Überschwemmungsfeldbau möglich ist; es werden Reis, Mais, Sorhumhirse und Zuckerrohr angebaut.

Klima

Im Senegal herrscht **randtropisches Klima mit zwei Jahreszeiten**: der Trockenzeit von November bis Mai und der Regenzeit von Juni bis Oktober (im Norden sind es meist jedoch nur drei Monate).

Die höchsten Temperaturen (über 30°C) herrschen, vor allem im Landesinneren und im Süden, kurz vor und nach der Regenzeit (April bis Juni und Oktober). An der Küste liegen die Temperaturen von Oktober bis März bei ca. 22°C. Die Wassertemperaturen bewegen sich zwischen 20 und 24°C.

Der *Harmattan* bringt in den Wintermonaten von der Sahara feinen Sandstaub mit, während an der Küste ständig warme, feuchte Winde vom Meer her wehen.

Die jährlichen Regenmengen nehmen von Norden nach Süden zu. Im Süden fallen ca. 900–1300 mm Niederschlag, nördlich von Gambia ist bei starken Schwankungen nur noch mit 300 bis 900 mm Regen pro Jahr zu rechnen.

Beste Reisezeit ist in den Monaten Dezember bis März/April, wenn die Temperaturen zwischen 16 und 34°C liegen. Hauptreisezeit ist zu den Weihnachts- und Osterferien.

Der nördliche Teil des Landes liegt in der Sahelregion; die trockene Ferlo-Savanne bedeckt über ein Drittel des Staatsgebietes und wird von den rinderzüchtenden Nomaden als Weidegrund benützt.

Tier- und Pflanzenwelt

Entsprechend den jährlichen Niederschlägen ist in den verschiedenen Regionen des Landes eine für die jeweiligen klimatischen Bedingungen typische **Vegetation** anzutreffen: Im Norden Dornbuschsavanne, im Inneren des Landes Trockensavanne mit spärlichem Graswuchs, Akazien und dem charakteristischen Baobab (Affenbrotbaum). Südlich daran anschließend nimmt der Baumbestand zu, Tamarinden-, Flamboyant- und Kapokbäume sowie hohe Gräser prägen das Landschaftsbild. Entlang der Bahnlinie Dakar-Tambacounda wird intensiv Erdnußanbau betrieben. Südlich des Gambia-Flusses entspricht die Vegetation aufgrund der stärkeren Niederschläge dem guineischen Feuchtwald. Vor allem in der Casamance ist nach der Regenzeit eine üppige tropische Vegetation anzutreffen; hier wird auch Reis angebaut. In der Basse Casamance bestimmen Öl- und Kokospalmen das Landschaftsbild, daneben Orangen-, Zitronen- und Mangobäume.

Dichte Mangrovenhaine findet man entlang der Wasserstraßen des Sine-Saloum, Gambia und Casamance-Flusses. Die zahlreichen kleinen Nebenarme *(bolongs)* sind nur mit Pirogen befahrbar.

Unter den wildlebenden **Tieren** sind vor allem Affen, Reptilien, Büffel und vereinzelt Elefanten anzutreffen sowie mehr als 200 verschiedene Vogelarten. Um sie vor weiterer Ausrottung zu schützen, hat man verschiedene **Nationalparks** (*Djoudji, Niokolo-Koba, Basse Casamance* und *Saloum*) angelegt.

Pelikane auf Djoudji

Bevölkerung

Die ca. **5,9 Mio. Einwohner** Senegals sind sehr unterschiedlich auf das Staatsgebiet verteilt; am dichtesten besiedelt sind das *Cap Vert* und die Region *Thiès*, am dünnsten der Osten Senegals.
Die **größte ethnische Gruppe** sind mit ca. 40% der Gesamtbevölkerung die *Wolof* im Nordwesten des Landes. Andere wichtige Gruppen sind die *Sérèr* (ca. 19%) im südlichen Sine-Saloum-Gebiet, die *Lebu* im Gebiet des Cap Vert, die *Toukouleur* (ca. 10%) am Senegalfluß sowie die *Diola* (ca. 8%) in der Casamance. Die *Fulbe* (ca. 12%) leben über das ganze Land verteilt als viehzüchtende Nomaden. Zu einer der interessantesten Minderheiten im südöstlichen Senegal zählen die *Bassari*, ein noch weitgehend nach alten animistischen Traditionen lebendes Volk.

Die Zahl der Ausländer beträgt etwa 350 000, die der im Ausland (in anderen afrikanischen Staaten, in Europa – vor allem in Frankreich) lebenden Senegalesen etwa 260 000.

Der verstärkten Landflucht begegnet man durch Entwicklung bzw. Modernisierung der Landwirtschaft.

Sprache

Amts- und Unterrichtssprache sind **Französisch** und **Wolof**. Darüber hinaus werden von den einzelnen ethnischen Gruppierungen verschiedene Sprachen und Dialekte gesprochen.

Religion

Über 90% der Bevölkerung bekennen sich zum **Islam**, etwa 5% zum Christentum, ca. 4% sind Anhänger von traditionellen afrikanischen Religionen (Naturreligionen).
Im Senegal (sowie in Gambia) sind fast alle Moslems in einer **islamischen Bruderschaft** organisiert. Einflußreichste Bruderschaft ist im Senegal die der *Mouriden*, deren derzeitiger Chef-Marabout, *Saliou Mbakke*, von seinen Anhängern ähnlich stark verehrt wird wie der Papst von den Katholiken. In *Touba* (Region Djourbel) befindet sich das religiöse Zentrum der Mouriden. Begründer dieser Bruderschaft ist *Amadou Bamba*. Ihm zu Ehren wurde in den 50er Jahren eine Moschee erbaut (die größte Afrikas!), welche heute als Wallfahrtsort dient. Den Schriftzug *Touba* sowie *Inshallah!* (= So Gott will) findet man daher auf fast allen Buschtaxis des Landes. Die größte Bruderschaft sind jedoch (im Vergleich zu 35 % bei den Mouriden) mit 50 % die *Tidjania*. Die beiden anderen Bruderschaften im Senegal, *Quadiriya* und *Layènne*, sind nur regional von Bedeutung.

Geschichte

In vorkolonialer Zeit (11.–15. Jh.) gab es in dieser Gegend einige bedeutende afrikanische Reiche, wie das der *Tekrur* und das *Djolof*-Reich; der Verfall dieser Königreiche begann im 16. Jh. Im 15. Jh. landeten die ersten **Portugiesen** an der „senegalesischen" Küste, gefolgt von Holländern, Franzosen und Engländern. Ab dem 17. Jh. kam es zu *französischen Niederlassungen* und zur Gründung von St. Louis durch die **Franzosen** im Jahre 1659. Im Laufe der Zeit dehnten sie ihre Kolonialherrschaft immer weiter aus; 1895 wird Dakar zur Hauptstadt des gesamten *Frz.-Westafrika*. 1916 erhalten die Einwohner von Dakar, St. Louis, Gorée und Rufisque die französische Staatsbürgerschaft.

Seit 1843 ist Senegal durch einen weißen senegalesischen Abgeordneten in

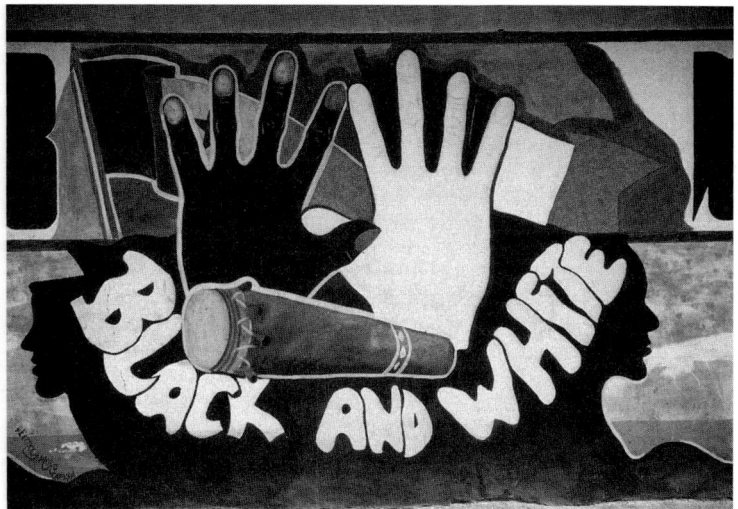

Black & White-Wandmalerei

der Französischen Nationalversammlung vertreten, seit 1914 erstmals durch den Afrikaner *Blaise Diagne*.

1958 wird Senegal autonome Republik innerhalb der Französischen Gemeinschaft und bildet ein Jahr später mit Franz. Sudan, Obervolta (heutiges Burkina Faso) und Dahomey (heutige Republik Benin) die Mali-Föderation. **1960** erlangt Senegal die volle **Unabhängigkeit.**

Léopold Sédar Senghor, Studienrat, Dichter, Philosoph und seit 1946 Abgeordneter in der französischen Nationalversammlung wird im Jahre 1962 (nach dem Sturz Dias') Präsident und Regierungschef der Republik Senegal. Im Rahmen der von *Aimé Cesaire* ins Leben gerufenen **„Negritude"-Bewegung** setzte er sich u. a. auch mit seiner Dichtung entscheidend für eine Verbesserung der Lebenssituation der Bevölkerung Afrikas ein und hat mit seiner Betonung der traditionellen Werte und der afrikanischen Geschichte entscheidend zu einem neuen kulturellen Selbstbewußtsein der Afrikaner beigetragen. Im Jahre 1968 wird ihm der Friedenspreis des deutschen Buchhandels verliehen.

Von 1960 bis 1978 wird Senghor viermal zum Präsidenten wiedergewählt; zum Jahreswechsel 1980/81 tritt er aus Altersgründen (!) freiwillig zurück; er ist der erste afrikanische Staatsmann, der auf diese Weise sein Amt niederlegte. Nachfolger wird der bisherige Ministerpräsident **Abdou Diouf,** der sich für eine stärkere **Liberalisierung** des politischen Systems einsetzt. Dies bedeutete auch, daß die Beschränkung auf drei, später vier Parteien, unter Senghor wesentlich gelockert wurde, so daß es 1985 bereits 16 verschiedene politische Parteien gab. Seit dem Machtantritt *Abdou Dioufs* begann auch eine realistischere Auseinandersetzung nicht nur mit den politischen, sondern auch mit den sozio-ökonomischen und kulturellen Problemen des Landes.

Im Rahmen seiner **Anti-Korruptions-Politik** räumte er auch im eigenen Kabinett auf, wodurch seine Popularität erheblich anstieg. Er wurde sowohl 1983 als auch 1988 und 1993 in seinem Amt bestätigt. Laut Presseberichten (vgl. z. B. SZ vom 15.3.93) lief zwar nicht alles ganz geregelt ab; Einfluß auf das Wahlergebnis soll dies jedoch nicht gehabt haben. Im Zusammenhang mit dem Anschlag auf den Vizepräsidenten des Verfassungsrates am 15. Mai 1993, dessen fünf Mitglieder bis zum 24. Mai 1993 die Ergebnisse der Parlamentswahl bestätigt haben müssen, wurden laut Presseberichten (s. SZ vom 18.5.93) führende oppositionelle Politiker, u. a. der Generalsekretär der wichtigsten oppositionellen Demokratischen Partei Senegals (PDS), *Aboulaye Wade*, und zugleich wichtigster Gegner des amtierenden Staatspräsidenten Diouf, in Dakar festgenommen; Wade war bereits im Jahr 1988 zusammen mit anderen Oppositionsführern festgenommen worden, als sie Zweifel an dem Wahlsieg Dioufs geäußert hatten.

Regierung

An der Spitze des Staates und der Regierung steht der **Präsident der Republik**. Er wird alle 5 Jahre vom Volk gewählt und bestimmt die Politik der Regierung. Er ernennt die *Minister*, die nicht dem *Parlament*, sondern ihm verantwortlich sind; er ist außerdem Oberbefehlshaber der Armee. Die Regierung, nicht jedoch der Staatspräsident, kann von der Nationalversammlung durch Mißtrauensantrag zum Rücktritt gezwungen werden. Der Staatspräsident hat in diesem Falle das Recht, die **Nationalversammlung** aufzulösen. Wirtschafts- und Sozialrat haben lediglich beratende Funktionen.

Die wichtigsten **Parteien** des Landes sind: die Sozialistische Partei *Parti Socialiste* (PS), die Regierungspartei ist; die Oppositionspartei *Parti Démocratique Sénégalaise* (PDS); das *Rassemblement National Démocratique* (RND), welches einen extremen Nationalismus vertritt. Das *Mouvement Républicain Sénégalais* (MRS) ist konservativ orientiert und nicht von Bedeutung. Das *Mouvement Démocratique Populaire* (MDP) orientierte sich lange Zeit am jugoslawischen Sozialismus und ist ebenfalls von geringer Bedeutung. Alle anderen Parteien sind Splittergruppen bestehender Parteien.

Abdou Diouf
(Biographische Notizen)
Geb. 7. Sept. 1935 in der Gegend von Dakar, der Ethnie nach Serer, er bekennt sich zum islamischen Glauben. Zunächst Schulbesuch in St. Louis; anschließend Jurastudium an der Universität in Dakar, später Studium der Politischen Wissenschaften in Paris.
Danach verschiedene Stationen im Staatsdienst (Provinzgouverneur, Kabinettsdirektor und Generalsekretär der Regierung, Planungsminister und Premierminister).
Seit dem Rücktritt Senghors am 1.1.1981 ist Diouf Staatspräsident von Senegal.

Seit der Einführung des Mehrparteiensystems gibt es auch mehrere gewerkschaftliche Organisationen. Mit der Verfassungsänderung von 1983 wurde das Amt des Ministerpräsidenten abgeschafft, 1991 aber wieder eingeführt und mit *Habib Thiam* als Ministerpräsident besetzt.

Eine der ersten größeren politischen Herausforderungen waren die Einrichtung der Konföderation Senegambia und der Grenzkonflikt mit Mauretanien.

Konföderation Senegambia

Beim Staatsstreich in Gambia im Jahre 1981 hatte der dortige Präsident *Jawara* Senegal um militärische Hilfe gebeten, denn zur damaligen Zeit hatte Gambia keine eigene Armee. Die beiden Staaten Senegal und Gambia schlossen sich daraufhin am 1.2.1982 **unter Beibehaltung ihrer Unabhängigkeit** zur Konföderation Senegambia zusammen. Präsident der Konföderation Senegambia war *Abdou Abdou Diouf*, Vizepräsident der gambische Staatschef *D.K. Jawara*.

Trotz aller Bemühungen um eine Annäherung der beiden Staaten durch ein konföderales Parlament sowie einen konföderalen Ministerrat, durch Integration der Sicherheitskräfte und des Militärs sowie der Koordination von Außenpolitik, des Kommunikations- und Transportwesens, wurde die Konföderation Senegambia am **23. August 1989** auf Initiative Senegals wieder **aufgelöst**. Zu wenig effektiv war die Zusammenarbeit (besonders seitens Gambias), zu stark waren die Spuren, die die unterschiedliche Kolonialpolitik der Franzosen und Engländer hinterlassen hatte, wozu nicht nur unterschiedliche Amtssprachen (in Gambia Englisch, im Senegal Französisch) gehörten, sondern auch unterschiedliche Währungen (Cedi in Gambia, CFA im Senegal). Außerdem hatte man eine Wirtschafts- und Währungsunion angestrebt und war darum bemüht, Zölle abzubauen und die Formalitäten an den Grenzen zu vereinfachen. Nach der Auflösung verschlechterten sich zunächst die Beziehungen: Es kam zu Behinderungen im Reiseverkehr und Transithandel. Die Situation normalisierte sich erst wieder durch ein bilaterales Freundschafts- und Kooperationsabkommen im Jahre 1991.

Wirtschaft

Die derzeitige Regierung versucht, die schwierige wirtschaftliche Lage vor allem durch Bremsung der Staatsausgaben und Stärkung der Landwirtschaft zu sanieren.

Hauptziele des **Vierjahresplanes** von 1985-89 waren die Steigerung der Eigenproduktion von Grundnahrungsmitteln, die Weiterentwicklung der Hochseefischerei und industriellen Fischverarbeitung, der chemischen Industrie und des Tourismus. Im Entwicklungsplan von 1990–93 sollen die zunehmende Landflucht und Verstädterung durch Förderung von Landwirtschaft und des Gesundheits- sowie Sozialwesens aufgehalten werden.

Die seit 1979 durchgeführten Strukturanpassungsprogramme haben jedoch zu keiner wesentlichen Verbesserung der wirtschaftlichen Situation geführt. Privatisierung hat weiterhin Vorrang.

Mit der **Landwirtschaft**, in der etwa 70% der Bevölkerung tätig sind, werden selbst in guten Erntejahren nur etwa 50% (durchschnittlich ca. 35%) des Nahrungsmittelbedarfs im Land abgedeckt; der größte Teil des notwendigen Getreides muß importiert werden.

Wichtigste im Land angebaute Grundnahrungsmittel sind Hirse, Sorghum und Reis. Der Erdnußanbau erfolgt überwiegend zu Exportzwecken (bereits seit 1840 werden Erdnüsse exportiert). Senegal ist **Afrikas größter Erdnußproduzent**. Um den Grad der Abhängigkeit von der Monokultur Erdnuß zu verringern und eine stärkere Selbstversorgung zu erreichen, werden sei einigen Jahren verstärkt Baumwolle, Zuckerrohr, Gemüse und Getreide angebaut; außerdem Maniok, Mais, Süßkartoffeln und Kichererbsen.

Viehwirtschaft wird vor allem auf den Weideflächen im Nordosten des Landes von nomadisch bzw. halbnomadisch lebenden Fulbe und Maren betrieben. Durch die Dürren in den siebziger Jahren war der Viehbestand stark dezimiert worden, er hat sich jedoch nicht weiter verschlechtert.

Die **Fischerei** gehört zu den wichtigsten Wirtschaftszweigen Senegals. Das Gebiet der Westküste (Kanarenstrom) gilt als das fischreichste Westafrikas. Meist wird jedoch auf traditionelle Weise mit Pirogen zur Deckung des Eigenbedarfs gefischt, während die Hochseefischerei exportorientiert arbeitet.

In den 70er Jahren verarmte die Landbevölkerung infolge von Trockenheit, zunehmender Verschlechterung der Böden, fehlender Produktionsanreize für die Bauern und einer desolaten Organisation der staatlichen Vermarktungsbehörde. Die Rolle des Staates im Wirtschaftsbereich wurde daraufhin neu definiert mit Betonung der Privatinitiative und Privatwirtschaft.

Senegal ist arm an Bodenschätzen. Phosphate stellen eines der wichtigsten Exprotprodukte dar, daneben sind Salz, Basalt, Marmor, Erdöl und Erdgas von Bedeutung.

Hinsichtlich seiner industriellen Produktion zählt Senegal zu den am weitesten entwickelten Ländern Schwarzafrikas. Wichtigste **Industriezweige** sind die Nahrungs- und Genußmittelindustrie, gefolgt von der chemischen Industrie und der Textil- und Bekleidungsindustrie; daneben sind Metall- und Baustoffindustrie (Zement) zu nennen.

Hauptexportartikel sind Erdnußprodukte, Phosphate, frischer Fisch und Fischkonserven sowie Ölprodukte.

Importiert werden Mineralölprodukte, Lebensmittel, alle Arten von Konsumgütern und Ausrüstungsgüter (Maschinen etc.) für die Industriebetriebe.

Der **Tourismus** stellt als viertgrößter Devisenbringer ebenfalls einen wichtigen wirtschaftlichen Faktor dar.

Gesundheitswesen

Die ärztliche Versorgung ist vor allem auf dem Land noch unzureichend, um nicht zu sagen katastrophal. Aufgrund der einseitigen und oft vitamin- und eiweißarmen Ernährung ist die Anfälligkeit gegen endemische Krankheiten hoch. Die häufigsten Erkrankungen sind Masern, Amöbenruhr, Keuchhusten, Scharlach, Geschlechtskrankheiten, Tuberkulose, Malaria und Lepra. Etwa 70% der Bevölkerung leiden an Malaria und parasitären Erkrankungen, wobei Malaria die häufigste Todesursache ist.

Bildungswesen

Eines der Hauptanliegen der derzeitigen Regierung ist der Ausbau des (nach französischem Vorbild errichteten) Bildungswesens. Unterrichtssprache sind Französisch und Wolof. Der Unterricht in Arabisch (Koranschulen) wird ebenfalls gefördert. In den Städten besuchen etwa 80% der schulpflichtigen

Weber in St. Louis.

Kinder die Schule, in ländlichen Gebieten dagegen nur 30%. Durch ein großangelegtes Dezentralisierungsprogramm will man bis zum Jahre 1995 eine 100%ige Einschulungsquote erreichen. Hauptziel der Bildungspolitik ist die Senkung der Analphabetenrate (1985: über 70%); für Menschen, die bereits aus dem schulpflichtigen Alter heraus sind, werden sogenannnte Alphabetisierungskurse angeboten.

Die 1945 von den Franzosen gegründete Universität Dakar hat vier Fakultäten (Geistes- und Humanwissenschaften, Naturwissenschaften, Medizin und Pharmazie). Inzwischen gibt es auch eine zweite Universität in St. Louis, gegründet 1984, außerdem mehrere Fachhochschulen. In den letzten zehn Jahren stieg die Zahl der Studenten an Hochschulen und Universitäten stark an (im Jahr 1987 waren es bereits mehr als 14 000). Der berufsbildende Bereich ist jedoch noch völlig unterentwickelt. Es fehlen gewerbliche und technische Ausbildungsplätze für Jugendliche.

Medien
Presse

Pressefreiheit wird von der Verfassung garantiert, ist jedoch in der Praxis fast ständig gefährdet.

Eine der drei im Senegal erscheinenden **Tageszeitungen** ist *Le Soleil*, Regierungsorgan und Sprachrohr der Sozialistischen Partei (PS), die andere ist die seit 1986 existierende unabhängige Tageszeitung *Reveil de l´Afrique Noire*; als dritte schließlich erscheint die islamische Zeitung *Wal Fadjiri*.

Außerdem gibt es mehrere Parteizeitschriften wie *L´unité africaine* (PS), Le démocrate (PDS); daneben die eher

Malerei an einem Lastwagen

regierungskritische Zeitung *Ande Sopi* und seit 1989 auch die unabhängige Wochenzeitung *Republique*.
Ebenso sind mehrere meist monatlich erscheinende Zeitschriften auf dem Markt: *Afrique nouvelle, Afrique Tribune, L´ouest africain* und die zwei satirischen Publikationen *Le Policien* und *Le Cafard Liberé* (wöchentlich) sowie die Frauenzeitschrift *Amina*.
Seit 1959 existiert die staatliche Nachrichtenagentur *Agence de Presse Sénégalaise* sowie *Pan-African News Agency* (PANA).

Rundfunk

Die staatliche Rundfunk- und Fernsehgesellschaft (*Office de radio-diffusion-télévision du Sénégal*, ORTS) sendet Programme in Französisch, Arabisch, Englisch und sechs verschiedenen lokalen Dialekten. Das **Radio** ist **das Massenmedium schlechthin,** was sich an der Zahl der in Gebrauch befindlichen Rundfunkgeräte zeigt: 1986 waren es 433 000.

Fernsehen

Fernsehen gibt es seit 1973, mit einem Sender in Dakar und einem in Thiès. 1986 waren im Vergleich zum Radio schätzungsweise nur 7000 Fernsehgeräte auf Empfang. Ein 1989 geschlossenes Abkommen mit Frankreich ermöglicht auch den Empfang von Direktübertragungen aus Frankreich, wodurch das Land von Familiensendungen wie der Schwarzwaldklinik oder dem Denverclan etc. nicht mehr verschont bleibt.

Praktische Informationen

An- und Weiterreise
Flug
Für die Anreise aus Europa bieten verschiedene Fluggesellschaften Charter- oder Linienflüge an. Ein Vergleich lohnt sich immer. Direktflüge von Frankfurt oder München bietet *Condor* an. Alle anderen Fluggesellschaften (*Alitalia*, *Iberia*, *Sabena*, *Aeroflot*, *Tunis Air* usw.) bieten Flüge mit Zwischenstop in Rom, Madrid, Brüssel, Moskau bzw. Tunis etc. an. *Alitalia* und *Iberia* fliegen inzwischen von allen großen deutschen Flughäfen.

Für innerafrikanische Flüge ist *Air Afrique* zuständig. **Dakar gilt als wichtigster Verkehrsknotenpunkt Westafrikas.** Von hier gehen ein- bis mehrmals wöchentlich Flüge nach *Abidjan* (Côte d'Ivoire), *Accra* (Ghana), *Bamako* (Mali), *Banjul* (Gambia), *Cotonou* (Benin), *Lomé* (Togo), *Niamey* (Niger), *Ouagadougou* (Burkina Faso) etc. Darüber hinaus fliegt der *Gambia Air Shuttle* zweimal pro Woche die Strecke Dakar-Banjul. Günstige one-Way-Flüge zurück nach Europa kann man bei Nouvelles Frontières, Aeroflot oder Tunis-Air in Dakar buchen.

Auch bei *Kreutzer*, *Neckermann* oder *TUI* kann man ein günstiges Pauschalangebot (Charterflug) buchen, das bei einem kurzen Aufenthalt (selbst wenn man das Hotel nicht in Anspruch nimmt) billiger als ein normaler Linienflug ist.

Die **Flughafengebühr** beträgt etwa 4000 CFA.

Schiff
Nach Dakar gibt es auch Schiffsverbindungen von/nach Hamburg mit Frachtern der *Polish Ocean Lines* oder von Marseille mit Frachtern der *Nautilus Lines*.

Autotransport von/nach Europa
Für den Autotransport im Container nach Europa wende man sich an eine der folgenden Adressen:
Vasquez et Espinosa
offizieller Vertreter der Mac Lines Gesellschaft, Av. Faidherbe 7, Dakar, Tel. 22 27 45. Preis ca. 3200 DM bis Livorno; alles inbegriffen, Zentralsitz in Madrid; Mac Lines, Tel. 2 32 27 80.

USIMA
8–10 Allée R. Delmas, Dakar (beim Hafen), Tel. 22 56 82. Tarif für einen Nissan Petrol Wagon bis Marseille: 950 US $. Das Fahrzeug wird ebenfalls in einem Container eingeschlossen, so daß Sie alle Sachen im Innern des Wagens lassen können.

Versicherungen:
Companie La Foncière
Herr Fall, Av. Peytavin 79, Dakar, Tel. 21 01 76 (zuverlässig).

Verbindungen von/nach Mali
Aufgrund der schlechten Straßenverhältnisse zwischen *Kayes* und *Bamako* empfiehlt es sich, diese Strecke mit dem Zug zu fahren (Verbindungen siehe unten); Platzreservierungen sollte man möglichst mehrere Tage im voraus tätigen. Mit dem Motorrad ist diese Strecke eine Herausforderung. In letzter Zeit wird sie auch des öfteren von Geländewagen befahren: am Grenzpo-

sten Diboli/Kidira (Grenze Mali/Senegal) erhält man von Mali kommend ein *laisser-passer* für Senegal (4500 CFA / 8 Tage).

Eine bessere Strecke ist *Kayes – Nioro du Sahel – Didiéné* (diese Strecke wird jetzt auch von Kayes aus verbessert). In der **Regenzeit** ist die Strecke *Kayes – Bamako* gar nicht und die Strecke *Kayes – Nioro du Sahel – Didiéné* nur eingeschränkt befahrbar. Wer mit dem Auto während der Regenzeit nach Mali fahren will, muß daher oft den Umweg über Mauretanien nehmen oder auf die Bahn (*Kayes – Bamako* bzw. *Dakar – Bamako,* siehe S.324) verladen. Das gleiche gilt für Fahrzeuge ohne Allradantrieb auch zur Trockenzeit.

Verbindungen von/nach Gambia

Von Dakar aus gibt es zwei Strecken, eine über *Kaolack* nach *Banjul*, der Hauptstadt von Gambia, (Fähre von Barra Point über den Gambia-Fluß nach Banjul und umgekehrt) und die andere von Dakar im Landesinneren nach *Mansa Konka* (Fähre bei Farafenni).

Verbindungen von/nach Mauretanien

Fahrt auf einer Teerstraße bis nach *Rosso* (Fähre) und von der anderen Seite des Senegal-Flusses Weiterfahrt bis nach Nouakchott. Aufgrund der Grenzstreitigkeiten zwischen Senegal und Mauretanien war die Grenze zwischenzeitlich zwar geschlossen, ist aber seit Mai 1993 wieder geöffnet.

Verbindungen von/nach Guinea

Die relativ freizügige Ausstellung von Touristenvisa ist eingeschränkt worden. Den Visum-Anträgen muß eine Einladung einer in Guinea lebenden Person beigefügt sein oder eine Erklärung der Firma/Organisation, für welche der Antragsteller unterwegs ist; daraus müssen die Gründe für die Reise hervorgehen. Privatfahrzeuge sind nur mit einem Transitausweis *(certificat de transit)* zugelassen (erhältlich beim Automobilclub in Dakar).

Visa/Einreise/ Zollkontrolle

Deutsche Staatsangehörige benötigen bei einem Aufenthalt von bis zu 3 Monaten für Senegal **kein Visum** (vorausgesetzt sie nehmen keine Arbeit auf); Österreichern und Schweizern ist die Einreise dagegen nur mit Visum erlaubt.

Zur Gesundheit:
EIne Gelbfieberimpfung ist für Senegal nicht mehr vorgeschrieben, aber dringend zu empfehlen, ebenso eine Malariaprophylaxe.

Einreise mit eigenem Fahrzeug:
Bei der Einreise mit dem Kraftfahrzeug aus Europa ist ein *Carnet de Passage* erforderlich (beim ADAC erhältlich), das beim Verkehrsclub in Dakar abgestempelt werden muß.
Internationaler Führerschein und Nationalitätskennzeichen „D" am Fahrzeug sind zwingend vorgeschrieben.

Haftpflichtversicherungszwang:
Eine entsprechende Versicherung kann bei der Ankunft in Senegal abgeschlossen werden; günstiger ist es aber, bereits bei Einreise in das erste CFA-Land eine Versicherung für alle CFA-Länder abzuschließen (billiger, weniger Grenzformalitäten). Bei der Ausschiffung kann man angeblich Gebühren in Höhe von 40 000 CFA sparen, wenn man auf den Papieren den Vermerk „Transit nach xx (z. B. Mali)" eintragen läßt.

Botschaften
Vertretungen von Senegal
◆ **Deutschland**
Botschaft der Republik Senegal
Argelanderstraße 3, 53115 Bonn, Tel. (02 28) 21 80 08/09, Fax (0228) 21 78 15.
Honorarkonsulat der Rep. Senegal
Oeder Weg 15, 60318 Frankfurt, Tel. (069) 55 65 04, Fax (069) 55 65 96.

◆ **Österreich**
Konsulat der Republik Senegal
Postgasse 26, 1010 Wien, Tel. (0043)1-5 33 34 88, Fax (0043) 1-5 33 56 89.

◆ **Schweiz**
Consulat du Senegal
Bahnhofquai 15, CH-8001 Zürich, Schweiz, Tel. (0041) 1-2 11 28 14.

Vertretungen in Senegal
◆ **Deutschland**
Ambassade de la République Fédérale d'Allemagne
20, Av. Pasteur, B.P. 2100, Dakar, Fax 22 52 99, Tel. 22 48 84 und 22 25 19. Telex: 549 dipgerm sg. Das Büro ist nur vormittags geöffnet; mit Bus Nr. 13 vom Zentrum aus zu erreichen.

◆ **Österreich**
24 Bd Pinet Laprade (Eingang Rue Malan), B.P. 3247, Dakar. Tel. 22 38 86.

◆ **Schweiz**
Rue René N'Diaye/Ecke Rue Seydou Nourou Tall, B.P. 1772, Dakar, Tel. 23 58 48.

◆ **Niger**
Av. Cheik Anta Diop, Tel. 24 00 89.

◆ **Mauretanien**
Bd Général de Gaulle/Ecke Rue 41; die Visum-Gebühr beträgt ca. 3000 CFA.

◆ **Mali**
Botschaft der Republik Mali
46, Bd de la République, nahe Av. Lamin Gueye. Erforderlich für ein 7-Tage-Visum sind zwei Paßfotos; Bearbeitungszeit: 24 Std., Visum-Gebühr: ca. 5000 CFA. Tel. 21 04 73.

◆ **Gambia**
Botschaft von Gambia
11, Rue Thiong/Ecke Rue Wagana Diouf, Dakar. Tel. 21 44 76.
Visum wird in der Regel innerhalb eines Tages ausgestellt; zwei Paßfotos; Visum-Gebühr: ca. 3000 CFA.

◆ **Elfenbeinküste**
Av. A. Sarraut, Tel. 21 01 63.

◆ **Guinea (Conacry)**
Rue 7, Point E, Tel. 21 86 06; Visum-Gebühr: 10 000 CFA. Empfehlungsschreiben der Deutschen Botschaft ist erforderlich; außerdem darauf achten, daß das Visum vollständig und ohne Schreibfehler ausgefüllt ist.

◆ **Guinea-Bissau**
Rue 6, Point E, Tel. 21 59 22.

◆ **Togo**
54, Rue F. Mermoz, Tel. 25 29 19.

◆ **Benin**
gegenüber vom Demba Diop Stadion, Tel. 24 87 07.

◆ **Burkina Faso**
Französische Botschaft
1, Rue Assane N'Doye (ehem. Rue Thiers), Tel. 23 91 81, Visum in 24 Std. erhältlich; 3 Paßfotos, Visum-Gebühr ca. 3000 CFA.

Ein **Visum für Senegal** (für einen Aufenthalt von 3 Wochen) bekommt man auch in Banjul (Gambia). In Mali gibt es keine Botschaft der Republik Senegal; Visa für Senegal erhält man in Niamey, Tunis und Algier. Das Visum sollte auf jeden Fall im Paß gestempelt sein und nicht auf einem losen Blatt!

Reisen in Senegal
Verkehrsmittel
Eisenbahn
Das Streckennetz der staatlichen Eisenbahngesellschaft *Régie des Chemins de Fer du Sénégal* umfaßt die folgenden Strecken:

Hauptverbindungslinien:
- *Dakar – St. Louis* (263 km)
- *Dakar – Thiès* (70 km)
- *Dakar – Tambacounda – Bamako* (Mali) (1230 km)

Nebenstrecken:
- *Guinguineo – Kaolack* (22 km)
- *Djourbel – Touba* (47 km)
- *Louga – Linguère* (128 km)

Für die Strecke *Dakar – St. Louis* ist mit einer Fahrtzeit von etwa 5 Std. zu rechnen; Preis ca. 2200 CFA (2.Klasse) und 3000 CFA (1. Kl.); tägl. ein Zug in beide Richtungen, (ab Dakar ca. 15 Uhr, an St. Louis ca. 20 Uhr, ab St.Louis 7 Uhr, an Dakar ca. 12 Uhr) – genaue Abfahrtszeiten am Bahnhof erfragen. Wenn Sie einen Sitzplatz haben wollen, sollten Sie mindestens eine Stunde vor Abfahrt am Bahnhof sein.

Zwischen Dakar und Bamako (Mali) gibt es zwei Züge in beiden Richtungen (Verladung von Kraftfahrzeugen ist auf dieser Strecke möglich! Platzreservierung mehrere Tage im voraus ist zu empfehlen). Lange Wartezeiten (häufig 8 bis 14 Tage), um eine freie Plattform zu bekommen. Formalitäten dauern etwa 1 Tag, Fahrtzeit: 3 Tage, Preis ca. 1500 DM pro Fahrzeug. In Kayes (Grenze Mali) dauern die Formalitäten angeblich nur etwa 3 Stunden.

Abfahrt in Bamako:
Mi u. Sa, planmäßige Abfahrt 9.15 Uhr (genaue Abfahrtzeit vor Ort erfragen).

Abfahrt in Dakar:
Do und Sa um 8 Uhr. Fahrtzeit ca. 30 Stunden. Preis ca. 38 000 CFA für Schlafwagen und ca. 19 000 CFA in der 2. Klasse.

Der Unterschied zwischen diesen beiden Zügen in bezug auf Komfort ist sehr groß; der senegalesische Zug entspricht eher westeuropäischen Vorstellungen; bei dem malischen Zug ist hingegen meist auch die erste Klasse überfüllt und schmutzig.

Fahrkarten mindestens 2 Tage vorher besorgen. Täglich fährt ein Zug die Strecke *Dakar – Kaolack*.

Taxi-Brousse
Der **Busbahnhof** *(Gare routière)* befindet sich in der Nähe der großen Moschee, im Stadtteil Medina; auch *pompier* genannt, da neben der Feuerwehr. **Abfahrt** ist in der Regel frühmorgens (ca. 7 Uhr).

Die Strecke *Dakar – Ziguinchor* kostet ca. 5000 CFA; Fahrtzeit ca. 7 Std. (via *Trans-Gambian-Highway* länger: etwa 10 Std., vorausgesetzt, das Fahrzeug ist nicht „en panne").

Hinweis: Bei der Überfahrt über den Gambia-Fluß mit der Fähre besteht absolutes Fotografierverbot; die Filme werden beschlagnahmt!

Schnell- bzw. Mini-Busse
Für Langstrecken gibt es außer den Taxi-Brousse auch die *Car rapide*, meist neuere Toyota mit 17 Sitzplätzen; kein großer Preisunterschied.

Einige Preisbeispiele:

- *Dakar – Ziguinchor* mit Bus oder Minibus ca. 3000 CFA; Fahrzeit ca. 8 bis 14 Std.

In der Regel ist bei der Fähre von Barra Point nach Banjul (Gambia) mit einer Wartezeit von 2 bis 3 Std. zu rechnen; Fahrtzeit ca. 20 Min.; Preis 3 Dalasi pro Person.

Praktische Informationen – Verkehrsmittel 325

Mini-Bus, das Hauptverkehrsmittel von Stadt zu Stadt

◆ *Dakar – M'Bour* mit Minibus etwa 600 CFA, Fahrtzeit etwa 1° Std.

Schiffsverkehr
Der Hafen von Dakar gehört zu den größten und am besten ausgestatteten Häfen Westafrikas; u. a. Frachtverkehr von/nach Europa *(siehe auch Senegal – Anreise)*.
Flußschiffahrt auf dem Senegal, Saloum und Casamance ist ebenfalls von gewisser Bedeutung.
Das Boot **Casamance Express** verkehrte früher zwischen Dakar und Ziguinchor; es ist jedoch seit einiger Zeit „en panne". Auskunft über den derzeitigen Stand erhalten Sie bei:
Inspection Maritime
Dakar, Bd Faidherbe/Rue Vincens, Tel. 22 33 47.
Société Maritime Casamançaise
Ziguinchor, Tel. 91 10 56.

Inlandsflugverkehr
Die Fluggesellschaft *Air Senegal* unterhält die folgenden Strecken:

◆ *Dakar – Ziguinchor*
tägl.; Preis ca. 28 500 CFA (einfach), ca. 48 000 CFA (hin/zurück).
◆ *Dakar – Cap Skirring*
tägl. außer Mo; Preis ca. 26 000 CFA (einfach), ca. 50 000 CFA (hin/zurück).
◆ *Dakar – Tambacounda*
Sa, ca. 26 000 CFA/50 000 CFA.
◆ *Dakar – St. Louis*
Do, ca. 13 500 CFA/25 000 CFA.
◆ *Dakar – Kédougou/Simenti*
(Niokolo-Koba-Nationalpark)
einmal wöchentlich, ca. 32 000 CFA/ 60 000 CFA.

Inlandsflugverbindungen von Dakar bestehen auch nach *Richard Toll, Podor, Matam* und *Bakel*.

Flughafengebühr bei Inlandsflügen ca. 2000 CFA.
Aktuelle Preise und Informationen über sonstige Strecken:
Air Senegal
Dakar, Tel. 20 09 13 und 20 04 45.
Flughafen Yoff
Tel. 23 49 70.

Unterwegs als Selbstfahrer

Wenn man mit dem eigenen Auto unterwegs ist, werden einem die vielen **Polizeiposten** entlang der Ausfallstraßen, vor allem an Ortsenden/-anfängen auffallen. Diese kontrollieren in der Regel die Autopapiere, Internationale Zulassung *(carte grise)*, Internationalen Führerschein, Versicherung etc. Man wird sogar nach der „Inspection technique", einer Art TÜV gefragt (auf die TÜV-Plakette und Datum verweisen!). Sie sollten zudem unbedingt angeschnallt sein und genau auf die vorgeschriebene Geschwindigkeit achten, sonst sind Geldstrafen zwischen 6000 und 8000 CFA zu büßen.

Straßen/Orientierung

Das Straßennetz im Senegal ist das am besten ausgebaute in ganz Westafrika; etwa ein Drittel sind Allwetterstraßen. Die übrigen Verbindungsstraßen sind Pisten, die meist ein geländegängiges Fahrzeug erfordern. Während die Straßendichte in der Region Kap Verde am größten ist, sind der Norden und Osten kaum erschlossen.

Die **Hauptverbindungslinie** geht von der mauretanischen Grenze im Norden über *St. Louis, Dakar, Kaolack,* den *Gambia-Fluß* und *Ziguinchor* bis nach *Guinea-Bissau* im Süden. Die zweite wichtige Straße führt von *Dakar* im Westen über *Tambacounda* nach *Kidi-*

Zur Regenzeit sind manche Pisten schwer passierbar

ra (Grenze Mali) im Osten. Es gibt eine relativ gut funktionierende Infrastruktur (Busse, Taxis und Lastwagen).
Die Strecke von Tambacounda zum *Niokolo-Koba-Nationalpark* ist während der Regenzeit schlecht befahrbar; ein Teilstück ist schon asphaltiert, die restliche Strecke Dialakoto – Kédougou wird zur Zeit noch ausgebaut (siehe unten).
Reparaturwerkstätten gibt es in jedem größeren Ort.

Mietwagen

Für Selbstfahrer ab ca. 10 000 CFA/Tag plus ca. 100 CFA/km. Lohnt sich daher nur zu mehreren. In der Regel ist es verboten, mit einem Leihwagen auf Pisten zu fahren.
Mietwagenagenturen:
AVIS
71, Rue Mousse Diop, Tel. 21 32 32.
HERTZ
64, Rue Felix Faure und:
im Novotel, Tel. 21 56 23 und 22 20 16.
Europcar
1, Bd Pinet Laprade, Tel. 21 12 80.
Dakar Auto
7, Rue Masclary, Tel. 21 55 48 und Tel. 21 55 48.
Car Afric
Rue Gomis, Tel. 21 88 67.

Benzin

Die Versorgung mit Treibstoff auf den Hauptverkehrsstraßen ist ausreichend, ansonsten gelegentlich schwierig.
Preis pro Liter (Stand Mai 1994):
◆ Super ca. 455 CFA
◆ Diesel ca. 300 CFA

Post/Telefon

Ein **Poste-Restante-Schalter** ist in der Hauptpost in Dakar, Bd Pinet Laprade; weitere Schalter für postlagernde Sendungen gibt es in den Postämtern von St. Louis und Ziguinchor. Pro Brief wird eine Gebühr von 180 CFA verlangt.
Telefonieren kann man meist von den Postämtern der größeren Städte aus. Es bestehen direkte telefonische und telegraphische Verbindungen zu den meisten Hauptstädten Afrikas, Europas und Amerikas; unterschiedliche Wartezeiten.
Bei *SONATEL*, Rue Vincens, Dakar, kann man bargeldlos telefonieren.
TELESENEGAL
Rue Wagane Diouf, Dakar; 7–24 Uhr.
Vorwahlen:
◆ von Deutschland nach Senegal (Dakar): 00221
◆ von Senegal nach Deutschland: 0049
◆ von Senegal nach Österreich: 0043
◆ von Senegal in die Schweiz: 00441

Geld/Währung/Banken

Währungseinheit ist der **Franc CFA**. Es bestehen keine Einfuhrbeschränkungen für CFA, jedoch ist die Ausfuhr nur bis max. 20 000 CFA erlaubt. (Wechselkurs *siehe Praktische Tips für unterwegs*).
In der Regel gibt es in jedem größeren Ort wie St. Louis, Ziguinchor, Tambacounda eine Bank, die Travellerschecks gegen **Gebühr** wechselt; in den kleineren Orten kann man damit jedoch nicht rechnen! Die BIAO-Bank in Dakar nimmt 800 CFA Gebühr pro Travellerscheck – die BICIS-Bank hingegen verlangt keine Gebühr!
Allgemein sind beim Wechseln von DM-Banknoten und -Reiseschecks sehr hohe Wechselgebühren zu bezahlen; besser eignen sich FF-Banknoten und Reiseschecks z. B. von American Express. (American Express Vertretung, c/o Senegal Tours, 5 Pl. de l´Indépendance, Tel. 21 40 40).

*Gemütlichkeit auf afrikanisch:
Café-au-Lait-Stand oder „Tangana"*

Zur Vorlage bei Autoverleihfirmen, in Hotels oder für Notfälle ist auch eine Kreditkarte (VISA oder American Express) sehr praktisch.

Öffnungszeiten
Banken:
Mo bis Fr 8–12 Uhr und 14.30–16.30 Uhr; Zeiten sind von Bank zu Bank etwas unterschiedlich.
Geschäfte:
Mo bis Sa 9–12 bzw. 12.30 Uhr und 15–18 bzw. 19 Uhr.
Büros:
Mo bis Fr 9–12 Uhr und 15–18 Uhr.

Feiertage/Feste
Feste Feiertage:
1. Januar (Neujahr), 1. Februar,
4. April (Ostermontag),
1. Mai, Himmelfahrt,
15. August, 1. November,
25. Dezember.
Bewegliche Feiertage:
Hinzu kommen die jährlich wechselnden islamischen Feiertage und vor allem in der Region Casamance und im Bassari-Land zahlreiche jährlich wiederkehrende traditionelle Feste, die meist mit dem Bestellen der Felder und der Ernte in Verbindung stehen.

Trinkwasser
Es sollte grundsätzlich abgekocht bzw. entkeimt werden. In den Campements bekommt man normalerweise Mineralwasser *(Evian)*, jedoch sehr teuer; ca. 500 CFA kostet eine 1-l-Flasche, je nach Transportweg manchmal auch 1000 CFA (ca. 6 DM).

Verpflegung
Restaurants europäischen Standards sind teuer (ca. 2500 bis 5000 CFA/Essen); die Lebensmittelpreise auf den Märkten für Obst und Gemüse ähnlich wie in Europa. Lediglich Fleisch ist billig (ca. 800 bis 1400 CFA/kg). Nur in kleineren Orten im Süden sind die einheimischen Früchte wie Bananen, Orangen und Mangos (Saison!) und Papayas günstig. Häufig gibt es in den Orten für ca. 50 CFA/Stück gegrillte Maiskolben zu kaufen.
Campinggas-Flaschen (5 kg) und auch kleine Gas-Kartuschen gibt es im Senegal überall zu kaufen (5 kg ca. 6500 CFA mit Flaschenpfand).

Strom
Meist **220 Volt** Wechselstrom. Die Mitnahme eines Adapters empfiehlt sich.

Uhrzeit
MEZ minus 1 Std. (Winter), MEZ minus 2 Std. (Sommer).

Routen, Städte, Sehenswürdigkeiten

Dakar

Die **Hauptstadt des Senegal** sieht mit ihren riesigen modernen Gebäuden, großen Plätzen und Avenuen eher wie eine europäische Großstadt aus und zählt mit knapp 1 Mio. Einwohnern zu den wichtigsten Metropolen Westafrikas. In den afrikanischen Wohnvierteln wie z. B. Medina im Norden der Stadt und auf den Märkten geht es jedoch noch typisch „afrikanisch" zu.

Aus dem kleinen, unbedeutenden Fischerdorf Ndakaru (was auf Wolof „Tamarindenbaum" heißt) entwickelte sich im 19. Jh. der Marktfleck Dakar zu einer bedeutenden Hafen- und Handelsstadt. Die ältesten Stadtteile befinden sich im Osten der Stadt zwischen *Hafen* und *Place de l'Indépendance.* Mehrere große Straßen *(Av. Albert Sarraut, Av. George Pompidou* etc.) münden in diesen Unabhängigkeitsplatz, in dessen Mitte zum Gedenken an die in den beiden Weltkriegen gefallenen Senegalesen ein riesiges Denkmal steht.

Wesentlich interessanter ist jedoch ein Bummel durch die Geschäftsstraße Av. Albert Sarraut oder durch die Nebenstraßen der Av. George Pompidou (ehemalig: Av. William Ponty), wo noch zahlreiche im Kolonialstil errichtete Wohn- und Handelshäuser zu sehen sind.

Sehenswürdigkeiten
I.F.A.N.-Museum

Die umfangreichen Sammlungen dieses ethnologischen Museums geben einen hervorragenden Überblick über die verschiedenen Kulturen Schwarzafrikas. Neben Kunstobjekten wie Masken und Holzskulpturen sind Musikinstrumente, Handwerksgeräte, traditionelle Kleidung und Schmuck ausgestellt. Tägl. (außer Mo) 8–12 Uhr und 14.30–18.30 Uhr; Eintritt ca. 200 CFA (z. Zt. wegen Renovierungsarbeiten einige Monate geschlossen; bitte um Info, wenn wieder geöffnet !).

Marché Sandaga

Dieser große und bedeutende Markt befindet sich direkt an der Kreuzung *Av. George Pompidou/Av. Lamine Gueye* und ist in einem im neosudanischen Stil errichteten Gebäude untergebracht, das mit seinen Zinnen, Pfeilern und Fensternischen an die sudanische Architektur des Mittelalters erinnert. Die beste Besuchszeit ist der Vormittag, wenn alle Stände überquellen von Früchten, Gemüse, Gewürzen usw. Daneben gibt es aber auch Trockenfisch, lebende Hühner, Schnupftabak, verschiedenfarbige Pulver als Schminke, Knochen, Tierkrallen und Fellstücke für Amulette, Kolanüsse...und natürlich jede Menge bedruckte Baumwollstoffe, die von den einheimischen Schneidern gleich an Ort und Stelle zu langen fließenden Gewändern *(boubous)* verarbeitet werden. In den umliegenden Straßenständen sind die unzähligen Kassettenrekorder und Transistorradios (Made in Japan) nicht zu überhören, die mit lautstarker Musik zum Verkauf angepriesen werden. Außerdem kann man an verschiedenen Ständen auch Gold- und Kupferschmuck, farbige Steine, Bernstein (Amber) und Glasperlen erwerben.

Marché Kermel

Dieser sehr farbenfrohe und lebendige Markt befand sich ursprünglich in einem alten Gebäude im Stil der Belle Époque. Früher wurde diese Halle als Musikpavillon benützt. Leider ist das Gebäude im September 1993 aus unbekannter Ursache niedergebrannt. Vorbei ist somit die Zeit, wo sich im Innern sowie an den Ständen vor der Halle riesige Pyramiden aus den verschiedensten tropischen Früchten türmten; aber auch Stände mit lokalem Kunsthandwerk (vor allem Korbwaren) und die allseits bekannten Blumenverkäuferinnen gehörten mit zum bunten Treiben auf diesem Marktplatz. Der Markt findet jetzt in den umliegenden Straßen statt.
Vorsicht auf den Märkten vor **Taschendieben!**

Cour des Maures

In der Av. Blaise Diagne 69, befindet sich ein Kunsthandwerkszentrum, der „Hof der Mauren". Leider sind wegen der Grenzstreitigkeiten zwischen Senegal und Mauretanien viele gezwungen gewesen, in ihr Heimatland zurückzukehren. Daher hat sich die Zahl der maurischen Feinschmiede stark reduziert, die hier in feinster Ziselierarbeit Schmuck und kleine Gegenstände aus Silber, Gold, Kupfer, Messing und Nikkel herstellen. (Vielleicht normalisiert sich die Lage in nächster Zeit wieder.)

Village Artisanal Soumbédioune

In der Corniche d'Ouest befindet sich das Kunsthandwerkszentrum Soumbédioune, wo es neben den verschiedenen Holzschnitzereien und Töpferwaren auch jede Menge Schmuck und für den „europäischen" Geschmack gefertigte Kleidung zu kaufen gibt. Sehr touristisch! Dieses „Dorf" wurde errichtet, um den Kunsthandwerkern im Senegal eine ständige Verkaufsausstellung zur Verfügung zu stellen.

Medina

Im afrikanischen Stadtteil Medina, wo der größte Teil der Bevölkerung Dakars wohnt, ergibt sich manch pittoreske Straßenszene. Der Besuch der Moschee ist freitags während des großen Gebets verboten. Vom Minarett bietet sich ein weiter Blick über die Stadt.

PRAKTISCHE INFORMATIONEN

[i] TOURISTENINFORMATION
Vor der Reise:
Fremdenverkehrsamt Senegal
in der senegalesischen Botschaft,
Argelanderstr. 3, 53115 Bonn 1,
Tel. (0228) 21 80 08.
In Senegal:
Touring Club du Senegal
Place de l'Indépendance,
Immeuble Kébé, Tel. 21 86 72.
Centre Culturel Allemand
(Goethe-Institut), 2, Av. Albert Sarraut. B.P. 32 64, Tel. 22 50 04.
Das monatlich erscheinende Programmheft *Dakarois* enthält Veranstaltungshinweise und nützliche Adressen. Es liegt in den meisten größeren Hotels oder Buchhandlungen aus.
Achtung: Folgende Straßennamen wurden geändert:
- Route de Ouakam in *Avenue Cheikh Anta Diop*
- Rue Bayeux in *Rue Joseph Go min*
- Rue Blanchot in *Rue Moussé Diop*
- Pl. Ch. Tascher in *Pl. Soweto*

◆ Pl. de la République in *Place de Washington D.C.*

 UNTERKUNFT

Im Senegal ist eine breite touristische Infrastruktur anzutreffen, von 4-Sterne-Hotels bis zu einfachen Unterkünften in Campements.

Während der Hauptreisezeiten (Weihnachten, Ostern) und der Rallye Paris – Dakar empfiehlt sich eine schriftliche bzw. telefonische Reservierung.

Hotels
Luxusklasse:
Hotel Indépendance
Place de l'Indépendance, B.P. 221, Tel. 23 10 19; 130 vollklimatisierte Zimmer, Restaurant mit Panoramablick. Swimmingpool; schlechte Hotelführung!
Teranga (Sofitel)
R. Colbert/Pl. de l´Union, Tel. 23 10 44; u. a. großer Swimmingpool (nur für Hotelgäste bzw. relativ teure Dauerkarte), Tennisplatz, Night-Club.
Novotel Dakar
Av. du Barachois, B.P. 2073, Tel. 23 10 90.
Savana
Pointe Bernard, ca. 3 km vom Zentrum, B.P. 2073, Tel. 23 60 23; 78 klim. Zimmer, großer Swimmingpool, direkt am Meer; sauber, gehobenes Niveau.
La Croix du Sud
20, Av. Albert Sarraut, B.P. 232, Tel. 23 24 10, Restaurant, 63 klimatisierte Zimmer.
Die Hotels der Luxusklasse kosten zwischen 20 000 und 45 000 CFA/DZ.

Mittelklasse:
Club le Calao
N'gor, schöne Anlage direkt am Strand, in unmittelbarer Nähe der Hotelanlage Méridien, ca. 2 km zum Flughafen. Bungalowdorf mit Swimmingpool und Re-

Hotel-Bungalowanlage Club le Calao.

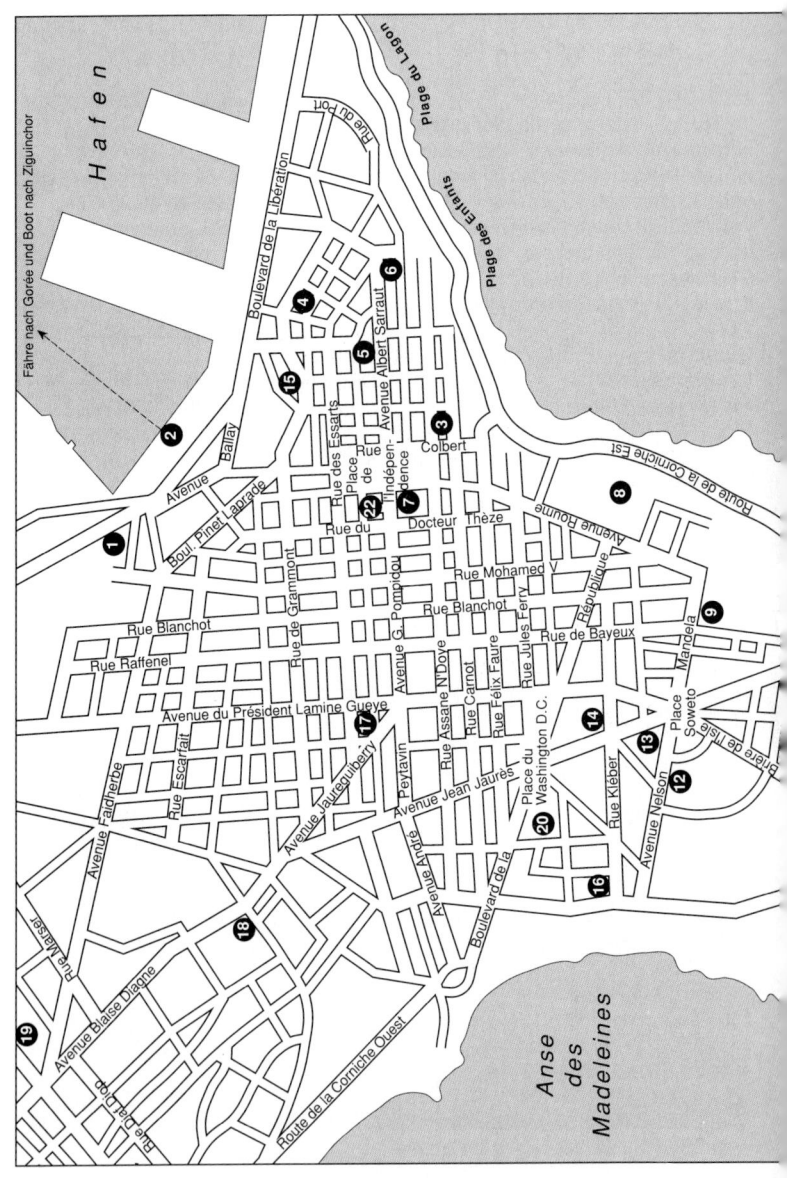

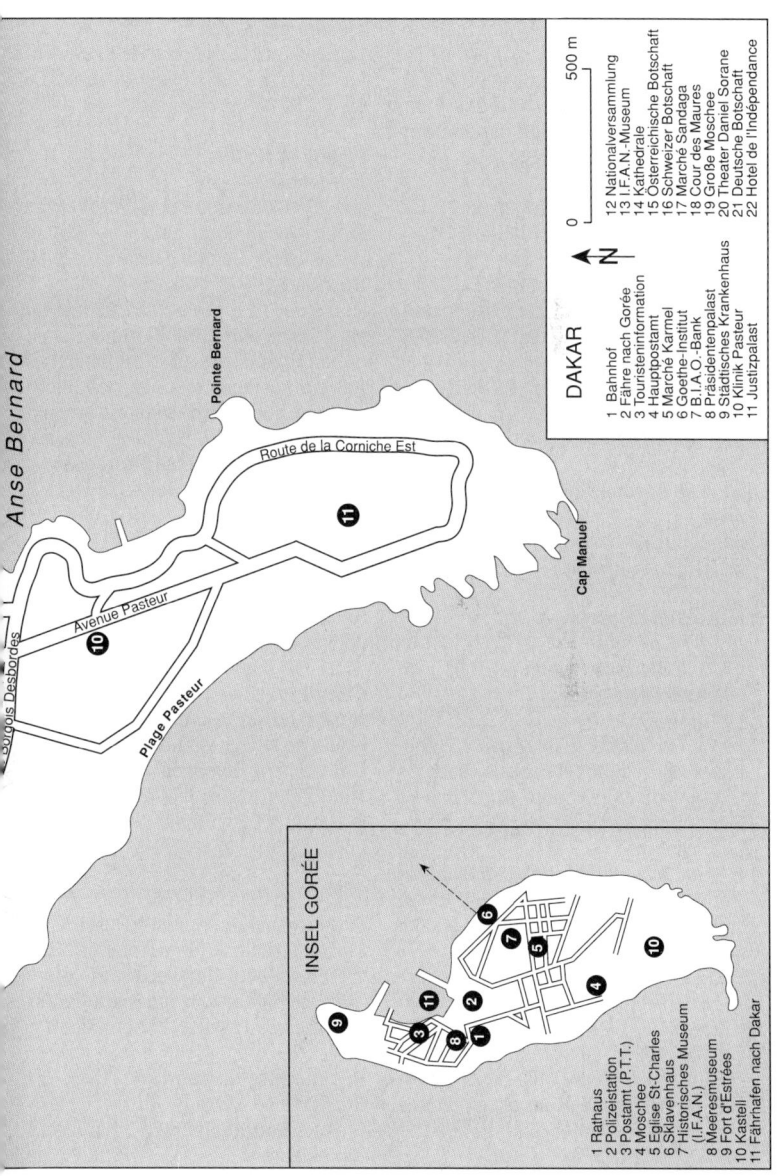

staurant (ca. 4000 CFA/Menü); Bungalow mit drei Betten, Dusche und WC, Klimaanlage, ca. 24 000 CFA. Günstig für Autofahrer, da das Fahrzeug direkt vor der Hütte geparkt werden kann. Tel. 20 05 40.

Hotel Continental
10, Rue Galan Diouf, Tel. 22 38 77. EZ/DZ m. Dusche ca. 6500/9500 CFA.

Le Farid
52, Rue Vincens, B.P. 1214, Tel. 21 61 27; 17 klim. Zimmer, Restaurant, Bar, DZ mit Bad ca. 11 000 CFA.

Hotel du Platea
62, Rue Jules Ferry, Tel. 23 15 26.

Hotel Oceanic
9, Rue de Thann, Tel. 22 20 44.

Hotel de la Paix
38, Rue Assane Ndoye, Tel. 22 40 52.

Nina
nahe Place de l'Indépendance, Rue du Dr. Thèze, Bar ist beliebter Treffpunkt.

Einfachere Hotels:

Hotel Mon Logis
67, Rue Galandou Diouf, Tel. 21 85 25, DZ 4000 CFA.

Le Central
16, Av. G. Pompidou; Tel. 21 72 17. Zentral gelegen in der Nähe des Place de l'Indépendance; saubere, klim. Zimmer, DZ m. Dusche ca. 11 000 CFA.

Le Provençal
19, Rue Malenfant (direkt am Place de l'Indépendance), Tel. 22 10 69. Einfaches Hotel. EZ/DZ mit Dusche ca. 5500/6500 CFA.

Hotel Les Princes
49, Rue Raffenal, Tel. 21 18 55, Preis DZ ca. 5000 CFA.

Du Marché
3, Rue Parent, Tel. 21 57 71; direkt neben dem Marché Kermel; einfaches und günstiges Hotel, DZ mit Dusche ca. 5000/6000 CFA.

L'Auberge Rouge
Rue Moussé Diiop/Ecke Rue Lues Ferry; Tel. 21 72 56. Restaurant. DZ ca. 6500 CFA.

Hotels in N´Gor:

Le Meridien
Tel. 23 10 05; nahe Flughafen direkt am Meer; Swimmingpool, Tennisplatz, Windsurfing, Segeln, Reiten.

SU.NU.GAL
Route de N´Gor, Tel. 20 03 30 (zu Fuß ca. 15 Min. zum Strand). Am hoteleigenen Strand kann man angeblich auf Anfrage kostenlos campen; demnächst soll dort auch ein offizieller Campingplatz eröffnet werden.

Les Almadies (Club Méditerranée)
Piinte des Almadies, Tel. 21 38 41.

Hotel auf der Insel Gorée:

Hostellerie du Chevalier de Boufflers
Tel. 22 53 64 u. 22 53 84. Hübsches Haus am Strand. Reservierung erforderlich, da nur wenige Zimmer.

Camping
am Strand vom Hotel *SU.NU.GAL* Route de N´Gor (siehe oben).
Campement Touristique Le Boulagou Yoff-Plage, in der Nähe des Flughafens, ca. 3000 CFA incl. Frühstück.

ESSEN UND TRINKEN

Zu den typischen senegalesischen Spezialitäten zählen *Tié-bou-dienne* (Reis mit Fisch und Gemüsesoße), *Maffé* (Reis mit Rindfleisch und Erdnußsoße) und *Yassa au poulet* (Casamance).

Restaurants *(Auswahl)*
Brasserie Le Sarraut
14, Av. A. Sarraut, Tel. 22 55 23. Terrassenrestaurant.

Café de Paris
Av. George Pompidou, Tel. 21 56 20. Restaurant-Bistro gegenüber der Ponty-Bar. Snacks und europäische Küche.
Keur N'Deuye
68, Rue Vincens/Ecke Sandinièri; traditionelle senegalesische Küche, gemütliche Atmosphäre.
Keur Samba
13, Rue Jules Ferry, senegalesische. Küche.
L'Oasis
8, Rue des Escarts, in der Nähe des Marché Kermel; europäische Gerichte, hübscher Innenhof.
Chez Loutcha
114, Rue Moussé Diop; kapverdische Küche zu günstigen Preisen – entsprechend gut besucht.
Restauant ? (Interrogative)
Rue Assana Ndoye/Ecke Rue Joseph Gomis, Tel. 22 50 72; Ableger in der Rue Mohammed V (Ecke Reu Assane Ndoye). Restaurants mit preisgünstiger afrikanischer/europäischer Küche. Beliebter Treffpunkt von Europäern, aber auch gerne von Einheimischen besucht.
Le Farid
Im gleichnamigen Hotel, 51, Rue Mohammed V; libanesische Gerichte zu günstigen Preisen, angenehme Atmosphäre.
Gargotte Djarama
56, Rue Félix Faure, günstiges, einheimisches Lokal.
La Pizzeria
47, Rue Bourgi; bekannt für gute Pizzas; bis 5 Uhr früh geöffnet! (Mo geschl.) Tel. 21 09 26.
Restaurant im Hotel de la Paix
Französische Küche; Innenstadt.
Le Plaza
71, Rue Raffenal, Tel. 22 27 68, So geschlossen.
Le Hanoi
Rue Carnot/Ecke Rue Gomis, asiatische Gerichte zwischen 3000 und 4000 CFA.
Restaurant Angkor
Rue Dagorne, nahe Marché Kermel, (So geschl.), chinesische Gerichte von 2500 bis 3000 CFA.

Andere (preisgünstige) französische Restaurants sind die im Hotel *L'Auberge Rouge,* 116, Rue Moussé Diop (Mi geschl.) und *Le Dagorne*, Rue Dagorne (Mo geschl.).

Chawarma heißt eine libanesische Spezialität, die in den Snack-Bars von Dakar und St. Louis ebenfalls häufig zu bekommen ist. Es handelt sich um eine Art Sandwich aus einem Stück Baguette, gefüllt mit Lammfleisch, Tomaten, Zwiebelringen und manchmal auch Pommes.
Brochettes-Sandwiches mit Zwiebeln und Tomaten sind ebenfalls ein bei Einheimischen sehr beliebter, da preisgünstiger Imbiß.
Menüs in Restaurants mit europäischem Standard kosten ca. 3500 bis 10 000 CFA.
In der Avenue George Pompidou gibt es einige Snack-Bars, Brasserien und Schnell-Imbißstuben, wo man ebenfalls halbwegs günstig essen kann.

Restaurants in der Region N'Gor:
Le Ramatou
Das Lokal befindet sich rechter Hand der Straße zum Flughafen, Route de Corniche, und bietet gutes Essen für ca. 2500 CFA.
La Madrague
Neben dem Méridien, Tel. 20 02 23; bekannt für seine große Auswahl an Fischgerichten.

Taxi-Brousse-Bahnhof in Dakar

La Pointe des Almadies
Tel. 20 01 40, exzellente Fischgerichte und Meeresfrüchte.

Restaurants auf der Insel Gorée:
Hostellerie du Chevalier de Boufflers
Terrassenrestaurant mit Blick über die Bucht und die Anlegestelle der Fähre. Am Wochenende sind Tischreservierungen unbedingt notwendig. Hervorragende Fischgerichte.
Wer dort keinen Platz mehr bekommt, findet in einem der Restaurants direkt an der Fähranlegestelle *(Embarcadère de la Chaloupe)* – mit etwas Glück – noch einen freien Tisch.

Salon de Thé/Café/Pâtisserie
Sowohl in der Avenue Georges Pompidou als auch in der Avenue Lamine Gueye gibt es mehrere „europäische" Cafés (mit entsprechenden Preisen).

Die meisten haben nur bis 19.30 geöffnet; in der Regel servieren sie außer Kuchen ein gutes Frühstück, Sandwiches und Crêpes.
Patisserie Centina
22, Av. Albert Sarraut, unweit vom Place de l'Indépendance; ausgezeichnete Kuchen und ein gutes französisches Frühstück.
Palmeraie N'Diogonal
20, Av. George Pompidou; serviert neben frischen Fruchtsäften und selbstgemachtem Eis auch leckeren Kuchen. Klim. Räume und entsprechend teuer.
Laeticia
Bd de la République.
Le Bruxelles
27, Av. George Pompidou, bis 22 Uhr geöffnet!

 NACHTLEBEN
Bars/Night-Clubs/Discos
Le Ponty Bar
Av. George Pompidou. Bekannte Aufreißerkneipe!
Le Rustic
Av. George Pompidou. Straßencafe.
Keur Samba
Jazzclub! 13, Rue Jules Ferry /Ecke Mohammed V. Treffpunkt der Schickeria, relativ teures Restaurant.
King's Club
32, Rue Victor Hugo. Disco.
New Experience
„In"-Treffpunkt, gute Musik!
Harry's Club
Bd de la République. Disco.
Le Mandingo
Im Ternaga Hotel. Disco.
Sene Keur
Rue Wagane Diouf, Disco unweit vom Hotel Indépendance.
Le Sahel
Disco (etwas außerhalb), in der Nähe des Hyperscore Supermarktes.

Black & White
Rue Gomis, Ecke Rue Félix Faure.
Nightclub.
Le Marseille
Neben Black & White. Nightclub.
Eintritt: bei den Discos ca. 4000 CFA (incl.einem Getränk); ab 23 Uhr geöffnet.
Livemusik:
Kilimandjaro
Corniche Est, Soumbedioune, Konzerte mit Stars wie Youssou N´Dour, Baaba Mal etc.
Horoscope
Av. Cheikh Anta Diop.
Relais
Av. Cheikh Anta Diop (Open-Air).

Kinos
Le Plaza, Av. George Pompidou.
Le Vog, Av. George Pompidou.
Le Paris, nahe Place de l'Indépendance.

Theater
Théâtre Daniel Sorano
Bd de la République, Tel. 21 31 04. Das aktuelle Programm hängt meistens am Eingang aus. S. auch Tagespresse. Dieses Theater zählt zu den wichtigsten des afrikanischen Kontinents; hier gastieren nicht nur senegalesische, sondern auch andere afrikanische Theater- Musik- und Folkloregruppen.
Café Théâtre du Kermel
Av. A. Sarraut, Tel. 22 49 70. Programm hängt ebenfalls am Eingang aus.

NOTFALL
Krankenhäuser
Clinique Pasteur
50 rue Carnot, Tel. 21 25 48.
Clinique Hubert
26, Av. Jean Jaurès, Tel. 21 68 48.
Clinique Internationale
33, Bd Dial Diop, Tel. 24 44 21.

In den **Privatkliniken** gibt es in der Regel eine gute ambulante und stationäre Behandlung; wenn möglich, sollte man die staatlichen Kliniken meiden.

Arzt
Dr. R. Rhami (Arzt für Allg. Medizin) 123, Rue J. Gomis/Ecke Bd de la République, Tel. 21 04 09. (Konsultation ca. 7000 CFA).
Adressen von **Privatärzten** erhält man bei der Deutschen Botschaft oder in den größeren Hotels.

 VERKEHRSVERBINDUNGEN
Verkehrsmittel in der Stadt
Busse:
Mit dem SOTRAC-Bus kommt man in Dakar relativ gut und billig fast überall hin. Preis für eine Fahrt ca. 180 CFA, unabhängig von der Entfernung.
Buslinien innerhalb Dakar-Stadt
Bus *No 2* und *No 4* zur Grand Moschee; *No 5* zum Marché Sandaga und weiter bis zum Gare Routière (pompiers); *No 6* vom Place de l'Indépendance zum Marché Sandaga und weiter zum Gare Routière (pompiers), Plage Bel Air etc.
Buslinien vom/zum Flughafen
Bus *No 7* vom Palais de Justice über den Place de l´Indépendance, Av. George Pompidou, Marché Sandaga, Av. Blaise Diagne zum Pointe des Almadies, dem Dorf N´Gor, zum Flughafen Yoff und dem Dorf Yoff. Verkehrt nur von 6.30–21 Uhr!
Bus *No 8* vom Place de l´Indépendance über Av. George Pompidou nach Yoff und zum Flughafen.
Bus *No 10* vom Zentrum entlang der Corniche Est zum Village Artisanal Soumbédioune, zum Fischerdorf Soumbédioune, Fann und zur Universität Dakar.

Bus *No 15* vom Pl. de l´Indépendance Richtung Osten, nach Rufisque.
Bus *No 21* vom Palais de Justice über Av. Pasteur/Av. Lamine Gueye, am Marché Sandaga vorbei und angeblich nach Tiaroye-sur-Mer und Keur Massar.

Taxis:
Die Taxis in der Stadt haben zwar einen Zähler, jedoch wird dieser nicht immer eingeschaltet; bestehen Sie jedoch darauf! Tarif I für den Tag, Tarif II (22–7 Uhr) für die Nacht, etwa doppelt soviel wie Tarif I. Die meisten Taxis findet man am Place de l'Indépendance.

Flughafen:
Der Flughafen *Yoff* liegt 17 km nordwestlich von Dakar. Zubringerdienste der einzelnen Fluggesellschaften bestehen oder mit dem Taxi in die Stadt (Preis unbedingt vorher aushandeln, ca. 3000 CFA). Außerdem gibt es Busse (s. o.), die direkt ins Zentrum fahren.

Fluggesellschaften
Air Senegal
45, Av. Al.bert Sarraut, Tel. 23 49 70.
Air France
47, Av. Albert Sarraut, Tel. 23 29 41 u. 23 49 49.
Air Afrique
Pl. de l´Indépendance, Tel. 23 10 45.
Alitalia
5, Av. George Pompidou,
Tel. 23 31 29 und 23 65 03.
Air Algerie
2, Pl. de l´Indépendance, Tel. 23 55 48.
Aeroflot
2, Pl. de l´Indépendance, Tel. 22 48 15.
Gambia Airways
2, Pl. de l´Indépendance, Tel. 22 28 20.
Iberia
2, Pl. de l´Indépendance, Tel. 23 55 76 und 23 34 77.

Gambia Air-Shuttle
c/o Gambia Airways.
Sabena
2, Pl. de l´Indépendance, Tel. 23 49 71.
Tunis Air
24, Av. Roume, Tel. 23 14 35 und 23 70 23.

 SPORT
Baden
Strände in unmittelbarer Nähe der Stadt:
Plage des Enfants
Route de la Corniche Est.
Plage Pasteur
Av. Pasteur; schöner Strand an der Westseite des Cap Manuel.
Plage de l´Anse Bernard
Route de la Corniche Est.

Strände außerhalb Dakars:
Plage de N'Gor
In der Nähe des Flughafens (siehe unter *Sonstiges*); zu erreichen mit dem Bus No 7 vom Place de l'Indépendance oder Av. Lamine Gueye. Strand direkt beim Dorf N'Gor; Alternative: mit der Piroge sich zur vorgelagerten Insel N'Gor übersetzen lassen (ca. 300 bis 400 CFA), wo sich ein herrlicher Strand befindet. Am Wochenende viel besucht von den Einheimischen.
Hann
Östl. von Hann-Village, im N von Dakar.
Plage de l´Ile Gorée
In unmittelbarer Nähe der Fähranlegestelle auf der Insel Gorée.
Cap des Biches, Route de Rufisque.

 SONSTIGES
Kultur
Centre Culturel Allemand
(Goethe-Institut)
2, Av. A. Sarraut, 6.Etage. Geöffnet: Mo, Di, Do Fr 9.30–11.30 Uhr, Mi 15.30–

17.30 Uhr. Unterschiedliches Programm, jedoch gibt es keinen Lesesaal und keine deutschen Zeitungen.
Centre Culturel Français
89, Rue Joseph Gomis, Tel. 21 18 21. Verschiedene Veranstaltungen (Theater, Kino, Konzerte, Ausstellungen, etc.); Cafe/Bar in begrüntem Innenhof. Bibliothek geöffnet: Di bis Sa 10–12.30 u. 15–18.30 Uhr.
Centre Culturel American
Av. Roume, an der Ecke Rue Carnot, Tel. 23 81 24. Lesesaal mit amerikanischen Zeitschirften und Zeitungen; geöffnet: Mo bis Fr 8–12 u. 14.30–18 Uhr.
Centre Culturel Blaise Senghor
Bd Dial Diop. Wechselnde Ausstellungen.
Alliance Française
2, Rue Amadou A. Ndoye, Tel. 21 08 22. Sprachkurse: Französisch/Wolof.
Fondation Lépold Sédar Senghor
Rue Alpha H. Tall/Ecke René Ndiaye, Tel. 21 53 55.
Institut Islamique
Av. Malik Sy, Tel. 21 53 61.

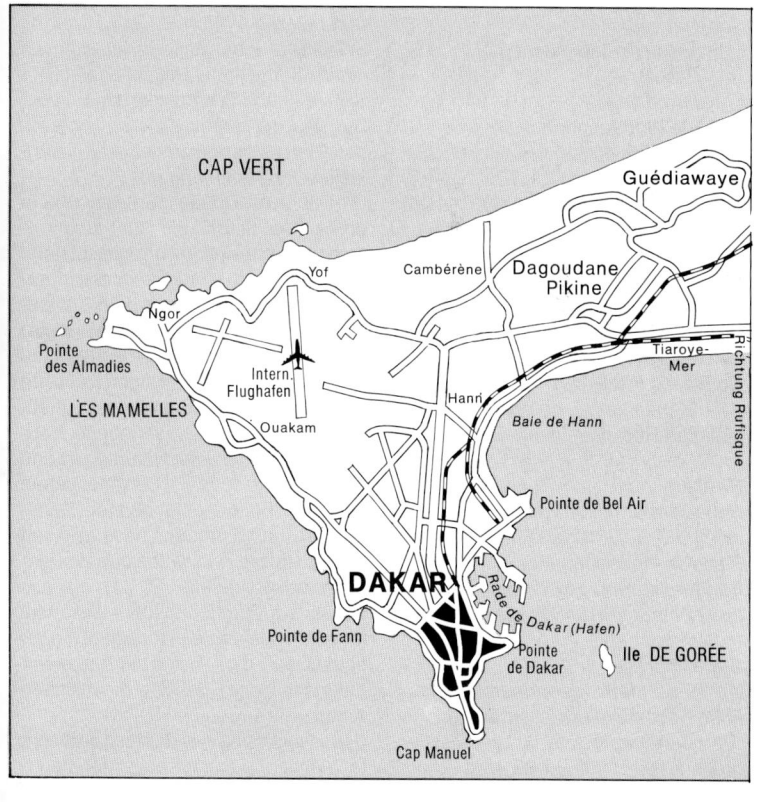

Buchhandlungen
Clairafrique
Am Place de l'Indépendance. Hier sind sowohl Stadtpläne von Dakar als auch die Senegal-Karte (3500 CFA) erhältlich. Außerdem:
Librairie Universitaire, Av. Pompidou.
Librairie Quatre Vents, R. Felix Faure.

Reisebüros
Zahlreiche Reisebüros bieten Tagesausflüge und mehrtägige Rundreisen durch Senegal an; auf Wunsch auch individuell zusammengestellte Routen. Hier ein paar Beispiele:
Senegal Tours
5, Place de l'Indépendance, B.P. 3126, Tel. 23 31 81.
Travel Booking
2, Pl. de l´Indépendance, Tel. 21 39 35.
Intertourisme
3, Allée Robert Delmas, B.P. 1122, Tel. 22 45 29.
Transcap
24, Bd Pinet Laprade, Tel. 23 10 55.
SOCOPAO-Voyages
51, Av. Albert Sarraut, Tel. 23 94 16 (Repräsentant des Diners Club).
Nouvelles Frontières
Rue Sandinièri. Empfehlenswert für günstige Rückflüge nach Europa.

Banken
Banque International pour l'Afrique Occidentale du Sénégal (BIAO)
Place de l'Indépendance.
Banque International pour le Commerce et l´Industrie du Senegal (BICIS).

Supermärkte
Der Supermarkt *(supermarché)* in der Allee Robert Delmas ist gut sortiert. Ein „Paradies", wenn man längere Zeit „en brousse" war; die Preise sind jedoch wegen der Transportkosten z. T. höher als in Europa. Weitere Supermärkte:
SCORE
Av. Sarraut, nahe Novotel.
Le Filfili
Bd de la République.
Hypersam
in der Verlängerung der Av. Blaise Diagne; Bus No 8, 7 od. 12 von der Av. Lamine Gueye.

Werkstätten
Renault, 1, Bd Pinet Laprade.

 AUSFLÜGE

Insel Gorée
Bei dieser Insel handelt es sich um einen ehemaligen Umschlagplatz für Sklaven nach Südamerika und Europa. Der Besuch dieses geschichtsträchtigen Platzes gehört zu den interessantesten Unternehmungen.
Die nur etwa 1000 m lange und 300 m breite Insel befand sich jahrhundertelang abwechselnd in portugiesischem, holländischem, englischem oder französischem Besitz. Nach dem Zusammenbruch des Sklavenhandels verlor Gorée als Handelsplatz an Bedeutung. Die Einwohnerzahl verringerte sich immer mehr, da sich der Handel zunehmend auf das Festland verlagerte. Heute steht die Insel unter Naturschutz und wird von nur knapp 1000 Menschen bewohnt. Einige wohlhabende Senegalesen und Europäer haben diesen Platz zu ihrem Zweitwohnsitz und Feriendomizil gemacht.
Bei einem Rundgang über die Insel fallen die kleinen einstöckigen Wohnhäuser auf, die – ocker oder sienarot getüncht – dem Ort eine mediterrane Atmosphäre verleihen.
Sehenswert sind v. a. das rosa getünchte *Sklavenhaus* mit seinen fensterlo-

Auf der Insel Gorée.

sen Zellen, das *Meeresmuseum* und das *Historische Museum (IFAN)*, das einen guten Überblick über die Geschichte Afrikas und die Eroberung der Insel Gorée vermittelt. Geöffnet ist das Museum tägl. (außer Mo und Mi vormittag) 8.30–12.30 u. 14.30–18.30 Uhr.

Anreise:
Von Dakar aus ist die Insel Gorée mit dem Schiff *(Chaloupe)* in etwa 20 Min. zu erreichen. Abfahrt der Fähren an Wochentagen: 6.30 / 7.30 / 10.00 / 11.00/ 12.30 / 14.30 / 16.00 / 17.30 / 18.30 / 20.00 / 22.30 Uhr; Rückfahrt von Gorée jeweils eine halbe Stunde später. Abfahrt der Fähren an Sonn- und Feiertagen: 7.00 / 9.00 / 10.00 / 14.00 / 16.00 / 17.00 / 18.30 / 19.30 / 20.30 / 22.30 Uhr.
Die Hin- und Rückfahrt kostet jeweils 2000 CFA für Touristen und 1000 CFA für Einheimische.

Unterkunft:
In der *Hostellerie des Chevaliers de Boufflers* steht eine begrenzte Anzahl von Zimmern für Übernachtungen zur Verfügung; vorherige Reservierung ist zu empfehlen. Terrassenrestaurant. Mit etwas Glück sind auch private Zimmer zu bekommen.

Insel N'Gor

Die dem Dorf N'Gor, das überwiegend von Lebu-Fischern bewohnt wird, vorgelagerte Insel mit ihren schönen Stränden ist lediglich mit Pirogen zu erreichen. Besonders bei Tauchern ist sie sehr beliebt.
In der Bucht von N'Gor kann man unbesorgt baden. Einige große Hotels mit Restaurants, Bars und Schwimmbädern machen diesen Ort zu einem beliebten Ausflugsziel der Bewohner Dakars.

Sklavenhauseingang (Insel Gorée).

Baden ist relativ gefahrlos, was den Wellengang betrifft, jedoch liegen jede Menge Glasscherben, Dosen(deckel) und Müll an den Stränden.

Yoff
Das in der Nähe des internationalen Flughafens gelegene Dorf Yoff wird von Lebu-Fischern bewohnt. Es hat einen schönen Strand, an dem man ebenfalls relativ gefahrlos baden kann. Bekannt ist dieser Ort wegen der dort hin und wieder stattfindenden traditionellen *Ndeup*-Tänze, einer Zeremonie zur Austreibung böser Geister bzw. Heilung Kranker.

Malika-sur-Mer
In diesem kleinen Dorf 25 km nordöstlich von Dakar endet jedes Jahr die *Rally Paris – Dakar*. Ebenfalls bekannt ist dieses Dorf durch die Möglichkeit, im *Campement Malika Peul* Trommel- und Tanzunterricht zu nehmen. (Einzel- oder Gruppenunterricht durch Mitglieder des Ballet du Senegal). Einfache Übernachtungsmöglichkeiten in herrlicher Lage bietet das Campement de Malika Peul, ca. 15 Min. außerhalb vom Dorf Malika-sur-Mer. Zu erreichen mit Bus No 21 bis Tiaroye-sur-Mer und dann sieben km Richtung Norden.

Keur Moussa
(nicht verwechseln mit Keur Massar!) Etwa 50 km von Dakar entferntes Kloster an der Straße nach Kayar, das berühmt ist wegen seiner speziellen Messen. Typisch für die 10 Uhr Messe (So) ist die Verbindung von gregorianischen Gesängen mit afrikanischen Trommelrhythmen. Außer ihren eigenen Musik-Kassetten und kunstvoll verzierten Koras verkaufen die Mönche nach dem Gottesdienst auch selbstgemachten Käse und Marmeladensorten. (Exkursionen werden von Senegal-Tours angeboten).

Kayar
Zwischen 16 und 17 Uhr bietet dieser Ort das lebendige Schauspiel der Fischer, welche die Brandung *(barre)* überwinden und anschließend ihren Fang direkt am Strand verkaufen. Relativ touristisch! Etwas außerhalb von Kayar gibt es einen schönen Strand mit Palmen und vielen bunten bemalten Fischerbooten; der Strand beim Ort selbst ist relativ schmutzig.

Mboro-sur-Mer
Ca. 55 km nordöstlich der Abzweigung nach Kayar gelegenes, ruhiges Fischerdorf. Übernachtungsmöglichkeit im einzigen Hotel am Platz. Zu erreichen mit dem Buschtaxi von Dakar oder Thiès.

Der Norden

Die *nördliche Küste* ist noch ziemlich unberührt und hat ihre ganz eigenen Reize: Vereinzelte Fischerdörfer, Dünen, Nadelwald. Baden ist jedoch aufgrund der starken Brandung und Strömung nicht zu empfehlen und nur begrenzt möglich (z. B. in St. Louis, siehe unten).

Thiès

Aufgrund ihrer Lage (70 km östlich von Dakar) ist diese Stadt vor allem zum Verkehrsknotenpunkt geworden; daneben stellt sie auch ein wichtiges wirtschaftliches Zentrum des Landes dar. Außer Aluminiumhütten, einer Fabrik für landwirtschaftliche Geräte, Baumwollspinnereien und -webereien, Zementfabriken und Färbereien gibt es auch eine Fabrik, in der Wandteppiche hergestellt werden. Ein Besuch in der *manufacture des arts décoratifs* lohnt sich auf alle Fälle. Sie können dort nicht nur Wandteppiche kaufen, sondern auch Keramikprodukte, Mosaike und Seidendrucke. Es finden außerdem ständig Ausstellungen statt.

Unterkunft:
Hotel de Thiès, Tel. 51 15 26.
Hotel du Rail, Tel. 51 10 13.
Hotel-Bar Rex, Tel. 51 10 81, preisgünstigstes Hotel.

Essen und Trinken:
Le Salvador und
Le Cordon Bleu
beide in der Rue de Paris, nördlich des Stadions. Mehrere einfache Gerichte zur Auswahl.
N´Diguel (alias *Chez Adja*)
Av. Senghor. Empfehlenswertes Restaurant.

St. Louis

Die **alte Hauptstadt** des Senegal, ursprünglich auf einer Landzunge errichtet, ist von Dakar in etwa drei Stunden (264 km) bequem über eine gute Asphaltstraße zu erreichen. Zunächst fährt man durch eine endlos weite, sandige Landschaft, durchsetzt von Dornenbüschen und kleinen Strohhüttendörfern. Ende des 17. Jh.s von den Franzosen gegründet, zählt St. Louis heute ca. 100 000 Einwohner und macht einen etwas verschlafenen Eindruck. Viele Besucher genießen jedoch das angenehme Klima.

St. Louis ist in **drei Stadtteile** aufgegliedert: Die beiden Fischerviertel *Ndar Tout* und *Guet Ndar* liegen auf der Landzunge *(Langue de Barbarie),* während sich der moderne Stadtteil *Sor* östlich auf dem Festland befindet, verbunden durch die ca. 500 m lange *Pont Faidherbe*. Früher bestand nur eine Fährverbindung zwischen Insel und Festland; 1865 wurde eine schwimmende Brücke *(pont des bateaux)* errichtet, 1897 wurde diese durch die heutige Stahlbrücke ersetzt.

Sehenswürdigkeiten

Bisher ist St. Louis immer als Stiefkind des senegalesischen Tourismus behandelt worden, dabei gibt es dort vieles zu entdecken. Die UNESCO hat diesen geschichtsträchtigen Ort immerhin zum geschützten **Weltkulturgut** erklärt. Wer nicht alles zu Fuß gehen will, kann auch eine Sightseeing-Tour mit der *caleche* (Pferdewagen) machen.

Die katholische Kathedrale:
Auf der Ile St. Louis, errichtet 1827.
Das Bahnhofsgebäude:
Auffallend durch seine besondere Architektur (New Orleans-Stil).
Der Gouverneurspalast:
Am Place Faidherbe mit Grünanlage und Denkmal.
Das Museum (I.F.A.N.):
Im äußersten Süden der Insel gelegen (geöffnet: Mo bis Fr von 8–12 Uhr und 15–18 Uhr, Sa von 8–12 Uhr).
Hier kann man einiges über die Geschichte, die Bewohner der Stadt und über die Bevölkerung entlang des Senegalflusses erfahren.
Der moslemische Fischerfriedhof:
Im Quartier Guet Ndar (Village des Pécheurs). Fotografieren verboten !
Märkte:
Sehr belebt und ursprünglich ist sowohl der Markt im Viertel Ndar Tout sowie der in Sor (in der Nähe des Bahnhofs); gutes Lebensmittelangebot, viel Fisch, gutes Fleisch. Ein spezieller Viehmarkt (Ziegen, Schafe, Kamele) befindet sich direkt hinter dem Markt von Ndar Tout, am Ufer des Senegal-Flusses. Besonders vor großen islamischen Festen wie dem Ende des Ramadan oder dem *Tabaski-Fest (Fête de Mouton)* wimmelt es hier von Ziegen, die zum Kauf angeboten werden.

PRAKTISCHE INFORMATIONEN

 UNTERKUNFT

Hotels/Bungalows
Hotel Mama Coumba Bang
Tel. 61 18 50, ca. 6 km an der Route No 2 nach Dakar (an der Abzweigung zum Nationalpark-Langue de Barbarie); beste Adresse am Platz, jedoch keine öffentlichen Verkehrsverbindungen in die Stadt. Swimmingpool.

Hotel de la Poste
Auf der Ile St. Louis, direkt an der Pont Faidherbe. Terrassencafé. Gutes franz. Frühstück, Bistro. Restaurant mit französischer Küche. DZ mit Klimaanlage ca. 16 000 CFA.

Hotel de la Résidence
Rue Blaise Diagne; Tel. 61 12 59/60. DZ ca. 8500–10 000 CFA. Großes Angebot an Exkursionen in die Umgebung u. a. zum Djoudji-Nationalpark oder Off-Road-Touren mit dem Geländewagen. Fahrräder für Gäste gratis. Restaurant mit ausgezeichneter französischer Küche; die Bar ist ein beliebter Treffpunkt der dort ansässigen Europäer. Billiard-Tisch!

Hotel du Walo
Hotel-Bungalow-Dorf im Ortsteil Sor, an der Av. Lamine Gueye (Straße Richtung Dakar). Disco.

Hotel du Palais
In der Rue Khalifa A.Sy/Ecke Rue Blanchot, Tel. 61 17 72, Restaurant und Pâtisserie.

Hotel Battling Siki
Im Norden von St. Louis, günstig: ca. 3000 CFA/einfaches DZ.

L´Atlantide
(alias *Auberge de jeunesse*)
Gegenüber der großen Moschee; gemütliche, familiäre Atmosphäre. Kleines Restaurant. Preiswert.

 ESSEN UND TRINKEN

Restaurants
Neben den Restaurants der Hotels gibt es noch einige von Franzosen geführte Restaurants und mehrere einfache afrikanische Lokale.

La Signare
Rue Blaise Diagen, von jungen Franzosen geführtes Lokal. Französische Küche; Öffnungszeiten von 9.00 bis 23.00 Uhr.

Der Norden: St. Louis 345

Blick auf St. Louis.

Bistro du Phare
Neben dem Leuchtturm und der Disco La Chaumière im Stadtteil Guet Ndar. Kleines, gemütliches Lokal mit französischer Küche.
Restaurant Galaxi
Rue Brière de l´Isle, afrikan. Küche.
Chawarma La Folk
Rue Ababacar Sy. Libanesische Sandwiches, genannt Chawarma.

 NACHTLEBEN
Bars/Nightclubs
Le Ponty Village
Am östlichen Kai der Hauptinsel, zwei Querstraßen nördlich vom Hotel de la Résidence.
La Chaumière
Am Leuchtturm auf der Landzunge (Quartier Ndar Tout).
Le Mayo
In der Nähe vom Wasserturm.

Le N´Der
Disco in der Bungalowanlage Walo.
L´Aeropostale
Bar im Hotel Coumba Bang.

 VERKEHRSVERBINDUNGEN
Eisenbahn:
Dakar – St. Louis einmal täglich (15 Uhr ab Dakar, 20 Uhr an St. Louis).
Flugzeug:
Flugverbindung nach Dakar einmal wöchentlich.
Taxi-Brousse:
Es bestehen zahlreiche Taxi-Brousse-Verbindungen, u. a. nach Dakar.

SPORT
Baden
Etwa 3 km südlich von St. Louis, in unmittelbarer Nähe der *Hydrobase*, befindet sich ein gleichnamiger, schöner kilometerlanger Sandstrand, der vor al-

lem von Europäern besucht wird. Eher von Einheimischen frequentiert ist der Strand *Sall-Sall* nördlich des Viertels Ndar Tout.

AUSFLÜGE

In der Umgebung von St. Louis, ca. 30 km südlich der Stadt an der Senegalmündung, liegen die Fischerdörfer *Gandiole* und *Ndiébène*. In der Gegend von Gandiole befinden sich die alten **Salinen** der Könige von Kayor; zu damaligen Zeiten war das Salz die Haupteinnahmequelle der Herrscher.
Alte Befestigungsanlagen aus der französischen Kolonialzeit stehen in der Nähe von *Mouit*, südlich von Ndiébène.
Die **Universität** von St. Louis, gegründet 1984, liegt etwa 7 km außerhalb der Stadt, an der Straße nach Richard Toll.

Termitenhügel

Nationalpark von Djoudji
Nicht nur für Ornithologen ist der 30 km nordöstlich von St. Louis gelegene Nationalpark Djoudji interessant (geöffnet von November bis April). In diesem 16 000 ha große **Vogelschutzgebiet** (einem der drei größten der Welt) findet man etwa 180 verschiedene, z. T. seltene Vogelarten wie Flamingos, Pelikane, Kormorane, Störche, Kronenkraniche, Fischadler etc. und viele Zugvögel aus Europa, die hier überwintern. Auch trifft man auf Warzenschweine, Gazellen, Schakale, gelegentlich läßt sich auch ein Krokodil im Wasser ausmachen. Gute Übernachtungsplätze für Autofahrer bestehen in der Nähe der Zufahrtspisten in Richtung Park; dort kann man ebenfalls viele Vögel beobachten.
Exkursionen (mit 2–3stündiger Pirogenfahrt) werden von den größeren Hotels in St. Louis angeboten. Der Besuch des Parks mit dem eigenen Fahrzeug ist ebenfalls möglich. Von den Beobachtungspunkten aus bieten sich vor allem kurz vor Sonnenuntergang fantastische Aussichten über die weitläufige Wasserlandschaft. Mit der Piroge folgt man den zahlreichen Flußwindungen des Djoudji; hierbei kann man die Vögel aus nächster Nähe betrachten und fotografieren. Unglaublich, wie galant die zu Land sehr mächtig wirkenden Pelikane in der Luft ihre Formationen fliegen.
Beste Besuchszeit: Jan./Febr. Eintritt: 2000 CFA/Pers., Rundfahrt mit der Piroge: 3000 CFA/Pers.
Anfahrt von Rosso:
Abzweigung von der Asphaltstraße (Richtung St. Louis) nach etwa 76 km, dann noch etwa 33 km Piste zum Eingang des Nationalparks bzw. Campements von Djoudji.

Unterkunft:
Im Campement von Djoudji am Eingang des Nationalparks befinden sich komfortable EZ und DZ sowie einfachere und günstige Mehrbett-Zimmer für Familien und Gruppen. Campen kostenlos möglich.

Nationalpark Langue de Barbarie
Etwa 12 km südlich von St. Louis liegt auf der gleichnamigen Landzunge dieser 2000 Hektar große Nationalpark mit zahlreichen Inseln, wo die Vögel *(s. Djoudji)* von der Piroge aus aus nächster Nähe zu beobachten sind. Ganzjährig geöffnet. Zufahrt über die N 2 (Abzweigung etwa 5 km südlich von St. Louis beim Hotel Coumba Bang) und das Dorf Gandiol.

Reservat von Guembeul
An der Straße nach Gandiol befindet sich ein weiteres Schutzgebiet, das 720 ha große *Réserve de Guembeul*, wo mehrere in Westafrika heimische, aber in freier Wildbahn nicht mehr vorzufindende Tiere wie z. B. manche Antilopen-Gazellen und Schildkröten angesiedelt wurden; heimische Affenarten sind ebenfalls zu sehen.

Louga
Als Tagesexkursion lohnt sich ein Besuch der etwa 61 km südlich von St. Louis gelegenen Stadt Louga, vor allem wegen ihres großen Marktes (einer der größten der Gegend) und der neuen Moschee, deren smaragdgrüne Kuppel bereits von weitem sichtbar ist. Eine Kuriosität stellt der Palast des reichen Geschäftsmannes Djily M´Baye dar: Die goldenen Wasserhähne, Kronleuchter und Seidentapeten sowie die üppige Gartenanlage stehen in krassem Gegensatz zu den sehr einfachen Lehmhütten in der sonst sehr kargen Sahellandschaft (leider ist das Gelände nur mit „guten Beziehungen" zu besichtigen).

Der Senegalfluß
Der 1700 km lange Senegal, von den Einheimischen oft nur *le fleuve* genannt, stellt eine wichtige Wasserstraße des Landes dar; er ist das ganze Jahr bis *Podor* schiffbar. Hier befindet man sich bereits im **trockenen Sahel** und hat einen Vorgeschmack auf die Wüste. Die Landschaft ist flach und monoton, jedoch typisch „afrikanisch". Die Kargheit der Sahel-Region hat ihren ganz besonderen Reiz.

Groß ist der Kontrast, wenn der Fluß während und nach der Regenzeit an manchen Stellen auf bis zu 20 km anschwillt und fruchtbarer Schlamm den Boden bedeckt. Diese Tatsache ermöglicht den Anbau von Reis, Mais, Sorghum und Zuckerrohr (Überschwemmungsfeldbau). Gegen Ende der Trockenzeit (Juni) besteht der Fluß jedoch lediglich aus einem schmalen Rinnsal. Mit entsprechenden Bewässerungsanlagen versucht man diese Region noch mehr für den Reisanbau zu erschließen.

Von **St. Louis bis Bakel** verläuft parallel zum Fluß eine gut ausgebaute **Asphaltstraße**, von der jedoch die letzte Strecke zwischen Matam und Bakel (150 km) in schlechtem Zustand ist. Unter Umständen fahren die Buschtaxis nur bis bis *Ouro Sogni*; dann muß man für die letzten 10 km nochmal das Buschtaxi wechseln.

Die 60 km weiter nach *Kidira* (Grenze Mali) sind auf sandiger Piste zurückzulegen; die Strecke von Kidira nach *Tambacounda* ist ebenfalls eine unebene Sandpiste.

Da es (abgesehen von der *Gîte d´Étappe* in Richard Toll) kaum und wenn dann nur sehr einfache Übernachtungsmöglichkeiten gibt, ist diese Strecke nur für Leute zu empfehlen, die zur Not auch auf einer Strohmatte (*á la natte*) auf dem Boden schlafen.

Rosso
Der eigentliche Ortskern selbst befindet sich auf mauretanischem Gebiet; Pirogenverkehr verbindet beide Ufer.
Der Ort ist nicht von großem Interesse. Rosso erstickt während der Regenzeit im Schmutz (vor allem auf der mauretanischen Seite).
Von Rosso nach Nouakchott, der Hauptstadt Mauretaniens, sind es etwa 200 km.
Fähre nach Mauretanien: von 8–12 und 15–18 Uhr.
Hinweis für Reisende aus Mauretanien: Das Kfz-Versicherungsbüro in Rosso hat Schwierigkeiten, die bei uns üblichen PS-Angaben in ihre für die Versicherungsberechnung üblichen „chevaux fiscales" umzurechnen. Man muß dann zum Büro in Richard Toll fahren; dort findet man eine sehr gute und korrekte Abwicklung vor.

Richard Toll
(Garten des Richard)
Der Name dieses Ortes, am Zusammenfluß von Senegal und Taouey, soll an den französichen Pflanzer Richard erinnern, der hier Anfang des 19. Jh.s ein landwirtschaftliches Projekt aufgezogen hatte. Die Villa von Baron Roger, der dieses Projekt finanziert hatte, liegt auf der Insel des Taouey-Flusses, umgeben von einem inzwischen verwilderten Park.
In der Zuckerfabrik von Richard Toll wird das in der Gegend von Rosso auf riesigen Plantagen angebaute Zuckerrohr zu Raffinade-Zucker verarbeitet.
Von hieraus lohnt sich ein Abstecher zum *Lac des Guiers*, jedoch nur mit Geländewagen und einheimischem Führer; genügend Wasser und Benzin sind mitzunehmen, da keine ausgefahrenen Pisten vorhanden sind.
Unterkunft:
Bungalowanlage *Gîte d´Etappe*
DZ ca. 10 000 CFA.
Ein einfaches Zimmer kann evtl. auch der Bäcker vermitteln.

Dagana
Alte Kolonialgebäude weisen darauf hin, daß dieser Ort früher ein wichtiges Handelszentrum (u. a. Umschlagplatz für Gummi arabicum) war. Sehenswerter Markt, alte Faktoreien und Überreste einer alten Befestigungsanlage.

Podor
215 km von St. Louis entfernt liegt dieser stille, geschichtsträchtige Ort, umgeben von wüstenhafter Landschaft. Ursprünglich **Hauptstadt des alten Tekrūr-Reiches** *(s. Senegal – Geschichte)* und lange Umschlagplatz für Sklaven, Elfenbein und Gold aus dem Hinterland, bietet es heute noch einige Sehenswürdigkeiten: der Markt, alte Faktoreien, das 1854 von den Franzosen errichtete Fort sowie die zum Schutz gegen Hochwasser errichtete Uferbefestigung mit ihren Kapokbäumen. Typisch für diesen Ort sind die im sudanesischen Stil errichteten Lehmhäuser mit dem charakteristischen Flachdach.
Überfahrt zum anderen Ufer des Senegal (Mauretanien) mit Pirogen (2–3 mal tgl.) möglich.
Unterkunft:
Übernachtungsmöglichkeit im Campement.

Matam

Will man die Strecke von Podor nach Matam (237 km) mit dem Busch-Taxi zurücklegen, sollte man dafür einen Tag einrechnen, da die Fahrt in mehreren Etappen verläuft. Sehenswert ist der bunte, lebhafte Markt von Matam. Eine Pirogenfahrt auf dem Senegal bietet sich ebenfalls an. Wer am Abend Unterhaltung sucht, kann das Freilichtkino besuchen.

Unterkunft:
Die Préfecture ist angeblich bei der Vermittlung von einfachen Privat-Zimmern behilflich.

Bakel

Bei einem Spaziergang durch das Dorf fallen vor allem die Männer an ihren Trittwebstühlen auf.

Unterkunft:
Hotel l'Islam
DZ mit Dusche ca. 4000 CFA. Restaurant.

Verkehrsverbindungen:
Regelmäßiger Taxi-Brousse-Verkehr weiter nach *Kidira* (Grenze Mali); rechtzeitig nach den Abfahrtszeiten erkundigen. Von Kidira weiter nach Tambakounda (180 km) können Sie mit der Bahn oder wieder mit dem Taxi-Brousse fahren. Der von Bamako kommende Zug nach Dakar fährt Samstag und Donnerstag; Abfahrt in Kidira 2 Uhr nachts.

Hinweis:
Autofahrer, die nach Mauretanien wollen, können den Senegalfluß nur bei Rosso überqueren, da in anderen Orten keine Fähren für Kraftfahrzeuge existieren.

Senegalesischer Sahel

Das Zentrum

Touba
Dieser Ort ist die Hochburg der islamischen Bruderschaft der *Mouriden*. Zigaretten und Alkohol sind in dieser heiligen Stadt daher streng verboten, entsprechend züchtige Kleidung (keine Hosen für Frauen) ist vorgeschrieben. Größtes Fest ist der jährlich wiederkehrende *Magal*, bei dem Tausende von Moslems zu Ehren des Begründers *Amadou Bamba* in diesen Ort pilgern. Das Grab Amadou Bambas befindet sich in der Moschee von Touba; Besichtigung außerhalb der Gebetszeiten möglich. Ein Blick vom Minarett auf die Stadt hinunter lohnt sich ebenso wie der Besuch des Marktes. Zur Zeit des Magal-Festes (48 Tage nach dem islamischen Neujahrsfest: ca. 25 Juli 1995) wird es schwierig sein, mit öffentlichen Verkehrsmitteln dort überhaupt hinzugelangen, geschweige denn eine Übernachtungsmöglichkeit zu finden; dennoch ist der Ort sicher eine Reise wert.

Die Küste südlich von Dakar (Petite Côte)
Der Abschnitt der Atlantikküste vom *Cap Vert* (Dakar) bis zum Mündungsgebiet des *Saloum* im Süden ist gekennzeichnet durch zahlreiche **idyllische Fischerdörfer** und kilometerlange **sandige Badestrände**, die aufgrund der geringen Brandung und der angenehmen Wassertemperaturen (20–28°C) geradezu ideal zum Baden sind. Die im nördlichen Küstenabschnitt ansässigen *Lebu* betreiben ebenso wie die im Süden lebenden *Serer* Fischfang und Ackerbau.

Rufisque
Der Ort liegt nur 28 km von Dakar entfernt und ist mit dem SOTRAC-Bus No 15 bequem zu erreichen. Rufisque hat mit dem Bau der Eisenbahnlinie (Dakar – St. Louis) im letzten Jahrhundert seine Bedeutung als wichtiger Umschlagplatz für Erdnüsse erhalten.
Die Häuser dieses Städtchens sind mit denen in den alten Stadtvierteln von Dakar oder Goreé verwandt und erinnern an alte karibische Handelshäuser.
Unterkunft:
Complex Touristique Kuba Lamba
Night-Club Rio (Luxusklasse), Rue de Rufisque (Richtung Dakar).
Hotel-Bar Quatre Vent
Einfache Unterkunft, Rue de Rufisque (Richtung Dakar).
Chez Charlie
Rue de Rufisque (Richtung Dakar, rechts); Vogelpark.
Hotel Koussin
Einfaches Hotel direkt im Ort.

Die Landschaft dieser Gegend wird entscheidend geprägt von den knorrigen, meist jahrhundertealten **Baobabs** (Affenbrotbäumen), die in vielen afrikanischen Mythen eine große Rolle spielen. Früher wurden Griots und Fetischmeister unter ihnen begraben. Die Frauen verwenden seine Blätter zur Herstellung von Soßen, und die Kinder essen mit Vorliebe die etwas säuerlich schmeckenden Früchte, das Affenbrot *(pain de singes),* aus dem auch Erfrischungsgetränke hergestellt werden.
Das Fischerdorf **Popenguine** ist über eine Stichstraße von Sindia aus zu erreichen; es dient inzwischen als Er-

holungsgebiet, in dem viele Bewohner Dakars ihr Wochenendhaus haben. Übernachtung ist in sehr einfachen Unterkünften möglich; für Leute, denen Dakar zu teuer oder zu streßig ist, eine gute Gelegenheit, billiger zu wohnen. Verschiedene kleine Garküchen und einheimische Restaurants befinden sich in der Nähe des Marktes. Außerdem gibt es im Ort zwei Kinos und mehrere Bars.

Sali Portugal
Bei dem 75 km von Dakar entfernt liegenden Ort handelt es sich um eines der Urlaubszentren der Pétite Côte mit Luxus-Hotels. Man hat hier kaum mehr den Eindruck, in Afrika zu sein.

Unterkunft:
Hotel Village Club des Filaos
Tel. 57 11 19/80; DZ ca. 15 000 CFA.

Novotel
Tel. 57 11 13; EZ ca. 30 000 CFA. DZ ca. 45 000 CFA.
Palm Beach, Tel. 57 11 37.
Savanna Koumba /Savanna Saly
Tel. 57 11 12.

Mbour
Aufgrund des Touristenzentrums *(Centre Touristique de la Pétite Côte)* ist dieser Ort, 83 km südlich von Dakar, dessen Bewohner sich hauptsächlich von Fischfang und Kleinhandel ernährten, zu einem Urlaubsort für Pauschalreisende geworden; Hauptsaison von November bis April. In den Monaten April bis Oktober ist *off-Season,* und die Preise sind um einiges niedriger.

Unterkunft:
Club de Baobab
Teuerstes Hotel am Platz, Tel. 21 18 86.

Küste bei Mbour.

Friedhofsinsel bei Fadiouth

Centre Touristique
B.P. 91, Mbour, Tel. 57 10 04; DZ ca. 10 000 CFA mit Air-condition.
Relais 82
B.P. 26, Mbour. Tel. 57 12 44. DZ ca. 9000 CFA mit Bad.

Nianing
Der Ort liegt 93 km südlich von Dakar.
Unterkunft:
Club Aldiana
12 km südlich von Mbour gelegen, B.P. 2985 (Mbour), Tel. 57 10 84; hier trifft man Reisegruppen von Neckerman.
Domaine de Nianing
Tel. 57 10 85. Französisch geführtes Hotel mit angenehmer Atmosphäre, direkt gegenüber vom Club Aldiana.

Joal
Dieses alte Fischerdorf wurde im 15. Jh. von den Portugiesen gegründet. Es ist die Geburtsstadt des ehemaligen Präsidenten *L.S. Senghor*. Zentrum bildet der Markt. Auch eine Wanderung am Strand entlang lohnt sich, wo sich viele buntbemalte Pirogen sowie Roste zum Räuchern der Fische befinden.
Unterkunft:
Hotel le Finio
Direkt an der Brücke nach Fadiouth gelegen. Tel. 57 61 12; Restaurant.
Relais 114
Zentral gelegen und relativ günstig.
Campement der katholischen Mission von Ngazobil, 4 km nördlich.
Campement von Palmarin
25 km südlich.
Während der Regenzeit kann man eine kleine Pirogenrundfahrt nach *Fadiouth (s. u.)* und zur Friedhofs- und Speicherinsel (bei Flut) unternehmen. Bei Ebbe ist nicht genügend Wasser in den Lagunen. Festpreis ca. 2000 CFA für die Piroge plus Trinkgeld für den Fahrer, eine ³/₄ Std. Fahrzeit!

Fadiouth

Der Ort ist von Joal aus über eine kleine Holzbrücke zu erreichen. Er liegt auf einer Insel, die aus künstlich aufgeschichteten Muscheln besteht. Neben der Insel, auf der sich die Stadt befindet, gibt es noch zwei weitere, die eine mit dem christlichen Friedhof und die Speicherinsel, auf der Hirse- und Erdnußernte untergebracht sind.

Fadiouth ist im Gegensatz zu den umliegenden Dörfern ein **christlicher Ort**, deshalb findet man hier eine Kirche. Große und kleine Schweine bevölkern den Ort – ein ungewohnter Anblick in einem islamischen Land. Gegenüber dem heiligen Baum (großer Baobab) befinden sich Muttergottesstatuen und Heiligenbilder.

Von *Joal* aus kann man auf einer guten Piste direkt ins *Sine-Saloum-Gebiet* (Hinweisschild: *Sine-Saloum-Nationalpark*) fahren. Man kommt durch hübsche Dörfer und eine fruchtbare Landschaft mit zahlreichen Mangobäumen, Kapokbäumen und Baobabs.

Kaolack

Die inzwischen über 200 000 Einwohner zählende Stadt Kaolack ist Zentrum des Erdnußanbaus; außerdem befinden sich Salinen in den Lagunen rund um die Stadt. Sehenswert ist vor allem der große Markt mit seiner sudanesischen Lehmarchitektur und den orientalisch wirkenden Arkaden sowie sein überaus vielfältiges Warenangebot.

Unterkunft:
Le Dior
Tel. 41 15 13, DZ 8000 CFA. Swimmingpool.
Hotel de Paris
Tel. 41 10 19; DZ ca. 11 000 CFA. Swimmingpool.
Hotel Napoléon
In der Nähe der Kathedrale, DZ ca. 4000 CFA, klimat. Zi ca. 6000 CFA.
Centre Touristique de Kahone
Tel. 41 11 16.

Mündungsdelta des Sine-Saloum (Nationalpark)

Das Mündungsgebiet des *Sine-Saloum* ist von zahlreichen Inseln und Wasserarmen durchsetzt; es verfügt über eine relativ gut ausgebaute touristische Infrastruktur. Der 73 ha große **Nationalpark Delta du Saloum** umfaßt etwa 40% des gesamten Mündungsdeltas, das gekennzeichnet ist durch Sanddünen entlang des Ozeans, Lagunen, von mangrovengesäumten *bolongs* (Flußseitenarme) und kleineren Wäldern. Exkursionen in den Nationalpark (nur mit Pirogen möglich) werden von den großen Hotels der Gegend organisiert.

Ndangane

Vom Dorf Ndangane aus kann man mit der Piroge zur Halbinsel *Sangomar* übersetzen, wo es schöne Strände gibt. Eine andere Möglichkeit, ins Sine-Saloum-Gebiet zu kommen, bietet die Abzweigung bei dem Ort *Fatick* (km 62 an der Nationalstraße Richtung Kaolack). Bevor man *Foundiougne* erreicht, muß man den Saloum mit einer Fähre (Autofähre z. Z. „en panne") überqueren. Einige Kolonialstilbauten prägen die Atmosphäre dieses Ortes. Von hier aus kann man in Begleitung eines Führers Ausflüge in die noch relativ unberührte Flußlandschaft unternehmen.

Unterkunft:
Hotel Les Piroguiers
Foundiougne. Tel. 45 11 34. DZ ca. 16 000 CFA.
Le Pelican
Ndangane. Ca. 13 000 CFA/DZ.

Centre de Pêche Keur Saloum
Toubacouta. Tel. 41 24 16, klimat. Bungalows, Jagd und Fischfangzentrum.
Auberge Chez Anne-Marie
Foundiougne. Tel. 45 11 08. Einfach.
*Campement von Médina Djicoye
Keur Yoro Diop*
kurz vor der Grenze nach Gambia.

Missirah
Guter Ausgangspunkt für Ausflüge in den Nationalpark, Fotosafaris und Tierbeobachtungen.
Unterkunft:
Gîte de Bandiala
ca. 8000 CFA/HP, 11 000 CFA/VP. Neues Campement mit sehr angenehmer Atmosphäre; ideal zum Ausruhen. Exkursionen mit der Piroge etc. möglich.

Djiffer
Von hieraus sind Pirogenfahrten nach *Niodior* und *Dinour* möglich.
Unterkunft:
Campent von Djiffer
Reservierung über Transcap Voyage, Dakar, Tel. 21 60 83; geschl. Juni–Okt). Privatunterkunft angeblich ohne große Probleme möglich.

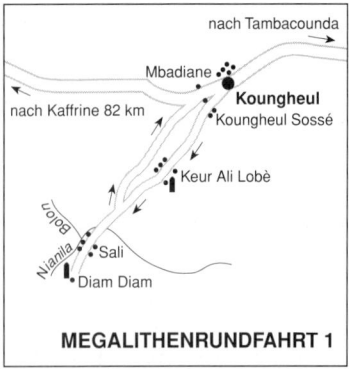

MEGALITHENRUNDFAHRT 1

Palmarin
Günstiger als das Campement in Djiffer ist das in Palmarin (ca. 3000 CFA HP), welches sich auch noch an einem wunderschönen Strand befindet.

Das Gebiet südlich von **Nioro du Rip** im Landesinneren ist ein **prähistorisch hochinteressantes Gebiet.** Die hier gefundenen Steinkreise, Menhire und Grabhügel sind mit denen in Stonehenge (England) vergleichbar, wobei die Wissenschaftler bis heute keinerlei Hinweise haben, wer diese alten Kultplätze errichtet hat.
Die mündlichen Überlieferungen der dort ansässigen Bevölkerung sprechen von einem „fremden Volk", das in früherer Zeit hier gelebt haben soll.

Rundfahrt zu den Megalithen des Sine-Saloum
Megalithenrundfahrt 1:
Man verläßt *Koungheul* (141 km östlich von Kaolack, an der Straße nach Tambacounda), durch das Quartier Sossé am südlichen Ortsrand. Etwa 300 m nordwestlich des Dorfes *Keur Ali Lobé* befindet sich die eine Stelle mit 14 Steinkreisen. Die andere, bestehend aus 21 Steinen im äußeren Kreis und 17 Steinen im inneren Kreis, liegt in unmittelbarer Nähe von 13 anderen einfachen Kreisen.
Man fährt weiter auf der Piste Richtung Südwesten, vorbei an dem Dorf *Sali*. Etwa 800 m südlich des Dörfchens *Diam-Diam* liegt eine andere Stätte mit zwei Kreisen; der eine besteht aus 29 Monolithen und hat einen Durchmesser von etwa 8 m. Etwas weiter östlich befinden sich zwei riesige Steine; der eine hat eine Höhe von 1,90 m und einen Durchmesser von 0,90 m, der andere eine Höhe von 2,40 m mit ei-

nem Durchmesser von 0,90 m; jeder dieser Monolithen wiegt mehr als 5 t. Der Rückweg ist über die Piste möglich, die etwa 3 km nordöstlich von Sali links abzweigt und parallel zur anderen verläuft; sie biegt bei *Mbadiane* auf die Straße nach *Kaolack*.
Für diese Strecke (ca. 42 km) sollte man etwa 2 Std. Fahrzeit rechnen (incl. Besichtigung).

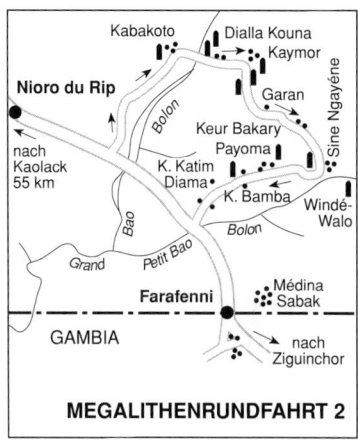

MEGALITHENRUNDFAHRT 2

Megalithenrundfahrt 2:

Man verläßt *Nioro du Rip* auf der *Transgambienne* Richtung Gambia; bei dem Ort *Firgui* biegt man vor dem *Grand Bao Bolong* links Richtung *Kaymor* ab. (Die ersten 15 km Piste sind in gutem Zustand, anschließend wird sie schlechter und ist nur während der Trockenzeit für normale Fahrzeuge befahrbar; in der Regenzeit nur mit Geländewagen). Nach etwa 2 km liegen linker Hand die Steinkreise von *Kabakoto;* ein Kreis mit 10 Steinen, der einen Erdhügel umgibt. Etwas weiter, bei *Dialla Kouna,* befinden sich zwei weitere Steine.
In dem Dorf *Kaymor* macht die Piste einen Knick nach Süden; zu beiden Seiten große Menhire sowie ein Kreis bestehende aus 10 Steinen.
Auf dem Teilstück zwischen *Garan* und *Sine Ngayène* kommt man an einem Kreis mit zerfallenen Steinen vorbei.
Hier in *Sine Ngayène* befinden sich die wichtigsten Megalithen Senegambiens. Unter Ihnen „tombe du roi" (Königsgrab) und „tombe de la mère du roi" (Grab der Königsmutter).
Macht man von Sine Ngayène etwa 2,5 km auf schlechter Piste (später über ein Feld) einen Abstecher in südöstlicher Richtung, gelangt man zu den Steinen von *Winde Walo*.
Fährt man die andere Piste weiter in Richtung Westen, so kommt man nach *Payoma,* wo ebenfalls mehrere Steinkreise zu besichtigen sind.
Das Dorf selbst wurde ebenfalls aus Megalithen erbaut; interessant ist in diesem Zusammenhang auch der Eingang der Moschee. Kurz hinter dem Dorf befinden sich die Steinkreise von *Keur Bamba*. Ein paar Kilometer weiter stoßen Sie wieder auf die *Transgambienne* (nach links 8 km bis zur Grenze nach Gambia und nach rechts 18 km bis nach Nioro du Rip).
Für diese Rundfahrt von Nioro bis Nioro (72 km, davon 40 km Piste) sollten Sie mindestens einen halben Tag einkalkulieren. Es besteht natürlich auch die Möglichkeit, in umgekehrter Richtung nur direkt nach *Sine Ngayène* zu fahren, was in wesentlich kürzerer Zeit zu bewältigen ist.
Hinweis: Gute Piste bis Kaymor; weiter südlich dann in schlechtem Zustand. Während der Regenzeit sind der *Grand Bao Bolon* und der *Petit Bao Bolon* nur mit einem Geländefahrzeug zu durchqueren, und selbst das ist schwierig.

Der Süden – Casamance

Von Dakar bzw. Kaolack aus gibt es zwei Routen, um in den Süden Senegals zu gelangen:

Route 1:
Die eine Strecke *(Transgambienne)* führt über *Kaolack, Farafenni* (dort mit der Fähre über den Gambia-Fluß) und weiter via *Bignona* nach *Ziguinchor*. Als Ausländer muß man die Fähre in Devisen (CFA) bezahlen. Ticket (von der Casamance kommend) schon 4 km vorher in *Binoi* kaufen (kein Schild), sonst muß man womöglich wieder runter vom Schiff und zurückfahren.

Route 2:
Diese Strecke geht von *Kaolack* über *Barra* (Fähre) nach *Banjul* (Gambia). Von dort mit dem Bus oder Taxi-Brousse über *Diouloulou* und *Bignona* nach *Ziguinchor* (alles Asphaltstraße, letztes Teilstück ab Toubacouta bis zur gambischen Grenze voller Schlaglöcher).

In der Regel ist die Überfahrt auf der Fähre (ca. 100 bis 200 CFA) im Fahrpreis (ca. 5000 CFA) inbegriffen.
Die Überfahrt nach Banjul kostet ca. 6600 CFA/Auto mit 4 Personen.
Auch wenn man für beide Strecken etwa die gleiche Fahrzeit (8–12 Std.) kalkulieren muß, ist die *Transgambienne* landschaftlich viel reizvoller und vor allem überhaupt nicht touristisch; man kommt durch hübsche, gepflegte Dörfer und immer wieder an Reisfeldern und Baobabwäldern vorbei.
Flugzeug: Zweimal die Woche mit *Air Senegal*, Tel. 21 09 70, nach Ziguinchor und Cap Skirring.

Casamance

Die südlichste Region des Senegal, die Casamance, hat eine völlig andere Landschaft als der trockene Norden. Bereits mit dem Überschreiten der Grenze Gambias wechselt die Vegetation. Während der Norden durch hohes, gelbes Gras, Baobabs und Akazienbäume gekennzeichnet ist, trifft man hier auf üppige tropische Vegetation. Riesige Baumwoll- oder Kapokbäume *(Fromager)*, Mangrovendickichte und Reisfelder bestimmen das Landschaftsbild. Und in der Gegend von Cap Skirring finden sich auch noch vereinzelt Überreste des ursprünglichen guineischen Regenwaldes.
Man unterscheidet die *Haute Casamance* (Region Kolda), die *Moyenne Casamance* (Region Sédiou) und die *Basse Casamance* (Region Ziguinchor bis zur Atlantikküste).
Die touristisch interessanteste Gegend ist die der **Basse-Casamance** (im Vgl. zur Haute bewohnten *Haute Casamance*), weshalb ich mich in den folgenden Ausführungen hauptsächlich auf dieses Gebiet beschränken werde.
Die Casamance ist das Land der Reiskultur und wird auch gerne die „Kornkammer" Senegals genannt.
Die Region der Casamance ist seit einiger Zeit mit **Unabhängigkeitsbestrebungen der** hier ansässigen **Diola** konfrontiert *(s. u.)*. Man sollte sich daher vor einer Reise über den neuesten Stand der Kämpfe zwischen Separatisten und Regierungstruppen informieren. Einige Reiseveranstalter haben die Casamance bereits aus ihrem Programm genommen.

Die Diola

Bis zu Beginn unseres Jahrhunderts lebten die Diola noch relativ zurückgezogen von Reisanbau, Jagd und Fischfang. Auch heute noch hält dieses eigenwillige Volk zum Teil an seinen archaischen Traditionen mit Initiationsfesten, Altersklassenkämpfen, Masken, Gris-gris, Fetischmeistern und einer eigenständigen Architektur fest. Nur ein geringer Prozentsatz bekennt sich zum Islam oder zum Christentum.

Im Gegensatz zu anderen Völkern des Sahel kannten die Diola nie irgendwelche übergreifende politische Autoritäten. Die Dorfvorsteher wurden jeweils von den Familienvorständen gewählt. Die als König bzw. Königin bezeichnete Person war vor allem Fetischpriester und hatte (als Vermittler zwischen den Lebenden und den Toten) vor allem kultisch-religiöse Funktion. Eine soziale Hierarchie fehlte, die patriarchalische Großfamilie stellt die wichtigste politische Einheit dar.

Die bei den Diola gelungene Mischung von Kollektivdenken und Individualität ist sowohl in der Architektur zu erkennen als auch in der strikten Trennung der Reisspeicher: Männer und Frauen besitzen jeweils ihren eigenen Reisspeicher. Damit ist die Ernährung der Familie gesichert, auch wenn die Männer sich trotz der üblichen Arbeitsgemeinschaften überwiegend mit der Ernte und/oder dem Trinken von Palmwein beschäftigen sollten. Häufig sieht man in den Dörfern unter dem abre de palabre, dem Versammlungsplatz des Dorfrates, die Dorfältesten im Kreis sitzen und neben einer Pfeife auch eine Schale Palmwein in der Runde herumgehen. Eines der typischen Diola-Gehöfte ist das Impluvium-Haus (lat. „Impluvium": Regenfänger). Es besteht aus einem zentralen Innenhof, in dem sich das runde Auffangbecken für das Regenwasser befindet. Über eine unterirdische Röhre wird das Wasser in den an das Haus angrenzenden Gemüsegarten geleitet. Das Dach ist zum Innenhof hin wie ein riesiger Trichter konstruiert und überdacht gleichzeitig die Veranda, wo sich die Familie zum Essen aber auch zum gemütlichen Beisammensein trifft. Von dem Innenhof aus erreicht man die relativ dunklen Schlafräume, die meist nur kleine Fenster nach außen aufweisen. (Die Campements von Enampore und Affiniam sind zum Beispiel im Impluvium-Stil erbaut; außerdem gibt es noch ein privates Campement in Djembering und ein privates „case à impluvium" in Mlomp sowie in Séliki.)

Der Konflikt zwischen den nach Autonomie strebenden Diola und der Zentralregierung ist bereits uralt. Nachdem sie sich etwa im 15./16. Jh. aus dem Norden kommend in diesem unzugänglichen, sumpfigen Gebiet angesiedelt hatten, leisteten sie schon den Franzosen lange Zeit erfolgreich Widerstand. Nach Ende der Kolonialzeit wurden ihnen Verwaltungsbeamte aus Dakar (überweigend Wolof) vorgesetzt, die für die als „rückständig" – da ihrem traditionellen animistischen Brauchtum verpflichtet – titulierten Diola wenig übrig hatten; außerdem mißfielen ihnen so geheime und unberechenbare Zeremonien wie die in den Heiligen Hainen. Die Auflösung einer solchen Versammlung war der Auslöser für den noch immer nicht ganz beigelegten Konflikt zwischen Regierung und Separatisten. In den 80er Jahren war es laut Amnesty International verschiedentlich bei groß angelegten Razzien zu willkürlichen Verhaftungen und Folterung mit tödlichem Ausgang gekommen; Opfer waren meist jedoch nicht die Rebellen selbst, sondern Verwandte der Aktivisten. Trotz des von Guinea vermittelten Friedensabkommens kam es 1992 wieder zu Massakern in mehreren Dörfern (angeblich wegen Verletzungen des Friedensabkommens), bei denen 2000 Menschen starben und Tausende in das benachbarte Gambia flohen. Anläßlich der Präsidentschaftswahl im Januar 1993 wurden wieder Razzien in der Casamance durchgeführt. Ob es der Regierung jemals gelingen wird, diese Region zu befrieden, bleibt angesichts des tief verwurzelten Autonomiestrebens der Diola fraglich.

Ziguinchor

Die **Hauptstadt der Casamance** zählt etwa 100 000 Einwohner. Sie liegt am Südufer des Casamance-Flusses, über den inzwischen eine Brücke führt, und stellt den wichtigsten Verkehrsknotenpunkt der Region dar.

Im 16. Jh. wurde die Stadt von den Portugiesen als Militär- und Handelsstützpunkt gegründet. Als sich die Portugiesen Ende des 19. Jh.s aus diesem Gebiet zurückgezogen hatten, wurde die Casamance an die französische Kolonie Senegal angegliedert.

Die zahlreichen Handelshäuser im Kolonialstil, die breiten Alleen sowie Parkanlagen verleihen der Stadt noch heute einen kolonialen Charakter. Im Quartier Escale, dem nördlichsten Stadtteil am Ufer des Casamance, stehen alte Kolonialbauten neben modernen Geschäftshäusern und windschiefen Marktbuden.

Sehenswürdigkeiten
Quartièr Escale

Eines der ältesten Viertel Ziguinchors, direkt am Ufer des Casamance-Flusses gelegen, wo sich neben alten Kolonialbauten auch moderne funktionale Architektur, neben zahlreichen kleinen Läden auch Banken, Hotels und Restaurants finden; erwähnenswert auch der Fischmarkt und die Anlegestelle der Pirogen in die benachbarten Dörfer.

Marché St. Maur-des-Fossés

Dieser Markt im Quartier Boucotte zählt mit Sicherheit zu den farbenprächtigsten des Landes.

Vom Quartier Escale am Ront Point vorbei die große Avenue in Richtung Centre Artisanal gehen.

Centre Artisanal

Kunsthandwerksdorf mit ähnlichem Angebot wie in Dakar, nur wesentlich kleiner. Sehr touristisch! Bei dem Leiter des Centre, Adama Goudiaby, erhält man auch Informationen über die Campements der näheren Umgebung und über traditionelle Feste wie die *luttes sénégalaises*. Normalerweise finden die luttes von Januar bis Juni jeden So ab 16 Uhr in der Arène de Folklore, etwas nördlich vom Marché St. Maur (Einheimische nach dem Weg fragen !), statt. Unbedingt ansehen: Es handelt sich um ein unbeschreibliches Spektakel! Desweiteren sind ab Ziguinchor Ausflüge zu den traditionellen Diola-Dörfern in der Umgebung, zu den Badestränden des Atlantik sowie Pirogenfahrten auf dem Casamance möglich.

PRAKTISCHE INFORMATIONEN

 UNTERKUNFT

Hotels

Hotel Néma Kadior
Tel. 91 18 24; Restaurant, Swimmingpool, Tennis.

Hotel Aubert
Tel. 91 13 79, Quartier Escale; Restaurant, Swimmingpool, Tennis.

La Domaine de Dioula
Tel. 91 12 62.

Hotel du Tourisme
Tel. 91 12 27, Quartier Escale; das Café-Restaurant ist ein beliebter Treffpunkt. DZ m. Dusche und Air-Condition kostet ca. 6800 CFA, mit Ventilator ca. 5400 CFA.

Hotel le Perroque
Direkt am Ufer des Casamance-Flusses; schöne, schattige Terrasse.

Hotel de l'Escale
Tel. 91 12 04, Quartier Escale; Restaurant; DZ mit Air-Condition ca. 7600 CFA.

Der Süden: Basse-Casamance

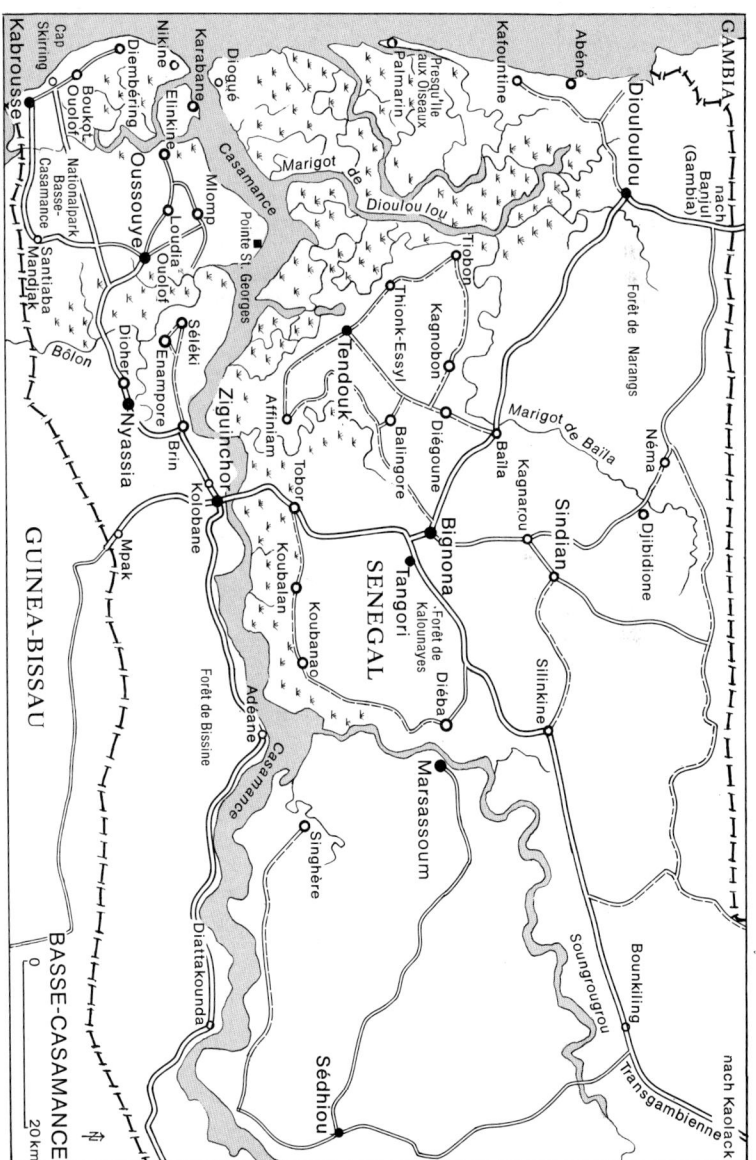

Hotel N´Dary Kassoum
Tel. 91 14 72, eine Querstraße nördlich vom Rond Point; gutes Preis-Leistungsverhältnis.

Centre touristique de Néma
(Aux Cases)
In der Nähe des Gare Routièrs. Restaurant und Nachtclub, wo Sa auch bekannte afrikanische Gruppen wie „Super Diamono" etc. spielen.

Hotel-Campement Keur Clara
Stadtteil Santiaba, DZ ca. 6000 CFA; der Besitzer ist ein alter Be-Bop-Fan! Gute Jazzmusik aus der Konserve, am Wochende gelegentlich auch Live-Musik einheimischer Amateur(?)-Bands.

Hotel Belkhady
Tel. 91 11 22; Route de l'Aviation; zwischen Marché St. Maur und Centre Artisanal. Freundliche Atmosphäre und sauber. DZ ca. 6000 CFA; DZ mir Air-Cond. ca.10 500 CFA; Restaurant mit guten, preiswerten Mahlzeiten.

Hotel Moulin Rouge
Einfach und sauber, gute Atmosphäre; DZ ca. 4000 CFA. Sa manchmal Disco.

Campements I

Campement à l'Antenne
Route du Cap Skiring, 30 Min. zu Fuß vom Stadtzentrum. Orientierungspunkt ist die riesige Antenne. Das private Campement selbst liegt in einem großen Garten. Ein- und Mehrbettzimmer.

Campement ZAG
Tel. 91 15 57, etwa 100 m weiter vom Campement à l´Antenne rechterhand an der Straße nach Cap Skirring. Angenehme Atmosphäre. Fahrradverleih!

Campements II
(tourisme rural intégré)

Mit diesem Projekt des ländlich integrierten Tourismus hat man sich zum Ziel gesetzt, den Touristen in das ländliche Dorfleben zu integrieren und ihn am afrikanischen Alltag teilhaben zu lassen.

In den letzten 15 Jahren wurden im Rahmen dieses Projektes insgesamt 11 *Campements villagois* (im Gegensatz zu privaten oder staatlichen Campements) in traditionellem afrikanischem Stil errichtet.

Verwaltet werden diese Campements von *gérants,* Mitgliedern der Organisation *ASDRI (Assoc. Sénégal pour le développement rural intégré).* Präsident und Organisator ist *Adama Goudiaby* in Ziguinchor. Das Personal arbeitet für relativ geringen Lohn; der erwirtschaftete Gewinn wird zum Bau von Schulgebäuden und Krankenstationen sowie Brunnen im jeweiligen Dorf verwendet.

Ausstattung:
Wer in diesen Campements übernachten will, muß auf einigen Komfort verzichten können. Als „Luxusgegenstände" wurden Duschen und Toiletten eingebaut. Es gibt kein Leitungswasser, nur in Flaschen abgefülltes Mineralwasser (Evian) und Brunnenwasser. Kein Strom, nur Petroleumlampen! Moskitonetze sind jedoch über jedem Bett angebracht. Die Schlafräume haben in der Regel aus Stein gemauerte Betten mit Matratzen, jedoch keine Tische und Stühle, auch keine Kleiderhaken; meist sind die Zimmer nicht abschließbar.

Das Essen wird gewöhnlich auf dem Boden sitzend *(à la natte)* eingenommen. Frühstück ist „französisch". Normalerweise ist mit der Übernachtung auch eine Hauptmahlzeit verbunden; nur Übernachten ist nicht möglich.

Preise:
Die Preise in den Campements villagois sind einheitlich und von Anfang an relativ konstant geblieben:

Übernachtung kostet im Durchschnitt 1500 CFA, Frühstück 700 CFA, HP 3600 CFA, VP 5000 CFA.
Reservierungen und Buchungen: Empfehlenswert vor allem in der Hochsaison (Juli/Aug. und Dez./Jan.). Beim regionalen *Office der Campements Rurals Integrées* im Centre Artisanal in Ziguinchor, Tel. 91 12 67.

Liste der Campements villagois:
Abéné
(Département: Bignona)
Entfernung: 25 km von Diouloulou, 78 km von Bignona, 105 km von Ziguinchor. Relativ einsame, idyllische Strandlage.
Weitere Unterkunftsmöglichkeiten: Privat-Campement *Le Kossey* sowie die Luxusanlage *Kalissai* (Tel. 19 97), beide ebenfalls direkt am Strand.

Chez la Belle Danielle
(Restaurant). Das Kunja-Campement (ca. 5 Min. vom Strand, 15 Min. vom Dorf entfernt) ist sehr gepflegt; gutes Essen, freundliches Personal. DZ ca. 1500 CFA.
Achtung: Von Abéné bzw. Kafountine fahren Landrover durch den Busch nach Brikama (Gambia). Ausländer dürfen diesen Weg nicht benützen, da kein offizieller Grenzübergang vorhanden ist; man wird von der gambischen Polizei wieder zurück geschickt. Also: von Kafountine bzw. Abéné über Diouloulou nach Gambia fahren!

Affiniam
(Département: Bignona)
Entfernung: 35 km von Bignona; Fahrtzeit mit der Piroge von Ziguinchor ca. 1° Std.

Abéné – eines der insgesamt 11 Campements villagois rund um Ziguinchor.

Abfahrt der Piroge in Ziguinchor: Mo, Mi, Fr ca. 9 Uhr vom Fischerhafen, Quartier Escale; es empfiehlt sich, etwa eine Stunde vorher am Hafen zu sein. Preis: ca. 300 CFA. Von der Anlegestelle in Affiniam sind es noch ca. 20 Min. zu Fuß bis zum Campement (Impluvium-Haus).
Achtung: Es gibt kein Buschtaxi von Bignona nach Affiniam.

Baila
Entfernung: Etwa 46 km von Ziguinchor, 20 km von Bignona.
Verkehrsgünstig in der Nähe der Hauptstraße von/nach Ziguinchor gelegen.

Dioher
(Département: Ziguinchor)
Entfernung: Ca. 20 km von Ziguinchor. Etwas abseits der Straße nach Oussouye; regelmäßiger Busverkehr und Möglichkeit zum Autostop.
Für Sportliche auch mit dem Fahrrad zu erreichen.

Elinkine
(Département: Oussouye)
Entfernung: 15 km von Oussouye, 58 km von Ziguinchor.
Campement direkt am Seitenarm (bolong) des Casamance.
Ausflüge mit der Piroge zur Insel Karabane oder zu Fuß bzw. Autostop zum benachbarten Dorf Mlomp.

Enampore
(Département: Ziguinchor)
Entfernung: 9 km von Brin, 23 km von Ziguinchor.
Impluvium-Haus, eines der schönsten Campements villagois. Relativ schwierig mit öffentlichen Verkehrsmitteln zu erreichen. Taxi-Brousse bis Brin, von dort ca. 9 km zu Fuß bis Enampore.

Kafountine
(Département: Bignona)
Entfernung: 25 km von Diouloulou, 78 km von Bignona, 105 km von Ziguinchor. (Das staatliche Campement befindet sich direkt am Ortsanfang.)
Bei Kafountine führt eine Piste am Strand entlang (hier finden sich ideale Plätze zum Campen, jedoch eine einzige Mückenplage während der Regenzeit!).
Campement Le Filao
Etwa 3 km von Kafountine, direkt am Strand. Gutes Restaurant.
Le Karone
Komfortables Hotel etwa 5 km südlich vom Le Filao.
Außer dem Restaurant *Mama Kane* gibt es am Marktplatz mehrere kleine einheimische Restaurants.

Koubalan
(Département: Bignona)
Entfernung: Etwa 25 km von Bignona, etwa 15 km von Ziguinchor.
Das Campement liegt inmitten eines Palmenhains, ca. 1 km vom Dorf entfernt.
Von Koubalan (bzw. der Hauptstraße) Taxi-Brousse von/nach Ziguinchor und Bignona.

Oussouye
(Département: Oussouye)
Entfernung: 43 km von Ziguinchor, 32 km von Cap Skirring.
Das Campement ist eines der wenigen zweistöckigen Häuser, ca. 1 km außerhalb des Ortes inmitten eines Palmenhains gelegen.
Die Töpferei in Oussouye ist einen Besuch wert.
Ein Ausflug nach *Mlomp* (case à étage) bietet sich ebenfalls an; eventuell Fahrrad mieten (ca. 1200 CFA/Tag).

Palmarin
(Region: Sine-Saloum)
Entfernung: 25 km von Joal-Fadiout, 55 km von Mbour, 133 km von Dakar.
Campement bestehend aus einzelnen strohgedeckten Hütten, direkt am Strand!
Sehenswert sind die Pfahlbauten (Hirsespeicher) in der Gegend von Djiffèr.
Taxi-Brousse von/nach Mbour und Joal-Fadiout. Zur Regenzeit nicht erreichbar.

Thionk-Essyl
(Département: Bignona)
Entfernung: 20 km von Affiniam, 60 km von Bignona, 87 km von Ziguinchor.
Mit öffentlichen Verkehrsmitteln relativ schwer zu erreichen. Taxi-Brousse über Tendouk von/nach Bignona.

 ESSEN UND TRINKEN
Restaurants
Hoteleigene Restaurants bieten das Hotel Aubert, Hotel du Tourisme, Hotel Le Perroque und Hotel Escale.
Oasis
Rue Javelier, gegenüber von SONATEL; gute franz. Küche zu angemessenen Preisen. Der französische Patron sorgt für angenehme Atmosphäre.
Le Mansah
Wie das Oasis in der Rue Javelier, nur etwas weiter Richtung Fluß. Einheimische Küche.
Keur Clara
Südlich vom Rond Point, gegenüber der Kathedrale; Anbau zum gleichnamigen Hotel.

 NACHTLEBEN
Discos/Nightclubs
Katmandou und *Bambolong*.

Kinos
Rex und *Le Vox*.

 VERKEHRSVERBINDUNGEN
Flugverbindungen
Täglich von Dakar nach Ziguinchor: Informationen unter Tel. 91 10 81.

Schiffsverbindungen
Dakar – Ziguinchor (SENTRAM) mit Stop-over auf der Insel Karabane.
Verbindungen:
Abfahrt Dakar: Di und Fr 20 Uhr neben dem Fährhafen nach Gorée.
Ankunft Ziguinchor: Mi u. Sa 14 Uhr.
Abfahrt Ziguinchor: Do u. So 13 Uhr.
Ankunft Dakar: Fr und Mo 8 Uhr.
(Genaue Zeiten bei SENTRAM in Dakar unter Tel. 21 44 35 erfragen!)
Preise:
Classe économique: 4500 CFA.
Classe comfort: 8500 CFA.
Cabine double: 16 000 CFA/Person.
Cabine individuelle: 20 000 CFA.
Véhicule tourisme: 15 500 CFA.

 SONSTIGES
Banken
SGBS (Société Générale des Banques du Sénégal)
Rue General de Gaulle/Ecke Rue de la Poste.
USB, am Rond Point.
BIAO, zwei Querstraßen nördlich vom Rond Point.
Post
Quartier Escale
Geöffnet: Mo bis Fr 8–12 u. 15–18 Uhr, Sa 8–12 Uhr.
Krankenhaus
Hôpital régional du Néma
Auto- und Fahrradvermietung
Avis
Quartier Escale.
Fahrräder kann man auch beim Hotel Néma Kadior mieten.
Supermarkt
Epicerie Nouvelle.

Luttes sénégalaises

Basse-Casamance
Oussouye
Auf dem Weg nach Cap Skirring, nach Elinkine oder Mlomp wird man unweigerlich durch Oussouye kommen.
Jedes Jahr im Dezember finden hier die *luttes sénégalaises* statt, d. h. Faustkämpfe, die einem Tanz ähneln; hier in Oussouye sind die regionalen Ausscheidungsveranstaltungen.
Der Ort selbst ist wichtiges Handwerkszentrum (Töpferei, Korbmacherei).
Fahrradverleih an der Hauptstraße; die Drahtesel sind jedoch für längere Ausflüge ungeeignet, da unbequem.
Unterkunft:
Im *Campement villagois (s. o.)* oder in dem Dorf Niambalang (im Impluvium-Haus von Theodore Balusa) etwa 5 km außerhalb, an der Straße nach Ziguinchor.

Elinkine
Dieses kleine Fischerdorf ist von Oussouye bzw. Ziguinchor aus mit dem Taxi-Brousse zu erreichen; es wird zur Hälfte von Diola-Bauern bewohnt, zur anderen Hälfte von Serern, aber auch Niominka und Wolof.
Während die Serer in der Mehrzahl Fischer und Händler sind, die mit ihren Pirogen die *bolongs* befahren und in rechteckigen Strohhütten leben, wohnen die Diola-Bauern in großen Lehmhütten.
Von Elinkine aus bieten sich Pirogenfahrten nach Diogué, zur Ile de Karabane und durch die *bolongs* an sowie zu Fuß ein Ausflug nach Mlomp. Ebenso schöner Ausflug von Oussouye mit dem Fahrrad nach Elinkine und zurück über Mlomp.
Unterkunft: Im Campement *(s. o.)*.

Ile de Karabane

Hier befand sich im 19. Jh. die portugiesische Hauptstadt und später die französische Verwaltungsstadt. Über die Geschichte dieses Platzes gibt der Friedhof am Ende der Insel Aufschluß; auch die verfallenen Gebäude der Faktorei erinnern an längst vergangene Zeiten. Außer den Ruinen einer bretonischen Kirche und einigen alten Häusern gibt es nichts Besonderes zu sehen.

Die Ruhe und ganz spezielle Atmosphäre des Ortes ziehen jedoch immer wieder Leute an.

Diese Insel in der *Casamance-Mündung* kann man entweder von Ziguinchor aus mit dem Boot erreichen oder mit einer Piroge von Elinkine.

Unterkunft:
Im *Campement* direkt am Strand (auf Komfort wie Dusche und WC müssen Sie hier jedoch verzichten!) oder bei den Schwestern der Katholischen Mission *(Hotel de la Mission).*

Mlomp

Das für seine zweistöckigen Häuser bekannte Dorf ist mit dem Pkw über Samatit und Kagnout zu erreichen. Diese zwei Dörfer stehen inmitten üppiger tropischer Vegetation und sind umgeben von Reisfeldern.

Pointe St. Georges

Von Ziguinchor aus mit der Piroge bzw. von Mlomp aus mit dem Geländewagen über eine schlechte Piste zu erreichen. Man kommt vorbei an alten Diola-Gehöften inmitten üppiger Vegetation; Kapokbäume und Reisfelder wechseln einander ab.

Auf dem Weg nach Cap Skirring, am Katakalosse Bolong, befindet sich 13 km vor Cap Skirring die Abzweigung zum *Casamance House Boat* (Hausbootvermietung).

Unterkunft:
Die Übernachtung im Hotel (Bungalows) ist relativ teuer. Reservierungen über *Hotel Tourisme,* B.P. 63, Ziguinchor, Telefon 91 12 27.

Cap Skirring

Hier befinden sich die mit Sicherheit **schönsten Strände Senegals**, kilometerlange weiße Sandstrände.

Aufgrund der geringen Brandung und Wassertiefe ist das Baden hier relativ ungefährlich. Kein Wunder, daß der Club Méditerranée an dieser Stelle eine große Anlage installiert hat.

Der Ort selbst ist **sehr touristisch** – man wird von aufdringlichen Schleppern und „gamins" geradezu verfolgt. Es gibt eine Post aber keine Bank.

Ausflüge mit der Piroge durch die „bolongs" nach Elinkine, Karabane; oder zu Fuß am Strand entlang nach Kabrousse (ca. 3 km) bzw. nach Djembering (ca. 12 km).

Unterkunft:
Für Individualtouristen ist es angeblich relativ schwierig, vor Ort (ohne Reservierung) Unterkunft zu finden.

Keur Samba
Campement mit schöner Terrasse, direkt am Strand, HP ca. 3500 CFA; neben Campement du Paradis.

Hotel Moussuwan
Direkt am Meer, pro Person ca. 5000 CFA. HP obligatorisch.

Hotel Kassoumaye
Direkt nebenan, günstiger als das Moussuwan, dafür auch wesentlich einfacher.

Hotel Savanah
Nördlich vom Club Med. Luxuriöse Anlage mit Swimmingpool, Segelbooten und Tennisplatz.

Fischerehepaar

Club Méditerranée
B.P. 9, Ziguinchor, Tel. 91 10 43, (Pauschalangebote m./o. Flug).
In *Kabrousse* befindet sich inzwischen ein großes Luxushotel (Kabrousse Mossor, B.P. 236 Ziguinchor).
Einfache Campements:
(etwa 2 km südlich, direkt am Strand)
Campement de la Paix.
Campement du Paradis.
La Paillote
Gutes Restaurant direkt an der Kreuzung. Hier kann man für Ausflüge in die Umgebung Fahrräder ausleihen.
Verkehrsverbindungen:
Regelmäßige Flugverbindungen nach Dakar. Taxi-Brousse nach Ziguinchor.

Auf halber Strecke von Cap Skirring nach Djembering liegt das kleine Dörfchen *Boukot;* eine Stichstraße führt Richtung Westen zum Meer, wo man am Strand gut campen kann.
Spaziergang am Strand entlang von Cap Skirring nach Djembering nur mit entsprechendem Sonnenschutz, da keine schattenspendenden Bäume!

Djembering
Dorf an der Atlantikküste, das lange ziemlich zurückgezogen von der Außenwelt nach alten Traditionen lebte.
In den Gärten wachsen Papayas und Bananenstauden, im Hinterland werden Reis- und Maniokfelder angelegt.
Die Rückkehr der Fischer am Vormittag stellt eine der wenigen Attraktionen dieses ruhigen Ortes dar.
Von Djembering gelangt man über eine sandige Piste mit einem Geländewagen ebenfalls an den Strand (Dünen); Möglichkeit zum Campen.
Unterkunft:
Campement Charles Diatta
Direkt am Ortseingang.

Campement Albert
Impluvium-Haus, unten im Dorf, Richtung Strand.
Campement Aten-Elou (Chez Chérif)
Moderne Bungalowanlage unter riesigen Kapokbäumen auf dem Hügel.
Verkehrsverbindungen:
Täglich Taxi-Brousse (von/nach Ziguinchor; ca. 18 km Piste) von Cap Skirring. Die Piste von Cap Skirring nach Djembering ist holprig und führt nicht direkt am Strand entlang, sondern schlängelt sich durch viele Dörfer und dichte Palmenwälder.

Nationalpark Basse Casamance
In diesem 1970 eingerichteten Nationalpark kann man (mit entsprechend viel Geduld) vereinzelt Büffel, Antilopen, Krokodile, Affen und verschiedene seltene Vögel sehen.
Etwa 50 km südlich von Oussouye, an der Straße nach Kabrousse (bei Cap Skirring) liegt dieses ca. 4000 ha große Gelände, das sowohl von Feuchtsavanne als auch von dichtem Wald bedeckt und von zahlreichen Wasserarmen durchzogen wird.
Mehrere Pisten und Fußwege führen durch den Park; außerdem besteht die Möglichkeit zu einer Pirogenfahrt auf den *bolongs*.
Verkehrsverbindungen:
Zu erreichen von Ziguinchor mit dem Taxi-Brousse.
Öffnungszeiten:
Dezember bis März.
Eintritt:
ca. 2000 CFA/Person, ca. 5000 CFA pro Fahrzeug.
Unterkunft:
Übernachtung im Campement an der Einfahrt des Nationalparks möglich (DZ ca. 2000 CFA).

Der Südosten

Tambacounda

„Tamba" ist zwar keine Stadt, die zum Verweilen einlädt, jedoch **Ausgangspunkt für den Besuch des Niokolo-Koba-Nationalparks** bzw. des **Bassari-Landes**. Außerdem stellt diese moderne Stadt den wichtigsten Handels- und Verkehrsknotenpunkt (Haltestelle der Eisenbahnlinie Dakar-Bamako) im östlichen Senegal dar, weshalb es auch eine Bank gibt. Hier besteht somit die letzte Möglichkeit, sich vor einer Fahrt in den Busch oder dem Besuch des Nationalparks mit allem Notwendigen zu versorgen: Lebensmittel (evtl. Konservendosen, Milchpulver etc.), Wasser, Benzin, Filme und Geld (Wechselmöglichkeit). Für die Wasserversorgung unterwegs genügend Entkeimungsmittel (Filter, Micropur o. ä.) mitnehmen!

Unterkunft:

Asta Kebe
Tel. 81 15 01, etwa 2 km außerhalb, B.P. 194, Tambacounda, Tel. 81 11 11. DZ ca. 27 000 CFA. Menü 4500 CFA. Angenehme und großzügige Hotelanlage. Möglichkeit der Mietung von Fahrzeugen für eine Exkursion in den Nationalpark.

Nidji
B.P. 119; ca. 6500 CFA/DZ und 8000–10 000 CFA/DZ mit Air-Condition.

Chez Dessert
Unweit der Auffahrt zum Hotel Asta Kebe vermietet der alte Franzose George gerne eines seiner beiden „extra"-Zimmer an Traveller; er lebt dort mit

Dorfstraße im Süden des Landes

seiner senegalesischen Frau und freut sich über „Besuch" aus Europa.
Achtung: Es gibt zwei Gares Routières in Tambacounda:
Gare Dakar
Richtung Dakar (gute Teerstraße, vor Dakar viel Verkehr), Ziguinchor, Niokolo-Koba-Nationalpark.
Gare Kidira
Ein- bis zweimal tägl. Taxis zur Grenze nach Mali; die Piste ist in sehr schlechtem Zustand. Von dort die Grenze zu Fuß überschreiten (vorausgesetzt, Sie haben in ihrem Reisepaß ein gültiges Visum) und in Diboli nach einem Taxi-Brousse Richtung Kayes/Bamako Ausschau halten (nicht während der Regenzeit, da Straße unpassierbar!).

Nationalpark Niokolo Koba

Dieses Tier- und Pflanzenreservat im Südosten Senegals zählt mit einer Fläche von über 1 Mio. ha zu den größten Westafrikas. Drei große Flüsse *(Gambia, Koulountou und Niokolo Koba)* durchziehen den Nationalpark in zahlreichen Windungen. Von dem 311 m hohen Berg *Assinik* aus eröffnet sich ein reizvoller Blick auf die umliegenden Berge, die Ausläufer des *Fouta Djalon*.
Der Nationalpark liegt im Übergangsbereich zwischen Trockensavanne und guineischem Feuchtwald und weist neben hohen Savannengräsern eine üppige tropische Vegetation mit bis zu 15 m hohen Bambussträuchern auf; Kapokbäume, Phoenixpalmen sowie Galeriewälder säumen die Flußufer.
Hier leben größere Säugetiere wie *Elefant, Büffel* und *Antilope*, aber auch Raubtiere wie *Löwe, Panther, Gepard, Schakal* und *Hyäne*; neben *Krokodilen* und kleineren Säuge- bzw. Nagetieren auch über 200 verschiedene Vogel- sowie 60 verschiedene Fischarten.

An den zahlreichen Aussichts- und Beobachtungpunkten entlang des Gambia bei *Badoye, Malapa, Bangaré, Wouroli* etc. bieten sich relativ gute Möglichkeiten, Tiere zu beobachten; die beste Zeit ist gegen Ende der Trokkenzeit (April/Mai) und dann in den frühen Morgen- bzw. Abendstunden. In jedem Fall muß man sehr viel Geduld aufbringen, wenn man Tiere in freier Wildbahn beobachten will.
Öffnungszeiten:
Dezember bis Ende Mai. Der Besuch des Nationalparks ist jedoch nur mit dem Fahrzeug möglich. (Leihwagen können in Tambacounda, organisierte Safaris beim Hotel Simenti gebucht werden.)
Verkehrsverbindungen:
Zu erreichen ist der Park von Dakar (bzw. Tamba) über etwa 546 km asphaltierte Straße (bzw. 76 km);es handelt sich um eine anstrengende Fahrt durch relativ eintönige Savannenlandschaft entlang der Bahnlinie Dakar-Bamako.
Während der Trockenzeit fliegt auch *Air Senegal* nach Simenti; Landemöglichkeit für kleinere Flugzeuge auch in Niokolo-Koba.
Eingänge zum Reservat bei *Dar Salam* und *Wassou Dou*.
Unterkunft:
Hotel Simenti
Am Ufer des Gambia-Flusses gelegen. B.P. 120, Tambacounda, Tel. 21 26 35. Beste Adresse; schöner, weiter Blick über den Fluß. Bungalow mit Air-Cond. ca. 11 000 CFA; Reservierungen über Hotel Méridien, Dakar, Tel. 23 10 05.
Übernachtung in einfacher Hütte *(paillotes)* ohne Komfort ebenfalls möglich; ca. 4000 CFA pro Hütte. Foto-Safaris werden zweimal täglich organisiert; Preis ca. 5000 CFA.

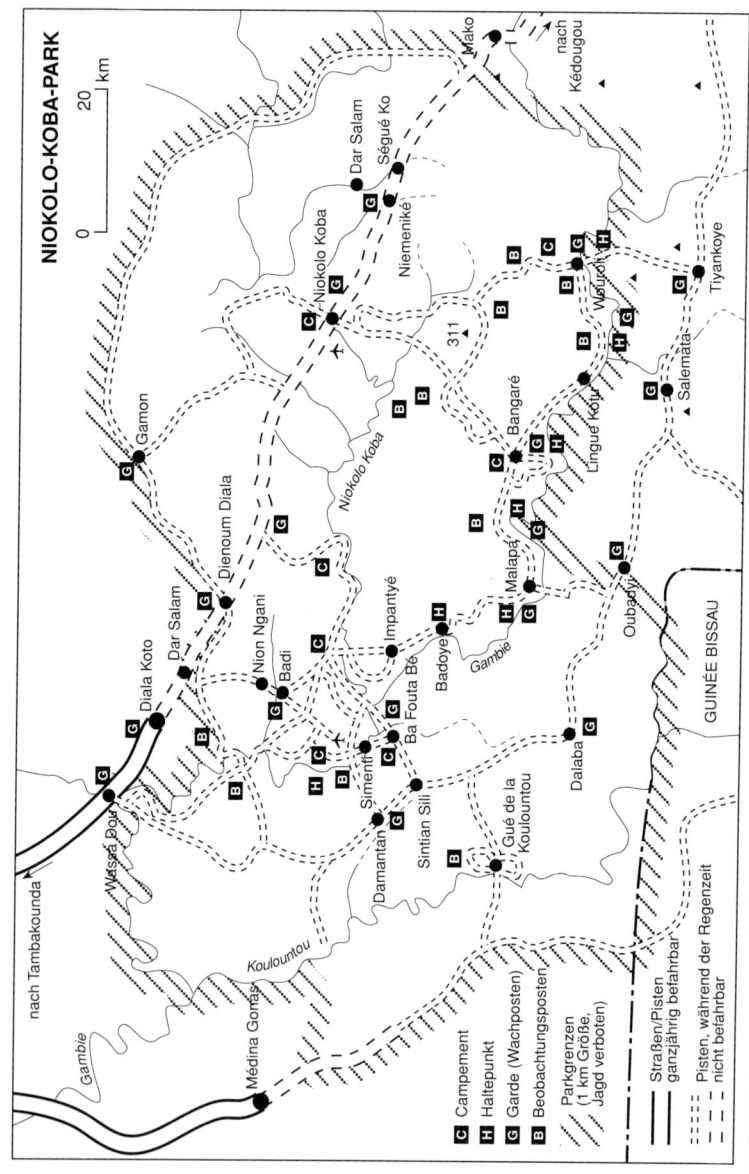

Hotel/Campement Niokolo-Koba
Direkt am Niokolo-Koba-Fluß gelegen, in der Nähe der Straße Tamba–Kédougou; Übernachtung 4000–10 000 CFA, Restaurant (Essen ca. 3800 CFA); kein Benzin. Reservierungen unter Tel. 23 10 05.

Bassari-Land

In dem Gebiet südlich des Niokolo-Koba-Nationalparks zwischen *Salémata* und *Bandafassi* (Kédougou) leben die Bassari; sie zählen zur ältesten Bevölkerungsgruppe dieser Region. Vor den zugewanderten Fulbe und Mande haben sie sich in die abgelegenen Berggebiete zurückgezogen. Meist haben sie ihre Dörfer auf den Hügeln und Bergen angelegt, um so gegenüber diesen Nachbarn, die sich jahrhundertelang ihre Sklaven bei den Bassari holten, einen strategisch günstigeren Standort zu haben. Auch heute noch ist im Umgang untereinander eine herablassende Haltung gegenüber den Bassari nicht zu übersehen.

Ihren **animistischen Sitten und Bräuchen** sind sie bis auf den heutigen Tag treu geblieben, auch wenn sie inzwischen die traditionellen Fruchtbarkeitspuppen, perlenbestickte Hüftgürtel sowie Penisfutterale an die Touristen verkaufen. Zahlreiche Feste finden in den Monaten Januar bis Mai (vor allem im Januar und Februar) statt. Ahnenkult, Geisterglaube, Altersklassen und die Beschneidung von Knaben und Mädchen spielen im Leben der Bassari eine große Rolle. Beschneidungszeremonien *(Niti-Fest)* finden in der Regel Mitte/Ende Mai zu Beginn der Regenzeit statt.

Die Bassari bauen Fonio und Hirse an und gehen auf die Jagd. Die Jäger *(Kamara)* sind in einer Art Geheimgesellschaft organisiert; nur ihre Mitglieder dürfen auf die Jagd nach Löwen und Panthern gehen.

Wer diese Gegend bereisen will, sollte sich sehr **respektvoll** den Dörfern und seinen Bewohnern nähern und sich einfühlsam und rücksichtsvoll verhalten. Wenn Sie dies befolgen, wird man Sie in der Regel überall herzlich empfangen.

Bei Ankunft in einem Dorf sollten Sie unbedingt sofort den Dorfchef aufsuchen und diesem Ihr Anliegen (Gast/Besuch) vortragen.

Ohne eigenes Fahrzeug wird die Fortbewegung in dieser Gegend einige Schwierigkeiten bereiten (es sei denn, man geht zu Fuß); öffentliche Verkehrsmittel (Buschtaxi und Busse) gibt es nur bis *Kédougou,* ab dort ist man dann auf Mitfahrgelegenheiten angewiesen. Nicht selten sitzt man zwischen Säcken und Kisten dichtgedrängt mit zahlreichen anderen Fahrgästen auf der Ladefläche eines Lastwagens und das in größter Mittagshitze.

Bevor Sie sich in dieses abgelegene Gebiet begeben, sollten Sie sich mit genügend Proviant (allerletzte Einkaufsmöglichkeit in Kédougou) eindecken. Das Wasser aus den Dorfbrunnen muß unbedingt gefiltert und/oder abgekocht werden! Es gibt nur wenige geschlossene Brunnen, deren Wasser angeblich sauber und für uns trinkbar ist. Außerdem sollten Sie einige kleine Geschenke für Gastfamilien mitnehmen, falls sie privat bei einer Familie eingeladen werden.

Und als Schutz gegen die starke Sonneneinstrahlung sind Sonnenhut, Sonnenbrille und Sonnenschutzmittel unbedingt erforderlich, gegen die zahlreichen Stechmücken ein Insektenschutzmittel!

Kédougou

830 km von Dakar, 233 km von Tambacounda entfernt. Kein Ort von besonderem Interesse. Nach Ankunft sollten Sie sofort das Grenzbüro aufsuchen und sich dort melden; dort können Sie auch auf eine Mitfahrgelegenheit in die Dörfer der Umgebung warten. Ansonsten wegen Mitfahrgelegenheiten eventuell bei der Katholischen Mission nachfragen.

Unterkunft:
Campement Relais de Kédougou
Etwas außerhalb gelegen mit Blick über den Gambia-Fluß; klimatisierte Zimmer zu ca. 15 000 CFA ; gutes Restaurant, Tel. 85 12 05; sehr schöne Anlage.
Chez Madame Daio
Tel. 85 10 63; zentral gelegene einfache Bungalowanlage in der Nähe des Gare Routière.

Salémata

Um in das 75 km westlich von Kédougou gelegene Dorf Salémata, das überwiegend von Fulbe bewohnt wird, zu gelangen, durchquert man eine sehr abwechslungsvolle und reizvolle Landschaft. Gleich nach Ankunft beim Dorfchef bzw. bei der Sous-Präfektur melden.

Dienstag ist Markttag; an diesem Tag verkehren mehrere Fahrzeuge zwischen Kédougou und Salémata.

Unterkunft:
Campement
3000 CFA/Person. Reservierung: Hotel Asta Kébe in Tamba, Tel. 81 15 01.

Von Salémata aus bietet sich ein Ausflug in das Nachbardorf *Etiolo* an, ca. 8 km entlang der Piste, die östlich von Salémata nach Süden abzweigt. Mit einem einheimischen Führer kann man auch den kürzeren, aber schwierigeren Weg über die Berge gehen.

Etiolo

Typisches Bassari-Dorf und religiöses Zentrum der Bassari. Die aus ziegelrotem Lehm errichteten Rundhütten haben nur eine sehr kleine Öffnung und sind mit kegelförmigen Strohdächern versehen, die weit herunterreichen, um Schatten zu spenden. Sonntags, wenn Markt ist, hat man Gelegenheit, den sehr reichhaltigen, typischen Schmuck der Bassari-Frauen zu bewundern.

Unterkunft:
in dem sehr einfachen Campement.

Ebarak

Bassari-Dorf, ca. 6 km westlich von Salémata, mit den typischen zylindrischen Hütten, die ohne Bindemittel aus behauenen Lateritblöcken errichtet und mit Hirsestrohdächern bedeckt werden.

Republik Gambia

Landeskundliche Informationen

Geographie

Das etwa 10 500 qkm große Staatsgebiet Gambias, das wie ein „Finger" in den Senegal hineinragt, hat eine durchschnittliche Breite von 24 bis 35 km und eine Länge von etwa 480 km. Entlang der etwa 50 km langen **Atlantikküste** im Westen befinden sich zahlreiche kilometerlange Sandstrände und kurze Abschnitte felsiger Meeresküste. Landschaft und Leben dieses kleinsten Staates Westafrikas werden sehr stark von dem gleichnamigen Fluß, dem **Gambia-River** geprägt, der im *Futa Djalon-Massiv* (Guinea) entspringt und in zahlreichen Windungen auf einer Länge von insgesamt 1600 km durch das Staatsgebiet Gambias fließt, um in einem 4,8 km breiten Delta in den Atlantik zu münden. Durch Ablagerung von Schlamm und Sandmassen sind im Laufe der Zeit mehr oder weniger über den ganzen Flußlauf verteilt kleine Inseln entstanden, die die über 400 verschiedenen Vogelarten gerne als Brut- und Nistplätze benutzen. Aber auch die ehemalige Stadt *Bathurst*, heutige Hauptstadt *Banjul*, wurde auf einer solchen Schwemmlandinsel errichtet. Wichtigster Nebenfluß des *Gambia* ist der aus der *Casamance* (Senegal) kommende *Bintang-Bolong*.

Charakteristisch für Gambia sind zum einen die von Magrovendickichten gesäumten Flußufer und Nebenarme *(bolongs)* des Gambia-Rivers, die an manchen Stellen mit Galeriewäldern abwechseln und zum anderen im Hinterland weite **Savannenlandschaften** (Wald- und Trockensavanne) mit hohem Gras, riesigen *Baobab-* und *Kapokbäumen* sowie vereinzelten Akazien. Während die Waldsavanne mehr im südlichen Teil Gambias anzutreffen ist, erstreckt sich die Trockensavanne über den nördlichen Teil des Landes.

Klima

Das subtropische Klima Gambias ist durch **drei Jahreszeiten** gekennzeichnet: einer kurzen Regenzeit *(rainy season)* von Juli bis September, einer längeren Trockenzeit *(dry season)* von November bis Mai und einer feuchten Periode *(wet season)* von Mai bis November.

An der Atlantikküste herrschen mehr oder weniger das ganze Jahr über angenehme Temperaturen von 23–27°C bei einer relativen Luftfeuchtigkeit von 30–60%. Im Landesinneren sind die Temperaturen mit bis zu 40°C um einiges höher und die Luftfeuchtigkeit kann bis zu 60% (während der feuchten Periode bis zu 80%) betragen.

Als **beste Reisezeit** kann die Hauptsaison von **Dezember bis Februar** angesehen werden. Wer jedoch zur Off-season reisen möchte, weil die Hotelpreise dann niedriger und weniger Touristen anzutreffen sind, der muß von Mai bis September, in der eigentlichen Regenzeit fahren. Dies ist jedoch auch nicht so dramatisch, da der Regen hauptsächlich während der Nachtstunden fällt und tagsüber, abgesehen von gelegentlichen Wolkenbrüchen, noch lange sonnige Abschnitte vorherrschen. Und darüber hinaus ist auch das Licht ein ganz spezielles; Profi- und Amateurfotografen können dies sicher bestätigen.

Galeriewald am Gambia-River

Tier- und Pflanzenwelt

Obwohl zu Beginn dieses Jahrhunderts der größte Teil der Großwildarten (Löwen, Elefanten, Giraffen, Antilopen) von den Kolonialherren und Wilderern ausgerottet worden ist, bieten die mit Mangroven und Galeriewäldern gesäumten Flußläufe ideale Lebensbedingungen für zahlreiche Tier- und Pflanzenarten. Wegen seiner über 400 Vogelarten wird Gambia (ebenso wie Senegal) gerne als **Paradies für Ornithologen** bezeichnet. Man kann nicht nur verschiedene Finken, Gänse, Reiher, Kraniche und Pelikane antreffen, sondern auch Adler, Geier, Raben sowie (v. a. an der Küste) auch Seeschwalben, Möwen, Watvögel und Strandläufer.

Einst zählte der Gambia-River zu den krokodilreichsten Flüssen Westafrikas, heute ist nur noch selten ein Alligator anzutreffen; eher wird man bei einer Flußschiffahrt noch einem der wenigen Nilpferde begegnen. Affenscharen (Paviane und Husarenaffen) dagegen werden einem ständig über den Weg laufen. Im *Abuko-Nature Reserve*, Gambias größtem **Nationalpark**, kann man außerdem – mit etwas Geduld – auch Löwen, Antilopen und Hyänen beobachten. Die zahlreichen leuchtenden Schmetterlinge und Libellen werden darüber hinaus immer wieder die Aufmerksamkeit des Besuchers auf sich lenken. Andere Säugetiere wie Warzen- und Stachelschweine, Hasen und Schakale sind dagegen nur selten zu sehen. Die meist im Rudel auftretenden Buschschweine können der Landwirtschaft großen Schaden zufügen.

Bekannt ist Gambia auch für seinen Fischreichtum; darüber hinaus sind zahlreiche Wasser- und Meerestiere wie Krabben, Muscheln und Schnek-

ken, die auch zur Gaumenfreude so manchen Besuchers werden, entweder an den Meeresküsten oder entlang der Flußläufe anzutreffen. In der Nähe der Meeresküste sind gelegentlich auch Delphine auszumachen.
Die **Flora** Gambias hat ebenfalls ihre Besonderheiten aufzuweisen. Neben den heimischen Gewächsen wie Hibiskus, Pagodenbaum und Oleander ist die orange-rot blühende Feuerakazie (Flammenbaum) erst durch Menschenhand von ihrer Heimat Australien nach Westafrika gekommen. Auch der Jacaranda-Baum mit seinen blauen, trompetenförmigen Blüten stammt ursprünglich aus Brasilien.

Bevölkerung

Etwa 43% der ca. **900 000 Einwohner** Gambias gehören der ethnischen Gruppe der *Malinke* oder *Mandingo* an, daneben leben etwa 18% *Fulbe* und etwa 13% *Wolof* (vor allem am Nordufer des Gambia-Flusses) in Gambia; außerdem jeweils etwa 7% *Diola* und *Sarakolle*. Und im Osten des Landes leben die *Serahuli (Serawulli)*, eine kleine ethnische Gruppe, die bereits von dem schottischen Entdeckungsreisenden *Mungo Park* erwähnt wurde. Die Wachstumsrate der Population liegt bei 5,6 % pro Jahr und die Bevölkerungsdichte mit ca. 80 Einwohnern pro qkm zu der größten der afrikanischen Länder.

Der überwiegende Teil der Bevölkerung Gambias lebt vom Erdnuß-, Reis- und Hirseanbau, der Export von Erdnüssen gehört zu den Haupteinnahmequellen des Landes.

Sprache

Das von den ehemaligen Kolonialherren eingeführte **Englisch** ist nach wie vor **offizielle Amtssprache** und wird von etwa 50 % der Bevölkerung gesprochen; daneben wird auch Französisch häufig als Handelssprache eingesetzt. Im Bildungssektor ist neben Englisch auch das Arabische als Bildungssprache eingeführt worden. Wichtigste einheimische Sprache ist neben verschiedenen anderen lokalen Sprachen jedoch das *Wolof* (s. Senegal), verschiedene *Mande*-Dialekte sowie *Fula (Fulfulde)*.

Religion

Etwa 85 % der Gesamtbevölkerung bekennen sich zum **Islam** und nur etwa 2% zum Christentum (v. a. Katholiken, nur wenige Anglikaner); der Anteil der Bevölkerung, der sich zur traditionellen (Natur-)Religion bekennt, ist relativ gering. Vor allem unter den *Diola* und *Fulbe* findet man noch Anhänger dieser alten Glaubensvorstellungen.

Geschichte

Das Gebiet des heutigen Staates Gambia soll angeblich schon zur Altsteinzeit (Beginn vor etwa 2 Mio. Jahren bis etwa 8000 v. Chr) besiedelt gewesen sein. Auf größere Ansiedlungen um etwa 4000 v.Chr. weisen Muschelfunde hin; diese Muscheln dienten damals als Nahrungsmittel.

Im 10./11. Jh. bildete das Gebiet des heutigen Staates Gambia einen Teil des *Ghana-Reiches*, später im 13. Jh. war es Teil des großen *Mali-Reiches* (s. *Land und Leute – Geschichte*) und schon früh war der Islam durch Händler in diese Region gebracht worden. Bevor der Islam jedoch zur dominanten Glaubensrichtung wurde, erschütterten bürgerkriegsähnliche Kämpfe diese Region, bei denen islamische Fulbe mit fanatischem Eifer versuchten, die mächtigen und noch tief in ihren alten religiösen Glaubenspraktiken verwurzelten *Mandingo-Könige* (auch *Soninke* genannt) zum Islam zu bekehren. Dabei waren die religiösen Führer, sogenannte *Marabouts*, von der Idee besessen, einen reinen Islam zu installieren. Diese blutigen Auseinandersetzungen, die nicht nur Landwirtschaft, sondern auch den gesamten Handel der Gambia-River-Region zum Erliegen brachten, fanden von 1850 bis 1887 statt und gingen als die **Soninke-Marabout-Kriege** in die Geschichte ein.

Endgültig beigelegt war dieser Glaubenskrieg trotz verschiedener Interventionen sowohl der Engländer als auch der Franzosen, bei denen zum Teil Schutzverträge abgeschlossen wurden, erst mit dem Tod einer der führenden Marabouts.

Die ersten Weißen, die in diese Region kamen, waren **Portugiesen**. Nachdem sie 1455/56 die Gambia-Flußmündung entdeckt hatten, interessierten sich später auch Holländer, Franzosen und Engländer für dieses Gebiet. Die **Engländer** errichteten 1661 die Inselfestung *St. James*, die im Laufe der Zeit mehrmals ihre Besitzer wechselte. Die **Franzosen** hatten sich bei ihren Expansionsbestrebungen mehr auf die Region am Senegal-Fluß konzentriert, aber auch in *Albreda* (in unmittelbarer Nachbarschaft von *James Island*) einen Handelsstützpunkt errichtet. Auch wenn zwischen Franzosen und Engländern jahrhundertelang diesbezüglich starke Rivalitäten bestanden, war der Handel mit den einheimischen Herrschern sehr ergiebig. Feuerwaffen, Glasperlen und Stoffe wurden gegen Elfenbein, Sklaven, *Gummi arabicum* und Häute eingetauscht. Im Versailler-Vertrag von 1783 bekam England offiziell alle Rech-

Zuschauer bei einem Ringkampf (wrestling)

te über Gambia zugesprochen, die Rivalitäten bezüglich der Sklavenbeschaffung hielten jedoch an.

Zu Beginn des 19. Jahrhunderts (als die Engländer im Jahre 1807 in ihren Kolonien die Sklaverei aufgehoben hatten) duldeten diese auch den **Menschenhandel** anderer Nationen nicht länger. Sie kaperten die entsprechenden Schiffe und verwandelten das ehemalige Sklavenfort James in einen Zufluchtsort für entkommene Sklaven. Auf der Insel *Banjol*, an der Mündung des Gambia-Flußes, wurde 1816 von den Engländern die Garnison und Siedlung *Bathurst* errichtet. Sie unterstand dem britischen Gouverneur in *Freetown*, der auch die Goldküste verwaltete. Im Jahre 1888 wurde dieses Handelszentrum Bathurst zur Hauptstadt der britischen Kolonie Gambia ernannt. In den Jahren 1932 bis 38 wurden zahlreiche freigelassene Sklaven aus Sierra Leone in Bathurst und auf *McCarthy Island* (wo sich heute die Stadt *Georgetown* befindet) angesiedelt. 1973, drei Jahre nach Erlangung der **Unabhängigkeit 1970**, erhielt die Hauptstadt (wieder) den Namen *Banjul*.

Ab 1901 war Gambia offiziell britische Kronkolonie (*Crown Colonie of the Gambia*) und bildete zusammen mit zahlreichen anderen Kolonien das *Dependent Empire*; ihre Bewohner waren vom Status her britische Untertanen, nicht britische Staatsbürger.

Im Vergleich zu den Franzosen verwalteten die Engländer jedoch ihre Kolonien nach dem Prinzip des indirect rule, einer Art **Treuhandverwaltung** durch das britische Parlament. Die Theorie und die reale Umsetzung dieses Prinzips waren jedoch oft sehr unterschiedlich. Wichtige Entscheidungen über Steuern, Investitionen, Bodenverteilung, Arbeitsbedingungen etc. wurden von der Kolonialverwaltung entschieden. Das traditionelle Gesellschafts- und Herrschaftssystem wurde jedoch nur geringfügig verändert, so daß die moderne Verwaltungsstruktur des Landes auch heute noch stark durch das überlieferte Häuptlingswesen und die alten Dorfgruppierungen geprägt ist.

Die Entlassung in die Unabhängigkeit verlief in verschiedenen Etappen, wobei die Afrikaner mehr und mehr an der Legislative und Exekutive beteiligt wurden, indem zunehmend einheimische Vertreter ins britische Parlament gewählt wurden; 1948 gab es bereits drei schwarze Minister. 1959 wurde von *D.K. Jawara*, dem heutigen Staatspräsidenten von Gambia, die erste Partei des Landes, die *Protectorate People's Party*, gegründet, welche später in *People's Progressive Party* umbenannt wurde. Nachdem Gambia 1963 zunächst die innere Autonomie erlangt hatte, bekam es am 18.2.1965 – nach 200 Jahren britischer Kolonialzeit – endlich auch die politische Unabhängigkeit als **konstitutionelle Monarchie** (d. h. Staatsoberhaupt war weiterhin die britische Königin) zugesprochen; Gambia erhielt den offiziellen Namen *The Gambia. Sir Dawda Kairaba Jawara* wurde zum Premierminister und Staatsoberhaupt ernannt; fünf Jahre später, am 24.4.1970, erfolgte mittels Volksabstimmung die **Umwandlung in eine Republik** mit Jawara als Staatspräsident, welcher alle fünf Jahre direkt gewählt wird.

Die *People´s Progressive Party* wurde mit der Zeit zur stärksten Partei des Landes und somit zur Regierungspartei. In über zwanzig Jahren wurde Jawara bei Wahlen immer wieder in seinem Amt als Staatsoberhaupt bestätigt, das letzte Mal bei den Präsidentschafts- und Parlamentswahlen am 29.4.1992. Bei einer Wahlbeteiligung von 55,8% wurde er mit 58,4% der Stimmen gewählt; er hat jedoch verkündet, sein Amt bald niederzulegen.

Regierung

Neben der regierungstreuen Partei PPP gibt es die 1975 von *Sheriff Dibba* gegründete *National Convention Party* (NCP), die stärkste oppositionelle Partei des Landes. Daneben wirkt die sozialistische *Gambia People´s Party* (GPP), die *People´s Democratic Organization for Independancy and Socialism* (PDOIS); letztere macht sich vor allem für die ökonomische Unabhängigkeit Gambias stark.

Gambia wurde nach Erlangung der Unabhängigkeit gerne als **demokratisches Musterland Afrikas** bezeichnet, denn es etablierte sich eine Mehrparteienlandschaft, die Presse wurde nicht kontrolliert und es gab keine politischen Gefangenen und keine Armee. 1980 sah sich die Regierung das erste Mal gezwungen einzugreifen, um zwei linksradikale Gruppierungen zu verbieten, was einen Putsch zu Folge hatte, bei dem die Regierung für mehrere Tage außer Kraft gesetzt war. Mit Hilfe senegalesischer Truppen konnte der Putsch niedergeschlagen werden; dann bestand vier Jahre lang der Ausnahmezustand. 1982 wurde die **Konföderation Senegambia** ins Leben gerufen, mit *A. Diouf* (Staatspräsident von Senegal) als Präsident und D.K. Jawara als Vizepräsident *(s. Kapitel: Senegal)*.

Wirtschaft

Gambia ist ein typisches **Agrarland**. Nennenswerte Bodenschätze gibt es nicht und die unbedeutende Industrie

---

Sir Dr. Dawda Kairaba Jawara
(Biographische Notizen)
Geb. 1924 in Barajally als Sohn eines Händlers gehört er einem Stamm der Mandingo an. Nach einem Veterinärstudium war er von 1954–60 im Staatsdienst tätig. Anschließend zeigte er verstärktes Engagement in der PPP, deren Führung er bald übernahm. Seit Juni 1962 ist er erster Premierminister und seit Proklamation der Republik 1970 Staatspräsident und Generalsekretär der PPP.
Den Militärputsch im Juli 1981 überstand er mit Hilfe senegalesischer Truppen (s. o.). Obwohl er seinen Rückzug vom Amt des Staatspräsidenten bereits 1991 angekündigt hatte, stellte er sich 1992 wieder zu Wahl und war ein weiteres Mal erfolgreich (s. o.). Angeblich ist Jawara mit zwei Frauen verheiratet und Vater von neunzehn Kindern (s. Munzinger Archiv/IH-Länder aktuell 36/93).

---

beschränkt sich auf ein paar erdnußverarbeitende Betriebe. Mehr als 80% der erwerbstätigen Bevölkerung Gambias sind in der Landwirtschaft tätig. Auf etwa zwei Drittel der landwirtschaftlichen Nutzfläche werden Erdnüsse angepflanzt, deren Export 90 % der Exporterlöse bringt. Der Anbau erfolgt überwiegend in Monokulturen, wodurch eine starke Abhängigkeit von Preisschwankungen auf dem Weltmarkt entstanden ist und eine große Anfälligkeit für witterungsbedingte Ernteausfälle. Für die Erdnußernte selbst kommen Saisonarbeiter aus den Nachbarländern nach Gambia. Außer Erdnüssen werden auch Hirse, Mais, Reis, Maniok und Baumwolle angebaut; letztere stellt neben Palmkernöl auch ein weiteres Exportprodukt dar. Gemüse wird ausschließlich für den Eigenbedarf angepflanzt. Fischfang wird nicht in großem Stil betrieben, sondern in alter Tradition mit Pirogen; er dient ebenfalls der Selbstversorgung der Bevölkerung.

Nachdem in den ersten zehn Jahren der Selbständigkeit (1965–75) die wirtschaftlichen Verhältnisse relativ stabil waren, verschlechterte sich die Situation in den darauffolgenden Jahren erheblich. Dafür waren durch ungünstige Wetterverhältnisse bedingte schlechte Erdnußernten und drastisch schwankende Erdnußpreise (Weltmarkt) sowie die mit der Überbewertung des *Dalasi* einhergehende **Inflation** verantwortlich zu machen. Im Jahre 1985 wurde mit einer Strukturreform begonnen, wodurch die Inflation, die 1986/87 bei mehr als 46% lag, auf 9–11% im Jahre 1991/92 gesenkt werden konnte. Das Defizit im Budget (negative Handelsbilanz) wurde im gleichen Zeitraum von 17% auf 4% verringert. Seit Mitte der 80er Jahre wird sogar ein Überschuß erzielt, was auf konsequente Strukturreformen (durch Darlehen der Weltbank), eine restriktive Geld- und Kreditpolitik, eine konsequent marktwirtschaftlich orientierte Anpassungspolitik sowie große finanzielle und technische Unterstützung verschiedener Länder der ganzen Welt zurückzuführen ist. Dennoch ist Gambias Wirtschaft immer noch sehr leicht durch äußere Einflüsse zu erschüttern, da nach wie vor einige strukturelle Ungleichgewichte bestehen. Bei einer nationalen Konferenz im Januar 1993 wurde eine exportorientierte Industrie gefordert.

Der **Tourismus** stellt neben dem Erdnußexport die zweitwichtigste Deviseneinnahmequelle des Landes dar und gilt derzeit als die einzige **Wachstumsbranche**. Massentourismus gibt es, abgesehen von den luxuriösen Hotelanlagen an der Atlantikküste, (noch) nicht. Man ist jedoch darum bemüht, die touristische Infrastruktur des Landes weiter auszubauen. Der Tourismus schafft auch Arbeitsplätze, in denen v. a. junge Gambier/-innen als Zimmermädchen, Hotelboys, Taxifahrer, Chauffeure oder Souvenirverkäufer ihren Lebensunterhalt verdienen und nicht selten davon eine ganze Familie ernähren. Der Verkauf von lokalem Kunsthandwerk (oft lediglich sogenannte *Airport Art*) stellt für viele Einheimische ein relativ gesichertes Einkommen dar.

Gesundheitswesen

Da 1987 nur ca. 66 Ärzte in Gambia praktizierten (etwa ein Arzt pro 9000 Einwohner), wurde ein fünfjähriges, nationales Gesundheitsentwicklungsprogramm gestartet. **Häufigste Erkrankungen** sind Malaria, Gonokokkeninfektion, Bilharziose und Tuberkulose. Laut WHO sind 1991 etwa 6000 HIV-infizierte Personen registriert worden, 141 waren an AIDS bereits erkrankt.

Bildungswesen

Der Schulbesuch ist in Gambia zwar kostenlos, aber nicht obligatorisch: Die Einschulung erfolgt im 8. Lebensjahr. Die Einschulungsrate lag 1989 bei etwa 53%. Die **Analphabetenquote** der über 15-jährigen lag 1990 bei über 70%. Nach einer 6-jährigen Grundschulerziehung folgt seit 1992/93 eine 3-jährige *Junior Secondary School* oder eine 3-jährige *Senior Secondary School*. Zudem gibt es berufsbildende Schulen und Lehrerausbildungsstätten, wie das *Gambia College* in *Brikama*. Eine Universität hat Gambia jedoch nicht: Bevorzugte Studienländer sind die USA und Großbritannien.

Medien
Presse
Pressezentrum ist die Hauptstadt *Banjul*. In Gambia gibt es keine Tageszeitungen, jedoch mehrere wöchentlich und monatliche erscheinende Zeitungen und Zeitschriften. Wöchentlich erscheint die Regierungszeitung *The Gambia Weekly* (war bis 1989 *The Gambia News Bulletin*). Andere Zeitungen von Bedeutung sind *The Gambian Times* (PPP-Organ), *The Gambian, The Gambian Onward, The Nation, The Toiler, The Torch* und *The Worker* (Gewerkschaftszeitung) sowie seit 1991 *The Point* und seit Anfang 1993 auch *Newsmonth*, welche zunächst wöchentlich, später auch täglich erscheinen soll.

Rundfunk/Fernsehen
Die 1962 gegründete Rundfunkstation der Regierung *Radio Gambia* sendet täglich fast zwanzig Stunden Programm in Englisch und verschiedenen Landessprachen wie z. B. *Wolof*. *Radio Syd*, ein von Schweden gegründeter Privatsender, sendet in Englisch, Französisch und mehreren Landessprachen (überwiegend Musikprogramme). Relativ neu ist das *Radio 1 FM*. 1989 waren ca. 140 000 Radiogeräte im Einsatz.

Fernsehen spielt bisher nur eine untergeordnete Rolle, denn einen eigenen Fernsehsender gibt es in Gambia noch nicht; er soll jedoch mit finanzieller Hilfe Frankreichs in nächster Zeit eingerichtet werden. Bisher können nur Sendungen aus Senegal empfangen werden.

Das Radio ist bei jung und alt ein beliebtes Unterhaltungsmedium

Praktische Informationen

An- und Weiterreise
Flüge von Frankfurt nach Banjul gibt es mit *Condor* zu ähnlich günstigen Preisen wie nach Dakar (Senegal); ansonsten mit *British Airways* ab London oder mit *Sabena* von allen großen deutschen Flughäfen sowie von Zürich und Basel. Auch *Swissair* fliegt von allen großen deutschen Flughäfen nach Banjul.
Die Strecke Dakar – Banjul wird 1–2mal täglich vom *Gambia Air Schuttle-Service* (siehe Senegal) bedient. In Verbindung mit einem Pauschalangebot sind auch günstige Flüge nach Gambia bei verschiedenen Reiseveranstaltern zu finden.

Einreise über Senegal
Mehrere Taxi-Brousse sowie ein staatlicher Bus (GPTC) starten direkt von *Dakar*. Abfahrt vom *Terminus Le Clerc* in Dakar Di, Do, Sa ca. 10 Uhr. In umgekehrter Richtung von *Barra* nach *Kaolack* bzw. Dakar täglich ca. 9 Uhr. Fahrtzeit Barra – Kaolack etwa 2–3 Std.; für die Strecke Barra – Dakar ist mit einer Fahrtzeit von 4–5 Std. zu rechnen. Genaue Abfahrtszeiten vor Ort erfragen!
Westroute:
Nimmt man die westliche Route über *Toubacouta* nach Banjul, so muß man bei Barra den Gambia-Fluß mit einer Fähre überqueren, um nach Banjul zu gelangen. Das letzte Stück von Kaolack nach Barra ist in schlechtem Zustand (riesige Schlaglöcher!). Selbstfahrer (Geländewagen) müssen das Ticket bereits 2 km vor Barra kaufen und können nur in CFA (ca. 8000 CFA) bezahlen.

Ostroute:
Auf dem östlichen *Trans-Gambian-Highway* via Kaolack und *Nioro du Rip* überquert man bei *Mansa Konko* den Gambia-Fluß. Sollten sie mit einer kleineren Fähre übersetzen, die nicht am Pier anlegt, müssen Sie damit rechnen, ein paar Meter durchs Wasser zu waten, da diese auf dem Sand auflaufen. Während der Regenzeit steht das Wasser so hoch, daß man die Fähre am Trans-Gambian-Highway nur nach einer Fahrt durchs Wasser erreichen kann.
Man kann aber auch von *Tambacounda* kommend über *Velingara* (bei *Basse Santa Su*) nach Gambia einreisen.

Visa/Einreise/Zollkontrolle
Deutsche Staatsbürger können für einen Aufenthalt bis zu drei Monaten ohne Visum einreisen; erforderlich ist lediglich ein **gültiger Reisepaß**. Österreicher und Schweizer benötigen ein Visum.
Gesundheit: Eine Gelbfieberimpfung ist nicht zwingend vorgeschrieben, wird aber, ebenso wie Malariaprophylaxe, Polio- und Tetanusimpfung dringend empfohlen. Wegen der schlechten medizinischen Versorgung sollten Sie die wichtigsten Medikamente und Verbandsmittel im Reisegepäck haben.
Autofahrer benötigen ein *Carnet de Passage* oder das *Formular „J"*, beim Automobilclub in Dakar bzw. *Kaolack* oder in *Ziguinchor* beim Zoll *(Douane)* erhältlich. Das Formular „J" ist ein Carnet-Ersatz und üblicher als das Carnet de Passage, welches weitgehend unbekannt ist, aber nach eingehender Diskussion (Tenor: es sei doch das „Bessere") akzeptiert wird. Am Wochenen-

de zahlt man ca. 650 CFA Gebühr für Wochenendarbeit!

Flugreisende landen im 24 km südlich von Banjul gelegenen *Yundum Airport*. Eine Shuttle-Bus-Verbindung in die Stadt besteht nicht. Für Taxifahrten (Tourist-Taxis) in die Stadt bzw. zu den Hotels an der Atlantikküste sind die Preise meist Verhandlungssache (z. B. Airport – Banjul 150 D oder Serekunda – Airport 35 D). Die Flughafengebühr bei der Ausreise beträgt ca. 25 DM.

Visa
Guinea-Bissau:
Botschaft in der Wellington Street, Tel. 2 81 34. Visa werden innerhalb von ein paar Stunden ausgestellt, Gebühr 100 D; 1 Monat gültig (Achten Sie darauf, daß das Visum richtig ausgefüllt ist!).

Senegal:
Botschaft, 10, Cameron Street/Ecke Buckle Street. Tel. 2 74 68. Visaerteilung mit 3 Paßfotos, Bearbeitungszeit 48 Std., Gebühr 23 D oder 1000 CFA.

Mali:
Gant Street/Ecke Lasso Wharf. Tel. 2 84 33. Visaerteilung sofort mit 3 Paßfotos, Gebühr: 5000 CFA.

Sierra Leone:
Hagan Street (zwischen Hill und Anglesea Street). Visaerteilung innerhalb von 24 Std. Gebühr 25 D.

Botschaften
Vertretungen von Gambia
♦ **Deutschland:**
Honorarkonsulat
Kurfürstendamm 103, 10711 Berlin, Tel. (030) 8 92 31 21,
Fax 8 91 14 01 und:
80502 München, Schönfeldstr. 14, Postfach 1249, Tel. (089) 98 90 22, Fax (089) 9 81 02 61.

♦ **Schweiz:**
Konsulat
Via al Poggio 6, CH - 6932 Breganzona/ Lugano, Tel. (0041/91) 56 32 92, Fax 57 18 24.

♦ **Belgien:**
The Gambia Embassy
126, Av. Franklin Roosevelt, B-1050 Brüssel, Tel. (0032/2) 6 40 10 49, Fax (0032/2) 6 46 32 17.

Vertretungen in Gambia
♦ **Deutschland:**
Deutsche Botschaft
Independent Drive, Tel. 2 77 83.

♦ **Österreich/Schweiz:**
Bei Problemen in Gambia ist für Schweizer und Österreicher die jeweilige Botschaft in Dakar (Senegal) zuständig (s. dort).

Reisen in Gambia
Verkehrsmittel/Unterkunft
Siehe *Praktische Informationen für unterwegs* bzw. unter *Banjul*).

Geld/Währung/Banken
Währung ist der *Dalasi* (= 100 *Bututs*). Es gibt Münzen zu 1, 5, 10, 25, 50 Bututs und 1 Dalasi. Banknoten gibt es zu 1, 5, 10, 25 und 50 Dalasi.

Es existiert zwar keine Einfuhrbeschränkung für Dalasi, jedoch ist die Ausfuhr auf 74 Dalasi begrenzt. Franc CFA werden anerkannt. Das Wechseln von Travellerschecks ist in jeder Bank möglich.

Inoffizielle Geldwechsler mit günstigen Kursen finden sie in *Barra*, im Fährhafen von Banjul, vor dem Markt und der Post. Da die Wechselkurse von Tag zu Tag stark schwanken, empfiehlt es sich, nur so viel Geld zu tauschen, wie man ungefähr in den nächsten Tagen braucht.

Wechselkurs (Stand 11/93):
- 1 DM = 5,80 D
- 1 US $ = 9,70 D

Banken
Standard Chartered Bank Gambia Ltd.
Buckle Street, Banjul, Tel. 2 74 49.
Zweigstellen in Serekunda, Bakau und Hotel Senegambia.
Banque International du Commerce et d´Industrie Sénégal (BICIS)
Wellington Street, Banjul, Tel. 2 81 45,
Zweigstellen in Serekunda und Bakau.
The Gambia Commercial and Development Bank
Buckle Street, Banjul, Tel. 2 73 68.
Zweigstellen in Bakau, Farafenni und Basse-Santa-Su.
Öffnungszeiten:
Mo bis Do 8–13 /13.30 Uhr,
Fr bis Sa 8–11/13 Uhr.
Hinweis: Wechseln Sie genügend Geld vor einer Fahrt ins Landesinnere, da die „nächste" Bank erst in Basse ist.

Feiertage/Feste
1. Januar, 19. Februar, Karfreitag, 1. Mai, 15. August, 25. Dezember, sowie die jährlich wechselnden islamischen Feiertage.

Trinkwasser
Wasser muß gefiltert oder abgekocht werden. (In Banjul selbst soll dies nicht unbedingt notwendig sein.)

Benzin
Treibstoff ist in Gambia billiger als im Senegal; die Preise unterliegen großen Schwankungen (Stand 7/93):
- Super: ca. 8 D/Liter
- Benzin: ca. 7,5 D/Liter
- Diesel: ca. 6 D/Liter

Maße/Gewichte/Strom
1980 wurde das **metrische System** eingeführt; es verdrängt jedoch nur langsam die alten britischen Maßeinheiten.
220 V Wechselstrom.

Campement in Georgetown, Unterkunft in Strohhütten

Reiserouten, Städte, Sehenswürdigkeiten

Banjul

Die Hauptstadt Banjul (ca. 50 000 Einwohner) ist eine kleine Stadt, in der die Zeit stehen geblieben zu sein scheint. Auf die ehemalige britische Kolonialzeit weisen noch die Namen von Straßen und Plätzen sowie die zweistöckigen Kolonialbauten mit Veranda hin und nicht zuletzt die *fish and chips*-Restaurants. Die Halbinsel direkt an der Mündung des Gambia-Rivers ist eine sogenannte Schwemmlandinsel und war ursprünglich mit dichten Bambuswäldern bewachsen. Heute befinden sich westlich der Stadt ausgedehnte Mangrovensümpfe, die nur schwer zugänglich sind und eine weitere Ausdehnung der Stadt unmöglich machen. Daher hat sich nicht nur das demographische, sondern auch das ökonomische Wachstum auf Städte wie Serekunda, Bakau und Fajara verlagert; *Serekunda* ist heute mit 80 000 bis 100 000 Einwohnern (genaue Statistiken existieren nicht) die größte Stadt Gambias. Was Banjul jedoch vorzuweisen hat ist ein **geschützter Hafen**, in dem auch große Frachtschiffe anlegen können, und es ist weiterhin das **Verwaltungszentrum** des Landes. Durch die *Denton Bridge* (Straße nach Serekunda) ist die Insel mit dem Festland verbunden, und eine Fähre verbindet Banjul (Südufer) mit Barra (Nordufer) des Gambia-Rivers.

Bei einem Spaziergang durch die Stadt fällt auf, daß einige Straßen nicht (mehr) asphaltiert sind. Dies ist das Ergebnis eines Kanalisationsprojektes, bei dem die Straßen zunächst aufgerissen werden mußten, es aber anschließend an finanziellen Mitteln fehlte, um sie auch wieder zu asphaltieren. In der Regenzeit verwandeln sie sich daher in Tausende von riesigen Pfützen und Schlammlöchern.

Außerdem sind in Banjul nur wenige Straßenlaternen installiert, so daß es nachts stockdunkel ist; also Vorsicht: Gehen Sie nachts – wenn möglich – nicht alleine durch die Straßen ! Bisher einziges Hochhaus ist das der Central Bank in der Buckle Street, das wie ein Monument die umliegenden wellblechgedeckten Häuser überragt. Ähnlich futuristisch wirkt neben all den bereits vom Verfall gekennzeichneten Kolonialbauten das Gebäude der BICIS-Bank in der Wellington Street. Zentrum der Stadt Banjul ist der *Mac Carthy Square* mit den *Victoria Recreation Grounds*, die nur gelegentlich – bei sportlichen Veranstaltungen – für die Öffentlichkeit zugänglich sind. Von diesem Platz führt der *Independance Drive*, die Hauptstraße Banjuls nach Norden Richtung Bakau, Serekunda, Yundum Airport usw.; die beiden größten Geschäftsstraßen, *Wellington* und *Buckle Street* führen von hieraus nach Süden zum Fährhafen (Anlegestelle der Fähre nach Barra-Nordufer).

Sehenswürdigkeiten
Albert Market
Ein Besuch des Albert-Marktes, wo man im Innenhof vor allem Lebensmittel findet, während sich Korb-, Töpfer- und Haushaltswaren, Drogerieartikel und Bekleidung sowie alle Arten von Waren

aus Asien in den oberen beiden Stockwerken befinden, lohnt sich allein der Atmosphäre wegen. Das 1855 von den Briten erbaute Marktgebäude war 1986 fast völlig abgebrannt, wurde aber wieder aufgebaut. Auch einheimische Batiktücher (in den unterschiedlichsten Farben und Designs) werden in großer Auswahl angeboten. Direkt hinter dem Marktgebäude liegt der **Fischmarkt** und unmittelbar daneben das *Handicraft Center* mit allerlei Souvenirs (Lederwaren, gambische Puppen, Holzschnitzerein, Gold- und Silberschmuck usw.).

National Museum
Früher beherbergte dieses Gebäude das *British Council*. Heute findet man hier eine umfangreiche Sammlung historischer Dokumente aus der Kolonialzeit sowie der Entwicklung des Staates seit der Entlassung in die Unabhängigkeit. Außerdem alles über die verschiedenen in Gambia ansässigen Ethnien und deren Kultur (Masken, Fetischobjekte, Musikinstrumente, traditionelle Haushaltsgeräte usw. Geöffnet: Mo bis Do 8–16, Fr/Sa 8–12.30 Uhr (So geschl.).

Jamah Mosque
Diese große neue Moschee (auch *Great Mosque* genannt) wurde mit finanzieller Unterstützung Saudi-Arabiens erbaut. Sie wurde im Jahre 1988 eröffnet und bietet etwa 6000 Gläubigen Platz. Besichtigung ist außerhalb der Gebetszeiten möglich, „anständige" Kleidung wird vorausgesetzt.

Half-Die Mosque
Im südlichsten und zugleich ärmlichsten Viertel Banjuls (in der Brown Street) befindet sich die 1926 errichtete und 1950 rekonstruierte Moschee, die an die Opfer einer großen Choleraepidemie im Jahre 1869 erinnert, bei der ein großer Teil (etwa die Hälfte) der Einwohner der Stadt den Tod fanden.

Wrestling
Ein besonderes Ereignis ist der jeden Sonntag Nachmittag in Serekunda stattfindende afrikanische Ringkampf *(s. Senegal: lutte sénégalaise)*, in Gambia *Wrestling* genannt. Er wird in einer Arena im *Stadtteil Bakoteh* aufgeführt. Ein riesiges Spektakel, bei dem jede Mannschaft ihre eigene Musikgruppe (zum Anfeuern) mitbringt und während den Kämpfen der ganze Platz in eine große Staubwolke gehüllt ist. Fast immer werden die Kämpfe zwischen zwei verschiedenen Volksgruppen, z. B. Mandingo und Wolof ausgetragen. Nach jeder Zwischenrunde dreht der jeweilige Sieger eine Ehrenrunde, um Jubelrufe und ein paar Dalasi zu ernten (es empfiehlt sich daher, etwas Kleingeld in Münzen bereit zu halten), bis der endgültige Sieger feststeht

PRAKTISCHE INFORMATIONEN

TOURISTENINFORMATION
Tourist Office
Informationen zu Gambia (vor der Reise). London, W8 5 DG, 57, Kensington Court, Tel. (0044/71) 9 37 96 18.
The Gambia National Tourist Office in Banjul, Quadrangle Building, Mac Carthy Square, Tel. 2 95 63 u. 2 75 93, Hier sind Landkarten und Informationsmaterial erhältlich (übrigens auch in allen größeren Hotels). Exkursionen sind ebenfalls über die Hotels zu buchen.

 UNTERKUNFT
Hinweis: Die besseren Touristen- bzw. Strand-Hotels befinden sich östlich der

Banjul 389

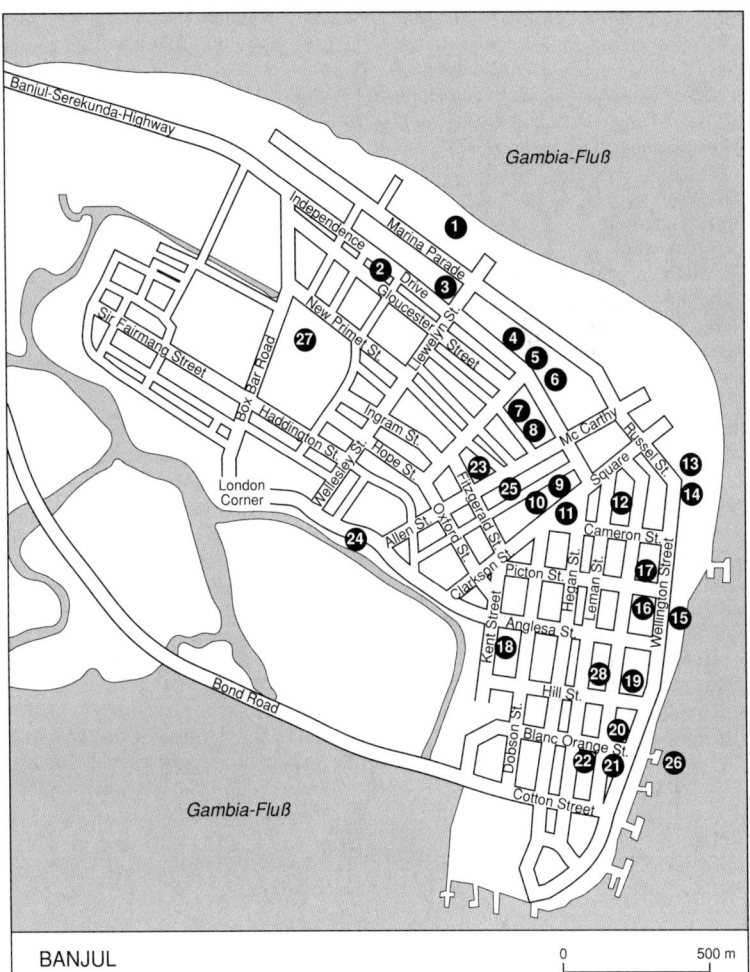

BANJUL

0   500 m

1 Atlantic Hotel
2 Carlton-Hotel
3 Gamtel Telefon-, Telegramm- und Telexamt
4 Texaco Café-Bar
5 Texaco-Tankstelle
6 Nationalmuseum (MRC)
7 Taxis nach Bakau
8 BP-Tankstelle
9 Busse und Taxis nach Serekunda
10 Busse u.Taxis nach Birkama
11 Restaurant, Bar u.Nachtclub OASIS
12 Restaurant Bräustübel
13 Hauptpost (PTT)
14 Gambia Airways-Büro
15 Shell-Tankstelle
16 CFAO-Supermarkt u. African Heritage Restaurant
17 Hauptplizeiwache u.BICIS-Bank
18 Traveller's Lodge
19 Adonis-Hotel
20 Sonnar Stores-Supermarkt
21 Chellerams-Supermarkt
22 Apollo-Hotel
23 Ritz-Kino
24 Odeon-Kino
25 Youth Centre (Jugendzentrum)
26 Barra-Fährhafen
27 Moschee
28 Gambia-Air-Shuttle

Hauptstadt am Cap St. Mary bei den Orten Bakau und Fajara sowie entlang der Atlantikküste *(Palm Grove Hotel, Wadner Beach Hotel, Sunwing-Hotel, African Village, Tropic Garden, Fajara-Hotel, Senegambia Beach Hotel etc.).*

Hotels
Luxusklasse:
Atlantic Hotel
Marina Parade, älteste und beste Adresse am Platz, Tel. 2 86 01-6.
Wadner Beach Hotel
Cape Road, etwa 4 km außerhalb Richtung Denton Bridge, Tel. 2 81 99.
Palm Grove Hotel
Independance Drive, etwas außerhalb, am Strand, Tel. 2 86 30.

Mittelklasse:
Carlton
Independance Drive, Tel. 2 72 58; zentral gelegen.
Duma Guest-House
Oxford/Ecke Sam Jack Street, Tel. 2 83 81.
Abbey Guest House
Fitzgerald Street/Ecke Grant Street, Tel. 22 53 37 und 22 52 28, freundliches Guesthouse unter nigerianischer Leitung, DZ ca. 120 Dalasi.

Einfache Unterkünfte:
Viele der einfacheren Hotels in Banjul werden (auch) als Stundenhotel genutzt. Hier mit (STH) gekennzeichnet.
Apollo Hotel
Buckle Street, Tel. 2 81 84, einfache Ausstattung (STH).
Adonis
Wellington Street/Ecke Hillstreet, Tel. 2 82 62. Zentral gelegen, gutes englisches Frühstück! (STH).
Cantora Hotel
Independance Drive, Tel. 2 87 15.

Traveller's Lodge
Dobson Street 18, (STH).
Teranga Hotel
Hill Street 13 (STH).

 ESSEN UND TRINKEN
Hinweis: Während es im Nachbarland Senegal üblich ist, auf der Straße an *Café-au-lait*-Ständen zu frühstücken, wird in Gambia in der Regel zu Hause gefrühstückt. In den Hotels jedoch wird den Gästen meist ein Frühstück angeboten.

Restaurants
Bräustüberl
Leman Street, Bar-Restaurant mit gutem Essen (einheimische und europäische Küche) und gutem Bier.
African Heritage Restaurant
Wellington Street. Balkon im 1. Stock mit Blick auf den Hafen; erholsamer Platz, So geschlossen.
Fish and Chips
Leman Street, Fast-Food.
Die Restaurants im *Carlton*, *Atlantic Hotel* oder im *Apollo Hotel* sind ebenfalls durchaus zu empfehlen.
An zahlreichen kleinen Straßenständen und Imbißstuben kann man Sandwiches o. ä. für den kleinen Hunger zwischendurch finden.

NACHTLEBEN
Discos/Bars
Uncle Joe´s
Cameron / Dobson Street.
Oasis Nightclub
Clarkson Street. Bei Einheimischen am Wochenende beliebter Treffpunkt; Fr auch Live-Musik.

Kino
Banjul Cinema
Buckle Street.

NOTFALL

Krankenhäuser
Royal Victoria Hospital
Independant Drive, Tel. 2 61 52. (Kostenlose Konsultation, u. a. europäische Ärzte, Medikamente kostenpflichtig).
Lamtoro Clinic
Independant Drive, Tel. 2 84 57.

 VERKEHRSVERBINDUNGEN

Flughafen
Der internationale Flughafen *Yundum* befindet sich etwa 20 km südwestlich von Banjul.

Verbindungen Banjul – Flughafen:
Es gibt einen Bus, der von Banjul Richtung Flughafen fährt (jedoch nicht direkt bis Yundum, die letzten 2 Kilometer muß man laufen). Taxis fahren zum Preis von ca. 150 Dalasi vom Airport nach Banjul. Wesentlich billiger, jedoch umständlicher ist es, mit dem *Banjul-Brikama-Bus* zu fahren; lassen Sie sich daher mit dem Taxi nur bis zur ersten Haltestelle an der Hauptstraße bringen und warten Sie dort auf den Bus nach Banjul.

Fluggesellschaften:
Gambia Airways
69, Wellington Street, Tel. 2 63 47 / 8.
Ghana Airways
Wellington Street, Tel. 2 69 13.
Gambia Air Shuttle
23, Buckle Street, Tel. 2 69 98.
Air Senegal
c/o Gambia Airways.
Nigerian Airways
Buckle Street 11-12, Tel. 2 74 38.
British Airways
c/o Gambia Airways.

Straßenszene in Banjul

Taxis/Minibusse/Busse

In Banjul selbst braucht man kaum ein Taxi, da die geringen Entfernungen ohne Probleme zu Fuß zurückgelegt werden können.

Wenn man zu einem der Strände von Bakau will, sollte man entweder zu mehreren ein Taxi mieten oder mit einem der zahlreichen Minibusse fahren, die ständig zwischen Banjul und Bakau hin und her pendeln; Abfahrt in der *Independance Avenue* gegenüber der Anglikanischen Kirche.

Minibusse nach Serekunda fahren von der *Grant Street* gegenüber vom Mac Carthy Square, andere nach Brikama von der Kreuzung *Grant Street/Albion Place*.

Der *GPTC-Bus* fährt ebenfalls von Banjul nach Brikama; von dort geht's dann weiter mit einem Taxi-Brousse nach Ziguinchor in Casamance/Senegal (kostet ca. 2100 CFA).

Dreimal täglich fahren relativ komfortable staatliche Busse (sowie zahlreiche Lastwagen und Pick-ups) von Banjul entlang des Südufers über Georgetown nach Basse Santa Su.

Preisbeispiel: Banjul – Georgetown ca. 30 Dalasi (plus ca. 7 Dalasi fürs Gepäck), Fahrzeit: 7 Std.

Taxi- bzw. Busverbindungen zum Flughafen s. o.

Straßenverbindungen von Banjul

Banjul – Basse Santa Su
Eine gute Asphaltstraße führt von Banjul *(Thompson Street)* entlang des Südufers über Georgetown nach Basse Santa Su (kurz „Basse" genannt).

Während sich die Asphaltstraße entlang des Südufers in gutem Zustand befindet, ist die Piste entlang des Nordufers nur während der Trockenzeit befahrbar.

Schiffe/Fähren/Boote

Neben den Fähren über den Gambia bei Banjul/Barra, Farafenni/Mansa, Georgetown und Basse *(siehe auch Gambia – Anreise)* gab es lange Zeit ein Dampfschiff, das die Stecke Banjul – Basse via Albreda, Kerewan, Tendaba, Bellingho, Yelli Tenda und Georgetown bediente; es ist leider untergegangen. Ob es inzwischen ein neues Boot gibt, das diese Strecke befährt, muß vor Ort erfragt werden (mir dann bitte mitteilen!).

Nähere Informationen erhält man bei den *Gambia Port Authorities* (Wellington Street, Banjul).

Zur Zeit bleibt also wahrscheinlich nur die Möglichkeit, sich um eine Mitfahrgelegenheit in privaten Booten zu kümmern.

 SONSTIGES

Post/Telefon

Die **Hauptpost** befindet sich in der Russel Street nahe des Albert-Marktes. Geöffnet: Mo bis Fr 8–12 Uhr, Sa 8–13 Uhr. Für „Poste-Restante"-Sendungen werden 24 Bututs pro Brief verlangt. Postsendungen (Briefe, Karten) sind billiger als im Senegal, ebenso ist das Telefonieren (Direktwahl) wesentlich günstiger.

Telefonieren ist Tag und Nacht (8 bis 22 Uhr) möglich. Das *GAMTEL-Office* befindet sich in der Russel Street (neben der Hauptpost). Andere Gamtel-Büros sind u. a. in der Clarkson Street (am Kreisverkehr), gegenüber vom CFAO Supermarket in Bakau, beim Senegambia-Beach-Hotel (bei Kerr Sering).

Vorwahlen:

Europa → Gambia:
00 220 (und die Teilnehmernummer)
Gambia → Deutschland: 0049

Gambia → Österreich: 0043
Gambia → Schweiz 0041

Immigration Office / Visa
Für Visaverlängerungen wendet man sich an das Immigration Office im Innenministerium *(Ministry of Interior)* in Banjul.

Buchhandlungen
Methodist Bookshop
Buckle / Ecke Cameron Street.
Chaaku's
Clarkson Street.
National Library
Hier gibt es eine große Auswahl an englischen Büchern über Gambia.
NTC-Supermarket,
(siehe Supermärkte).

Supermärkte
NTC-Supermarket
Wellington Street.
CFAO-Supermarket
Wellington / Ecke Picton Street.

Reisebüro /Travel Agency
Gambia Tours
Tel. 2 89 63

 AUSFLÜGE

Oyster Creek (Bucht)
Mangrovengebiet westlich von Banjul, bei der Denton-Bridge. Eine Pirogenfahrt durch die *bolongs* (Nebenarme) ist aufgrund der unzähligen Vogelarten vor allem für Ornithologen von Interesse. Als Alternative zur Pirogenfahrt bietet sich ein Spaziergang auf der Bund Road an.

Abuko Nature Reservat
Etwa 23 km südwestlich von Banjul liegt dieses 102 ha große Tierschutzgebiet. Hier sind neben Flußpferden, Pavianen, Schimpansen und einem Gorilla auch seltene Vogelarten (über 200 Arten) und eine reichhaltige Flora anzutreffen. Die Wege sind gut beschildert. Der Rundgang dauert etwa 2 Stunden; Öffnungszeiten täglich von 8.00 bis 18.00 Uhr.

Lamin Lodge
Restaurant, das unter deutscher Leitung steht und auf Pfählen direkt über/im Wasser errichtet wurde. Mit der Piroge oder mit dem Auto über Land zu erreichen. Ein beliebtes Ausflugsziel; häufig auch Gruppenreisende. Gute internationale Küche. Mit dem Auto fährt man am Abuko Park vorbei bis nach Lamin (manchmal auch Lameng geschrieben), wo man links abbiegt (siehe Schild).

Wäscherinnen am Gambia-River

Kombo – St. Mary-Area

Hauptattraktion für viele Besucher Gambias sind die kilometerlangen, sauberen, palmengesäumten **Sandstrände** entlang der Küste von Banjul über Bakau bis zum *Senegambia Beach Hotel* (bei *Kerr Sering*).
Der schönste und ruhigste ist der Strand *Bijilo Beach*. Mit öffentlichen Verkehrsmitteln relativ schwierig zu erreichen: Von *Banjul* über *Serekunda* nach *Sukuta* und von dort zu Fuß noch ca. 4 km Richtung Westen (Küste); nach ca. 3 km erreicht man das Dorf *Bijilo*, von dort noch etwa 1 km weiter bis zum Strand.
Achtung: An der Atlantikküste gibt es immer wieder Stellen mit gefährlicher Strömung. Da es an den Stränden vereinzelt zu Überfällen und Diebstählen kommt, sollte man nicht nach Einbruch der Dunkelheit am Strand sein.

Bakau/Fajara

Diese Orte, 15 km westlich von Banjul gelegen, eignen sich hervorragend, um ein paar Tage auszuspannen. Das Ambiente ist jedoch – bedingt durch die zahlreichen Luxus-Strandhotels – reichlich touristisch (v. a. während der Hochsaison von Oktober bis März/April). Das ändert nichts an der Tatsache, daß hier herrliche Strände anzutreffen sind!

PRAKTISCHE INFORMATIONEN

UNTERKUNFT
Hotels/Bungalowanlagen
African Village
Atlantic Rd.; Tel. 9 53 07. Bungalowanlage an der Steilküste, Blick aufs Meer.
Malawi Guest House
Bakau New Town, Bar-Restaurant; Tel. 9 69 30.
Tropic Garden
Neben African Village, Tel. 9 53 69.
Kotu-Beach- Bungalows
Tel. 9 52 88 u. 9 556 23, Ferienanlage mit Appartements für Selbstversorger!
Kombo Beach (Novotel)
Tel. 9 54 65. Luxus-Hotelanlage.
Kotu-Strand-Village
Tel. 9 56 09. Bungalows für Selbstversorger in schönem Garten; nur zur HS geöffnet.
Friendship Lodge
In der Nähe des Independance Stadion. Tel. 9 58 30.
Sunwing Hotel
Cape Point, Tel. 9 54 28; von Schweden 1971 errichtete weitläufige Hotelanlage; Swimmingpool, Restaurant.
Cape-Point-Restaurant
Am *Cap St. Mary* gelegen, gleich neben dem *Sunwing Hotel* (von Banjul kommend kurz vor Bakau rechts oder von Bakau etwa 15–20 Min. zu Fuß am Strand entlang Richtung Banjul); vermietet relativ billige Bungalows!

 ESSEN UND TRINKEN
Restaurants
Ein paar einfache einheimische Restaurants gibt es in der Nähe vom Sunwing-Hotel, z. B. *Cape Point Restaurant*, *Sambou's Restaurant*, *Ivonne Class* und *Seebreeze Restaurant*.
Rice Bowl Restaurant
Old Cape Rd, Chinesische Küche.
Francisco´s Grill House
Garten-Restaurant mit gutem Preis-Leistungsverhältnis.

Le Lotus
Pipeline Road, chinesische Küche.
Bamboo
Pipeline Road, Gartenterrasse, chinesische Küche.
Bakadadji, afrikanische Küche.

 NACHTLEBEN
Bars/Diskotheken
La Casuarina
Bar neben dem Hotel Fajara, hier trifft man sich bei Reggae- und Funk-Musik.
Sambou's Bar, Afro Inn, Bobo´s Bar
Ebenfalls beliebte Treffpunkte.
Dominoes
Zwischen Novotel und Bungalow Beach Hotel. Schöner Blick von der Terrasse.
Paradise
Direkt am Strand, nördlich vom Bungalow Beach Hotel.
Fajara Club

Kino
Sonntags Videovorführungen im *Novotel*; auch für Nicht-Hotelgäste.

 SONSTIGES
Supermärkte
NTC- Supermarket.
CFAO-Supermarket.
St. Mary's Supermarket
Atlantic Roaed Bakau, exklusiv und relativ teuer.

Buchhandlung
Im *NTC-Supermarket*
Gutes Buchsortiment über Gambia u. a. Geschichte, Natur, tradit. Medizin etc.

Reisebüro
West African Tours
Bakau-New Town, Tel. 9 52 58, Fax 9 61 18.

Kololi Point
Unterkunft:
Senegambia Beach Hotel
Tel. 9 27 17, größter Hotelkomplex Gambias in riesiger Parkanlage.
Kololi-Beach-Hotel
Tel. 9 17 57, komfortable Bungalows, ebenfalls für Selbstversorger.
Kololi Tavern
Tel. 9 34 10, Bungalowanlage, unweit vom Strand.
Restaurants:
Abis Bar & Restaurant
Tel. 9 48 04, kleine Bungalowanlage und Restaurant unter deutscher Leitung.
Il Mondo
Bar-Restaurant, direkt am Strand, nördlich vom Kombo-Beach Hotel.
Weinstube
Neben Senegambia Beach Hotel, deutsche Küche, dieselbe Leitung wie Bräustüberl in Banjul.

Kerr Sering
Boucarabou Hotel
Ökologisch konzipierte Bungalowanlage unter deutsch-gambischer Leitung. Gruppen- und Individualreisende. Angenehme Atmosphäre, daher sehr zu empfehlen. Verschiedene Angebote an Workshops (z. B. traditionelle Medizin, Märchen, Mythen und Magie) und Begegnungsreisen (u. a. Frauen treffen Frauen).
Seit kurzem besteht auch die Möglichkeit, als Individualreisender – ohne die komplette Reise gebucht zu haben und sofern noch Platz vorhanden ist – an der „Wassermusik"-Reise (Bootsfahrt auf dem Gambia-River) teilzunehmen. Nähere Informationen und Buchungen bei:
Cool Running Tours
Berlin, Tel. (030) 7 81 20 48/49, Fax (030) 7 81 20 47.

396 Länder, Routen, Sehenswürdigkeiten – Gambia

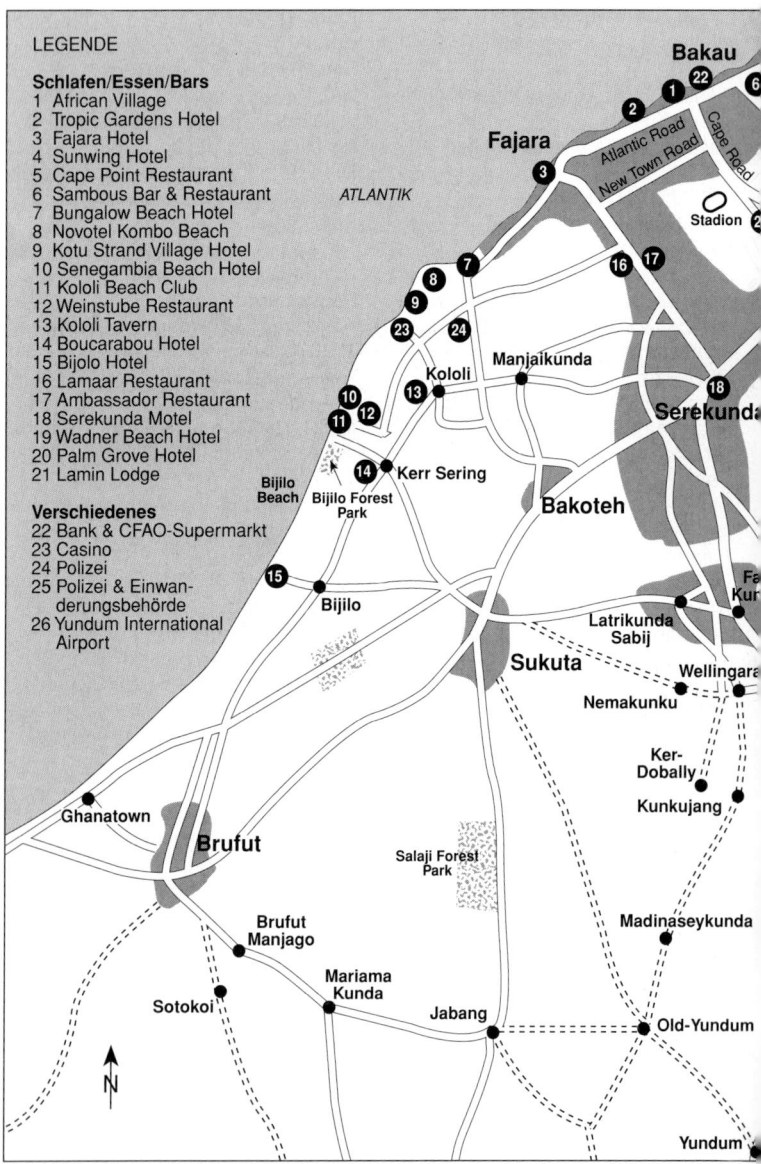

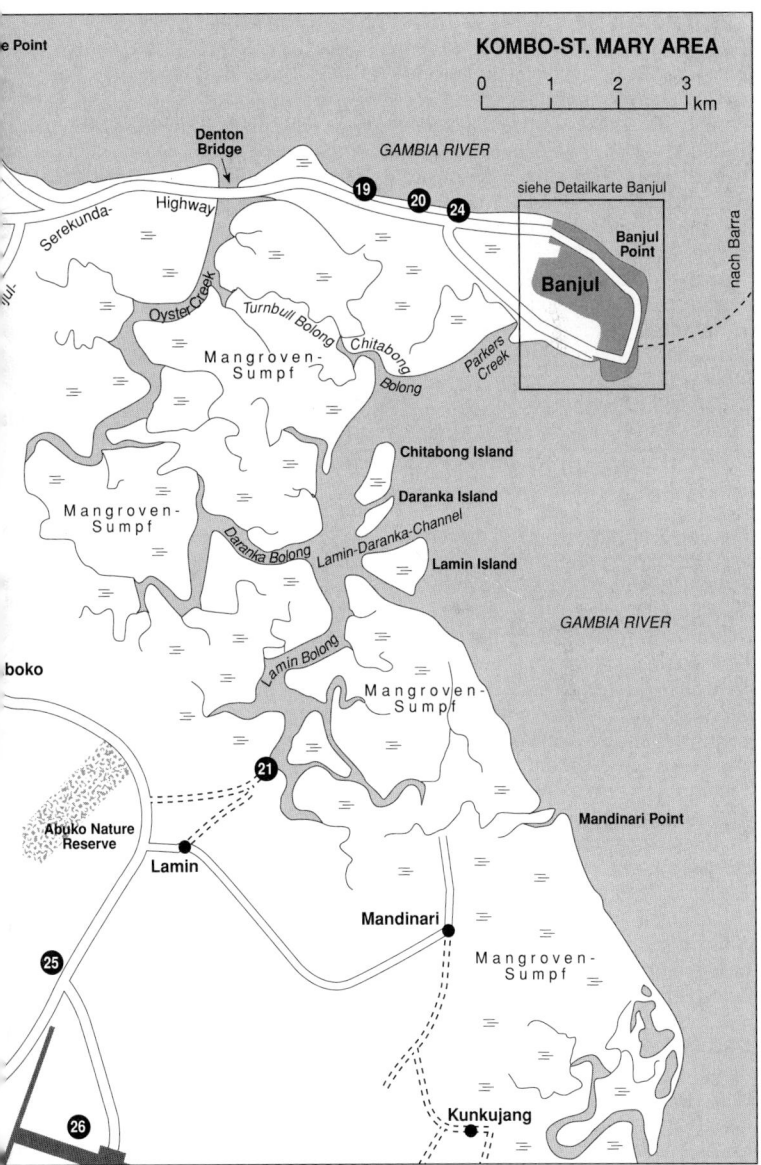

Ghanatown

Einige Kilometer nordwestlich von dem durch sein Titanerzvorkommen bekannten Ort *Brufut* (inzwischen ist die Förderung eingestellt worden) liegt das Dorf *Ghanatown*. Hier haben sich Ghanaer angesiedelt, die mehr oder weniger vom Fischfang leben. Um den Fang für den Transport nach Ghana zu konservieren, werden die Fische in den typischen gemauerten Lehmöfen geräuchert oder in der Sonne getrocknet.

Unterkunft:
Einfache Unterkunft bietet *Rasta-man Ibrahim Tex* direkt am Strand; Auskunft in der *Brufut Beach Bar*.

Serekunda

Die Stadt liegt etwa 15 km südwestlich von Banjul; aufgrund ihrer Funktion als Handelszentrum und infolge zahlreicher Eingemeindungen in den letzten Jahren ist Serekunda zur größten Stadt Gambias herangewachsen. Moderne, häßliche Zweckbauten prägen das Stadtbild. Auf dem zentralen **Markt**, dem größten den Landes, spielt sich das afrikanische Leben „pur" ab.

Sehenswert ist das **Wrestling** *(s. a. lutte sénégalaise)*. Jeden Samstag- und Sonntagnachmittag werden hier (während der Trockenzeit) in einer Arena im Stadtteil *Bakoteh* die traditionellen „Ringkämpfe" ausgetragen.

Achtung: Abends gelegentlich Überfälle von Straßenbanden, die Taschen aufschlitzen.

PRAKTISCHE INFORMATIONEN

 UNTERKUNFT
Hotels
Hotel Serekunda, Tel. 9 27 80.
Serekunda Motel
Masa Dukureh Rd, Tel. 9 27 80.
YMCA Hostel, 5th Street.

 ESSEN UND TRINKEN
Ambassador
Pipeline Rd., Bierkeller, unter deutscher Leitung.
Lamaar
Pipeline Rd., libanesisches Restaurant.

 SONSTIGES
Reisebüros/Travel Agencies
Gambia Tours, Tel. 9 10 41.
Crocodil Safaris, Tel. 9 60 68.
Roots Safari Tours
c/o Ousman Sey in Serekunda, Tel. 9 23 21, sehr günstige Angebote.

Krankenhaus
Westfield Clinic (Privatklinik)
Tel. 9 22 13 u. 9 35 23.

Disco
City Disco, reger Betrieb.

Brikama

Die Kunsthandwerkstadt Brikama ist ebenfalls einen Besuch wert. Hier kann man den Holzschnitzern bei der Arbeit zusehen, z. B. wie sie eine *Djembé* (Trommel) aushöhlen oder andere Percussion-Instrumente herstellen.

Freunde von *Kora-Musik* wird interessieren, daß hier der berühmte Kora-Spieler *Malamini Jobarteh* zu Hause ist. Und wer sich traut, danach zu fragen, wird unter Umständen einen Einheimischen finden, der gerne (gegen ein kleines Entgelt) Unterricht in Kora oder *Balaphon* gibt.

Unterkunft:
Gästehaus der Methodisten-Mission.
Disco: *Safari Club*.

Fahrten auf dem Gambia-Fluß

Ob mit einem größeren Boot oder einer kleinen Piroge, eine Fahrt auf dem Gambia mit seinen mangrovengesäumten Ufern ist in jedem Fall eine sehr beschauliche und romantische Unternehmung (siehe auch *Banjul – Verkehrsverbindungen*).

Das Nordufer
Barra
Das *Fort Bullen* wurde im Jahre 1831 unter den Briten erbaut; die dort installierten Kanonen dienten dazu, den „Eingang" des Gambia-Flusses zu beschützen und sorgten dafür, daß keine illegalen Sklavenschiffe den Ozean erreichten.

Berending
Kleiner Ort, 10 km östlich von Barra gelegen und bekannt für seinen heiligen Krokodil-Teich. An diesem Platz werden gelegentlich auch Heilungs- bzw. Reinigungszeremonien abgehalten, bei denen die Kranken entweder das Wasser trinken oder sich darin baden. (Besucher sollten als Gastgeschenk ein paar Kolanüsse mitbringen!).

Fort James Island
Bevor die Briten an der Gambia-Mündung Verteidigungspunkte installiert hatten, war diese Insel (24 km von Banjul stromaufwärts) der strategisch wichtigste Punkt.

Albreda
Von den Franzosen im Jahre 1681 errichteter Handelsstützpunkt; mit dem Versailler Vertrag von 1783 wurde dann den Briten die Kontrolle über den Gambia-Fluß überlassen.
Heute erinnern noch die Ruinen alter Handelshäuser an längst vergangene Zeiten.

Juffure
Ehemals wichtiger Handelsstützpunkt der Briten, hieß früher Jillifrey. Von Albadar (Albreda) aus direkt auf der anderen Straßenseite gelegen und in ca. 5 Min. zu Fuß zu erreichen.
Seit dem Roman ROOTS von *Alex Haley* ist dieser Ort nicht nur weltweit bekannt, sondern auch zu einer vielbesuchten Touristenattraktion geworden. Hier ist das Haus von **Kunta Kinte** zu besichtigen, der vor 200 Jahren als Sklave nach Amerika verschleppt worden sein soll, sowie andere Schauplätze dieser auf Tatsachen beruhenden und sehr beeindruckenden Geschichte.
(Juffure ist relativ gut von Barra aus mit dem Busch-Taxi zu erreichen. Von vielen Hotels wird eine sogenannte ROOTS-Tour angeboten.)

Farafenni
Kleiner Ort am *Trans-Gambian-Highway*. Übernachtungsmöglichkeit – falls das Taxis-Brousse „en Panne" sein sollte: *Eddie's Hotel* (Tel. 3 12 59) bietet eine Bar, das *Fantasia Hotel* (gegenüber vom Militär-Camp) dient gleichzeitig als Stundenhotel.

Wassu
Der Ort ist bekannt für seine **prähistorischen Steinkreise** aus rotem Lateritgestein; die Größe der einzelnen

Steine variiert zwischen 100 und 250 cm Höhe bei einem Durchmesser von über einem Meter. Auf welche Weise diese tonnenschweren Steine hierher gekommen sind und welchem Zweck sie dienten, ist den Wissenschaftlern nach wie vor ein Rätsel. Man nimmt jedoch an, daß es sich um Grabanlagen handelt.

Unterkunft:
Im *Resthouse* (beim Dorfchef nachfragen) oder in Privatunterkünften möglich. Zu erreichen mit dem Buschtaxi (z. B. von Georgetown ca. 25 km bis zum Dorf Wassu).

Das Südufer
Bintang
Das Dorf liegt 50 km flußaufwärts von Banjul am Südufer des Gambia-Flusses (etwa 8 km im Landesinneren).
Eine Pirogenfahrt auf dem *Bintang-Bolong* hat seinen ganz besonderen Reiz.
Auf dem Landwege kann man Bintang über die Asphaltstraße nach Soma erreichen.

Kerewan
Von Kerewan aus bieten sich ebenfalls Pirogenfahrten auf den *bolongs* an.

Tendaba
Touristen-Camp. Unterkunft in traditionellen Hütten. Restaurant, Bar, Swimmingpool. Ausflüge mit dem Landrover oder der Piroge in die Dörfer der Umgebung.

Mansa Konko
Autofähre über den Gambia-Fluß *(Trans-Gambian-Highway)*, welche den Süden Senegals mit dem Norden verbindet. Mehrere kleine Hotels in Farafenni.

Georgetown
Dieser verschlafene Ort auf *MacCarthy Island* mitten im Gambia-Fluß war neben Bathurst (dem heutigen Banjul) jahrelang der wichtigste Ort Gambias und wird von den Einheimischen gerne *Makati* genannt. Heute befindet sich hier das Verwaltungs- und Handelszentrum der *Upper River Division*. Schon relativ früh haben an diesem Platz Missionare eine Schule errichtet. Außerdem gab es hier ein Internat für die Söhne der Dorf-Chefs, die berühmte *Chief-School*; diese wurde später in der *Armitage High School* umfunktioniert (eine Secondary-School mit Internat). Auf MacCarthy Island befindet sich auch ein Gefängnis.

Unterkunft:
Im *Janjanbureh-Camp (Lamin Koto Lodge)* am Nordufer des Gambia-Rivers; Buschcamp direkt am Fluß unter deutscher Leitung, einer der schönsten Plätze am Gambia-River; Reservierungen unter Tel. 9 55 26.
Falls dieses ausgebucht sein sollte findet sich eine sehr einfache Unterkunft ohne fließendes Wasser im *Government Resthouse*.

Basse Santa Su
Basse ist der größte Ort in der östlichen Flußregion und bekannt für seine Töpferwaren.

Unterkunft:
Im einfachen *Basse Guest House*, (Tel. 6 82 83), im *Apollo 2* oder im *Palace Hotel*.
Einzelne kleine **Restaurants**:
Jacob´s Restaurant, *Noflie* („keine Fliege") *Restaurant*.
Von Basse ist eine Weiterfahrt mit Busch-Taxis nach *Velingara* (Senegal) möglich; Wechsel des Fahrzeugs an der Grenze bei *Badiara*.

Republik Guinea
von Daniel Kammermann

402 Länder, Routen, Sehenswürdigkeiten – Guinea

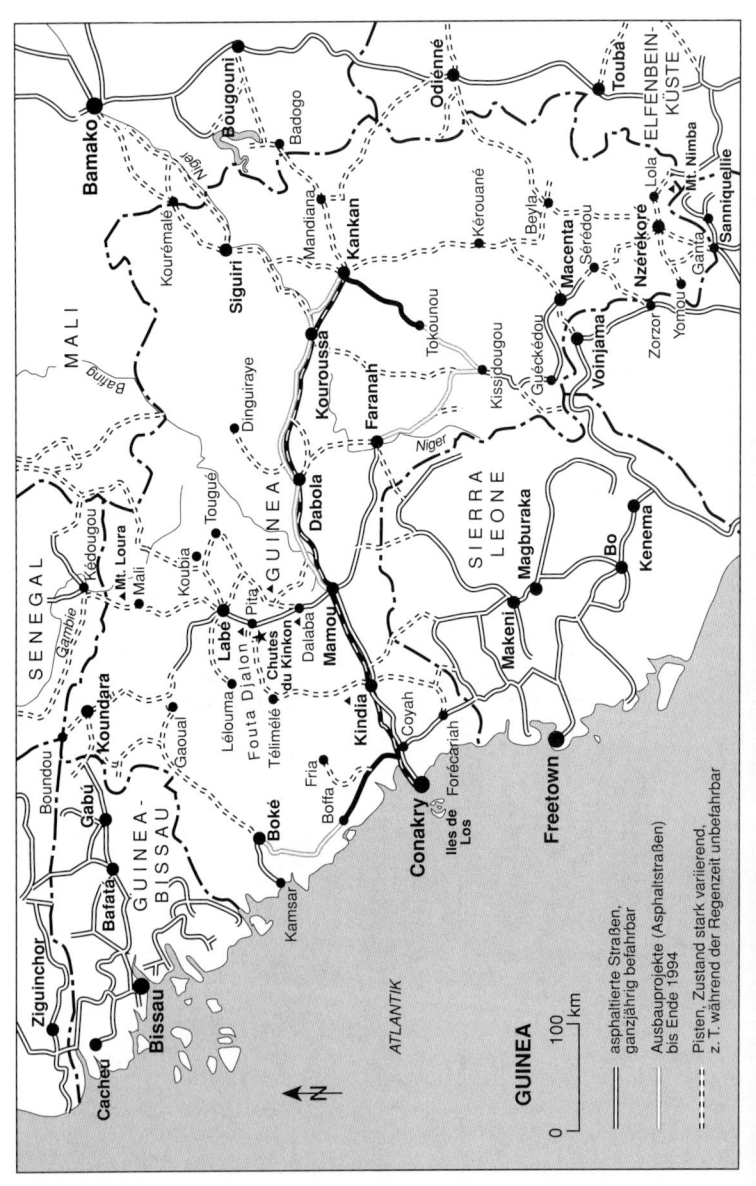

Landeskundliche Informationen

Geographie

Die Republik Guinea (der Name ist wahrscheinlich vom Berberwort *Aguinaou* = schwarz abgeleitet) zieht sich von der Atlantikküste in einem Bogen weit ins afrikanische Hinterland. Mit einem Staatsgebiet von 246 000 qkm ist sie fast so groß wie die ehemalige BRD und nicht ganz halb so groß wie ihr ehemaliges Mutterland Frankreich. Guinea grenzt im Norden an Guinea-Bissau, Senegal und Mali, im Osten an die Elfenbeinküste, sowie an Liberia und Sierra Leone im Süden. Um den Staat von den anderen Guineas zu unterscheiden, wird er manchmal auch *Guinea-Conakry (Guinée-Conakry)* genannt.

Geländebeschaffenheit, Klima und Vegetationszonen, sowie die kulturelle und geschichtliche Entwicklung gliedern die Republik in vier natürliche Zonen, die zugleich Verwaltungseinheiten sind und auch jeweils von einer ethnischen Gemeinschaft bzw. relativ homogenen Gruppe von Ethnien bestimmt werden: **Nieder-Guinea**, welches sich in einem schmalen, 300 km langen Band der Küste entlangzieht; **Mittel-Guinea** oder das *Fouta-Djalon* im Nordosten, ein abwechslungsreiches Hochland, etwa einen Drittel des Landes umfassend; **Ober-Guinea** im Osten, Savannenzone, ebenfalls etwa einen Drittel bedeckend; **Waldguinea,** bergige Regenwaldzone im Süden des Landes.

Im Westen liegt die **alluviale Küstenebene Nieder-Guineas** *(Guinée maritime).* Zahlreiche träge dahinfließende Wasserläufe mit unzähligen Verästelungen und weitverzweigten Rias-Mündungen sowie weite Sumpfgebiete und Lagunen prägen den 300 km langen und 50 bis 90 km breiten Küstenstreifen. Die stark gegliederte *Gezeitenküste* (der Tidenhub ist bedeutend höher als an der übrigen westafrikanischen Küste) ist nur an wenigen Stellen zugänglich und bietet wenig Abwechslung: Sumpfige Mangrovenwälder werden nur selten von Sandstränden unterbrochen. Teile der **Sumpfgebiete** sind kultiviert und liefern vor allem Reis, das Hauptnahrungsmittel. Weiter werden Ananas, Bananen, Avocados, Mangos, Papayas, Orangen und die Früchte der Öl- und Kokospalme geerntet. Die Bevölkerung, hier in Mehrheit die Susu, lebt vor allem von der traditionellen Subsistenzwirtschaft, an der Küste auch vom Fischfang. Die Küstenebene wird durch eine Kette hoher, steilabfallender Felsformationen begrenzt, deren höchste Erhebungen schon 50 km weg von der Küste über 1000 m erreichen (*Kakoulimamassiv* bei Dubreka und *Bennamassiv* bei Forécariah). Die Halbinsel *Kaloum,* auf der sich die Hauptstadt Conakry befindet, sowie das *Kap Verga* bestehen aus altem Hartgestein, der Rest des Gebietes ist Schwemmland. Der Küste vorgelagert finden sich einige kleinere Inseln, wobei die *Los-Inseln* vor Conakry von besonderem touristischem Interesse sind.

An das Küstengebiet schließt sich ostwärts in Stufen das hohe **Sandsteinplateau** von **Mittel-Guinea** *(Moyenne-Guinée)* oder, gebräuchlicher, das **Fouta-Djalon** an. Diese Landschaft mit Mittelgebirgscharakter hat mit 80 000 qkm

Wasserfall beim „Chien Qui Fume"

die zweifache Fläche der Schweiz und wird vorwiegend von den *Peul* (oder *Fulbe*) bewohnt, welche hier schon früh ein bedeutendes islamisches Staatswesen gegründet hatten. Die steil bis zu 1500 m hochragenden Bergkämme bestehen aus altem kristallinem und metamorphem Gestein, dem dicke Schichten Sandstein, Kalk und Schiefer aufgelagert sind. Die Hochebenen weisen oft kahle lateritische Oberfläche auf. Das Bergland mit seinen canyonartigen Flußtälern bildet eine der **größten Hochlandgebiete Westafrikas** und gehört zu den abwechslungsreichsten und attraktivsten Gegenden – die ehemaligen Kolonialherren nannten es *la Suisse de l'Afrique occidental*. Das Massiv des Fouta-Djalon fällt nach Norden, teilweise auch nach Westen steil ab, während es süd- und ostwärts allmählich in die *Ober-Guineaschwelle* ausläuft. Wegen seines angenehmen Klimas ist das Fouta die dichtbesiedelste Region Guineas. Die starke Beanspruchung des Bodens und die zerstörerische Wirkung der Buschfeuer haben zu einer verbreiteten *Laterisierung* geführt. Angebaut werden vor allem Fonio, eine anspruchslose Hirseart, Mais, Erdnüsse und Agrumen, in kleineren Kulturen und Hausgärten findet sich bisweilen eine reiche Vielfalt von Gemüsen und Früchten. Die Viehhaltung spielt eine wichtige Rolle. Dank seiner Höhenlage und Regenhäufigkeit ist das Fouta sehr wasserreich und gilt als eigentliches **Wasserschloß Afrikas** – die potentiellen Möglichkeiten zur Energiegewinnung und Bewässerung sind jedoch noch wenig genutzt. Hier haben unter anderen der *Gambia, Senegal, Konkouré* und *Niger* Quellgebiete. Die Flüsse stürzen oft in gewaltigen Fällen über die Gebirgsklippen des Fouta.

Ober-Guinea *(Haute-Guinée)* besteht hauptsächlich aus einem weiten, 450 bis 500 m hohen, einförmigen **Becken**, das vom Oberlauf des Niger (hier *Djoliba* genannt) und seinen Zuflüssen gebildet wird und zieht sich im O und So des Fouta bis an die Grenze zu Mali. Einzig einige **isolierte Bergmassive**, die bis über 1000 m Höhe erreichen, unterbrechen die weite **Grassavanne**, die nach Süden in eine **Baumsavanne** übergeht. Die Brandrodung läßt in der Trockenzeit auf weite Strecken das trostlose Landschaftsbild der verbrannten Erde entstehen und begünstigt die ohnehin schon weit fortgeschrittene Laterisierung des Bodens. Das Gebiet wird vorwiegend von den *Malinké* (oder *Mande*) bewohnt, ist dünnbesiedelt und die ärmste und vernachlässigste Region Guineas. Angebaut werden vor allem

Fonio, Yam, Maniok, Hirse und Bergreis, in den flachen Flußtälern auch Reis, neuerdings wird der Baumwollanbau durch großangelegte Entwicklungsprojekte gefördert. In letzter Zeit hat der Abbau von Diamanten und Gold an Bedeutung gewonnen.

Waldguinea *(Guinée Forestière)* bietet eine recht abwechslungsreiche Landschaft mit Bergen und Hügeln, sowie Ebenen und zahlreichen Flußläufen. Die einst undurchdringlichen Regenwälder sind heute zum großen Teil abgeholzt und durch Buschwerk und Ölpalmen ersetzt. Immerhin gibt es noch einige größere, **zusammenhängende Waldgebiete**, die aber ebenfalls durch Abholzung und Buschfeuer gefährdet sind. Dem Staat fehlt es an Wille und Möglichkeiten, die vorhandenen Schutzbestimmungen durchzusetzen. An der Grenze zu Liberia befindet sich das imposante *Nimba-Gebirge* mit der höchsten Erhebung des Landes (1752 m). Verschiedene kleinere Ethnien besiedeln die Region, worunter die *Kissi, Toma* und *Guerzé* die größten Gruppen stellen. Die Gegend ist relativ dicht besiedelt. Hauptanbauprodukte sind Kaffee, Kakao, Palmöl und Bananen. Wegen der Küstenferne und den ungenügenden Verkehrsverbindungen werden die zahlreichen Bodenschätze und die Anbaumöglichkeiten für tropische Agrarprodukte kaum genutzt. Zudem wird die Gegend durch die Liberiakrise und den damit verbundenen Flüchtlings- und Wirtschaftsproblemen in Mitleidenschaft gezogen.

Klima

Für die ehemaligen französischen Kolonialherren war Guinea eine Art Paradies, wohin man sich aus anderen westafrikanischen Kolonien zurückzog, um sich im milden und gesunden Klima des Fouta-Djalon zu erholen.

Guinea, in der Mitte zwischen Wendekreis und Äquator gelegen, hat **wechselfeuchtes Tropenklima** und ist das wasserreichste Gebiet Westafrikas. Allerdings sind die Klimata in den einzelnen Regionen recht unterschiedlich: In *Nieder-Guinea* herrscht ausgesprochen tropisches Seeklima mit Temperaturen zwischen 27 und 35°C bei sehr hoher Luftfeuchtigkeit, die nur zwischen Dezember und Februar etwas nachläßt. In der Regenzeit (Mai bis Oktober) fallen über 4 m Regen, die Hälfte davon in den Monaten Juli und August. Im *Fouta-Djalon* setzt die Regenzeit etwas früher ein und dauert auch bis Ende Oktober. Die Niederschläge sind allerdings mit knapp 2 m bedeutend kleiner und fallen vor allem abends und nachts. Wegen der Höhenlage sind die Temperaturen hier angenehm mild und können zwischen Oktober und Februar nachts unter 10°C fallen. Die Luftfeuchtigkeit ist gering. Von Oktober bis Februar ist der Einfluß des Harmattans zu spüren. Die Temperaturen sind tiefer und die Luft trocken. Der den **Harmattan** begleitende und oft weite Teile Westafrikas überziehende starke Dunst macht sich hier aber weniger stark bemerkbar. In *Ober-Guinea* dauert die Trockenzeit länger, der Einfluß des Harmattans ist stärker, und die Regenzeit ist kürzer als im übrigen Land. Dabei kann die Regenmenge unterschiedlich groß sein und je nachdem zu Dürren oder Überschwemmungen führen. Die Temperaturen schwanken zwischen 18 und 40°C. *Waldguinea* hat eine sehr lange Regenzeit (8 bis 10 Monate) mit Niederschlagsmengen von über 3 m. Die Temperaturen liegen zwischen 24 und 28°C, es kann aber zwischen November und Februar recht frisch werden. Wegen der hohen Luftfeuchtigkeit sind weite Gebiete oft mit Nebel überzogen. Die **beste Reisezeit** liegt im Fouta und in Ober-Guinea zwischen Oktober und Februar und in Nieder-Guinea und Waldguinea zwischen November und Februar (Ende Regenzeit bis Beginn der Hitzeperiode). Ebenfalls hat sich der Mai als angenehme Reisezeit erwiesen, wenn die langsam einsetzenden Regenfälle die Landschaften verwandeln und für Abkühlung sorgen. Während der Regenzeit ist wegen der oft miserablen Straßenverhältnisse von Reisen im Land abzusehen, und auch während der Übergangsperioden muß mit unpassierbaren Teilstücken gerechnet werden.

Tier- und Pflanzenwelt

Zahlreiche mäandierende Flüsse, denen Lagunen vorgelagert sind, und große Gezeitenunterschiede haben **an der sumpfigen Küste** *Nieder-Guineas* ausgedehnte **Mangrovenwälder** entstehen lassen. Daneben sind in Dünengebieten und im Hinterland Kokos- und Ölpalmen sowie Mango verbreitet, vereinzelt sind auch Kapoks anzutreffen. Im *Fouta-Djalon* sind feuchte Baum- und Grassavannen auf den Hochebenen, lockere Wälder in bergigen Gegenden und Galeriewälder an Flüssen zu finden. Allerdings haben die intensive Bodennutzung sowie das alljährliche Abbrennen der Felder die Vegetation arg eingeschränkt. Unter den für die **Feuchtsavanne** typischen Bäumen und Sträuchern ist der verbreitet vorkommende Guinea-Zwetschgenbaum

Savannenlandschaft bei den Grandes Chutes (Niederguinea)

(Kura) besonders zu erwähnen. Dank des milden Klimas finden sich sogar Fichtenwälder (z. B. bei *Dalaba*).

Ober-Guinea besteht im Süden aus zum Teil baumbestandenen **Feuchtsavannen**, die im Norden in **Trockensavannen** übergehen. Einzelne Bauminseln, vorwiegend bestehend aus *Néré-, Karité-, Kapok-* und *Baobab*-Bäumen, besiedeln die ansonste monotone Landschaft. Am Niger und dessen Zuflüssen treten vereinzelt Galeriewälder auf.

Wald-Guinea bestand einst zu weiten Teilen aus üppigen **Regenwäldern**, die aber durch menschliche Eingriffe stark dezimiert wurden. Heute liegen noch größere zusammenhängende Waldgebiete ganz im Süden bei *Diéké* und im *Ziama-Massiv* südlich von *Macenta*. Die restlichen Wälder sind auf kleine Bestände zusammengeschrumpft und befinden sich oft in abgelegenen Gebieten, oder als *Forêt Sacrée* (heilige Wälder zu kultischen Zwecken) in der Nähe von Siedlungen.

Wegen der **Überjagung**, der leidigen Praxis des Buschfeuers, der zunehmenden Mobilität und des starken Bevölkerungswachstums ist die einst reiche **Fauna** Guineas heute verschwunden. Löwen, Elefanten, Panther und Hyänen, sowie viele weitere für diese Region typische Tierarten sind nur noch in entlegenen Gebieten und auch da selten anzutreffen. Wer die afrikanischen Wildtiere beobachten will, wird in Guinea Mühe haben, da es **keine Tierreservate** gibt und die Gegenden, wo noch Tiere beobachtet werden können, schlecht oder gar nicht erschlossen sind. Die auf der 93er-Karte grün eingerahmten Schutzgebiete wurden in den 50er-Jahren von den Franzosen als solche vorgesehen, existieren aber nach wie vor nur auf dem Papier. Für Unermüdliche gleichwohl Hinweise, die mehrfach bestätigt wurden: Elefanten soll es bei *Madina-Woula* in der Nähe von *Kindia* an der Grenze zu Sierra-Leone, sowie in Waldguinea bei *Sérédou* (Waldelefanten) geben; Löwen, Giraffen, Gazellen findet man am ehesten nördlich von *Koundara* an der Grenze zu Senegal, als Überläufer des senegalesischen Nationalparkes *Niokolo-Koba*. Löwen sollen auch bei *Doko* (nördlich von Siguiri) vorkommen, und bei *Saraya* (zwischen Dabola und Kouroussa) sind mehrmals Panther und Büffel beobachtet worden. Im *Mont-Nimba-Gebiet*, das im Jahr 1971 von der UNESCO zu einem *Erbe der Menschheit (World Heritage Site)* erklärt wurde, kommt eine weltweit einzigartige lebendgebärende Kröte vor. Die Mangrovenwälder und Inseln an der Küste sind ein **Vogelparadies**, allerdings schwer zugänglich. In den zahlreichen Flüssen und entlang der guineischen Küste findet sich ein reicher **Fischbestand**.

Bevölkerung

In Guinea leben über 7 Millionen Menschen (1993). Die Bevölkerung ist sehr ungleich verteilt. *Nieder-Guinea* hat am meisten Bewohner, wobei die Conakry-Halbinsel mit 20% der Gesamtbevölkerung sehr dicht besiedelt ist. Etwa ein Drittel der Menschen leben in *Mittel-Guinea (Fouta-Djalon)*, die Region um Labé ist am dichtesten bewohnt. *Ober-Guinea* ist schwach besiedelt, ebenso *Wald-Guinea*. Das jährliche Bevölkerungswachstum liegt bei 2,5%, eine Familie hat durchschnittlich 6 Kinder. Gegen zwei Millionen Menschen haben unter dem Regime *Sékou Tourés* ihr Land verlassen, ein Teil der Exilan-

ten ist nach 1984 wieder zurückgekehrt.

25% der Kinder sterben vor dem Erreichen des 5. Lebensjahres. Die Lebenserwartung liegt bei 43 Jahren. Die Hälfte der Einwohner sind jünger als 15 Jahre. Städtische Ballungszentren entwickeln sich, mit Ausnahme Conakrys, nur langsam. Wer die ländlichen Gegenden verläßt, zieht meist in die Hauptstadt, welche schnell und unkontrolliert wächst. Der **größte Teil der Bevölkerung** lebt in etwa 4500 Dörfern und hat seine Lebensgrundlage in der **Landwirtschaft.** Der Anteil der Stadtbevölkerung liegt bei 32%. Rund 5000 Ausländer leben und arbeiten in Guinea, zur Hälfte Franzosen.

Eine besondere Gruppe bilden die **Libanesen**. Sie haben im Wirtschaftsleben eine Schlüsselposition und bilden eine abgeschlossene ethnische und wirtschaftliche Einheit. Sie haben oft ganz klein angefangen und es binnen weniger Jahre durch unermüdlichen Geschäftssinn zu wichtigen Geschäftsleuten gebracht. Das Land ist für sie oft nur insofern von Interesse, als es ihren, nicht immer ganz sauberen, Geschäften dient. Allerdings spielen sie im Wirtschaftsleben Guineas eine derart wichtige Rolle, daß sie, wenn auch nicht besonders geliebt, dennoch unentbehrlich geworden sind.

Die zahlenmäßig stärkste Volksgruppe sind die **Fulbe** (auch *Fula* oder in Guinea vorwiegend *Peul* genannt) mit über 30%. Ihre Heimat ist das Fouta-Djalon, das sie seit dem 13. Jh. besiedeln und wo sie vom 17. Jh. bis zur französischen Eroberung am Ende des 19. Jh.s ein bedeutendes islamisches Staatswesen unterhielten. Sie leben heute von Viehzucht und Handel und haben ein weitverzweigtes Beziehungsnetz in ganz Westafrika. Die islamische Kultur und Tradition prägen den Alltag. Heute sind die Fulbe in ganz Guinea vor allem in Ballungszentren zu finden. In Conakry machen sie mittlerweilen gar die Mehrheit der Einwohner aus.

Die **Malinké** mit etwa 25% der Bevölkerung leben vor allem in Ober-Guinea, wohin sie im 13. Jh. eingewandert sind und einst das große Mali-Reich begründet haben.

Die **Susu** bewohnen Nieder-Guinea und haben einen Anteil von 13% an der Gesamtbevölkerung. Zwar gehören sie wie die Malinké auch zu den Mande-Völkern, haben sich aber in Sprache und Tradition weit von diesen entfernt. Verdrängt von den Wanderbewegungen nach dem Untergang des Ghana-Reiches drangen sie etwa im 13. Jh. an die guinesische Küste vor und haben sich mit den ansässigen Stämmen vermischt, so daß ihre Wurzeln kaum mehr erkennbar sind. Sie leben als Fischer und Bauern. Ihre Geschichte ist schon früh durch den Kontakt mit Europäern geprägt worden.

Unter dem etwas diskriminierenden Sammelbegriff **Forestières** (Waldbewohner) faßt man die Bevölkerung Waldguineas zusammen. Sie machen knapp 20% der Guinesen aus und die drei wichtigsten Ethnien sind die **Kissi, Guerzé** (oder Kpelle) und **Toma.** Durch die isolierte Lage in den unzugänglichen Wäldern haben die Forestières bis in dieses Jahrhundert zurückgezogen gelebt und sind auch heute noch die ursprünglichsten Volksgruppen Guineas.

Daneben gibt es etwa noch 15 kleinere Ethnien, die sich aber oft stark mit den Hauptethnien vermischt haben, darunter die **Baga** an der Küste zwischen *Rio Nunez und Conakry,* wahrscheinlich die ältesten Bewohner Guineas.

Guinea ist wie die meisten afrikanischen Staaten ein **kolonialistisches Kunstgebilde**. Es muß aus einer Vielzahl ethnischer Gruppen mit verschiedenen Traditionen und Sprachen, deren Lebensräume vielfach in die Nachbarstaaten hinüberreichen und die sich oft feindlich gegenüberstanden, sein Staatsvolk erst zusammenschweißen. Das ist in Guinea bisher besser gelungen als in anderen afrikanischen Staaten, nicht zuletzt dank der bindenden Kraft der Religion (80% Muslime). Trotzdem ist die **Guinesische Nation** vorerst nur ein **politischer, kein ethnischer Begriff**. *Sékou Touré* hat sich verbal stets zur Stammesneutralität bekannt, gleichzeitig seine Ethnie, die Malinké, bevorzugt und jede Möglich-

Junge Susu-Frau

keit genutzt, die Fulbe kurz zu halten. Seit dem Regierungswechsel 1984 sind die Susu die dominierende Ethnie (General *Lansana Conté* ist Susu), obgleich sie nur eine Minderheit der guinesischen Bevölkerung ausmachen. Auch die kürzlich entstandenen Parteien, welche 1994 zu Parlamentswahlen antreten sollen, sind letztlich von ethnischen Gesichtspunkten bestimmt, wenngleich sie Programme westlicher Manier auf ihre Fahnen schreiben.

Guinea ist wegen der langen Isolation und dem damit eingeschränkten Kontakt zur westlichen Welt *(siehe Guinea – Geschichte)* authentischer geblieben als andere Länder. Bekleidung, Essen, Musik usw. werden erst seit kurzem von westlichen Vorstellungen unterwandert. Die Menschen sind zugänglich, temperamentvoll und lebensfreudig. Leider greift die Vorstellung, die westliche Zivilisation habe die beste aller Welten geschaffen, auch hier schnell um sich, und die Veränderungen in den letzten paar Jahren sind enorm. Umso erfreulicher, daß in letzter Zeit, nicht nur in Guinea, eine Tendenz zur **Rückbesinnung auf die eigene Kultur** spürbar wird und damit der Wille, die Probleme selbst, ohne fremde Hilfe, lösen zu wollen.

Guinea, bisher noch abseits der Touristenwege, bietet dem feinfühligen Reisenden, der die afrikanische Lebensart teilnehmend kennenlernen will, viel. Unsensible Abenteurer mit selbstherrlicher Entdeckermentalität stoßen allerdings auf Schwierigkeiten – es ist noch nicht lange her, daß unter *Sékou Touré* einer Generation Guinesen Mißtrauen gegen Ausländer eingetrichtert wurde und dieses könnte sich dann auf unangenehme Weise wieder bemerkbar machen.

Sprache

Französisch ist **Amtssprache**. Unter *Sékou Touré* wurden die einheimischen Sprachen gefördert, mit dem Ergebnis, daß heute die Kommunikation im Lande schwierig ist, da viele Menschen schlecht französisch sprechen. Da seit dem Regimewechsel 1984 französisch wieder in die Lehrpläne aufgenommen wurde, ist eine Verbesserung der Sprachsituation in Zukunft zu erwarten. Die drei wichtigsten Landessprachen sind das *Fulfulde* (auch *Pulaar* genannt), das *Malinké* und das *Susu*. *Susu*, die Sprache der in Niederguinea ansässigen gleichnamigen Ethnie, wird zwangsläufig auch von Mitgliedern anderer Ethnien gesprochen, welche in Conakry leben.

Religion

Die Verfassung garantiert Religionsfreiheit. Über 80% der Bevölkerung bekennen sich zum **Islam**, *traditionelle Religionen* sind vor allem in Waldguinea verbreitet. *Christliche Minderheiten*, vorwiegend römisch-katholische, finden sich in Conakry und in Waldguinea. Die *Fulbe, Malinké* und *Susu* sind fast völlig islamisiert, während die anderen Stämme Anhänger von Naturreligionen sind.

Der *Islam* hat in Guinea eine lange Tradition. Seine Wurzeln hat er im *Mali-Reich*, wo er ab 1050 von den *Malinké* verbreitet wurde. Eine reinere und intellektuellere Form des Islam brachten dann im 17. Jh. die einwandernden Fulbe-Völker mit. Im 18. und 19. Jh. bestand im Fouta-Djalon eine eigentliche *Theokratie*, die von den französischen Eroberern zerschlagen wurde. *Sékou Touré*, selbst Moslem aber mit einer Christin verheiratet, hat den Islam nach der Unabhängigkeit unterstützt, ob-

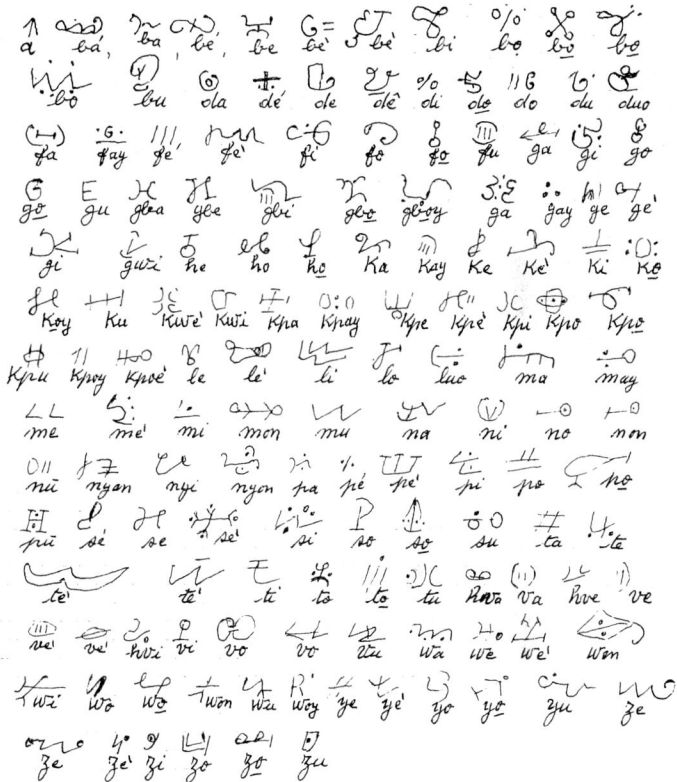

Die Sprache der Toma

Als einziges afrikanisches Volk verfügen die Toma über ein eigenes, noch heute nicht vergessenes Schriftsystem. Jedes Zeichen ist in sich fest abgeschlossen und stellt eine Silbe dar. Zur Bildung von Wörtern werden die entsprechenden Zeichen zusammengesetzt. Die Toma leben in der abgelegenen und schwer zugänglichen Region Waldguinea und im angrenzenden Liberia. Sie sind vorwiegend Bauern und Jäger und siedeln in eher größeren Lebensgemeinschaften. Die verschiedenen Clans haben jeweils ein eigenes Totemtier, daß nie gejagt wird. Die Ethnie ist bis heute wenig erforscht, deshalb liegt der Ursprung dieser Schrift im Dunkeln.

Koranschülerin mit Gebetstafel

gleich seine sozialistische-marxistische Überzeugung an sich religionsfeindlich war. Allerdings stellte er ihn immer unter die Politik und hat ihn durch Gesetze entkräftet. Mit dem neuen Regime hat der Islam wieder an Kraft gewonnen und spielt im guinesischen Alltag eine wichtige Rolle. Heute betrachten sich alle guinesischen Moslems als *Tidjanisten*, eine liberale Form des Islam. Die Zahl der Strenggläubigen unter ihnen ist vor allem in ländlichen Regionen relativ groß. Die breite Masse allerdings beschränkt sich auf die Formalitäten, also die fünf täglichen Gebete, das Fasten im *Ramadan*, die Wahl arabisierter Namen und die Verweigerung von Alkohol und Schweinefleisch. Die jüngere städtische Generation hält aber auch diese Vorschriften kaum mehr ein und das Alkoholverbot wird auch von Älteren nicht immer beachtet. Weitverbreitet ist die Beschneidung von Frauen und Männern, die aber ihre Wurzeln in den traditonellen Naturreligionen hat und vom Islam integriert wurde. Interessant ist, daß die Araber als Hüter des Islam in Guinea wie überhaupt im islamischen Schwarzafrika nicht besonders angesehen sind. Neben historischen Ressentiments (Araber als Eroberer in Westafrika) trägt heute besonders das als überheblich empfundene Auftreten der Araber in Westafrika dazu bei.

Das **Christentum** hat sich vor allem an der Küstenregion (früher Kontakt mit Europäern) und in der Waldregion (lange Isolierung vom Islam) festgesetzt. Allerdings konnte es bis heute nur eine

Minderheit (2 bis 5%) ansprechen, da es sich im Gegensatz zum traditionell starken Islam schlecht mit den ansässigen Naturreligionen verträgt und nach wie vor als Herrenreligion gilt. Daran hat auch der Besuch des Papstes in Conakry 1992 wenig geändert.

Naturreligionen breiten sich seit Ende der *Touré-Diktatur*, vom sozialistischen Regime wurden sie verboten, vor allem in der Waldregion wieder aus. Die **Initiationsrituale** sind wieder weitverbreitet, der **Fetischkult** ist wieder öffentlich geworden, ja verschiedene Quellen berichten sogar von der Wiedereinführung von Menschenopferungen.

Geschichte

Verschiedene archäologische Funde und Höhlen mit Felszeichnungen (z. B. bei Kindia und Pita) weisen darauf hin, daß Teile Guineas schon in **prähistorischer Zeit besiedelt** waren. Vor allem das Fouta-Djalon mit seinen idealen klimatischen und topografischen Voraussetzungen, sowie Ober-Guinea mit dem Oberlauf des Niger kannten bereits früh Anzeichen von ersten Staaten. Die Urbewohner der Küsten und Waldzonen – **Fischer, Bauern und Jäger** – lebten dagegen sehr isoliert in kleinen Stämmen und hatten kaum Kontakt untereinander. Vom 3. bis zum 9. Jh. gehören große Teile des heutigen Guinea (v. a. Ober-Guinea) zum *Königreich Manding*, einem Vasallenstaat des sudanesischen **Großreiches Ghana** *(siehe Land und Leute)*. Gegen die Jahrtausendwende, als Folge des Zerfalls von *Ghana*, wandern Susus und Malinkés ein. Erstere stoßen, verdrängt durch die nachfolgenden Fulbe, in die Küstenregion Nieder-Guineas vor. Ab dem 15. Jh. ist ihre Geschichte eng mit dem Auftauchen der Europäer an der guinesischen Küste verknüpft. Die Malinkés bleiben in Ober-Guinea, wo sie nach dem endgültigen Zerfall des *Ghana-Reiches* im 13. Jh. maßgeblich am Aufbau des glanzvollen **Mali-Reiches** *(siehe Land und Leute)* beteiligt sind. Im 14. Jh. gehört ganz Guinea zum *Mali-Reich*, das auch nach der Ausbreitung der *Songhai*, dem dritten und letzten Großreich des sudanesischen Mittelalters, bis ins 17. Jh. in Ober-Guinea bestehen bleibt. *Niani*, die Hauptstadt des *Mali-Reiches*, heute ein unbedeutendes Dorf nordöstlich von Kankan an der Grenze zu Mali, wird Ende des 15. Jh.s sogar von einer portugiesischen Gesandtschaft besucht.

Seit dem 13. Jh. wandern Fulbestämme ins Fouta-Djalon ein. Diesen noch Naturreligionen verbundenen Gruppen folgen ab 1694 islamisierte Fulbe, die mit Eifer den neuen Glauben verbreiten. Schon 1725 schließen sich neun Stämme zu einem Bund zusammen, wählen *Timbo* (bei Mamou) zur Hauptstadt des neuen **Fulbestaates Fouta-Djalon** und erklären unter der Führung von *Karamoto Alfa* den heiligen Krieg. Der Einfluß des neuen theokratischen Staates reicht bald bis Nieder- und Ober-Guinea und verhilft dem Islam endgültig zum Durchbruch. Allerdings bleibt das Fouta-Djalon wegen ständiger Konflikte der Fulbefürsten untereinander und einer unpraktikablen Staatsordnung im Schatten der großartigen Fulbe-Staaten des 19. Jh.s *(siehe Land und Leute)*.

Im Jahr 1453 taucht die guinesische Küste zum erstenmal in einer portugiesischen Chronik auf und zwar als Ziel einer Erkundungsfahrt des *Nuño Tristaño* im Mündungsgebiet des später nach ihm benannten Rio Nuñez. Aber die *Rivières du Sud* – so wird dieser Küstenabschnitt später von den von Senegal aus operierenden Franzosen genannt – stehen vorläufig abseits der europäischen Interessen. Der **Sklavenhandel** hält sich zunächst in bescheidenen Grenzen (im 17. und 18. Jh. werden dann aber über eine halbe Million Menschen verschleppt), und einzig der Rio Nuñez spielt schon im 16. Jh. eine gewisse Rolle im portugiesischen Westafrikageschäft (Elfenbein).

1714 erscheinen die ersten französischen Handelsgesellschaften und 1814 werden im Vertrag von Paris französische Ansprüche auf die *Rivières du Sud* anerkannt. England muß sich mit den *Iles de Los* vor Conakry zufriedenstellen, die aber 1904 an Frankreich fallen. Die Franzosen schließen Schutzverträge mit den untereinander zerstrittenen Küstenstämmen ab. In Boké, Dubréka und anderen Küstendörfern werden **Handelsniederlassungen** gegründet und die Expansion ins Landesinnere wird gezielt vorangetrieben. Abenteurer wie *René Caille*, der 1827 als Mohamedaner verkleidet Guinea zu Fuß durchquert um Timbouktou zu erreichen, oder 50 Jahre später *Aimé Olivier de Sanderval*, der das Fouta bereist und riesige Ländereien aufkauft, bereiten das Terrain für die nachfolgenden Kolonialarmeen vor.

1881 gelingt es den Franzosen, mit der **Foutakonföderation** einen Protektoratsvertrag zu schließen. Die Fulbefürsten erhoffen mit Hilfe der Franzosen ihre Hegemonialstellung erhalten zu können. Doch 1896 wird die Hauptstadt Timbo militärisch besetzt und darauf dem Fulbestaat ein neuer **Protektoratsvertrag** aufgedrängt, der einer Annexion gleichkommt, nachdem schon Jahre zuvor die Kolonie *La Guinée Française* per Dekret in Paris gegründet worden ist. 1898 wird Ober-Guinea nach 7-jährigem Krieg erobert. *Samory Touré*, der hier das islamische *Ouassoulou-Reich* aufgebaut hat, macht aufgrund seines zähen Widerstandes gegen die französische Kolonialmacht Schlagzeilen auch in Europa und wird zur Symbolfigur der guinesischen Unabhängigkeit 1958. 1899 erhält Guinea seine heutigen Grenzen und wird der **Konföderation Französisch-Westafrika** eingegliedert. Allerdings zieht sich die Unterwerfung einzelner Stämme im Norden und vor allem in Waldguinea bis ins Jahr 1912 hinein. Schon in den ersten Jahren der französischen Kolonialherrschaft wird klar, daß sich auch in Guinea hinter den hochtönenden kolonialpolitischen Zielsetzungen Frankreichs vor allem Großmachtinteressen und Gewinnstreben der Handelsgesellschaften verbergen. Auch der Bau der Bahn von Conakry nach Kankan (662 km) zwischen 1900 und 1914 ist unter diesem Gesichtspunkt zu sehen, zerschnitt sie doch die traditionellen Handelswege von Norden nach Süden und richtete den Handel nach den kolonialen Bedürfnissen aus.

Während des **Ersten Weltkriegs** wird die ohnehin schmal gewordene Ernährungsbasis, nach 1912 kommt es wegen des Zerfalls des Kautschukpreises zu **Hungersnöten**, durch Zwangsabgaben zugunsten des kämpfenden Mutterlandes noch weiter eingeengt.

In den Jahren zwischen 1918 und 1939 hat das Kolonialregime die Gelegenheit, sich beträchtlich zu stabilisieren. Neue Dekrete geben den Beamten der Kolonialverwaltung drakonische Mittel zur Erzwingung verwaltungskonformen Verhaltens an die Hand. Die Rechtsstellung des Guinesen ist die eines Untertans. Die Wirtschaft stagniert. Die Aufwendungen der Kolonialmacht für soziale und kulturelle Zwecke stehen in auffallendem Mißverhältnis zu der den Guinesen auferlegten Steuerpflicht. Während des **Zweiten Weltkrieges** dienen tausende guinesische Soldaten in den französischen Armeen, um für eine Sache zu kämpfen, die offensichtlich nicht die ihre ist.

Immerhin kommt es nach dem Krieg zu Reformen. Guinea ist ab 1946 mit zwei Abgeordneten in der französischen Nationalversammlung vertreten und beginnt wieder eine eigene politische Rolle zu spielen. 1947 wird die *Parti Démocratique de Guinée (PDG)* gegründet. Sie wird bald zur Maßenorganisation, weil sie einerseits eng mit der guinesischen Gewerkschaftsbewegung zusammenarbeitet, andererseits es ihr gelingt, durch stammesneutrale Gesichtspunkte Fulbe, Maliké, Susu und die Stämme Waldguineas allmählich an einen Tisch zu bringen.

Sékou Touré ist von Anfang an bestimmende Persönlichkeit der *PDG*. Im Jahr 1956 wird er Abgeordneter in der französischen Nationalversammlung, 1958 kann seine Partei bei Wahlen fast 90 % der Stimmen vereinen. Als die französischen Kolonialstaaten 1958 aufgerufen sind, zu *De Gaulles* Referendum über den Beitritt zur *Communauté*, eine dem englischen *Commonwealth* vergleichbare Gemeinschaft der französischen Afrikakolonien, Stellung zu nehmen, lehnt Guinea als einziger Staat ab. Damit entzieht es sich als erstes schwarzafrikanisches Land der französischen Behütung und verkündet am **2. Oktober 1958 die Unabhängigkeit.** Sehr zum Ärger Frankreichs: Über Nacht werden die 7000 im Lande be-

René Caillé als Maure verkleidet (hist. Abb.)

findlichen Franzosen nach Hause berufen, technische Einrichtungen werden abgebaut oder sabotiert, Dokumente vernichtet und die wirtschaftlichen Beziehungen annulliert. Das Land gerät immer menr ins Abseits und findet im sozialistischen Lager Aufnahme.

Sékou Touré wird **Präsident Guineas** und bleibt es bis zu seinem Tode 1984. Die *PDG* wird Einheitspartei und *Touré* baut ein **autoritäres Regime mit sozialistischer Programmatik** auf. Mit *Nkrumah* aus Ghana, der übrigens nach seinem Sturz 1966 guinesischer Ehrenpräsident wird, ist er Initiator und Leitfigur der afrikanischen Einheit. Aber seine unstete und provokative Außenpolitik führen Guinea bald in die Isolation. Auch im Inneren greift *Touré* zu immer rigideren Maßnahmen, das Land verkommt zur Despotie und erwirbt den

Ruf eines *Gulag der Tropen*. Jede Opposition wird ausgeschaltet, blutige Gewalt und Repression bestimmen den Alltag. Über 15 Komplotte werden „aufgedeckt" und die „Feinde der Revolution" erbarmungslos gejagt. Zudem verschlechtert sich die wirtschaftliche Situation schnell. Über ein Drittel (!) der Bevölkerung verläßt in dieser Zeit aus politischen und wirtschaftlichen Gründen das Land. Erst ab 1978 wird das Klima wieder etwas besser: Guinea öffnet zaghaft die Grenzen, der Handel wird liberalisiert, politische Gefangene werden amnestiert, die Verwaltung dezentralisiert.

Aber die **Reformen** kommen erst richtig in Gang, als **Sékou Touré 1984 stirbt** und sich ein Militärregime unter *General Lansana Conté* unblutig an seine Stelle putscht, die *II. Republik* ausruft und damit der über 27-jährigen sozialistischen Diktatur ein Ende setzt. Allerdings erben die neuen Machthaber ein zerstörtes Land mit einer desillusionierten Bevölkerung. Die Neugestaltung des Landes kommt nur zaghaft voran und das **Militärregime** neigt sich nur **widerstrebend demokratischeren Strukturen** zu, im Glauben, die dringend notwendige Entwicklung Guineas sei alleine mittels autoritärem System zu erreichen (Freiheit oder Entwicklung). Die wirtschaftliche Freiheit dient vor allem den Mächtigen, die sich und ihre Familien maßlos bereichern (*Conté* hat sich innerhalb weniger Jahre zum mehrfachen Dollarmillionär und größten Landbesitzer gemausert). Begünstigungswirtschaft und **Korruption** grassieren wie nie zuvor.

1990 wird das *Loi Fondamentale*, das die Demokratisierung des politischen Lebens herbeiführen soll, per Volkswahl angenommen (98,7% Ja bei 97,4% Stimmbeteiligung – abenteuerliche Zahlen, bedenkt man, daß das *Loi Fondamentale* sehr umstritten war, weil es darauf angelegt ist, auch nach einem Übergang zur Zivilregierung die alten Herrschaftsstrukturen aufrecht zu erhalten; viele blieben deshalb aus Protest den Urnen fern).

Das Ende des *Kalten Krieges* und Protestaktionen der Studenten beschleunigen den **Demokratisierungsprozeß seit 1991**. Über 40 Parteien werden gegründet und verschiedene neue Wochenzeitungen kommentieren überraschend kritisch das politische Geschehen im Land. Die auf Ende 1992 vorgesehenen Parlamentswahlen werden zunächst mal auf Anfang 1994 verschoben, die neugebildete Opposition gewinnt damit Zeit sich zu organisieren. Der Weg zur Demokratie ist aber noch weit: Die jetzigen Machthaber machen nicht den Eindruck, ihre Position so ohne weiteres aufgeben zu wollen, und viele Guinesen haben nach über 35 Jahren Diktatur den Glauben an ein gerechtes und ihnen dienendes Staatswesen verloren. Bei politischen Kundgebungen kommt es regelmäßig zu Toten. Im Dezember 1993 wird *Lansana Conté* unter fragwürdigen Umständen zum Präsidenten gewählt. Die ersten Präsidentschaftswahlen seit über 30 Jahren werden im Ausland kaum registriert.

Die **Liberiakrise**, welche 1989 mit der Rebellion von *Charles Taylor* begonnen hat und bis heute andauert, sowie die direkt damit zusammenhängende Krise in Sierra Leone haben Guinea neben dem fragwürdigen Engagement in einer westafrikanischen Friedenstruppe über **650 000 Flüchtlinge** beschert, welche vor allem in der Waldregion leben.

Sékou Touré

Geboren am 11.12.1919 in Banian bei Faranah, Ober-Guinea. Gehört dem Stamm der Malinké an und soll Nachfahre des legendären Samory Touré sein (s. Geschichte). Seine Eltern waren einfache Bauern. Besucht die Koranschule und darauf die Primarschule. Erarbeitet sich in Fernkursen autodidaktisch die Mittelschulreife und tritt einer kommunistischen Studentengruppe bei. Wird Postbeamter und gründet die Gewerkschaftsbewegung Guineas. Gehört 1946 mit Houphouet-Boigny zu den Gründern der bedeutenden afrikanischen Freiheitsbewegung RDA. 1947 gründet er als guinesischen Ableger der RDA die Demokratische Partei Guineas (PDG) und baut sie nach marxistischen Grundsätzen auf. 1955 wird er Bürgermeister von Conakry, 1956 Abgeordneter Guineas in der französischen Nationalversammlung. Er fällt in Frankreich und in ganz Afrika wegen seinem engagierten Eintreten für sein Volk und die Entkolonialisierung auf und genießt bald den Ruf vom Vater Afrikas und Fürsprecher der 3. Welt. Als es 1958 zu Meinungsverschiedenheiten mit dem französischen Präsident De Gaulle kommt, reagiert Touré sofort. Er mobilisiert die Bevölkerung gegen Frankreich mit der Parole „Lieber Freiheit in Armut als Sklaverei in Reichtum". Mit 97 % stimmt Guinea gegen die Communauté und ruft am 2. Oktober 1958 als erste französische Kolonie Schwarzafrikas die Unabhängigkeit aus. Touré wird Präsident, die PDG Einheitspartei. Für viele Unterdrückte und Unfreie wird er zum Symbol des Widerstandes. Mit Nkrumah's Ghana bildet er eine Union und nimmt eine klare antiimperialistische Haltung ein. Er prägt den afrikanischen Sozialismus, dessen wichtigste Anliegen die Emanzipation der afrikanischen Völker und die Heranbildung einer eigenständigen „personalité africaine" sind. Zwar rückt er mit seinem sozialistischen Weg in die Nähe der kommunistischen Staaten, da er aber eine positiv neutralistische Außenpolitik parktiziert, erhält er auch Unterstützung von nicht-sozialistischen Ländern und privaten Investoren.

Sein eigenes Land gestaltet Sékou Touré skrupellos nach seinen eigenen volkstümlichen Vorstellungen eines revolutionären Sozialismus. Mit Hilfe eines riesigen Beamten- und Polizeiapparates verwaltet und kontrolliert er den jungen Staat. Hinter den markigen, revolutionären Reden, die täglich stundenlang durchs Radio dröhnen, verbirgt sich ein Diktator, der bald überall Komplotte und imperialistische Einmischungen wittert. Auch wirtschaftlich geht es schnell bergab, zumal die Hilfe aus dem Osten sich bald als „kapitalistischer als die Kapitalisten" (Touré) erweist. Die Euphorie der Unabhängigkeit weicht der Resignation. Touré beginnt sich und sein Land zu isolieren. Guinesen wird die Ausreise verboten, Ausländer unterliegen einer strengen Kontrolle, er selbst stellt zwischen 1966 und 1978 seine ehemals rege Reisetätigkeit ganz ein. Mit Gefängnis, Folter und Tod wird jeglicher Protest unterdrückt. Im Mai 1976 werden gar die Fulbe des Verrats beschuldigt (immerhin ein Drittel der Bevölkerung) und wahllos unzählige Menschen eingekerkert. Symbol dieses Klimas der Angst wird das Staatsgefängnis Boiro mitten in Conakry. Viele Tausend werden hier gefoltert und hingerichtet, darunter auch Europäer. Man spricht vom Auschwitz Afrikas. Guinea erscheint jahrelang zuoberst auf den Listen von amnesty international.

Das Ende der Schreckensherrschaft wird 1977 durch den legendären Aufstand der Marktfrauen eingeleitet, welche sich gegen die Verstaatlichung des Marktes zu Wehr setzen. Die verhaßte Wirtschaftspolizei wird abgezogen und der freie Handel auf den Märkten wieder zugelassen. 1978 kommt der französische Präsident Giscard d'Estaing zu Besuch und beendet damit die 20-jährige Feindschaft. Touré öffnet sein Land sachte dem Westen. Allerdings wird die eigene Bevölkerung nach wie vor am Gängelband gehalten. 1984 stirbt er überraschend an Herzversagen und bekommt eines der imposantesten Begräbnisse, das Afrika je gesehen hat. Einige Tage später, ein Militärcoup hat den Touré-Clan abgesetzt, wird der Tote nur noch wüst beschimpft.

Heute ist die Meinung über Sékou Touré in Guinea geteilt. Viele Leute trauern ihm nach, da zu seiner Zeit Ruhe und Ordnung herrschte und ethnische Probleme unterdrückt wurden. Auch die Mitbeteiligung der Frauen war gewünscht und wurde gefördert, 1961 hatte Guinea als eines der ersten Länder Afrikas bereits eine Ministerin, und in der Beamtenschaft war der Miteinbezug der Frauen vorgeschrieben. Leider ist bisher die Touré-Zeit von den Guinesen kaum verarbeitet worden, und auch unser Bild ist durch die ideologische Propaganda gegen Touré aus dem damals zutiefst beleidigten Frankreich beeinflußt.

Lansana Conté

Berufsmilitär unter Sékou Touré, hat sich mit anderen hohen Militärs kurz nach Tourés Tod (1984) an die Macht geputscht und wird als Dienstältester Präsident ad interim. Reine Militärkarriere, schlechte Bildung, keine Auslandserfahrung, ohne jedes Charisma, hatte aber von Anfang an die Unterstützung der Franzosen und anderer an der wirtschaftlichen Ausbeutung Guineas interessierter Staaten. Es scheint, daß vor allem von Hinterzimmern aus regiert wird. Conté und sein Clan sind in den vergangenen Jahren mehrfache Dollarmillionäre und größte Plantagenbesitzer Guineas geworden. Gewann Ende 1993 die scheindemokratischen Präsidentschaftswahlen.

Regierung

Bis 1990 wird Guinea von einer reinen **Militärjunta** regiert *(Comitée Militaire du Redressement National)*. Alle ehemaligen Mitglieder sollen heute Dollarmillionäre sein. Der Sozialismus wird durch einen **Wirtschaftsliberalismus** ersetzt, der vor allem den schon Privilegierten dient, die individuelle Freiheit des Bürgers wird garantiert, was das Land einerseits sehr belebt, andererseits auch chaotisiert. Jegliche politische Opposition ist vorerst ausgeschlossen, allerdings hat der seit 26 Jahren unter absoluter Diktatur lebende Guinese sich daran gewöhnt, den Mund zu halten und die Politisierung des Volkes hat erst kürzlich wieder begonnen, initiert von Studenten und Exil-Guinesen. 1990 werden loyale Zivilisten in die Regierung nominiert. Conté bleibt Präsident. Am Regierungsstil ändert sich wenig. **Begünstigungswirtschaft** sowie die Unterstützung des ressourcenhungrigen Auslandes halten die Macht stabil. Der Demokratisierungsprozeß läuft bisher zaghaft und führt zu einer **Polarisierung zwischen den drei Hauptethnien.** Das jetzige Regime versucht, seine Machtposition zu halten, und die politische Zukunft Guineas sieht nicht rosig aus, da die Voraussetzungen für eine funktionstüchtige Demokratie fehlen (80% Analphabeten, ungenügende Kommunikation, ethnisches Denken, weitverbreitete Lethargie nach jahrzehntelanger politischer Unfreiheit).

Wirtschaft

Die Franzosen hatten in Guinea bis zu dessen Unabhängigkeit eine gut funktionierende, allerdings sehr eigennützige Wirtschaft aufgebaut. Die Kolonie

Verlassene Bauxitwerke bei Kassa

florierte in jeder Hinsicht und brachte den Investoren satte Gewinne.

Das Land hat alle natürlichen Voraussetzungen für eine leistungsfähige Wirtschaft: Meereszugang, unterschiedliche Landschafts- und Klimatypen, was eine **vielseitige landwirtschaftliche Nutzung** begünstigt, genügend Wasser, das dank großen Höhenunterschieden potentiell viel Energie birgt, und vor allem **reiche Bodenschätze** (Bauxit, Eisen, Gold, Diamanten, etc.).

Nachdem Guinea sich von Frankreich gelöst hat und von diesem mit einem eigentlichen Wirtschaftsboykott bestraft worden ist, geriet es ins Abseits und nahm die Hilfsangebote aus sozialistischen Staaten an (vor allem *UdSSR, China, Kuba*). Dadurch jedoch verfiel es nur in neue Abhängigkeiten. Die von der *PDG* aufgezwungene **sozialistische Planwirtschaft** wurde von der Bevölkerung nicht mitgetragen, denn ein strenges wirtschaftliches Regime war hier genauso fremd wie die Schneepflüge, welche in dieser Zeit von der Sowjetunion im Hafen von Conakry ausgeladen worden sind. Das Land fiel schnell ins wirtschaftliche Chaos.

Heute gehört Guinea zu den ärmsten und **industriell am wenigsten entwickelten Ländern der Welt**. Im Weltentwicklungsbericht von 1993 des *UNDP (United Nations Development Programme)* nimmt es sogar weltweit den letzten Rang ein (Kombination von Lebenserwartung, Alphabetisierung und realer Kaufkraft). Der Staatshaushalt wird immer defizitärer, die Lebensmittelimporte steigen, die Schuldendienstrate übersteigt 50% der Exporteinnahmen. Zwar wurde nach der Machtübernahme des Militärs 1984 das einstige Musterland des afrikanischen Sozialismus in eine **Marktwirtschaft mit planwirtschaftlichen Zügen** umgewandelt, und durch Reprivatisierung wurden die Landwirtschaft und der Bergbau angekurbelt, aber der nachfolgende wirtschaftliche Aufschwung war nur von kurzer Dauer. Viele der von staatlichen in private Hände überführten Betriebe sind mittlerweilen wegen Unrentabilität geschlossen worden. Es gibt heute kaum mehr größere funktionierende Industriebetriebe. Guinea muß so ziemlich alle Produkte, abgesehen von kleingewerblich produzierten, im Ausland beziehen. Der ständige **Zerfall der Rohstoffpreise** und die **rückläufige Investitionsbereitschaft ausländischer Firmen** verschärfen die Krise zusehends. Einzig das Kleingewerbe und der Handel können bis heute ein bescheidenes Wachstum aufweisen.

Die Mächtigen wirtschaften nach wie vor zum eigenen Wohl, große Teile der Bevölkerung haben das Nachsehen. Hohe Einfuhrzölle, die kaum vorhandene Inlandproduktion, die lange Erfahrung mit einer schlecht funktionierenden sozialistischen Planwirtschaft und nicht zuletzt die verkehrstechnisch gute Lage des Landes haben eine **ausgeprägte Schattenwirtschaft** entstehen lassen, die wohl, würde sie in offiziellen Statistiken erscheinen, den weitaus größten und effizientesten Wirtschaftszweig ausmachte.

Knapp 70% der Bevölkerung lebt von der **Landwirtschaft.** Sie dient überwiegend der Eigenversorgung, kann jedoch den Nahrungsmittelbedarf der Bevölkerung nicht decken. Größere Mengen Reis, Mehl, Zucker und Milchprodukte müssen eingeführt werden. Dennoch zeigt die Produktionstendenz deutlich nach oben, die ehemals sehr bedeutende Exporterzeugung von Ananas, Bananen, Kaffee und Baumwolle belebt sich wieder zusehends. Den größten Teil der Nahrungsmittelproduktion erbringen nach wie vor kleinbäuerliche Familienbetriebe, die geringe Landflächen mit wenig ertragreichen Böden nach **traditionellen Anbaumethoden** bearbeiten. **Brandrodungswirtschaft** ist noch weit verbreitet. Sie führt dazu, daß die Böden schnell erschöpfen und der natürlichen Erosion ausgesetzt sind. Grundnahrungsmittel und damit wichtigstes landwirtschaftliches Produkt ist Reis, der in Überschwemmungs- und Sumpflandschaften an der Küste, zwischen Mamou und Kindia und am oberen Niger angebaut wird. Die **Eigenbedarfsdeckung mit Reis** ist das Hauptziel der gegenwärtigen Landwirtschaftspolitik. Viehaltung wird überwiegend im hochgelegenen Fouta-Djalon und auf den von Tsetse-Fliegen freien Trockensavannen Ober-Guineas betrieben. Die nomadisierende Viehhaltung ist nicht mehr die Regel, vorherrschend sind kleine Familienherden mit 10–20 Tieren. Die **viehzüchtenden Fulbe** betrachten ihre Herden als unverkäufliches Familienvermögen, dessen Wert sich nach der Stückzahl und nicht nach der Milch- und Fleischleistung bemißt. Das **Fischfangpotential** vor der guinesischen Küste ist beträchtlich, ist aber durch übermäßige Erteilung von Fischereilizenzen an zumeist ausländische Unternehmen gefährdet. Ein grobes Hemmnis für die landwirtschaftliche Entwicklung ist das schlechte Straßennetz, wodurch Transporte aus Überschußgebieten oft schwierig und unwirtschaftlich sind.

Das **Energieproblem** nimmt eine zentrale Stellung in der guinesischen Volkswirtschaft ein. Die öffentliche Versorgung selbst der Hauptstadt mit elektrischer Energie ist unzureichend und weite Teile des Landes sind ohne Elektrizität. Das große Potential an Wasserkraft wird bisher kaum genutzt.

Der zum großen Teil von ausländischen Firmen betriebene **Bergbau** bringt 95% der Ausfuhrerlöse und ist **wichtigster Bestandteil der Wirtschaft**, obgleich er nur etwa 10 000 Personen beschäftigt. Guinea ist nach Australien weltgrößter Exporteur von **Bauxit**, etwa ein Drittel der Weltvorräte lagern hier. Bedeutend sind auch **Gold- und Diamantenvorkommen**, der Abbau wird nunmehr stark vorangetrieben. Daneben gibt es erhebliche und kaum genutzte weitere **Mineralienvorkommen**. Die Aussichten, Erdöl zu finden, werden als gut bezeichnet.

Gesundheitswesen

Falsche und mangelhafte Ernährung, unzureichende Hygiene, schlechte Wasserversorgung und ungenügende medizinische Versorgung beeinträchtigen den Gesundheitszustand der Bevölkerung. Hohe **Kindersterblichkeit, tiefe Lebenserwartung** und an sich vermeidbare Krankheiten sind die Folge. Die Regierung versucht, die bis 1984 ausschließlich staatliche Gesundheitsfürsorge durch Privatisierung funktionstüchtig zu machen. Die Medikamentenversorgung wird im Wesentlichen über private Apotheken gewährleistet und ist mittlerweile recht gut. Das plötzlich große Angebot verleitet aber zu unkontrollierter und unsachgemäßer Einnahme von Medikamenten. Weit verbreitet sind **Malaria, Lungentuberkulose, Diarrhöe und parasitäre Erkrankungen**. Ab und zu treten Epedemien auf (Röteln, Poliomyelitis, Cholera). Bei Kindern sind **Tetanus und Keuchhusten** oft Todesursachen. **Aids-Fälle** treten immer häufiger auf.

Guinea verfügt über zwei Universitätskliniken, vier städtische und 29 regionale Krankenhäuser, drei private Krankenhäuser der Bergwerksgesellschaften in Fria und Kamsar sowie über 500 kleine Gesundheitszentren und Sanitätsstellen. Mit Ausnahme der drei privaten Krankenhäuser sind die Spitäler ungenügend ausgerüstet und die medizinische Apparatur schlecht gewartet. Seit einigen Jahren läuft die Instandsetzung der Krankenhäuser, weitere Verbesserungen sind geplant.

Guinea hat für afrikanische Verhältnisse eine hohe Ärztezahl, die Mehrheit praktiziert jedoch in den Städten, so daß die ländlichen Regionen stark unterversorgt sind.

Die **traditionelle Medizin** spielt eine wichtige Rolle und wird von den meisten Kranken zuerst konsultiert. Die traditionellen Ärzte sind fast immer Männer, das Wissen wird weitervererbt, die Rezepte bleiben oft geheim. Heiler sind sie im Nebenamt, den Alltag teilen sie mit den übrigen Bewohnern. Sie haben oft profunde, ins Esoterische gehende Kenntnisse des Koran. Die Heilpflanzen suchen sie selbst (Wurzeln, Knollen, Blätter, Rinden, Knospen) und bereiten auch das Medikament selber zu. Das Pflücken der Pflanzen geschieht nur am Donnerstag und Sonntag nach festem Ritual: Zuerst wird die Pflanze begrüßt, es wird ihr erklärt, weshalb sie gepflückt wird, der Gruß Allahs wird ihr dargebracht und sie wird gebeten zu kooperieren. Nachdem man sie bestohlen hat, wird ihr zur Versöhnung ein Geschenk dargebracht. Für das Ausbrechen einer Krankheit ist das Schicksal, Gott oder Böswilligkeit und Hexerei verantwortlich. Es geht deshalb weniger darum, den Körper zu heilen als die auslösende Kraft zu besänftigen.

Bildungswesen

Es besteht für alle Kinder im Alter von 7 bis 12 Jahren Schulpflicht. Die **Einschulungsquote** liegt trotzdem nur knapp über 25%. Der Unterricht ist gebührenfrei. Auf der Basis des lateinischen Alphabets wurde eine Schreibschrift für die wichtigsten Stammessprachen eingeführt, die vorher nur mit arabischen Schriftzeichen geschrieben werden konnten. **70% der Bevölkerung** über 15 Jahren sind **Analphabeten**.

Das Schulsystem umfaßt vier Stufen, die in etwa der Einteilung Grundstufe, Mittelstufe, Oberstufe und Hochschule entsprechen. In der Grundstufe dauert die Ausbildung sechs Jahre, in der Mittel- und Oberstufe jeweils drei Jahre. Es gibt zwei Universitäten in Conakry und Kankan. Seit 1984 sind Privatschulen wieder zugelassen.

1965 ist im gesamten Primarbereich der Französischunterricht abgeschafft worden und durch den Unterricht in den verschiedenen Landessprachen ersetzt worden. Mangel an Lehrmaterialien und ausgebildeten Lehrern für den Unterricht in den Nationalsprachen trugen ebenso wie geringe und unregelmäßige Bezahlung des Lehrkörpers zu einem drastischen Niveauverfall im ganzen Bildungssystem bei, der auch die 1963 gegründeten Universitäten beeinträchtigt. Die neue Regierung hat eine **Reform des Bildungswesens** eingeleitet. Die den ideologischen Zielen untergeordnete Ausbildung während der Touré-Diktatur wird wieder stärker an Leistungskriterien orientiert. Auf allen Bildungsebenen wird inzwischen wieder französisch unterrichtet. Die niederige Examenshürde wurde deutlich angehoben, was zu hohen Durchfallsquoten führte. Ein erfolgreicher Studienab-

Primarschule in Nzérékoré

schluß sichert nicht mehr automatisch den Zugang zum angesehenen Staatsdienst. Die Mehrzahl der Absolventen ist auf den zum Teil ungewohnten, sich erst entwickelnden Privatsektor angewiesen. Um 80% der Kinder eine Grundausbildung zu gewährleisten, müßten 20 000 Klassen neueröffnet und ebensoviele Lehrer bereitgestellt werden. Ein unmögliches Unterfangen, bedenkt man, daß der Staat nur wenige Prozente des Budgets für die Bildung bereitstellt.

Seit 1990 streiken die Hochschulstudenten regelmäßig. Es ist zu mehreren blutigen **Auseinandersetzungen mit der Staatsmacht** gekommen. Die Proteste beschränkten sich zunächst auf interne Angelegenheiten (bessere Ausstattung der Uni, qualifizierte Lehrkräfte), haben sich aber zusehends ausgeweitet über die Forderung nach besseren Chancen auf dem Arbeitsmarkt zur eigentlichen Systemkritik mit vehementem **Ruf nach Demokratie**. Die Studenten haben sich innert weniger Jahre von den gehätschelten Kindern des Staates zu dessen gefürchtesten Opponenten emanzipiert und die Beschleunigung der Demokratisierung ist ihnen zu verdanken.

Kultur

Feste und Feiern nehmen im guinesischen Alltag einen breiten Platz ein. **Traditionelle Dorffeste**, religiöse Feiern, staatliche Feiertage, Taufen und Geburtstage lassen die sprichwörtliche Lebensfreude des Guinesen aufleben. Das Fest ist der Ort, wo sich überlieferte und moderne Kultur treffen: Hier werden von den *Griots* die alten Helden und ihre Taten besungen, ertönen die alten Rhythmen und vermischen sich

mit der Gegenwartsmusik, welche oft überlaut und verzerrt aus dem Lautsprecher dröhnt. Die Frauen tragen prachtvolle Kleider und raffinierte Frisuren, die Herren sind meist geschalt.
Die Teilnehmer sitzen in einem großen Halbrund auf Stühlen oder auf Polstergruppen, die von der halben Nachbarschaft hergeschleppt werden und bleiben meist den ganzen Abend ihrem Platz treu. Aufgestanden wird vor allem, um zu tanzen. Je nach Anlaß kann ein solches Fest die ganze Nacht dauern und recht ausgelassen werden.
Das Musikleben Guineas ist sehr reich. Zur Zeit der Touré-Diktatur wurde vor allem die **traditionelle Musik** staatlich unterstützt und gefördert und ist deshalb im Land verbreitet und international bekannt geworden. Die beiden berühmtesten Tanzgruppen *(les ballets)*, das *Ballet Africain* und das *Ballet Djoliba* treten auch in Europa auf. Mittels wilder Tänze und akrobatischer Bewegungen zu heißen Rhythmen werden traditionelle Stoffe aus der guinesischen Geschichte erzählt. Ein eigentliches Phänomen afrikanischer Musik sind *Les Amazones de Guinée*. Seit 30 Jahren sind die 18 weiblichen Musikerinnen und Tänzerinnen, in wechselnder Formation und sich ständig wandelndem Stil, aber mit ihrer stets gleichen Botschaft auf Tournée: Gebt der afrikanischen Frau endlich den ihr gebührenden Platz, denn die Frauen sind der Schlüssel zum neuen Afrika. Oft als „Botschafterinnen der afrikanischen Emanzipation", als „Tigerinnen" oder gar „Göttinnnen der Musik" betitelt, stellen sie ihr Anliegen in Form von Musik und Tanz vor. Eine explosive Mischung alter Lieder, traditioneller Rhythmen und modernster Instrumentalbegleitung, die in den Gitarrensoli der „Königin der Amazonene", *Nyepu Habas*, gipfeln. Die Tanztruppen sind sehr beliebt und genießen große Verehrung. Das Fernsehen überträgt wöchentlich Vorstellungen.
Mory Kanté ist der in Europa populärste guinesische Musiker. Er stammt aus einer Griot-Familie (wie alle großen Musiker) und lebt heute in Paris. Er kombiniert die traditionelle Kora mit modernen Instrumenten und produziert einen Sound, der Rock, Soul und traditionelle afrikanische Musik miteinander vereinigt.
In Conakry gibt es mehrere **Theatertruppen.** Sie spielen selbstproduzierte Stücke, die, oft humorvoll, vom guinesischen Alltag handeln und meist in den Muttersprachen aufgeführt werden. Die Filmfassungen dieser Lehrstücke werden in den drei verschiedenen Hauptsprachen immer abends um 21 Uhr am Fernsehen gezeigt und sind sehr beliebt.
Aus Guinea stammen einige der bedeutendsten **Schriftsteller** Afrikas. *Camara Laye* (1928 bis 1980) hat mit „L'Enfant Noir" (1953) einen Klassiker der afrikanischen Literatur geschrieben. Der biografische Roman beschreibt die ersten zwanzig Jahre eines Jungen, der in einer einfachen Familie in Ober-Guinea aufwächst und mit 20 ein Stipendium zum Studium in Europa bekommt. Weitere bedeutende Werke sind „Le Regard du Roi" und „Le Maître de la Parole", der Versuch die Geschichte des Mali-Reiches im Roman aufzuarbeiten. Ein bewegendes Werk über seine Gefangenschaft im Camp Boiro unter Sékou Touré hat *Alpha-Abdoulaye Diallo* mit „La Vérité du Ministre" geschrieben. Er wurde als jüngster Minister mit einer Reihe anderer Regierungsmitglieder des Kom-

plottes beschuldigt und hat fast als einziger das Todeslager nach zehn Jahren schlimmster Haft überstanden. Mit erschütternder Detailgenauigkeit und sehr nüchtern beschreibt er diese Zeit. Weitere große Namen sind *Mohamed A. Fantouré, Tierno Monénembo, Williams Sassine, Keita Fodéba, Mamadou Traoré*. Von einer guinesischen Literatur kann man aber nicht sprechen, da diese Leute meist eine europäische Bildung genossen haben und manchmal seit vielen Jahren, zumeist als Exilanten der Touré-Diktatur, im Ausland leben und arbeiten, vor allem in Frankreich. So erstaunt es nicht, daß auf den Märkten kaum guinesische Literatur angeboten wird.

Besonders interessant ist die **religiöse Literatur der Fulbe** aus dem 18. und 19. Jh. Sie wurde in Fulfulde mit arabischen Schriftzeichen geschrieben. Es handelt sich hier um Erzählungen, alte Chroniken und religiöse Gedichte. Die Manuskripte sind von Generation zu Generation weitervererbt worden und werden sorgsam behütet.

Ein eigenständiges Filmeschaffen gibt es, sofern man von den ziemlich amateurhaften Fernsehfilmen absieht, nicht, da dafür keine staatlichen Gelder vorgesehen sind. Immerhin hat *Moussa Kemoke Diakkité* mit „Naitou" 1984 einen Film gedreht, der großes Echo fand. Bekannt ist auch *Mohamed Camara*, der am Fespaco 1993 mit dem Film „Denko" den großen Preis für den besten Kurzfilm gewonnen hat.

Tanz- und Trommelkurse werden von *G'Bemba Camara* angeboten, der lange Jahre in Guineas berühmtesten Ballettgruppen mitgearbeitet hat und heute in Paris als Lehrer für Afro-Dance arbeitet. Die Kurse dauern zwischen 2 und 4 Wochen. Sie finden im Dezem-

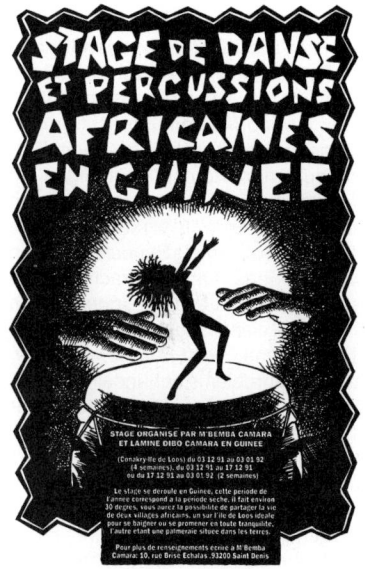

ber und Januar auf der Insel Room und in Conakry statt. 4 Wochen kosteten 1993 11 000 FF (incl. Flug ab Paris). Nähere Informationen bei: G'Bemba Camara; 10, Rue Brise échalas; F-3200 St. Denis; Tel. 48 09 88 27.

Die *Alliance Franco-Guinéenne* fördert das kulturelle Leben Guineas und organisiert Veranstaltungen. Sie befindet sich in der Nähe der Hauptpost und hat am ehesten Informationen was wo läuft. Eine andere Anlaufstelle ist das Nationalmuseum in Conakry.

Medien

Radio-Télévision-Guinée (RTG) sendet täglich Fernseh- und Radioprogramme. Der RTG angeschlossen ist das *Radio rurale*, ein Regionalradio mit Stationen in Kindia, Labé, Faranah und Nzérékoré, welche täglich einige Stunden in der jeweiligen Landessprache senden. Die **Informationssendungen in Radio und Fernsehen** sind dürftig und von der Regierung **manipuliert**. Das Radioprogramm ist recht professionell gemacht, während die vom *RTG* produzierten Fernsehsendungen oft amateurhaft, aber gerade deswegen besonders reizvoll wirken. Auch im Fernsehen sind viele Sendungen in den verschiedenen Landessprachen zu sehen. Beliebt sind die sogenannten *Théâtres*, einstündige, selbstproduzierte Spielfilme, meist Familien- und Beziehungsprobleme behandelnd. Daneben sind die weltweit verbreiteten Banalserien zu sehen und dreimal wöchentlich ein internationaler Spielfilm. Transistorradios sind weitverbreitet und oft die einzige Verbindung mit der Außenwelt, zumal über Kurzwelle *BBC* und *Radio France International* recht gut empfangen werden können. Fernsehapparate sind vor allem im Großraum Conakry verbreitet und in den wenigen Regionen, welche regelmäßig Strom haben.

Seit **1991** ist die **Pressefreiheit weitgehend verwirklicht**. Erstaunlich schnell hat sich eine kritische Oppositionspresse etabliert, wobei das Wochenblatt *LYNX* besonders giftig die herrschenden Verhältnisse anprangert. Allerdings sind die Presseorgane außerhalb Conakrys schwer zu bekommen. Das Staatsorgan heißt *HOROYA*. Die meisten Blätter erscheinen wöchentlich, sodaß eine aktuelle Berichterstattung nicht gewährleistet ist. Einige internationale Zeitungen und Zeitschriften sind in Conakry erhältlich, erscheinen oft aber verspätet (französische Presseerzeugnisse gut vertreten, in deutsch *Spiegel* und *Stern*).

Fotografieren ist erst seit kurzem erlaubt

Praktische Informationen

An- und Weiterreise
Flug
Direktflüge von Europa nach Conakry ab Paris (5x wöchentlich mit UTA und Air Afrique), Brüssel (3x, SABENA), Amsterdam (2x, KLM) und Moskau (1x, Aeroflot).
Am günstigsten fliegt Aeroflot, allerdings ist in Moskau mit langen Wartezeiten zu rechnen. Finanziell dürfte auch Air Maroc interessant sein, in Casablanca muß aber das Flugzeug gewechselt werden. Die UTA und Air Afrique bieten Leuten unter 26 Jahren Jugendvergünstigungen an.
Von Afrika: *Dakar* (5x wöchentlich, Air Afrique, Air Zaire, Air Guinée, Ghana Airways), *Banjul* (6x, Air Guinée, Ghana Airways, Gambia Airways), *Abidjan* (6x, Air Ivoire, Ghana Airways, Air Guinée, Air Afrique), *Accra* (2x, Ghana Airways), *Bamako* (5x, Guinée Air Service, UTA), *Bissau* (1x, Guinée Air Service). Weiter ist die Anreise per Luft auch aus *Bouaké, Freetown, Monrovia, Lagos, Las Palmas, Kinshasa* und *Lomé* möglich. Alle Stationen werden auch in der Gegenrichtung bedient.
Der Flughafen liegt 16 km vom Stadtzentrum entfernt.

Vom Flughafen in die Stadt:
Unangenehmerweise erreichen viele Fluggesellschaften Conakry abends nach dem Eindunkeln. Zudem gibt es in der Nähe des Flughafens kein Hotel, bis ins Stadtzentrum sind es 16 km und wer nicht genau weiß, wo übernachten, fährt nachts besser nicht aufs Geratewohl dahin. Vor dem Flughafen warten keine Busse, man ist auf Taxis angewiesen. Man achte darauf, nur in **gelbe Taxis** zu steigen und natürlich den **Preis** vor der Abfahrt **auszuhandeln**. Der Normalpreis für ein Déplacement bis ins Zentrum liegt bei 2,5 $, jedoch muß ein Fremder nachts mit etwa 5 $ rechnen. Fixpreise haben die weißen SOGETRAG-Taxis, sie fahren für 10 $ ins Zentrum. Wer am Flughafen mit den Taxifahrern nicht einig wird, überquert die Hauptstraße (Autoroute), welche oberhalb vorbeiführt und nimmt da ein Déplacement oder besteigt gar ein Sammeltaxi (0,5 $, eventuell Zuschlag fürs Gepäck).
In Flughafennähe gibt es zwei einfache aber akzeptable Hotels: *Djenouya* (1,5 km stadtauswärts, links) und Hotel-Résidence *Matoto* (6 km stadtauswärts bei der Getränkefabrik *Bonagui*). Näheres siehe bei Conakry unter Übernachtungsmöglichkeiten.

Schiff
Ab Hafen Freetown:
Mo und Fr in beiden Richtungen (Conakry 14.00 Uhr, Freetown 8.30 Uhr). Die Fahrzeit beträgt knapp drei Stunden und kostet einfach 36 $ und retour 65 $. Buchung bei:
Serra Link LTD
4. Bd gegenüber Uniprix,
Boulbinet-Conakry.

Ab Hafen Abidjan/Dakar:
In jeder Richtung zwei Schiffe monatlich, verkehren unregelmäßig, zuerst telefonisch erkundigen. Kosten einfache Fahrt: Dakar 69 $–98 $, Abidjan 100 $–180 $ je nach Kategorie. Dauer um 40 Stunden. Informationen und Re-

servation: Spanisches Konsulat, Immeuble Friguia Base, 1. Stock, Conakry-Zentrum, Tel. 44 24 38.
Der Hafen liegt beim Stadtzentrum.
Achtung: Das Nigerboot zwischen Kankan und Bamako verkehrt seit 1991 nicht mehr. Eine Wiederaufnahme der interessanten Flußfahrt ist vorläufig nicht geplant.

Straße
Einreise über Guinea-Bissau
Die Verbindungen sind alle schlecht und vor allem in der Regenzeit beschwerlich und beinahe unpassierbar. Die **Hauptroute** führt von **Labé über Koundara nach Gabù** und ist landschaftlich auf der ersten Hälfte besonders schön und recht stark befahren.

▻ *Labé – Koundara – Grenze Guinea-Bissau* (Piste, 297 km)
Die Piste zwischen Labé und Koundara wurde 1993 neu geglättet und ist gut zu befahren. Allerdings muß im ersten Teil bis nach Tinguéli-Bôry bald wieder mit schwierigen Verhältnissen gerechnet werden, da die Straße durch hügeliges und steiniges Gelände führt und schnell ausgewaschen ist. Nach Tiânguél-Bôry führt die Straße durch herrliche Vegetation. Etwa 20 km vor Kounsitél muß ein Fluß mit der Fähre überquert werden. Die Piste führt weiter nach Bouméoul hinunter. Von hier bis Koundara wird die Landschaft etwas monoton. **Koundara** ist Etappenort ohne besonderen Reiz, bietet aber recht gute Versorgungsmöglichkeit mit Markt (Treibstoff am Gare-Voiture), einem angenehmen Hotel (*Grand-Hotel Boiro*, 4 bis 6 $, Sa wegen Discobetrieb laut), einfache Kost in der *Bar Sam* oder an den Imbißbuden am Gare-Voiture, die *Bar Dieng* ist beliebtester Treffpunkt.

Flughafen in Sambailo, ca. 10 km nördlich. Die Straße bis nach Saréboido (So schöner Wochenmarkt) ist gut und bietet schöne Ausblicke auf das Badiargebirge, nachher wird sie bis kurz vor Pitché (Guinea-Bissau) ausgesprochen schlecht. Von da Asphalt.
Mit Buschtaxi (täglich) von Labé nach Koundara (etwa 6 bis 12 Std., je nach Stra-ßenzustand und 15 $). Von hier nur am Sonntagmorgen Taxi nach Gabù und Bissau (8 Std./10 $), LKW's fahren auch an anderen Tagen, notfalls führen einen auch Jugendliche mit dem Motorfahrrad nach Gabù (25 $). Am Fr und Sa gibt es direkte Verbindungen von Labé nach Bissau (48 Std./30 $).

▻ *Foulamori – Pitché*
Auf der Karte nicht eingezeichnet. Nur in der Trockenzeit befahrbar. In Foulamori soll es Thermalquellen geben. Der Koliba-Fluß wird auf einer Fähre überquert. Die beste Chance für eine Mitfahrgelegenheit ist Montag, weil dann in Pitché Markt ist.

▻ *Koumbia – Béli*
Auf der Karte nicht eingezeichnet. Beschwerlich. Allerdings fährt jeden Samstag ein Lastwagen ab Boké diese Strecke bis nach Bissau (2 bis 3 d, 14 $).

▻ *Boké – Kandiafara – Buba*
Die naheliegenste Route ist sehr beschwerlich und in der Regenzeit nahezu unpassierbar. Die Fähre über den Kogon-Fluß ist zur Zeit außer Betrieb. Die auf der Karte eingezeichnete Route über Sansalé ist zum jetzigen Zeitpunkt unbefahrbar. Allerdings ist damit zu rechnen, daß in den nächsten Jahren im Zusammenhang mit dem Ausbau der Küstenstraße Conakry-Boké die Fortsetzung nach Guinea-Bissau

Gut ausgebaute Straßen sind selten

ebenfalls ausgebaut wird. Vor Befahren der Strecke unbedingt Erkundigungen im Gare-Voiture Boké einholen. Am Sa fährt ein LKW ab Boké bis zum Kogon-Fluß (5 $), der mit einer Piroge überquert wird. In Kandiafara soll normalerweise ein anderer LKW die Weiterfahrt nach Bissau garantieren.

Einreise über Senegal

↳ *Labé – Koundara – Sambailo – Tambacounde* (Piste, 194 km)
Bis Koundara sh. oben. In Sambailo Flughafen für den Inlandverkehr. Weiterhin schlechte Piste von Sambailo bis Tambacounde (Senegal). Direkte Taxis Labé – Dakar (2 d/40 $).

↳ *Labé – Mali – Kédougou*
(Piste, 240 km)
Sehr schlechte und äußerst beschwerliche Piste, vor allem zwischen Yambering und Kédougou, aber landschaftlich sehr reizvoll. Wenig befahren. Taxi Labé – Mali 6 Std./8 $, von da weiter mit LKW (unzuverlässig).
Die anderen Routen sind alle nicht empfehlenswert, auch die auf der Karte als gut taxierte Route über Balaki (sehr steinig, ausgewaschen und lang).

Einreise über Mali

↳ *Kankan – Siguiri – Bamako*
(Piste, etwa 340 km)
Zwischen Kankan und Siguiri passable Piste, allerdings hemmen zwei Fähren den Verkehr. Vor allem die Nigerfähre verkehrt wegen ungünstig gelegenen Sandbänken nicht immer. Vorher in Kankan erkundigen, ansonsten die Mandiana-Route nehmen. Von Siguiri hat man zwei Möglichkeiten nach Bamako. Eine schmale aber gute Piste folgt mehr oder weniger dem Nigerlauf. Sie ist schöner und interessanter, zudem stiller, weil der Hauptverkehr über

die andere, schlechtere Piste läuft. Allerdings sind die guinesischen Zollbeamten in Nafadji unangenehmer als ihre Kollegen in Kourémalé. Taxis verkehren von Kankan bis zur Grenze bei Kourémalé (7 Std./14 $), hier muß auf malische Fahrzeuge umgestiegen werden, Wartezeit fällt an. Zweimal wöchentlich (meist Do und So) fährt ein Kleinbus von Kankan nach Bamako (12 Std./14 $)

⇨ *Kankan – Mandiana – Yanfolila (Senegal)* (Piste, 186 km)
Als Alternative, wenn der Fährverkehr zwischen Kankan und Siguiri blockiert ist. Allerdings wartet die Route auch mit zwei Fähren auf, zudem ist sie in schlechterem Zustand und weniger befahren als die obige. Es ist kein durchgehender Taxiverkehr bekannt.

Einreise über Elfenbeinküste
⇨ *Nzérékoré – Lola – Danané* (Piste, etwa 150 km)
Ziemlich stark befahrene Hauptroute, landschaftlich reizvoll (Nimba-Gebirge). Die Piste ist in recht gutem Zustand. Die Taxis fahren von Nzérékoré bis an die Grenze (3 Std./6 $), hier muß auf Taxis der Elfenbeinküste umgestiegen werden. Direkte Verbindungen mit Kleinbussen bis nach Abidjan dürften nächstens eingerichtet werden.

⇨ *Kankan – Mandiana – Saladou – Odienné* (Piste, ca. 270 km)
Diese Piste ist insgesamt in passablem Zustand, aber schwach befahren und landschaftlich etwas monoton. Gewöhnlich mittwochs verkehrt hier ein Bus von Kankan nach Abidjan (3 d/30 $).
Die Route über Beyla nach Odienne soll schlecht und schwierig zu befahren sein.

Einreise über Liberia
Seit dem Ausbruch des Bürgerkrieges 1989 sind die **Grenzen nach Liberia für Touristen nicht mehr passierbar.** Das liberianische Konsulat in Nzérékoré, das früher auch Visas ausgestellt hat, ist geschlossen. Die wichtigsten Übergänge: Von Nzérékoré über Lola nach Bossou und Thuo nach Sanniquellie. Von Nzérékoré über Diécké nach Ganta (80 km), von hier auf guter Asphaltstraße weiter bis Monrovia. Von Macenta nach Voinjama. (Stand Anfang 1994)

Einreise über Sierra Leone
Seit der Machtübernahme des jungen Generals *Strassner* 1992 ist die Lage im Lande unübersichtlich. Freetown ist sicher, aber vor dem Herumreisen im Landesinnern ist abzusehen.

⇨ *Conakry – Forécariah – Pamalap – Freetown* (330 km, davon 250 km Asphalt)
Die vielbefahrene Route ist bis knapp an die Grenze asphaltiert. Diese ist nachts geschlossen. Das knapp 80 km lange Pistenstück ist in gutem Zustand. In Sierra Leone im Moment viele Straßensperren mit korrupten Polizisten und Militärs. Von Conakry täglich direkte Taxis nach Freetown (7 Std./13 $), ebenfalls ab dem Grenzort Pamalap.

⇨ *Faranah – Hèrèmakono – Gberia-Fotombu – Kabala* (Piste, 200 km)
Die Piste zweigt etwa 15 km nach Faranah Richtung Conakry links ab und erreicht nach 60 km den Grenzort Gberia-Fotombu. In der Regenzeit schwierig. Zur Zeit (Anfang 1994) führt sie auf der Sierra-Leone Seite durch Rebellengebiet. Touristen werden kaum durchgelassen.

Visa/Einreise/Zollkontrolle

Touristen ist der Aufenthalt in Guinea zwar seit 1987 erlaubt, aber noch bis 1990 war es sehr schwierig, als bloßer Tourist ein Visum zu bekommen. Auch heute noch kann das Prozedere recht mühsam sein und verlangt vom Antragsteller etwas Geduld. Der Geist der Sékou-Touré-Zeit, wo jeder Weiße als potentieller Feind angeschaut wurde (Vertreter der ausbeutenden Klasse), hat bei vielen Beamten, die schon unter Touré gedient haben, überlebt. Viele guinesische Funktionäre mißtrauen bis heute Leuten, welche einfach so das Land besuchen wollen und verlangen manchmal eine *Ordre de Mission* oder bitten einen auf das Komissariat zur Aufnahme der Personalien. Mit Witz und Höflichkeit lassen sich Probleme meist lösen. Es ist zu hoffen, daß mit dem beginnenden Demokratisierungsprozeß eine Vereinfachung eintritt.

Deutsche und Oestreicher wenden sich an die Botschaft in Bonn, für die Schweizer ist die Botschaft in Paris zuständig. Wer ein Einladungsschreiben einer Firma, von Bekannten in Guinea oder ein Empfehlungsschreiben der eigenen Botschaft (Deutsche) vorweisen kann, bekommt das Visum ziemlich problemlos. Die anderen sind eher der Willkür der Beamtenschaft ausgesetzt. Allerdings ist uns eine eigentliche Verweigerung der Visumserteilung bei korrekter Anfrage in den letzten beiden Jahren nicht mehr zu Ohren gekommen. In jedem Fall wird aber empfohlen, das **Visum schon in Europa ausstellen zu lassen,** da die guinesischen Botschaften in Afrika relativ dünn gesät und wenn vorhanden, nicht immer sehr kooperativ sind. Bonn ist zuverlässiger als Paris. Brieflich mit ein (Bonn) bis zwei (Paris) Wochen rechnen. Wer keine Adresse hat, gibt eines der drei großen Hotels in Conakry an (Novotel, Hotel de l'Unité, Hotel Camayenne). Ein Begleitschreiben, welches den Grund des Aufenthaltes erläutert, kann von Vorteil sein.

Guinesische Botschaften in den Nachbarstaaten befinden sich in Bamako (Mali), Abidjan (Elfenbeinküste) und Dakar (Senegal). In Bissau soll die senegalesische Botschaft guinesische Visa ausstellen, scheint aber unzuverlässig. Sierra Leone und Liberia haben derzeit keine guinesische Vertretung. Manchmal wird ein Empfehlungsschreiben der eigenen Botschaft im betreffenden Land verlangt, also abklären, ob eine vorhanden ist. Für ein Visum mit zwei Tagen Wartezeit rechnen, kann aber je nach zuständiger Person und deren Tageslaune variieren.

Visa können für drei Monate erteilt werden, meist werden sie aber in Afrika nur für zwei Wochen und in Europa für zwei Monate gegeben. **Gesamtaufenthaltsdauer** bis **höchstens 6 Monate. Verlängerung** nur in Conakry möglich: *Ministère de l'Intérieur, Immigration,* schriftliches Gesuch an M. le Directeur de l'Immigration, Police de Frontières et de l'Air, 2 bis 4 Tage, 8 $ (am Eingang lauern manchmal Zwischenhändler, welche versprechen, die Formalitäten sofort zu erledigen, natürlich gegen Bezahlung – das kann den Paß kosten). Ein vollständiger Visaantrag besteht aus zwei Antragsformularen (bei spezialisierten Reisebüros oder der guinesischen Botschaft erhältlich), zwei Fotos, der Hin- und Rückflugbestätigung, den Bearbeitungskosten (für Paris 200 FF, für Bonn um 60 DM), einem Begleitschreiben, welches den Besuch begründet und den ersten Aufenthaltsort oder das Reiseziel angibt und even-

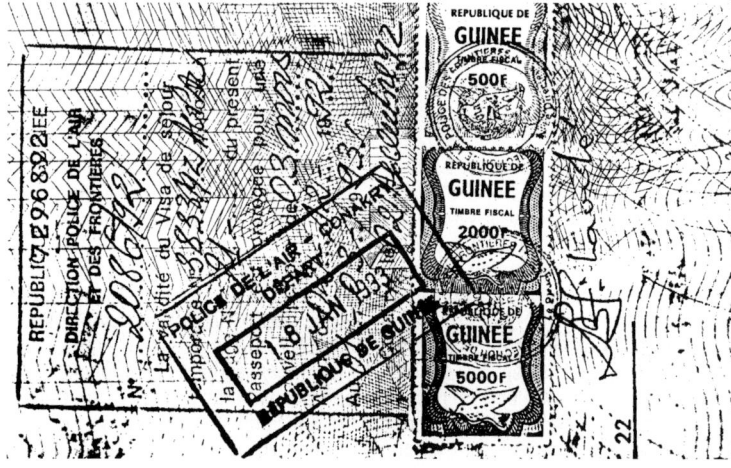

tuell einem Einladungsschreiben oder einer Referenzliste in Guinea, zudem ist das Rückantwortporto beizulegen. Für die Einreise ist ein **Impfpaß** mit gültiger **Gelbfieberimpfung** notwendig. Die Abfertigung am Flughafen hat sich in letzter Zeit stark verbessert und man kommt mittlerweilen auch ohne lästige Bestechungsgelder durch. Eingehende Gepäckkontrollen werden zwar angedroht aber meist beschränkt sich das überlastete Personal auf Stichproben. In Ausnahmefällen kann aber ein Trinkgeld zwischen 1 bis 5 $ weiterhelfen. Das Deklarationsformular bekommt man manchmal eher zufällig. Es wird angeraten, zumindest einen Teil der mitgeführten Devisen oder Cheques zu deklarieren. Bei der Abreise muß mit genauen Kontrollen gerechnet werden (es sind auch schon Leibesvisitationen vorgenommen worden). Es ist darauf zu achten, daß Kunstgegenstände nur mit einem Zertifikat des Nationalmuseums in Conakry ausgeführt werden dürfen. Die Ausfuhr von Franc Guinéen ist verboten, Devisenausfuhr unterliegt der Deklarationspflicht.

Die **Flughafengebühr** ist nicht bei allen Fluggesellschaften inbegriffen und kostet für Auslandflüge 20 $, für Inlandflüge 10 $. Der Übertritt über die Landgrenze macht manchmal Probleme. **Korrupte Grenzbeamte** schikanieren ab und zu Reisende in Erwartung eines Bestechungsgeldes. In den letzten beiden Jahren hat sich die Situation verbessert und Klagen von Touristen über unzulässige Geldforderungen werden seltener.

Botschaften
Botschaften von Guinea
- **Deutschland**
  Botschaft der Republik Guinea
  Rochusweg 50, 5300 Bonn 1,
  Tel. (0228) 23 10 98.
- **Österreich**
  siehe Deutschland.

Praktische Informationen – Botschaften

♦ **Schweiz**
*Ambassade de la
République de Guinée*
51, Rue de la Faisanderie,
75016 Paris, Tel. 00331 45 53 85 45.
♦ **Guinea-Bissau**
Die Senegalesische Botschaft in Bissau vertritt seit kurzem Guinea und ist bevollmächtigt, Visas zu erteilen.
♦ **Senegal**
Dakar, an der Rue 7, Tel. 21 86 06, 10 000 CFA, 2 Fotos, Empfehlungsschreiben der eigenen Botschaft, 24 Std.
♦ **Mali**
Bamako, im Westteil der Stadt, der Route de l'Ancien Aéroport folgen, etwa 100 m nach der Brücke links abzweigen und dem Sträßchen folgen. Tel. 22 29 75, 10 000 CFA, 2 Fotos, Empfehlungsschreiben nicht immer notwendig, 24 Std.
♦ **Elfenbeinküste**
Abidjan, Immeuble Crosson Duplessis, Ecke Ave Crosson Duplessis und Rue 2, Tel. 32 46 00, 10 000 CFA, 2 Fotos, Empfehlungsschreiben nicht notwendig, zügige Erledigung.

Weitere guineische Botschaften befinden sich u.a. in Accra, Brazzaville, Brüssel, Dar es Salaam, Kinshasa, Lagos, London, Nairobi, Rabat, Rom.

Botschaften in Guinea
Bürostunden von 9 bis 13 Uhr.
♦ **Deutschland**
Conakry-Zentrum, Ecke 2. Bd/9. Av, Tel. 44 15 06/44 15 08, Tx 22 47 9.
♦ **Österreich**
Zuständig ist die Botschaft in Senegal: 24, Bd Piret Laprade, BP 3247, Dakar, Tel. 22 38 86/21 73 56,
Fax 21 03 09.
♦ **Schweiz**
Zuständig ist die Botschaft in der Elfenbeinküste: Immeuble Alpha 2000, Rue Gourgas, BP 1914, Abidjan, Tel. 21 17 21, Fax 21 27 70.
♦ **Guinea-Bissau**
Quartier Minière, Route Donka 500 m nach dem Rondpoint Bellevue links, Tel. 46 21 36, 20 000 FG, 2 Fotos, schnelle Erledigung.
♦ **Senegal**
Corniche Sud, etwa 2 km nach dem Place du 8 Novembre, Tel. 46 28 34, Deutsche brauchen kein Visum, 25 000 FG, 4 Fotos, 24 Std., wird für 3 Monate ausgestellt.
♦ **Mali**
Quartier Minière, Tel. 46 14 18, 6000 FG, 1 Foto, 24 Std.
♦ **Elfenbeinküste**
Zur Zeit gibt es keine Vertretung in Guinea. Die Elfenbeinküste wird von der marokkanischen Botschaft vertreten, die jedoch keine Visa ausstellt (auch die französische Botschaft stellt keine Visa aus).
♦ **Liberia**
Z. Z. keine Vertretung (Bürgerkrieg).
♦ **Sierra Leone**
Route Donka, kurz vor dem Rondpoint Bellevue rechts, Tel. 44 37 38, 10 000 FG, 1 Foto, 24 Std.
♦ **Burkina Faso und Togo**
Vertreten von der französischen Botschaft: Zentrum, Ecke 2.Bd/8.Av, Tel. 44 16 55, 35 000 FG (3 Mt.), 2 Fotos, 24 Std.
♦ **Togo**
Vertreten von der französischen Botschaft *(s. Burkina Faso).*

Folgende **weitere Staaten** haben u.a. Botschaften in Conakry: Italien, Ghana, Kongo, Marokko, Nigeria, Tansania, USA, Zaire.

Reisen in Guinea

Guinea ist auf den Tourismus noch weitgehend unvorbereitet. Bis zum Jahr 1984 war jeglicher Tourismus verboten, auch Fremde, die jahrelang in Guinea arbeiteten, konnten kaum im Lande herumreisen. Überall gab es Kontrollen, in jeder Stadt oder Präfektur mußte man sich anmelden. Obgleich solche Kontrollen heute offiziell nicht mehr vorgeschrieben sind (und auch nichts bezahlt werden muß), wird man vor allem abseits der Hauptrouten ab und zu ins *Commissariat* gebeten und umständlich in irgendwelche Dokumente eingetragen. Im Allgemeinen sind die Beamten freundlich, vereinzelt kann es zu Schickanierereien kommen, und die Bezahlung eines Schmiergeldes wird unerläßlich. Bis vor kurzem waren Weiße nur als Experten bekannt, welche in *Mission Spécial* durchs Land reisen, deshalb wird man manchmal nach seiner *Ordre de Mission* oder gar nach der *Permission de Passage* gefragt und es braucht dann etwas Geduld, bis die Funktionäre begreifen, daß man nur als Tourist unterwegs ist. Überhaupt lassen sich die Guinesen sehr viel Zeit, Geschäftliches und Persönliches wird kaum auseinandergehalten und wer eine Auskunft erfragt, ohne zuerst einen Kontakt auf persönlicher Ebene herzustellen, muß damit rechnen, ignoriert zu werden.

Bisher wurde wenig unternommen, den Tourismus zu fördern, dementsprechend gibt es **kaum touristische Infrastruktur.** Reisende müssen sich weitgehend selbst organisieren und improvisationsfreudig sein, sowie etwas Entbehrung nicht scheuen. Guinea ist kein einfaches Reiseland, und wer noch nie in Afrika war, sollte es nicht als erste Destination wählen.

Unterkunft

Hotels, welche punkto Sauberkeit und Ausstattung europäischen Gewohnheiten entsprechen, sind im Landesinneren an einer Hand abzuzählen. Oft haben die Besitzer, auch das eine Folge der langen Isolation, **keine Vorstellung von europäischen Minimalansprüchen.** Fließendes Wasser und konstante Elektrizität sind selten. Meist muß man mit einem Kübel Wasser in einem Naßraum vorlieb nehmen. Ein Parkraum fürs Auto ist oft vorhanden, manchmal gar bewacht. Die Bettwäsche wird nicht immer gewechselt, vor allem in billigeren Hotels, die oft als Stundenhotels benutzt werden. Das **Preis-Leistungsverhältnis variiert stark,** auch innerhalb des eigenen Hauses (so kann ein Zimmer mit einer alten, unbrauchbaren Kommode einiges teurer sein, weil es möbliert ist). Es wird empfohlen, das Zimmer immer zuerst zu besichtigen.

Verlässliche Angaben über Preis und Zustand des Hauses sind schwierig. Seit der Liberalisierung der Wirtschaft gibt es häufig Besitzerwechsel, damit verbunden sind Renovationen, Neueröffnungen und Schliessungen. Bis das ganze wieder etwas eingependelt hat, werden noch Jahre vergehen. Der Preis für ein Doppelzimmer in einer einfachen Unterkunft im Landesinnern liegt zwischen 5 bis 10 $, manchmal kann gefeilscht werden.

In allen größeren Orten gibt es **staatliche Unterkünfte,** die sogenannten *Centres d'Acceuil* (oft auch *Ex-Villas Syli* genannt). Sie wurden während der Touré-Diktatur gebaut und dienen bis heute als Unterkünfte für herumreisende Staatsbeamte oder ausländische Delegationen. Auch Touristen stehen sie offen und sind manchmal die einzi-

ge Übernachtungsmöglichkeit am Ort. Meist sind die Zimmer in Rundhäusern untergebracht, welche an bester Lage stehen und oft von Militärs bewacht sind. Leider sind viele dieser Unterkünfte heruntergekommen und schlecht unterhalten, eine vorherige Besichtigung ist ratsam. Um ein Zimmer zu bekommen muß man sich bei der Präfektur oder der Sous-Präfektur des betreffenden Ortes melden. Die Übernachtung im Doppelzimmer kostet zwischen 5 bis 10 $, manchmal wird kein Preis festgelegt aber ein angemessenes Geschenk erwartet.
Private Unterkünfte gibt es keine, allerdings ist es oft kein Problem, in kleineren Orten ein Bett zu finden, da die Menschen sehr gastfreundlich sind. Es versteht sich von selbst, daß man sich in solchem Falle mit einem kleinen Geschenk verabschiedet.
Campieren ist erlaubt und außerhalb größerer Orte sehr empfohlen, da das Zelt sauber und mückenfrei ist. Am besten wendet man sich an den Dorfchef, der einem dann einen Platz im Dorf zuteilt. Will man Ruhe haben, übernachtet man am besten irgenwo im Busch, Zelte machen oft viel Aufsehen. An den wenigen Stränden oder innerhalb der paar touristischen Einrichtungen kann meist auch campiert werden, hier wird allerdings eine Bezahlung verlangt. Camps oder **Campingplätze gibt es keine.**

Essen

Was zum Übernachten gesagt wurde, gilt auch fürs Essen. Restaurants, die unseren hygienischen Ansprüchen genügen, sind außerhalb Conakrys selten zu finden. Allerdings sieht es oft auf den ersten Blick schlimmer aus und die Macht der Gewohnheit spielt auch hier eine Rolle. Die oft von Weißen geführten Restaurants entsprechen meist unseren Vorstellungen, sind aber recht teuer, für ein vollständiges Menü muß mit 10 $ und mehr gerechnet werden.
Maquis, also **afrikanische Eßbuden,** hat es in größeren Orten immer. Leider ist die Auswahl oft mager und ein schlechtes Abbild der an sich vielfältigen guinesischen Küche. Hähnchen und Beefsteak mit Kartoffeln sind meist zu haben, in der Küstenregion ergänzt grillierter Fisch das Angebot. Spezielle Menus sind oft auf Vorbestellung erhältlich. Der Preis liegt zwischen 2 bis 5 $. Alkoholische Getränke sind nicht immer vorhanden, werden aber bereitwillig in der nächsten Bar geholt.
Straßeneßbuden gibt es überall. Angeboten wird vorwiegend Reis, das Hauptnahrungsmittel der Guinesen. Das eigentlich Interessante sind die Saucen, mit denen der Reis schmackhaft gemacht wird. Die vier wichtigsten sind die *Sauce d'arachide*, mit pürierten Erdnüssen, Fleisch und Gemüse, die *Sauce de feuilles*, mit Maniokblättern, die *Sauce de poisson* mit Fisch und die *Sauce à l'huile rouge* mit Palmöl. Gegrillte Spießchen *(brochettes)* findet man ebenfalls überall. Verbreitet ist auch *la soupe*, entweder eine Fleischsuppe mit Kartoffeln oder eine scharfe Fischsuppe. Der Preis für eine Mahlzeit an einem Imbiß-Stand beläuft sich um 1 $. Zum Essen wird Wasser gereicht, das mit Vorsicht genossen werden soll. Besser läßt man sich einen *jus* (Coca oder Fanta) holen. Bier ist in kleineren Orten schwierig zu bekommen und selten gekühlt.

Nachtleben

Die Nacht lebt vor allem am Donnerstag, Samstag und Sonntag. Der Freitag ist etwas ruhiger (islamischer Gebetstag) und an den andern Tagen sind viele Nachtclubs geschlossen. Die Nachtclubs sind oft sehr kurzlebig, die Szene wechselt schnell. Die In-Lokale sind aber überall bekannt. Vor den größeren Discos findet man meist die ganze Nacht Taxis (happige Nachtzuschläge erfordern oft hartnäckiges Diskutieren). Die Nachtclubs öffnen zwischen 21 und 22 Uhr, so richtig los gehts aber erst gegen Mitternacht. Afrikanische Musik wird sehr viel gespielt, zu später Stunde fast nur noch. Der Eintritt kostet zwischen 3 und 5 $, meist ist eine Konsumation inbegriffen, manchmal werden Weiße auch gratis eingelassen, da sie gute Konsumenten sind. Im Landesinnern sind gute Discos selten, oft vergnügen sich Jugendliche im Schulalter. In den größeren Orten ist an den *Gare Voitures* oft die ganze Nacht Betrieb. Bars sind außerhalb Conakrys nicht immer ganz einfach zu finden, da der Alkoholkonsum im mehrheitlich islamischen Guinea vielerorts im Verborgenen passiert. Aber mit Durchfragen findet man die einschlägigen Lokale immer.

Die **Kriminalität,** vor kurzem noch beinahe unbekannt, hat vor allem in Conakry stark zugenommen, eigentliche Überfälle oder Körperverletzungen sind aber selten, es werden vorwiegend Gelegenheitsdiebstähle begangen. In größeren Orten ist es ratsam, nachts nicht alleine zu Fuß unterwegs zu sein. Etwas lästig können in Conakry Straßensperren sein, die ab und zu nach Mitternacht eingerichtet werden. Auch mit korrekten Papieren ist manchmal ein Cadeau notwendig um die Durchfahrt zu beschleunigen.

Straßen/Orientierung

Viele Straßen in Guinea sind in einem erbärmlichen Zustand, und **in der Regenzeit** sind **auch Hauptverkehrsrouten** oft **kaum mehr passierbar.** Durch die vielen unzuverlässigen Fluß-Fähren wird der Verkehr zusätzlich behindert. Tankstellen gibt es zwar an allen größeren Orten, aber ab und zu klappt die Benzinversorgung nicht, es muß also immer Vorrat mitgeführt werden.

Die **Orientierung** abseits der Hauptstraßen kann recht **mühsam** sein, da nichts gekennzeichnet ist und die Menschen vielfach kaum französisch sprechen und den Weg nicht immer genügend kennen (aber aus Höflichkeit trotzdem eine Richtung weisen, die auch mal falsch sein kann). Man sollte den **aktuellen Straßenzustand vor Ab-**

Nachtclub in Dubreka

fahrt immer **in Erfahrung bringen,** da Unterbrechungen öfters vorkommen und nicht angezeigt werden. Zu beachten ist auch, daß die Länge eines Verkehrsweges in km nicht viel aussagt, deshalb erkunde man sich immer nach der Fahrzeit. Die **beste Informationsquelle** sind die **Taxichauffeure** an den *Gare-Voitures.*

Unannehmlichkeiten

In Guinea läßt es sich mittlerweile recht frei herumreisen. Kontrollen sind außerhalb grenznaher Gebiete selten. Vor allem in Conakry ist man als Autofahrer etwa mal der Willkür der Polizisten ausgesetzt, welche mit frei erfundenen Bußgeldern ihr Einkommen aufbessern. Bedeutend Unangenehmer sind Kontakte mit der **Geheimpolizei** *(Sûreté).* Es ist verschiedentlich bekannt geworden, daß Weiße vorgeladen und ihnen absurde Vergehen angelastet wurden. Einmal in den Fängen dieser Gauner, kommt man oft nur mittels Zahlung einer Kaution wieder frei, es sei dann, man habe einen einflußreichen Bekanntenkreis an Ort. Diese Leute sehen vor allem rote Tücher, wenn Weiße mit Fotoapparaten herumlaufen, daher ist es ratsam, in Conakry und den anderen größeren Orten nicht zu fotografieren.

Das Zahlen von **Schmiergeldern** ist in ganz Guinea weit verbreitet und auch als Reisender wird man etwa mal zur Kasse gebeten. Wer zahlt, der Preis läßt sich herunterdiskutieren, gewinnt viel Zeit und verhilft dem Beamten zu einem Lohnzustupf. Dennoch sollte man zuerst, insofern man sich im Recht wähnt, jede Zahlung bestimmt aber höflich verweigern, nach dem Vorgesetzten fragen oder nach etwas Schriftlichem verlangen (gibts natürlich sozusagen nie) und erst dann um den Betrag feilschen. Das Bezahlen von Schmiergeldern ist letztlich sichtbarwerdender Ausdruck einer sozialen Ordnung und der dicke Tropfen Schmieröl im Getriebe eines für den Außenstehenden schwer zu begreifenden Systems. Unter Einheimischen schmiert es geradezu die Beziehungen und sichert vielen das Überleben. So kämen viele Auslandgeschäfte nicht zu Stande, wenn die normalen Telefontaxen bezahlt werden müßten (Schwarztelefonbetreiber haben ein Arrangement mit Postbeamten, die Rechnung wird dann ausländischen Organisationen oder Botschaften aufgelastet), die meisten Taxis könnten nicht fahren, wenn sie die obligatorische Versicherung bezahlen müßten, der Handel könnte nicht funktionieren, wenn die vorgeschriebenen Zolltarife eingehalten würden (das jeweilige Arrangement mit den kontrollierenden Beamten erhöht zudem deren schmales Einkommen).

Obwohl die **Kriminalität** in letzter Zeit angestiegen ist, gehört Guinea immer noch zu den **sichersten Ländern Westafrikas.** Zur Zeit Sékou Tourés gab es wegen der ständigen Kontrollen und rigorosen Bestrafung kaum Kriminalität. Mit der Liberalisierung und der Einführung der freien Marktwirtschaft geht allmählich die vorher gut funktionierende **Sozialkontrolle verloren.** Der Anstieg der Kriminalität ist ein sichtbarer Ausdruck dieses Umgestaltungsprozesses. Gefährlich ist das Zentrum Conakrys nach dem Eindunkeln, einen etwas schlechten Ruf hat Mamou (Verkehrsknotenpunkt) und in Waldguinea ist es im Zusammenhang mit dem Liberia-Flüchtlingselend vermehrt zu Übergriffen gekommen. In größeren Orten ist es immer angebracht, nachts zu zweit oder in Begleitung Einheimischer unterwegs zu sein. Eigentliche Raubüberfälle sind jedoch selten, meist handelt es sich um Gelegenheitsdiebstähle auf Märkten, an Gare voitures und in öffentlichen Verkehrsmitteln. Folgt man den Erzählungen der Guinesen, wagt man kaum mehr den Fuß vor die Tür zu setzen. Buschtelefon und blühende Fantasie bauschen ein Ereignis oft gewaltig auf. Ohne die Sache zu verharmlosen, ist alles halb so gefährlich wie's tönt. Das Auto sollte immer an bewachten Orten parkiert werden, vor allem wenn es sich um landesübliche Typen handelt, da eine große Nachfrage nach Ersatzteilen herrscht. Es sollte vermieden werden, nachts mit öffentlichen Verkehrsmitteln in größeren Orten anzukommen. An den Gare-voitures spielt üblicherweise das Nachtleben, ein bevorzugter Ort für Spitzbuben. In Begleitung Einheimischer gibt es kaum je Probleme.

Sollte mal etwas passieren, schadet es eher, mit der Polizei Verbindung aufzunehmen, da im Ankläger oft eine günstige Einnahmequelle gesehen wir – zudem ist sie überhaupt nicht im Stande, etwas zu untersuchen. Am besten wendet man sich an die Botschaft oder an Landsleute, die in Guinea leben.

Karten und Informationen

1992 ist eine Neuauflage der *IGN-Karte Guinée 1:1 000 000* herausgekommen (Nr. 3615). Sie ist recht zuverlässig. Allerdings existieren nicht alle eingezeichneten Nebenstraßen (weiß oder gestrichelt). Die Bewertung der Straßen geht auf Ende der 80er-Jahre zurück und ist generell zu gut. Weiter ist zu beachten, daß seit 1992 große Straßenausbauprojekte angelaufen sind, welche in der Karte noch keine Erwähnung finden (v. a. die Verbindungen Mamou – Dabola – Kankan und Conakry – Kamsar). Es sind auch Karten kleineren Maßstabes vorhanden, sie stammen alle aus den 50er-Jahren und sind nur noch topografisch von Interesse. Von Conakry gibt es Stadtpläne. **Pläne und Karten** besorge man **zu Hause über den Buchhandel**, in Conakry sind sie schwer erhältlich und teurer.

Eine **Touristeninformation gibt es nicht**. Auch die wenigen Reisebüros in Conakry können zu Guinea kaum etwas anbieten. Am ehesten kommt man auf dem *Ministère du Commerce, des Transports et du Tourisme* zu Informationen – aber die Ausbeute ist auch hier gering. Die zuverlässigsten Auskünfte erhält man – so absurd das nun mal ist – von ansässigen Weißen.

Post/Telefon

Post ins Ausland sollte nur in der Flughafenpost in Conakry abgeschickt werden. Alle anderen **Postniederlassungen sind unzuverlässig**, auch die Hauptpost in Conakry. Immer überprüfen, daß die Marken auch tatsächlich aufgeklebt und abgestempelt werden. Ein Brief nach Europa am Flughafen abgeschickt ist zwischen 4 und 14 Tage unterwegs. Briefsendungen nach Guinea kommen nur an, wenn man eine *Boîte Postale-Anschrift (B.P.)* hat. Es muß damit gerechnet werden, daß *poste-restante-Sendungen* den Empfänger nie erreichen, und wenn, dann höchstens in Conakry, Kankan oder Labé. Briefe werden von den Postangestellten oft durchsucht, also kein Geld schicken. Hauptpostbüros befinden sich in Conakry, Kankan, Nzérékoré, Boké, Kindia, Labé und Faranah.

Die **Telefonverbindungen ins Ausland und im Inland sind** oft unterbrochen oder überlastet. Im Landesinnern wird **Telefonieren** zur Geduldsprobe. In Conakry funktioniert es besser, vor allem morgens vor 9 Uhr und abends ab 1 Uhr, wenn die Leitungen nicht überlastet sind. Alle größeren Postbüros besitzen Telefonanschluß, in Conakry kann auch vom Novotel und vom Hotel Camayenne aus telefoniert werden. Die Verbindungen werden von Beamten hergestellt und die Zeit per Armbanduhr gemessen. Viele Telefonstationen können nur Gespräche empfangen um Mißbräuchen vorzubeugen, denn Schwarztelefonieren auf fremden Linien ist in Conakry weitverbreitet, zum Ärger von internationalen Organisationen und Botschaften, die dann jeweils gesalzene Rechnungen erhalten. Allerdings verspricht die angelaufene Modernisierung des Telefonverkehrs dem nächstens Einhalt.

Hier die üblichen **Öffnungszeiten der Postbüros:**
Mo–Fr von 8–14 Uhr, in Conakry kann auf der Hauptpost die ganze Woche von 8–23 Uhr telefoniert werden. Briefporto nach Europa: 0,4 $, Eilsendungen 1,4 $. **Telefontaxen: 8 $** für die ersten drei Minuten, dann je Min. 2,5 $.

Geld/Banken/Kosten

Der *Franc Guinée (FG)* ist **unkonvertierbar**, mit ihm können legal keine Devisen gekauft werden, und er ist im Ausland nicht erhältlich. Sein Wert richtet sich aber im großen und ganzen nach dem US-Dollar. Die **Inflation** beträgt seit Jahren etwa **25%**. Der Eintritt in die CFA-Zone ist vorgesehen, wird aber vorläufig kaum realisiert werden können. Es gibt 25er, 50er, 100er, 500er, 1000er und 5000er Noten. Münzen sind kaum mehr im Umlauf. Im Januar 1994 galten folgende offizielle Wechselkurse: 1 $ = 1100 FG, 1 DM = 690 FG, 1 SFR = 765 FG, 1 SH = 99 FG.

Am besten reist man mit **Travaller Cheques** auf Dollars, Französische Francs oder auch Deutsche Mark ausgestellt. Beste Barwährung sind $, FF und CFA. Die verbreiteste Bank im Lan-

de ist die BICIGUI, sie hat drei Filialen in Conakry und je eine in Labé, Fria, Kamsar, Boké, Kankan, Kissidougou, Macenta und Nzérékoré. Das Einlösen der Cheques ist bei BICIGUI ziemlich unkompliziert. Ein Wechselbüro findet sich auch am Flughafen, allerdings werden keine FG in Devisen rückgewechselt. Devisen müßten bei der Einreise deklariert werden, jedoch sind an den Grenzposten oft keine Formulare erhältlich. Mitgeführtes Bargeld wenn möglich nicht zeigen – die Versuchung der Beamten für eine Schurkerei wird dadurch angeheizt.

Der **Schwarzmarkt** ist um etwa 7% über dem offiziellen Kurs, die Händler sind an den umgehängten Taschen zu erkennen und in Conakry am Flughafen und in der Umgebung der Hauptpost zu finden. Hier können auch FG gegen Devisen getauscht werden zu recht guten Kursen (für Touristen ist das sonst noch nirgends möglich, die Eröffnung eines Wechselbüros ist geplant). Aber **Achtung:** Obgleich der Schwarzmarkt sich in aller Öffentlichkeit abspielt, ist er illegal und Weiße riskieren Schwierigkeiten mit der zivilen Geheimpolizei. In größeren Orten und in Grenzgebieten findet man mit etwas Geduld immer jemanden, der CFA, FF oder $ annimmt. Allerdings muß um einen akzeptablen Kurs gefeilscht werden.

Es ist zu beachten, daß man immer genügend kleine Noten bei sich führt. 5000er können oft nicht gewechselt werden, vor allem im Landesinneren. Der FG darf nicht ausgeführt werden (und nützt im Ausland nichts, da er nicht konvertierbar ist). Kreditkarten sind unbekannt. Einzig im Novotel und im Camayenne kann mit Karten bezahlt werden, die auf Firmen ausgestellt sind. Die BICIGUI akzeptiert die französische *Carte Bleue*.

Guinea ist teuer, will man den europäischen Standart aufrechterhalten, was aber sowieso nur in Conakry möglich ist. Ansonsten reist man aber recht billig. Für eine billige Unterkunft ist in Conakry um 20 $, im Landesinnern 5 bis 10 $ je Doppelzimmer zu bezahlen. Das Essen in Restaurants mit europäischem Flair kostet um 10 $, in Maquis (afrikanische Eßbuden) um 3 $ und in Straßenküchen um 1 $.

Weitere **Preisbeispiele:** 1 Packung Marlboro 0,8 $; 1 l Benzin 0,75 $; Monatsverdienst eines Gymnasiallehrers 160 $; eines Polizisten 95 $; 1 Flasche Skool (lokales Bier) 0,8 $; 1 Fl. Mineralwasser 0,7 $ (1,5 l); 1 Brot (Parisette) 0,3 $; 1 Fl. Coke 0,4 $ (3 dl); Taxi 4 $/Std. Die Transportkosten mit Taxi und Bussen sind relativ tief und hängen von Distanz, Straßenzustand und Nachfrage ab, sind aber im Prinzip fix.

Fotografieren

Seit Mitte 1992 ist das Fotografieren ausdrücklich erlaubt (interministerielles Dokument vom 30.6.92), nachdem es vorher nur mit spezieller Bewilligung gestattet war. Aber es muß nach wie vor mit **Schwierigkeiten** gerechnet werden und in Städten sollte wenn möglich ganz aufs Fotografieren verzichtet werden. Schnappschußfotografen können böse Überraschungen erleben, da nicht alle Guinesen sich gerne ablichten lassen. Konfiszierungen von Filmen oder gar Kameras sind auch kürzlich mehrfach bekannt geworden. Farbfilme sind in Conakry und den größten Städten erhältlich (Konika 100), in Conakry gibt es Foto-Schnellservice-Geschäfte (z. B. Av. de la République), die Qualität ist aber mittelmäßig. Das

Junge Verkäuferin am Markt in Conakry

beste Labor befindet sich an der Autoroute, einige hundert Meter stadtauswärts nach dem Medina-Markt rechts (Media-Foto). Hier kann Dia- und Schwarzweißmaterial gekauft und entwickelt werden.

Öffnungszeiten

- Am Freitagnachmittag ab 13 Uhr sind viele Büros geschlossen: Islamisches Freitagsgebet. Sa und So sind arbeitsfrei.
- Die Märkte, Handwerker und viele Läden haben immer offen.
- **Arbeitszeiten der Ministerien:** 8.30–15 Uhr, die Beamten kommen aber oft zu spät und gehen zu früh.
- **Post:** 8.00–14.00 Uhr
- **Geschäfte:** 8.00–12.30 Uhr und 15.00–18.00 Uhr (variiert stark)
- **Banken:** 8.30–12.30 Uhr und 14.30–16.00 Uhr
- **Botschaften:** 9.00–13.00 Uhr

Feiertage/Feste
Feste Feiertage:
1.1. Neujahr; 3.4. Nationalfeiertag; 1.5. Tag der Arbeit; 15.8. Himmelfahrt; 28.9. Tag des Volksentscheides; 2.10. Unabhängigkeitstag; 25.12. Weihnachten.
Bewegliche Feiertage:
Ostermontag; Ende des Ramadan; Opferfest; Geburtstag Mohameds

Verkehrsmittel/ Straßenverhältnisse
Flugzeug
Die drei Fluggesellschaften *Air Guinée*, *Guinée Air Service* und *Guinée Inter Air* bedienen folgende Orte: Boké, Fria, Labé, Kissidougou, Faranah, Sambailo (bei Koundara), Siguiri, Kankan, Macenta, Nzérékoré, Gbenko und Conakry.

Büros in Conakry:
- *Air Guinée* gegenüber der Bank UBG
- *Guinée Air Service* Av. de la Gare

♦ **Guinée Inter Air** gegenüber Sabena
Die Flugpläne und Destinationen wechseln häufig, die Abflüge sind oft unpünktlich oder können auch, obwohl programmiert, gar nicht stattfinden. Dennoch ist das Flugzeug für den Binnenverkehr ein recht taugliches Verkehrsmittel und eine Verbesserung ist durch die Konkurrenz von neuerdings drei Gesellschaften zu erwarten. Abfertigung für nationale Flüge in Conakry rechts neben dem internationalen Flughafengebäude. Flughafentaxe 10 $. Gepäck ins Flugzeug nehmen oder gut sichern (Diebstahlgefahr).

Preisbeispiele:
(*Guinée Inter Air*, z.Z. die billigste Gesellschaft/Stand Dez. 93)
Conakry – Labé 28 $/
Conakry – Nzérékoré 61 $/
Conakry – Kankan 51 $.

Bahn

Seit Anfang 1993 verkehrt die einst bedeutungsvolle **Niger-Bahn** wieder wöchentlich einmal zwischen Conakry und dem 642 km entfernten Kankan. Sie wurde **zwischen 1900 und 1914 von den Franzosen gebaut**. Die Konstruktion war aufwendig, es mußten verschiedene große Brücken errichtet werden und um dem Termitenfraß vorzubeugen, wurde nirgends Holz verwendet. Der Bau hat sechs Franzosen das Leben gekostet, über schwarze Todesopfer schweigen die Quellen. Verkehrstechnisch war die Niger-Bahn von großer Bedeutung, verband sie doch über die Nigerschifffahrt Bamako direkt mit dem Hafen in Conakry. Die Bahnlinie ist **bis heute befahrbar**, obgleich sie schlecht unterhalten ist. Die herrlichen, verwitterten Kolonialbahnhöfe, meist umgeben von mächtigen Mangobäumen, lohnen den Besuch, und die Bahnhofvorsteher, viele von ihnen haben über Jahre keinen Zug mehr an ihrem Bahnhof ankommen sehen, erzählen gerne von alten Zeiten, als noch täglich vollbeladene Züge die Strecke befuhren. Ab Anfang der 80er Jahre wurde der Personenverkehr vollständig eingestellt, selten verkehrte noch ein Güterzug, der vor allem Treibstoff transportierte. Die Straßenverkehrslobby hat die Finanzierung für den Unterhalt der Linie erfolgreich abgewürgt. Heute gibt es nur noch zwei funktionstüchtige Lokomotiven, und das Rollmaterial ist in desolatem Zustand. Umso erstaunlicher, daß der **Personenverkehr kürzlich wieder aufgenommen worden ist**. Das mag vielleicht mit einem saudiarabischen Bauxitabbauprojekt bei Dabola zusammenhängen, denn der Abtransport des Rohmaterials soll über diese Linie führen. Jedenfalls ist ungewiß, wie lange die Niger-Bahn verkehrt, zumal ab **1994** eine **leistungsfähige Straßenverbindung entlang der Bahnstrecke** fertiggestellt sein soll. Im Moment braucht die Bahn für die 642 km lange Fahrt nach Kankan etwa 36 Stunden. Die Fahrt ist sehr strapaziös: Es gibt nur eine Klasse, die Wagons sind unbequem und überfüllt. Der Fahrschein sollte in Conakry am Vortag gelöst werden (Hauptbahnhof). Der Zug verläßt Conakry jeweils samstags um 8.30 Uhr und erreicht Kankan Sonntag abends. Von Kankan fährt er Montags um 17.30 Uhr los und trifft in Conakry Dienstag abends ein. Die einfache Fahrt kostet 16 $. Es kann auch in allen größeren Zwischenstationen zu- und ausgestiegen werden.

Straßenverhältnisse

Der größte Teil der Straßen sind Pisten, welche vor allem in der Regenzeit in katastrophalem Zustand sind. Für Reisen in Guinea ist ein Geländefahrzeug empfohlen. Seit 1992 laufen Ausbauprojekte, welche von der EU mitfinanziert werden und bereits 1994 abgeschlossen sein sollen.

Gute Asphaltstraßen finden sich zwischen Conakry und Labé, Dubreka und Boffa, Kamsar und Boké, Mamou und Faranah, Kissidougou und Sérédou sowie zwischen Kankan und Tokounou. Bis Ende 1994 sollen auch die Straßen zwischen Boffa und Boké sowie die wichtige Verbindung von Mamou nach Kankan über Dabola asphaltiert sein.

Der Zustand der Pisten ändert sich schnell. Am schwierigsten sind sie während der Regenzeit zu befahren. Die wichtigsten Strecken werden nach der Regenzeit manchmal geglättet und sind ab Mitte Dezember besser befahrbar.

Ein unangenehmes Hindernis sind die **zahlreichen Fähren**. Sie fahren oft nur, wenn sie vollgeladen sind, was manchmal ein **stundenlanges Warten** oder ein bedeutendes Trinkgeld verlangt. Wenn sie wegen Defekten oder ungeeignetem Wasserstand gar nicht verkehren, hat man riesige Umwege oder halsbrecherische Überquerungen mit Floßen zu gewärtigen. Das Verladen des Fahrzeuges verlangt vom Fahrer äußerste Vorsicht, da besonders hergerichtete Anlegestellen und Auffahrtsrampen fast immer fehlen.

Es sei nochmals darauf hingewiesen, daß immer genügend **Treibstoffvorräte** mitgenommen werden und daß vor Abfahrt der aktuelle Zustand der Route abgeklärt wird (Taxifahrer).

Taxi

Alle mittleren und größeren Orte können per Taxi erreicht werden. Auf den Hauptrouten findet man täglich Fahrzeuge, die Nebenrouten sind unregelmäßig befahren und lange Wartezeiten müssen in Kauf genommen werden. Die besten Chancen hat man, wenn am betreffenden Ort gerade **Markttag** ist. Das **Überlandtaxi** schlechthin ist der Peugeot 504 familial. Gefahren wird erst, wenn das Fahrzeug voll ist (beim P 504f werden 9 Passagiere mitgenommen). Die Taxistandorte, *Gare-Voiture* genannt, sind leicht zu finden. Oft gibt es mehrere Standorte, für jede Richtung einen anderen. An den Gare-Voitures herrscht oft reger Betrieb, auch nachts. Hier findet sich am ehesten etwas zu essen, manchmal auch einfache Unterkunftsmöglichkeiten. Zudem sind die Taxistandorte die besten **Informationsquellen** für alle Reiseprobleme. Jugendliche betätigen sich meist als Vermittler der freien Taxiplätze. Vor dem Verladen des Gepäcks versichere man sich aber stets, daß das entsprechende Taxi auch tatsächlich als nächstes losfährt. Das Gepäck auf dem Dach ist für den Taxifahrer sowas wie eine Garantie, daß der Kunde mit ihm fährt, und es wird sehr ungern wieder abgeladen. Obgleich die Taxifahrer halsbrecherisch fahren, passieren relativ wenig Unfälle, da sie ihre Heimroute bestens kennen. Wertsachen sowie einzelne Gepäckstücke (wärmere Kleider für Fahrten ins Landesinnere) mit ins Auto nehmen, da während der Fahrt kein Zugang zum Gepäck besteht. Bei Ankunft nachts auf größeren Gare-Voitures stets auf Diebe aufpassen, sich am besten gleich vom Taxifahrer in ein Hotel fahren lassen.

Die Kosten bemessen sich in erster Linie nach dem Straßenzustand (mehr als doppelter Tarif für gleiche Strecken mit schlechten Straßen). Sie sind an sich fix, aber Touristen werden gerne übers Ohr gehauen, deshalb mehrere Anbieter fragen. Bezahlt wird erst kurz vor Ankunft (manchmal wird ein Vorschuß von 5 $ fürs Auftanken erbeten). Die Fahrzeiten und die Kosten für die wichtigsten Verbindungen sind unter den jeweiligen Städten im anschließenden Teil „Guinea – Reiserouten, Städte, Sehenswürdigkeiten" aufgeführt.

Bus/LKW

Privatbusse, welche relativ regelmäßig größere Orte miteinander verbinden, gibt es immer mehr. Der Fahrzeugpark besteht vorwiegend aus umgebauten Kleintransportern und alten Cars. Die Fahrt ist billiger und komfortabler als mit den Buschtaxis, aber langsamer und eher an feste Abfahrtszeiten gebunden. Die Busse fahren auch an den Gare-Voitures weg. Die **staatliche Busgesellschaft** SOGETRAG befährt nur asphaltierte Strecken. Ihre Fahrzeuge sind konfortabel und gut unterhalten, sie sind billiger als Buschtaxis und die Pünktlichkeit ist für afrikanische Verhältnisse erstaunlich. Das Reservationssystem hat nicht funktioniert und wurde aufgegeben – es bleibt nichts anderes übrig, als früh genug an der Busstation zu sein. In Conakry fahren die SOGETRAG-Busse im Gare-Voiture Madina ab, die Haltestellen sind oft mit Tafeln markiert. Weitere Auskünfte bei SOGETRAG, BP 1434, Conakry-Matoto, Tel. 44 35 84.

Routen und Preise von SOGETRAG: (Stand 1993; in Klammern die Angaben für die Rückfahrt)

- CRY – Kissidougou: 589 km/13,5 $; Mo,Sa 8.30 [Di 10.00, So 8.00] Zwischenhalt in Faranah.
- CRY – Kankan: 779 km/17 $; So 7.00 [Di 8.00]
- CRY – Boké: 300 km/8,5 $; Do 9.00 [Fr 9.00]
- CRY – Guékédou: 675 km/15 $; Di,Do 7.30 [Do,Sa 8.30] Zwischenhalte in Kissidougou und Faranah.
- CRY – Labé: 432 km/11 $; Di,Fr,So [Mi,Sa,Mo] jeweils morgens.
- CRY – Pita: 391 km/10 $; Mo,Mi,Sa [Di,Do,So] jeweils morgens.
- CRY – Mamou: 280 km/6 $; in beiden Richtungen zweimal täglich um 8.00 und 15.00 Uhr.
- CRY – Kindia: 130 km/3 $; in beiden Richtungen 13 mal täglich zwischen 7.30 und 18.30 Uhr.
- CRY – Forécariah: 94 km/2 $; in beiden Richtungen 6 mal täglich zwischen 8.00 und 17.40 Uhr.

LKWs sind nur da eine **Alternative**, wo weder Taxis noch Busse verkehren (auf sehr schlechten Pisten oder während der Regenzeit). Oft dauert die Reise viel länger und die Preise sind überrissen. Abfahrt an den Gare-Camions, also den LKW-Abstellplätzen.

Unterwegs als Selbstfahrer
Auto

Die Vorschriften für den Grenzübertritt mit dem Auto sind undurchsichtig, auf die Informationen der Botschaften ist nicht Verlaß.

An der Grenze wird gegenwärtig ein nur für Guinea gültiger Laisser-Passer für das Auto verlangt, der aber nur in den Botschaften aufgestellt wird (Gültigkeit 30 Tage, etwa 20 $. Das **Carnet de Passages** wird akzeptiert. Ohne eines der beiden Dokumente wird eine Bezahlung von 2% des Autowertes verlangt, die nicht rückerstattet wird. Wer diese recht happige Bezahlung vermeiden will, wird mit etwas Diskussionsgeschick auch illegal zu den Do-

kumenten kommen (30 bis 50 $). Dabei ist es von Vorteil, den Touristen herauszustreichen, der an Guinea als Reiseland interessiert ist, um Verdächtigungen wegen Autoschieberei von sich zu weisen.
Neben dem **internationalen Führerschein** und dem **Fahrzeugschein** muß die **CEDEAO-Versicherung** vorgewiesen werden. Mit gründlicher Durchsuchung des Wagens ist zu rechnen.
Benzin und Diesel sind in den größeren Orten erhältlich (Tankstellen oder Schwarzmarkt), aber das Mitführen von **Reservetreibstoff** ist empfohlen, da es immer wieder zu Versorgungsengpässen kommt. Die Tanksäulenzähler sind manchmal falsch eingestellt, deshalb am besten in genormte Kanister abfüllen lassen. Tanken auf dem Schwarzmarkt ist zwar illegal, aber niemand stört sich daran. Wichtig ist, daß man Menge und Qualität des Treibstoffes genau kontrolliert. Benzin, in 1 l Flaschen angeboten, hat den gleichen Preis wie an der Tankstelle, der Dieselpreis variiert täglich, ist aber oft billiger als an der Säule. **Ersatzteile** für alle gebräuchlichen Automarken bekommt man in **Conakry**, im Landesinnern findet man mit Ausnahme von Peugeot-Teilen kaum etwas. Auf asphaltierten Strecken wird gerast. Gefährlich sind die vielen Pannenfahrzeuge, die schlecht gekennzeichnet sind, Äste am Boden ersetzen das Pannendreieck. Nachtfahren ist sehr unangenehm, da dann viele LKW's und Taxis unterwegs sind. Pannenfahrzeuge können leicht übersehen werden, zumal entgegenkommende Fahrzeuge oft nicht abblenden (können). Der **Verkehr in Conakry**

Benzinverkäufer am Schwarzmarkt

ist chaotisch. Immerhin läuft er wegen der schlechten Straßen relativ langsam. Das Auto sollte nachts immer gesichert parkiert werden, sonst wird es als Ersatzteillager mißbraucht.

Motorrad
Es gelten dieselben Zollbestimmungen wie fürs Auto. **Helmpflicht besteht,** es hält sich aber niemand dran. Als Motorradfahrer gilt man auf den Straßen Guineas nur als halbe Portion – dem ist v. a. in Conakry Rechnung zu tragen, wo es wenig Motorräder gibt. Die gängigen Marken sind Yahamas und Hondas der 125er Klasse und der Simson. Schwere Motorräder sind selten. Wegen der vielen schlechten Straßen ist das Motorrad das geeigneste Fortbewegungsmittel.

Fahrrad
Dank der abwechslungsreichen Landschaft ist Guinea **für Radler sehr interessant.** Zwar sind mehr Höhendifferenzen als in anderen westafrikanischen Staaten zu überwinden, die Steigungen sind jedoch zumeist sanft, die erfrischenden Abfahrten unter afrikanischer Sonne ein Vergnügen. Es sollte strikt nur tagsüber gefahren werden, da nachts auf den Straßen reger Verkehr herrscht und die Unfallgefahr sehr groß ist. Auch tagsüber auf der Hut sein, da Radler wie Fußgänger keinerlei Rechte haben. Ein Rückspiegel ist sehr dienlich. In größeren Orten Fahrrad gut überwachen.
Ersatzteile sind **kaum zu bekommen.** Üblicher Fahrradtyp in Guinea ist eine 1 bis 3-gängige chinesische Raleigh-Kopie. Ein geländegängiges gütübersetztes Fahrrad ist sehr empfohlen, sonst ist man viel zu Fuß unterwegs. Die Fahrradstadt Guineas ist Kankan, das selbst eine Fahrradfabrik hat. In Conakry ist es lebensgefährlich mit dem Fahrrad zu fahren, hier ist größte Vorsicht geboten. Immer Kaufquittung und Fahrradausweis mitführen, um der Polizei keinen Vorwand für Schikanen zu geben.

Beste Radler-Zeit: Anfang/Mitte Oktober bis Mitte Februar, also von der ausgehendend Regenzeit (Regenfälle nur noch nachts) bis zum Einsetzen der Hitzeperiode. In Ober-Guinea behindert der *Harmattan* mit Wind und Staub ab Dezember das Vorwärtskommen.

Empfehlenswerte Rundfahrten ab Dakar, welche Guinea miteinbeziehen:

◆ *(Dakar oder Bissau) – Koundara (im NW Guineas) – Labé – Mamou – Conakry*
Von hier mit Flugzeug oder eventuell Schiff zurück nach Dakar. Die Schlüsselstelle liegt zwischen Koundara und Labé (6 Tage, Versorgungsmöglichkeiten relativ gut), da die Piste hier manchmal in schlechtem Zustand ist. Es besteht allerdings die Möglichkeit, das Stück per LKW zu machen. Zwischen Labé und Conakry sehr abwechslungsreiche und gute Asphaltstraße, viel Gefälle aber einige Gegensteigungen (6 Tage, mögliche Etappenziele: *Dalaba, Mamou, Linsan, Kindia, Coyah, Conakry).*

◆ *(Dakar) – Mamou (siehe oben) – Timbo – Dabola – Kouroussa – Kankan – Siguiri – Bamako*
Von hier per Eisenbahn zurück nach *Dakar.* Piste, wird aber asphaltiert (Ausbauende ca. Anfang 1995). Schöne und interessante Route, viel Gefälle, wenig Steigung. Ab *Dabola*

wird das Wasser rar (Savannenzone). In *Kouroussa* nicht mehr der Straße folgen, sondern die Eisenbahnbrücke überqueren und mehr oder weniger der Eisenbahnlinie bis nach *Baro* folgen (kleines Sträßchen, für Autos nicht passierbar, auf Karte nicht eingezeichnet). Diese Route ist kürzer als die Hauptstraße und umgeht die Fähre. Nach *Siguiri* das Sträßchen nehmen, welches dem *Niger* folgt.

Gesundheit

Guinea wird in einschlägigen Berichten in Bezug auf die Gesundheit als **gefährliches Land** angesehen. Tatsächlich wurde die Gesundheitsvorsorge seit vielen Jahren vernachläßigt und das Bewußtsein der Bevölkerung für ein krankheitsminimierendes Verhalten ist noch kaum entwickelt. Zudem birgen die natürlichen Gegebenheit mit großen Klimaunterschieden auf engem Raum (Conakry hat eines der härtesten Tropenklimas überhaupt – im Fouta fallen die Temperaturen nachts oft unter 10°C) und den vielen Flüssen (Bilharziose und Malaria) weitere Gefahren.

Ein ausreichender **Impfschutz** (nur Gelbfieber ist obligatorisch) sowie **Malariaprophylaxe** werden **dringend empfohlen**. Die **medizinische Versorgung im Landesinnern** ist **schlecht**. Bei ernsten gesundheitlichen Schwierigkeiten wende man sich an Ausländer. In Ober-Guinea sind die *Médecins sans Frontières* tätig, in den Bergbaustädten Fria und in Kamsar gibt es gute Krankenhäuser. In Conakry befindet sich im französischen Botschaftsgebäude eine gute Klinik. Empfohlen ist auch der libanesische Arzt *Dr. Thermos Jamal* (Praxis Ecke 3. Av/6. Bd).

Für Zahnprobleme wende man sich an das *Centre Dentaire* an der Universität in Conakry (Tel. 46 21 46), das von der französischen Zahnärztin *Maryvonne Hinard-Bocquel* geleitet wird. Die Medikamentenversorgung ist in den größeren Städten gut, allerdings soll nie auf dem Markt eingekauft werden (unsachgemäße Lagerung).

Trinkwasser

In Conakry ist das **Leitungswasser stark verschmutzt** und soll auf keinen Fall getrunken werden. Dasselbe gilt für das Wasser, welches aus offenen Brunnen stammt (manchmal befindet sich die Fäkaliengrube in nächster Nähe). **Unbedenklicher** hingegen ist das **Wasser aus Tiefbohrungen**, die oft bis 50 m und tiefer reichen. Es stammt aus geschlossenen Brunnen und wird mit Körperkraft an die Oberfläche gepumpt. In Waldguinea sollte kein unbehandeltes Wasser getrunken werden, wegen fehlender Sedimente ist die natürliche Filterung ungenügend. In *Coyah* wird ein einwandfreies Mineralwasser nach modernstem Verfahren abgefüllt, das bedenkenlos getrunken werden kann. Allerdings ist es außerhalb Conakrys schwierig zu finden. Die Mineralwasserflaschen werden oft als Wasserbehälter in Restaurants auf den Tisch gestellt, wobei das Wasser aus der Leitung stammt. Also nur aus selbstgeöffneten Flaschen trinken.

Strom

220 Volt Wechselstrom. Nur in größeren Orten und auch da, vor allem während der Trockenzeit, unregelmäßig. Starke Spannungsschwankungen.

Uhrzeit

GMT (keine Sommerzeit!)

Reiserouten, Städte, Sehenswürdigkeiten

Die meisten Westafrikareisenden wählen die klassische Route *Dakar* (Senegal) – *Bamako* (Mali) – *Ouagadougou* (Burkina Faso) – *Accra* (Ghana) – *Lomé* (Togo) oder *Abidjan* (Elfenbeinküste). Guinea wird also in großem Bogen umfahren. Das hängt damit zusammen, daß die Einreise bis vor kurzem nicht möglich war und daß die Straßenverbindungen sowie die fehlende touristische Infrastruktur nach wie vor das Reisen erschweren.
Hier drei Vorschläge, wie Guinea in eine Westafrikareise eingebaut werden kann:

- *(Bissau oder Dakar)* – *Koundara* (im NW des Landes) – *Labé* – *Mamou* (von hier evtl. Abstecher nach *Conakry*) – *Kissidougou* (ab Ende 94 statt über Kissidougou besser über Dabola-Kouroussa, kürzer und interessanter) – *Kankan* – *Siguiri* – *(Bamako)*. 1150 km, 48 Std. reine Fahrzeit, 60 $ (Distanz auf guinesischem Staatsgebiet, Zeit und Kosten für möglichst direkte Buschtaxiverbindung).

- Bis *Kissidougou* wie oben, dann Richtung S nach *Guékédou* – *Macenta* – *Nzérékoré* – (Man/Elfenbeinküste). 1100 km, 48 Std., 50 $.

- *(Bamako)* – *Siguiri* – *Kankan* – *Kissidougou* – *Nzérékoré* – *(Man/ Elfenbeinküste)*. 800 km, 36 Std., 40 $.

Die interessante Küstenroute *Dakar* – *Conakry* – *Freetown* – *Monrovia* – *Abidjan* ist nicht mehr passierbar (Kaum befahrbare Straßen zwischen Bissau und Conakry, Bürgerkrieg in Liberia). Da einige Straßenabschnitte in sehr schlechtem Zustand sind, nur mit Geländefahrzeug und nicht in der Regenzeit empfohlen. Alle Strecken werden auch von Buschtaxis befahren.

- *Conakry* – *Mamou* – *Labé* – *Gaoual* – *Boké* – *Kamsar* – *Boffa* – *Conakry*. Etwa 900 km, beste Zeit von November bis April. Piste zwischen Labé und Gaoual sehr schlecht, bis Boké schlecht, Rest Asphalt. Schöne, sehr abwechslungsreiche Rundtour, welche durchs Fouta-Djalon und die Küstenregion führt. Viele pittoreske Abschnitte.

- *Mamou* – *Kissidougou* – *Kankan* – *Kouroussa* – *Dabola* (Abstecher nach *Dinguiraye*) – *Mamou*. 950 km ohne Dinguiraye, beste Reisezeit zwischen November und April. Im Allgemeinen guter Straßenzustand, mit Ausnahme von einigen kleinen Abschnitten (vor allem Faranah bis Tokounou). Rundtour durchs östliche Fouta und Ober-Guinea. Landschaftlich abwechslungsreich und kulturell interessant.

- *Kissidougou* – *Nzérékoré* – *Beyla* – *Kerouane* – *Kankan* – *Kissidougou*. 950 km, am besten zwischen Dezember und März, kann auch mit II. kombiniert werden. Piste zwischen Nzérékoré – Beyla – Kankan oft in schlechtem Zustand, der Rest ist gut befahrbar und zum Teil asphaltiert. Schöne und interessante Route durch Wald- und Ober-Guinea.

Conakry

Conakry war bis 1889 ein kleines Baga-Fischerdorf auf der Insel *Tumbo*, welche der Halbinsel *Kaloum* vorgelagert war. Mit der Gründung der selbständigen französischen Verwaltungseinheit *Rivières du Sud* wird Conakry dank seiner guten Hafenlage zu deren **Verwaltunszentrum** gemacht. Durch eine geschickte Zollgesetzgebung erreicht Frankreich, daß Conakry als **bedeutender Handels- und Umschlagplatz** bald mit Freetown konkurriert. Seitdem wächst die Stadt unaufhörlich. Die Insel Tumbo wird über Aufschüttungen an die Halbinsel Kaloum und damit ans Festland angeschlossen. Um 1900 wird mit dem Bau der *Nigerbahn* nach Kankan begonnen und in Kombination mit der Nigerschifffahrt eine leistungsfähige Verbindung nach Bamako geschaffen. Je mehr die Herrschaft Frankreichs in Westafrika sich festigt, desto bedeutender wird Conakry. Das „**Paris Afrikas**" gehört bald zu den **schönstgelegenen Städten** weltweit: Uferpromenaden, Sandstrände, herrliche baumbestandene Boulevards, unzähli-

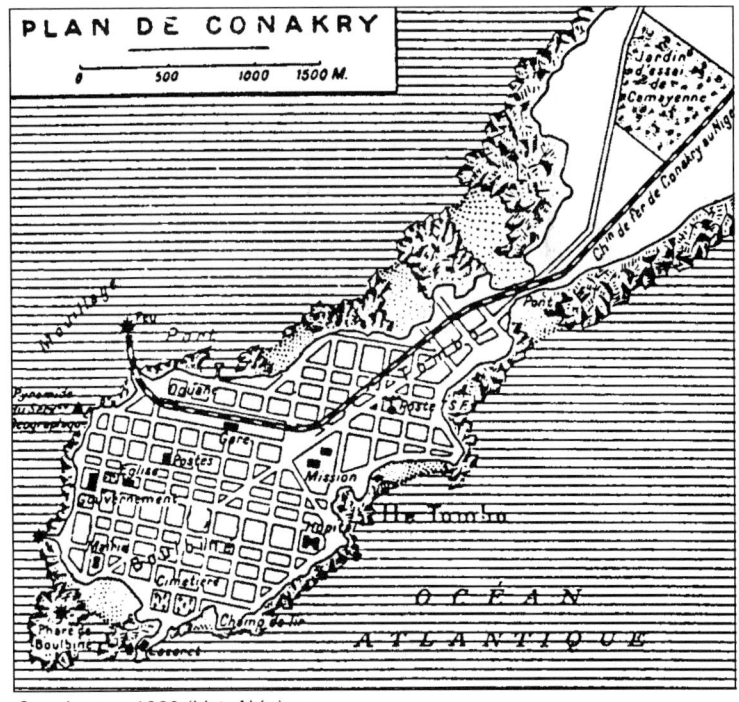

Conakry um 1920 (hist. Abb.)

ge Straßencafés und Nobelrestaurants – die Berichte von Zeitgenossen übertreffen sich. *André Gide* schreibt: *"Alles hier scheint Glück, Wonne und Ewigkeit".* Oder *Dr. Neveu Lemaire* (1911): *"Die Stadt ist bemerkenswert sauber, und der Kampf gegen die Mückenplage ist erfolgreich. Wer das Wasser stehen läßt, wird bestraft und nach dem dritten Mal ins Gefängnis geworfen."* Andere sprechen vom *Petit Marseille.*

Wegen der **strengen Apartheitspolitik** der Kolonialherren hat die einheimische Bevölkerung allerdings wenig Anteil an dieser Pracht. **Nach dem Abzug der Franzosen zerfällt die Stadt.** Während der Herrschaft Sékou Tourés wird Conakry völlig heruntergewirtschaftet und macht einen grauen und trostlosen Eindruck. Heute sind die Sandstrände verschwunden (der Sand wurde für den Bau der Häuser abgetragen), die Boulevards heruntergekommen, und die Stadt versinkt im Chaos. **Über eine Million Menschen leben in Conakry,** und es werden immer mehr. Die Hauptstadt erstreckt sich über weite Teile der 30 km langen Halbinsel Kaloum, das Zentrum mit Hafen, Verwaltung, Hotels, Geschäftsviertel und Markt liegt an der Spitze.

Nach der Machtübernahme des Militärs 1984 und der damit verbundenen Liberalisierung hat **Conakry wieder zu atmen begonnen.** Das afrikanische Leben pulsiert. Das Angebot an Läden, Hotels und Restaurants steigt, und die Versorgungslage ist recht gut. Ansonsten sind die **Probleme aber auch unter den neuen Machthabern geblieben.** Strom- und Wasserversorgung sind völlig unzureichend, die Kehrrichtabfuhr funktioniert nicht, die meisten Straßen sind schlecht, in der Regenzeit reihen sich Pfütze an Pfütze. Das Meer rundherum ist verschmutzt. Die Hauptverkehrsachsen, welche die schmale Halbinsel durchqueren, sind überlastet. Die Zuwanderung ist groß, die Stadt wächst unkontrolliert, Arbeitslosigkeit, Verelendung und Kriminalität steigen. Die Verwaltung ist ineffizient und korrupt. Die besondere Lage Conakrys auf einer schmalen Halbinsel läßt eine Ausdehnung nur in einer Richtung zu, der Weg ins Zentrum wird immer länger. Pläne, das Verwaltungszentrum in Richtung Landesinneres zu verlegen, bestehen, dürften aber vorläufig kaum realisiert werden. Zudem sind die klimatischen Bedingungen wegen der hohen Luftfeuchtigkeit und der vielen Niederschläge während der Regenzeit auch für tropische Verhältnisse hart. Trotz allem – Conakry ist eine besondere Stadt. Chaotisch und vibrierend, voller Gegensätze und afrikanischer als manch andere Stadt auf dem Kontinent. Die vielen Bäume, die Alleen, die Lage mitten im Meer, sowie die nahen paradiesischen *Los-Inseln* kontrastieren angenehm zum eher mühsamen Stadtalltag.

Das **Zentrum Conakrys ist schachbrettartig aufgebaut** und liegt **an der Spitze der Halbinsel Kaloum.** Die Avenues laufen von Westen nach Osten, die Boulevards von Norden nach Süden. Im Innern dieser scheinbaren Ordnung herrscht Chaos, vor allem im südlichen Teil der Stadt, wo die vielen engzusammenstehenden einstöckigen Häuser noch einen ursprünglichen und beinahe ländlichen Eindruck hinterlassen. Der Geschäftsbereich befindet sich vor allem im Trapez, das von der *Avenue de la Gare, Route de Niger,* der *Avenue de la République* und dem *Boulevard de Commerce* gebildet wird.

Conakry 451

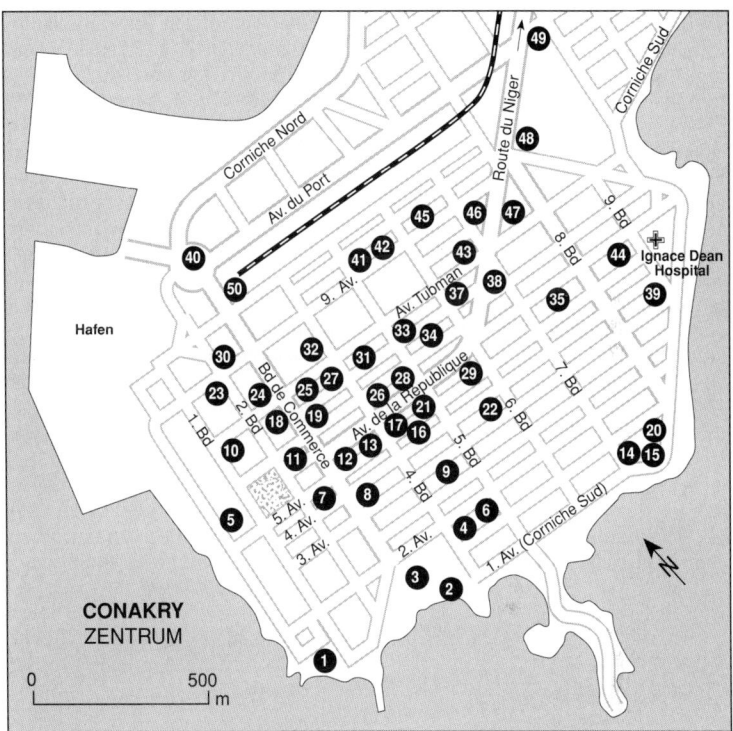

CONAKRY ZENTRUM

0 — 500 m

LEGENDE
Übernachtung
1 Hotel Indépendance
12 Hotel Kaloum
37 Hotel du Niger
44 Pension Doherty
48 Mission Catholique

Restaurants/Bars/Cafés
4 Macky
6 Les Iles
7 Bar-Café au Bon Coin
8 Le Conakry
12 Brasserie Kaloum
15 Restaurant le Refuge
16 African Queen
20 Macky
25 La Calebasse
26 Café de Pressing
29 Patisserie Centrale
33 Bar le Palmier
34 Le Cèdre

39 Le Rocher
40 Straßenbeizen
41 L´Escale de Guinée
42 Le Djoliba
43 Libanesischer Imbiß
45 La Gentilhommière
47 Patisserie Le Damier

Verschiedenes
2 Boulbinet-Hafen (Pirogen zu den Inseln)
3 Palais OUA/Regierungssitz
5 Ministère du Commerce, Transport et Tourisme
9 Soguip (Bücher/Zeitungen)
10 Immigration/Verlängerung
11 Kathedrale
12 Air Afrique
13 Sabena
14 Nationalmuseum
17 Karou Voyages, Stadtbüro/ Guinée Travel Service

18 CEDUIST
19 BIAG Bank
21 UTA, Air Guinée
22 Dr. Thermos Samal
23 Deutsche Botschaft
24 Franz. Botschaft/Alliance Franco-Guinéen
26 Kino und Dancing Le Palace/Holzbildhauer
27 Geldwechsler (Schwarzmarkt)
28 BICIGUI
29 Air Maroc/Aeroflot/KLM
30 USA-Botschaft
31 Disco Tropicana
32 Hauptpost/Telefon
35 Librairie l´Apostrophe
36 Bahnhof
38 Supermarché
46 Marché du Niger
49 zum Supermarkt Mackity

Sehenswürdigkeiten

Eigentliche Sehenswürdigkeiten bietet die Stadt wenige, und Reisende werden sich kaum länger als notwendig in dieser hektischen und wenig Annehmlichkeiten bietenden Stadt aufhalten. Besuchenswert ist das **Museum,** das eine Menge Material angehäuft hat. Bis 1994 sollen die Renovierungsarbeiten abgeschlossen sein. Man ist gespannt, wie die Objekte in der instandgesetzten Anlage präsentiert werden. Die besondere Atmosphäre des vormaligen Museums wird wohl auf Kosten der Überschaubarkeit verloren sein.

Als Fixpunkte der Stadt gelten die katholische **Kathedrale,** die beiden 14-stöckigen Wolkenkratzer, noch zur Kolonialzeit erbaut und heute nur noch in den untersten Stockwerken bewohnt, der **Präsidentenpalast,** für den OAU-Gipfel 1984 als Kongresszentrum zusammen mit einem ganzen Quartier arabischer Nobelvillen erstellt, wegen Sékou Tourés Tod aber nie für seinen eigentlichen Zweck genutzt, dahinter und zum Präsidentenpalast eigentümlich kontrastierend der alte Fischerhafen **Boulbinet,** gleich daneben unter mächtigen Bäumen der überwachsene ehemalige christliche **Friedhof,** dann der **Volkspalast,** an der engsten Stelle Conakrys, da wo einst Meer war, heute für Ausstellungen, Kongresse und kulturelle Anlässe gebraucht. Weiter eine riesige **Moschee,** die größte Schwarzafrikas, finanziert durch die Araber, der **Hafen,** kürzlich ausgebaut und modernisiert von einer deutschen Firma, welche dafür auf einer vorgelagerten Insel einen Hügel verwüstet hat. Sehenswert sind auch die vielen verkommenen Kolonialgebäude und das größtenteils stillgelegte **Bahnhofsgelände.**

Hauptmoschee von Conakry

PRAKTISCHE INFORMATIONEN

 UNTERKUNFT

Gute Hotels
Hotel Camayenne (Sabena Hotels)
4 km vom Zentrum, B.P. 2818,
Tel. 44 40 89, Fax 44 29 95; 96;
Komfortable Zimmer mit TV und Telefon, 130 bis 160 $; Restaurants, Konferenzsäle, Schwimmbad, Tennis; modernstes Hotel Guineas, total renoviert und Mitte 1993 wiedereröffnet, gute Lage am Meer.

Hotel de l'Indépendance (Novotel)
Stadtzentrum, B.P. 287, Tel. 44 50 21, Tx 21 12; 260 Zi, 98 bis 117 $; übliche Ausstattung eines teuren Hotels, mit Restaurants, Schwimmbecken, Tennis, Konferenzraum und Geschäften, Kunstmarkt im 1. Stock, gute Lage am Meer; zum Teil renovierungsbedürftig, Zimmer selbst auswählen, da bei gleichem Preis große Qualitätsunterschiede.

Hotel de l'Unité (Gestitour)
2 km vom Zentrum, 15 km vom Flughafen entfernt, B.P. 683, Tel. 44 15 93/98, Tx 2 32 40, Fax 44 15 93;
80 Zi, 60 bis 75 $; übliche Ausstattung eines teureren Hotels, mit Restaurant, Nachtclub, Schwimmbad, alle Zimmer ebenerdig mit Ausgang ins Freie.

Résidence Mariador
Im Stadtteil Ratoma etwa 14 km vom Zentrum, Tel. 44 27 52; 42 komfortable Zimmer mit TV, 72 bis 127 $; Suiten, Restaurant, Schwimmbad, Boutiquen, schön gelegen am Meer.

Hotel Mariador
Im Stadtteil Ratoma etwa 14 km vom Zentrum, Tel. 46 40 70; 34 gutausgestattete Zimmer z.T. mit TV, 49 bis 71 $; Bar, großer Park.

La Source de Tansana
Etwa 30 km vom Zentrum Richtung Coyah rechts; Freizeitzentrum mit schönen Zimmern in Rundhäusern, 30 bis 80 $; Restaurant, Bar, Wochenend-Disco, Schwimmbad geplant; ideal für Leute, welche vom Landesinnern kommend Conakry nur kurz besuchen wollen.

Mittelklassehotels
Hotel du Golf de Guinée
Im Stadtteil Rogbane ca. 9 km vom Zentrum gelegen; 32 gut ausgestattete Zimmer, 36 bis 45 $; TV-Raum, Restaurant, ruhige Lage, Terrasse, kein Telefon.

Pension Doherty
Im Zentrum, 5. Av., in der Nähe des Ignace-Deen Spital gelegen, B.P. 3671, Tel. 44 17 64, Fax 44 38 75; einfache, klimatisierte Zimmer mit WC/Douche, fließendes Wasser kalt und warm, 22 bis 35 $; Bar, Restaurant nur am Mittag, TV, angenehme, familiäre Atmosphäre, von Guinesin mit Frankreicherfahrung geführt.

Einfache Unterkünfte
Billige Unterkünfte sind in Conakry nicht zu finden. Einzige Ausnahme ist die *Mission Catholique* (siehe unten), die aber oft besetzt ist. Das Preis-Leistungsverhältnis stimmt in vielen Betrieben nicht.

Mission Catholique
Im Zentrum, nahe beim Marché de Niger; angenehme Zimmer für 9 $ (Frühstück inbegriffen), Mahlzeiten für 3 $ (mittags und abends), oft ausgebucht; sehr schön und ruhig gelegen, familiäre Atmosphäre, eine der angenehmsten und zugleich billigsten Unterkünfte Conakrys; es wird erwartet, daß man sich den Gepflogenheiten eines kirchlichen Hauses anpaßt, also nicht halbnackt rumläuft und unverheiratet nicht im selben Zimmer schläft.

Hotel du Niger
an der Route Niger, beim Marché de Niger, im Zentrum gelegen, B.P. 14, Tel. 44 41 30, Fax 44 12 36; 22 Zimmer mit WC/Douche, fl. Wasser warm, z.T. klimatisiert, recht sauber, kürzlich renoviert, 24 bis 34 $; Restaurant.

Hotel Kaloum
Av. de la République, im Zentrum; 28 sehr große Zimmer, WC/Bad, fl. Wasser, relativ sauber, 25–30 $; unpersönliche Atmosphäre, teures Restaurant.

Hotel Mixte
Stadtteil Kipé, 100 m nach Disco Edenpark links (kl. Schild), etwa 13 km vom Zentrum; klimatisierte oder ventilierte, kleine Zimmer, recht sauber, WC/Douche außerhalb, Strom, 7 bis 10 $; die Unterkunft wird tagsüber und abends auch als Stundenhotel benutzt, das geschieht aber diskret und stört wenig; im Haus befindet sich ein kleines Maqui mit schönen Gartensitzplätzen, billige Mahlzeiten (2 bis 3 $) und kühles Bier.

Hotel Djenouya
Stadtteil Ymbaya-Tanerrie, 1,5 km stadtauswärts vom Flughafen auf der Autoroute, links; 7 Zimmer mit kleinem Salon, WC, fl. Wasser, Strom, klimatisiert, 18 $; Bar, einzige Unterkunft in Flughafennähe, einfach aber sauber und ruhig.

Hotel-Résidence Matoto
Stadtteil Matoto, 6 km nach dem Flughafen stadtauswärts, vor der Getränkefabrik Bonagui rechts (Schild); 18 Zimmer, alle mit Dusche/fl.Wasser/Strom/Klimaanlage und z. T. WC, sauber, 20 $; Restaurant mit einfacher Kost (3–4 $), Bar, kühles Bier, angenehmste Unterkunft in Flughafennähe (Taxi 2 $)

Zur Zeit geschlossen sind das *Hotel Gbessia* beim Flughafen und das *Hotel Delphine* im Zentrum (Wiedereröffnung geplant), Ecke 5. Bd/9. Av.

ESSEN UND TRINKEN

In Conakry gibt es mittlerweile ein erstaunlich breites Angebot an guten Restaurants, die vorwiegend europäische aber auch afrikanische und asiatische Küche anbieten. Wegen der großen Konkurrenz kommt es häufig zu Besitzerwechsel. Das Essen in Restaurants ist relativ teuer, man muß mindestens zwischen 5 und 10 $ für ein vollständiges Essen rechnen. Straßenverpflegung ist vielerorts möglich, in der Innenstadt vor allem beim Busterminal am Hafen und um den *Marché Niger*. Hier bezahlt man um 1 $ je Mahlzeit. Die teuren Hotels haben eigene Restaurants, welche hier nicht aufgeführt sind (immer teurer). Die Preise beziehen sich auf ein Gericht mit Beilage (ohne Salat, Dessert, Getränke). Die Öffnungszeiten ändern sich ständig, so daß auf deren Angabe meist verzichtet wurde.

Restaurants
In der Innenstadt

Les Iles
Boulbinet, 4. Av./4. Bd; franz.-marokkanische Küche, gutes Preis-Leistungsverhältnis, schönes, gemütliches Restaurant in Innenhof, Fisch- und Fleischgerichte (5 bis 7 $), Juni–Okt. geschlossen.

L'Escale de Guinée
Almamya, 5. Bd; französische und lokale Küche, preiswert, mit Terrasse, von der legendären Mme Maës aufgebaut, einer Französin, die seit der Kolonialzeit in Guinea gelebt hat und 1992 gestorben ist; wird nun von ihrem Personal geführt.

La Calebasse
Almamya, 7. Av.; europäische, afrikanische und orientalische Küche, vielfältige Karte, jeden Do Couscous, gute

Weinkarte, vernünftige Preise (5 bis 10 $). Der einheimische Besitzer hat über 14 Jahre in Paris erfolgreich ein gleichnamiges afrikanisches Restaurant geführt.

La Gentilhommière
Almamya, 9. Av./6. Bd; westafrikanische und französische Küche, preiswert (5 bis 7 $), jeden Tag eine andere Spezialität aus einem westafrikanischen Land, von einem Guinesen geführt, der sein halbes Leben in Europa und Amerika verbracht hat, jeden Samstagabend traditionelle Musik, neben Weißen auch von arrivierten älteren Guinesen und Intellektuellen besucht, sehr schönes Ambiente, empfehlenswertes Restaurant.

Le Rocher
Sandervalia, gegenüber dem Krankenhaus Ignace Deen; französische und afrikanische Küche, Grilladen, Meeresfrüchte, mittlere Preisklasse (6 bis 12 $), schöner Innenhof, vorwiegend von Weißen besucht.

Le Cèdre
Almamya, zwischen 5. und 6. Bd; libanesische Küche, recht große Auswahl, billig und gut (4 bis 5 $), von einer älteren Libanesin geführt, etwas kantinenmäßiges Ambiente.

Le Refuge
Corniche Sud gegenüber Autowaschplatz nahe Museum; französisch-afrikanische Küche, 5 bis 7 $, Terrasse, Meersicht.

Le Conakry
Boulbinet, im selben Block wie Restaurant les Illes; französische Küche, Lokal mit langer Tradition, von Franzosen geführt, vorwiegend weiße Kundschaft, teuer (Menu um 10 $), abends ist Bar Treffpunkt der Ausländer.

African Queen
Manquepas, 5. Av./4. und 5. Bd; französische und italienische Küche, großes Anbebot und gute Qualität, teuer (6 bis 25 $), aber sehr gut.

Brasserie Kaloum
Neben Hotel Kaloum, Av. de la République; französische und italienische Küche, ausführliche Karte, 6 bis 15 $, Mittagessen für 10 $, von Französin geführt.

Café-Patisserie Centrale
Gegenüber KLM, 6. Av.; gute Auswahl an Sandwiches und Kleingebäcken, Selbstbedienung, billig, Terrasse, nur tagsüber offen.

Richtung Flughafen

Les Jardins de Guinée
Coléah, gegenüber Einkaufszentrum Super-V; korsische Küche, Pizzas, 6–9 $, schöner Innenhof, wo Boule gespielt wird, v. a. von Franzosen besucht.

Casablanca
Coléah, Corniche Sud, Nähe Super-V; marokkanische Küche.

Natraj
Coléah; neu eröffnetes indisches Restaurant.

Chez Mme Desbonnets
Bonfi, an der Corniche Sud, 200 m nach dem Lycée Bonfi rechts (Schild), kleinere Imbiße, Spießchen, Huhn, ab 19 Std., 2 bis 7 $, Bar; der Ort überzeugt vor allem wegen der herrlichen Lage am Meer und der Besitzerin. Mme Desbonnets lebt seit 40 Jahren in Guinea, liebt das Land über alles und hat viel zu erzählen. Wenn sie über das alte Conakry ins Schwärmen kommt, ist sie kaum mehr zu bremsen.

Case
Rondpoint Matoto, ca. 4 km nach dem Flughafen (Haltestelle der Stadttaxis), Ausfahrt nach links hinauf, etwa 200 m; ivorische Küche, ausgezeichnete afrikanische Gerichte in europäischem

Ambiente, günstig (2 bis 5 $). Perfekte Bedienung. Nur von Afrikanern besucht.

Richtung Kipé

La Caiman du Paillotte
Nähe Place 8 Novembre; einfache Gerichte, 4 bis 6 $, Bar, schöne Terrasse, Dancing, früher herrschte an Wochenenden immer Hochbetrieb bis ins Morgengrauen, heute ruhiger.

Le Rustique
La Minière (Wegweiser); deutsche Spezialitäten (Direktimport), Sauerkraut, gute Qualität, (7 bis 20 $) von Deutschem geführt. V. a. von Weißen oder Leuten aus der Oberschicht besucht.

Barka
Ratoma, gegenüber Disco Hexagon; bretonische und italienische Küche, gutes, teures Restaurant (8 bis 20 $).

Jardin Chinois
Ratoma; chin. Küche, gepflegt, Menu um 12 $, schöne Terrasse, Mo geschl.

Délice D'Asie
Ratoma, etwa 100 m vor Kino Rogbané rechts, vietnamesische Spezialitäten, 6 bis 9 $.

Chez Mme Camara
Taouyah, beim Kino Rogbane (kein Schild, ist aber bekannt); typisch afrikanisches Maqui, Fisch und Huhn, Spezialität: Dorade mit Aichécké (Maniok), 3 bis 5 $.

Pizza Coco
Ratoma, etwa 700 m nach Kino Rogbané rechts abzweigen, italienische Spezialitäten, hervorragende Küche, ausführliche Karte, Pizzas, aber recht teuer (7 bis 20 $), schönes Ambiente unter strohbedeckten Cases, vielbesucht.

L'Atlantique
Ratoma; spezialisiert auf Fisch und Meeresfrüchte, gute Küche, relativ teuer, 7 bis 15 $, Terrasse, in Meeresnähe.

Kaporo-Beach
Kaporo, gegenüber der franz. Schule; französisch-provenzialische Küche, interessante und ausführliche Karte, teuer (um 20 $), sehr schön gelegen, Terrasse direkt am Meer, Sonnenuntergangsstimmung, die französische Besitzerin spricht deutsch, in die Anlage integriert ist ein Schwimmbad, Eintritt werktags gratis (Konsumation wird erwartet), sonntags 10 $, wird aber vom Essen abgezogen. Mo geschlossen.

Zur Zeit geschlossen sind das *Le Petit Bateau* auf schmaler Landzunge, Corniche Nord; im Umbau, Wiedereröffnung ungewiß. Außerdem das *Djoliba* (9. Av./6. Bd, im Umbau, Eröffnung Mitte 93), *Le Provençal* und *Le Bambou*.

Maquis

Ohne Namen
An der Corniche Sud, in der Nähe des Museums, neben Restaurant Le Refuge; afrikanische Gerichte zu niedrigen Preisen (1 bis 3 $), kühles Bier, gutes Ambiente vor allem nachmittags ab 16 Uhr, wenn die Guinesen den Feierabend begießen.

Ohne Namen
Neben Restaurant Les Iles; Fleisch und Fisch für 3 bis 5 $, kühle Getränke, Terrasse, gute und zuvorkommende Bedienung.

Straßenküchen befinden sich vor allem in der Gegend des *Kino Rogbané*.

 NACHTLEBEN

Das Straßenleben ruht in keiner Nacht und es ist rund um die Uhr an vielen Orten möglich, etwas Trink- und Eßbares oder ein Taxi aufzutreiben. In der Innenstadt und in wenigen bevorzugten Quartieren hat es fast immer Strom,

im größten Teil der Stadt aber oft nur jede zweite Nacht, was in kleineren Bars, welche vielfach nicht über einen Generator verfügen, die Aktivität etwas dämpft.
Die Innenstadt ist nachts das gefährlichste Gebiet. Nach 22 Uhr sollte man zu Fuß nicht mehr alleine unterwegs sein.
Nachtaktive Gebiete sind unter anderen: Die *Innenstadt*, die Umgebung des *Gare Voiture Madina*, das *Bellevue* mit vielen Straßenbars und dem schön unter Mangos gelegenen Lokal *La Belle-Minière*, die Gegend um das Kino *Rogbané* und das Gebiet beim *Rond-Point Matoto* (etwa 4 km nach Flughafen stadtauswärts).

Nachtclubs
Beste Stimmung jeweils Sa und Do, gefolgt von Fr und So.
Baba
Zentrum, Temineyta; etwas schmuddelig, gute Stimmung.
Tropicana
Innenstadt, Av. Tubmann; klein, afrikanisch.
Palace
Innenstadt, Av. de la République; schon ab 21 Uhr; alle drei werden vorwiegend von einheimischem, jüngerem Publikum besucht.
Baikolo
Im Hotel de l'Unité; Eintritt 3 $, Konsumation 3 $, viele Weiße, vor allem Libanesen.
Safari
Nähe Place 8 Novembre; vorwiegend Europäer und Libanesen, gehobenes Niveau.
Golden Club
Coleah; gute Stimmung, durchmischtes Publikum, Eintritt 4 $ (mit Konsumation).
Le Boussouran
Bonfi, Corniche Sud; vor allem Einheimische, mit Terrasse.
Phil-One
Bellevue; neuste und modernste Disco, Eintritt 5 $, Konsumation 3 $.
King's Club
Ratoma, in der Nähe des Kino Rogbané; vorwiegend wohlhabende afrikanische Pärchen, viel afrikanische Musik, schöne Terrasse, Eintritt 5 $, Konsumation 3 $.
Edenpark
Kipé, an der Hauptstraße links; beliebteste Disco, Weiße und Afrikaner, internationale Musik, an Wochenenden randvoll, Eintritt 5 $, Konsumation 3 $. (Brandneu ist in der Nähe des Edenpark das *New Edenpark* eröffnet worden und soll schon Nummer 1 im Nachtleben Conakrys spielen.)

Kinos
Leider sind afrikanische Filme in den Kinos nie zu sehen. Der Ciné Club der *Alliance Franco-Guinéenne* hat neben einem guten Angebot ab und zu auch afrikanische Filme im Programm. Von den verschiedenen Kinos sind nur drei hervorzuheben, welche neben billigen Actionfilmen ab und zu auch sehenswerte Produktionen zeigen. Die restlichen Kinos und die unzähligen Videotheken führen eigentlich nur banale asiatische oder amerikanische Gewaltfilme vor, manchmal einen indischen Liebesfilm. Allerdings haben etwas differenziertere Filme einen schweren Stand, die Sitzreihen lichten sich rasch, das Publikum liebt eben Action mit einfachem Handlungsschema. Bedenklich ist der kritiklose Konsum von gewalttätigen Filmen in den Videotheken, wo das Publikum vorwiegend aus Kindern und Jugendlichen besteht.

Die Kinos zeigen drei verschiedene Filme pro Woche, die Vorstellungen beginnen meist um 16 und 21 Uhr. Das Programm für die nächsten Tage ist jeweils beim Kino angeschlagen, eine andere Informationsquelle gibt es nicht.

Kino Palace
Innenstadt, Av. de la République. Gleicht eher einer alten Fabrikhalle, während der Vorstellungen darf geraucht werden, schlechter Ton, Eintritt 0.5 $.

Kino Liberté
Place 8 Novembre; Großkino mit Terrasse, Eintritt 0.75 $.

Kino Rogbané
Taouyah, an der Hauptstraße links; bestes Kino mit guter Abspielqualität und ansprechendem Programm, Eintritt 1 $.

 VERKEHRSVERBINDUNGEN

In der Stadt
Die gelben Taxis fahren für 200 FG je Etappe (z. B. Flughafen-Stadtzentrum entspricht zwei Etappen, macht also 400 FG). Sie lassen sich auch als Privattaxi buchen *(Déplacement)*, dann kostet die Etappe gewöhnlich 1000 FG (= 1 $), der Preis sollte aber immer im Voraus abgemacht werden. Manche Taxifahrer akzeptieren auch einen Stundentarif von 4000 FG. Die Kleinbusse und Busse verlangen 100 FG je Etappe, ebenso die staatliche Gesellschaft *SOGETRAG*, welche in der Stadt drei Linien führt.

Ins Landesinnere
Hauptumschlagplatz ist der *Gare-Voiture Madina*, wo alle Taxis und Busse ins Landesinnere wegfahren oder von da ankommen.
Hier einige direkte Taxi-Verbindungen von Conakry ins Landesinnere (Busverkehr und internationale Verbindungen *siehe Guinea – Praktische Infos*):

Dubreka (1 Std./1 $), Fria (2 Std./6 $), Boké (6 Std./10 $), Kindia (2 Std./3 $), Mamou (4 Std./7 $), Dalaba (5 Std./9 $), Labé (8 Std./12 $), Koundara (20 Std./24 $), Faranah (8 Std./13 $), Kissidougou (12 Std./18 $), Macenta (17 Std./25 $), Nzérékoré (24 Std./30 $), Kankan (14 Std./22 $), Siguiri (18 Std./30 $)

 SPORT

Baden
Ist im Meer um Conakry nicht möglich, da verschmutzt. Neben den Hotel-Schwimmbädern, welche gegen Eintritt besucht werden können, gibt es schöne Strände auf den *Losinseln* und die Anlage beim *Chien qui Fume* nahe von Dubreka *(s. dort)*.
Folgende Hotels haben Schwimmbäder (Eintritt um 3 $): Novotel, Hotel de l'Unité (das größte), Hotel Camayenne, Résidence Maria d'Or und Restaurant Kaporo Beach (das schönste).

 SONSTIGES

Einkaufen
Märkte findet man in jedem Quartier. Die beiden größten sind der *Marché Niger* und der *Marché Madina*. Sie sind 7 Tage in der Woche offen, Sonntags mit kleinerem Angebot, beste Besuchszeit ist der Morgen, wenn die Stände noch voll Waren sind. Gefeilscht wird immer, weniger bei Nahrungsmitteln, umso mehr bei jeglichen Non-food-Artikeln. Weiße sind eher selten gesehene Gäste, sie kaufen in den drei größeren Supermärkten ein. Im allgemeinen bekommt man auch als Weißer mit etwas Feilschen die Waren zu Normalpreisen. Märkte sind nicht nur Verkaufsstellen, sondern Treffpunkte und Orte des sozialen Austauschs. Eine Afrikanerin verbringt bis zu drei Stunden täg-

Schuhputzer in Conakry

lich mit Einkaufen. Wertsachen sollte man nicht mit auf den Markt nehmen oder gut verstecken, da hier Gelegenheitsdiebstähle häufiger vorkommen.

Märkte

Marché Niger
Um in die eigentliche Markthalle zu gelangen, muß man sich zuerst durch enge Gänge einen Weg bahnen. Unbeschreiblich, wie viele Verkäufer auf so engem Raum Platz finden. Ein Durcheinander von Menschen, Waren, Gerüchen. In der großen Markthalle werden bis auf Fleisch und Fisch alle Lebensmittel angeboten. Die Auswahl ist vielfältig. Beeindruckend auch die Auswahl an Textilien, allerdings ist das Vorwärtskommen in den engen Gängen oft recht mühsam. Der Fischmarkt befindet sich hinter der Markthalle und hat ein breites Angebot an frischen und vor allem getrockneten Fischen. In der näheren Umgebung des Marktes findet man alles was das Herz begehrt.

Marché Madina
Der größte Markt des Landes, vielfältiger, chaotischer und billiger als der Marché Niger. Man muß sich den Weg durch die gewaltige Menschenmasse richtiggehend erkämpfen. Es ist nicht immer ganz einfach, ein gesuchtes Produkt zu finden, aber die kleinen Jungen vor Ort wissen oft Bescheid. Der Markt zieht sich weit um das Hauptgebäude herum, geht bis auf die andere Seite der Autoroute, wo der Eisenbahn entlang ein riesiges Angebot an Textilien zu finden ist.

Supermärkte

Super-V
Coléah, Route du Niger, größter Supermarkt, klimatisiert, mit breitem europäi-

schem Angebot, Importwaren sind bis zweimal teurer als bei uns.
Super-Bobo
Camayenne, Route Donka, große Auswahl, klimatisiert, etwas billiger als Super-V, guter Zeitschriftenstand.
Makity
Route du Nigér, etwas 500 m nach Marché Niger rechts, kleinerer Laden, vorwiegend Lebensmittel und großes Alkoholangebot, von Libanesen geführt, billiger als die beiden andern.
Hinweis: WC-Papier ist nur in den Supermärkten Conakrys erhältlich.

Fotos/Filme
Media-Photo, Autoroute, einige hundert Meter nach Marché Madina stadtauswärts rechts. Bestes Photostudio, auch Diafilme erhältlich, aber teuer. S/w-Entwicklungen. Im weiteren verschiedene koreanische Fotogeschäfte (z. B. Av. de la République) mit 1-Stunden-Service, Qualität nicht immer befriedigend.

Medikamente
Viele Apotheken mit guter Auswahl, Verkäufer leider oft nicht kompetent, ärztliche Rezepte nicht notwendig, Medikamente nie auf dem Markt kaufen.

Skulpturen
Gegenüber Einkaufszentrum Super-Bobo; im Hotel de l'Indépendance 1. Stock; und am besten bei den Sculpteurs Africains in der 4. Bd nähe Kino Palace, wo im Innenhof den Handwerkern zugeschaut werden kann (Hände weg vom Elfenbein) und die größte und billigste Auswahl (Feilschen) Conakrys vorhanden ist. Das Zentrum der Skulpteure befindet sich allerdings in Kindia, 130 km vor Conakry, wo billiger eingekauft werden kann.

Stoffe
Reiches Angebot an farbigen Stoffen auf allen Märkten. Verarbeitung zu Kleidungsstücken in unzähligen Schneidereien zu günstigen Tarifen. Allerdings sollte für westliche Schnitte ein Muster vorgelegt werden.

Zeitschriften/Bücher/Karten
Zeitschriftenstände findet man an der *Av. de la République* bei den UTA-Büros (die Jungen hier können oft in kurzer Zeit jede vorhandene europäische Zeitschriften auftreiben), bei SO-GUIP (Zeitungen, Zeitschriften und Bücher, siehe Plan), in der Buchhandlung *l'Apostrophe* (Bücher, siehe Plan) vor Super-Bobo (*Spiegel* erhältlich), in den Hotels Camayenne, Indépendance und Unité.
Die beste Buchhandlung des Landes, *la Librairie du Sud*, liegt im Quartier Rogbané an der Straße rechts, Richtung Kipé. In der *Bibliothèque Franco-Guinéenne* an der Av. de la République findet sich eine stattliche Auswahl an Belletristik und Sachbücher und das *CEDUST* am Bd de Commerce wartet mit einer ganzen Palette von Dokumentationen und gar Videosendungen auf (Mitgliederkarte erforderlich, Foto und 1$). Karten und Stadtpläne von Conakry sind im Straßenverkauf an der Av. de la République oder in den drei größten Hotels erhältlich.

Musikkassetten
Große Auswahl an den Märkten und in speziellen Containern, überwiegend afrikanische Musik, die Kassette kostet etwa 1 $.

Autoersatzteile
Alle geläufigen Automarken haben Vertretungen in Conakry. Ersatzteile sind

auch auf dem riesigen Autofriedhof beim *Marché Madina* zu finden.

 AUSFLÜGE

Los-Inseln
Die Los-Inseln liegen zwischen fünf und zehn Kilometer südwestlich von Conakry. Sie bestehen aus etwa fünf Inseln, wovon drei, *Tamara, Kassa* und *Room*, größer sind. Letztere soll *Stevenson* zu seinem Klassiker *Die Schatzinsel* inspiriert haben. Auf diesen drei Inseln gibt es kleine Siedlungen. Room und Kassa weisen herrliche, palmengesäumte Sandstrände auf und sind vor allem an den Wochenenden ein **beliebtes Ausflugsziel der Stadtbewohner und Ausländer.**

Um 1460 werden die Inseln von den Portugiesen entdeckt. Der Name stammt von *idolos* = Götzen und weist darauf hin, daß die Portugiesen von den religiösen Ritualen der Bewohner beeindruckt waren. Im 18. Jh. richten Menschenhändler hier Sammelstellen für Sklaven ein, die später nach Amerika verschifft werden. 1818 nehmen die Engländer die Inseln in Besitz und deportieren befreite Sklaven hierhin. Verschiedene englische Familiennamen sowie eine protestantische Gemeinde auf Tamara zeugen heute noch davon. 1904 bekommen die Franzosen die Inseln im Abtausch gegen Gebiete in Sierra Leone. Von **1952 bis in die 70er Jahre** wird auf Kassa und Tamara **Bauxit abgebaut.** Der stillgelegte Hafen und die langsam vor sich hinrostenden Industrieanlagen beim Dorf Kassa, aber auch die nun wieder überwachsenen Landschaftsnarben weisen auf diese Zeit zurück. 1988 versucht ein norwegisches Unternehmen, gefährlichen Giftmüll vertuscht auf Kassa zu deponieren. Das Verbrechen wird glücklicherweise gerade noch rechtzeitg aufgedeckt.

Die Inseln sind heute, nachdem die Bergbauunternehmen abgezogen sind und die Vegetation wieder ihren angestammten Platz zurückerobert hat, ein kleines, stilles Paradies. Zwar spricht man neuerdings von verschiedenen Hotelprojekten, allerdings dürften diese in den nächsten paar Jahren wegen schlechter Marktaussichten kaum realisiert werden. Herrliche Sandstrände, ungefährliche Bademöglichkeiten in sauberem Wasser, ein angenehmes Mikro-Klima und nicht zuletzt die Abwesenheit der lästigen Stechmücken machen den Aufenthalt zum Erlebnis und bieten eine willkommene Abwechslung zum hektischen Stadtleben in Conakry.

Pirogen zu den Los-Inseln:
Abfahrt der motorisierten Pirogen am *Boulbinet-Hafen* (südlich vom Novotel, neben RTG). Hier muß mit den Bootsführern über die Tagesmiete eines Schiffes verhandelt werden. An Sonntagen hat es viele Leute, so daß man sich mit anderen Passagieren zusammentun kann, an Werktagen muß oft alleine ein Boot genommen werden. Die Preise sind diskutierbar, immer vorher absprechen und erst kurz vor Rückkehr nach Conakry zahlen (ausgenommen ist manchmal ein kleiner Vorschuß für den Treibstoff). Für den Besuch der Inseln ist eine Kurtaxe von 1 $ zu bezahlen.

Distanz, Überfahrtszeiten und Tarife (Richtwerte pro Boot mit Kapitän für einen Tag):

Room	12 km	45 Min.	25 $
Sorro (Kassa)	7 km	25 Min.	15 $
Kassa (Kassa)	5 km	15 Min.	13 $
Fotoba (Tamara)	10 km	35 Min.	25 $

Billiger weg kommt man wie erwähnt

462 Länder, Routen, Sehenswürdigkeiten – Guinea

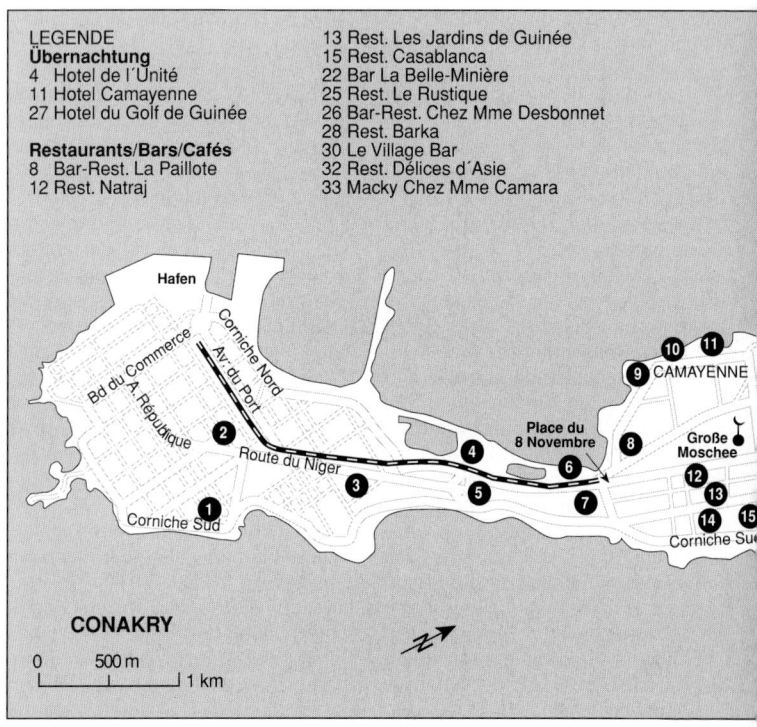

LEGENDE
Übernachtung
4 Hotel de l´Unité
11 Hotel Camayenne
27 Hotel du Golf de Guinée

Restaurants/Bars/Cafés
8 Bar-Rest. La Paillote
12 Rest. Natraj
13 Rest. Les Jardins de Guinée
15 Rest. Casablanca
22 Bar La Belle-Minière
25 Rest. Le Rustique
26 Bar-Rest. Chez Mme Desbonnet
28 Rest. Barka
30 Le Village Bar
32 Rest. Délices d´Asie
33 Macky Chez Mme Camara

an Sonntagen, wenn Room und Sorro mit Sammelbooten bedient werden (0,5 $ bis 1 $ die einfache Fahrt, Abfahrten zwischen 9 und 11 Uhr) oder wenn man eine Piroge erwischt, welche Inselbewohner transportiert. Diese fahren jeden Tag nachmittags zwischen 13 und 17 Uhr von Conakry Richtung Inseln und morgens zwischen 7 und 9 Uhr in umgekehrter Richtung. Die Überfahrt kostet dann selten mehr als 1 $, zudem ist die Überfahrt mit den vollbeladenen Pirogen wesentlich spektakulärer. Allerdings muß auf den Inseln übernachtet werden.

Room
Die kleinste der bewohnten Inseln ist zugleich auch die am **meisten besuchte.** Schon *Stevenson* soll hier längere Zeit geweilt haben und die Insel als Vorlage für seinen Klassiker *Die Schatzinsel* benutzt haben. Das einzige Dorf ist eine einfache Susu-Siedlung. Die Menschen leben vom Fischfang und ein wenig vom kleinen Wochenend-Tourismus. Es gibt **zwei schöne Strände,** die v. a. von den in Guinea arbeitenden Ausländern besucht werden. Am schöneren Südstrand hat es seit kurzem einige gutausgestattete aber recht

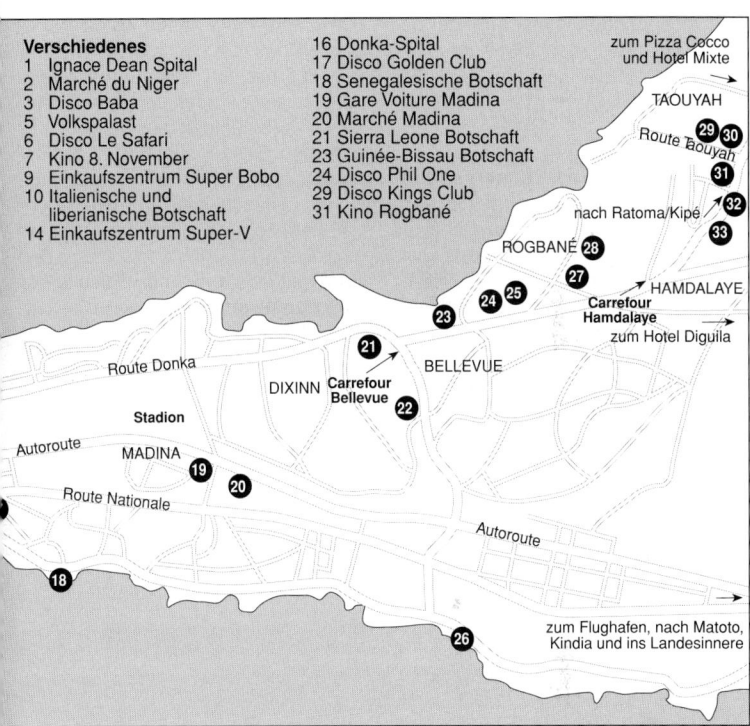

teure Bungalows und ein gutes Restaurant (immerhin eine unauffällige, in die Landschaft passende Anlage). Baden an diesem herrlichen Strand, der oft hohe Wellen hat, ist aber allen erlaubt. Die bestehenden Hotelprojekte für den Nordstrand wurden vorläufig aufs Eis gelegt. Hier gibt es einige einfache Strandhütten, in denen man auch nachts auf dem Sand schlafen kann (3 bis 5 $), ab und zu werden in einer improvisierten Bar Getränke ausgeschenkt. Einfache Verpflegung kann im Dorf bei Privaten organisiert werden. Wem's nicht aufs Budget ankommt, wird beim Franzosen Jean-Pierre am Südstrand eine ausgezeichnete Unterkunft und Küche finden:

Le Sogué

Restaurant-Bungalows, Plage du Gouverneur, Ile de Room, BP 1045, Conakry, offen von November bis Mai, 7 Bungalows, alle mit Douche/WC/fl. Wasser/Strom, Meersicht, direkt beim Strand, 69 $, gutes und geschmackvoll gestaltetes Restaurant (10 bis 15 $), sehr idyllische Anlage, welche sich gut in die Umgebung einfügt, eigenes Boot für die Überfahrt von Conakry, Wasserskifahren, Fischen, kompetent geführt, an Wochenenden immer sehr gut besucht. Reservationen über Karou-Reisen im Novotel (BP 3815, Tel: 44 32 65, Tx 2 21 12 GE).

Kassa

Die **am nächsten bei Conakry liegende Insel** hat in den 50er und 60er Jahren stürmische Zeiten erlebt. Der **Bauxitabbau** beim Dorf Kassa hat das stille Paradies überrannt. Es gab Stromversorgung, Autos, riesige Fabrikhallen, regelmäßigen Fährverkehr und ausländische Arbeiter. Heute, der **Bauxitabbau wurde vor über 20 Jahren eingestellt,** sind nur noch die traurigen Überreste der hektischen Zeit geblieben: Verrostete Hafenanlagen, Schiffwracks und Industriegebäude, sowie langsam verwachsende Pisten. Die Strom- und Wasserversorgung ist schon lange wieder zerstört. Ende der 80er Jahre haben dann an der Nordspitze der Insel nochmals Ausländer gewütet. Für den Ausbau des Hafens von Conakry wurden von einem deutschen Unternehmen tausende von Kubikmetern Gestein zum Festland transportiert, übrig blieb eine grauenhafte Narbe. Landschaftsschutz endet offenbar vor der eigenen Haustüre. Auf Kassa gibt es drei Dörfer, *Sorro, Kassa* und *Koromaaya*, alle auf der Ostseite der langgezogenen Insel gelegen. Die Menschen leben vom Fischfang und in letzter Zeit immer mehr vom Treibstoff-Schwarzhandel (Treibstoff wird bei ankerliegenden ausländischen Schiffen billig gekauft und zollfrei ans Festland geschmuggelt). Die Vegetation besteht vorwiegend aus Ölpalmen und Buschwerk, um die Ortschaften finden sich Kokospalmen und Kulturgewächse. Auf der Westseite gibt es verschiedene klei-

Strände auf Sorro

ne Sandstrände. Der meistbesuchte ist **Sorro-Plage** an der Nordspitze. An Sonntagen während der Badesaison (November- Mai) ist er randvoll ansonsten aber menschenleer. Er wird vor allem von der einheimischen Jugend besucht. Kürzlich ist eine kleine Anlage mit Bar, Bungalows und Restaurant eröffnet worden, ein weiterer Ausbau mit Hotel und Disco ist geplant, dürfte aber vorläufig kaum realisiert werden. Die geräumigen Bungalows sind mit WC und Douche (fl. Wasser) ausgerüstet, Strom ab Generator. Das Bungalow kostet 30 $ je Nacht. Die Verpflegung dürfte mit der Fertigstellung des Restaurants garantiert sein, ansonsten ist der Gerant hilfsbereit. Die kleinen Strandhütten können für 2 bis 3 $ tagsüber gemietet werden und es kann, zumindest vorläufig noch, auch auf dem Sand übernachtet werden.

Die andern Sandstrände der Insel sind nicht erschlossen, z. T. schwer zugänglich aber sehr reizvoll. Allerdings muß man auf kleine Diebereien aufpassen.

Tamara

Die flächenmäßig größte und sich am weitesten ins Meer hinausziehende Insel ist **geschichtlich und landschaftlich die interessanteste,** bietet aber wegen der vielen Felsklippen kaum Bademöglichkeiten. Auf der Südostseite der Insel gibt es drei Siedlungen: *Fotoba, Rogbané* und *Boon.* Die Menschen leben vom Fischfang, machen aber auch Ackerbau und pflanzen tropische Früchte auf dem fruchtbaren Boden.

Mit dem Beginn des Menschenhandels wird Tamara ein **Umschlagplatz für Sklaven** auf dem Weg nach Amerika und nach dem Sklavenverbot siedeln die Engländer, die mittlerweile die Insel in ihren Besitz gebracht haben, vor allem hier befreite Schwarze an. Tamara hat deshalb heute eine recht **durchmischte Bevölkerung.** Englische Familiennamen, sowie ein anderer Bau- und Lebensstil zeigen, daß sie mit den ansässigen Küstenvölkern wenig zu tun hat. 1907 bauen die Franzosen bei Fotoba eine **Strafanstalt für Afrikaner,** welche auch vom Sékou-Touré-Regime noch bis 1965 gebraucht wird. Heute sind davon nur noch Ruinen übrig, sehr pittoresk unter riesigen Mangobäumen gelegen. Der Weg, welcher der Südwestseite der Insel entlang führt, ist von den Strafgefangenen gebaut worden und lädt mit seinen herrlichen Mangoalleen zum Wandern ein. Er führt über das 3 km entfernte Dorf *Rogbané* nach *Boon* (6 km). Am Südende der Insel befinden sich ein Leuchtturm und ein Militärcamp, das Betreten ist verboten. Auf der Insel gibt es **keinerlei touristische Infrastruktur,** die Bevölkerung ist aber sehr herzlich und es ist gut möglich etwas zu essen und ein Nachtlager bei Privaten aufzutreiben. Bei der Ankunft auf der Insel kann es vorkommen, daß ein übereifriger Beamter nach dem Paß oder gar nach der *Ordre de Mission* fragt, da Weiße hier noch seltene Gäste sind. Höfliches Diskutieren hilft meist weiter. Für die Überfahrt sollte man eine Piroge des Pirogenbesitzers *Sylla* benutzen (im Boulbinet-Hafen nachfragen), da der aufgestellte Alte und die meisten seiner Kapitäne selbst auf der Insel wohnen, was den Aufenthalt erleichtert.

Die **beiden nächstgrößeren Inseln –** *Ile de Corail* und *Ile Blanche* – **sind unbewohnt** und haben **Felsküsten.** Die Ile Blanche wurde zum Naturschutzgebiet erklärt und die EU finanziert da ein Forschungsprojekt.

Conakry – Labé – Mali

Von der Hauptstadt ins höchstgelegene Dorf Guineas

Conakry – Labé

➩ Gute Asphaltstraße, bis Mamou meistbefahrene Straße des Landes.

Nach dem Flughafen folgen verschiedene Außenquartiere, die Besiedlungsdichte nimmt allmählich ab. Nach rechts weite Sicht über die Küstenebene und das angrenzende, steilabfallende Tafelgebirge. Bei der Straßenverzweigung Dubreka/Coyah befindet sich der *Kontrollposten km36*, wo vor allem Transporteure und Taxifahrer gefilzt werden. Viele in der Nacht ankommende Taxis verbringen hier die Nacht, bevor sie in die Stadt reinfahren, und Lastwagen müssen hier den Morgen abwarten. Deshalb herrscht bei km36 rund um die Uhr Betrieb, wer hier den Morgen abwarten muß, wird dafür mit fellinesken Bildern entschädigt. km36 ist gleichzeitig die Grenze zwischen dem Ungetüm Conakry und dem ländlichen Guinea – tatsächlich ändert sich vieles: Nach dem Chaos kehrt Ruhe ein, **Polizeikontrollen werden selten**, die **Landschaft** wird **abwechslungsreich**. Auf der Straße nach Coyah öffnen sich schöne Ausblicke gegen N auf den Hausberg von Conakry, den *Kakoulima* und links davon auf den *Chien qui Fume*. Die Straße dreht Richtung SE nach Coyah ab, 4 km vor Coyah zweigt links eine Piste zu einem Restaurant in einer verwilderten Bananenplantage ab (Hinweisschild *Bananerie*), das v. a. bei Libanesen ein beliebtes Sonntagsausflugsziel ist und in schönem Ambiente einfache afrikanische Gerichte anbietet. Guinea war in den 50er-Jahren eines der größten Bananenexportländer der Welt, heute sind die einst riesigen Plantagen verwildert, Bananen werden nur noch in Hausgärten zum Eigenbedarf angebaut. Empfehlenswert ist das kleine Restaurant *Kinsy* (bei der Einfahrt Coyah Piste nach rechts, etwa 1 km, Hinweisschild). Das Lokal ist an einem schmalen, mangrovenbewachsenen Meeresarm gelegen, wo während der Regenzeit, wenn Süßwasserüberfluß besteht, in den Sümpfen Reis gepflanzt wird. Jeden Tag bis 23 Uhr geöffnet, einfache Mahlzeiten in idyllischer Umgebung. Wer Lust auf eine **Fahrt durch die Mangroven** hat, kann mit Jugendlichen auf Einbäumen einn Ausflug machen (etwa 2 $ die halbe Stunde). Übernachtungsmöglichkeit in schönen Rundhäusern (Strom/Wasser) für 10 $ je Haus. Der Platz eignet sich für Reisende, welche Conakry nur kurz besuchen und nicht in der Stadt übernachten wollen (1 Std. Fahrt bis ins Zentrum außerhalb der Stoßzeit).

Bei km 53 nach Conakry ist **Coyah** erreicht, eine größere Ortschaft unter Mangrovenbäumen am Rande der Küstengebirge gelegen. Abzweigung der Straße nach Forécariah-Freetown, Tankstelle, viele Straßenläden mit breitem Angebot.

Hotel-Restaurant Mariane
Zimmer, klim., z.T. mit fl. Wasser, Generator, 15 $.

Hinter Coyah führt die Straße in ein schönes Tal, nach etwa 2 km liegt rechts die einzige Mineralwasserabfüllanlage des Landes. Hier werden jährlich über 2 Millionen Liter Wasser abgefüllt. Die Einrichtung hat europäischen Stand-

art, das Coyah-Wasser kann bedenkenlos getrunken werden. Die Eineinhalbliter-Plastikflasche ist aber nur in den größten Orten des Landes erhältlich.
Die Straße beginnt jetzt anzusteigen und erreicht bei Kouriya die erste Hochebene.

Kouriya (10 km nach Coyah), Wasserfall, Baden. Beim Dorfplatz nach links abbiegen, am Bahnhof vorbei der Piste 4,5 km folgen (Bahnlinie rechts nicht überqueren). Dann rechts 200 m einem Feldweg folgen und weiter 100 m zu Fuß. Schönes Flüßchen, das 50 m weiter unten einen etwa 40 m hohen Wasserfall bildet (an dessen Fuß allerdings nicht abgestiegen werden kann). Nach Tabili wird eine weitere Höhenstufe überwunden, herrliche Ausblicke über das Tal des Bodi.

Grandes Chutes (Stromschnellen). Einige km nach Mambiya links die Straße nehmen (Wegweiser *Débélé Cité*). 6,5 km dem Asphaltsträßchen folgend immer rechts halten bis zu größerer Brücke, nach der Brücke erste Piste nach links nehmen und etwa 4 km folgen bis zu Kraftwerk. Links riesige Stromschnellen, die vor allem bis zu Beginn der Trockenzeit ein imposantes Naturschauspiel bieten. Das Kraftwerk versorgt seit dem Jahr 1965 Conakry mit Strom.

Um Friguiyagbé werden das ganze Jahr über Ananas aus den umliegenden Plantagen am Straßenrand verkauft.

Kindia

132 km nach Conakry. Die **drittwichtigste Stadt nach Conakry und Labé** hat heute über 80 000 Einwohner und wurde nach 1900 von den Franzosen im Zusammenhang mit dem Bau der

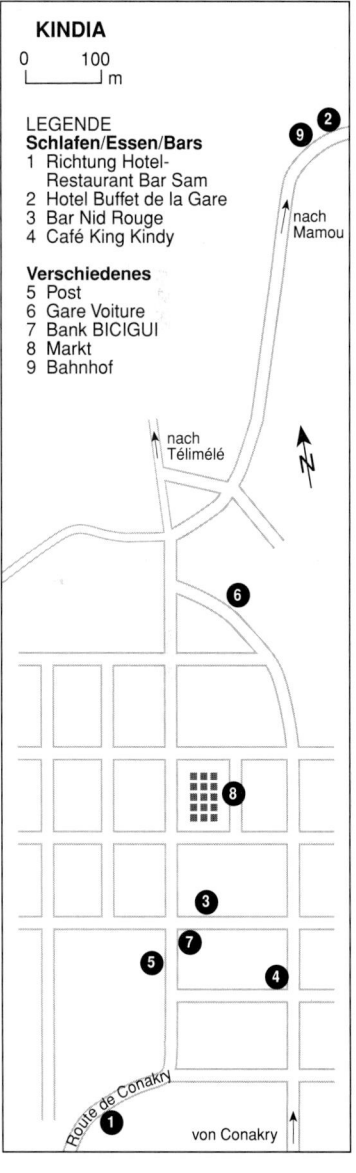

KINDIA

0   100 m

LEGENDE
Schlafen/Essen/Bars
1 Richtung Hotel-Restaurant Bar Sam
2 Hotel Buffet de la Gare
3 Bar Nid Rouge
4 Café King Kindy

Verschiedenes
5 Post
6 Gare Voiture
7 Bank BICIGUI
8 Markt
9 Bahnhof

Eisenbahn Conakry-Kankan gegründet. Die Stadt liegt unter unzähligen Mangobäumen und erstreckt sich über eine große Fläche. Sie wird im Westen vom *Mont Gangan* überragt. Die Stadt selbst ist wenig attraktiv. Lohnenswert ist der **Besuch des Marktes,** der v. a. wegen des reichen Angebotes an Stoffen bekannt ist. In der Umgebung locken die Ausflugsziele Mt. Gangan, Voilée de la Marie und das Pasteur-Institut.

PRAKTISCHE INFORMATIONEN

 UNTERKUNFT
Bar Sam
Ab Stadteinfahrt ausgeschildert, Nähe Zentrum, zu Fuß ab PTT erfragen (5 Min.); 2 Zimmer, 10 $, sauber, familiär, gute Küche, beste und sauberste Unterkunft weit und breit, deshalb oft ausgebucht, Ausbau geplant.
Phare de Guinée
Etwa 2 km vor Stadtzentrum, rechts; 6 bis 10 $.
Hotel Vietnamien
Neben Phare de Guinée; 3 $.
schmuddelig
Hotel Buffet de la Gare
Beim Bahnhof; 3 bis 6 $.

 ESSEN UND TRINKEN
Bar Sam
Lage siehe oben; gute Küche, libanesische Spezialitäten, angenehme Atmosphäre, schöne Terrasse, empfehlenswert, 5 $.
Hotel Vietnamien
Einfache, blaße Küche, zu teuer.
Straßenverpflegung
im Bereich Markt und Gare Voiture.

 NACHTLEBEN
Nid Rouge, Alkoholausschank; *King Kindy,* Café mit Terrasse; viele Straßenbars; *l'Albatros,* Nachtclub etwa 1,5 km Richtung Télimélé, beste Disco an Ort, Do bis Sa, 5 $; *Phare de Guinée,* Sa Disco; *Winston,* etwa 3 km Richtung CRY links Do und Sa Disco.

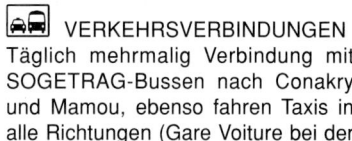 VERKEHRSVERBINDUNGEN
Täglich mehrmals Verbindung mit SOGETRAG-Bussen nach Conakry und Mamou, ebenso fahren Taxis in alle Richtungen (Gare Voiture bei der Straßenverzweigung Mamou – Télimélé).

 SONSTIGES
Versorgung
gut, Tankstelle, großer Markt, Bank: BICIGUI, Arzt: Dr. Cissé(Spital).

 AUSFLÜGE
Pasteurinstitut
6 km Piste Richtung Télimélé, Taxi am Gare Voiture mieten. 1925 als Ableger des berühmten Pasteurinstitutes in Paris gegründet, lag das Schwergewicht vorerst auf der **Erforschung von verschiedenen Impfstoffen,** wobei vor allem bei der Tuberkulosenbekämpfung ansehnliche Erfolge verzeichnet wurden. **Ab 1942** spezialisiert sich das Institut auf **Antiseren gegen Schlangengifte.** Nach der Unabhängigkeit verkommt das einst blühende Institut allmählich. In den veralteten Tiergehegen befinden sich heute noch zwei Löwen (die wegen Geldmangels unterernährt sind), zwei Panther (einer davon war das Haustier Sékou Tourés), ein Krokodil und einige Affen. Affen wurden als Versuchstiere bei der Erprobung von Impfstoffen und Seren gehalten, daher die vielen leeren Affenkäfige. In einem Schuppen werden in Holzkisten Schlangen gehalten, darunter graue und grüne Mambas (ihr Biß wirkt nach einer

Viertelstunde tödlich), eine Kobra, Vipern und Phytons. Die Schlangen sind alle in der Umgebung von Kindia gefangen worden. Die anwesenden Angestellten führen gegen kleines Entgelt durch den verkommenen und abenteuerlichen Zoo. Im Institut sollen nach wie vor Seren gegen alle giftigen Schlangen erhältlich sein.

Mt. Gangan
1116 m, westlich von Kindia, höchste Erhebung in der Umgebung. Herrliche Wanderung durch abwechslungsreiche Landschaft auf guten Pfaden. Schöne Ausblicke. Nur mit Führung empfohlen, da Weg schwierig zu finden ist. Ganze Besteigung dauert insgesamt 4 Stunden. Etwa 1,5 km vor Kindia links Sträßchen zwischen *Bar la Tendresse* und der Ummauerung des Militärcamps nehmen, das nach etwa 750 m bei den letzten Häusern endet. Hier nach einem Führer fragen. Der Weg führt zuerst durch die anschließende Ebene und steigt dann an. Nach einer Stunde wird das Dorf *Kyria* erreicht. Von da weiter in einer Stunde auf den Gipfel. Mit etwas Glück kann man auf dem letzten Stück Schimpansen beobachten. Auf gleichem Weg nach Kyria zurück, von hier als Abstieg den Weg Richtung W wählen, der um den vorgelagerten Hügel herum (herrliche Ausblicke) zum Ausgangspunkt zurückführt.

Voilée de la Marie
Wasserfall, Verpflegungs- und Übernachtungsmöglichkeit. Etwa 11 km nach Kindia Richtung *Mamou* gut ausgeschilderte Straße nach rechts (Richtung *Forécariah*). Von hier noch 5 km. Der Ort wird auch von Sammeltaxis bedient, Abfahrt beim Bahnhof in Kin-

Voilée de la Marie

dia (1 $). Im Schatten von Bäumen befinden sich einige gutausgestattete Rundhäuser und ein kleines Restaurant. Die Hauptattraktion des Ortes bildet der Wasserfall, der vor allem in der Regenzeit breit über eine 60 m hohe, überhängende Felswand in ein Becken fällt und seinem Namen *Brautschleier* alle Ehre macht. Der Ort wurde mit Terrassen und Treppen, sowie einer Bar und Souvenierladen etwas verschandelt. Am eindrucksvollsten präsentiert sich der Fall von hinten.

Lohnend ist eine **Wanderung auf das breite Plateau oberhalb des Wasserfalles.** Es gibt in der Umgebung auch andere Wandermöglichkeiten. Der Gerant hilft weiter. Der Besuch des Falles kostet 1 $, ein Haus je Nacht 20 $ (2 Zi/ Strom, fl. Wasser, sauber), es kann auch nur 1 Zi. für 15 $ gemietet werden.

470 Länder, Routen, Sehenswürdigkeiten – Guinea

Brücke über den Konkouré, den größten Fluß Guineas

Campieren ist möglich, 8 $ je Nacht. Im Restaurant werden einfache Gerichte und gekühlte Getränke serviert.

Abstecher nach Télimélé

122 km gute Piste von Kindia. Nach Kindia Fahrt durch pittoreske **Tafelgebirgslandschaft**. Etwa nach 55 km wird der *Konkouré*, der größte Fluß Guineas, auf einer Brücke überquert. In der Trockenzeit gute Bademöglichkeit. Vor Télimélé steigt die Straße mit einigen Haarnadelkurven steil an. Etwa 5 km vor der Stadt wird ein Bach überquert, der eine herrliche Bade- und Waschgelegenheit bietet. **Télimélé** ist eine angenehme Kleinstadt und **Hauptort der gleichnamigen Präfektur**. Sie wurde 1903 von den Franzosen gegründet. Vom Hügel, wo ein imposantes Kolonialgebäude steht (das ehemalige Postgebäude der Franzosen), hat man eine schöne Sicht auf die Kleinstadt. Die **Versorgungsmöglichkeiten** sind **gut**, bei der Stadteinfahrt, in der Nähe der Präfektur, gibt es ein Hotel mit etwas schmuddeligen Zimmern für 5 $. Alkoholische Getränke sind, wie in allen Orten abseits der Hauptrouten, nur unter kundiger Führung zu finden. Es ist damit zu rechnen, daß der Kommissar einen ins *Commissariat* bittet, wo die Personalien korrekt aufgenommen werden (Meldepflicht besteht zwar in Guinea nicht mehr, aber in abseits gelegenen Orten wird man immer wieder ins *Commissariat* gebeten. Die Beamten sind meist freundlich, Zahlungsforderungen dienen der persönlichen Bereicherung und sind illegal).

Télimélé kann auch von Labé her über *Timbi Madina*, das in einer riesigen Grasebene liegt oder von *Pita* über *Sintali* erreicht werden. Die beiden Pisten führen nach *Timbi Touni*, von wo in vielstündiger, äußerst mühsamer Fahrt im Schritttempo durch karge Gegenden das einzigartige Dorf **Dongol Toûma** erreicht wird. Das kleine Paradies liegt am Rand einer Klippe unter riesigen Mangobäumen und inmitten einer fruchtbaren Gegend. Eine schöne Aussicht hat man vom höchsten Punkt des Dorfes, rechts oberhalb des Hauptplatzes. Viele prächtige Rundhäuser. Die Bar am Dorfplatz hat sogar kühle Getränke, und die Souspräfektur hat für Gäste eine besonders schön gelegene Unterkunftsmöglichkeit in einem Rundhaus reserviert. Die **Weiterfahrt nach Télimélé** ist ein **grandioses Naturerlebnis** und führt durch das Herz des Fouta: Einmalige Ausblicke, bizarre Landschaften, herrliche Vegetation. Leider ist auch dieser Streckenabschnitt zum Teil schwer befahrbar, aber wer das vorherige Teilstück bis Dongol hinter sich gebracht hat, wird von nichts mehr erschüttert. Die **Fähre über den Kakrima** funktioniert nur noch im Handbetrieb. Hat man sie einmal gefunden, die Pistenführung ist nicht evident, muß man mit **längerer Wartezeit** rechnen, bis sie einsatzbereit ist. Etwa 20 km nach der Flußüberquerung trifft man auf die Piste von Kindia nach Télimélé. Für die 137 km lange Strecke ist mit rund 12 Stunden reiner Fahrzeit zu rechnen (ISUZU, 4.93). Eventuell in Dongol, das auf etwa halber Strecke liegt, übernachten.

Weiterfahrt nach Mamou

Etwa 6 km nach Kindia kurze Abfahrt ins weite *Santa-Tal*. Im Norden wird der Talkessel durch große Wasserfälle abgeschlossen (ideales Ausflugsziel für Mountainbiker). Nach 11 km Abzweigung zum Ausflugsort *Voilée de la Marie* (s. oben). 26 km nach Kindia zweigt rechts die Piste ins 64 km enfernte *Madina-Woula* ab. (nach übereinstimmenden Berichten sollen hier die **letzten Elefanten Guineas** ihre Weidegebiete haben und etwa 20 km westlich des Ortes befindet sich ein grandioser Wasserfall). Nach 38 km wird der Fluß *Kolente* überquert (Verpflegungsmöglichkeit). Gegen *Sogueta* steigt die Straße wieder an. Achtung: In diesem Dorf haben die Bewohner zwei gefährliche Schwellen auf die Straße betoniert, welche schon einigen Autos zum Verhängnis geworden sein sollen – eine radikale Methode um Rasern das Handwerk zu legen. Die Straße führt bis *Linsan* kurvenreich durch schöne Hügellandschaft. Kurz vor Linsan gutes Hotel (links, Schild). Zimmer mit gutem Konfort für 25 $.

Nach Linsan wird der *Konkouré-Fluß* überquert (schmale Brücke, Schwellen). Er bildet die eigentliche Grenze zwischen Nieder-Guinea und dem Fouta-Djalon. Damit beginnt endgültig das **Gebiet der Peul,** welche schon ab Kindia immer zahlreicher die Gegend besiedeln. Achtung vor den zahlreichen Rindern, welche oft gefährlich die Straße überqueren. Das zweite Dörfchen im Fouta (*Bowal*, etwa 102 km nach Kindia) gibt ein gutes Beispiel der Geschäftstüchtigkeit der Peuls: Ungefähr 200 m lang wird die Straße links und rechts von allerlei Verkaufsständen gesäumt, beinahe jedes vorbeikommende Fahrzeug macht hier einen Zwischenhalt, die Stelle ist nur im Schrittempo zu passieren. Generatoren sorgen für Strom (und gekühlte Getränke), es herrscht rund um die Uhr Betrieb.

Konkouré-Fall: Abzweigung beim Dörfchen *Konkouré* (111 km nach *Kindia*), etwa 100 m vor der Brücke nach rechts, 750 m der Piste folgen, dann nach links abbiegen (Schild, das aber nur von der Gegenseite lesbar ist). Nach etwa 500 m steht man direkt vor dem prächtigen Wasserfall (der aber in der Trockenzeit kaum mehr Wasser führt). Folgt man der eben erwähnten Piste bis an ihr Ende (etwa 5 km), kommt man zum Bahnhof von Konkouré, der einsam in der Landschaft steht. Kaum vorzustellen, daß hier einst reger Betrieb herrschte. Die Plantage am selben Ort wird von einem älteren Spanier verwaltet. Er baut auf 16 ha Passionsfrüchte an. Eine gute Gelegenheit, diese herrlichen Früchte zu kosten.

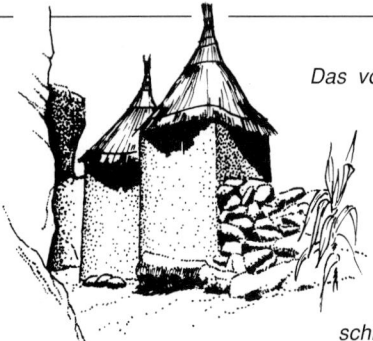

Fouta-Djalon

Das von verschiedenen Gebirgsmassiven und tiefen Tälern gebildete Hochland (700 bis 1500 m) hat die zweifache Fläche der Schweiz (80 000 qkm). Die ehemaligen Kolonialherren gaben der Region Namen wie Wasserschloß Westafrikas (viele große Flüsse haben hier ihr Quellgebiet), la Suiße de l'Afrique Occidental oder schlicht le Paradis. Die Gegend ist tatsächlich landschaftlich sehr reizvoll und auch kulturell sowie geschichtlich interessant. Dank dem milden Klima wachsen fast alle Kulturpflanzen. Allerdings wird insgesamt wenig angebaut, da die hier siedelnden Peul traditionell Händler und Hirten sind.

Bemerkenswert und bis heute zu wenig beachtet ist der theokratische Staat, den die islamisierten Peul 1725 hier gegründet haben. Sein Name Fouta-Djalon erinnert an die beiden Ethnien, welche hier leben: Die Peul (auch Fulbe oder Fula genannt) und die Dialonké. Die schon lange ansässigen Dialonké wurden 1723 im Heiligen Krieg von den Peul besiegt, und darauf wurde eine Konföderation von neun Gliedstaaten gebildet. Jedem Teilstaat wurde ein Ministerium übertragen. Die Regierung in der Hauptstadt Timbo wechselte alle zwei Jahre zwischen den beiden großen Dynastien der Alfaya und Soria, wobei aber der Regierungsverantwortliche, Almamy genannt, bei seinen Entscheidungen immer Rücksicht auf den Ältestenrat und seinen beurlaubten Amtsbruder nehmen mußte, der sowas wie eine graue Eminenz darstellte. Der Vorsteher der Teilstaaten wurde ebenfalls alle zwei Jahre ausgewechselt. Dieses System der Machtreduzierung und -kontrolle barg in sich aber auch das Chaos und war verletzlich, wie die vielen Auseinandersetzungen zwischen den Fürstentümern oder die fast reibungslose Übernahme der Konföderation durch die Franzosen Ende des 19. Jh.s zeigten. Bemerkenswert ist, daß ein so weit fortgeschrittenes föderalistisches Staatswesen im 18. Jh. in Europa noch kaum existierte.

Der exzentrische französische Abenteurer Aimé Olivier de Sanderval ebnete in den 70er Jahren des vergangenen Jahrhunderts den Weg zur französischen Übernahme des Foutas. Seine Idee war, das afrikanische Hinterland über das bequemere und klimatisch angenehme Fouta zu erschließen, anstatt über den beschwerlichen Senegal. Er durchquerte die Gegend kreuz und quer, machte sich die Herrschenden zu Freunden, kaufte riesige Ländereien und gründete Handelsniederlassungen. Die französische Kolonialmacht zeigte aber vorerst wenig Interesse für das Fouta und wurde erst aktiv, als es galt, den expandierenden Engländern zuvorzukommen.

Mamou

268 km nach Conakry.
Der in einer weiten Hügellanschaft gelegene **wichtigste Verkehrsknotenpunkt des Landes** ist wie *Kindia* mit dem Bau der Eisenbahnlinie nach *Kankan* entstanden. Mit der Gründung *Mamous* nach der Jahrhundertwende sollte aber auch der Einfluß der 50 km entfernten Hauptstadt der damaligen islamischen Foutakonföderation endgültig gebrochen werden. Tatsächlich verlagerten sich bald alle Aktivitäten von *Timbo* nach Mamou, und das einst bedeutsame *Timbo* ist heute ein vergessener Flecken. In Mamou treffen die Straßen von Ober- und Waldguinea auf die Verbindung von Nieder- nach Mittel-Guinea. Dementsprechend ist die **Versorgungslage sehr gut.** Eine gute Rundsicht hat man von der Meteostation auf dem höchsten Punkt der Stadt hinter der Hauptmoschee. In Mamou steht die **älteste**, 1908 erbaute, **Schule des Landes.**

PRAKTISCHE INFORMATIONEN

 UNTERKUNFT

Hotel Bafing
Richtung Faranah, ca. 500 m nach Bahnübergang links; 11 Zi, ziemlich sauber, WC und Dusche außerhalb, mit Terrasse, 5 $, einfache Mahlzeiten.
Hotel Youla
Einfahrt von Conakry, links; 3 Zi, ziemlich sauber, familiär, 6 bis 8 $.
Hidalgo/Luna
3 bis 5 $, widerlich.
Buffet de la Gare
12 Zi, zentral, ruhig, mit WC, etwas schmuddelig, 8 $, einfache Mahlzeiten im Buffet.

 ESSEN UND TRINKEN
Restaurant Clos St.Catherine
Ca.1 km vor Mamou, links, ausgeschildert; Restaurant in angenehmer Lage im Grünen unter großem Case, von einem Franzosen geführt, v. a. von Weißen besucht, teuer (Hauptspeise 10 $). Bis 1994 sollen zwei guteingerichtete Cases fertig sein (30 $).
Hidalgo
Richtung Faranah, nach 200 m rechts; gutes Poulet, billig.
Luna
Bei Kirche; gutes Ambiente, Essen eher dürftig (3 bis 5 $).
Außerdem Straßenküchen, Cafés und Bars entlang der Hauptstraße gegenüber Gare-Voiture I.

 NACHTLEBEN
Oasis
Einzige Disco-Bar, die gut läuft.

 VERKEHRSVERBINDUNGEN
SOGETRAG-Busse
2x täglich nach Conakry und Labé.

Sammeltaxis
Zwei Gare Voitures (!): im Zentrum für alle Destinationen außer nach Norden und Richtung Stadtausfahrt links nach *Labé* etc. und *Dabola – Kankan*.
Preise: Labé 6 $, Dalaba 2 $, Timbo 3 $, Faranah 8 $, Kissidougou 14 $, Kankan 16 $, Nzérékoré 22 $, Conakry 6 $, Kindia 4 $, Dinguiraye 14 $

 SONSTIGES
Versorgungsmöglichkeiten
Gut, alles erhältlich, großer Markt, kleiner libanesischer Supermarkt etwa 2 km Richtung Labé, links. Keine offizielle Geldwechselmöglichkeit, man wende sich an ansässige Libanesen.

Weiterfahrt nach Labé

Nach 6 km rechts schöner Hügel, der oben von zahlreichen **Schimpansen** besiedelt sein soll – bei der Stadtausfahrt nach Weg und Führer fragen. Nach 7 km zweigt die Straße ab, welche ungefähr der Bahnlinie folgend, nach *Timbo, Dabola* und *Kankan* führt. Die Piste wird momentan zu einer Asphaltstraße ausgebaut und wäre nach ihrer Fertigstellung schneller und bequemer als die Route über *Faranah*.

Bafingstausee und Quelle

16,5 km nach Mamou wird der **Bafing** überquert, der **Oberlauf des späteren Senegalflusses.** Folgt man der Piste, welche nach der Brücke links abzweigt etwa 1 km, kommt man an den Bafingstausee. Er wurde im Jahr 1986 von Saudiarabien geschenkt und war Teil eines großen Bewässerungsprojektes für die umliegenden fruchtbaren Böden. Leider ist das Projekt nie verwirklicht worden und der **Stausee steht heute ungenutzt,** sehr zum Ärger der ansässigen Bauern, deren Land überschwemmt wurde. Aber damit nicht genug: Das gestaute Wasser soll nun für eine Fischzuchtanlage unterhalb des Dammes genutzt werden. Dazu muß wiederum hektarenweise bester Boden geopfert werden, die Bauern werden verjagt und müssen notgedrungen die eben aufgeforsteten Wälder in der Umgebung wieder abholzen.

Die **Quelle des Bafing** soll vom Stausee aus in einem stündigen Fußmarsch erreichbar sein. Im Dorf rechts oberhalb des Dammes nach einer Begleitung fragen.

Auf der Weiterfahrt Richtung Dalaba führt die Straße durch schöne Hügellandschaft mit teilweise üppiger Vegetation und weiten Ausblicken.

Dalaba

59 km nach Mamou. Die alte Stadt war **zur Kolonialzeit ein begehrter Erholungsort** von französischen Kolonialbeamten aus ganz Westafrika und besaß ein großes Sanatorium mit über 100 Schlafplätzen. Auf 1200 m gelegen, besitzt sie ein **angenehm mildes Klima.** Schon bei der Einfahrt fallen die Nadelbäume auf, und es gibt in der Gegend einige Nadelwälder. In Dalaba werden zur Saison sogar Erdbeeren verkauft und in den umliegenden Wäldern findet man schmackhafte Pilze. Heute ist Dalaba ein verschlafenes Nestchen. Dem Touristen bietet sich allerdings außerhalb des Ortes eine sehr **schöne Unterkunftsmöglichkeit im Centre d'Acceuil.** Hier hat sich an schönster Aussichtslage der französische Gouverneur 1935 einen Landsitz erbauen lassen. Das Haus diente nach der Unabhängigkeit Sékou Touré und seinen Ministern als Tagungs- und Erholungsort. Seit 1984 wird es allerdings nur noch selten genutzt und verkommt langsam. Ein besonderes Schmuckstück ist das Innere des unscheinbaren Rundhauses rechts der Gouverneursvilla. Es handelt sich hier um ein Versammlungshaus der Familienoberhäupter des Fouta *(case à palabre).* Man kann es mit dem etwas bärbeissigen Geranten des *Centre d'Acceuil* besichtigen. Herrliche Verzierungen schmücken den Lehmbau und geben ihm etwas Würdevolles. Hier saßen einst die Delegierten im Kreis und diskutierten solange, bis sie einstimmige Entscheide fällen konnten. Früher zierte ein riesiges Strohdach den Bau, mittlerweilen ist es durch ein Blechdach ersetzt worden. Leider zerfällt das schö-

ne Haus und für eine Restaurierung ist nirgends Geld vorhanden.

Kurz vor dem Ende der langen, geraden Straße, die in die Stadt führt, liegt rechts eine kleine **Lederwerkstatt**, wo man bei der Herstellung der Lederwaren zusehen und Taschen, Schuhe oder Pantoffeln kaufen kann.

PRAKTISCHE INFORMATIONEN

 UNTERKUNFT
Centre d'Acceuil
Ca.1,5 km südwestlich der Stadt; gute Zimmer in großem Rundhaus mit fl. Wasser und WC (10 $), einfache Zimmer 5 $, keine Versorgungsmöglichkeit.

 ESSEN UND TRINKEN
Bar Famus
Ausfahrt Dalaba, links; einfache Mahlzeiten, Alkoholausschank.

Bar Tinka
Gegenüber Spital; im Innern Speisesaal, sauber, empfehlenswert, 2 $ für Fleischgericht, Bier selbst mitbringen. Auf der Straße zwischen Markt und Gare Voiture verschiedene Bars und Cafés.

 SONSTIGES
Versorgungsmöglichkeiten
kleiner Markt, Tankstelle.

Abstecher nach Ditinn
5 km nach Dalaba rechts abzweigen (Wegweiser), gute Piste, etwa 30 km.

Chevalier-Garten
Etwa 1 km der Piste folgen, dann Betonschild, hier rechts. Das Sträßchen führt zuerst durch eine Pinienallee in einen großen Pinienwald mit

Bu Ditinn

zum Teil riesigen Exemplaren. Erfrischendes Klima in dieser parkähnlichen Anlage, welche zur Kolonialzeit vom französischen Agronomen *Chevalier* angelegt wurde.

Ditinn-Wasserfall

Schöne Fahrt durch ein wildes Tal. Vor Ditinn sieht man in einiger Entfernung rechterhand einen hohen Wasserfall. Bei den ersten Häusern von Ditinn rechts in ein Sträßchen einbiegen und dem Feldweg folgen. Zwei Blechschilder weisen den Weg in den herrlichen Talkessel (etwa 25 Min. Fahrt). Vom letzten Dorf im Talabschluß zu Fuß weiter und einen Jungen als Begleiter mitnehmen, da der Pfad zum Wasserfall ohne Hilfe nicht zu finden ist. Der gute Pfad führt abenteuerlich in etwa 45 Min. an den Fuß des 120 m hohen Falles. Ein großartiges Naturschauspiel, solange genügend Wasser fließt.

Ditinn

Kleines Dorf, keinen Strom, Versorgungsmöglichkeiten beschränkt. Einfache Übernachtungsmöglichkeit in der *Bar Néné Fouta* (3 $), Verpflegung nach Absprache.

Etwa 10 km östlich von Ditinn liegt *Fougoumba*, der Hauptort einer ehemaligen Provinz zur Zeit der Foutakonföderation. Fougoumba war damals der religiöse Hauptort des Fulbestaates.

Die Straße führt nach Dalaba kurvenreich durch hügelige Landschaft mit teilweise üppigem Bewuchs. Auffallend die Pinienwälder etwa 10 km nach Dalaba bei *Samory*. Schöner Ausblick etwa 35 km nach Dalaba in die weite Ebene rechterhand und in ein Tal, das von einem in der Regenzeit imposanten Wasserfall dominiert wird *(Bomboli-Fall)*. Wer einen Ausflug in die Nähe der Fälle unternehmen will, wählt den Feldweg, der kurz vor Bomboli nach rechts abzweigt (kleiner Fußballplatz). Der Marsch ins Tal ist mühsam, da es keine Pfade gibt, aber landschaftlich reizvoll. Der Zugang an den Fuß des Falles ist durch üppige Vegetation versperrt.

Kurz vor Pita Ausblicke auf Tafelberge und weite canyonartige Schluchten.

Pita

Das ruhige Städtchen liegt schön auf 970 m in leichtabfallendem Gelände inmitten einer parkartigen Landschaft. Ein Aufenthalt hier ist angenehmer als im unüberschaubaren und staubigen Labé. Touristisch interessant ist der nahegelegene **Kinkon-Wasserfall**.

Versorgung:
Hauptmarkt am Do, wichtigste Versorgungsgüter immer erhältlich, Tankstelle

Übernachten:
Hotel Kinkon
Stadtausfahrt Richtung Labé, links etwas unterhalb der Hauptstraße, Restaurant und Nachtclub (Do und Sa); 18 Zi mit fl. Wasser und WC, 5 $, sehr schön gelegen im Grünen, neu renoviert und recht sauber.

Centre d'acceuil
Stadtausfahrt Richtung Labé, rechts; Zimmer in Rundhäusern ohne fl. Wasser, 5 $, keine Verpflegungsmöglichkeit, in schönem Park gelegen.

Essen:
Restaurant Montréal
Stadtausfahrt Richtung Labé, rechts; Mahlzeit für 2 bis 3 $, kühles Bier.
Restaurant des Hotels Kinkon
(Wiedereröffnung 1994)
Imbißstellen
beim Markt im Zentrum.

Kinkon-Fälle

2 km nach Zentrum von Pita, Abzweigung nach links (Schild), etwa 8 km schlechte Piste, im Zweifelsfalle eher links halten. Der **Zutritt zum Fall wird vom Militär bewacht** (Posten etwa 500 m vor dem Fall), da sich hier ein Elektrizitätswerk befindet. Offiziell besteht für den Besuch zwar keine Bewilligungspflicht mehr, aber die kontrollierenden Soldaten verlangen nach wie vor ein Papier. Dieses wird von der Polizei ausgestellt (*Comissariat*, Stadtausfahrt Pita rechts). Aber auch die Militärs geben ab 1 $ Trinkgeld die Fahrt frei. In der Regenzeit präsentiert sich der Kinkonfall, der von zwei Flüssen, welche hier zusammenfließen, genährt wird, als gewaltiges Naturschauspiel. Mutige können bis an den Rand der Klippe steigen und dem schwindelerregenden Tosen aus nächster Nähe beiwohnen. In einem anderen Land wäre der Fall eine Touristenattraktion mit allem drum und dran. Hier hingegen sind Reisende selten, lange Zeit waren auf Staatsvisite weilende afrikanische Präsidenten die einzigen Gäste – ihre Namen sind da wo die beiden Flüsse zusammenfließen auf den Felsen gemalt. Etwas unterhalb des Falles steht eine Plattform, ein Überbleibsel aus dem Kolonialtourismus, von wo aus man einen schönen Blick auf das imposante Geschehen hat. Die Straße führt zu einem **Kraftwerk**, welches 1967 von den Chinesen hier erbaut wurde (das Wasser wird oberhalb des Falles gestaut). Es ist eines der drei Kraftwerke Guineas und stellt die Stromversorgung der größeren Orte des Foutas zumindest in der Regenzeit sicher. Zwischen Pita und Labé durchfährt man eine sanfte, monotone Hügel- und Graslandschaft mit wenig Baumbewuchs.

Labé

425 km von Conakry. Das **geografische, wirtschaftliche und politische Zentrum des Fouta Djalon** liegt inmitten einer weiten Hügellandschaft auf etwa 1100 m Höhe. Die drittgrößte Stadt des Landes ist ein wichtiger Versorgungspunkt für Reisende von und nach Senegal und Bissau. Kommt man von

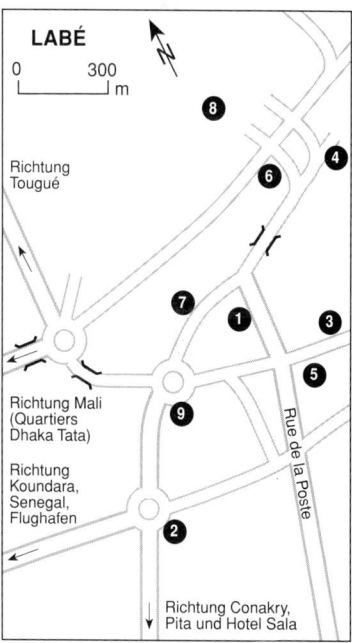

LEGENDE
Schlafen/Essen/Bars
1 Grand Hotel de l'Indépendance
2 Hotel de Tourisme und Disco Tinkisso
3 Macky La Cantine
4 Disco Sasse (Chez Baldi)

Verschiedenes
5 Post/Telefon
6 Bank BICIGUI
7 Gare Voiture Conakry
8 Centre Ville, Markt
9 Spital

Senegal her, findet man sich hier nach mühsamen Reisen auf schlechten Pisten wieder etwas in der Zivilisation (und zum ersten Mal wieder auf Asphalt). Reisende Richtung Senegal können in Labé ein letztes Mal ausruhen, bevor sie sich auf die holprige Strecke machen.

Labé ist seit der Gründung der Foutakonföderation im 18. Jh. die **Hochburg des Islam in Guinea.** Im 19. Jh. setzten sich die Fürsten Labés immer mehr von den anderen Provinzen der Foutakonföderation ab. Die ständigen Konflikte zwischen Timbo, der eigentlichen Hauptstadt des Fouta Djalons und dessen mächtigster Provinz Labé sind mit ein Grund, daß der islamische Staat nie sehr bedeutungsvoll wurde. Heute ist Labé ein wichtiger Güterumschlagplatz, der Schwarzmarkt mit Waren aus Senegal blüht.

Labé wird durch den Fluß *Sassé* in zwei Teile gespalten: Im Osten die alte Stadt und im Westen die neuen Quartiere. Die Stadt zieht sich weit über das Hochplateau und macht einen zersiedelten Eindruck. Labé bietet, abgesehen vom bunten Markt, dem Reisenden **wenig Sehenswertes,** hat aber eine **gute Infrastruktur** und vor allem Reisende aus Senegal sind froh, hier etwas auszuruhen und aufzutanken. Trotz ihrer Größe ist die Stadt ziemlich ruhig, vor allem nachts. Viele junge Erwachsene sind nach Conakry abgewandert und ältere Bewohner trauern der Zeit nach, als in Labé noch jeden Abend etwas los war.

PRAKTISCHE INFORMATIONEN

 UNTERKUNFT
Grand Hotel de l'Indépendance
Hinter Gare Voiture; 8 Zi mit fl. Wasser und WC, sauber, 12–15 $, Restaurant (nicht verwechseln mit dem schäbigen Hotel de l'Indépendance nebenan).

Kinder in Labé

Hotel de la Sala
Richtung Conakry, ca. 2 km, rechts; ziemlich saubere Zimmer, 5 $, Restaurant.

Hotel du Tourisme
Am Hauptverkehrsknotenpunkt wo die Straßen von Conakry und Koundara zusammentreffen; schmutzige Zimmer, 5 $, schöne Terrasse, kühles Bier, Restaurant.

 ESSEN UND TRINKEN

Grand Hotel de l'Indépendance
Gute Mahlzeiten auf schöner Terrasse.

Hotel de la Sala u. *Hotel du Tourisme*
Einfaches Essen (2 bis 4 $).

La Cantine
Bei der Post, Maqui, einfach, 1 $.

Centre de la Jeunesse
Im Norden der Stadt, beim Fußballstadion, verschiedene Imbißbuden.

 NACHTLEBEN

Bar Coeur Samba
300 m nach Hotel du Tourisme Richtung Conakry, links, etwas abseits der Straße; Terrasse, angenehmes Ambiente.

Tinkisso-Disco
Im Erdgeschoß des Hotel du Tourisme.

Hafia
18 km Richtung Conakry; am Sa beste Disco weit und breit.

 VERKEHRSVERBINDUNGEN

Stadttaxis
Gare-Voiture beim Markt, auch für Ausflüge in die Umgebung benützbar.
Taxi nach *Conakry* (8 Std./12 $), *Nzérékoré* (24 Std./30 $), *Koundara* (12 Std./15 $, Haltestelle an der Ausfahrtsstraße Richtung Koundara), *Mali-Yambering* (6 Std./8 $, Haltestelle an der Ausfahrtsstraße Richtung Mali), *Dakar* (48 Std./40 $), *Bissau* (48 Std./30 $, nur Fr und Sa), *Freetown* (16 Std./25 $, direkt, nicht über Conakry).

Busse
SOGETRAG-Busse in Richtung Conakry 3x wöchentlich, 11 $.

Flugverbindung
nach Conakry u. Koundara-Sambailo.

Straßenverbindungen von Labé
(Stand 1993)
Labé – Mali – Kédougou (Senegal)
Piste, bis etwas nach Yambering (95 km) passabel, danach schlecht bis katastrophal (die auf der 92er-Karte eingezeichnete gelbe Route über Balaki ist aber noch mörderischer!).
Labé – Tougué
Piste gut befahrbar (die Weiterfahrt nach Dinguiraye ist entgegen der 92er-Karte nicht möglich).
Labé – Koundara
Piste, guter Zustand (Stand Anfang 94, ändert sich aber schnell, da viele hügelige Abschnitte und relativ stark befahren).

 SONSTIGES

Versorgungsmöglichkeiten
Gutausgestatteter Markt, kleiner Supermarkt neben dem Grand Hotel de l'Indépendance, Tankstelle, Bank (BICIGUI, wechselt problemlos Checks), Spital.

 AUSFLÜGE

Chutes de la Sala
Herrliche Wasserfälle in schöner Gegend, guter Badeplatz, 35 km z.T. schlechte Piste, etwa 2 Std. Fahrt. Beim Hotel du Tourisme Richtung Koundara abbiegen. Nach etwa 6 km links Einfahrt zur **Parfumfabrik SIPAR**. Hier werden aus Orangenblüten und ande-

ren Duftpflanzen Extrakte hergestellt und nach Frankreich exportiert. Einige Duftwasser werden billig verkauft, der Betrieb kann auch besichtigt werden.

8 km nach Labé die Abzweigung nach links nehmen (Ende 93 zeigt noch immer ein Wegweiser mit der Aufschrift *Lélouma* auf die Piste nach den Sala-Fällen, obwohl diese auf der zweiten Hälfte sozusagen unbefahrbar geworden ist. Nach Lélouma also geradeaus weiterfahren.) 31 km nach Labé zweigt ein unscheinbarer Feldweg links ab. Diesem bis zu seinem Ende folgen, etwa 4,5 km. Von da 100 m zum Fluß. Größeres Becken, ideal zum Baden. Etwa 200 m flußabwärts schöner, 20 m hoher Wasserfall. Der **eigentliche Salafall** liegt nochmals etwa 300 m flußabwärts und ist **nur durch das Flußbett zugänglich** – allerdings fließt da bis Ende November zuviel Wasser. Der etwa 200 m hohe Fall stürzt sich in einen wilden Canyon. Sehr imposant. Mit Taxi ab Labé (Gare-Voiture beim Markt), besser läßt man sich aber von Jungs mit dem Töff hinfahren (etwa 10 $ je Person).

Abstecher nach Lélouma

Der lohnende Ausflug in den **Hauptort der gleichnamigen Präfektur** führt durch landschaftlich reizvolle Gegenden. Die etwa 70 km lange Piste ist in gutem Zustand (Taxis täglich ab Labé, knapp 2 Std./3 $). Etwa 8 km nach Labé Richtung Koundara zweigt links die Piste ab, welche zu den Sala-Fällen führt. Früher war sie auch die Verbindungsstraße nach Lélouma und noch 1993 zeigt ein Wegweiser in diese Richtung. Die Piste ist aber auf der zweiten Hälfte kaum mehr befahrbar, deshalb geradeaus weiterfahren. Die neue, gute Piste führt heute mehr nördlich in etwa 90 Min. Fahrzeit dahin. Im sympathischen Lélouma tauchen nur selten Fremde auf und die wollen meist die **Lianenleitern** beim Dorf *Djinka* besuchen. Man sollte sich im *Commissariat* melden, wo die Personalien korrekt aufgenommen werden. Übernachtungsmöglichkeit findet sich im *Centre d'Acceuil* für 5 $ pro Person, da in der Nähe gibts auch ein Maqui mit Alkoholausschank und Mahlzeiten. In der *Disco Gmeline* wird Mi und Sa unter freiem Himmel getanzt. Die Tankstelle liefert ziemlich zuverlässig Treibstoff. Um *Les Echelles de Lélouma*, also die *Leitern von Lélouma* bei Djinka zu besuchen, wendet man sich am besten an die Präfektur, wo man einen Begleiter zugeteilt bekommt. Ein eigenes gutes Auto ist unerläßlich, die Fahrt auf zum Teil schlechten Wegen dauert etwa 45 Min. Es wird nicht empfohlen, sich selbst nach Djinka durchzuschlagen, da der Weg schwer zu finden ist. Von Djinka erreicht man nach einem halbstündigen Fußmarsch den Rand einer Felsstufe. Um in die daruntergelegene Ebene zu gelangen, wo die Bewohner ihre Felder bestellen, muß man durch eine Schlucht absteigen. Dabei wird eine gute 50 m hohe Felsstufe über leiternähnliche Gebilde aus Lianen abenteuerlich überwunden. Jedes Jahr wird oberhalb des sonderbaren Weges eine Kuh geopfert, damit die Menschen vor Unfällen verschont bleiben. Es soll in der Umgebung noch mehrere dieser eigenartigen Leiterwege geben, die aber erst nach längeren Märschen erreicht werden.

Moschee bei Yambering

Weiterfahrt von Labé nach Mali-Yambering

120 km. Landschaftlich schöne, durch abgelegene Gebiete führende Route. Die Piste ist zum Teil in sehr schlechtem Zustand und **nur für Geländefahrzeuge zu empfehlen** (obgleich sie auch von 504-Taxis befahren wird). Sehr wenig Verkehr. Einfache Versorgungsmöglichkeiten gibt es in Yambering und in Mali. Warme Kleider mitnehmen, in Mali können die Temperaturen im Dezember nachts bis gegen den Nullpunkt fallen.

Nach Labé fallen die typischen **Fula-Rundhäuser** auf mit prächtigen, abgestuften Strohdächern und Veranden (zum Beispiel *Tontourou*, 15 km nach Labé). Etwa 16 km nach Labé überquert man den Oberlauf des *Gambia*, der seine Quelle ganz in der Nähe hat. Nach Labé ist zuerst eine Hügelkette zu überqueren. Die Straße führt danach in ein weites Tal hinunter, das durchquert wird und steigt dann wieder durch ein malerisches Seitental an, das rechts von einem auffallenden Bergrücken dominiert wird. Nach 80 km erreicht man das schöne, auf einem nach W abfallenden Bergrücken gelegene *Yambering*. Für ein Nachtlager wende man sich an die *Sous-Prefecture*. Ihre vier Gastzimmer werden auch Reisenden gerne zur Verfügung gestellt. Einfache Verpflegung kann organisiert werden. **Sehenswert** ist die zweite **Moschee des Ortes** am Dorfausgang Richtung Mali. 15 km nach Yambering folgt das Dorf *Fougou* mit einigen Straßenläden. Von hier weg wird die Piste äußerst mühsam. Etwa 4 km vor Mali weiter Blick nach links und auf die Blechdächer von Mali, das im Vordergrund auf einem Hügel liegt.

Mali

Die französische Gründung liegt auf halber Strecke zwischen Labé und Kedougou/Senegal. Es ist die **höchstgelegene Stadt Guineas** (ca. 1400 m) und **kühlster Ort des Landes**. Für die Guinesen ist es eine verlorene Ecke, und Beamte, die hier arbeiten, sollen hierhin strafversetzt worden sein. Die Stadt macht einen trostlosen Eindruck. Die Straßen sind kaum befahrbar, abends ist es still und meist dunkel, da der Generator selten läuft. Kaum vorzustellen, daß hier 40 000 Menschen leben. Mali liegt **oft im Nebel**, so daß die weite Sicht selten genossen werden kann. In der Regenzeit beträgt die Sichtweite manchmal über Tage kaum 10 m und von November bis März behindert der Harmattan oft die Aussicht.

Versorgungsmöglichkeiten:
Kleiner Markt unter der Woche, großer an Sa und So. Diesel auf Schwarzmarkt (teuer), Benzin selten. Bier und Zigaretten sind billiger als irgenwo im Lande (Schmuggelware aus Senegal).
Übernachtung:
Centre d'Acceuil (Villa)
Sehr schön gelegene Rundhäuser, ca. 5 $. Etwa 10 Min. zu Fuß vom Zentrum
Hotel La Dame de Mali
Im oberen Stadtteil, in der Nähe der Prefektur, schmutzig, 4 $, einfache Mahlzeiten für 2 $, Bier holen lassen
Bars:
Guter, schwarzer Kaffee in *La Cafeteria*. Wenige improvisierte Bars im Zentrum. Am Samstag wird im Jugendzentrum (beim Hotel) getanzt.

Mt. Loura

Höchste Erhebung des Fouta-Djalon (1538 m) mit Sendeturm. Nördlich der Stadt. Erreichbar über eine schlechte Piste (7 km). Weg bei der Präfektur erfragen, da etwas verzweigt. Vom Sendeturm führt ein Pfad in wenigen Metern auf die steilabfallenden Klippen des Berges. Weite, faszinierende Sicht Richtung Senegal. Leider verwehren oft Nebel oder Dunst den Ausblick, am besten Ende der Regenzeit besuchen. Auch als Wanderung von Mali her zu empfehlen. Die **Dame de Mali** beim Mt. Loura gilt in Guinea als besondere Sehenswürdigkeit. Die von den Klippen des Mt. Loura gebildete Frauensilhouette lohnt aber den Aufwand nicht. Schön ist die dazugehörige Legende: Eine Frau soll ihren Mann, der am Freitagsgebet weilte, betrogen haben. Gott hat sie deshalb als warnendes Exempel zu Stein verwandelt. Seitdem sollen die Frauen von Mali die treusten des Landes sein.

Mt. Loura, höchster Berg des Fouta

Conakry – Kamsar – Boké

⤳ km 36 – Boké: Löchrige Asphaltstraße bis Rondpoint Dubréka, von da gute Asphaltstraßen bis Kamsar/Boké (Ausbau soll 1994 fertig sein). Fähre bei Boffa.

Bei *km36* (Kontrollposten nach Conakry) Abzweigung Richtung Dubréka. Nach einigen hundert Metern Polizeikontrolle. Auf der weiteren Fahrt schöne Sicht über die Küstenebene und die Vorgebirge. Nach ca.10 km erreicht man den Rondpoint beim Dorf *Negueya*.

Chien qui Fume

Rechts zweigt eine Piste in Richtung *Chien qui Fume* ab. Nach einigen Kilometern Fahrt kommt man zu einem künstlich aufgestauten Becken, das zum Baden lädt. Nebenan bewirtet ein Franzose ein kleines Restaurant mit Bar (Eintritt 1 $), Treffpunkt der Weißen an Wochenenden. Übernachtungsmöglichkeit in modern eingerichteten Rundhäusern mit allem Luxus (30 $). Wers gern etwas wilder hat, fährt an besagter Anlage vorbei zum nächsten Dorf und erreicht auf einem Pfad, der links weggeht, denselben Fluß, der hier bei einem schönen Wasserfall zum Bade lädt (genügend Wasser nur bis Januar). Der auffallende Berg links wird *Der Rauchende Hund* genannt. Offenbar soll bei bestimmter Wetterlage der Nebel hier besonders eindrucksvoll über die Bergkuppe streichen, in der man mit viel Fantasie einen liegenden Hund ausmachen kann. Der Hügel kann bestiegen werden. Dazu muß der Piste weiter gefolgt werden bis zu einem Dorf, daß am Rande des *Chiens* liegt. Von hier soll ein Pfad hinaufführen. Die Aussicht auf dem Gipfel muß bei klarem Wetter spektakulär sein.

Dubreka wird vom obgenannten Rondpoint nach etwa 4 km erreicht (Wegweiser). Kleines Dorf an einem mangrovenbewachsenen Meeresarm mit Fischerhafen. Hier hatten die Franzosen eine der ersten Handelsniederlassungen Guineas gegründet. Vor der Dorfeinfahrt links ein kleines Hotel, in der Dorfmitte gute Bar mit Terrasse und Discobetrieb an Wochenenden.

Vom Rondpoint Weiterfahrt Richtung *Kamsar* durch die schöne, palmen- und mangobestandene Ebene, welche gegen N durch die steilabfallenden Küstengebirge ein jähes Ende findet. Ein schöner **Wasserfall** (bei genügend Wasser) in pittoresker Tafelgebirgslandschaft findet man, wenn 15 km nach dem Rondpoint die Piste rechts nach Faléssadé eingeschlagen wird. Nach knapp 3 km den Feldweg nehmen, der rechts abbiegt und ihm etwa 3 km folgen. Bei alten Baumaschinen parkieren, das Flüßchen überqueren und zu Fuß in schönem Marsch zwischen einzigartigen Tafelgebirgen zum Fall.

Etwa 64 km nach km 36 werden die **Stromschnellen des Konkouré** überquert, und nach 2,5 km folgt rechts die Abzweigung nach Fria.

Abstecher nach Fria

Der Ort wird über eine 60 km lange, gute Piste erreicht, welche schön durch die Küstenebene führt und dann etwas ansteigend die 200 m

hochgelegene, recht moderne Bergbaustadt erreicht. Schon weit vor Fria sieht man die rauchenden **Bauxitverarbeitungswerke FRIAGUI.** Seit 1959 wird hier der Ausgangsstoff zur Aluminiumherstellung abgebaut und zu Tonerde verarbeitet. Der Transport erfolgt über eine 140 km lange Stichbahn nach Conakry (keine Personentransporte). Die Anlage beschäftigt 1500 Menschen und kann besichtigt werden. Fria ist eine im Zusammenhang mit dem Bauxitabbau entstandene Retortenstadt und hat eine gute Infrastruktur (mit Kamsar die einzige Stadt, die das ganze Jahr rund um die Uhr Strom hat). Lohnend sind die Ausflüge zum *Bogoro*-Wasserfall und zum *Konkouré*.
Versorgungsmöglichkeiten:
sehr gut, gutes Spital
Übernachten:
Hotel José
Bei der Stadteinfahrt, links; 12 einfache Zi. mit fl. Wasser und Strom, 2 – 5 $, Restaurant (Spezialität: Ente).
Essen:
Le Calaote, La Tendresse, Au Plateau. Straßenküchen beim Markt.
Freizeit/Tanzen:
Schwimmbad (offen von 9-12 und 16-18 Uhr), Tennisplätze.
Discos Majestic und *Bosquette* (etwas außerhalb Richtung Conakry)

Bogoro-Wasserfall
Bei der Polizeikontrollstelle vor Fria links nach Tabossi abbiegen. Das Sträßchen mündet in eine breite Bauxittransportpiste ein. Nach 5 km rechts in kleine Piste einbiegen, die ins Dorf Wawaya führt. Hier links abbiegen, etwa 3 km folgen bis zu Schild *Chute Bogoro*. Das Dorf Bogoro durchqueren und noch ca. 1 km weiterfahren. Bevor die Piste ansteigt parken und links dem Pfad folgen, der nach 300 m zum 10 m hohen Wasserfall mit großem Schwimmbecken führt (im Juni kaum Wasser, die Piste wird ab Ende Dezember vom Bauxitwerk geglättet).

Konkouré-Strand
Der Piste folgen, die vom Schwimmbad Richtung Flughafen bis zum Fluß führt (etwa 15 km), schöne Badeplätze an Sandstrand von Dezember bis Anfang Regenzeit, wenn der Fluß wenig Wasser führt (Piste wird jeweils präpariert).

Wieder zurück auf der Hauptstraße Conakry – Boké durchfährt man die weite fruchtbare Küstenebene und kommt auf der schnellen Asphaltstraße 104 km nach km36 an den Mündungstrichter des *Rio Pongos*. Der Fluß muß auf einer Fähre überquert werden (5 $/Fahrzeug). Auf der anderen Seite befindet sich **Boffa**. Der kleine Ort weist kaum Infrastruktur auf. Früher war Boffa ein Zentrum des Sklavenhandels (Schiffbarkeit des Rio Pongo bis weit ins Landesinnere) und gehörte im 19. Jh. zu den ersten Handelsniederlassungen der Franzosen. Übernachtungsmöglichkeit im *Hotel V. Emanuel* beim Fähreanlegeplatz. Schmutzige Zimmer für 4 bis 8 $. Straßenküchen am Fähreanlegeplatz oder in der Dorfmitte. Etwa 3 km nach der Fähre zweigt rechts ein Feldweg ab, der nach 200 m zur *Bar Carabaya* führt, wo es Bier gibt.

Plage Bel-Air
Der **einzige leicht zugängliche Sandstrand Guineas** liegt am *Cap Verga*. Er ist insgesamt etwa 7 km lang, ist zum Teil mit Felsen durchsetzt und mit

Palmen bestanden. Es gibt **keine Infrastruktur** und Besucher halten sich gewöhnlich nur dort auf, wo die Piste am Meer endet. Essen und Wasser kann im nahen Dorf *Koundindé* organisiert werden (Fisch, Reis), ebenso sorgen die Bewohner für einen Schlafplatz in einer Strandhütte am Meer gegen 1 bis 2 $ pro Nacht. *M. Joseph Mari Soumah*, der im letzten Haus vor dem Strand wohnt, hilft gerne weiter und bereitet auch herrlichen Fisch zu (natürlich wird ein Cadeau erwartet). Folgt man dem Strand Richtung N, erreicht man nach etwa 45 Min. Marsch ein großes Fischerdorf *(Foulaya)* mit kleinem Markt und frischen Fischen ab etwa 15 Uhr. Richtung S ebenfalls weite verlassene Strände, das erste Dorf soll erst nach 6 km erreicht werden (der Fluß bei *Bel-Air* kann nur bei Ebbe zu Fuß überquert werden, der Tidenhub beträgt hier gegen drei Meter, also Vorsicht).

Hinkommen: Bei Kinkon, 40 km nach Boffa, zweigt links die 20 km lange Piste nach Bel-Air ab. Während und nach der Regenzeit große Wasserlachen. Rucksacktouristen müssen zu Fuß hin und auf eine Mitfahrgelegenheit hoffen, die Piste ist aber kaum befahren.

Die Hauptstraße führt weiter durch die schöne Küstenebene und erreicht ca. 120 km nach Boffa die Verzweigung bei *Kolaboui* (Bars, Straßeläden). Nach links erreicht man nach 30 km Kamsar.

Kamsar

Die Stadt ist Anfang der 70er Jahre im Zusammenhang mit dem **Bauxitabbau** entstanden. An der Mündung des *Rio Nuñez* wurde ein Hafen gebaut und in gewaltigen Fabrikanlagen wird das aus der 160 km entfernten Abbaustätte eintreffende Bauxit gemahlen und getrocknet um nachher zur Weiterverarbeitung in die Industrieländer verschifft zu werden. Das moderne Viertel, die sogenannte *Cité*, Wohnort von etwa 1200 einheimischen und 300 ausländischen Minenangestellten, wurde richtiggehend aus dem Boden gestampft, weist westliches Flair auf und funktioniert dank der Versorgung über den Hafen autonom. Die Stadt hat Menschen aus ganz Guinea angezogen, die sich hier ein bessers Auskommen erhoffen (immerhin verdient hier ein Minenangestellter mit ca. 250 $ monatlich mehr als irgendwo im Land) und mittlerweilen sind rund um Kamsar ärmere Viertel mit schlechter Infrastruktur entstanden. Die Abbauplätze für Bauxit befinden sich in *Sangaredi*, das durch eine 160 km lange Stichbahn mit dem Verladehafen in Kamsar verbunden ist. Die 1973 eröffnete Mine ist weltweit eine der wichtigsten Abbauplätze für Bauxiterde, weil sie da sehr homogen und hochwertig ist und direkt an der Oberfläche liegt. Die Mine zieht sich über eine Fläche von 4 qkm – wollte man alle vorliegenden Reserven im Umkreis von 10 km im bisherigen Tempo abbauen (12 Mio. t im Jahr), brauchte man dazu 300 Jahre. Kamsar ist die einzige Großanlage Guineas, die nach der Unabhängigkeit 1958 gebaut wurde und heute noch erfolgreich ist. Guinea ist zur Hälfte an der sonst internationalen Gesellschaft beteiligt.

PRAKTISCHE INFORMATIONEN

 UNTERKUNFT
Hotel Haffia
Im Zentrum, klimatisierte Zimmer, unsauber, 17 $, Schwimmbecken.

RBQ
Im Zentrum; Hotel der Bauxitgesellschaft, modern mit allem Konfort, 30 $, oft ausgebucht und in erster Linie RBQ-Leuten vorbehalten, Bar wird vor allem von Weißen benutzt.

 NACHTLEBEN
Le Ronier: Bar-Disco, große Terrasse
Club Dougoufissa
Sopact: Disco, afrikanisch

 VERKEHRSVERBIINDUNGEN
Zug: nach Sangaredi (160 km), täglich nach 10 Uhr, 2 $.
Taxi: Standplatz 2 km außerhalb Zentrum. Conakry ca.8 Std./10 $; Boké 2 Std./2 $; Labé 12 Std./20 $.
Schiff: 1x wöchentlich nach Conakry, Abfahrt am Hafen unregelmäßig.

 SPORT
Club Dougoufissa mit Schwimmbad, Sportplätzen, Bar (Bier sehr billig).

 SONSTIGES
Versorgungsmöglichkeiten
Versorgung sehr gut. Im amerikanischen Supermarkt muß mit $ bezahlt werden. Viele Straßenläden. Gutes Spital.

Boké

Das sehenswerte Städtchen in schöner Umgebung erreicht man von der Verzweigung in Kolaboui auf der leicht ansteigenden Straße nach gut 20 km. Der Name soll vom *Landouma-Volk* stammen, das von Mali herkommend sich hier bei Palmwein erholte. Dabei soll einem der Zecher der Krug mit den Worten *Bade Boké* (der Rest ist für Dich) überreicht worden sein, und als er ansetzen wollte, kollerten ihm nur noch ein paar Tropfen in den Mund. Alle Anwesenden mußten lachen und es wurde beschlossen, diesen Ort Boké zu nennen. Boké ist über den *Rio Nuñez* leicht erreichbar und war der **erste Brückenkopf der Franzosen in Guinea**. Französische Truppen eroberten den Ort 1866. Im ehemaligen Hafen liegen die verrosteten Wracks der ersten französischen Schiffe. Sehenswert ist das **Museum** im 1878 erbauten ehemaligen Fort der Franzosen. Vor dem Museum steht ein Denkmal für *René Caille*, der 1827 hier seine Reise nach Timbouktou begann. Es beherbergt eine Sammlung von rituellen Masken und Gegenständen v. a. aus Nieder-Guinea, darunter eine Maske, der ein besonders böser Fluch anhaftet, sind doch die ersten beiden Bildhauer während der Arbeit gestorben. Hinter dem Museum führt ein Weg zum alten, geschichtsträchtigen Hafen von Boké (15 Min. zu Fuß). Heute wird er nur noch von wenigen Fischern gebraucht.

PRAKTISCHE INFORMATIONEN

 UNTERKUNFT
Centre de Jeunesse
Gegenüber Markt, einfach, 3 $
Centre d'Acceuil
Sehr schön, oberhalb des Flusses, 5 $

 VERKEHRSVERBINDUNGEN
Flughafen
Taxis: Standplatz beim Markt: Conakry 8 Std./10 $; Gaoual 5 Std./7 $. *(Bissau siehe unter Guinea – Praktische Informationen.)*

 SONSTIGES
Versorgungsmöglichkeiten
Gute Infrastruktur, großer Markt, Tankstelle, Bank.

Mamou – Dabola – Kankan

⇨ Kürzeste, der Bahnlinie folgende Straßenverbindung nach Kankan (410 km). Die lange Zeit vernachlässigte Verbindung soll bis Ende 1994 asphaltiert sein (dürfte aber kaum gelingen). Die Piste ist recht gut befahrbar, weist aber immer wieder Abschnitte mit Schlaglöchern und Wellblech auf. Fähre über den Niger. Die Route ist landschaftlich (Übergang Fouta nach Ober-Guinea), geschichtlich (Timbo, Dinguiraye, Kankan) und kulturell (Peul und Malinké) interessant und ergibt mit der Rückfahrt über Kissidougou nach Mamou eine sehr lohnende Rundreise.

---

6 km nach Mamou Richtung Labé zweigt rechts die Straße nach Dabola – Kankan ab. Nach 55 km Fahrt durch abwechslungsreiche Hügellandschaft wird Timbo erreicht. Ab Mitte Dezember macht die Landschaft einen oft trostlosen Eindruck, da viele Felder abgebrannt sind.

Timbo
Zwischen 1725 und 1896 Hauptstadt des *Fulbestaates Fouta-Djalon*. Heute ist es ein kleines, verschlafenes Dorf. **1725** wurde hier die **Foutakonföderation** von den beiden Familienoberhäuptern *Karamako Alfa* und *Almamy Sory* gegründet, das Teritorium in neun Provinzen aufgeteilt, wobei jeder Provinz eine bestimmte Aufgabe zugeteilt wurde (Timbo: politischer Hauptort/ Fougoumba: religiöses Zentrum/ Labé: Gerichtsplatz/ Koin: Militärzentrum/ usw.). Dominiert wurde der theokratische Staat aber vorwiegend von Timbo aus (dem einzig von Labé her Konkurenz erwuchs), das Hauptstadt bis zur französischen Besetzung 1896 blieb. Von Mamou herkommend kann man kurz vor der Stadteinfahrt einen mittlerweilen eingestürzten *Ziehbrunnen* erkennen. An dieser Stelle fand die erste Zusammenkunft der neun Foulahfürsten statt. Der kleine, unscheinbare Platz genießt besondere Verehrung und sollte nicht betreten werden. Die **Moschee** von Timbo an der Stadtausfahrt ist die **älteste Guineas** und wurde 1735 erbaut. Die Mauern aus behauenem Stein stammen noch aus dieser Zeit. Timbo gilt auch heute noch als **wichtiges religiöses Zentrum der Peul.** Die Franzosen haben nach der Okkupation 1896 Timbo bewußt vernachlässigt, um den Einfluß der ehemaligen Kapitale zu brechen. Die Kleinstadt hat außer einigen Straßenläden keine Versorgungsmöglichkeiten (das kann sich aber mit dem Neuausbau der Straße bald ändern). Übernachtungsmöglichkeit in der Präfektur.

12 km nach Timbo wird der Bafing (Oberlauf des Senegal) überquert. Die Dörfer *Soffroy* und *Gourougorro* bieten einfache Verpflegungsmöglichkeiten. Letzteres Dorf liegt schön am Abhang mit pittoresker Moschee links unten. Hier wird die Landschaft wieder abwechslungsreich: Abfahrt durch die bergige Landschaft mit imposanten Felsformationen in die weite Ebene Ober-Guineas. Etwa 6 km vor Dabola liegt etwas links der Hauptstraße der **Tinkisso-Wasserfall,** der allerdings wegen des darüberliegenden Stausees

die größte Zeit des Jahres ausgetrocknet ist. Das von den Chinesen erbaute Kraftwerk versorgt Dabola, Faranah und Dinguiraye mit für guinesische Verhältnisse geradezu verschwenderisch viel Strom (fast 10 Monate durchgehend).

Dabola

(153 km nach Mamou) liegt am Rande des *Oursa-Massivs*. Es ist um das Jahr 1910 mit dem Bau der Eisenbahnverbindung nach Kankan gegründet worden und war zur Kolonialzeit ein wichtiger Bahnhof. Die Stadt hat sich seither wenig verändert, man fühlt sich um Jahre zurückversetzt. Der Bahnhof strahlt eine besondere Atmosphäre aus. **Lohnenswert** ist der **Besuch von Alt-Dabola** *(Dabolakoro)* mit vielen Rundhäusern unter großartigen Baobabs (beim Rondpoint vor der Stadt geradeaus weiter, vorbei am ehemaligen Hotel Tinkisso Richtung Spital, etwa 3 km vom Zentrum).
Versorgungsmöglichkeiten:
Guter Markt, Tankstelle
Übernachten:
Chez la Libanese
Nähe Taxistand Richtung Mamou; einfache Zimmer, 5 $, schöner Innenhof (man beachte die Reben).
Essen:
Maquis beim Taxistand (z. B. *le Sodia*)
Nachtleben:
Sow und *Keur Samba*, viele kleine Bars
Verkehrsverbindungen:
Taxi: Mamou 8 $; Kankan 12 $; Dinguiraye 5 $.

Abstecher nach Dinguiraye

Piste, meistens gut unterhalten.
Um dahin zu kommen fährt man zuerst auf der Hauptstraße Richtung Kankan weiter. 24 km nach Dabola erreicht man *Bissikrima*. Vor der Dorfeinfahrt zweigt die 76 km lange Piste nach Dinguiraye ab. Zunächst abwechslungsreiche Fahrt durch die weite Graslandschaft zwischen dem Oursan- und dem Balanyangebirge. Später wird die Gegend etwas eintönig. Einige sehr schöne Dörfer säumen den Weg. Dinguiraye wurde 1850 vom bis heute im Fouta als Nationalhelden verehrten *Al Haj Omar Tall* gegründet. Tall lebte sechs Jahre hier, machte aus Dinguiraye ein wichtiges religiöses Zentrum und wurde später durch seinen Widerstandskampf gegen die französischen Kolonialtruppen berühmt. Dinguiraye ist, obgleich abgelegen, ein erstaunlich lebhaftes Städtchen mit größerem Markt, einer Disco und zwei Bars (Straße Richtung Hügel). Ein Hotel gibt es nicht, aber die herzliche Bevölkerung wird eine Übernachtungsmöglichkeit ausmachen. Berühmt und die Reise wert ist die **Moschee von Dinguiraye**. Sie wurde von Omar Tall um 1850 erbaut und hat ihr Aussehen seither nicht verändert. Ein riesiger Rundbau wird von einem gewaltigen Grasdach überdeckt. Das Dach wird alle sieben Jahre neu gedeckt, die ganze Bevölkerung bereitet schon Wochen zuvor die unzähligen Grasbüschel vor. Durch einen kaum meterhohen Eingang kommt man ins Innere, wo das Innengebäude unter dem großartigen Dachstuhl geschützt liegt. Die Moschee darf nur mit Begleitung eines Gläubigen betreten werden. Es bleibt zu hoffen, daß dieser einzigartige Bau erhalten bleibt, denn in den letzten Jahren wurden beinahe alle Moscheen in diesem ursprünglichen Stil abgerissen und durch Neubauten ersetzt. Wegen der starken Ab-

Moschee von Dinguiraye

wanderung der Jugend finden sich immer weniger Leute, die beim Erneuern des Daches mithelfen, zudem wird wegen der Überweidung der Felder das Auftreiben der riesigen Grasmenge zusehends schwieriger. Neben der alten Moschee steht die unfertige neue. Ihr Bau wurde unter Sékou Touré begonnen und beim Regimewechsel 1984 eingestellt (wäre sie fertiggestellt worden, würde wohl die alte Moschee heute nicht mehr stehen).

Zurück auf der Hauptstraße wird nach *Bissikrima* (kleiner Ort mit Markt, schöner Moschee und Übernachtungsmöglichkeit bei der Bar *Chez Cissé*) der Lanschaftswechsel offensichtlich: Weite Ebenen, je nach Saison hohes Gras oder abgebrannte kahle Böden, pilzförmige Termitenbauten, lockerer Baumbestand, Baobabs und Reisfelder lösen das abwechslungsreiche Hochland des Fouta ab. Knapp 20 km nach Bissikrima wird der **Tinkisso** überquert und damit die **Gebietsgrenze zwischen Fouta und Ober-Guinea** und die **Sprachgrenze zwischen dem Fulfulde und dem Malinké.** Das erste große Malinkédorf *Kouroukoto* ist schön gelegen unterhalb eines kleinen Hügels. Ansonsten ist die Fahrt durch die Ebenen Ober-Guineas eher monoton.

Kouroussa

(314 km von Mamou) liegt am Niger und ist wie Dabola ebenfalls im Zusammenhang mit dem Bau der Nigerbahn entstanden. Die vielen Mangobäume geben der ansonsten staubigen und verlorenen Stadt etwas Atmosphäre. Sehenswert ist der **alte Bahnhof** sowie die imposante, 1912 erbaute, **Ei-**

senbahnbrücke über den Niger (bei der Kirche geradeaus weiter). Vom *Centre d'Acceuil* hat man bei klarem Wetter einen schönen Blick über den Niger. *Camara Laye*, Guineas berühmtester Schriftsteller, kommt aus Kouroussa. Sein berühmtes Werk *l'Enfant Noir* (die deutsche Ausgabe trägt den Titel *Einer aus Kouroussa*) erzählt biografisch sein Aufwachsen bis zum zwanzigsten Altersjahr und zählt zu den Klassikern der afrikanischen Literatur.

Die **Versorgungslage ist gut**, Markt, Treibstoff manchmal, Essen im *Maqui Le Mangier* an der Hauptstraße, Bar mit Bier gleich nebenan im Innenhof, an Samstagen wird im *Zenith* und im *Pelikan* getanzt. Eine Unterkunft findet man im *Centre d'Acceuil*.

Die Fahrt ins 90 km entfernte Kankan ist wenig interessant. Die Fähre über den Niger ist relativ zuverlässig (3 bis 5 $ je nach Wagentyp).

Kankan

Kankan ist das **Zentrum von Ober-Guinea und der Malinké in Guinea.** Bis zur Unabhängigkeit war das am Milo-Fluß gelegene Kankan ein blühendes Zentrum und weit über Guinea hinaus bekannt.

Nach mündlichen Überlieferungen soll die Region um Kankan schon im 12. Jh. umkämpft gewesen sein. So hat damals das Volk der *Bamanans* die zwergenhaften, an die Scholle gebundenen Ureinwohner verdrängt und die *Wuduma* genannte Gegend besiedelt. Im 15. Jh. kamen dann nicht islamisierte Malinkéstämme (darunter die heute weitverbreiteten Geschlechter *Condé* und *Keita*) nach Kankan und Ende des 16. Jh.s folgte dann der Malinké-Stamm der *Mory*. Als *Soninké* ursprünglich in Senegal beheimatet, bringen sie den Islam mit und setzen ihn durch. In diese Zeit, genauer, auf **Anfang des 17. Jh.s,** fällt auch die **eigentliche Gründung Kankans** und des Kleinreiches *Baté* (=zwischen zwei Flüssen) durch *Daonda Kaba*. Kankan wird Hauptort und bald ein wichtiger Verkehrsknotenpunkt und Umschlagplatz (Kankan stammt von *Kankandala* was heißt: Da wo die Pforten sind). Die Stadt prosperiert und ist **Mitte des 19. Jh.s,** unterdessen sind auch Fulbestämme zugewandert, die **wichtigste Stadt zwischen Bamako und dem Meer** sowie ein **religiöses Zentrum** geworden. 1879 nimmt *Samory Touré*, der später durch seinen einzigartigen Widerstand gegen die Franzosen berühmt wird, nach neunmonatiger Belagerung Kankan ein und integriert es in sein *Ouassoulou-Reich*, das damals fast halb so groß wie das ehemalige *Malireich* ist. 1891 wird Kankan als erster Ort im 7-jährigen Krieg der Franzosen gegen Samory erobert. 1914 erreicht die Eisenbahnlinie von Conakry die auch bei den Franzosen angesehene Stadt (in der Kolonialzeit lebten hier stets über 300 Franzosen). Die herrlichen Alleen sowie die vielen Bauten aus der Kolonialzeit lassen heute noch die vergangene Pracht nachfühlen. **Heute** macht die Stadt einen **etwas heruntergekommenen Eindruck** – Sékou Touré selbst hat Kankan nie besonders gemocht und das nachfolgende Militärregime hat wenig zum Wiederaufleben der Stadt unternommen. So hat Kankan nur während der drei regenhäufigsten Monate Strom, und die Wasserversorgung ist unzureichend. Aber Kankan hat nach wie vor viel Charme und ist die einzige Stadt Guineas, die städtisch wirkt. Hier befindet sich auch die **einzige Universität außerhalb Conakrys** und so gibt es hier mehr junge Leute als anderswo. Am schönsten ist Kankan abends zwischen 16 Uhr und Sonnenuntergang, wenn das orange Licht schräg in die Straßen fällt und sich mit dem staubigen Dunst vermischt. Der Staub hier kann recht unangenehm sein, Neuankömmlinge, vor allem aus südlichen, feuchten Gebieten, müssen mit Halsweh und verstopfter Nase rechnen. Im Gegensatz zu Conakry gibt es in Kankan wenig Autos. **Hauptverkehrsmittel** sind **Mofas und Fahrräder** (es gibt sogar eine Fahrradfabrik). Wer mit dem Auto kommt, parkt es am besten und besorgt sich ein Fahrrad um die Stadt und Umgebung zu erkunden. Die Fahrradhandlungen leihen gegen Kaution und Miete (3 bis 6 $, diskutieren) oft gar ein neues Fahrrad aus.

Straßenkinder in Kankan

Sehenswertes

Der **Bahnhof**, Endstation der Linie Conakry-Kankan und das gegenüberliegende **Buffet de la Gare,** einst weiterum bekanntes Hotel-Restaurant, sind Zeugen von vergangenem Glanz. Kankan war einst wichtiger Knotenpunkt der Verkehrswege von Conakry nach Bamako und von Monrovia nach Bamako. Die Waren wurden hier über den Milo-Niger nach Bamako geschifft und es bestanden Pläne, die Bahn bis in die Hauptstadt Malis weiterzuführen, sowie Kankan mit Nzérékoré und Liberia zu verbinden.

Der *Marché Central* (Non-food-Artikel) und der *Petit-Marché* (Eßwaren) gehören zu den schönsten Märkten des Landes. Sie wurden 1952 vom bekannten französischen Architekten *Piatti* erbaut, ebenso die *Hauptmoschee* der Stadt. Moscheen gibt es über 50 auf Stadtgebiet. Der einst wichtige Hafen ist heute zum Autowaschplatz degradiert, der Schiffsverkehr nach Bamako ist eingestellt.

Historisch interessant ist der stadtwärts gelegene Brückenkopf der um 1948 gebauten Brücke über den Milo. Hier wo heute riesige Baobabs und Fromagiers stehen hat anfangs des 17. Jh. *Daonda Kaba* sich niedergelassen und Kankan als Hauptstadt des *Baté-Reiches* gegründet. Lohnenswert ist der Besuch des **Camps von Samory,** von wo aus die Stadt 1879 neun Monate lang belagert wurde. Es liegt auf den Klippen bei Kankankoura, die von der Milobrücke her zu sehen sind (oberhalb der Fruchtsaftfabrik). Die Fundamente der Rundhäuser von Samory sind noch deutlich zu sehen. Von hier oben hat man einen schönen Blick auf die Stadt. Ein geradezu absurdes Beispiel staatlicher Fehlplanung stellt der internationale Flughafen Kankans dar: Er wurde nämlich seit seinem Bau in den 70er Jahren noch nie benutzt. Die 3,2 km lange Piste erwies sich nach ihrer Fertigstellung als zu unstabil für Landungen, und der neue Flughafen wurde andernorts nochmals gebaut. Die Hangars verfallen langsam und die Piste wird ab und zu mal von französischen Entwicklungshelfern für Autorennen gebraucht.

PRAKTISCHE INFORMATIONEN

 UNTERKUNFT

Hotel Baté
In der Nähe des *Petit Marché*; 21 saubere, konfortable Zimmer (WC/Douche/klimat.), 15 bis 20 $, Telefon, mit schöner Terrasse und Hof, momentan das beste Hotel außerhalb Conakrys überhaupt, gutes Restaurant mit überraschender Auswahl (7 bis 10 $) und Café-Bar, Autovermietung für 5 $/h. Reservieren unumgänglich, da Hotel gut besucht (Tel. 71 26 86/Fax 71 23 68).

Le Refuge (Chez Mme Marie)
Einfahrt von Kissidougou, nähe *Camp Militaire*, etwa 2 km vom Ortszentrum entfernt; 7 Zimmer mit WC/Douche, fl.Wasser am Morgen, sauber, Strom unregelmäßig, 7 $, Restaurant 2 bis 3 $, schöner Innenhof, die Besitzerin ist eine Vietnamesin, die, wie viele ihrer Landsfrauen hier, einen Guinesen geheiratet hat, der in der ehemaligen französischen Kolonialarmee in Vietnam diente.

A la bonne Auberge
Nähe Hotel le Refuge; 1 Zi. 7 $, einfach und sauber, Ausbau vorgesehen, sehr schönes Restaurant mit Pergola und guter Küche (6 $). Der Besitzer M. Raoul Bessac ist seit 45 Jahren in Guinea und damit wohl der Franzose, der am längsten in diesem Land lebt. Gerne erzählt er aus seinem Leben, und ihm an einem heißen Nachmittag unter der Pergola bei ein paar Bier zuzuhören, ist ein unvergeßliches Erlebnis.

Buffet de la Gare
Momentan in Renovation. Das prachtvolle Haus war einst weit über die Landesgrenzen hinaus bekannt und Treffpunkt der reisenden Kolonialbeamten, die Küche soll die beste Guineas gewesen sein. Der neue Besitzer will das Haus wieder aufleben lassen, man lasse sich überraschen. Die Zimmer im 1. Stock sind übrigens die schönsten.

Mission catholique
Neben BICIGUI-Bank; 4 einfache Zi, kein fester Preis, unverheiratete Pärchen sollten nicht im gleichen Zimmer schlafen, schöner Park, ideale Lage Nähe Zentrum. Interessant der alte christliche Friedhof hinter der Mission.

 ESSEN UND TRINKEN

Restaurants
siehe bei den Hotels.

Maquis
Chez Maman Souman (beim *Marché Central*), *Calao* (nähe *Petit Marché*), *la Source* (am Milo), *Café Contact* (gegenüber Post) und das vielbesuchte Maqui ohne Namen beim alten Hafen.

 NACHTLEBEN
Tabou (im Zentrum) und *Rubis* (beim Flughafen).

 VERKEHRSVERBINDUNGEN
Flugzeug
Kankan wird von allen drei guinesischen Fluggesellschaften angeflogen.

Mamou – Dabola – Kankan: Kankan 493

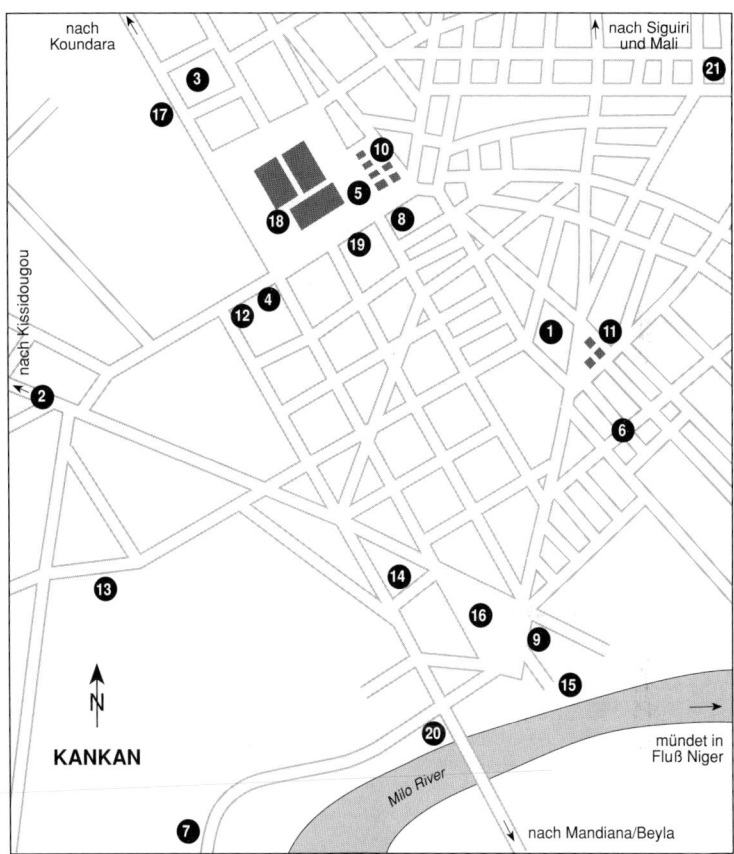

LEGENDE

Schlafen/Essen/Bars
1 Hotel Baté
2 Richtung Chez Mme Marie und À la Bonne Auberge
3 Hotel Buffet de la Gare
4 Mission Catholique
5 Macky Chez Maman Souman
6 Macky Calao
7 Richtung Macky La Source
8 Cafè Contact
9 Macky beim Hafen

Verschiedenes
10 Grand Marché
11 Petit Marché
12 BICIGUI Bank
13 Médicins sans Frontières
14 Krokodil-Brunnen
15 Ehemaliger Hafen
16 Gare Voiture
17 Bahnhof
18 Universität
19 Post
20 Ursprung Kankans
21 Richtung Hauptmoschee

Die Büros befinden sich in der Nähe des *Grand Marché*. Billigster Tarif nach Conakry mit GIA für 51 $.

Taxi/Busse
Nach Conakry tägliche Bus- und Taxiverbindungen (14 Std./18 bis 22 $); Dabola 12 $; Siguiri 3 Std./8 $ (2 Fähren); Kérouané – Beyla – Abjdian: Bus 1x wöchentlich, Abfahrt meist Wochenmitte, 3 d/30 $; Bamako: Minibus 2x wöchentlich Do und So, 1 d/14 $

Straßenverbindungen von Kankan
Kankan – Siguiri – Bamako
Piste, viele Schlaglöcher, zwei Fähren bis Siguiri.
Für die Weiterfahrt nach Siguiri und Bamako (Mali) folgt die Piste zuerst dem Milo und später dem Niger. Abgesehen von einzelnen Flußdörfern gibt es wenig Interessantes zu sehen. Die beiden Fähren über den Niger und Tinkisso sind für Ausfälle bekannt. **Siguiri** bietet gute Versorgungsmöglichkeiten. Unterkunft findet man im einfachen Hotel Niani. Die Goldvorkommen in der Umgebung werden schon seit Jahrhunderten ausgebeutet. Für die Weiterfahrt nach Bamako wähle man die Piste dem Niger entlang, da sie interessanter und oft in besserem Zustand als die Hauptroute über *Doko* ist.

SONSTIGES
Versorgungsmöglichkeiten
Man findet in Kankan alles, aber die Preise sind höher als gewohnt, da die Transportkosten ins Gewicht fallen. Alkoholische Getränke sind schwieriger aufzutreiben als anderswo. Posterestante-Sendungen sollen tatsächlich schon vorgefunden worden sein. Es gibt nur lokale Ärzte, die anwesenden *Médecins sans frontières* sollten nur im Notfall konsultiert werden. BICIGUI-Bank.

Auf dem Markt in Kankan

Kankan – Kissidougou – Guekedou – Macenta – Nzérékoré

Kankan – Kissidougou
▷ Bis Tokounou gute Asphaltstraße, jedoch einige böse Löcher. Nach Tokounou Piste, die häufig stark ausgefahren ist.

Der Streckenabschnitt zwischen Kankan und Kissidougou bietet wenig Abwechslung. Ein Aufenthalt lohnt sich aber in Tokounou.

Tokounou
Etwa 120 km nach Kankan am Rande eines Hügels gelegen. Im Straßendorf machen die meisten Taxis und Lkws Zwischenhalt und es gibt verschiedene Eßbuden. Unbedingt probieren sollte man *Engouti*, ein hier verbreitet vorkommendes, biberähnliches Nagetier, das sich vor allem in den Reiskulturen ernährt und deshalb erbarmungslos gejagt wird. Im kleinen Hotel bei der Dorfeinfahrt kann billig übernachtet werden (3 $). Der Wochenmarkt freitags ist besonders bunt.

In der Umgebung gibt es zwei Bademöglichkeiten. Folgt man der Piste, welche im Dorf rechts abzweigt, erreicht man nach etwa 7 km den *Niandan* (baden gefährlich bei Hochwasser). Ein kleiner Fluß mit Badebecken kann in etwa einer halben Stunde Fußmarsch erreicht werden. Dazu muß in der Dorfmitte links dem Weg gefolgt werden, der direkt dem Hügel entlang führt. Der Hügel kann auf verschiedenen Pfaden bestiegen werden und belohnt mit herrlicher Aussicht über Tokounou und die weite Ebene.

Kissidougou

Die Region wurde im 13. Jh. von Malinké-Familien besiedelt, welche im Zusammenhang mit dem Niedergang des *Ghanareiches* langsam Richtung Süden vordrangen. Sie haben in der Gegend verschiedene Siedlungen gegründet. Im 19. Jh. hat *Kissi Kaba Keita* die Dörfer zu einem Kleinstaat zusammengefaßt und sich tapfer aber erfolglos gegen die Besetzung der Franzosen gewehrt. Er wird heute als Stadtgründer verehrt. Kissidougou ist Verkehrsknotenpunkt und Tor zu Waldguinea. Das kleine *Museum* (gegenüber der Polizei) zeigt einige schöne Masken und Gebrauchsgegenstände. Leider ist der Ausstellungsraum zu klein und über 1500 Objekte lagern verborgen im angrenzenden Raum. Der Museumsdirektor führt kompetent durch die Ausstellung.

PRAKTISCHE INFORMATIONEN

 UNTERKUNFT/ESSEN
Le Palmier, Auberge Guinée Forestière: 1,5 km Richtung Guékédou links; Neueröffnung 1994 vorgesehen, schöne, konfortable Zi (15 bis 40 $); sehr schön gelegen, von einem Franzosen geführt. Das Restaurant weist eine gute französische und internationale Küche auf (Mahlzeit 5 bis 10 $).
Hotel-Restaurant Kissi
Zimmer und Appartement, kein Konfort, unsauber (3 bis 20 $), Restaurant mit einfachen Gerichten für 2 bis 4 $.

496 Länder, Routen, Sehenswürdigkeiten – Guinea

Marktszene in Kissidougou

 NACHTLEBEN

Discos *Africana, Diamond* und *Casano*

 VERKEHRSVERBINDUNGEN

Taxis nach Conakry, Kankan und Nzérékoré.
Es gibt einen **Flughafen**.

SONSTIGES

Versorgungsmöglichkeiten
Alles vorhanden, Markt, Bank (BICIGUI)
Achtung: Die Grenze zu Liberia ist wegen der aktuellen Krise geschlossen und die Übergänge nach Sierra Leone führen oft in Gebiete, wo zur Zeit unüberschaubare Zustände herrschen. Die grenznahen Routen Waldguineas nicht in Richtung Grenze verlassen, da man sonst unliebsame Erfahrungen mit Militärs machen kann. In Waldguinea leben gegenwärtig über 500 000 Flüchtlinge aus Liberia und 150 000 aus Sierra Leone, was die Region aufwühlt.

Kissidougou – Nzérékoré

⇨ Bis Sérédou sehr gute Asphaltstraße, nachher Piste, die in der Regenzeit recht mühsam sein kann.

Nach Kissidougou wird die Landschaft hügelig und abwechslungsreich. Leider ist vom ursprünglichen Regenwald, und das gilt für ganz Wald-Guinea, inzwischen enttäuschend wenig zu sehen. Der Großteil ist abgeholzt, und die Vegetation besteht heute weitgehend aus Buschwerk und Ölpalmen. Die übrig gebliebenen Waldinseln und Urwaldriesen sind gefährdet. Nach wie vor bestimmt die betreffende Dorfgemeinschaft, was in den Waldgebieten auf ihren Territorien passiert und gibt gegen Bargeld ihre Bestände zur Abholzung frei. Am schlimmsten treiben es die Wildholzer, welche sich der staatlichen Kontrolle entziehen oder die betreffenden Organe mit Bestechungsgelder zum Schweigen bringen: Kleingruppen, ausgerüstet mit einer Motorsäge, durchkämmen systematisch den Wald, kaufen für ein Trinkgeld die besten Bäume (ein 45-jähriger Urwaldriese mit eineinhalb Metern Durchmesser und 15 m verwertbarem Stammholz kostet um 5 $) und zersägen diese an Ort und Stelle zu Brettern (der genannte Baum hat gegen 100 Bretter geliefert, je Brett wird später in Conakry über 10 $ bezahlt, also der doppelte Preis des ursprünglichen Baumes).

40 km nach Kissidougou liegt am Fuße eines Hügels das Dorf *Yende Milimou* mit einigen Straßenläden. Die Besteigung des Hügels ist leicht zu bewältigen und bietet eine herrliche Aussicht (etwa 1 Std.).

Wald-Guinea

Aufgrund seiner abgeschlossenen Lage gehört Wald-Guinea zu den unbekannteren Gegenden weltweit. Die hügelige Region ist noch kaum erschlossen und über die acht hier lebenden Ethnien gibt es wenig Informationen. Die Menschen leben oft noch sehr zurückgezogen in kleinen Dörfern und sind der Tradition verhaftet. Wahrscheinlich sind die ansässigen Ethnien im Zusammenhang mit der Ausbreitung des Mali-Reiches in die unwegsamen aber Schutz bietenden Waldgebiete abgedrängt worden. Die größeren Ort sind allesamt Gründungen der Kolonialzeit. Durch die koloniale Grenzziehung wurden die Völker künstlich getrennt – der grenzübergreifende Schwarzmarkt profitiert heute von dieser Tatsache. Der Islam ist kaum in die entlegenen Gegenden Wald-Guineas vorgedrungen, dafür haben die den Kolonialheeren nachfolgenden christlichen Missionare für eine gewisse Verbreitung des Christentums gesorgt, das oft eine eigenartige Symbiose mit den noch stark verbreiteten Naturreligionen eingegangen ist. Die im Zusammenhang mit der Holznutzung geplante Erschließung der Region wird diese zwar der modernen Zivilisation öffnen aber leider auch die kulturellen Besonderheiten einebnen.

Die drei größten Ethnien Waldguines sind die Kissi, die Toma und die Guerzé (oder Kpelle). Alle drei sprechen verschiedene Sprachen. Ursprünglich gehörten sie wohl zu den Mande-Völkern, haben sich aber zum Teil so weit von ihnen entfernt oder mit ansässigen Ureinwohnern vermischt, daß die Wurzeln kaum mehr erkennbar sind.

Die Kissi leben in der Übergangszone zwischen den Ebenen Oberguineas und der allmählich beginnenden Hügellandschaft Waldguineas. Sie wohnen oft in kleinen Dörfern, welche kaum mehr als 200 Einwohner haben. Sie bauen in feuchten Flußvertiefungen vor allem Reis an und kennen über acht einheimische Sorten. Eine besonders wichtige Rolle spielt die Ahnenverehrung. Die Toten sind überall präsent und bestimmen den Alltag der Menschen. Kleine Steatfiguren, welche von Unbekannten wahrscheinlich schon vor langer Zeit irgendwo hingestellt wurden, gelten als physische Stellvertreter der Ahnen und es wird als besonderes Glück empfunden, irgendwo draußen auf eine solche Figur, pomdo genannt, zu stoßen. Der Hexenglau-

ben ist bei den Kissi noch stark verbreitet und der Hexenmeister hat innerhalb der Dorfgemeinschaft eine zentrale Funktion.

Die Toma besiedeln die Region um Macenta. Sie siedeln in eher größeren Dörfern auf Bergkuppen. Die Mehrheit der Tomas leben in Liberia. Sie sind vorwiegend Bauern und Jäger. Wichtigste Kulturpflanze ist der Bergreis, zugleich auch Hauptnahrungsmittel. Daneben wird Kaffee angebaut. Die Toma sind in Clans unterteilt, von denen jeder sein Totemtier hat, das nie gejagt wird. Innerhalb des Clans darf nicht geheiratet werden. Die Initiationsrituale finden nur alle 5 bis 7 Jahre statt. Die Dörfer kennen jeweils zwei Heilige Wälder. Im einen, eher in Dorfnähe gelegen, werden lokale Rituale abgehalten während im anderen, etwas entfernteren, die Initiation stattfindet. Die Toma verfügen als einziger afrikanischer Stamm weit und breit über ein eigenes, noch heute nicht vergessenes, Schriftsystem.

Die Guerzé siedeln im Großraum Nzérékoré und haben wegen der Abgeschiedenheit viele Kulte und Bräuche bis heute unverändert erhalten. Die Dörfer der Guerzé, aber auch der anderen Stämme Wald-Guineas, haben kaum Verbindung untereinander und gelten als autonome Bezirke. Wegen dem Fehlen übergeordneter Strukturen hatten schon die einstigen Kolonialheere große Mühe, die Bevölkerung Wald-Guineas zu unterwerfen, und auch heute können staatliche Maßnahmen nur sehr zögernd durchgesetzt werden.

Guekedou

Etwa 80 km nach Kissidougou, Hauptort der Kissi, einer der drei großen Ethnien Waldguineas. Der Mittwochmarkt soll der vielfältigste Guineas überhaupt sein (Liberia und Sierra Leone liegen wenige Kilometer entfernt), allerdings ist momentan das Angebot wegen der aktuellen Krisen in Liberia und in Sierra Leone eingeschränkt.

PRAKTISCHE INFORMATIONEN

 UNTERKUNFT
Hotel Hibiscus
Ausfahrt Richtung Macenta, 100 m nach Moschée links und 100 m der Piste folgen; 4 Zi, Strom, sauber und sympathisch, 7 $, gutes Restaurant mit Terrasse, Mahlzeit für 3 bis 7 $.
Hotel Stadium
Beim Fußballstadium, zentral gelegen; 8 Zi, einfach, ziemlich sauber, 4 $.

 NACHTLEBEN
Terminus und *Lido*.

 VERKEHRSVERBINDUNGEN
Taxis und Busse Richtung *Kissidougou* und *Nzérékoré*, Grenzverkehr mit Liberia geschlossen.

 SONSTIGES
Versorgungsmöglichkeit
gut, aber keine Bank, Geldwechsel nur auf dem Schwarzmarkt.

Auf der Weiterfahrt nach Macenta schöne Blicke über die weite, hügelige Waldlandschaft. 25 km nach Guékédou links ein imposanter, zuckerhutförmiger Berg, der Kultstätte ist und als heilig gilt.

Macenta

87 km nach Guékédou, liegt in Hügel eingebettet und ist ein angenehmer Aufenthaltsort. Die Stadt ist Zentrum der Toma und war früher wichtigster Ort Waldguineas. Der Hauptmarkt findet Donnerstags statt.

PRAKTISCHE INFORMATIONEN

 UNTERKUNFT
Le Sapin
Ausfahrt Richtung Nzérékoré, Schild rechts; 6 Zi mit WC/Douche, sauber, 5 $, ehemalige Staatsvilla, schön auf einem pinienbestandenen Hügel gelegen, Restaurant.
Hotel Magnétie
Im Zentrum; 15 Zi, einfach, 5 $, Dancing, Restaurant.
Palm-Hotel
Im Zentrum; 24 Zi, einfach, Restaurant.

 ESSEN UND TRINKEN
Restaurant Faubourg
Vor Stadteinfahrt rechts, großes Schild; bestes Restaurant der Stadt, von Peruaner geführt.

 NACHTLEBEN
Le Remus

 VERKEHRSVERBINDUNGEN
Taxis und Busse nach *Kissidougou* u. *Nzérékoré*, Flughafen außer Betrieb.

Die Weiterfahrt nach Nzérékoré bleibt vorerst abwechslungsreich. Nach etwa 30 km beginnt der *Ziama-Wald*, der das gleichnamige Massiv bedeckt und einer der größten und artenreichsten Regenwälder Westafrikas darstellt. Das

Lianenbrücke über den Diani

1100 qkm große Waldgebiet ist seit 1932 geschützt.

Sérédou

37 km nach Macenta, liegt schön mitten im Waldgebiet, umrahmt von Hügeln und ist ein idealer Ausgangspunkt für Exkursionen in den Ziama-Wald. Das Dorf hat ein kleines Hotel (vor Dorfeinfahrt rechts, kleines Schild *Centre d'Acceuil*, Besitzer oft abwesend, evt. bei der *Sousprefectur* nachfragen), eine gute Bar (*Forêt de Ziama*, Dorfausfahrt, Sa Tanz), eine Apotheke, viele Straßenläden und manchmal sogar Treibstoff. Zur Kolonialzeit war Sérédou ein begehrter Ferienort, die in der Umgebung verstreuten Villen aus der Kolonialzeit zeugen davon. Eine Piste führt rechts in die Hügel ins 15 km entfernte *Kinadou*, ebenfalls ehemaliger Urlaubsort der Kolonialisten. In Kürze sollen wieder ein paar Rundhäuser für Reisende bereitstehen. In Kinadou wurde einst Chinin hergestellt und kürzlich wurde die Chinarinde, aus der das Chinin gewonnen wird, wieder angepflanzt. Der höchste Berg (Antenne) kann über eine schlechte Piste bestiegen werden, aber zuvor Erlaubnis bei der Sousprefectur einholen.

Nach Sérédou geht die gute Asphaltstraße leider in eine Piste über, was das Reisen vor allem in der Regenzeit bedeutend erschwert. Die Landschaft wird eher monotoner, weite Gebiete sind abgeholzt, und oft ragen nur noch verdorrte Baumstümpfe in den Himmel.
Bei *Yirié*, etwa 57 km nach Macenta, lohnt sich ein Abstecher zur **Lianenbrücke** beim Dorf *Koyma*. Gute Piste links, etwa 7 km bis Koyma, von da geradeaus weiter auf gutem Fußweg

zum Fluß (5 Min.), dann etwas nach links. Die etwa 60 m lange Hängebrücke ist aus Lianen geknüpft und nur Initierte kennen das Geheimnis der Konstruktion und beteiligen sich an Wiederinstandstellungsarbeiten. Das Überqueren der in den Bäumen hängenden Brücke ist ein besonderes Erlebnis. In der Regenzeit 1993 wurde die ganze Hängebrücke erneuert, dennoch ziehen es viele Bewohner vor, mit einem einfachen Floß über den Fluß zu setzen. Am Freitag, wenn im Dorf Markt ist, fällt ein Besucher kaum auf, an den anderen Tagen wird empfohlen, zuerst mit dem Dorfchef in Kontakt zu treten. Es gibt in der Waldregion noch einige dieser faszinierenden Brücken (siehe Diani-Brücke unten), jedoch liegen sie selten in Straßennähe.

Nach etwa 95 km folgt die Straße eine Zeitlang dem Fluß *Diani* (Bademöglichkeit bei den Stromschnellen), der etwas später auf einer handbetriebenen Fähre etwas waghalsig überquert wird. Die Fähre ist in desolatem Zustand und schon mehr als einmal gekippt (die Route wird von 30 t-LKW befahren, obwohl nur 5 t zugelassen sind). Ist die Fähre außer Betrieb wird die Überfahrt auf Floßen aus Benzinfässern abenteuerlich. Ein Brückenbau ist vorgesehen. Vor der Überquerung des Diani kann man noch eine andere Lianenbrücke besichtigen. Man folgt dazu etwa 3 km der Piste die beim Anlegeplatz der Fähre rechts abzweigt bis ins Dorf Silissou. Die **Dianibrücke** wird von den Anwohnern bereits etwas vermarktet, tauchen doch jede Woche ein bis zwei Besucher auf, und ohne Entgelt kann sie nicht besichtigt werden. Die Hängebrücke ist ca. 70 m lang und muß alle 5 Jahre völlig neu gebaut werden (letzte Erneuerung 1992).

Nzérékoré

903 km von Conakry, 138 km von Macenta. Das Zentrum Waldguineas und die größte Stadt der Region liegt näher bei Abjdian oder Monrovia als bei Conakry und dies nicht nur geografisch. Vor der Liberiakrise war Nzérékoré wichtiger Umschlagplatz der Waren, welche über Monrovia ins Innere Afrikas gelangten, fast der gesamte Warenaustausch zwischen Guinea und der Elfenbeinküste passiert den Verkehrsknotenpunkt. Leider sind die Straßenverbindungen zwischen Nzérékoré und Conakry bzw. Kankan nach wie vor ungenügend und in der Regenzeit oft kaum befahrbar, was den ausgeprägten Schwarzmarkt mit der Elfenbeinküste begünstigt. Für den Reisenden ist die Stadt wegen ihrer guten Versorgungslage und als Ausgangspunkt für Exkursionen in die Umgebung interessant. Nzérékoré ist Zentrum der dritten großen Ethnie der Waldregion, der Guerzé (oder auch Kpelle). Die Geschichte der Stadt ist bis zur Kolonialisierung schwer zu rekonstruieren, die Besiedlung geht aber auch auf den Untergang des Malireiches und der damit verbundenen Fluchtbewegung Richtung Süden zurück. Die Franzosen haben Nzérékoré zum Verwaltungszentrum gemacht und damit die heutige Stadt eigentlich begründet.

Das **Museum** von Nzérékoré ist das zweitgrößte des Landes. Es wurde kürzlich neu gestaltet und bietet eine schöne Sammlung von Masken, Kult- und Gebrauchsobjekten. Der Museumsdirektor führt sehr engagiert und kompetent durch die Ausstellung. Der Besuch des Museums gibt eine gute Einführung in die Sitten und Bräuche der

502 Länder, Routen, Sehenswürdigkeiten – Guinea

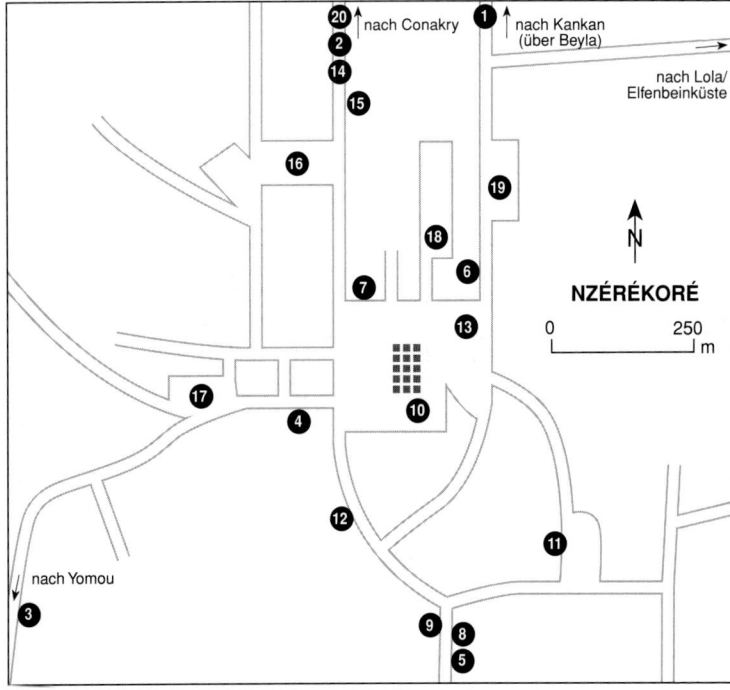

LEGENDE

Schlafen/Essen/Bars
1 Richtung Mission Catholique
2 Richtung Centre d´Acceuil
3 Hotel Bar Hanoi
4 Hotel Bakoli
5 Richtung Hotel Corniche Peking
6 Restaurant Chez M. Sow
7 Macky Escale de Guinée
8 Macky Escale de Centre

Verschiedenes
9 Post
10 Markt
11 Präfektur
12 Spital
13 BICIGUI Bank
14 Museum
15 Geschäft des Village Artisanale
16 Gare Voiture der Stadttaxis
17 Gare Voiture Yomou
18 Gare Voiture Liberia
19 Gare Voiture Beyla/Kankan/Lola
20 Gare Voiture Conakry

Waldregion, wo bis zur Gegenwart noch Fetische Diebe mit pinselartigen Stökken entlarven, Meisterdiebe mit Hilfe von Türschlössern ihre Opfer hypnotisieren, oder sogar Menschen im *Heiligen Wald (Forêt Sacrée)* während der Initiationsritualen geopfert werden.

Im **Village Artisanale** (Stadteinfahrt von Conakry, links, gegenüber Gouvernat), das sich in einem kühlen Wald befindet, kann man verschiedenen Kunsthandwerkern (Maler, Bildhauer,

Korbflechter, Spinner, Schneider, Weber, etc.) bei der Arbeit zuschauen. Die Produkte werden in der Boutique, an der selben Straße, 50 m nach dem Museum, verkauft. Hier befindet sich auch eine Stofffärberei. Gekaufte Objekte sollten im Museum zur Beglaubigung vorgelegt werden um Zollschwierigkeiten zu vermeiden.

Mme Cathérine Papillon und ihre Schwester haben sich aufs Konservieren von Tieren, vor allem Schmetterlingen, spezialisiert. Sie sind bei einem belgischen Forscher aufgewachsen, der hier gearbeitet hat. Der Besuch ihres etwas skurilen Ateliers (beim CFP, Richtung Yomou) lohnt sich. In Formaldehyd eingelegte Schlangen, die berühmte *Crapaud vivipare* (lebendgebährende Kröte vom Mt. Nimba), unzählige Insekten und andere Kuriositäten liegen hier bunt durcheinander. Die Schmetterlingstableaus können gekauft werden.

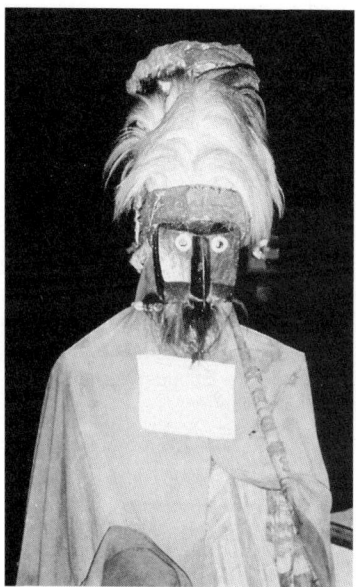

Fetisch beim Initiationsritual (Museum in Nzérékoré)

PRAKTISCHE INFORMATIONEN

 UNTERKUNFT

Mission Catholique
Bei der Hauptkirche, Stadtausfahrt Richtung Beyla-Kankan; Zi mit allem Konfort, 10 $, angenehm, beste Unterkunft weit und breit, oft besetzt, keine Mahlzeiten.

Centre d'Acceuil
Stadteinfahrt von Conakry, beim Gouvernat rechts; teilweise konfortable Zi, sauber, kein fixer Preis, mit 5 bis 10 $ rechnen, schön gelegen auf Hügel mit Sicht über die Stadt, keine Mahlzeiten.

Case Idéal
Stadteinfahrt links, gegenüber ONAH; Zi mit Strom aber ohne Wasser, recht sauber, 10 bis 15 $, Restaurant 2 bis 4 $, Disco am Sa.

Bar Hanoi
Richtung Yomou, links etwas außerhalb; saubere Zi, Strom, 5 $, von Vietnamesin geführt.

Bakoli
Richtung Gare-Voiture Yomou, zentral; Zi z.T. mit WC/Douche, fl. Wasser, 3 bis 6 $, schöner Innenhof.

Le Corniche Peking
Richtung Yomou, vor Schreinerei links, Wegweiser; recht saubere Zi, z.T. mit Douche/WC, 5 bis 8 $, Restaurant und Disco (Sa).

Orly
Nähe Gouvernat, Stadteinfahrt von Conakry; einfache aber saubere Billigunterkunft, 3 $, von Liberianern geführt, Bar-Restaurant mit liberianischen Spezialitäten.

504 Länder, Routen, Sehenswürdigkeiten – Guinea

 ESSEN UND TRINKEN

Restaurant
Chez M. Sow
(oder *Chez le Sénégalais*)
Im Zentrum, nahe Bank; gutes Rest., v. a. von Weißen besucht, Strom, schöne Terrasse, gutes Essen, 4 bis 7 $. (Der Besitzer will das z. Z. geschlossene Hotel *Forêt Sacrée* übernehmen und nach europ. Gusto herausputzen.)

Maquis
Escale de Guinée (beim Markt), *Escale de Centre* (Nähe PTT), *Chez Golo* (Nähe der Résidence des Präfekten)
Verschiedene Eßbuden in der Umgebung des Marktes

 NACHTLEBEN

Im Zusammenhang mit dem gewaltigen Flüchtlingsstrom aus Liberia sieht sich die ruhige und friedliche Waldregion vor fast unlösbare Probleme gestellt. Die Kriminalität hat enorm zugenommen, was in erster Linie die größeren Städte zu spüren bekommen. Die Menschen wagen sich nachts kaum mehr auf die Straßen, so daß das ansonsten bunte Nachtleben zum Erliegen gekommen ist. Vor der Krise waren die *Bar Hanoi*, das *Case Idéal*, und *Le Corniche-Peking* die wichtigsten Ausgehorte.

 VERKEHRSVERBINDUNGEN

Flughafen
Stadttaxis, Buschtaxis, Busse
Für Überlandfahrten muß man sich zuerst per Stadttaxi an die entsprechende Taxihaltestelle führen lassen, welche an den betreffenden Ausfahrtsstraßen sind. Beyla 6 Std./5 $, Yomou 2 Std./3 $, Lola 2 Std./3 $, Kankan (über Beyla) 2 d/18 $, Grenze Elfenbeinküste 3 Std./6 $, Tagestarif für Stadttaxi (km inbegriffen) 15 bis 20 $.

 SONSTIGES
Versorgungsmöglichkeiten
Gut. Tankstelle, Bank (BICIGUI), großer Markt (Hauptmarkttag am Mi)

 AUSFLÜGE
Mont Nimba
Das imposante Bergmassiv erhebt sich jäh südlich von *Lola* und erreicht mit der *Point Richard Molard*, benannt nach einem französischen Forscher, den höchsten Punkt Guineas (1752 m). Molard stürzte übrigens nach seiner Exkursion 1951 beim Abstieg tödlich. Sein Grab findet sich bis heute gut gepflegt an der Piste, die an der Nordwestseite des Gebirges entlang führt. Der steilen, schmalen Bergkette ist nordwestlich ein Savannenstreifen vorgelagert, ansonsten ist sie von Wäldern umgeben. Künstliche und natürliche Brände lassen auf den weiten Hängen kaum Bäume wachsen. Dennoch ist die Vegetation abwechslungsreich und wechselt schnell mit zunehmender Höhe. 1944 wurde das Massiv zum Naturschutzgebiet erklärt, 1971 wurde die Gebirgskette von der UNESCO der Liste der schützenswerten Gegenden der Welt zugeteilt *(World Heritage Site)*. Die guinesischen Machthaber sind darüber nicht sehr glücklich und haben das Gebirge in verschiedene Nutzungszonen unterteilt, um den Abbau der riesigen, hochwertigen Eisenerzvorkommen (1 Mrd. t, 60 bis 70 %) zu ermöglichen. Das Abbauprojekt wurde bisher nicht verwirklicht, weil sich zum einen internationale Organisationen dagegen stellten und zum andern die andauernde Krise in Liberia die Nutzung verzögert (das Erz soll nach Monrovia abtransportiert werden), jedoch ist zu befürchten, daß es bald zum Abbau und damit zur Zerstörung einer

Das Nimbagebirge von Westen

einzigartigen Gegend kommt. Die französische Regierung forciert jedenfalls mit allen Kräften die Eröffnung des Eisenerzabbaus, und die guinesischen Interessen sind ebenfalls eindeutig angesichts der vorhergesagten Deviseneinnahmen von bis zu 2 Milliarden $. Am Mont Nimba treffen die feuchten Monsunwinde vom Meer auf die trockenen Winde aus dem Sudan. Das besondere Lokalklima erklärt das Vorkommen von äußerst seltenen Pflanzenarten. Weltweit einzigartig ist die hier seßhafte lebendgebärende Kröte *(Nectophrynoïdes Occidentalis Angel)*. Die kleinen Tierchen leben nur oberhalb 1100 m Höhe und verbringen die Trockenperiode in tiefen, feuchten Felsspalten. Das Weibchen bringt nach einer Tragzeit von 4 Monaten zwei bis vier lebende Junge zur Welt.

Ausgangspunkt für die Besteigung des Mont Nimba ist **Lola**. Diese sympathische Kleinstadt erreicht man nach 45 km Fahrt auf der Piste Richtung Elfenbeinküste. Sie bietet Versorgungsmöglichkeiten und zwei Hotels *(Hotel Temple de la Forêt*, Ausfahrt Richtung *Nzo*, recht saubere Zimmer für 3 bis 4 $ und Hotel Enni Nicolas im Dorf, wo für die Übernachtung 2 bis 3 $ bezahlt wird). Der Hauptmarkt findet am Montag statt. Die Besteigung des Mont Nimba ist nur mit der Bewilligung der Präfektur von Lola möglich, die aber problemlos gegeben wird, solange keine Journalisten vermutet werden (Polemik um die Nutzung des Gebirges). Zudem ist ein eigenes, gutes Auto notwendig (eventuell findet man in Nzérékoré ein Taxi, das für ein bis zwei Tage gemietet werden kann). In Lola be-

Schimpansenhüter in Bossou

kommt man einen Führer zugeteilt (ein angemessenes Geschenk nach getaner Arbeit wird erwartet; ohne Führer und Bewilligung wird man an den Kontrollpunkten nicht durchgelassen: Grenzgebiet) und wird in etwa 20 km langer Fahrt, die am Schluß über eine recht holperige Bergstraße führt, in ein Forschercamp nordwestlich des Gebirges geführt. Die Station liegt auf etwa 1000 m, hier wird die Bewilligung überprüft und anschließend werden die Besucher in ein Buch eingetragen. Von hier erreicht man den Gipfel in zwei- bis dreistündigem Fußmarsch auf ausgewaschenen Pisten. Während der Regenzeit ist die Sicht am besten, sonst muß mit Dunst gerechnet werden. Wer längere Zeit in der Gegend weilen will, muß das mit den Leuten im Camp absprechen.

Sehr lohnend soll die Besteigung des 1630 m hohen **Sempéré** sein (mit der Bewilligung der Lola-Präfektur nach *Bossou* und 4 km weiter ins Grenzdorf *Thuo*, da links nach Nion (5 km), hier Führer nehmen, 4 Std. Marsch auf guten Schmuggelpfaden)

Bossou
Schönes, an kleinem Hügel gelegenes Dorf, südlich von Lola, 17 km gute Piste, Hauptmarkt am Mittwoch. Auf und um den Hügel *Gban* unmittelbar beim Dorf lebt eine geschützte Schimpansenkolonie von nahezu 20 Tieren. Ein japanisches Forscherteam hat hier vor wenigen Jahren spektakuläre Erfolge für die Primatologie erzielt. Die Schimpansen und ihr natürlicher Lebensraum können besucht werden. Allerdings sollte man sich zwei Tage im Vornehinein anmelden (kein Telefon!), damit die Schimpansenhüter disponibel sind und auch der Souspräfekt erwartet, daß Fremde ihm einen Besuch abstatten (Dorfeinfahrt links).

Pont Naturel
Schöner Badeplatz unter einer natürlichen Steinbrücke. Von Lola 15 km Richtung *Nzo*, dann nach rechts (1 km vor der Abzweigung überquert man eine Holzbrücke) und dem holperigen Feldweg etwa 4 km folgen.

Mare sacré von Gogota
Der heilige Sumpf befindet sich vor der Einfahrt ins Dorf *Gogota* (3 km von Lola) links im Wald. Die Fische gelten als heilig und werde nicht angetastet. Das hängt mit der Vorstellung zusammen, daß das Totenland am Grund von Gewässern liegt und die Fische Reinkarnationen der vor langer Zeit Verstorbenen sind.

Kissidougou – Faranah – Mamou

⇨ 321 km. Bis Faranah kann die Straße in sehr schlechtem Zustand sein (löchriger Asphalt); sind die Löcher gefüllt (was vorkommt), verkürzt sich die Fahrzeit um die Hälfte). Von Faranah bis Mamou gute Asphaltstraße. (Kissidougou, siehe S.495, Mamou s. S.473)

Auf den ersten zwei Dritteln monotone Strecke durch die weite, oft abgebrannte Steppenlandschaft, nachher mit dem Beginn des hügeligen Fouta Djalon sehr schön. Etwa ab 20 km vor Mamou gefährlicher Straßenabschnitt mit Kurven.

Banian und Nigerquelle

Straßendorf mit Versorgungsmöglichkeit. Geburtsort *Sékou Tourés* und Ausgangspunkt für das Vordringen zu der **Nigerquelle**. Dazu muß in der Sousprefecture in *Banian* die Bewilligung geholt werden. Hier wird einem auch ein Führer zugeteilt, allerdings soll es schon vorgekommen sein, daß Leute an eine einfacher zugängliche Quelle geführt wurden, deshalb die Vertrauenswürdigkeit des Guide zuerst überprüfen. Die Quelle selbst, im dichten Unterholz kaum sichtbar, ist wenig spektakulär, wenn man vom besonderen Gefühl absieht, am Ursprung des größten Flußes Westafrikas zu stehen (4160 km lang, davon etwa 600 km auf guinesischem Boden). Ihre Entdeckung 1879 durch die Forscher *Zweifel* und *Moustier* klärte nach jahrhundertelangem, abenteuerlichem Suchen den Verlauf des drittgrößten Flußes Afrikas auf.
Anfahrt: Etwa 12 km nach *Banian* Richtung *Kissidougou* beim Ort *Nianfourando* rechts abbiegen (Richtung Süden) auf die Piste nach *Bambaya*. Nach diesem Dorf wird die Straße steinig und zum Teil schwer befahrbar. In *Kobikoro* werden auf der Sousprefectur die Papiere geprüft (es ist auch mit anderen Kontrollen zu rechnen: Grenzgebiet zu Sierra Leone). Weiterfahrt durch die herrliche Landschaft bis nach *Forokonia*, wo der Fahrweg endet. Hier Übernachten. Der Dorfchef teilt einem einen Begleiter zu und erwartet eine Bezahlung. Der mehrstündige Fußmarsch führt über das Dorf *Bassando* zur Quelle. Für die gesamte Wanderung rund einen Tag rechnen. Die Nigerquelle gilt als heilig, dem Wasser werden magische Kräfte zugeschrieben.

Die Weiterfahrt auf der Hauptstraße nach Faranah führt an einigen schönen Dörfern vorbei (z. B. Karamaya mit zwei riesigen Fromagiers).

Faranah

137 km nach Kissidougou. Die Kleinstadt war bis zur Unabhängigkeit ein kleines, unbedeutendes Dorf am Niger. *Sékou Touré,* der in der Nähe geboren ist, hat das Dorf zu einer überdimensionierten Stadt aufgemöbelt. Er hat hier seine Villa gebaut, ein Konferenzzentrum eröffnet, breite Straßen und einen internationalen Flughafen (heute außer Betrieb) angelegt, die Stadt elektrifiziert und vor allem dafür gesorgt, daß die Hauptverkehrsader Richtung Osten hier durchführt (nicht zuletzt, um das ihm unbeliebte Kankan zu schmälern).

PRAKTISCHE INFORMATIONEN

 UNTERKUNFT

Hotel Niger
Beim Rond-Point im Zentrum; Zi mit WC/Bad/fl.Wasser/Strom ausgerüstet, aber nicht immer funktionstüchtig, 8 bis 12 $, billige und unsaubere Zimmer im Annex für 3 $, Mahlzeiten auf Vorbestellung. Die ehemalige Villa Sékou Tourés wurde zum Hotel umgebaut und macht heute einen heruntergekommenen Eindruck. Die Sääle sind voll von Geschenken, die Touré anläßlich von Staatsbesuchen übergeben wurden. Das vielleicht einst beste Hotel außerhalb Conakrys vergammelt langsam, da es schlecht unterhalten wird. Das besondere Ambiente lohnt aber eine Übernachtung.

Hotel de la Ville
Stadteinfahrt rechts auf einem Hügel; Zi in Rundhäusern mit allem Konfort aber schlecht unterhalten, 4 bis 8 $, die Anlage ist sehr schön gelegen (wurde 1981 als Kongresszentrum errichtet).

 ESSEN UND TRINKEN

Restaurant le Régal
Richtung Mamou, rechts; einfaches Lokal in Innenhof (2 bis 3 $).
Eßbuden beim Gare-Voiture.

 CAFÉS/NACHTLEBEN
Café le Sankaran (beim Rond-Point, mit Terrasse) und *Manfind* (Nachtclub im Hotel de la Ville).

 VERKEHRSVERBINDUNGEN
SOGETRAG-Busse 2x wöchentlich und **Taxis** in beide Richtungen täglich. Der Taxiverkehr mit Sierra Leone über *Hèrèmakono* ist wegen der Krisensituation unterbrochen (das Betreten des Landes wird nur von Conakry her empfohlen, da im Landesinneren ungewisse, bürgerkriegsähnliche Zustände herrschen).

SONSTIGES
Versorgungsmöglichkeiten
Gut, aber keine Bank, fast immer Strom.

Die Weiterfahrt nach Mamou führt an *Marella* (recht gute Übernachtungsmöglichkeit in ziemlich sauberen Rundhäusern für 4 $, Mahlzeiten auf Vorbestellung) und *Oure Kaba*, wo früher noch Elefanten vorkamen, vorbei. Lansam geht die Landschaft vom eher monotonen Steppenland ins abwechslungsreiche Hügelland des Fouta Djalon über, und die Straße erreicht nach Überwindung einiger Höhenstufen Mamou.

Republik Mali

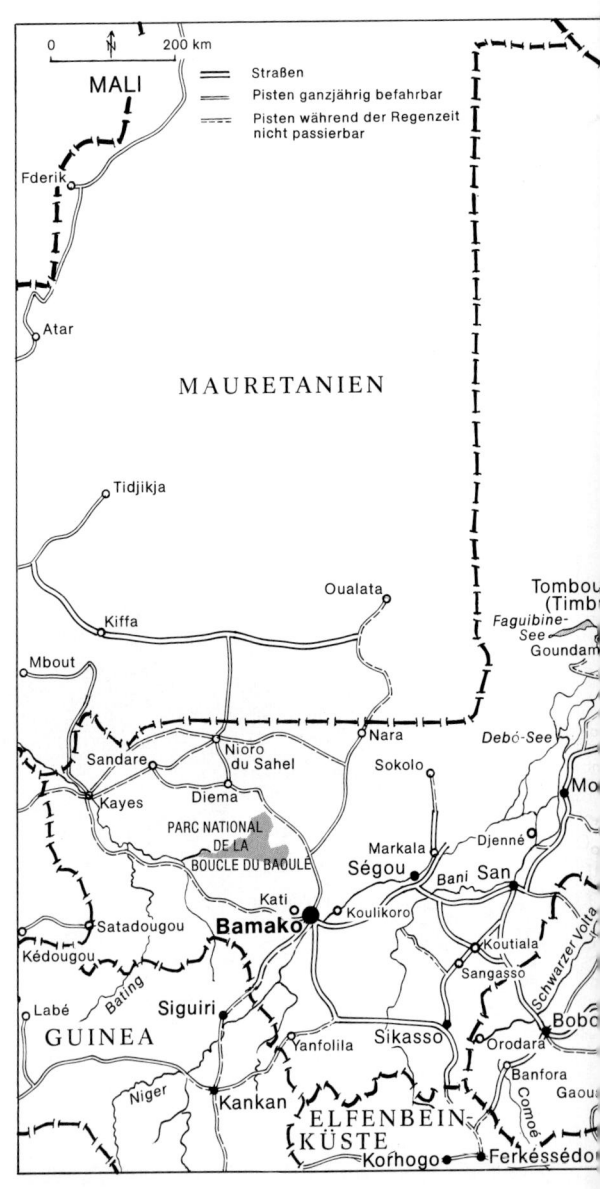

Landkarte 511

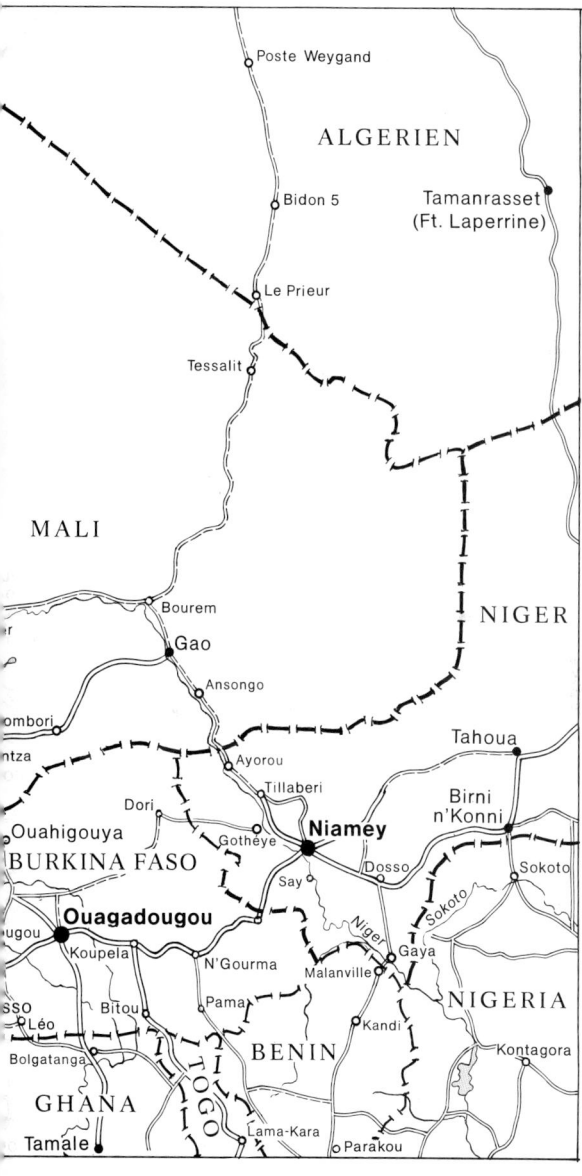

Landeskundliche Informationen

Geographie

Das 1 240 000 qkm große Staatsgebiet Malis erstreckt sich von allen Sahelländern am weitesten nach Norden in die Sahara hinein und infolge der Nord-Süd-Ausdehnung über **mehrere Klima- und Vegetationszonen:** vom Rand der tropischen Feuchtsavanne über die Trockensavanne und die Sahelzone bis in die Wüstengebiete der Sahara.

Die saharische Zone (etwa zwei Drittel des Landes) kennt keine regelmäßigen Niederschläge; auch fehlen in diesen ausschließlich mit Sand unf Geröll bedeckten Trockengebieten Oasenhaine mit Palmen und seßhafter Bevölkerung. Südlich schließt sich zwischen dem Oberen Senegal und dem Mittleren Niger die Sahelzone (Dornbuschsavanne mit vereinzelt stehenden Akazien- und Baobab-Bäumen) an; aufgrund der sehr spärlichen Niederschläge ist der Anbau von Grundnahrungsmitteln nur mit Hilfe von künstlicher Bewässerung möglich.

In der südlich angrenzenden Sudanzone (Trocken- bzw. Feuchtsavanne) sind neben Baobabs vor allem Borassuspalmen und Kariténußbäume (Schibutterbäume) charakteristisch.

Sehr stark landschaftsprägend sind die beiden **Hauptflüsse des Landes,** der *Senegal* und der *Niger*, die beide im *Fouta Djalon* entspringen und den Süden des Landes durchqueren. Aufgrund der saisonbedingten Schwankungen im Wasserstand ist auf dem Senegal im Gebiet Malis keine reguläre Schiffahrt möglich. Der Niger dagegen, Lebensader und wichtigster Nahrungsspender Malis, an dessen Ufern (inkl. Nebenflüsse) etwa 70% der Bevölkerung leben, ist von *Koulikoro (Bamako)* bis *Gao* je nach Wasserstand mehrere Monate im Jahr schiffbar.

Der *Nigerbogen* teilt sich in mehrere Arme und bildet zusammen mit dem bei *Mopti* in den Niger mündenden *Bani* ein Binnen-Delta, das sich während der Regenzeit in einen etwa 40 000 qkm großen See verwandelt und ein fruchtbares Schwemmland hinterläßt; aufgrund seines Fischreichtums leistet es einen wesentlichen Beitrag zur Ernährung der Bevölkerung des Landes. Diese etwa 300 km lange und 100 km breite Überschwemmungsebene zwischen *Segou* und *Timbuktu* bildet das wirtschaftliche und kulturelle Zentrum des Landes.

Weite Ebenen und flache Becken, aus denen sich vereinzelt Kegel- bzw. Tafelberge (z. B. *Hombori Tondo* mit 1155 m) erheben sowie steile Landstufen wie die *Falaise de Bandiagara,* bestimmen weitgehend das Landschaftsbild. Die höchste Erhebung erreicht das Bergland von Iforas *(Adrar des Iforhas)* im Norden.

Das Staatsgebiet Malis wird von sieben Ländern begrenzt: von Mauretanien und Algerien im Norden, von Senegal und Guinea im Westen, von der Elfenbeinküste (Côte d´Ivoire) und Burkina Faso im Süden und der Republik Niger im Osten. Das Binnenland Mali hat ebenso wie Burkina Faso (ehem. Obervolta) und Niger keinen direkten Zugang zum Meer; eine Verbindung besteht lediglich über die Bahnlinie von Bamako nach Dakar (Senegal) und über die Asphaltstraße via Sikasso nach Abidjan (Elfenbeinküste).

Klima

Entsprechend der drei großen **Landschaftszonen Sahara, Sahel und Sudan,** die sich über eine Strecke von rund 1500 km ausdehnen, lassen sich verschiedene klimatische Regionen (von warmtropischen Feuchtsavannen bis zum subtropischen Wüstenklima) unterscheiden.

In dem Gebiet **südlich der Sahara** gibt es eine sommerliche Regenzeit und somit **drei Jahreszeiten:**

Die Regenzeit von Juni bis Oktober, wobei die meisten Niederschläge im August fallen; die kühle Trockenzeit (mit relativ üppiger Vegetation) von November bis Februar und nächtlichen Temperaturen von unter 15° C; die heiße Trockenzeit von März bis Juni mit Temperaturen bis 45° C.

Die jährlichen Niederschläge nehmen von Norden nach Süden hin zu (von 300 mm im Norden auf 1 000 mm im Süden), die Dauer der Regenzeit von 0 auf 5 Monate.

Der das ganze Jahr über wehende *Harmattan*-Wind wird z. T. durch die vom Meer her wehenden „Monsun"-Winde abgedrängt, so daß er z. B. in Bamako und Timbuktu nur etwa 6 Monate im Jahr voll wirksam wird.

Beste Reisezeit: von November bis Anfang März.

Flora und Fauna

In den wüstenhaften Gegenden nördlich von *Toumbouctou* und *Gao* beginnt die dürftige Sahara-Vegetation. Aufgrund des geringen Niederschlags finden sich lediglich in den feuchteren Randgebieten Hartlaubsträucher, Gräser, Tamarisken, Akazien und Sukkulenten. Nach den seltenen und dürftigen Regenfällen wachsen Gräser und Kräuter, deren Samen unter Umständen jahrelang im Boden gelegen haben.

In der Sahelzone schließen sich diese Gewächse dichter zusammen; es entsteht eine dünne, kurze Grasdecke mit Dornengestrüpp; Akazie, Dumpalme und Gaobaum (seine Blätter wachsen in der Trockenzeit!) sind charakteristisch für diese Gegend.

Mit zunehmendem Niederschlag in der südlich angrenzenden Trocken- und Feuchtsavanne dominieren hohe, dichtstehende Büschelgräser und neben Galeriewäldern sind öfter Baobab, Borassuspalme, Kariténußbaum (Schibutterbaum) und gelegentlich auch Mangobäume zu sehen, außerdem werden Nutzpflanzen wie Baumwoll- und Kola-Sträucher, Erdnüsse, Sesam, Mais sowie die Knollenfrüchte Maniok und Yams angebaut.

Obwohl die **Tierwelt** inzwischen durch den Menschen stark dezimiert wurde, gibt es in den etwas feuchteren Regionen des Nordens (Sahelzone) vereinzelt Gazellen, Stachelschweine, Nagetiere sowie Wüstenfüchse und verschiedene Insekten (Wüstenheuschrecken und große Libellen, Nachtfalter und Ameisen) und kleinere Reptilien. Der Vogel Strauß gilt inzwischen als ausgerottet.

In der Sudanzone gibt es eine Vielzahl von Affenarten sowie Panther, Geparden, Löwen, Krokodile und Flußpferde, insbesondere an den Ufern des oberen Senegal und des Oberen Niger; daneben Antilopen, Gazellen, Schakale und Hyänen sowie Büffel, Wildschweine, Ameisenbären und zahllose Nagetiere. Die große Königsschlange (Boa Constrictor) und die Python sind zwei

Schlangenarten, die in der Glaubenswelt der einheimischen Bevölkerung eine besondere Rolle spielen; außerdem sind Viper, schwarze Naya sowie mehrere ungiftige Natternarten zu finden.

Zahlreiche Vogelarten (Marabouts, Ibisse, Silberreicher, Kraniche, Pelikane, Adler, Falken, Rebhühner, Wachteln, Papageien, Kolibris etc.) vervollständigen das Bild.

Im **Nationalpark** des *Baoulé* gibt es vor allem Löwen und Antilopen. Zu den Fischen, die eine gewisse Bedeutung für die Ernährung haben, zählen Kapitänsfisch sowie Hecht und Aal.

Die Jagd bzw. der Abschuß von Wildtieren muß vorher genehmigt und bezahlt werden.

Bevölkerung

Mali zählt zu den am schwächsten besiedelten Ländern Afrikas. Der Norden ist fast menschenleer; die Mehrheit der (laut UN-Schätzung von 1990) über **9 Mio. Einwohner** lebt entlang der Flüsse im Süden.

Die autochthone Bevölkerung Malis setzt sich aus verschiedenen ethnischen Gruppen zusammen. Als Folge kolonialer Grenzziehung ist jedoch keine der Ethnien lediglich in Mali anzutreffen. Die zahlenmässig stärkste ethnische Gruppe sind die im Süden lebenden *Bambara* (ca. 1,2 Mio.), gefolgt von den *Malinké* (ca. 200 000), den „Leuten von Mali", die am oberen Senegal und in den Quellgebieten des Bani und Niger leben.

Die (ca. 280 000) *Soninke, Sarakolle* oder *Marka* sind zwischen Niger und Senegal angesiedelt; weiters existieren die *Songhay* (ca. 230 000), die im Osten des Landes bedeutende Städte wie Gao und Timbuktu entstehen ließen, die *Senufo* (ca. 375 000), die *Bobo*

Nigerlandschaft, nach einer Lithografie von H. Barth

(ca. 80 000) und *Mossi,* deren Hauptgebiet in Burkina Faso liegt; der saharische Norden Malis wird von nomadischen und halbnomadischen *Tuareg* (ca. 240 000) sowie von *Arabern* (ca. 95 000) und *Mauren* (ca. 15 000) bewohnt. Zu erwähnen sind noch die *Fulbe,* die bei der Ausbreitung des Islam entscheidend mitgewirkt haben, sowie die im 19. Jh. aus dem Senegal eingedrungenenen *Toucouleur (Tekrur).* Die *Bozo* sind Fischer, die zwischen *Mopti* und *Djenné* am *Niger* und *Bani* leben und sich weitgehend ihre archaische Kultur erhalten haben.

Die *Dogon* (ca. 240 000), ein altes Bauernvolk, leben in der Gegend von Bandiagara (Falaise de Bandiagara) im Südwesten des Landes.

Jedes Jahr geht ein großer Teil der männlichen Jugend als Wanderarbeiter in die Elfenbeinküste und in den Senegal. Daher ist der Anteil der männlichen Bevölkerung bis zu 45 Jahren sehr gering.

Um den durchschnittlichen Lebensstandard der Bevölkerung, die Preise für Dienstleistungen und auch den eigenen Umgang mit Geld besser ab- und einschätzen zu können, sind die durchschnittlichen Löhne eine gute Richtlinie. Der Mindestverdienst *(salaire minimum)* eines ungelernten Arbeiters beträgt ca. 1000 CFA, ein Facharbeiter bekommt bei gutem Verdienst etwa 4000 CFA. An diesen Löhnen kann man ablesen, wie gut ein „guide" abschneidet, wenn er für 2 Stunden Führung 1000 CFA kassiert.

Sprachen

Amtssprache ist **Französisch***;* **Arabisch** ist zweite Schulsprache. Etwa 40% der Bevölkerung sprechen *Bambara,* das als Nationalsprache von der Regierung besonders gefördert wird. Wichtigste Umgangssprachen sind neben *Bambara (Dioula) Fulfulde, Sarakolle und Tamaschek.*

Religionen

Etwa 80% der Bevölkerung Malis bekennen sich offiziell zum **Islam,** etwa 18% gehören traditionellen afrikanischen Religionen an und etwa 1% bezeichnen sich als Christen. Die röm.-kath. Kirche unterhält mehrere Schulen und einige medizinische Versorgungszentren *(siehe auch Kapitel Religion im Teil Land und Leute).*

Geschichte

Die Republik Mali gab sich ihren Namen in stolzer Erinnerung an das westsudanische **Großreich Mali** (13.–15. Jh.), das durch das Songhay-Imperium von Gao abgelöst wurde. Unter dem *Songhay-Askia* stieg die Handelsmetropole **Timbuktu (Timbouktou)** zum größten islamischen Gelehrtenzentrum südlich der Sahara auf. Ende des 16. Jh.s gewannen im Norden die *Tuareg-Nomaden,* im Südwesten die *Bambara* von *Segou* und *Kaarta* an politischer Bedeutung; außerdem folgten im 19. Jh. kurzlebige theokratische Staatsgebilde der *Fulbe Massina* unter ihrem Führer *Sekou Ahmadou* sowie das *Tukulor-Reich* von *El Hadji Omar,* das unter dem Ansturm der Französischen Kolonialarmee unterging.

Im Süden konnte sich der afrikanische Widerstand gegen die vorrückenden **Franzosen** unter *Samory Touré* bis 1898 halten. 1892 erfolgte die Gründung der französischen Kolonie *Soudan.* Das Niger-Territorium wurde 1910 als eigene Kolonie abgetrennt, und das Gebiet des heutigen Mali erhielt den Namen *Soudan Français.*

Im Jahre **1960** wurde es als Republik Mali **unabhängig**. Erster Präsident der **Republik** und Regierungschef war *Mobido Keita*. Sein politisches Ziel war der **Aufbau einer sozialistischen Gesellschaftsordnung** unter Wahrung afrikanischer Traditionen. Außenpolitisch lehnte er sich verstärkt an sozialistische Länder an und suchte Wirtschaftshilfe bei kommunistischen Staaten. (Mit Hilfe der VR China wurden zahlreiche staatliche Industriebetriebe aufgebaut.). 1962 schied Mali aus der von Frankreich kontrollierten Zone des Franc CFA aus, um innen- und außenpolitisch größeren Handlungsspielraum zu gewinnen, kehrte jedoch im Jahre 1967 unter harten Bedingungen wieder in die Franc-Zone zurück.

Obwohl Mali auch mit Frankreich und der EWG assoziiert blieb, wurde der sozialistische Kurs verstärkt, das Parlament aufgelöst und das von Mobido Keita geführte *Comité National de Défense de la Republique (CNDR)* übernahm die Macht.

Nach einem **Militärputsch (1968)** übernahm *Moussa Traoré* 1969 als Staatschef die Macht; Unterstützung erhielt er vom *Comité Militaire de Libération Nationale (CMLN)*.

Am 9. Juni 1985 wird Moussa Traoré für eine zweite Amtszeit wiedergewählt. Ein Jahr später wird bei einer Regierungsumbildung *Amadou Dembélé* zum Premierminister ernannt. Bei dem Pralamentswahlen am 26. Juni 1988 erhalten die UCPM-Kandidaten 98,56 Stimmen.

Nach **Tuareg-Angriffen** am 30. Juli 1990, bei denen angeblich 150 Menschen getötet wurden, verhängt die Regierung den Ausnahmezustand über die Bezirke im Nordosten des Landes. Laut Angaben von Amnesty International kam es zu einer regelrechten **Hinrichtungswelle** von Tuareg durch die Armee; mehrere Tuareg seien ohne Prozeß erschossen worden. Insgesamt seien bei den Auseinandersetzungen zwischen Tuareg und Regierungstruppen innerhalb von fünf Monaten mehrere hundert Menschen getötet worden. Nach einem Anfang 1991 zwischen Vertretern der Tuareg (Rebellenbewegung) und der Regierung Malis geschlossenen **Friedensabkommen** soll die Region Adrar im Nordosten einen entmilitarisierten Sonderstatus mit größerer Autonomie erhalten. Trotz mehrerer Waffenstillstandsabkommen zwischen Regierung und Tuareg-Rebellen kam es im Laufe des Jahres 1991 und 1992 immer wieder zu Auseinandersetzungen und Gewalttaten gegen Zivilisten sowie zu Massakern der Armee gegen Tuareg, bei denen zahlreiche Menschen ums Leben kamen. Erst im Mai 1993 stellt der letzte Tuareg-Führer Malis, der sich bis dahin zum bewaffneten Kampf bekannte, offiziell seine Aktivität ein (*s. a. Bericht „Aufstand in der Wüste" im Kapitel Bevölkerung, Teil Land und Leute*).

Nachdem die Regierung Malis mehrere unabhängige politische Vereinigungen, die für ein Mehrparteiensystem eintraten, verboten hatte, fanden im Januar **1991 schwere Unruhen** in der Hauptstadt Bamako statt, die zahlreiche Todesopfer forderten. Im März 1991 wird nach tagelangen Protestaktionen (mit mehr als 200 Todesopfern) der damalige amtierende **Staatschef** *Moussa Traoré* vom **Militär gestürzt** und festgenommen. Oberstleutnant *Amadou Toumani Touré,* der neue mächtige Mann des Landes, bekennt sich zu demokratischen Verhältnissen. Unter seinem Vorsitz wird als Übergangsregierung ein „Nationaler Versöhnungsrat" (CRN) gebildet, der vom „Übergangskomitee für die Rettung des Volkes" (CTSP) abgelöst wird. Die bisherige Verfassung wird außer Kraft gesetzt, die Einheitspartei UDPM aufgelöst. Allgemeine Wahlen werden angekündigt, Schritte zur Verfassungsreform eingeleitet.

Soumana Sacko wird im April 1991 zum neuen Ministerpräsidenten ernannt, das Kabinett wird umgebildet. Im Juli 1991 wird eine **Nationale Konferenz** eröffnet, deren Verfassungsentwurf ein **Mehrparteiensystem** vorsieht. Bei einem Referendum am 12. Januar 1992 wird die **neue Verfassung** mit 99,8% der Stimmen angenommen, allerdings bei einer Wahlbeteiligung von nur 43%. Am ersten Wahldurchgang der **Parlamentswahlen** am 24.Februar 1992 sind nur knapp 20% der Stimmberechtigten beteiligt, und nur 15 der 129 zu vergebenden Mandate werden besetzt. Bei einem zweiten Wahlgang am 8. März 1992 (Wahlbeteiligung liegt bei etwa 21%) erhält die ADEMA-PASJ *(s. o.)* 76 der 129 Sitze in der Nationalversammlung des Landes.

Bei den Präsidentschaftswahlen am 26.April 1992 gewinnt im zweiten Wahlgang der ADEMA-Kandidat *Dr. Alpha Oumar Konaré* mit 69,0% der Stimmen gegenüber seinem Konkurrenten *Tiéoulé Mamadou Konaté*, Kandidat der *Union soudanaise*-RDA, der nur 30,99% der Stimmen erhält. Auch hier liegt die Wahlbeteiligung bei nur 23,6%.

Im Februar 1993 verurteilt ein Schwurgericht in Bamako den ehemaligen Staatschef Malis, Moussa Traoré und zwei weitere frühere Minister sowie den ehemaligen Generalstabschef zum Tode. Man wirft den Verurteilten vor, für den Tod von 106 Personen verantwortlich gewesen zu sein, die bei den Unruhen im März 1991 ums Leben kamen.

Ein **außenpolitischer Konflikt** verdankt sich den durch die Kolonialmächte „mit dem Lineal" gezogenen Grenzen. 1947 wurden die um die Jahrhundertwende willkürlich von den Kolonialmächten geschaffenen Grenzen festgelegt. Der genaue Grenzverlauf gegenüber Mauretanien wurde erst 1963 geregelt. Ende 1985 kam es zu Grenzstreitigkeiten zwischen Burkina Faso und Mali; es handelte sich dabei um einen ca. 100 km breiten Gebietsstreifen, in dem Bodenschätze vermutet werden. Das Urteil des Internationalen Gerichtshofes vom 22.12.1986, welches die Teilung des Agacher-Streifens vorsieht, wird von beiden Parteien anerkannt.

Regierung und Verfassung

Mit dem Sturz Präsident *Traorés* 1991 wurde die seit 1979 geltende Verfassung außer Kraft gesetzt, welche u. a. die Einparteienherrschaft der *Union démocratique du peuple malien* (UDPM) beinhaltete; ebenso wurden alle staatlichen Organe aufgelöst. Eine Übergangsregierung wurde in Form eines *Comité de transition pour la salut du peuple* (CTSP) installiert, welche in die Wege leitete, daß auf einer Nationalen Konferenz eine neue Zivilordnung in Zusammenhang mit einem demokratischen Mehrparteiensystem verabschiedet wurde. In der 1992 verabschiedeten neuen Verfassung sind neben Gewaltenteilung und Mehrparteiensystem auch Streikrecht, Rede- und Meinungsfreiheit sowie andere **demokratische Prinzipien** postuliert. Die Wahl des Staatspräsidenten erfolgt direkt vom Volk für die Dauer von fünf Jahren, wobei eine Wiederwahl möglich ist.

> **Alpha Oumar Konaré**
> *(Biographische Notizen)*
> *Geb. am 2. Febr. 1946 in Kayes als Sohn eines Lehrers. Geschichtsstudium in Warschau mit Promotionsabschluß. Als 32jähriger vom damaligen Staatschef General Moussa Traoré zum Minister für Jugend, Kunst und Kultur berufen, legte er zwei Jahre später das Amt wieder nieder. Anschließend, im Jahre 1989, gründete er die erste unabhängige Tageszeitung „Les Echos", welche u. a. die Regierung Traorés heftig kritisierte. Später war er einer der Mitbegründer der Alliance pour la démocratie au Mali (ADEMA) und Generalsektretär der Parti africain pour la solidarité et la justice (PASJ), wie sich die Alliance nach den Unruhen im März 1991 auch nannte. Dr. Alpha Oumar Konaré ist der erste demokratisch gewählte Staatspräsident Malis und seit 8. Juni 1992 im Amt.*

Wirtschaft

Mali gehört laut UNO-Statistiken zu den ärmsten und industriell am wenigsten entwickelten Ländern der Welt. Zwei Drittel des Landes (im Norden) bestehen aus unfruchtbarer Wüste und Trockensavanne, der Süden aus fruchtbarer Feuchtsavanne.

Etwa 95% der Bevölkerung Malis leben von der **Landwirtschaft** und der **Viehzucht.** Viehhaltung wird vor allem von Nomaden und Halbnomaden in den Regionen von Gao, Mopti und Ségou betrieben. Die jahrelangen Dürren in den 70er Jahren hatten den Viehbestand erheblich gemindert und den Anbau von Reis und Baumwolle gefährdet. Die wichtigsten landwirtschaftlichen Produkte sind Hirse, Mais, Sorghum, Yamswurzeln und Maniok; im Überschwemmungs- und Bewässerungsfeldbau wird auch Reis angebaut. Die Produktion reicht jedoch für den Eigenbedarf nicht aus; der **Import von Nahrungsmitteln** ist vor allem in schlechten Erntejahren (z. B. 1983/84) notwendig. Die wichtigsten Anbaugebiete liegen im Süden des Landes und im Binnendelta des Niger. Für den Export bzw. zur industriellen Weiterverarbeitung sind neben Vieh vor allem Baumwolle, Zuckerrohr und Erdnüsse bestimmt.

Von großer Bedeutung ist auch der **Fischfang.** Aufgrund der Binnenfischerei (ca. 90 000 t/Jahr) ist Mali nach Marokko und Senegal der drittgrößte Fischproduzent Westafrikas. Der Fischfang ist für die Ernährung der Bevölkerung von großer Bedeutung und wird vor allem von den Bozo- und Somono-Stämmen betrieben, teilweise auf genossenschaftlicher Basis. Etwa ein Drittel des jährlichen Fangs wird als Trockenfisch in die Elfenbeinküste exportiert.

An **Bodenschätzen** gibt es Eisenerz-, Manganerz- sowie Bauxit- und Phosphatvorkommen. Im Norden des Landes (Gegend von Taoudenni) wird auch Steinsalz abgebaut.

Da es aufgrund der wiederkehrenden Sahel-Dürren der 70er Jahre und einer verfehlten Agrarpolitik zu einer starken Auslandsverschuldung gekommen war (1989 etwa 2,2, Mrd. US $) einigte man sich 1988 mit dem Internationalen Währungsfond auf ein dreijähriges **Strukturanpassungsprogramm.** Dieses hatte auch eine positive Entwicklung zur Folge, was die Produktiion in der Landwirtschaft betraf, führte jedoch gleichzeitig zu einer erhöhten Arbeitslosigkeit in den Städten.

Gesundheitswesen

Das Gesundheitswesen Malis ist fast vollständig **verstaatlicht**. Die Einrichtung von Basisgesundheitsdiensten auf dem Land sowie der Präventivmedizin wird besonders gefördert. Mit Hilfe der WHO wurden mehrere Impfkampagnen durchgeführt. Die Ausbildung des medizinischen Personals erfolgt in Bamako. Seit 1973 gibt es ein staatliches Forschungsinstitut für traditionelle Arzneimittelkunde.

Häufigste Krankheiten sind: Malaria, Darminfektionen, Masern, Grippe, Flußblindheit (Onchozerkose), Lungenentzündung, Keuchhusten und Lepra. Die Sterblichkeitsziffer von Kindern unter einem Jahr lag 1988 bei etwa 16,8%.

Bildungswesen

Seit der Unabhängigkeit Malis werden große Anstrengungen zur Verbesserung des Bildungssystems unternommen. **1962** wurde eine grundlegende **Schulreform** (Afrikanisierung des Lehrstoffes und Betonung der praktischen Ausbildung) durchgeführt. Schulpflicht besteht für alle Kinder zwischen 6 und 15 Jahren; der Unterricht ist gebührenfrei.

Das Schulsystem setzt sich aus der Grundschule – ein sechsjähriger erster Abschnitt *(premier cycle)* und ein dreijähriger zweiter Abschnitt *(second cycle)* – ,der dreijährigen Sekundarschule und den Fachhochschulen zusammen; eine Universität gibt es noch nicht. Im Jahre 1980 gab es etwa 2000 Studenten, die im Ausland studierten.

Fische werden auf Stroh getrocknet und geräuchert

Originelle Drahtfahrzeuge werden überall in Westafrika von Kindern gebastelt

Die islamische Bevölkerung hat außerdem die Möglichkeit, ihre Kinder im Rahmen des traditionellen Bildungssystems in die Koranschulen zu schikken, wo die Grundkenntnisse des heiligen Buches sowie Lesen, Schreiben und Rechnen gelehrt werden. In Bamako, Ségou und Timbouktou gibt es auch sogenannte *Medressen* oder *Medersas* (Koranschulen), wo der Nachwuchs der islamischen Geistlichkeit ausgebildet wird.
Die **Analphabetenrate** liegt in Mali bei etwa 90%.

Medien
Presse
Neben der Tageszeitung und dem Regierungsorgan *L'Essor – La Voix du peuple* erscheint täglich das *Bulletin Outidien de la Chambre de Commerce et d´Industrie du Mali*. Alle 14 Tage erscheint die unabhängige Zeitung *Les Echos*, monatlich kommen *Barakela* und in einheimischen Sprachen, vor allem für die Landbevölkerung, *Mopti/Kibaru* und *Sunjata* heraus.

Rundfunk/Fernsehen
Die 1957 gegründete staatliche Rundfunkgesellschaft *Radiodiffusion Nationale du Mali* sendet Programme in Französisch und Englisch, sowie den wichtigsten einheimischen Sprachen Bambara, Fulfulde, Sarakollé, Tamaschek, Songhray, Moré und Wolof.
1988 waren 335 000 Radiogeräte in Gebrauch. Farbfernsehen gibt es seit 1983; es wurde mit libyscher Hilfe errichtet. Wöchentlich werden 37 Programmstunden in den wichtigsten einheimischen Sprachen *(s. o.)* gesendet.
1988 gab es in der Republik Mali etwa 2000 Fernsehgeräte.

Praktische Informationen

An- und Weiterreise
Flug
Anreise von Europa ist an sechs Wochentagen von Paris mit UTA und *Air Afrique* direkt nach Bamako möglich, mit guten Anschlußflügen von Frankfurt und München.
Sabena fliegt dreimal wöchentlich zu günstigen Tarifen von Basel, Zürich oder allen großen deutschen Flughäfen über Brüssel nach Bamako; mit *Aeroflot* über Moskau.
Der Flughafen Bamako-Senou ist ca. 15 km von der Hauptstadt entfernt.
Die Flughafengebühren betragen bei der Ausreise ca. 2500 CFA/Person, bei der Ausreise in afrikanische Staaten ca. 1250 CFA.

Straßenverbindungen
Mit dem Kraftfahrzeug ist die Einreise von den Nachbarländern Algerien, Niger, Burkina Faso, Senegal, Elfenbeinküste und Guinea möglich.

Verbindungen von/nach Senegal
Bamako – Tambacounda
Die Piste zwischen Bamako und Tambacounda (Senegal) ist wegen ihres schlechten Zustands nur mit Geländefahrzeugen in der Trockenzeit zu befahren; die meisten Fahrzeuge werden auf den Zug von Bamako nach Dakar verladen *(s. Kap. Verkehrsmittel zu Beginn des Mali-Teils)*, auch wenn die Strecke mittlerweile etwas besser ausgebaut wird *(siehe Beschreibung im Routenteil)*. Bei der Ausreise mit dem Zug kann am Bahnhof das Formular für das *Visa de sortie* ausgefüllt werden; bei der Ausreise mit dem Taxi-Brousse ist es an der Grenze erhältlich.
Die Ausweichroute von Bamako über *Didièni* und *Nioro du Sahel* nach *Kayes* wird momentan von einer italienischen Bautruppe von der senegalesischen Grenze bis nach Nioro du Sahel ausgebaut.

Verbindungen von/nach Burkina Faso
Bobo – Dioulasso – Kouri – Koutiala – Segou (bzw. San) – Bamako;
oder *Bobo – Dioulasso – Orodara – Koloko – Sikasso – Bamako.*
Die erste ist die bessere Strecke in bezug auf Fahrtzeit und Verkehrsdichte. Fährt man mit dem Peugeot-Taxi (ca. 8000 CFA), sollte man vor 10 Uhr in Bamako abfahren, da die Grenze abends geschlossen ist.
Der Bus soll angeblich nicht mehr fahren, da die Strecke zu schlecht ist. Auf der Strecke *Ouahigouya – Koro – Bankas – Mopti* ist wenig Verkehr; selten verkehren Taxi-Brousse zwischen Koro und Bankas.

Verbindungen von/nach Niger
Niamey – Tillabery – Ayourou – Labbézanga – Ansongo – Gao.
Zwischen Gao und Niamey verkehrt zweimal pro Woche ein SNTN-Bus in beide Richtungen. Die Fahtzeit dauert etwa 30 Stunden, der Fahrpreis beträgt ca. 5300 CFA.
Es muß mit langen Wartezeiten an der Grenze gerechnet werden; außerdem sollten Sie ausreichend Trinkwasser und Proviant mitnehmen; meist wird an der Grenze übernachtet.

Ebenso versorgen private Busse diese Strecke; Fahrpreis ca. 4500 CFA plus 1000 CFA fürs Gepäck. Zu beachten sind die Einreiseformalitäten in die Republik Niger (s. Kap. Niger).

Verbindungen von/nach Algerien
Gao – Reggane (Tanezrouft-Piste)
Das Grenzgebiet zu Algerien ist derzeit wegen der Spannungen zwischen Tuareg und Regierungstruppen gesperrt. Eine Weiterreise in den Norden ist daher nicht möglich (Stand Mitte 1994). Früher verkehrte ein Bus von Reggane (Algerien) nach Bordj Mokhtar zur algerisch-malischen Grenze, eine Weiterfahrt war mit Lastwagen möglich. Die Tanezrouftpiste war vor 1990 die beliebteste Sahara-Transitroute, da sie trotz vieler Weichsandstellen, verhältnismäßig gut und schnell (auch mit Pkw und entsprechender Wüstenausrüstung) zu fahren ist.
Angeblich beruhigt sich die Situation in Nordmali, so daß womöglich mit einer Öffnung für 1995 gerechnet werden kann. Es ist aber auch dann unbedingt ratsam im Konvoi zu fahren, um nicht ein unnötiges Sicherheitsrisiko einzugehen.

Verbindungen von/nach Guinea
Bamako – Kourémalé – Siguiri
(siehe bei Guinea).

Verbindungen von/nach Elfenbeinküste
Abidjan – Bouaké – Ferkéssédougou – Pogo – Zégoua – Sikasso – Bamako.
Zwischen Sikasso und Ferkessedougou (Elfeneinküste) besteht ein regelmäßiger Busverkehr. Fahrpreis pro Strecke 3500 CFA, Fahrzeit ca. 11 Std. Eine andere Möglichkeit bietet sich über Bougouni nach Odiénne und Man (Elfenbeinküste) an; gute Verkehrsverbindungen.

Verbindungen von/nach Mauretanien
Gute Piste von Bamako über Kati – Didièni – Goumbou – Nara – Adel Bagrou (mauretanische Grenze) nach Nema; Fahrzeit ca. 12 Stunden. Sammeltaxi- und Lkw-Verkehr. Oft ist diese Strecke die einzig machbare Verbindung zwischen Mali und Senegal. Viel Lkw-Verkehr. In der Regenzeit führt eine Ausweichstrecke von Nara nach Timbedra.

Visa/Einreise/Zollkontrolle
Vorbemerkung:
Wegen der (trotz verschiedener Abkommen) noch nicht ganz beigelegten Spannungen zwischen Tuareg und Regierung sind Reisen in die nördlichen Gebiete Malis derzeit nicht möglich bzw. etwa von Mopti nach Gao nur im Militärkonvoi zu empfehlen (Stand Mitte 1994). Da sich diese Situation kurzfristig ändern kann, sollten Sie sich kurz vor Reiseantritt bei der malischen Botschaft in Bonn oder bei den Konsulaten über den aktuellen Stand erkundigen.

Visa
Reisende aus der Bundesrepublik Deutschland, der Schweiz und Österreich benötigen zur Einreise ein **Visum** (bei Durchreise ein Transitvisum); der Preis beträgt ca. 66 DM.
Die **Impfung gegen Gelbfieber** ist zwingend vorgeschrieben. Choleraimpfung wird empfohlen, ist aber lediglich für Reisende, die aus einem Infektionsgebiet kommen, Pflicht. **Malariaprophylaxe** ist ganzjährig für das ganze Land erforderlich.

Die **Visa-Unterlagen** sind bei der Botschaft der Republik Mali erhältlich. Unter Umständen wird der Nachweis der bezahlten Rück- oder Weiterreise verlangt. Seit Januar 1987 werden Visa bis zu 30 Tagen ausgestellt; sie können beim *Service d'Immigration* in Bamako für ca. 2500 CFA und 2 Paßfotos innerhalb von 24 Std. verlängert werden. Gao ist für die Visumverlängerung nicht zu empfehlen, und in Mopti kostet sie beim *Service de la Sécurité* 3000 CFA (incl. 1000 CFA Touristen-Steuer) plus ein Foto.
Schweizer können beim Konsulat von Mali in Tamanrasset ein Visum gratis erhalten (Bearbeitungszeit: 1 Tag, Gültigkeit: 2 Monate); in Basel dagegen kostet es ca. 50 SFr.
Günstiger ist es, sich das Visum unterwegs, z. B. in Algier, zu besorgen, wo man innerhalb von 24 Std. ein Visum für zwei Monate bekommt; Gebühr 150 Dinar, 2 Paßfotos.
Sowohl in Dakar als auch in Abidjan bekommt man innerhalb von 48 Std. ein Visum für eine Woche; Gebühr: 1000 CFA.
Beim Honorarkonsulat von Mali in Niamey, in der Nähe des Grand Marché, erhält man ebenfalls ein Visum für eine Woche. In Burkina Faso gibt es jedoch keine diplomatische Vertretung Malis mit Visaerteilung.
Es gibt bei der Einreise nach Mali auf dem Landweg keinen Einreisestempel in den Paß. Man muß daher zur nächsten Polizeistelle gehen (zum Beispiel in Sikasso).

Bestimmungen für Autoreisende

Das *Carnet de Passage* ist nicht erforderlich; es wird ein **Laissez-passer** (ca. 10 000 CFA) ausgestellt. Dazu eine Verkehrsbewilligung, die **Permission de circuler**, welche nur 8 Tage gültig ist und dann verlängert werden kann: In Bamako (auch in Mopti) bei der Zollstation *(Douane)* rechts von der Route de Keita in Richtung *Aeroflot* (ausgeschildert) im grün-gelben Haus, in dem unten ein Reisebüro *(Afrique Voyages)* untergebracht ist; nichts weist in diesem Haus auf eine Zollstelle hin. Die Verlängerung der Verkehrsbewilligung ist wichtig, da sonst hohe Geldstrafen verhängt werden!
Ferner ist eine **KFZ-Versicherung** zwingend vorgeschrieben. Wenn man mehrere westafrikanische (CFA-)Länder bereist, ist es günstiger, bereits an der Grenze eine Versicherung für alle diese Länder abzuschließen (billiger und weniger Formalitäten als an den einzelnen Grenzen).
Erfolgt die Einreise nach Mali mit dem Flugzeug, die Ausreise mit dem Wagen oder anderen Verkehrsmitteln, muß zusammen mit dem Visum-Antrag eine Bescheinigung der Bank über ein Guthaben von mindestens 2000 DM pro Person erbracht werden, wodurch die Rückreise des Antragstellers garantiert wird. Es kann auch die Hinterlegung einer Kaution verlangt werden, deren Höhe je nach Nationalität verschieden ist. Fährt man mit dem eigenen Fahrzeug durch Mali, so gilt der Wagen als Garantie. Achtung, für **Motorradfahrer** besteht **Helmpflicht**!
Generell nutzt die Polizei jede kleine Gelegenheit, jeden Vorwand aus, um Strafgelder zu verlangen (vor allem in der Gegend von Gao).

Hinweis:
Die staatliche Touristenorganisation SMERT ist offiziell aufgelöst worden. Die Organisation arbeitet jedoch „auf eigene Rechnung" weiter!

Es gibt laut Information des malischen Konsulats keine **Meldepflicht** mehr, fast jede Polizeistelle *(Sûreté Nationale)* – bis auf die von Bamako – verlangt dies jedoch! Bezüglich der Meldepflicht sollte man sich nach dem aktuellen Stand bei der deutschen Botschaft in Bamako erkundigen.

Im Zweifelsfalle, sofern man nicht gerade an einer Polizeistation vorbeikommt, sollte man die Meldung unterlassen; als Autofahrer wird man zwangsläufig hergewunken. Die Meldeprozeduren sind ausgesprochen lästig: man braucht dazu pro Person ein Paßfoto, muß mehrere Formulare ausfüllen und meist eine Touristengebühr von 1000 CFA bezahlen. In Gao, Mopti, Djenné, Bandiagara ist dies oft nicht zu vermeiden.

Bei der Zugfahrt von Mali in den Senegal braucht man kein *Visa de sortie* mehr.

Eine offizielle Fotografierbewilligung und *Carte-touristique* sind nicht mehr zwingend vorgeschrieben, werden aber gelegentlich von Polizisten verlangt.

Um Geldbußen zu vermeiden, sollte man sich die Zeit nehmen, mit den Polizisten zu verhandeln bzw. mit ihnen zu scherzen.

Wenn man von Bamako in Richtung Senegal oder Mauretanien weiterreist, braucht man ferner das *Visa de sortie;* die Gebühr beträgt ca. 1000 CFA/Person; es ist ebenfalls bei der Sûreté Nationale erhältlich.

Wichtig, da das *Visa de sortie* bei diversen Polizeikontrollen Richtung Kayes kontrolliert wird!

Benzinpreise (Stand 2/94):
- Diesel ca. 275 CFA/Liter,
- Normal ca. 375 CFA/Liter,
- Super ca. 400 CFA/Liter.

Botschaften
Vertretungen von Mali
- **Deutschland**
  Botschaft der Republik Mali
  Basteistr. 86, 53173 Bonn,
  Tel. (02 28) 35 70 48/49,
  Fax 36 19 22.
  Geöffnet: Mo bis Fr 9–16 Uhr.
  Außerdem gibt es in Hamburg und München ein Honorargeneralkonsulat mit Visumerteilung.
- **Österreich**
  Konsulat der Republik Mali
  Josefstädterstr. 55, 1080 Wien.
- **Schweiz**
  Konsulat der Republik Mali
  Spalenberg 25 (Postfach 1204),
  CH-4001 Basel. Tel. (061) 25 13 73.

Vertretungen in Mali
- **Deutschland**
  Ambassade de la Republique Fédérale d´Allemagne
  Badalabougou, Zone Est, Lotissement A 6, B.P. 100, Bamako
  Tel. (00 223) 22 32 99
  Wenn man von Süden in die Stadt kommt, vor der Nigerbrücke rechts.
- **Senegal**
  Die senegalesische Botschaft in Bamako befindet sich gleich hinter dem UTA-Büro; In der Regel dauert die Visaerteilung max. 24 Std.
- **Schweiz**
  Route de Koulikoro, Bamako
  Tel. 2 23 32 05.
- **Burkina Faso**
  Botschaft hinter dem Pferderennplatz *(Hippodrome)* nördlich der Route de Koulikoro; Tel. 22 31 71.
- **Guinea**
  Tel. 22 29 75. Ein Touristenvisum wird in Bamako derzeit gegen eine Gebühr von 15 000 CFA und zwei Paßfotos für etwa 14 bis 28 Tage ausge-

stellt; eine Verlängerung in Conakry ist meist sehr schwierig und bisweilen unmöglich.
- **Mauretanien**
Tel. 22 48 15. Ein Touristenvisum erhält man gegen eine Gebühr von ca. 3900 CFA und zwei Paßfotos; Bearbeitung meist innerhalb von einem Tag.
Zu finden ist die mauretanische Botschaft in der Parallelstraße (linker Hand) der *Route de Koulikoro*; man fährt diese Straße stadtauswärts und zweigt bei dem Schild „World Relief" links ab.
- **Niger**
Keine diplomatische Vertretung in Mali.

Mit dem Auto unterwegs in den Homborri-Bergen

Reisen in Mali
Verkehrsmittel
Flugzeug
Nachdem die nationale Gesellschaft *Air Mali* 1988 in Konkurs gegangen war, wurde der inländische Flugverkehr zunächst bis auf weiteres eingestellt. Inzwischen hat die mit 20% Staatsbeteiligung neugegründete MALITAS *(Mali Timbuktu Air Service)* den Inlandflugverkehr übernommen.
Flüge von Bamako nach Mopti und Timbuktu zum Beispiel Di, Do und Sa; da die Abflugzeiten sich jedoch ständig ändern, muß man sich vor Ort unter der Tel. 22 84 39 über den aktuellen Stand erkundigen.
Angeblich soll man auch mit der *Gambia-Air-Shuttle* von Bamako nach Mopti, Timbuktu und Gao fliegen können. (Nähere Infos würden mich interessieren!).
Kleine Maschinen kann man auch chartern, zum Beispiel beim *Mali Air Service*, Tel. 22 45 30 oder bei STA Mali, Tel. 32 99 32.

Eisenbahn
Zwischen Bamako und Dakar/Senegal besteht zweimal pro Woche (Mi und Sa) in beiden Richtungen eine Zugverbindung. Planmäßige Abfahrt um 9.15 Uhr in Bamako. Gepäckaufgabe am Vortag!

Preisbeispiele:
Bamako – Dakar (1231 km):
ca. 38 000 CFA (1.Klasse mit Schlafwagen), ca. 19 000 CFA (2.Klasse).
Mi: 9.15 Uhr (malinesischer Zug),
Sa: 9.15 Uhr (senegalesischer Zug).
Beide benötigen für die Strecke ca. 30 Stunden. Sehr pünktliche Abfahrt. Der senegalesische Zug soll etwas komfortabler sein.

Bamako – Thies:
ca. 19 000 CFA (1.Kl.),
ca. 13 000 CFA (2.Kl.).
Bamako – Kaolack:
ca. 17 000 CFA (1.Kl.),
ca. 12 000 CFA (2.Kl.).
Bamako – Tambacounda:
ca. 14 000 CFA (1.Kl.),
ca. 9300 CFA (2.Kl.).
Angeblich 25% Studentenermäßigung! Wer sein Kraftfahrzeug nach Tambacounda oder Dakar verladen möchte, muß mit langen Wartezeiten (8 bis 14 Tage) für eine Plattform rechnen; außerdem braucht man zur Befestigung des Fahrzeugs Ketten oder starke Haltegurte. Nach einem Platz für den Bahntransport muß schriftlich beim *Directeur commercial de la Regie de Chemins de Fer du Mali* nachgefragt werden, unter Angabe aller technischen Daten sowie Beilage einer Gebührenmarke *(timbre fiscal,* bei der Post erhältlich). Der Brief ist dann beim *Service commercial* der Bahn (100 m links vom Bahnhofseingang) abzugeben. Tarif für Fahrzeuge je nach Gewicht (ca. 75 CFA/kg).
Weitere **Zugverbindungen** bestehen: von *Bamako* nach *Koulikoro* (59 km) in beiden Richtungen; die Fahrdauer beträgt ca. 2 Std., Preis ca. 500 CFA, von *Bamako* nach *Kayes* (494 km); zwei Schnellzüge pro Woche verkehren in beiden Richtungen; Fahrtzeit etwa 10 Std., Preis ca. 6000 CFA (1. Kl.), ca. 3500 CFA (2. Kl.) mit Haltestellen in *Kati, Dio, Négala, Kassaro, Kita, Toukoto, Mahina, Kayes.*

Schiffsverkehr
In der Regel besteht von August bis Dezember (abhängig vom Wasserstand des Niger) Schiffsverkehr zwischen *Koulikoro* (59 km nordöstlich von Bamako) und *Gao.* Auf dieser 1300 km langen Strecke verkehren die zwei älteren Schiffe *Général Soumaré* und *Timbuktu* sowie *Kankan Moussa,* das neueren Datums ist, leider aber weniger Deckfläche bietet, auf der man schlafen oder sich sonnen könnte, dafür aber einige komfortable „Saloons". In jedem Falle ist eine Schiffahrt auf dem Niger ein unvergeßliches Erlebnis!
Preisbeispiele:
Mopti – Koulikoro:
Cabine luxe:
Ca. 74 000 CFA, Mahlzeit ca. 1500, Frühstück ca. 700 CFA.
1.Klasse:
Ca. 22 000 CFA, Mahlzeit ca. 1500, Frühstück ca. 700 CFA.
2. Klasse:
Ca. 14 500 CFA, Mahlzeit ca. 1000, Frühstück ca. 700 CFA
3. Klasse:
Ca. 8000 CFA, Mahlzeit ca. 700, Frühstück ca. 400 CFA.
4. Klasse:
Ca. 4000 CFA, keine Verpflegung!
Abfahrt: Di bzw. Sa 22 Uhr.
Ankunft Mopti: Do bzw. Mo 20 Uhr.
Das Samstagsschiff fährt nur bis Kabara, das Montagsschiff bis Gao.
Mopti – Gao:
1. Klasse: ca. 50 000 CFA,
2. Klasse: ca. 35 000 CFA,
3. Klasse: ca. 25 000 CFA,
4. Klasse: ca. 10 000 CFA.
Reservierungen und Tickets:
(nach Möglichkeit direkt am Abfahrthafen) sind erhältlich bei der *Companie Malienne de la Navigation* (COMANAV) in Bamako, Mopti, Timbuktu oder Gao. Kauft man das Ticket z. B. in Bamako und fährt dann nach Mopti, um von dort Richtung Gao mit dem Schiff zu fahren, kann es sein, daß die Kabinen bereits

mehrfach ausverkauft worden sind, da keine Kommunikation zwischen den einzelnen Büros besteht. Dann kommt es meist zu längeren, nervenaufreibenden Verhandlungen.

Die 1. Klasse hat 2-Bett-Kabinen, im Preis ist die Verpflegung inbegriffen. Die 2. Klasse bedeutet 4-Bett-Kabinen inkl. Verpflegung. In der 3. Klasse sind Kabinen mit 8 bis 12 Betten; man kann auch (sofern vorhanden) auf dem oberen Deck schlafen. Das Essen ist etwas dürftig. Die 4. Klasse ist ohne Verpflegung, daher sollte man genügend Proviant mitnehmen; man liegt dicht gedrängt auf dem Deck, inmitten von Ziegen, Schafen und schreienden Kindern: Die Aussicht auf Schlaf ist eher dürftig!

Getränke (Soda, Mineralwasser und Bier) gibt es an Bord, solange der Vorrat reicht; Sie sollten sich darüber hinaus noch Trinkwasser und Wasserentkeimungsmittel einpacken. Das **Nigerwasser ist bilharzioseverseucht**!

Falls Sie Wert darauf legen, Ihre Mahlzeiten mit Messer, Gabel und Löffel einzunehmen, sollten Sie das Besteck bei sich haben, da meist kaum welches an Bord ist.

Auch wenn es einen genauen Fahrplan gibt, sollten Sie immer mit ein bis zwei Tagen **Verspätung** rechnen. Häufigste Ursachen für Verzögerungen sind: Der Motor ist „en panne" oder das Schiff ist (bei niedrigem Wasserstand) auf eine Sandbank aufgelaufen.

Wenn der Niger gegen Ende der Trokkenzeit sehr wenig Wasser führt, hat man nur noch die Möglichkeit, mit einer *Pinasse*, das ist eine große motorisierte Piroge, z. B. von Mopti nach Timbuktu oder nach Djenné zu fahren.

Der Preis für eine Fahrt nach Timbuktu beträgt 5000 CFA (Anfangspreis ca. 10 000 CFA); Anhaltspunkt könnte der Preis von 3500 CFA sein, den Einheimische zahlen (Handeln gehört immer dazu!).

Auch für eine Fahrt auf der Pinasse oder Piroge sollten sie unbedingt genügend Trinkwasser bzw. Wasserentkeimungsmittel vorrätig führen.Außerdem empfiehlt es sich, in Mopti ausreichend Proviant (Reis, Nudeln, Brot) einzukaufen, denn unterwegs besteht wenig Möglichkeit, Nahrungsmittel zu erstehen.

Die Fahrt von Mopti nach Timbuktu dauert ca. 10 bis 14 Tage, abhängig von der Größe der Piroge, von ihrer Motorisierung (wenn vorhanden), ihrer Beladung, der Höhe des Wasserstandes, usw.

Timbuktu selbst liegt nicht mehr direkt am Niger, da sich der Flußlauf geändert hat: Der Hafen *Kabara* liegt etwa 11 km südlich der Stadt (Taxiverkehr).

Eine Fahrt mit einer Pinasse oder Piroge birgt jedoch auch gewisse **Gefahren** in sich. Ein Einheimischer erzählte mir anläßlich eines Unfalls, bei dem eine Pinasse in Flammen aufgegangen war, daß der „Flußgeist" des Niger jedes Jahr ein solches Opfer fordert!

Ist der Wasserstand des Niger bzw. Bani sehr niedrig, so bleiben nur noch die kleinen Pirogen, die mit einem Stab per Hand bewegt werden. Eine Pirogenfahrt dieser Art von Mopti nach Djenné kostet etwa 1000 CFA/Person; Pirogenanlegestelle ist bei der Fähre, die über den Bani führt, ca. 4 km von Djenné entfernt.

Taxi-Brousse und Busse

Während auf den Hauptstrecken inzwischen überwiegend große bequeme Busse (SOMATRA und BAMA) eingesetzt werden, die über Nacht fahren und damit Hotelkosten sparen helfen und darüberhinaus auch noch bis zu 30% billiger und um einiges sicherer sind, bedienen Busch-Taxis *(Taxi-Brousse)* nach wie vor die weniger frequentierten Stecken.

Als Taxi-Brousse verkehren meist Peugeut 504 oder „Bachée". Für die Strecke Bamako – Mopti ist mit einer Fahrtzeit von ca. 10 Std. zu rechnen (viele Polizeikontrollen!); Fahrpreis 5000 CFA plus 500 für Rucksack.
Bamako – Ségou ca. 2000 CFA,
Bamako – San ca. 1000 CFA.
(s. auch unter Bamako: Verkehrsverbindungen).

Organisierte Touren
Die beste Agentur in Bamako ist TOGU NA; sie organisiert nicht nur Touren ins Dogon-Land (4 Tage) oder nach Timbuktu (10 Tage), sondern u. a. auch eine 14-tägige Reise durch Mali (Pirogenfahrt auf dem Niger, Dogon-Land, Timbuktu). Aktuelle Preise sind vor Ort bei der Agentur in Bamako zu erfragen unter Tel./Fax (00223) 22 44 88.

Unterwegs als Selbstfahrer
Straßenverhältnisse
Der **größte Teil** der Straßen Malis setzt sich aus **Pisten** zusammen und ist nur in der Trockenzeit befahrbar. Während der Regenzeit werden Straßensperren (barrière de pluie) etwa 3 bis 4 Std. nach den Regenfällen errichtet, um zu verhindern, daß die Pisten zusätzlich ausgefahren werden. Von den insgesamt ca. 13 000 km an klassifizierten Straßen sind etwa 6000 km Allwetterstraßen und nur knapp 2000 km sind asphaltiert (z. B. die Strecke *Bamako – Mopti – Gao).*

Mietwagen
Neben den bekannten Agenturen wie AVIS (im *Hotel de l´Amitié*, Tel. 22 24 81, Fax. 22 36 26) und EUROPCAR (im

Am Niger bei Bamako

Grand Hotel, Tel. 22 24 81) gibt es nur wenige Agenturen bzw. Reisebüros, die Mietwagen anbieten: z. B. *Location Degussi*, *ATS-Voyages* oder *TOGUNA* (siehe Adressen Bamako).

Geld/Währung/Banken

Seit dem 1. 9. 1984 ist die Landeswährung der Franc CFA.

Achtung! Die *Banque du Développement du Mali (BDM)* verlangt beim Einlösen von Travellerschecks im Wert von bis zu 50 000 CFA eine Gebühr von 1800 CFA und bei höheren Beträgen von 2%. In den anderen Banken ist der Kurs günstiger.

Generell sollten Sie auf den Banken mit einer Bearbeitungszeit von ein bis zwei Stunden rechnen!

Der Umtausch von Reiseschecks ist, abgesehen von den großen Städten, im ganzen Land schwierig; daher lieber Bargeld (FF oder CFA) mitnehmen.

Post/Telefon

Möglichst nicht die Post nach Bamako schicken lassen, da der „Poste-Restante"-Schalter nicht besonders zuverlässig ist. Selbst eingeschriebene Briefe kommen manchmal nicht an. Ähnliches gilt für das Wegschicken von Post; lassen Sie unbedingt die Briefmarken abstempeln!

Internationale Telefonverbindungen gibt es von der Hauptpost in Bamako und von dem *Hotel Amitié* und vom *Grand Hotel*; die internationale **Vorwahl** nach Deutschland ist 0049 und die internationale Vorwahl-Nummer für Mali ist 00 223.

Übernachtung
Campen

Generell gibt es in Mali wenige offizielle Campingplätze; lediglich im Nordosten (Ende der Tanezrouft-Piste) mit sehr unterschiedlicher Ausstattung. Je weiter man nach Westen kommt, desto seltener werden die Campingplätze. Wild campen ist jedoch außerhalb der großen Städte meist problemlos möglich.

Hotels

Gibt es in zufriedenstellender Qualität nur in Bamako, in den anderen Orten meist nur einfacherer Art. Selbst wenn das Hotel in der Kategorie Mittelklasse eingestuft ist, entspricht dies nicht dem europäischen Standard.

Wichtig! Im Prinzip ist es verboten, bei Einheimischen zu übernachten!

Versorgungsmöglichkeiten Verpflegung

Grundnahrungsmittel sind in etwas größeren Orten erhältlich, auch frisches Obst und Gemüse (variiert je nach Jahreszeit) sowie Fleisch. Mineralwasser aus der Elfenbeinküste, Coca-Cola aus Nigeria sowie Softdrinks bekommt man überall für ca. 225 CFA/die Flasche bzw. Dose.

Campinggas ist in den Städten problemlos erhältlich.

Feiertage/Feste

Feste Feiertage:
1. Januar (Neujahr),
20. Januar (Tag der Wehrmacht),
Ostermontag,
1. Mai (Tag der Arbeit),
25. Mai (Tag der afrikanischen Einheit),
22. September (Nationalfeiertag),
19. November (Nationalfeiertag),
25. Dezember (Weihnachten),
31. Dezember (Jahresende).

Bewegliche Feiertage:
Die jährlich im Datum wechselnden islamischen Feiertage: Ende des Ramadan, Tabaski etc.

Öffnungszeiten

Banken: Mo bis Sa 7.30–11.30 Uhr.
Büros: Mo bis Do 8–12.30 Uhr, Fr 8–12 Uhr, Sa 8–12.30 Uhr.
Geschäfte:
Mo bis Sa 8–12 Uhr und 15–18 Uhr.
Regierungsstellen:
Mo bis Do 7–14 Uhr, Fr 8–12 Uhr.
Freitag mittags gehen alle Moslems in die Große Moschee zum Beten!

Trinkwasser

Wasser muß abgekocht und/oder gefiltert werden. Selbst das Leitungswasser kommt oft braun aus der Leitung! Unterwegs trifft man häufig auf gute, gemauerte Brunnen mit Handpumpe, die von der deutschen GTZ errichtet wurden. Deren Wasser ist mit Tablettendesinfektion (Romin, Micropur) problemlos zu trinken.

Strom

Variiert: 220 Volt Wechselstrom in Bamako und in größeren Städten; in kleinen Orten meist 110 Volt Wechselstrom.

Uhrzeit

MEZ minus 1 Stunde.
MEZ minus 2 Stunden (Sommerzeit).

„Supermarkt" in Djenné

Reiserouten, Städte, Sehenswürdigkeiten

Bamako

Die heutige **Hauptstadt der Republik Mali**, direkt am Ufer des Niger-Stroms gelegen, wurde Mitte des 17. Jh.s gegründet; ihr Name setzt sich aus den beiden Bambara-Worten *Bama* (= Krokodil) und *Ko* (= Fluß) zusammen. Ursprünglich war es ein kleines von Malinke bewohntes Dorf.

Heute platzt Bamako mit seinen über 740 000 Einwohnern (Schätzungen von 1984) aufgrund der unaufhörlich vom Land zuströmenden Massen aus allen Nähten, so daß die Trinkwasser- und Energieversorgung manchmal zum Problem wird.

Das Zentrum der Stadt wurde zu Beginn dieses Jahrhunderts erbaut und besteht überwiegend aus alten Kolonialhäusern im neo-klassizistischen und neo-sudanischen Stil (zunehmend am Verfallen) sowie aus modernen Bauten wie dem *BDM*- oder *AirAfrique*-Gebäude. Der *Boulevard du Peuple* und die *Avenue du Fleuve*, die zur Nigerbrücke führt, sind die beiden Hauptverkehrsadern der Stadt. Der Asphaltbelag der Straßen innerhalb der Stadt befindet sich in katastrophalem Zustand, Schlagloch reiht sich an Schlagloch; zur Regenzeit sind manche Straßen eine einzige Pfütze (feste Schuhe oder Plastiksandalen sind zu empfehlen!).

Vom *Place de la République* mit der *Grand Mosquée* und dem *Centre National des Arts* Richtung Südwesten gelangt man zum großen Markt (Marché Central), wo mehrere Straßen zusammentreffen.

Der alte Stadtteil *(Quartiers Niarela, Bozola, Bagadadji* etc.) wurde in der traditionellen Banko-Bauweise errichtet. Nach 1960 wurden sowohl das *Quartier Lafiabougou* als auch neuere Wohnviertel und eine Industriezone geschaffen.

Die vielen großen und schattenspendenden Bäume geben dieser pulsierenden und farbenfrohen Stadt eine angenehme, typisch afrikanische Atmosphäre mit nur geringem europäischem Einschlag.

Bei einem Spaziergang durch die afrikanischen Wohnviertel *Medina Koura, Bagadadji, Bozola, Bamako Koura* usw. kann man nicht nur das afrikanische Leben, das sich sowohl auf der Straße als auch in den Innenhöfen der Häuser abspielt, mitbekommen, man kann auf diese Weise auch ein paar einfache afrikanische Restaurants entdecken, eine Gelegenheit, um mit Einheimischen ins Gespräch zu kommen.

Sehenswürdigkeiten
Marché Central

Der Marché Central im Zentrum Bamakos war eines der schönsten Marktgebäude Westafrikas, wegen seiner rosa getünchten Fassade auch häufig „Marché Rose" genannt; leider ist es abgebrannt, es stehen nur noch Ruinen. Der Markt findet zur Zeit außerhalb statt.

Früher gab es im Innern dieser in neosudanischem Stil erbauten Halle verschiedene Abteilungen für Textilien, Kleidung, Haushaltsgegenstände, duftende Essenzen, Parfüms, Töpferwaren, Gewürze, Geflügel etc. und natürlich Kunsthandwerk sowie Schmuck

aus Bronze, Silber, Leder, Straußeneierschalen, Amulette, bunte, gewebte Decken sowie die berühmten venezianischen Millefiori-Perlen aus dem 17. Jahrhundert u.v.m. Mit dem Neubau hat man bereits begonnen (bitte um nähere Informationen, wenn er fertiggestellt ist).
Auf dem Platz vor dem Marktgebäude bieten zahlreiche Frauen Batiktücher und -stoffe an, die sie stapelweise auf dem Kopf balancieren. In unmittelbarer Nähe befinden sich die Stände für Gemüse, Obst und Fleisch.

Nationalmuseum
Es befindet sich im Norden der Stadt, Richtung Point G, in der Av. de la Liberté und stellt **eines der besten Museen Westafrikas** dar. Das moderne, im sudanesischen Lehmbaustil errichtete Gebäude beherbergt Ausstellungen über traditionelle, alltägliche Gebrauchsgegenstände und Werkzeuge und eine ethnologische Sammlung von religiösen Gegenständen wie Masken und Holzfiguren. Darunter auch die bekannte *Tjiwara-Maske* der Bambara (Antilopen-Maske), die nur von Mitgliedern der Maskengesellschaft getragen wird, und die bekannte *Calao-Holzskulptur* der Senufo, die einen Nashornvogel darstellt. Daneben zahlreiche Holzplastiken (mythisches Ahnenpaar) und Masken der Dogon, u. a. die „Stockwerkhausmaske", die nur alle 60 Jahre beim *Sigi-Fest* auftritt.
In der prähistorischen Abteilung findet man Pfeilspitzen und Telem-Figuren. Ab und zu Sonderausstellungen, z. B. über alte und neue Batik-Techniken.
Öffnungszeiten: Di bis So 9–18 Uhr (Fr bis 17 Uhr), Mo geschlossen! Eintritt 500 CFA/Person ohne, 1000 CFA/Person mit Führer. Absolut sehenswert!

Große Moschee
Place de la République; Freitag nachmittags ist der ganze Platz in ein Farbenmeer verwandelt, wenn sich die Moslems der Stadt hier mit ihren kunstvoll bestickten leuchtenden „Festtags-Boubous" bekleidet zum Gebet versammeln.

Handwerker-Souk
(s. Plan) Hier kann man den Handwerkern bei der Arbeit zuschauen. Verkauf von Kunsthandwerk (Masken, Schnitzereien, Musikinstrumente, Lederwaren, Schmuck, Kassa-Decken).

Zoo
Stadtauswärts, Richtung Norden, am National-Museum vorbei; Eintritt 100 CFA (Studenten 50 CFA).

Botanischer Garten
Eine 13 ha große Anlage direkt neben dem National-Museum.

Grotte am Point G
Am Felsabhang, nördlich des Fußballstadions, befindet sich diese Grotte, an deren Wänden prähistorische Malereien zu sehen sind; zur Zeit geschlossen. Von dem Aussichtspunkt am Point G und dem *Koulouba-Plateau*, wo sich der Präsidentenpalast befindet, hat man einen schönen Panorama-Blick über die Stadt und den Fluß Niger.

Biennal
Alle zwei Jahre (bei geraden Jahreszahlen) im September findet dieses Sport und Kultur-Festival statt, bei dem u. a. zahlreiche regionale Musikgruppen auftreten.
Wer sich generell für afrikanische Musik interessiert, sollte sich dies nicht entgehen lassen.

PRAKTISCHE INFORMATIONEN

 UNTERKUNFT

Hotels
Luxusklasse
Hotel de l'Amitié
B.P. 1720, Av. de la Marne, Tel. 22 43 21 und 22 43 95, Fax 22 43 85; EZ ca. 32 000 CFA, DZ ca. 45 000 CFA. Sehr schönes Schwimmbad für ca. 1000 CFA.
Grand Hotel
B.P. 104, Tel. 22 24 81 u. 22 38 26 Fax 22 36 26; Av. von Vollenhoven, hinter dem Bahnhof; sehr komfortabel. Restaurant (Menü ca. 4500 CFA). Sehr kleiner Swimmingpool (Eintritt 1000 CFA); DZ 29 000 CFA. An der Rezeption werden auch Travellerschecks getauscht.

Es gibt zwei neue Hotels mit gemütlicher Atmosphäre etwas außerhalb der Stadt, die etwas günstiger sind und einen ähnlichen Komfort (z. B. Swimmingpool) bieten.
Le Tennessee
Tel. 22 36 77, Route de Sotuba.
Rabelais
Tel. 22 52 98 und 22 36 37, Fax 22 27 86.
Zimmer kosten 20–25 000 CFA (EZ/DZ).

Hotels für mittlere Ansprüche
(Zum Teil etwas außerhalb und im Grünen gelegen.)
Les Hirondelles
Route de Koullikoro, südlich vom Hippodrome, Tel. 22 88 40 und 22 49 29. EZ/DZ gibt es für ca. 15 000 bzw. 18 000 CFA.
Bed'n Breakfast
Neues kleines Hotel im Stadtteil Niaréla, Tel. 22 83 72, EZ/DZ ab 10 000 bzw. 15 000 CFA.

Hotel des Colibris
Außerhalb, an der Straße zum Flughafen gelegen; Bungalowanlage, umgeben von Bananenstauden, ruhig und sauber; Camping ist angeblich möglich (ca. 3000 CFA für zwei Personen); Tel. 22 66 37.
Le Jardin de Niaréla
Tel. 22 23 15. Hütten in schönem, ruhigem Garten.

Einfache Unterkünfte
Pension M.S.
In der Nähe des Bahnhofs bzw. der Amerikanischen Botschaft. Große Zimmer mit Ventilator, DZ ca. 6500 CFA; es besteht die Möglichkeit, auf der Terrasse zu übernachten für ca. 1800 CFA (Problem: Gepäck ist unbeaufsichtigt); sehr laut!
Buffet de la Gare
Tel. 22 54 60. Im Bahnhofsgebäude. EZ/DZ ab ca. 7000 bzw. 10 000 CFA; relativ laut.
Hotel Majestic
Av. de Fleuve, direkt im Zentrum, DZ ca. 7000 CFA; z. Z. ziemlich heruntergekommen!
La Maison des Jeunes
Gegenüber der franz. Botschaft; Schlafsaal mit 8–12 Betten, ca. 1000 CFA pro Person. Relativ schmutzig. Campen ist möglich (500 CFA/Person, 1000 CFA für das Auto)!
Carrefour des Jeunes
Am Ende des Square Lumumba, in der Nähe der Niger-Brücke; kleines Restaurant, DZ ab 2000 CFA.
Le Motel
Liegt außerhalb, Richtung Südwesten (Route de Giunée).
Centre D'Acceuil Mission Catholique
Die preisgünstigste und beste Unterkunft in Bamako (Quartier Bamako-Koura); Gemeinschaftsduschen; Über-

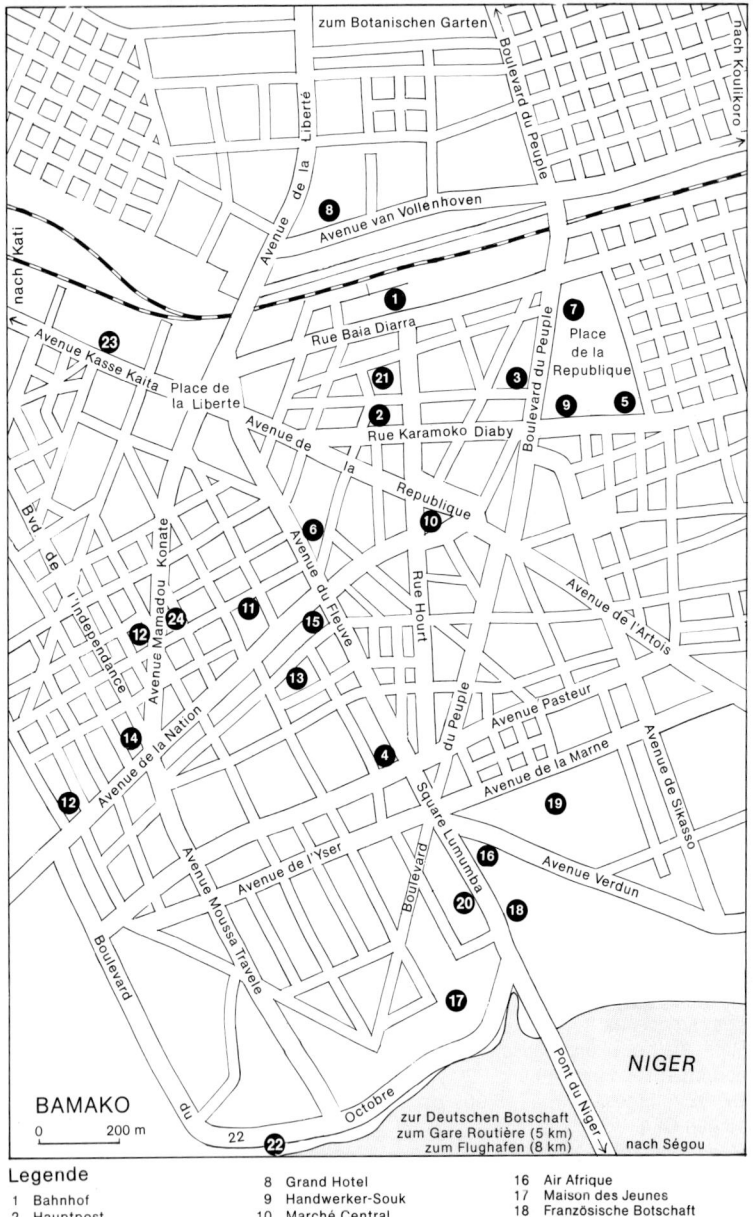

Legende

1. Bahnhof
2. Hauptpost
3. Touristeninformation
4. BDM-Bank
5. Große Moschee
6. Kathedrale
7. Nationalversammlung
8. Grand Hotel
9. Handwerker-Souk
10. Marché Central
11. Service des Immigrations
12. Katholische Mission
13. Centre Medico Social Français
14. Biao Bank
15. Hotel Majestic
16. Air Afrique
17. Maison des Jeunes
18. Französische Botschaft
19. Hotel de l'Amitié
20. U.T.A.
21. Centre Culturel Francais
22. CO. MA. NAV.
23. SABENA
24. Bar Mali

nachtung im Schlafsaal kostet pro Person ca. 2000 CFA, im DZ ca. 5000 CFA/Person. Maximal 4 Übernachtungen!
Geöffnet: 8–12 Uhr und 16–21 Uhr.
Es besteht die Möglichkeit der Selbstverpflegung, sofern man Kocher und Geschirr hat.
Alle übrigen Hotels dieser Preislage im Zentrum sind meist gleichzeitig Stundenhotels.

Camping
Camping de Patriot
Der einzige offizielle Campingplatz. Er liegt an der Straße nach Ségou, etwa 12 km von Bamako entfernt.
Außerdem kann man manchmal auch im *Hotel Les Colibris* und beim *Maison des Jeunes* campen (nähere *Infos siehe weiter oben*).

 ESSEN UND TRINKEN

Restaurants
Es gibt mehrere **kleine, typisch afrikanische Restaurants**, zum Beispiel:
Rôtisserie Yankadi
Rue Loveran, im Zentrum. Hier gibt es auf Holzfeuer gegrilltes Rindfleisch.
Restaurant Central
Rue Loveran; europäische und libanesische Küche; gutes Preis-Leistungsverhältnis.
Au Bon Coin
Av. de la Nation; gute und preiswerte Mahlzeiten; auch Zimmervermietung!
La Gargote
Gegenüber vom Kino Vox *(s. u.)*; gut und preiswert.
Chez Aminah
Hinter der katholischen Mission *(s. o.)*.
Le Ganole
Av. de la Nation, französische und libanesische Küche.
Restaurant Hongkong
Route de Koulikoro.

Carrefour des Jeunes
Neben dem Ministière d'Education; für ca. 600 bis 800 CFA bekommt man hier Steak und Frites oder Omelettes und Frites.
Bar-Restaurant Le Berry
Av. de la Nation; einfache preiswerte Gerichte; Treffpunkt der Entwicklungshelfer; Kontaktstelle für Mitfahrgelegenheiten; ebenso *Les Trois Caïmans* und *Bar Central*.
Restaurant Joal-Fadiouth
Av. Mamadou Konaté; preisgünstige und gute einheimische Küche.
Chez Mami
Restaurant/Pizzeria neben der „Librairie Evangelique" und der evangelischen Kirche; Essen für ca.1000 CFA.
Kaissa
Bar-Restaurant, Rue Mohammed, preisgünstige afrikanische Gerichte.
Bella Italia
Route de Koulikoro, in der Nähe des Hotel les Hirondelles.
Restaurant Hong-Kong
Route de Koulikoro.
L'Écuelle
Französisch-libanesische Küche, Route de Koulikoro.

Restaurants für **gehobene (europäische) Ansprüche:**
(Man muß pro Menu mit einem Preis zwischen etwa 3000 und 5000 CFA pro Person rechnen).
Le Djenné
Europäische und afrikanische Gerichte aus den verschiedenen Ländern; in einer Seitenstraße von der Route de Koulikoro gelegen, zu erreichen unter Tel. 22 30 82.
Yanga
Franz. „Open-air Restaurant" mit Bar/Night-Club (ab 22 Uhr) gegenüber der franz. Botschaft, Tel. 2 22 23 80.

La Toscana
Alteingesessenes ital. Restaurant in der Av. de la Nation, Tel. 22 52 23. Mo Ruhetag.
Die hoteleigenen Restaurants *Le Dougouni* (Hotel de l´Amitié) und *Le Bananier* (Grand Hotel) offerieren französische Küche zu entsprechenden Preisen.
Rive Gauche
Schöner Biergarten, am Wochenende Live-Musik.

Cafés/Salons de Thé/Patisseries/Bistros
Patisserie Diakité, Bd du Peuple.
Ali Baba´s Café, Rue Mohammed V.
La Phoenicia
Rue Fabolo Coulibaly; guter Platz zum Frühstücken. Aber auch Kuchen, Snacks etc.
Sabbague
Av. Mohammed V./Ecke Rue Gouraud; Snack-Bar mit gutem Kuchen; geöffnet von 6–24 Uhr.
Le Relax
Snack-Bar-Pâtisserie; Route de Koulikoro; guter Kuchen, Terrasse.
Fast alle sind beliebte Treffpunkte von Travellern, da jede Menge kleine Snacks angeboten werden.

NACHTLEBEN
Bars/Nigthclubs
Bar Kassav, Rue Fabolo Coulibaly.
Bar Le Bozo, Av. de la Nation.
Bar Mali
An der Av. Mhmadou Konaté/Ecke rue Bagayoko gelegen.
Colombo
Av. de la Nation; beliebter Treffpunkt mit Disco- und afrikanischer Musik!
Yanga (s. Restaurants).
Le Calao, Rue de la Fosse.
Malibu, im Stadtteil Niaréla.

Black and White
Typisch afrikanische Bar.
Faguibine
Bar mit Live-Musik im Hotel de l´Amitié, *Manatali* im Grand Hotel.
Ausgehmöglichkeit bieten auch die hoteleigenen Bars.

Discos
Le Village
Im Grand Hotel, Eintritt ca. 1000 CFA.
Le Dogon, im Hotel de l´Amitié.
Cotton-Club
Gegenüber der amerikan. Botschaft.
Maison des Jeunes
An der Niger-Brücke; Getränke 700 bis 1000 CFA.

Kinos
Soudan Ciné, im östl. Teil der Stadt.
Vox, neben der Kathedrale.
Rex, gegenüber vom Bahnhof.
Babamba, Av. de l'Indépendance.
La Terrasse Parisienne
Gegenüber vom Hauptgebäude der B.I.A.O., Route de la Nation.
Palais de la Culture
Etwas außerhalb vom Zentrum, (über die Niger-Brücke) am südlichen Ufer.
Das Kino im *Hotel de l´Amitié* gehört zu den besten der Stadt.

 VERKEHRSVERBINDUNGEN
In der Stadt
Zu festgesetzten Preisen verkehren in der Stadt Sammeltaxis (*Bachés* für ca. 70 CFA) und Taxis (ca. 500 CFA) sowie Minibusse (ca. 100 CFA). Sammeltaxis pendeln auch zwischen dem Zentrum und dem Flughafen Bamako-Sénou hin und her.
Der *Lkw-Bahnhof* (hier gibt es evtl. Mitfahrgelegenheiten!) ist Sogo Niko, er befindet sich etwa 6 km außerhalb des Zentrums.

Taxi-Brousse
Der Taxi-Brousse-Bahnhof in Ségouninko, ca. 4 km außerhalb an der Straße nach Ségou; vom Zentrum ist er mit einem Taxi (bachée) zu erreichen.

Fluggesellschaften
U.T.A.
Gegenüber von Air-Afrique am Square P. Lumumba, Tel. 22 22 12.
Aeroflot
Rue Loveran, Tel. 22 56 93.
Air Afrique
Square P. Lumumba. Tel. 22 49 39.
SABENA
Nahe Place de la Liberté.
Malitas
Av. de la Nation, Tel. 22 84 39.

Schiffahrtsbüro
COMANAV
Niger-Schiffahrts-Büro, B.P. 150, Tel. 22 38 02.

Die Schiffahrt wird je nach Wasserstand durchgeführt, in der Regel ist eine Fahrt auf dem Niger von Juli bis Ende November/Anfang Dezember möglich.

Busunternehmen
SOMATRA
Der Busverkehr wird von Bamako nach Ségou, Mopti und anderen Orten durchgeführt; nähere Infos werden unter der Telefonnummer 22 38 96 erteilt.
Daneben gibt es noch weitere Gesellschaften mit ebenso guten Bussen.

Verkehrsverbindungen von/nach:
Bamako/Ségou
235 km Asphaltstraße. Regelmäßige öffentliche Verkehrsverbindungen vom Taxi-Brousse-Bahnhof in *Ségouninko* sowie verschiedene Buslinien. Fahrzeit ca. 4 Std. Abfahrt stündlich.
Preis ca. 1500 CFA.

Frühmorgens bei einem Café au lait

Bamako/Mopti
605 km Asphaltstraße, streckenweise mit Schlaglöchern. Fahrtzeit (mit öffentlichen Verkehrsmitteln) 10–12 Std.; es empfiehlt sich, relativ früh morgens (vor 8 Uhr) diese Fahrt anzutreten (evtl. erwischt man dann noch einen Peugeot 504) und genügend Wasser mitzunehmen. Fahrpreis im Peugeot-Taxi ca. 4500 CFA plus etwa 500 CFA für den Rucksack. Mit dem Bama-Bus kostet es ebenfalls ca. 4500 CFA.

Mopti/Djenné
Die meisten Busch-Taxis fahren am Sonntag nach Djenné (Mo: Markttag!), Fahrpreis ca. 2000 CFA.
Es existiert keine direkte Verbindung von *Bamako* nach *Djenné!* Kurz vor Djenné setzt man mit einer kleinen Fähre (50 CFA) über den Bani; letzte Überfahrt 18 Uhr! Wenn kein Markttag ist, fahren so gut wie keine öffentlichen Verkehrsmittel, daher am besten ein Taxi chartern – Preis ist Verhandlungssache.

Man kann auch mit einer Piroge oder einer Pinasse von Mopti nach Djenné fahren; die Fahrtzeit beträgt mindestens einen Tag.

San/Djenné
Nur sonntags öffentliche Transportmittel nach Djenné.

Bamako/Timbuktu
Lkw, Fahrtdauer ca. zwei Tage, etwa 12 000 CFA; genügend Proviant und Wasser mitnehmen!

Bamako/Sikasso
Mit einem Peugeot-Taxi kostet diese Strecke ca. 2500 CFA (plus Gepäck); Fahrtzeit: 6–8 Std.

Richtung Nara
Lkw und Sammeltaxis brauchen auf guter Piste ca. 8 Std.; viel Verkehr.

Glitschige Pisten und weggebrochene Seitenränder werden zur Regenzeit manchem Fahrzeug zum Verhängnis – auf der Piste nach Nara

Richtung Nioro du Sahel
Bis *Didièni* gute Piste, dann schlecht; Sammeltaxis und Lkw (nur während der Trockenzeit) ab Didièni.

Mopti/Gao
556 km auf guter Asphaltstraße. Mit Bus in 7 Std; Preis ca. 4000 CFA.

Mopti/Timbuktu
Die Fahrt mit einem Land-Rover *(Smert)* ist relativ teuer; besser bewältigen Sie diese Strecke mit einem Lkw oder einer Pinasse. Auf der Bootsfahrt genügend Verpflegung und vor allem Wasser mitnehmen!

Die Fahrt mit dem eigenen Auto ist auf dieser Strecke nur mit einem Geländewagen möglich; während der Regenzeit hilft auch dieser wegen der sehr schlechten Straßenverhältnisse nicht weiter!

 NOTFALL

Krankenhäuser
Hôpital Gabriel Touré
Tel. 22 27 12, im Stadtteil Badialan 3.

Clinique Farakou
Im Stadtteil Hamdallay; die Versorgung ist verhältnismäßig gut und preiswert; ca. 5000 CFA/Tag inkl. Untersuchung, Klimaanlage und Medikamenten.

Hôspital Point G
Av. de la Liberté gelegen, stadtauswärts, Richtung Norden; Tel. 2 25 02; nur im Notfall!

Centre Médico Social Français
Tel. 22 50 72; hinter dem Marché „Dibida". Geöffnet: Mo bis Fr 8–12 Uhr und 15–18.30 Uhr, Sa 8–12 Uhr.

Apotheke
Eine gute Apotheke *(Pharmacie)* befindet sich im *Hotel de l'Amitié*.
Adressen von guten Ärzten erfahren Sie auch bei der Deutschen Botschaft in Bamako, oder bei Entwicklungshelfern.

 SONSTIGES

Reisebüros/Mietwagen
TOGU NA
B.P. 559, Route de Koulikoro, Tel. 22 44 88. Reisebüro, das organisierte Touren im Land anbietet.

Manding Voyage
Rue Gouchard, Immeuble Achard, Tel. 22 47 36. Günstige Angebote an Allradwagen.

Dogon Voyage, Tel. 22 54 84.
ATS Voyages, Tel. 22 44 35.

Buchhandlungen
Librairie Devés et Chaumet
Rue F. Coulibaly.
Besser ist jedoch die Buchhandlung im *Hotel de l'Amitié* (neben Postkarten auch große Auswahl an Büchern über Mali) oder die Buchhandlung im *Grand Hotel.*

Supermärkte
Malimag, Av. du Fleuve.
Ein kleinerer Supermarkt befindet sich zwei Querstraßen östlich vom Grand Marché. Außerdem gibt es zwei libanesische Supermärkte an der Route de Koulikoro; mehrere gut sortierte Supermärkte sind im Stadtzentrum von Bamako.

Banken
Bank du Développement (BDM)
Kein Wechsel von Travellerschecks, aber Banknoten.

Bank Central des Etats de l'Afrique
Tauscht nur FF-Banknoten.

BIAO-Zentrale
Av. de la Nation; wechselt Travellerschecks (im ersten Stock), ebenso die *BMCD*-Bank.

Schwimmbäder
Ein *Piscine* gibt es im *Hotel de l'Amitié* (Eintritt 2000 CFA inkl. Handtuch, schön ruhig!) und im *Grand Hotel* (direkt hinter dem Bahnhof; günstiger im Preis als das Amitié). Außerdem bietet

das *Hotel Le Lido* Swimmingpool-Benutzung an; 4 km außerhalb; Eintritt ca. 1200 CFA.

Landkarten
Institut Géographique National (IGN)
An der BDM-Bank vorbei die Straße ca. 1 km in Richtung Westen; Büro geöffnet: Mo bis Do 7–13.30, Fr. 7–12.30 und Sa 7–11 Uhr. Stadtplan von Bamako und Detailkarten (Falaise de Bandiagara etc.) erhältlich.

Kultur
Centre Culturel Francais
In der Av. de la Nation; Bilbliothek, Café, Kino, Theater, Konzerte, Ausstellungen.
Centre Culturel des Etats Unis
Nahe bei der Botschaft der USA gelegen. Hier liegen internationale englischsprachige Zeitschriften und Zeitungen aus.

Formalitäten
Sûreté Nationale
Rue 141, gegenüber von Mali-Voyages; hier sind sowohl der Zoll als auch die Polizei *(Police des Affaires Etrangers)* untergebracht.

 AUSFLÜGE

Nigerstromschnellen
Die *Chaussée de Sotuba*, wo der Niger durch die letzte Felsenenge der Guinea-Schwelle fließt, befindet sich östlich der Stadt. Vom Zentrum aus fährt man etwa 8 km auf der Ausfallstraße Richtung Sotuba *(s. Plan)* bis zur Kreuzung, wo rechts die Piste zu den Stromschnellen abzweigt.

Mandingo-Berge
Verläßt man Bamako in südwestlicher Richtung auf der (schlechten) Straße nach *Kourémalé* (Grenze Guinea), kommt man nach etwa 14 km an dem steilen Bergmassiv der Mandingo-Berge vorbei. Eine landschaftlich sehr schöne Gegend mit üppiger Vegetation bietet sich dem Betrachterauge. Früher haben hier die Malinké-Schmiede Eisenerz geschürft, wovon sowohl die Schürflöcher in den Hängen als auch die Hochöfen aus Lehm zeugen.

Koulikoro
Flußhafen von Bamako, 59 km von der Hauptstadt entfernt. Abfahrt der Flußschiffe nach Mopti, Timbuktu und Gao.

Der Westen und Nordwesten

Nationalpark Boucle de Baoulé
Der etwa 350 000 ha große Nationalpark liegt 120 km nordwestlich von Bamako. Beste Zeit für einen Besuch: Januar und April. Von Bamako zu erreichen auf schlechter Asphaltstraße (teilweise Piste) bis *Kati*; von dort 61 km schlechte Piste bis zum Dorf *Négala*, wo rechts eine Piste zum *Réserve de Fina* abzweigt, und weiter kurz vor dem Dorf *Sébékoro* eine Piste rechts nach Madina. Landschaftlich schöne Strecke, kleine Steinhügel, viele Bäume, kleine Flüsse und Dörfer. Von hier führen mehrere Pisten, die nur während der Trockenzeit mit einem Geländewagen befahrbar sind, in den Nationalpark.
In der Regenzeit verwandelt sich die Piste in eine reine „Wasserstraße", ein Wasserloch reiht sich an das andere; selbst mit einem Geländefahrzeug bis zum Baoulé-Fluß nur mühsam zu befahren!
Unterkunft
Im *Campement von Madina* oder *Baoulé*. Vereinzelt kann man hier Giraffen, verschiedene Antilopenarten, Wasserbüffel, Elefanten und Affen bewundern.

Bamako – Kita – Manantalis – Kayes
⇨ (584 km)
Die Landschaft zwischen Bamako und Kayes ist schön und noch unberührt; die Gegend ist verhältnismäßig unterentwickelt, hat kaum Infrastruktur, dafür aber „Bilderbuchdörfer" in bergiger Savannenlandschaft. Da touristisch nicht erschlossen, sollte man sich für Übernachtungen *en brousse* einrichten, d. h. Versorgung für mehrere Tage mitnehmen!

Bamako – Kita
⇨ (180 km)
Bamako und Kita sind durch 20 km Teerstraße verbunden. Ca. 5 km hinter *Kati* geht es zwischen Posten und Tankstelle links ab über *Negala – Sebekoro – Badinka* nach **Kita**. Es gibt mehrere Streckenführungen: entweder rechts oder links der Bahnlinie. (Grundsätzlich gilt: Fragen zur Pistenführung in den einzelnen Dörfern klären!). Die Piste ist sehr schlecht (Wasserlaufdurchquerungen, sandige und steinige Passagen) und daher nur für geländegängige Fahrzeuge zu empfehlen. Reine Fahrzeit: 9 Std. In Kita bieten das *Relais de Tourisme* und das *Chat Rouge* (nicht zu empfehlen; DZ 7000 CFA) Unterkunft; gutes Essen gibt es im Restaurant *L'Oasis*.

Kita – Manantalis
⇨ (156 km)
Von Kita führt eine gute Piste nach *Nassala – Tangaba* (ca. 48 km). Ab **Tangaba** ist die Piste über *Kobiri – Dioufa – Kourou – Narumba – Manantalis* nur im Schrittempo zu befahren. Da die Strecke in keiner Karte eingezeichnet und die Pistenführung sehr schwer zu erkennen ist, sollte in jedem Dorf nach dem Verlauf gefragt werden (Manantalis ist jedem ein Begriff!). Mehrere Pistenmöglichkeiten! Allesamt sind teilweise sehr gebirgig, hohe Bodenfreiheit ist daher erforderlich; malerische Dörfer und freundliche Menschen.

Unterkunft in Manantalis im *Campement* am Staudamm, Wohnung kostet 10 000 CFA, Appartement 5000 CFA; gutes Essen in der alten Kantine.

Manantalis – Kayes
⇨ (248 km)
Von Manantalis erreicht man über eine gute Piste *(Bingassi – Bakouroufata)* **Mahina.**
Über eine Eisenbahnbrücke gelangt man zur Stadtmitte (Bahnhof, Tankstelle). Am Bahnhof erst ist die **Brückenbenützungsgebühr** zu entrichten!
Da es in **Bafoulabe** keine Tankstelle gibt, sollte man in Mahina auftanken!
Die Weiterfahrt erfolgt über *Madibaya* nach *Selinnkegai* auf einer mittelmäßigen Piste auf der rechten Seite des Senegal, von dort bis kurz unterhalb von Diamou, wo eine neue Brücke über den Senegal führt: teils Piste, teils eine schlechte Teerstraße am Marmorwerk vorbei. Ab Marmorwerk geht es auf der linken Senegal-Seite weiter bis Kayes (schlechte Piste).

Kayes

Ehemalige Hauptstadt, die inzwischen infolge der schlechten Straßenverbindungen von Bamoko ziemlich abgeschnitten und besser vom Senegal aus erreichbar ist. In Kayes gibt es alle Versorgungsmöglichkeiten.

PRAKTISCHE INFORMATIONEN

 UNTERKUNFT
Hotel de la Gare
DZ 18 000, EZ 14 625 CFA (jeweils klimatisiert).
Hotel du Rail
Ältestes Hotel am Platz, Restaurant, sehr teuer und sehr heruntergekommen; Tel. 22 55 86.
Hotel de l´Amitié
Hotel Amical
Einfache Unterkunft direkt am Marktplatz.

 ESSEN UND TRINKEN
Woudoumbé
Gegenüber der Banque du Mali.
Restaurant Harlem
In der Nähe des Marktes.
Restaurant im *Hotel du Rail*, direkt hinter dem Bahnhof.

 SONSTIGES
In Kayes befindet sich ein **Büro der GTZ** (Gesellschaft für technische Zusammenarbeit).

 AUSFLÜGE
In der Umgebung von Kayes gibt es mehrere **Stromschnellen** und Wasserfälle (z. B. *Chutes du Félou* – 16 km in Richtung *Diamou)* und *Chutes des Gouina.*

Bamako – Nara
⇨ (374 km)
In den Ort **Nara**, der an der Grenze zu Mauretanien liegt, führt von Bamako eine sehr gute, breite Piste. In der Regenzeit ist Vorsicht angebracht, da zahlreiche Brücken unterspült sind!
Nara ist ein relativ großer Ort ohne besondere Atraktion; hier werden die Ausreiseformalitäten von Mali nach Mauretanien abgewickelt.
Die Landschaft ist anfangs hügelige Buschsavanne mit hübschen Dörfern entlang der Strecke.
Kurz vor Nara wandelt sich die Buschlandschaft während der Fahrt zur Sahelsteppe mit niedrigen Büschen und spärlichem Graswuchs.

Der Süden und das Niger-Binnendelta

- Straßen
- Pisten ganzjährig befahrbar
- Pisten während der Regenzeit nicht passierbar

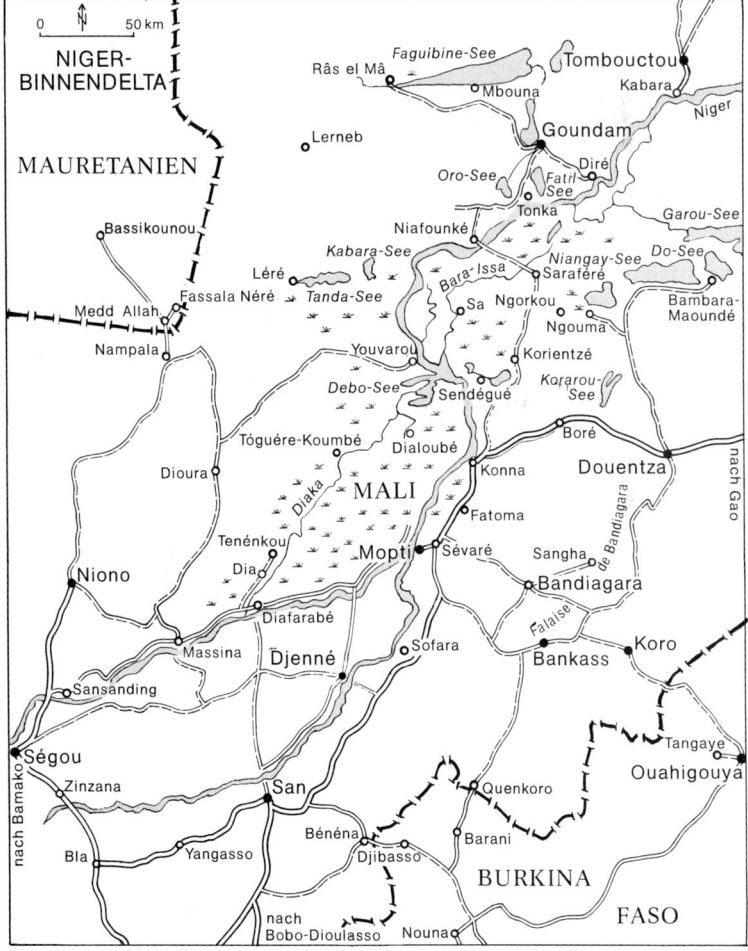

Bamako – Bougouni – Sikasso

⇨ 400 km auf guter Asphaltstraße. Dies ist die schnellste Strecke nach Burkina Faso und führt durch das Land der Bambara.

Sikasso

Auch Sikasso stellt keine Stadt von besonderem Interesse dar, sondern ist in erster Linie Verkehrsknotenpunkt.

Verkehrsverbindungen:
Der Taxi-Brousse-Bahnhof *(Gare Routière)* liegt etwa 1 km südlich der Stadt, an der Straße nach Ferkessédougou (Elfenbeinküste). Das Taxi vom Zentrum zum *Gare Routière* kostet ca. 80 CFA. Transportmöglichkeit nach *Bobo-Dioulasso* (Burkina Faso) gibt es jedoch vom Stadtzentrum aus.

Übernachtung/Verpflegung:
Hotel Mamelon
Bestes Hotel am Platz, EZ/DZ 8500 bzw. 11 000 CFA mit Air-cond.; Restaurant.

Hotel Tata
Etwas außerhalb, im westl. Ortsteil.
Hotel Lotto
Einfaches sauberes Hotel, Restaurant; an der Straße nahe Bamako.
Hotel Solo Khan
Am Gare Routière; EZ ca. 200 CFA.

Bamako – Segou – San – Djenné – Mopti

⇨ 375 km)
Sehr gute Teerstraße durch Savannenlandschaft. Der erste größere Ort ist die geschichtsträchtige Stadt Segou.

Ségou

Die **ehemalige Residenzstadt** der Bambara-Könige liegt etwa zweieinhalb Autostunden von Bamako entfernt und ist heute eine angenehme kleine Stadt aus einstöckigen sudanischen Kastenhäusern mit Flachdach. Ausnahmen

Blick auf Segou (19.Jh.)

bilden Kolonialstil-Gebäude wie zum Beispiel das *Office du Niger*. Eine schöne breite Allee führt stadtauswärts am Niger entlang.

Ségou ist eine lebhafte Handelsstadt, in der die wichtigsten Händlerfamilien des Landes residieren.

PRAKTISCHE INFORMATIONEN

 UNTERKUNFT

Hotels/Campement
L'Auberge
Tel. 32 01 45, EZ/DZ ab 6000 bzw. 7000 CFA; bestes Hotel am Platz; gepflegte Atmosphäre, schöne klimatisierte Zimmer.
Hotel G.T.M.
Av. du Président Konaté, Tel. 32 02 79; wegen Night-Club (Le Wete) vor allem Samstags sehr laut.
Hotel du 22 Septembre 1960
Tel. 32 04 62; an der Straße nach Mopti gelegen, Restaurant; DZ ab 6000 CFA mit Ventilator, 15 000 CFA mit Air-Condition; gutes Essen, saubere Zimmer und Bier vom Faß!
Hotel Bakari Djanna
Neues Hotel zwischen Marché Central und Gare Routière, Tel. 32 03 15.
Grand Hotel de France
Idyllisch mit grünem Innenhof, sauber, leider relativ laut; DZ ca. 6000 CFA.
Campement
Etwa 2 km außerhalb des Ortes gelegen; ca. 3000 CFA pro Person; Tel. 32 00 78.

 ESSEN UND TRINKEN

Restaurants
Außer den hoteleigenen Restaurants im *Auberge* und im *Bakari Djanna* gibt es folgende Restaurants:
Le Non-Stop
Etwas außerhalb, östlich vom Zentrum.
Grand Toit de Médine
Gutes Essen zu europäischen Preisen. Spezialität: senegalesischer Fisch „Le Capitaine".
Snack Bar Golfe
Östlich vom SOMATRA-Busbahnhof.
Chez Madame Halima
In der Nähe vom SOMATRA-Busbahnhof.
Temple Rose
Ebenfalls neben der SOMATRA-Busstation.
Au Bon Coin
Am Gare Routière.

SONSTIGES

Der **Markttag** wird am Montag abgehalten. Bank, Tankstelle, Geschäfte und ein Freiluft-Kino befinden sich in der Stadt.

Gute **Versorgungsmöglichkeiten** (Supermarkt mit alten europäischen Konserven; besser ist die *Epicerie-Alimentation du Rond Point*). Außerdem gibt es viele Stoffläden.

Eine **Pirogenfahrt** (ca. 2000 CFA) zum noch recht ursprünglichen Dorf mit netter Bevölkerung am anderen Nigerufer ist auf alle Fälle zu empfehlen.

San

San ist etwa 200 km von Ségou entfernt und eine typische Sahel-Stadt mit einem alten Stadtkern und einer Moschee, die in traditioneller Lehmbauweise errichtet ist. Montags Markt.

Unterkunft:
Le Campement
Schräg gegenüber vom Markt; DZ ab 6000 CFA.
Hotel Bazani, ca. 2000 CFA.
Hotel Sangue, ca. 2000 CFA.
Campement Relax
etwas außerhalb, DZ ca. 4000 CFA; Zelten ist für etwa 1500 CFA möglich.

Ca. 70 km nach San zweigt links eine Straße nach Djenné ab (ca. 30 km). Gute Piste! Zur Regenzeit zeitweise aufgeweicht (Regensperren). Außerdem ist die Brücke ca. 10 km vor Djenné kaputt; in der Regenzeit Wasserdurchfahrt ca. 1 m tief. Diesen Umweg sollte man nicht scheuen, da Djenné zu den sehenswertesten Städten in Mali zählt.

Von Bamako ist Djenné mit öffentlichen Verkehrsmitteln am besten über Mopti zu erreichen! Es ist davon abzuraten, sich an der Kreuzung nach Djenné absetzen zu lassen, da die meisten vorbeikommenden **Busch-Taxis** bereits mehr als voll sind. Also lieber bis nach Mopti und von dort frühmorgens mit einem anderen Fahrzeug nach Djenné fahren. (ca. 3000 CFA). Etwa 4 km vor der Stadt Djenné muß man den Bani mit einer kleinen **Fähre** überqueren (letzte Fahrt um 18 Uhr!); Anlegestelle der Pirogen aus Mopti.

Während der Regenzeit ist Djenné (von der Ablegestelle der Fähre) nur mit der Piroge (evtl. auch mit Lkw) zu erreichen (ca. ¾ Std. Fahrtzeit). Die Jugendlichen an der Anlegestelle sind sehr geschäftstüchtig; nicht mehr als 1000 CFA/Pers. (fürs gesamte Boot 3000 CFA) zahlen.

Djenné

Diese einst wohlhabende Stadt, am *Bani-Fluß* gelegen, gilt als das **Zentrum der mittelalterlichen sudanischen Lehmarchitektur**. Sie wurde um 1400 n. Chr. erbaut und erlebte ihre Glanzzeit im 15. und 16. Jahrhundert. (Die alte Stadt *Jeno,* ein paar Kilometer stromaufwärts wurde bereits 250 v. Chr. gegründet und um 1400 n. Chr. aus ungeklärten Gründen verlassen.)

Im Herzen der Stadt Djenné, direkt am Marktplatz, befindet sich die **berühmte Moschee**, die ebenso wie die zahlreichen alten Bürgerhäuser ein Meisterwerk sudanischer Lehmarchitektur darstellt.

Djenné ist die älteste und beeindruckendste Handwerksmetropole Westafrikas und seit Jahrhunderten auch **intellektuelle Hochburg des Islam**. Inzwischen verkaufen immer mehr Bewohner Djennés ihr letztes Hab und Gut und verlassen die Stadt, da die umliegenden Felder aufgrund der großen Dürreperioden nur noch unter sehr großen Mühen zu bewirtschaften sind. Seit 1988 hat es jedoch sehr viel geregnet und daher ist es grüner, viele Reisfelder sind anzutreffen.

Achtung: Unbedingt nach Ankunft beim *Commissaire de Police* melden, nicht zuletzt zur eigenen Sicherheit; Name des Fahrers und KFZ-Kennzeichen werden registriert. Anmeldung ist kostenlos; kein Paßfoto erforderlich.

Smert existiert nicht mehr; private Führer bieten jedoch ihre Dienste an.

Hinweis: Die vielen kleinen Jungs, die jeden Touristen gleich bei der Ankunft scharenweise umschwärmen und relativ agressiv vorgehen, behaupten meist, daß es obligatorisch sei, einen Führer (guide) zu nehmen, um sich die Stadt anzuschauen. Laut Auskunft der Polizei bleibt es jedoch jedem Gast selbst überlassen, ob er die Stadt mit oder ohne einen solchen Führer besichtigen will (wenn ja, dann nicht mehr als 2000 CFA zahlen!). Meist stammen diese Jungs auch nicht aus Djenné, sondern aus anderen Orten, um hier das große Geld zu machen. Sie können auf diese Weise pro Tag etwa so viel verdienen wie eine Marktfrau in einem Monat. Daß für viele der Tourismus eine willkommene Einnahmenquelle ist, ist klar; ob man ihnen (Kindern und Eltern) jedoch damit einen Gefallen tut, ist sehr fraglich *(s. a. Praktische Tips für unterwegs)*.

Sehenswürdigkeiten
Moschee
Die weltberühmte Moschee von Djenné wurde zu Beginn dieses Jahrhunderts nach altem Vorbild in traditioneller Banko-Technik erbaut. Vom Dach aus hat man einen schönen Blick über die Dächer der Stadt und den Marktplatz. Die Moschee darf angeblich nicht mehr besichtigt werden, seitdem ein amerikanisches Magazin dort Fotoaufnahmen mit schwarzen Models gemacht hat, die den Gläubigen etwas zu freizügig waren. Die Bewohner der umliegenden Häuser „erlauben" jedoch (für 500 CFA) einen Blick von ihrer Dachterrasse auf die Moschee und den Montagsmarkt.

Markt
Der Montagsmarkt, Treffpunkt der verschiedenen Bevölkerungsgruppen des Nigerbinnendeltas, ist neben der Moschee die zweite **Touristenattraktion** der Stadt (Vorsicht Taschendiebe!). Bambara, Bobo, Dogon, Bozo und Ful-

Fassade eines Stadthauses in Djenné *phot. R.G.*

be kommen Montag morgens zum Teil zu Fuß, zum Teil mit dem Fahrrad, mit Eselskarren, Moped oder Taxi-Brousse in die Stadt, um ihre Produkte zu verkaufen; dabei hat jeder so seine Spezialität. Die Dogon-Frauen, bekannt für ihre Zwiebelkugeln, erkennt man an ihren indigo-gefärbten *pagnes* (Wickelröcken). Die Fulbe-Frauen mit ihren charakteristischen Frisuren mit Amberkugeln, Silbermünzen und traditionellem goldenen Ohrgehänge, verkaufen Dickmilch und Butter. Die Fulbe-Männer erkennt man an ihren breitkrempigen, lederbesetzten Hüten und ihrem

schwarzen bzw. braunen Umhang aus Wolle; eine auffällige Sonnenbrille darf natürlich heutzutage nicht fehlen.
Die Bozo-Frauen bringen außer getrocknetem bzw. geräuchertem Fisch auch bemalte Tongefäße mit. Erdnüsse, Baumwolle und Kalebassen sind die typischen Produkte der Bobo-Frauen, während die Bambara-Frauen vor allem Gewürze und Heilpflanzen zum Kauf anbieten. Bei den Diula-Händlern kann man gewebte Decken kaufen, manche ganz bunt, andere schwarzweiß.
Gegenüber der Moschee befindet sich das zinnengeschmückte Portal des Gewürzmarktes, der täglich geöffnet ist; ebenfalls sehr malerisch.
Bereits am Sonntagabend treffen einige Händler ein und richten sich auf dem Platz vor der Mosche ihre Nachtlager ein. Überall brennen Öllampen oder Windlichter, mehrere Café-au-Lait-Stände werden aufgebaut, auf zahlreichen Lehmöfen wird gekocht.
Alles wartet auf den nächsten Tag; Spannung liegt in der Luft *(s. a. Teil: Land und Leute, Kapitel: Märkte und Handel).*

Alter Stadtteil
Bei einem Spaziergang durch die engen, verwinkelten Gassen östlich des Marktplatzes kommt man nicht nur an alten, zweistöckigen Wohnhäusern mit dekorativen Fassaden (aus kleinen Säulen, Zinnen und Pilastern), sondern auch an zahlreichen Koranschulen vorbei.

Fest der Rinderherden in Diafarabé
In dem ca. 20 km nördlich von Djenné gelegenen kleinen Ort Diafarabé (am nördlichen Niger-Ufer) überqueren jedes Jahr im Dezember (etwa in der zweiten Dezemberwoche) an einer der schmalsten Stellen des Niger-Flusses Tausende von Rindern den Niger, um zu besseren Weidegründen südlich des Flusses zu gelangen. Der genaue Zeitpunkt hängt u. a. vom Wasserstand des Nigers ab. Diese Überquerung des Niger ist ein **Freudenfest**, nicht zuletzt weil die Viehhirten wieder zu ihren Familien zurückkehren. Ein Grund zum Feiern – mit viel Tanz und Musik. An einigen anderen Stellen finden zu dieser Zeit ähnliche Festivitäten statt (nähere Informationen über genaue Termine sowie Lokalitäten erhalten Sie am besten vor Ort).

PRAKTISCHE INFORMATIONEN

 UNTERKUNFT
Campement
5 Min. zu Fuß von der großen Moschee; gutes Restaurant, einfache Zimmer, Duschen sauber, aber nicht immer funktionsfähig; DZ ca. 3000 bis 5000 CFA; Camping ca. 1500 CFA. Angeblich kann man auf dem Dach des Haupthauses im Zelt übernachten.

 ESSEN UND TRINKEN
Außer dem Restaurant im Campement gibt es am Markttag einige *Rôtisserien* in der Hauptstraße zwischen Moschee und Justizpalast, wo man für ein paar CFA gegrilltes Ziegen- oder Hammelfleisch bekommt.
Außerdem existiert ein einfaches, einheimisches Café sowie kleine afrikanische Restaurants (Ortskundige fragen!).

VERKEHRSVERBINDUNGEN
Buschtaxi nach Mopti ca. 3000 CFA, nach Sevaré ca. 1500 CFA.

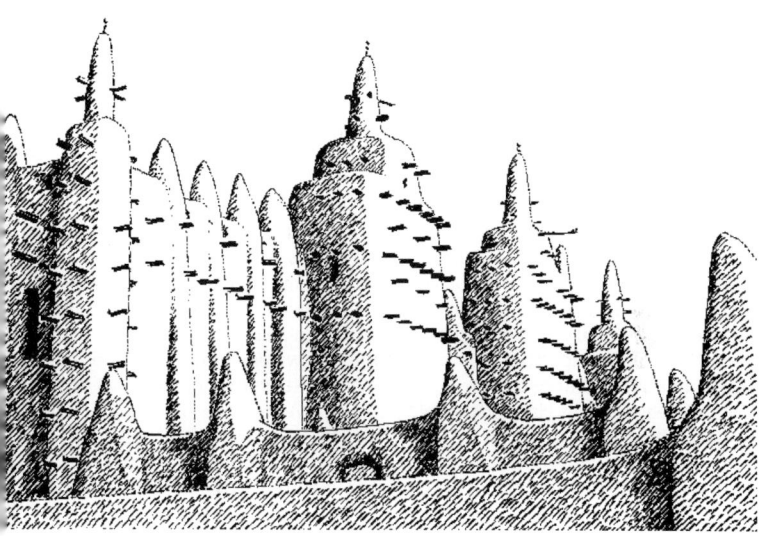

Mopti

Unter dem Fulbe-Führer *Seku Ahmadou* ist aus dem – ursprünglich nur von Bozo-Fischern bewohnten – Dorf am Zusammenfluß von Bani und Niger ein Marktort entstanden. Nachdem 1893 die Franzosen das Gebiet besetzt hatten, ließen sie auf einem **künstlich aufgeschütteten Boden** die Stadt Mopti errichten, die durch einen 13 km langen Damm mit dem Festland verbunden ist. Durch regen Fisch- und Viehhandel entwickelte sich Mopti zur **Handelsmetropole des Nigerbinnendeltas**.

Im Norden der Stadt liegen die Villenviertel der reichen Kaufleute. Die Markthalle befindet sich im Zentrum, in dem europäischen Handelsviertel *Le Commerce*. Im östlichen Randgebiet der Stadt stehen die Strohhütten der Bella. Im Süden befindet sich der alte Stadtteil mit der Moschee sowie den afrikanischen Wohnvierteln *Komogel* und *Gangal*. Hier findet man mehrstöckige Lehmhäuser mit Flachdach (ohne auffallenden Fassadenschmuck), in deren großem Innenhof sich das eigentliche Familienleben abspielt.

Heute hat die Stadt etwa **54 000 Einwohner** und ist ein wichtiger Umschlags- bzw. Marktplatz für die unterschiedlichsten Produkte und Händler, die hier aus allen Himmelsrichtungen zusammenströmen.

Wenn Sie ein paar Tage in Mopti verweilen, haben sie Gelegenheit, dem afrikanischen Leben im **Hafen- und Marktviertel** beizuwohnen. Täglich kommen zahlreiche Pinassen (große motorisierte Pirogen), voll beladen mit den wichtigsten Handelsprodukten aus dem Süden und Norden, um sie hier zu entladen; in einige wird Trocken- und Räucherfisch verladen.

Getrocknet und geräuchert wird der frisch gefangene Fisch auf der anderen Seite des Bani, wo auch die Hütten der Bozo-Fischer stehen.

Während der Fischfang Männersache ist, sind die Frauen für das Präparieren der Fische zuständig. Meist räuchern sie die kleinen Fische über einer dicken Lage Stroh, das sie kurz anbrennen. Auf diese Weise werden die Fische für einen längeren Transport (wie z. B. nach Burkina Faso) haltbar gemacht.

Ein anderes wichtiges Handelsprodukt ist das **Sahara-Salz**, das die Kamelkarawanen *(Azelai)* auch heute noch von Taoudenni nach Timbuktu bringen; von dort wird es weiter mit Pinassen nach Mopti transportiert. Im nördlichen Teil des Hafenbeckens werden die in der Sonne glitzernden Salzplatten in größere und kleinere Stücke gehauen und „en detail" verkauft.

Da nur wenige reiche Bewohner Moptis sich einen Anschluß an das städtische Wasserversorgungsnetz leisten können, werden die meisten Abwässer direkt in die schmalen Kanäle neben den Straßen geleitet, und wenn die Abwasserkanäle voll sind, werden sie ausgehoben und die Sinkstoffe zum Trocknen neben die Straße gelegt. Auf diese Weise gelangen sie als kleinste Staubpartikel wieder in die Luft und es ist nicht weiter verwunderlich, daß es hier häufig Augeninfektionen gibt. Katastrophale Auswirkungen hat diese Regelung vor allem während der Regenzeit, wenn die Straßen überschwemmt sind und sozusagen „in Scheiße schwimmen". Viele Hausbrunnen sind dann verseucht, was zu einem echten

Viehmarkt in Mopti

Gesundheitsproblem führt: Epidemien sind die Folge.

Auch ist in Mopti öfter mit Strom- und Wasserausfall zu rechnen, manchmal für einen halben Tag!

Hinweis: Hat man vor, die **Dogon-Dörfer** *(s. Kap. Die Dogon)* zu besichtigen, empfiehlt es sich, nicht bereits in Mopti einen Führer anzuheuern, da man außer Verpflegung und Fahrtkosten auch Übernachtung etc. für ihn bezahlen muß.

Achtung: Bis vor kurzem mußte man sich direkt nach Ankunft **bei der Polizei** am Ortseingang **anmelden** (Paßbild); dies wird zwar inzwischen nicht mehr offiziell gefordert, meist aber dennoch verlangt.

Die Polizei hält vor dem Gebäude Ausschau nach Fahrzeugen; man wird auf diese Weise auf alle Fälle nicht übersehen: daher werden von dem Reisenden nach wie vor, wenn auch unberechtigterweise, 1000 CFA Touristengebühr plus zwei Paßfotos/Pers. für das Formular verlangt.

Sehenswürdigkeiten
Le vieux Bateau
Ausgedientes Schiff, das gegenüber des Restaurants Nuit de Chine liegt und von einigen „Prostituierten" bewohnt wird; es erinnerte mich unweigerlich an den Film „Fitzcarraldo" von Werner Herzog.

Moschee
Sie liegt am Eingang der Altstadt; leider ist allen Nicht-Moslems der Zutritt verboten.

Marché Sougouni
Der große Wochenmarkt am Hafenbecken zwischen der Bar Le Bozo und dem Restaurant Nuit de Chine findet jeden Donnerstag statt. Schon frühmorgens haben zahlreiche Händler ihre kleinen Stände aufgebaut oder sich einfach unter einem Baum niedergelassen und die Waren auf einem Tuch vor sich ausgebreitet. Der Viehmarkt befindet sich neben der Moschee.

Pirogenfabrik
Hinter der Bar Le Bozo; hier kann man sehen, wie riesige Pirogen noch auf traditionelle Weise hergestellt werden.

Marché Komogouel
In der Altstadt; überwiegend Lebensmittel sowie eine Fischhalle.

Markthalle
An den Verkaufsständen der Deckenhändler findet man nicht nur gewebte Wolldecken der Fulbe, sondern auch schwarz-weiße Baumwolldecken mit geometrischen Mustern sowie die typischen bunten Baumwolldecken. Die Schmuckhändler verkaufen neben Silber- und Lederschmuck auch Amulette der verschiedensten Völker Westafrikas, da sie gemerkt haben, daß damit bei den Touristen Geld zu machen ist.

Taikiri
Quartier von Mopti, ca. 2 km südl. der Stadt; hier im Wohnviertel der Fulbe herrscht ländliche Atmosphäre, werden Lasten noch mit Eseln transportiert und nicht mit Autos oder Mopeds.

PRAKTISCHE INFORMATIONEN

 UNTERKUNFT
Hotels/Campement
Luxusklasse
Le Relais Kanaga (Sofitel)
Die vormalig beste Adresse am Platz (etwas außerhalb) ist inzwischen (Fe-

bruar 1994) ziemlich runtergekommen, was aber für die Preise nicht gilt: ca. 27 500 CFA das DZ mit Air-Condition! Tel. 43 05 00 und 43 05 48.

Mittelklasse
Campement
Am Ortseingang, neben dem Gare Routière. Großer Innenhof. Angenehme Atmosphäre und freundl. Personal. Verschiedene Preiskategorien, je nach Komfort: Bungalow für 2 Pers. ca. 8500 CFA; DZ ca. 12 000 CFA mit Aircond. Camping für ca. 2000 CFA/Pers. inkl. Frühstück. Restaurant. Die ganze Anlage ist etwas renovierungsbedürftig.
Le Refuge Disco neben dem Campement, Eintritt 500 CFA.
Der Besitzer hat ein Schiff gekauft, das am Kai liegt; Übernachtung in Kajüten (komfortable und einfache Ausstattung) möglich.

Einfache Unterkünfte
Bar Mali
Stundenhotel! Nicht zu empfehlen, auch wenn viele „guides" und Taxi-Fahrer Provision zu bekommen scheinen, wenn sie Touristen bringen. Das DZ kostet ca. 3000 CFA.
Hotel Flottant
Nördlich vom Restaurant Nuit de Chine *(s. u.);* es gehört demselben Besitzer. Die Übernachtung kostet ab 5000 CFA pro Person inkl. Frühstück.

 ESSEN UND TRINKEN
Restaurants/Bars
Nuit de Chine
Direkt an der Schiffsanlegestelle, neben dem Büro von COMANAV. Beliebter Treffpunkt der Entwicklungshelfer. Die Qualität des Essens soll sehr schwankend sein.
Bar/Restaurant Le Bozo
Am Südende des Hafenbeckens gelegen; von der Terrasse eröffnet sich (vor allem bei Sonnenuntergang) ein traumhaft schöner Blick über den Bani. Gute afrikanische Küche zu korrekten Preisen (Spezialität capitaine grillé).
Le Régal – Au Bon Restaurant de la Falaise
Einfaches, typisch afrik. Restaurant, direkt neben dem Wasserturm.
Tropicana
Rue Mossin Kore. Sauber. Afrikanische Gerichte zu afrikanischen Preisen.

 VERKEHRSVERBINDUNGEN
Nach *Bamako* (über *San* und *Segou);* tägl. ein Bus um 10 Uhr (Bamabus) und 17 Uhr (Banibus, hält vor der Bar Bozo). Karten im Voraus kaufen.
Flughafen in Sévaré *(s.u.)*.

SONSTIGES
Banken
In Mopti gibt es zwei Banken, die Travellerschecks wechseln: die eine befindet sich zwischen Apotheke (Pharmacie) und Hotel Kanaga und ist günstiger bezüglich der Gebühr.
Bei der anderen Bank in der Nähe des Campements wird eine Gebühr in Höhe von 3000 CFA/Scheck erhoben. (Der Schalter ist jeweils geöffnet: Mo bis Do 7.30–10 Uhr und 13.15–14 Uhr, Fr 7.30–10 Uhr).
Apotheke
Eine relativ gut ausgestattete Apotheke befindet sich direkt an der Uferpromenade des Bani, in der Nähe des Hotels Kanaga.
Mietwagen
Manding Voyages
nahe dem Campement, vermietet Landrover mit Chauffeur für ungefähr 45 000 CFA/Tag. Es empfiehlt sich, eine Reservierung von Bamako aus vorzunehmen.

AUSFLÜGE

Pirogenfahrt auf dem Bani/Niger
Lohnenswert ist ein Besuch der Bozo-Dörfer am anderen Ufer des Bani bzw. Niger. Lassen Sie sich nach Möglichkeit nicht in das nächstbeste Dorf „schippern": Sie werden sich nämlich vor lauter bettelnden Kindern und Frauen nicht retten können. Aber fangen Sie in einem anderen Dorf auch nicht damit an, einfach Geld als „cadeau" an die armen, barfußgehenden Menschen zu verteilen *(s. a.: Praktische Tips für unterwegs)*. In den Dörfern der Bozo-Fischer wird jedoch fürs Fotografieren Geld (ca. 100 CFA) erwartet. Wem dies nicht paßt, der sollte auf das Fotografieren der Dorfszenen verzichten. Es gibt auch längere Bootstouren auf den größeren Pinassen z.B. bis nach *Timbuktu (siehe auch nachfolgende Erzählung von Daniela Schetar)*.

Sévaré
Der Ort liegt an der Hauptstraße in Richtung Norden nach *Hombori* und *Gao* und ist wichtiger Verkehrsknotenpunkt. Von hier zweigt die Straße nach *Mopti* und nach *Bandiagara* ins *Dogonland* ab. In Sévaré befindet sich auch der Flughafen von Mopti. Großer Markt. Regelmäßiger Taxi-Brousse-Verkehr bis abends 20 Uhr von/nach Mopti (12 km).

Unterkunft:
Hotel Débo
Neues, relativ komfortables Hotel unweit der Kreuzung Mopti-Bandiagara.
Camping TOGUNA
Klein, sauber; auf Wunsch Mahlzeiten. Campen 1500 CFA/Person. Zimmer ohne fließend Wasser ab 4000 CFA pro Person.
Campement an der Straße nach Djenné; ziemlich teuer.

Hotel Oasis
Mit schattigem Garten. Kleines Hotel-Bar-Restaurant. DZ ca. 8000 CFA. Campingmöglichkeit. Manche Saharadurchquerer ziehen diesen Platz aufgrund der ruhigen Lage dem Campement in Mopti vor.
Auberge Yankadi
An der Straße zwischen Mopti und Sévaré. Das Zimmer für 3000 CFA. Campingmöglichkeit unter Mangobäumen; Duschen, WC, 1000 CFA/Fahrzeug. Restaurant. Von jungen, aufgeschlossenen Leuten (Franzosen) geführte Herberge.

Pirogenfahrt auf dem Bani
von Daniela Schetar

Eigentlich wollten wir die ganze Strecke von Mopti bis Timbuktu mit einer Pinasse fahren. Eine Pinasse, ein traditionelles Holzboot, wird meist von einem Benzinmotor angetrieben, verträgt 30 t Zuladung und gilt als das billigste Transportmittel für Fracht und Menschen auf dem Fluß. Die elegant geschwungene Form erinnert an venezianische Gondeln. Deshalb heißt der größte Pinassen-Hafen Malis, Mopti, auch das „Venedig des Sudan".

Von „Chez Bozo", einem kleinen Restaurant über dem Hafenbecken, sehen wir die vollbeladenen Pinassen auslaufen. Den ganzen Tag war um Preise und Fracht verhandelt worden. Lastenträger hatten Zementsäcke und Möbel, Hirse und Ersatzteile irgendwo im Schiffsrumpf verstaut. Familien mit unzähligen Kindern waren schimpfend und stoßend an Bord gegangen und hatten ihre Reviere zwischen den schlichten Holzbänken abgesteckt. Die Männer verluden noch ein Mofa und ein Fahrrad auf das brüchige Strohdach und ließen sich dann erschöpft neben den Trophäen westlicher Zivilisation nieder. Abfahrt! Vorsichtig staken die Bootsleute das überladene Schiff durch das flache Hafenbecken hinaus auf den Nebenarm des Niger, der Mopti mit dem großen Strom verbindet. Zwischen 6 und 10 Tagen dauert die Fahrt „en pinasse" von Mopti nach Timbuktu.

Auf einem solchen Boot gemächlich den Niger entlangzuschippern, war für uns eine sehr beschauliche Vorstellung. „C'est dangereux, Madame", warnt

unser junger Führer Dra, denn der Lac Debo, ein riesiger Nigersee, ist im November oft von Stürmen aufgewühlt, die Passage ist selbst für die großen Nigerschiffe riskant. Uns schreckt weniger der Lac Debo als die beengten Platzverhältnisse auf dem Boot.

Aber das läßt sich testen: Von Djenné, der tausendjährigen Handelsmetropole an einem Nebenfluß des Niger, fährt einmal wöchentlich, nach dem Markttag, eine Pinasse nach Mopti. Eine eher beschauliche Fahrt, so wird uns versichert. Dauer etwa 6 Stunden, wunderschöne Landschaft, und wir Weißen bekommen, gegen Aufpreis, Plätze in der „ersten Klasse", die es natürlich gar nicht gibt. „Selbst schuld", denken wir und machen es uns auf den Hirsesäcken bequem. Dumm ist nur, daß die Ladung so hoch gestapelt ist, daß wir nur noch gebückt unter dem geflochtenen Mattendach sitzen können.

Endlich, nach stundenlangem Warten, geht es los: Der Motor wird angeworfen, die Ruderkette schleift am Bootskörper, die Männer neben uns dösen, ein alter Marabout betet. Plötzlich ein heftiger Ruck, wütendes Geschrei – aufgelaufen! Alle Passagiere raus zum Schieben. „Das kann ja noch heiter werden", denke ich, während ich tapfer neben dem Boot durch das schlammige Wasser wate, Billharziose, Schnecken, Würmer ... auf keinen Fall ins Wasser, steht in unserem Reiseführer. Aber schließlich ist das Boot frei, einsteigen, Weiterfahrt. Nach dem 10. Auflaufen ist mir alles egal. Unsere mageren Essensvorräte sind schon lange aufgezehrt, das gefilterte Trinkwasser muß streng rationiert werden, die Fahrt wird endlos. Freundlich erklärt uns ein alter Herr, daß wir möglicherweise irgendwo zur Nacht anhalten und erst am nächsten Tag weiterfahren werden, schließlich sei es ja noch sehr, sehr weit nach Mopti. „Je suis fonctionaire en retraite", erzählt er, pensionierter Beamter. Nun müßte er das Mofa seines jüngsten Enkels nach Mopti zur Reparatur bringen, da gäbe es nämlich eine richtige Werkstatt. Er reist gerne in der kühlen Jahreszeit, aber abends würde es richtig kalt werden, ob wir warme Kleidung mithätten! Uns tropft in der stickigen Hitze unter dem Strohdach der Schweiß von der Stirn. „Ja, bei Ihnen", setzt er höflich hinzu, „da ist es natürlich noch viel kälter". „Im Winter müssen wir einen Mantel tragen", erkläre ich, „und oft gefriert das Wasser zu Eis". „C'est pas possible", antwortet er entsetzt und voller Mitleid für unser schreckliches Schicksal.

Inzwischen hat die Pinasse ihren Weg zu einem breiten Nigernebenarm gefunden. Zügig geht die Fahrt voran, tatsächlich, es wird sogar etwas kühler. Im sanften Licht der untergehenden Sonne entdecken wir Reiher und Kraniche im Uferschilf, Frauen kommen zum Wasserholen an den Fluß, Rinderherden werden zur Tränke getrieben. Unsere Mitpassagiere versammeln sich zum Gebet. Den Umständen entsprechend vollziehen sie die Riten im Hocken. „Allahu Akhbar", murmeln die Männer, sich gen Mekka verneigend.

Als die Nacht hereinbricht, wagen sich unzählige Krabbeltiere aus den Getreidesäcken unter uns hervor und unternehmen eine Erkundung der „Tubabus" (Weißen). Es juckt, sticht, kitzelt, kratzt, da hilft die schönste Abendstimmung am Fluß auch nichts mehr. Außerdem taucht eine neue Komplikation auf: Wo sollen wir weißen Frauen unser Geschäft verrichten? Den ganzen Tag über beim „Steckenbleiben, Warten, Schieben, Warten" war das kein Thema und jetzt geht's schon seit 3 Stunden ohne Halt dahin. Die Malierinnen am hinteren Ende des Schiffes lösen das Problem auf ihre Weise: sie hängen sich einfach über die Reeling, in ihren wallenden Roben sieht das auch noch elegant aus. Wir haben geschickterweise Hosen an. Es hilft nichts als Selbstbeherrschung.

„Ça vous plaît au Mali?", der pensionierte Beamte möchte das Gespräch fortsetzen. Ich kann nur noch verkniffen antworten. Aber natürlich, es ist wunderbar. Ob wir bald ankommen? „Inschallah", ist die übliche Antwort. Komisch, noch gestern fand ich die Malier so liebenswert und hilfsbereit. Aber jetzt... eins steht fest: Nach Timbuktu fahre ich nie und nimmer mit so einem Boot, 10 Tage, da werde ich ja verrückt!

Mitten in der Nacht kommen wir an, Fahrzeit 16 Stunden. Noch nie habe ich mich so über ein Stehklo gefreut.

Mussa, der Nachtwächter im Hotel, ist erleichtert, daß alles gutgegangen ist. Übermorgen fährt die luxuriöse „General Sumaré" nach Timbuktu, ob er uns da Fahrkarten besorgen soll?

Das Land der Dogon

Die Dogon

Die Dogon leben im Südosten von Mali, in der Falaise von Bandiagara, einer etwa 140 km langen „Felsenküste" aus Sandstein von 250 bis 300 m Höhe. Sie zählen heute noch etwa **300 000 Bewohner**. Ihre Dörfer „kleben" z. T. wie Nester in den Felsen oder befinden sich auf dem Plateau und heute auch in der weiten Gondo-Ebene, die bis nach Burkina Faso reicht. Das seit der Erforschung durch *Marcel Griaule* bekannte Dogon-Dorf *Sanga* ist auf einer schlechten Piste erreichbar, während die anderen „Felsennester" nur durch schmale Fußpfade miteinander verbunden sind. Im Zuge der Islamisierung haben die Dogon die alten Dörfer verlassen und unten in der Ebene ein neues moslemisches Dorf gegründet. Nur vereinzelt trifft man noch animistische Dogon in ihren alten Behausungen an, wo sie auf den Tod warten; das Essen wird ihnen täglich von den im neuen Dorf lebenden Kindern gebracht. Die Dogon leben überwiegend von der **Landwirtschaft**, obwohl heute immer mehr junge Leute in den Städten Malis oder der Elfenbeinküste arbeiten. Das Recht, Ackerbau zu betreiben, wird mit der Geburt erworben; es gibt keine Besitzer oder Pächter von Ackerland, sondern lediglich Verwalter (Dorfälteste) bzw. Nutzer. Die Felder sind nur während der Regenzeit von Juni bis Oktober fruchtbar; zum Teil befinden sie sich oben auf dem Plateau, zum Teil direkt am Fuße der Felsklippen; die Gärten, in denen sie vor allem Zwiebeln anbauen, müssen künstlich bewässert werden.

Über den **Ursprung der Dogon** können nur Vermutungen angestellt werden. Die Archäologen nehmen an, daß sich die Dogon im 15. Jahrhundert, vermutlich zur damaligen Zeit Leibeigene der Mande-Völker, auf die Suche nach einer neuen Heimat gemacht und sich in der Region der Falaise von Bandiagara angesiedelt haben. Der mündlichen Überlieferung der Dogon zufolge haben sie ihre ursprüngliche Heimat wegen einer großen Dürreperiode verlassen. In manchen Quellen liest man auch, daß die Dogon auf der Flucht vor der marokkanischen Invasion gewesen sein sollen.

Wie archäologische Funde beweisen, muß in der Falaise von Bandiagara jedoch bereits vor Ankunft der Dogon eine Bevölkerungsgruppe gelebt haben; die Dogon nennen diese **früheren Bewohner Telem**. Diese kleinen, angeblich rothäutigen (pygmäenähnlichen) Menschen hatten sich weit oben in der Felswand Höhlen zu winzigen Wohnungen ausgebaut; nur mit Hilfe von Seilen gelangten sie hinauf oder hinab. Die Behausungen gibt es noch, die Telem jedoch nicht mehr, sie wurden von den Dogon verdrängt. Die Dogon verehren die Telem jedoch bis heute und halten deren Kultgegenstände, kleine Holzskulpturen, denen magische Kräfte innewohnen sollen, heilig. Die Felswohnungen der Telem benützen die Dogon als Grabstätten, aber auch als Aufbewahrungsort für Masken und andere Kultgegenstände.

Als das Gebiet der Dogon 1893 offiziell unter französische Herrschaft gelangte, widersetzten sich die Dogon ihren neuen Herren ebenso, wie sie es früher gegen Angriffe der Fulbe oder Mossi getan hatten.

Aufgrund ihres starken Unabhängigkeitssinnes und ihres relativ isolierten Lebensraumes haben sich die Dogon ihre traditionellen Riten und überlieferten Vorstellungen noch weitgehend erhalten können, wenn auch inzwischen eine starke **Islamisierung** stattgefunden hat und mitunter auch aufgrund der zahlreichen Touristen der **europäische Einfluß** mehr und mehr zu spüren ist. Der Bau einer Schule und einer christlichen Missionsstation zu Beginn dieses Jahrhunderts sowie die Verbindungsstraße von Bandiagara nach Sanga haben das traditionelle Leben dieses Ortes entscheidend verändert und weitgehend zerstört.

Heute ist *Sanga* der „Touristenort" schlechthin, in dem auch ein Bus von „Rotel-Tours" nicht fehlt. Auch über die in den Städten oder in der Fremde arbeitenden Jugendlichen kommen immer mehr neue Ideen und bis dahin unbekannte Dinge wie Transistorradio und Kassettenrekorder in die Welt der Dogon.

Die zunehmende Ruhelosigkeit nagt unaufhörlich am Bestand der Überlieferungen und zersetzt den Inhalt des alten Glaubens.

Das traditionelle Leben der Dogon steht in engem Zusammenhang mit ihren Mythen und dem Lauf der Natur.

Zentrale Bedeutung hat die **Ahnenverehrung** und ein damit verbundener kosmischer Bezug; nach der Vorstellung der Dogon ist der Mensch nach einem komplizierten Konzept in das Universum eingebunden. Nicht nur Leben und Tod, Erde und Wasser und vor allem Fruchtbarkeit sind elementarer Bestandteil der Dogon-Mythologie, sondern auch sogenannte profane Gebrauchsgegenstände wie ein Speicher oder Hirsekorb.

Dabei handelt es sich nicht um primitiven Geisterglauben, sondern um eine **monotheistisch geprägte Kosmogonie**.

Die folgende **Legende** erklärt, warum der eine Teil der Menschheit eine weiße, der andere eine schwarze Hautfarbe hat:

Amma, der einzige Gott, der Himmel und Erde geschaffen hat, schuf auch die Sonne, den Mond und die Sterne. Er hat sie aus Lehm geformt und war somit der erste Töpfer; von ihm haben die Menschen diese Kunst erlernt.

Die Sonne hat Amma aus weißem Ton geknetet, eine gewaltige Kugel mit Spiralen aus 8 Windungen in rotem Kup-

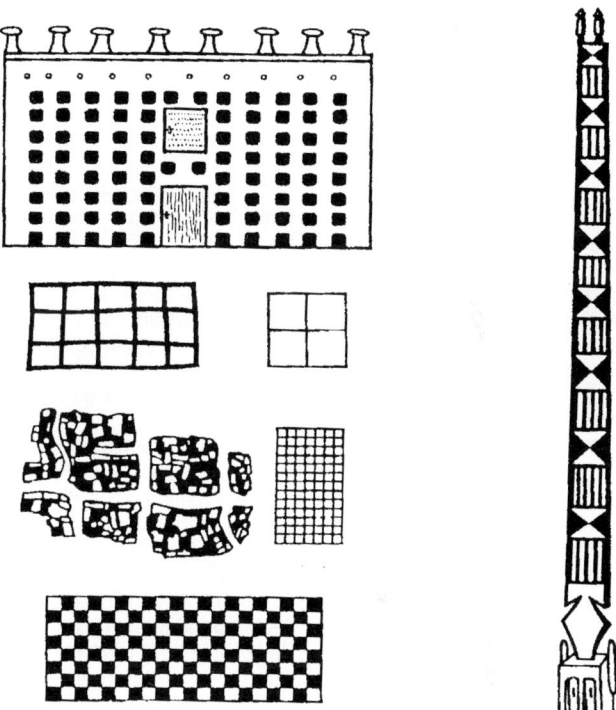

Gleiche Anordnung von Mustern an Häusern, Feldern und Kultgegenständen der Dogon

fer; diese hat er erhitzt, und davon gibt die Sonne ihr Licht. Für den Mond nahm Amma weißes Kupfer, denn das wird nicht so heiß und strahlt nicht so hell. Als Amma später die Menschen gestaltete, schuf er die einen bei hellem Sonnenschein, sie wurden schwarz, „Kinder des Lichts", die Weißen aber entstanden bei Mondschein, darum sehen sie bleich aus wie Larven.

Fast alle Kulte der Dogon, ihre Sitten und Bräuche beziehen sich auf die acht Urahnen; diese sind Zentrum ihrer religiösen Vorstellungswelt. Bei einem Spaziergang durch ein Dogon-Dorf begegnet man den Vorfahren in den Schnitzereien, auf den Haus- und Speichertüren, in den acht Säulen der *Toguna* (Versammlungshaus der Dorfältesten) sowie in den Zinnen und Nischen des *Ginna-Hauses* (Haus des Familienoberhauptes), denn Ginna heißt „Großfamilie".

Initiation und Beschneidung sind bei den Dogon gravierende Einschnitte im Leben eines jungen Menschen, denn

bei der Beschneidung wird nach dem Glauben der Dogon endgültig die Trennung der Geschlechter vollzogen.
Die zweite Stufe der Initiation vom Heranwachsenden in den Status des Erwachsenen geschieht mit der Aufnahme in den *Awa-Maskenbund*. In diese spirituelle Gemeinschaft kann ein junger Mann erst dann aufgenommen werden, wenn er stark genug ist, die große Maske zu tragen und darüber hinaus eine gewisse geistig-seelische Reife besitzt. Die Initiation der Mädchen verläuft eher profan im Frauenhaus.
Während die Maske als Zeichen männlicher Macht angesehen wird, ist das Frauenhaus Sinnbild magischer weiblicher Kräfte.
Aber Maskenkult ist *Totenkult;* Frauen dürfen daher bei Maskentänzen nicht anwesend sein – sie würden sonst unfruchtbar bzw. sterben.
Die Dogon verstehen den Tod als Folge mythischer Schuld. Am Anfang gab es den Tod nicht, die Urahnen waren noch unsterblich: Wenn sie alt wurden, verwandelten sie sich in eine Schlange oder einen Baum und blieben in dieser Gestalt mit den Lebenden in Verbindung. Daher ist auch der Baobab-Baum den Dogon heilig und als Sitz der Ahnen verehrt.
Wie der Tod auf die Welt kam, ist ebenfalls in einer Legende festgehalten. Die Feier des ersten Todes wird bei den Dogon heute noch in dem **Sirige-Fest** vollzogen, dem größten und heiligsten Fest der Dogon, das alle 60 Jahre stattfindet, also in Abständen, die etwa der Lebenszeit eines Menschen entsprechen.
Um die beim Tod freiwerdende Lebenskraft zu sammeln und den Lebenden zuzuführen, mußte man Abbilder von allen Sterblichen schaffen, die Masken. Sie werden von Männern des Maskenbundes an geheimen Orten im Busch geschnitzt. Ist ein Angehöriger der Dogon gestorben, so irrt seine Seele noch solange im Dorf umher, bis das erlösende Ritual, der Maskentanz vollzogen ist. Der Leib des Toten wird durch die Totendecke repräsentiert. Die Hinterbliebenen sorgen für ein Maskenfest, das mehrere Tage dauert und durch die Bewirtung der vielen Gäste mit großem finanziellen Aufwand verbunden ist; oft werden dafür die Erträge mehrerer Jahre gebraucht, so daß gewartet wird, bis mehrere Tote zu feiern sind und sich die Angehörigen zusammentun können.
Die Totenfeier selbst ist keine traurige, sondern eine fröhliche Angelegenheit, denn der Verstorbene darf nun ins Reich der Ahnen, das in der Vorstellung der Dogon viel schöner aussieht als ihr Land!
(Bei den obigen Ausführungen über die Dogon stützte ich mich u. a. auf die Radiosendung „Schwarze Kinder des Lichts" von Ekkehard Rudolf.)

Bandiagara

Von Mopti nach Bandiagara, der **Hauptstadt des Dogon-Landes**, gelangt man über eine gut ausgebaute Piste (Taxi-Brousse-Verkehr). Man fährt durch schöne Landschaft mit Felsplateaus und Hügeln, Bächen, Stromschnellen, Palmen und vielen Bäumen.
Bandiagara ist Verwaltungsstadt und Ausgangspunkt für Exkursionen in das Land der Dogon.
Bandiagara bedeutet „Krokodilteich". Wie dieser Name entstanden ist, erzählt die folgende **Legende**:

Getreidespeicher der Dogon

Nagabanu und seine Familie waren feindlichen Reitern entkommen und hatten in der felsigen Gegend ein Versteck gefunden, in dem sie mehrere Tage lebten. Dann waren ihre Vorräte aufgebraucht. Nagabanu ging auf die Jagd, aber er hatte kein Glück; Stunde um Stunde stieg er über die Felsen und fand keine Beute. Er ließ sich müde und traurig im Schatten einer Felswand nieder und hatte großen Durst. Da sah er plötzlich ein Krokodil; es kam auf ihn zu und schaute ihn an, als ob es etwas sagen wollte. Nagabanu erhob sich und folgte dem Tier. Das Krokodil führte ihn zu einem großen Teich, schaute ihn nochmals an und verschwand dann im Wasser. Als Nagabanu seinen Durst gestillt hatte, schaute er sich um; der Platz gefiel ihm. Er holte seine Familie und baute ein Haus; ebenso taten es seine Brüder, und so entstand Bandiagara. Die Bewohner verehren bis heute das Krokodil wie einen Ur-Vater; neben Schlange und Schildkröte zählt es zu den heiligen Totemtieren der Dogon.

PRAKTISCHE INFORMATIONEN

 UNTERKUNFT

Hotels
Campement
Auf dem Hügel in der Nähe der Brücke, ca. 7000 CFA/Person.
L'Auberge du Vieux Kansaye
Einfache Unterkunft, inzwischen etwas heruntergekommen (ca. 5000 CFA/Person), mit freundlicher Atmosphäre, geführt von einem alten Kriegsveteranen, Monsieur *Kansaye*, der während des Ersten und Zweiten Weltkriegs für Frankreich gekämpft hat und im Ort sehr angesehen ist; er kennt sich auch gut im Dogon-Land aus.

Camping
Zum **Campen** eignet sich das *Flugfeld Richtung Kani-Komboli*, wo angeblich höchstens einmal pro Jahr ein Flugzeug landet.

 ESSEN UND TRINKEN
In Bandiagara gibt es einige kleine einheimische Restaurants, außerdem Bäckereien und Lebensmittelläden, wo man sich mit Proviant für eine Exkursion ins Dogon-Land ausrüsten kann.
Café Sekou Toumounte
direkt am Markt, durchaus zu empfehlen; freundlicher Besitzer.
Restaurant *La Faïda*
in der Nähe des Kreisverkehrs, einfache Gerichte;
Bar *Point Raid*, hier wird ein kühles Bier serviert.

 AUSFLÜGE
Zu Fuß durch das Dogon-Land
Manche Dörfer sind zwar mit einem Geländefahrzeug zu erreichen, auf einer Exkursion zu Fuß werden Sie jedoch ganz andere Eindrücke von Land und Bewohnern sammeln.
Als **Asgangspunkte** für eine Tour durch die Dörfer der Falaise bieten sich *Bandiagara* oder *Bankass* an (beide Orte mit dem Taxi-Brousse erreichbar).
Als **Führer** in die Dogon-Dörfer bieten sich meist kleine Jungs und Jugendliche von 12 bis 16 Jahren an, sobald man in Bandiagara aus dem Taxi-Brousse gestiegen ist. Bevor Sie sich für einen Führer entscheiden, versuchen Sie herauszufinden, ob er in den Dogon-Dörfern gut Bescheid weiß, die Markttage kennt etc.
In Bankass sollten Sie aufpassen, daß Sie einen ortskundigen Dogon als „guide" bekommen und nicht einen Fulbe-Jungen.

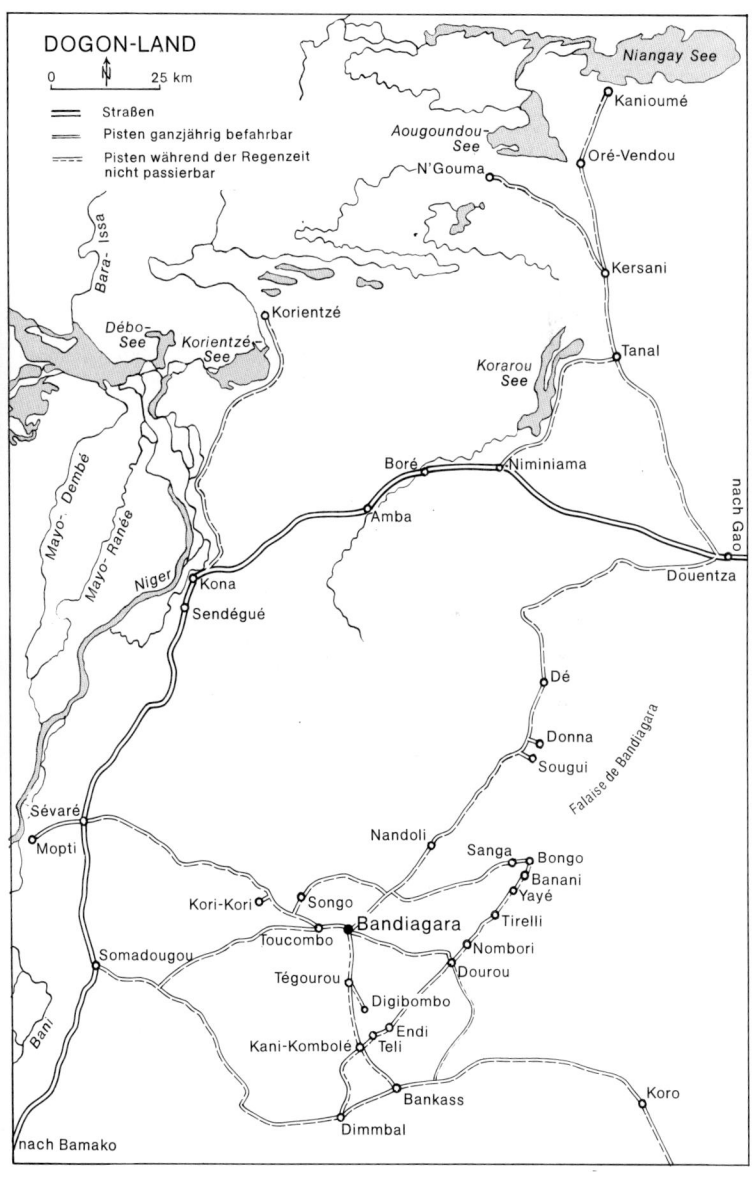

Bevor Sie Bandiagara verlassen, sollten Sie sich unbedingt mit ihrem „guide" beim *Commissaire de Police*, am Ortsausgang Richtung Sanga, melden. Dies ist nicht nötig, wenn man eine Tagestour von Bandiagara aus unternimmt.

Für eine Gruppe um die drei Personen kann man einen „guide" in Bandiagara für ca. 2000 CFA/Tag (ca. 1000 CFA für einen halben Tag) bekommen; die Übernachtung in den Dörfern (meist auf einer Matte am Boden) ist in der Regel im Preis inbegriffen, und es ist Sache des „guide", dies mit dem Dorfchef zu organisieren. Verpflegung und Getränke sind auch für den Führer zu kaufen. Für **genügend Trinkwasser** ist zu sorgen; **Entkeimung** ist unbedingt notwendig, da es in den Dörfern nur Brunnenwasser gibt. Außerdem ist zu empfehlen, sich mit genügend Tages-Proviant (Konserven, Brot etc.) in Bandiagara einzudecken.

Vergessen Sie nicht, einen Hut o. ä. als Schutz gegen die Sonne zu tragen, wenn Sie durch die Dörfer der Falaise klettern; feste Schuhe sind ebenfalls sehr zu empfehlen! Im jeweiligen Dorf, in dem man abends übernachtet, wird auf Bestellung auch eine Mahlzeit zubereitet (Reis oder Ygnam mit Soße bzw. Huhn mit Reis für ca. 1000 bzw. 1500 CFA); die Dogon selbst essen meist Hirsebrei.

Für die Besichtigung der alten Dogon-Dörfer (oben in der Falaise) wird in der Regel ein Betrag von 500 CFA/Person verlangt.

Achtung: Im Dogon-Land gibt es überall Bilharziose. Nicht baden, Wasser aus Flüssen filtern!

Die **beste Zeit zum Wandern** ist frühmorgens von 5 bis 10 Uhr und abends von 16 bis 18 Uhr; in der großen Mittagshitze sollten Sie sich nach Möglichkeit an einem schattigen Platz ausruhen, anstatt in den Felsen herumzusteigen.

Markttag ist in den Dogon-Dörfern in der Regel alle 5 Tage; in Endi jedoch sonntags, in Kani-Kombolé donnerstags.

Verhalten Sie sich gegenüber den Einheimischen bitte **respektvoll und diskret**; seien Sie nicht aufdringlich! Fragen Sie vor dem Fotografieren die jeweiligen Personen um Erlaubnis oder gegebenenfalls ihren Führer, er kennt die Tabus. Gelegentlich (nach einer Übernachtung) werden Sie sicher auch nach einem „cadeau" gefragt werden; den meisten fällt dann leider nur ein Geld-Geschenk ein. Schade!

Vorschlag für eine eintägige Tour:
Die Strecke *Bandiagara – Kani – Kombolé – Teli* und zurück ist an einem Tag machbar: Sehr schöne Wanderung die Falaise hinunter, vorbei an Wasserfällen (während der Regenzeit). In Kani-Kombolé evtl. Eselskarren mieten oder zu Fuß weiter nach Teli (ca. 6 bis 7 Std. hin und zurück); während der Regenzeit ist dies auch problemlos zur Mittagszeit möglich (Temperaturen bis ca. 35° C).

Als **mehrtägige Touren** bieten sich die folgenden Routen an:
1. *Bandiagara – Digibombo – Kani-Kombolé – Teli – Endi – Gimini – Dourou – Bandiagara.*
2. *Bankass – Kani-Kombolé – Digibombo – Endi – Teli – Bankass.*
3. *Bankass – Teli – Endi – Bankas.*

Tagesetappen:
1. *Tag: bis Teli (Digibombo, Kani-Kombolé),*
2. *Tag: bis Endi,*
3. *Tag; bis Dourou,*
4. *Tag: zurück nach Bandiagara.*

Gute Kondition ist erforderlich! Falls Ihnen die mehrtägige Tour durch die Falaise zu anstrengend wird, besteht auch die Möglichkeit, sich einen Eselskarren *(charrette d'âne,* ca. 1000 CFA/Person/Tag) zu mieten.

Dourou
Dorf mit kleinem, einfachem Restaurant in der Nähe des Marktes; alle fünf Tage Markt.

Kani-Kombolé
Dorf mit einheimischem Bar-Restaurant, das direkt am Markt liegt. Gekühlte Getränke. Markt am Do. Eselskarren zu mieten (ca. 1400 CFA/Nachmittag).

Tirelli
Campement-Restaurant. Tümpel, in dem heilige Krokodile herumschwimmen, Maskentänze.

Songo
Etwa 15 km vor Bandiagara (von Mopti kommend) führt links eine Piste (ausgeschildert, 4 km) zu dem Dorf Songo; dort gibt es eine offene Grotte, einen Initiationsplatz, wo die Symbole der Dogon-Mythologie an die Wände gemalt wurden: Heilige Totemtiere, Masken und rituelle Gegenstände bzw. Symbole. Anhand dieser Malereien werden die Beschnittenen in die Glaubenswelt eingeführt.(Besichtigung 500 CFA/Eintritt.)

Sanga
Sanga ist der **Hauptort des Dogon-Landes** und durch eine schlechte Piste mit Bandiagara verbunden. Touristisch! Sehenswert ist der **Markt** (alle fünf Tage, evtl. in Mopti oder Bandiagara vorher erkundigen) und das *Haus von Marcel Griaule.* M. Griaule war ein französischer Ethnologe, der (1933) mehrere Jahre hier gelebt hat, um die traditionellen Riten und die Gedankenwelt der Dogon zu studieren.

Unterkunft:
Campement
Ortsmitte nahe Markt, Restaurant; DZ ab 5000 CFA, kein Strom.
Mission
sympathisch, ca. 1000 CFA/Person.
Chez Les Femmes Dogonne
Übernachtung in familiärer Atmosphäre, ca. 4000 CFA pro Person; Mahlzeiten auf Bestellung.

Die Strecke von Bandiagara nach Dourou und Bankas ist interessant und landschaftlich sehr schön. Nimmt man dann die Teerstraße nach Mopti – Djenné, kann man sich den Rückweg über Bandiagara sparen. Ein Geländewagen ist erforderlich, um die abwechslungsreiche Landschaft (erst gebirgig-steinig, dann unten an der Falaise bewachsene Sanddünen, in der Gondo-Ebene dichter Baumwuchs, Savannenlandschaft wie in Kenia) zu bestaunen.

Bankass
Markt am Dienstag.
Übernachtung/Verpflegung:
Campement
Ca. 2000 CFA pro Person.
Chez Ben
Ca. 1500 CFA/Person im Mehrbettzimmer; der Besitzer, Monsieur *Ben*, ist sehr freundlich und hilfsbereit, z. B. bei der Organisation von Touren durch die Falaise. Die Bar ist ein beliebter Treffpunkt und bietet gutes Essen.

Reise zu den Dogon
Von Luisa Francia

Wer heute zu den Dogon reist, kann Pech haben und nichts von dem Zauber der alten Mythen spüren. Die „Besichtigung" der Dogon liegt in den Händen von SMERT, der staatlichen Touristenorganisation. Ohne Führer kann man kaum in die Falaise fahren, außer es gelingt einem, die Behörden auszutricksen. Vorgeführt wird dann in Sanga der traurige Rest einer untergehenden Kultur, evtl. mit Maskenfest, wie es gelegentlich für Touristen organisiert wird und nur noch selten aus wirklich religiösen Anlässen stattfindet.

Unsere Reise zu den Dogon war beglückend und bedrückend zugleich: Von einem Jungen wurden wir vom Fuß der Falaise aus zu einem alten Dorf geführt, das in die Felswand hineingebaut ist, direkt unterhalb der alten „Telem-Waben". Wir sahen den alten Kultplatz, Affenschädel in die Wand des Lehmhauses gemauert, eine Trommel, die in der Trockenheit geschrumpft war, ein Stab mit Hörnern, alte Gefäße, viele davon zerbrochen. Kornspeicher mit mythischen Zeichen in den heiligen Farben weiß, rot und schwarz, alte Holzschlösser und Leitern aus dicken polierten Ästen. Wie lange sich diese Gegenstände dort noch halten werden, ist ungewiß, denn bereits bei unserem Besuch schlich ein Dealer aus Mopti herum, um interessante Sachen zu holen und sie an professionelle „Antiquitätenhändler" weiter zu veräußern.

Der Besuch beim Chef des Dorfes verlief durchaus zeitgemäß: Zwar lag er mit anderen Männern des Dorfes im Versammlungshaus auf Liegen, die ohne Leim und Nägel nur mit Lederschnüren verarbeitet waren, aber sein Diener stand neben ihm mit einem Kassettenrekorder und ließ die Musik in vollster Lautstärke ablaufen. Der Chef wippte dazu mit den Füßen und trug eine Kappe von Caterpillar auf dem Kopf. Für das unerlaubte Betreten des Ritual-Platzes außerhalb des Dorfes wurden wir bei unserem Besuch von den Göttern auf besondere Art bestraft. Als wir herunterkamen, hatte sich das halbe Dorf an unserer Lagerstatt versammelt. Wir fürchteten, daß sie uns bestrafen wollten, weil wir das Tabu des heiligen Platzes gebrochen hatten. Stattdessen wollten sie nur unseren Abfall, den wir sauber in zwei Plastiktüten verpackt hatten. Wir mußten mit ansehen, wie sich die Männer des Dorfes um unseren Abfall prügelten.

Jean Rouche, ein französischer Dokumentarfilmer, gewann das Vertrauen der Dogon-Ältesten und durfte das nur alle 60 Jahre gefeierte Sirige-Fest filmen. Diese Dokumentation der Dogon-Kultur ist sehr sehenswert, weil ihr jede sonst bei Ethnofilmen übliche voyeuristische Peinlichkeit fehlt. Im Jahr 2030 wird (laut Kalender) dieses größte mythische Fest der Dogon, das Sigi-Fest, wieder stattfinden. Ob es dann noch Menschen geben wird, die diese Zeremonie abhalten können und noch Interesse daran haben? Oder werden sich die Menschen im Dogon-Land den Film von Jean Rouche anschauen und von vergangenen Zeiten träumen?

Der Osten und Nordosten

Achtung: In dieser Region besteht derzeit nur eine eingeschränkte Reisesicherheit; vor einem Besuch dieser Region sind daher aktuelle Informationen einzuholen und die Sicherheitsbehörden aufzusuchen.

Timbuktu

Ursprünglich war Timbuktu ein Handelsstützpunkt der Kamelkarawanen *(Azelai)* der Tuareg-Nomaden auf ihrem Trans-Sahara-Handel. Der Legende nach bekam dieser Ort seinen Namen von einer Frau namens Buktu, die den dortigen Brunnen (in Tamaschek heißt *tin* übersetzt Brunnen) bewachte; Timbuktu heißt somit „der Brunnen der Buktu".

Als **„Hafen der Wüste"** und Endpunkt des Trans-Sahara-Handels gewann Timbuktu immer mehr an Bedeutung; die Händler tauschten Gold, Elfenbein und Sklaven gegen das lebensnotwendige Salz aus der Sahara.

Im 15. Jh. hat sich dieser Ort zu einem der größten kulturellen Zentren des Sudan entwickelt: Berühmte Professoren und Wissenschaftler kamen aus Kairo an eine Universität, die in ihrer Blütezeit 20 000 Studenten beherbergt haben soll; über hundert Koranschulen gab es in der Stadt. Es entstand außer-

Timbuktu, historische Abb. nach einer Lithographie von Heinrich Barth

dem eine große Bibliothek, in der es Kopien der wichtigsten philosophischen Werke gab. Neben der arabischen Sprache wurden Fächer wie Rhetorik, Recht, Medizin und die Auslegung des Koran gelehrt. Der Rang der Stadt kommt in einem sudanesischen Sprichwort zum Ausdruck: *„Salz kommt aus dem Norden, Gold aus dem Süden und Silber aus dem Land des weißen Mannes, aber das Wort Gottes und die Schätze der Weisheit sind nur in Timbuktu zu finden".*
Im 16. Jh. setzte die Invasion der Marokkaner der Blütezeit dieser sagenumwobenen Stadt ein Ende; die meisten Gelehrten wurden verschleppt.
Auch wenn sich der Trans-Sahara-Handel auf die Fezzan-Route verlagert und Timbuktu damit an wirtschaftlicher Bedeutung verloren hat, machen sich auch heute noch jährlich zahlreiche Karawanen auf den beschwerlichen Weg in die Wüste. Ist eine Kamelkarawane von ihrer Reise zurückgekommen, so findet der sogenannte **Azelai-Markt** statt, ein Höhepunkt des gesellschaftlichen Lebens Timbuktus. Aufgrund der Berichte arabischer Reisender hatte man bereits früh in Europa von der sagenumwobenen Stadt Timbuktu gehört. Mehrere europäische Entdeckungsreisende besuchten Timbuktu. Der Schotte *Alexander Gordon Laing* erreichte im Jahre 1826 als erster Europäer diese Stadt, wurde jedoch kurze Zeit später ermordet. Zwei Jahre später kam der Franzose *René Caillé* als Araber verkleidet nach Timbuktu, und im Jahre 1853 lebte der Deutsche Forschungsreisende Heinrich Barth hier für einige Zeit und fertigte die ersten detaillierten Berichte über diese Stadt an.
Heute ist Timbuktu eine alte, verfallene Sahelstadt mit heruntergekommenen Lehmbauten und höchstens 20 000 Einwohnern; von dem Glanz der ehemaligen intellektuellen Hochburg des Islam ist so gut wie nichts mehr zu spüren.

Sehenswürdigkeiten

Sehenswert sind die Häuser, in denen die drei erwähnten europäischen Entdeckungsreisenden *René Caillé, Gordon Laing* und *Heinrich Barth* gewohnt haben, als sie im 19. Jh. diesen sagenhaften Ort besuchten.
Interessant sind auch die alten Bürgerpaläste aus dem 15. und 16. Jh., deren Fassaden, ähnlich wie in Djenné, mit zahlreichen Friesen, Säulen, Pilastern und Kapitellen verziert sind.
In Timbuktu, das zwar aus mehreren Stadtteilen *(Djinger-ber, Sankoré, Sarakaina, Badjinde)* besteht, jedoch nicht sonderlich groß ist, kann man alle Entfernungen gut zu Fuß bewältigen.
Hinweis: Bei einem Spaziergang durch die Stadt werden Sie mit Sicherheit von zahlreichen „Nasara" (= Christ) rufenden Kindern begleitet bzw. verfolgt, die um ein „cadeau" oder „bic" bitten. Bekommen sie nicht, was sie wollen, werfen sie mitunter auch mit Steinen; dies sollte Sie jedoch nicht dazu veranlassen, ihnen Geld zu schenken!

Markt

Der Markt liegt etwas außerhalb des alten Stadtkerns; eine besondere Attraktion ist dieser Markt, wenn eine Kamelkarawane gerade mit Salzladungen aus *Taoudenni* angekommen ist. Neben Deckenhändlern findet man vor allem die berühmten Lederarbeiten der Tuareg.
Die Tuareg leben in Zeltlagern in der Umgebung von Timbuktu. Sie kommen in die Stadt, um ihre Lederarbeiten zu verkaufen; wenn Sie Interesse daran

haben, ein Tuareg-Zelt von innen zu sehen, fragen Sie, ob Sie mitkommen und eventuell auch ein paar Tage mit ihnen verbringen dürfen (Preis vorher aushandeln!).

**Moschee Djinger-Ber
(Grande Mosquée)**
Diese größte Moschee Timbuktus liegt im gleichnamigen Quartier, am südwestlichen Stadtrand. In der Nähe befinden sich die Häuser, in denen René Caillé und A. Gordon Laing gewohnt haben. Fort Bonnier.

Moschee Sidi Yahia
Im Stadtviertel Sarakaina gelegenes, kleinstes Gotteshaus Timbuktus. Ein paar Straßen weiter befindet sich das Wohnhaus, in dem Heinrich Barth während seines Aufenthaltes (1853/54) in Timbuktu lebte; heute erinnert noch eine Inschrift über dem Hauseingang an seinen Besuch.

Moschee Sankoré
In dieser am nordöstlichen Stadtrand gelegenen Moschee befindet sich auch die mittelalterliche **Universität** Timbuktus; im gleichnamigen Quartier wohnen vor allem die Vornehmen und Reichen der Stadt. Fort Philippe.

PRAKTISCHE INFORMATIONEN

 UNTERKUNFT
Hotels
Relais Azalai (Sofitel)
Luxushotel, etwas außerhalb der Stadt gelegen; im Restaurant wird ein Menu für ca. 4500 CFA serviert; ein DZ mit Air-Condition für ca. 22 000 CFA; B.P. 64, Tel. 92 11 63.
Reservierungen über die Agentur Sofitel in Bamako.

Hotel Bouctou
ehemal. Campement, je nach Komfort verschiedene Preiskategorien; DZ ca. 5000 bis 7000 CFA inkl. Frühstück. Menü ca. 3000 CFA, Bier 900 CFA. Camping 1500 CFA/Pers. Nachts sollte man das Auto bei der Polizei unterstellen.

 ESSEN UND TRINKEN
Restaurants/Verpflegung
Außer dem Restaurant *Le Sénégalais*, gegenüber vom Markt, und den Restaurants der oben genannten Hotels, gibt es kleine afrikanische Restaurants (wie z. B. *Poulet d´Or*), die jedoch nur zu Essenszeiten geöffnet haben; außerdem einige kleine Läden und einen Supermarkt (wenig Auswahl).

 VERKEHRSVERBINDUNGEN
Der **Flugplatz** von Timbuktu liegt etwa 9 km südlich der Stadt, Richtung *Kabara*. Seitdem man mit dem Gambia-Air-Shuttle (von Banjul) hierher „jetten" kann, kommen die Touristen wieder in Scharen (z. B. an einem Tag für drei Stunden 54 Japaner und 24 Deutsche).
Taxis bekommt man in der Nähe des großen Marktplatzes.
Anlegestelle der großen Schiffe ist der Hafen *Kabara*, etwa 10 km südlich der Stadt. Timbuktu liegt heute nicht mehr direkt am Niger, da der Fluß seinen Lauf geändert hat. Zwischen der Anlegestelle und der Stadt herrscht reger Taxi-Verkehr.

 SONSTIGES
Formalitäten
Sofort nach der Ankunft bei der Polizei melden (Gebühr 1000 CFA)!
Post
Nahe des Place de l'Indépendance.

Bank
Nahe Place de l'Indépendance. Reiseschecks nach Möglichkeit besser in Mopti oder Gao wechseln!

Sicherheit
Die Situation in Timbuktu ist laut Auskunft Einheimischer (wieder) ruhig. Die Atmosphäre in der Stadt sei freundlich und entspannt. Bandenüberfälle gäbe es keine mehr und die Rebellen würden die Gegend in Frieden lassen.
Selbst die Salzkarawanen nach *Taoudenni* könnten heutzutage wieder begleitet werden.

Von Mopti über Timbuktu nach Gao

Mopti – Timbuktu
Timbuktu ist von Mopti mit dem Auto nur in den Monaten April bis Juni zu erreichen.
Zunächst von Mopti via *Sévaré* auf guter Asphaltstraße nach *Kona* (Treibstoff); dort links Abzweigung (Richtung *Niafounké*) auf guter Piste (zur Regenzeit auch bis Korientzé schlecht) bis nach *Korientzé* (großer Markt, gleichnamiger See mit zahlreichen Vögeln).
Je nach Wasserstand mehrere Fähren oder Furten; obwohl sich die Piste jedes Jahr etwas verändert, bleibt sie durch die Markierung (Betonwürfel) leicht erkennbar. Im Dorf *Saraféré* (ohne Versorgungsmöglichkeiten) macht die Piste einen Knick nach Nordwesten; evtl. muß man den Bara Issa-Fluß mit einer Fähre überqueren.
Die verbleibenden ca. 35 km bis *Niafounké* fährt man durch eine schöne Landschaft mit zahlreichen kleinen Dörfern und verschiedenen Vögeln; je nach Wasserstand sind mehrere untiefe, schlammige Furten zu durchqueren.
Kurz vor *Niafounké* Fähre über den Niger (ca. 1500 CFA).
Weiter geht es auf sandiger Piste nach *Goundam;* sie folgt teilweise der Telefonleitung.
Die Strecke *Tonka – Goundam* ist sehr schlecht: Viel Sand und tiefe Fahrspuren! In dem Dorf Goundam gibt es Lebensmittel und Unterkunftsmöglichkeiten sowie Treibstoff und einen Automechaniker.
Will man einen Abstecher zu dem fast völlig ausgetrockneten *Faguibine-See* machen, so sollte man sich einen der Tuareg-Hirten als Führer anheuern.
Die Piste nach Timbuktu folgt weiterhin der Telefonleitung.

Timbuktu – Gao
Diese 424 km lange Strecke ist während der Regenzeit nicht befahrbar; die ersten 134 km sind zudem auch in der Trockenzeit sehr schlecht. Dünengelände und zum Teil dichtes Dornengestrüpp. Lkw-Verkehr.
Wenn Sie durch *Bourem* kommen, sollten sie sich unbedingt bei der Polizei melden! Von Bourem bis Gao (92 km) führt eine relativ gute Piste.

Von Mopti über Douentza nach Gao
Mopti – Douentza
Douentza erreicht man von Mopti auf 207 km guter Teerstraße. Die Straße führt durch Savannenlandschaft mit relativ vielen Bäumen (Baobab, Ölpalmen) und Reisfeldern; hübsche Dörfer, von denen fast jedes eine kleine Moschee im sudanesischen Stil hat, säumen die Strecke. Besonders hübsch ist die Moschee von *Boré*, 64 km westlich von Douentza. Die Häuser in den Dörfern sind meist aus Lehm gebaut und

mit Stroh gedeckt; daneben befinden sich oft schöne viereckige Lehmspeicher. Unterwegs zahlreiche Polizeikontrollen.

Douentza

Kleiner Ort mit Lehmhäusern. In der Regenzeit fließt in die nicht abgedeckten Brunnenlöcher Schmutzwasser, so daß die Gefahr von Infektionskrankheiten sehr groß ist.

Versorgungsmöglichkeiten: Brot am Markt, Bier in der *Bar Bollou Doussou* (von der Teerstraße links ab ca. 200 m in Richtung Markt) erhältlich. Leerflaschen mitbringen! Großer Wochenmarkt am Sonntag. Diesel (auf dem Schwarzmarkt) in Fässern. Camping möglich. Zoll- und Polizeikontrolle.

Von Douentza zweigt eine Piste in Richtung Bandiagara ab; ca. 80 km durch schöne Landschaft.

Douentza – Hombori – Gao

Gute Asphaltstraße (393 km). Eine landschaftlich schöne Strecke vorbei an den berühmten **Tafelbergen von Hombori**, die schon von Heinrich Barth Mitte des 19. Jh.s gezeichnet wurden (*Hombori Tondo* und *Hand der Fatima*). Wer Zeit hat, sollte hier unbedingt wandern: Herrliche Klettergipfel für geübte Bergsteiger, aber auch (im Sommer) Wanderungen zu schönen Dörfern sowie Wasserfällen in den Bergen.

2 km vor dem Dorf *Kikiri* (57 km von Douentza) ist links (während der Regenzeit, Sommer) ein Wasserfall; man wandert das Bachbett hinauf eine ¾ Std. bis zur Quelle. Oberhalb der Quelle bei dem letzten großen Baum befindet sich ein Felsüberhang *(Abri)* mit Zeichnungen, ähnlich denen der Dogon von Songo (Bandiagara). In dem kleinen Dorf *Boni* ist Do Markt.

Die Hombori-Berge im 19. Jh.; Lithografie von H. Barth

Hombori

Kleines Dorf, von Douentza aus nach 142 km Richtung Gao. Di ist Markt; ein Besuch lohnt sich. Bei dem Antiquitätenhändler kann man allerhand Kurioses finden, u. a. Steinschmuck der Tuareg, Masken und Statuen der Dogon sowie manche kleinen Gebrauchsgegenstände der Fulbe oder Songhay.

Unterkunft/Verpflegung

Camping für 1500 CFA/Person möglich; keine sanitären Anlagen.
Das kleine Restaurant *Chez la Sénégalaise* serviert gutes Essen.

Achtung: Zur Zeit ist die Strecke **Hombori – Gao nur im Konvoi** mit Militärbegleitung zu befahren (ein Konvoi fährt zweimal pro Woche. Im Dezember 1993 war die Strecke wegen Bandenüberfällen völlig gesperrt. Vor Ort genaue Informationen erfragen!).
Die Asphaltstraße führt weiter durch typische Sahellandschaft; es wird zunehmend sandiger und karger, je näher man Gao kommt.

Gao

Die einst blühende Residenzstadt der alten Songhay-Könige fiel Ende des 16. Jh.s in die Hände der Marokkaner und ist heute ein **kleiner, geschäftiger Flußhafen**, die letzte Station der Niger-Fluß-Schiffahrt und erster Stop für die Saharadurchquerer (Reggane – Tessalit-Strecke). So wie früher die Kamelkarawanen die Stadt aufsuchten, sind es heute die Touristen-Karawanen. Die Atmosphäre dieser Sahelstadt mit ihren etwa 43 000 Einwohnern wird aber dennoch entscheidend vom alltäglichen Leben der dort ansässigen Bevölkerung geprägt. Die Straßen der Stadt sind fast alle ungeteert und staubig, die Märkte sind bunt und wimmeln von Menschen. Hier treffen sich Songhay-Bauern, Sorko-Fischer, Tuareg, Bella, Fulbe-Hirten sowie Bambara- und Haussa-Händler. Auf dem *Grand Marché* gegenüber vom Hotel Atlantide findet man Gemüse, Früchte, Fleisch sowie eine Ecke mit kunstgewerblichen Gegenständen; der *Petit Marché* neben der Polizeistation ist dagegen auf Kleidung und traditionelles Handwerk beschränkt.

Achtung: Sie sollten sich **sofort nach Ankunft** beim *Commissaire de Police* **melden** und Ihren Paß stempeln lassen (nur bis Mittag geöffnet!); Gebühr 1000 CFA, ein Photo braucht man dazu ebenfalls. Visaverlängerung ist dort auch möglich; Gebühr ca. 5000 CFA, plus ein Photo.

Hinweis: Die Polizei in und um Gao versucht bei jeder Gelegenheit abzukassieren. Ein nicht gesetzter oder nicht funktionierender Blinker z. B. kann Unsummen kosten. Freundliches Zureden und Verhandeln bringt einiges. Steuermarken für das *Laissez-passer* erhalten sie auf der Post.

Sehenswürdigkeiten

Grab von Askia

Ca. 15 Min. zu Fuß vom Zentrum. Der Marabout erwartet eine freiwillige Gebühr nach eigenem Ermessen von ca. 1000 CFA.
Die *Askia* waren eine *Songhay*-Dynastie (1493 bis 1591) mit der Hauptstadt in Gao. Das merkwürdige in sudanischem Stil erbaute Grab hat die Form einer Pyramide.

Museum

Kleine archäologische Sammlung. Gegenstände des alltäglichen Lebens der nördlich von Gao ansässigen Bevölkerung, unter anderem ein Tuareg-Zelt; am Samstag geschlossen.

PRAKTISCHE INFORMATIONEN

 UNTERKUNFT

Hotels/Camping
Hotel Atlantide
Altes Hotel gegenüber vom Markt, DZ (inklusive Frühstück) mit Ventilator ca. 7000 bis 9000 CFA und mit Air-Condition ca. 11 000 bis 15 000 CFA; Übernachtung auf der Terrasse (kalt und windig) 1500 CFA/Person. Die Bar ist ein beliebter Treffpunkt. Restaurant.
Camping Bangi
Ungefähr 1,5 km vom Zentrum entfernt; ca. 2000 CFA, Mahlzeiten für etwa 1500 CFA/Person.
Chez Yarga
Camping ca. 2500 CFA. Dachterrasse; 7 km vom Zentrum (Richtung Fulbe), 2000 CFA/Person, 500 CFA/Fahrzeug. Sauber, einfach, mit Duschen aus Fässern. Café-Restaurant Yarga billiger als Hotel Atlantide.
Camping Askia
Nahe beim Zentrum.
Camping Tizi Mizi
Rechts an der Stadtausfahrt Richtung Niamey, Restaurant, 1500 CFA/Person; Disco bis 4 Uhr früh!
Achtung: Kinder werden ihre Dienste anbieten: die Wäsche nicht von ihnen waschen lassen, da die Kleidung selten zurückgebracht wird. Wäsche am Campingplatz waschen lassen.

 ESSEN UND TRINKEN

Restaurants/Cafés/Bars
Oasis
Bar-Restaurant; kaltes Bier für ca. 500 CFA, Limo ca. 400 CFA, auch zum Mitnehmen.

Grab der Askia

La Sénégalaise
Nördlich vom Pl. de l'Indépendance.
Restaurant Islamique
Schattiger Innenhof.
Blackpool
Restaurant-Café, das einen kleinen Imbiß (wie z. B. Omelette) serviert.
Terry Sabine
Marokkanische Küche; an der Straße zum Campement Bangi gelegen.
Café Sportif
Hier kann man es sich eine Zeitlang bei eisgekühlten Getränken bzw. Tee oder Kaffee und „Oldies" gemütlich machen. Außerdem gibt es zahlreiche Straßenstände, an denen man für ein paar hundert CFA gegrilltes Lammfleisch bekommt.

 VERKEHRSVERBINDUNGEN
Fähre
Eine Fähre setzt ein paar Kilometer südlich von Gao über den Niger; um in Richtung Mopti zu gelangen, muß man diese benützen; ca. 2500 CFA werden für einen Peugeot 504 verlangt, ca. 1500 CFA für ein Motorrad und ca. 6000 CFA für Campingmobile (Mercedes 207 D). Außerhalb der normalen Fährstunden (z. B. Sa/So) sind für jedes Fahrzeug 5000 CFA zu zahlen.

Taxi-Brousse/Busse

Taxi-Brousse fahren die Strecke Gao-Mopti für ca. 5000 CFA pro Person.
Busse (z. B. CMTR) von Gao nach Mopti bzw. Bamako fahren Mo und Do am Nachmittag los; Plätze einen Tag vorher reservieren! Die Preise (Stand 1993) für die Strecke Gao – Mopti ca. 4000 CFA, für die Strecke Gao – Bamako ca. 8000 CFA und Gao – San ca. 5000 CFA/Person plus Gepäck.

Flüge

Die inländische Fluggesellschaft *Air Malitas* bedient einmal pro Woche (Di) die Strecke Gao – Mopti bzw. Gao – Bamako. Preisbeispiel: Strecke Gao – Mopti ca. 50 000 CFA. Das Büro befindet sich in der Nähe des Marktplatzes.

 SONSTIGES

Geldwechsel
Die *BDM-Bank*, die einzige in Gao, wechselt keine Travellerschecks; geöffnet Mo bis Fr von 8–11 Uhr.

 AUSFLÜGE

Pirogenfahrten
Auf dem Niger zum Beispiel zu den Rosa Dünen, 5 km von Gao entfernt. Vorsicht vor einem Bad im Niger, Bilharziosegefahr!

Wadi Tilemsi
Ein Tal an der Straße nach *Tessalit;* hier befinden sich neolithische Stätten, die auf das Jahr 1500 v. Chr. datiert werden. Derzeit ist diese Region wegen der Tuaregunruhen für Touristen gesperrt. Wichtiges Viehzuchtgebiet der Tuareg mit riesigen Herden. Während der Regenzeit ist alles grün mit vielen feuchten Niederungen; immer wieder begegnet man großen Tierherden und den riesigen Mattenzelten der Tuareg.

Von Gao in Richtung Süden (Niger)

⇨ Gao – Niamey 450 km.

Gao – Ansongo
Zunächst 40 km schlechte Piste, dann 55 km Wellblechpiste durch schöne Landschaft. In **Ansongo** Polizeikontrolle. Lebensmittel, Treibstoff (auf dem Schwarzmarkt).

Ansongo – Ayorou (Grenze)
Eine steinige Wellblechpiste führt durch Savannengebiet; gelegentlich sind Giraffen und Warzenschweine zu sehen. Nach 55 km erreicht man das Dorf **Fafa**, das eine schöne Lage am Fluß aufweist.
Übernachtung im *Campement* (geöffnet von September bis April), Restaurant, DZ ca. 3000 CFA, Camping für ca. 1000 CFA.
In **Labbézanga** Polizei- und Zollposten (Grenzstation nach Niger und Ausreisekontrolle von Mali; eine Ausreisegebühr von ca. 3500 CFA/Fahrzeug wird an der Grenze nach Mali erhoben).
Eine schlechte Piste mit schwierigen Furten führt zum Dorf *Firgoun*. Ausflugsmöglichkeiten auf Pirogen (Flußpferde). Hier findet auch die Polizeikontrolle statt.
Ein paar Kilometer hinter dem Dorf findet die Zollkontrolle statt; alles wird gründlichst durchsucht! Die Beamten erwarten in der Regel „Geschenke" oder bedienen sich selbst!
In dem nächsten Dorf **Ayorou** besteht Übernachtungsmöglichkeit im *Campement*, das sehr teuer ist und nur im Winter geöffnet hat! Unterkunft beim alten Targi im *Restaurant La Pirogue* wurde polizeilich verboten! Sonntags schöner Markt. Pirogenfahrten auf dem Niger. Nigerische Polizei- und Zollkontrolle.

Regenzeit im Wadi Tilemsi

Von Gao Richtung Norden (Algerien)

⇨ Gao – Tessalit 525 km.

Achtung: Wegen der Tuaregaufstände ist die Strecke seit Ende 1990 gesperrt. Es handelt sich um eine schwierige, teils sehr sandige Piste, die zwar immer wieder von Peugeots befahren wird (Einsanden normal, Sandbleche nötig), aber für solche Fahrzeuge eigentlich nicht zu empfehlen ist. Geländewagen sind angebracht. Die Strecke führt am *Wadi Tilemsi* entlang – Siedlungsgebiet der Tuareg und uralter Karawanenweg *(s. o.)*. Im Mittelalter führten hier die Karawanen von Timbuktu über Gao nach Tessalit und weiter nach Algerien. Nach Regenfällen ist es dort sehr grün, und die Piste wird schlammig. Malerisch die vielen Tuareg-Zelte und riesigen Viehherden!

Nach 244 km erreicht man den kleinen Ort **Anéfis** und den Südrand des *Adrar des Iforhas* (Adrar = Gebirge), Siedlungsgebiet der Tuareg. Nach weiteren 217 km (sandig) Abzweigung nach *Kidal* (rechts). Geradeaus geht es weiter auf einer Wellblechpiste nach *Aguelhok,* zeitweise steinig bis Tessalit. Mondlandschaft, kahle schwarze Berge mit sandigen Flächen.

Tessalit

Tessalit ist ein hübscher kleiner Ort, der malerisch zwischen Palmen und schwarzen Bergen gelegen ist. Kleiner Markt.

Hier werden die Ausreise- bzw. Einreiseformalitäten für die Fahrt nach/von Algerien (Polizei, Zoll, Versicherung) erledigt.

Eine touristische Infrastruktur existiert infolge der Tuareg-Aufstände und des damit zusammengebrochenen Tourismus nicht (mehr). Der Besitzer des ehemaligen, sehr schönen *Camping Sahel Vert* ist nach Gao gezogen, um dort sein Glück zu versuchen.

Wasser gibt es aus dem Brunnen (mit elektrischer Pumpe). Der Brunnenaufseher erwartet ein kleines Trinkgeld fürs Wasser heraufholen.

Republik Niger

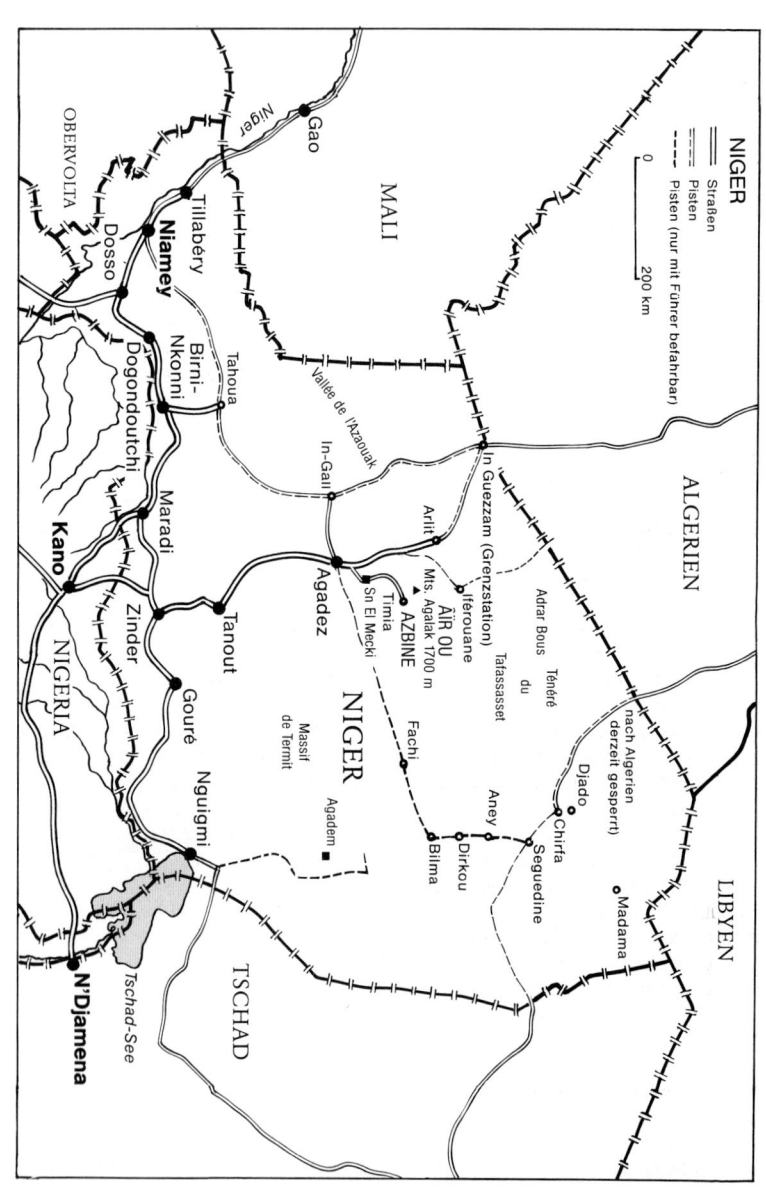

Landeskundliche Informationen

Geographie

Das Staatsgebiet der Republik Niger bedeckt eine Fläche von insgesamt 1 267 000 qkm, wovon etwa **zwei Drittel Wüste** bzw. Halbwüste sind. Wie einige alte Felszeichnungen zeigen, ist dieses Gebiet jedoch vor etwa 6000 Jahren sehr fruchtbar und dicht besiedelt gewesen. Heute ist der Norden vor allem durch den Sand der *Sahara* gekennzeichnet, im Südwesten findet man Savannengebiete und im Süden, zwischen der Hauptstadt *Niamey* und dem *Tschad-See*-Gebiet, erstreckt sich ein breiter *Sahel*-Streifen.

Den Namen hat dieses Binnenland von dem westafrikanischen Strom *Niger*, der den äußersten Südwesten des Landes durchfließt. Der *Komadougou-Gana*, der die südöstliche Grenze bildet und der nigerische Teil des *Tschad-Sees* sind die anderen beiden Gewässer, die das ganze Jahr über Wasser führen. Die zahlreichen Trockenflußbetten *(kori)* und ausgetrockneten Wasserpfannen führen nur vorübergehend nach Regenfällen Wasser.

Die Republik Niger grenzt im Norden an Algerien und Libyen, im Westen an Mali und Burkina Faso, im Osten an die Republik Tschad und im Süden an Benin und Nigeria. Zu Nigeria bestehen aufgrund der auf beiden Seiten der Grenze lebenden *Haussa* enge (sowohl kulturelle als auch wirtschaftliche) Beziehungen.

Die Landschaft im Süden und Südwesten ist durch endlos weite Ebenen charakterisiert, während in der Sahara (im Norden) das Gebirgsmassiv des *Air* mit seiner höchsten Erhebung, dem *Mont Greboun* (2310 m), die Landschaft prägt. Zwischen dem Air-Massiv, dem *Djado-Plateau* und der *Kaouar-Stufe* erstreckt sich die *Ténéré-Wüste*, eine riesige Sandebene mit einer Fläche von etwa 350 000 qkm.

Der heutige Tschad-See ist nur ein winziger Überrest des großen Binnenmeeres, welches in früheren Zeiten von Flüssen aus dem Air-Massiv gespeist wurde.

Klima

Niger hat ein **kontinental-saharisches Klima mit zwei Jahreszeiten**: die Trockenzeit von November bis Mai, in der es tagsüber sehr heiß und nachts sehr kühl ist, und die Regenzeit von Juni bis Mitte Oktober mit hohen Temperaturen und häufigen Regenfällen (davon die meisten im August). Im Norden des Landes fällt jedoch oft mehrere Jahre lang kein Niederschlag. Charakteristisch für diese Region sind starke Schwankungen zwischen Tages- und Nachttemperaturen, wobei in den Monaten Dezember bis Februar (v. a. in der Sahara) mit Temperaturen um den Gefrierpunkt zu rechnen ist. Die durchschnittlichen Tagestemperaturen betragen im Mai: 45° C in Agadez und 42° C in Niamey. Die heißesten Monate sind April bis Juni, weshalb man Reisen in den Niger zu dieser Zeit vermeiden sollte.

Beste Reisezeit: zwischen November und März.

Pflanzenwelt

Aufgrund der geringen jährlichen Niederschläge (max. 250–700 mm/Jahr) und dem damit einhergehenden Wassermangel ist die **Vegetation recht dürftig**. Während die saharische Region mehr oder weniger vegetationslos ist, gedeihen in den südlich angrenzenden Regionen Gras- und Dornbüsche (u. a. Akazien), ein ideales Weideland für die Herden der Tuareg- und Fulbe-Nomaden.

In den Tälern des Air-Massivs findet man gelegentlich Dattelpalmen und Dumpalmen.

Weiter im Süden trifft man dann auf dichtes Buschgestrüpp sowie *Baobab-Kapok-* und *Kariténuß-*Bäume. Hier ist das eigentliche Ackerbaugebiet, in dem je nach Grundwasserstand auch Erdnüsse, Hirse und Baumwolle, in manchen Gegenden sogar Zwiebeln angebaut werden.

Bevölkerung

Die über 8 Mio. **Einwohner** setzen sich im wesentlichen aus fünf **ethnischen Gruppen** zusammen:

Haussa

Sie bilden etwa die Hälfte der Bevölkerung und leben in der Region zwischen *Dogondoutchi* und *Zinder* überwiegend als Händler. Sie sind Moslems, haben jedoch bis zum heutigen Tag animistische Traditionen beibehalten.

Ihre Sprache ist die in dieser Region Westafrikas, ebenso wie im benachbarten Nigeria, dem Heimatland der Haussa, am weitesten verbreitete Händlersprache.

Djerma-Songha

Sie stellen etwa 20% der gesamten Bevölkerung und leben überwiegend als Ackerbauern. Ihre Heimat ist das Gebiet westlich des Nigerflusses bis zur Grenze nach Mali.

Fulbe (Peulh)

Diese von der Viehzucht lebende Ethnie, die etwa 11% der Bevölkerung des Landes ausmacht, ist auch in den angrenzenden Ländern Mali und Burkina Faso sowie im Tschad anzutreffen. Die *Bororo* bilden eine besondere Gruppe unter den Fulbe *(siehe Bevölkerung/Allgemeiner Teil)*.

Kanuri und Beri-Beri

Eine kleine Gruppe von ca. 200 000 Mitgliedern, die in der Gegend östlich von Zinder bis zum Tschad-See von Ackerbau und Fischfang lebt.

Tubu

Sie kommen aus dem Tibesti-Gebirge (Tschad) und leben im äußersten Nordosten des Landes.

Tuareg

Sie bevölkern den ganzen Norden entlang der Achse *Ayourou-Tahoua-Tanaout;* die *Buzu* sind ihre alten Sklaven. Im äußersten Osten des Landes leben auch ein paar Araber.

Europäer

Von den ca. 6000 im Land lebenden Europäern sind über die Hälfte Franzosen.

Die **Bevölkerungsdichte** ist entsprechend der geographischen Gegebenheiten sehr unterschiedlich. Während im Süden (vor allem im Nigertal) etwa 97% der Bevölkerung leben, ist der Norden fast menschenleer. Schätzungen zufolge gehen etwa 50 000 Nigerer als „Gast- bzw. Wanderarbeiter" ins Ausland und ca. 1–2 Mio. Nigerer leben in den Nachbarstaaten (vor allem in den südlich angrenzenden Küstenländern.)

Sprachen

Amtssprache ist Französisch; Verkehrssprachen sind *Haussa* (verschiedene Dialekte), *Fulfulde, Songhay-Djerma* und *Tamaschek*.

Religionen

Etwa 95% der Bevölkerung bekennt sich zum **Islam** (sunnitische Moslems). Etwa 4,5% sind Anhänger traditoneller Naturreligionen, etwa 0,5% sind Christen.

Geschichte

Der heutige Staat Niger entwickelte sich aus verschiedenen vorkolonialen ethnischen und politischen Gruppierungen.

Im westlichen Teil der heutigen Republik Niger entstand im 8. Jahrhundert das Songhay-Reich *(s. Geschichte im Allg. Teil)*, im östlichen im 9. Jahrhundert das Kanem-Bornu-Reich. Im Gebiet zwischen diesen beiden Reichen breiteten sich im 15. Jahrhundert die Haussa aus und errichteten **Stadtstaaten**, die sich zu den mächtigsten Handels- und Wirtschaftszentren der Region entwickelten.

Als die europäischen Entdeckungsreisenden (*Mungo Park* und *Hornemann*) im 19. Jahrhundert das Land besuchten, waren diese einst mächtigen Reiche bereits weitgehend zerfallen. Zahlreiche, untereinander zerstrittene Tuareg-Gruppen herrschten damals über das Gebiet zwischen Niger und Tschad-See. Als dann die **Franzosen** gegen Ende des 19. Jahrhunderts in dieses Gebiet eindrangen, leisteten mehr oder weniger nur die Tuareg Widerstand, dafür entsprechend heftig.

Seit 1890 steht das Gebiet der heutigen Republik Niger unter französischem Einfluß; es wurde in den Jahren 1897–1899 von Frankreich besetzt und im Jahre 1910 Teil von Französisch-Westafrika. 1922 führte man eine zivile Kolonialverwaltung ein.

Regierung

Am **3.8.1960** erhielt die Republik Niger unter Präsident *Hamari Diori* ihre **Unabhängigkeit**. Starke innenpolitische Differenzen und Probleme (vor allem infolge der großen Dürren und der daraus resultierenden katastrophalen wirtschaftlichen Versorgungssituation), Korruption und mangelnde Effektivität der Verwaltung provozierten im Jahre 1974 einen Militärputsch, der Oberstleutnant *Seyni Kountché* an die Macht brachte.

Nach dessen Tod am 10. Nov. 1987 übernahm Brigadegeneral *Ali Saibou* die Funktion des Staatsoberhauptes. Seit Mai 1989 ist er Präsident der Einheitspartei MNSD *(Mouvement National pour la Société de Dévelopement)* und des Obersten Rates für Nationale Orientierung (CSON). Der Staatschef ist nicht nur Präsident der MNSD und des Exekutivbüros BEN *(Bureau Exécutif National)* sowie der CSON: auch die Verteidigung liegt in seinen Händen. Das **Militär** bestimmte lange Zeit weitgehend die Geschicke des Landes. 1989 stirbt der ehemalige Präsident Diori im marokkanischen Exil. Bei den Präsidentschaftswahlen am 10. Dez. 1989 wurde Saibou auf weitere 7 Jahre gewählt; er war der einzige Kandidat, sein „mouvement" die einzige Partei. Die grundlegenden politischen Veränderung im restlichen Westafrika vor Augen, wurde das Volk durch Studenten mobilisiert, wobei es bei Demonstrationen zu mehreren Toten kam.

Eine entscheidende **politische Wende** trat im Jahre **1991** ein, als die bis dahin gültige Verfassung von der Nationalen Konferenz außer Kraft gesetzt und der Generalstabschef der Armee sowie sein Stellvertreter vom Dienst suspendiert wurden. Von der Interimsregierung wird ein Verfassungsentwurf vorgelegt, der am 26. Dez. 1992 zur Abstimmung gelangt und mit 99,3% der Stimmen angenommen wird (Wahlbeteiligung knapp 50%). Die **neue Verfassung** beinhaltet die Etablierung eines Mehrparteiensystems, die Direktwahl des Präsidenten mit einer fünfjährigen Amtsperiode und Gewaltenteilung. Bei den **Parlamentswahlen** siegt mit 55,4% im zweiten Wahldurchgang am 27. März 1993 der Sozialdemokrat *Mahamane Ousmane*; die Wahlbeteiligung liegt bei 35%. Sein Gegenkandidat, *Mamdou Tanja,* erlangt im zweiten Wahlgang nur 26,59% der Stimmen (im 1. Wahlgang 34,22%).

Im Februar 1992 kommt es zur Rebellion von Sodaten wegen ausstehender Soldzahlungen, und obwohl die Regierung die Zahlungen zugesagt hat, ziehen in den darauffolgenden Tagen Soldaten schießend durch die Straßen. Der Generalstreik, zu dem Gewerkschaft und Parteien als Protest gegen die Meuterei der Soldaten aufrufen, legt das ganze öffentliche Leben in der Republik Niger lahm.

Nach den den ersten Auseinandersetzungen im Mai 1990 zwischen **Tuareg** und der Armee, bei denen Hunderte von Tuareg durch die Armee getötet wurden, melden sich im Januar 1992 die Tuareg-Rebellen (*Front de Libération de l´Aïr et de l´Azaouad/FLAA*) zum ersten Mal mit einer politischen Erklärung zu Wort und fordern den Rückzug der Armee aus dem nördlichen Landesteil. Nach weiteren Zwischenfällen und Verhaftungen von Tuareg-Rebellen durch die Armee wurde am 2. Juni 1993 ein **Waffenstillstandsabkommen** zwischen der Regierung Nigers und der Tuareggruppe FLAA unterzeichnet. Seitdem ist die Situation gespannt, weitere Verhandlungen zwischen Regierung und Tuareg im Gange *(siehe auch den Artikel „Aufstand in der Wüste" im Teil Land und Leute, Kapitel Bevölkerung).*

Mahamane Ousmane
(Biographische Notizen)
Geb. am 20. Januar 1950 in Zinder als Sohn eines Bauern. Der Abstammung nach Kanouki (Untergruppe der Haussa). Nach dem Studium der Mathematik, Finanzwirtschaft und Statistik in Frankreich und Kanada sowie zahlreichen Diplomen arbeitet er in verschiedenen Entwicklungshilfeprojekten, bis Ousmane 1978 in den Staatsdienst eintritt. 1985 wird er Berater des Regierungschefs, anschließend übernimmt er die Leitung des Planungsbüros. Im März 1993 geht er als Präsidentschaftskandidat der 1991 gegründeten oppositionellen Partei CDS (Convention démocratique et sociale) erfolgreich aus einer Stichwahl hervor. Bei den ersten freien Wahlen des Landes seit der Unabhängigkeit wird er zum Präsidenten gewählt.

Die Tuareg bevölkern den Norden des Landes

Wirtschaft

Das mit Unterstützung Frankreichs abgebaute **Uran** (Gegend von Arlit) macht etwa 70% des Exports aus. Die Möglichkeit, Erdöl zu schürfen, bietet sich im äußersten Nordosten des Landes; es fehlt jedoch noch an Geldmitteln.

Die Grundlage der Wirtschaft bildet nach wie vor die **Viehzucht** (Rinder, Schafe, Ziegen), auch wenn die katastrophalen Dürren zu Beginn der 70er Jahre sowie die in den Jahren 1983/84 die Herden erheblich dezimiert haben. Zur wirtschaftlichen Talfahrt trug auch der Preisverfall für das wichtigste Exportgut Uran entscheidend bei; jedoch waren auch innenpolitische Schwierigkeiten für die zunehmende Misere ausschlaggebend. Aufgrund der **staatlichen Agrarpolitik** waren die Bauern nicht zur Produktion motiviert; die Einnahmen aus dem Uranexport wurden außerdem für Prestigeobjekte verwendet; darüber hinaus arbeiteten einige Staatsbetriebe unrentabel, und einflußreiche, wohlhabende Geschäftsleute übten sich im Unterschlagen von Steuern. Eine wirtschaftliche Liberalisierung ist geplant.

Wichtigste Anbauprodukte sind die **Grundnahrungsmittel** Hirse, Sorghum, Maniok und die von den Franzosen eingeführten Erdnüsse. Mit Hilfe von jährlich 100 Mio. US$ Entwicklungshilfe sollen die angestrebten Reformen (z. B. die Einführung passender Bewässerungsmethoden) unterstützt werden.

Gesundheitswesen

Neben ein paar staatlichen Krankenhäusern und einzelnen Privatkliniken gibt es mehrere Krankenstationen, Entbindungsstationen und Beratungsstel-

len für Mutter und Kind. An dem 1972 gegründeten Ausbildungszentrum für medizinische Hilfsberufe der Universität Niamey wird ein Teil des medizinischen Personals im Land selbst ausgebildet.
Seit 1979 ist außerdem ein mobiler Gesundheitsdienst aufgebaut worden, der in den Dörfern „Erste Hilfe" leistet. Mit Hilfe finanzieller Unterstützung der IDA (1986) soll das Gesundheitssystem des Landes weiter ausgebaut werden.
Häufigste Krankheiten sind neben Malaria Durchfallerkrankungen, Masern, Syphilis, Windpocken, Keuchhusten, Meningitis und Flußblindheit (Onchozerkose).

Bildungswesen

Der Prozentsatz der **Analphabeten** ist trotz erheblicher Bemühungen seitens der Regierung nach wie vor sehr hoch (1980: 90%). Offiziell besteht zwar eine allgemeine Schulpflicht vom 7. bis 15. Lebensjahr, jedoch sind viel zu wenige Schulen vorhanden. Der Besuch der Grundschule ist unentgeltlich. Hauptproblem sind die nomadische Siedlungsweise und der Mangel an Lehrkräften.
Die im Jahre 1970 gegründete **Universität** in Niamey hat etwa 2000 Studenten. Fachbereiche: Medizin, Landwirtschaft, Naturwissenschaften, Literaturwissenschaften und Pädagogik.

Medien
Presse

Im Gefolge der politischen Veränderungen wurden 1991 mehrere unabhängige Zeitungen gegründet, wie die monatlich erscheinenden *Angam, Horizon 2001* und *Kakaki* sowie die Wochenzeitungen *La Républicain* und *La Marché,* ebenso wie die 14-tägig publizierte *Haské.* Das ehemalige Regierungsblatt *Le Sahel* wurde dem staatlichen Pressebüro unterstellt, ebenso *Le Sahel Dimanche.* Außerdem erscheint alle zwei Wochen das *Journal Officiel de la Republique du Niger.*

Rundfunk

Die Rundfunkanstalt *La Voix du Sahel* (von der Regierung gesteuert) bringt Programme in Französisch, Haussa, Djerma, Tamaschek, Kanuri, Fulfulde, Arabisch und Englisch. Sie wird von dem staatlichen *Office de Radiodiffusion-Télévision du NIger (ORTN)* kontrolliert.
Laut Schätzungen der UNESCO waren 1989 etwa 440 000 Hörfunkgeräte in Betrieb.

Fernsehen

Télé-Sahel (ebenfalls von der Regierung kontrolliert) sendet täglich 4 Stunden Programm. Schulfernsehen gibt es seit 1964 in geringem Umpfang (Sender in Niamey und Dosso). 1989 gab es im Niger ca. 30 000 Fersehgeräte.

Praktische Informationen

Sicherheit

ACHTUNG ! Der **Tuareg-Konflikt** ist trotz Waffenstillstandsabkommen noch nicht beigelegt. Von Reisen in die Republik Niger ist abzuraten. Wegen der nach wie vor stattfindenden bewaffneten Überfälle krimineller Banden besteht laut Pressemitteilung nur eine sehr **begrenzte Reisesicherheit**.
Aber auch militärische Gruppen machten von der Schußwaffe gegen Touristen Gebrauch, weshalb es bereits zu Verletzten kam. Es existieren zahlreiche Straßenkontrollen, besonders im Norden der Republik Niger sowie in den nördlichen Landesteilen des Nachbarstaates Mali; die Sicherheit von Personen und ihres Hab und Gutes ist keineswegs gewährleistet!
Auch Staatsdiener (v. a. im Norden) stellen in zunehmenden Maße überzogene Geldforderungen für allerlei Gebühren, Papiere, Sicherheitsleistungen etc. an Touristen, so daß der nigerische Norden derzeit allenfalls noch als Transitland in Frage kommt.

An- und Weiterreise
Mit dem Flugzeug

Die Anreise von Europa erfolgt mit dem Flugzeug über Paris (UTA, Air Afrique, Air France) nach Niamey. Innerhalb Westafrikas gibt es Flugverbindungen von/nach Dakar, Abidjan, Lomé, Ouagadougou und Cotonou.
Die Flughafengebühr bei der Abreise macht ca. 2500 CFA aus. Für das Taxi vom Flughafen in die Hauptstadt Niamey bezahlt man je nach Verhandlungsgeschick zwischen 1000 und 2000 CFA.

Mit dem Auto

Die Anreise mit dem eigenen Fahrzeug aus Europa führt über Algerien (14 Tage); die *Tamanrasset*-Strecke ist jedoch z. Zt. aus den erwähnten politischen Gründen nicht zu empfehlen, derzeit ohnehin nur im Konvoi zu passieren. Von den Hauptstädten der Küstenländer Togo (Lomé), Benin (Cotonou) und Nigeria (Lagos) sind auf asphaltierten Straßen ca. zwei Tage zu rechnen.
Von Burkina Faso (Ouagadougou) dauert die Fahrt etwa 10 Stunden; die Strecke ist ebenfalls ausgebaut und asphaltiert.

Internationale Verkehrsverbindungen von/nach Algerien

Von Arlit besteht lediglich die Möglichkeit, per Autostop mit Lkw oder Touristen mitzufahren; am besten an Tankstellen fragen *(s. a. Praktische Reiseinformationen:An- und Weiterreise/Per Autostop).*

Mali

S.N.T.N.-Busse verkehren (Mo, Mi, Fr) von Niamey nach Gao und umgekehrt (6500 CFA plus Gepäck, ca. 1½ Tage Fahrzeit). Übernachtung an der Grenze. Buschtaxis vom Gare Routière (nahe Camping Touristique, Niamey) nach Gao; unregelmäßige Abfahrtzeiten. Grundsätzlich kann man auch mit Lkw mitfahren.

Burkina Faso

Regelmäßiger Bus- und Busch-Taxi-Verkehr zwischen Niamey und Ouaga. Seitdem die Strecke durchgehend asphaltiert ist, muß man heute nicht mehr mit 1½ Tagen, sondern nur noch mit etwa 20 Std. Fahrzeit rechnen (Preis ca. 3200 CFA). Man sollte sich jedoch auf einen längeren Aufenthalt an der Grenze und auf einen Fahrzeugwechsel einstellen. Die Grenze wird um 18 Uhr geschlossen.

Benin
Täglich (ca. 9 Uhr) S.N.T.N.-Bus von Niamey nach Gaya (ca. 5 Std. Fahrzeit, 2500 CFA); weiter mit Busch-Taxis nach Malanville (Einreiseformalitäten erledigen!), mit dem S.T.B-Bus nach Parakou und von dort Anschluß mit der Eisenbahn nach Cotonou. Grenze schließt um 19.30 Uhr.

Nigeria
Busse verkehren von Niamey nach Maradi (Di, Do, Sa) um ca. 7 Uhr (Preis ca. 7000 CFA); Anschluß nach Kano (Nigeria) mit dem Buschtaxi. Von Zinder fast täglicher Buschtaxi-Verkehr nach Kano (Nigeria); die besten Tage sind Donnerstag und Freitag, denn donnerstags ist in Zinder Markt.

Visa/Einreise/Zollkontrolle
Deutsche Staatsbürger benötigen für die Einreise lediglich einen **gültigen Reisepaß**; Schweizer und Österreicher brauchen ein Visum. Dieses wird nicht an der Grenze oder am Ankunftsflughafen erteilt!
Die Zollkontrolle ist in der Regel sehr gründlich und kann bis zu 24 Std. dauern! Es ist dringend zu empfehlen, Ruhe zu bewahren, auch wenn es manchmal schwer fällt!
Gelbfieber- und **Choleraimpfung** sind zwingend vorgeschrieben; **Malariaprophylaxe** ist das ganze Jahr über zu empfehlen.

Für Autoreisende
Die Einreise von Algerien (Hoggarpiste) ist nur über *Assamaka/In Guezzam* **(nur im Konvoi)** möglich.
Touristentaxe von 1000 CFA wird in *Assamaka* (Grenze Algerien), *Arlit* und *Agadez* erhoben. Die Zollabfertigung in Assamaka ist korrekt; die berühmten *„cadeaux"* (Geschenke) werden nicht mehr verlangt. Eine **Haftpflichtversicherung**, die sogenannte *carte brune* (ca. 10 000 CFA) ist obligatorisch; die grüne Versicherungskarte wird nicht anerkannt (Der Versicherungsvertrag kann laut Broschüre der Botschaft auch in Arlit bei einer Zweigstelle der *Union Générale des Assurances du Niger* abgeschlossen werden).
Ein **Carnet de passage** ist bei Touristen erwünscht. Der Preis dieses nationalen Grenzpassierscheinheftes *(Carnet de passage national)* beträgt ca. 5000 CFA zuzüglich 1000 CFA Abfertigungsgebühr. Auf dem Carnet müssen alle angefahrenen Städte und Bestimmungs- bzw. Ausreiseorte angegeben werden.
Bei der **Ankunft in Niamey** ist es geboten, sich sofort bei der Präfektur (nahe der Botschaft Algeriens) zu melden und gegen Vorlage eines Paßfotos den Reisepaß abstempeln zu lassen.
Bei der Ankunft/Abreise in jedem größeren Ort (unbedingt aber in *Arlit, Agadez, Zinder, Tahoua, Diffa* und *Niamey*) sollten Sie sich sofort bei dem *Commissariat de Police* einen Stempel im Reisepaß *(vue au passage)* holen.
Der Ausreisestempel ist in der Regel nicht mehr notwendig, wird jedoch beim Verlassen *Niameys* in Richtung *Burkina Faso* und *Say* verlangt. Der Wagen wird gründlichst durchsucht; Führerschein (am besten Internationaler) ist vorzulegen.

Für die Fahrt von *Zinder* nach *Diffa* ist keine Sonderbewilligung mehr erforderlich. Generell seit dem Regimewechsel weniger Kontrollen, die Formalitäten sind einfacher geworden. **Achtung!** Unbedingt Feuerlöscher, Notfallapotheke und Warndreieck im Wagen mitführen, werden oft an Polizeikontrollen verlangt. Wer diese Utensilien nicht vorzeigen kann, muß mit hohen Geldbußen rechnen! Für Motorradfahrer besteht im ganzen Land Helmpflicht.

Botschaften
Botschaften von Niger
♦ **Deutschland:**
Botschaft der Republik Niger
D-53173 Bonn, Dürenstr. 9,
Tel.(02 28) 35 60 57/58;
Fax (0228) 36 32 46.
Gegen 4 DM in Briefmarken verschickt die Botschaft eine ausführliche Broschüre mit tourist. Infos.
Hinweis:
Die Botschaft der Republik Niger in Bonn ist auch für Österreicher und Schweizer zuständig: Visum spätestens 3 Wochen vor Abflug beantragen! 3 Paßfotos; Antragsformular ist in dreifacher Ausführung auszufüllen; Rückreiseticket oder Bankgarantie in entspr. Gegenwert ist vorzuweisen; das Visum ist 90 Tage gültig. Visaanträge können Schweizer auch bei der Botschaft in Paris (nicht per Post!) stellen:
Botschaft der Republik Niger
154, Rue de Longchamp,
F-75116 Paris;
Österreicher bei der Botschaft in Brüssel: *Botschaft der Republik Niger*, 78, Av. Fr. Roosevelt, 1050 Brüssel, Belgien.
♦ **Algerien:**
Konsulat der Republik Niger
Tamanrasset; hier wird angeblich ein Visum in 24 Std. ausgestellt (Gebühr etwa 65 Dinar).
Achtung! Keine Visa für Niger in *Bamako* (Mali) und *Ouagadougou* (Burkina Faso), jedoch in Senegal, Ghana, Côte d´Ivoire und Nigeria.

Botschaften in Niger

◆ **Deutschland**
Botschaft der BRDeutschland
Av. du Géneral de Gaulle, B.P. 639,
Tel. 72 25 34 und 72 35 10.

◆ **Schweiz**
Schweizerisches Konsulat
B.P. 728, Tel. 73 39 16.

◆ **Mali**
Konsulat von Mali
In der Nähe des Grand Marché *(siehe Plan)*, Tel.72 28 82; Gebühr ca. 5000 CFA, zwei Fotos, Bearbeitung innerhalb eines Tages.

◆ **Burkina Faso**
Diplomatische Vertretung beim französischen Konsulat, Av. Mitterand/ Ecke Bd de la République,
Tel. 72 27 22; ca. 3000 CFA Gebühr für 30-Tage-Visum, zwei Fotos, innerhalb von 24 Stunden.

◆ **Benin**
Botschaft der Republik Benin
Liegt außerhalb der Stadt (Taxi!);
7-Tage-Visum für ca. 1000 CFA, in 24 Stunden, kann in Cotonou (Benin) verlängert werden;Tel. 72 39 19.

◆ **Togo**
Diplomatische Vertretung beim franz. Konsulat (s. o./Burkina Faso).

◆ **Côte d´Ivoire**
Diplomatische Vertretung beim franz. Konsulat (s. o./Burkina Faso).

◆ **Mauretanien**
Botschaft der Islamischen Republik Mauretanien, etwas außerhalb, nahe der Route deTillabéry, Tel. 72 38 93.

◆ **Nigeria**
Botschaft der Republik Nigeria
Av. du President Luebke,
Tel. 72 38 93. Visa in 24 Std.

◆ **Algerien**
Ein Visum für Algerien kann man bei der algerischen Botschaft in Niamey bekommen.

Reisen im Land
Versorgungsmöglichkeiten

In den Städten ist die Versorgungslage in der Regel gut. Auf den Märkten der größeren und mittleren Oasen findet man je nach Jahreszeit das in den Gärten angebaute Obst und Gemüse sowie Datteln und Hirse. In kleineren Geschäften wird meist ein sehr bescheidenes Angebot an Lebensmitteln und Konserven angeboten; französisches Weißbrot ist gelegentlich zu bekommen.

Da es nicht überall Wasser (von einigermaßen guter Qualität) gibt, sollten Sie (als Autofahrer) immer genügend Wasservorräte (für mehrere Tage) in Kanistern mit sich führen. Rucksackreisende sollten unbedingt immer eine Wasserflasche (mind. 2 l) dabei haben und diese, wann immer es möglich ist, mit Trinkwasser füllen.

Camping

In den meisten größeren Orten gibt es Zeltplätze; manchmal sind auch Stellplätze für Auto-Camper an ein Hotel angeschlossen.

Das „wilde" Zelten oder Campen innerhalb einer Zone von 5 km im Umkreis einer Stadt ist generell verboten.

Verkehrsmittel/Straßenverhältnisse
Flugzeug

Die nationale Fluggesellschaft *Air Niger* hat ihre Tätigkeiten eingestellt.

Busse (S.N.T.N)

Das S.N.T.N.-Bus-System ist für afrikanische Verhältnisse sehr gut und die meistenTraveller ziehen diesesTransportmittel dem Busch-Taxi vor.

Die *Société Nationale de Transport Nigériens (S.N.T.N)* wickelt den Linien-

verkehr auf den unten aufgeführten Strecken ab; die Busse sind meist wesentlich komfortabler als das Taxi-Brousse, jedoch auch entsprechend höher im Preis. Nach Möglichkeit sollten Sie bereits mehrere Tage vorher einen Platz reservieren lassen.
Folgende Liste soll nur ein Anhaltspunkt sein (Änderungen sind möglich!):
Niamey-Agadez-Arlit (Mo, Mi, Fr) (über Dosso, Dogondutchi, Birni Nkonni, Tahoua);
Niamey-Gao (Di, Fr);
Niamey-Filingue (Sa);
Niamey-Gaya (Sa);
Niamey-Maradi (tgl. außer Do u. So);
Agadez-Zinder (Mi);
Niamey-Zinder (tgl. außer Do u.So);
Niamey-Tera (Mi);
Agadez-Niamey (Mo, Mi, Fr);
Zinder-Niamey (Di, Do, Sa);
Zinder-Agadez (Mo, Mi, Fr);
Maradi-Niamey (Do);
Zinder-Nguigmi (Tschad-See) (Mo, Do);
(Nähere Infos unter Tel. 72 30 20).

Mietautos

Nigercar/Hertz
Tel. 73 23 31; am Flughafen und im Gaweye Sofitel.
Niger Afrique, Tel. 73 22 28.
Transniger, Tel. 73 35 71.
Transcap Voyages
Tel. 73 36 35, Im Immeuble El-Nasr.
Sanauto, Tel. 73 31 64.
Für Selbstfahrer sind Autos nur innerhalb der Hauptstadt Niamey zu mieten; Fahrten durchs Land sind nur mit Chauffeur möglich. Geländefahrzeuge werden ebenfalls nur mit Fahrer vermietet.

Wildes Sahel-Camping bei Agadez

Taxi-Brousse (Busch-Taxi)
Wichtigstes Verkehrsmittel; inzwischen werden auch Toyota-Minibusse eingesetzt, wodurch die Fahrt etwas komfortabler ist.

Lastwagen
In bestimmten Gegenden (z. B. Agadez/Zinder) ist dies das einzige Transportmittel; Preise etwa wie Buschtaxis. Man sitzt dann auf den „marchandises".

Mit dem eigenen Auto
Wenn Sie mit dem eigenen Auto unterwegs sind, brauchen Sie für manche Pisten (v. a. im nigerischen Sahararaum z. B. Agadez – Bilma – Djado, Ténéré, Erg von Bilma) einen **Führer** (guide), der vom *Office du Tourisme* vermittelt wird. Es gibt drei verschiedene Führer: *auxiliaire, régional* und *national*. Lesen sie vorher die Regelung durch und lassen Sie sich Zeit, einen guten auszusuchen. Auf alle Fälle vor Antritt der Fahrt mit ihm die Konditionen und die Strecke besprechen!

In den Orten entlang der nigerianischen Grenze (Birni-Nkonni usw.) kann man auf dem Schwarzmarkt günstig **Treibstoff** aus Nigeria beziehen; die Qualität ist gut, jedoch sollten Sie die Menge genau kontrollieren, d. h. Inhalt und Anzahl Ihrer Kanister nachprüfen! Ansonsten läßt die Qualität des Normalbenzins zu wünschen übrig (Oktan-Zahl meist unter 90); Super gibt es nur in Niamey, Diesel dagegen überall (Je weiter man von Niamey entfernt ist, desto höher sind die Preise für Treibstoff).

Straßenverhältnisse
Die meisten wichtigen Verbindungsstraßen sind asphaltiert und in gutem Zustand:

Niamey-Dosso-Birni Nkonni-Tahoua-Agadez-Arlit;
Niamey-Zinder-Grenze zum Tschad;
Niamey-Tillabery;
Niamey-Grenze zu Benin;
Niamey-Grenze zu Burkina Faso;
Zinder-Agadez.

Geld/Währung/Banken
Währungseinheit ist der **CFA**. Travellerschecks (in FF) sind am besten (ohne Kommission) bei der *BIAO (Banque Internationale pour l'Afrique Occidentale)* zu wechseln.

Außerdem: *Citibank* in Niamey, im Zentrum nahe Sonora II-Gebäude, sowie die *BDRN (Banque de Développement de la Republique du Niger).*

Euroschecks werden angeblich von der *Banque arabo-libyenne* (gegenüber vom Hôtel Rivoli) angenommen.

Die Banken (z. B. in Agadez) sind teilweise ohne CFA; für solche Fälle ist es gut, kleine FF-Scheine mitzunehmen, die überall wie CFA akzeptiert werden.

Außerhalb der Hauptstadt Niamey ist es schwierig bis unmöglich, Reiseschecks einzutauschen sowie Fremdwährungen zu wechseln.

Nur der Französische Franc (FF) ist überall anerkannt. Er steht in einem festen Wechselkurs zum Franc-CFA (1 FF = 100 CFA).

Post/Telefon/Telex
Niamey verfügt über zwei Postämter: die *Grand Poste* ist das alte Postamt. Das *Hotel de Poste* in der Nähe der Sûreté ist das neue Postamt mit dem Poste-Restante-Schalter! Die Poste-Restante in der Hauptpost ist sehr zuverlässig.

Der internationale Telefon-Service per Satellit ist gut, auch der nationale, z. B. zwischen Agadez und Niamey. Selbst-

wähler können im Hotel Gawaye telefonieren, was jedoch relativ teuer ist. Telex- und Fax-Geräte gibt es in der Hauptpost in Niamey und beim Hotel Gaweye (Sofitel).
Die **Vorwahl** für Niger von Europa lautet 00227, von Niger nach Deutschland 0049.

Feiertage/Feste
Feste Feiertage:
1. Januar (Neujahr),
Ostermontag,
15. April (Nationalfeiertag),
1. Mai,
3. August (Unabhängigkeitstag),
18. Dezember (Nationalfeiertag),
25. Dezember (Weihnachten).
Bewegliche Feiertage:
Bianou (Neujahr der Moslems),
Aid-El-Fitr (Ende des Ramadan),
Air-El-Kébir (Tabaski oder Hammelfest; 40 Tage nach Ende der Fastenzeit),
Mouloud (Geburtstag von Mohammed).

Öffnungszeiten
Geschäfte: Mo–Sa 7.30–12.30 und 15–18.30 Uhr.
Büros: Mo–Fr 8–12.30 und 15–18 Uhr (bzw. 15.30–18.30 Uhr vom 1.3.–30.11.).
Banken: Mo–Fr 8–11.30 und 15.30–17 Uhr.

Trinkwasser
Wasser sollte (auch zum Zähneputzen) nur in abgekochtem und/oder gefiltertem Zustand verwendet werden. Leitungswasser mit Mikropur desinfizieren!

Strom
220 Volt Wechselstrom, franz. Rundstecker. In kleineren Städten gibt es keine Elektrizität, jedoch Butan-Gas.

Uhrzeit
MEZ minus 1 Stunde,
MEZ minus 2 Stunden (Sommerzeit).

Reisen, Routen, Sehenswürdigkeiten

Niamey

Die **Hauptstadt der Republik Niger** mit ca. 60 000 Einwohnern liegt am Ufer des breiten Nigerstroms. Eine moderne, belebte Innenstadt wird umgeben von traditionellen Lehmhüttenvierteln. Die meisten modernen Regierungsgebäude befinden sich in der *Avenue François Mitterand*, die von der Kennedy-Brücke zum Place Nelson Mandela führt. Hauptgeschäftsstraße ist die *Rue de Gawaye*, die – später in die *Rue de Kalley* übergehend – von der Kennedy-Brücke zum Grand Marché führt. Die andere Hauptverkehrsader der Stadt ist der quer zur Rue de Kalley verlaufende *Boulevard de la Liberté*.

Achtung: Anmeldung bei der Präfektur direkt nach Ankunft ist Pflicht, um einen Sichtvermerk zu erhalten (nicht beim Kontrollposten am Eingang der Stadt oder bei der Sûreté Nationale!); die Präfektur befindet sich in der Nähe der algerischen Botschaft in der Av. Président Luebke.

Sehenswürdigkeiten
Nationalmuseum (IFAN)

Das Nationalmuseum von Niamey ist eines der besten Westafrikas. Prähistorische Sammlungen und Kunst finden sich neben Anschauungsobjekten zur traditionellen Lebensweise der verschiedenen Ethnien, zum Beispiel originalgetreu nachgebaute Hütten. Auf dem insgesamt 24 ha großen Gelände ist auch ein kleiner Zoo sowie ein Handwerkszentrum, wo Metall- und Lederhandwerker bei der Arbeit zu sehen sind und ihre Produkte zum Kauf anbieten. Schattiger Garten mit Erfrischungs-Bar.

Öffnungszeiten:
täglich außer Mo von 8–12 Uhr und von 16–18.30 Uhr (in der Zeit vom 1. 11. bis 31. 3.) und 16–18.30 Uhr (vom 1. 4. bis 31. 10.). Der Eintritt ist frei.

Grand Marché
Neben dem Gare Routière Wadata, an der Straße nach Fillingué, Hamdallaye.

Petit Marché
Täglich geöffnet; Av. Général de Gaulle; Früchte, Gemüse, Haushaltswaren.

Nouveau Marché
Ein großes modernes Marktgebäude wurde an Stelle des alten von einem Feuer zerstörten Marktes errichtet.

Pferde- oder Kamelwettrennen
Findet gelegentlich Sonntag nachmittags von 15 – 17 Uhr auf dem Rennplatz *(Hippodrome)* an der Straße zum Flughafen statt.

Wrestling
Im Stadion von Niamey *(stade de la lutte traditionelle)* werden manchmal sonntags zwischen 16 und 19 Uhr die afrikanischen Ringkämpfe ausgetragen; ein riesiges Spektakel *(s. auch Kapitel Senegal und Gambia).*

Shopping
In der Straße zwischen Hotel Rivoli und dem Petit Marché gibt es zahlreiche „Souvenirläden".

PRAKTISCHE INFORMATIONEN

 TOURISTENINFORMATION
Office national du Tourisme
Av. du Président Luebke;Tel. 73 24 47.
Hier erhält man Informationsmaterial und Stadtpläne.
Service Topographique
Av. de la République: gute Detailkarten, Tel. 72 27 55.

UNTERKUNFT
Hotels
Luxusklasse:
Hôtel Gaweye (Sofitel)
Tel. 72 34 00, Fax 72 33 47; bestes Hotel, klimatisierte DZ ca. 35 000 CFA. Swimmingpool in ruhiger Atmosphäre. Auch Gäste, die nicht im Hotel wohnen, können den Swimmingpool gegen eine Gebühr benutzen. Tennisplatz, Night-Club etc.
Grand Hôtel
B.P. 471,Tel. 73 26 41. Bungalows beziehungsweise Zimmer für etwa 19 000 CFA (mit Klimaanlage). Der Parkplatz ist bewacht. Sehr schön ist der Blick von der Hotelterrasse aus. Gebühr für Swimmingpoolbenutzung zu ca. 500 CFA für jene Gäste, die nicht im Hotel wohnen.
Hôtel du Sahel
Klimatisierte, saubere und ruhige Zimmer; DZ ca. 12 000 CFA;Tel. 73 24 31. Gutes Restaurant, Swimmingpool, Eintritt ca. 500 CFA. Guter „Treffpunkt" zwecks Mitfahrgelegenheiten.
Hôtel Ténéré
Bd de la Liberté, Tel. 73 39 20, DZ ca. 15 000 CFA, Swimmingpool.
Les Rôniers
Etwa 7 km außerhalb, nördlich der Stadt,Tel. 72 31 38, DZ/Bungalows ab 10 000 CFA. Swimmingpool, Tennisplatz, gutes Restaurant.

Für mittlere Ansprüche:
Hôtel Rivoli
Klimat. Zimmer. Swimmingpool; DZ ca. 8000 CFA. Tel. 73 38 40.
Hôtel Terminus
Nahe Grand Marché, DZ für ca. 7000 CFA, Bungalows für ungefähr 12 000 CFA;Tel. 73 26 92. Schöner Innenhof mit Restaurant (Pizzas!), Swimmingpool.
Hotel Maourey
Am Rond Point Maourrey, DZ kosten ca. 12 000 CFA. Tel. 72 28 50.

Einfache Unterkünfte:
Chez Moustache
Ein DZ mit Ventilator ab ca. 4000 CFA, das DZ mit Air-Condition ca. 7000 CFA; Tel. 73 42 82.
Hotel Déde
DZ ca. 4000 CFA, Bar-Restaurant.

Camping
Yantala (oder Camping Touristique)
An der Straße nach Tillabéry, gleich hinter dem Wegweiser „Rio Bravo (20 km)" links, Tarif ca. 1000 CFA/Person, 500 CFA/Auto, 300 CFA für Motorrad. Angeblich relativ häufig Diebstähle.
Camping Rio Bravo
Etwa 20 km nördlich vom Zentrum; relativ heruntergekommen, ca. 600 CFA/Person.

 ESSEN UND TRINKEN
Restaurants:
Die meisten größeren Hotels haben gute Restaurants: *Grand Hôtel, Hôtel Ténéré, Hôtel Terminus (Toukounia,*Mo geschl.*), Hôtel Sahel, Hôtel Gaweye* (*La Croix du Sud*, So geschl. und *La Pointière*, Pizza !) etc. Die meisten besseren Restaurants haben nur abends geöffnet.

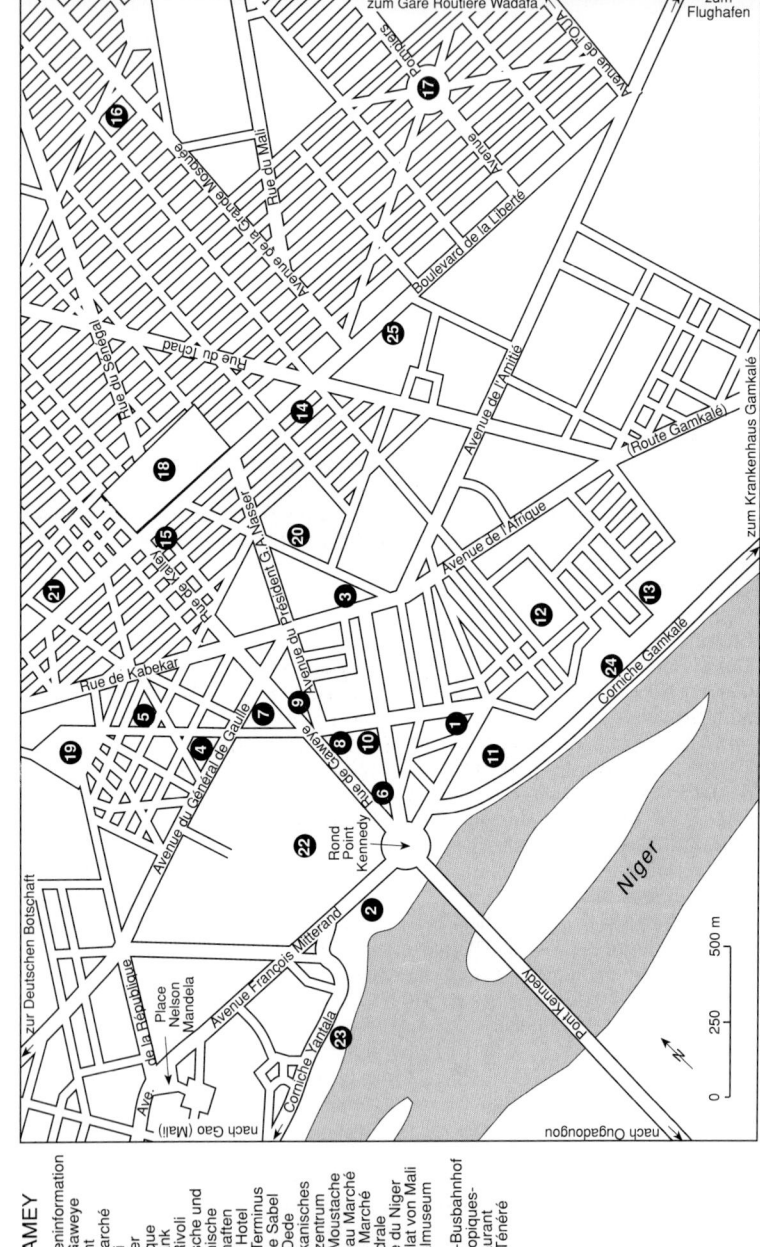

NIAMEY

1. Touristeninformation
2. Hotel Gaweye
3. Postamt
4. Petit Marché
5. Air Mali
6. Air Niger
7. Air Afrique
8. City Bank
9. Hotel Rivoli
10. Algerische und nigrianische Botschaften
11. Grand Hotel
12. Hotel Terminus
13. Hotel le Sabel
14. Hotel Dede
15. Amerikanisches Kulturzentrum
16. Hotel Moustache
17. Nouveau Marché
18. Grand Marché
19. Kathedrale
20. Musée du Niger
21. Konsulat von Mali
22. Natinalmuseum (FAN)
23. SNTN-Busbahnhof
24. Les Tropiques-Restaurant
25. Hotel Ténéré

Les Tropiques
Etwas südlich vom Grand Hotel an der Corniche de Gamkalé.

Le Diamangou
Französisch-afrikanische Küche; Bar-Restaurant, in einem Boot an der Corniche de Gamkalé, daher auch gerne einfach *Le Bateau* genannt.

Lotus Bleu
Vietnamesische Küche, Di geschl.

L'Oriental
Libanes. Küche, Mi geschl.

Le Vietnam
Mo geschl., Rue Terminus.

La Cascade, (franz., ital.), im Zentrum.

Chez Nous
Gute franz. Küche, (So geschl.).

Restaurant Scheselong
Am Ufer des Niger, Rue de la Corniche, Yantala, frz./ital. Küche.

Einfache Restaurants mit afrikanischer Küche

Le Tattasey
Schönes Garten-Restaurant zwischen Av. du Sahel und Route de Gamkalé.

L' Islam
Av. Coulibaly/Av. Soni Ali Ber; vom Grand Marché stadtauswärts Richtung NO. Afrikanische und europäische Küche; große Portionen bei gutem Preis-Leistungsverhältnis.

Marrakesch
In der Nähe von der Sûreté Nationale; marokkanische Gerichte.

Au Feu du Bois
Afrikanische Küche; nahe dem Grand Hôtel.

La Tapoa
Nahe Hotel Terminus; Couscous!

Bar Teranga
Mittags und abends geöffnet.

Le M'Backe
Nahe Hotel Terminus, senegalesische Gerichte.

Le Maquis 2000
Ivorische Gerichte wie z. B. Kedjenou.

L'Ermitage
Biergarten! Am Bd de la Liberté; bis 3 Uhr früh geöffnet.

Le Croissant d'Or
Patisserie nahe Hotel Rivoli (Snacks).

Niamey Club
Einfache Gerichte, open-air, nahe Hotel Rivoli.

American Recreation Centre
Geöffnet von 12–18 Uhr; preisgünstiges Fast-Food.

Epi d'Or
Snack-Bar, Konditorei.

 NACHTLEBEN

Discos/Bars/Night-Clubs

Fo-Fo-Club
Im Hotel Le Sahel; afrikanische Musik am Wochenende.

La Croisette (Niamey Club)
Gegenüber Hotel Rivoli, afrikan. Live-Musik und Disco am Wochenende.

L'Eremitage
Bd de la Liberté *(s. Restaurants)*.

Le Flamboyant
Gegenüber dem Hotel Ténéré.

Hi-Fi, Disco.
Getränke in allen oben genannten Bars/Discos ca. 1000 CFA. Auch wenn manche Discos bereits relativ früh öffnen, ist erst ab 23 Uhr Hochbetrieb!

Kakaki
Im Hotel Gaweye; ein Getränk kostet ca. 2500 CFA.
Ebenso romantische Plätze sind *Les Tropiques* und *Le Diamangou (s. Restaurants)* sowie die Terrasse des Grand Hotel.

Kinos

Vox
Im Zentrum nahe SCORE-Supermarkt. Auch im *Centre Cultruel Franco-Nigéri-*

en und *Centre Culturel des Etas Unis* werden Filme gezeigt.
Aktuelle Veranstaltungsinfos sind der Tageszeitung *Le Sahel* zu entnehmen.

 VERKEHRSVERBINDUNGEN

Taxis
Eine Fahrt mit dem Stadttaxi (Sammeltaxi) kostet tagsüber ca. 100 CFA, nachts ca. 200 CFA.
Wenn Sie allein fahren wollen, so müssen Sie etwa 500 CFA pro Fahrt ausgeben.
Man kann ein Taxi auch für eine ganze Stunde (ca. 2000 CFA) oder für einen ganzen Tag (ca. 14 000 CFA) chartern. Die Preise sind jedoch unbedingt vorher auszumachen und erst bei Fahrtende zu zahlen.

Fluggesellschaften
Air Afrique
Av. du Président H. Luebke,
Tel. 73 30 11.
SABENA
Tel. 73 23 20; im Sonora-Gebäude.
U.T.A.-Vertretung,
ebenfalls im Sonora-Gebäude;
Tel. 73 31 61.
Air Algerie
Im Hotel Rivoli, Tel. 73 38 98.

Busse
S.N.T.N.
Busgesellschaft mit Inlandsverkehr, z. B. nach Agadez, Arlit, Zinder; Busbahnhof an der Corniche de Yantala, entlang des Nigerufers (s. Plan), Tel. 72 30 20.

Busverbindungen von/nach:
Niamey – Zinder:
Ca. 10 000 CFA/Person mit Lkw oder „Taxi brousse" Peugeots 504/404.
Niamey – Maradi:
Ca. 4100 CFA; Busch-Taxis ab Gare Routière nahe Grand Marché.
Niamey – Agadez:
Ca. 13 000 CFA, Fahrzeit ca. 16 Std.
Die private Busgesellschaft *El Hadji* bietet diese Strecken wesentlich günstiger an; die Busse fahren allerdings unregelmäßiger und die Fahrzeuge sind z. T. in relativ schlechtem Zustand, d. h. man ist eher mal „en panne". Derzeit ist wegen der gespannten Sicherheitslage fraglich, ob die Busse regelmäßig bis Agadez fahren.

 NOTFALL

Krankenhaus
Clinique Gamkallé (Tel. 73 20 33) oder Krankenhaus (Tel. 75 25 23). Konsultation ca. 6500 CFA.

Apotheken
Pharmacie Nouvelle
Gute Apotheke zwischen Hôtel Rivoli und Air Afrique, im Zentrum; auch sonntags und abends geöffnet.
Pharmacie Central
Gegenüber vom Petit Marché.
Pharmacie du Grand Marché
Am Bd de la liberté gelegen, bestens sortiert.

 SONSTIGES

Kultur
Centre Culturel Franco-Nigérien (CCFN) Tel. 73 48 34; in der Nähe des Museums gelegen; regelmäßige Vorführung von Kinofilmen, Kunstausstellungen, Theatervorführungen und Tanzveranstaltungen. Das Programm wird in der Tageszeitung *Le Sahel* veröffentlicht. Kinobeginn um 21 Uhr.
Centre Culturel Oumara Ganda
Das *Centre Culturel Franco-Nigérien* liegt gegenüber der Moscheé. Geboten werden lokale kulturelle Veranstaltun-

gen wie Ringkämpfe, lokale Filme, Musik, Tanz etc.).

KFZ-Werkstätten (Garagen)
Mercedes-Werkstätte mit Schweizer Leitung neben dem Score-Supermarkt (s. u.). Peugeot- und VW-Ersatzteile bei *Sonida* (unfreundlich und unfähig), ebenfalls neben dem Score-Supermarkt; *Agence Central* (Toyota), *Niger Afrique* (Renault).

Camping-Gas
Eintausch von Camping-Gasflaschen bei *Nigergas*, Route de Posso in Richtung Flughafen, bei Total-Werkstätte.

Buchhandlungen
Zu empfehlen sind die *Camico Papeterie*, gegenüber vom Score-Supermarkt *(s. u.)*, sowie die *Papeterie Burama*, zwischen Av. Coulibaly und Rond-Point Maourey. Zeitschriften (z. B. *Times* und *Newsweek*) gibt es in der Buchhandlung des Hotel Terminus und des Gaweye.

Supermärkte
Score
Bestsortierter Supermarkt in der Nähe des kleinen Marktes (europäische Lebensmittel!).
Perrissac, neben dem Score.

Fotografieren
Fotomaterial/Paßfotos
ADC Photo
Hinter dem Petit Marché; Fotomaterial und Paßfotos.
Photo Niger, eine gute Adresse, um Paßfotos machen zu lassen!

Hinweis:
Eine Fotografiererlaubnis ist offiziell nicht mehr erforderlich, wird aber dennoch gelegentlich verlangt. Dann heißt es, diplomatisch mit dem Beamten zu verhandeln.

Unbekleidete, am Fluß Niger badende Personen dürfen dennoch nicht fotografiert werden; ebenso Flughafen, Regierungspalast sowie militärische Einrichtungen und Verwaltungsgebäude. Diese Vorschriften werden sehr ernst genommen und streng gehandhabt! *(s. a. Kapitel Foto- und Filmausrüstung).*

Schwimmbäder
Neben dem *Hôtel du Sahel* gibt es ein olympisches Schwimmbecken; Eintritt ca. 300 CFA; Mo geschl. Alle großen Hotels in Niamey haben ebenfalls einen Pool, wobei der vom Grand Hotel der beste ist; Eintritt zwischen 500 und 1500 CFA.

In der Innenstadt von Niamey

Der Westen und die Umgebung von Niamey

Nördlich von Niamey
Von Niamey nach Filingué
⇨ 185 km

Fährt man nicht die Asphaltstraße nach *Zinder*, sondern verläßt die Stadt in **Richtung Nordosten** auf der inzwischen asphaltierten Straße, so kommt man nach 185 km zu dem kleinen Ort **Filingué** in der Nähe des *Dallol Bosso*, einem ausgetrockneten Flußtal. Sehenswert sind der Sonntags-Markt und die traditionellen Häuser der Haussa!

Übernachtung:
im einfachen Campement *La Villa Verte*.

Taxi-Brousse:
Abfahrt der Taxi-Brousse von/nach Niamey in den frühen Morgenstunden.

Von Niamey nach Ayorou
⇨ ca. 210 km

Verläßt man die Stadt Niamey **nach Nordwesten** Richtung **Tillabéry**, so zweigt nach 25 km eine Straße nach links zu dem direkt am Fluß gelegenen kleinen Dorf *Boubon* ab; mittwochs Markt. **Übernachtung** im ganzjährig geöffneten *Campement Touristique*; einfache Hütten; Restaurant. Beliebtes Ausflugsziel von Leuten aus Niamey; sonntags daher oft überfüllt.

Folgt man der Asphaltstraße weiter in Richtung Tillabéry, so kommt man nach 30 km zum *Complexe Touristique de Namoro*; ein beliebter Ausflugsort der in Niamey lebenden Europäer. Von dem auf der anderen Uferseite und auf einem Hügel gelegenen Hotel aus bietet sich ein schöner Blick auf das Dorf. Pirogenverkehr. Es gibt ein Restaurant und eine Bar.

Übernachtung: etwa 6000 bis 9000 CFA/DZ; geboten wird einfacher Standard. Während der Sommermonate (von Juli bis September) ist das Hotel nur am Wochenende geöffnet.

In *Fariè* (62 km) gelangt man mit der Fähre über den Fluß nach *Gothèye* und von dort weiter auf zum Teil sehr schlechter Piste (Vorsicht Sandlöcher!) nach *Téra* und zur Grenze von Burkina Faso.

Nach weiteren 58 km Asphaltstraße erreicht man **Tillabéry**, eine kleine Stadt mit guten Versorgungsmöglichkeiten (hier befindet sich die letzte Tankstelle vor der Grenze zu Mali). Mittwochs und sonntags ist im Ort großer Markt; eine gute Gelegenheit, nicht nur die *Djerma*-Bauern der Umgebung, sondern auch *Bella*, *Fulbe* und *Tuareg* zu sehen.

Weiter zum Grenzort *Ayorou* (88 km von Tillabéry, 208 km von Niamey) geht es auf einer Schotterpiste mit einigen weichen Sandstellen durch karge Sahellandschaft.

Akazien und Dumpalmen stehen vereinzelt oder in Gruppen an der Straße. Mit etwas Glück kann man unterwegs (ungefähr dreißig Kilometer südlich von Ayorou) einer der letzten freilebenden Giraffenherden Westafrikas begegnen, sofern sie in der Zwischenzeit nicht schon der Flinte zum Opfer gefallen sind.

Ayorou

Der Ort Ayorou ist zum Teil auf dem westlichen Flußufer, zum Teil auf der Niger-Insel *Ayorou Goungou* errichtet worden; es herrscht daher ständiger Pirogenverkehr. Es besteht auch die

Möglichkeit, **Pirogenfahrten** auf dem Niger zu unternehmen; Preis vorher aushandeln! Am Ufer des Niger leben verschiedene Wasservögel (Reiher, Kronenkraniche usw.) und etwas weiter nördlich (bei der *Insel Firgoun*) auch **Flußpferde**. Besuch der Flußpferde ca. 3000 CFA/pro Person, 4000 CFA für zwei Personen. Sonntags ist in Ayorou **Markt** (Viehmarkt!); der Marktplatz liegt hinter dem *Campement-Hôtel de l'Amenokal*. Es lohnt sich auch ein Tagesausflug von Niamey, um der auf dem Markt versammelten Vielfalt an ethnischen Gruppen in ihren traditionellen Gewändern begegnen zu können. Mittags machen sich jedoch die meisten Händler schon wieder auf den Weg zurück in ihr Dorf. Sehr interessant ist der Viehmarkt in den Monaten November bis April (reichhaltiges Angebot).

In der Gegend von Ayorou leben die **Wogo-Fischer**, die mit ihren Pirogen hinausfahren, um u. a. den berühmten *Capitaine-Fisch* zu fangen; die größten Exemplare werden bis zu 1,5 m lang. Im Überschwemmungsfeldbau pflanzen sie Reis, Hirse, Sorghum und Gemüse an. Die Wogo leben überwiegend in Lehmkastenhäusern und benutzen bauchige Speicher aus Lehm, auch Lehmurnenspeicher genannt.

Unterkunft:
Hôtel Amenokal
DZ 19 000 CFA mit HP und AC; Bar, Restaurant, nur im Winter geöffnet!
La Pirogue
Restaurant, das von einem alten Targi geführt wird, die Übernachtung ist polizeilich verboten.

Weiterreise nach Mali:
Wer das Land verlassen und nach Mali einreisen will, muß mit gründlichen Polizei- und Zollkontrollen (Polizeikontrolle auch in *Firgoun*) rechnen. Zwischen Ayourou und *Gao* (Mali) besteht nur Lkw-Verkehr; langwierige und anstrengende Fahrt, Preis ca. 5000 CFA pro Person.

Südlich von Niamey
Der Nationalpark „W"
(Parcs National du „W")
⇨ca. 150 km

Der Park ist von Niamey **auf guter Piste zu erreichen**: zunächst bis zu dem Djerma-Dorf *Say* (km 56, *Campement*, freitags Markt) und dann weiter über das Fulbe-Dorf *Tamou* nach *La Tapoa* (ca. 94 km von Say), wo sich der Eingang zum Nationalpark befindet.

Im Dreiländereck Niger-Burkina Faso-Benin, liegt dieses **größte** und wildreichste **Naturschutzgebiet Westafrikas**. Zusammen mit dem *Wildreservat von Arly* und dem *Pendjari-Nationalpark* bedeckt es eine Fläche von 1 Mio.ha, wobei der nigrische Teil ca. 30 000 ha umfaßt. Der Name verdankt sich der w-förmigen Schleife des Niger-Flusses.

Die Landschaft ist sehr schön und abwechslungsreich mit der typischen Vegetation der Trockensavanne, durchzogen von mehreren kleinen Flußläufen mit Schluchten und Wasserfällen. In der Regenzeit (Mitte Mai–Ende Oktober) sind die Pisten nicht befahrbar. Die üppige Vegetation des Parks steht in starkem Kontrast zu der fast wüstenartigen Umgebung. Im Winter stehen jedoch die Gräser sehr hoch und verdecken die Tiere. Die reichhaltige Tierwelt (Büffel, Elefanten, verschiedene Antilopen- und Affenarten sowie Hyänen, Löwen und Panther) ist am besten gegen Ende der Trockenzeit (April-Juni) zu beobachten, hauptsächlich am Ufer des *Mekrou*-Flusses.

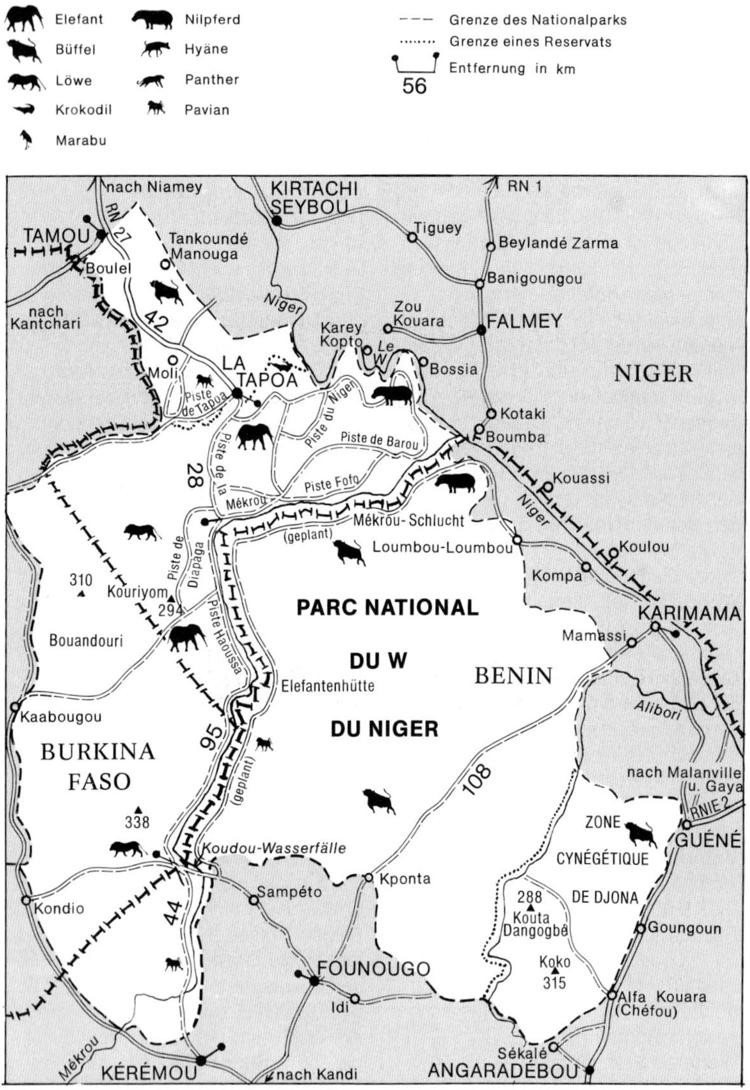

600 Länder, Routen, Sehenswürdigkeiten – Niger

- Elefant
- Büffel
- Löwe
- Krokodil
- Marabu
- Nilpferd
- Hyäne
- Panther
- Pavian

--- Grenze des Nationalparks
...... Grenze eines Reservats
56 Entfernung in km

Öffnungszeiten:
Das Wildreservat ist geöffnet von Dezember bis Mai.
Eintritt:
3500 CFA (Ticket 1 Jahr gültig); Führer kostet zwischen 3000 und 5000 CFA.
Übernachtung:
Hôtel de la Tapoa
Bungalow mit HP 15 000 CFA/Person, Zimmer mit Air-Cond. 13 000 CFA/Person.
Reservierungen:
Bei *Transcap Voyages* in Niamey, Tel. 73 36 35.
Geländewagen können für eine Tour durch den Park gemietet werden.
Ausflüge: Von Tapoa aus bietet sich eine Exkursion an den Niger („W"-Mäander) sowie eine **Pirogenfahrt** auf dem Niger an; ebenso zu den **Wasserfällen** von *Barou (Chutes de Barou)*, kurz bevor der Mekrou in den Niger mündet, und zu den *Koudou*-Wasserfällen *(Chutes de Koudou)* an der Mekrou-Piste an der Grenze zu Burkina Faso und Benin gelegen; die Piste ist in sehr schlechtem Zustand. Ausflüge in die angrenzenden Gebiete des Nationalparks „W" in den Nachbarländern sowie in das **Wildreservat** *von Arly* (Burkina Faso) und den *Pendjari-Nationalpark* (Benin) sind ebenfalls möglich *(s. a. jeweilige Länderkapitel).*
Eine **Fotoerlaubnis** ist nicht mehr erforderlich! Ohne Fahrzeug kein Eintritt in den Nationalpark!

Von Niamey nach Gaya (Grenze Benin)
⇨ **138 km**
Eine gute Asphaltstraße führt nach *Dosso*, einer alten Djerma-Stadt: Von ihrer ehemaligen Bedeutung zeugen noch einzelne prunkvolle Häuser, so der Palast (sehenswert) eines ehemaligen *Djerma-Führers*, der sich unweit der Moschee befindet. Am Unabhängigkeitstag findet hier jedes Jahr die farbenprächtige Parade der Djerma-Reiter statt.
Unterwegs sind einige Polizeikontrollen zu passieren.
Unterkunft/Verpflegung
L´Auberge du Carrefour
Nahe Gare Gourère.
Hotel-Restaurant Ètoile.
Das alteingesessene *Hotel Djerma* ist nicht zu empfehlen (Stundenhotel).
Der Grenzort *Gaya* wird vor allem von Haussa bewohnt. Übernachtung im *Hotel Dendi*, in der Nähe des Marktes für ca. 4000 CFA; ohne fließendes Wasser (Dusche aus dem Eimer!). Einfache afrikanische Gerichte bekommt man in einem kleinen Restaurant am Markt.
Die Zollabfertigung in *Gaya* ist zügig.

Der Süden

Von Niamey über Zinder zum Tschad-See (Nguigmi)

⇨ Ca. 1450 km durchgehend asphaltierte Strecke

Dosso (140 km nach Niamey) ist der erste größere Ort auf der Tschad-See-Route. Die Straße führt zunächst durch dichtes Buschwerk und Dornengestrüpp. In dieser Region werden die für den Export bestimmten Erdnüsse angebaut und über die Häfen *Cotonou* (Benin) und *Lagos* (Nigeria) verschifft. Auf den weiteren 137 km Straße zu dem Haussa-Ort **Dogondoutchi** muß mit einigen Polizeikontrollen gerechnet werden. Schön sind die Zeugenberge *(s. Glossar)* in der Umgebung.

Übernachtung:
Hotel (mit Campingplatz ohne Wasser und ohne sanitäre Anlagen). Preis ist Verhandlungssache (DZ zwischen 2000 und 5000 CFA). Auffallend im Haussaland sind die sogenannten **Lehmurnenspeicher**, die von Ort zu Ort sehr unterschiedlich aussehen können. Sie stehen jedoch immer auf Stelzen (aus Holz oder Stein), damit das Getreide vor kleinen Nagetieren geschützt ist. Als Deckel diente früher eine Art Strohhut, heute werden vermehrt auch ausgediente Blechschüsseln verwendet.
Die Haussa sind vor allem erfolgreiche Händler, verdienen ihren Lebensunterhalt aber auch als Bauern und Viehzüchter. Bekannt sind sie auch für ihr besonderes ästhetisches Empfinden und ihr handwerkliches Geschick, was nicht nur in der Lederverarbeitung, in der Weberei und Stickerei, sondern vor allem in der **Architektur** zum Ausdruck kommt.

Charakteristisch sind die geometrischen Lehmreliefs und die meist farbigen *Sgrafitto-Ornamente* (s. a. unter *Zinder*) über und neben den Hauseingängen bzw. Portalen. Die schönsten Beispiele der Haussa-Architektur findet man in Zinder *(siehe dort)*.

Birni-Nkonni
ist 420 km von Niamey entfernt und Grenzstadt zu Nigeria. Den großen Markt am Mittwoch besuchen daher auch einige Händler aus Nigeria.

Übernachtung:
Hôtel Kado
In der Nähe des Marktes zentral gelegen, schöner Innenhof; 4800 CFA/DZ.
Hôtel Wadata
Im Stadtzentrum; in typisch sudanesischer Bauweise errichtet, einfach; 1500 bis 1800 CFA/Person.
Relais Touristique
an der Straße nach Niamey.

Hinweis: Weiterreisende in Richtung Nigeria können in Birni-Nkonni auf dem Schwarzmarkt zu günstigerem Kurs als in Nigeria CFA in Naira tauschen (1000 CFA=85 Naira).

Abzweigung der Straße nach *Tahoua* (Ausgangspunkt der Strecke nach Agadez, Arlit, Assamaka) ein paar Kilometer östlich der Stadt.
Nach weiteren 90 km Asphaltstraße kommt man nach *Madaoua*, wo Viehzucht betrieben wird und vor allem Hirse, Baumwolle und Erdnüsse angebaut werden. Sonntags findet ein großer Markt statt, an dem auch die Kamelkarawanen (von *Bilma* kommend)

Halt machen und Salz und Datteln gegen Baumwolle und Hirse tauschen. Matten und Körbe (aus den Blättern der Dumpalmen hergestellt) werden ebenfalls auf dem Markt zum Kauf angeboten. Der nächstgrößere Ort auf der „Straße der Sultane" (wie die Tschad-See-Strecke auch genannt wird) ist Maradi.

Maradi

Maradi, 670 km von Niamey entfernt, ist mit etwa 55 000 Einwohnern die zweitwichtigste **Handelsstadt** des Landes. Da der größte Teil der Stadt nach dem Zweiten Weltkrieg neu aufgebaut worden ist, hat sie eine dementsprechend nüchterne Atmosphäre. Großer **Markt** ist am Montag und Freitag. Es wird nicht nur mit Erdnüssen, Zwiebeln, Kürbissen und Obst (Orangen, Bananen etc.) aus Nigeria gehandelt, sondern auch mit vielen kunsthandwerklichen Gegenständen wie Leder- und Töpferwaren. Sehenswert sind auch die verschiedenen Beispiele der **Haussa-Architektur**; besonders auffallend das *Maison des Chefs*.

Hinweis: Bei der **Ankunft** sollte man unbedingt beim Polizeiposten den Reisepaß abstempeln lassen. Reiseschecks werden von der *Banque Internationale Nigériane* eingetauscht.

PRAKTISCHE INFORMATIONEN

 UNTERKUNFT

Hotels
Hôtel Jangorza, an der Straße zum Flughafen; mit Pool und Nachtclub; DZ 10 000 bis 12 000 CFA; Tel. 41 01 40. Wochenendtreffpunkt ist der hoteleigene *Palace Bawa Jangorzo Nightclub*.

Hotel Larewa, im nördlichen Stadtteil, das DZ ab ca. 3000 CFA.
Hotel Liberté, DZ ab 3500 CFA; 6000 CFA mit Air-Condition.
Hôtel Niger, großes Hotel im Stadtzentrum, in der Nähe des Marktes; DZ ca. 8000 CFA.

Campement
Campement Administratif, außerhalb der Stadt; das DZ ab ca. 3000 CFA, einfachste Ausstattung.

 ESSEN UND TRINKEN
Restaurants/Bars
Chez Naoum
Sehr zu empfehlen; etwas außerhalb, in der Nähe des Hotels Liberté.
Le Yorumba
Nördlich vom zentralen Taxi-Brousse-Bahnhof.

Zinder

Diese alte, 907 km von Niamey entfernte Handelsstadt der Haussa (gegründet im 18. Jahrhundert) war bis 1926 Hauptstadt des Landes; sie zählt heute etwa 80 000 Einwohner und ist somit die **zweitgrößte Stadt** der Republik Niger.

Mitte des 19. Jahrhunderts war sie Verkehrsknotenpunkt für Nomaden, Haussa-Händler und Kanuri-Bauern.

An alte Zeiten erinnern nach wie vor die reichverzierten und prunkvollen Bürgerpaläste. Neben dem alten Stadtteil *Birni* und dem Nomadenviertel *Zengou* ist ein modernes Verwaltungsviertel entstanden mit Geschäften, Banken, Schulen, Hotels und reichhaltigem kulturellen Leben.

Donnerstags ist großer Markt, auf dem eine große Auswahl an Lederarbeiten der Haussa zu finden ist.

Sehenswürdigkeiten
Birni

Ein Spaziergang durch dieses alte Stadtviertel im Südosten der Stadt ist nicht nur wegen der Architektur, sondern auch wegen der freundlichen Bewohner lohnend; zahlreiche Koranschulen, viele kleine Moscheen, Marabouts und Märkte. Es empfiehlt sich, den Rundgang entweder in den frühen Morgenstunden oder am späten Nachmittag zu machen, wenn es nicht so heiß ist. Neben einigen Resten der alten Stadtmauer sind vor allem die traditionellen Haussa-Häuser zu sehen. Man erkennt sie an den geometrischen Lehmreliefs und Sgrafitto-Mustern (Bei der Sgrafitto-Technik werden die überwiegend geometrischen Muster in den noch feuchten Lehm eingeritzt). Einige dieser Bauten ähneln den Bürgerhäusern in *Djenné* (Mali).

Häuser in typischer Haussa-Architektur in Zinder. *phot. R.G.*

Zengou

Altes Nomandenviertel im Norden der Stadt, wo die Tuareg früher gezeltet haben; heute Händlerviertel. Hier findet man die ältesten Häuser der Stadt. Donnerstags Markt (Viehmarkt!). Hier treffen sich Haussa mit Fulbe (Bororo), Tuareg, Bozo, Beri-Beri usw.

Besuch beim Sultan (Sultanspalast)

Der Sultan ist eine sehr angesehene religiöse Persönlichkeit und moralische Autorität. Die Dorfchefs der Region konsultieren ihn in allen Angelegenheiten (Heirat, Scheidung, Schulden, Erbschaft usw.). Er ist gegenüber Besuchern meist sehr offen. Vorherige Terminvereinbarung im Rathaus *(la mairie)*, beim Bürgermeister eine „Autorisation" (Besuchserlaubnis) einholen.

Moschee

Vom Platz vor der Moschee gehen viele kleine Gassen weg, die sich ebenfalls für einen kleinen Spaziergang eignen (sehenswerte Häuserfassaden).
Kunsthandwerk findet man in vielen kleinen Läden der Stadt. Wer nicht gerne handelt, kann in der *Cooperative* zu Fixpreisen einkaufen.

PRAKTISCHE INFORMATIONEN

 UNTERKUNFT
Hotels
Hôtel Amadou Kourandaga
Etwas außerhalb an der Straße nach Niamey; Tel. 51 07 42. Gutes Restaurant. Preis für DZ mit Air-Cond. 8000–9000 CFA.
Hôtel Le Damagaram
Nahe Hotel Central im Stadtzentrum; Tel. 51 06 19. Restaurant und Nachtclub. (Preise ähnlich wie Amadou Kourandaga).
Hôtel Central
Im Zentrum, 200 m vom Gare Routière nach Niamey, Tel. 51 20 47. DZ ab ca. 4000 CFA, mit Air-Cond. 6000 CFA; nicht besonders gepflegt, jedoch schöne Terrasse. Die Restaurant-Bar (Terrasse) ist ein beliebter Treffpunkt für Einheimische, Entwicklungshelfer und Traveller. Manchmal wird Live-Musik gemacht! Ein Kino direkt um die Ecke. Camping ist im Hof möglich für ca. 1000 CFA /Person.

 ESSEN UND TRINKEN
Restaurants
Morgens findet man in den Straßen zahlreiche *Café-au-lait-Stände*, wo man frühstücken kann, abends viele kleine Stände, an denen Fleischspießchen *(brochettes)* verkauft werden.
Chez Emmanuel
In der Nähe des Kinos (Cinéma Étoile).
Dan Kasina
In der Nähe der Rollo-Bar; einfache einheimische Gerichte.
Scotch-Bar
Rue du Marché; auch bei Einheimischen beliebt für ihre gute afrikanische Küche; ca. 10 Min. zu Fuß vom Hôtel Central. Man sollte vor 20 Uhr dort sein, da die Töpfe sonst bereits leer sind.

 NACHTLEBEN
Nachtclubs
Scotch Bar, Rue du Marché *(s. o.)*.
Le Moulin Rouge
Rue du Marché; Live-Band.
Oiseau Bleu
Im Zentrum, beim Markt.

 SONSTIGES
Centre Culturel Français
In der Nähe vom Place de la Poste.

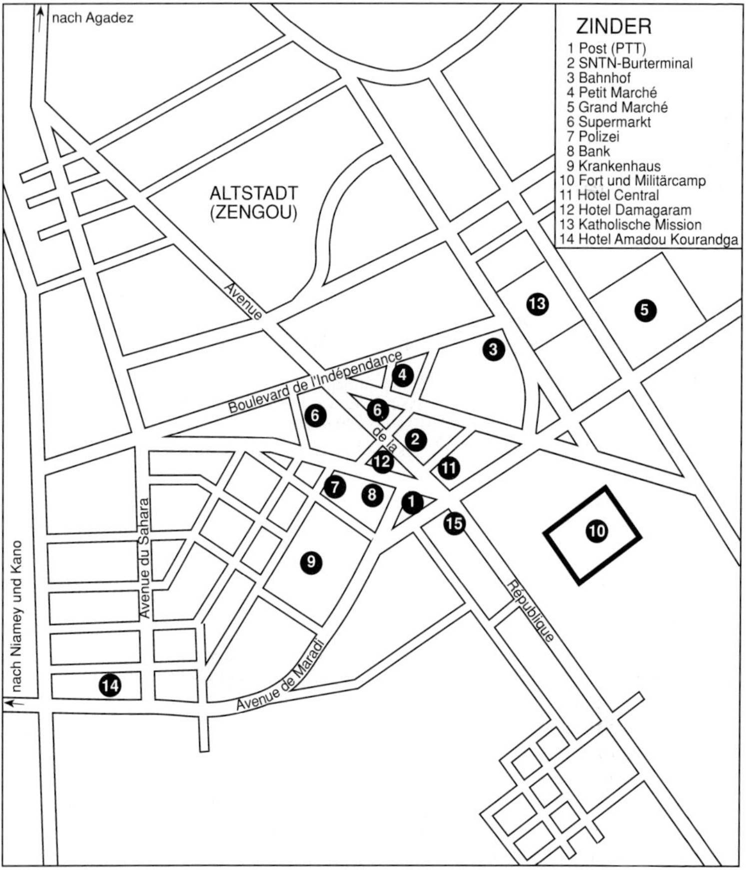
ZINDER
1 Post (PTT)
2 SNTN-Burterminal
3 Bahnhof
4 Petit Marché
5 Grand Marché
6 Supermarkt
7 Polizei
8 Bank
9 Krankenhaus
10 Fort und Militärcamp
11 Hotel Central
12 Hotel Damagaram
13 Katholische Mission
14 Hotel Amadou Kourandga
nach Agadez
ALTSTADT (ZENGOU)
Avenue
Boulevard de l'Indépendance
de la
République
Avenue du Sahara
Avenue de Maradi
nach Niamey und Kano

Filmvorführungen und Bibliothek.
Club Privé
mit Tennisplatz und Swimmingpool (1000 CFA).

VERKEHRSVERBINDUNGEN

Es gibt zwei *Gares Routières*:
Für Taxi-Brousse nach Agadez am Nordende der Stadt und für alle anderen Richtungen im Zentrum.

S.N.T.N.-Bus um 6 h nach Niamey (Di, Do, Sa); mindestens zwei Tage vorher reservieren.
Von Zinder nach *Nguigmi* (Tschadsee) fährt Montag und Donnerstag ein Busch-Taxi.

Die Ausreise über *Magaria/Babban Mutum* (Nigeria) ist am Wochenende um ca. 5000 CFA teurer!

Von Zinder nach Nguigmi

Von Zinder aus führt die Strecke zum Tschad-See weiter zu der sehenswerten Ortschaft *Mirriah*, etwa 18 km südöstlich von Zinder gelegen.
Es handelt sich dabei um eine schöne Oase mit zahlreichen Gärten. Pittoresker Markt am Sonntag. Große Auswahl an Früchten sowie Keramik und Stoffen der Haussa. Auch der Ort selbst mit seinen kubischen Häusern ist sehenswert; ebenso die Töpferwaren *(canaris)*, die am Samstag Nachmittag im westlichen Stadtteil zu sehen sind, lohnen einen Besuch.
166 km östlich von Zinder liegt *Gouré*. Der Ort ist nicht weiter von Interesse. Piste nach Norden zum landschaftlich reizvollen *Termit-Massiv* (710 m); nur mit Geländewagen befahrbar!
222 km weiter, in dem Grenzort *Maine-Soroa* (Grenze Nigeria), gibt es Salzsalinen.
Ca. 60 km in Richtung Tschad-See weiterfahrend gelangt man zu dem Ort *Diffa*; während der Regenzeit führt der *Komadougou*, der den Ort durchquerende (Grenz-) Fluß, genügend Wasser, so daß der Fischfang sich lohnt.
Reisende nach Nigeria können hier mit zügiger Polizei- und Zollkontrolle rechnen. Die Fähre nach *Damasak* (Nigeria) ist nur noch für normale, nicht mehr für schwere Fahrzeuge zu gebrauchen. Die letzten 5 km schließlich bis *Nguigmi* ist die Asphaltstraße in schlechtem Zustand.

Nguigmi

Nguigmi liegt direkt an einer alten Karawanenstraße. Es war schon seit alters her ein wichtiger Handelsplatz für Fische und Getreide aus der Umgebung, die meist gegen Salz und Datteln aus Bilma getauscht wurden.

Die Bevölkerung dieser Region (*Kanembu* und *Boudouma*) lebt von Fischfang, Viehzucht und Ackerbau. Die Kanembu gehören zur Gruppe der *Kanuri*; leicht zu erkennen sind die Kanuri-Frauen an ihren kleinen Nasenringen. Früher (1968) lag der Ort noch direkt am Tschadsee, heute muß man einige Kilometer zurücklegen, um zu den Überresten dieses einst riesig großen „Binnenmeeres" zu gelangen; und die Austrocknung geht weiter! Die Boudouma-Fischer benutzen auch heute noch meist Papyrusboote. Typisch für diese Region sind die *Kouri-Rinder* mit ihren sehr großen, dicken Hörnern, welche das Durchqueren von tiefen Wasserstellen erleichtern, da die Hörner dabei als Schwimmkörper dienen.

Zollkontrolle:
Sehr gründlich, das Fahrzeug wird vollständig durchsucht! Bei der Unterpräfektur (ca. 1 km östlich der Tankstelle) kann man FF in CFA wechseln. Die Weiterfahrt Richtung Tschad-Grenze empfiehlt die Polizei nur in Begleitung eines ortskundigen Führers.

Weiter Verbindungen nach:
Nguigmi – Koufey – Bilma
Bis Koufey erlaubt, jedoch mit normalem Fahrzeug fast unmöglich, da die Piste total versandet ist und nicht gewartet wird. Die Durchquerung des Erg von Bilma von *Koufey* nach *Bilma* und umgekehrt, ist eine der kompliziertesten Saharastrecken und nur mit mehreren Geländefahrzeugen in sehr gutem Zustand und mit Führer (in Nguigmi) möglich. Ob die Route derzeit erlaubt ist, muß vor Ort erfragt werden.

Nguigmi – Nokou *(Tschad)*
Dasselbe wie für die Strecke Nguigmi – Koufey gilt für die Weiterfahrt nach *Nokou* (Tschad).

Die Hoggarpiste bis zu Grenze Algeriens
Birni-Nkonni – Tahoua – Agadez – Arlit – Assamka

Birni-Nkonni – Tahoua – Agadez
⇨ ca. 600 km

Diese Hauptverbindungsroute in den Norden ist bis Agadez durchgehend asphaltiert. Ab Tahoua werden in den Norden Militärkonvois zusammengestellt (2x wöchentlich) um Einheimische und Touristen durch die Tuareggebiete zu begleiten. Eine Fahrt auf eigene Faust ist aus Sicherheitsgründen nicht erlaubt und auch Abstecher von der Hauptroute sind keinenfalls zu empfehlen *(siehe auch politische Situation und praktische Informationen)*!
Zweigt man in Birni Nkonni auf die nach Norden führende Asphaltstraße ab, so kommt man nach 73 km in den Marktort *Badéguichéri* (donnertags großer Markt) und nach 122 km in die Stadt

Tahoua
In der **viertgrößten Stadt** der Republik Niger leben hauptsächlich *Haussa, Fulbe, Bororo* und *Djerma*.
Eine der wenigen Attraktionen ist die rote Sanddüne am Nordrand der Stadt.
Auf dem großen Markt am Sonntag werden Ihnen die *Dillali*, die als Vermittler und Dolmetscher tätig sind, auffallen.

Unterkunft:
Hotel Galabi Ader
In der Nähe der Hauptstraße; DZ 6000 CFA; Campen für 1100 CFA/Person, kein Wasser, viele Moskitos!
Im Stadtzentrum soll es noch ein Hotel geben; DZ ca. 9500 CFA (Bungalow); Restaurant. Das Camp-Hotel ist geschlossen.

Campingplatz
In der Nähe des Stadions; 1500 CFA / Pers., angenehm schattig, Duschen!

Achtung: In den Banken werden keine Reiseschecks gewechselt.
Ein **Ausflug** zu dem 30 km nördlich von Tahoua liegenden Dorf *Barmou* lohnt sich vor allem am Donnerstag, wenn dort **Wochenmarkt** abgehalten wird.
Weiter auf der Hauptstrecke. 403 km nach *Tahoua* erreicht man *Agadez*.

Agadez

Hinweis: Zur Zeit ist die Region Agadez für Touristen lediglich im Konvoi zu durchqueren und auch die Stadt wegen der unsicheren politischen Situation für eine längeren Aufenthalt nicht zu empfehlen; über die aktuelle Situation sollten Sie sich vor Ort (oder besser schon vor befahren der Route nach Norden in Birni Nkonni oder Tahoua) erkundigen.

Die alte und **einst sehr reiche Handelsstadt** am Südrand der Sahara war bereits im 14. Jahrhundert ein Treffpunkt für Händler aus den Ländern des Nordens und des Südens. Heute ist es wichtigstes Verwaltungszentrum des nördlichen Randgebietes der Republik Niger. Salzhandel spielte in dieser Wüstenstadt mit ihrer typischen Lehmarchitektur schon immer eine wichtige Rolle. Obwohl in der Gegend von Arlit Uranerze abgebaut werden, scheint die Zeit stehengeblieben zu sein.

Sehenswürdigkeiten
Kaocen-Palast
In dem alten Palast ist heute das Hôtel de l'Air untergebracht.

Sultanspalast
Vierstöckiger Lehmkastenbau. Zum Ende des Ramadan (Fastenzeit der Moslems) finden vor dem Sultanspalast **Reiterspiele** statt; hervorzuheben ist der zeremonielle Höhepunkt: der Ritt des Sultans mit seinem Gefolge um die Stadt.

Alte Moschee
Im 12. Jahrhundert erbaut; die gegenwärtige Form stammt aus dem 15. Jahrhundert. Typische sudanesische Lehm-

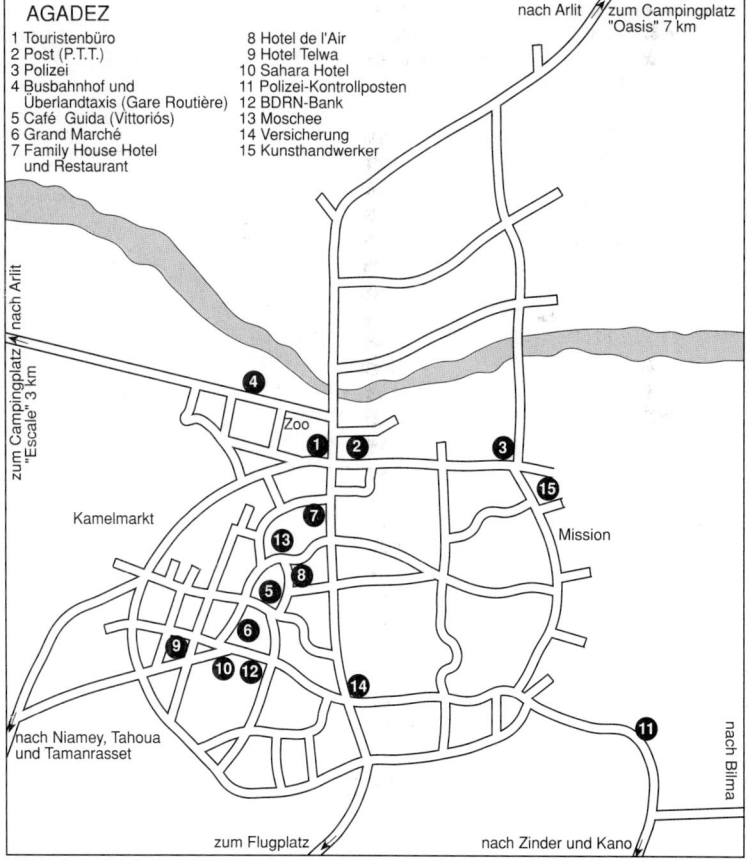

AGADEZ
1 Touristenbüro
2 Post (P.T.T.)
3 Polizei
4 Busbahnhof und Überlandtaxis (Gare Routière)
5 Café Guida (Vittoriós)
6 Grand Marché
7 Family House Hotel und Restaurant
8 Hotel de l'Air
9 Hotel Telwa
10 Sahara Hotel
11 Polizei-Kontrollposten
12 BDRN-Bank
13 Moschee
14 Versicherung
15 Kunsthandwerker

Tabaski-Fest in Agadez.
Im Hintergrund das Minarett der alten Moschee. *phot. R.G.

architektur. Vom 27 m hohen Minarett eröffnet sich ein fantastischer Blick auf die Stadt mit ihren rötlich-braunen Häusern und engen Gassen; bei klarer Sicht sieht man die Berge des Air-Massivs.

Großer Markt

(Fotografieren verboten!) Treffpunkt der verschiedenen Bevölkerungsgruppen (Tuareg, Bozo, Fulbe, Bororo). **Handeln Sie!** Neben den normalen Händlern trifft man solche, die Gri-gris (Amulette), Affenschädel, getrocknete Eidechsen und andere Zaubermittel verkaufen. Das berühmte, von den Tuareg-Silberschmieden hergestellte „Kreuz von Agadez" ist hier ebenso zu finden wie das von In Gall, Tahoua, Zinder, Bilma etc.

Geboten ist außerdem eine große Auswahl an Lederwaren (Sandalen, Kissen, usw.). Besonders auffällig sind die Kamel-Sattelteschen der Tuareg, an den drei Augen zu erkennen („Auge des Nachtvogels", „Auge der Sonne" und „Auge der Ameise"). Immer wieder sind auch die reichverzierten Lederschmuckdosen (Bata genannt) anzutreffen; geformt werden sie von den Männern, verziert von den Frauen.

Alte Stadtviertel

Um den großen Markt, vor allem im Viertel gegenüber der alten Moschee. Ein Spaziergang durch die Gassen dieser alten Viertel ist besonders schön in den frühen Morgenstunden (ca. 7 Uhr), wenn die Händler ihre Geschäfte aufmachen; etwas später sind dann auch die Handwerker (Silberschmiede, Kürschner, Schuster, Schneider, Spengler u. a.) in ihren Werkstätten zu sehen. Hier steht auch das Gebäude, in dem der Afrika-Forscher Heinrich Barth gewohnt hat.

Cooperative Artisanal

Kunsthandwerker-Kooperative, gegenüber vom Hôtel de l'Air; Kunsthandwerk zu korrekten Preisen, aber wenig Möglichkeiten zu handeln.

Kamelmarkt

Etwas außerhalb; nur in den Morgenstunden (bis ca. 10.30 Uhr) interessanta, da sich hier am meisten abspielt.

PRAKTISCHE INFORMATIONEN

Hinweis: Aufgrund der seit 1990 anhaltenden Unruhen können sich bezüglich der Adresseninformationen (Hotels, Restaurants, Camping etc.) einige Veränderungen ergeben haben. Da der Norden in den letzten Jahren kaum bereist wurde, dürften einige der angegebenen Adressen womöglich nicht mehr existieren. Für Hinweise sind wir dankbar!

 TOURISTENINFORMATION

Office national du Tourisme
B.P. 106, Tel. 44 00 80.

 UNTERKUNFT

Hotels

Hôtel de l'Air
Im ehemaligen Sultans-Palast (traditionelle Architektur), bestes Hotel am Platz; Tel. 44 01 47. Das DZ ab 5000 CFA, ca. 7000 CFA mit Air-Condition; Zimmer mit Ventilator kostet weniger. Ehemals beliebter Treffpunkt der Geländewagen-Fahrer. Übernachtung auf der Terrasse für 1500 CFA/Pers. Bewachter Parkplatz.

Hôtel Telwa
Zwei Straßen westlich vom Marktplatz; Tel. 41 01 64. DZ ab ca. 5000 CFA ohne und 7500 CFA mit Air-Cond.

Auberge La Caravane
Ähnliche Preiskategorie wie oben.
Hôtel Agreboun
Neben der Post; das Zimmer ab etwa 4000 CFA. Restaurant. Parkplätze im Hof.
Family House
Einfaches, aber sehr sauberes und gemütliches Hotel; Freiluftkino direkt nebenan.
Hôtel Sahara
Gegenüber vom Großen Markt; Tel. 44 01 97, DZ mit Ventilator ab etwa 4000 CFA, mit Air-Cond. etwa 6500 CFA; man kann auch auf der Terrasse schlafen (Moskitos!).

Campingplätze
Camping de l'Oasis
(ehem. Joyce's Garden), ca. 6 km nördlich von *Agadez* an der alten Piste nach *Arlit*. Schattig und sauber, aber wenig Platz. Preis ca. 1200 CFA/Pers., 500 CFA/Fahrzeug.
Camping l'Escale
Etwa 4 km außerhalb der Stadt, an der neuen Straße nach *Arlit*. Die sanitären Anlagen sind etwas heruntergekommen; es gibt eine Bar, aber wenig Schatten! Preis ca. 2500 CFA.

 ESSEN UND TRINKEN
Restaurants
Tafadak
Beim Markt; gutes Essen zu angemessenen Preisen, ruhiger Innenhof.
Chez Nous
beim Markt im Zentrum.
Islamique
In der Nähe des Marktes; bekannt für sein gutes „ragout du mouton".
Senegalais
Stadtzentrum, Treffpunkt junger Leute.
L'Ombre du Plaisir
Bar in der Nähe des Hotels Agreboun.

Le Ténére
Bar in der Nähe des Wasserturms.
Café Guida
Gutes italienisches Café mit Gelateria und Milch-Shakes, manchmal auch *Vittorio's* genannt; direkt gegenüber vom Hotel Air.
Le Pelier
Neu erbaut und sehr beliebt, vom selben Besitzer wie das Café Guida .

 VERKEHRSVERBINDUNGEN
Der *S.N.T.N.*-Bus von Agadez nach Niamey fährt Di, Do und Sa; Abfahrt ca. 16 Uhr. Der *S.N.T.N.*-Busbahnhof befindet sich an der neuen Straße nach Arlit.
S.N.T.N.-Bus von Niamey nach Agadez Mo, Mi und Fr (Nachtfahrt).

 FESTE
Außer den bereits erwähnten Festen (Ende des Ramadan und Tabaski) wird 40 Tage nach dem Tabaski-Fest *(Fête du Mouton)* in Agadez das *Bianou*-Fest gefeiert, eine Art Maskenfest, dessen kulturhistorischer Hintergrund noch ungeklärt ist. Die bei diesem Fest von den Maskentänzern verwendeten Gesichtsmasken sind aus Kalebassen hergestellt und für diese mohammedanische Region vollkommen untypisch.
Wenn die Salzkarawanen aus Bilma ankommen, wird dies ebenfalls mit einem Fest gefeiert (November).

SONSTIGES
Autowerkstätten
Garage Franco
An der Straße nach Zinder.
Garage de l'Air
Gegenüber vom Hôtel Telwa.
Garage Yahaya Ango
In der Nähe des Hotel Agriboun.

Reisebüros
Agentur Temet Voyages
(Tel. 44 00 51) Bietet Rundfahrten mit dem Geländewagen an.
Etwas günstigere Preise hat die Agence *Niger Ténéré Voyages* (Tel. 40 01 47).

Banken
Die *BDRN*-Bank verlangt angeblich etwa 4000 CFA Kommission pro Scheck, unabhängig vom ausgestellten Betrag. Die *BIAO*-Bank verlangt keine Kommission beim Eintauschen von Reiseschecks.

Formalitäten
Anmeldung bei der Polizei direkt nach der Ankunft, um die obligatorische *Taxe touristique* in Höhe von ca. 500–1000 CFA) zu zahlen und den Paß stempeln zu lassen.

 AUSFLÜGE
Siehe den vorhergehenden Hinweis! Derzeit (Mitte 94) ist keiner der Ausflüge machbar.

In-Gall
Alter Marktort am Kreuzungspunkt wichtiger Karawanenstraßen, 120 km westlich von Agadez. Er wird überwiegend von Nomaden (Fulbe-Bororo und verschiedenen Tuareg-Gruppen) bewohnt; Dattelpalmen und Oasengärten. Viele Feste nach der Regenzeit.

Teggida n'Tessoum
Etwa 100 km nördlich von *In Gall*. In den Salinen wird auf mühevolle Weise Salz gewonnen. Durch Verdunstung in Becken wird nach und nach die Konzentration der Salzsole erhöht, bis man schließlich kleine rötliche „Salzbrote" formen kann, in die der jeweilige Besitzer sein Zeichen einritzt. Das auf diese Weise gewonnene Salz wird als Viehsalz verwendet.
Die Strecke von *Agadez* über *In Gall* nach *Teggida n'Tessoum* (420 km) ist landschaftlich sehr reizvoll.

Les Baguezans
Gebirgsmassiv etwa 130 km nordöstlich von Agadez; schwieriger Zugang, jedoch ideal für einen mehrtägigen Ausflug auf dem Rücken eines Kamels – nicht ohne Führer! Fragen Sie nach *M. Sidibé*.
Für die Besteigung des *Air-Gebirges* sind sowohl eine gute Ausrüstung, ein Auto, sowie ein Führer notwendig! Bei der Agentur Temet Voyages kann man Geländewagen für eine **Tour ins Air-Gebirge** mieten oder über das Office National du Tourisme (O.N.T.) einen Chauffeur und guide anheuern. Das Touristenbüro organisiert auch eine Tour auf dem Kamelrücken durch das Air-Gebirge zu Thermalquellen und Tuareg-Festen.
Sie können natürlich auch versuchen, in den außerhalb liegenden Vierteln von Agadez direkt bei einem Targi eine „Kamel-Tour" zu organisieren; dazu muß man jedoch gut handeln können (Preis unbedingt vorher ausmachen!).
In **Tafadek**, ca. 80 km nördlich von Agadez, befindet sich eine Heilquelle (über 60° C heiß).

Von Agadez nach Arlit und Assamaka (Grenze Algerien)
⇨ 243 km
Von Agadez führt eine gute Asphaltstraße *(Route de l'Uranium)* nach Arlit.
Hinweis: Die Strecke ist jedoch zur Zeit nur im Militärkonvoi (zweimal wöchentlich) zu befahren. Über die aktuelle Situation bitte vor Ort erkundigen.

Arlit

Arlit ist die **"Uranstadt"** der Republik Niger. Im Jahre 1965 wurde hier Uran entdeckt und 1971 die Urangrube der Gesellschaft SOMAIR *(Société de l'Air)* in Betrieb genommen. In der baumlosen, wüstenhaften Landschaft mit Temperaturen von über 40°C wurden zunächst zahlreiche Bungalows für die Angestellten der Minengesellschaft errichtet, und innerhalb kürzester Zeit wurde ein Ort mit mehreren tausend Einwohnern aus dem Boden gestampft. Dies führte nicht nur zur Änderung der Lebensgewohnheiten der dortigen Bevölkerung, sondern auch zu erheblichen sozialen Umschichtungen im Air-Gebiet; viele Nomaden wurden zu Lohnempfängern. Täglich kommen neue Zuwanderer. Der von Afrikanern bewohnte Teil des Ortes entlang der Durchgangsstraße ist ein ganz normales Straßendorf; das für die Angestellten von *SOMAIR* errichtete Viertel im Norden der Stadt umfaßt nicht nur Wohnhäuser, Club, Gästehaus und Kantine, sondern auch ein Krankenhaus und eine Schule.

Für den Bau dieser Stadt mußte jeder Nagel, jede Schraube, jeder Löffel, jede Tasse von Frankreich auf dem Seeweg bis nach *Cotonou* (Benin) gebracht, dort verladen und über 2000 km landeinwärts transportiert werden; der größte Teil dieser Strecke war damals noch Piste. Das Uranerz selbst wird im Tagebau gewonnen und in einem komplizierten technischen Verfahren von 2,5% auf 65% Urangehalt konzentriert.

PRAKTISCHE INFORMATIONEN

Hinweis: Aufgrund der seit 1990 anhaltenden Unruhen können sich bezüglich der Adresseninformationen (Hotels, Restaurants, Camping etc.) einige Veränderungen ergeben haben. Für Hinweise über den aktuellen Stand sind wir dankbar!

PRAKTISCHE INFORMATIONEN

 UNTERKUNFT

Hotels
L'Auberge
DZ ca. 8000 CFA. Angenehme Atmosphäre und ruhig; in der Nähe vom Hotel Tamesna.
La Caravane
Sehr sauber, DZ/Ventilator 6500 CFA. Man kann auf der Terrasse übernachten (1500 CFA/Pers).
Hotel Tamesna
DZ ca. 7000 bis 9000 CFA.

Camping
Camping
Am Ortsausgang Richtung Agadez links (nicht ausgeschildert, fragen!), etwas staubiger Hof, aber ruhig; Duschen; gutes Restaurant; Treffpunkt der Traveller; Preis ca. 2000 CFA/Person.
Campingplatz
In der Nähe des Uranbergwerks.

Jugendherberge
Im Stadtzentrum, saubere Zimmer, Duschen.

ESSEN UND TRINKEN
Restaurants
Restaurant de L'Air
Von Agadez kommend an der Hauptstraße auf der linken Seite.
Chez Mama
Von In Guezzam kommend rechts, an der Hauptstraße.
Ramada
Im Zentrum, in der Nähe der Post.

Cheval Blanc
In das Restaurant der französischen Uranium-Gesellschaft werden Sie nur mit sauberer europäischer Kleidung eingelassen. Gelegentlich Live-Musik!

 VERKEHRSVERBINDUNGEN
S.N.T.N.-Busse verbinden Arlit mit Agadez und Niamey

 SONSTIGES
Krankenhaus
Im Krankheitsfall ist das *Hôpital de la SOMAIR* zu empfehlen.
Werkstatt
Bei KFZ-technischen Problemen hilft die Werkstätte der *SOMAIR*.
Touristenbüro
Office National du Tourisme
B.P. 196, Tel. 45 22 49.
Reisebüro
Agence Tamzak-Voyages
Tel. 45 22 75.

Arlit – Assamaka

Von Arlit gelangt man auf einer gut markierten Wüstenpiste (derzeit nur im Konvoi befahrbar) zum **Grenzort Assamaka**. Auf der ganzen Strecke kommen breite Sand- und Geröllfelder vor, die aber hart genug sind, so daß man sie befahren kann; nur einzelne weiche Sandstellen, jedoch leicht zu umfahren.

Bei der Aus- bzw. Einreise beim Grenzposten in Assamaka muß man mit einer 1 bis 2-stündigen Prozedur (Stempel!) rechnen; manchmal kann man die Pässe auch erst am nächsten Morgen wieder abholen. Der Zoll macht eine Mittagspause von 12–16 Uhr!

Wenn Sie per **Autostop** nach *Tamanrassset* (Algerien) wollen (derzeit,1994, wegen der Unruhen so gut wie unmöglich), sollten Sie bereits in Agadez versuchen, eine Mitfahrgelegenheit nach *Tam* zu bekommen.

Im Air-Gebirge (bei Adrar Chiriet)

Die nordöstlichen Wüstenregionen

Das Aïr-Gebirge

Hinweis: Das Aïr-Gebirge ist zur Zeit (1994) nicht zu bereisen!
Das Gebirge, das im Norden ins *Hoggar-Gebirge* übergeht, besteht aus dunklem vulkanischen Gestein. Es erstreckt sich von Norden nach Süden über 300 km und von Osten nach Westen über etwa 200 km. Untergliedert wird das Gebirge von zahlreichen tief eingeschnittenen Tälern mit relativ reicher Vegetation. Höchste Erhebung ist der *Mont Bagzane* mit 2022 m.
In dieser landschaftlich sehr reizvollen Gegend trifft man immer wieder auf versandete Flußtäler, sogenannte *koris*, und hin und wieder auch auf Herden von Gazellen und Straußenvögeln. Am Ostrand geht das Aïr-Massiv in die Ténéré-Wüste *(s. u.)* über. Dort sind phantastische Dünenlandschaften anzutreffen. Interessante Orte sind die *Oase Iferouane*, in deren Nähe sich prähistorische Fundstätten befinden; *Tafadek* mit seinen heißen Quellen, die Heilwirkung haben sollen; die *Oase Timia*, zwischen hohen Bergen eingebettet (etwa fünf Kilometer entfernt findet man einen Wasserfall); die *Oase El Mecki* mit ihren Dattelpalmenhainen, Gärten und Zinnminen, in denen im Tagebau Erz gefördert wird (aufdringliche Kinder!).
Das Aïr-Gebirge ist das Heimatland der *Tuareg KelAïr;* in den Oasengärten arbeit(tet)en die „Abhängigen" der Tuareg, in Tamaschek *Iklan* genannt, in Haussa *Busu*.
Infolge der kriegerischen Auseinandersetzungen zwischen Tuareg und Regierung sind zahlreiche Bewohner der Aïr-Region in Richtung Libyen abgewandert, da eine Fortsetzung ihrer nomadischen Kultur im Aïr-Bergland nicht mehr gewährleistet ist.

Von Agadez nach Iferouane

Obwohl es sich um eine angelegte Piste handelt, besteht auch in ruhigen Zeiten Führerzwang *(siehe Hinweis zu Beginn des Air-Kapitels)*. Die Piste (leichtes Wellblech) führt durch abwechslungsreiche Landschaft: Hügel, vegetationsreiche Trockentäler mit kleinen Nomadensiedlungen; sie kann an einem Tag bewältigt werden.

Iferouane
Meldung beim Gendarmerie-Posten erforderlich; Treibstoff für ca. 300 CFA/l, aus Fässern. Campingplatz schattig, leerer Swimmingpool; relativ saubere sanitäre Anlagen und Duschen; Restaurant. Fahrzeuge müssen auf dem bewachten Vorplatz bleiben. Übernachtung im Freien oder in Räumen.
Ausflüge:
Adrar Chiriet
Am Ostrand des Aïr-Gebirge gelegen, malerischer Ort, verschiedenfarbige Dünen der Ténéré treffen auf schwarze Felsen.
Pince de Crabe („Krabbenschere")
Vulkankrater (am Ostrand des Aïr) von ca. 10 km Durchmesser, der auf einer Seite durchbrochen ist: dort schiebt sich eine gewaltige Düne in den Krater.

Von Agadez nach Bilma (Ténéré-Wüste)

Achtung: Die Durchquerung der Ténéré-Wüste zählt zu den anspruchvollsten Routen der Sahara und darf nur

mit zuverlässigen (mindestens zwei) Fahrzeugen und kompletter Sahara-Ausrüstung befahren werden.auch mit Geländewagen sind diese ca. 1000 km durch schwieriges Gelände nicht ohne Kompaß, Sandbleche sowie ortskundige, einheimische Führer möglich. Ausreichende Wasser- und Benzinvorräte für mehrere Tage sind ebenfalls notwendig. Erkundigen Sie sich in Agadez ob eine Befahrung derzeit erlaubt und aus Sicherheitsgründen möglich ist!
Die **Kosten** für einen **Führer** belaufen sich auf ca. 100 DM/Tag, wenn der Führer im eigenen Fahrzeug mitgenommen werden kann. Für einen Führer, plus Fahrer, plus Auto (bei gr. Gruppen obligatorisch) muß man mit ca. 400 DM/Tag plus Treibstoff rechnen.
Für eine ausgedehnte **Ténéré-Tour** sollten 10–14 Tage einkalkuliert werden. Auf den Strecken *Agadez – Fachi – Dirkou* sowie *Bilma – Nguigmi* braucht man etwa doppelt soviel Treibstoff wie auf normalen Pisten.

Agadez – Bilma
Die Piste von Agadez nach Bilma besteht zunächst aus Wellblech, später wird sie von einzelnen riesigen Sandstellen unterbrochen, ist aber durch Fässer oder Kilometersteine gut markiert. Auf der weiteren Strecke sind tiefe, eingefahrene Lastwagenspuren vorhanden, die letzten 50 km bis *Tazolé* bestehen aus Sand, der jedoch ohne große Schwierigkeiten zu durchqueren ist.
Keine Versorgungsmöglichkeiten in Tazolé! Die anschließende Strecke besteht abwechselnd aus Sand-, Steinoder Wellblech-Piste.
Der berühmte **Arbre du Ténéré**, eine einzeln stehende Schirmakazie, ist zwar immer noch in der Michelin-Karte 953 eingezeichnet, existiert jedoch nicht mehr. Bis dieser Baum im Jahre 1973 von einem Lastwagenfahrer „aus Versehen" umgefahren wurde, diente er den Salzkarawanen und Wüstenfahrern als Orientierungspunkt; die Überreste des Baumes sind im National-Museum von Niamey ausgestellt. Als Ersatz und Orientierungspunkt dient heute eine Eisenstange mit astartigen Verzweigungen.
Von der *Oase Tazolé* muß man 297 km auf einer Piste zurückzulegen, bis man die **Oase Fachi** erreicht, deren Stadtmauern noch zum Teil erhalten sind.

Fachi
Überragt wird der Ort von der **Burg Dada**, deren Mauern eine Höhe von 8 Meter haben; an den Ecken steht jeweils ein Wehrturm. Die ganze Anlage ist etwas heruntergekommen; in den Lehmurnenspeichern lagert Getreide. Früher diente die Burg bei Raubüberfällen den Bewohnern als Rückzugspunkt; heute wird sie nach wie vor als Vorratskammer benutzt. Die Häuser sind wie überall in dieser Region aus Salztonziegeln errichtet, einstöckig und verschachtelt. Enge, verwinkelte Gassen führen durch das Labyrinth von Flachdachhäusern. Oasengärten mit schattenspendenden Palmen und die Salinen gehören zu den wichtigsten Lebensgrundlagen der Bewohner.
Die Strecke weiter nach *Bilma* ist gut markiert und mit einem Geländewagen leicht zu bewältigen; man fährt durch eine Zone von flachen Dünen, die immer wieder von weichen Sandstellen durchsetzt sind.
Im Winter begegnet man auf dieser faszinierenden Strecke den Salz-Karawanen *(Azalai),* die seit Jahrhunderten regelmäßig auf dieser Route ziehen.

Oase Bilma (Kaouar)

Dieser aus Salztonziegeln erbaute Ort, der überwiegend von *Kanuri* und *Tubu* bewohnt wird, ist seit Jahrhunderten wegen seiner Salinen bekannt.

Meldung hat beim Militärposten zu erfolgen. Bar. Restaurant. Eine eingefaßte heiße Quelle spendet ständig einen satten Strahl heißes Wasser (30–50 Grad), das dann durch die Gärten fließt; dort bilden sich kleine Seen (Bademöglichkeit).

Sehenswert sind die **Salinen von Kalala**, die sich etwa 3 km norwestlich von Bilma befinden. Das Fort im Osten der Stadt wurde von den Franzosen erbaut; Überreste der Stadtmauern sind ebenfalls vorhanden. Dank der artesischen Brunnen und des hohen Grundwasserspiegels müssen die Dattelpalmen nicht bewässert werden. Die Oasengärten sind jedoch von Sand bedroht.

Die Salzgewinnung in den Salinen von Kalala ist relativ harte Arbeit. In rechteckigen, etwa 2 m tiefen Becken, die durch kleine Mäuerchen abgetrennt sind, steht etwa kniehohes Wasser zur Verdunstung. Während der Wintermonate wird nicht in den Salinen gearbeitet, da der beständig wehende Wind Sand in die Verdunstungsbecken weht. Das relativ grobkörnige *Bezasalz* wird zum Kochen verwendet, während das *Kantusalz* (zu Salzstöcken geformt) als Viehsalz benutzt wird. Letzteres ist für den Handel wesentlich wichtiger, es wird im Herbst, kurz vor Ankunft der Salzkarawanen, produziert und hat auch eine andere Zusammensetzung als das Bezasalz. Früher war Kalala bewohnt; heute dienen die halb verfallenen Hütten lediglich den Salinen-Arbeitern als Schutz vor der größten Mittagshitze.

Variante Agadez – Bilma über Achegour – Dirkou

Die Piste ist ab Achegour mit Stangen markiert.

Achegour

Brunnen (2 m tief) mit leicht salzigem Wasser (trinkbar); Umgebung verschmutzt; Tierkadaver, Autoreifen etc., Skorpione!

Bis *Dirkou* geht es über eine leicht wellige Sandstrecke, über weite Strecken (ca. 40–50 km) ziemlich weich. Entlang der Piste tauchen immer wieder Kamelgerippe auf; sie zeigen, daß diese Strecke auch von Karawanen benutzt wird.

Dirkou

Meldung ist beim Militärposten am Ortsrand vorzunehmen. Die Tankstelle „Jérome" befindet sich ca. 1 km westlich des Ortes als einzelnes freistehendes Gebäude: 300 CFA/l Diesel oder Normalbenzin. Kleines Restaurant; keine Übernachtung im Ort.

Achtung: Campen empfiehlt sich nur in mindestens 5 km Entfernung vom Ort, da sonst nachts mit dem Besuch einer Militärpatrouille zu rechnen ist.

Weiter bis Bilma geht es über eine leichte Piste 5 km westlich der *Falaise de Bilma*; die Alternativstrecke durch die Palmengärten ist recht sandig und ziemlich schwierig.

Bilma – Nguigmi

Die Strecke *Bilma-Nguigmi* durch den großen Erg von Bilma ist pistenlos und führt auf der gesamten Strecke über Sanddünenketten, deren Überquerung mit zu den schwierigsten Strecken der Sahara zählt. Daher ist es unbedingt notwendig, einen ortskundigen einheimischen Führer mitzunehmen. Eine Erlaubnis *(s. o.)* ist bei der Verwaltung in Nguigmi oder Bilma einzuholen.

Dirkou – Djado

Die Piste *Dirkou – Djado* verläuft in etwa 5–10 km Abstand von der Falaise. Im Norden des *Kaouar*-Gebietes liegt die **Oase Séguedine**, wo *Tubu* leben.

Der alte, einst befestigte Stadtkern ist weitgehend zerfallen, die Mauern sind verwittert. Salz und Datteln sind die wichtigsten Produkte des Ortes, jedoch gibt es beim Transport Schwierigkeiten, da Séguedine nicht an einer Karawanenstraße liegt. Nur die selten vorbeikommenden libyschen Lastwagenfahrer nehmen hin und wieder ein paar Säcke Datteln und Salz mit. Außer Trinkwasser keine Versorgungsmöglichkeiten. **Sehenswert** sind die **Salinen**: weißes Salz, grellgelbe Sole-Becken.

Der *Pic Zumri* im Süden, draußen in der Ténéré-Wüste, dient als Orientierung für die Wüstenfahrer.

Von Séguedine führt Richtung Nordosten eine Piste zum Brunnen von *Madama* und weiter nach Libyen, Richtung Nordwesten eine andere zu dem einzigen noch bewohnten Ort **Chirfa**. Vor dem Ort befindet sich auf einem Felsen ein Militärposten: scheinbar ein lockerer Dienst (kaum Uniform). Im Ort ist Trinkwasser (gegen Gebühr) erhältlich. Das *Djado-Plateau* selbst besteht aus zerklüfteten Sandsteinen, aus denen vereinzelt Bergspitzen herausragen. Im *Blaka-Tal* zwischen diesen beiden Pisten findet man zahlreiche Felszeichnungen (Gravuren). Nach etwa 80 km ragt im Westen der *Berg Oleki* aus der hügeligen Hochfläche heraus. *Chirfa* wird von ein paar Tubu-Familien bewohnt, die einst aus dem Osten eingewandert sind. Das alte französische Fort aus dem Jahre 1923 erinnert an die Kolonialzeit. Nur wenige Kilometer nördlich von Chirfa befindet sich auf einem Hügel, der zum Teil von einem Tümpel umgeben ist, die alte befestigte Stadt *Djado*.

Die **Festungsanlage** kann besucht werden. Sie ist inzwischen ziemlich verfallen, niemand weiß, wann und warum sie gebaut bzw. verlassen wurde. Gerüchten zufolge wurde die Stadt wegen der zig-tausend Malariamücken, die in den Sümpfen um die Festung hausen, verlassen. Auch jetzt noch sind die Moskitos bei den faszinierenden Klettertouren durch die verfallene Stadt eine große Plage. Nördlich von Djado dient ein nackter Felsen als weithin sichtbarer Orientierungspunkt.

Die Strecke von *Chirfa* nach *Djanet* (Algerien) kann wegen der Tuareg-Aufstände derzeit nicht befahren werden.

Die befestigte Stadt Djado

Karawanen im Leeren Land
Hans Ritter

Langsam verringerte sich die Hitze, nur meine Kleider waren noch wie glutgetränkt, klebten salz- und sandverkrustet auf der Haut. Zwischen rieselnden Kälteschauern hielten sie die Hitze am Körper gefangen, als die erste kühle, von den Dünenbergen herabsinkende Abendluft uns erreichte. Jetzt war die Hitze nicht mehr so stark, daß der Schweiß sofort vertrocknete und so begann ich gleichzeitig zu frösteln und zu schwitzen. Die Kälte erreichte uns in Wellen. Zuerst auf den flachen Kuppen mit einem spürbaren, der Hitze unterlegten kalten Lufthauch. In den Senken dazwischen lag die Glut des Tages noch immer unbeweglich, bei jedem Abstieg tauchten wir in einen heißen Luftsee ein. Dann begann die Kälte zu siegen, die Dauer der kühlen Intervalle zuzunehmen. Viel zu kurz war die Übergangsphase der angenehmen Temperatur, bald mußten wir uns gegen die gerade noch herbeigesehnte Abendkühle schon wieder schützend verhüllen, zog die eisige Nacht der Sandwüste herauf.

Die kompakten Schattenfiguren dehnten sich aus, verblaßten über den Dünen, deren heller Sand erst leuchtende, warme Ockertöne annahm, bevor

er langsam die Farbe verlor. Der Himmel dunkelte, wurde tiefblau, ging am Horizont in dunstigfahle, zartrosaviolette Linien über, aus denen das stumpfe Grau der heraufziehenden Dämmerung zu ahnen war.
Jetzt hielt die Karawane für wenige Minuten an, damit vor der Dunkelheit die Ladungen nochmals überprüft, das Abendgebet ausgeführt werden konnte. Ich wanderte zu den anderen Karawanenzügen, wurde freundlich begrüßt, lachend tauschten wir die Grußformeln aus: „Wayy-uwen, mattulid, teghlased, mani edhes, isalen? – elkheyr ghas! – Alles in Ordnung, wie geht's, was macht die Müdigkeit, was gibt's Neues? – Nur das Gute, alles geht gut ...!"
Oft entfernte ich mich von dem Karawanenzug, stieg auf die hohen Dünen, kroch im weichen, warmen Sand der steilen Leeseite hoch, um dann auf dem Gipfel eine fast unirdische Aussicht zu erleben: die im Schweigen des Abends ersterbende Wüste, deren leuchtende Tagesfarben von der allseitig uns einkreisenden, staubfarbenen Dämmerung verschluckt wurden. In der Tiefe eine einzige, winzige Gruppe von wie verloren dahinziehenden Lebewesen, die urweltliche Szene der einsamen Karawane. Ein kaum mehr vorstellbares Bild in unserer Zeit, das manchmal durch den winzigen, silbern schimmernden Reflex eines in großer Höhe lautlos über uns hinwegziehenden Flugzeugs einen seltsam unwirklichen Aspekt bekam.
Bei diesen kleinen Ausflügen mußte ich weit vorauslaufen, um Vorsprung zu gewinnen für die Zeit, mich kurz hinzusetzen, während dann unter mir die Karawane vorbeiglitt, lautlos, fern und fremd. Sie schien stehen zu bleiben, sobald sie an mir vorbeigegangen war, wurde zu einer langen, schwarzen Linie, die unmerklich langsam schrumpfte, dann als bewegungloser Punkt am Horizont stand. Die wenigen Minuten, die ich im Sand in bewegungsloser Ruhe liegenbleiben konnte, zögerte ich jedesmal zu lange hinaus, froh über die Rast und gebannt von der Szenerie, um dann wieder im anstrengenden Eilschritt durch den weißen Sand den fliegengroßen, fernen Reitersilhouetten zu folgen und erschöpft endlich wieder auf mein Kamel zu steigen.
Einmal schlief ich kurz ein, beim Erwachen war die Karawane verschwunden. Ich war allein in unendlicher Weite, ohne Wasser, Gepäck, Tiere. Sekunden nur oder Minuten hatte ich geschlafen, erlebte im Erwachen den Schock absoluter Verlassenheit. Nur für Augenblicke, doch unvergeßlich, bis die vertrauten, dunklen Schatten der Karawane aus einer ganz fernen Senke langsam auftauchten, am Horizont davonschwammen, im flachen Schein der letzten Abendsonne.
Lange war es jetzt dunkel, Reiter und Tiere hatten sich in blasse Schemen verwandelt, silbergrau war der Sand, schwarz der Himmel. Jetzt war plötzlich alles mit feinen Geräuschen erfüllt, die tagsüber unbeachtet blieben. Die Tritte der Kamele, das Knistern des Sandes, der Ladungen, das rhythmisch knarrende Reiben der Last- und Sattelstricke, das Gluckern der Wasservorräte, das Schnauben und knurrende Brüllen der Kamele, vereinzelte Rufe, der blecherne Schlag der eisernen Glocke (kuge), die mit einem

Antilopenhorn geschlagen wurde. Ein weithallendes Verbindungssignal für die nächtlichen Reiter, das die einzelnen Gruppen, weit auseinandergezogene, nur zu ahnende Schattenreihen, für wenige Augenblicke belebte und miteinander verband, mit schrillen, jubelnden Rufen beantwortet wurde, bevor alle wieder im stummen Halbschlaf versanken.

Ich fühlte mich oft wie in einem kleinen Boot, das bei Nacht und Nebel durch das Meer treibt, wenn ich nachts dahinschaukelte. Vor mir undeutlich die in der Nachtkälte verhüllten Gestalten im steten Zug durch die grenzenlose Weite, vom ersten Tageslicht bis zu der Zeit, da der Orion schräg am Himmel stand. Die Richtung konnte ich nur ahnen, die Bewegung, das Vorwärtskommen nur aus den Schritten der Kamele erkennen, wie beim Blick in die Wellen, die einen zweifeln lassen, ob das Boot sich bewegt oder das Meer. Wenn ich mich umblickte, nach allen Seiten das gleiche Bild, das gleiche Nichts fahler Schemen, in unschätzbarer Nähe oder Weite verdämmernder Konturen von Menschen, Tieren, Linien, umkreist von den Lichtpunkten des Himmels, der nur mehr aus Kälte und Finsternis bestand.

Stunde um Stunde ging es dahin, frierend und immer kurz davor einzuschlafen, hielt ich mich abwechselnd auf dem Kamel oder lief zwischen den wie mechanisch dahinschreitenden Kamelleibern durch den kalten Sand. Endlich fächerten sich die einzelnen Reihen auf, jeder Zug bildete seinen Lagerbahnkreis, flink huschten die Tuareg von Tier zu Tier, um die schweren Ladungen der Kamele in den Sand zu legen, den Tieren Futterstroh vorzuwerfen, bevor das Nachtlager hergerichtet wurde. Sicher dauerte es noch eine Stunde, bis die Hirse gestampft und gekocht, der heiße Hirsebrei verzehrt war, und alle sich schlafen legen konnten.

Während einer sich um das Essen kümmerte, führten die anderen kleine Reparaturen aus; in jeder freien Minute wurden auf Vorrat Last- und Maulstricke aus Gräsern neu geflochten.

Einmal beobachtete ich Mohammed, wie er mit Nadel und Faden einen tiefen Riß in seiner schwieligen Hand nähte, genauso, wie es bei eingerissenen Kamelfußsohlen gemacht wird. Die meisten Karawaniers haben so dicke Hornhautschwielen an den Händen, daß sie sogar Holzkohlenglutstückchen mit bloßen Händen aufnahmen, wenn sie z. B. ein zweites Feuer entfachen wollten.

So schön und intensiv das Erlebnis der Karawane und der Freundlichkeit der Tuareg war, so ärmlich war ihre Ausrüstung, so fragil ihre Existenz, die mit den romantischen Bildern von „Märchenkarawanen" überhaupt nichts gemeinsam hat.

Alles dreht sich um die Kamele, diese störrischen, brüllenden, stinkenden, grünen Mageninhalt hervorgurgelnden Tiere, mit denen man von morgens bis abends zu tun hat. Die Dürre hat auch ihnen zugesetzt, nur die stärksten waren mitgenommen worden auf diese Salzkarawane, deren Erlös für meine Begleiter in ihren zerlöcherten Gewändern und abgewetzten Turbanen lebenswichtig war. Immerhin lebten sie besser als die halbseßhaften Herdenbesitzer, deren Tiere verhungerten oder beim Ausweichen nach Süden an Krankheiten auf ungewohnten Weiden starben. Noch waren sie unabhängig von der unsicheren Hoffnung auf Hilfe und einen neuen Anfang in den Lagern oder den Kisten und Blechhüttensiedlungen, die die Vorstädte der afrikanischen Metropolen überwuchern. Doch auch die letzten Karawaniers spüren die Dürre, und niemand kennt ihre Zukunft.

Langsam ziehen die Kamele dahin, alle sind schwer beladen. Vor Jahren, auf der großen Karawane, dreihundert Tiere in einem gigantischen, den Horizont begrenzenden Pulk, in jeder Gruppe auch unbeladene Tiere, Kamelfohlen, die sich an den stetigen Trott, das ruhige Laufen hinter dem Vorderkamel gewöhnen sollten, Reserve und Ersatz für erschöpfte Tiere. Jetzt, zur Zeit der Dürre, muß jedes Kamel, das stark genug ist, die Ténéré zu bewältigen, Lasten tragen.

Drei Tage lag Bilma jetzt zurück, wo ich diese Karawane getroffen hatte, schweißgebadet und schwach von einem plötzlichen Fieber nach Ankunft in der Oase. Die Tage dort hatte ich hitzefröstelnd in den engen, fensterlosen Räumen des Campement verbracht, auf meinem Schlafsack liegend, bis die Tuareg loszogen. Das letzte Problem war, ob die Gendamerie mich ziehen

lassen würde, und die erste Frage beim Abholen des Abreisestempels war auch gleich „mit welchem Fahrzeug", und als ich Karawane sagte, ein erstaunter, mißtrauischer Blick, und der Soldat drehte zögernd meinen Paß in den Händen. Ich erzähle schnell, daß ich schon früher mit Karawanen gegangen bin; das beruhigt ihn, und er meint nur, ob ich das aushalten würde. Dann setzt er sich vor das große Register der „arrivées" und „départs", schreibt meinen Namen ein und die Paßnummer, hält plötzlich inne, dreht sich lachend um und deutet auf die Rubrik: „Typ und Nummer des Fahrzeugs". Schreibt chameau hinein, und entläßt mich mit der grinsenden Bemerkung „chameau numéro dix – bonne chance!" Dann sinkt er wieder dösend auf dem abgewetzten Metallstuhl in sich zusammen.

Heute würden wir Fachi erreichen, hatte Mohammed gesagt, doch zu sehen war nichts. Erst nach Stunden zeigte sich ein rötlicher Schimmer in der Ferne, und Mohammed rief mir fröhlich zu: „Ini, Fachi – schau, Fachi!" Vor uns eine vage Linie, die sich aus dem Luftflimmern erhob, die Falaise von Fachi, unser Ziel. Doch die Sonne war lange gesunken, auch der fahle Abend in eisige Nacht übergegangen, bis der schemenhafte Berg im Schein des Mondes endlich konkretere Formen annahm, die Distanz sich merklich verringerte und wir den Dünenpaß vor Fachi überquerten. Wir näherten uns einer Schattenküste, die sich aus dem Sand erhob wie ein riesiges, schlafendes Tier mit seinen Pranken im Sand. Schwarze Punkte und Figuren, Flecken, Linien, Gestalten und Muster begannen sich abzuheben, dann ritten wir lautlos durch erstarrte Scherenschnitte aufragender Palmengruppen an den Gärten am Fuß des Berges vorbei, rochen den Rauch der Feuer, sahen die Lager anderer Karawanen, sprangen zitternd vor Kälte in den eisigen Sand.

Wir waren in Fachi angelangt, lagerten vor den Zinnenmauern dieser inselgleichen Oase.

Aus dem Buch: SAHEL – Land der Nomaden, von Hans Ritter. Mit freundlicher Genehmigung des Trickster Verlages, München.

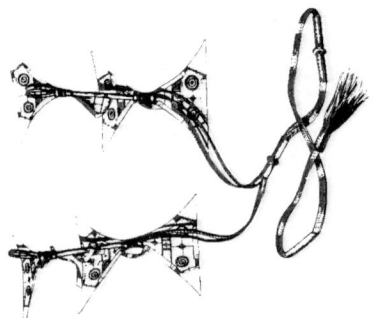

Republik Burkina Faso

626 Länder, Routen, Sehenswürdigkeiten – Burkina Faso

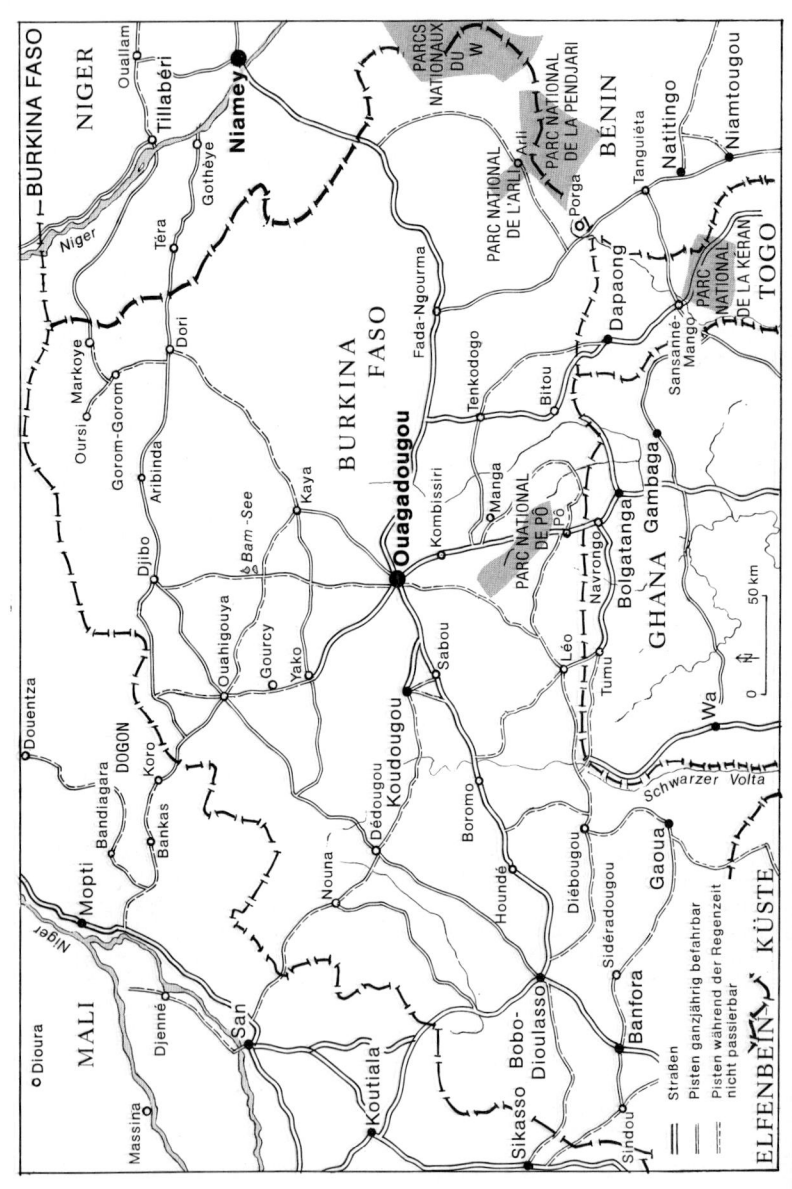

Landeskundliche Informationen

Geographie

Das Staatsgebiet von Burkina Faso (ehemaliges Obervolta/Haute Volta) erstreckt sich über eine Fläche von 274 000 qkm (etwas größer als die BRD); das **Binnenland** (mittlere Entfernung zur Küste 500 km) wird im Norden von Mali und Niger begrenzt und im Süden durch Benin, Togo, Ghana und die Elfenbeinküste vom Meer getrennt. Es besteht hauptsächlich aus einem 250 bis 350 m hoch gelegenen **Plateau** aus präkambrischen Schichten (Gneise, Granite), auf dem sich nur einzelne Berge und Felsen erheben; im SW ragt ein **Sandstein-Tafelland** (500 m ü. M.) auf; höchste Erhebung ist mit 747 m der *Tenakourou* im Westen an der Grenze nach Mali.

Die **drei Quellflüsse des Volta**, *Schwarzer*, *Roter* und *Weißer Volta*, bewässern das Land, wobei nur der *Schwarze Volta* ganzjährig Wasser führt, während die anderen in der Trockenzeit versiegen.

Der **nordöstliche Teil** des Landes liegt in der **Sahelzone** (durch Dornengestrüpp, Dornbuschsavanne und Halbwüsten gekennzeichnet) und der übrige Teil in der **Savannenzone**. Im mittleren und größten Landesteil *(Mossi-Plateau)* dominiert Trockensavanne, wo hohe Gräser und Büsche vorherrschend sind; im Südwesten geht diese in Feuchtsavanne über, wo sich einzelne Bäume zunehmend gegen die Büsche durchsetzen. Einzelne Waldinseln tauchen auf sowie Galeriewälder entlang den Flüssen. Die Feuchtsavanne ist Hauptanbaugebiet für Baumwolle, Reis und Zuckerrohr.

Klima

Burkina Faso hat ein **wechselfeuchtes tropisches Klima**, bei dem sich zwei Jahreszeiten unterscheiden lassen: eine **Regenzeit** (Juni–Oktober) und eine **Trockenzeit** (November–März), wobei die Monate April und Mai die heißesten sind. In der Trockenzeit weht aus nordöstlicher Richtung der *Harmattan*, ein trockener, staubführender Wind, dessen „Sandnebel" manchmal tagelang die Sonne verdeckt. Dauer der Regenzeit, Häufigkeit und Menge der Niederschläge nehmen von Süden nach Norden hin ab.

Während im Südwesten 1000 bis 1300 mm Regen/Jahr gemessen werden, sind es im Zentrum 500 bis 1000 mm/Jahr und im Nordosten *(Sahel)* nur sehr geringe Niederschläge, die manchmal ganz ausbleiben.

Im Süden relativ gleichbleibende Durchschnittstemperaturen von ca. 30°C, vor allem im Norden *(Sahel)* gegen Ende der Trockenzeit vielfach über 40°C.

Beste Reisezeit: Dezember bis März.

Bevölkerung

Die Bevölkerung Burkinas (Schätzung der Weltbank 1993: über 10 Mio. Einw.) umfaßt etwa **60 verschiedene ethnische Gruppen,** von denen die **Mossi** im Zentrum des Landes **zahlenmäßig am stärksten vertreten sind** und knapp 50% der Einwohner des Landes ausmachen. Danach folgen die überwiegend im Norden lebenden *Tuareg*, *Fulbe* (ca. 10%) und *Bella*, wobei die *Fulbe (Peulh)* auch in den übrigen Teilen des Landes als halbnomadisch lebende Viehzüchter anzutreffen sind.

Frauen auf dem Markt

Die *Kurumba* leben im Norden (*Sahel*) zwischen *Aribinda* und *Ouahigouya*; sie haben sich jedoch im Laufe der Zeit sehr stark mit den *Mossi, Songhay* und *Fulbe* vermischt.

Eine andere wichtige Bevölkerungsgruppe stellen die **Bobo** (ca. 8%) dar; Untergruppen sind *Bwabas* in der Gegend von *Dédougou* und *Houndé*, *Bobo-Fing* (im Westen) um *Bobo-Dioulasso* und die *Bobo-Ule* (im Osten). Die *Lobi* und *Dagari* (7%) im Grenzgebiet zur Elfenbeinküste und Ghana sowie *Senufo* (5,5%), *Gurunsi* (ca. 5,2 %), *Samou* und *Dogon*, *Bissa* (4,7%) und *Gourmantche* (5%). Außerdem leben etwa 5000 Europäer, meist Franzosen, in Burkina; die Zahl der im Ausland lebenden *Burkinabé* schätzt man auf 2 Mio. (überwiegend Elfenbeinküste, *s. a. Land und Leute – Bevölkerung*). Mit durchschnittlich 35 Einw./qkm ist Burkina eines der dichtest besiedelten Länder Westafrikas, mit einer jährlichen **Zuwachsrate von 2,7%** (1987–1988). Am größten ist die Bevölkerungsdichte im mittleren Teil des Landes, um die Hauptstadt *Ouagadougou*; das *Mossi-Plateau* ist mit 77 Einwohnern/qkm eigentlich überbevölkert, während im Norden *(Sahel)* nur ca. neun Einwohner/qkm leben. Die starke Bevölkerungszunahme in den letzten Jahrzehnten (zwischen 1952 und 1977 fand ungefähr eine Verdoppelung statt), hat dazu beigetragen, daß die Dürreperioden der 70er Jahre katastrophale Folgen hatten. In den Städten leben rund 11% der Bevölkerung, der größte Teil auf dem Land, wobei vor allem bei den Jüngeren eine verstärkte Landflucht festzustellen ist.

Aufgrund der **schlechten Arbeitsmöglichkeiten** im eigenen Land sind jährlich 500 000 bis 2 Mio. Einwohner Burkinas gezwungen, ins umliegende Ausland, vor allem in die Côte d´Ivoire, auf Arbeitssuche zu gehen. Da aber auch in den Nachbarländern in letzter Zeit verstärkt wirtschaftliche Schwierigkeiten aufgetreten sind, konnte eher eine Rückwanderung von Arbeitskräften verzeichnet werden. Laut SZ vom 2.3.1993 war für 1993 eine großangelegte Rückführungskampagne (Anlage von bewässerten, landwirtschaftlich nutzbaren Flächen) geplant.

Seit B. Campoare an der Macht ist, wurden viele Großbetriebe zur Privatisierung freigegeben. Inzwischen gibt es auch wesentlich mehr Klein- und Kleinstunternehmer wie Straßenverkäufer und Schuhputzer.

Die neueste „Mode" sind mit Computer ausgestattete Schreibbüros, die Sekretariatsarbeiten nach Auftrag erledigen. Büroeinrichtungen sind ebenfalls bis auf das letzte Teil in höchster Qualität erhältlich. Ebenso fällt auf, daß trotz der nach wie vor vielen Fahrräder auch verstärkt Mofas und Mopeds als Fortbewegungsmittel dienen, weshalb auch das Unfallrisiko erheblich gestiegen ist. Außerdem sieht man nicht mehr nur Renault- und Peugeotwagen, sondern inzwischen auch immer häufiger mehr oder weniger neue Mercedesmodelle.

Sprachen

Das **Französische** ist (wie in allen anderen ehemaligen französischen Kolonien) **offizielle Sprache**. Sie ist die einzige in den Schulen unterrichtete Sprache (abgesehen von Koranschulen, in denen die arabische Schrift gelehrt wird), wird aber aufgrund der niedrigen Einschulungsquote von kaum mehr als 15% der Bevölkerung verstanden. So zahlreich wie die Stämme sind auch die Sprachen und Dialekte. Die weitest verbreiteten Umgangssprachen sind das *Moré* (Sprache der *Mossi*, das mit *Bobo*, *Lobi* und *Senufo* zu den *Gursprachen* zusammengefaßt wird), das *Dioula* (Sprache der Kaufleute) und das *Fulfulde* (Sprache der *Fulbe/Peulh*). Andere Handelssprachen sind Englisch und Arabisch.

Außerdem werden im Süden verschiedene *Mande-Dialekte* gesprochen *(s. a. Land und Leute – Sprache).*

Religionen

Etwa **70%** der Bevölkerung sind Anhänger von **traditionellen afrikanischen Religionen** und (im Gegensatz zu den islamischen Nachbarländern Mali und Niger) nur **25% Moslems** und ca. **5% Christen** (v. a. Katholiken).

Für die Mossi wurde die Welt von **Wendé**, einem obersten Gott erschaffen. Alles wird durch seine Kraft *Nam* belebt, besonders das, was für das Überleben des einzelnen und der Gemeinschaft wichtig ist. Das Leben wird als Ausdruck der Kraft Wendés angesehen. Als *Tenga Wendé* gibt er der Erde Fruchtbarkeit, und als *Tido Wendé* läßt er die Pflanzen wachsen. *Saga Wendé* ist die Macht Gottes, Regen zu schicken. Um Wendé herum kreisen ständig, jedoch schwer erreichbar, Geister, Ahnen und Vermittler zwischen den Menschen und der höchsten Gottheit.

Der **Ahnenkult** spielt bei den Mossi eine große Rolle. Es besteht eine Wechselbeziehung zwischen „Toten" und „Lebenden". Um die Kraft der Ahnen zu stärken, bringt man ihnen regelmäßig Opfer, betet sie an und verehrt sie, so daß diese genug Kraft haben, um ihre Nachkommen zu beschützen. Man fragt die Ahnen um Rat und läßt sie auch, soweit möglich, an den Ereignissen des Lebens teilhaben.

Jeder Bruch und jede Übertretung der Verbote rufen Strafe und Rache von seiten der Gottheiten und Ahnen hervor; und bei jedem Verstoß sind für den Verantwortlichen Krankheit und Unglück die Folge. Ebenso werden die „natürlichen" Notstände (Dürren etc.) als Strafen angesehen.

Der **Islam** hat die Grenzen des Mossi-Reiches erst gegen Ende des 18. Jh.s erreicht. Der *Mogho Naaba* wechselte zum Islam über, ohne die Religion des Propheten seinen Staatsbürgern aufzuzwingen. Der Islam breitete sich nach und nach immer weiter aus und ist heute die in der Hauptstadt *Ouagadougou* am meisten praktizierte Religion. Die „neuen" Moslems trinken zum größten Teil weiterhin *Dolo*, bringen den Ahnen ihre Opfer und leben, vorausgesetzt, sie können es sich leisten, in polygamen Eheverhältnissen.

Das Begräbnis-Ritual der Mossi (Kouré)

Nach Auffassung der Mossi gibt es für ein Individuum drei verschiedene Tode, die man nicht durcheinanderbringen darf. Der medizinische Tod im westlichen Sinne, der offizielle Tod, der oftmals einige Tage danach (zum Beispiel bei einem Dorfchef) stattfindet. Die Seele oder der Geist des (verstorbenen) Individuums verlassen den Körper jedoch nicht vor der Beerdigung, die die Mossi den zivilen Tod nennen und die das Ende des hiesigen Lebens markiert. Erst nach dem dritten Tod kann man alle Maßnahmen für das „Nachleben" eines Individuums treffen. Zwischen dem offiziellen und dem zivilen Tod ruht sich der Geist in Pouloumpoukou – so glauben die Mossi – ,einem heiligen Gebiet im Nordwesten von Ouaga, aus. Dies ist die Periode des Übergangs.

Bemerkenswert ist in diesem Zusammenhang die Tatsache, daß eine Person, die sich zu Lebzeiten gegen ihre Eltern gestellt hat, meist nicht das Recht auf eine pompöse Beerdigung hat; man unternimmt nur das Nötigste, um ihr das Verlassen der Erde zu ermöglichen.

Beerdigt wird ein Mossi relativ schnell, meist in der Nähe seines ehemaligen Hauses, d. h. in seinem Hof in einem Betongrab. Es gibt jedoch auch mehrere Friedhöfe in Ouaga. Moslems und Christen setzen die Verstorbenen entsprechend ihren Bräuchen bei.

Geschichte

Die **Felszeichnungen**, die man in der Gegend von *Banfora* gefunden hat sowie die zahlreichen von Archäologen ausgegrabenen Steinobjekte lassen darauf schließen, daß das Gebiet des heutigen Burkina eine lange Geschichte aufzuweisen hat. Untersuchungen aus jüngster Zeit weisen darauf hin, daß man während des 13. und 14. Jahrhunderts im Süden des Landes Gold schürfte.
Ab dem 12. und 13. Jahrhundert kamen in mehreren aufeinanderfolgenden Einwanderungswellen verschiedene Völker aus anderen Teilen Afrikas, um sich in diesem Gebiet niederzulassen; die *Bobos* kamen aus dem Nordwesten, die *Mossi* und *Gourmantche* aus dem zentralen Sudan, die *Fulbe (Peul)* aus dem Nordosten ebenso wie die *Lobi*.
Man nimmt an, daß die ersten Bewohner im Gebiet des heutigen Burkina Völker waren, die *Gur-* oder *Voltasprachen* gesprochen haben, wie zum Beispiel die *Bobo* und *Senufo*. Diese unterschiedlichen Volksstämme haben vor der Kolonisierung durch die Franzosen **zahlreiche Königreiche** gebildet, von denen die **Mossi-Reiche** *Wagadugu (Ouagadougou)*, *Yatenga* und *Gourma* die bedeutendsten waren *(siehe auch allgemeiner Teil – Kapitel Geschichte)*.
Die anderen Völker im Westen widersetzten sich erfolgreich den sudanesischen Eroberern (*Mali* und *Songhay*). Erst gegen Ende des 19. Jahrhunderts kam dieses Gebiet ins Kreuzfeuer der Kolonialmächte Frankreich, Großbritannien und Deutschland. Den Franzosen gelang es schließlich nach der Militärmission von *Voulet* und *Chanoine*, das Gebiet zu erobern und im Jahr 1897 zum **französischen Protektorat** zu machen. 1932 wurde das Gebiet aus rein kommerziellen Gründen zwischen der Kolonie Französisch Sudan, Niger und Elfenbeinküste aufgeteilt.
Im Jahr 1947 bekam Haute-Volta seine administrative und territoriale Einheit wieder, mit den heute noch gültigen Grenzen.
Erster Präsident nach der **Unabhängigkeitserklärung am 5. August 1960** war *Maurice Yameogo*. Fünf Jahre später kam es zum Militärputsch, *Oberleutnant Sangoulé Lamizana* wurde Staatschef.
Seitdem wechselten Militärregierungen mit Zivilregierungen ab, auf eher diktatorische Strukturen folgten demokratische (Mehrparteiensystem etc.), Mißwirtschaft und Machtkämpfe kennzeichneten die Politik des Landes, bis am 25. November 1980 mit einem **Staatsstreich** der *General Lamizana* abgesetzt wurde und *Leutnant Saye Zerbo* mit Hilfe einiger Offiziere die Macht ergriff. Bereits zwei Jahre später wurde er von *Jean-Baptiste Ouedraogo* wieder abgelöst. Und am 4. August 1983 übernahm *Thomas Sankara (s. a. Kastentext auf den folgenden Seiten)*, der vorher schon, zu Regierungszeiten *Ouedraogos*, Premierminister gewesen war, die Macht. Am 15. Oktober 1987 wurde der charismatische Staatschef *Thomas Sankara* bei einem blutigen Machtwechsel getötet. An die Spitze der Putschisten setzte sich der bisherige stellvertretende *Blaise Compaoré*. Am 18. September 1989 wurden auch die noch übrigen Rivalen *Compaorés*, die beiden Minister *Lingani* und *Zongo* wegen eines angeblich geplanten Putsches gegen Staatschef *Compaoré* erschossen.
„La Patrie Ou La Mort Nous Vaincrons!"

Thomas Sankara und seine Politik

Der charismatische Politiker Thomas Sankara war seiner Stammeszugehörigkeit nach Silmi-Mossi, d. h. Mestize mit verwandtschaftlichen Beziehungen sowohl zu den Mossi als auch zu den Peul (Vater). Nach seiner Ausbildung (Militärakademien in Madagaskar, Frankreich und Marokko) wird er im Jahre 1976 Ausbilder der Fallschirmspringer und Verantwortlicher der Para-Kommandos (militärische Eliteeinheit) in Pô. Im Jahre 1981 ernennt der damalige Präsident Saye Zerbo Thomas Sankara zum Staatssekretär. In Diskussionen mit seinen Freunden Jean Baptiste Lingani, Henry Zongo und Blaise Compaoré entsteht bei Thomas Sankara mehr und mehr der Wunsch, die politischen Strukturen in Obervolta zu verändern. Im April 1982 wird er wegen Meinungsverschiedenheiten wieder abgesetzt und ins Militärlager von Dédougou „strafversetzt". Zu dieser Zeit wurde er über Militärkreise hinaus in der Öffentlichkeit bekannt. Man vermutet, daß er bei dem Staatsstreich von 1982, wo Ouedraogo an die Macht kam, bereits eine wichtige Rolle spielte.

Am 1. Januar 1983 wurde Thomas Sankara zum Premierminister ernannt und bereits am 17. Mai 1983 verhaftet, da sich die politischen Gegensätze des konservativen Staatschefs und des progressiven Premierministers verschärft hatten. Thomas Sankara hatte sich mit seinen Vorstellungen von einem eigenen Entwicklungsweg sowohl eindeutig gegen die herrschenden Gruppen als auch gegen die Franzosen gestellt. Auf seine Verhaftung reagierten die Jugendlichen und Intellektuellen mit tagelangen Demonstrationsmärschen durch die Stadt („Libérez Sankara!"). Jean Baptiste Lingani wurde ebenfalls verhaftet und Henry Zongo im Militärcamp festgehalten. Blaise Compaoré konnte sich jedoch zu den Para-Kommandos in Pô zurückziehen, von wo aus er am 4.August 1983 den Militärputsch durchführte. Capitain Thomas Sankara wurde Präsident des Nationalen Revolutionsrates (CNR), Blaise Compaoré Staats- und Justizminister an der Presidence, Jean Baptiste Lingani Verteidigungsminister und Henry Zongo Wirtschaftsminister.

Anläßlich des ersten Jahrestages der Revolution, am 4. August 1984, wurde das bisherige Obervolta in Burkina Faso umbenannt, was offiziell mit „Vaterland der Würde" beziehungsweise „Land der Unbestechlichen" übersetzt wird. Im Zuge der „Afrikanisierung" wurde auch die Flagge geändert, die jetzt aus zwei waagerechten Streifen, in den panafrikanischen Farben Rot (oben) und Grün (unten) besteht, mit einem gelben Stern in der Mitte, als Symbol für die revolutionären Prinzipien der Regierung.

Zu Sanakras Regierungszeiten gehörte Burkina Faso zu den revolutionärsten Ländern Afrikas. Gleichzeitig war es eines der fünf ärmsten Länder der Welt. Sankaras Vorgehensweise war für die damalige Zeit sehr ungewöhn-

lich, denn er war der Ansicht, daß Entwicklung nur mit eigener Kraft und Anstrengung des ganzen Volkes zu erzielen sei, nicht mit ausländischen Spenden und Hilfsgütern.
In verschiedenen Kampagnen ließ er innerhalb kürzester Zeit zum Beispiel durch freiwillige Arbeit der Dorfbevölkerung in jedem Dorf eine kleine Krankenstation sowie in über 300 Gemeinden Schulen errichten, und in einer landesweit angelegten Impfkampagne den größten Teil der Kinder gegen Masern, Gelbfieber und Meningitis impfen. Aufsehen erregte auch der Staatswagen des Präsidenten, ein einfacher Renault 5; seine Minister fuhren ebenfalls einen Renault 5.
Thomas Sankara zählt zu den interessantesten Politikern Westafrikas. Leider hat er zu kurz gelebt, um die Früchte seiner Arbeit ernten zu können.

Blaise Compaoré
(Biographische Notizen)
Blaise Compaoré wurde im Jahr 1951 als Angehöriger einer Mossi-Gruppe geboren. Offiziersausbildung in Kamerun, Marokko und Frankreich, Fallschirmjägeroffizier.
Im November 1982 unterstützte er Sankara bei einem erfolglosen Putschversuch sowie im August 1983 bei einem erfolgreichen Putsch gegen Zerbo. Zu Sankaras Regierungszeiten war er Staatsminister im Präsidialamt sowie Justizminister und außerdem zusammen mit Zongo und Lingani maßgebliches Mitglied des nationalen Revolutionsrates (CNR). Am 15.Oktober1987 stürzte Compaoré den charismatischen Staatschef Sankara, dem Abkehr vom revolutionären und eher marxistisch bestimmten Ziel sowie Pragmatismus vorgeworfen wurde. Anschließend wurde er zum Premierminister ernannt. Zwei Jahre später, im September 1989, ließ er den Verteidigungsminister Jean-Baptiste Boukary Lingani und den Wirtschaftsminister Henri Zongo, beides langjährige Weggefährten, hinrichten, da sie seine Politik der „rectification" kritisiert hatten. Unter dem Druck der internationalen Öffentlichkeit stehend, ließ Compaoré im November 1990 die Bildung neuer Parteien zu; seit dem Staatsstreich im November 1980 bestand ein Parteienverbot.
Seine Wahl zum Präsidenten am 1. Dezember 1991 wurde von der Opposition – als demokratisch nicht legitimiert – abgelehnt, da etwa drei Viertel aller Wahlberechtigten sich nicht an der Präsidentenwahl beteiligt hatten. Am 9.Dezember 1991 wird der Oppositionspolitiker Clément Ouédraogo ermordet.
Bei den Parlamentswahlen am 24.Mai 1992 geht die „Organisation pour la Démocratie Populaire – Mouvement du Travail" (ODP-MT) mit 78 von 107 Sitzen als Sieger hervor; fünf weitere Sitze gehen an Parteien, die Staatschef Compaoré unterstützen. Die Wahlbeteiligung bei den Parlamentswahlen lag bei etwa 33,8%.

Regierung

Staats- und Regierungsform ist die **Präsidiale Republik,** bis Okt. 1987 mit dem Nationalen Revolutionsrat *(Conseil national de la Révolution* = CNR) als oberstem Regierungsgremium, bestehend aus dem Staatspräsidenten *Capitain Th. Sankara,* den drei anderen historischen Militärführern und einer unbekannten Zahl weiterer Mitglieder. Ziel der links-sozialistischen Militärregierung war die Umgestaltung der überkommenen Machtstrukturen; zur Durchsetzung ihrer Politik wurden „Komitees zur Verteidigung der Revolution" gebildet (CDR). Die Mitglieder des CDR wurden von der Bevölkerung gewählt, wobei in einem 9-köpfigen Gremium mindestens eine Frau sein mußte. Verwaltungsmäßig wurde das Land in 30 Provinzen eingeteilt. Es liefen Kampagnen gegen Betrug und Korruption; vor revolutionären Volksgerichten (TPR = *Tribunal Populaire de la Revolution*) wurden Politik- und Wirtschaftsvergehen untersucht, was öffentlich geschah und im Radio übertragen wurde. Wichtigste Ziele waren und sind die **Förderung der Landwirtschaft** (Selbstversorgung mit Nahrungsmitteln) und der **Kampf gegen das zunehmende Fortschreiten der Wüste**. Die Parolen lauten: *„Consommer Burkinabé"* und *„Pour un Burkina vert".*

Am *15. Oktober 1987* wurde der Präsident *Thomas Sankara* in den Nachmittagsstunden gestürzt und umgebracht. Im Sportdress verscharrte man ihn und ein Dutzend Mitarbeiter auf einem Vorstadtfriedhof der Hauptstadt *Ouagadougou.* Das politisch bewußte Afrika betrauerte den Verlust eines der wenigen jungen Führer (neben *Jerry Rawlings* in Ghana und *Museveni* in Uganda), die eine eigenständige, unabhängige Zukunft auf diesem Kontinent verkörperten. Die Gründe für das Drama sind immer noch nicht völlig aufgeklärt. *Sankara* liebte rasche und oft auch einsame Entscheidungen, weil er nicht zu Unrecht der Meinung war, daß seinem Land die Zeit davonlaufe. Im Laufe der Jahre häuften sich die Differenzen mit den anderen „historischen" Führern der Revolution des 4. August 1983, *Blaise Compaoré, Jean-Baptiste Lingani* und *Henri Zongo,* über Tempo und Härte einzelner Maßnahmen, die im Fortgang der Revolution zu ergreifen waren. Da der *Conseil National de la Révolution* (CNR) mit seiner unklaren und wechselnden Mitgliedschaft kein klar definiertes Gremium zum Austragen politischer Differenzen war, häufte sich das wechselseitige Mißtrauen. Schließlich kam es soweit, daß *Blaise Compaoré* und seine Freunde – ob zu Recht oder zu Unrecht, kann dahingestellt bleiben – davon überzeugt waren, daß *Sankara* sie am Abend des 15. Oktober festnehmen und erschießen lassen wollte. Sie kamen ihm zuvor. Nach vier Tagen des nationalen Schocks sahen die burkinischen Fernsehzuschauer am Montag des 19. Oktober den neuen *Präsidenten Blaise Compaoré* die Gründe für die Machtergreifung der *Front Populaire* erklären. Seither bemüht sich die *Front Populaire* im In- und Ausland um die Etablierung ihres Ansehens als wahre Sachverwalterin der Revolution des 4. August, deren Prinzipien von *Sankara* verraten worden seien. Anfang März wurde ein Aktionsprogramm verkündet, Anfang Mai wurden die *Comités Révolutionnaires* anstelle der früheren CDR ausgerufen – alles, um Übertreibungen und Abwege des früheren Kurses zu korrigieren, zu „rektifizieren", wie man in Burkina jetzt sagt. Nach der Meinung vieler Beobachter muß abgewartet werden, ob es *Blaise Compaoré* gelingen wird, neben den Korrekturen auch den Schwung und den Aufbruchsoptimismus zu erhalten, den *Thomas Sankara* dem Land in seiner unnachahmlichen Art zu vermitteln wußte.

Nach der Erschießung von *Lingani* und *Zongo* kam es zur Umbildung des Kabinetts. Im Frühjahr 1990 wurde ein Kabinett zur Ausarbeitung einer Verfassung gebildet. Am **2.6.1991** wurde die **neue Verfassung** in Volksabstimmung mehrheitlich verabschiedet. Von ca. 3,4 Mio. Wahlberechtigten hatten sich 1,66 Mio. am Referendum beteiligt, 1,62 Mio. stimmten für den vorgelegten Verfassungsentwurf.

Die neue Verfassung sieht u. a. Gewaltenteilung zwischen Exekutive, Legislative und Judikative vor sowie die Etablierung eines **Mehrparteienparlaments** mit einer Legislaturperiode von vier Jahren. Außerdem sind direkte allgemeine Präsidentschaftswahlen darin verankert; die Amtszeit des Präsidenten ist auf sieben Jahre begrenzt, wobei eine Wiederwahl möglich ist. **Grundrechte und Grundfreiheiten der Bürger** werden ebenso garantiert wie freie politische Betätigung im Rahmen der allgemeinen Gesetze. Die Verfassung sieht auch eine unabhängige – einem Obersten Gericht verantwortliche – Justiz vor.

Die Zwangsheirat, eine bei vielen Ethnien auch noch heute übliche Form der Eheschließung, bei der die Jungen und Mädchen Freunden und Bekannten der Familie „versprochen" werden, wurde per Gesetz zu Zeiten *Sankara*s abgeschafft. Da in diesem Falle jedoch offensichtlich traditionelles Rechtsverständnis und modernes Recht in Widerspruch geraten, ist davon auszugehen, daß die „Zwangsheirat" auf dem Land nach wie vor praktiziert wird.

1992 wurde die **Polygamie** per Gesetz **abgeschafft**, so daß als Ehefrau nur e i n e Frau „legal" und erbberechtigt ist. Andere revolutionäre Ideen im sozialen Bereich sind das „Salaire vitale" (Anspruch der Frauen auf einen bestimmten Prozentsatz des Einkommens ihres Mannes) mit den entsprechenden erzieherischen Maßnahmen.

Im Jahre 1984 gab es zum Beispiel einen Tag, an dem nur Männer zum Einkaufen gehen durften, um konkret zu erfahren, wie teuer Lebensmittel sind und wieviel Haushaltsgeld ihre Frauen brauchen. Angeblich nahmen die Marktfrauen an diesem Tag überhöhte Preise, um die einkaufenden Männer davon zu überzeugen, daß die (Ehe-)Frauen mehr Haushaltsgeld brauchen.

Baumwollernte in Burkina Faso

Wirtschaft

Nach dem jährlichen Pro-Kopf-Einkommen gehört Burkina zu den zehn ärmsten Ländern der Welt; das **Bruttosozialprodukt** betrug 1990 ca. 330 US $ pro Kopf. Nach Angaben der UNO leben **75% der Bevölkerung in „absoluter Armut".** Der Afrika-Experte *Al Imfeld* schreibt dazu folgendes:
„Das Land leidet Not, aber es herrscht nicht das blanke Elend. Das Volk spürt seine Armut, aber es gerät nicht in Verzweiflung. Die Menschen hungern, aber sie verhungern nicht."

Da eigene Rohstoffe weitgehend fehlen, wenig qualifizierte Arbeitskräfte vorhanden, Transport- und Energiekosten sehr hoch sind, ist eine wirtschaftliche Entwicklung nur sehr schwer und in sehr begrenztem Umfang möglich.

Wichtigster Wirtschaftszweig ist die **Landwirtschaft,** in der rund 90% der Bevölkerung tätig sind; sie produzieren überwiegend für den Eigenbedarf (Subsistenzwirtschaft) mit traditionellen Methoden wie dem **Wanderhackbau** die Grundnahrungsmittel (Sorghum, Hirse, Mais, Yams, Kartoffeln, Erdnüsse und Reis); daneben auch Baumwolle, Karité-Nüsse, Sesam und Tabak.

Die Baumwolle wird bislang nur zum kleinsten Teil im Land selbst verarbeitet (von Dorfweberinnen und der einzigen Textilfabrik *Sofitex*). Die dort hergestellten Stoffe *(pagne)* heißen *faso fani,* die handgewebten Stoffe (zusammengenähte Bahnen) *faso dan fasi.*

Seit 1974 existiert der Anbau von Zuckerrohr (Verarbeitung in der Zuckerfabrik von *Banfora*). Einen anderen wichtigen Zweig stellt die **Viehzucht** dar, die überwiegend im Nordosten betrieben wird (bis 1978 war Lebendvieh das wichtigste Exportprodukt, heute wird es von Baumwolle abgelöst). Andere wichtige Exportgüter sind Erdnüsse, Karité-Nüsse und getrocknete Fische.

Bodenschätze (Manganerz, Kalkstein, Phosphate und Gold) gibt es zwar in geringem Umfang, konnten aber aufgrund der fehlenden Transportmittel kaum genutzt werden.

Modernisierung und Diversifizierung der Landwirtschaft sowie Ausbau des Sozialwesens sind Inhalt des laufenden **Strukturanpassungsprogramms**, das vom Fünf-Jahres-Plan 1991–95 ergänzt wird. Agro-Industrie und Fremdenverkehr sind derzeit d i e Wachstumsbranchen.

Arbeitslosigkeit ist dennoch in Burkina ein großes Problem, wird jedoch noch weitgehend durch die Großfamilienstruktur aufgefangen. Laut Presseberichten hat die BRD dem Sahelstaat für 1993 und 1994 Entwicklungshilfe in Höhe von 86,5 Mio. Mark zugesagt; davon sollen etwa 61 Mio. Mark für ein privatwirtschaftlich organisiertes **Arbeitsbeschaffungsprogramm** verwendet werden.

Wegen der schlechten Arbeitsmarktsituation und den geringen Verdienstmöglichkeiten pendelten in den letzten Jahren etwa 1 Mio. Burkinabé in die Côte d´Ivoire, um dort als **Sainsonarbeiter** auf Kakao-/Kaffeeplantagen oder im Hafen von *Abidjan* zu arbeiten. Da sich die wirtschaftliche Situation dort jedoch in den letzten Jahren auch erheblich verschlechtert hat, hat diese Arbeitsmigration stark abgenommen.

Gesundheitswesen

Mangelhafte hygienische Verhältnisse, ungenügende und falsche Ernährung sowie fehlende ärztliche Betreuung sind die **Ursachen für den schlechten gesundheitlichen Zustand der Bevölkerung.** Ca. 5000 „Basis-Gesundheits-

Freizeit oder fehlender Schul- bzw. Arbeitsplatz?

Stationen" wurden im Rahmen des WHO-Programms „Gesundheit für alle im Jahr 2000" unter totaler Mobilisierung der Bevölkerung innerhalb von 2 Jahren errichtet. Von Bedeutung waren die landesweiten Impfkampagnen („Vaccination Commando"), v. a. gegen die drei wichtigsten Kinderkrankheiten. Aufklärungskampagnen gegen Mangel- und Fehlernährung v. a. bei Säuglingen und Kleinkindern werden zum Teil von der Kirche organisiert, meist mit Nahrungsmittelzuteilung für die Kinder. Häufigste Tropenkrankheiten sind *Malaria*, *Durchfallkrankheiten*, *Bilharziose* und (stark abnehmend) *Onchozerkose* (Flußblindheit), in begrenzten Gebieten *Trypanosomiasis* (Schlafkrankheit) sowie die epidemisch auftretende *Meningitis* (Hirnhautentzündung).
Krankenhäuser gibt es in *Ouagadougou, Bobo-Dioulasso, Ouahigouya, Gaoua, Fada N'Gourma, Kongussi, Kouadougou, Tenkodogo, Dédougou, Yako* und *Dori*.
Den **Anteil der mit HIV infizierten** (HIV-Positiven) Burkinabé schätzt man auf **etwa 5%**, bei den Prostituierten auf 50%!

Bildungswesen

Etwa **81% der Bevölkerung** waren laut Schätzungen der UNESCO im Jahre 1990 **Analphabeten** (Männer: 72,1%; Frauen: 91,1%). Offiziell besteht Schulpflicht für Kinder im Grundschulalter. Die vorhandenen Kapazitäten reichen jedoch bei weitem nicht aus.
Die Grundschulzeit dauert sechs Jahre (Volksschule), daran schließen vier bzw. sieben Jahre Mittel- bzw. Höhere Schule (Gymnasium) an. Schulsprache ist Französisch; neben staatlichen Schulen gibt es private (vom Staat unterstützt) und katholische Missionsschulen. Die Einschulungsquote ist jedoch

sehr gering, da sowohl die privaten als auch die staatlichen Schulgeld kosten (staatl. etwas weniger). Die Universität in *Ouaga*, die einzige im Land, zählte 1980 etwa 1226 Studenten, 1987 stieg die Zahl der Studenten bereits auf 4790, und 1992 gab es (laut *Jeune Afrique*, Heft: Juli 1993) bereits 7388 Studierende. Im Ausland studieren etwa 2000 Burkinabé, davon im Jahre 1990 etwa 852 in Frankreich.

Das System von Primarschulen auf dem Land wird seit 1983 erheblich ausgebaut; außerdem gibt es an vielen Orten Alphabetisierungskurse für Erwachsene in ihrer einheimischen Sprache.

Medien
Rundfunk

Das Radio spielt in Burkina, einem Land mit hoher Analphabetenquote und dem perfekt funktionierenden *radio trottoir*, eine große Rolle, auf dem Land ist es das **einzige Informationsmittel**. Andere Kommunikationsmittel wie Telefon gibt es außerhalb der großen Städte kaum und wenn vorhanden, funktionieren sie meistens nicht. Die seit 1959 existierende Rundfunkanstalt *La Voix du Renouveau* sendet in Französisch und in 16 lokalen Sprachen und Dialekten. Neben Nachrichten in verschiedenen afrikanischen Sprachen und Musikprogrammen mit überwiegend traditioneller afrikanischer Musik ist der Anteil an kulturellen und entwicklungspolitischen Sendungen sehr hoch (Aufklärung bei Impfkampagnen, Schaffung von Problembewußtsein in bezug auf Desertifikation etc.).

Die erste Radiostation wurde im Jahr 1959 in *Ouagadougou* und die zweite 1963 in *Bobo* errichtet. Seit 1987 gibt es auch einen privaten Kultursender, den *ARC EN CIEL*, in *Ouagadougou*.

Der *HORIZON FM*, ein Kommerzsender in *Ouaga* und *Bobo*, ist der erste private, freie Radiosender im westafrikanischen, frankophonen Raum; er sendet seit 1991 von morgens bis abends Schlager und spricht hauptsächlich ein jugendliches Publikum an. HORIZON FM hat zudem in folgenden Städten Lokalstationen: *Bobo-Dioulasso, Ouahigouya, Banfora, Tenkodogo* und *Koudougou* (hier gibt es einen zweiten Privatsender: MULTIMEDiA).

Außerdem gibt es die Sender *Radio Nationale du Burkina*, *Radio France Internationale* und *Radio Evangile Developpement*.

Presse

Mit der zunehmenden Demokratisierung sind **zahlreiche Zeitungen** entstanden. Unter den Tageszeitungen ist das regierungseigene *sidwaya* (in französischer Sprache) mit einer Auflage von 2000 das meistgelesene Blatt; daneben gibt es *L´Observateur Paalga* und *Le Pays*. Außerdem gibt es mehrere Wochenzeitungen wie *L´Indépendant, La Clef, La Nouvelle Tribun, La Verité, Le Journal Jeudi* (Satire), *Le Tam-Tam, Le Matin* etc.

Fernsehen

Burkina hatte als erstes der Sahelländer **nationales Fernsehen**. Die 1967 gegründete Fernsehstation *Télévision Nationale du Burkina* in *Ouaga* (eine zweite befindet sich in *Bobo*) strahlt täglich ab 13 Uhr ein Programm aus; außer in der Hauptstadt *Ouagadougou* gibt es Fernsehstationen auch in *Bobo-Dioulasso* und *Fada N´Gourma*. Fernsehen per Videoübertragung ist in *Ouahigouya* und in *Dédougou* zu empfangen. 1987 waren etwa 40 000 Fernsehgeräte im Einsatz.

Praktische Informationen

An- und Weiterreise
Anreise mit dem Flugzeug
Günstige Flüge von/nach Europa können über *Espace Afrique* in Paris oder das Reisebüro *Nouvelles Frontières* in Paris, Marseille, Frankfurt (069) 29 04 61, Düsseldorf (02 11) 35 75 05 oder München (089) 5 22 40 56 gebucht werden.

Der billigste Flug ist immer noch der mit *Aeroflot* über Moskau. Außerdem bietet *Air France* von allen großen deutschen Flughäfen relativ günstige Flüge via Paris nach *Ouagadougou* an.

Innerafrikanische Flüge mit *Air Afrique* gibt es zu fast allen Hauptstädten der Nachbarländer.

(Adressen der Fluggesellschaften siehe Burkina – Praktische Infos, Ouagadougou).

Verbindungen von/nach Mali
Von Ouaga bis Ouahigouya Asphaltstraße; dann auf relativ guter Piste von Ouahigouya über Koro und Bankass ins Land der Dogon *(Falaise de Bandiagara)*. Achtung! Zwischen Bankass und Koro wenig Taxi-Brousse-Verkehr. Mit dem **Busch-Taxi** von Bobo-Dioulasso nach Mopti; etwa 10 Std. Fahrzeit und ca. 20 Polizeikontrollen, evtl. auch Übernachtung an der Grenze, da sie ab 18 Uhr geschlossen ist! Der Preis beträgt ca. 7500 CFA. Nach Bamako muß mit einer Fahrtzeit von 12–15 Stunden gerechnet werden; Preis ca. 8000 CFA. Mit Studentenermäßigung mag der Flug nach Bamako u. U. günstiger sein. Flugverbindungen siehe *Praktische Informationen – Verkehrsmittel*.

Verbindungen von/nach Niger
Der S.N.T.N.Bus (aus Niger) fährt einmal pro Woche die Strecke Ouaga-Niamey. Abfahrt in Ouaga mittwochs 7 Uhr, Abfahrt in Niamey Di morgens um 7 Uhr; Fahrzeit etwa 10 bis 12 Std. Ein großer **Überlandbus** von FASO TOURS fährt zweimal pro Woche (Mo und Do, Abfahrt: morgens um 7 Uhr)

nach Niamey ; Rückfahrt von Niamey nach Ouaga Di und Fr.
Von Ouaga über Dori nach Niamey; zwischen Dori und Téra ist die Piste nicht leicht zu finden. Verfehlt man jedoch den Weg, so sind die Dorfbewohner gerne bereit zu helfen. Etwa 10 km vor Téra ist ein sandiges Trockenflußbett zu durchqueren. Von Téra (nigerische Einreisebehörden, Zoll und Polizei) nach Gotheye (Polizeikontrolle) sehr gute Piste. Kurz nach Gotheye Fähre über den Niger; Ausschiffung in Farié, wo die Piste auf die Strecke Gao-Niamey mündet.

Verbindungen von/nach Ghana
Buschtaxis vom neuen Busbahnhof bis *Bolgatanga* (ca. 3000 CFA bis zur Grenze); unter Umständen Übernachtung an Grenze nötig, da Grenze nur von 7–18 Uhr geöffnet. Eventuell an der Grenze *Cedis* (ghanaische Währung) wechseln.
Die schnellste Möglichkeit, nach Accra/Ghana zu kommen, stellt der ghanaische **STC-Bus** dar; Abfahrt in Ouaga montags, Rückfahrt von Accra Sa; Fahrtzeit etwa 24 Stunden. Daher empfiehlt es sich, unter Umständen in Tamale Zwischenstation zu machen.
Eine andere Möglichkeit besteht darin, mit einem der RNTC- oder X9-Busse bis zur Grenze nach Pô zu fahren; Abfahrt in Ouaga außer Di und So täglich um 9 Uhr vom jeweiligen Busbahnhof (RNTC oder X9).

Verbindungen von /nach Elfenbeinküste (Côte d´Ivoire)
Beste Verbindung stellt die **Eisenbahn** dar; Abfahrt in Ouaga laut Fahrplan täglich um 7.30 Uhr, 20 Min. Halt in Bobo-Dioulasso um 14.30 Uhr, Ankunft in Abidjan (Elfenbeinküste) ca. 9.10 Uhr am folgenden Tag. In umgekehrter Richtung Abfahrt in Abidjan ca. 8.30 Uhr, Ankunft in Ouaga am folgenden Tag ca. 10.10 Uhr morgens.
Preis: Ouaga – Abidjan mit Express, ca. 16 000 CFA (1. Kl.), ca. 11 000 CFA (2. Kl.) Schlafwagen ca. 20 000 CFA.
Aktuellen Fahrplan vor Ort erfragen unter Tel. 30 60 47.
Der Zug empfiehlt sich auch als Verkehrsmittel zwischen den größeren Städten der Elfenbeinküste.
Seit kurzem gibt es auf der Strecke Ouaga –Abidjan durchgehend Asphaltstraße, so daß es auch relativ bequem ist, mit dem Bus zu fahren, z. B. mit einem **Bus der Societé de Transport Sans Frontière**; Preis ca. 14 000 CFA. Abfahrt vom Busbahnhof *STSF* im Stadtteil Gounghin in Ouaga.

Verbindungen von/nach Togo
Achtung: Aufgrund der politischen Verhältnisse ist diese Strecke zur Zeit nicht zu empfehlen !
Auf togolesischem Gebiet gute Asphaltstraße von Ouaga bis Lomé; zwischen Cinkassé (Zollamt und Polizei von Togo) und Bittou (Zollamt und Polizei von Burkina Faso, 6–18 Uhr geöffnet) stellenweise sehr große Schlaglöcher. In Bittou einfaches *Hotel Frontalia*.
Mit Peugeot-Taxi kostet diese Strecke ca. 11 000 CFA bei einer Fahrzeit von etwa 20 Std. Gründliche Gepäckdurchsuchung an der Grenze! In entgegengesetzter Richtung, von Lomé nach Ouaga, kostet ein Taxi ca. 10 000 CFA. Wenn wenig Fahrgäste, besser zunächst mit **Bus oder Taxi** bis nach *Dapango* (ca. 3500 CFA) und von dort mit einem anderen bis *Ouaga* (ca. 3000 CFA). Günstiger ist auf alle Fälle ein Fahrzeug, das d i r e k t von Ouaga nach Lomé fährt.

Verbindungen von/nach Benin

Entweder über Niamey, Malanville, Parakou nach Cotonou, oder (besser) über Lomé (Togo); letzteres **zur Zeit nicht zu empfehlen** *(s. o.)*!

Visa/Einreise/Zollkontrolle

Für die Einreise sind bei einem Aufenthalt bis zu drei Monaten ein **gültiger Reisepaß** sowie ein **Impfpaß** notwendig; ein Visum soll demnächst für alle Staatsbürger der Europäischen Union nötig sein. (Erkundigen Sie sich bei Ihrer Botschaft über den aktuellen Stand). Im **Internationalen Impfpaß** muß eine **Gelbfieber-Impfung** bestätigt sein; **Malariaprophylaxe** ist unbedingt notwendig! Zoll-, Paß- und Impfkontrolle verlaufen ohne größere Probleme, vorausgesetzt die Vorschriften sind erfüllt. An der Polizei- bzw. Paßkontrolle wird man Sie nach der „Adresse" in *Ouaga* fragen; wenn Sie noch kein Hotel wissen, geben Sie „Hotel Indépendance" oder „Ran-Hotel" an.

Bei der Ausreise ist (außer bei Air Afrique) eine **Flughafengebühr** von 80 FF zu zahlen!

Taxis in die Stadt (sofern vorhanden) sind teuer. Der Taxifahrer wird Ihnen zunächst einen astronomischen Preis nennen. Also unbedingt handeln und eventuell zu mehreren ein Taxi nehmen. Oder sich in der Nähe vom Flughafen im *Hotel Kadiogo* (ca. 2500 CFA) einquartieren und am nächsten Tag ein anderes Hotel suchen.

Taxis Radio Les Rapides
Tel. 31 43 43
Taxis Compteurs
24 Std. im Einsatz, Tel. 34 01 75.

Bei der Einreise mit dem eigenen Fahrzeug ist ein **Laissez-Passer** an der Grenze erhältlich, Gebühr 2000 CFA; *Carnet de Passage* ist nicht Pflicht.

Ausstellung von Visa

Ghana
Anträge auf ein Visum (max. 14 Tage) sind bei der *Botschaft der Rep. Ghana*, Av. Bassawarga, B.P.212, Tel. 30 76 35, zu stellen (Montag von 8 bis 14 Uhr); 5 Paßfotos sind dafür notwendig, die Gebühr beträgt 15 000 CFA (Transit-Visum 3000 CFA; in 3 bis 4 Tagen erhältlich).

Senegal
Visum ist innerhalb von 24 Stunden bei der Botschaft in der Av. Yennenga, Tel. 33 37 14 erhältlich.

Mali
Es gibt keine Botschaft der Republik Mali in Ouaga. Visum vor der Reise in Europa oder in Abidjan besorgen!

Benin
Es gibt keine Botschaft der Republik Benin in Ouagadougou. Österreicher und Schweizer, die ein Visum benötigen, sollten sich dies daher am besten schon „zu Hause" besorgen oder in Abidjan.

Ein **Visum für die Republik Niger** ist nicht in Burkina Faso erhältlich.

Botschaften

♦ **Deutschland:**
Botschaft von Burkina Faso
Wendelstadtallee 18,
53179 Bonn, Tel. (0228) 33 20 63.

Vertretungen in Burkina Faso

♦ **Deutschland:**
Botschaft der BRD
Ouagadougou 01, B.P.600, R. Joseph Badaoua, Tel. (0 02 26) 30 67 31 und 32, geöffnet Montag bis Freitag von 9 bis 12 Uhr.

♦ **Österreich:**
Generalkonsulat von Österreich
Ouagadougou B.P. 620,
Tel. 32 32 66.

- **Schweiz:**
  Konsulat der Schweiz
  Ouagadougou B.P. 578, Avenue President Guillaume Ouedraogo,
  Tel. 30 67 29.
  Botschaft der Republik Ghana
  Av. Bassawarga (schräg gegenüber von Le Point), B.P. 212, Tel. 30 76 35.

Reisen in Burkina Faso
Verkehrsmittel
Flugzeug

Burkina verfügt über **zwei internationale Flugplätze** *(Ouaga, Bobo)* und ca. 50 weitere Landeplätze, von denen einige von der nationalen Fluggesellschaft *Air Burkina* angeflogen werden.
Büro Air Burkina
Ouaga Tel. 31 02 69;
Bobo Tel. 99 11 95.

Verbindungen von Air Burkina:
- *Ouaga – Bobo* (Exkursionstarif), tägl.
- *Ouaga – Gorom-Gorom – Dor – Ouaga*, 2mal pro Woche.
- *Ouaga – Fada N'Gourma – Diapaga-Pama (nahe Res.d'Arly) – Ouaga.*

Eine Alternative dazu bietet die **Luftwaffe** mit Flügen zu allen Flugplätzen des Landes an (z. B. Gorom-Gorom jeden Mittwoch 7 Uhr). Preis ist mehr oder weniger Verhandlungssache. Besonders interessant für Gruppen. Einschreibung und Platzreservierung einige Tage vor Abflug bei der **Base Aerienne** vornehmen (in der Nähe des zivilen Flughafen).

Eisenbahn

Die von der *Societé des Chemins de Fer du Burkina* (ex R.A.N.) betriebene Bahnlinie verbindet Ouaga mit dem Hafen von Abidjan und stellt somit, neben der Straße nach Lomé (Togo), die **wichtigste Verbindung zum Meer** her. Ursprünglich war die Bahnlinie bis Niamey (Niger) geplant. Das Teilstück bis Kaya ist inzwischen fertiggestellt. Weitergeführt bis in den Sahel, soll die Bahn vor allem dem **Abtransport von Bodenschätzen** (Mangan, Kalkstein, Klinker, Gold) sowie von Rindern aus dem Nordosten (Sahel) dienen.

Auf den bestehenden Bahnlinien gibt es sogenannte „Schnellzüge", *Gazelle* und *Antilope* mit Bar und Schlafwagen; langsamer sind der *Autorail* und der *Express*. Da sich die Abfahrtszeiten immer wieder ändern, erkundigen Sie sich vorher am Bahnhof in Ouaga; Tel. 30 60 73.

Burkina verfügt über eigene Anlagen in den Häfen von Abidjan und Lomé, wo der größte Teil des Export-Import-Handels abgewickelt wird.

Bus

Der Bahnhof für die „X9"-Busse, die (seit 1984) sowohl innerhalb Ouagas verkehren (siehe dort) als auch mehrere andere Orte miteinander verbinden, befindet sich in Ouaga im Secteur 11, in der *Av. Yetenga* (= Gare Routière de Larlé). Busbahnhof der „X9"-Busse in Bobo ist der *Place de la Revolution*. Nähere Informationen in Ouaga telefonisch unter Tel. 32 46 69 und in Bobo unter Tel. 98 07 86. Spätestens einen Tag vorher einen Platz reservieren lassen: Einschreibung ist jeweils nachmittags ab 15 Uhr.

Genaue Abfahrtszeiten sind auch dem Fahrplan in der Tageszeitung „sidwaya" zu entnehmen.

Für **Überlandstrecken** gibt es verschiedene zum Teil **private Busgesellschaften** mit bequemen Überlandbussen: SOGEBAF, STBF (Societé de Transport Bouro et Frères), Sans Frontière, FASO TOURS, BF-CI und andere.

Dorfmarkt

Busch-Taxi
Das Busch-Taxi (Taxi-Brousse) ist das **wichtigste Verkehrsmittel** des Landes, denn mit diesem öffentlichen Verkehrsmittel ist fast jeder Ort (zumindest jeder Marktort) zu erreichen.
Man braucht nur viel Zeit und Geduld. Sie fahren los, wenn das Fahrzeug voll ist. An den Zoll- oder Paßkontrollen dauert es meist sehr lange, bis jeder seine Papiere (und nicht immer entsprechen sie den Vorschriften) vorgezeigt hat bzw. bis alle Gepäckstücke abgeladen und durchsucht sind.

Taxi (collectiv)
Preis unbedingt vorher aushandeln!
Stadtfahrt im Zentrum 250 CFA/Person, in die Außenbezirke 500 CFA/Person; Nachttarif (doppelt).
Organisierte Touren bieten:

Faso-Tours
B.P.1318, Tel.30 74 87 und 30 66 71, Av. G.A. Nasser, Ouagadougou.
Krigar Afrika Expeditionen
01, B.P. 2170, Ouagadougou, Tel. (Vorwahl Burkina Faso: 00226) 30 49 15. Buchungen in Deutschland unter Tel. (0 89) 1 29 66 06. Exkursionen und Abenteuerreisen auch nach Mali (Dogon-Land) und Niger (Ténéré).
OK Raids
c/o Hotel OK-Inn, 01, B.P. 5397, Ouagadougou, Tel. 30 40 61. Organisierte Tagesausflüge und Erlebnisreisen auch in die Nachbarländer Mali und Niger

Unterwegs als Selbstfahrer
Straßenverhältnisse
Burkina verfügt über ein weitverzweigtes Netz von Straßen bzw. Pisten. Ein Teil der Straßen und die meisten **Pi-**

sten sind **während der Regenzeit** jedoch **unpassierbar**. GuteAsphaltstraßen gibt es auf folgenden Strecken:
Ouaga – Bobo – Banfora
Ouaga – Ouahigouya
Ouaga – Koupéla – Fada N'Gourma – Kantchari (Grenze Niger)
Ouaga – Pô (Grenze Ghana)
Bobo – Faramana (Grenze Mali)
Koupéla – Bittou (Grenze Togo)
Ouaga – Yako.
Beim Reisen im Landesinneren muß man immer wieder zahlreiche **Polizei- und Zollkontrollen** passieren (Kontrolle von Reise- und Impfpaß sowie Gepäck), was sehr viel Zeit inAnspruch nimmt, wenn man mit öffentlichen Verkehrsmitteln (Taxi-Brousse etc.) reist.
Straßengebührensind **obligatorisch** und werden von den Polizeistationen abkassiert! Seit einiger Zeit gibt es auch einen TÜV, wodurch die schrottreifen Autos ausrangiert werden.
Treibstoffpreise:
♦ Diesel 320–380 CFA/Liter
♦ Super/Normalbenzin: 380–400 CFA/Liter (Stand: Januar 1994). Tendenz steigend!

Mietwagen

Mietwagen sind relativ teuer (lohnen sich eigentlich nur, wenn man zu mehreren fährt), ca. 10 000 CFA/Tag plus 100 CFA/km.
Außerhalb Ouagas sind Mietwagen nur mit Chauffeur erhältlich. Mietwagen sind am Flughafen oder in großen Hotels wie *Hotel Indépendance, Hotel Silmandé, Ran-Hotel* erhältlich.
Es gibt u. a. folgende **Mietagenturen:**
Krigar-Afrika-Expeditionen
Tel. (00226) 30 49 15. Hier kann man auch Allrad-Fahrzeuge mit Chauffeur (Guide) sowie Campingausrüstung, Sandbleche etc. mieten.

Ouaga Auto Location
Tel. 33 27 69.

Mietmotorräder, Mofas und Fahrräder

Soba
Neben der Pharmacie No 1 (nahe dem Markt im Zentrum). Einige Preisbeispiele: Motorrad (Yamaha, Honda) 4000 CFA/Tag, Mofas 2500 CFA/Tag, Fahrräder 1500 CFA/Tag.
Normalerweise sind die Fahrzeuge versichert; überzeugen Sie sich aber lieber vorher nochmal. Manchmal haben auch die Händler ein paar Mofas oder Fahrräder zum Verleihen.

Nationalparks/Tierreservate

Burkina hat eine relativ reiche Fauna zu bieten; der Wildbestand konnte sich nach dem Jagdverbot von 1980 wieder etwas erholen. In den Reservaten kann man die Tiere am besten frühmorgens und spätnachmittags sehen.

♦ *Nationalpark von Arly, Nationalpark von „W",* und *Tierreservat von Pama:* Löwen, Büffel, Flußpferde, Krokodile, Gazellen.
♦ *Naturreservat Nabéré:* Elefanten.
♦ *Naturreservat Deux Balé (Boromo):* Elefanten.
♦ *Naturreservat Bontioli (Diébougou):* Elefanten, Flußpferde.

Besuchserlaubnis ist an Ort und Stelle zu erhalten; Preis etwa 2000 CFA (die ganze Saison in allen Parks gültig). Filmerlaubnis kostet etwa 50 000 CFA für 2 Wochen. Für weitere Informationen wenden Sie sich an die *Direction des Parcs Nationaux des Reserves de Faune et de la Chasse, Ouaga* (im Umweltministerium, in der Nähe des Hotel Indépendance).

Geld/Währung/Banken

Währungseinheit ist der **CFA** (unterteilt in 100 Centimes), der fest an den französischen Franc gebunden ist (1 FF = 50 CFA). CFA-Münzen gibt es im Wert von 5, 10, 25, 50 und 100; Scheine gibt es im Wert von 500, 1000, 5000 und 10 000 CFA.

Achtung: Es gibt am Flughafen weder eine Bank noch eine Wechselstube; daher besser ein paar CFA oder FF mitnehmen. Die Ein- und Ausfuhr von CFA ist unbegrenzt.

Die folgenden Banken wechseln **Devisen und Euroschecks:**
B.I.C.I.A. (Banque internationale pour le commerce, l'industrie et l'agriculture)
Av. N'Krumah, B.P. 8, Tel. 30 62 26.
Büro im Hotel Indépendance.
B.I.B. (Banque internationale du Burkina)
Rue Patrice Lumumba, B.P. 362, Tel. 30 61 69.

Öffnungszeiten

Banken:
Mo bis Fr 8.00–11.30 Uhr und 15.30–17.00 Uhr.
Büros:
Mo bis Fr 8.00–12.30 und 15.00–17.30 Uhr.
Geschäfte:
Mo bis Fr 8.00–12.30 Uhr und 5.00–18.00 Uhr, Sa 8.00–12.30 Uhr.

Feiertage/Feste

Feste Feiertage:
1. Januar (Neujahr), Ostermontag,
1. Mai (Tag der Arbeit), Himmelfahrt,
4. August (Nationalfeiertag),
15. August (Mariä Himmelfahrt),
1. November (Allerheiligen),
11. Dezember (Tag der Republik),
25. Dezember (Weihnachten).

Bewegliche Feiertage:
Außerdem verschiedene jährlich wechselnde islamische Feste:
Aid El Kébir (od. *Tabaski*), *Fête du Mouton*, *Mouloud* und *Aid es Seghir* (Ende des Ramadan).

Der Dodo-Carneval

Sind schon die Nächte des *Ramadan* sehr belebt und laut, so sorgt in Ouaga (und auch in Bobo) eine andere alte Tradition zusätzlich für Unterhaltung: der Dodo-Carneval.

Der Legende nach war einmal ein Haussa-Jäger. Sein König hatte ihm verboten, am Freitag zu jagen. Er gehorchte jedoch nicht, und eines Tages fand man ihn im Wald in ein bizarres Wesen verwandelt, halb Tier, halb Mensch, mit einem langen Schwanz. Es war die Zeit des Ramadan. Man brachte ihn zu sich nach Hause. Als die Kinder ihn sahen, klatschten sie vor lauter Freude in die Hände, woraufhin er anfing zu tanzen. Dem König mißfiel dies sehr, und er ließ den „Jäger" einsperren. Nur einmal im Jahr, während des Ramadan, durfte er auf die Straße hinausgehen, um die Leute zu unterhalten. Man nannte ihn *Dodo*, was soviel heißt wie „Phänomen".

Seitdem ist es Sitte, daß jedes Jahr während des Ramadan verschiedene kleine Gruppen von Kindern abends durch die Straßen ziehen: der Jäger mit Pfeil und Bogen bewaffnet (oder mit einem Schwert), die Tänzer, Tiermasken tragend (meist aus Kalebassen hergestellt und sorgfältig dekoriert), umgeben von Musikern und Sängern. Sie kommen an den Hauseingang, und wenn der Besitzer sie in den Hof hineinläßt, zeigen sie eine kleine Vorführung des **Dodo-Tanzes**. Am Schluß bitten sie (als Belohnung) um etwas Geld.

Gegen Ende der Fastenzeit findet drei Tage lang ein Wettstreit unter den Gruppen der verschiedenen Quartiere statt. Die sieben besten Gruppen dürfen dann im *Maison du Peuple* beim Finale vor Tausenden von Zuschauern nochmal tanzen.

Trinkwasser

Das Leitungswasser in Ouaga ist stark **gechlort** und laut einer Analyse von 1989 mit **Kolibakterien und Salmonellen** verseucht. Es gibt jedoch abgekochtes **Wasser in Flasche**n zu kaufen (*Lafi* genannt, teuer!). In Bobo kommt das Trinkwasser zwar von einer Quelle *(la Ginguette)*, es sollte aber trotzdem nicht unbehandelt getrunken werden. Auf dem Land gibt es „geschlossene" Brunnen und Pumpen mit bakteriologisch einwandfreiem Wasser und „offene" Brunnen, wo es notwendig ist, das Wasser zu filtern, abzukochen oder mit Micropur zu reinigen; im Zweifelsfalle immer **abkochen** oder **Micropur** verwenden.

Stromversorgung

220 V Wechselstrom ist **nur in** den größeren Orten bzw. **Städten** zuverlässig vorhanden.

Uhrzeit

In Burkina Faso herrscht Greenwich Mean-Time (**GMT**): Das entspricht unserer Zeit minus 1 Std.

Sauberes Trinkwasser aus geschlosenen Brunnen ist selten

Routen, Städte, Sehenswürdigkeiten

Ouagadougou

(Wagadugu)

Die Hauptstadt des Landes, Ouagadougou (kurz *Ouaga* genannt) zählt heute etwa 500 000 Einwohner (Stand 1993 laut Schätzung der Weltbank). Mit dem Bau der Eisenbahn Abidjan-Ouagadougou (ehemalig R.A.N.) wurde im Jahre 1954 die wirtschaftlich wichtige Verbindung zur Küste hergestellt. Bereits im **15. Jh.** war *Ouagadougou* **Hauptstadt des Mossi-Reiches**, heute ist es eine sehr kuriose, **typisch „afrikanische" Stadt** mit ganz besonderer Atmosphäre. Sie besteht mehr oder weniger aus einer Ansammlung großer Dörfer, alle auf dem Mossi-Plateau errichtet, und wurde nach dem Vorbild Paris verwaltungsmäßig in dreißig schneckenförmig angeordnete Sektoren eingeteilt, was den Vorteil hat, daß es die Orientierung etwas erleichtert. Die ortsansässige Bevölkerung benutzt nach wie vor die alten Quartiernamen wie z. B. „Zone du Bois" für den „Secteur 13".

Das Zentrum der Stadt bildet der breite *Boulevard de la Révolution* (ehem. Av. de l´Independance; manchmal auch „Champs-Elysées" genannt), wo sich die meisten Regierungsgebäude befinden sowie die *Moschee,* der *Zentralmarkt* und die *Avenue Yennenga.* Nur wenige mehrstöckige Gebäude ragen aus dem Meer von Lehm- und Wellblechhütten hervor. Einige der alten afrikanischen Viertel sind jedoch inzwischen dem Erdboden gleichgemacht worden, denn man hat vor, diese ähnlich wie bereits *L'An II* und *L'An III* im modernen Betonstil neu zu errichten, vor allem, um die Wohnqualität zu verbessern, d. h. Wasser- sowie Stromanschluß und Kanalisation zu legen.

Ein anderes „heißes" Thema stellt die Stadtplanung dar. Zahlreiche alte Stadtviertel mit **schlechter Infrastruktur** sind abgerissen worden, und man hat sich erst hinterher überlegt, was man mit den Bewohnern macht. Es wurden **moderne Stadtteile** wie *Cité l'An II* und *III* an deren Stelle errichtet, die der Hauptstadt eines Landes „würdig" sein sollen. Die Bewohner wurden vorübergehend (?) an den Stadtrand gedrängt, denn ursprünglich dachte man daran, daß sie später wieder in den neuen Häusern Unterkunft finden würden. Es stellte sich jedoch heraus: Die Miete war für sie unbezahlbar! Und wer kann die hohe Miete der Neubauwohnungen aufbringen? Funktionäre oder Kaufleute? Sicher jedoch nicht der „Normalbürger" Burkinas. Inzwischen (1990) werden die neuen Wohnungen von jungen Paaren der Mittelschicht mit wenigen Kindern angemietet.

Im Zuge der „Rektifikation" sollen diese Verzerrungen im Wohnungsbau korrigiert werden.

Ein anderes umstrittenes Projekt innerhalb der Stadtplanung war der **Neubau des zentralen Marktes**. Mit hohem finanziellen Aufwand ist anstelle des alten Marktes ein modernes, zweistöckiges Einkaufszentrum europäischen Zuschnitts errichtet worden. Der Markt mußte vorübergehend an den Stadtrand verlegt werden. In dem neuen Einkaufszentrum sind die Mieten für die Verkaufsflächen so hoch, daß sich nur wenige große Händler einen „Laden" leisten können. Der neue Markt ist inzwischen von der Bevölkerung akzeptiert; reges Treiben, volle Verkaufsbuden. Um den neuen Markt herum sind mehrere neue Cafés und Restaurants eröffnet worden.

Insgesamt hat sich das Stadtbild von *Ouaga* sehr verändert: Die Bautätigkeit boomt, neue, breite Straßen entstehen, die Innenstadt befindet sich völlig im Umbau, da die Häuser mindestens zweistöckig werden sollen (Erlaß noch von Sankara); Vorbild scheinen Dakar und Abidjan zu sein.

Nach einem Spaziergang in der Stadt ist man, besonders zu Harmattan-Zeiten (Dez.–Febr.), wenn abends der aufgewirbelte Staub in der Luft stehen bleibt, mit einer hauchdünnen Schicht aus rotem Lateritstaub bedeckt. Fast unerträglich heiß wird es in den Monaten März bis Juni, wo nach Möglichkeit nur ein kurzer Besuch in der Hauptstadt zu empfehlen ist; in Bobo-Dioulasso z. B. ist das Klima zu dieser Zeit wesentlich angenehmer.

Um die Stadt zu entdecken, geht man am besten zu Fuß und ohne jegliche Hast von Quartier zu Quartier. Dabei wird einem angenehm auffallen, daß bettelnde Straßenkinder bis jetzt – trotz der großen Armut – nur selten anzutreffen sind.

Einen wichtigen Verkehrsknotenpunkt bildet der *Place des Nations Unies,* wo die wichtigsten Straßen der Stadt zusammentreffen: der bereits erwähnte *Boulevard de la Révolution,* der zum **Präsidentenpalast** führt, die *Avenue d'Oubritenga,* welche die Verbindung zur *Route de Fada N'Gourma* (Straße nach Niamey, Cotonou, Lomé) herstellt; über die *Avenue Kwame Nkrumah* gelangt man Richtung Süden, wo man auf die *Route de Pô* trifft, die weiter nach Accra (Ghana) führt, und die *Avenue Nelson Mandela* mündet im *Place de la Révolution*, von wo aus die Straßen nach Ouahigouya, Bobo-Dioulasso, Bamako/Mali und Abidjan/Elfenbeinküste wegführen.

Sehenswürdigkeiten
Markt (Grand marché)
Ende 1985 wurde der alte Markt dem Erdboden gleichgemacht und war vorübergehend etwas außerhalb (an der Straße nach Léo) installiert; die neue mehrstöckige Markthalle ist inzwischen fertiggestellt.

Geöffnet: tägl. von 7 bis 17 Uhr.

Reichhaltiges Angebot an Gemüse und Früchten (sogar Erdbeeren!) je nach Saison; außerdem Fleisch, lebendes Geflügel, Getreide, Erdnüsse, Gewürze, aber auch einheimische Kosmetika

und Schmuck. Große Auswahl an Stoffen und Tüchern *(pagne)* von SOFITEX; die meisten Afrikanerinnen bevorzugen jedoch die *Wax-Batik*-Stoffe aus der Elfenbeinküste oder dem Senegal bzw. die „veritable" English oder Hollandaise, mit meist sehr ausgefallenen Mustern. Während man für ein „pagne" aus der einheimischen Produktion *Faso Fani* nur etwa 2000 CFA zahlt, kosten die importierten Stoffe über das Doppelte.

Im Land hergestellte Decken, aus mehreren handgewebten Streifen zusammengenäht, findet man ebenso wie jede Menge im Gelbgußverfahren hergestellte Messing- und Bronze-Figuren; außerdem Körbe in allen möglichen Formen und Größen, Lederwaren etc. Und die Schneider mit ihren alten Singer-Tretnähmaschinen fertigen auf Wunsch fast jedes Kleidungsstück, ob traditionell afrikanisch oder europäisch, nach Modell (!) an. Bewachte (!) Parkplätze vor dem Markt für 100 CFA/Fahrzeug, für Mofas 25 bzw. 50 CFA.

Museum

im *Lycée Bogodogo*, Av. Oubritenga, gegenüber vom Krankenhaus. Geöffnet: 9–12.30 Uhr u. 15.30–18 Uhr, So, Mo und Feiertag geschlossen. Ausstellungsraum mit ständig wechselnden Expositionen. 200 CFA Eintritt. Kollektion von Masken der verschiedenen Ethnien des Landes: *Mossi, Bwa (Bobo), Kurumba* etc. sowie Holzstatuen, alter Schmuck, Keramikgefäße mit geometrischen Mustern; außerdem gehören aufwendig hergestellte Kleidungsstücke wie das handbestickte Gewand des Mossi-Chefs in die Sammlung, ebenso verschiedene Waffen. Zur Zeit wird der Bestand katalogisiert, daher nur begrenzte Ausstellung.

Musée de Manega

Privates Museum 50 km von Ouaga entfernt, an der Straße nach Pabré (Strecke Ouaga – Kongoussi); begründet von Maître *Titinga Frédéric Pacere*, einem Rechtsanwalt und Schriftsteller. Tel. 30 76 15. Fax 31 19 98. Öffnungszeiten Samstag, Sonntag und Feiertag von 8 bis 18 Uhr und nach Vereinbarung. Der Eintritt kostet ca. 2000 CFA/Person. Ausgestellt sind über 500 verschiedene Masken, alte Grabsteine, Fossilien, Fetische, sonstige rituelle Gegenstände. Auch eine Python-Schlange existiert im Museum. Das sogenannte Totenhaus darf nur ohne Kopfbedeckung, ohne Schuhe und nur rückwärts betreten und verlassen werden. Einzelne Zimmer können für kurze Aufenthalte und Forschungszwecke angemietet werden.

Centre Culturel Français
Georges Méliès

Es besitzt eine große Bibliothek, einen Ausstellungsraum, einen Theatersaal und ein Kino. Regelmäßige Vorführungen ethnographischer Filme über Burkina und Westafrika sind für jedermann zugänglich. Außerdem erhält man dort auch generelle Informationen über kulturelle Ereignisse im Lande. Amateur-Theater-Truppen und Schultheatergruppen geben regelmäßig Aufführungen. Jedes Jahr findet ein nationaler Schultheaterwettbewerb statt. Außerdem existieren zahlreiche Musik-Gruppen sowohl mit traditioneller als auch moderner Musik. Einige von ihnen, wie beispielsweise *Farafina* und *Kouledafourou*, sind bereits international bekannt. Daneben existieren – entsprechend den verschiedenen Ethnien – zahlreiche traditionelle Tanzgruppen.

Audienz beim Mogho Naaba, dem Kaiser der Mossi
Eine Geschichte aus Burkina Faso von Walter Egeter

Fährt man in Ouagadougou, der Hauptstadt von Burkina Faso, vom Flugplatz mit einem der meist klapprigen, giftgrünen Taxis über die vor Geschäftigkeit pulsierende Avenue Bassawarga in die Innenstadt, kommt man schräg gegenüber dem Chateau d'Eau, einem riesigen runden Wasserturm, an einem großen, staubigen Platz vorbei.

Mehreres fällt hier auf: zum einen ist der Platz überraschend wenig belebt, nur ab und zu knattert ein Mobilet oder rumpelt gar ein Auto durch die Schlaglöcher quer über die freie Fläche, eine beträchtliche Staubfahne hinter sich herziehend, zum anderen überrascht eine strahlend weiß gekalkte Steinmauer den Besucher.

Sie umschließt etwa ein Drittel der Grundfläche des gesamten Platzes. Aus den wohlgeschichteten Mauern ragt ein palastähnliches Gebäude mit wenigen kleinen, mit Holz gegen die glühende Hitze verschlagenen Fenstern. Riesige Akazien bilden scheinbar einen Park, eine kleine Moschee ist ohne äußeren Zugang an die Ostseite einer Außenmauer geschmiegt. Durch ein offenes Seitentor erhält man einen flüchtigen Blick auf einen sandigen Innenhof. Man kann, und das paßt jetzt wieder gar nicht zu dem Eindruck der repräsentierenden Anlage, etwa ein Dutzend Strohhütten erkennen, die dort in weitem Kreis, wie in einer Dorfanlage im Busch des Mossilandes, aufgestellt sind.

Wir betrachten den Palast des Mogho Naaba, seiner Majestät des Kaisers der Mossi und Herrschers von Ouagadougou.

Der Mogho Naaba ist der unbestrittene und anerkannte Repräsentant des Volkes der Mossi, seine religiöse Macht ist ungebrochen. Die Vorgänger des derzeitigen Herrschers hatten die Entscheidungsgewalt über Leben und Tod. Weder die Kolonialverwaltung noch die folgenden Regierungen haben je ihre traditionellen Rechte angetastet.

Die Mossi umfassen etwa die Hälfte der Bevölkerung Burkina Fasos und bilden die einflußreichste Schicht unter den etwa sechzig Ethnien des Landes.

An jedem Freitagmorgen, so zwischen 7.30 und 8.00 Uhr, es darf auch schon einmal etwas früher sein, so genau nimmt man das in Afrika mit der Zeit meist nie, kann man in Ouagadougou an einer eigenartigen Zeremonie teilnehmen, den Vorbereitungen des Kaisers der Mossi für einen Kriegszug. Das bühnenreife Schauspiel findet an der Rückseite der Palastmauer auf einem besonders dafür vorbereiteten Platz statt. Einige hundert Mossi und ein paar Touristen versammeln sich dort am frühen Morgen. Emsige Wächter achten streng darauf, daß man keinen Fuß vor eine Baumallee setzt und – um Gottes Willen – bloß keinen Fotoapparat zur Hand nimmt; fotografieren wird von den Beschützern des Kaisers mit allen Mitteln (!) verhindert.

Mogho Naaba (auch Moro Nava) und sein Gefolge (hist. Abb., um 1925)

Mit Argusaugen werden die Touristen ständig mißtrauisch beobachtet. Beachtet man die Regeln, geben sich die Wichtigtuer äußerst freundlich und erläutern den Ablauf der Zeremonie mit salbungsvollen Worten in gedämpftem, holprigen Französisch.
Ehe der Kaiser erscheint, versammeln sich die Honoratioren des Stammes. Auf stinkenden Mopeds und in verbeulten Rostlauben fahren die Repräsentanten der Stadtteile und des Parlaments vor. Sie tragen Schwerter und sind in kostbare Gewänder und rote Käppis gekleidet.
Ein Trommler schlägt den Takt zu einem bedächtigen Aufmarsch der hochlöblichen Stammesvertreter. Jeder hat seinen zugewiesenen Sitzplatz auf der Erde, seinem Ansehen entsprechend in der ersten Reihe oder weiter hinten. Schwert und Kopfbedeckung werden abgelegt. Die Begrüßung eines jeden Neuankömmlings erfolgt mit großen Gesten. Ein Böllerschuß kracht durch die Ruhe des beginnenden Tages und kündigt das große Ereignis an. An die Palastmauer ist ein schlichter Lehmbau angefügt. Eine Matte aus buntgefärbtem Stroh verdeckt eine Türöffnung. Von zwei Helfern wird ein schwarzes Pferd vorgeführt. Es ist das Streitroß des Mogho Naaba und seiner Bedeutung entsprechend mit prächtigem Zaumzeug aufgeputzt, reich verziert mit roten und grünen Lederstreifen. An einer leuchtend roten Satteldecke baumeln bunte Lederquasten in der erfrischenden Morgenbrise. Dann ist es endlich soweit. Zwei Frauen huschen hinter der Strohmatte hervor und setzen sich auf die Erde. Sie halten einen goldenen Zeremonialstab. Unmittelbar nach ihnen erscheint seine Majestät in einem weiten

Boubou in leuchtendem Kriegsrot. Fast hastig läßt er sich auf einem bunten Lederkissen an einer der Lehmwände nieder. Die Frauen neigen ihre kahlgeschorenen Köpfe tief auf den Erdboden.
Die Gesichtszüge des Mogho Naaba sind aus der großen Entfernung meines Standplatzes kaum zu erkennen. In den wallenden Falten des roten Kleides erscheint sein Kopf außergewöhnlich klein. Eine Kappe im gleichen Kriegsrot wird von einer goldglänzenden Spange geziert.
Ein Trommelwirbel gibt den Auftakt zum nächsten Akt des mittelalterlichen Schauspiels. Aus den Reihen der Honoratioren erheben sich die offensichtlich angesehensten und schreiten würdevoll auf ihren Kriegsherren zu. Sie wollen mit seiner Majestät den geplanten Kriegszug beraten. Demutsvoll werfen sie sich in den Staub, heben mehrmals, wie die Mohammedaner beim Gebet, die Arme zum Himmel, um dazwischen jedesmal die Handflächen aufeinander zu reiben. Danach hat es den Anschein, als würde ein intensives Gepräch stattfinden. Nur ein paar Minuten dauert diese Szene, dann ziehen sich die Würdenträger, erst rückwärts schreitend, wieder zurück. Andere Gruppen aus den Reihen der Sitzenden wiederholen diese Prozedur.
Der Sinn dieses großen Aufzugs der Würdenträger liegt darin, ihren Kaiser zu überzeugen, doch an Stelle eines Kriegszugs lieber mit dem Feind in Friedensverhandlungen einzutreten und ein Massaker zu verhindern.
Würden nur die Kriegslüsternen dieser Erde die Symbolik dieses eindrucksvollen Mossischauspiels begreifen und ebenso besonnen handeln, wie es vor vielen hundert Jahren einmal ein weiser Mogho Naaba getan hat und zu dessen Gedenken wöchentlich die Geschichte wiederholt wird.
Der edle Mogho Naaba hört also auf seine klugen Ratgeber und beschließt, das Blutvergießen zu unterlassen. Er schickt seine Boten aus zum vermeintlichen Feind, die die Glücksbotschaft überbringen. Sein Streitroß läßt er in den Stall zurückbringen. Er selbst kleidet sich in seinem Palast um. Mit großem Gefolge erscheint er nochmals vor der Ratsversammlung, dieses Mal im weißen Gewand des Friedens. Musikanten und Sänger feiern ihren Kaiser daraufhin mit Lobesliedern.
Man ist selbst zutiefst beeindruckt von der Geschichte der Mossi und jedesmal, wenn ich an dem grandiosen Schauspiel teilnehme, möchte ich der vernünftigen Entscheidung des Mossi-Kaisers Beifall klatschen.
Ein krachender Böllerschuß beendet die Zeremonie und ruft mich aus mittelalterlichen Träumen in die Wirklichkeit zurück. Die Ehrengäste schwingen sich auf ihre Mopeds und kehren in ihren Alltag zurück. In der Nähe werden Abfälle verbrannt. Ein stinkender Qualm zieht über den weiten Platz vor dem Mogho Naaba-Palast.
Es war der Tag meines Abflugs, nach mehreren Wochen Aufenthalt in Burkina Faso bei seinen außergewöhlich herzlichen Menschen. Noch einmal war ich am Morgen bei der großen Zeremonie eingetaucht in die Geschichte meines Gastgeberlandes.

Gegen Mittag brachte mich mein Freund Geri mit dem Wagen zum Flugplatz. Er selbst war erst wenige Tage und zum ersten Mal im Land und von allem, was er sah und aufnehmen konnte, restlos begeistert.

Aus dem Stadtzentrum der Landeshauptstadt kommend, fuhren wir die Avenue Bassawarga entlang, auf den Mogho Naaba-Palast zu. Beeindruckt erzählte ich von dem dort stattfindenden freitäglichen Schauspiel.

Wir waren etwa dreihundert Meter vor dem Palast angelangt, als mein Freund aus dem Auto heraus ein Foto von der Palastanlage machte. Von unserem Standpunkt aus waren weit entfernt lediglich der Haupteingang zum Park, zwei weiße Mauern und die vielen Bäume im Inneren der Anlage, die mit ihrem starken Laubbewuchs das Hauptgebäude fast vollständig verdeckten, zu erkennen.

In unserer Nähe war ein baufälliger Sonnenschutz aus Abfallholz zusammengezimmert. Darunter lungerten ein paar Schwarze herum, Mofas waren abgestellt, Fahrräder lagen dort. Aus den Augenwinkeln heraus merkte ich, daß an diesem unscheinbaren Ort plötzlich größte Aufregung ausbrach.

Ein gehbehinderter junger Mann stürzte auf sein Mobilet, fuhr wie vom Teufel besessen hinter uns her und schleuderte fast in unseren Wagen. Verlegen bremste er sein Fahrzeug unmittelbar vor der Motorhaube und stellte es uns plötzlich in den Weg, so daß Geri selbst eine Schnellbremsung durchführen mußte, um das Mofa und seinen Fahrer nicht zu überrollen.

Schon war er am Fenster und brüllte auf uns ein. Er tat dies mit einer derartigen Aggressivität, wie ich es bei meinen zahlreichen Reisen in die unterschiedlichsten afrikanischen Länder bisher noch nie erlebt hatte. Was bloß sollten wir nur verbrochen haben, um jemanden so in Rage zu bringen? Wir hatten kein Verkehrszeichen mißachtet oder gar einen Menschen gefährdet; wir waren uns keiner Schuld bewußt.

Das Geschrei dieses Typs wurde immer heftiger. Etwa zwei Dutzend Neugierige hatten sich schnell um unser Auto versammelt. An eine Weiterfahrt war nicht mehr zu denken – in einer Stunde sollte ich auf dem Flugplatz einchecken. Nach dem ersten Ansturm fragte ich den Tobenden, was er denn mit seinem unverständlichen Geschrei eigentlich von uns wolle, was er sich erlaube, uns einfach auf so rigorose Weise an der Weiterfahrt zu hindern, warum er im Gegensatz zu allen anderen Burkinabé, so aufgebracht und vor allem so unhöflich wäre.

Von da ab brüllte er uns nicht mehr in More, der Sprache der Mossi, an, jetzt brüllte er in einem nur schwer verständlichen Französisch. Andere Autos hielten an, die Neugierigen bedrängten uns immer mehr, Nasen drückten fast die Windschutzscheibe unseres Wagens ein.

Immer noch versuchte ich mit Geduld und ruhiger Stimme die Ursache für die Unbeherrschtheit des Schreienden zu erfahren. Endlich wurde mir der lächerliche Grund für die riesige Aufregung bewußt: Dieser Mensch behauptete, ein Wächter des Mogho Naaba zu sein und beschuldigte uns des

Tanzmasken der Mossi

verbotenen Fotografierens des Kaiserpalastes. – Ja, wenn es weiter nichts ist, dachte ich, das kriegen wir schon wieder hin. Passiert es doch einem Touristen in einem fremden Land des öfteren, daß er in seinem Eifer ein unerlaubtes Foto schießt. Darüber muß man doch reden können, besonders in Afrika.

Dem war allerdings in unserem Fall leider nicht so! Die Aufregung des so schwer Beleidigten wurde sogar noch größer. Wortreich versuchte ich den großen Fehler meines Freundes zu entschuldigen, nicht ohne jedoch darauf hinzuweisen, daß weder ein Fotografierverbot irgendwo in unserer Nähe angeschrieben wäre und wir im übrigen eine Fotogenehmigung des Tourismusministeriums durchaus vorweisen könnten. Und wer sagt mir denn überhaupt, ob er tatsächlich ein Wächter des Mogho Naaba sei. Da könne sich doch ein jeder aufblasen.

Inzwischen war die Menschenmenge um uns herum auf etwa fünfzig Personen angewachsen. Einige bestätigten sowohl meine Meinung als auch die meines Widersachers abwechselnd mit Kopfnicken. Da sollte ich mich auskennen, wo ich Verbündete zu suchen hätte.

Der beleidigte, vermeintliche Wächter wurde immer dreister. Wir mußten höllisch aufpassen, uns nicht zu einer tätlichen Auseinandersetzung hinreißen zu lassen, denn anders schien mir die Angriffswut dieses Menschen kaum mehr abzuwehren. Nur mit großer Aufmerksamkeit konnten wir

verhindern, daß er den Autoschlüssel aus dem Zündschloß riß. Mir war nicht mehr wohl bei der ganzen Geschichte.
Plötzlich startete Geri den Motor und wollte losfahren, wenn es hätte sein müssen, über das Mopedhindernis hinweg. Doch ehe wir uns versahen, riß der Schlägertyp die Fahrzeugtür auf. Wir mußten stehenbleiben, denn einen Personenschaden wollten wir wirklich nicht riskieren.
Die Situation wurde immer auswegloser. Ich drohte, die Polizei zu holen. In Wirklichkeit hätte ich dies selbstverständlich nie getan, denn so wäre die Angelegenheit nur noch verfahrener geworden, insbesondere hätte man uns alle mit zur Wache genommen und so etwas kann in Afrika Stunden dauern; ich wollte immerhin in zwei Stunden im Flugzeug nach Europa sitzen.
Ruhig redete ich wieder auf den Erregten ein, bot ihm an, ihm den Film zu geben, den er dann seinem Kaiser auf den Mittagstisch legen könne, um als Gegengabe ein offensichtlich heißbegehrtes Lob zu erhalten. Auch mit diesem verlockenden Angebot kam ich jedoch nicht weiter.
Ich versuchte nun den Spieß umzudrehen und fragte, wie er sich denn nun seinerseits unsere Bestrafung vorstelle. Dies brachte ihn in ziemliche Verlegenheit. Soweit hatte er wohl in seiner Erregung noch nicht gedacht. Um ihm weiterzuhelfen, fragte ich, ob es denn vielleicht ein Hinweisschild gäbe, auf dem das Fotografierverbot ausgesprochen sei, das ich dann lesen und zur Kenntnis nehmen könnte, um meinen Freund selbst nochmals eingehend auf seine Untat hinzuweisen und ihn zur künftigen Beachtung anzuhalten. Damit hatte ich Erfolg. Der Mensch beruhigte sich ein bißchen und verlangte, der Sünder solle ihm zum Eingang des Palastes folgen. Ich wollte dies verhindern, weil mein Freund nur wenige Worte Französisch spricht und außerdem sollte der so schwer Beleidigte nicht so einfach seinen Kopf durchsetzen können. Während der Erboste noch weiter krakeelte, stieg ich aus und ging in Richtung des Palastes. Er folgte schimpfend. Hinter uns kam die Meute der Neugierigen.
Vor dem Eingang zum Palast hätte nun tatsächlich die Stunde des Triumphes für meinen Kontrahenten schlagen und er hätte sie genüßlich nützen können. Denn dort war eine kleine Metalltafel aufgepflockt, auf der man unter zahlreichen Rostflecken lesen konnte: „Il est interdit à prendre des fotos", der Hinweis also auf jenes ominöse Fotografierverbot, dessen Mißachtung unseren eifrigen Beschützer des Kaisers so arg in Wut versetzt hatte.
Selbstverständlich bedauerte ich das Fehlverhalten meines Freundes zutiefst, zeigte mich viele Male „très désolé", beschämt und über mich selber äußerst entsetzt. Es hätte doch keinen Sinn gehabt, dem Menschen zu erklären, daß man eine derartige Hinweistafel aus dreihundert Meter Entfernung nicht erkennen, geschweige denn lesen kann. Sollte er also den Grund des Sieges feiern. Für mich wurde es immer dringender, mich allmählich in Richtung Flugplatz auf den Weg zu machen. Die Zeit verging durch das haarspalterische Gezänk so schnell.

Aber da hatte ich die Rechnung ohne den Wirt gemacht. So einfach war dem Stänkerer nicht Genugtuung zu gewähren. Jetzt bestand er plötzlich wieder darauf, daß mein Freund das Hinweisschild persönlich in Augenschein nehmen sollte. – „Und was wird danach", fragte ich, „können wir uns dann verabschieden, oder wollen sie uns weiter festhalten?" – Er blieb unschlüssig. Ich dachte mir, damit ist die Angelegenheit jetzt wohl endlich erledigt und wollte in Richtung Auto gehen, doch der unverschämte Kerl hielt mich fest. Ich habe mich in meinem Leben noch nie mit jemandem geschlagen, aber jetzt war ich knapp davor, dem Typen eine einzuschenken. Trotzdem konnte ich mich mit Mühe beherrschen. Das war gut so, wußte ich doch auch nicht, wie die vielen Zuschauer reagieren würden.

Natürlich war mir klar, was der Lackl wirklich wollte: Geld natürlich! – Aber dazu war ich nie und nimmer bereit. Eher hätte ich das Flugzeug ohne mich starten lassen.

In meiner Not kam ein Herr auf mich zu und meinte ganz trocken, ich könne diese unangenehme Situation doch ganz einfach zu einem guten Ende bringen. „Gehen Sie doch zum Mogho Naaba!" sagte er mit freundlichem Lächeln, als ob dies das Selbstverständlichste der Welt wäre.

Zum Mogho Naaba gehen! Ich als Touri! Wegen so einer hirnrissigen Lapalie den Kaiser der Mossi belästigen! Wo ein Mossi wochenlang auf einen Audienztermin warten muß und bis dahin nachts vor lauter Ehrfurcht und Ehrerbietung kein Auge mehr zubringt! Ich zum Mogho Naaba?!

„Ist das Ihr Ernst?" stotterte ich. „Ich kann doch nicht einfach so...".

„Doch", meinte er mit sanfter Stimme, „Gehen Sie nur! Der Mogho Naaba ist in seinem Palast. Sie bringen den aufsässigen Kerl sonst nicht los."

Dieser gute Mann war so Vertrauen erweckend, daß ich nicht länger überlegte.

„Dann geh ich halt zum Mogho Naaba", sagte ich und drehte mich um in Richtung Haupteingang. Meinem Freund im Auto konnte ich nicht mehr Bescheid geben.

Nur mehr eine kleine Anzahl Neugieriger folgte mir jetzt. Ich sah nochmals auf die Zurückbleibenden und man konnte es an ihren erstaunten Mienen erkennen: „Der muß wahnsinnig sein! Der traut sich zum Mogho Naaba!"

Das breite eiserne Eingangsportal zum Garten des Palastes war weit geöffnet. Ich wollte es kaum glauben: es gab hier keinen Wächter, keine Kontrolle. Ich schritt unbehelligt etwa siebzig Meter weit im Schatten der riesigen Bäume auf das Palastgebäude zu. Der freundliche Herr, von dem ich vielleicht den guten oder schlechten Rat erhalten hatte, war nirgends zu sehen. „Das kann ja heiter werden", dachte ich. Aber die ersten Schritte waren getan, jetzt gab es für mich kein Zurück mehr.

Mir fiel die große Ruhe im Garten auf. Vom Lärm der Stadt war nichts zu hören. Nur das Blut klopfte in meinem Kopf.

Das Streitroß des Kaisers wurde in einer Ecke gewaschen.

Das Palastgebäude schien zu wachsen. Ich merkte nicht, ob mir jemand folgte, sah nur mehr zwei Stufen zu einer großen Terasse, dahinter das jetzt immer riesiger erscheinende Gebäude. Und das Palastportal gähnte wie ein schwarzes Loch vor mir, bereit, mich zu verschlingen.

Nach zahlreichen Afrikareisen bildete ich mir ein, ein gewisses Maß an Erfahrung im Umgang mit den Einheimischen mitzubringen, vielleicht sogar ein gutes Gefühl dafür entwickelt zu haben.

Aber, wie sollte ich mich im Angesicht einer so bedeutenden Persönlichkeit wie des Kaisers der Mossi verhalten? – Schau ihm nicht in die Augen, sagte ich zu mir, das macht man bei alten Menschen nicht, dann schon gar nicht beim Mogho Naaba. Rede ruhig und bedächtig, sei nicht vorlaut, warte, bis Du gefragt wirst oder man Dir das Wort erteilt, fuhr es mir in den Sinn. –Aber auch: du hast ja nichts unrechtes getan, laß dich nicht unterkriegen, was wollen sie eigentlich mit dir machen? –Aber ganau das war der springende Punkt: Was wird wohl der Kaiser mit mir machen?

Vor den Stufen der Terasse angekommen, merkte ich, daß mir etwa zehn Leute gefolgt waren. Einige zogen ihre meist zerschlissenen Schuhe aus. Besonders hergerichtet für den außergewöhnlichen Besuch hatte sich keiner meiner Leibgarde.

Ich überlegte kurz und entschied, meine Schuhe nicht auszuziehen. Vor dem Palastgebäude blickte ich auf, gegen die stechende Mittagssonne.

Denkmäler für die Mossi-Kaiser in Manega

Die zwei Flügel zur Palasttür waren weit geöffnet. Im kühlen Schatten des Hauses erblickte ich eine auffallend kleine, durch wallenden Brokatboubou ungewöhnlich dick – wenn seine Majestät dieses banale Wort verzeihen mögen – erscheinende Gestalt.
Sofort war mir klar: Du stehst vor dem Mogho Naaba, seiner Majestät, dem Kaiser der Mossi. Weiß, mit Goldfäden bestickt, fielen die weiten Falten seines kostbaren Kleides locker zu Boden. Ein rotes Filzkäppchen trug der Herrscher auf dem Haupt. In der rechten Hand hielt er, den Arm zur Seite gestreckt, einen hohen goldglänzenden Zeremonialstab. Wie schon in der Frühe an den Palastmauern, erschien der Kopf des Kaisers in der Fülle der Kleider klein. Aber es war ein ausgeprochen freundliches, überraschend junges Gesicht, das mir da listig entgegenblickte. Ein schwarzes Bärtchen zierte die sympathische Erscheinung.
Bewacht wurde der Mogho Naaba von einer lebensgroßen, weißen Gipsfigur eines Löwen, die ein paar Meter hinter ihm aus der weiten Halle des Palastes starrte. Im Hintergrund umschwärmten geschäftig ein paar Diener seine Majestät.
Ich blieb, so wie es die anderen taten, etwa fünf Meter vor dem Kaiser stehen, verneigte mich kurz und wartete ab.
Es war mir unangenehm, daß mir die Sonne direkt ins Gesicht knallte.
Der Empfangsplatz ist geschickt gewählt, dachte ich, alte Indianerstrategie: immer mit der Sonne gegen den Feind! Im Laufe des folgenden Gesprächs trat ich zwei Meter weiter vor, um in den Genuß des Schattens zu kommen. Heiß war mir sowieso schon.
Jetzt warfen sich zwei der Mitgekommenen auf die Marmorfließen der Terrasse und schoben sich demütigst in Richtung Mogho Naaba, überquerten die Schwelle zum Palast und erhoben sich im Inneren. Mein Kontrahent schritt einfach frech auf seinen Herrn zu und begann zu schreien. Der Kaiser gebot ihm nach einiger Zeit Einhalt und ließ sich den Vorfall von einem anderen erzählen, der das alles sehr bedächtig machte. Ich verstand kein Wort, man parlierte in More.
Vom Mogho Naaba strahlte große Ruhe und Freundlichkeit aus. Immer wieder blickte er mit fast heiterer Miene zu mir. Ich wurde schnell locker, alle Anspannung war verflogen. Ich fühlte mich sehr angenehm, ja es machte mir jetzt richtig Spaß, besonders als mich der Kaiser durch seinen Sprecher bat, die ungeheure Geschichte aus meiner Sicht zu erzählen. Ich dankte in diesem Moment meinen Eltern, daß sie mich in der Schule die französische Sprache so leidlich lernen ließen und ich dankte mir, daß ich durch die vielen Aufenthalte in meinem geliebten Afrika soviel dazugelernt hatte, daß es mir gar nicht schwerfiel, mich meinem Gegenüber verständlich auszudrücken. Ja, ich wurde sogar so vermessen, ihm nicht nur den unliebsamen Vorfall ausführlich zu schildern, ich erdreistete mich, seiner Majestät zu empfehlen, diesen „homme fou", seinen „verrückten" Wächter, möglichst bald aus

seinen Diensten zu entfernen, weil das für Afrika so untypische Verhalten dieses Rabauken doch nicht zur Würde der Umgebung seiner Majestät passen würde. Und man mag es glauben oder nicht, es huschte ein Lächeln über die Züge des Mogho Naaba.

Mein Bericht wurde immer wieder durch die unverschämten Zwischenrufe meines aufgebrachten Kontrahenten unterbrochen. Er fauchte und schrie. Ich wartete darauf, wie lange sich der Kaiser dieses Verhalten gefallen ließe. Der schien jedoch größte Toleranz walten zu lassen. Mein Kontrahent sah seine Felle davonschwimmen. Da war es nichts mit einem kräftigen Anschiß, geschweige denn mit einer gehörigen Bestrafung des rücksichtslosen Touristen.

Ich wies den Kaiser daraufhin, daß es überhaupt keinen Grund gäbe, mich zu beschimpfen, weil ich doch nur für meinen Freund ein gutes Wort einlegen würde, da dieser doch des Französischen unkundig sei.

Der Herrscher schien von meinem Einsatz beeindruckt und nickte mir huldvoll zu. Das tat gut. Die groben Beschuldigungen des Wächters wollte ich mir jedoch nicht länger bieten lassen. Da kam mir eine Idee. Ich suchte mir unter den Umstehenden, die offensichtlich mittlerweile alle meine Partei ergriffen hatten, einen völlig ruhig wirkenden Untertanen des Kaisers aus und erklärte, daß ich ab sofort diesen anstelle des Verrückten zu meinem Gesprächspartner erwähle. Es war mir nämlich unmöglich, mich mit dem

Moscheen in Bani

unhöflichen Aufpasser des Mogho Naaba wie mit einem zivilisierten Menschen zu unterhalten. Und wenn für diesen Kerl etwas ihn betreffendes bestimmt sei, möge es ihm doch mein neuer Gesprächspartner gütigst übermitteln.
Ich hatte einen Glücksgriff getan. Wenn es die Würde des Kaisers erlaubt hätte, er hätte ob des gelungenen Schachzugs laut losgelacht; ich hab es ihm deutlich angesehen. Auch die Umstehenden amüsierten sich köstlich. Mein neuer Gesprächspartner war erst ein bißchen überrascht, erledigte dann aber seine ihm von mir auferlegte Aufgabe ausgezeichnet, wofür ich ihm natürlich vor seinem Chef recht herzlich dankte.
Die Unterhaltung wurde immer freundlicher. Ich sammelte meinen gesamten Wortschatz zusammen, um das herrliche Mossiland und die Herzlichkeit seiner stets freundlichen Bewohner – mit einer Ausnahme – zu loben. Verwegen plauderte ich über meine weiten Reisen, die mich seit Jahren immer wieder durch das Land führen. Ich vergaß auch nicht zu erwähnen, daß ich eigentlich auf dem Weg zum Flugplatz wäre, und ich übertrieb ein bißchen, wenn ich sagte, daß in etwa dreißig Minuten meine Maschine nach Europa starten würde.
Da hakte der Mogho Naaba nach und jetzt wandte er sich in bestem Französisch sogar direkt an mich. Und mit allergrößter Überraschung staunte ich, als er mit milder Stimme sagte: „Wissen Sie, mir persönlich ist es völlig gleichgültig, wenn ich oder der Palast oder die Zeremonie fotografiert werden. Es sind meine Wächter, die nicht wollen, daß ich fotografiert werde. Und ich kann es ihnen nicht austreiben."
Mir stand schier der Mund offen ob dieser überraschenden Worte.
Ich entgegnete, daß dieses Gebot, auch wenn es nur der Wille der Wächter seiner Majestät wäre, selbstverständlich von mir und meinem Freund beachtet würde, daß wir allerdings keine Feticheure wären und deshalb auch nicht auf Entfernungen von mehreren hundert Metern lesen könnten. Nochmals versicherte ich, selbstverständlich den Film abzuliefern, wenn seine Majestät es wünsche, und daß ich natürlich auch meinen Freund, den Verursacher des leidigen Zwischenfalls, entsprechend belehren würde.
„Sie brauchen den Film nicht abzugeben, das ist wirklich nicht nötig. Für mich ist die Angelegenheit erledigt. Wenn Sie wollen, können Sie selbstverständlich gehen, damit Sie Ihr Flugzeug nicht verpassen", waren die Abschiedsworte dieses liebenswürdigen Menschen.
Ich bedankte mich herzlich, verneigte mich artig und kehrte höchst erfreut von der angenehmen Unterhaltung zu meinem Freund zurück, der wie auf Kohlen sitzend in der brütenden Hitze und in Ungewißheit im Auto einstweilen kräftig Buße geleistet hatte.
Und wenn mich mein Weg wieder nach Ouagadougou führen wird, werde ich mich um eine Audienz beim Mogho Naaba bemühen, um ein bißchen mit seiner Majestät, dem freundlichen Kaiser der Mossi, zu plaudern.

Mossi in Festtagstracht

PRAKTISCHE INFORMATIONEN

TOURISTENINFORMATION
Office National du Tourisme
in der Nähe des Hotel Indépendance, Tel. 31 19 59.

UNTERKUNFT

Hotels
Luxusklasse:

Hotel Pullmann-Silmandé
B.P. 4733, Tel. 30 01 76, 4-Sterne Hotel der Stadt, mit 130 klimatisierten Zimmern, Restaurant, Bar, Swimmingpool, Tennis, Night-Club, Konferenz-Raum. EZ 22 000 bis 30 000 CFA. (Jeden Sonntag kaltes Büffet am Pool für 4500 CFA.)

Hotel de l´Indépendance
B.P. 127, Tel. 30 60 60, 140 klimatisierte Zimmer, Restaurant, Bar, Swimmingpool, Tennisplatz, Geschäfte. DZ ca. 19 000 CFA.

Ran Hotel
Av. Nelson Mandela, nahe Bahnhof, Kolonialgebäude mit Swimmingpool. Tel. 30 61 06.

Ok Inn
Etwas außerhalb an der Route de Pô, hinter der Shell-Tankstelle.

Complexe Ouaga inter
Tel. 30 48 11, 20 klim. Zimmer, 8 klim. Bungalows, Restaurant, Bar, Swimmingpool. Bungalow ca. 18 000 CFA.

Eden Park Hotel
Av. Bassawarga, Restaurant, Bar, Night-Club, Swimmingpool, Night-Club, Tel. 31 14 86/90/91/92.

Nazemse
klimatisierte Zimmer, Restaurant, Bar, Tel. 33 53 28.

Relax-Hotel
Av. Nelson Mandela gegenüber Maison du Peuple, Tel. 30 40 61, Swimmingpool.

Mittelklasse:

Hotel Avenir
Bd Che Guevara, Secteur 9, Restaurant, Bar, Tel. 34 06 21/22.

Hotel Don Camillo I
Secteur 9, Av. du Conseil de l'Entente, beim Stade 4 Août, klim. Zimmer, Tel. 30 22 36.

Hotel Don Camillo II
Tel. 30 29 50

Ricardo
Tel. 30 70 72, 38 klim. Zimmer, Restaurant, Bar, Swimmingpool. Vom Pool aus bietet sich bei Sonnenuntergang ein bezaubernder Blick über die Stadt und den Stausee (Barrage 1).

Tropical
Avenue Leo Frobenius, Secteur 5, Tel. 30 82 82/8. Sauberes und komfortables Hotel, jedoch wird man um 5 Uhr morgens vom Ruf des Muezzin der benachbarten Moschee geweckt. DZ 11 000 CFA.

Central
Rue du Marché, Tel. 30 62 09, DZ 9000 CFA.

Einfachere Hotels:

Hotel Le Pavillon Vert
Avenue de la Liberté (Secteur 12), Tel. 31 06 11.

Hotel Oubry
Av. Yennenga, etwas außerhalb des Zentrums (Terrasse mit Blick auf die Straße); die Zimmer im Annexe sind ruhiger! Tel. 30 64 83.

Hotel de la Paix
Av. Yennenga, Tel. 33 30 23.

Hotel Delwende
Rue Brunnel, Südseite vom Markt, gegenüber C.I.C.A., Nachtclub! DZ 4500 CFA, Tel. 30 87 57.

Hotel Idéal
Av. Yennenga, nahe der Moschee; DZ 5500 CFA mit Air-Condition.

Hotel Yennenga
Av. Yennenga, zentral gelegen, aber nicht besonders sauber! Tel. 30 73 37; DZ ca. 4500 CFA.

Hotel Kadiogo
In unmittelbarer Nähe vom Flughafen, trotzdem relativ ruhig, mit angenehmer Atmosphäre, Innenhof. Tel. 30 69 44.

Pension Guigseme
Av. Yennenga; ebenfalls eine gute Adresse. Tel. 33 46 98.

Foundation Pièrre Dufours
kein fl. Wasser, Gemeinschaftsküche, ca. 1000 CFA/Pers. Der Franzose Charles Dufours gründete diese Foundation vor vielen Jahren zugunsten von Waisenkindern. Er war lange Lehrer der Waisenkinder. Seit seinem Tode verwaltet sein Adoptiv-Sohn Pièrre (Burkinabé) die Stiftung. Das Geld wird für Nahrung, Erziehung, Schulgebühren der Waisenkinder benutzt.

Camping
Ouaga Camping
Chez BoudaAbel, B.P. 875. In der Nähe des neuen Busbahnhofs (Route de Pô); ca. 2000 CFA/Person für Übernachtung in Bungalows; Camping 800 CFA/Person, Swimmingpool. Dreckig!

Camping Poko Club
etwa 12 km Richtung Bobo, Tel. 33 37 17.

ESSEN UND TRINKEN

Restaurants
Die meisten (größeren) Hotels verfügen über Bar und Restaurant. Gute Weine sind meistens teuer!

Für höhere Ansprüche:
La Torque
Flughafenstraße, franz. Küche.
La Chaumière
Rue Chateau d' Eau; französische Küche. Tel. 33 43 23.

Frauen bei der Zubereitung einer Mahlzeit

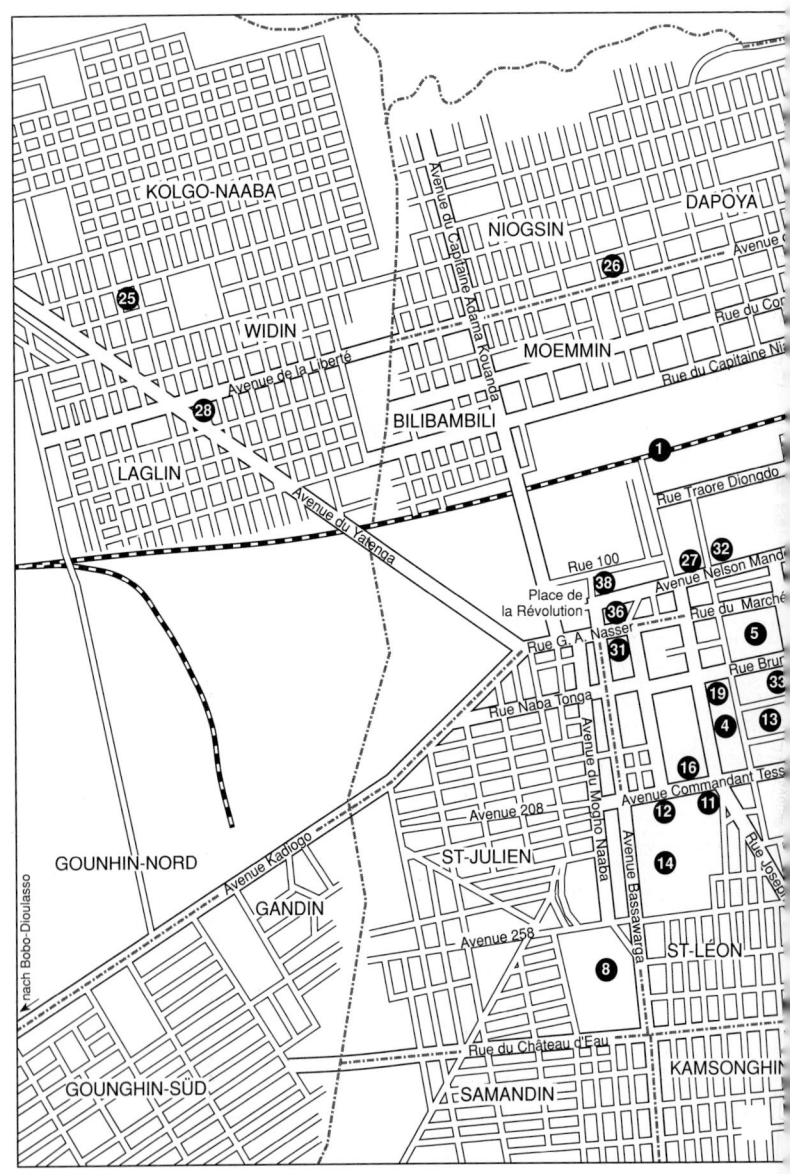

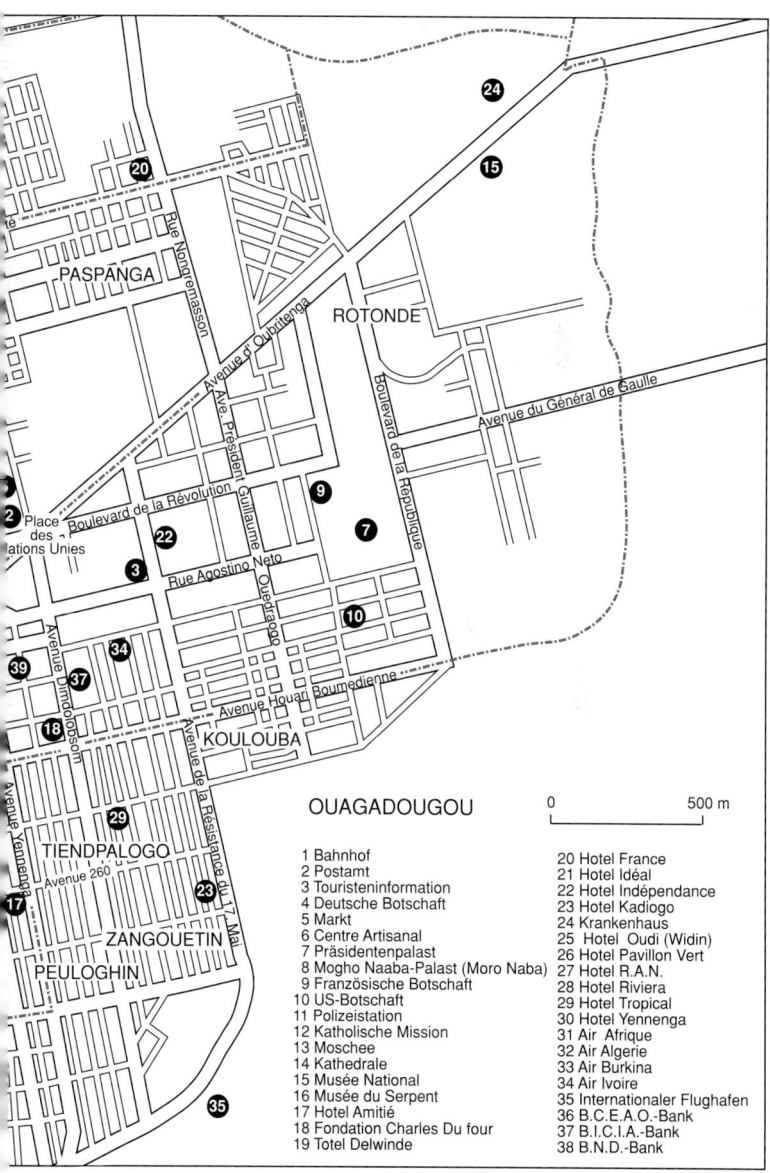

La Forêt
Av. Bassawarga; Swimmingpool!
Tel. 30 72 96.
Belvedere
Av. Folléreau, italienische und libanesische Küche.
Le Mandarin
Quartier Koulouba, asiatische Küche.
Le Printemps
Av. Dimdelobson, chines. Gerichte.
L' Eau Vive
Place du Marché, Tel. 33 35 12, von Nonnen geführtes Restaurant mit internationaler Speisekarte. Gepflegte Atmosphäre mit klassischer Musik. Um 21.30 Uhr wird das „Ave Maria" gesungen!
TAMTAM
Stadtteil Gounghin, an der Straße nach Bobo; gutes Preis-Leistungsverhältnis; Besitzer ist Österreicher. Mittwochs traditionelle Musik – live! D e r Treffpunkt deutscher und österreichischer Entwicklungshelfer!
Dapore
Avenue de la Liberté, Secteur 12, Besitzer ist Schweizer; ausgezeichnete Küche, meist Livemusik.
Harlem
Secteur 12, nahe Dapore *(s. o.)*; ebenfalls gute Livemusik.
Le Walemb
Secteur 6/7, afrikanische Küche.

Afrikanische Küche für mittlere bis einfache Ansprüche:
Lido-Bar
Av. Yennenga, frische Fische, Hühner etc. gegrillt. Fast immer sehr gut besucht, da sehr beliebt.
Terminus
Av. de Loudun
La Paix
Av. de Loudun, nahe Ciné-Burkina; auch europäische Küche.

Don Camillo
neben dem Stadion.
Guitar-Bar
Quartier Larlé. Spezialität: frischer Fisch aus der Barrage.
Um den neuen Markt gibt es mehrere neue Restaurants und Cafes.
In der Av. Yennenga und Av. Loudun gibt es abends viele Straßenstände mit *Poulet roti*, *Brochettes* (Fleischspießchen) oder *Riz sauce*.
In der Av. Yennenga befinden sich zudem mehrere kleine Straßencafés und Buvettes (Bars).

Pâtisserien
Koulouba
im gleichnamigen Quartier, Av. Coulibaly. Leckere Kuchen, Eis und kleine Imbisse.
La Bonbonnière
Neben dem Supermarkt Casino, Av. Nelson Mandela.

NACHTLEBEN
Bars / Kneipen / Nachtclubs
Don Camillo
Av. Yennenga; die Gruppe *Cinq Consuls* sorgte jeden Abend für Stimmung, das Lokal wird z. Zt. jedoch in ein modernes, klimatisiertes Hotel umgebaut.
Jimmy´s Disco
Ist gerade „in".
Iapoa
Nachtclub des Hotels Silmandé, hier geht es wesentlich ruhiger zu, gedämpfte Musik (ca. 2000 CFA Eintritt!)
Wasa-Club
Av. Yennenga, traditionelle afrikanische Musik.

Kinos
Vier Kinos mit französischen, italienischen, amerikanischen und indischen Filmen stehen zur Auswahl; schade,

daß sie kaum afrikanische Filme zeigen! Ein Besuch lohnt sich auf alle Fälle; die Reaktion des Publikums ist manchmal interessanter als der Film selbst.
Ciné Burkina
(klimatisiert), Großraumkino in unmittelbarer Nähe der Moschee.
Ciné Oubri
Rue Maurice Bishop
Riale
Rue Patrice Lumumba (open air).
Ciné Gounghin
im gleichnamigen Stadtteil, an der Straße nach Bobo.
Centre Culturel Français
oft werden auch Filme gezeigt.
Nerwaya
in der Cité An III, modernes Gebäude.

NOTFALL
Ambulanzen
Hôpital Ambulance
Tel. 30 66 44
La Croix Rouge
Tel. 30 20 71
Im Notfall kann auch die Botschaft der BRD mit Adressen von guten Ärzten weiterhelfen.

Ärzte
Dr. Bernard und Jaqueline André
Tel. 32 67 79, B.P. 3165, Ouaga, Zone du Bois; Praktischer Arzt; seine Frau führt auch gynäkologische Untersuchungen durch.
Centre medical français
Neben der Radiostation; verschiedene Fachärzte und einige Laboruntersuchungen.

Labor-Untersuchungen
in der *Pharmacie Diawara*, Place du Marché gegenüber Ciné Burkina, Tel. 30 61 88.

Apotheken
Pharmacie Nationale No 1
Place du Marché, Tel. 33 36 54.
Pharmacie Nationale No 2
Tel. 30 66 41.
Pharmacie Nouvelle, Tel. 30 61 33.
Pharmacie Diawara
Place du Marché, Tel. 30 61 88

 VERKEHRSVERBINDUNGEN
Fluggesellschaften
Air France
Tel. 30 63 65, 30 63 66 und 30 63 76.
Air Afrique
Tel. 30 60 20, 30 60 21 und 30 60 22.
Air Burkina
Tel. 31 53 20, 31 02 69 und 30 61 44.
Air Algerie
Tel. 31 23 01 und 02.
Aeroflot
Tel. 30 71 29.
Flughafen:
Tel. 30 65 15 und 30 65 19.
Societé de Chemins de Fer du Burkina
(ehem. R.A.N.), Tel. 30 60 51 und 52.

Eisenbahn
Societé Ivoriènne de Chemin de Fer
Tel. 31 13 49.
Regelmäßige Zugverbindung nach Bobo (s. Bobo-Dioulasso).

Überland-Busse
Faso Tours
Tel. 30 66 71 und 30 74 87
Regie X 9
Tel. 30 42 96 und 33 46 69.
Societé de Transport Sans Frontière
Tel. 30 46 75, gute Busverbindungen. Moderne Busse mitteleuropäischen Standards, ohne Klimaanlage.
Societé de Transport Mixte Bangri
(STMB), Tel. 31 13 63.
Societé des Transport Bouro et Frères
(STBF), Tel. 31 27 95.

SPORT
Schwimmbäder
im *Relax-Hotel*
im *Eden-Park-Hotel*
im *R.A.N-Hotel*
750 CFA/1000 CFA, netteAtmosphäre.
Im *La Forêt*
Av. Bassawarga; etwas günstiger im Preis. Restaurant.
Im *Hotel Ricardo*
bei Sonnenuntergang schöner Blick über die Barrage.
Im *Hotel Indépendance*, *Hotel Ok Inn* (nahe Busbahnhof) und im *Silmandé* (am Wochenende ist im Preis von ca. 3500 CFA ein kaltes Buffet inkl.).

 FESTE/VERANSTALTUNGEN
FES.PA.C.O. (Festival Panafricain du Cinéma de Ouagadougou)
Findet alle zwei Jahre (immer an ungeraden Jahreszahlen!) im Februar statt; das nächste 1995. Dieses Festival gibt einen Einblick in die Filmproduktion außerhalb Europas oderAmerikas; neben ein paar Produzenten aus Japan und Lateinamerika haben hauptsächlich afrikanische Filmhersteller Gelegenheit, ihre Werke internationalen Kritikern vorzuführen. Spruchbänder wie „*Cinéastes africains: s' unir ou mourir, Décolonisez nos écrans*" sind während der Festivaltage in den Straßen Ouagadougous zu sehen. Cineasten aus aller Welt kommen, um „zu sehen" und natürlich vor allem, um „gesehen zu werden".
Für denjenigen, der sich ein paar Filme „reinziehen" will (drei Vorstellungen pro Tag), lohnt sich ein Abonnement; vielleicht nicht unbedingt vom Preis her (ca. 3000 CFA für das Maison du Peuple), aber auf alle Fälle für den „Komfort". Der erhebliche Vorteil einesAbonnements: Man muß nicht an der Kasse Schlange stehen und braucht bei mehreren Filmen hintereinander auch den Platz bzw. Saal nicht nach jeder Vorstellung zu verlassen.

S.I.A.O. (Salon Internationale de l´Artisanat de Ouagadougou)
Die größte Kunsthandwerkermesse Schwarzafrikas; alle zwei Jahre (gerade Jahreszahlen) im Oktober/November. (Die nächste Messe findet vom 29.Oktober bis zum 5.November1994 statt).

S.N.C. (Semaine Nationale de la Culture)
Findet ebenfalls alle zwei Jahre statt. Tanzgruppen aus den verschiedenen Regionen bzw. der verschiedenen Ethnien des Landes treten bei dieser Gelegenheit auf und zeigen ihre traditionellen Tänze.

SONSTIGES
Einkaufen
Antiquitätenhändler:
Antiquitätenhändler haben sich neben dem *RAN-Hotel,* wo sie auf riesigen Tischen die unterschiedlichsten Objekte anbieten, und schräg gegenüber der Hauptpost in kleinen Holzhütten installiert. Sie kommen überwiegend aus dem Niger, aus Mali und aus dem Senegal. Man hat es hier mit einer wahren Fundgrube zu tun, wenn man sich etwas Zeit läßt und Geduld hat, sich mit diesen unglaublich geschäftstüchtigen Händlern auf einen akzeptablen Preis zu einigen.
Man nennt diese Verkäufer „Antiquitätenhändler"; wirklich „alt" ist wahrscheinlich kaum ein Stück. Und seit die Touristen zahlreicher nach Ouaga kommen, sind die Preise auch erheblich gestiegen. „*Il faut discuter le prix!*"

Die Masken aus den verschiedenen Regionen Burkinas oder den Nachbarländern Elfenbeinküste, Mali, Benin sind meist bemalt, mit Patina versehen, und in einem der Hinterhöfe in den *Quartiers Larlé, Dapoya* oder *Zaugnetin* auf „alt" gemacht. Aber sie bleiben dennoch authentisch, was Maße, Form und Farbe betrifft. Dies gilt auch für andere Objekte aus Holz wie alte Türen der Dogon etc.

Für die Bronzefiguren lohnt es sich, direkt zum Hersteller, *Meur Dermé* im Quartier Niogsin, zu fahren (ca. 10 Min. mit dem Taxi), ebenso für die Batiken (Quartier Dapoya).

Hinweis: Exportation/Ausfuhr von echten und unechten Kunstgegenständen nur nach vorheriger Präsentation (Liste in doppelter Ausfertigung mit allen Objekten aufstellen) bei der *Direction du Museé,* welche eine Ausfuhrgenehmigung ausstellt oder gegebenenfalls ihr Vorkaufsrecht geltend macht. Das Zertifikat wird gegen eine Gebühr von 200 CFA ausgestellt.

Direction du Museé
Av. d'Oubritenga, direkt neben der Bushaltestelle Lycée des Jeunes Filles.

Centre National d'Artisanal d'Art:
Nahe der Hauptpost. Bronzefiguren, Batiken, Holzstatuen, Lederwaren zu festen Preisen. Der Erlös ist für die Förderung des ländlichen Handwerks bestimmt.

Centre de formation féminine et artisanal:
Quartier Goughin-Süd an der Straße nach Bobo, ca. 2 km vom Zentrum. Wandteppiche und Stickereien.

Centre de Tannage:
Gerberei und Lederverarbeitung; etwa

„Recycling"

3 km außerhalb an der Straße nach Fada N'Gourma, gegenüber vom Gefängnis (Sa und So geschlossen).

Supermärkte:
Mini Prix
gegenüber vom Markt.
Casino
neben Mini-Prix (beide relativ teuer).
Self-Service und *Socibe* sind nur geringfügig preiswerter.

Buchhandlungen:
In fast allen Buchhandlungen bekommt man einen Stadtplan von Ouaga. Für Detailkarten wende man sich an das *Institut de la Géographie (s. u.).*
Librarie Attié
Av. Yennenga und im Hotel de l'Indépendance. Ausländische Tageszeitungen und Zeitschriften.
Librarie Générale
in der Nähe des Marktes.

Buchhandlung Sofica
am Markt. Führt v. a. französische Zeitungen, aber auch Spiegel, Stern etc.
Institut de la Géographie
Bd de la Revolution; hier bekommt man Landkarten (Carte Routière Burkina Faso und 1:500 000 bzw. 1:200 000 topographische Karten IGN).

KFZ-Werkstätten
C.I.C.A.
Peugeot-Vertragswerkstätte
C.O.D.I.A.M.
Toyota, Renault

Post/Telefon
Es gibt keine Postzustellung ins Haus, sondern **Postfächer (B.P.).**
Einen Poste-Restante-Schalter gibt es in der Hauptpost am Place des Nations Unies (Platz der Vereinten Nationen). Von und nach Europa dauert die Post ca. 1 Woche, innerhalb Afrikas 2–3 Wochen.
Telefonieren kann man beim *Onatel (Office National de Télécommunication)*, Av. Nelson Mandela, im *Hotel Indépendance* (teurer, aber schneller!) oder im *Wasa-Club* am Grand Marché.

 AUSFLÜGE

Land der Gourounsi (Route de Pô)
km 38 Kombissiri. Der Ort ist bekannt für seinen Markt, der täglich stattfindet und einer der wichtigsten in unmittelbarer Umgebung der Hauptstadt ist.
Sehenswert ist die 4 km entfernte alte Moschee von NAM YMi; erbaut aus gestampfter Erde. In den umliegenden Dörfern sind zahlreiche Werkstätten (Schuhmacher, Weber, Schmied, Juwelier, Töpfer) anzutreffen.
km 65 Toéssé. Hier zweigt eine gute Piste zu dem Ort *Manga* ab; alle drei Tage großer Markt.

km 142 Pô. Grenzstadt, bekannt für ihre Tonpfeifen und die schwarzen, glänzenden Töpferwaren, von den Frauen hergestellt. Übernachtung im *Hotel Matono*; gemütlicher Biergarten mit guter afrikanischer Küche. Direkt hinter der Polizeistation befinden sich Reste des ehemaligen Gouverneursgebäudes aus der Zeit der Jahrhundertwende. Der koloniale Baustil ist noch gut zu erkennen, ebenso der ehemalige Stadtplatz und eine Allee von alten Bäumen.
In dem östlich von Pô gelegenen Ort **Tiébélé** kann man kunstvoll bemalte Wohnburgen besichtigen; lassen Sie sich von Kindern des Ortes gegen geringes Entgelt zu einer der Wohnburgen führen. Die Schönste gehört dem Chef du Village, Mr. Blaise. Jedes Kind kennt den Weg. Man läßt den Markt links liegen, überquert den Fußballplatz der Schule und fährt an einem kleinen Hügel vorbei zum südöstlichen Ortsrand. Mr. Blaise führt persönlich durch die eindrucksvolle, reich verzierte Anlage und bittet anschließend um den Eintrag in das Goldene Buch. Eintritt pro Person 1000 CFA – sehr sehenswert!
Während man auf der geteerten Nationalstraße 5 den **Nationalpark von Pô** durchquert, hat man zu bestimmten Tageszeiten (meist am frühen Morgen und Spätnachmittag) Gelegenheit, auf eine Herde Elefanten zu treffen (man sollte sich in entsprechendem Abstand halten!). Stark ausgewaschene Piste durch den Park; ohne Geländewagen schwierig zu befahren. In der Lodge kann man gut ausgestattete Bungalows für ca. 9000 CFA mieten. Einfache Strohhütten ebenfalls vorhanden. Viele Moskitos! Gutes Restaurant, das unter anderem Gerichte mit Antilopenfleisch anbietet.

Von Ouagadougou nach Fada N'Gourma (Nationalpark Arly)

⇨ 212 km, bis Fada-N'Gourma durchgehend Teerstraße.

Man verläßt Ouaga auf der Av. d'Oubritenga Richtung Niamey (Teerstraße, einige Schlaglöcher) und durchquert zunächst die typische Mossi-Landschaft (Mossi-Plateau); in der Regenzeit saftig grün, den Rest des Jahres trocken.

km 107 Zorgo. Gerber, Schuhmacher, Schmiede und Färber.

km 137 Koupela. täglich Markt; einen Besuch wert wegen der weiß gemusterten Töpfer- und der farbigen Korbwaren. Hotel *Bon Séjour*, ca. 200 m von der großen Kreuzung, hinter dem Polizeiposten, und Hotel *Calypso* mit Bar/Restaurant.

Nach 42 km auf der Straße nach Dapaong (Togo) erreicht man **Tenkodogo,** was übersetzt „alte Erde" heißt und ein historisches Zentrum der Mossi ist *(s. Geschichte)*; täglich Markt, wo man die typischen Mossi- und Bissa-Töpferwaren sowie große konische Körbe findet. Übernachtung/Verpflegung im Hotel *Weend Kuni*, Bar/Restaurant oder im Hotel *Djamou* sowie iin der *Auberge Populaire*.

Fährt man von Koupela aus weiter auf der Straße nach Niamey, erreicht man bei

km 212 Fada-N'Gourma, eine etwa 7000 Einwohner große Stadt. Lebens-

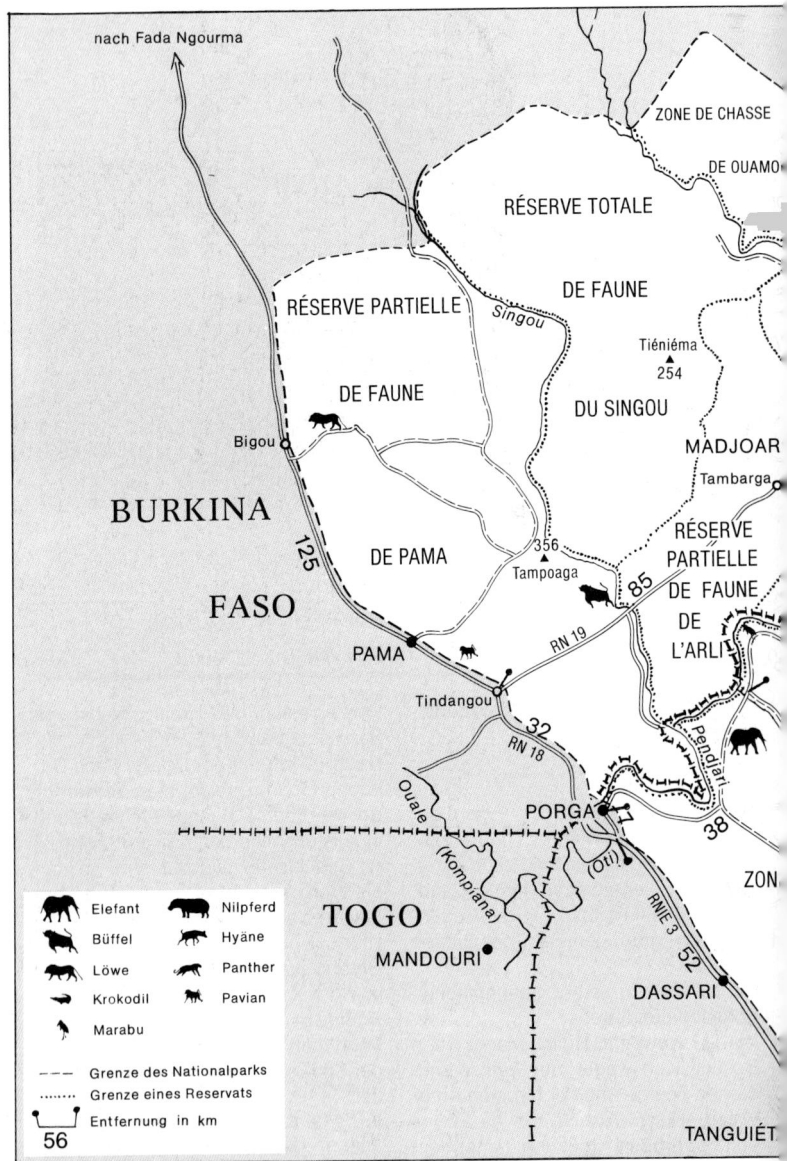

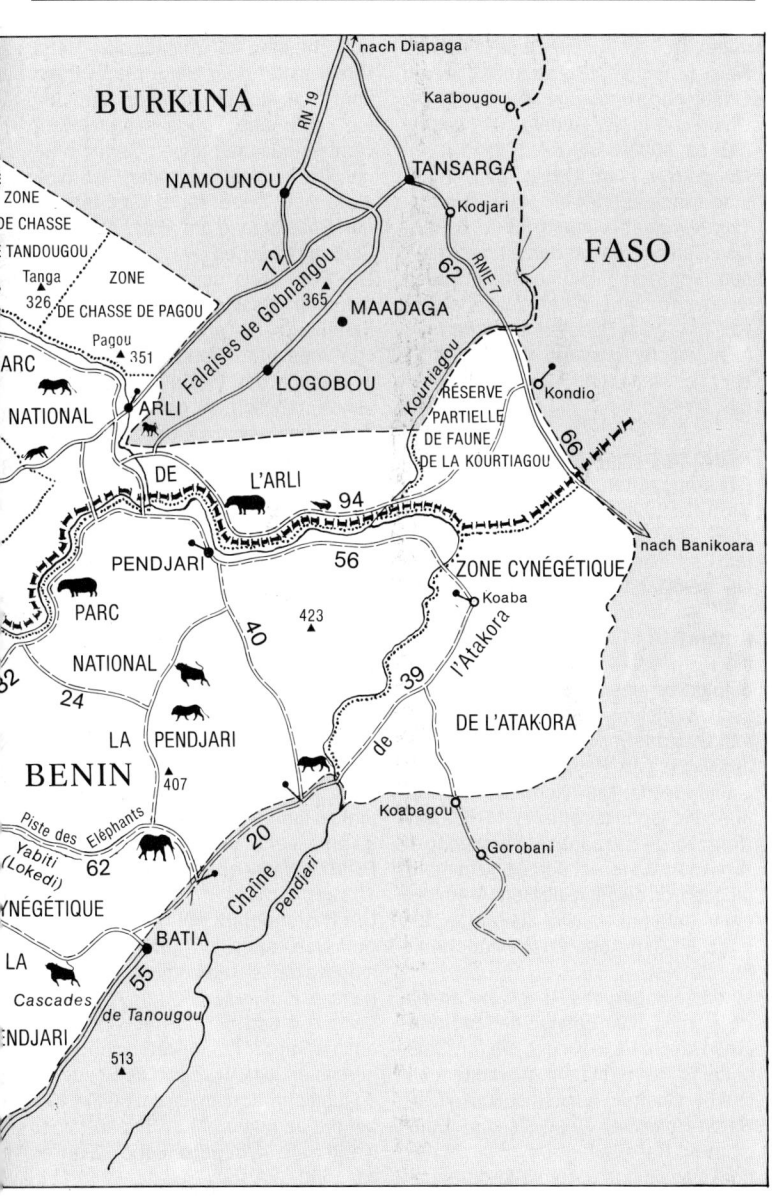

mittel, Treibstoff. Post. Bank (wechselt Reiseschecks!). Polizeikontrolle am Ortseingang und -ausgang.
Unterkunft in der *Auberge Yemmame* (DZ ca. 4000 CFA, Tel. 77 00 39), im *Nungu-Hotel* (am Ortsausgang Richtung Niamey) oder im *Hotel Auberge Populaire* (sehr einfach! Tel. 77 01 69). Das Campement ist derzeit geschlossen. Von dort Richtung Süden durch wildreiche Gegend zum Nationalpark von Arly oder Pendjari zu fahren, ist nicht empfehlenswert, da die Pisten sehr schwierig, teilweise gar nicht befahrbar sind.

Nationalpark Arly
Öffnungszeiten: Dezember bis April.
Eintritt: 2000 CFA/Person zuzüglich 1000 CFA für den obligatorischen Führer. Es besteht auch die Möglichkeit, einen Geländewagen mit Fahrer zu mieten.
Anfahrt: Von Fada-N'Gourma verläuft die Piste über *Pama* bis *Tindangou*, gefolgt von einer sehr schlechten Piste bis *Arly* (80 km); keine Buschtaxis, nur mit Geländewagen! Übernachtungsmöglichkeit in Pama in zwei neuen Campements. Die alternative Anfahrt über die Asphaltstraße No 4 (Niamey) *Kantchari – Diapaga – Namounou – Arly – Tindangou* ist derzeit nicht mehr möglich, da die Piste ab Hotel Arly nicht mehr unterhalten wird (teilweise nur noch Fußspuren, ausgewaschene Flußbetten).
Man durchquert das Reservat *Partiela d'Arly* mit seiner **Falaise de Madjoari** (Touristisch! Viele Kinder, die um Geld betteln!), bevor man in Arly ankommt. In Arly Übernachtungsmöglichkeit im *Safari Hotel*, Tel. 79 00 79, klim. Bungalows, Bar-Restaurant, Swimmingpool. Campinggelegenheit bei der Jagdaufsicht, etwa 200 m nach dem Hotel. Direkt hinter dem Hotel (Serth Faso) kann man sich für eine Fahrt auf dem Fluß Arly eine Piroge mieten, wenn nicht gerade „en panne". Gegen Ende der Trockenzeit, wenn der Fluß nicht mehr viel Wasser führt, kann man einen Spaziergang am Fluß entlang (im Flußbett) machen.
Der Park ist für seine reiche Tierwelt bekannt: verschiedene Antilopenarten, Flußpferde, Löwen, Affen und zahlreiche Vogelarten. Verschiedene Touren sind durch das Gelände (Trockensavanne) möglich; zu ganz bestimmten Zeiten kommen die Tiere zum Trinken an den Fluß, die Wildhüter kennen genau die Plätze.
Reizvoll wäre es sicher auch, die **Falaise de Gobnangou** zu Fuß zu erkunden; eventuell einen Einheimischen als Führer und unbedingt ausreichend Wasser und Verpflegung mitnehmen! (*FASO TOURS* organisiert auch Ausflüge in den Nationalpark von Arly; nähere Informationen im Büro in Ouagadougou.)
Von **Fada-N'Gourma** besteht die Möglichkeit, über *Tindangou* und *Porga* nach *Tanguiéta* und **Natitingou** (Benin) zu fahren (Fada-N'Gourma – Porga gute Teerstraße, ab der Grenze gute Piste bis Natitingou. Porga – Natitingou 102 km)).
Der **Nationalpark „W"** ist von **Diapaga** aus zu erreichen; Übernachtungsmöglichkeit im Campement von Diapaga *(s. a. Kapitel Mali/Niger)*. Anmelden beim Zoll und bei der Gendarmerie, auch wenn die Formalitäten anderswo bereits erledigt wurden. Die Besuchserlaubnis erhält man (für ca. 3000 CFA) bei der Jagdaufsicht in Diapaga oder Kantchari. Obligatorischer Führer ca. 1500 CFA/Tag.

Von Ouagadougou nach Bobo-Dioulasso

⇨ Gute Asphaltstraße (Nationalstraße No 1), ab Boromo einige Schlaglöcher. Achtung vor Viehherden und einzelnen Schafen, die die Fahrbahn überqueren!!!

Bei **km 40** unweit vom Ort **Bazoulé** befindet sich ein etwa 5 ha großer Teich, in dem angeblich hunderte von heiligen Krokodilen leben. Ähnlich wie in Sabou *(s. u.)* werden von den Kindern Hühner verkauft, die man den Reptilien als Mahlzeit reichen kann.
In der gefährlichen Kurve ein paar Kilometer hinter *Saokinsé* (km 58) ereigneten sich zahlreiche Unfälle, also Vorsicht! Etwa 5 km weiter zweigt rechts die Straße nach *Koudougou* ab; nach weiteren 8 km kommt man durch **Poa**. Sehenswert sind die Moschee und der Markt, der alle drei Tage abgehalten wird.
km 97 Koudougou.

Koudougou
Drittgrößte Stadt Burkinas; hier befindet sich die Textilfabrik *Sofitex* (ehem. *Voltex*). Die Gegend um Koudougou ist relativ fruchtbar (Anbau von Nahrungsmitteln und Baumwolle).
Unterkunft/Verpflegung:
Hotel Oasis, Tel. 4 40 52 23
Relais de la Gare, Tel. 44 01 38
Auberge Populaire, sehr einfach.
Afrikanische Gerichte im *Chez Tanti*, nahe Oasis-Hotel.

Eine 21 km lange Piste führt weiter nach *Sabou* und zurück zur Nationalstraße (No 1); oder 29 km Asphaltstraße ab der Kreuzung *(s. o.)*.

Heiliges Krokodil in Sabou

676 Länder, Routen, Sehenswürdigkeiten – Burkina Faso

Maske der Bobo-Ule (Boromo)

Sabou

ist wegen seiner **„heiligen Krokodile"** bekannt. Nachdem man 500 CFA „Eintritt" gezahlt hat, kann man für weitere 500 CFA ein lebendes Huhn erstehen, das an einem Strick baumelnd den heiligen Krokodilen zum Fressen hingeworfen wird. Auf Wunsch wird es dem Krokodil zunächst auch nur hingehalten, falls man ein paar Fotos von aufgesperrten Krokodilrachen machen will; für ein besonders gelungenes (!) Urlaubsfoto kann man sich auch auf eines der Reptilien setzen! Heilige Krokodile von Sabou!!!

Der Legende nach ist früher einmal ein Chef des Dorfes Sabou während einer Jagd von Durst gequält in ein tiefes Koma gefallen. Ein Krokodil soll ihn dann wieder zum Leben erweckt haben, indem es die Lippen des Jägers mit Hilfe seines Schwanzes befeuchtet hat.

In den Augen der Einwohner von Sabou verkörpern die Krokodile die Seelen ihrer Vorfahren. Diesen Tieren wird versichert, daß sie eines schönen, d. h. keines gewaltsamen Todes sterben. Und jeder, der Hand gegen diese Reptilien anlegt, würde unweigerlich fatale Unannehmlichkeiten auf sich ziehen. Ob sympathische oder apathische „Haustiere", auf alle Fälle sichern diese Krokodile den Bewohnern des Dorfes ein nicht zu unterschätzendes (Neben)Einkommen. Heilige Krokodile von Sabou!

Lassane und *Idriassa Kiemzoré*, zwei Brüder einer traditionellen Gelbgußfamilie haben direkt neben dem *Mare aux Crocodiles* ein „Zentrum" eröffnet, wo sie jungen Leuten die Kunst des Gelbgußes *(siehe auch Land und Leute – Kunsthandwerk)* beibringen und wo man die einzelnen Phasen der „Bron-

zen"-Herstellung verfolgen kann.
Übernachtung im staatlichen Campement touristique von Sabou mit Restaurant, Bar.

Weiter geht es auf der Nationalstraße (No 1) Richtung Bobo-Dioulasso bis bei km 176 **Boromo** erreicht ist.
Kurz vor Boromo überquert man den *Schwarzen Volta-Fluß*. Gelegentlich kann man spätnachmittags an der Brükke, in unmittelbarer Nähe der Straße Elefanten sehen.

Boromo

Sehenswert ist der **Markt** von Boromo, der alle fünf Tage stattfindet. Auch ein Besuch bei den **Schmieden** und **Töpfern** im nahen Dorf *D'Ourbouo* ist interessant.
Typisch für die Gegend von Boromo sind die **Masken der Bobo-Ule,** auch Bwaba genannt (Einzahl Bwa). Merkmale dieser Stelenmasken sind der runde Kopfteil und das „Brett", das mit einem Muster aus Dreiecken und schachbrettartig angeordneten Quadraten verziert ist; außerdem hat die Maske am unteren Ende einen Griff, an dem der Träger die Maske beim Tanzen stabilisieren kann. Die Bobo-Ule praktizieren den in Altersklassen strukturierten *Doyo-Kult.*
Südlich von Boromo liegt der **Forêt des Deux Balé,** ein etwa 1000 ha großes Gelände, in dem Elefanten, Büffel, Antilopen und verschiedene Affenarten zu Hause sind. 100 km Piste durchqueren das Reservat.
Unterkunft:
Le Relais Touristique de Boromo
Hotel-Campement, Tel. 44 06 84.

Nach 359 km erreicht man **Bobo-Dioulasso.**

Bobo-Dioulasso

(kurz „Bobo")

Bobo ist die zweitgrößte Stadt Burkinas (etwa 150 000 Einwohner) und **wichtigstes Industrie- und Handelszentrum** des Landes. Die großzügig angelegte Stadt hat ein angenehmes Klima und eine ruhige Atmosphäre. Die breiten geteerten Straßen sind gesäumt von schattenspendenden Bäumen. Entscheidend geprägt wird das Stadtbild von einigen in sudanischem Stil erbauten Gebäuden wie dem Markt, dem Bahnhof, dem Justizpalast und der Moschee Dioulassoba nahe dem Rathaus.

Sehenswürdigkeiten
Markt (Grand Marché)

Täglich geöffnet von 8–18 Uhr; Neubau geplant! Das Marktgebäude mit seinem quadratischen Grundriß bildet das Zentrum der Stadt; reges Treiben herrscht aber auch immer in den Straßen um den Markt.

Alte Moschee Dioulassoba

Sie wurde im Jahre 1880 in sudanischem Stil von *Almamy Sidiki Sanon* erbaut und zählt zu den wichtigsten Beispielen der alten afrikanischen Lehmarchitektur. Ein Besuch lohnt sich, auch wenn nach der Besichtigung vom Wächter 500 CFA für die Instandhaltung der Moschee verlangt werden; er weiß einiges zu erzählen!

Das älteste Stadtviertel: Kibidoué

Es liegt gegenüber der alten Moschee, mit uralten Schmiedewerkstätten; außerdem lohnt sich ein Spaziergang durch die Quartiers *Tounouma, Koiumbougou, Kibidoue, Sya* und *Koko.* Das Quartier *Hamdalaye* gleich hinter der

Maskentanz in Bobo-Dioulasso

gleichnamigen Moschee besteht ebenfalls zum größten Teil aus traditionellen Häusern. Wenn Sie keine Lust haben sollten, alleine durch die Straßen zu ziehen, so werden Sie vor der alten Moschee sicher ein paar Kinder antreffen, die sie gerne durch die engen Gassen mit den ineinandergeschachtelten Häusern führen, den ältesten Lehmbauten Bobos. Diese traditionellen *Jula-Häuser* (Dioula?) wurden von einer der ältesten Ethnien Bobos erbaut, welche die Stadt im 15. Jh. mitgegründet hatte. Tagsüber herrscht reges Treiben am *Marigot Wé* und abends an den kleinen Café-au-Lait-Ständen des Quartiers. Entlang der *Av. Sidiki Sanon* lädt ein großer Töpferwarenmarkt zu einem Besuch ein; hier gibt es Tongefäße in den unterschiedlichsten Formen und Größen. Auf der anderen Seite des Marigots befinden sich die Färber; überall hängen in den Straßen bunt gefärbte Stoffe zum Trocknen in der Sonne.

Quartier Bolomakoté

Etwas außerhalb gelegenes Stadtviertel, das wie ein typisch afrikanisches Dorf wirkt, mit kleinem Markt und zahlreichen Hirsebier-Kneipen (*Cabaret* genannt), wo manchmal so bekannte Balafon-Spieler wie *Mahama Konaté* mit seiner Gruppe „Farafina" für Stimmung sorgen.

Musée Prinvincial du Houët

Dieses kleine Museum mit afrikanischer Kunst befindet sich am *Place de la Nation* (Masken, Kleidung, Handwerkskunst usw.); im Garten befindet sich ein Nachbau von drei originalgetreuen Wohnhäusern der *Senufo, Bobo* und *Peul* (besonders sehenswert!). Öffnungszeiten täglich außer Montag von 9 bis 17 Uhr.

Maskenfeste

Sie finden in Bobo und in den umliegenden Dörfern anläßlich „großer Beerdigungen" statt sowie vor dem Einsetzen der Regenzeit und dem Bestellen der Felder im April/Mai.

Man unterscheidet verschiedene Masken, weiße, bunte, solche, die nur tagsüber „rauskommen", andere nur nachts; es gibt Masken, die „schlagen" und andere, die wild tanzen, zum Teil wirklich akrobatisch, mit Überschlag etc. Streng geheimgehalten wird der Träger der Maske, der Tänzer: er darf nicht erkannt werden.

Eine „große" Beerdigung wird zu Ehren der im letzten Jahr Verstorbenen abgehalten und beschränkt sich jeweils auf das Quartier oder Dorf, in dem der Verstorbene lebte.

Am Nachmittag eines solchen Festes beginnen die Frauen mit der Reinigung des Dorfplatzes, während sie unaufhörlich Litaneien singen. Das Fest selbst beginnt erst gegen 22 Uhr. Die Männer, das Gesicht meist mit einer Maske verdeckt und selbst in prachtvolle Gewänder gehüllt, spazieren gesondert durchs Dorf beziehungsweise Quartier, begleitet von einer lärmenden Masse. Die riesige Menschenmenge scheint ängstlich, manchmal auch zu Scherzen aufgelegt, hält sich jedoch in respektvoller Entfernung zu den maskierten Männern. Jede dieser „schlagenden" Masken, mit einem langen Stock oder einer Peitsche bewaffnet, repräsentiert einen Geist der Ahnen; sie jagen die bösen Geister. Und falls einer der Anwesenden ein schlechtes Gewissen hat oder verdächtigt wird, die Seele des Verstorbenen daran zu hindern, ins Paradies zu gehen, dann wird er, der böse Geist, von den Masken verfolgt und in die Flucht geschlagen.

Man kann sich vorstellen, daß sich die Leute in großer Panik in ihre Häuser zurückziehen und verstecken. Im ganzen Dorf bzw. Quartier herrscht großes Durcheinander; Tische, Stühle, Flaschen fliegen durch die Luft, und die „geschlagene" Person hat nicht das Recht, sich zu beklagen. Manchmal schlagen die Masken recht kräftig zu, habe ich mir sagen lassen! Eine Mischung aus Faszination, Freude und Angst macht sich unter den Beteiligten breit; die Jagd auf die „bösen Geister" wird noch einige Stunden dauern.

PRAKTISCHE INFORMATIONEN

 TOURISTENINFORMATION

Bureau de Tourisme
Av. Ouédraogo/Av. Binger (200 m südlich des Marktes). Hier kann man Touren z. B. nach Koro oder zum Mare aux Poissons Sacré de Dafra buchen; jedoch relativ teuer.

UNTERKUNFT

Hotels
Die „besseren" Adressen:
R.A.N.-Hotel
40 klim. Zimmer, Restaurant, Bar, Swimmingpool, B.P. 50. Tel. 97 09 00. Direkt am Bahnhof. DZ ca. 15 000 CFA.
Watinoma
Tel. 97 20 82, klimat. Zimmer, gutes Restaurant, Bar, Disco (am Wochenende daher etwas laut!).
L'Auberge
Av. Ouedraogo, Tel. 98 01 84. Nach dem Neuanbau erstes Hotel am Platz! Restaurant mit französischer Küche, Swimmingpool, Terrasse. Treffpunkt der Saharadurchquerer! Schwarzes Brett mit Informationen über Mitfahrgelegenheiten und dergleichen! Europäische Tageszeitungen.

Für mittlere bis einfache Ansprüche:
Soba
B.P. 185, Tel. 99 09 17, Zimmer (klim. bzw. Ventilator), neben Cinema Houët.
Hotel de l´Unité
Tel. 98 03 42, Restaurant, Terrasse, Bar. Rue de l'Unité, nahe der Brücke von Accart-Ville.
Hotel de l´Amitié
Ruhige und sympathische Atmosphäre; etwas außerhalb im Quartier Accart-Ville Nord; Tel. 99 07 46.
Hamdalaye
Tel. 98 22 87, modernes Gebäude mit Innenhof, in Busbahnhofnähe.
Hotel De La Paix
Tel. 99 01 00, direkt am Busbahnhof (Taxi-Brousse). Restaurant, Café.
Hotel Mazawan
Av. de la Révolution /Ecke Rue Malherbe, südlich des Marktes.
Soma
Tel. 98 13 37, im Quartier Sikasso Cira.
Hotel Entente
Av. A. Diawara, nahe Cafe Des Amis und Markt, Tel. 97 12 5, große, saubere Zimmer ab ca. 5000 CFA (mit Air-Condition ab 8000 CFA). Der Besitzer Seydou Traore ist sehr hilfsbereit.
Okinawah
Tel. 98 06 34, DZ 2000 bis 3000 CFA, außerhalb.
Casa Africa
Hotel-Campement mit angenehmer Atmosphäre, etwas außerhalb, nahe der Brakina-Brauerei.
Le Pacha
Neues Campement unter französisch-schweizerischer Leitung umgeben von einer kleinen Grünanlage, unweit vom Busbahnhof und 3 Min. mit dem Taxi vom Zentrum entfernt. Preise je nach Komfort der Zimmer von ca. 2500 bis 4500 CFA. Bar-Restaurant. Campingmöglichkeit für ca. 600 CFA/Person.

ESSEN UND TRINKEN

Restaurants

L'Eau Vive
Gegenüber Relax-Hotel. Öffnungszeiten von 12.00 bis 14.30 und 19.00 bis 21.30 Uhr, Montags Ruhetag!

Chez Maria (La Boule Verte)
Gegenüber von L'Auberge. Gute französische Küche zu entsprechenden Preisen. Tel. 99 02 79.

La Carafe
Nahe SIFA, Spezialitäten sind Kedjenou und Attiėke.

Case Africa
Restaurant-Campement, Richtung SIFA.

La Casa
Hinter dem Markt, ruhige Atmosphäre und gutes Essen.

Einfachere afrikanische Restaurants

Chez Mme Diallo
Bar Tourane, gleich um die Ecke von Disco 421.

Eldorado
Restaurant, Casse-Croute, schräg gegenüber von Mme Diallo; sympathischer Besitzer, angenehme Atmosphäre und sauber.

Snack-Bars/ Cafés / Pâtisserien

Le Visage
Snack-Bar gegenüber vom RAN-Hotel.

Café des Amis
Beliebter Treffpunkt. Frischer Joghurt! Gegenüber der Boulangerie La Bonne Miche, Rue du Commerce.

Salif
Straßenstand vor der Renaissance-Bar. Hier trifft „man" sich morgens zum Frühstück (mit Konfitüre, Joghurt etc.) und abends auf einen kleinen Imbiß.

La Bonne Miche
Außer frischen Croissants auch leckere Kuchen!

Le Troquet
Gegenüber Hotel Auberge; Straßencafé/Kneipe und Treffpunkt!
Außerdem findet man fast überall gegen Abend jede Menge kleine Straßenstände mit gegrillten Hühnchen, Fleischspießchen, Fisch etc.

 NACHTLEBEN

Snack-Bars/ Discos

Renaissance-Bar
Treffpunkt vieler junger Leute; oft traditionelle Musikgruppen.

Yan-Kady
Av. de l'Unité, zwischen Bahnhof und Hotel de l'Unité.

Must Club, gegenüber Bonne Miche.
Mazawan, Ecke Comissariat Centrale.
Oasis, Quartier Bindougoussou.
Jardin Eden, Accart-Ville.
Black and White, nahe „Café des Amis".
Concorde, Quartier Bolomakoté.
Metro Night Club
Le Transfo

Kinos

Ciné Sagnon
Klimatisiertes Kino gegenüber vom Hotel de la Paix; verhältnismäßig gute Filme!

Sya, neben dem SoBA-Hotel.
Houet, Av. de la Révolution.
Guimbi, Route de Koko.

Centre Culturel Henri Matisse
Kino, Bibliothek, Videothek und andere kulturelle Veranstaltungen.

NOTFALL

Krankenhäuser

Hôspital Sanousouro
Av. de l'Indépendance,
Tel. 97 00 44/45/47.

Hôpital Ambulance
Tel. 98 00 79 und 98 00 82.

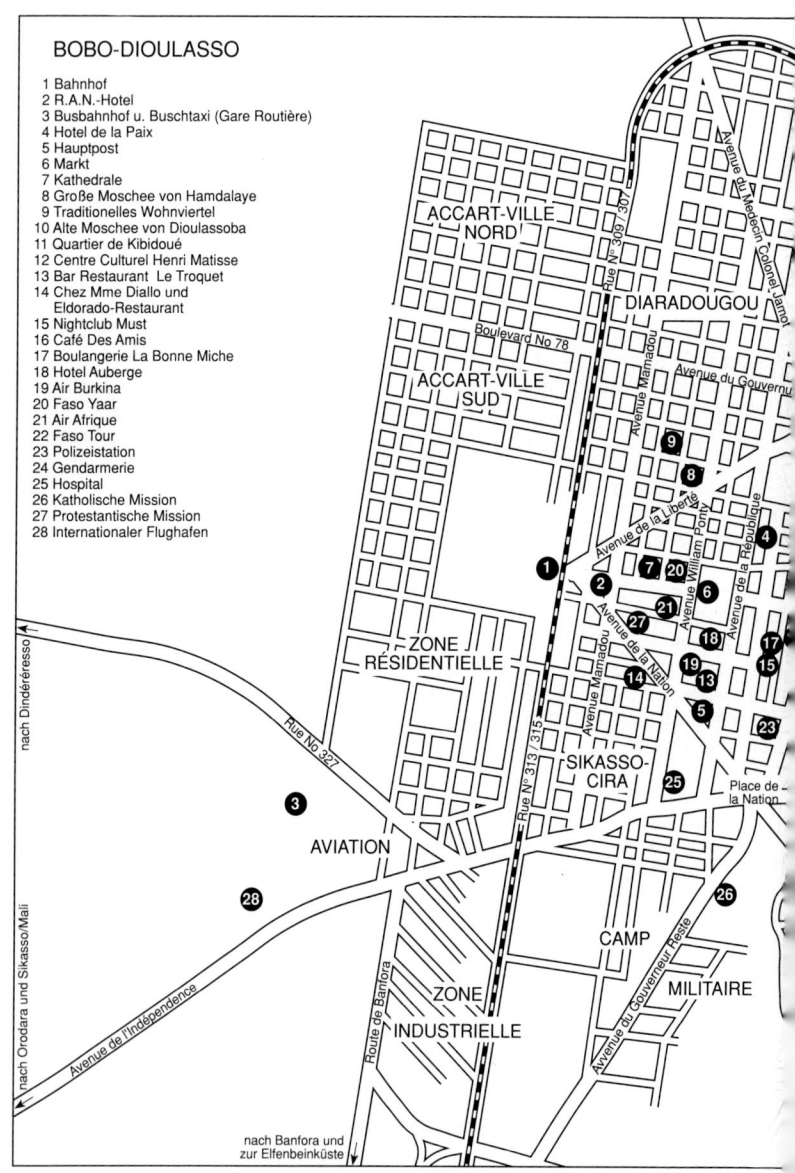

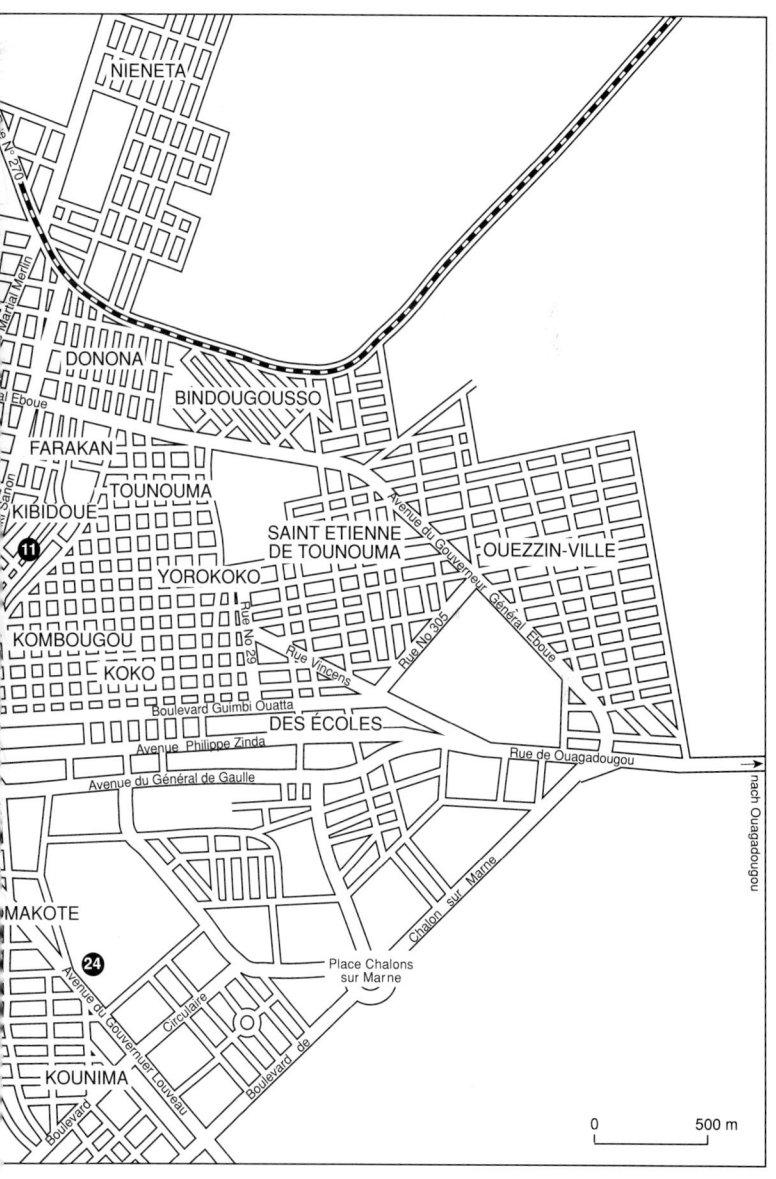

Zahnarzt
In der *Clinique Dentaire*, Mission Baptiste, an der Route de Mali, Richtung Faramana, links hinter den Bahngleisen.

Apotheke
Pharmacie Houe
Tel. 98 18 43, Laboruntersuchungen!

 VERKEHRSVERBINDUNGEN

Flughafen
Bobo verfügt sowohl über einen nationalen als auch über einen internationalen (zur Zeit im Ausbau) Flughafen; Flugverbindungen von/nach Abidjan und Bamako.

Eisenbahn
Eine Zugverbindung zwischen *Bobo* und *Ouaga* besteht in beiden Richtungen: Abfahrt jeweils 6.30 und 18.30 Uhr; Ankunft: jeweils 11.50 und 23.50 Uhr. Fahrkarten kann man nur zu den Abfahrtzeiten am Schalter kaufen.
Achtung: Wer etwas Glück hat, kann auf der Strecke zwischen Banou und Satiri Elefanten in unmittelbarer Nähe der Bahngleise beobachten.

Bus
Außerdem gibt es für Reisen ins Landesinnere mehrere Linien der **X-9-Busse**, die zum Beispiel zweimal täglich nach *Ouaga* und *Gaoua* fahren. Haltestelle/Abfahrt neben dem Rathaus. Abfahrt der Busse nach *Banfora* ist in der Nähe vom Cafe des Amis.
Abfahrt/Ankunft der Busse von **Faso-Tour** von/nach *Ouaga* neben dem Büro in der Av. de Concorde: Montag bis Freitag 7 Uhr, Sonntag 14 Uhr; Preis: 3200 CFA. Fahrzeit 5 Stunden. Den Platz sollte man mindestens einen Tag vorher reservieren!

Busse in Richtung Elfenbeinküste:
(regelmäßiger Busverkehr ab Taxi-Brousse-Bahnhof)
Bobo – Ferkéssedougo: ca. 4000 CFA.
Bobo – Bouaké: ca. 8000 CFA.
Bobo – Abidjan: ca. 10 000 CFA.
Unter Umständen steigen die meisten Fahrgäste in *Ouangolodougou* aus, so daß sich die Weiterfahrt für den Fahrer nicht mehr lohnt und man daher an einen anderen Fahrer mit einem kleineren Fahrzeug vermittelt wird. Eine mehrstündige Wartezeit ist daher einzukalkulieren.

Busse in Richtung Mali:
Bobo – Bamako (Mali)
1 x pro Woche SOGEBAF-Bus ab Taxi-Brousse-Bahnhof; sonst tägl. Peugeots 404/504. Gute Asphaltstraße, viele Polizeikontrollen. Eventuell Übernachtung an der Grenze nötig, da ab 18 Uhr geschlossen!
Bobo – Mopti (Mali)
Peugeots 504; Fahrzeit etwa 12 Std.

Taxi
Der neue große Taxi-Broussebahnhof *(Gare routère a l´Etranger)* befindet sich etwas außerhalb; die Taxifahrer kennen den Weg (100–300 CFA). Die meisten Buschtaxis fahren morgens zwischen 8 und 9 Uhr ab, Überlandbusse dagegen abends (daher nur bedingt zu empfehlen, da die Grenze bereits um 20 Uhr schließt).
Als schnellstes Transportmittel innerhalb der Stadt dienen **Kollektivtaxis** (ca. 100 CFA/Fahrt/Person).

Straßenverbindungen von *Bobo*
Bobo – Dédougou
Die Piste ist je nach Jahreszeit in sehr unterschiedlichem Zustand; in der Regenzeit nur mit Geländefahrzeug befahrbar (weiter über Ouahigouya – Dji-

bo – Aribinda nach Dori und von dort auf relativ guter Piste nach Gorom-Gorom). Übernachtungsmöglichkeit in Djibo im Hotel Massa oder in der Auberge Populaire.

Bobo – Ferkessedougou (Elfenbeinküste)
Straße bis Ferkessedougou durchgehend asphaltiert. *(Verkehrsverbindungen s. oben.)*

Bobo – Bamako (Mali)
633 km. Von Bobo über Fô – Kouri (Grenzorte von Burkina Faso und Mali) – Koutiala – Bla – Segou nach Bamako. Gesamtstrecke geteert, allerdings bis Segou sehr holprig.

 RUND UMS FAHRZEUG
Auto-Werkstatt
Burkina Secours und *Kambire & Soeurs* Secteur 6, Route de Dafra (guter Mechaniker!).

Autovermietung
Auto-Location
Bd de la Nation, neben der Disco 421. Tagespauschale möglich. Bei Fahrten außerhalb des Stadtgebiets ist ein Chauffeur obligatorisch!

Fahrräder und Mofas
Kann man sich auf dem Markt ausleihen (etwa 1500 CFA/Fahrrad/Tag und 2500 CFA/Mofa/Tag). Handeln Sie um den Preis! Mofas auch im Hotel de la Paix (ca. 2500 CFA/Tag).

 SONSTIGES
Einkaufen
Supermärkte:
Socibe
bestsortierter Supermarkt der Stadt; direkt am Markt.

Buchhandlungen:
La Savane, Librairie Nova, Librairie Socifa
alle direkt am Markt; Stadtpläne von Bobo und Ouaga sind hier erhältlich. Im Hotel Auberge gibt es europäische Zeitschriften.
Außerdem Buchhandlung am Marché Central.
Cooperative des Tailleurs No 1:
Gute Schneider, die einheimische *Faso-dan-Fani-Stoffe* verarbeiten; neben der Pharmacie Moderne.
.
Banken
B.I.C.I.A und B.I.B
gegenüber vom Selfservice (Supermarkt). Beide wechseln Travellerschecks.

Post/Telefon
Im Hauptpostamt in der Av. de la Nation/Ecke Av. de la République gibt es einen „Poste-restante"-Schalter.
Telefonieren: Mo bis Fr vormittags bis 12 Uhr in der Post (z. T. mit Telefonkarten); nachmittags von 12.30–15 Uhr und 17.30–20.30 Uhr hinter der Hauptpost bei der Poste-Télécommunication; Sa/So und Feiertag 7–12.30 Uhr.
Vorwahl von Deutschland nach Burkina Faso: 00226, von Burkina Faso nach Deutschland 0049.

Reisebüros
Air Afrique
Büro direkt am Marché Central.
Faso Tours
Büro in der Av. de Concorde, neben dem Centre Culturel H. Matisse. Tel. 9 81 14 00.
Sans Frontière
Av. de la Republique, schräg gegenüber des neuen Kinos; Busgesellschaft mit modernen Bussen.

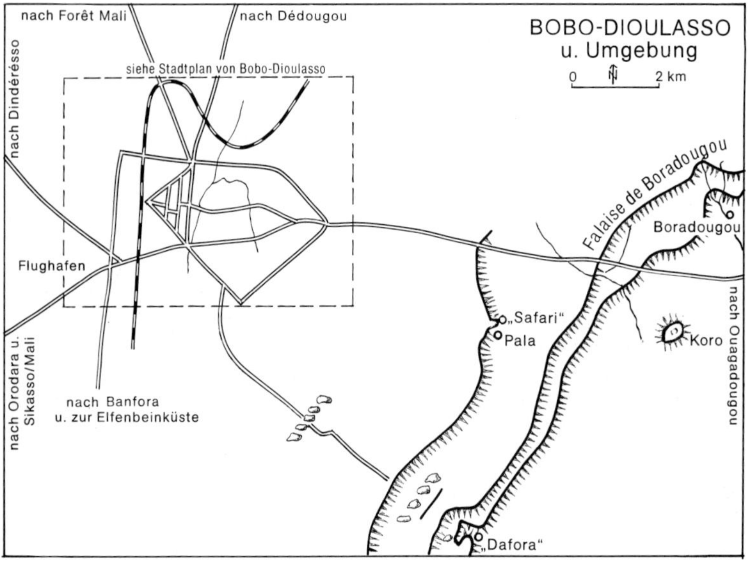

BOBO-DIOULASSO u. Umgebung

Africa-Club
Antonia Ortega bietet Mietwagen und organisiert Touren in die Umgebung von Bobo und die angrenzenden Länder.

 AUSFLÜGE

Safari und Pala
Ca. 6 km der Straße nach Ouaga folgen; kurz vor der Polizeistation rechts auf die Piste abbiegen: Nach etwa einem Kilometer eröffnet sich bei schönem Wetter von *Safari* ein weiter Blick auf die darunterliegende Ebene bis zu den *Kongolikan-Bergen* im Osten. Folgt man der Piste, so gelangt man am Fuße der Falaise zu dem Dorf *Pala*, das für seine Maskenfeste bekannt ist.

Koro
Nach etwa 12 km verläßt man die Nationalstraße No 1 nach Ouaga und biegt rechts in eine Piste ein. An einem Granitsteinbruch vorbei erreicht man nach weiteren 2 km das zwischen zahlreichen runden Granitfelsen eingebettete Dorf *Koro;* die Lehmhäuser scheinen mit den Felsen zu verschmelzen. Die Bewohner dieses kleinen Dorfes, die *Bobo-fing* sind Animisten und leben streng nach ihren alten Traditionen.
Das Dorf ist gut mit dem Mobilette zu erreichen und weniger stark von Touristen frequentiert als *Koumi*; dennoch kostet der Besuch 300 CFA; ein Junge (guide) wird sie durch das Dorf und eventuell zum Wasserfall führen. Blick auf die Ebene und die *Falaise von Banfora*.

Falaise de Boradougou
Etwa 500 m hinter der Abzweigung nach Koro verläßt man die Nationalstraße

Umgebung von Bobo-Dioulasso

No 1 nach Ouaga und biegt links auf eine Piste, die nach ca. 1½ km zu dem Dorf **Boradougou** führt, jenseits eines kleinen Marigots gelegen. Graue Lehmhäuser drängen sich im Schatten einiger großer Bäume. Da einige der Grotten in der Falaise „heilig" sind und für Fremde der Zugang verboten ist, empfiehlt es sich, einen „guide" zu nehmen (allein schon aus Respekt!). Bizarre Felsformationen in der Falaise sowie einige aus dem Stein gehauene Getreidespeicher lohnen den Besuch.

Dafra
(ca. 8 km von Bobo). Man verläßt Bobo durch das *Quartier Bolomakoté*, d. h. man folgt der Asphaltstraße an der Gendarmerie Nationale vorbei Richtung So. Während der Trockenzeit ist die Zufahrt bis zum Rand der Falaise möglich; der Abstieg zu dem *Mare aux poissons sacrés* (hl. Fische) erfolgt dann zu Fuß auf einem kleinen Pfad über die Felsen (festes Schuhwerk ist zu empfehlen). Interessante Steingebilde erwarten den Besucher. Etwas weiter unten führt der Weg links durch einen schmalen Felsdurchgang zu einem Teich. (Tragen sie keine rote Kleidung, denn „rot" ist an diesem heiligen Ort verboten!).Aus beachtlicher Höhe stürzt ein Wasserfall in diesen von riesigen Welsen und Wasserschildkröten bewohnten See. An seinem Ufer finden jeden Donnerstag und Freitag Opferzeremonien statt; die geopferten Hühner werden meist gleich an Ort und Stelle gebraten und verspeist.
Folgt man dem kleinen Bach weiter durch dichte Vegetation (mit zum Teil seltenen Pflanzen), so kommt man zu mehreren kleinen Gärten, die in der Ebene angelegt sind, wo auch der Weg endet.

La Guinguette (Dinderesso), Nasso, Forêt du Kou, Koumi
Die etwa 18 km westlich von Bobo gelegene Quelle *La Guingette* liefert der Stadt Bobo das Trinkwasser und ist gleichzeitig lange Zeit ein beliebter Badeort gewesen. Heute ist sie staatlich touristisch erschlossen mit Parkplatz und Eintrittsgebühren (500 CFA für Touristen, 200 CFA für Einheimische). Am Wochenende stellt die Quelle nach wie vor ein beliebtes Ausflugsziel dar. Genauso gut und ruhiger kann man im Fluß *Kou* an der kleinen Brücke *(s. u.)* baden; am Wochenende ist er von weniger Leuten frequentiert : höchstens sind ein paar Frauen anzutreffen, die im Fluß ihre Wäsche waschen.
Die Landschaft (Vegetation) ist allerdings nicht so spektakulär wie an der Guinguette!

Zufahrt zur Guinguette:
Man verläßt Bobo hinter der Brauerei *Brakina* auf der ersten Piste nach rechts; nach ca. 7 km erreicht man einen kleinen Hügel, der einen Blick über die ganze Stadt bietet. Anschließend führt die Piste am *Forêt de Dinderesso* entlang; bei km 14 nehmen Sie die Piste nach links, die 2 km weiter nach rechts abbiegt und dann der Piste bis zum Fluß *Kou* folgt, den man auf einer kleinen Brücke überquert. Etwa 3 km weiter zweigt der Weg nach links in den Wald ab und endet an der Guinguette. Um zurück nach Bobo zu kommen, kann man auch die Piste weiter nach Nasso fahren und trifft bei Koumi wieder auf die Straße von/nach Sikasso *(s. a. Karte von Bobo und Umgebung)*.

Mare Aux Hippopotames
(Flußpferdteich)
Der Teich ist 66 km von Bobo entfernt in Richtung Norden anzutreffen. Zu-

nächst fährt man auf der Piste Richtung Dédougou 44 km bis *Satiri,* wo links eine schlechte Piste abzweigt. Auf dieser gelangt man nach weiteren 22 km zum Mare aux Hippopotames. (Der erste Teil der Piste bis Satiri ist in der Regenzeit sehr schwierig zu befahren, in der Trockenzeit halten die vielen Sandlöcher auf!).
Es besteht die Möglichkeit, eine Piroge zu mieten, um die Hippos aus nächster Nähe zu beobachten.
Achtung: Nicht baden! Bilharziosegebiet!

Cascade de la Volta Noire
Man verläßt Bobo auf der Piste nach *Orodara,* hinter dem Flugplatz. Nach etwa 16 km überquert man eine Brücke über den Fluß *Kou,* und kurz darauf erscheint rechts das von Touristen bereits ziemlich heimgesuchte Dorf *Koumi;* man folgt weiter der Piste nach *Sidi* (km 55), wo eine Abzweigung nach rechts zu dem kleinen Dorf *Banfoulagoué* (km 64) führt. Von dort sind es noch ca. 6 km zum **Wasserfall;** der Weg lohnt sich.
Fährt man die Piste noch weiter Richtung Orodara, so zweigt bei *Toussiamasso* (km 68) eine Piste ab, die nach *Koulinon* (km 72) führt, wo die Straße eine kleine Furt quert. Von hier sind es noch ca. 30 km auf schlechter Piste (streckenweise sandig!), bis man bei *Toussiana* auf die Nationalstraße No 7 *(Bobo-Banfora)* trifft.

Baumwollzentrum Hounde
Auf der Nationalstraße No 1 nach Ouagadougou, bei km 104, befindet sich der Ort **Hounde**, Zentrum des Baumwollanbaugebietes mit Baumwollentkernungsfabrik. Die Bewohner dieser Gegend *(Bobo-niénégués)* sind Animisten und für ihre zahlreichen Tänze bekannt.
Ein paar Kilometer weiter, bei km 120, kommt man an dem kleinen Dorf **Bobi** vorbei, das durch seine eigenartige Kirche auffällt. Im Innern befindet sich ein Kruzifix aus gebranntem Ton; die unterschiedlichen Farbtöne entstanden durch mehrmaliges Brennen.

Im Südwesten von Burkina Faso

Abstecher nach Dédougou
Die Piste ist je nach Jahreszeit in sehr unterschiedlichem Zustand; in der Regenzeit nur mit Geländefahrzeug befahrbar (weiter über *Ouahigouya* – *Djibo* – *Aribinda* nach *Dori* und von dort auf relativ guter Piste nach *Gorom-Gorom*).
Unterkunftsmöglichkeit in Djibo im *Hotel Massa* oder in der *Auberge Populaire*.

Bobo – Banfora – Gaoua
(Lobi-Land)

Bobo – Banfora

Verläßt man Bobo auf der Nationalstraße No 7 Richtung Banfora, zweigt nach etwa 16 km links eine Piste nach *Dingasso* ab; nach weiteren 4 km kommt man an den Rand der Falaise, wo eine steile Steinpiste hinunter in die Ebene führt. Überraschend üppige Vegetation herrscht vor.

Achtung: Für Auf- bzw. Rückfahrt ist ein Fahrzeug mit Vierradantrieb notwendig!

Bei km 55, hinter dem Dorf **Toussiana** (Falaise Bar, Tankstelle) führt die Asphaltstraße dann die Falaise hinunter und eröffnet einen weiten Ausblick über die Ebene von Banfora mit ihren riesigen Zuckerrohrfeldern.

Kurz bevor man *Nafona* erreicht, führt rechts eine Abzweigung zur Zuckerfabrik, der eine Alkoholfabrik angegliedert ist. Eine Besichtigung der Zuckerfabrik nach vorheriger Anmeldung ist möglich!

Parallel zur Nationalstraße No 7 verläuft die Bahnlinie (R.A.N.) nach Abidjan mit Haltestelle in Banfora.

Bobo – Gaoua

Man erreicht **Gaoua** von Bobo auf direktem Wege ohne über Banfora zu fahren, indem man zunächst etwa 16 km der Nationalstraße No 1 Richtung Ouagadougou folgt und dann rechts auf die relativ gute Piste (teilweise Wellblech) abzweigt; in **Diebougou** muß man dann auf die Piste Richtung Süden (Gaoua) abbiegen, die andere führt weiter Richtung Osten nach Léo.

Banfora

Die Stadt selbst ist nicht besonders reizvoll, um so mehr aber die Umgebung, die zu zahlreichen Ausflügen (zu Fuß, mit dem Fahrrad, Mofa, Motorrad oder Auto) einlädt.

Auf dem Markt (Großer Markt ist sonntags) sind Körbe und Töpferwaren, die wichtigsten lokalen Handwerksprodukte, in reicher Auswahl zu finden. Angeblich kann man auf dem Markt auch Mofas *(mobilettes)* leihen. Außerdem gibt es einige Hirsebierkneipen *(cabaret)*, wo mit traditioneller Musik *(Kora, Ballafon)* für Stimmung gesorgt wird.

Achtung: die Bank wechselt keine Travellerschecks!!

PRAKTISCHE INFORMATIONEN

 UNTERKUNFT

Hotels

Hotel La Canne à Sucre
Tel. 88 01 07; klimat. Zi von 6500 bis 8000 CFA.

Hotel Comoé
In der Nähe des Stadions; Restaurant im Innenhof, gute Küche zu erschwinglichen Preisen. Möglichkeit, Fahrräder zu mieten Tel. 88 01 51.

Hotel Fara, Tel. 88 01 17.

 ESSEN UND TRINKEN

Restaurants

Restaurant de l'Harmattan
Direkt hinter dem Markt.

Le Flamboyant
Gegenüber der Total-Tankstelle.

Cafe Djana
In der Nähe des Bahnhofs.
La Forêt
In der Nähe der Polizei.
Restaurant Cascade
Snack-Bar neben der Total-Tankstelle; einfache, afrikanische Gerichte.
Yen Kafissa
In der Nähe des Taxi-Brousse-Bahnhofs gelegen; preiswert und sympathisch.
Empfehlenswert sind die Restaurants des *Hotel Comoé* und des *Hotel La Canne à Sucre*.

 AUSFLÜGE

Chutes de Karfiguela
Man verläßt Banfora auf der Piste, die am Markt vorbeiführt, Richtung Sindou. Nach ca. 7 km biegt man rechts auf die Piste ab, die durch Reisfelder führt und nach etwa 13 km dort endet, wo der *Koba-Fluß*, gesäumt von üppiger Vegetation, in ein großes Becken hinabstürzt. Um zu dem 50 m höher liegenden Plateau und dem oberen Teil des Wasserfalls zu kommen, empfiehlt es sich, nach der Allee aus riesigen Mangobäumen rechts auf einem Fußpfad die Felsen hoch zu steigen: oben angekommen befindet man sich nach weiteren 50 m inmitten der Wasserfälle. Grüne Meerkatzen halten sich scheu in der Nähe auf. Beliebter Ausflugsort am Wochenende! Vorsicht vor den Schlangen!

Lac de Tengrela
Zunächst folgt man der Piste nach Sindou, nach 7 km dann auf die Piste nach links abbiegen; durch das Dorf Tengrela hindurch erreicht man nach etwa 2 km den See. Dort gibt es ca. 50 „Hippos" (Flußpferde), die am besten frühmorgens zu sehen sind, wenn man auch die Fischer beim Auswerfen ihrer Netze beobachten kann. Für ca. 1000 CFA kann man sich in einem Fischerkahn auf etwa 50 m heranrudern lassen. (Schöne kleine Exkursion von ca. 1–2 Std.).

Sindou
In der Gegend von Sindou leben die *Turka*, eine Ethnie, die überwiegend vom Reisanbau lebt. Zu Beginn der Regenzeit sind fast alle Leute der Region mit der Hacke auf den Reisfeldern, um den Boden vorzubereiten. Zur Erntezeit sieht man dann ganze Prozes-

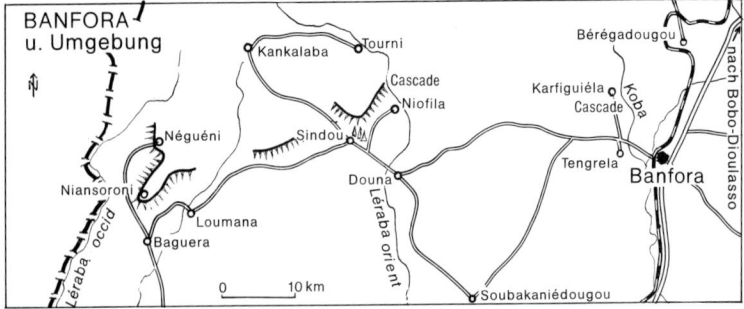

sionen von Frauen mit riesigen Körben voll Reisähren auf dem Kopf. Beim Dreschen, das ebenfalls kollektiv vorgenommen wird, dient ein Blattstengel als Dreschflegel. In dem nur wenige km westlich von Sindou gelegenen Dorf *Noumoussoba*, einem Dorf der Schmiede, kann man diesen bei ihrer Arbeit zusehen.

Aiguilles de Sindou

Von Banfora etwa 50 km schlechte Piste Richtung Sindou; nach dem Dorf Douna durchquert man die Ebene des Léraba-Flusses, und kurze Zeit später ragen rechts riesige, bizarre Gesteinsformationen („Felssäulen") in den Himmel. Spaziergang durch eine faszinierende Landschaft mit reichhaltiger Vogelwelt.

Téna Kourou

Dieser höchste Berg (747 m) des Landes befindet sich direkt an der Grenze zu Mali. Von Sindou aus fährt man etwa 20 km weiter in nordwestlicher Richtung: In dem Ort Kankalaba zweigt eine sehr schlechte Piste (nur für Geländewagen geeignet) Richtung Westen ab, die nach weiteren 24 km in das malerische Dorf *Téna* führt. Von dort ist der „Gipfel" des Höhenzuges bei leichtem Anstieg in etwa einer Stunde (Spaziergang) zu erreichen. Direkt an der Grenze befindet sich ein etwa 2,5 m hoher Steinhaufen, den die Franzosen um die Jahrhundertwende haben errichten lassen.

Cascades de Niofila und Chutes de Léraba

Durch den Bau des Staudammes ist eine der schönsten Gegenden Burkinas, die Ebene von Niofila, verschandelt worden. Hinter dem Staudamm führt ein Fußweg Richtung *Tourni;* nach etwa einer Stunde Gehzeit hört man rechts bereits die Wasserfälle von Niofila, und nach weiteren zwei Stunden erreicht man *Tourni*, dessen Kaskaden *(Chutes de Léraba)* ebenfalls ein lohnendes Ziel darstellen.
In der Trockenzeit ist Tourni von *Sindou* aus über *Kankalaba* normalerweise auch mit dem Auto zu erreichen; vorher jedoch besser in Sindou erkundigen, ob praktikabel! Bei km 19, nach der Brücke von Kankalaba, rechts abbiegen; bei km 34, in Tourni, macht die Piste eine Kurve nach links und führt dann direkt am Fluß Léraba entlang. Verläßt man das Dorf in nördlicher Richtung, erreicht man kurze Zeit später den Wasserfall.

Falaise de Niansoroni und Néguéri

Von Sindou aus nimmt man links die Piste nach *Baguéra;* nach etwa 25 km erreicht man den von Reisfeldern umgebenen Ort *Loumana*. Nach insgesamt ca. 32 km, 1 km vor dem Dorf *Baguéra,* zweigt im spitzen Winkel rechts eine Piste Richtung Norden ab, die dicht an der Falaise vorbeiführt. Nach etwa 5 km erreicht man das Dorf *Niansoroni*, das auf halber Höhe der Falaise liegt. Der Aufstieg zum Dorf ist etwas schwierig; größtenteils muß man über Felsen klettern (feste Schuhe!). Auf halber Höhe und von oben bietet sich ein fantastischer Panorama-Blick über die weite Ebene bis hinüber nach Mali. Das Dorf selbst erinnert mit seinen zahlreichen Getreidespeichern an die Dogon-Dörfer in der Falaise von Bandiagara (Mali).

Etwa 10 km weiter befindet sich das Dorf *Néguéni;* hier endet die Piste. Zu Fuß weiter entlang der Reisfelder auf schmalen Trampelpfaden.

Das Land der Lobi

Das Land der Lobi erstreckt sich östlich der Achse Bobo-Banfora, direkt an der Grenze nach Ghana; größte Stadt der Region ist Gaoua. Die Lobi, eine Ethnie, die in Burkina, Ghana und der Elfenbeinküste lebt, sind sehr gefürchtet, da sie es bisher geschafft haben, sich erfolgreich gegen Eindringlinge (afrikanische und europäische) zur Wehr zu setzen. Auf diese Weise konnten sie sich ihre alten Traditionen weitgehend erhalten. Heute sind sie überwiegend Bauern und Viehzüchter, früher spielten die Jagd und der Fischfang ebenfalls eine große Rolle. In den abgelegenen Gebieten der Savanne gehen sie zum Teil auch heute noch mit Pfeil und Bogen auf die Jagd. Einige Frauen, vor allem die alten, tragen noch in alter Tradition eine kleine, runde Scheibe in der Oberlippe.

Fährt man durch das Lobi-Land, so fällt einem die Architektur besonders auf. Sie hat große Ähnlichkeit mit den Lehmburgen der Somba-Taberma (Nord-Benin), die ebenfalls Schutzbauten errichten. Eine solche „Burg" besteht aus mehreren rechteckigen Lehmhütten aus gestampfter bzw. geschlagener Erde, die durch eine Lehmmauer zu einem Gehöft zusammengefaßt werden und an kleine Festungen erinnern. Diese fensterlosen Außenwände sind heute ganz aus Lehm gebaut (während früher häufig auch Steine verwendet wurden) und mit einem milchigen Pflanzensaft „glasiert", um sie haltbarer zu machen. Es gibt auch Häuser, die ein weiteres Stockwerk besitzen, das normalerweise für die verheirateten Männer oder die „Ältesten" reserviert ist; das Erdgeschoß steht den Frauen und Kindern zu. Küche und Getreidespeicher befinden sich im gemeinschaftlichen Hof. Zahlreiche Ahnen- und Familienaltäre werden im Haus errichtet, u. a. bis zu 1,5 m hohe phallische Lehmsäulen bzw. Lehmplastiken. Meist sind sie an den Spuren der letzten Opfergaben (Hirsebrei, Tierblut, Hühnerfedern) zu erkennen (Sollten Sie die

Lehmburg der Lobi in Gaoua

Gelegenheit haben, in eines dieser Gehöfte eingeladen zu werden, so nähern Sie sich diesen Altären mit Respekt und fragen Sie um Erlaubnis, bevor Sie ein Foto „schießen"!). Außerdem hängen überall an den Eingängen und auf den Dächern der Häuser „Fetische" und Behälter mit übernatürlichen Kräften als Schutz vor bösen Geistern.

Auffallend ist, daß die einzelnen Gehöfte einen Abstand von mindestens 100 m voneinander haben; teilweise liegen sie auch so weit verstreut, daß man zum Durchqueren eines „Dorfes" eine halbe Stunde braucht.

Zu den wichtigsten Festen der Lobi zählt die Dioro-Zeremonie, ein Initiationsfest, das alle sieben Jahre (das nächste im Jahre 1999) am Ufer des Schwarzen Volta-Flusses abgehalten wird. Die 10 bis 15jährigen Jungen und Mädchen müssen, bevor sie in die Gruppe der Erwachsenen aufgenommen werden, eine Vorbereitungsphase durchmachen, bei der sie alle Ge- und Verbote der Gemeinschaft lernen, große physische Strapazen überstehen (Hunger und Durst ertragen lernen), die Geheimnisse der Natur studieren, ihre Angst besiegen lernen etc. Während dieser Vorbereitungszeit schlafen die Initianden draußen unter freiem Himmel, leben nackt und haben keinerlei Kontakt zu ihrem Heimatdorf, lediglich zu ihrem Lehrmeister. Am Ende der Initiation findet eine große Zeremonie statt, bei der dem Schwarzen Volta ein großes Opfer dargebracht wird; die Heranwachsenden erscheinen meist in prachtvollen Gewändern, über und über mit Kauri-Muscheln geschmückt.

Verantwortung wiegt schwer!

Banfora – Gaoua

Die andere Strecke über *Banfora – Sideradougou – Loropeni – Gaoua* wird derzeit angeblich zu einer autobahnähnlichen Piste ausgebaut.

Solange der Ausbau noch nicht fertig ist, bietet sich auch die Strecke über *Kampti* an, da in etwas besserem Zustand. Ab *Sidéradougou* gute Piste nach Banfora.

Gaoua

Der Ort hat außer dem großen Markt (sonntags), dem LOBI-Museum (Eintritt 1000 CFA/Person) sowie ein paar Hirsebierkneipen nicht viel zu bieten.

Im LOBI-Museum sind alte von den Franzosen zusammengetragene Waffen und Gerätschaften der Lobi ausgestellt.

Interessant ist jedoch vor allem die Umgebung. Eine kleine eintägige Rundreise Gaoua – Loropeni – Obiré – Kampti – Gaoua ist lohnenswert; nach einem Führer fragen Sie am besten im *HALA-Hotel* (s. unten).

Übernachtung/Verpflegung:
Hotel HALA
Tel. 87 01 21; unter libanesischer Leitung; im angeschlossenen Restaurant wird gute libanesische Küche serviert; auf Anfrage Führungen durch das Lobi-Land.
Hotel du Poni
Tel. 87 02 00, in der Hauptstraße, etwa 300 m vom Markt.

Im Restaurant des *Hotel du Poni* bekommt man einfache, aber gute afrikanische Gerichte.

Außerdem gibt es mehrere Dolo-Kneipen im Quartier östlich der Hauptstraße.

In einer dieser Kneipen entdeckte ich im Innenhof ein Grab, auf dem zwei Schüsseln und eine Flasche umgekehrt eingemauert worden waren, damit sich der Verstorbene jederzeit bedienen könne!

Nur 14 km südöstlich von Gaoua liegt **Doudou**, das südliche Goldschürferzentrum des Landes. Unter einem großen Baum in der Nähe des Marktes sitzen die Goldhändler mit ihren Wagen und kaufen winzige Mengen staubförmigen Goldes an. Als Wiegemaß dienen kleine Kügelchen aus Metall und Streichholzköpfe. Die wöchentliche Ausbeute eines Schürfers bringt weniger als 1 Gramm. Für 1 g Gold werden hier 2700 CFA bezahlt.

In der Nähe von **Loropeni** befinden sich alte Ruinen, bestehend aus einer Einfriedung von 100 m Durchmesser und ca. 1 m dicken Mauern, über deren Ursprung man nichts genaues weiß. Da Türen fehlen, nimmt man an, daß dieses Gebäude zur Aufbewahrung von Sklaven diente. Die Lobi nennen es „Häuser der Ablehnung" *(maisons de refus)* und meiden es nach Möglichkeit. Ebenso sind in **Kampti** noch alte Ruinen zu besichtigen.

Etwa 8 km nordwestlich von Loropeni liegt das von *Ghan* besiedelte Dorf **Obiré**. Der Dorffetisch – eine fast lebensgroße, sitzende Lehmfigur – kann gegen ein Entgelt von 500 CFA besichtigt werden (Fotoverbot!); interessanter sind jedoch die Gräber der Ghan-Könige etwa 1 km außerhalb des Dorfes. In strohgedeckten Lehmhäusern wurde unter einem riesigen Tamarinden-Baum für jeden der Verstorbenen eine Lehmfigur errichtet.

Sollte man in **Dièbougou** einen Zwischenstop einlegen wollen oder müssen, so gibt es Übernachtungsmöglichkeit im *Relais Hotel,* Tel. 86 02 88, oder in der *Auberge Populaire*.

696 Länder, Routen, Sehenswürdigkeiten – Burkina Faso

Der burkinische Sahel

Der nördlichste Teil Burkinas befindet sich in der Sahelregion, die zu den ärmsten Gegenden der Welt zählt. Die Folgen der Dürrekatastrophe von 1973 sind immer noch zu spüren; zahlreiche Dörfer, weit im Norden gelegen, wurden verlassen. Der Boden ist so gut wie unfruchtbar, in großen Teilen gibt es aufgrund von Überweidung fast keine Vegetation mehr. Der Viehbestand hat noch nicht wieder das Ausmaß erreicht, das er vor der Dürre besaß. In der Regenzeit (Juli/August/September) wird von den heftigen Regengüssen – gewaltige Wassermassen, die, begleitet von Wirbelstürmen, vom Himmel stürzen – auch noch die letzte dünne SchichtAckerboden weggeschwemmt. Die Pisten sind während der Regenzeit für Taxi-Brousse und Fahrzeuge ohne Vierrad-Antrieb nicht befahrbar. In den riesigen Wasserlachen blühen Seerosen!

Fährt man in der Regenzeit in den Sahel, so sollte man sich mit genügend Nahrungsmitteln eindecken, da zu dieser Jahreszeit in den Läden fast nichts zu finden ist.

Wollen sie auf Ihrer Fahrt einen Einblick in das (tägliche) Leben der Bewohner des Sahel bekommen, dann sollten sie ihre Route entsprechend den jeweiligen Markttagen festlegen *(s. jeweils bei den Ortsbeschreibungen)*. Denn bei einem Marktbesuch können sie viele kleine Beobachtungen über das soziale Leben anstellen, und außerdem haben die *Tuareg*, *Peuls*, *Bellas* und *Sonhay* ihre besten Gewänder und ihren schönsten Schmuck angelegt.

Ouagadougou – Ouahigouya

Die viertgrößte Stadt des Landes liegt etwa 182 km nördlich von Ouaga und direkt auf der Strecke ins Dogon-Land (Mali). Sie hat wie alle modernen sahelischen Städte keine besondere Atmosphäre und Sehenswürdigkeiten sind außer dem Markt und dem Haus des *Naba Kango* aus der Zeit des Yatenga-Königreiches *(s. a. Land und Leute – Geschichte)* nicht zu erwähnen.

Bequem zu erreichen mit den X9- oder Faso-Tour-Bussen, aber auch mit Busch-Taxis (von Ouaga, *Quartier Widin*). Der Anschluß nach Koro (Mali) ist nicht so einfach; während der Regenzeit ist die Strecke unpassierbar, ansonsten kann man mit einem Fahrzeug pro Tag rechnen. Gelegentlich hat man auch die Chance, mit einem Lastwagen mitgenommen zu werden.

Übernachtung:
Hotel Dunia
mit Swimmingpool.
Hotel de l´Amitié
nur ein paar Querstraßen vom Busbahnhof entfernt.
Hotel du Nord
direkt im Zentrum; Tel. 55 01 94.
Hotel Tahiti
einfach und sauber, DZ ca. 2000 CFA.

Ouagadougou – Gorom-Gorom

Man verläßt Ouaga auf der Av. d' Oubritenga; nach dem Krankenhaus links die neu asphaltierte Straße entlang der Eisenbahn in Richtung Kaya wählen. Man durchquert das Land der Mossi, eine Savannenlandschaft mit den charakteristischen Baobab-Bäumen, im-

Im burkinischen Sahel

mer wieder unterbrochen von Hirsefeldern und zahlreichen Dörfern mit ihren typischen Gehöften, genannt *Zakas*.
Eine andere Strecke bietet sich an in Richtung Fada N' Gourma bis *Bentenga* (30 km), dann nach Norden über *Zaongo* (Künstlerdorf mit Granitkunstwerken) bis nach *Ziniaré*.
Die Eisenbahnlinie ist inzwischen bis Kaya verlängert worden.
Bei **km 34** erreicht man **Ziniaré**, ein Handwerkerdorf, das sich auf die Herstellung von Lederarbeiten und das Färben von Stoffen (überwiegend indigoblau) spezialisiert hat. Im 4 km entfernten Dorf **Gouinongou** lebt der Töpfer *Fréderic Yarbenga*, der Tassen, Schalen und Teller in neuen Formen hergestellt. Fährt man diese Piste noch ca. 14 km weiter nach Norden, kommt man zu dem Dorf *Zitenga,* bekannt für seine Schmiede, die sich auf die Herstellung von Lanzen, Säbeln und Pfeilen spezialisiert haben.
An der Verbindungsstraße von Ziniaré zur N 4 befindet sich etwa 8 km nach Ziniaré 50 m rechts der Straße, nicht zu übersehen, ein vorgeschichtlicher ehemaliger Siedlungsplatz in einem großen Haufen von Granitsteinen. Von 1989 bis 1991 haben hier in einem ständig wechselnden Workshop afrikanische und ausländische Steinmetze beeindruckende Plastiken in den Fels geschlagen – ein mysthischer Ort!
Bei **km 93** ist *Kaya* erreicht.

Wer nicht die Piste *Kaya – Dori* (die z. Z. erneuert wird) fahren will, hat die Möglichkeit, mit dem **Militärflugzeug** (Abflug Mi 7 Uhr) von Ouaga nach *Dori* bzw. *Gorom-Gorom* zu fliegen (Einschreibung spätestens Mo, *s. a. Burkina – Praktische Infos, Verkehrsmittel*).

Kaya

Sehenswert ist im Handwerkszentrum Kaya (Schuhmacher im Quartier Baingin, Weber und Lederwaren) der Markt, der alle drei Tage stattfindet. Dort werden Lederwaren in großer Auswahl und relativ günstig angeboten (u. a. lederüberzogene Dosen und Flaschen).

Auf dem Markt gibt es mehrere *Café-au-lait-Stände* und kleinere afrikanische Restaurants. Dort muß man jedoch rechtzeitig zu den „Essenszeiten" erscheinen, sonst sind die Töpfe bereits leer!

Unterkunft/Verpflegung:
Hôtel de l'Oasis
nicht zu empfehlen, da laut.
Katholische Mission
etwa 500 m rechts auf der Straße nach Kongoussi (ca. 1500 CFA).
Hotel Le Major
Hotel Pewende.
Restaurant La Paillote
an der Straße nach Ouaga.

Verläßt man das am Rande des Mossi-Plateaus gelegene Kaya in Richtung Dori, so ändert sich die Landschaft schlagartig; man fährt jetzt durch Trockensavanne, die ersten *Roniers* und Dumpalmen tauchen auf.

Ouanobian

Auf der N 3 weiter nach Dori kommt man zwischen Kaya und Tougouri in dem von Mossi bewohnten Dorf Ouanobian vorbei, wo man Indigofärbern bei ihrer schweren Arbeit zusehen kann. Vom Ansetzen des Indigosuds in metertiefen „Erdbottichen" (-löchern) bis zum tagelangen Durchwalken der Stoffe von Hand, sind alle mühsamen Ar-

Wasserstelle im burkinischen Sahel

beitsschritte bis zur Fertigstellung des stark abfärbenden, typisch blauen Tuches zu beobachten.

Yalogo

(km 207). Dieses Dorf liegt in unmittelbarer Nähe eines Sees, wo in zahlreichen kleinen Teichen von den Bewohnern Fischkulturen angelegt wurden. Viele Fulbe sind hier seßhaft geworden. Sehenswert ist der sehr belebte und farbenfrohe Markt jeden Dienstag!
20 km weiter kommt man nach Bani.

Bani

Bani liegt in einer relativ fruchtbaren Gegend und ist vor allem durch seine sieben (!) Moscheen mit sehr aufwendigen Deckengewölben aus Holz bekannt. Bani ist das Zentrum einer fundamentalistischen Sekte des Islam mit einem sehr einflußreichen *Marabout*; offensichtlich steht jedoch nur ein Teil der Bevölkerung hinter ihm. Das stark ausgeprägte „Armutsideal" dieser Sekte hat zur Folge, daß fast alle entwicklungspolitischen Maßnahmen (wie z. B. Impfkampagnen) boykottiert werden. Wer mehr über die Ideen des Marabouts wissen will, kann über den Führer in der Moschee ein Gespräch vereinbaren (Der Marabout nimmt kein Geld, jedoch gerne Hefte und Kugelschreiber!).
Auf einer sehr schlechten Piste gelangt man von Bani nach *Dori*.

Dori

Wichtigste Verwaltungsstadt des Nordens mit Bank, Tankstelle und einem großen Markt am Sonntag.
Unterkunft:
Hotel Le Bonbon
Tel. 66 00 44/88

Auberge Populaire
sehr einfach, manchmal kein Wasser; ca. 2000 CFA/Person
Chambre de Passage im Bistro Chez Jean, gegenüber der Bank.

Die Piste von Dori weiter nach *Gorom-Gorom* befindet sich in relativ gutem Zustand (bis auf einige Sandlöcher), außerdem sind mehrere Furten zu durchqueren; die dritte ist in der Regenzeit auch mit Geländefahrzeug nicht passierbar!
Einer der größeren Orte im burkinischen Sahel ist *Gorom-Gorom*.

Gorom-Gorom

Das pittoreske alte Viertel von Gorom-Gorom ist ein wahres Labyrinth aus Lehmziegelhäusern und Moscheen. Jeden Donnerstag findet hier einer der faszinierendsten Märkte des Sahel statt, der ab 11 Uhr erst richtig lebendig wird. Außer lokalen Produkten wie Tamarinde, Affenbrot (Früchte des *Baobab*) etc. findet man auf dem Markt eine reiche Auswahl an Handwerksprodukten: gewebte Stoffe, Lederarbeiten, Ketten aus gebranntem Ton u. a.
Etwas abseits befindet sich der Viehmarkt: Interessant ist dieser Markt vor allem als Treffpunkt der vielen verschiedenen Ethnien, die in dieser Gegend leben. Man sieht Fulbe-Frauen mit fein geflochtenen Zöpfen (verziert mit bunten Perlen). Andere sind mit weiten, dunkelblauen Gewändern bekleidet, dazu bunte Tücher und riesige Ohrgehänge. Die Frauen der *Bella* dagegen tragen weite Gewänder in gedämpften Farben, grau oder schwarz, zusammengehalten mit großen Gürteln; außerdem erkennt man sie an ihren relativ schlichten Frisuren. Die Bella waren lange Zeit Sklaven der Tuareg, und es

ist nicht selten, daß ein „Freigelassener" einen langen Weg zurücklegt, um seinen ehemaligen „Patron" um die Heiratserlaubnis zu bitten. Die Tuareg selbst erscheinen meist stolz auf ihrem Kamel reitend und mit dem charakteristischen, reich verzierten Schwert bewaffnet.

Vorsicht: Auf dem Markt versuchen Kinder, mit ihren flinken Händen (selbst bei einheimischen Händlern) zu klauen!

Am Marktplatz gibt es mehrere Läden und Garküchen; morgens und abends auch die kleinen Café-au-Lait-Stände. Eine Frauen-Kooperative fertigt hübsche Lederwaren in einem *Centre d´ Artisanat.*

Unterkunft:
Auberge Populaire
Campement- Hotel
Ehemaliges Hotel von Le Point, in traditioneller Lehmbauweise in unmittelbarer Nähe eines heiligen Felsens errichtet. Vor Baubeginn mußten dort sowohl eine Ziege als auch schwarze Hühner geopfert werden. Mit Sonnenenergie betrieben.

Abstecher von Gorom-Gorom:
Oursi
Oursi liegt in der Nähe von Gorom-Gorom und ist auf einer Buschpiste (z. T. Sandlöcher!) mit einem 4x4-Fahrzeug in etwa 1 Std. zu erreichen. Sehenswerter Markt am Sonntag; erreichbar mit Taxi-Brousse (Abfahrt frühmorgens am Marktplatz in Gorom-Gorom).

Sehenswert sind der *Lac d'Oursi* (seit 1993 leider wegen Wassermangel nicht existent) sowie die rote Sanddüne, die deutlich den Vormarsch der Wüste demonstriert; die große Wanderdüne ist gerade dabei, den See zu verschütten! Der Sonnenuntergang in den Dünen ist besonders für romantische Seelen zu empfehlen!

Marcoye
Auf einer anderen Buschpiste mit vielen Sandlöchern kommt man von Gorom-Gorom nach *Marcoye,* wo jeden Montag ein weiterer bedeutender Markt des Sahel abgehalten wird; Busch-Taxis ab Gorom-Gorom.

Rückfahrt nach Ouaga
Die Rückfahrt von Gorom-Gorom nach Ouaga ist über die Strecke *Dori – Djibo – Kongussi* möglich. Zwischen Dori und Djibo landschaftlich sehr reizvolle Strecke!

Will man mit dem Busch-Taxi von Gorom-Gorom nach Dori fahren, so muß man zunächst nach **Assakan**, einer „Goldgräberstadt" (Atmosphäre wie im „Wilden Westen". Sehenswert!), und dort umsteigen. Eine Tagesreise!

Auf der Strecke von Gorom-Gorom nach *Aribinda* fährt man, „am Ende der Welt", durch überwiegend aride und verlassene Landschaft, die aufgrund ihrer Kargheit für uns einen besonderen Reiz hat.

Aribinda
Kommt man von Djibo, so fährt man von der Polizeistation in Aribinda nach Südosten etwa 1 km zu einigen kleinen Gehöften am Fuße ausgedehnter Granitplatten. Von dort aus wird man gerne zu vorgeschichtltichen Felsgravuren auf den weitläufigen Granitplatten geführt. Sehr schöne Darstellungen von Reitern, Gazellen, Pferden und angebliche Fußabdrücke vom „Urmenschen"...

Weitere sehenswerte Sahelmärkte:
In *TinAkoff* (Mittwoch), in *Déou* (Samstag) und in *Tassamakat* (Montag).

Republik Elfenbeinküste

von Regina Steinleitner

Landeskundliche Informationen

Geographie

Die Côte d'Ivoire ist mit 322 463 qkm etwa so groß wie die Bundesrepublik Deutschland und Österreich zusammen. Das Land hat eine annähernd quadratische Form und grenzt im Westen an Guinea und Liberia, im Norden an Burkina Faso, im Osten an Ghana und im Süden an den Golf von Guinea. Fährt man von Norden nach Süden

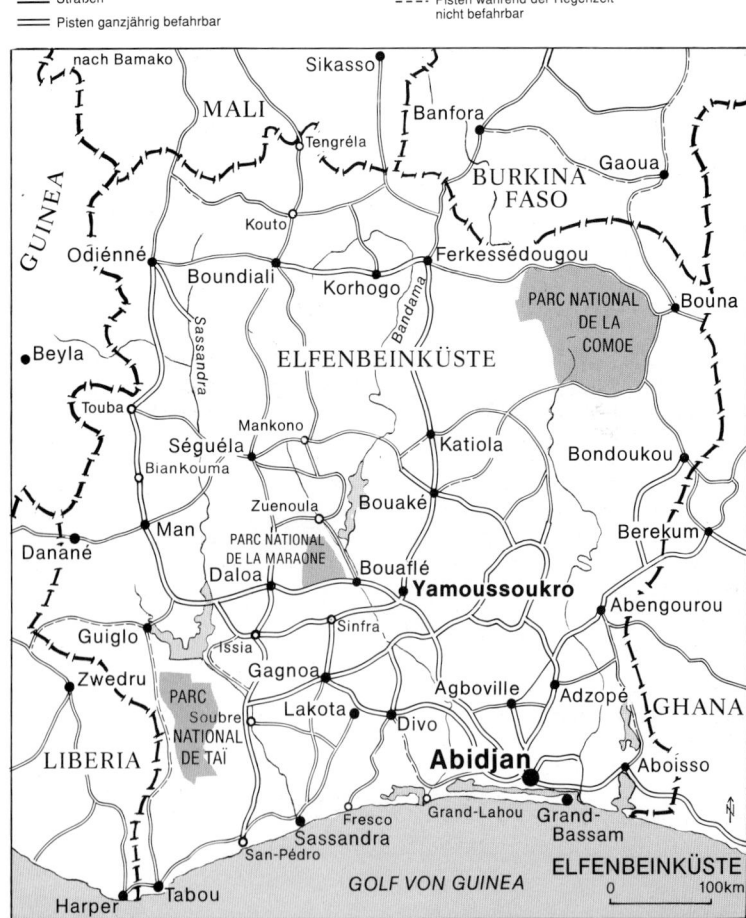

durch die Elfenbeinküste, so kommt man durch sehr unterschiedliche Landschaften. Die **Atlantikküste** hat eine Länge von 550 km und wird westlich der Stadt *Fresco* von Felsklippen, kleinen malerischen Buchten und Strandabschnitten geprägt. Östlich davon wird die Küste flacher und die Brandung stärker. Hinter breiten, von Kokospalmen bestandenen Sandinseln liegen zahlreiche **Lagunen** und **Sümpfe** mit **Mangrovenwäldern.**

An die Küste schließt sich die breite Zone des immergrünen **tropischen Regenwaldes** an, die bis zu 100 km ins Landesinnere reicht. Charakteristisch für diese Region ist die dichte Vegetation mit bis zu 50 m hohen Baumriesen, dazwischen **Nutzpflanzungen** aus Bananen, Kaffee und Kakao.

Von hier aus steigt das Land in die bis zu 500 m hohe **zentrale Hochebene** an. Der Wald lichtet sich, geht in **Baum-** und **Feuchtsavanne** über, die mit zahlreichen kleinen **Inselbergen** durchsetzt ist. Das nördliche Drittel bildet eine weite **Busch-** und **Trockensavanne**, in der sich offenes Grasland, Dornbuschgebiete und Galeriewälder entlang der Flußufer abwechseln.

Der **Norden** wird vorwiegend für die **Landwirtschaft** genutzt. Ein ganz unterschiedliches Landschaftsbild weist der **Westen** der Elfenbeinküste auf. Das **bewaldete Bergland** mit Wasserfällen steigt in der Umgebung der Stadt *Man* bis zu 1200 m an und erreicht im Grenzgebiet zu Guinea, im *Nimbagebirge*, seine höchste Erhebung mit 1752 m. Diese Region hat ein angenehmes und etwas kühleres Klima als der feucht-heiße Süden.

Vier große Flüsse durchziehen die Elfenbeinküste fast parallel zueinander von Norden nach Süden und münden in den Golf von Guinea: der *Comoé*, der *Cavally*, der *Bandama* und der *Sassandra*. An den beiden letzteren wurden im Zentrum des Landes große **Stauseen für die Energieversorgung** angelegt.

Zum Schutz von Tieren und Pflanzen wurden insgesamt acht **Nationalparks** eingerichtet, von denen der bekannteste der *Comoé Nationalpark* im Nordosten ist.

Klima

Entsprechend der verschiedenen Vegetationszonen gliedert sich die Elfenbeinküste in unterschiedliche Klimabereiche. Im Küstengebiet und im Gebiet des tropischen Regenwaldes in der südlichen Hälfte des Landes herrscht ausgesprochen **tropisches Äquatorialklima**. Hier liegen die Durchschnittstemperaturen während des ganzen Jahres gleichbleibend bei etwa 25 bis 35°C, die Temperaturschwankungen zwischen Tag und Nacht sind nur gering. Charakteristisch für diese Region ist eine ständige hohe Luftfeuchtigkeit von 80 bis 90%, die eine drückende Schwüle zur Folge hat. Das Klima des **Südens** teilt sich in vier Saisonzeiten: die **große Trockenzeit** von Dezember bis Ende März, **Hauptregenzeit** von April bis Juli (am regenreichsten ist der Juni), die **kleine Trockenperiode** im August und September und eine **kleine Regenzeit** von Oktober bis November. Im Jahresmittel betragen die Niederschläge hier etwa 2000 mm. Die Temperaturen des Atlantiks sind mit durchschnittlich 27°C das ganze Jahr über angenehm.

Im **Norden** der Elfenbeinküste, im Savannengebiet, herrscht **Sudanklima** mit nur zwei verschiedenen Jahreszeiten. Von November bis Mai dauert in

Lichtspiel im Regenwald

diesem Gebiet die lange und heiße **Trockenperiode.** Die vergleichsweise höheren Temperaturen liegen nicht selten über 40°C, die Nächte sind jedoch relativ kühl und die Tag/Nacht-Unterschiede betragen mitunter 20°C. Von Dezember bis Februar kommen heiße und staubige Luftmassen aus der Sahara, die häufig zu einem starken Wind anschwellen. Dieser **trockene Wüstenwind** *(Harmattan)* überzieht dann die ausgetrocknete Landschaft mit feinem Sand. Während der Regenzeit von Juni bis Oktober (am stärksten im August) herrscht eine hohe Luftfeuchtigkeit bis zu 90%, und die Niederschläge verwandeln das ausgedörrte Land wieder in sattes Grün.

Das **bergige Hochland** im Westen um die Stadt *Man* bildet eine eigene Klimaregion mit merklich niedrigeren, angenehmen Temperaturen und einem Jahresniederschlag von über 2000 mm. Zur Zeit der *Hivernage* (Regenzeit) von Juli bis November lassen die tropischen Regenfälle, die hier oft tagelang andauern, die Flüsse anschwellen und zahlreiche Pisten und Brücken unpassierbar werden.

Als **beste Reisezeit** eignen sich die europäischen Wintermonate von **November bis Mai** für einen Besuch der Elfenbeinküste. Zu dieser Zeit finden auch die meisten Tänze und Feste statt, deren Termine variieren. In der Regenzeit kann man nicht alle Gebiete des Landes bereisen, manche Hotels an der Küste und auch der Comoé Nationalpark sind dann geschlossen.

Bevölkerung

Die Einwohnerzahl der Elfenbeinküste wird auf etwa 12 Mio. geschätzt. Die meisten der über **60 ethnischen Volksgruppen** haben ihre eigenen Traditionen entwickelt und bis in unsere Zeit bewahrt, welche sich in Architektur, Tanz und Musik, Masken, Handwerk und Sprache ausdrücken und so zum kulturellen Reichtum des Landes beitragen. Entlang der Küste im Westen lebt die in viele Untergruppen gegliederte Volksgruppe der **Kru,** die ursprünglich aus dem benachbarten Liberia kommt. Als **Fischer und Bauern** siedeln sie hier in kleinen Familienverbänden.

Im Westen wohnen die **Dan** (oder *Yacouba*), die neben einigen anderen Stämmen zur *Mandé-Gruppe* gehören. Ihr Ursprung liegt am oberen Niger; sie sind jedoch auch jenseits der Grenze in Liberia beheimatet. In der Umgebung von Man und *Danane* ist diese Volksgruppe bekannt für ihre schönen **Masken** und mehrstimmigen **Gesänge**.

Weiter im Nordosten und Nordwesten

des Landes lebt die große Gruppe der **Malinké-Völker,** die zwischen dem 16. und 18. Jahrhundert angelockt durch Gold und Kolanüsse, als **Händler und Siedler** aus der Sahelzone einwanderten. Die *Dioula*-Gruppe, wie man sie auch nennt, bekannte sich rasch zum islamischen Glauben; davon zeugen noch heute viele Zentren des Islam, wie z. B. die Stadt *Kong.* Als kriegerisches Volk schufen sie im 18. Jahrhundert Königreiche, und ihre Sprache, das *Dioula,* wurde durch ihre rege **Handelstätigkeit** eine weit verbreitete Umgangssprache.

Zwischen beiden Malinké-Gruppen leben die **Senufo.** Sie sind bekannt als **Ackerbauern und großartige Handwerkskünstler,** besonders in der Gegend von *Korhogo.*

Im 15. Jahrhundert ließen sich die ebenfalls zur Volta-Gruppe gehörenden **Lobi** im äußersten Nordosten der Elfenbeinküste nieder. Sie sind **Nomaden und Jäger** und fallen auf durch eine besonders **typische Lehmarchitektur** *(s. a. Kastentext bei Burkina Faso).*

Aus Ghana stammen die **Agni,** die von Osten kommend in der Region um *Abengourou* ein kleines, aber einflußreiches Königreich schufen. Sie siedeln heute entlang der Grenze zu Ghana zwischen den Städten *Bondoukou* und *Aboisso.*

Auch die große Gruppe der **Lagunenstämme** kam von Südosten her aus dem benachbarten Ghana. Die bekanntesten darunter sind die *Ebrié,* die der Lagune um *Abidjan* ihren Namen gaben. Sie leben als **Fischer** in kleinen **Pfahlbaudörfern** an den Lagunengewässern der Ostküste und gehen mit ihren schmalen Pirogen auf Fang.

Eine wichtige politische und wirtschaftliche Stellung haben die im Zentrum lebenden **Baulé,** zu denen auch der Staatspräsident gehört. Viele dieser Volksgruppen haben sich natürlich in den letzen Jahren sehr stark vermischt, besonders im Bereich der Städte.

Trotz der unterschiedlichen Bevölkerungsgruppen hat das Land eine erstaunliche Stabilität bewahrt, dies auch bei großen sozialen Unterschieden und einem Ausländeranteil von 25%. Den aus den Nachbarstaaten zuwandernden Afrikanern ist Abidjan schon kaum mehr gewachsen; heute leben etwa 2 Mio. Angehörige anderer afrikanischer Nationalitäten im Land. Daneben gibt es eine große Zahl von **Libanesen,** die sich gegen Ende des 19. Jahrhunderts und in einer zweiten Welle seit Beginn des Bürgerkriegs im Libanon in den Häfen des ehemaligen Französisch-Westafrika niedergelassen haben und heute eine wichtige Rolle im Handel spielen. Auch etwa 30 000 Europäer, vorwiegend **Franzosen,** wohnen und arbeiten hier in ihrer zweiten Heimat. Derzeit wächst die Bevölkerung mit jährlich 4%, der Zustrom in die Städte hält weiter an.

Sprache

Französisch ist die **offizielle Landessprache.** Durch die Vielzahl ethnischer Volksgruppen gibt es jedoch mehr als 60 verschiedene afrikanische Sprachen, darunter die *Kwa*-Sprachen im Süden, *Dioula* und *Baoulé* im Zentrum und Norden, die als Verkehrssprachen unter den Stämmen üblich sind.

Englisch wird nur in den größeren Hotels gesprochen.

Religion

Es gibt keine offizielle Staatsreligion. Die Mehrheit der Bevölkerung (etwa 65%) gehört **traditionellen afrikani-**

schen Religionen an. Der Islam ist, besonders im Norden unter den Malinké-Stämmen, weit verbreitet und hat bereits unter den animistischen Senufo, die sich lange Zeit den Malinké widersetzt haben,Anhänger gefunden. Der Anteil der moslemischen Bevölkerung beläuft sich auf ca. 23%. Etwa 12% der Ivorer bekennen sich zum **Christentum**, vielfach auch zu Sekten. Die Religionszugehörigkeiten sind jedoch nicht immer klar zu trennen, da gerade auf dem Land noch ein starkes Traditionsbewußtsein vorherrscht.

Geschichte

Vor der Kolonisierung durch die Franzosen gab es im (Ur-)Waldgebiet der heutigen Elfenbeinküste keine größeren Staaten. Bevölkert wurde diese Gegend im Gefolge der **Ausbreitung der sudanischen Handelsreiche** im Norden und der **Akan-Staaten** *(Ashanti)* im Osten. Bereits im 14. Jh. gab es einige bedeutende Handelszentren im Norden und Nordosten des Landes.
Portugiesen und andere europäische Kaufleute erreichten die Küste im 15./16. Jahrhundert. Nach 1700 wanderten die mit den Ashanti verwandten *Agni* und *Baule* von Osten her ein.
1687 kamen die ersten französischen **Missionare** in dieses Gebiet. Vor dem 19. Jh. gab es nur wenige Kontakte zwischen Europäern und der Bevölkerung der Elfenbeinküste. Der größte Teil des Sklavenhandels spielte sich östlich dieser Region ab. Gegen Ende des 19. Jh.s wurden jedoch einige Verträge mit den lokalen Chefs geschlossen, die den Franzosen ein Handelsmonopol sichern sollten. 1843 wurde der erste französische **Marinestützpunkt** in *Grand Bassam* errichtet, und die Franzosen versuchten durch verstärkte **Plantagenwirtschaft** (Kakao, Palmöl, Bananen, Nutzhölzer) hohe Gewinne zu erzielen. In Zwangsarbeit (sie wurde erst 1945 abgeschafft) ließen sie Straßen und die Eisenbahnlinie R.A.N. erbauen.
1895 wurde die Elfenbeinküste Teil von **„Französisch-Westafrika"**, 1958 autonome Republik, und am **7. August 1960** erlangte das Land seine **Unabhängigkeit**. *Félix Houphouët-Boigny,* ein wohlhabender Arzt und Plantagenbesitzer, wurde am 27. November 1960 zum Staatspräsidenten der *République Côte d'Ivoire* gewählt.
Nachdem der politische Kurs von Houphouët-Boigny zunächst marxistisch orientiert war, sprach er sich schließlich gegen Revolution und Klassenkampf aus, da es dies noch nie in der Côte d'Ivoire gegeben habe. Die uneingeschränkten Möglichkeiten für ausländische und inländische Investoren haben die Kluft zwischen „arm" und „reich" größer werden lassen. Der politisch-wirtschaftliche Kurs ist inzwischen eindeutig kapitalistisch.
Etwa 2,5 Mio. Gastarbeiter aus Burkina Faso, Mali und Ghana arbeiten in der Elfenbeinküste; mit der Begrenzung der Fremdarbeiter versuchte man die schlechte Zahlungsbilanz wieder auszugleichen.

Regierung

Die Verfassung des Landes sieht ein **Präsidialregime** vor. Die exekutive Gewalt wird vom Präsidenten ausgeübt, er bestimmt die Politik des Landes, ist Oberbefehlshaber der Streitkräfte und Präsident der 1961 gegründeten Einheitspartei *Partie Démocratique de la Côte d'Ivoire* (PDCI).
Felix Houphouët-Boigny wurde am 27.10.85 ohne Gegenkandidat mit 99%

aller Stimmen und am 28.Oktober 1990 erstmals mit Gegenkandidat ebenfalls auf 5 Jahre wiedergewählt. Nach gewalttätigen **Unruhen, Streiks und Studentenprotesten,** die zahlreiche Menschenleben forderten, wurden im Jahr 1990 erstmals mehrere Parteien – bis Ende 1990 bereits 25 – zugelassen. Relativ erfolgreich bei den Präsidentschaftswahlen 1990 waren die *Front populaire ivorien* (FPI) und die *Parti ivorien des travailleurs* (PIT). Um die Wähler zu verwirren, sind nach Aussage verschiedener Beobachter angeblich auch mehrere Parteien im Auftrag der Regierung gegründet worden. Von Bedeutung sind außerdem die *Parti Republicain de la Côte d´Ivoire* (PRCI), bereits in Franreich 1975 gegründet, und die beiden im Jahr 1990 gegründeten Parteien *Parti Socialiste Ivorien* (PSI) und *Union Social-Democrate* (USD).

Seit dem 7. Nov. 1990 wurde mit Zustimmung der Nationalversammlung das Amt des Premierministers eingeführt und *Alassane Ouattara*, Doktor der Wirtschaftswissenschaften und als wirtschafts- und finanzpolitisch kompetent anerkannt, zum Ministerpräsidenten ernannt.

Nach dem Tod von Houphouët-Boigny im Dezember 1993 wurde *Henri Konan Bédié* zum neuen Staatspräsidenten ernannt. Alassane Ouattara trat als Regierungschef zurück. Seine Position nahm *Daniel Kablan-Duncan* am 11.12.93 ein. Die neue Regierung stellte er am 15.12.93 vor. Mit der Neubesetzung hat sich jedoch politisch wenig geändert gegenüber der vorherigen Regierung. Der neue Regierungschef hat zwar versucht, die Opposition mit in die Regierung einzubeziehen, was ihm jedoch nicht gelang.

> ***Felix Houphouët-Boigny***
> *(Biographische Notizen)*
> *Geb. am 18. 10. 1905 in Yamoussoukro als Sohn eines Häuptlings. Nach der Erziehung in einer Missionsschule Medizinstudium in Dakar. Zunächst als Assistenzarzt tätig, wurde er 1940 zum Verwaltungschef seines Kantons gewählt. 1945/46 Abgeordneter in den Verfassungsgebenden Versammlungen. 1946 Gründung der Afrikanischen Demokratischen Sammelbewegung (RDA), welche lange Zeit die Dachorganisation nationaler politischer Aktivitäten in Westafrika war. 1956 wurde Houphouët-Boigny ins Pariser Parlament gewählt. 1957/58 wird er Staatsminister, anschließend Gesundheitsminister (in Côte d'Ivoire). Seit 1959 ist er Premierminister und seit der Unabhängigkeit im Jahre 1960 Staatspräsident. Mittlerweile ist er seit über dreißig Jahren im Amt. Bei den letzten Präsidentschaftswahlen am 28.10.90 wurde das erste Mal ein Gegenkandidat zugelassen (Mehrparteiensystem seit 1990), der dafür sorgte, daß Houphouët-Boigny „nur" 81,68% der Stimmen erhielt. Die Bereitschaft zum Rücktritt kündigte er erstmals im Jahre 1990 an, will jedoch das Amt nach seinen eigenen Worten „mit erhobenem Haupt, nicht in Unordnung" abtreten. Am 7. Dezember 1993 ist Felix Houphoët-Boigny – nach 33 Jahren Amtszeit als Staatspräsident der Côte d´Ivoire – im Alter von 88 Jahren an den Folgen einer Krebsoperation gestorben.*

Wirtschaft

Aufgrund einer weitgehend westlich orientierten Politik und der starken Bindung an die großen Industrieländer gehört die Elfenbeinküste im Vergleich zu anderen westafrikanischen Staaten zu den wirtschaftlich relativ gutgestellten Ländern, was sich auch im **vergleichsweise hohen Lebensstandard der Bevölkerung** ausdrückt. Die Wirtschaft des Landes ist überwiegend auf den **Außenhandel** ausgerichtet. Durch den starken Rückgang der Weltmarktpreise wurde 1986 eine lang anhaltende Wirtschaftsrezession eingeleitet, die auch heute trotz umfangreicher Strukturanpassungsprogramme noch nicht überwunden ist. Eine Wende zeichnet sich jedoch ab: Mit der Stabilisierung der ivorischen Wirtschaft wird bis Mitte der neunziger Jahre gerechnet.

Bedeutendster Wirtschaftssektor ist mit rund 70% der Exporteinnahmen die **Landwirtschaft**. In diesem Bereich ist auch der Großteil der Bevölkerung, zumeist in Kleinst- und Familienbetrieben, beschäftigt. Trotz großer Einbußen aufgrund einer Dürrekatastrophe 1983/84 hat sich die Landwirtschaft in den letzten Jahren wieder relativ gut erholt. Die Elfenbeinküste ist nach Brasilien und Kolumbien **drittgrößter Kaffee- und Palmöl-Exporteur** der Welt und weltführend im Anbau und Export von Kakao. Daneben gehören **Kokosnüsse, Bananen, Ananas** und **Rohkautschuk** zu den wichtigsten Ausfuhrprodukten, die hauptsächlich in der gut erschlossenen Küstenregion und im daran anschließenden tropischen Regenwald anzutreffen sind. In den nördlichen Savannengebieten werden vorwiegend **Baumwolle** und **Zuckerrohr** gepflanzt (denen auch internationale Bedeutung zukommt), für den Eigenbedarf auch Erdnüsse, Erbsen, Hirse, Maniok, Yams, Kochbananen, Mais und Reis. Die Viehzucht im Norden ist durch das Auftreten der Tse-Tse-Fliege in weiten Gebieten eingeschränkt und erschwert.

Als wichtige Nahrungsquelle für die Bevölkerung ist die **Fischerei** von Bedeutung. Trotz der 550 km langen Küste und fischreicher Stauseen deckt sie jedoch nur etwa die Hälfte des Eigenbedarfs.

Die **Forstwirtschaft** mit der Ausfuhr tropischer Harthölzer war lange Zeit für die Elfenbeinküste von großer Bedeutung. Dies hat, zusammen mit der Rodung (zur Gewinnung landwirtschaftlicher Nutzflächen, zu einer drastischen **Reduzierung des Regenwaldes** geführt. Wenn keine weitreichenden Maßnahmen eingeleitet werden, wird Schätzungen zufolge bis zum Jahre 2000 der tropische Regenwald weitgehend verschwunden sein. Die Regierung strebt daher eine Kontrolle sowie **Wiederaufforstungsmaßnahmen** zur Erhaltung der einheimischen Wälder an; die bisherigen Aufforstungsprogramme haben jedoch noch nicht den gewünschten Effekt gezeigt. In den nächsten Jahren soll die Aufforstung verstärkt betrieben werden.

Die **Industrie** des Landes konzentriert sich hauptsächlich auf die Weiterverarbeitung landwirtschaftlicher Erzeugnisse, hier sind vor allem die Palmölindustrie, die Textilbranche (Baumwolle) und die Holzverarbeitung zu nennen. Die Förderung von Bodenschätzen ist von geringer Bedeutung. Die Offshore-Ölfelder erwiesen sich als nicht sehr ergiebig; das Erdgasfeld vor Abidjan soll nun für die Stromerzeugung erschlossen werden. Der Westen verfügt über größere **Eisenerzreserven**, daneben

Nickel, Phosphat, Bauxit, Titan und Gold, die jedoch kaum abgebaut werden. 1980 wurden ca. 40 000 Karat **Diamanten** gefördert.
Die Erzeugung von elektrischer Energie erfolgt zu ca. 5% durch die **Wasserkraftwerke** der großen Stauseen. 1983 waren etwa die Hälfte der Einwohner von Abidjan an die Stromversorgung angeschlossen, landesweit jedoch nur ca. 40%.

Gesundheitswesen

Die medizinische Versorgung ist eigentlich für die Bevölkerung kostenlos, das Gesundheitswesen ist verstaatlicht. Tatsächlich aber muß der Patient von der Spritze bis zum Medikament alles aus eigener Tasche zur Behandlung beisteuern.
Schwerpunkte der Gesundheitsversorgung sind die Ernährungs- und Hygienefrage, Maßnahmen zur Schutzimpfung und die Säuglings- und Kinderpflege. Anzahl und Ausstattung der medizinischen Einrichtungen sind, besonders in den ländlichen Gebieten, noch unzureichend, wenngleich besser als in anderen afrikanischen Staaten. 1980 gab es 518 Ärzte im Lande, damit entfielen 15 811 Einwohner auf einen Arzt. Zu diesem Zeitpunkt gewährleisteten **61 Krankenhäuser** in den größeren Orten und Städten die stationäre Behandlung.
Nur ein Teil der Bevölkerung ist an die **Wasserversorgung** angeschlossen. Die Entwicklung im medizinischen Sektor wird jetzt vom Staat vorangetrieben und ist im Ausbau begriffen.
Mangelnde Hygiene und Fehlernährung begünstigen das Auftreten von Infektions- und Mangelerkrankungen.
1991 wurden (seit langem) die ersten 16 Choleraopfer gemeldet. Bis Mitte 1990 hatte man bereits 5392 Aids-Erkrankungen registriert, das sind 427 pro 1 Mio. Einwohner.

Bildungswesen

Das staatliche Bildungswesen ist nach **französischem Vorbild** gestaltet. Die offizielle Schulsprache ist Französisch, an den Sekundarschulen unterrichten immer weniger ausländische Lehrkräfte. Es wird angestrebt, vermehrt ivorische Lehrkräfte auszubilden und einzusetzen, was auf der Primarschulebene bereits der Fall ist. Auch sollen die Lehrpläne auf das ländliche Umfeld eines großen Teils der Bevölkerung zugeschnitten werden. In der Elfenbeinküste besteht **allgemeine Schulpflicht**, der **Schulbesuch** auf allen Ebenen ist **kostenlos.**
Das *Baccalauréat* ermöglicht den Zugang zur Universität in Abidjan, die dezentralisiert werden sollte. Die dafür vorgesehenen Mittel wurden jedoch vom zuständigen Minister und seinen Beamten veruntreut. Viele Ivorer studieren in Frankreich. Die Analphabetenquote hat sich seit der Unabhängigkeitserklärung bis 1985 von 95% auf 57% verringert.

Medien

Zwar besteht seit Einführung des Mehrparteiensystems Pressefreiheit, faktisch ist sie jedoch eingeschränkt, nicht zuletzt durch ein Anfang 1992 erlassenes **„restriktives" Pressegesetz**. So wurden 1991 bereits mehrere kritische Journalisten wegen Beleidigung des Präsidenten mehrere Monate lang inhaftiert, und ein französischer Auslandskorrespondent wurde des Landes verwiesen, da er über das brutale Vorgehen der Polizei gegen Demonstranten berichtet hatte.

Presse

In der Côte d´Ivoire erscheinen vier Tageszeitungen: *Fraternité Matin* und *Ivoir Soir* (beides Regierungsorgane), *La Voie* und *Ivoire Soir*.
Daneben gibt es verschiedene Wochenzeitungen wie *Abidjan 7 Jours* (mit Lokalinformationen), *Afrique Sports, Fraternité Hebdo, Gazette du Centre, Le Griot, Le Guido, Ivoire Dimanche* und *Le Nouvel Horizon*.
Monatlich erscheinen *La Voix d'Afrique, Tele-Miror* und *Enurnea*.

Rundfunk und Fernsehen

Télévision Ivoirienne (TI) *und Radiodiffusion Ivorienne* (RI), die staatlichen Rundfunk- und Fernsehgesellschaften, senden mehrere Radioprogramme in Französisch, Englisch und verschiedenen lokalen Sprachen. 1987 waren ca. 1,5 Mio. Rundfunkempfänger registriert.

Fernsehen wurde 1963 an der Elfenbeinküste eingeführt, seit 1973 gibt es auch Farbfernsehen mit 2 Sendern. 1983 betrug die Zahl der Fernsehempfänger bereits ca. 562 000, und somit gehört dieses Massenmedium, das vielerorts auch in den Schulen als Lehrmittel eingesetzt wird, zu den wichtigsten Informationsmitteln des Landes.

Feste und Feiertage
Offizielle Feiertage
Feste Feiertage:
Neujahr (1. Januar),
Ostermontag, 1. Mai,
Christi Himmelfahrt *(Ascension),*
Pfingstmontag,
15. August (Mariä Himmelfahrt),
1. November (Allerheiligen),
15. November (Tag des Friedens),
7. Dezember (Nationalfeiertag),
25 Dezember (Weihnachten).

Bewegliche Feiertage:
die moslemischen Feste *Ramadan* und *Tabaski (Fête du Mouton).*

Traditionelle Feste

Musik, Tanz und Maskenfeste spielen eine große Rolle im Alltag der Elfenbeinküste, sie verbinden die beiden Hauptanliegen des afrikanischen Lebens: die Religion und das Gemeinschaftsbewußtsein. Viele Feste haben zeremonielle Bedeutung und sind jahreszeitlich festgelegt, wie z. B. das Ende der Ernte, Generationsfeste oder der Beginn der Jagdzeit. Andere wiederum haben rituelle Hintergründe und werden bei bestimmten Gelegenheiten gefeiert, bei Tod, Geburt oder Heirat. Die Ivorer feiern gerne, und jede Volksgruppe hat ihre eigenen Traditionen und besonderen Festtage. Es ist daher gut, wenn man sich in der Region, in der man sich gerade aufhält, nach den dort gültigen Riten erkundigt, ihren Symbolgehalt zu verstehen versucht. Überall unterwegs wird man der Musik begegnen, die für die Ivorer zum Leben gehört wie ihre Arbeit.
Einige Feste, die zeitlich festgelegt sind (die genauen Termine variieren), seien im folgenden aufgeführt:

◆ **Januar**
  Fest der Ernte in Dabou.
  Fest der Yamswurzel (Igame)
  In Abengourou.
◆ **Februar**
  Generationsfest in Tiagba.
  Fest der Kinder in Tiagba.
◆ **März**
  Carnéval
  In Bouaké. Findet zur gleichen Zeit statt wie in Europa und dauert ca. eine Woche. Prunkwagenparade, Maskenball, Wahl der Miss Carnéval.

Stelzenmaske in Man

- **April**
  Popo-Carnéval
  In Bonoua, Ostermontag.
  Generationsfest
  In Moussou, Ostermontag.
  Dipri-Fest (Yams-Fest)
  In Gomon (ca.100 km nordwestlich von Abidjan); ein Ahnenfest, an dem auch Nicht-Eingeweihte teilnehmen dürfen; eindrucksvolle Heilungszeremonien und Opferrituale.
  Maskenfest
  In Guiglo, am Montag nach Ostermontag.
- **Juni**
  Lagunen-Fest
  In Yassap (Region Dabou).
- **Juli**
  Fest der Toten in Tiagba.
  Fest der Beschneidungszeremonie
  In Man.
- **August**
  Generationsfeste
  In Anokoi-Kouté und Blokosso.
  Fest der Yamswurzel in Sikensi.
  Freiheitsfest in Zepobly.
- **September**
  Generationsfeste
  In der Region von Dabou (abwechselnd in allen Dörfern zum Schulbeginn).
  Blahon-Fest in Man.
  Papa-Novo-Fest
  In Toukouzou (bei Jacqueville) am 12. September.
- **Oktober/November**
  Großes *Maskenfest* in Man.
  Abissa-Fest
  In Grand Bassam Anfang November; einwöchige Zeremonie zu Ehren der Toten, an der alle teilnehmen können.
  Fête des Haristes
  Am 1. November in Gbrebgo, in der Nähe von Bingerville.

Man erkundigt sich am besten im voraus in Abidjan, inwieweit man als Europäer an den einzelnen Festen teilnehmen kann. In jedem Fall sollte man die Gepflogenheiten der jeweiligen Feierlichkeit beachten und vor dem Fotografieren eine Erlaubnis einholen. Bei den Poro-Festen der Senufo darf man als Uneingeweihter nicht dabeisein.

Die ivorische Küche

Neben einer großen Auswahl an internationalen Restaurants mit zumeist französisch geprägter Küche *(siehe Restaurants Abidjan)* findet man im ganzen Land die typischen **„Maquis"**. In diesen sehr einfachen Lokalen serviert man hauptsächlich einheimische Gerichte. Hier gibt es üblicherweise keine Speisekarte, denn es wird zubereitet, was gerade auf dem Markt angeboten wird, und die Auswahl beschränkt sich dann meist auf zwei oder drei verschiedene Gerichte. Manchmal wird auch gleich in den kleinen Hinterhöfen, in denen man unter freiem Himmel ißt, gekocht, und man kann sich so vielleicht nach einem Blick in den Kochtopf besser entscheiden. In den kleinen ivorischen Lokalen, die kaum von Touristen besucht sind, ißt man normalerweise mit den Händen und formt die Beilagen wie *Attiéke, Reis* oder *Foufou* zu kleinen Bällchen, die man in die würzigen Saucen taucht. Wer es einmal ausprobiert hat, wird es auch praktischer finden, als mit Messer und Gabel zu essen.

Ivorische Spezialitäten
Foutou

Das Nationalgericht des Landes, das in verschiedenen Varianten zubereitet wird. Es besteht aus einer Teigkugel aus gekochten Yamswurzeln oder Maniok mit Kochbananen. Zusammen mit einer würzigen Erdnußöl- oder Palmkernsauce wird es zu Fleisch, Fisch oder einfach allein gereicht. Yams ist ein Wurzelgemüse, das ähnlich wie Kartoffeln schmeckt.

Foufou
Wird ausschließlich aus Maniokmehl zubereitet, das in Salzwasser gekocht und mit verschiedenen Saucen serviert wird.

Kedjenou
Eines der bekanntesten Gerichte der Côte d'Ivoire. Gedünstetes Huhn, mit Zwiebeln und Tomaten als Eintopf serviert; dazu ißt man Attiéke oder Reis.

Attiéke
Ein Gericht, das in der Côte d'Ivoire als Beilage zu fast allen Speisen angeboten wird und die hiesige Variante des arabischen Couscous darstellt. Es handelt sich um gedämpften Maniok-Grieß mit etwas säuerlichem Geschmack.

Aloco
Kochbananen werden in Palm- oder Erdnußöl gebraten und eventuell anschließend mit Zwiebeln gedünstet und mit Piment gewürzt.

Neben diesen Gerichten gibt es die typischen *Brochettes*, Spieße mit Fisch oder Fleisch und zahlreiche Fischspezialitäten wie Schwertfisch oder Kapitänsfisch. Dazu trinkt man das sehr gute, aber starke einheimische Bier oder *Bandji*, einen aus Palmsaft gewonnenen Wein. Tückisch ist *Koutoukou*, ein destillierter Palmwein, der aufgrund seines hohen Alkoholgehaltes nicht überall angeboten wird. Typisch ist auch *Lemouroudji*, ein Getränk aus Zitronensaft und Ingwer.

Die Zutaten zum Kochen werden auf dem Markt gekauft

714 Länder, Routen, Sehenswürdigkeiten – Elfenbeinküste

Praktische Informationen

An- und Weiterreise
Flug
Von Frankfurt aus bestehen tägliche Flugverbindungen nach Abidjan (Umsteigen in Brüssel, Genf, Paris oder Zürich). Die günstigsten Flüge bieten derzeit *Air Portugal* von Frankfurt und Zürich an sowie *Egypt Air* von München, Frankfurt, Düsseldorf und Berlin. Der **Flughafen** *Port Bouet* liegt 16 km außerhalb des Zentrums.
Die Fahrt mit dem **Taxi** zum Flughafen kostet ca. 3000 CFA. Man sollte darauf achten, daß der Taxifahrer sein Taxameter einschaltet, oder den Preis vorher aushandeln. In der Ankunftshalle im Flughafen hängt eine Tarif-Tafel – je nach Ziel (Hotel).
Billiger als Taxis sind die **Busse**, die zwischen dem Flughafen und der Stadt verkehren (ca. 125 CFA). Manche Hotels bieten einen kostenlosen Bustransfer in die Stadt. Vom Flughafen fährt auch der Bus No 6 ins Zentrum.
Innerhalb Afrikas erreicht man Abidjan auf ein- bis mehrmals wöchentlichen, regelmäßigen Flügen von Ghana, Mali, Gambia, Kongo, Guinea, Benin, Senegal, Kamerun, Sierra Leone, Nigeria, Zaire, Gabun, Togo, Liberia, Niger und Burkina Faso.
Auskünfte über ermäßigte Hin- und Rückflugtarife und Flugpläne erteilen die Büros der *Air Afrique* im Ausgangsland oder direkt in Abidjan (Avenue Joseph Anoma, Tel. 32 02 00).

Schiff
Zwischen Europa und dem Hafen von Abidjan verkehren **Frachtschiffe** mit Personenbeförderung in 10 bis 12 Tagen von Marseille, Rotterdam und Genua aus. Es werden auch **Kraftfahrzeuge verladen** (Zulassungsdokumente und *Carnet de Passage* erforderlich).
Da die Frachter meist nur über eine kleine Anzahl von Kabinen verfügen, ist es empfehlenswert, mehrere Monate im voraus zu reservieren. Auskünfte erhält man z. B. bei der *Nautilus-Linie* in Genua.

Auf dem Landweg
Die Anreise zur Elfenbeinküste kann auch mit der **Eisenbahn** erfolgen, z. B. von Dakar nach *Bamako*, weiter mit dem Bus nach *Ouagadougou* oder *Bobo-Dioulasso* und von dort wieder mit dem Zug nach *Ferkéssedougou* und *Abidjan*.
Busverbindung nach Ghana (Accra): S.T.C.-Bus; Abfahrt ca. 6.00 Uhr früh in Treichville, Boulevard Delarosse; Preis ca. 7000 CFA.
Die **Einreise mit dem Auto** erfolgt über die Grenzübergänge *Niangoloko – Ouangolodougou* (aus Burkina Faso); *Zégoua – Pogo, Kadiana – Tengréla* (aus Mali); *Nzo – Danané* (aus Guinea; vorher erkundigen, ob Grenzübertritt noch möglich); *Tobli – Toulepleu* (aus Liberia); *Noe,* über *Aboisso, Dormaa Ahnekro – Agnibilekrou* und *Bole – Bouna* (aus Ghana).

Visa/Einreise/Zollkontrolle
Informationsstelle
- *Office du Tourisme de la Côte d´Ivoire* 21, Av. De Saxe, F-75007 Paris, Tel. 45 67 35 38.
  (s. a. unter Abidjan)

Deutsche Staatsangehörige benötigen für einen Aufenthalt von bis zu 3 Monaten nur einen **gültigen Reisepaß** (keine Arbeitsaufnahme). Reisende, die sich länger an der Côte d'Ivoire aufhalten wollen, können die Aufenthaltsverlängerung rechtzeitig vor Ablauf der Frist bei der Botschaft in Abidjan veranlassen.

Für **Österreicher** und Staatsbürger der **Schweiz** gilt eine **Visumpflicht**, die nötigen Antragsunterlagen und Auskünfte können vor Antritt der Reise bei den entsprechenden Botschaften/Konsulaten eingeholt werden *(siehe Adressen unter Botschaften der Elfenbeinküste)*.

Als Einreisedokumente benötigen außerdem alle die gültigen Weiter- und Rückreisedokumente sowie einen **Internationalen Impfpaß** mit eingetragener, **obligatorischer Gelbfieberimpfung**. Wer während seines Aufenthaltes auch Nachbarländer besuchen möchte, sollte sich bereits vor Antritt der Reise die nötigen Visa besorgen oder ansonsten Paßbilder mitnehmen und sich über die jeweils gültigen Impfbestimmungen erkundigen.

Die erforderlichen **Grenzdokumente** für eine **Einreise mit dem Kraftfahrzeug** (Carnet de Passage) sind bei den großen Automobilclubs in Deutschland erhältlich. Der Fahrer benötigt einen **Internationalen Führerschein**.

Achtung: Anschnallpflicht unbedingt beachten, sonst drohen hohe Geldstrafen; korrupte Polizisten.

Devisen aller Art können bei der Einreise unbeschränkt mitgeführt werden, eine Deklaration ist erforderlich.

Eine Devisenkontrolle bei der Ein- und Ausreise findet normalerweise nicht statt. Noten und Münzen in Landeswährung (CFA-Franc) dürfen bei der Ankunft unbeschränkt, bei der Ausreise bis zum Betrag von 25 000 CFA mitgeführt werden.

Ausführen kann man außerdem, was man mitgebracht hat, Reiseandenken und Kunsthandwerk, das als Touristensouvenir gilt. Bescheinigungen benötigt man für Edelsteine und Elfenbein, für letzteres ist in Deutschland die Einfuhr verboten.

Botschaften
Vertretungen der Elfenbeinküste
♦ **Deutschland**
Botschaft der Republik Côte d'Ivoire
mit Konsularabteilung, Königstr. 93, 53115 Bonn, Tel. (02 28) 21 20 98/99, Mo bis Fr 9–12.30 Uhr, 13.30–15 Uhr.
Honorarkonsulat der Republik Côte d'Ivoire
Fürstenrieder Str. 276, 81377 München, Tel. (089) 7 14 10 61, Mo bis Fr 10–12.30 Uhr.

♦ **Österreich**
Konsularabteilung der französischen Botschaft
Wipplingerstr. 24–26, 1100 Wien 1, Tel. (02 22) 5 35 62 11, Mo bis Fr 9–11 Uhr. 2 Paßbilder, persönliches Erscheinen erwünscht, Bearbeitungszeit: 1 Tag.

♦ **Schweiz**
Botschaft der Republik Côte d´Ivoire
mit Konsularabteilung, 47, Av. Blanc, 1211 Genève 21, Tel. (022) 28 50 11.

Vertretungen in der Elfenbeinküste
♦ **Deutschland**
Botschaft der BRDeutschland
Boulevard Botreau Roussel-Avenue Nogues, Immeuble Le Mans, in der 4. Etage; B.P. 1900, Abidjan 01, Tel. (0 02 25) 32 47 27, Fax 32 47 29.

Busbahnhof auf dem Land

- **Österreich**
  Botschaft der Republik Österreich
  Immeuble N'Zarama, Bd Languaire, 01, B.P 1837, Abidjan, Tel. 33 22 00, 33 22 51, 33 22 95.
- **Schweiz**
  Botschaft der Schweiz
  Immeuble Alpha 2000, Rue Gourgas, B.P. 1914, Abidjan, Tel. 32 17 21.
- **Benin**
  Botschaft der Republik Benin
  Rues des Jardins, Cocody; Tel. 41 44 84; Visum für 15 Tage wird innnerhalb von ca. 2 Std. ausgestellt (Gebühr ca. 3000 CFA).
- **Togo**
  Togo hat keine eigene Botschaft. Ein Visum für drei Tage ist bei der französischen Botschaft erhältlich und wird innerhalb von 3 Stunden ausgestellt, die Gebühr beträgt ca. 3000 CFA.

- **Burkina Faso**
  Botschaft der Republik Burkina Faso
  Av. Terrasson des Fougères, Tel. 32 13 13. Visum erhält man innerhalb von 48 Std; die Gebühr beträgt ca. 3000 CFA, 2 Paßfotos nötig.
- **Ghana**
  Botschaft der Republik Ghana
  Résidence la Corniche, Bd de Gaulle, Tel. 33 11 24. Die Ausstellung eines Touristenvisums dauert 48 Std. 2 Paßfotos, Gebühr: 10 000 CFA.
- **Guinea**
  Botschaft der Republik Guinea
  Im Immeuble Crosson Duplessis, Av. Crosson Duplessis/Ecke Rue 2; Tel. 32 46 00; Geöffnet Mo bis Fr 9–15 Uhr. Gebühr: 10 000 CFA, 2 Paßfotos (farbig). Visa innerhalb eines Tages möglich. Angeblich ist kein Empfehlungsschreiben der Botschaft des Herkunftslandes notwendig.

◆ **Mali**
Botschaft der Republik Mali
Im Maison du Mali, Stadtteil Marcory, Rue du Commerce; Freitag bis Sonntag geschlossen. Visum wird innerhalb eines Tages ausgestellt; Gebühr: ca. 5000 CFA, 2 Fotos; Tel. 32 31 47.

◆ **Niger**
Botschaft der Republik Niger
Avenue Angoulvant, Marcory; Tel. 35 50 98, Visaantrag schwierig. Bearbeitungszeit ca. 6 Tage; Gebühr ca. 3000 CFA.

Reisen im Land
Verkehrsmittel
Flugzeug
Regelmäßige Flugverbindungen der *Air Ivoire* verbinden Abidjan mit den wichtigsten Städten im Landesinneren:
Abidjan – Bouaké: 1–2 mal täglich.
Abidjan – Korhogo: tgl. außer Mo.
Abidjan – Odiénné: 3x wöchtl.
Abidjan – Man: 3x wöchtl.
Abidjan – San Pédro: tgl. außer Mo.
Abidjan – Yamoussoukro: 3x wöchtl.
Da die meisten dieser Flüge mehrere Zwischenlandungen haben, gibt es auch zahlreiche Verbindungen unter den einzelnen Städten, ohne daß man nach Abidjan zurückkehren muß.

Flugpreise:
Die Preise sind dem Preisniveau des Landes angemessen, so kostet der Normaltarif für die einfache Strecke *Abidjan – Bouaké:* ca. 17 100 CFA, *Abidjan – Korhogo:* ca. 19 050 CFA, *Abidjan – Man:* ca. 24 100 CFA.

Auskünfte z. B. über ermäßigte Tarife am Wochenende, erteilt:
Air Ivoire
Büro in Abidjan, Immeuble Sidam, Avenue Houdaille, Tel. 32 34 29 (Reservierung).

Schiff
Die Flüsse innerhalb der Elfenbeinküste sind aufgrund zahlreicher Stromschnellen, Wasserfälle etc. kaum mit dem Schiff befahrbar.
Auf dem *Assini-Kanal* verkehren zwischen Grand Bassam und Assini geschlossene Boote mit Motorantrieb *(Pétrolettes),* ebenso in *Abidjan* zwischen Vridi und der *Insel Boulay.*
Vom Stadtteil *Treichville* aus, nahe der *Houphouët-Boigny-Brücke,* fahren täglich mehrere Boote zum Plateau rüber (Fahrzeit ca. 10 Min. zu einem Preis von ca. 350 CFA). Schöne Ausblicke auf die Skyline von Abidjan. Man kann auch zu anderen Orten in der Lagune wie z. B. *Grand Lahou* und *Ebonou* fahren.

Eisenbahn
Die einzige Eisenbahnverbindung der Elfenbeinküste führt von *Abidjan* in den Norden des Landes und von dort weiter nach *Ouagadougou* (Burkina Faso). Die gesamte Strecke ist 1173 km lang, davon entfallen 655 km auf die Elfenbeinküste. Die wichtigsten Stationen sind: *Agboville* (82 km) – *Dimbokro* (183 km) – *Bouaké* (316 km, 9 Stunden Fahrt von Abidjan) – *Katiola* (371 km) – *Tafiré* (488 km) – *Ferkéssédougou* (559 km, ca. 12 Stunden von Abidjan). In Burkina Faso hält der Zug an den Stationen *Banfora, Bobo Dioulasso, Koudougou* und *Ouagadougou.* Für die Gesamtstrecke benötigt man mit dem Zug „Gazelle" (4x wöchtl.) ca. 20 Std., der tägliche Expreß-Zug benötigt wesentlich länger.
Die Züge verfügen über 1. und 2. Klasse, Schlafwagen und Restaurant. Vorausbuchungen sind unbedingt nötig, da die Züge fast immer ausgebucht sind.

Fahrpreise (Auswahl):
Abidjan – Bouaké:
1.Kl. ca. 4800 CFA, 2. Kl. 3000 CFA.
Abidjan – Ferkéssédougou:
1.Kl. ca. 9100 CFA, 2. Kl. 6300 CFA.
Abidjan – Ouagadougou:
1.Kl. ca. 16 000 CFA, 2. Kl. 11 000 CFA.
Für den Schlafwagen zahlt man den 1.Klasse-Fahrpreis und 4500 CFA Zuschlag.
Auskünfte:
Société Ivoirienne de Chemin de Fer (S.I.C.F.)
B.P. 1290, Abidjan, Tel. 32 02 45, und in allen Bahnhöfen.

Bus

Innerhalb Abidjans verkehren von 5 bis 1 Uhr Linienbusse (SOTRA); Fahrpreis ca. 100 CFA im Zentrum, 125 CFA in die umliegenden Stadtteile.

Vom zentralen Busbahnhof in *Adjamé*, im Norden Abidjans, gehen zahlreiche Busverbindungen zu allen Städten und größeren Orten des Landes. Die Linienbusse sind recht bequem, nicht überfüllt, und die Fahrpreise sind niedrig (z. B. für die Strecke Abidjan – Yamoussoukro 1500 CFA, 245 km, ca. 3 Std.). Es gibt weiterhin direkte Busse von Abidjan nach Bamako und von Man nach Bamako. Von letzteren ist abzuraten, da es sich um sehr kleine Busse meist ohne Fensterscheiben handelt (mehrere Tage Wartezeit!). Außerdem ist die Straße ab *Odiénné* Piste.

In Bouaké gibt es mehrere Busbahnhöfe und somit Busse nach Bamako fast jeden Tag. Es lohnt sich, genaue Erkundigungen einzuholen. Die Fahrt von Bouaké nach Bamako dauert ca. 2 Tage und 2 Nächte. Unbedingt genügend Trinkwasser mitnehmen!

Allgemein ist empfehlenswert, sich vor einer Fahrt den Bus genau anzusehen. Die Busse sind nämlich oft klapprig und mit entsprechend langen Fahrzeiten ist zu rechnen.

Busverbindungen und -preise:
Abidjan – Sassandra: 3000 CFA.
Abidjan – San Pédro: 3500 CFA.
San Pédro – Man: 3500 CFA (rechtzeitig wegen Abfahrt erkundigen. Keine tägliche Abfahrt).
Man – Bouaké: 3500 CFA.
Bouaké – Bamako (direkter Bus): 8000 CFA.

Busch-Taxi

In jeder Stadt gibt es einen *Gare Routière* (Busbahnhof), manchmal sogar mehrere. Ein ausgedehnter Sammeltaxi-Verkehr verbindet alle wichtigen Orte miteinander. Bei diesen *Taxi-Brousses* handelt es sich entweder um Peugeot 504 mit 8 Sitzplätzen, um kleine Lieferwagen oder *Mille Kilos* (Eintonner). In jedem Fall fährt der Wagen erst, wenn der letzte Platz besetzt ist, stundenlange Wartezeiten sind daher keine Seltenheit. An die teils beklemmende Enge und den rasanten Fahrstil muß man sich gewöhnen. Meist verbringt man die Mittagszeit im Busch-Taxi. Die Ivorer selbst nehmen ihren Proviant mit oder verpflegen sich an den Busbahnhöfen, an denen kühle Getränke, kleine Gerichte, Brot und Früchte angeboten werden.

Taxi

Stadttaxis gibt es in allen größeren Städten, in Abidjan haben sie Taxameter, ansonsten muß der Preis vorher ausgehandelt werden. Nachtzuschlag! Viele Hotels vermitteln auch Privattaxis, die man stunden- oder tageweise für Ausflüge mieten kann. Sammeltaxis *(taxi ramassage)* kosten bei einfacher Strecke ca. 100 CFA.

Unterwegs als Selbstfahrer
Straßenverhältnisse
Verkehrsmäßig ist die Elfenbeinküste im Vergleich zu anderen westafrikanischen Ländern gut erschlossen. Das Straßennetz wird ständig erweitert, und von den derzeit ca. 50 000 km sind 3700 km asphaltiert. Selbst die Nord-Süd-Strecke von *Banfora* (Burkina Faso) nach *Abidjan* ist jetzt durchgängig asphaltiert und in gutem Zustand; ebenso die Strecken *Abidjan – Divo – Lakota – San Pedro* und *San Pedro – Gagnoa – Yamoussoukro* sowie *Berekum – Abidjan*. Die beste Straße führt, zum Teil als Autobahn, von Abidjan nach Yamoussoukrou. Etwa 20 000 km gute Pisten sind das ganze Jahr über befahrbar, kleinere Pisten und Nebenstraßen sind während der Regenzeit unpassierbar. Oft werden auch kleine Brücken weggeschwemmt, und man muß mit großen Umwegen rechnen.

Das Straßennetz ist von Norden nach Süden ausgerichtet, Querstraßen verbinden die wichtigsten Verkehrsachsen. Die Hauptstraßen laufen auf den Hafen von Abidjan zu und sind an das Eisenbahnnetz angeschlossen.

Durch die **gute Infrastruktur** ist es möglich, die interessantesten Regionen in kürzester Zeit zu besuchen. Wesentlich eindrucksvoller ist es jedoch, die asphaltierten Hauptrouten zu verlassen und das Land abseits der Pisten zu entdecken. Langwierig kann eine Fahrt entlang des *Comoé-Flusses* nach Norden werden oder auch im wenig erschlossenen Nord- und Südwesten des Landes. Hier wird das Reisen oft mangels öffentlicher Verkehrsmittel und schlechter Straßen erschwert.

Als **Straßenkarte** eignet sich die Michelin-Karte Nr. 975 *Ivory Coast*, die relativ aktuell ist.

Es herrscht die französische Straßenverkehrsordnung mit **Rechtsverkehr**. Entlang der Grenzen und oft auch zwischen den Departements werden häufige **Zoll- und Polizeikontrollen** durchgeführt, und man kommt entsprechend langsam vorwärts. Hauptgrund der Kontrollen ist die persönliche Bereicherung der Polizisten. Legen Sie ein freundliches, aber bestimmtes Verhalten an den Tag. Nachtfahrten sollte man vermeiden (unbeleuchtete Fahrzeuge!), Fahrzeugpapiere und Reisepaß immer bei sich haben.

Werkstätten/Benzin
Alle größeren Automobilhersteller sind in Abidjan vertreten, die meisten Reparaturwerkstätten verfügen über genügend Ersatzteile.

Das Netz der Tankstellen ist überall im Land gut ausgebaut, und bei einer Panne braucht man meist nicht lange auf ein vorbeifahrendes Fahrzeug zu warten. Dennoch ist es gerade für Nebenstrecken wie im Südwesten des Landes oder in den Nationalparks vorteilhaft, Benzinreserven, Ersatzreifen und das wichtigste Werkzeug mitzuführen.

Benzinpreise:
- Normalbenzin (87 Oktan): ca. 325 CFA-Francs/Liter.
- Super (95 Oktan): ca. 350 CFA-Francs/Liter.
- Diesel: ca. 255 CFA-Francs/Liter.

Mietwagen
Die Anmietung von Fahrzeugen kann in Abidjan und vielen größeren Orten des Landes erfolgen, häufig übernehmen auch die Hotels den Mietwagen-Service. Meist sind Einweg-Mieten nicht möglich, am besten vorher bei der jeweiligen Agentur erkundigen.

Autos sind **mit oder ohne Chauffeur** in verschiedenen Kategorien erhältlich; vorgeschriebenes Mindestalter des Fahrers: 21 Jahre.
Die Mietwagen sind in der Regel **sehr teuer:** ab ca. 15 000 CFA pro Tag zuzüglich ca. 4000 CFA Versicherung und ca. 150 CFA je Kilometer.

Post/Telefon

In allen größeren Orten des Landes gibt es Postämter, in Abidjan mehrere Dienststellen.
Poste Restante-Schalter gibt es im Hauptpostamt *(Poste Central)*. Der Postweg zwischen Deutschland und der Elfenbeinküste dauert etwa 10–14 Tage, auch innerhalb der Elfenbeinküste kann er bis zu einer Woche dauern. Ein *Luftpostbrief* (10 g) nach Deutschland kostet ca. 295 CFA.
Von allen Postämtern und von den Hotels aus kann man **Telexe** schreiben und telefonieren. Gespräche ins Ausland müssen angemeldet werden, von Privatanschlüssen aus kann man nach Deutschland durchwählen.
Vorwahlen:
Deutschland – Elfenbeinküste: 00225, Elfenbeinküste – Deutschland: 0049, Elfenbeinküste – Österreich 0043, Elfenbeinküste – Schweiz 0041.
Bedenken Sie, daß ein Gespräch von Afrika nach Europa teurer ist als umgekehrt, lassen Sie sich also nach Möglichkeit anrufen. Die Verbindungen klappen in der Regel recht gut (meist besser als innerhalb des Landes, wo es häufig Ausfälle gibt).

Geld/Währung/Banken

Die Elfenbeinküste ist zusammen mit Togo, Benin, Burkina Faso, Mali, Niger und Senegal Mitglied der Westafrikanischen Währungsunion. Gemeinsame **Währungseinheit** ist der **Franc-CFA.** Der Umtausch von Travellerschecks (DM/FF) erfolgt problemlos in allen Banken und größeren Hotels. Die Elfenbeinküste verfügt über ein sehr gut ausgebautes Bankennetz in allen wichtigen Orten. Euroschecks werden nicht akzeptiert, dafür jedoch teilweise Kreditkarten.
Die Bank am *Airport Houphoët-Boigny* in Abidjan öffnet ab 8 Uhr und ist nicht rund um die Uhr besetzt. Sie schließt gegen 20–21 Uhr (unterschiedlich). Beim Tauschen von Reiseschecks wird eine Kommission von 2% berechnet.

Öffnungszeiten

Büros und Post:
Mo bis Fr 8–12 und 14.30–17 Uhr, Sa 8–11.30 Uhr.
Banken:
Mo bis Fr 8.30–11.30 Uhr und 14.30–16.30 Uhr.
Geschäfte:
Mo bis Sa 8 bzw. 9–12 Uhr und 15–18.30 Uhr, viele Supermärkte auch sonntags von 9 bis 12 Uhr.
Kleine Kioske haben auch bis spät in die Nacht geöffnet.

Trinkwasser

Das Leitungswasser in Abidjan ist einwandfrei; überall sonst im Land sollte man gefiltertes Wasser oder das überall erhältliche Mineralwasser aus Flaschen trinken.

Strom

220 Volt Wechselstrom, französische Rundstecker (Adapter mitnehmen!).

Uhrzeit

GMT (MEZ minus 1 Stunde, während der europäischen Sommerzeit minus 2 Stunden).

Routen, Städte, Sehenswürdigkeiten

Abidjan

Die **Hauptstadt des Landes** (mit wichtigem Hafen) ist die mit Abstand modernste und **europäischste Stadt Westafrikas**. Neben ihrer schönen Lage und der ökonomischen Bedeutung ist sie auch ein Schmelztiegel verschiedener Völker (Guineer, Ghanaer, Malier, Burkinabé, Europäer und die überall anzutreffenden Libanesen, die den gesamten Handel in der Hand haben). In letzter Zeit ist es zu einer stärkeren Kriminalisierung gekommen, ähnlich wie in Lagos vor ein paar Jahren. Diese Handelsmetropole ist grob in fünf Teile aufgeteilt: das *Plateau* (modernes französisches Geschäftsviertel), *Treichville* (afrikanisches Viertel mit vielen Cafés, preisgünstigen Restaurants und buntem Nachtleben), *Cocody* (exklusives Wohnviertel), *Adjamé* (afrikanisches Viertel), *Marcory* (Wohnviertel). Der *Boulevard de la République* auf dem Plateau ist Hauptgeschäftsstraße. In den eleganten Geschäften gibt es „Haute Couture" aus Paris und absolut alles, was man kaufen kann, sofern das Bankkonto es erlaubt. Teuer ist es jedoch nur im Plateau; in Treichville findet man auch preisgünstige Geschäfte, Restaurants und Hotels.
Sehenswert ist das *I.F.A.N.-Museum* an der Route d'Adjamé, im Westen des Plateaus; geöffnet täglich (außer Montag) von 9 bis 12 und 14.30 bis 18 Uhr. Eintritt frei. Ebenso die 1985 fertiggestellte und eingeweihte **Kathedrale** in Form eines gigantischen Nomadenzeltes lohnt einen Besuch.

PRAKTISCHE INFORMATIONEN

ℹ️ TOURISTENINFORMATION
Ministère du Tourisme
B.P. 141,Abidjan,Tel. (00225) 29 00 00.
Direction de la Promotion Touristique et de l'Artisanat d'Art
Immeuble de la Pyramide,
Rez-de-Chaussée,Abidjan-Plateau;
Tel. (00225) 32 49 70.

 UNTERKUNFT
Hotels
Kategorien
(L) Luxus (20 000 CFA und mehr);
(M) Mittelklasse (ca. 15 000 CFA);
(E) Einfache Unterkünfte (4000 bis ca. 8000 CFA). Die nachfolgende Auflistung erfolgt nach Stadtvierteln.

Plateau
Hotel Sofitel (L)
Bd Lagunaire, 01 B.P. 2185, Tel. 32 26 00, 248 Zimmer, Swimmingpool.
Novotel (L)
Av. Général-de-Gaulle, 12 B.P. 3718, Tel. 32 04 57, 247 Zimmer, sehr zentral und einkaufsgünstig gelegen, Swimmingpool (2000 CFA).
Tiama (L)
Bd de la République, B.P. 643, Tel. 32 08 22, 144 Zimmer.
Grand Hotel (M)
Nahe der Brücke Général de Gaulle an der Lagune, B.P. 1785, Tel. 32 12 00, 95 Zimmer, preiswert.
Hotel des Sports (E)
Av. du Général de Gaulle, B.P. 455, Abidjan,Tel. 32 71 97, preiswertes und zentral gelegenes Hotel (gegenüber Novotel).

722 Länder, Routen, Sehenswürdigkeiten – Elfenbeinküste

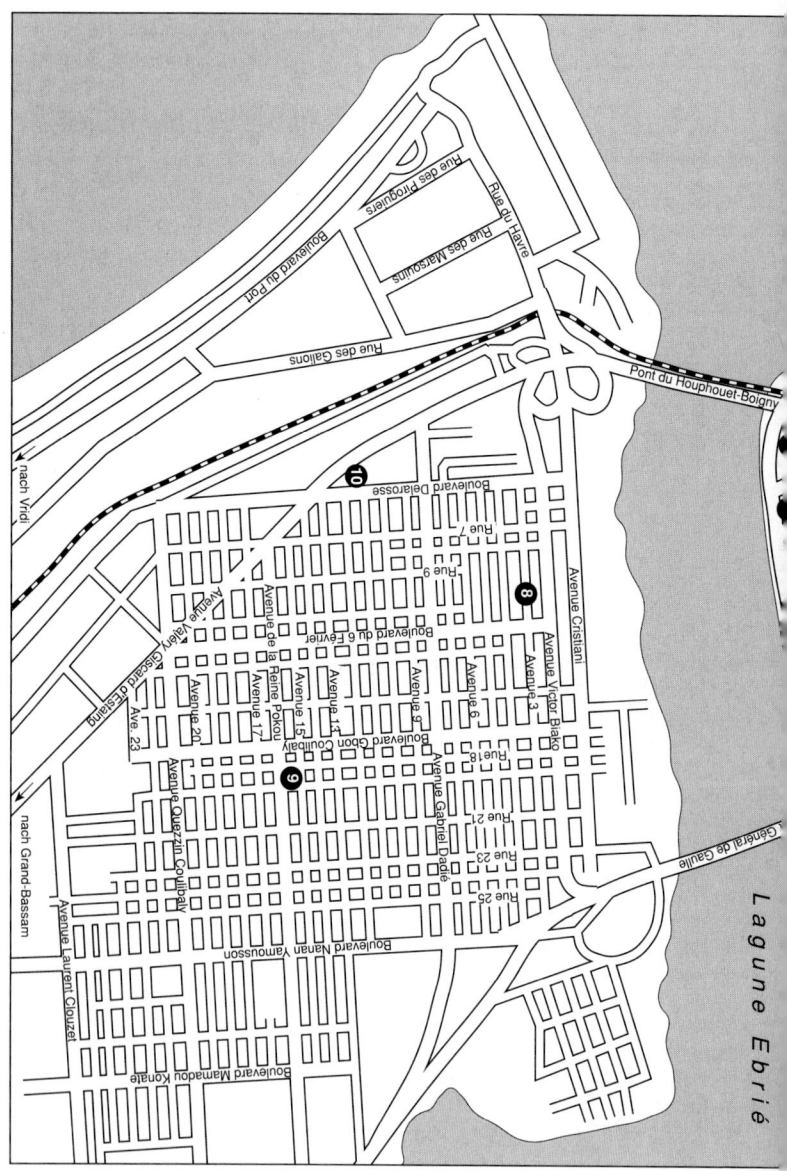

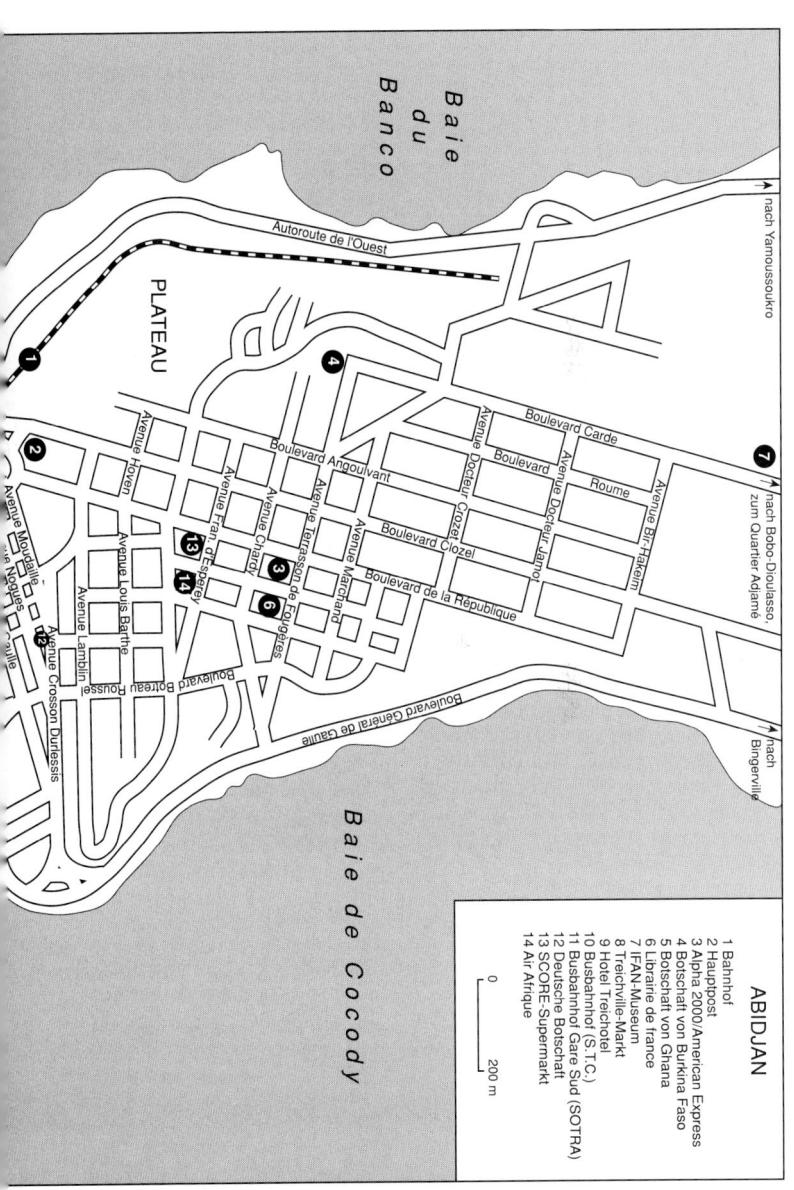

Ibis Plateau (M)
7, Bd Roume, B.P. 1185, Tel. 32 01 57, 190 Zimmer.

Cocody
Hotel voire (L)
Boulevard de la Corniche, 08 B.P. 1, Tel. 44 10 45, Fax 44 00 50; 750 Zimmer, Luxus pur auf 25 Etagen, Westafrikas Nobelherberge und Abidjans höchster Wolkenkratzer, eine Stadt in sich mit Restaurants, Geschäftsstraßen und der einzigen Kunsteislaufbahn Afrikas, Swimmingpool-Benutzung für nur 500 CFA in der Nebensaison.
Golf Hotel (L)
Riviera, am Ufer der Lagune, 08 B.P.18, Tel. 43 10 44, 300 Zimmer, Urlaubsatmosphäre in Stadtnähe, Disneyland-Pool, kleiner Lagunenstrand, 18-Loch-Golfplatz.

Treichville
Hotel International (E)
Autoroute de l'Aéroport, B.P. 1763, Tel. 32 10 85, 52 Zimmer, etwas laut, aber sauber und preiswert, Restaurants, Night-Club, Busbahnhof in der Nähe.
Hotel de France (E)
19, Bd de Marseille, in der Nähe des Hafens, 01 B.P. 960, Tel. 35 39 78, altes Hotel, aber sauber und relativ preiswert, 50 Zimmer.
Hotel Terminus (M)
Bd Delafosse, 01 B.P. 790, ideal gelegen für Besichtigung des Hafens und des Marktes.
Hotel Treichotel (E)
Av. de la Reine Pokou, EZ 8000 CFA, DZ ca. 9000 CFA, Tel. 94 08 67.
Hotel Haddad (E)
Av. de la Reine Pokou, ca. 3000 CFA/Zimmer; ohne Komfort, eine der billigsten Unterkünfte in Abidjan, etwas laut, manchmal gibt es kein Wasser.

Hotel Atlanta (E)
Avenue 15, nahe Hotel Treichotel; DZ ca. 4000 CFA. Tel. 33 24 69.
Hotel de Prince (E)
Avenue 20, ebenfalls in der Nähe des Treichotels. Tel. 32 71 27.
Hotel Ekoumatau (E)
Avenue de la Reine Pokou, EZ ca. 3500, DZ ca. 6500 CFA.

Marcory
Hotel Massarana (M)
04 B.P. 874, Tel. 35 46 56, 36 Zimmer.
Hamanieh (M)
Bd de Lorraine, B.P. 548, Tel. 36 91 55; 84 Zimmer, ruhig, in der Nähe des Wohnviertels gelegen.
Ibis Marcory (M)
4, Bd Giscard d'Estaing, in der Nähe des Flughafens gelegen, 15 B.P. 594, Tel. 36 92 55; 140 Zimmer.
Monapi (M)
01 B.P. 2386, Tel. 35 43 98; 30 Zimmer.

Zone 4
Le Stop (M)
Rue P.-et-M.-Curie, 01 B.P. 1947, Tel. 35 71 61, 30 Zimmer.
Pergola (M)
Bd de Marseille, an der Lagune, 01 B.P. 772, Tel. 35 56 58; 26 Zimmer, sehr gutes Restaurant.

Bietry
Le Wafou (L)
Boulevard de Marseille, 01 B.P. 3824, Tel. 36 84 40, sehenswert: 50 Rundbungalows in Pfahlbauweise über der Lagune *(siehe auch Restaurants)*.

Vridi
Palm Beach (L)
Route de Vridi, 15 B.P. 125, Tel. 35 42 16; 60 Bungalows, direkt am Strand, Flughafennähe.

Adjamé

Hotel La Rocade
Günstiges Hotel ca.500 m östlich vom Busbahnhof in Adjamé, Tel. 37 21 51.
Hotel de la Gare
Eine Straße östlich vom Busbahnhof.
Hotel du Nord (M)
Face de l'Agence Hachette, 220 1gts, 09 B.P. 230, Tel. 37 04 63, unweit vom Plateau, in der Nähe einige kleine afrikanische Restaurants; 34 Zimmer.
Banfora (M)
03 B.P. 174, Quartier St. Michel, 100 m südöstlich vom Busbahnhof, 34 Zimmer, Tel. 37 02 52.
Liberté (E)
03 B.P. 174, Tel. 37 15 64, in unmittelbarer Nähe des Marktes und Busbahnhofs gelegen.

Camping

Copa Cabana
Etwa 17 km außerhalb an der Straße nach Grand-Bassam. Besitzerin aus Madagaskar. Bar-Restaurant; Vorsicht vor Dieben, kein Wächter, kein Hund; zu erreichen mit dem Bus Nr. 17 von Abidjan-Zentrum aus.
Les Vagues de Vridi
Am Vridi-Kanal, Rue de l´Ocean, zwischen Hotel Palm Beach und Coco Beach Hotel.

 ESSEN UND TRINKEN

Restaurants
Abidjan verfügt über unzählige Restaurants und Kneipen, vor allem in den Stadtteilen Treichville und Plateau. Nachfolgend eine kleine Auswahl von Restaurants, in denen man typisch afrikanisch ißt:

Marcory

Maquis Le Kissabe
Bd de Gabou, Tel. 35 15 66.

Le Vatican
Hinter dem Hotel Monapi, Tel. 35 71 14, beliebtes Maquis mit schöner Dachterrasse, sehr gute ivorische Küche, außerdem besonders preiswert.

Plateau

Maquis Guichet 23
Place de la République (nahe der Hauptpost), Spezialität: „Poulet à la Braise" (Hühnchen vom Holzkohlengrill).
Climbié
Av. Chardy/Ecke Rue Lecoeur, klimatisiertes luxuriöses Restaurant mit afrikanischer Küche.
Marhaba
Bd Lagunaire, ausgezeichnete nordafrikanische Küche.
Café Central
Av. Franchal d'Esperey.

Treichville

Chez Mamie
Immeuble Sicogi Arras, Rue 38, Tel. 33 24 93, bekanntes Restaurant für afrikanische Spezialitäten.
Restaurant Soukal
Bd Giscard d'Estaing, Tel. 32 73 87.
Le Calalou
Av. 2/Rue 6, togolesische Küche.
Marrakech
Av. 21/Rue 13, marokk. Spezialitäten.
Restaurant Senegalais
Avenue 21; empfehlenswert.

Cocody

Maquis Le Toqueul
Rue de Goyaviers, Tel. 44 08 89.
Bonne Braise
Rue de Goyaviers, Tel. 44 09 91.

Bd de Marseille – Zone 4

Santa Maria
Bd de Marseille, Tel. 35 54 66, Meeresspezialitäten, sehr beliebt, da sehr

schön an der Lagune gelegen, daher Vorausreservierung; empfehlenswert!
Le Foutou
Bd de Marseille, Tel. 35 03 61.
Le Wafou
Bd de Marseille, Tel. 36 84 40, ivorische und internationale Küche, abends mit Folkore-Show, teuer, aber sehenswert: ein Hotelrestaurant im Stil eines Pfahldorfes über der Lagune, abends Reservierung nötig.

Entlang der Küste (Zone Côtière)
La Vigie
Route de Bassam – Port Bouët, Tel. 36 71 28, Fischspezialitäten.
Chez Cakpo
Bd du Canal Vridi, Langusten und Fischspezialitäten; Motel.
Taverne Bassamoise
In Grand-Bassam (40 km), 2-Sterne-Restaurant, bekannt für ausgezeichnete Meeresfrüchte.

Preiswert essen
Maquis Restau (Chez Lucie)
Adjamé, preiswerte afrikanische Küche.
Chez Babuya
Treichville, Av. 7/Rue 7. Nur abends geöffnet, mauretanische Küche, Couscous.
Le Marché du Plateau
Nahe dem Markt des Plateaus, preiswertes französisches Tagesgericht.
Maquis Chez Mado
Rue Calmette, Zone 4, kamerunische Küche (N'delé).
Le Retrouvailles
Bd de Gabou, Marcory, sehr gute Spießchen, gute Musik.

Von vielen Travellern wird inzwischen der Stadtteil *Adjamé*, nördlich vom Plateau, dem Stadtteil Treichville vorgezogen, da es dort weniger gefährlich ist und außerdem mehrere kleine afrikanische Restaurants zum Verweilen einladen; in unmittelbarer Nähe befindet sich auch der Busbahnhof von Adjamé.

 NACHTLEBEN
Night-Clubs
Das Angebot ist groß, besonders im Rotlichtdistrikt Treichville wird die Nacht zum Tag. Eine kleine Auswahl:

La Canne à Sucre
Beliebter und bekannter Treff in Treichville zu später Stunde.
Treich-Can-Can, Treichville.
Jannick Bar, Treichville.
Le Moulin rouge, Treichville.
Lagon Bleu, Plateau, nahe Sofitel.
L´Oxygen, Plateau.
Le Balaho, Plateau.
Le SAA, Hotel Le Wafou, Zone 4.

Kinos
Plateau
Les Studios, Le Sphinx, Le Paris.
Adjamé
Liberté, Le Lux.
Treichville
Plazza, Vox.
Cocody
Hotel Ivoire.
In den Kulturzentren, z. B. *Centre Culturel Français* (Tel 22 56 28), finden meist Nachmittags-Vorführungen statt.

Theater und Konzerte
In den *Kulturzentren (siehe Sonstiges).*
Palais de Congrès, Hotel Ivoire.
Théâtre de la Cité de Cocody.
Goethe Institut
Av. Jean Mermoz prolongée, Tel. 44 14 22. Im Angebot sind nicht nur Deutschkurse, sondern auch deutsche Filme und Kulturelles aus Deutschland und Côte d'Ivoire.

NOTFALL

Krankenhäuser
Hôspital de Cocody, Tel. 43 90 24.
Hôspital de Treichville, Tel. 36 91 22.
Pisam (Polyclinic Internationale St. Anne-Marie)
Privatklinik mit europäischem Standard, Abidjan (Cocody), Tel 44 51 32.

Ärzte
Dr. Chenal
Centre Médical, 25, Bd Anboulvant, Abidjan (Plateau), Tel. 21 15 26. (deutsch sprechende Ärztin!)
Dr. Gérard Orio
Zahnarzt. Av. Chardy (gegenüber dem Kino Le Paris), Abidjan (Plateau), Tel. 21 73 60.

Apotheken
Plateau
Pharmacie Central
Av. Franchet-d'Esperey, Tel. 32 79 64.
Pharmacie du Plateau
Immeuble Botreau-Roussel, Tel. 33 17 64.
Treichville
Pharmacie du Grand Marché
Place de l'Ancien Marché, Tel. 22 27 28.
Außerdem viele andere Apotheken in allen Stadtteilen.

 VERKEHRSVERBINDUNGEN

Bahn
Linie *Abidjan – Ouagadougou* (ehemals R.A.N.), Bahnhof Treichville, Tel. 32 20 66 *(s. o.)*.

Bus
Busbahnhöfe in Treichville:
Richtung Grand Bassam, Assinié und Aboisso.
S.T.C.-Busbahnhof (State Transport Cooperation) für Busse nach Accra/ Ghana *(s. Plan)*.

Vom *Gare de Jacqueville* fahren Express-Busse direkt nach Jacqueville (60 km); nähere Informationen unter Tel. 31 53 00.

Busbahnhöfe in Adjamé:
In alle Richtungen ins Landesinnere; die großen Busse (Langstrecken) sind am preiswertesten. Dem Taxifahrer evtl. das Busfahrtziel angeben, denn der Gare Routière hat enorme Ausmaße. Man kann sich aber auch gegen ein kleines Trinkgeld zum richtigen Bus von einem „guide" bringen lassen.
Vom *Nouvelle Gare Routière* in Adjamé (ca. 15 Min. zu Fuß vom anderen Gare Routière) fahren z. B. Direktbusse nach Jaquesville.

Stadt-Busse (SOTRA):
Gut ausgebautes Busnetz mit zahlreichen Linien und Busbahnhöfen (*Gare Sud* nördlich der Houphouët-Boigny-Brücke, *Gare Nord* im Stadtteil Adjamé, *Gare de Marcory, Gare de Vridi Canal* u. a.). Fahrpreis für Fahrt innerhalb Abidjans und in die umliegenden Stadtteile ca. 150 CFA.
Hier die wichtigsten Linien:
Bus Nr. 2:
Gare Nord, Markt in Adjamé, Postamt im Plateau, Gare de Marcory.
Bus Nr. 3:
Bahnhof in Adjamé, Kathedrale St. Paul, Markt in Treichville, Gare de Marcory.
Bus Nr. 6:
Flughafen, Bd Marseille, Krankenhaus und Markt in Treichville, Gare de Bassam.
Bus Nr. 12:
Gard Nord, 220 Logements, Gare Sud, Markt in Treichville, Gare de Bassam.
Bus Nr. 28:
Gare Sud, Nationalmuseum, Markt in Cocody, Universität Abidjan.

Bus Nr. 31:
Markt in Treichville, Gare de Marcory.
Bus Nr. 74:
Gare de Marcory, Immeuble de la Pyramid (Centre Culturel Français), Markt in Cocody, Hotel Ivoire.
Bus Nr. 86:
Gare Sud, Immeuble de la Pyramid, Markt in Adjamé, Busbahnhof in Adjamé, 220 Logements, Markt in Cocody.

Taxis
Die Taxis in Abidjan sind mit Taxameter ausgerüstet (darauf achten, daß es funktioniert!). Man kann sich Stadttaxis auch für längere Fahrten oder tageweise mieten (genaues Ziel angeben). Hierzu wendet man sich an das Syndikat der Taxifahrer.

Fluggesellschaften
Air Ivoire
Av. Houdaille, Tel. 27 90 27.
Air Afrique
3, Av. Joseph Anoma, Plateau, Tel. 23 40 76.
Air France, Tel. 21 19 41.
Swissair, Tel. 32 55 72.
Sabena, Tel. 33 29 36.
Iberia, Tel. 32 65 73.

 RUND UMS AUTO
Autovermietung (Auswahl)
AVIS
Novotel, Tel. 32 80 07 und Bd Général de Gaulle, Tel. 32 04 57.
HERTZ
Bd Giscard d'Estaing, Tel. 25 77 47.
EUROPCAR
42, R. Docteur Calmette, Tel. 27 79 80, 25 35 24, 35 11 35.
Budget
Rue Blanchard, Tel. 35 60 11.
Locauto
Immeuble Francisco, Tel. 35 54 95.

 SPORT
Schwimmbäder
Hotel Ivoire
Swimmingpool in Form eines Sees um das Hotel (sehr schön, aber nur für Hotelgäste, außer im September).
Hotel Forum Golf
Stadtteil Riviera, kleiner Lagunenstrand, wunderschöner „Disneyland"-Pool mit Brücken und Inseln.
Novotel
Av. Générale de Gaulle, Plateau; angenehm schattig, Eintritt frei.

 SONSTIGES
Reisebüros
Start-Voyages
Bd de Marseille (gegenüber vom Hotel Wafou), Tel. 36 73 89.
WTA (World Travel Agency)
Immeuble le Carrefour, Bd G. d'Estaing, Tel. 35 14 85.
SOAEM-Voyages
Rue du Senateur la Garof (Plateau), Tel. 32 75 03.
Socopao Voyages
Immeuble Alpha 2000, Av. Chardy (Plateau) Tel. 22 83 84.

Banken
Öffnungszeiten: Mo bis Fr 8.30–11.30 und 15–16.30 Uhr.
BIAO
Av. Joseph-Anoma (Plateau), Tel. 32 07 22.
Banque Central des Etats de l'Afrique de l'Ouest
Rue Le Coeur, Tel. 32 04 66.
SGBCI (Société Generale des Banques en Côte d'Ivoire)
Immeuble Air Afrique, Av. Joseph-Anoma, Tel. 32 03 35 u. a.
Angeblich haben sich die Banken die Bearbeitung von Schecks aufgeteilt, d. h. praktisch: immer nur eine bestimm-

te Bank tauscht die jeweiligen Traveller-Schecks !

American Express
c/o Socopao, 14, Bd de la République, Plateau B.P. 1297, Tel. 24 23 52, Telex 4 24 38.

Post
Hauptpostamt
Geöffnet Mo bis Fr 7.30–12 und 14.30–17.30 Uhr, Sa 7.30–12 Uhr.
Place de la République, Plateau. Vom Postamt und von den großen Hotels direkte Selbstdurchwahl ins Ausland.

Kulturinstitute
Centre Culturel Allemand
Goethe-Institut, B.P. 982, Tel. 44 14 22.
Centre Culturel Français
Französisches Kulturzentrum, Quartier du Plateau, neben dem Gebäude „Pyramide", Tel. 32 15 99.

Einkaufen
Supermärkte:
SCORE
Bd de la République/Ecke Av. Delafosse.
Nour-al-Hayat
Rue Lecoeur/Ecke Av. Chardy.

Souvenirs:
Kunsthandwerk im *Marché Artisanal* im Plateau gegenüber dem Gebäude *Alpha 2000* und in der Boutique *La Rose d'Ivoire* in der Einkaufsgalerie des Hotel Ivoire (auch Antikes, jedoch sehr teuer). Afrikanische Stoffe und **Webarbeiten** kauft man am besten und günstigsten auf dem Markt von Treichville (Handeln!), aber ebenso in der Rue 12 (Treichville) und Av. Générale de Gaulle, (Plateau).
Der *Marché de Cocody* am Bd de France ist ebenfalls einen Besuch wert.

Buchhandlungen
Librairie du France
Av. Chardy, Plateau, Tel. 32 13 21.
Die Buchhandlungen im Novotel und im Hotel Ivoire haben ebenfalls große Auswahl an Büchern über das Land und seine Leute. **Stadtpläne** gibt es in der Librarie du France und in der Buchhandlung im Hotel Ivoire.

 AUSFLÜGE
Plage de Vridi
Schöner Strand etwa 12 km vom Flughafen in Richtung Grand-Bassam. Es gibt eine direkte Busverbindung zum Strand vom Place de la République in Abidjan (ca. 125 CFA).
Achtung: Die gefährliche Meeresströmung ist zu beachten!
Übernachtung:
Palm Beach Hotel, Tel. 35 42 16.
Hotel Grillon
Neu erbaut, direkt am Strand, unter Kokospalmen, Tel. 35 52 60.
Gut essen kann man im *Chez Capko;* die Spezialität: grillte Langusten. (Sonntags nicht zu empfehlen, da total überfüllt!)

Bingerville
Man verläßt Abidjan auf der *Route de Cocody* und erreicht nach etwa 18 km guter Asphaltstraße, vorbei an Palmenhainen, Bananen- und Ananas-Plantagen, das Städtchen *Bingerville* auf einer Anhöhe über der *Ebrie-Lagune*. Auch vom Gare Routière in Adjamé (Abidjan) in etwa einer Stunde Fahrzeit mit dem Minibus zu erreichen.
Nach der Gelbfieberepidemie in Grand-Bassam gründete die französische Kolonialverwaltung hier im Jahre 1900 ihre zweite Hauptstadt. Das ehemalige kleine Ebrie-Dorf *Adjamé* wurde nach dem aus Straßburg stammenden For-

schungsreisenden, Gründer und Gouverneur der Kolonie, *Louis Gustav Binger*, umbenannt in Bingerville. 1933 wurde dann aufgrund des Eisenbahnbaus die Hauptstadt von hier nach Abidjan verlegt.

Sehenswert ist der alte **Gouverneurspalast**, eine Residenz im typischen Kolonialstil mit schönen Treppenaufgängen im Inneren. Hier ist heute ein Waisenhaus eingerichtet.

Der **Botanische Garten** mit vielen Orchideen und für die Region typischen Bäumen ist leider ziemlich vernachlässigt. Es gibt keine Beschriftungen der Pflanzen, und daher ist es ratsam, sich einen Führer zu nehmen.

Geht man von der Hauptstraße aus die (nach rechts) zur Lagune führende Straße hinab, erreicht man die *Ecole d'Art Africain*, eine **Schule für afrikanische Bildhauerkunst**, in der Holz- und Bronzearbeiten angefertigt werden. Der Schule angegliedert ist das *Combes-Museum*, das nach dem französischen Künstler *Charles Combes* benannt ist, bekannt für seine Darstellungen der verschiedenen ethnischen Gruppen der Elfenbeinküste.

In Bingerville führt vom Ende der Hauptstraße und des Marktplatzes aus eine Piste zur Fähre über die Ebrie-Lagune, die Straße am anderen Ufer geht weiter nach Grand-Bassam und Aboissa. Fährt man jedoch an der Abzweigung zur Fähre geradeaus weiter, biegt rechter Hand 6 km vor *Eloka* eine Piste ab nach

Bregbo

Hier lebt der Prophet und Prediger der **harristischen Kirche**, *Albert Atcho*, der als „Weiser" und infolge seiner Heilkunst, einer „alten Form" der Psychoanalyse, bei seelisch Kranken und Anhängern seiner Sekte großes Vertrauen genießt. Während seiner Heilbehandlung beantworten die Patienten eine Reihe von Fragen und werden anschließend mit Kräutermedizin behandelt, was angeblich in 90% der Fälle hilft.

Das kleine Dorf selbst strahlt sehr viel Ruhe aus, die einzige Straße führt zur harristischen Kirche und zum Wohnhaus des Propheten.

Banco-Nationalpark

Urwaldhungrigen bietet der *Forêt du Banco* am nordwestlichen Stadtrand von Abidjan einen Eindruck von der Vielfalt tropischer Vegetation, die früher die gesamte Küstenebene bedeckt hat. Der 1953 geschaffene, 3000 ha große Nationalpark ist mit seinen von Lianen bewachsenen Baumriesen eines der letzten **Relikte des Primärurwaldes** und eine beliebte Touristenattraktion.

Anreise: Man verläßt Abidjan auf der Straße in Richtung *Dabou*, zweigt dann nach rechts zum *Banco* ab, wo die Teerstraße schließlich am Fluß Banco endet, der sich hier zu einem kleinen See erweitert. Um den See herum führt ein Fußweg. Wer tiefer in den Tropenwald eindringen will, muß mit einer schlechten Piste vorliebnehmen oder besucht das *Arbotreum*, eine Art botanischen Garten.

Den Banco-Nationalpark sollte man wegen der gelegentlichen Überfälle von Banditen nicht alleine besuchen, sondern nur in größeren Gruppen (ab ca. 6 Personen). Ein Führer ist nicht unbedingt ein Schutz.

Grand Bassam

Siehe Kapitel Der Osten und Nordosten – Grand Bassam.

Der Südwesten

Abidjan – Jaqueville – Grand-Lahou

⇨ Ca. 131 km. Teerstraße und Piste.

Fährt man die Straße nach *Dabou*, entweder mit dem eigenen Wagen oder mit dem Busch-Taxi von Abidjan (Busbahnhof Adjamé) aus, weiter, erreicht man die Fähre über die *Ebrié-Lagune*. Vom anderen Ufer aus führt eine Piste entlang der Landzunge zwischen Meer und Lagune in die kleine Stadt Jaqueville. Von Abidjan-Treichville aus verkehrt auch ein Boot durch den *Vridi-Kanal* nach Jacqueville, mit dem die Fischhändler ihren täglichen Weg zum Markt zurücklegen. An der Anlegestelle wartet dann das Buschtaxi für die letzten Kilometer Piste zum Ort.

Jacqueville

Von der bewegten Geschichte der Stadt zeugen nur noch wenige Kolonialhäuser, teils schon zerfallen, entlang der Straße am Meer. Schon im 16. Jh. ließen sich hier aus Ghana einwandernde Volksgruppen nieder. Nach Ankunft der Europäer wurde die Stadt zu einem wichtigen **Handelszentrum**, aber auch zum traurigen Schauplatz des **Skla-**

Sklaven auf dem Weg zur Küste (nach einer hist. Darstellung)

venhandels mit Amerika. Lange Zeit stand die Küste unter englischem Einfluß, und das frühere *Grand Jack* wurde erst 1878 von den Franzosen in Jacqueville umbenannt.

Hauptattraktion sind heute die traumhaft schönen **Palmenstrände** entlang des Lagunenstreifens, der sich vom Vridi-Kanal bis zur Mündung des *Bandama-Flusses* erstreckt. Wem das Strandleben zu einseitig ist, der kann Ausflüge mit der Piroge unternehmen, Hochseefischen oder die kleinen Fischerdörfer der Umgebung besuchen, darunter das 30 km entfernte *Toukouzou*, Wohnort des harristischen Propheten *Papa Novo*, wo im September ein großes Fest stattfindet.

Unterkunft:
Hotel M'Koa
Tel. 31 52 08, komfortables Hotel am Ortseingang, 22 klimatisierte Zimmer, Restaurant, Bar, Nacht-Club, Swimmingpool, an einem kleinen See unweit vom Meer gelegen.

Le Campement-Hotel
In der Nähe vom Gare-Routière, direkt am Palmenstrand gelegen. Bungalowdorf unter Schweizer Leitung, Terrassen-Restaurant.

Hinweis: Es gibt keine Bank in Jacqueville!

Auf der Weiterfahrt entlang der Lagune erreicht man die Dörfer *Ile de Tiegba* und *Grand-Lahou*.

Ile de Tiegba

(„Tiaba" ausgesprochen)
Auf Pfählen errichtetes Dorf mit etwa 4000 Einwohnern, die drei verschiedenen Religionen angehören (Harristen, Moslems, Protestanten). Mit einer Piroge (ca. 2000 CFA/Person) gelangt man zur Insel. Hier scheint die Zeit stillgestanden zu haben; man fühlt sich zurückversetzt in die Kolonialzeit.

Unterkunft:
Aux Pilotis de l'Ébrié
Direkt neben der Anlegestelle gelegene Auberge, auf Stelzen direkt über dem Wasser gebaut. Einzige Unterkunft in der Gegend; DZ ca. 3500 CFA, kein fließendes Wasser. Tel. 37 09 99 und 37 03 84. Von der Terrassenbar eröffnet sich ein schöner Blick auf die Lagune. Exkursionen mit Pirogen. Keine Fährverbindung nach Abidjan oder durch die Lagune.

Verkehrsverbindungen:
Von Abidjan zu erreichen, indem man zunächst mit dem Peugeot 504 von *Adjamé* (Abidjan) nach Dabou fährt; von dort mit dem Lkw auf schlechter Piste mit tiefen Rinnen und Schlaglöchern weiter (in der Regenzeit unpassierbar), oder mit dem Bus (lange Wartezeit); die Rückfahrt ist am nächsten Morgen um ca. 7 Uhr; nur ein Bus pro Tag. Mit einem Taxi von *Dabou* (ca. 10 000 CFA) kommt man ohne Wartezeiten schnell ans Ziel. Schöne Fahrt durch tropische Landschaft, vorbei an zahlreichen Plantagen und riesigen Termitenhügeln.

Grand Lahou

Dorf auf einer Landzunge, am Ende der Lagune. Zu erreichen von Dabou auf 98 km Piste, die z. T. asphaltiert ist.

Unterkunft:
Chambres de Passage
Sehr einfache Bambushütten, die ca. 4000 CFA kosten.

Auberge des Ananas
An der Hauptstraße zwischen Grand Lahou I und II inmitten einer Ananas-Plantage gelegen, klimatisierte Zimmer ca. 7000 CFA. Der Cusinier Alphonse zeigt den Gästen auch gerne die Um-

gebung. (Buschtaxi hält auf Anfrage direkt davor.)
Campement Hotel
Auf der Landzunge, direkt an der Mündung des Bandama-Flusses, ca. 6000 CFA; Restaurant (Meeresspezialitäten).
Ausflüge in den Regenwald und Pirogenfahrten auf der Lagune sowie zur Schimpanseninsel und zum Nationalpark Azagny bieten sich an.
Der ca. 30 000 ha große **Nationalpark Azagny** ist nur mit dem Boot oder zu Fuß zu erreichen. In diesem Urwaldreservat haben einige der letzten Elefantenherden der Côte d´Ivoire ein Rückzugsgebiet gefunden. Rundflüge mit Privatmaschine sind möglich.

Grand Lahou – Divo – Gagnoa

⇨ 208 km gute Asphaltstraße.
Anreise von Abidjan mit Minibus, Dauer: ca. 3–3½ Stunden, vom Gare Routière in *Adjamé*. Rechtzeitig Ticket besorgen, Busse sind leicht ausgebucht, fahren 2–3mal täglich. Preis: ca. 1500 CFA.

Man fährt durch schöne Landschaft mit Bananen-, Avocado-, Ölpalm- und Kaffee-Plantagen. Entweder weiter auf Piste von Grand-Lahou oder einfacher über die Straße von *Abidjan* nach *Gagnoa* erreicht man den Ort *Divo*.

Divo

Der Ort bietet keine besonderen Sehenswürdigkeiten, ist aber als Durchgangsstation und Abzweig nach Grand-Lahou als Übernachtungsstation gut geeignet. Die Post liegt an der Straße nach Gagnoa, in der Nähe des Hotel Nouna. *SGBCI*- und *BICICI-Bank* befinden sich im Zentrum. Eine Polizeistation liegt an der Straße nach Gagnoa.
Unterkunft/Verpflegung:
Hotel Nouna
B.P. 81, Tel: 58 00 87, an der Straße nach Gagnoa, etwa 2 km vom Busbahnhof nach Gagnoa entfernt, 3 bis 4 km vom Busbahnhof nach Abidjan entfernt, Taxi nehmen (ca. 500 CFA); ruhig, sauber, in der Nähe der Post, Zimmerpreise ab 4000 CFA; DZ (mit Bad, Dusche, warmes Wasser, Air): 6500 bis 8000 CFA.
Hotel Relais
200 m vor dem Hotel Nouna an der Straße nach Gagnoa, Restaurant, Bar, Zimmer mit Air.
Hotel El Dorado (= Ali Baba)
Rechts hinter der Total-Tankstelle.
Restaurant La Cachette
Gegenüber vom Hotel El Dorado in die Straße hinein, drei Querstraßen weiter.
Busverbindungen:
In Divo gibt es zwei Busbahnhöfe (ca. 4–5 km voneinander entfernt):
Der Busbahnhof in Richtung Abidjan am Ortsausgang nach Abidjan;
der Busbahnhof nach Gagnoa am Ortsausgang, 2 km vom Hotel Nouna; von hier Abfahrt nach *Gagnoa* (88 km), Fahrtdauer: ca. 1½ Stunden, Preis: 1200 CFA.

Lakota

37 km hinter *Divo* (Straße nach Gagnoa) zweigt man links zu dem kleinen Städtchen Lakota ab. Dort gibt es Lebensmittel, Treibstoff, Unterkunftsmöglichkeit, Garage und ärztliche Versorgung.

Von der Abzweigung nach Lakota sind es noch 45 km bis zu dem Ort Gagnoa.

Gagnoa

In Gagnoa liegt alles sehr zentral (Busbahnhof, Bank, Hotels usw.). Man braucht kein Taxi. Es gibt sogar ein richtiges „Stadtzentrum"; keine Sehenswürdigkeiten, guter Zwischenstop.

PRAKTISCHE INFORMATIONEN

 UNTERKUNFT
Hotels
Hotel Le Cottage
Im Zentrum, Nähe Busbahnhof, B.P. 557, Tel. 77 21 73, Bar, Rest., Terrasse, Zimmer mit Air und Bad; DZ 12 000–18 000 CFA.
Hotel Flamboyant
Außerhalb an der Straße nach Abidjan.
Hotel Campagnard
Außerhalb an der Straße nach Abidjan; B.P. 113, Tel. 77 29 77.
Hotel Gazelle
An der Straße nach Abdijan, B.P. 19 58. Tel. 77 27 66.
Hotel Le Fromager
Zentrum, B.P. 317, Tel. 77 20 36.
Hotel Beau Séjour, im Zentrum.

Camping
Campingmöglichkeit beim Sportverband der Europäischen Gemeinschaft; ca. 1500 CFA/Person. Schwimmbad.

 VERKEHRSVERBINDUNGEN
Es gibt mehrere **Busbahnhöfe:**
Busbahnhof Toyoue
Überlandbusse nach Yamoussoukro, Bouaké.
Busbahnhof im Zentrum
Hinter der Shell-Tankstelle; mit dem Minibus. Abfahrt nach Divo und Sassandra; bis Sassandra sind es 166 km: üble Piste, Staub; Fahrtdauer mindestens 6 Stunden (Pannen, Polizeikontrollen, Ein- und Ausladen von Waren…). Besser nicht nach 12 Uhr abfahren, sonst kommt man im Dunkeln an. Fahrpreis: 2500 CFA. Tolle tropische Landschaft, kleine Dörfer, Palmen, Kakao, Bananenplantagen.

 SONSTIGES
Krankenhaus im Zentrum, gegenüber vom Busbahnhof. **BNDA-, BIAO-** und **BICICI-Bank** im Zentrum.

Gagnoa – Sassandra – Tabou – Taï-Nationalpark
⇨ Insgesamt ca. 500 km, hauptsächlich Pisten.

Von Lakota bzw. Gagnoa geht es Richtung Süden zu dem Fischerort Sassandra. Zunächst führt eine gute Piste bis *Niambézaria,* danach wird sie schlechter; die letzten 13 km vor Sassandra sind sehr schlecht.

Abstecher nach Soubré
Die Stadt ist nicht besonders interessant, aber etwa 5 km von Soubré befinden sich die eindrucksvollen **Chutes de Nawa.** Die Wasserfälle stürzen in mehreren Kaskaden herab und liegen in eindrucksvoller Landschaft. Die Anreise ist schwierig, da es keine Hinweisschilder gibt. Man geht zunächst über die große Brükke über den Sassandra, dann biegt man rechts in die Piste ein. Nach ca. 5 km hört man schon das Rauschen. An den Wasserfällen man muß gut zu Fuß sein und klettern können, denn sie liegen versteckt in dichtem Urwald (Lianen, Wurzeln und Felsen). Am besten nimmt man sich ein Taxi (ca. 6000 bis 8000 CFA), die Taxifah-

Pirogenfahrt auf dem Sassandra

rer betätigen sich auch als Führer.
Übernachtung:
Hotel Lacouli
in der Nähe des Busbahnhofs.
Hotel Doboa
500 m vom Busbahnhof, ruhig, sauber, Bungalows in hübscher Anlage, DZ (mit Bad, Air): ca. 8000 CFA; DZ (mit Bad, Ventilator): ca. 5000 CFA.
Campement-Hotel
In der Nähe des Flusses und der großen Brücke, Bar, Rest., Zimmer mit Bad und Air.
Verkehrsverbindungen:
Mehrere Busbahnhöfe in der Stadt: Ein großer Busbahnhof liegt im Zentrum, der *Gare Sud-Ouest,* der *Express-Busbahnhof* nach Abidjan, Bouaké, Niger und Burkina Faso.
Sonstiges:
Eine **BICICI- und SGBCI-Bank** sind im Zentrum angesiedelt.

Sassandra

Bereits Ende des 19. Jh.s gründeten die Franzosen hier einen Handelsplatz, der sich ab 1950 zu einem der wichtigsten Handelshafen der Westküste entwickelte. Durch den Hafenausbau in San Pedro verlor Sassandra jedoch an Bedeutung. Die Hafenanlage ist heute verlassen. Lediglich im **Fischerhafen** herrscht nach wie vor lebhaftes Treiben.
Sassandra selbst ist eine **kleine malerische Stadt**, an der Mündung des gleichnamigen Flusses gelegen. Die Fischerei wird hauptsächlich von dort ansässigen Ghanaern (Fanti) ausgeführt. Zahlreiche Räucheröfen aus Lehm, in denen die Fische für den Transport ins Landesinnere haltbar gemacht werden, sind zu bestaunen.

PRAKTISCHE INFORMATIONEN

 UNTERKUNFT

Hotels
Eden-Hotel
(ehem. Hotel de l'Ouest), Tel.72 04 64, von einem Elsässer geführtes Hotel am Ortseingang Richtung San-Pédro; Camping am Strand (Le Bivouac) möglich – die Hütten kosten ca. 4000 CFA.
Hotel Grau
Tel. 72 01 79 in der Nähe des Marktes; DZ mit Vent. 6000 CFA.
Campement-Hotel
Tel. 72 05 15, Fax 72 04 15; etwa 16 000 CFA/DZ; direkt am Meer.
Hotel Cotière 88
Gegenüber vom Hotel Campement am Fluß gelegen.
Chambre de Passage
Für ca. 3500 CFA bei Maquis Chez Tanti Youyou, unweit vom Campement.

Einfache Unterkünfte
Restaurant Sphinx
Ca. 100 m vom Busbahnhof, direkt am Meer; einfache Zimmer mit Ventilator, ca. 3500 CFA ohne fließendes Wasser. Oder Hütten am Strand hinter dem Restaurant für ca. 3000 CFA/Person.
Paillottes Chez Michel Godé
(Sohn des Dorf-Chefs), einfache Hütten beim Fischerdorf Godé, zwischen Labléko und Poli-Plage (im Hotel Grau, Sassandra, nach Michel Godé fragen).

 VERKEHRSVERBINDUNGEN
Abfahrt mit weißem **Buschtaxi** vom Busbahnhof im Zentrum mehrmals täglich, Dauer: 45–90 Min., ca. 1300 CFA.

SONSTIGES
Die **SB-Bank** (einzige Bank am Ort), wechselt Schecks mit 2% Kommission; Post im Zentrum.

Poli Plage westlich von Sassandra

AUSFLÜGE

Pirogenfahrten
Auf dem Sassandra (Flußpferde) oder zu dem Dorf *Niani* (fragen Sie im Hotel Cotière 88 nach Olivier und Casimir, auch das Hotel Campement führt Pirogenfahrten durch; Infos an der Rezeption). Eine Stunde mit der Piroge auf dem Sassandra-Fluß kostet 1000 CFA pro Person.
Die Stellen, an denen sich die Flußpferde aufhalten, liegen mehrere Kilometer flußaufwärts. Ich kann mir aber nicht vorstellen, daß man mit der Piroge so weit den Fluß hinauffahren kann, daß man es an einem Tag schaffen könnte (die Guides behaupten allerdings das Gegenteil).

Strandausflüge
Ein besonders schöner Strand ist in *Monogaga,* 50 km östlich von Sassandra, über schlechte Piste zu erreichen, (keine Versorgungsmöglichkeiten außer im Fischerdorf).
Zu den westlich von Sassandra gelegenen Stränden wie *Niezeko, Lateko, Labléko, Poli Plage* etc. (Infos im Hotel) kommt man mit einem der roten Taxis. Preis bis Lateko ca. 4000 CFA/Fahrzeug. Sagen Sie dem Taxifahrer, wann er Sie wieder abholen soll.
Am *Poli Plage* gibt es auch bewachte Hütten, jedoch kein Trinkwasser!

An der Strecke *Sassandra – Niega*, ca. 2 km vor Niega, befindet sich ein **Campingplatz** (unter deutscher Leitung) in traumhaft schöner Lage; kleine Hütte zu ca. 3000 CFA/Person, gutes Essen.

Die Straße von Sassandra nach San-Pédro (81 km) ist mittlerweile asphaltiert.

San-Pédro

Dieser Ort ist bis vor einigen Jahren einer der wichtigsten Häfen für die Verschiffung von **Edelhölzern** gewesen. Heute sind fast alle Bäume gefällt, das Geschäft läßt nach, und man sucht nach neuem Gelände in Zentralafrika. Eine Stimmung des Verfalls und der Verlassenheit macht sich breit.
Die neue, asphaltierte Küstenstraße von Abidjan nach San Pedro ist inzwischen fertiggestellt.
Die Strände sind schön, jedoch ca. 30 Gehminuten vom Ort entfernt. Lebensmittel (großer Markt), Treibstoff, Arzt.

PRAKTISCHE INFORMATIONEN

 UNTERKUNFT
Hotels
Hotel Atlantis
Im Zentrum, an der Hauptstraße Bd de la République, teuerstes Hotel am Ort; B.P. 375, Tel. 71 18 54, Restaurant, Bar, Nightclub.
Motel Balmer
Tel. 71 12 75, vom Hafen die Küstenstraße Richtung Westen, klimat. Bungalows für 2 Pers. ab 30 000 CFA, Restaurant, Tennisplätze, Swimmingpool.
Hotel Sagayou
Gut und günstig, direkt an der Hauptstraße, DZ ca. 5000 CFA.
Hotel Napoleon
Tel. 71 13 57, Nähe Post, klimat. DZ ab 8000 CFA, Restaurant mit afrikanischen und europäischen Gerichten.
Hotel Bahia
Tel. 71 27 33, klimat. DZ ab 7500 CFA.
Le Ponty (Paillottes)
Hinter Balmer Plage, Hütten direkt am Meer für ca. 5000 CFA. Besitzer ist ein sehr hilfsbereiter Franzose.

ENOTEL
Im Zentrum, B.P. 29, Tel: 71 20 93, Fax 71 22 83, ruhig, sauber, phantastisches Terrassen-Restaurant, Bar; DZ (mit Bad): 10 000 CFA; DZ (mit Bad, Air, TV): 15 000 CFA.
Hotel l'Horizon
Campingmöglichkeit am Strand.
Village-Hotel
Am Strand.
Hotel Poro
Im Zentrum hinter dem ENOTEL.
Hotel Relais
Im Zentrum.
Motel Arso
An der Hauptstraße, am Ortsausgang Richtung Hafen.
Degni-Hotel
Außerhalb Richtung Busbahnhof.
Mehrere **günstige Hotels** gibt es im Quartier du Lac (2 km vom Zentrum) z. B. *Hotel Famien*, *Hotel des Lacs* und *Hotel Olympia*.

ESSEN UND TRINKEN
Restaurants
La Casa del Sol
Rue Marché, Französische Küche.
Le Hong-Hai
Vietnamesiche Küche.

VERKEHRSVERBINDUNGEN
Der **Busbahnhof** liegt 5 km außerhalb im Stadtteil *Seweké*, es ist daher nicht unbedingt ratsam, nachts anzukommen. Taxi nehmen (Fahrpreis zwischen 250 und 500 CFA, abhängig davon, wieviel Leute mitfahren).
Von San Pedro nach *Soubré* (135 km): Abfahrt vom Gare Routière mit dem Minibus, Fahrtdauer: 3 Stunden, Preis 1800 CFA. Nach etwa 128 km auf der Asphaltstraße Richtung Norden erreicht man den am Sassandra-Fluß gelegenen Ort.

 SONSTIGES
Post und **BICICI-**, **BIAO-** und **SGBCI-Bank** befinden sich im Zentrum an der Hauptstraße Bd de la République, ebenso ein Büro der *Air Ivoire*.

Nach *Grand-Bérébi* westlich von San-Pédro gelangt man, indem man zunächst die Asphaltstraße 7 km Richtung Norden fährt; dann Abzweigung nach links, Richtung Westen; anfangs gute, später mittelmäßige Waldpiste (in der Regenzeit nicht passierbar) durch Kokos- und Kautschuk-Plantagen. Brücke über den *Nièro*, kurz vor Grand-Bérébi.

Grand-Bérébi
Kleiner Flughafen für Privatflugzeuge. Lebensmittel. Brunnen (50 m vom Marktplatz, Richtung Strand).
Schöne Bucht mit Palmenstrand und Hütten, östlich des Hafens. Ideal zum Schnorcheln.
Unterkunft:
Hotel La Baie des Sirènes
Unter Schweizer Leitung; Reservierungen in Abidjan (Tel. 32 60 12), komfortabel und entsprechend teuer; gutes Restaurant. Bungalow am Strand ca. 15 000 CFA/2 Pers. Schnorchel-Ausrüstung gibt es im Hotel zu leihen; Ausflüge in den Nationalpark von Taï möglich, müssen jedoch vorzeitig gebucht werden *(s. u.)*.
Hotel Mani
Einfaches, typisch afrikanisches Hotel im Dorf, Zi ca. 3000 CFA.
Im Ort gibt es mehrere kleine **afrikanische Restaurants** (Maquis) mit preiswerten Gerichten. Während der Weihnachts- und Osterferien sind hier zahlreiche französische Reisegruppen anzutreffen!

Das Dorf *Ménéké* befindet sich an der Straße nach Tabou, 43 km von der Abzweigung nach Grand-Bérébi. Abstecher zum Strand von Ménéké, ca. 10 km südlich, wo man ziemlich zerfallene Strohhütten (1000 CFA) mieten kann. Den idyllischen Ort **Boubelé**, ca. 80 km westlich von Grand-Bérébi, direkt an der Lagune gelegen, erreicht man von Ménéké aus auf 4 km guter Piste Richtung Südwesten (Meer). Übernachtungsmöglichkeit im *Village-Hotel de Boubélé* (ca. 19 000 CFA/Pers. Komfortabel. Vollpension. Reservierungen unter Tel. 43 01 74, Abidjan).
In dem Dorf *Toulou*, ca. 10 km am Strand entlang Richtung Tabou, kann man Strohhütten mieten (ca. 1000 CFA), die an einem traumhaft schönen Strand liegen.

Tabou

Tabou ist ein kleiner, malerischer Ort mit zahlreichen Kolonialstilbauten, von Grand-Bérébi über eine schlechte Piste (Richtung Westen) erreichbar. Lebensmittel. Treibstoff. Arzt. Flughafen. Schöne Strände, gute Bademöglichkeiten. Die bunt bemalten Pirogen der aus Ghana stammenden Fanti-Fischer sind immer wieder eine Attraktion.

Unterkunft:
Hotel Campement
Direkt am Strand, östlich des Ortes, DZ ab 3000 CFA; mit großer Veranda und schönem Garten.

Taï-Nationalpark

Anfahrt von Grand-Bérébi oder San-Pédro mit dem Bus oder Busch-Taxi nach **Man** (umsteigen in *Duekoué* und in *Guiglo*). Freitags ist Markt in Taï, dann verkehren auch mehr Verkehrsmittel dorthin. Im Hotel in Taï sollte man nach den Parkwärtern fragen.

Der Nationalpark ist mit einer Fläche von 330 000 ha eines der letzten Urwald-Reservate Westafrikas; er wurde von der UNESCO zum **Naturdenkmal der Welt** erklärt. Hier findet man noch primären Urwald mit über 50 Meter hohen Urwaldriesen, Lianen und dichtem Blattwerk, weswegen Sonnenlicht nur selten durchscheint. Hier leben neben zahlreichen Vögeln auch so seltene Tiere wie Waldelefanten, Schimpansen, Zwergflußpferde, Leoparden, Büffel, Antilopen. Wegen der dichten und sehr beeindruckenden Vegetation sind diese Tiere, abgesehen von einigen schreienden Affenhorden, nur mit sehr viel Glück zu sehen.
Achtung: Kompaß und Detail-Plan mitnehmen! Letzten Herbst sind hier angeblich 6 holländische Touristen verloren gegangen, weshalb seither die Vorschriften für den Besuch weiter verschärft worden sind.
Der Nationalpark kann nur mit besonderer **Genehmigung** (angeblich kann dieses Papier in Abidjan beim *Ministère des Eaux et Forêts* ausgestellt werden), die beim WWF in Taï bestätigt werden muß, besucht werden. Im Park selbst befinden sich zwei Forschungsstationen. In einer hat das Schweizer Ehepaar Boesch seit den 70er Jahren umfangreiche und sehr interessante Forschungen mit Schimpansen betrieben. Es wäre sicher einen Versuch wert, direkt beim WWF-Büro in Taï eine solche Genehmigung zu beantragen.
Beste Besuchszeit:
Dezember bis Februar.
Unterkunft:
In dem Dorf Taï (an der Straße Guiglo – Tabou) in dem kleinen und sehr einfachen *Hotel Nzè* mit Bar, ca. 5000 CFA pro Person; kein fließendes Wasser (afrik. Dusche aus dem Eimer).

Das Zentrum – Land der Baule

Die Baule im Herzen der Elfenbeinküste bilden heute mit ihren zahlreichen Untergruppen den **größten ethnischen Volksstamm** der Elfenbeinküste. Einer alten Legende nach kamen sie im 18. Jh. unter Führung der Königin *Poukou* von der Goldküste (heutiges Ghana) nach Westen. Als ihnen der *Comoé-Fluß* den Weg versperrte, opferte die Königin dem Flußgott ihren einzigen Sohn und gelangte so in die Zentralregion. *Baouli* – das Kind ist tot – wurde zum Namen des ganzen Volksstammes. *Sakasse* südlich von *Bouaké* wurde Hauptstadt des Königreichs.
Heute ist das Zentrum am Schnittpunkt von Regenwald und Savanne eine landwirtschaftlich stark genutzte Region und Sitz der neuen Hauptstadt.

Abidjan – Yamoussoukro – Bouaké – Katiola
⇨ ca. 407 km gute Asphaltstraße.

Von Abidjan führt eine gut ausgebaute Autobahn durch dichtes Waldgebiet, vorbei an Kaffee-, Kakao- und Bananenplantagen, in die ca. 247 km nordwestlich gelegene **Universitätshauptstadt Yamoussoukro**. Die Landschaft verändert sich kaum, erst kurz vor der Stadt lichtet sich der Wald und geht langsam in Feuchtsavanne über.

Yamoussoukro

Yamoussoukro ist der Geburtsort des Präsidenten *Houphouët-Boigny* und wurde 1983 zur **Verwaltungshauptstadt** des Landes ernannt. Aus dem einst kleinen Dorf ist so innerhalb kürzester Zeit ein neues „Brasilia" entstanden, eine Stadt mit gigantischen Ausmaßen, breiten und menschenleeren „Highways" und einer ultramodernen Architektur. Daneben an den Ufern der zahlreichen künstlichen Seen lebt Afrika, wie man es kennt, weiden Ziegen am Rande der Straßen und werden Wäsche und Getreide auf den Bürgersteigen getrocknet.

Die Stadt ist voller Kontraste. Das meiste Leben spielt sich rund um den Gare Routière (gute Busverbindungen nach Abidjan) und den Markt ab. Die Kapazitäten des dort errichteten 4-Sterne-Hotels sind angeblich nur zu 5% ausgelastet; die Verluste klettern mittlerweile ins Unermeßliche.

Sehenswürdigkeiten
Präsidentenpalast
Am nördlichen Stadtausgang gelegen, ist der Palast für die Öffentlichkeit nicht zugänglich. Man kann jedoch den heiligen See mit Krokodilen (Fütterung am Nachmittag), der den Palast umgibt, besichtigen.

Parteigebäude (Maison du Parti)
Riesiger weißer Marmorpalast mit goldenem Dach in einem Park an der Straße Richtung Abidjan; für die Öffentlichkeit nicht zugänglich.

Hotel Président
Das Prunkhotel ist sicher das luxuriöseste der Elfenbeinküste (auch was den Preis betrifft). Schwimmbad aus Marmor, Panorama-Restaurant, moder-

nes Kino. Zum Hotel gehört eine der gepflegtesten 18-Loch-Golfanlagen Afrikas.

Große Moschee
Eindrucksvoll, sehr modern im Baustil.

Basilika Notre Dame de la Paix
Einzigartiger Nachbau des Petersdom in Rom (Kosten: ca. 250 Mio. DM!). Der Papst sieht darin eine Verstärkung des christlichen Glaubens in Afrika. Die Einweihung des gigantischen Bauwerkes nahm der Papst im September 1990 persönlich vor. Unter der Kuppel hat der Leichnam von Präsident Houphouët-Boigny seine letzte Ruhe gefunden. Geöffnet: Di bis Sa 9–12 und 14–17 Uhr. Man läuft zunächst die Hauptstraße Richtung Bouaké, dann am Präsidentenpalast (lange Mauer) links abbiegen (2 km vom Busbahnhof). Der Eingang befindet sich auf der linken Seite; am Eingang Polizeikontrolle: man muß den Paß abgeben. Neben der Basilika gibt es eine Bar.
Die mehrere 1000 qm umfassenden farbigen Glasfenster bewirken ein unglaubliches Licht und Farbenspiel im Innern des gigantischen Gebäudes. In der Basilika kann man mit einem Lift auf die Empore unter die Kuppel und auf das Vordach fahren. Es bietet sich ein toller Blick über den Innenraum und auf die gewaltige Kuppel, vom Dach aus auf die Landschaft und die gesamte Anlage. Die Karten „Visite Coupole" für den Lift bekommt man am Buchstand hinter dem Altar (500 CFA). Es lohnt sich kaum, einen Führer zu nehmen, denn man wird ziemlich zügig durchgeschleust und kann sich nicht in Ruhe umsehen. Es wird allerdings nicht so gern gesehen, wenn man allein herumläuft!

Fondation Houphoët-Boigny
An der Straße nach Abidjan, ca. 1½ km vom Zentrum (in der Nähe des Parteigebäudes): riesiger, weißer Palast (Kongreßzentrum mit allen Schikanen), für die Öffentlichkeit nicht zugänglich.

PRAKTISCHE INFORMATIONEN

 UNTERKUNFT
Hotels
Hotel Président
Tel. 64 01 81, erste Adresse am Platz mit Golfanlage, Kino, Swimmingpool, Sauna, etc. *(s. o. Sehenswürdigkeiten).*
Hotel la Résidence
Tel. 64 01 48, Mittelklassehotel mit Bar, Restaurant und Night-Club am Ortsausgang in der Nähe des heiligen Sees (DZ/Dusche/WC/Klimaanlage ca. CFA 10 000).
Hotel du Paysan
Tel. 64 00 31, gegenüber vom Busbahnhof, einfache Zimmer mit Dusche/WC/Klimaanlage, nicht gerade sauber (ca. 10 000 CFA).
Motel Shell
Nähe Busbahnhof, Restaurant, Bar; DZ ca. 10 000 CFA.
Hotel Le Cameo
In der Nähe der Moschee, ca. 300 m vom Bahnhof; ca. 8000 CFA pro DZ mit Klimaanlage und Dusch-Bad. Bar-Restaurant mit angenehmer Atmosphäre, freundlicher Besitzer, sehr empfehlenswert!
Hotel Confidence du Ciel
Nahe der großen Moschee; einfaches kleines Hotel, sauber und preiswert. Eigner Fernseh- und Video-Raum.
Hotel Akouaba
Etwa 300 m vom Gare Routière Richtung Bouaké, dann die erste Straße rechts. Tel. 64 07 61. Sehr einfach. Gutes Restaurant.

Hotel Belier
In der Nähe der Moschee, ca. 500 m vom Busbahnhof.
Hotel Akraya
Weit außerhalb vom Zentrum.
Hotel Président
Etwa 1,5–2 km vom Busbahnhof entfernt. (Bitte um Info, ob der Pool inzwischen funktioniert und das Restaurant wieder geöffnet ist.)

Motels
Vier Motels mit Restaurants liegen an den Tankstellen rund um den Busbahnhof nach Abidjan, darunter sind *Mobil, Esso* und *Agip* die besten; mittlere Preisklasse.
Hotel le Bonheur I
an der Mobil-Tankstelle gelegen, gutes Restaurant.
Hotel Le Bonheur II
an der Total-Tankstelle, Tel. 64 00 31 und 64 02 54, Fax 64 09 42. Pool, Bar, (teures) Restaurant, Teesalon, Disco; DZ ca. 9000 CFA.

 ESSEN UND TRINKEN
Restaurants
Mehrere Maquis (z. B. *Tout Va Bien, Le Loisir, Les Cocotiers, Le Jardin*) liegen in der Nähe des Marktes und des Gare Routière nach Abidjan, dort werden einfache afrikanische Gerichte serviert.
Wayoffe
Quartier Habitat, günstiger Maquis.
La Paillotte
Von einem Franzosen geführtes Restaurant, wo gute afrikanische Küche serviert wird.
La Belle Epoque
Gegenüber vom SCORE-Supermarkt; französische Gerichte.
La Belle Pizza
In der Nähe des Hotel Président, Pizzas für 3000 bis 4000 CFA.

 NACHTLEBEN
Discos
Koukou
Hotel Président, hier geht nur samstags die Post ab!
Marco Polo
Rue du Château.
Master's
Zwei Straßen nördlich vom Hotel Président.

 VERKEHRSVERBINDUNGEN
Yamoussoukro – Abidjan (266 km)
Abfahrt vom Busbahnhof an der Hauptstraße (Zentrum) mit verschiedenen Gesellschaften, z. B. Sotransya fährt alle 30 Min., Preis ca. 2000 CFA, Fahrzeit: ca. 1½ Std. Schöne Fahrt entlang der Küste vorbei an Palmenwäldern.

 SONSTIGES
Supermarkt
Ein SCORE-Supermarkt befindet sich in der Nähe des Marktes an der Hauptstraße im Zentrum.

Banken
BIAO, BICICI und *SGBCI-Bank* sind vertreten, aber keine Bank in Yamoussoukro wechselt Reiseschecks.

Krankenhaus
Im Zentrum, gegenüber vom Markt.

Post
Hinter dem Hotel *Le Bonheur I* (Mobil-Tankstelle) an der Hauptstraße.

Polizei
gleich neben dem SCORE-Supermarkt.

Auf der Weiterfahrt Richtung Norden ist nach 42 km *Tiébissou* und nach 106 km **Bouaké** erreicht.

Kaffee-Ernte

Bouaké

Mit mehr als 80 000 Einwohnern ist *Bouaké* die **zweitgrößte Stadt** der Elfenbeinküste und eine wichtige Wirtschafts- und Verkehrsmetropole im Zentrum des Landes. Die Stadt liegt an der großen Nord-Süd-Verbindungsstraße sowie an der einzigen Eisenbahnlinie und gilt als wichtigster Knotenpunkt des Flugverkehrs. Bevölkerungsgruppen aus fast allen Ethnien des Landes, vorwiegend aber *Baulé,* geben der Stadt ein kosmopolitisches Gepräge und tragen zum geschäftigen Leben auf den breiten Straßen bei. Touristisch bietet Bouaké wenig, auf der Durchreise lohnt allenfalls der Besuch des Marktes, eines der größten der Elfenbeinküste. Hier findet man neben Gegenständen des alltäglichen Gebrauchs sehr schöne Baulé-Stoffe, Handwerks- und Schmuckobjekte aus allen Teilen des Landes. Hauptattraktion der Stadt ist der jährlich im März stattfindende, einwöchige **Karneval von Bouaké** mit schön geschmückten Festwagen und Musik und Tanz in allen Straßen (zu dieser Zeit ist Vorreservierung der Hotels erforderlich).

PRAKTISCHE INFORMATIONEN

 UNTERKUNFT

Hotels
Hotel Harmattan
Tel. 63 39 95, sehr modernes und komfortables Hotel der oberen Preisklasse, 115 Zimmer, gutes Rest., Schwimmbad, Tennis, Night-Club, zentrale Lage.
R.A.N.-Hotel
Tel. 63 20 16, Hotel der gehobenen Mittelklasse, 62 Zimmer, Klimaanlage,

Swimmingpool, in der Nähe des Bahnhofs; DZ ca. 18 000 CFA.
Le Provençal
B.P. 105, Tel. 63 34 91, eines der ältesten Hotels der Stadt, freundliche Atmosphäre; sauberes, schönes Terrassenrestaurant (französ. Küche), 34 Zimmer, Klimaanlage, Nacht-Club, gegenüber dem Bahnhof, mittlere Preislage.
Hotel Iroko
B.P. 298, Tel. 63 34 95, Av. Houphouët-Boigny, neu und nicht teuer.
Hotel Phenizia
Im Zentrum, 4 Blocks südl. vom Bahnhof, ca. 800 m vom Busbahnhof.
Hotel Tianya
Stadtteil Haouniansou nahe des Wasserturms, preiswert.
Auberge de la Jeunesse
Hinter dem Stadion gelegen, Bungalow, ca. 2000 CFA/Pers.
Hotel Bakari
In der Nähe des Bahnhofs.
Hotel Indépendance
Altes Hotel drei Querstraßen südlich des Koko-Marktes; EZ mit Ventilator ca. 2500 CFA.

 ESSEN UND TRINKEN
Restaurants
Maquis Le Sahel
Gutes und sehr beliebtes einheimisches Restaurant in der Nähe vom Air Ivoire-Büro.
Les Carrefours
Ein paar Straßen östl. vom Marktplatz.
Maquis Chez Tanty Alpha
Einfach und preiswert.
Pizzeria
Rue 18, westlich vom Place de la Paix.

 SONSTIGES
Post in der Nähe des Hotels Le Provençale, **Supermarkt** direkt gegenüber vom Hotel.

Der **Busbahnhof** liegt im Zentrum am Markt. UTB-Busse in Richtung Yamoussoukrou – Abidjan verkehren alle 30 Minuten.

Katiola

Katiola liegt 54 km nördlich von Bouaké an der Hauptverkehrsachse. Katiola ist hauptsächlich wegen seiner (fast ausschließlich von Frauen) in traditioneller Weise angefertigten **Töpferarbeiten** bekannt. Man findet sie vor dem Hotel Hambol im Ostviertel der Stadt sowie in der modernen Keramikschule. „Cadeaux" in Form von Münzen sind obligatorisch, will man die Handwerker bei ihrer Arbeit beobachten. Im Dezember findet hier alljährlich die Jagd auf *Agoutis* statt (ein in dieser Gegend verbreitetes Nagetier); Spezialität des ghanaischen Restaurants in der Nähe des Bahnhofs.
Unterkunft:
Hotel Hambol
B.P. 144, Tel. 65 47 25, komfortabel und teuer. Bar-Restaurant, Swimmingpol und Nightclub.
Hotel Makarwa
Zentral gelegen, einfach und preiswert.
La Paillote
2 km außerhalb der Stadt, kleine Rundbungalows, Dusche, sehr sauber und ruhig.
Hotel de l´Amitié
Tel. 65 43 63; gegenüber der Post, einfache Zimmer mit Vent. ca. 3500 CFA.

Yammoussoukrou – Bouaflé – Daloa – Man – Touba

Setzt man die Reise von Yamoussoukro aus in westlicher Richtung fort, erreicht man nach 59 km *Bouaflé*, die Heimat des *Gouro-Stammes*. Die Landschaft im Zentrum der Elfenbeinküste ist geprägt von Waldbestand, der vielerorts durch große Kaffee-, Kakao-, Bananen- und Ölpalmpflanzungen verdrängt wurde. Auf halbem Wege kann man einen Abstecher nach *Kossou* einlegen, dem imposanten Staudamm am *Bandama-Fluß*.

Bouaflé

Die kleine Ortschaft Bouaflé hat typisch afrikanischen Charakter, an den Lehmstraßen hinter dem Busbahnhof herrscht reges Markttreiben, dort findet man originelle Fetische.

Unterkunft:
Campement-Hotel
Kleines, familiäres Hotel am Nordrand der Stadt, ruhig, sauber und preiswert, gutes Terrassenrestaurant, Spezialität „Cous-Cous". Der Leiter des Hotels, ein Franzose, gibt gerne Auskunft über Ausflüge in den nahegelegenen **Maraoué-Nationalpark** (schöne Savannenlandschaften – Elefanten, Büffel, Antilopen zeigen sich jedoch selten). Eintrittsgebühr ca. 1000 CFA; geöffnet von 6 bis 17.30 Uhr; Übernachtung mit Zustimmung des Wächters möglich.
Im Ort selbst gibt es auch ein paar einfache Hotels.

Fast schnurgerade führt die gut ausgebaute Strecke 82 km weiter nach Westen bis *Daloa,* die Landschaft verändert sich kaum.

Daloa

Daloa bietet sich als Zwischenstation für die Fahrt in die attraktive Region um Man an. Die Stadt (Bezirkshauptstadt) ist noch relativ untouristisch. Sehenswert ist das Handwerkszentrum mit vielen Schnitzereien und Schmuckarbeiten.

Buschfeuer

PRAKTISCHE INFORMATIONEN

 UNTERKUNFT

Hotels
L'Auberge de l'Ouest
Tel. 78 20 90, direkt am Busbahnhof, einfach, relativ preiswert (derzeit wegen Renovierung geschlossen).
Hotel Brinqué
In der Nähe des Marktes, sauber, ruhig.
Hotel Syndicat
200 m v. Busbhf. nach Soubré, einfach.
Roc Hotel
Im Zentrum, Rest., Bar, schmutzig, düster, für das Gebotene viel zu teuer.
Motel Le Relaxe
Im Stadtteil Tazibouo 1, außerhalb, 2 km vom Zentrum an der Straße nach Abidjan, Rest., Bar, ruhig, sauber, B.P. 21 92, Tel. 78 34 10; DZ (Bad, Air): 10 000; DZ (Bad,Air, TV): 12 000 CFA.
Hotel Ambassadeur
Außerhalb, teuer, Pool, Rest., Bar.
CI2-Hotel
Außerhalb an der Straße nach Abidjan; Bar, Restaurant, Air.
Hotel Tropic
Außerhalb; Bar, Rest., Disco,Air, teuer.
Hotel de la Reine
Außerhalb; Air, Bar, Restaurant.
Hotel Akakro
Außerhalb, an der Straße nach Man, teuer.
Hotel Moyah
Außerhalb, an der Straße nach Man, Mittelklasse.

 ESSEN UND TRINKEN
Restaurant Maquis Ave Maria
Gute Küche und nicht teuer.

VERKEHRSVERBINDUNGEN
Busse
Busbahnhof nach *Soubré* (137 km) an der Straße nach Soubré, ca. 2 km vom Zentrum entfernt; Fahrtdauer: 3 Stunden, Preis: 2500 CFA.
Großer **Busbahnhof Gare Central** im Zentrum (Minibusse nach Man, Abidjan usw.).Abfahrt nach *Man* (195 km); Fahrtdauer: 3 bis 4 Stunden, Preis: 2500 CFA.

SONSTIGES
Post und **SGBCI-Bank** im Zentrum, **BIAO-Bank** an der Straße nach Man.

Weiter auf guter Straße in Richtung Man.
Hinweis für Autofahrer in umgekehrter Richtung! Die Straße von Man nach Daloa ist schlecht ausgeschildert; 45 km nach *Duékoué* (bei *Guétuzon*) geht die Hauptstraße weiter nach *Issia*, die Straße nach Daloa zweigt jedoch links ab (kein Schild).

Man

Man ist ein touristisch sehr attraktiver Ort, umgeben von bewaldeten Hügeln, und auch bei den Ivorern wegen des angenehmen Klimas ein beliebtes Wochenendausflugsziel.Außer dem Markt, auf dem auch in der Region hergestellte kunsthandwerkliche Gegenstände (Dan-Masken, gewebte Stoffe, etc.) zum Verkauf angeboten werden, hat der Ort selbst wenig Interessantes zu bieten.
Ein schöner Spaziergang führt zu den **Wasserfällen** *(Les Cascades, siehe übernächste Seite)* und zur **Lianenbrücke** *(Pont des Lianes, siehe ebenda)*, die lange Zeit außer Betrieb war, jedoch seit kurzem wieder gegen eine Gebühr von 300 CFA zu betreten ist – ohne Schuhe allerdings!

PRAKTISCHE INFORMATIONEN

 UNTERKUNFT

Hotels
Luxusklasse
Hotel des Cascades
Tel. 79 02 51, etwas oberhalb auf einem Hügel gelegen; schöner Panoramablick, Swimmingpool (für Nicht-Hotelgäste ca. 1500 CFA Eintritt). Bestes Hotel am Platz.

Mittlerer Komfort
Hotel Concorde (CAA)
Gutes, sehr sauberes Hotel in der Nähe des Hotel des Cascades.
Hotel Leveneur
Tel. 79 08 82, DZ 8000–10 000 CFA; Bar, gutes Restaurant, Terrasse, ruhig; etwa 3 Min. zu Fuß vom Gare Routière Richtung Norden.
Hotel Beau Séjour les Masques
Tel. 79 09 91, an der Straße nach Abidjan (Route d'Abidjan), gute Atmosphäre. Zimmer mit/ohne Klimaanlage.

Einfache Unterkünfte
Hotel Virginia
Am östlichen Ortsausgang gelegen, ca. 4500 CFA/Zimmer.
Katholische Mission (Centre Bethanie)
Etwas außerhalb Richtung Bangolo in schöner Lage; Zimmer im Gästehaus, DZ ca. 5000 CFA; nehmen Sie ein Taxi von der Stadt (ca. 250 bis 400 CFA), zu Fuß etwa 20 Min.
Hotel Fraternité
Restaurant, Bar; Tel. 79 06 89, 200 m vom Gare-Routière; DZ mit und ohne Ventilator.
Chez Tanty Akissi
Tel. 79 04 78, Zimmer mit Vent. und Bad ca. 5000 CFA, nähe Markt, hinter Hotel Fraternité.
Hotel Village
Hotel Mindeba
Außerhalb, an der Straße nach Abidjan, 3 km vom Zentrum.
Hotel Zotah
An der Straße nach Danane/Cascades, 2 km vom Zentrum, Restaurant, Bar, Air, TV.
Tanhotel
Hotel Le Refuge
Außerhalb, an der Straße nach Kouibili.
Hotel Tanty Akissi
500 m vom Zentrum entfernt, B.P. 92, Tel. 79 04 78, Restaurant, einfach.
Hotel Addis Abeba
An der Straße nach Danane/Cascades, 2 km vom Zentrum.

 ESSEN UND TRINKEN

Restaurants
La Paillotte
Nördl. vom Hotel Leveneur, überwiegend europäische Küche.
Restaurant la Prudence
Neben dem Hotel Leveneur, gute afrikanische Küche.
Hotel Leveneur
Ausgezeichnetes Restaurant (franz. Küche) mit angemessenen Preisen.

Einfache einheimische Restaurants
Le Griffet und *Le Village*
In der Nähe des Marktes.
Maquis AVION 2000
Direkt am Markt.
Gut (Kuchen, Frühstück) ist die *Pâtisserie* an der Hauptstraße neben dem SCORE-Supermarkt.

 NACHTLEBEN
Disco
Disco *L'Oxygène*.

 VERKEHRSVERBINDUNGEN
Es gibt drei Gare Routières:
für Schnellbusse nach *Abidjan* und zu

anderen großen Städten, für Taxis Richtung *Abidjan*, für Taxis und Lkw Richtung *Danané*.
Busbahnhöfe:
Gare Routière im Zentrum.
UTB-Busbahnhof
In der Hauptstraße Rue du Commerce.
CTM-Busbahnhof
Zwischen Markt und Post.
Gare des 18 Montagnes
Direktbusse nach Abidjan, im Zentrum, hinter Gare Routière.
Busbahnhof nach Touba
An der Straße nach Touba (115 km), 2 km vom Zentrum; Fahrtdauer: 2 Stunden, Preis: 1500 CFA.

 SONSTIGES

Post, in der Querstraße hinter dem Hotel Leveneur; **BICICI-Bank**, im Zentrum gegenüber vom Gare Routière.

 AUSFLÜGE

Die Umgebung von Man ist das Gebiet der *Yacouba,* einer Ethnie, die bekannt ist für ihre rituellen Tänze und Masken.

Les Cascades und Pont des Lianes

Die Wasserfälle ergießen sich in mehreren Stufen; sie liegen ca. 5 km westlich der Stadt; direkt nebendran ist eine Lianenbrücke *(s. o.).* Sehr touristisch! Für den Spaziergang zum Wasserfall/ zur Lianenbrücke (etwa eine Stunde) braucht man keinen Führer. Zuerst geht es die Straße nach Abidjan entlang, dann an der Total-Tankstelle rechts ab (Asphaltstraße). Man kommt an vielen Schulen vorbei *(College Moderne, Lycée Professional).* Später erreicht man eine Kreuzung: Dort muß man den Weg geradeaus in die rote Sandpiste einbiegen und den Berg hinaufsteigen. Man kommt nun an zahlreichen Kaffee-Plantagen vorbei. Nach etwa 10 bis 15 Minuten steht man vor dem Wasserfall. Eintritt (Cascades): 300 CFA, Eintritt (Pont des Lianes): 200 CFA. Man benötigt keinen Führer an den Wasserfällen (zahlreiche Guides!). Am Wasserfall gibt es inzwischen ein Restaurant. Die Lianenbrücke wurde inzwischen repariert und ist begehbar. In der Trockenzeit ist nicht immer mit Wasser zu rechnen.

Mont Tonkoui (1189 m)

Der Berg liegt westlich der Stadt; eine ca. 20 km lange Piste führt direkt bis zum Gipfel, ein schöner Panoramablick eröffnet sich bis nach Guinea bzw. Liberia. Auf- und Abstieg dauert ca. 8 Stunden. Zuerst geht es den gleichen Weg bis zu den Cascades entlang (wie oben beschrieben), dann die Piste weiter hinauf bis zum Ort *Dayne* (ca. 1 Stunde). Herrlicher Weg durch Bambuswälder, Kaffeeplantagen, tropische Landschaft, Lianen. Nach einer weiteren Stunde kommt man an eine Kreuzung. Rechts geht es nun zum kleinen Dorf *Gouinpleu* (1 km), links zum Mt. Tonkoui hinauf. Der Weg wird immer steiler. Man kommt an eine kleine Kreuzung, rechts hinaufgehen. Nach einer Stunde erreicht man den Gipfel. Oben befindet sich ein großer Sendemast und ein kleines Dorf. Wenn man kurz vor dem Dorf den steilen Weg links hinaufgeht, kommt man zu ein paar Häusern (unbewohnt). Von dort bietet sich ein herrlicher Blick auf die Berge und die Umgebung.
Der Aufstieg hat bei uns 4 Stunden gedauert (keine Pause, flotter Schritt, eine wirkliche Strapaze, sicherlich für die meisten Leute nicht geeignet, obwohl die Piste gut begehbar ist; Wasser und Proviant mitnehmen). Man kann

auch in der Stadt ein Taxi mieten: Es soll ungefähr 10 000 CFA kosten (nach Auskunft des *Bourse de Tourisme* – ein Touristenbüro, das übrigens keine Touren organisiert und auch kein Informationsmaterial besitzt). Es fährt auch ein dunkelgrünes Buschtaxi von Man bis Gouinpleu.

Le Dent (881 m)
Berg mit fantastischem Panoramablick etwa 14 km nordöstlich von Man gelegen. Verlassen Sie die Stadt auf der Straße nach *Séguéla;* nach ca. 2 km zweigt links eine Piste ab, dieser folgen Sie etwa 8 km bis zu dem Dorf *Gouapoloulé;* von dort geht eine schlechte Piste Richtung Westen nach *Glongouin* (5–6 km). Stellen Sie sich gleich nach Ankunft im Dorf bei dem *Chef du village* vor; diesen können Sie auch nach einem *guide* fragen. Der Aufstieg erfordert etwa 2½ Stunden. Gehen Sie auf keinen Fall alleine, denn der Weg ist sehr schwierig zu finden, und außerdem gibt es in dieser Gegend zahlreiche Schlangen. Es empfiehlt sich, einen Führer zu nehmen. Unerläßlich ist gutes Schuhwerk und ausreichender Wasservorrat. Der Ausflug lohnt sich!

Hinweis: In Man keinen Führer nehmen! In *Glongouin* gibt es leicht Streit zwischen den Guides. Meist muß man dann beide bezahlen.

Danané
Der Ort liegt 79 km westlich von Man und ist bekannt für seine Lianenbrücke über den Fluß *Cavally*, etwa 18 km südlich gelegen; wenn man nicht mit dem eigenen Wagen unterwegs ist, dann ist die Brücke nur mit dem Busch-Taxi *(mille kilo)* oder einem Taxi (teuer) zu erreichen.

Unterkunft:
Hotel Tia Entienne
in der Nähe des Marktes.
Hotel des Lianes
Etwas komfortabler als das Hotel Tia Entienne.

Touba

Der Ort ist nicht sonderlich interessant. Im Zentrum befinden sich ein großer Markt, Kino, Rathaus, Busbahnhof, in der Umgebung Reisfelder

PRAKTISCHE INFORMATIONEN

 UNTERKUNFT
Hotels
Hotel de la Savane
An der Straße Richtung Man, 300 m vom Busbahnhof entfernt, B.P. 251, Tel. 70 73 63; ruhig, schmutzig, Restaurant, Bar, Disko; DZ (Bad, Air): 5000 CFA; DZ (Bad, Ventilator): 2000–2500 CFA.
Hotel L'Escale du Port
Neben dem Savane, Restaurant, Bar.
Hotel Le Mahou
4–5 km außerhalb an der Straße nach Man, Tel: 70 70 58.
Hotel Belle Etolie
Einfach, Nähe Busbahnhof.

ESSEN UND TRINKEN
Restaurant Star-Maquis
Nähe Hotel l'Escale du Port.

VERKEHRSVERBINDUNGEN
Busbahnhof im Zentrum.
Verbindungen nach *Touba/Odiénné* (159 km): Abfahrt mit dem Buschtaxi vor der AGIP-Tankstelle an der Straße nach Odiénné, Dauer: 3 Stunden, Preis: ca. 3000 CFA.

Der Osten und Nordosten

Abidjan – Grand Bassam – Assini

⇨ Etwa 80 km auf gut ausgebauter Teerstraße.

Man verläßt Abidjan Richtung Südosten über die gut ausgebaute, asphaltierte *Route de Bassam*, fährt vorbei am Flughafen *Port Bouét* und erreicht nach 43 km *Grand Bassam*. Vom Busbahnhof im Stadtteil *Treichville* aus fahren täglich mehrere Busse diese Strecke. Die Straße ist gesäumt von kleinen Hüttendörfern, dichten Palmenhainen und kurz vor dem eigentlichen Ort von zahlreichen Souvenir- und Handwerksläden.

Grand Bassam

Die **Lagunenstadt** Grand Bassam liegt an der Mündung des *Comoé-Flusses*. Hier findet die Geschichte der Kolonialherrschaft heute noch am deutlichsten ihren Ausdruck. Von 1842 an war die Stadt französisches Protektorat und **wichtige Handelsniederlassung** an der Küste. Mit Gründung der französischen Kolonie im Jahre 1893 wurde sie zur Hauptstadt ernannt. Aufgrund der durch Lagune und Ozean eingeengten Lage und einer plötzlich auftretenden **Gelbfieberepidemie** verließen die Europäer **1899** Grand Bassam und gründeten in *Bingerville* ihre neue Hauptstadt. Dadurch erstarrte die aufstrebende, einst blühende Stadt in ihrer Entwicklung. Die prunkvollen Residenzen der Kolonialherren verfielen zusehends und zeugen heute nur noch als nostalgische Ruinen von der damaligen Pracht.

Vom Stadtzentrum aus erreicht man über eine Brücke die Altstadt Grand Bassams. Links führt der Weg vorbei an halbverfallenen, von Pflanzen überwucherten Gebäuden mit breiten Treppen und Holzbalkonen. Die Atmosphäre in diesen stillen, verlassenen Straßen ist fast geisterhaft. Nur der alte **Gouverneurspalast** wurde bisher renoviert und dient seit 1980 als Kostüm-Museum. Vorbei am ehemaligen **Justizpalast**, dem Gefängnis und den **Markthallen** erreicht man das kleine Fischerdorf am äußersten Ende der Landzunge, wo sich Lagune und Ozean treffen.

Von der Brücke aus nach rechts in westlicher Richtung gelangt man zum **Friedhof**, auf dem die zahlreichen Opfer der Gelbfieberepidemie begraben liegen. Diese Straße führt weiter zum Fischerdorf *Azuretti* (Hütten aus Palmzweigen!).

Das tägliche Leben Grand Bassams spielt sich jedoch am Strand ab, wo viele Bewohner aus Abidjan kleine Strandhütten besitzen, um der Hitze der Großstadt am Wochenende zu entfliehen. Das Meer hat hier, wie an der gesamten Ostküste, eine sehr starke Brandung.

Vor einiger Zeit hat das *ONAA (Office National d'Art Artisanal)* hier ein **Handwerkszentrum** eröffnet, in dem ivorische Künstler ihr Können zeigen und ihre Arbeiten verkaufen. Anfang November bietet Grand Bassam auch kul-

Museum von Grand Bassam

turell einen Höhepunkt: Eine Woche lang wird das mit einer langjährigen Tradition verbundene, farbenfrohe „Fest der Toten" *(Abissa)* zelebriert.

PRAKTISCHE INFORMATIONEN

 UNTERKUNFT

Hotels
Hotels im Ort
Hotel Auber-Laplène
Schönes altes Kolonialstilhaus am Rande des alten Stadtviertels ca. 2–3 km vom Busbahnhof Ri. Strand; Taxi kostet ca. 200–300 CFA. Tel. 30 12 02, Bar-Restaurant, DZ ca. 8500 CFA.
Hotel L'Impérial
Tel. 30 13 16; 30 klimatisierte Zimmer, im Viertel Impérial, in der Nähe des Busbahnhofs.
Chez Antoinette
Einfache Unterkunft, DZ ca. 4500 CFA.

Hotels am Strand
La Paillote
Tel. 30 10 76; 6 klimatisierte Zimmer, Restaurant.
Assoyam Beach Hotel
Tel. 30 15 57; französischer Manager, 20 klimatisierte Bungalows, schöner Strand, Restaurant.
La Taverne Bassamoise
Tel. 30 10 16; 15 klimat. Zimmer, teures Restaurant (Meeresspezialitäten).
Le Wharf
Tel. 30 15 33; 8 einfache Zimmer mit Ventilator, Terrassenrestaurant.

ESSEN UND TRINKEN
Restaurants
Les Tropiques
Gleich in der Nähe der Brücke.
Chez Marcelle
Maquis; einfache Gerichte zu günstigen Preisen.

Chez Gaston, Maquis.
Chez Pierrot
(Auch als Maquis le Quai bekannt.)
L'Atlantique, Meeresspezialitäten.
La Madrague
Nahe dem Assoy am Beach Hotel.
Le Bon Coin
Einfaches afrikanisches Restaurant, gegenüber dem Justizpalast.

 SONSTIGES
Der **Busbahnhof** befindet sich im Zentrum, ebenso **Post** und **SCORE-Supermarkt**.

Auf der Weiterfahrt nach Assini überquert man in Grand Bassam den Comoé-Fluß auf der *Brücke von Moussou*. Nach 25 km zweigt man rechts ab und gelangt nach etwa 18 km (80 km ab Abidjan) zum Dorf am *Kanal von Assini*, der die beiden Lagunen *Ebrié* und *Abi* miteinander verbindet.

Assini

Das kleine Fischerdorf *Assini* hat eine lange, interessante Geschichte. Schon im 17. Jahrhundert ließen sich hier die ersten Franzosen nieder und gründeten einen wichtigen **Handelsplatz**. Am 24. Dezember 1687 unterzeichnete ein Gesandter Ludwigs XIV. in Assini einen Freundschaftsvertrag mit dem König des Agni-Volkes und kehrte mit dessen Sohn *Aniaba* nach Frankreich zurück. Dieser wurde dem königlichen Hofe vorgestellt, zum Christentum bekehrt und unter der Patenschaft des Sonnenkönigs getauft. Nach der Erziehung zu einem Adligen trat er dem königlichen Regiment als Offizier bei und kehrte als Kavallerie-Führer nach Assini zurück. Dort tauchte er dann wieder in der Anonymität unter.

1881 wurde in Assini von dem Franzosen *Verdier* die **erste Kaffee-Plantage** angelegt, ein wichtiger Grundstock für die heutige Wirtschaft des Landes. Ein Jahr später gründete man hier auch die erste französische Schule. Die Umgebung von Assini ist heute jedoch wesentlich bekannter als **wichtigstes Ferienzentrum** des Landes. Vom Ort aus gelangt man über eine Brücke über den Kanal zu dem etwa 300 m breiten, kilometerlangen Landstreifen zwischen Meer und Lagune. Unter unzähligen Kokospalmen breitet sich ein herrlicher weißer Sandstrand aus, an dem sich die starke Brandung des Ozeans bricht. Das ruhige Wasser der Lagune ist von Mangroven und naturbelassener Vegetation gesäumt. Hier bieten sich viele Möglichkeiten zum **Wassersport**. In diese idyllische Landschaft fügen sich die nachfolgenden zwei exklusiven Clubanlagen ein.

Unterkunft:
Club Méditerranée
Tel. 32 35 80; ein Hoteldorf in sudanesicher Architektur, 200 klimatisierte Zimmer, Swimmingpool, Night-Club, Folkloreveranstaltungen, großes Sportangebot.
Clubdorf Les Paletuviers
Tel. 30 08 48; eine originelle Pfahlbautenkonstruktion mit traditioneller Kunst und Schnitzerei, Bambusterrassen, weiten Palmdächern und einem tropischen Garten. Restaurants, Swimmingpool, viele Sport- und Ausflugsmöglichkeiten. 300 klimat. Bungalow-Zimmer.
Beide Ferienanlagen sind sehr teuer (DZ/VP ca. 200 DM/Person), und es empfiehlt sich eine frühzeitige Reservierung, da sie meist ausgebucht sind.
Assouindé-Village
Tel. 3 35 36 85. Die Bungalows kosten ca. 36 000 CFA/HP.

Der Osten und Nordosten: Abidjan – Abengourou – Comoé-Nationalpark

Am Strand bei *Assouindé* auf der Lagunenhalbinsel werden am Wochenende auch *Paillotes* vermietet.
Verkehrsverbindungen:
Zu erreichen mit dem Buschtaxi von *Grand Bassam* bzw. mit dem Stadttaxi.
Achtung: Grenzbereich, daher viele Kontrollen!
Schön ist auch die Anfahrt mit einer Pinasse von Abidjan oder Grand Bassam den Kanal von Assinié entlang.

Abidjan – Abengourou – Comoé-Nationalpark

➪ 611 km über Direktstrecke nach *Abengourou*. 690 km, zum Teil schlechte Piste über *Grand Bassam – Aboisso – Abengourou*.
Von Abidjan gibt es **zwei Möglichkeiten, nach Abengourou zu gelangen.** Der direkteste Weg verläuft über *Adzopé* auf der 218 km langen Asphaltstraße, die durch tropischen Regenwald und vorbei an zahlreichen Ananas-, Kaffee- und Ölpalmplantagen führt.
Achtung: Auf der Strecke *Abidjan – Abengourou* sollten Sie Nachtfahrten vermeiden (gefährliche Kurven!).
Landschaftlich wesentlich reizvoller ist jedoch die ca. 300 km lange Strecke über *Grand Bassam* und dann Richtung Norden über *Aboisso* entlang der ghanaischen Grenze.

Abidjan – Aboisso

➪ 118 km, Teerstraße.
(Abidjan – Grand Bassam und Beschreibung Grand Bassam *siehe oben.)*
Abfahrt vom Busbahnhof im Zentrum von Grand Bassam mit dem Buschtaxi. Ca. 1½ Std. Fahrt auf guter Teerstraße durch tropische Landschaft, vorbei an Bananen-Plantagen und riesigen Ananas- und Zuckerrohrfeldern.

Aboisso

Als im 17. Jahrhundert Gesandte Ludwigs XIV. von Frankreich zum König des *Sanwi* kamen, errichteten sie hier am nördlichen Ufer der Abi-Lagune die **Handelsniederlassung** *Aboisso*. Der Ort war aufgrund seiner bevorzugten Lage an dem in die Lagune mündenden Fluß *Bia* lange Zeit Endstation der aus dem Norden kommenden Karawanen, die mit den Küstenbewohnern Tauschhandel trieben.
Noch heute hat die kleine Stadt einen **lebhaften Markt**. Dank der schönen Umgebung bieten sich zahlreiche Ausflugsmöglichkeiten an.
In einer gemieteten Piroge kann man flußaufwärts bis zur ersten *Talsperre von Ayamé* fahren oder entgegengesetzt durch *die Abi-Lagune* nach *Assini* im Süden. Eine Piste führt 9 km südwärts nach *Krinjabo,* der einstigen Hauptstadt des Königs Sanwi.
Unterkunft/Verpflegung:
Hotel Aboussouan
200 m vom Busbahnhof an der Straße nach Ayamé, Rest., Bar; DZ (mit großem Bett, Bad): 6000 CFA, DZ (mit kl. Bett, Bad): 4500 CFA.
Hotel Bemesso
200 m vom Busbahnhof; entgegengesetzte Richtung vom Hotel Aboussouan. Saubere Zimmer mit Dusche und Ventilator/Air-Cond., DZ ca. 3000 CFA.
Hotel de la Gare
Direkt am Busbahnhof.
Verkehrsverbindungen:
Busbahnhof im Zentrum.
Aboisso – Abengourou:
Es gibt keine Direktverbindung nach Abengourou. Wer mit dem Buschtaxi unterwegs ist, muß in *Ayamé* umsteigen und sich auf eine mindestens 7–8stündige Fahrt mit mehrmaligem Umsteigen gefaßt machen *(s. a. Ayamé).*

Im Buschtaxi von Aboisso nach Ayamé auf guter Asphaltstraße, Dauer: ca. 30 Minuten, 300 CFA.
Hinweis: Am Busbahnhof nach *Ayamé –Abengourou* fragen, sonst landet man im Bus nach *Adjamé* (Abidjan)!
Sonstiges:
SGBCI-Bank im Zentrum.

Aboisso – Ayamé – Abengourou

⇨ 179 km. Teerstraße, ab Ayamé schlechte Piste.
Die ehemalige Karawanenstraße in Richtung Norden, heute eine schlechte Piste, passiert die beiden Stauseen des *Bia-Flusses* und erreicht nach 182 km *Abengourou* (schlechter, etwas abenteuerlicher öffentlicher Transport im Lastwagen, langwierig).
Tolle grüne Berglandschaft entlang des Flusses *Bia*, herrliche Ausblicke auf die Stauseen *Ayamé I* und *Ayamé II*.

Ayamé

Kleiner, beschaulicher Ort in herrlicher Berglandschaft. Ausgangspunkt für schöne Spaziergänge zur gewaltigen Staumauer von *Ayamé I*, zum Stausee und in die hügelige Umgebung.
Unterkunft/Verpflegung:
Hotel Bossan
Ca. 1 km vom Busbahnhof; Berg gegenüber vom Busbahnhof hinaufsteigen und der Piste folgen (es geht zuerst durch Wohngebiete), B.P. 114, bislang noch kein Telefon, neu, schön gelegen, schöne Anlage, noch kein Rest./Bar (wird gerade ausgebaut). 17 Zimmer; DZ (mit Bad, Air): 5000 CFA, DZ (Bad, Ventilator): 3500 CFA. Man kann im Hotel auch frühstücken; allerdings ist es unverschämt teuer: 1400 CFA hat man uns pro Person abgeknöpft!
Im Ort gibt es keine richtigen Restaurants, nur einen kleinen Maquis und viele Garküchen. Man kann das Essen von den Garküchen mit in den Maquis nehmen und etwas trinken. Im Maquis selbst gibt es nur Omelette.
Verkehrsverbindungen:
Der Busbahnhof liegt im Zentrum.
♦ *Ayamé – Attiekro*
Nicht auf der Michelin-Karte, liegt zwischen Bianouan und Borobo. Fahrt mit Minibus, Dauer: 3 Stunden, Preis: 1600 CFA.
♦ *Attiekro – Diamarakro*
Mit „Camion" (offener Transporter), Dauer: ca. 1 Std., Preis: ca. 600 CFA (verhandeln!), Gepäck: 300 CFA.
♦ *Diamanrakro – Abengourou*
Mit dem Minibus „Bettié – Abengourou", Abfahrt von der Kreuzung oder im Ort an der Hauptstraße, Dauer: 2½ Stunden, Preis: 1400 CFA.
Sonstiges: Keine Bank!

Eine abenteuerliche, kurvenreiche Pistenfahrt durch abwechslungsreiche Berglandschaft, herrliche Ausblicke auf Schluchten und Täler, kleine Dörfer.

Abengourou

Wenn Abengourou selbst mit seinen etwa 33 000 Einwohnern auch nicht viel Sehenswertes bietet, ist die Stadt doch von größter kultureller Bedeutung.
Als **Residenz des Königs der Agni,** einer der interessantesten Volksgruppen der Elfenbeinküste, bietet sie Einblick in die Sozialstruktur der vorkolonialen Vergangenheit. Die Agni hatten als einziger Stamm der Region eine zentralisierte politische Organisation aufgebaut. In den übrigen Gebieten galt meist das Dorf mit seinem Oberhaupt als politische Einheit. Als die

Volksgruppe der Agni nach der Spaltung des Ashanti-Reiches in Ghana ins Exil gedrängt wurde, ließen sie sich entlang der Grenze zwischen Aboisso und Abengourou nieder und gründeten ein eigenes, mächtiges Königreich namens *Indénié*. Charakteristisch für die Agni war und ist eine starke Ergebenheit in die Hierarchie, an deren Spitze die Monarchen stehen, und ein ausgeprägter Goldkult. Mit Ausdauer und Geduld wehrt sich das Königreich noch immer gegen moderne Institutionen. Die Könige stehen zwar uneingeschränkt in der Gunst ihrer Lehensmänner, sind aber gleichzeitig Verbündete der zeitgenössischen politischen Führer. Umgeben von Hofstaat und Würdenträgern erzählt König *Bonzou II* selbst (während einer Audienz) von Geschichte und Tradition seines Volkes.

Sehenswert ist der **alte Königspalast** *(Palais Royal)*, ca. 2 km vom Zentrum entfernt. Er wurde 1882 unter *König Amoakon Dihye* erbaut. Geht man die Hauptstraße Richtung Abidjan, beim *Hotel de la Fôret* gegenüber in den Sandweg und an zahlreichen Marktständen vorbei den Weg bis zur Teerstraße, erreicht man rechterhand den unscheinbaren Palast an der nächsten Kreuzung. Angeschlossen ist ein Museum, in dem der *Bia*, der heilige Königsthron, besichtigt werden kann. Dieser Holzsessel, ganz mit Gold überzogen, ist Symbol der Monarchie und wird zu den Yams-Festen im November und Dezember hervorgeholt und in feierlichen Prozessionen durch die Straßen getragen.

Die **Umgebung der Stadt** gilt als **eines der landwirtschaftlichen Zentren** für Kaffee- und Kakaoanbau, daneben werden Reis, Yams, Maniok und Mais angepflanzt.

PRAKTISCHE INFORMATIONEN

 UNTERKUNFT

Hotels

Hotel de la Fôret
An der Mobil-Tankstelle an der Hauptstraße Richtung Abidjan, ca. 500 m vom Busbahnhof, zentral gelegen, einfach. Restaurant, Bar; DZ (Bad ohne Toilette, Air) 5000 CFA. Tel. 91 37 29.

Hotel Nedjaoune
An der Hauptstraße Richtung Abidjan, zentral gelegen, ca. 400 m vom Busbahnhof.

Hotel Goma
Am Gare Routière Principal (an der Straße nach Bondoukou), ca. 2 km vom Zentrum, B.P. 1187, Tel. 91 34 74, Bungalows in schöner Gartenanlage, Rest., Bar, Garten, Terrasse; DZ (Bad, Air, TV mit üblem Empfang) 7000 CFA.

Hotel l'Indénie
1½ km außerhalb, völlig heruntergekommen (wird wohl bald wg. Renovierung schließen), Bar, Restaurant geschlossen, schmutzige Zimmer, Pool ist kaputt, einsam gelegen; DZ (Bad, Air) 5000 CFA. Tel. 91 31 59.

Hotel Asibar
In der Nähe des Marktes.

Relais Agni
Außerhalb gelegen an der Straße nach Bondoukou.

VERKEHRSVERBINDUNGEN

Es gibt mehrere **Busbahnhöfe**:
Busbahnhof im Zentrum.
UTTB-Busstation
An der Hauptstraße nach Abidjan gegenüber dem Markt, Abfahrt ab 7.30 Uhr, jede Stunde, Dauer: 3 Stunden, Preis: 1500 CFA.

Gare Routière Principale
2 km vom Zentrum an der Straße nach Bondoukou, neben der Tankstelle; Ab-

fahrt nach *Bondoukou* (210 km) per Minibus, 4–5 Std., Preis: 2500 CFA.

 AUSFLÜGE

Zaranou
40 km südlich von Abengourou erreicht man über eine Piste den kleinen Ort *Zaranou*, der von 1896 bis 1916 Hauptstadt des Königreiches *Indénié* war. Auch hier residiert ein ehrwürdiger „Chef", von dem man Wissenswertes über die Erbfolge und die Beerdigungszeremonie beim Tod des Königs erfährt (diese Themen sind am Hofe in Abendourou tabu!). Schließt man sich einer Gruppe an, kann man evtl. an einer der Feierlichkeiten und Tänze teilnehmen, die begleitet vom Rhythmus der *Attougblan* (heiligen Trommeln) und *Balafons* veranstaltet werden.

Auch *Louis Binger,* der erste Gouverneur der Elfenbeinküste, verbrachte drei Jahre in Zaranou. Sein ehemaliges Wohnhaus ist heute ein Museum mit alten Waffen und Kriegsuniformen.

Abengourou – Bondoukou
➪ 210 km, Teerstraße.

Auf der Weiterfahrt von Abengourou Richtung Norden ist nach 70 km *Agnibilékrou* erreicht (letzte Tankmöglichkeit, falls sie nach Ghana weiterreisen; Treibstoff in Ghana ist sehr knapp, daher Reserven mitführen).

Wer von hier aus nach Ghana einreisen will, fährt auf guter Teerstraße Richtung Osten bis zur Grenzstation *Takikroum* (Ausreiseformalitäten der Elfenbeinküste). Übernachtungsmöglichkeit. Bei der Einreise nach Ghana *(Gonokrom)* muß man mit langen Wartezeiten rechnen, da das Gepäck gründlichst durchsucht wird. Meist stehen an der Grenze Warteschlangen von Lkw und Bussen; alles muß ausgeladen und wieder eingeladen werden. Beim Wechseln von Cedis an der Grenze sollten Sie wissen, daß Banknoten von vor 1979 nicht mehr gültig sind.

Von Agnibilékrou bis Bondoukou sind 140 km Teerstraße zurückzulegen.

Bondoukou

Bondoukou liegt inmitten von kleineren Bergen in einem weiten Talkessel, der landwirtschaftlich zum Anbau von Yams, Maniok, Hirse, Tabak, Baumwolle und vielen Früchten genutzt wird. Die Bevölkerung kann sich daher gut selbst versorgen.

Bondoukou ist **eine der ältesten Städte der Elfenbeinküste** und blickt auf eine rege Vergangenheit zurück. Noch bevor die aus Ghana kommenden *Abron* sie zu ihrer Hauptstadt machten, wurde der Ort von moslemischen *Dioula*-Händlern eingenommen, die im 17. Jh. wichtige Handelsbeziehungen zwischen Norden und Süden schufen und eine Koranschule gründeten. Im 18. Jh. kamen die *Abron* als ein weiterer wichtiger Zweig der großen *Akan*-Volksgruppe nach Streitigkeiten mit den *Ashanti*-Kriegern in Ghana an die Elfenbeinküste und drangen dabei vor bis Bondoukou. Sie unterwarfen die hier herrschenden *Koulango* und gründeten ihr Königreich nach dem Muster ihrer Ashanti-Vorfahren. Schon bald legten sie ihren animistischen Glauben ab und bekehrten sich zum Islam, der in dieser Region durch den Einfluß der *Malinké* überwog. Im 19. Jh. scheiterten die Engländer, die das ghanesische Ashanti-Reich besetzt hielten, mit dem Versuch, den König der Abron für sich zu gewinnen. Dieser schloß 1888 mit dem Franzosen *Treiche-Laplène* einen

Vertrag, worauf der Glaubensführer *Samory* rebellierte und die Stadt fast zerstörte.

Nicht weniger als 18 Moscheen zeugen von der **starken Islamisierung** der etwa 30 000 Einwohner zählenden Stadt. Von der früheren sudanesischen Lehmarchitektur blieben nur wenige Gebäude erhalten, so der alte Markt, das Haus von Kapitän Binger und von Offizier Samory. Im alten Marktgebäude ist jetzt ein interessantes **Museum** untergebracht. Auf dem Hauptplatz im Zentrum der Stadt treffen sich unter schattigen Mangobäumen Handwerker und Künstler, um ihre Waren feilzubieten: Schmuck, Musikinstrumente und die landesüblichen *pagnes*, Baumwollstoffe mit blauen und schwarzen Mustern.

PRAKTISCHE INFORMATIONEN

 UNTERKUNFT

Hotel Amoikro
Bestes Hotel am Ort, ca. 1 km vom Zentrum an der Straße nach Sorobango, einsam gelegen, Bar, Rest. (gutes Essen), sauber, ruhig; DZ (Bad, Air): 5000 CFA.
Le Refuge
Kein Restaurant/Maquis im Hotel oder in der Nähe!
Hotel Woumo, neu.
Hotel du Mont Zanzan
Tel. 92 54 14, 30 klimatisierte Zimmer, Restaurant, Swimmingpool.
Hotel La Bahia
Einfache Unterkunft im Zentrum, 20 Zimmer (die meisten nicht klimatisiert), Restaurant, Nachtclub.

 AUSFLÜGE
Soko
Verläßt man die Stadt auf der Straße in Richtung Ghana, erreicht man nach 8 km den Grenzort *Soko*. Um dieses kleine Dorf rankt sich eine **Legende**. Sie besagt, daß im 19. Jahrhundert ein Zauberer die Bewohner vor der Invasion der Offiziere Samorys beschützen wollte, indem er sie in Affen verwandelte. Er starb, noch bevor es ihm möglich war, ihnen ihre menschliche Form wie-

der zurückzugeben. So kommt es, daß heute noch große Affenhorden über den Marktplatz herfallen, sich an Bananen und Erdnüssen bedienen und ungestört zwischen die Bevölkerung mischen, um dann genauso plötzlich wieder im Wald zu verschwinden. Die Affen sind zu heiligen Tieren geworden.

Sapia

Dieser Ort, am gleichnamigen Fluß, etwa 18 km westlich von Bondoukou gelegen, ist Mittelpunkt einer ähnlich ungewöhnlichen **Sage**: Die im Fluß lebenden Fische, riesige Welse, darf niemand berühren, denn sobald einer von ihnen stirbt, muß ihm ein Dorfbewohner ins Jenseits folgen. Die heiligen Fische werden also mit Yamswurzeln und Brot gefüttert und gemästet.

Erebo

Bondoukou über die Asphaltstraße Richtung Südwesten verlassen. In *Gouméré* (km 30) rechts (Nordwesten) abzweigen auf die Piste nach Erebo.
Wenn man sich im November in dieser Region aufhält, kann man in Erebo, der Residenz des Abron-Königs, dem großen **Ereignis des Yams-Festes** beiwohnen. Der König sitzt dann mit goldener Tiara und Zepter auf seinem Thron. Die glanzvolle Prozession wird begleitet von reich geschmückten Würdenträgern und Lehnsmännern in farbenprächtigen Gewändern.

Von Bondoukou aus gelangt man auf einer recht guten Piste (183 km) zur kleinen Lobi-Siedlung *Bouna* östlich des Comoé-Nationalparks *(s. u.)*.
Die **Lobi,** die hier im äußersten Nordosten des Landes leben, sind eine der ursprünglichsten Volksgruppen; sie haben sich noch sehr viele alte Traditionen bewahren können und öffnen sich nur langsam den modernen Einflüssen. Als Volk der Jäger waren sie lange Zeit hindurch Halbnomaden, wenden sich nun aber mit zunehmender Seßhaftigkeit dem Ackerbau zu. In der Hauptsache leben sie von Yams, Mais und Reis, in den Niederungen auch vom Gemüseanbau. *(S. a. Kastentext über die Lobi bei Burkina Faso).*

Bouna

In einem separaten Viertel in Bouna wohnen die *Koulangos*, eine Volksgruppe, die die Lobis einst aus ihrer Heimat um Bondoukou verdrängte und ihre Vormachtstellung behauptete. Der Besitzer des kleinen **Campement-Hotels** in Bouna (8 einfache Zimmer, Restaurant) vermittelt Ausflüge in die Lobi-Dörfer der Umgebung im Grenzgebiet zu Ghana und Burkina Faso.
Sehr schöne Soukalas findet man beispielsweise in *Pouon* am gegenüberliegenden Ufer des *Koulda-Flusses.* Auch die kleinen Dörfer *Doropo* und *Biénou* im Norden sind sehr charakteristisch; die Häuser sind hier bis zur Hälfte unter die Erde gebaut. An Markttagen verdient *Kodo,* auf halbem Weg zwischen *Varalé* und *Doropo,* einen Besuch, denn dann geht es hier immer sehr lebhaft zu. Leider ist ein Besuch der Lobi-Region während der Regenzeit nicht möglich, weil dann die Pisten unbefahrbar sind.

Der Comoé-Nationalpark

Mit 11 500 qkm ist der Comoé-Nationalpark im Nordosten der Elfenbeinküste **eines der größten Wildreservate in Westafrika.** Im Jahre 1953 schuf man zunächst das Tierschutzgebiet von Bouna, das dann 1968 zum *Parc Natio-*

nal de Comoé ernannt wurde. Obwohl Westafrika bei weitem nicht den Tierreichtum Ostafrikas bieten kann, gehört der Besuch des Reservates sicher zu den interessantesten Erlebnissen einer Reise durch die Elfenbeinküste.
Das **Landschaftsbild** des Reservates wird charakterisiert durch **weite, offene Grasebenen**, die mit **Baum-Busch-Savanne** abwechseln. Dazwischen finden sich kleine Waldgruppen und die sogenannten „Bowe", halbkugelförmige Inselberge aus Laterit. Das ganze Gebiet ist durchsetzt von meist bewaldeten Hügelketten, die bis zu 700 m hoch sind. Seinen Namen erhielt der Nationalpark vom großen *Comoé-Fluß*, der in Burkina Faso entspringt und das Tierreservat auf einer Länge von knapp 230 km von Norden nach Süden durchfließt. Das 100 bis 200 m breite Flußbett ist von dichten Galeriewäldern gesäumt und führt, zusammen mit seinem Zufluß, dem *Iringou*, das ganze Jahr über Wasser. Alle anderen Wasserläufe dagegen trocknen zwischen Dezember und Mai fast aus. Kleine Rinnsale und stehende Wasserbecken bilden dann oft die geeigneten Badeplätze für Flußpferde und Krokodile. Auch die vielfältige Vogelwelt kann man in Wassernähe sehr gut beobachten.
Am häufigsten begegnet man auf einer Pirschfahrt den verschiedenen hier beheimateten Antilopenarten, darunter *Kob-Antilopen (Cobe de Buffon), Bubales, Pferdeantilopen, Oribis* und kleinen *Ducker-Arten*. Raubtiere wie Löwen, Leoparden und Hyänen hingegen wird man nur äußerst selten sehen, da ihr Bestand klein ist und sie vorwiegend nachts auf die Jagd gehen. Daneben beheimatet der Park Büffel, Warzenschweine und verschiedene Affenarten. Elefanten halten sich während der Trockenzeit verstärkt in den Wäldern des südlichen Reservats auf; man beobachtet sie aber nur selten. Obwohl die Jagd streng verboten ist, gibt es immer noch viele Wilddiebe, was eine allgemein spürbare Scheu der Tiere zur Folge hat. Leider mangelt es an ausreichenden Geldmitteln und Fahrzeugen, um ihnen das Handwerk zu legen.

Für Pirschfahrten besorgt man sich in der Lodge oder am Parkeingang einen genauen Plan des Reservates. Die Hauptpisten sind in der Regel gut ausgeschildert, jedoch z. Z. in schlechtem Zustand.

Aufgrund der klimatischen Verhältnisse ist der Nationalpark **nur von Mitte Dezember bis Mitte Mai geöffnet,** denn während der Regenzeit sind die Pisten durch das Anschwellen der zahlreichen Wasserläufe meist überflutet und unpassierbar. Tierbeobachtungen und Pistenverhältnisse sind im Monat **Februar** am günstigsten.

Die **besten Tageszeiten** zur Tierbeobachtung sind der frühe Morgen und die Abenddämmerung. Nachtfahrten sind nur mit spezieller Erlaubnis möglich. Höchstgeschwindigkeit innerhalb des Parks ist 40 km/h, und es ist verboten, die Pisten zu verlassen. Vorsicht beim Überqueren von Brücken und kleineren Flußläufen!

Eintritt ca. 1500 CFA/Person.

Für einen kurzen Besuch bieten sich die **zwei** folgenden **Rundfahrten** an:

◆ Die südliche Strecke beginnt in *Kapkin*, führt bis zum Zusammenfluß von *Comoé* und *Iringou*, wo eine natürliche Terrasse die beiden Wasserläufe in etwa 20 m Höhe überragt, und geht von da aus in einem Dreieck zurück zum Posten von *Gansé*.

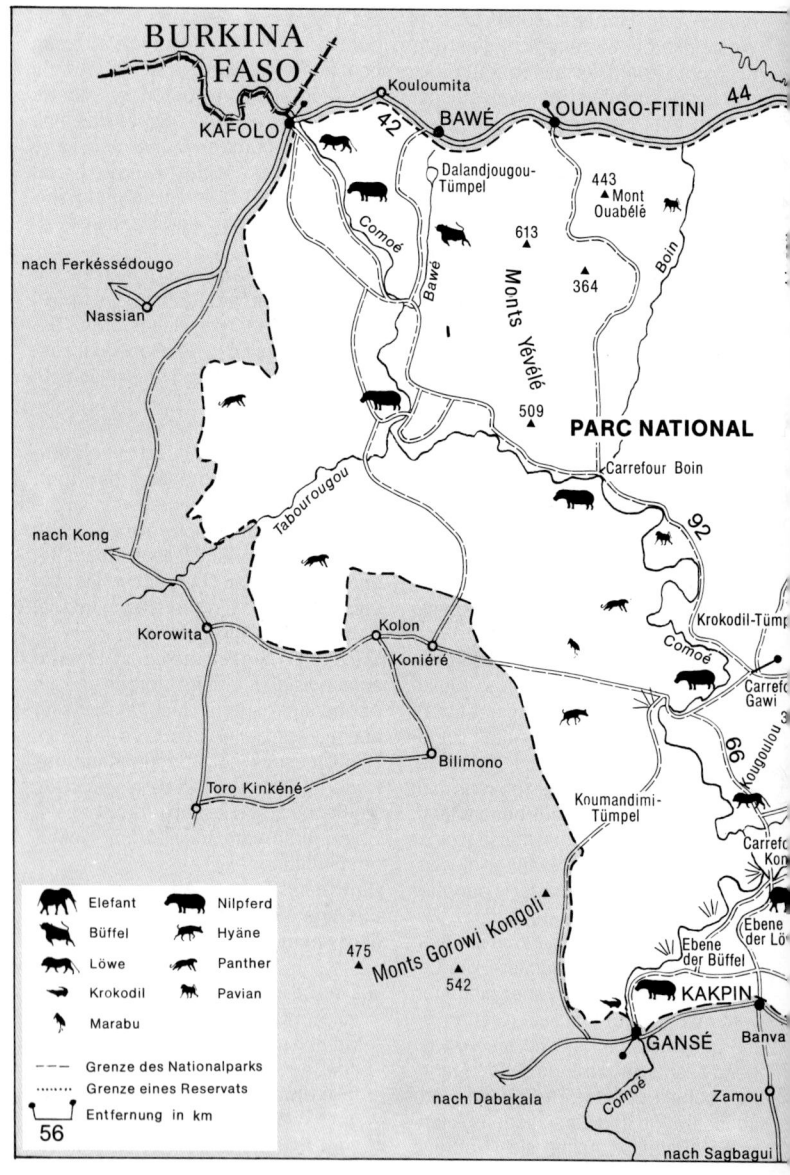

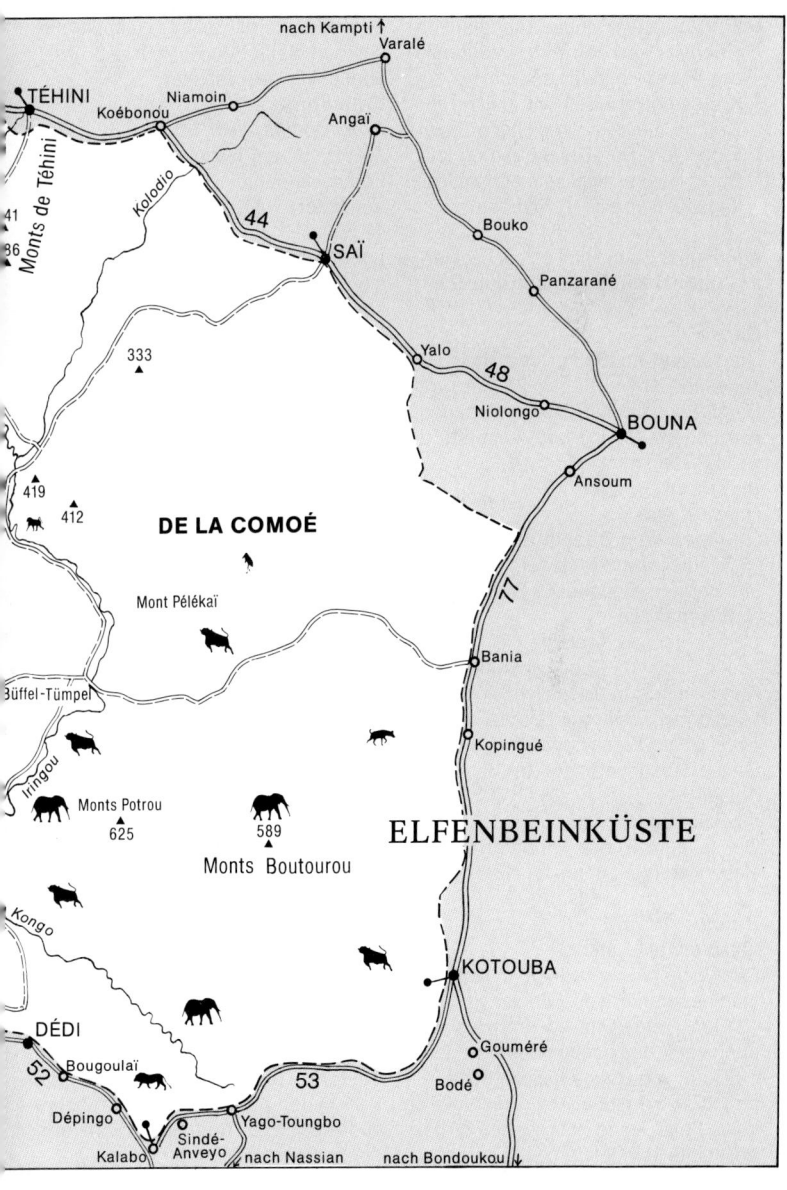

♦ Eine zweite Rundtour beginnt in *Ouango-Fitini* an der Nordgrenze des Parks, verläuft südlich bis zur Kreuzung von *Bouin* und entlang des *Comoé-Flusses* zurück nach *Bavé*. Eine Nord-Süd-Durchquerung des Parks ist eine nicht sehr strapaziöse Tagestour von 8–10 Stunden.

Außer über Bouna gibt es noch folgende **Zufahrtsmöglichkeiten** zum Park:

Gansé
Gansé liegt im Süden des Nationalparks und ist von *Katiola* 210 km, von *Bondoukou* 180 km, von *Férkéssedougou* 280 km (über *Kong*) entfernt; jeweils Pistenstrecke.
Unterkunft:
Hotel Comoé
Geöffnet von Dezember bis Mai, 25 Zimmer. Swimmingpool, Restaurant und Bar, Tel. (Bouaké) 63 31 95, Treibstoff vorhanden.
Campement de Kapkin
16 km Piste von Gansé, 16 einfachste Rundhütten im traditionellen Stil, Selbstverpflegung, Öffnungszeiten erfragen.
Hotel Calao Safari Lodge
Gansé, Reservierungen Tel. 35 45 10, Abidjan.
Comoé-Segetel
Gansé, ähnl. Preise wie Safari Lodge; Reservierungen unter Tel. 63 31 95.

Kafolo
(gesprochen „Káfolo")
Der *Poste de Kafolo* liegt im Nordwesten des Parks. Von *Férkéssedougou* 121 km Piste (Umweg und Besichtigung von *Kong* empfehlenswert: dann 185 km), von *Bouna* 175 km Piste.
Im Ort selbst gibt es kein Restaurant, keine Bank, keine Post, keinen Stromanschluß, kein Telefon. Ein kleiner Supermarkt „Prima" an der Hauptstraße verkauft Seife, Mückenspiralen usw., aber keine Lebensmittel.
Unterkunft:
Hotel Comoë Safari Lodge
300 m von der Hauptstraße, B.P. 338 Ferkessédougou, Rest., Bar; DZ (mit Ventilator): 16 000 CFA, DZ (mit Air): 17 500 CFA, EZ 12 500 CFA. Man muß außerdem Halbpension oder Vollpension bestellen, da man im Restaurant keine einzelnen Speisen erhält. Die Halbpension kostet 10 000 CFA/ Tag. Es gibt ein sehr gutes, mehrgängiges Tagesgericht. Frühstück: 3500 CFA.
Verkehrsverbindungen:
An- und Rückreise sind sehr schwierig: Es fährt nur ein Minibus pro Tag (unregelmäßig) in beide Richtungen *(Ferké, Bouna)*. Am besten kommt man am Freitag fort, wenn Markt ist.
Anfahrt Ferké – Kafolo: zwischen 9 und 12 Uhr vom Busbahnhof hinter dem Markt an der Straße nach Bouna (in der Nähe der Kirche), Fahrtdauer: 3 Stunden, Preis: 2500 CFA.
Rückfahrt Kafolo – Ferké: meist am Nachmittag/Abend (nur 1 Bus pro Tag). Ab 14 Uhr an der Polizeistation unter dem Baum warten (=Bushaltestelle).
Ausflüge:
Im Hotel *Comoë Safari Lodge (s. o.)* können Touren in den Nationalpark gebucht werden (an der Rezeption fragen). ½ Tag: 12 500 CFA, ganzer Tag: 21 000 CFA, Parkeintritt: 2000 CFA.
Außerdem werden Ausflüge zu den Lobi-Dörfern (6500 CFA) sowie Pirogenfahrten auf dem Comoë-Fluß (4500 CFA) angeboten.

Weitere Zufahrtsmöglichkeiten zum Park bieten sich von **Bania** aus (38 km südwestlich von Bouna) und von **Kong** *(siehe Ferkessédougou – Ausflüge)*.

Der Norden und Nordwesten

Ferkéssedougou – Odiénné

⇨ 287 km, Teerstraße und gute Piste. Das weite Savannenland im Norden der Elfenbeinküste ist die Heimat eines der ältesten und zugleich interessantesten Volksstammes des Landes, der **Senufo**. Unverfälschte, seit Jahrhunderten überlieferte Traditionen sind hier noch erhalten. Man begegnet ihnen zum einen in einer ausdrucksvollen Handwerkskunst, besonders in den Dörfern in der Umgebung von *Korhogo,* der Hauptstadt des Senufo-Landes. Tiermotive (Chamäleon, Krokodil, Affe, Schildkröte) spielen in der Vorstellungswelt der Senufo eine besondere Rolle. Der Nashornvogel *(calao)* mit ausgebreiteten Flügeln ist sozusagen das Stammeszeichen der Senufo, gleichzeitig auch ein Fruchtbarkeitssymbol. Zum anderen findet sich hier ein **mystisches Erziehungssystem**, der *Poro-Kult,* in dessen geheimnisvollen, animistischen Ritualen Masken, Tänze und Geheimbünde eine wesentliche Rolle spielen. Der Poro ist das Heranreifen vom Kind zum Erwachsenen und verläuft in drei aufeinanderfolgenden Stadien von je 7 Jahren, die mit der Initiation enden. Vollzogen wird der Poro in dem zu jedem Dorf gehörigen heiligen Wald, der von Uneingeweihten nicht betreten werden darf. Inhalte der Poro-Erziehung sind das Erlernen der Selbstbeherrschung und der Übernahme von Pflichten, das Nachdenken über philo-

Speicher der Senufo

764 Länder, Routen, Sehenswürdigkeiten – Elfenbeinküste

sophische Probleme. Auf diese Weise wird der junge Mensch auf das Gemeinschaftsleben vorbereitet.
Der hügelige Nordwesten des Landes wird überwiegend von den *Dioulas* bewohnt, die im 15. Jahrhundert aus Mali einwanderten. Dies findet Ausdruck in einer Vielzahl von teils sehr schönen alten Moscheen. Schon seit alters her sind die Dioula ein Volk der Händler und heute nicht nur in der Elfenbeinküste, sondern auch überall in Westafrika auf den Märkten anzutreffen.

Ferkessédougou

Ferkessédougou liegt an der großen Nord-Süd-Verbindung des Landes, 44 km von der Grenze zu Burkina Faso (der Grenzort *Ouangolodougou* hat in Gestalt des neuen *Hotel Tanin* eine Übernachtungsmöglichkeit). Als wichtige Eisenbahnstation der Linie von Abidjan – Bobo-Dioulasso bzw. Ouagadougou und als Knotenpunkt der Straßen nach Westen und Nordosten *(Comoé-Nationalpark)* verfügt die Stadt über eine günstige Verkehrslage. Rund um Ferkessédougou weisen Reisfelder und Pflanzungen mit Baumwolle, Mais, Hirse und Tabak darauf hin, daß die hier ansässigen Senufo nicht nur geübte Kunsthandwerker, sondern in der Hauptsache Bauern sind. Zuckerrohrplantagen und Zuckerraffinerien geben der Stadt eine wichtige wirtschaftliche Bedeutung.
Ferké, wie die Ivorer diese Stadt kurz nennen, wurde im 19. Jahrhundert von *Ferkéssé*, einem Chef der *Niarafolo*, gegründet, nachdem er vom König der Kong vertrieben worden war. So blickt der Ort heute auf keine lange Geschichte zurück und hat ein sehr **modernes Stadtbild**. Das Leben spielt sich hauptsächlich rund um den von Mangobäumen beschatteten Marktplatz und dem gegenüberliegenden Busbahnhof ab. Die alte Moschee wurde leider 1980 zerstört; insgesamt betrachtet ist Ferké für einen längeren Aufenthalt nicht zu empfehlen.

PRAKTISCHE INFORMATIONEN

 UNTERKUNFT
Hotels
Le Relais Senoufo
B.P. 104, Korhogo, Tel. 88 03 23; 32 klimatisierte Zimmer im Bungalowstil mit Bad oder Dusche, hinter dem Hotel im Garten Swimmingpool (jedoch außer Betrieb) und Nachtclub, im Zentrum gelegen; mittlerweile total heruntergekommen.
La Réserve
B.P. 241, Korhogo, Tel. 88 01 85, sehr schön am Ortsausgang (Richtung Katiola) gelegenes, kleines, einfaches Hotel mit 12 klimatisierten Zimmern, gutem Restaurant, Bar, Schwimmbad (außer Betrieb) und kleinem Garten; unfreundlicher Manager.
Hotel Bandama
Am Ortsausgang, an der Straße nach Korhogo.

Hotel Koffikro
Hinter der Total-Tankstelle; einfach und sauber; Ventilator/Klimaanlage.
Hotel La Mouraille
In der Straße gegenüber dem C.E.G.; einfache Zimmer mit Ventilator.
Hotel Pivoine
Am Ortsausgang an der Straße nach Abidjan, ca. 2 km vom Zentrum.
Hotel Refuge
Am Ortsausgang an der Straße Richtung Banfora, ca. 200 m von der Hauptstraße entfernt, einfach.

 ESSEN UND TRINKEN
Restaurant de la Paix
Gegenüber dem Hotel Relais de Senoufo; gutes Frühstück.

 VERKEHRSVERBINDUNGEN
Busse
Busbahnhöfe:
Busbahnhof Gare du Nord
Ca. 500 m vom Zentrum an der Straße nach Ouangolodougou; alle Ziele Richtung Norden (Burkina).
Busbahnhof Gare du Sud
Ca. 2 km vom Zentrum am Ortsausgang an der Straße nach Abidjan; alle Ziele Richtung Süden.
Busbahnhof nach Kafolo/Bouna
Hinter dem Markt an der Straße nach Bouna (in der Nähe der Kirche); Abfahrt nach *Kafolo* (120 km) mit grünem Buschtaxi, eins pro Tag (immer überfüllt); Abfahrt zwischen 9 und 12 Uhr, Fahrpreis: 2500 CFA, Dauer: 3 Stunden. Üble Piste, staubig!

Eisenbahn
Von Ferké nach Bobo (Burkina Faso) fährt ein Nachtzug, der total überfüllt auch mit einem 1. Klasse-Ticket keine Gewähr auf einen Sitzplatz bietet; normales Ticket lösen!

Die Grenzkontrollen für die Einheimischen dauern bis zu sechs Stunden, der Zug steht während dieser Zeit und wird komplett ausgeräumt.

 SONSTIGES
Post neben dem Hotel Relais de Senoufo *(s. o.)* an der Straße nach Ouangolodougou.

 AUSFLÜGE
Kavara
In der Umgebung von Ferké lohnt ein Ausflug in das 98 km nördlich gelegene *Kavara*, wo man ein sehr schönes Beispiel einer Moschee aus dem 17. Jahrhundert besichtigen kann. Sie wurde im typisch sudanesischen Baustil aus *Banco* (getrocknetem Lehm) gebaut. Der Islam verschmilzt hier mit afrikanischer Symbolik und traditioneller Architektur.

Niakaramandougou
Wer die Strecke von *Ferké* nach *Katiola* (185 km) fährt, kann nahe Niakaramandougou den *Mont Niangbo* (600 m) besteigen. Vom Gipfel herrlicher Ausblick über die weite, ebene Landschaft!

Kong
Sollten Sie von Ferkéssédougou eine Fahrt in den **Comoé-Nationalpark** *(s. o.)* planen, ist es in jedem Falle empfehlenswert, einen Abstecher in den sehr reizvollen Ort Kong zu unternehmen (124 km auf guten Pisten). Die Bewohner von Kong erzählen heute noch stolz die Geschichte ihrer Stadt, die im 12. Jahrhundert von den *Fafala*- und *Kpalrha,* zwei Gruppen der großen, aus dem Norden stammenden *Senufo*-Familie gegründet wurde. Gegen Ende des 16. Jahrhunderts ließen sich zum Islam bekehrte *Mande* in Kong

Leinenmalerei der Senufo

nieder und brachten gleichzeitig handwerkliche Techniken der Weber, Färber und Schuhmacher mit. Im 18. Jahrhundert übernahmen sie schließlich die Regierung der Stadt und errichteten das Königreich von Kong. Der Reichtum des Königreiches ist auf seine Lage an einer wichtigen **Kreuzung von Handelswegen** zurückzuführen: Gold, Kolanüsse und indigoblau gefärbte Stoffe wurden nach Norden transportiert und gegen Salz und Wolldecken eingetauscht. Nachdem die Franzosen mit den *Mande-Dioula-Chefs* der Stadt 1888 unter *Kapitän Binger* einen Protektoratsvertrag unterzeichnet hatten und dieses Bündnis 1894 von *Hauptmann Marchand* bestätigt wurde, widersetzte sich Kong dem Glaubensführer *Samory* und wurde 1895 von diesem ausgeraubt und in Brand gesteckt. Die Einwohner der Stadt wurden als Sklaven verkauft.

Zeugen einer prächtigen Vergangenheit sind heute noch die zahlreichen Häuser in der Lehmbauweise des Sudan, rechteckige einfache Gebäude mit Dachterrassen. Zwei sehr schöne, ebenfalls im Banco-Stil aus ockerfarbigem Lehm gebaute, große Moscheen symbolisieren den Glauben der rein moslemischen Bevölkerung. Man sollte einen Spaziergang durch den alten Teil der Stadt unternehmen, um die ihr eigene Atmosphäre zu spüren. Es findet sich immer jemand, der Ihnen das Wohnhaus und Grab des Hauptmanns Marchand zeigt oder Sie zu einem der Weber führt, die im Innenhof ihrer Lehmhäuser Baumwollbänder anfertigen, um diese später zu Kleidern und Decken zu verarbeiten.

Übernachtungsmöglichkeit besteht im *Campement-Hotel;* Piste nach Nassian und zum Comoé-Nationalpark. Bei Ferké (Poste de Kafolo) überqueren Sie den Comoé-Fluß und erreichen 65 km nach Kong die *Comoé Safari Lodge.*

Fährt man von Ferkéssédougou auf gut ausgebauter Asphaltstraße durch eine lichte Savannenlandschaft in Richtung Westen, erreicht man nach etwa 20 km *Sinématiali.*

Sinématiali
Die gesamte Region westlich von Ferké ist ein Zentrum des Kunsthandwerks der Senufo. So arbeiten in Sinématiali viele Töpfer, Schmiede und Holzschnitzer. Die hier beheimateten *Nafara* sind noch sehr stark an ihre alten Traditionen gebunden und drücken dies in vielen Tänzen und Feierlichkeiten aus (Maskentanz, Tanz der Schmiede, Poro-Fest).

Bei km 53 ab Ferkessédougou ist *Korhogo* („Kórogo" gesprochen) erreicht.

Korhogo

Korhogo ist die **Bezirkshauptstadt** des Départments Nord. Die Stadt liegt in einer der am dichtesten bevölkerten Regionen des Nordens am Fuße des *Mt. Korhogo* (den Berg kann man von Osten her besteigen) und hat mit ca. 45 000 Einwohnern und weitläufig angelegten Straßen und Gebäuden eine sehr angenehme Atmosphäre.
Der Geschichte nach soll Korhogo im 14. Jahrhundert von *Nengué,* einem alten Senufo-Diener des Chefs von Kong, gegründet worden sein. Der Ortsname bedeutet übersetzt: „Das lasse ich als Erbe".

Heute ist die Stadt das **Zentrum des Senufo-Landes** und bekannt durch das traditionelle **Kunsthandwerk**, die Riten, Tänze und das hochentwickelte soziale System dieser Volksgruppe. Sehenswert ist die große, schön verzierte Moschee, von deren Turm aus man einen guten Ausblick auf die Stadt hat (vor Eintritt Erlaubnis einholen). Wer sich einen Überblick über die Kunst der Senufo (Masken) verschaffen will, findet im *Gbon Coulibaly-Museum* eine interessante Sammlung.

Mittelpunkt der Stadt und Treffpunkt der Händler aus den umliegenden Dörfern ist der Marktplatz. Ihm gegenüber sitzen die „Antiquitätenhändler" plaudernd in ihren typischen Senufo-Stühlen und warten auf Kundschaft. Vom Markt aus führt die Straße hinauf zum *Hotel Mt. Korhogo.* Hier bieten zu beiden Seiten der Straße zahlreiche Händler an ihren Verkaufsständen unter Mangobäumen ihre Kunstgegenstände an: Masken und Statuen aus Bronze und Holz und die berühmten, mit Ornamenten bemalten Webearbeiten der Senufo (darunter sehr schöne Stücke zu relativ günstigen Preisen). Wem keine Zeit bleibt, die kleinen Dörfer in der Umgebung von Korhogo zu besuchen, kann die Künstler in einem Handwerkszentrum am Nordrand der Stadt bei ihrer Arbeit beobachten: Schmiede, Schnitzer, Weber, Färber, Gelbgießer und Töpfer.

In den umliegenden Dörfern kann man noch Handwerker antreffen, welche auf traditionelle Weise Leinenmalerei durchführen. Während die dabei verwendeten Tiersymbole früher ausschließlich für die Gewänder von Eingeweihten, von Tänzern und Jägern bestimmt waren, werden mit ihnen heute v. a. Malereien für Touristen hergestellt. Die dafür benützte Farbe wird noch immer aus Blättern, Rinde und eisenhaltigem Schlamm gewonnen. Korhogo ist nicht nur kunsthandwerkliches Zentrum des Nordens, sondern auch **Mittelpunkt intensiver Landwirtschaft:** Anbau von Erdnüssen, Reis, Hirse, Tabak, Baumwoll- und Reisindustrie.

PRAKTISCHE INFORMATIONEN

TOURISTENINFORMATION
Fremdenverkehrsbüro
Délégation du Tourisme
B.P. 707, Tel. 86 05 84, allg. Infos, Ausflugsfahrten im Taxi mit Führer (mehrsprachig) oder im Bus (für Gruppen).

UNTERKUNFT
Hotels
Le Mont Korhogo
B. P. 263, Tel. 86 04 00, Telex. 63 108. Das beste und teuerste Hotel der Stadt, unweit von Zentrum und Markt; 55 Zimmer mit Klimaanlage, Dusche/WC und Telefon, Restaurant, Bar, Disco, hübsch gelegener Garten mit großem Swimmingpool. Organisierte Ausflüge z. B. in den Comoé-Nationalpark.
Club Kedjona
B.P. 691, Tel. 86 03 64, am Ortsausgang in Richtung Ferkéssédougou gelegen, 40 Zimmer mit Klimaanlage, Dusche/WC, Telefon, Video, großer Garten mit Swimmingpool, Restaurant und „Maquis", Night-Club.
Hotel Les Avocats
B.P. 301, Tel. 86 05 69, ca. 1,5 km vom Zentrum im Stadtteil Banafora gelegen, 40 klimatisierte Zimmer mit Bad/WC, Restaurant, Bars.

Hotel Kafiledjo
B.P. 670, Tel. 86 09 88, relativ weit außerhalb am Fuße des Mt. Korhogo, 40 Zimmer mit Klimaanlage, Bad/WC, Restaurant (afrikanische Spezialitäten), Bar, Nachtclub, Swimming-pool.
Hotel Non-Stop
B.P. 748, Tel. 86 07 93, im Quartier 14 (Straße links vom Rathausplatz), 30 Zimmer, Klimaanlage, Dusche/WC, Bar, Restaurant (franz. Küche), Terrasse mit Barbecue.
Motel Agip
B.P. 659, Tel. 86 01 13, im Zentrum. Mittelklassehotel, 6 klimat. Zimmer mit Dusche, angeblich bestes Restaurant der Stadt, schattige Terrasse.

 ESSEN UND TRINKEN
Restaurants
Restaurant La Plantation
Einfache, gute afrikanische Gerichte (ivorische und senegalesische Küche).
La Bonne Cuisine
Senegalesisches Restaurant in der Straße der Moschee.
Relais du Paysan
In der Nähe der Post.

VERKEHRSVERBINDUNGEN
Flugzeug
Über bestehende Flugverbindungen mit *Air Ivoire* von/nach Korhogo erkundigen Sie sich am besten im Hotel Mount Korhogo *(s. o.)*.

Eisenbahn
Fahrt von Abidjan (Stadtteil Treichville) bis nach Ferkéssédougou (die Abfahrtszeiten sind sehr variabel, 560 km, ca. 12 Stunden Fahrt), dann weiter mit dem Bus nach Korhogo.
Bahn Abidjan – Ferké ca. 9100 CFA (1. Klasse), 6300 CFA (2. Klasse);
Bus Ferké – Korhogo ca. 1500 CFA.

Kakao- und Kaffeesträucher (oben)
Frauen auf dem Weg zum Markt (unten) (Elfenbeinküste).

Batik-Färberei in Bamako (oben); Stoffe vor und nach dem Färben (unten) (Mali).

Maskenfest in der Nähe von Bobo-Dioulasso (Burkina Faso).

Afrikanisches Leben am Fluß (Mopti / Mali).

Medizinmann (oben)
Honoratioren der Ashanti bei einem Fest (Kumasi / Ghana).

Inshallah...!!!

Dorfältester aus Nord-Ghana (oben).
Alte Frau (unten / Ghana).

Bus

Von Abidjan (Stadtteil Adjamé) geht es via Ferkéssédougou nach Korhogo (ca. 5500 CFA, etwa 8 Stunden Fahrt). Bus Ferké – Korhogo *siehe oben*.

Ferner: Busch-Taxis und Busse verkehren von den verschiedenen Busbahnhöfen nach Abidjan (über Bouaké) nach Odienné (über Boundiali), Séguela, Ferkéssédougou und Tortiya.

Straßenverbindungen von Korhogo

Man erreicht Korhogo von Abidjan aus auf 635 km durchgehender, teils sehr gut ausgebauter Asphaltstraße über Yamoussoukro, Bouaké und Ferkéssédougou. Die Fahrt sollte jedoch als mehrtägige Tour geplant werden, da es unterwegs viel Sehenswertes gibt.

 SONSTIGES

Korhogo verfügt über mehrere **Banken** (eine davon gleich neben dem Hotel Mt. Korhogo), ein **Post**- und Telegraphenamt, **Krankenhaus**, mehrere Apotheken.

 AUSFLÜGE

Korhogo ist idealer Ausgangspunkt für Fahrten in die umliegenden Rundhüttendörfer der Senufo, in denen teilweise in Kollektiven verschiedene Handwerksart ausgeübt wird. Wer keinen eigenen Wagen zur Verfügung hat, kann sich an den Leiter des Hotel Mt. Korhogo *(s. o.)* wenden, der das *Hotel-Taxi* mit Fahrer für Ausflugsfahrten zur Verfügung stellt. Oder man erkundigt sich im Fremdenverkehrsamt nach einem Führer, z. B. *Jean Kouakeu* (spricht deutsch), der Ihnen alles über die Region erzählt, was er weiß – und er weiß einiges.

Sie können sich auch an *Konate Ousman*, Guide Touristique Independant, B.P. 514, Korhogo, wenden, der Ihnen gerne die Umgebung zeigt und ebenso Foto-Safaris in den Comoé Nationalpark organisiert; ein sehr zuverlässiger Mensch.

Nachstehend eine kleine Auswahl der zahlreichen Sehenswürdigkeiten:

Waraniene

Dorf der **Weber** (6 km)**.** Die Vorarbeiten bei der Tuchherstellung, das Spinnen und Färben der Baumwolle werden von den Frauen ausgeführt, die Kinder wickeln das Garn, das Weben selbst jedoch wird ausschließlich von Männern übernommen, die unter schattigen Bäumen im Freien arbeiten. Die hergestellten Textilien werden direkt zum Verkauf angeboten.

Torgokaha

Das **Korbmacher**-Dorf liegt in Richtung Süden (7 km) auf der Piste nach *Dikodougou*. Die Korbflechter stellen u. a. Matten, Körbe und Hühnerkäfige her.

Kasombarga

25 km nordwestlich von Korhogo liegt das Dorf der **Schmiede**. Interessant ist hier eine Lehm-Moschee aus dem 17. Jahrhundert.

Koni

In dem 13 km nördlich von Korhogo gelegenen Dorf ist traditionelles Schmiedehandwerk zu bewundern. In der Umgebung des Dorfes verstecken sich – im Buschland verstreut – senkrechte, tiefe Schächte, aus denen **Eisenerz** abgebaut wird. Die lehmige Erde wird im Flußwasser gewaschen, den erzhaltigen Sand formen die Eisenkocher von Koni anschließend zu Kugeln, die in traditionellen Hochöfen zu Eisen bereitet werden. Es werden hauptsächlich Gegenstände für Ackerbau und Haushalt hergestellt.

Niofouin
50 km westlich von Korhogo. Bemerkenswert ist die teilweise noch gut erhaltene, alte **Senufo-Architektur**. Die Hütten sind aus dicken Lehmmauern gebaut, die die Hitze abhalten, und mit Hirsestroh gedeckt. Mehr und mehr setzt sich jedoch auch hier die moderne Betonbauweise durch.

Fakaha
14 km. Piste Richtung Süden nach *Tironangadougou*, dann zweigt nach links der Weg zum Dorf ab. Die hier hergestellten **Wandbehänge** gehören zum berühmtesten Kunsthandwerk der Elfenbeinküste und sind weit über die Grenzen hinaus bekannt. Auf Tücher, die aus roher, ungebleichter Baumwolle gewebt sind, malen die Senufo-Künstler mythologische Ornamente und phantasievolle Tiermotive (stilisierte Echsen, Schlangen, Perlhühner, Masken etc.). Als Handwerkszeug dient dazu ein stumpfes, sichelförmiges Messer. Aus der Rinde und den Blättern eines heimischen Strauches wird die Pflanzenfarbe gewonnen, die je nach Konzentration eine rötliche, braune oder schwarze Tönung ergibt (die schwarze Farbe wäscht sich nicht aus).

Tortiya
Wenn die Zeit es erlaubt, sollte man nicht versäumen, diese **Diamantenstadt** zu besuchen. Vom *Gare Routière* in Korhogo aus fährt täglich ein Busch-Taxi (Zeiten erfragen) die 122 km lange Pistenstrecke über *Dikodougou* nach Tortiya; man muß für diese Fahrt einige Zeit einplanen. Seit der (offiziellen) Schließung der Diamantenmine im Jahre 1972 durch die Handelsgesellschaft hat der Ort bei Abenteurern aus aller Herren Länder ein regelrechtes Diamantenfieber ausgelöst. Die Einwohnerzahl ist so von nur wenigen Dorfbewohnern in kurzer Zeit auf etwa 20 000 angewachsen. Auf der Suche nach dem großen Glück wird hier in harter körperlicher Arbeit die Erde umgegraben und gewaschen. 1985 wurde angeblich ein Gesetz geschaffen, das es den Schürfern ermöglicht, offiziell die Konzessionen für ca. 100 ha große Territorien zu kaufen. Doch noch ist es sehr ruhig im Diamantengebiet am Ufer des Flusses *Bou*, wenngleich die Atmosphäre sehr angespannt ist.

Direkt am Fluß hat sich der Südfranzose *Marius* seine zweite Heimat aufgebaut. Seit mehr als 20 Jahren erhofft er sich zusammen mit seiner Familie hier das große Glück und wird Ihnen vielleicht einige Episoden seiner Heldengeschichten erzählen. Er bietet **Zimmer** mit Klimaanlage und Dusche an, das DZ kostet ca. 5000 CFA oder 4500 CFA/Person mit Vollpension. In dem kleinen **Restaurant** ißt man – zu aller Erstaunen in Gesellschaft zweier wohlerzogener Schimpansen – ausgezeichnet.

Ouangolodougou
32 km vor der Grenze nach Burkina. Der Ort ist nicht besonders interessant.
Unterkunft:
Hotel Tenin
Nähe Busbahnhof, B.P. 24, Bar, Rest., kleine Bungalows im Rundhüttenstil; EZ (mit Bad): 3000–4500 CFA, DZ (mit Bad, Air): 5000 CFA.
Hotel Kolo
1 km vom Zentrum, an der Straße nach Sikasso (Mali).

Hotel DKC
1 km vom Zentrum, an der Straße nach Sikasso (Mali).
Hotel du Nord
An der Straße nach Burkina, 1 km vom Zentrum.
Verkehrsverbindungen:
Der Busbahnhof befindet sich im Zentrum; mit dem Buschtaxi nach *Banfora* (Burkina Faso) (101 km), Fahrtdauer: 4 Stunden (viele Kontrollen, kann auch länger dauern, wenn an der Grenze das Gepäck kontrolliert wird oder wenn die Papiere einiger Mitreisender nicht in Ordnung sind), Preis: 4000 CFA.
Ausflug zur Moschee nach *Kauara* (Moschee aus dem 17. Jh.), 14 km; Abfahrt vom Busbahnhof mit Buschtaxi, Fahrtdauer: 15–20 Min., Preis: 500 CFA. Der Besuch in Kauara war etwas unangenehm: Es hängten sich gleich mehrere Männer an uns, die später 200 CFA für jedes Foto haben wollten (das erste und einzige Mal in Côte Ivoire!). Wir haben uns dort sehr unwohl gefühlt!

Typische Tracht für den Norden

Eine abwechslungsreiche Fahrt führt (teils auf Piste) von Korhogo aus in das 98 km entfernte Städtchen *Boundiali* an der Westgrenze des Senufo-Landes. Von Buschwerk und einzelnen Baumgruppen bewachsene Savanne, durchzogen von Wasserläufen, prägt die Landschaft. Die Senufo-Bauern nutzen das Land größtenteils für die Landwirtschaft, vorwiegend für Baumwollplantagen. In der Region um Boundiali wird das Land zunehmend hügelig, kündigt sich bereits die gebirgige Zone im Nordwesten und Westen an. Wer genug Zeit hat, kann unterwegs in typischen kleinen Dörfern Halt machen, in denen die Senufo ihrem traditionellen Handwerk nachgehen. Der Brauch erfordert, daß man vor Besuch eines Dorfes den „Chef du Village" aufsucht und ihn um seine Gastfreundschaft bittet.

Boundiali

Boundiali hat einen **schönen Markt**; der Ort selbst ist nicht von großem Interesse. Dagegen ist er ein idealer Ausgangspunkt für Fahrten in die Umgebung *(siehe Ausflüge)*.

PRAKTISCHE INFORMATIONEN

 UNTERKUNFT
Hotels
Hotel Dala Le Village
Nähe Busbahnhof und Markt; Rest., Bar, Touren-Organisation, B.P. 127,

Die Moschee von Boundiali, mit Straußeneiern geschmückt

Tel. 82 00 54. Bungalow (mit Bad, Air): 7000 CFA. Bungalowdorf in traditioneller Architektur unter Verwendung von einheimischen Materialien; 25 Zimmer in strohgedeckten Rundhütten mit kleinen Terrassen, ruhig inmitten eines baumbestandenen Gartens gelegen. Auf dem Dorfplatz des Hotels finden unter Mangobäumen traditionelle Tänze und Feste statt.

Hotel Record
Einfach und preiswert.

Hotel Ouattantet
An der Straße nach Seguela, 2 km außerhalb in einem Wohnviertel gelegen, B.P. 148, Tel. 82 01 27.

Hotel Détiguela, im Zentrum.
Hotel Record.

 VERKEHRSVERBINDUNGEN
Busse
Boundiali – Kouto (Tengréla):
Abfahrt mit Minibus oder Buschtaxi vom *Gare Routière* an der Straße nach Tengréla. Fahrtdauer 1 Stunde, Preis: 1000 CFA.
Boundiali – Korhogo:
Abfahrt vom *Gare Utranbo*, im Zentrum an der Kreuzung.
Boundiali – Odienné:
Die Fahrt mit dem großen Überlandbus dauert 2½ Std. und kostet 1000 CFA. Die Fahrt mit dem Minibus dauert wegen der vielen Haltestops sicherlich 3–4 Stunden.
Boundiali – Korhogo:
Abfahrt mit Minibus vom Busbahnhof *Utranbo (s. o.)*, Fahrtdauer: 2 Stunden, Preis: 2000 CFA; Fahrt durch Savannenlandschaft, teils Piste, teils Asphalt, viele hohe Kapokbäume.

 AUSFLÜGE
Kolia
31 km. Richtung Tengréla (Grenze Mali), schönes **Handwerksdorf**, vorwiegend Töpferei, neue Moschee.

Kouto
45 km. Verkehrsverbindungen *s. oben*. Der Ort teilt sich in zwei unterschiedliche Viertel auf: Linker Hand das moslemische Viertel, das sich um eine schöne alte **Banco-Moschee** aus dem 17. Jh. gruppiert; rechts an der Straße die Senufo, die im Schatten von Mangobäumen ihrer Webearbeit nachgehen. Leider sind in Kouto in letzter Zeit viele häßliche Betonbauten entstanden. **Übernachtung** in der Katholischen Misison möglich.

Warapa-See und Loupougo-See
(53 bzw. 57 km)
Heilige Seen, an denen in der Trockenzeit manchmal Flußpferde zu sehen sind. Mit dem Auto zu erreichen über *Kolia*; dort 10 km Piste Richtung Osten bis nach *Maranama*, wo man weiter auf der Piste Richtung Süden fährt; nach etwa 12 km zweigt ein Pfad nach Osten ab zum *Lac Loupougou*, und bei dem Dorf *Fahandougou* gelangt man zu dem zweiten heiligen *Warapa-See*.

Eine kurvige, hügelige, z. T. schlechte Piste führt von Boundiali aus in das 136 km westlich gelegene Odienné.

Odienné

Die Stadt liegt in einer Talebene umgeben von zahlreichen schönen Obstplantagen (Mangos, Guyaven, Orangen, Mandarinen, Pampelmusen) und wird überragt vom Berg *Dien Quélé* (800 m). Vom Gipfel eröffnet sich ein herrlicher Panoramablick! Viele Kapok- und Flamboyantbäume sind in Odienné der Besiedlung zum Opfer gefallen, heute überwiegt eine moderne Betonarchitektur. Von der bewegten Geschichte zeugt nur noch das Grab des Malinké-Kriegers *Vakaba Touré* nahe der großen Moschee. Er gründete hier ein moslemisches Reich, dessen Hauptstadt Odienné wurde.

PRAKTISCHE INFORMATIONEN

 UNTERKUNFT
Hotels
Hotel des Frontières
B.P. 135, Tel. 80 02 83; kleine Bungalows in Sudanarchitektur, Zimmer mit

Dusche und Klimaanlage (die oft nicht funktioniert), schön gelegen. 1 km vom Zentrum an der Straße nach Seydougou/Siranan.

Campement-Hotel
Unweit der Post, einfach aber sauber, DZ ca. 2000 bis 4000 CFA.

Le Touristel
Neben dem Hotel des Frontières, DZ ca. 3000 CFA (einfach), mit Air-Cond. ca. 7000 CFA, Tel. 80 00 96.

Hotel Kao-Ka
Saubere Zimmer mit Dusche, DZ ca. 3500 CFA.

Katholische Mission
Nahe Post, einfach und preiswert.

ESSEN UND TRINKEN
Restaurants
Maquis La Bonne Auberge
Gegenüber vom Markt (Grand Marché) kann man einfache afrikanische Gerichte bekommen.
Restaurant Yankao, empfehlenswert.

 VERKEHRSVERBINDUNGEN
Busbahnhof nach Boundiali vor der AGIP-Tankstelle, an der Straße nach Boundiali.
Odienné – Boundiali:
Abfahrt mit Überlandbus oder Minibus vom Busbahnhof vor der Agip-Tankstelle an der Straße nach Boundiali (in Odienné). Die Fahrt mit dem großen Überlandbus dauert etwa 2½ Stunden und kostet 1000 CFA. Die Fahrt mit dem Minibus dauert wegen der vielen Haltestops unterwegs sicherlich 3 bis 4 Stunden.

 SONSTIGES
BIAO-Bank an der Straße nach Boundiali.

 AUSFLÜGE
Samatiguila
Ein lohnenswerter Ausflug führt in das 38 km nördlich gelegene Dorf Samatiguila. Hier befindet sich eine schöne **Banko-Moschee** aus dem 17. Jahrhundert. Ein Museum weckt Erinnerungen an den Volkshelden *Vakaba Touré*, dessen Waffensammlung hier ausgestellt ist. (Auskunft beim Pförtner der Moschee.)

Goldgräberdorf
Sehenswert ist ein Goldgräberdorf 10 km südlich (Richtung Touba); am Ortseingang des ersten Dorfes rechts abbiegen und ca. 5 km auf Piste bis zum Goldgräberdorf fahren; Führung durch das Areal gegen ein kleines Trinkgeld möglich.

Republik Ghana

776 Länder, Routen, Sehenswürdigkeiten – Ghana

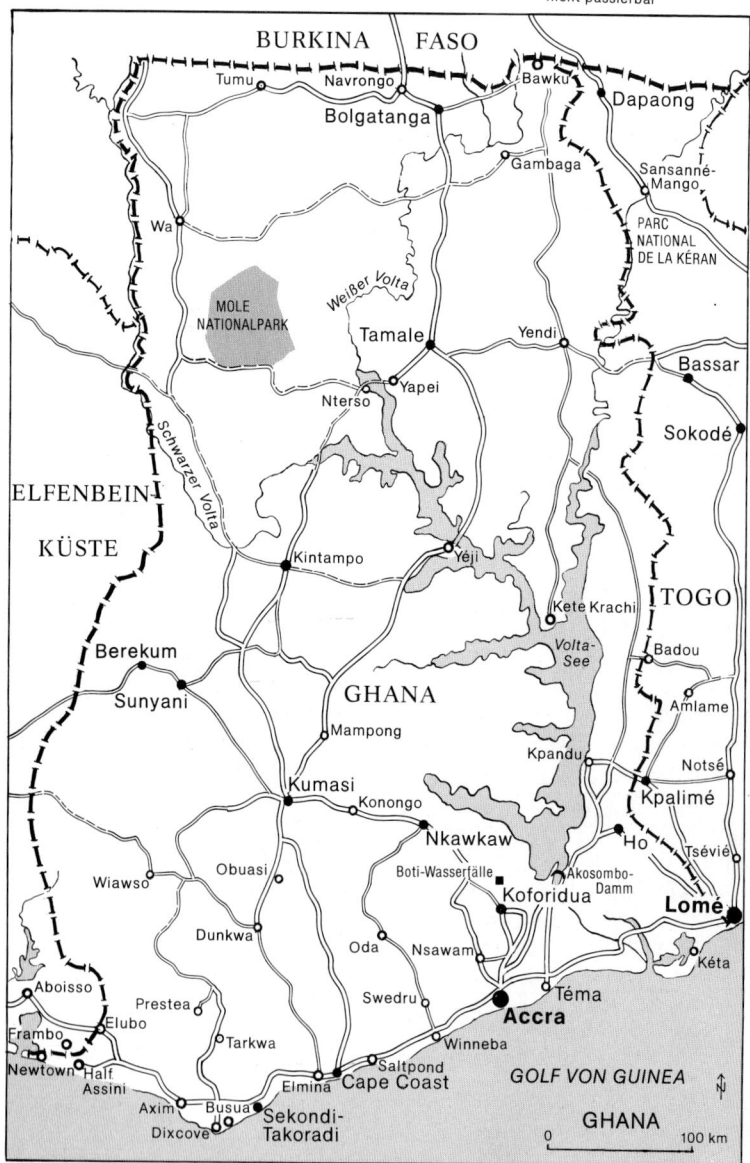

Landeskundliche Informationen

Geographie

Das Staatsgebiet von Ghana bedeckt eine Fläche von 238 537 qkm (etwas kleiner als die alte BRDeutschland) und wird im Westen von der Côte d'Ivoire (Elfenbeinküste), im Osten von Togo und im Norden von Burkina Faso begrenzt. Die **536 km lange, flache Küste** am Golf von Guinea ist aufgrund der zahlreichen Lagunen und der starken Brandung nur schwer zugänglich; natürliche Häfen gibt es nicht.

Von dem bis zu 60 km breiten Küstenstreifen aus steigt das sehr hügelige Land langsam bis zur etwa 900 m hochliegenden *Ashanti-Schwelle* an. Daran schließt sich eine regengrüne Feuchtwaldzone an, die im Südwesten in Regenwald übergeht (Holzwirtschaft, Kakaoanbau, trop. Landwirtschaft). Die Holzwirtschaft wurde so extensiv betrieben, daß anzunehmen ist, daß die Holzvorkommen bis Ende dieses Jahrhunderts erschöpft sein werden! Weiter nach Norden senkt sich das Land wieder zum Becken des mittleren Volta (etwa 150 bis 300 m hoch); dieser entwässert mit seinen Quellflüssen (Schwarzer und Weißer Volta) den Großteil des Landes. Mit dem Bau des **Volta-Staudammes** bei *Akosombo* wurde der **größte Stausee der Erde** geschaffen; er hat eine Wasseroberfläche von ca. 8500 qkm und dient vor allem der Bewässerung, der Hochwasserregulierung sowie der Elektrizitätsgewinnung. Die nördlichen Savannengebiete, welche zwei Drittel der Gesamtfläche ausmachen, werden zum Getreideanbau und zur Viehwirtschaft genutzt. Die fortschreitende Erosion der ohnehin nährstoffarmen Böden verschlechtert zunehmend die Ertragssituation der von Subsistenzwirtschaft lebenden Bauern.

Klima

Ghana hat ein ausgesprochen **tropisches Klima** mit relativ hoher Luftfeuchtigkeit (ca. 80%) und jährlichen Höchsttemperaturen von 26°C an der Küste und ca. 30°C im Landesinneren. Warm und relativ trocken ist es in den östlichen Küstengebieten mit einem jährlichen Niederschlag von 700 mm und Durchschnittstemperaturen von ca. 30°C in *Accra;* warm und feucht hingegen ist es im Südwesten *(Sekondi-Takoradi)* und im Waldgebiet der *Ashanti (Kumasi)* mit ca. 2000 mm Niederschlag/Jahr. Im Norden des Landes (Region der Trockensavanne) ist es heiß und trocken. Während es im Süden zwei Regenzeiten gibt (Mai/Juni und September), kommt es im Norden lediglich in den Monaten Mai bis September zu Regenfällen. In der Trockenzeit (September bis Februar) macht sich hier auch der aus der Sahara kommende Harmattan-Wind bemerkbar.

Beste Reisezeit: Juli/August/September sowie November bis Februar.

Bevölkerung

Die Bevölkerung Ghanas wurde im Jahre 1990 von der UN auf über **15 Mio.** Menschen geschätzt und umfaßt etwa **100 verschiedene Stammesgruppen**. Die größte ethnische Gruppe bilden die im Zentrum und in der Gegend von Cape Coast lebenden *Akan (Ashanti* und *Fanti)* mit einem Bevölkerungsanteil von etwa 50%, danach folgen die im Norden lebenden *Mole-Dagomba und Gondja* mit etwa 18% und die im Südosten wohnenden *Ewe* mit etwa 15%; die im südöstlichen Küstengebiet lebenden *Ga-Adangme* machen etwa 9% der Gesamtbevölkerung aus; *Ga* leben überwiegend in Accra. Im Norden wohnen außerdem kleinere Gruppen von *Mossi, Haussa* und *Fulbe.*

Der natürliche Bevölkerungszuwachs beläuft sich auf ca. 3%; hinzu kommen noch seit Jahrzehnten zahlreiche Zuwanderer, v. a. aus den Nachbarstaaten Burkina Faso und Nigeria, welche zunächst als Wanderarbeiter in der Kakaowirtschaft oder im Bergbau tätig waren und sich später niederließen. Wegen der Wirtschaftskrise in den 60er Jahren wurde der Großteil der Arbeitsemigranten wieder nach Hause geschickt. Da die Wirtschaftskrise sich in den 70er Jahren verschärfte, wanderten mehr als 1,5 Mio. Ghanaer nach Nigeria (Erdölboom!); nach dem Verfall der Erdölpreise Anfang 1983 wurden sie wieder ausgewiesen. Eine relativ große Anzahl ging dann nach Europa, v. a. nach Großbritannien, aber auch nach Deutschland.

Sprache

Offizielle Landessprache ist (wie in den meisten ehemaligen britischen Kolonien) **Englisch**. Außerdem werden etwa 70 verschiedene afrikanische Sprachen und Dialekte gesprochen; zu den wichtigsten zählen die *Twi*-Dialekte *Asante* und *Akuapem* sowie *Ewe, Fanti, Ga, Dagbani, Ful* und *Haussa.*

Werden Sie von Kindern mit *Obroni*, was in Twi so viel heißt wie „Weißer", gegrüßt, dann antworten Sie einfach mit *Obibini*, was „Schwarzer" bedeutet.

Eine Besonderheit stellt die Namensgebung der Twi sprechenden Ethnien dar. Je nachdem an welchem Wochentag ein Kind geboren wird, erhält es einen entsprechenden Namen; männliche Namen sind: *Kojo* (Montag), *Kwabena* (Dienstag), *Kwame* (Mittwoch), *Yaw* (Donnerstag), *Kofi* (Freitag), *Kweku* (Samstag), *Kwesi* (Sonntag); weibliche Namen sind: *Adjoa* (Montag), *Abena* (Dienstag), *Akua* (Mittwoch), *Yaa* (Donnerstag), *Amma* (Samstag), *Akussia* (Sonntag) *(siehe auch Land und Leute – Sitten und Bräuche).*

Religion

Etwa 44% der Bevölkerung sind Anhänger von traditionellen afrikanischen Religionen, rund 40% bekennen sich zum christlichen Glauben (davon ca. 15% Katholiken, 25% Protestanten, außerdem zahlreiche *Spiritual Churches* wie z. B. die *Pente Coast*); ca 16% der Gesamtbevölkerung, v. a. im Norden, sind Moslems; schätzungsweise 7% können als Atheisten bezeichnet werden. Generell herrscht **Glaubensfreiheit**.

Geschichte

Portugiesische Seefahrer waren die ersten Europäer, die 1471 an der damaligen „Goldküste" landeten und Handelsstützpunkte errichteten *(Elmina)*, gefolgt von Briten, Niederländern und Dänen. Wegen des **Goldreichtums** im Hinterland versuchten sich im 17./18. Jh. mehrere europäische Nationen an der Küste festzusetzen, gerieten jedoch mit dem mächtigen *Ashanti-Reich* in Konflikt, das den größten Teil des Südens unter Kontrolle hatte. **1874** wurde das Gebiet nach Protektoratsverträgen und einigen blutigen Kriegen zur **britischen Kronkolonie Goldküste** ernannt. Als erstes schwarzafrikanisches Land erhielt es am **6. März**

Festvorbereitung in Nord-Ghana

1957 die **Unabhängigkeit**. In Anlehnung an das alte sudanische Reich *(siehe auch Land und Leute – Geschichte)*, das im Gebiet des heutigen Senegal und Mali lag, gab sich das Land den Namen „Ghana". Bis es **1960** unter dem Präsidenten *Dr. Kwame Nkrumah* zur **Republik** erklärt wurde, verblieb es jedoch noch im Commonwealth und erkannte die britische Königin als Staatsoberhaupt an. Am 25.2.66 wurde Nkrumah gestürzt und ging nach Guinea ins Exil; er starb 1972. Militär- und Zivilregierungen wechselten sich ab, bis **1979** bei einem erneuten Staatsstreich eine **Revolutionsregierung** *(Armed Forces Revolutionary Council)* unter dem Fliegerleutnant *Jerry J. Rawlings* zustande kam. Der bis dahin amtierende Staatsführer *Akufo* wurde von Rawlings gestürzt. Zum Präsidenten wurde *Dr. H. Limann* gewählt, und die *AFRC* führte eine Säuberungsaktion in der Armee durch, in deren Verlauf mehrere hohe Offiziere und ehemalige Staatschefs *(Afrifa, Acheampong, Akufo)* erschossen bzw. zu Haftstrafen von mehreren Jahren verurteilt wurden.

Trotz wechselnder Regierungen fand sich kein Ausweg aus der Wirtschaftskrise (Die Instabilität der einzelnen Regime ist nicht nur als Ursache, sondern auch als Konsequenz der desolaten Wirtschaftssituation zu sehen).

Am 31.12.81 wurde Rawlings bei einem Staatsstreich erneut an die Macht geholt und zum Staatschef ernannt. Er bildete einen *Provisional National Defence Council (PNDC)* und gründete eine zweite Revolutionsregierung. Durch Mobilisierung und Organisation der arbeitenden Bevölkerung (Arbeiter- und Volksräte) versuchte er, eine echte Revolution in die Wege zu leiten, stieß jedoch auf große Schwierigkeiten.

Regierung

Staatschef ist nach wie vor *Jerry J. Rawlings*. Die am 24.9.79 verabschiedete Verfassung der 3. Republik (Präsident, Parlament und 5 Parteien) war durch den Putsch am 31.12.81 außer Kraft gesetzt worden; die Nationalversammlung wurde aufgelöst und die Tätigkeit aller Parteien verboten.

Zwischenzeitlich bestand die Revolutionsregierung Rawlings aus einem zivilen Kabinett, das sich aus mehreren Staatsministern für die einzelnen Ressorts zusammensetzte.

Unter dem Eindruck wachsender internationaler Proteste gegen das repressive Regime des *NDC (Nationaler Demokratischer Kongreß)* wurde **1991** eine **neue Verfassung**, die u. a. die Rückkehr zum Mehrparteiensystem beinhaltet, ausgearbeitet und am 28.4.1992 von 90% der Wähler angenommen (bei einer Wahlbeteiligung von ca. 50%). Bereits einen Monat später waren wieder politische Parteien in Ghana zugelassen, womit ein elfjähriges Parteienverbot zu Ende ging.

Bei der **Präsidentenwahl** im November 1992 ging Jerry Rawlings/NDC mit 58% der Stimmen als Sieger hervor. Sein Kontrahent *Albert Abu-Boahen* (der Neuen Patriotischen Partei) erhielt nur 30% der Stimmen.

Bei den im Dezember 1992 abgehaltenen **Parlamentswahlen** kam der Nationale Demokratische Kongreß auf 190 der insgesamt 200 Sitze; zwei weitere Mandate gehen an mit Rawlings verbündete Parteien, zwei gehen an Unabhängige. Die Wahlbeteiligung lag bei nur 30%. Von der Opposition wurde der Urnengang boykottiert.

Im Januar 93 wurde die IV. Republik in Ghana proklamiert und Rawlings auf die neue Verfassung vereidigt.

> **Jerry J. Rawlings**
> *(Biographische Notizen)*
> Geb. am 22.6.1947 in Accra. Nach dem Besuch der Schule machte er eine Ausbildung zum Fliegeroffizier und Piloten. Als aktiver Sportler gewann er auch außerhalb der Armee eine gewisse Popularität. Nach einem blutigen Putsch am 4.6.79 gegen die Regierung von Dr. Hilla Limann war Rawlings erstmals an die Macht gekommen und Vorsitzender des Provisional National Defence Councils (PNDC) geworden. Staatsrat und Parlament wurden damals aufgelöst, die Verfassung außer Kraft gesetzt. Seit Januar 1982 ist er Staatsoberhaupt Ghanas.

Wirtschaft

Die desolate Wirtschaftssituation nach dem Sturz Nkrumahs hatte das Land Ghana weit zurückgeworfen. Nach dem fast völligen Zusammenbruch in den späten 70er und frühen 80er Jahren hat die Wirtschaft sich seit 1983 aufgrund des von Rawlings durchgeführten *Economic Recovery Program* sowie der Strukturanpassungsprogramme nach IWF- und Weltbank-Vorgaben wieder weitgehend erholt; die Wachstumsrate lag seit 1985 bei jährlich ca. 5%.

Wichtigste Grundlage der Wirtschaft stellt nach wie vor die **Landwirtschaft** dar; der größte Teil der Bevölkerung ist überwiegend in Kleinbetrieben im Agrarsektor tätig. Hauptanbauprodukt und wichtigstes Exporterzeugnis ist die **Kakaobohne** (Ghana liefert etwa 30–40% des Weltbedarfs an Kakao!). Hauptsächlich für den Eigenbedarf werden Mais, Hirse, Maniok, Yams, Zuckerrohr, Reis, Erdnüsse, Palmkerne, Gemüse und Obst angebaut (der Überschuß wird exportiert); außerdem Baumwolle, Sisal, Tabak und Kautschuk zur Rohstoffgewinnung. Die Bedeutung der **Forstwirtschaft** hat inzwischen abgenommen; Hartholz bringt heute noch etwa 10% der Exporterlöse. Von der ursprünglich bewaldeten Fläche existiert inzwischen noch ein Drittel; nur noch 10% des Landes sind bewaldet! Dies gefährdet das ökologische Gleichgewicht, denn durch Wiederaufforstung und Neuanpflanzungen kann der Waldverlust nicht kompensiert werden.

Viehhaltung gibt es vor allem im Norden, da im Süden die Tse-tse-Fliege die Aufzucht erheblich behindert.

Ghana ist reich an **Bodenschätzen:** die wichtigsten sind Gold, Diamanten (Industriediamanten), Manganerze, Bauxit; Gold wird seit dem 15. Jh. abgebaut und steht heute unter staatlicher Aufsicht. Geringe Erdöl- und Erdgasvorkommen sind ebenfalls vorhanden.

Fischfang ist die Haupterwerbsquelle der Küstenstämme, vor allem der Fanti; 3% der Gesamtbevölkerung sind im Fischfang tätig. Neben der Küsten- und Hochseefischerei ist der Binnenfischfang (Volta-Stausee) von Bedeutung.

Die verarbeitende **Industrie** ist nur wenig entwickelt. Schwerpunkte der überwiegend staatlichen Industriebetriebe sind Baustoff- und Nahrungsmittelherstellung, Holzverarbeitung, Aluminiumverhüttung und Textilindustrie.

Die **Energiegewinnung** erfolgt im Süden fast ausschließlich durch Wasserkraft. Durch das *Akasombo-Kraftwerk* am Volta-Staudamm kann auch an die Nachbarländer Togo und Benin Strom geliefert werden. Ein Großteil des Stromes wird jedoch von der Aluminiumhütte (VALCO) im Land selbst verbraucht. Die Hochseehäfen in *Tema* (Import) und *Takoradi-Sekondi* (Export) wurden unter Nkrumah (1957–66) angelegt.

Gesundheitswesen

Die ländlichen Gebiete sind medizinisch nur unzureichend versorgt; traditionelle Heilmethoden spielen noch eine große Rolle. In den Städten ist die medizinische Betreuung etwas besser. Ein nationales Krankenversicherungssystem ist im Aufbau. **Häufigste Krankheiten** sind *Malaria, Meningitis, Bilharziose, Pocken, Masern, Tuberkulose, Flußblindheit* (Onchozercose), *Wurmbefall* und *Geschlechtskrankheiten*.

Bildungswesen

Die ersten Schulen wurden im 19. Jh. von den Missionaren gegründet; heute sind sie überwiegend staatlich oder zumindest vom Staat subventioniert.
Seit 1961 besteht **allgemeine Schulpflicht** (6.–16. Lebensjahr); der Grundschulbesuch ist kostenpflichtig.
Das Schulsystem entspricht weitgehend dem britischen. Wenn man den „advanced level" erreicht hat, ist man zum Besuch der Universität (*Legon/Accra, Kumasi* und *Cape Coast*) berechtigt. In *Chimota* (an der Straße von Accra nach Kumasi) gibt es eine gute Oberschule, das Internat schlechthin für die High-Society, wo auch Prinz Charles einige Monate zur Schule ging. Trotz einer Einschulungsquote von ca. 72% gibt es etwa **40% Analphabeten** (d. h. haben weniger als 3,5 Jahre die Schule besucht). Im Rahmen der Erwachsenenbildung werden daher Alphabetisierungskurse durchgeführt.

Medien
Presse

Wichtigste Tageszeitungen sind die Regierungsblätter *Daily Graphic* und *The Ghanian Times* sowie *The Pioneer*. Wöchentlich erscheinen *New Nation, Champion* und *Weekly Spectator*.

Rundfunk/Fernsehen

Die *Ghana Broadcasting Corporation* in Accra sendet ein nationales Programm in Englisch und sechs anderen lokalen Sprachen sowie ein Auslandsprogramm in Englisch, Französisch und Haussa. 1989 wurden 4,3 Mio. Rundfunkempfänger registriert.
Seit 1965 gibt es **Fernsehen.** Neben Programmen in Englisch werden Nachrichten in mehreren lokalen Sprachen sowie Schulfernsehen in Englisch gesendet. Durch Einrichtung von *Communitiy Viewing Centers* soll ein größerer Prozentsatz der Bevölkerung am Programm beteiligt werden. 1989 waren ca. 211 000 Fernsehgeräte im Einsatz.

Praktische Informationen

An- und Weiterreise
Flug
Mehrmals wöchentlich werden Flüge angeboten von Frankfurt/Main nach Accra (Umsteigen in Amsterdam, London, Paris oder Zürich). Günstige Flüge bieten *Egypt Air* von München, Frankfurt, Düsseldorf an sowie *Aeroflot* (über Moskau) oder *Ghana Airways* direkt von Düsseldorf nach Accra (Di und Fr). Der **Flughafen** *Kotoka* befindet sich 5 km außerhalb von Accra-Zentrum. Taxis und Sammeltaxis fahren in die Stadt. Taxifahrten vom Flughafen in die Stadt werden oft zu unverschämt hohen Preisen angeboten (höchstens 1200 Cedis zahlen!). Findet man keinen Fahrer zu diesem Preis, geht man am besten zur Flughafeneinfahrt und hält dort auf der Straße ein Taxi an.

Zu den Nachbarstaaten Côte d'Ivoire, Benin, Senegal, Togo bestehen ein- bis mehrmals wöchentlich bzw. täglich Flugverbindungen, z. B. mit *AirAfrique*. Bei der Ausreise ist eine Flughafengebühr von 4000 Cedis zu zahlen.

Hinweis: Während Inlandsflüge relativ billig sind, muß man internationale Flüge in Devisen bezahlen. Außerdem wird eine Fluggastgebühr von 500 Cedis/Person erhoben.

Schiff
Ab Hamburg, Genua oder Marseille mit dem Frachtschiff nach Tema und Takoradi; die Schiffe nehmen eine begrenzte Anzahl an Passagieren mit.

Straße
An-/Einreise über die Grenzübergänge *Agnibilekro, Dormaa Ahenkro, Bouna-Bole* (Côte d'Ivoire), *Po, Navrongo* (Burkina Faso) und *Denu/Atlao* (Togo).

Achtung: Der Grenzübergang an der Küstenverbindungsstraße zwischen Togo und Ghana ist nur zwischen 6 und 18 Uhr geöffnet!

Verbindungen von/nach Togo
Auf der gut asphaltierten Küstenstraße Richtung Osten erreicht man in ca. 3 Std. die Grenze nach Togo; man überquert den Volta entweder bei *Akosombo* und fährt weiter über *Ho* oder nimmt die Brücke bei *Sogakofé*. Früher gab es auch eine Fähre, mit der man von *Ada-Foah* nach *Anyanui* übersetzen konnte. 3mal pro Woche fährt auch ein Schiff von *Akuse* den Volta hinunter bis zur Mündung und bedient den Fährverkehr zwischen *Ada-Foah* und *Anyanui*. S.T.C.-Busse, Sammeltaxis und *Mammytrucks* (s. a. *Reiseteil Ghana*) verbinden Accra mit Lomé, sofern die Grenze nicht gerade wieder geschlossen ist.

Verbindungen von/nach Cote d'Ivoire (Elfenbeinküste)
Mit dem *S.T.C.-Bus* 3x wöchentlich (Mo, Do, Fr) via Kumasi. Inzwischen soll auch die weitaus kürzere Strecke entlang der Küste vom *S.T.C.*-Bus befahren werden.

Wer genügend Zeit hat, kann auch die Strecke direkt an der Küste entlang über *HalfAssini, Jewi Wharf* (Ausreiseformalitäten Ghana, Fähre!) nach *Frambo* (Einreiseformalitäten der Elfenbeinküste) bzw. *Aboisso* fahren; von dort führt eine gute Asphaltstraße bis *Abidjan*. Schöner Strand zwischen *Grand Bassam* und Abidjan!

Verbindungen von/nach Burkina Faso

Da die Straßen Richtung Norden in einem relativ schlechten Zustand sind, empfiehlt es sich, eine Teilstrecke (z. B. *Accra – Tamale*) zu fliegen; tägl. mit *Ghana Airways* möglich: ca. 3500 Cedis/einfach. Anschließend geht es weiter nach *Bolgatanga* mit Pick-ups oder ähnlichem.

Die Verkehrsmittel sind im Norden wesentlich seltener, folglich sind längere Wartezeiten einzukalkulieren; die Strecke über *Wa* ist nicht zu empfehlen.

Um von Bolgatanga weiter nach *Ouagadougou* zu kommen, sollten Sie versuchen, das erste Taxi frühmorgens (6 Uhr) zu nehmen, das aber relativ schnell voll ist. Ansonsten müssen Sie unter Umständen (wenn keine Passagiere kommen) den ganzen Tag warten und erreichen nur noch die Grenze. Dort übernachten Sie in *Pô*, denn um 17.30 Uhr schließt die Zollstation, so daß Sie erst am nächsten Morgen (7 Uhr) abgefertigt werden können.

Meist fahren die Taxis auch nur bis zur Grenze, so daß Sie dort umsteigen müssen.

S.T.C.-Bus direkt von Accra nach Ouagadougou einmal wöchentlich, Preis ca. 8000 Cedis.

Visa/Einreise/Zollkontrolle

Alle Europäer (außer Angehörigen der Commonwealth-Länder) benötigen bei der Einreise ein **Visum.**

Antragsformulare für ein 30 Tage-Visum (Preis ca. 30 DM) sind bei der jeweiligen Botschaft gegen frankierten Rückumschlag erhältlich (Adressen siehe unter Botschaften); die Anträge für ein 14tägiges Visum sind an selbige diplomatische Vertretungen zu richten.

Achtung: Das Visum ist nicht an der Grenze oder bei Ankunft am Flughafen bzw. Hafen erhältlich! Auch ist es u. U. schwierig, in einem der Nachbarstaaten ein Visum zu erhalten: meist wird eine genaue Adresse in Ghana verlangt, Hoteladresse wird nicht akzeptiert!

Sofern die Reiseroute einigermaßen feststeht, ist daher zu empfehlen, das Visum bereits zuhause vor Reiseantritt zu beantragen. Verlängerung des 14-Tage-Visums ist angeblich nach wie vor nur mit zwei Paßfotos und Einladungs-Schreiben eines „residential" möglich (beim Innenministerium in der Nähe des Stadions in Accra; auch in Kumasi, Sekondi und Tamale).

Außerdem muß man bei der Einreise im Besitz der **Rück- oder Weiterreisepapiere** (Flugtickets) sein und ausreichend Geldmittel für den Aufenthalt nachweisen. Für den Umtausch von Devisen wird ein *Travel-Form* ausgehändigt, in dem jeder Geldwechsel (auch Traveller-Schecks) eingetragen und bei der Ausreise kontrolliert wird. Einheimische Währung *(Cedis)* darf weder ein- noch ausgeführt werden. Alle Devisen sind bei der Einreise zu deklarieren und werden u. U. bei der Ausreise kontrolliert. Der Umtausch von Cedis in andere gängige Währungen ist möglich.

Geschenke sind zollpflichtig!

Im **Internationalen Impfausweis** muß eine gültige Gelbfieberimpfung eingetragen sein, eine Cholera-Impfung wird empfohlen. Malariaprophylaxe ist das ganze Jahr über erforderlich; es soll eine Resistenz gegenüber Chloroquinpräparaten bestehen.

Für Behördenzwecke soll man möglichst auch einige Paßbilder (schwarz/weiß!) mitführen. Innerhalb von drei Tagen nach Ihrer Ankunft müssen Sie

Lagune mit Fort S. Jago, Elmina

sich beim *Immigration-Office* (bzw. beim *Regional-Office* in Kumasi bzw. Sekondi) melden; dazu benötigen Sie zwei Paßfotos.

Der **Autoreisende** benötigt in Ghana folgende gültige Dokumente: Kfz-Haftpflichtversicherung, Internationalen Führerschein, Internationale Kfz-Zulassung.

Ein *Carnet de Passage* ist unbedingt erforderlich, ein *Undertaking* wird an der Grenze zusätzlich ausgestellt (offiziell kostenlos). Letzteres ist wichtig, da es bei Straßenkontrollen fast immer vorzuweisen ist; es muß bei der Ausreise wieder abgegeben werden.

Wenn kein Carnet vorhanden ist, wird das Undertaking u. U. dennoch ausgestellt, z. B. für Fahrzeuge, die nach ghanaischem Recht zollfrei sind (PKW, Geländefahrzeuge, die nicht älter als 5 Jahre sind und LKW, nicht älter als 10 Jahre). Wenn weder ein Carnet vorhanden ist noch die oben beschriebenen Bedingungen erfüllt sind, kann an der Grenze auch eine Zollkaution für das Fahrzeug hinterlegt werden. Davon rät allerdings die deutsche Botschaft dringend ab.

Botschaften
Vertretungen von Ghana

◆ **Deutschland**
Botschaft der Republik Ghana
Rheinallee 56–58, 53173 Bonn
Tel. (02 28) 35 20 11/-2/-3; Fax 36 34 98. Geöffnet: Mo bis Fr von 10–13 Uhr.
Generalkonsulate gibt es in Hamburg, Frankfurt/Main und Düsseldorf.

◆ **Schweiz**
Botschaft der Republik Ghana
Belpstraße 11, CH-3007 Bern.
Tel. (0041) 3 13 81 78 52.

Permanent Mission
56, Rue de Moillebeau, CH-1209, Genf; Tel. (0041) 2 27 34 91 50, Fax 7 34 91 61.

◆ **Österreich**
Die diplomatischen Vertretungen in der Schweiz sind auch für Österreicher zuständig, da es in Österreich keine Botschaft/Konsulat Ghanas mehr gibt.

◆ **Togo**
Botschaft der Republik Ghana
Lomé, nahe C.H.U.; Visum: 4 Paßfotos, ca. 10 000 CFA, Antragsdauer: 2 bis 3 Tage.

◆ **Côte d'Ivoire**
Botschaft der Republik Ghana
Abidjan, Bd de Gaulle, Tel. 33 11 24; Visum: 3 Paßfotos, ca. 10 000 CFA, Antragsdauer: 3 Tage.

◆ **Burkina Faso**
Botschaft der Republik Ghana
Av. Bassawarga; Visum: 5 Paßfotos, Kosten ca. 15 000 CFA (Transit ca. 6000 CFA). Annahme von Visaanträgen: Mo, Mi, Fr, 8–14 Uhr. Antragsdauer: mehrere Tage.

◆ **Benin**
Botschaft der Republik Ghana
Botschaft in Cotonou, Route de l´Aéroport, Tel. 30 07 46; Visum-Gebühr ca. 14 000 CFA.

Vertretungen in Ghana

◆ **Deutschland**
Botschaft von Deutschland
Valdemosa Lodge, 7th Avenue Extension, North Ridge, P.O. Box 1757, Accra, Telex 2025, Tel. 22 13 11. Geöffnet: Mo bis Fr von 13–15 Uhr.

◆ **Schweiz**
Diplom. Vertretung der Schweiz
9, Water Road, North Ridge, P.O. Box 359, Accra; Tel. (002) 33 21-22 81 25 und 22 81 85, Fax 22 35 83.

◆ **Österreich**
Konsulat der Republik Österreich
32, Independance Av., südlich vom Sankara Circle; P.O.B. 564, Accra.

◆ **Mali**
Botschaft der Republik Mali
14, Agostino Neto Road (nahe Flughafen), Accra; Tel. 77 51 60. Visum-Gebühr: ca. 5000 CFA, innerhalb von 24 Std. erhältlich. Geöffnet: Mo bis Fr 7.30–12 Uhr.

◆ **Elfenbeinküste**
Botschaft der Republik Côte d'Ivoire
9, Eighteenth Lane (beim Danquah Circle), P.O. Box 3445, Accra, Tel. 77 46 11/12; Visum: 2 Paßfotos, 50 Cedis, Antragsdauer 2 Wochen.

◆ **Burkina Faso**
Botschaft der Republik Burkina Faso
2nd Crescent, House No. 772/3, Asylum Down, Accra, P.O. Box 651. 2000 CFA (oder andere Devisen; keine Cedis); Tel. 22 19 88.

◆ **Senegal**
Botschaft der Republik Senegal
Rangoon Avenue (hinter Polizei-Hauptquartier), P.O. Box 3208.

◆ **Benin**
Embassy of the People's Republic of Benin
Odoi Kwao Crescent No. 2, Airport Residential Area, P.O. Box 7871, Tel. 22 57 01.

◆ **Guinea**
Botschaft der Republik Guinea
11, Osu Badu Street, Djaorwulu Aerea, Tel. 77 79 21.

◆ **Niger**
Botschaft der Republik Niger
Independance Avenue, südlich vom Sankara Circle, Tel. 22 49 62.

◆ **Nigeria**
Botschaft der Republik Nigeria
Tito Avenue, etwa 1 km nördlich von der Ring Road, Tel. 77 61 58.

„Yes, Icewater"
von Stefanie Donker

Eine laut kreischende und zugleich melodische Stimme dringt an mein Trommelfell. Kaneshi Busstation, Accra, im Trotro wartend, werde ich von links und rechts von zwei vollschlanken, lachenden Marktmamis zusammengedrückt. Bis der Kleinbus – nach ghanaischen Verhältnissen – voll ist, vergeht fast eine Stunde.

Langweilig werden solche Wartezeiten nie, das lebendige Treiben um meinen unerkannten Logenplatz herum bietet allerhand Abwechslung. Da gibt es die süßen, schwarzen Kinder, die hinter ihren Müttern hergezogen werden, die kleinsten dürfen sich noch in ein Tuch gewickelt an den warmen Rücken der Mutter kuscheln. Ein Junge im Teeniealter wirbt mit einer Fahrradhupe für Fan-Eiscreme, mehrere Händler versuchen aus ihrem Bauchladen Pfefferminzbonbons, Kekse, Taschenmesser und Scheren, Ersatzstecker für Bügeleisen und andere brauchbare und unbrauchbare Dinge an den Mann (an die Frau) zu bringen. Brote werden durch das Fenster in große Busse gereicht. Geld herausgegeben. Marktfrauen streiten sich um den Preis eines Hühnchens – kurz, überall herrscht Leben.

Nach einigen Stunden Fahrt durch eine wunderschöne bewaldete Landschaft, hinweg über unzählige Schlaglöcher, komme ich im viel ruhigeren und sauberen Kumasi an.

Nachdem ich die bereits auf Fahrgäste wartenden Taxifahrer noch während des Aussteigens aus dem Trotro überzeugt hatte, daß ich ihre Dienste nicht in Anspruch zu nehmen brauche, mache ich mich zu Fuß auf den schon bekannten Weg zu meiner Herberge.

„Obroni" rufen mir lachende Kinder zu, was auf Twi, der Stammessprache der Ashanti, „Weiße(r)" heißt; „Wo hu te sen?" – Wie geht es Dir?" höre ich von älteren Frauen und Männern. Nach einem freundlichen „Me hu yie" (Mir geht es gut) setzt ich meinen Gang fort, bis ich etwas erschöpft und müde im Gasthaus mein Zimmer bekomme.

Der „Central Market" in Kumasi, einer der größten Märkte Westafrikas, ist ein Abenteuer für sich, für welches man sich nicht zu wenig Zeit nehmen sollte. Ist man erst einmal mittendrin, in diesem irdischen Getümmel, entdeckt man immer mehr neue, interessante Dinge. Durch enge, von Menschen überfüllte Gassen gehe ich vorbei an Frucht- und Gemüseständen, bis der durchdringende Geruch frisch geschlachteter Hühner und Ziegen zum Schnellergehen drängt und ich die unendliche Fülle an wunderschönen Stoffen jeglichen Materials, Farbe und Musters erreiche. Ob Fabrik- oder handgefertigte Batikstoffe, importiert aus Togo und der Elfenbeinküste oder „Ghana made", hier findet jeder etwas nach seinem Geschmack.

Ich handele mit einer Marktfrau den Preis für einen gewebten Kentestoff aus, bezahle und falle schon ein paar Schritte weiter den Schneiderinnen in die Hände, die mich sogleich mit einem Maßband bearbeiten.

Ich erkläre, wie ich den Stoff verarbeitet haben möchte, und nur zwei Tage später habe ich mein ghanaisches Kleid, maßgeschneidert, sowie den Kommentar Vorübergehender im Ohr: „African Lady".

An einem anderen Tag kurz nach Einbruch der Dunkelheit, 19 Uhr, sitze ich auf dem Bahnhof, an einem Teestand, neben mir mein vollgepackter Rucksack, und warte auf den Nachtzug nach Takoradi.

Im Zug sitzen die Menschen dichtgedrängt zwischen Fischkörben und anderen Marktartikeln, während einige Männer schweißgebadet dabei sind, einen zentnerschweren LKW-Motor zu verladen.

In Afrika hat man Zeit und so fährt der aus der (ehemaligen) DDR importierte Zug mit „nur" 30 Minuten Verspätung durch die dunkle afrikanische Nacht.

Nach einer mehr oder weniger ruhigen Nacht wache ich in der Hafenstadt Takoradi auf. Kaum ausgestiegen, stehen schon nette, hilfsbereite Menschen um mich herum, die mich nach meinem Weg fragen.

Während meines Frühstücks an einem der vielen Straßenstände, bestehend aus einem Spiegelei und einem Becher Tee, gesellen sich ein paar Kinder zu mir. Sie fragen mich nach dem Tag, an dem ich geboren bin und (be)nennen mich demzufolge „Ekua", die am Mittwoch Geborene.

Ich sehe in freudestrahlende Gesichter, als ich aus Deutschland mitgebrachte Luftballons verteile und immer mehr Kinder kommen auf mich zu und fragen nach „Ballons" oder stehen scheu an der Seite, bis ihnen andere Kinder einen abgeben und sie selig mit dem kostbaren Gut nach Hause trotten und ich in Ruhe mein Frühstück beenden kann.

Reisen im Land
Verkehrsmittel
Flugzeug

Inlandsflüge mit *Ghana Airways* starten vom *Flughafen Kotoka (Accra)* nach *Kumasi, Takoradi, Tamale* und *Sunyani* zu relativ günstigen Preisen, vorausgesetzt man ist *residential* (z. B. *Accra – Kumasi* ca. 5000 Cedis und *Tamale – Accra* ca. 13 000 Cedis/one way). Touristen, die weniger als 1 Jahr in Ghana sind, müssen in Devisen zahlen.

Man sollte rechtzeitig am Flughafen sein, denn **überbuchte Flüge** kommen relativ häufig vor. Die meisten Flugkapitäne weigern sich, bei Überbuchung die zuviel anwesenden Personen, die dann unangeschnallt im Mittelgang sitzen müßten, zu befördern. Die Abflugzeiten differieren teilweise stark von den auf den Tickets angegebenen Zeiten. Große **Verspätungen** treten deshalb auf, weil teilweise – ähnlich wie bei Trotros – gewartet wird, bis das Flugzeug voll ist.

Ghana Airways
Nkrumah Av. *(s. Plan)*; Tel. 66 48 56.
Geöffnet:
Mo bis Fr 8–17 Uhr, Sa 8–12.30 Uhr.

Eisenbahn

Im Süden Ghanas besteht zwar ein relativ **gutes Eisenbahnnetz** mit regulären Verbindungen zwischen *Accra – Kumasi – Sekondi*, jedoch sind die Züge wie fast überall in Afrika sehr langsam. Die S.T.C. Busse (s. u.) sind daher vorzuziehen. Ein Tag/Nacht-Zug verkehrt tägl. von Kumasi nach Accra: Preis ca. 1500 Cedis.

Die Züge verkehren meist zweimal täglich – morgens (6 Uhr) und nachmittags (12 Uhr). Es ist jedoch empfehlenswert, den Morgenzug zu nehmen, da man, bedingt durch die langen Fahrzeiten (*Takoradi – Kumasi* ca. 10 Std.), die Möglichkeit hat, einen guten Überblick über die verschiedenen Vegetationsformen und Landschaften zu gewinnen. Für Europäer ist die Erste Klasse vorzuziehen, da sie ausreichend Platz zum Sitzen und außerdem Ventilatoren bietet. In der Zweiten Klasse hingegen werden auch Lasten im Personenwagen befördert (z. B. gesalzene Fische, ohne Ventilation!).

Die Preise für die Erste Klasse auf der Strecke *Takoradi – Kumasi* (one way) liegen bei ca. 1800 Cedis, die der Zweiten Klasse sind nicht erheblich billiger; Abfahrt zweimal täglich, morgens um 6 Uhr und abends um 20 Uhr.

Wer jedoch glaubt, mit dem Zug ein sehr zuverlässiges Verkehrsmittel gewählt zu haben, hat sich getäuscht. Auch hier treten starke Verspätungen oder Unterbrechungen durch Maschinenausfall oder Streckenbeschädigungen auf (allerdings nicht so häufig wie auf der Straße).

Bus

Die *State Transport Corporation* (**S.T.C.**, Ring Road West, Accra, Kaneshi*)* unterhält **gute Verbindungen** im ganzen Land; sie verfügt über moderne, relativ schnelle, zuverlässige und nur selten völlig überfüllte Fahrzeuge: also neben dem Flugzeug die beste Art, in Ghana zu reisen. Die Busse der S.T.C. fahren alle größeren Städte an. Sie halten das „one man-one seat-Prinzip" ein (Ausnahme: alle Strecken, die von OSA-Bussen – das sind Busse der S.T.C. in den Upper-Regionen – befahren werden).

Kein Ticketvorverkauf! Man muß also frühzeitig an den Busbahnhof gehen und einige Stunden Wartezeit einkalkulieren.

Zwischen den großen Städten wie Kumasi und Accra fahren oft mehrere Busse zur gleichen Zeit, je nach Bedarf. S.T.C.- Busse bieten im Gegensatz zu den meist stark überfüllten Mini-Bussen wesentlich mehr Komfort.
Eine Fahrt mit einem S.T.C. kostet für 400 km ca. 1700 Cedis, wobei das Gepäck extra berechnet wird (ca. 200 Cedis pro Rucksack). Die Preise sind stark abhängig von der Strecke, z. B.:
- *Accra – Kumasi* ca. 1500 Cedis
- *Accra – Lomé* ca. 900 Cedis
- *Kumasi – Tamale* ca. 2000 Cedis
- *Kumasi – Bolgatanga* ca. 2500 Cedis
- *Kumasi – Wa* ca. 2000 Cedis
- *Wa – Bolgatanga* ca. 2000 Cedis

Die **Mini-Busse** fahren erst ab, wenn sie vollbesetzt sind (mit langen Wartezeiten rechnen, v. a. im Norden). Als Weißer erhält man meist das Privileg, neben dem Fahrer zu sitzen.
Die Preise liegen beim Mini-Bus etwa bei 400 Cedis für 100 km, das Gepäck wird extra berechnet und mit dem Fahrer ausgehandelt, ca. 200–300 Cedis pro Rucksack.

Schiff (Fähre)
Bevor die neue Küstenstraße (Richtung Côte d'Ivoire) fertiggestellt war, mußte man auf dieser Strecke mehrere Flüsse und Lagunen mit Fähren überqueren.
Heute ist vor allem der Schiffsverkehr auf dem Volta-See für Reisende, die viel Zeit, aber wenig Geld haben, interessant. Denn dies ist die billigste Art, die Stecke *Accra – Tamale* zu überwinden.
Die *Akosombo Queen* verbindet Akosombo am Südende des Stausees und *Yapei* (ca. 20 km von Tamale) am Nordende des Sees (via *Krachi*).

In der Regel fährt die Fähre Mo/Di Richtung Norden und am Wochenende wieder zurück nach Akasombo (Änderungen sind an der Tagesordnung!). Genaue Abfahrtszeiten und weitere Informationen:
Volta Lake Transport Company
Akosombo, im Ghana Commercial Bank Building und:
Accra, im Ghana House, 3. Stock.
Achtung: Bilharziosegefahr, da man zum Teil durchs Wasser waten muß, um auf die Fähre zu kommen.
Außerdem gibt es auf der Strecke *Akosombo – Yapei* das Frachtschiff *Yapei Queen*, das noch etwas billiger ist, aber auch ohne jeglichen Komfort.

Buschtaxi
Das **landesübliche Verkehrsmittel,** mit dem man so ziemlich alles transportiert, heißt *Trotro.* Auf einigen Strecken sind riesige Lastwagen (alte umgebaute Bedfords), auch *Mammy Lorry* genannt, die einzigen Transportmittel, meist mit sinnigen Sprüchen verziert.

Taxi
Taxis gibt es in den meisten größeren Städten; sie sind leicht zu erkennen an der leuchtend gelben Farbe der Kotflügel; einen Taxometer haben sie nicht, daher sollte man den **Preis vorher aushandeln!** Ob die Berechnung nach Kilometern oder nach Zeit erfolgt, ist stark abhängig von der Tageszeit – bei Rushhour zählt meistens die Zeit. Und wie fast überall in Afrika ist auch das Taxi eine Art Sammeltaxi, denn der Fahrer wird unterwegs noch andere Fahrgäste aufnehmen und unter Umständen größere Umwege fahren, bis Sie an Ihrem Ziel angelangt sind. Dies können Sie vermeiden, indem Sie das ganze Taxi mieten.

Anderseits kann man als „Mitfahrer" in einem Taxi auch viel Geld sparen, denn der Fahrpreis wird dadurch erheblich reduziert (ca. 500 Cedis/10 km).

Unterwegs als Selbstfahrer

Wegen der vielen **Polizeikontrollen** auf fast allen Straßen war früher mit entsprechend langen Fahrzeiten zu rechnen. 1987 wurde die Anzahl der Kontrollpunkte erheblich reduziert. Bei Polizeikontrollen werden **2 (!) Warndreiecke und ein Feuerlöscher** (es genügt meist eine Spraydose) verlangt.
Hinweis: Im Ausland zugelassene Fahrzeuge dürfen nach Einbruch der Dunkelheit nicht mehr fahren.
Es herrscht **Rechtsverkehr**.
Verkehrsunfälle sind in Ghana keine Seltenheit, da viele Lkw schlecht beleuchtet oder ohne Licht fahren; durch entsprechende Kontrollen bei Einbruch der Dunkelheit soll dies eingeschränkt werden. Auf der Stecke *Accra – Elmina* sieht man fast jedes Wochenende ein neues zerknautschtes *Trotro* (so werden hier die Busch-Taxis genannt).
„Am Straßenrand liegen zehn Tote! Wenn's ein Peugeot 504 war, dann weniger", erzählte mir ein Ghanaer.
Beim **Autoverkauf** ist zu beachten, daß nur Autos eingeführt werden dürfen, die weniger als 5 Jahre alt sind, nur über eine Firma kann man auch ältere Modelle importieren.

Straßenverhältnisse

Die Hauptstrecke *Accra – Tamale* ist durchgehend asphaltiert und in relativ gutem Zustand. Dagegen ist die Straße

Reifenflicken muß in Afrika von klein auf gelernt sein

von *Kumasi* über *Tamale* nach *Bolgatanga* zur Zeit im Bau.
Die Verbindungsstrecke *Accra – Abidjan* (Elfenbeinküste) entlang der Küste (via *Cape Coast – Sekondi-Takoradi*) ist asphaltiert. Die Strecke *Cape Coast – Kumasi* ist neu asphaltiert, ebenso die Strecke *Accra – Kumasi*. Das Teilstück *Accra – Cape Coast* soll in Kürze erneuert werden, die Straße von *Kaoradi* nach *Abidjan* ist vor kurzem neu asphaltiert worden.

Treibstoffversorgung
♦ **Super:** 355 Cedis/Liter
♦ **Diesel:** 302 Cedis/1 Gallon
(1 Gallon = 4,5 Liter)
Generell ist mit stark schwankenden Treibstoffpreisen zu rechnen!
Achtung: Tankstellen sind meist nur bis 20 Uhr geöffnet. In den größeren Städten gibt es manche, die durchgehend geöffnet haben. Für Fahrten ins Landesinnere sollte man entsprechende Treibstoffreserven mitnehmen.

Workcamps
Die *Volontary Workcamp Association of Ghana*, kurz *Volu* genannt, organisiert jährlich ca. 30 bis 40 Camps, die von Juni bis Oktober und Dezember bis Januar in verschiedenen Dörfern Ghanas stattfinden. In diesen Workcamps arbeiten Ghanaer und Europäer zusammen mit den Dorfbewohnern an Projekten wie z. B. dem Bau einer Schule, eines Krankenhauses oder anderer Gemeinschaftsgebäude; manchmal wird auch auf Plantagen gearbeitet.
Im Jahr 1956 wurde Volu von einem Engländer gegründet und ist heute unter ghanaischer Leitung die größte Workcamporganisation Afrikas. Sie finanziert sich von Mitgliedsbeiträgen und wird außerdem vom Deutschen Entwicklungsdienst (DED) unterstützt.
Für die Teilnahmegebühr von 200 US $ bekommen die europäischen Teilnehmer freie Unterkunft und Verpflegung in den Camps.
In diesen Workcamps sollen europäische Freiwillige das Leben und die Kultur eines ihnen fremden Landes kennenlernen, indem sie mit den Einheimischen arbeiten und leben. Die Projekte dienen der **Völkerverständigung** und sollen die Lebensqualität in den Dörfern verbessern.
Anmelden kann man sich direkt bei Volu; auch deutsche Organisationen vermitteln eine Teilnahme (s. Adressen unten). Die Flugkosten müssen vom Teilnehmer selbst getragen werden.
♦ **Informationsstelle in Ghana:**
Voluntary Workcamps
Association of Ghana
P.O. Box 1540, Accra, Ghana.
♦ **Deutsche Partnerorganisationen:**
Pro International
Aufbauwerk der Jugend e.V.
Bahnhofstr. 26, 35037 Marburg,
Tel. (06421) 6 52 77.
Internationale Jugend-
gemeinschaftsdienste (IJGD)
Tempelhofer Damm 2, 12101 Berlin,
Tel. (030) 7 85 20 48.
Nothelfergemeinschaft
der Freunde (NDF)
Auf der Körnerwiese 5,
60322 Frankfurt/Main.

Post/Telefon
Auf dem Hauptpostamt gibt es einen *Poste-Restante*-Schalter, wo die Post jedoch nicht besonders lange aufbewahrt, sondern bald wieder zurückgeschickt wird. Die **Post** in Ghana ist inzwischen **sehr zuverlässig.** Das Abstempeln der Briefmarken muß nicht mehr kontrolliert werden.

Telefonieren oder Telegrafieren kann man eigentlich von jedem Postamt aus, außerdem in größeren Städten von der *P&T External Corp.*, die zudem längere Öffnungszeiten hat. Eine **Telefonkarte** kostet 5000 Cedis für 3 Minuten. **Internationale Telefonate** (Direktwahl) sind von der neuen Hauptpost (Nord) am *Nkrumah Circle* und vom Flughafen Kotoka mit Telefonkarte möglich.
Vorwahlen:
◆ von Ghana nach Deutschland: 0049
◆ von Deutschland nach Ghana: 00233
Vorwahlen für verschiedene Städte innerhalb Ghanas: Accra 21, Kumasi 51, Cape Coast 42, Takoradi 31, Tamale 71. Will man nur eine kurze Nachricht übermitteln, empfiehlt es sich, ein **Telegramm** zu senden (kurze Nachricht kostet ca. 12 000 Cedis).
In größeren Städten bieten außerdem einige Firmen ihr **Fax-Gerät** zur öffentlichen Nutzung an.

Geld/Währung/Banken

Landeswährung ist der **Cedi**, unterteilt in **100 Pesewas**. Es gibt Scheine von 1000, 500, 200, 100 und 50 Cedis und Münzen von 20 und 10 Cedis sowie Münzen von 50, 20, 10, 5 Pesewas. Ein- und Ausfuhr von Cedis ist verboten. Devisendeklaration an der Grenze *(s. a. Visa/Einreise/Zollkontrolle)*.
Der Rücktausch von Devisen ist inzwischen möglich.
Meist werden nur Travellerschecks in US $ oder ausgeschrieben auf brit. Pfund akzeptiert, selten in DM. Außerdem kann es in kleineren Städten oder in nördlicheren Regionen Probleme beim Eintausch von Travellerschecks geben, da diesen Banken die Wechselkurse nicht bekannt sind und sie erst in den größeren Städten nachfragen müssen (was bis zu 2 Tagen dauern kann, falls gerade die Telefonleitung unterbrochen ist!).
Der Umtausch von Traveller-Schecks ist in *Forex*-Wechselstuben (die privaten haben meist bessere Kurse!) und Banken wie *Standard Bank, Barclay's Bank* möglich. Wechselkurse (Tageskurs) stehen jeweils auf Kreidetafeln vor den Wechselstuben und am Wochenende auch in der Tageszeitung.
Empfehlung: Man sollte in der Hauptsache nur große US$- Noten mitnehmen und diese in ausreichendem Maß tauschen (mindestens für 2 Tage).
Wechselkurs (Mai 1994):
◆ 1 DM = 540 Cedis
◆ 100 Cedis = ca. 18 Pfennig

Fotografieren

Vorsicht beim Fotografieren!
Aufgrund der verschiedenen Putschversuche ist man sehr mißtrauisch. Wichtige öffentliche Gebäude wie z. B. das alte *Osu Castle* in Accra sollten Sie nicht fotografieren, da es der Regierungssitz von Rawlings ist; Zuwiderhandlungen werden mit Gefängnis bestraft. Ebenso besteht generelles Fotografierverbot für sonstige Regierungsgebäude, Häfen, Flugplätze, Staudämme, Radio- und Fernsehstationen. Auch das alte Viertel *Jamestown* sollten Sie nicht mit Fotoapparat besuchen.
Da Ghanaer in der Regel sehr ungern fotografiert werden, sollten Sie die jeweilige Person unbedingt vorher **um Erlaubnis fragen**.

Öffnungszeiten

Banken:
Mo bis Do 8.30–14.00 Uhr, Fr 8.30–15.00 Uhr.
Ämter:
Mo bis Fr 8.00–12.30 und 13.30–17.00 Uhr.

Mongoni Chief

Büros:
Mo bis Fr 8.00–12.30 und 13.30–17.00 Uhr; Sa 8.00–12.00 Uhr; viele haben inzwischen nur noch bis Freitag geöffnet.

Geschäfte:
Mo, Di, Do, Fr 8.00–12.00 und 14.00–17.30 Uhr; Mi und Sa 8.00–13.00 Uhr.

Feiertage/Feste

Feste Feiertage:
Neujahr (1. Jan.),
Tag der Unabhängigkeit (6. März),
Ostern (Karfreitag, Sa, So, Mo),
Tag der Arbeit (1. Mai),
Tag der Revolution,
Sturz von Akuffo (4. Juni),
Tag der Republik (1. Juli),
Weihnachten (25. Dez),
Boxing Day (26. Dez),
Tag der Revolution (31. Dez).

Bewegliche Feiertage:
Zudem gibt es einige jährlich wechselnde islamische Feiertage und viele alte traditionelle Feste (Auskünfte im Touristen-Büro in Accra, *siehe Plan).*

Trinkwasser

Wasser sollte nur abgekocht, gefiltert bzw. mit Micropur behandelt getrunken werden. Die Wasserversorgung ist (vor allem in Accra) häufig unterbrochen!

Strom

220/230 Volt Wechselstrom nur in den größeren Orten. Mit Stromausfällen (oft tagelang) ist zu rechnen. Britische Steckdosensysteme **(Adapter!).**

Uhrzeit

MEZ minus 1 Stunde, im Sommer MEZ minus 2 Stunden.

Reisen, Routen, Sehenswürdigkeiten

Accra

Das Zentrum der 1,3 Mio. Einwohner zählenden **Hauptstadt** bilden die Stadtviertel *Jamestown*, *Usher Town* und *Victoriaborg*. Seit der Ernennung zur Hauptstadt im Jahre 1874 wurde Accra mehrmals von schweren **Erdbeben** heimgesucht, die große Teile der Stadt zerstörten. Heute gibt es – wegen der anhaltenden Wirtschaftskrise – relativ viele heruntergekommene Kolonialbauten, gemischt mit Gebäuden, die ohne jegliche Planung errichtet zu sein scheinen und der sonst so großzügigen Stadt eine trostlose Atmosphäre geben.

Zu den wichtigsten Straßen zählen die *Ring Road*, eine vierspurige Schnellstraße, die in Ring Road East, West und Central unterteilt ist. Die *Kwame Nkrumah Avenue* und die parallel dazu verlaufende *Kojo Thompson Road* stellen die Verbindung vom *Nkrumah Circle* im Norden zum Stadtzentrum im Süden her, und die *Independance Avenue* (später in die *Liberation Avenue* übergehend) führt vom Zentrum zum nordöstlich der Stadt gelegenen Flughafen.

Entlang *High Street*, *28th February Road* und *Castle Road* befinden sich die meisten öffentlichen Gebäude. Hauptgeschäftsstraßen sind die *Kwame Nkrumah Avenue* (ehem. Liberty Road) und die *Kojo Thompson Road*. Im Reichenviertel *East Legon* ist der soziale Unterschied zwischen Privilegiertenschicht und „Normalbürger" besonders deutlich zu sehen.

Mehrere Denkmäler der Kolonialgeschichte befinden sich am *Accra Beach*, so das im 17. Jahrhundert erbaute *James Fort* und das *Ussher Fort*, das heute als Gefängnis dient. Das ehemalige *Schloß Christiansborg* ist heute Sitz der ghanaischen Regierung; es wurde im Jahre 1662 von den Portugiesen erbaut und später von den Dänen besetzt. Ebenfalls in der Nähe der Küste liegt der *Independence Square* (auch Black Square genannt), auf dem alle wichtigen öffentlichen Staatszeremonien abgehalten werden. Ein weiteres bedeutendes öffentliches Gebäude ist das moderne *State House* mit seinen zahlreichen Konferenzräumen.

Sehenswürdigkeiten
Nationalmuseum

An der Barnes Road gelegen bietet es eine ethnologische, eine archäologische und eine naturwissenschaftliche Sammlung, die durchaus sehenswert sind; außerdem ist eine Reihe sowohl alter als auch moderner ghanaischer Kunstwerke zu besichtigen.

Eintritt: ca. 700 Cedis; ca. 500 Cedis für Fotografiererlaubnis.

Öffnungszeiten: täglich 9 bis 18 Uhr, Mo geschlossen.

Anasekrum-Art-Center

Neben verschiedenen Kunstausstellungen finden hier, im *Ghana Center for National Culture*, am Samstagnachmittag Tanz, Musik und Theateraufführungen statt; jung und alt tanzen zu traditioneller Musik oder moderner Pop-Musik (Live-Bands).

Fruchtbarkeitspuppe der Ashanti

Märkte

Der *Artisanal Market* befindet sich neben dem Art-Center, ist sehr touristisch und hat daher entsprechende Preise! Auf dem *Makola Markt* um den Makola Square kommt man sich bisweilen vor wie in einem Ameisenhaufen; er ist aber dennoch sehenswert.

Der *Adabraka-Market* findet im gleichnamigen Stadtviertel statt.

Achtung: Generell muß für den Export von Kunstgegenständen eine Ausfuhrgenehmigung (gebührenpflichtig) vom *Ghana Museum and Monuments Board* (erhältlich im Anasekrum-Center oder direkt im Nationalmuseum) bei der Ausreise vorgelegt werden.

Kunsthandwerk

Im *The Loom* (nördl. Nkrumah Avenue) findet man exklusiven afrikanischen Schmuck, Kunsthandwerk und Ausstellungen moderner afrikanischer Kunst.

Im *International Trade Fair Site* gibt es Ausstellungen aller Art zu sehen.

Das *Handicraft Emporium*, im Nebengebäude vom Republic House (gegenüber Cocoa-House), hat eine reichhaltige Auswahl an kunsthandwerklichen Gegenständen.

Günstiger ist der Laden im *Westend House* in der oberen Nkrumah Avenue, in der Nähe vom The Loom.

Zu den beliebtesten Souvenirs aus Ghana zählen die Fruchtbarkeits-Puppen der Ashanti (*akua-ba* genannt) sowie die farbenprächtigen *kente*-Stoffe und der *Ashanti-Stool*.

Osu

In diesem Stadtviertel von Accra werden traditionelle Sonnenschirme und Requisiten hergestellt, welche von den „Clan-Chefs" heute noch bei bestimmten Zeremonien verwendet werden. Im Juli/August feiern die *Ga* hier ihr *Homowo*-Fest.

Das *Castle (Christiansborg)* ist leider nicht zu besichtigen; einen schönen Blick auf das Castle und die Küste hat man jedoch vom Stadion aus.

Hinterhofleben

von Stefanie Donker

Ich schaue mich in meiner unmittelbaren Umgebung um: Viele fröhliche Menschen sitzen um mich herum, meist Frauen, und unterhalten sich, lachen über mich, leider in der Stammessprache Ga, so daß ich kein Wort verstehe. Ich befinde mich in einem kleinen Hinterhof in Accra, auf einem Holzschemel sitzend, beim Friseur.

Nana ist in der Zwischenzeit mit dem Flechten vieler kleiner Zöpfe in meine Haare beschäftigt. Eine Schneiderin näht an einem Kleid. Ihre handbetriebene Nähmaschine „Made in China" verschwindet fast auf dem kleinen Tisch unter einer Masse von bunten Stoffen.

Während sie das Material zuschneidet, Fäden einfädelt und das Rad der Nähmaschine mit der Hand betätigt, beteiligt sie sich rege an den Gesprächen. Von Zeit zu Zeit höre ich meinen Namen heraus.

Ein Baby fängt an zu schreien. Es beruhigt sich nicht eher, bis die Mutter ihm die Brust gibt. Zufrieden schmatzend nuckelt es vor sich hin.

Ein junges Mädchen kommt in den Hof. Sie trägt einen großen Kanister auf dem Kopf. Nach kurzer Diskussion über den Preis verkauft sie drei Flaschen Speiseöl an eine gerade kochende Hausbewohnerin.

Ich habe viel Zeit, mir den Hinterhof genauer anzuschauen: Eine große Schüssel Tomaten steht herum, daneben zwei Riesenananas. Rechts neben mir höre ich die Nähmaschine rattern. Ein kleiner Grill auf dem Fußboden, in dem die Kohlen knistern; nach einiger Zeit fängt das Öl in dem Kochtopf zu brutzeln an. Die Besitzerin hält das Feuer mir einem Fächer in Gang. Mehrere Holzbänke reihen sich entlang den Hauswänden, farbenfrohe Wäsche hängt zum Trocknen über meinem Kopf. Sie läßt das helle Sonnenlicht bunt erleuchten.

Mais in einem schwarzen Behälter wartet auf seine Verwendung. Drei riesige Bastsäcke mit unbekanntem Inhalt stapeln sich unter einigen Kartons.

Plötzlich steht eine alte Frau von ihrem Platz auf. Sie trägt ein T-Shirt mit Zigarettenwerbung und ein buntes, afrikanisches Tuch um die Hüften gewickelt, postiert sich in der Mitte des kleinen Platzes und fängt an zu singen und zu tanzen.

„Sie ist Musikerin", erzählt man mir stolz. „Das Lied handelt von der Kreuzigung Jesu", klärt mich die immer noch an meinen Haaren zerrende Nana auf. Meine Frisur macht Fortschritte. Nachdem die geschickte Friseuse meine Haare strähnchenweise in Quadrate aufgeteilt hat, flicht sie das lange Kunsthaar ein, das ich zuvor auf dem „Makola Market" gekauft hatte. Schon fast die Hälfte meines Kopfes ist mit diesen langen, dünnen Zöpfen bedeckt.

Die Stunden vergehen. Zwischen ihren Liedern verkauft die alte Frau immer wieder von ihrem selbstgemachtem Körperpuder, abgepackt in kleinen

Plastiksäckchen zu 50 Cedis. Die Unterhaltungen sind verstummt, die Frauen, die nichts zu tun haben, klatschen im Takt zum Gesang der alten Frau.
Ich luge an einer offenstehenden Tür vorbei in ein kleines Zimmer: ein Bett, an der Wand sorgsam aufgehängte Hemden und Kleider. Auf einer Kommode stehen eine Wasserflasche, Plastikbecher, ein Jesusbild. Davor liegt eine aufgeschlagene Bibel.
Mehrere kleine und große Kochtöpfe, Eimer und vollgepackte Plastiktüten türmen sich in einer Ecke. Nana zerrt an meiner schmerzenden Kopfhaut.
„Don´t worry, it will go", beruhigt sie mich, als ich sie dezent auf meine Schmerzen aufmerksam mache.
Zwei Frauen stampfen abwechselnd mit einem Mörser gekochte Yamsknollen und Kochbananen zu einem heißen, breiigen Kloß. Eine Dritte wendet unter den Stößen den Teig mit geschickten Händen in dem Bottich hin und her und vermengt ihn mit Wasser.
„Fufu" heißt dieses Gericht, das (fast) in ganz Westafrika in verschiedenen Versionen verbreitet ist. Als auch die scharfe „Light Soup" fertig ist, bietet man mir einen Teller von diesem „ghanaian dish" an.
Ich bedanke mich herzlich und genieße mein Fufu mit der rechten Hand essend, nachdem ich sie in einer Schüssel mit Wasser gereinigt habe. Ein Mann bricht den Hinterhoffrieden, indem er eine der Frauen anschreit. Zum Glück scheint die ihn nicht allzu ernst zu nehmen.
Als er aber nach einigen Minuten immer noch auf sie einredet, weiß sie sich durchaus lautstark zu wehren. Wer als Sieger aus diesem Wortwechsel hervorgeht, kann ich leider nicht feststellen, aber die interessierten Zuhörer(innen) amüsieren sich köstlich.
Es wird nachmittag, nach und nach kommen die im Haus lebenden Kinder in ihren braun-beigen Uniformen von der Schule. Sie begrüßen mich der Reihe nach mit der obligatorischen Frage: „How are you?"
Dann kommt ein uniformierter Mann und eröffnet den Leuten, daß Nanas Bruder nach langer Krankheit gestorben sei. Zwei ihrer Freundinnen starten sogleich eine laute Totenklage, um ihr Mitgefühl auszudrücken.
Nach kurzer Zeit hören sie genauso plötzlich wieder auf, wie sie angefangen haben. Nun beginnen heftige Diskussionen über den Tod, und alte Geschichten werden aufgewärmt.
Nana beeilt sich jetzt und ist schon fast fertig mit meinen Haaren. Sie wird viel zu tun haben, um die Vorbereitungen für die Beerdigung zu treffen, die in Ghana sehr aufwendig und „großzügig" gefeiert wird.
Sehr schnell wird es dunkel. Petroleumlampen werden angezündet und spenden ein gemütliches Licht.
Mein afrikanisches „Hairstyling" ist fertig und nach dem Bezahlen verabschiede ich mich bedankend von Nana und ihren „sisters" in die Großstadtwelt Accras...

PRAKTISCHE INFORMATIONEN

TOURISTENINFORMATION
Tourist Information Office
An der Kojo Thompson Road, schräg gegenüber vom Nkrumah Memorial Hotel (s. u.). Hier erhält man Karten von Ghana, Stadtpläne von Accra usw. Geöffnet: Mo bis Fr von 8–17 Uhr, Tel. 22 78 51. Auch im Büro der KLM *(siehe Verkehrsverbindungen Accra)* sind Stadtpläne erhältlich.

 UNTERKUNFT

Hotels
Das einst große Angebot an Hotels aller Kategorien ist durch die lang anhaltende Wirtschaftskrise stark geschrumpft; viele Hotels sind inzwischen geschlossen oder befinden sich in schlechtem Zustand. Bemühungen um eine Verbesserung der Lage sind jedoch im Gange. In den Hotels der oberen Mittel- und Luxusklasse ist Zahlung in Devisen vorgeschrieben. Fast alle Häuser der Luxus- bzw. Mittelklasse liegen außerhalb des Zentrums (überwiegend in den nördlichen Vororten).

Luxusklasse:
Labadi Beach Hotel
Erst im Nov. 1991 fertiggestelltes Hotel am Labadi Beach, DZ ca. 200 US $.
Novotel
Stadtmitte, Barnes Road; P.O.Box 12720, Tel. 66 75 46. Fax 66 75 33. Telex 25 32 GH Novotel; Gourmet-Restaurant, Cocktail Lounge Bar, Tennisplätze, Swimmingpool, Geschäfte (internat. Zeitungen!), DZ ca. 170 US-Dollar, einziges Forex Bureau, das sonntags geöffnet ist (14–17 Uhr).
Shangri-La
1,5 km vom Flughafen, am Stadtrand von Accra, nahe Poloclub, in der Airport Residential Area. PO. Box 9201, Airport Accra, Tel. 77 69 93. DZ ca. 90 US $. Schönes Restaurant und Sportanlagen; oft ausgebucht.
Mariset International Hotel
Airport Residential Area, Tel. 77 59 22, Fax 77 31 98, DZ ab ca. 16 000 Cedis.
Granada Hotel
Ebenfalls außerhalb in der Nähe des Flughafens, Tel. 77 53 44, DZ. ab ca. 27 000 Cedis.
North Ridge Hotel
Nahe Sankara Circle, Tel. 22 58 09, DZ ab ca. 22 000 Cedis.
Carlton-Hotel
Neben dem Sangri-La, weniger luxuriös; DZ ab 18 000 Cedis.
Penta-Hotel
Stadtteil Osu, nahe des Danquah Circle, P.O.Box 7354, Tel. 77 45 29, Fax 77 34 18, DZ ab 22 000 Cedis.
Ambassador-Hotel
Nordöstlich des Zentrums, West Ridge-Viertel (wg. Renovierung geschl.).
Continental
Liberation Road, in unmittelbarer Nähe des Flughafens (wegen Renovierung geschlossen).
Sunrise-Hotel
North Ridge, Tel. 22 45 75 u. 22 22 01, DZ ab ca. 27 000 Cedis.

Mittelklasse:
Panorama Club Hotel
15 km vom Flughafen (Residential Area); Familienhotel ohne besondere Atmosphäre; DZ ab ca. 10 000 Cedis.
Star-Hotel
Ebenfalls in der Nähe des Flughafens, Fourth Circular Rd., DZ ca. 9000 Cedis, engl. Frühstück 170 Cedis, große saubere Zimmer mit Bad u. Klimaanlage. Night-Club.
Avenida-Hotel
mit Devisen zu bezahlen, zentrale Lage.

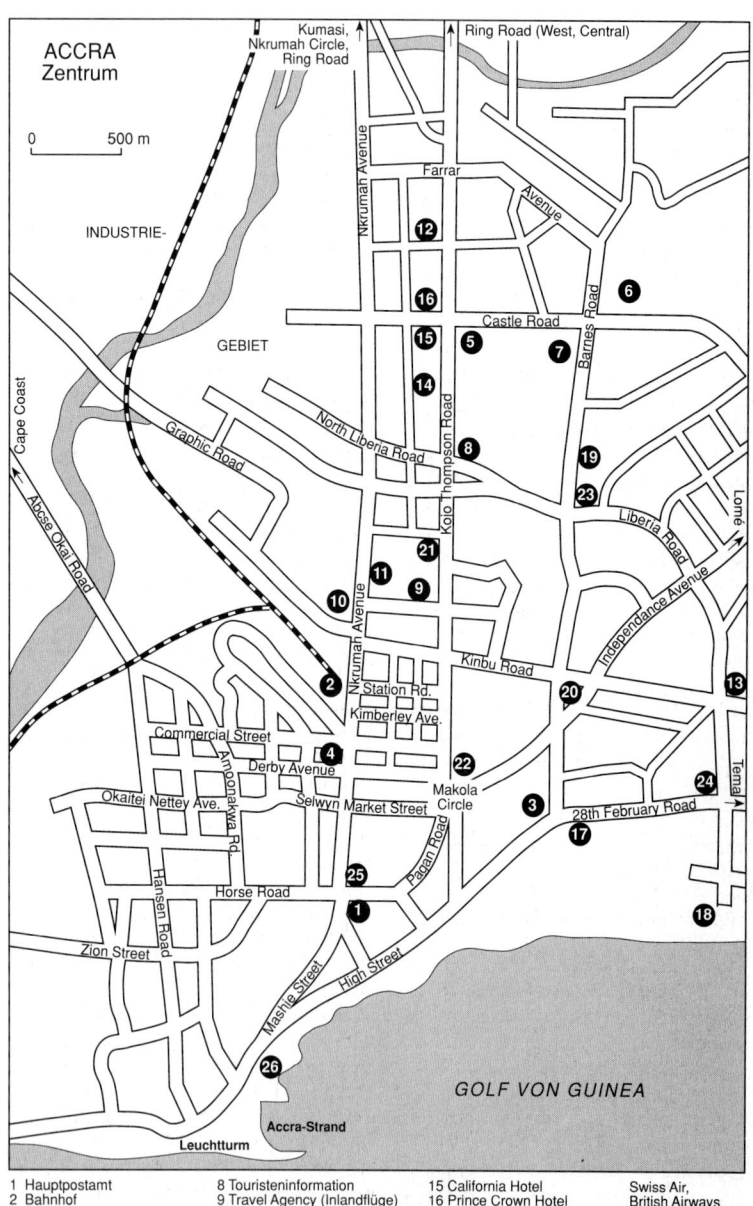

Great Asenteewa
New Town Road, nördlich des Nkurmah Circle.

Adeshi Hotel
Ring Road Central, DZ mit Frühstück ab ca. 13 000 Cedis, Air-Condition, Ventilator, Restaurant (ghanaisch, indisch, kontinental), angemessener Preis, Tel. 22 13 04.

Riviera-Beach-Hotel
Am Strand. Tel. 66 24 00 und 66 29 90, DZ ca. 10 000 Cedis, mit Air-Condition, Terrassen-Restaurant (kontinental), mit Frühstück ca. 700 Cedis; eigener, aber nicht besonders sauberer Strand, Swimmingpool (wird renoviert); insgesamt zu teuer für die Leistung.

Ringway Hotel
Ring Road Central, DZ zu 20 000 Cedis, Air-Condition, Ventilator, gutes Restaurant, Forex Bureau, sehr sauber; Tel. 22 83 06.

Einfache Hotels:

California
Obere Kojo Thompson Road/Ecke Castle Road, Tel. 22 61 99, DZ ab ca. 5000 Cedis.

Crown Prince Hotel
Schräg gegenüber vom California. DZ ab ca. 4500 Cedis.

Asylum Down Hotel
Asylum Down, Tel. 22 76 97, DZ ab ca. 4000 Cedis.

Avenida Hotel
Adabraka, Tel. 22 13 54 und 22 13 52, DZ ab ca. 7000 Cedis.

Nkrumah Memorial Hotel
Obere Kojo Thompson Rd. gegenüber vom Tourist Office. Video-Theater!!! Restaurant, DZ ab ca. 5000 Cedis.

Kob-Lodge
Ring Road Central, nahe Nkrumah Circle. DZ ab 9000 Cedis, angenehme, freundliche Atmosphäre, Tel. 22 76 47.

Ringway-Hotel
Ring-Road (Asylum Down), Terrassen-Restaurant.

New Heaven
Schräg gegenüber vom Ringway Hotel in der Seitenstraße, DZ ca. 3500 Cedis, Ventilator.

C'est Si Bon-Hotel
Royal Castle Rd., Kokomlemle-Viertel, nahe Technical Training Center, nordöstlich des Nkrumah Circle. Freundliche Leute, gute Atmosphäre. DZ ab ca. 10 000 Cedis.

Lemon Lodge
Asylum Down, DZ ab ca. 4000 CFA/ incl. Frühstück.

Y.M.C.A. bzw. Y.W.C.A Hostel
Adabraka, Tel. 22 47 00, ca. 1000 Cedis/Person.

Hinweis: Im Landesinneren existieren mehrere sogenannte *Catering Resthouses*, einfachste Unterkünfte.

Camping

Labadi Pleasure Beach
Etwa 8 km östlich der Hauptstadt, an der Straße nach Tema; ca. 1000 Cedis/Person.

ESSEN UND TRINKEN

Restaurants

Die meisten einheimischen Restaurants servieren neben dem berühmten Fufu, Kenkey und Gari und dem Yamsblattgemüse Contomere auch hin und wieder traditionelle Soßen zu Fufu, zubereitet aus Palmkernen oder Erdnüssen. In den Restaurants der großen Hotels wird meist internationale Küche serviert; außerdem gibt es noch eine Reihe anderer Spezialitäten-Restaurants.

Eine gute Adresse für Frühstück (Büfet) ist angeblich das *Novotel* (siehe oben).

Europäische/libanesische Küche
Restaurant Club 400
Nkrumah Av. nahe Standard Bank; So geschlossen.
Los Amigos
Neben dem Cocoa-House, Nkrumah Avenue; tägl. geöffnet.
Blow up
KojoThompson Rd., etwa 50 m südlich der Ring Rd.; ab 20 Uhr geöffnet.

Chinesische Küche
Mandarin Restaurant
Ring Rd. nahe Danquah Circle.
Pearl of the East
in der Nähe des Penta Hotel.
Hinlone Restaurant
Im Stadtteil Labone.

Indische Küche
Shalimar
Farrar Av., zwischen Nkrumah Avenue und KojoThompson Rd.; Tel. 22 64 18.
Sony Restaurant
Hinter Bus-Stop Restaurant.
Maharajah
Contonments Rd., etwa 500 m südlich vom Danquah Circle, bestes indisches Restaurant in Accra – mit entsprechenden Preisen!

Französische Küche
Chez Mammi
Cantonments Rd., etwa 1,5 km südlich vom Danquah Circle.
Chez Marie Lou
Im Stadtteil Osu, Besitzer ist Schweizer; europäische Preise; Klimaanlage!
Afrikyko
Gartenlokal im Stadtteil Osu, Independance Avenue; touristisch!

Einfache Restaurants
Für ein paar Cedis kann man einheimische Gerichte wie eine Portion *fufu* oder *banku* bekommen; Fleisch und Fisch werden meist stückweise verkauft.
Number One
Am Danquah Circle, 24 Std. geöffnet.
Kikeriki, im Stadtteil Osu.
Wato-Club
Hinter dem General Post Office, im 1.Stock; man trifft sich hier unter dem Motto „sehen und gesehen werden".
Bus Stop
An Ring Road Central; serviert europäisches Essen (Fastfood).
Tip Toe Garden
Nahe Nkrumah Circle; Mi bis Sa Abend Live-Musik.
Kinbu-Garden
Indenpendance Avenue /Ecke Barnes Road, in der Nähe des Novotel (siehe oben) gelegen.
Flip Bar
Dachterrassen-Bar-Restaurant in der Liberia Rd. – schöner Ausblick!
Fish'N'Chips
Nahe Sankara Circle; u. a. Fish & Chips, (engl.) Fühstück.

An **Straßenständen** gibt es mittags Reis (od. Fufu) mit Soße für ca. 200 Cedis. Abends werden auch viele kleine Stände in den Straßen aufgebaut, wo Fleisch, Fisch, Maniok etc. angeboten wird. Tagsüber haben mehrere Snackbars geöffnet, die Sandwich, Cola u. ä. offerieren. Auch auf dem Markt kann man billig essen.
Am Samstag und Sonntag wird in „christlicher Tradition" nicht gearbeitet; daher sind viele Restaurants und Snack-Bars geschlossen.
Vorsicht: Abends in Jamestown kommt es in dem Gedränge zwischen den Essensständen häufig zu Diebstählen, daher Geld und Wertsachen unsichtbar am Körper tragen!

NACHTLEBEN

Bars/Cafés/Nachtclubs
In der Gegend von Dansquah und Nkrumah Circle gibt es mehrere Night-Clubs und Discos, wo ab 23 Uhr zu Highlife, Afrobeat oder Pop-Musik getanzt wird.

Caprice
Hier treffen sich viele Libanesen und Amerikaner („money-people").

Red Onion
In North Kaneshi, gemütlich, Eintritt ca. 1500 Cedis.

Flip-Bar
(siehe einfache Restaurants).

Blow Up
Disco (siehe Restaurants).

Fine Style
Piccadilly Square
Live-Musik.

Stage Coach
Nahe Penta-Hotel, geöffnet: Mi–So.

Studio All That Jazz
Bar mit Pool Billard, tägl. ab 17 Uhr.

Le Rêve und *Premier Lodge*
In der Nähe des Nkrumah Circle: „Anmach-Lokale"!

Apollo Theatre
Im Stadtteil Asylum Down, Ring Rd.

Tip Toe Garden
In der Nähe des Nkrumah Circle, afrikanische Küche, Live-Musik.

Casino Royal
Im Hotel Continental *(s. Hotels).*

Golden Casino
Im Ambassador Hotel *(s. Hotels).*

All that Jazz
Beliebter Treffpunkt (Pub) in der Nähe vom Danquah-Circle.

Im *Star-Hotel, Ambassador Hotel* und *Hotel Continental* ist Samstagabends Live-Musik zu erleben!

Kinos
Die Vorstellungen beginnen in der Regel um 20 Uhr, Sa/So um 18.30 und 20.30 Uhr; Eintritt ca. 500 Cedis.

Orion, am Kwame Nkrumah Circle.
Rex, am Indenpendance Square.

Ghana Film Insitute
Hinter dem Afrikyko-Restaurant; afrikanische Filme und Neuvorstellungen; Vorstellungen um 18.30 und 20.30 Uhr. Eintritt ca. 800 Cedis.

Film Corporation Theatre
Nahe der französischen Botschaft.

German Culturel Centre
Goethe-Institut. Jeden Donnerstag um 19 Uhr wird ein Film in deutscher Sprache gezeigt, Eintritt frei.

 NOTFALL

Krankenhäuser
Cathedral Clinic
Highstreeet; deutsche Ärztin u. im Ausland ausgebildete ghanaische Ärzte.

Police Hospital
Nahe Danquah Circle; Behandlung ist für Zivilisten kostenpflichtig.

Bethany Laboratory
Gut ausgestattetes Labor; es befindet sich in North Kaneshi.

Ärzte
Asylum Down Dental Clinic
Zahnarzt Dr. Yaw Kudom, Tel. 22 43 34; hat in Rußland studiert.

Adressen von guten Ärzten erhalten Sie bei der Botschaft.

Apotheken
Kingsway Chemist
Knutsford Avenue.

Ghana Drug House
Asafoatsee Nettey Road.

 VERKEHRSVERBINDUNGEN

Fluggesellschaften
Ghana Airways
Cocoa-House, in der Nkrumah Avenue (s. Plan), neben der Air Afrique-Vertre-

tung, Tel. 66 48 56; ein weiteres Booking Office: obere Kojo Thompson Road. Geöffnet: Mo bis Fr 8–17, Sa 8–12.30 Uhr.
Air Afrique
Nkrumah Avenue, Tel. 22 83 28.
Aeroflot
Neues Büro neben BritishAirways, Kojo Thompson Rd., Tel. 22 52 89. Geöffnet: Mo, Di, Do, Fr 9–14 Uhr; Di (am Flughafen) 9–15 Uhr, Sa/So geschlossen.
Nigeria Airways
Kojo Thompson Rd., 100 m nördlich vom Tourist Office, Tel. 22 37 49.
British Airways
Kojo Thompson Road, Tel. 66 62 22.
KLM
Nkrumah Av., Tel. 22 40 20.
Im KLM-Büro im Republique House, gegenüber von Ghana Airways, Nkrumah Avenue *(siehe Plan)*, sind Stadtpläne von Accra erhältlich, falls das Tourist Office keine mehr haben sollte!
Swiss Air
Nkrumah Av., Tel. 66 64 88.
Egypt Air
Nkrumah Av., Tel. 66 48 50.

Taxis
Taxis (man erkennt sie an den gelben Kotflügeln) kosten in der Stadt etwa 200 bis 400 Cedis/Person, je nach Entfernung. Die Preise sind zwar staatlich festgelegt, sollten jedoch vor der Fahrt unbedingt vereinbart werden!

 SONSTIGES
Reisebüros
Jet Age Travel & Tours Ltd.
Im Ambassador Hotel. Flugtickets und Mietwagen.
Scantravel
Tel. 66 31 34/66 67 61; Vertretung für American Express.

Ein ghanaischer Trotro

Mietwagen-Agenturen
Europcar c/o Vanep Car Rental
Im Novotel, Tel. 22 95 54.
AVIS c/o Speedway Travels & tours
Tel. 22 77 44.
Hertz c/o Allways Travel Agency
Tel. 22 45 90.
City Car Rentals, Tel. 66 61 58.

Bank
Barclay's Bank
Neben der Hauptpost. Geöffnet: Mo bis Fr. 8.30–14 Uhr.

Kultur
German Cultural Center
(Goethe Institut), Ring Road, Ext. South, off Danquah Circle, P.O. Box 3196, Accra. Veranstaltung von Konzerten usw. in der British Council Hall in der Liberia Road.

Theater
Die Nationaltheatergruppe *Abibigromma* spielt von Zeit zu Zeit im *Art Center*. Eine Vorstellung kostet ungefähr 1000 Cedis, was für den Durchschnittsghanaer nicht erschwinglich ist. Das Nationaltheater liegt in der Nähe vom Novotel *(s. o. unter Hotels)*.
Für weitere Informationen:
The Artistic Director, Abibigromma, National Theatre of Ghana
c/o Natinal Comission of Culture, PMB, Ministry Post Office, Accra.
In der *Universität von Legon* (14 km nördlich von Accra) gibt es die „School of PerformingArts":Theater- und Tanzgruppen geben Vorstellungen in der Uni. Plakate undAnkündigungen in der Tageszeitung beachten!

Innenministerium
Ministry of the Interior
In der Nähe des Stadions *(s. Plan)*; Visaverlängerung!

Buchhandlungen
Buchhandlung im Novotel
Gut sortiert mit ausländischen Zeitungen und Zeitschirften.
Buchhandlung im UTC-Supermarkt
Nkrumah Avenue.
Universitätsbuchhandlung
in Legon, 14 km nördlich von Accra gelegen.

Supermärkte
Kingsway und *UTC* sind die größten Supermärkte bzw. Kaufhäuser Accras; beide befinden sich in der unteren Nkrumah Avenue.
Die drei libanesischen Supermärkte *Kwatsons*, *Quick-Pick* und *Afridom* in der Cantonments Road führen europäsiche Waren.

Fotomaterial und -labors
Photorama
Nkrumah Circle, Entwicklung von s/w-Filmen.
Photo Club
Osu, u. a. Entwicklung von Diafilmen.
Gold Photo Laboratory
In der Nähe der Hauptpost.

 SPORT

Die bei den Ghanaern beliebtesten Sportarten sind Fußball, Tennis, Boxen und Pferderennen.
Letzere finden jeden Samstagnachmittag zwischen 15 und 17 Uhr auf der Pferderennbahn in der Nähe des Stadions statt.
Auch an der Uni treffen sich jeden Samstagnachmittag Pferdeliebhaber zum *Horse Race*.
Der Stolz der Nation heißt – für Fußballfans keine Neuigkeit: **Anthony Yeboah**, Fußballspieler aus Ghana und seit 1990 bei Eintracht Frankfurt spielend.

Strände/Schwimmbäder   S.214

Zum Schwimmen (v. a. am Wochenende!) gehen die Bewohner Accras hauptsächlich an die Beach-Resorts:

Accapulco Beach
10 km an der Straße nach Tema.

Riviera Beach Club
Südlich des Art Centers.

Cocoa Beach
Teshie/Nungua, Restaurant und Erfrischungsbar.

Labadi Pleasure Beach
Ca. 8 km östlich des Stadtzentrums gelegen. Viele amerikanische Marine-Offiziere, Libanesen und Touristen. Beliebt bei Wassersportlern! Eintritt ca. 100 Cedis. Achtung: Starke Unterströmung!

Beach Resort
Afrikanischer Stil, an der Straße Richtung Cape Coast, westlich vom Wasserreservoir.

Botianor Beach
Oshiyie, 28 km westlich von Accra; Hütten, Bar-Restaurant.

Ada
140 km östlich von Accra; Ada-Hotel, direkt am Meer gelegen. Segelyacht, Wasserski etc.

Kokrobite
Ca. 30 km westlich von Accra.

Swimmingpools gibt es im *Novotel* (für Nicht-Hotelgäste kostet der Eintritt ca. 1500 Cedis) und im *Shangri-La* (Eintritt nur ca. 1000 Cedis).

 AUSFLÜGE

Aburi Gardens (Botanischer Garten)

Zu erreichen ist Aburi Gardens mit dem Trotro vom Novotel (Accra) aus.
Der Garten liegt in Aburi, 37 km nördlich von Accra, auf der *Akwuapem-Höhe*; es bietet sich ein schöner Blick auf die Stadt und die umliegenden Ebenen. Der Botanische Garten von Aburi war im 19. Jahrhundert zunächst eine Erholungsstätte für die hier lebenden britischen Offiziere.
Später wurde eines der führenden Forschungszentren für tropische Botanik eingerichtet. Anfang des 20. Jahrhunderts wurde dieser 65 Hektar große Garten der Öffentlichkeit zugänglich gemacht und dient seitdem als Naherholungsort. Man kann dort nicht nur exotische Bäume aus Ostafrika, sondern auch Pflanzen aus der Karibik, Malaysia und Indien sehen. Restaurant, Bar.

Übernachtung im *Aburi Botanical Garden Hotel*.

Aburi Gardens ist ein guter Ausgangspunkt für Abstecher zu den Dörfern der *Akuapem-Höhe* (siehe auch folgendes Kapitel).

Boti-Wasserfälle   S. 290

Während der Monate Dezember bis Mai führen sie kein Wasser! Zu erreichen sind die Fälle über die gute Asphaltstraße nach Kumasi; bei dem Dorf *Bunso* muß man auf die Straße nach *Koforidua* abzweigen, dann Richtung Osten (Piste). Nach 6,5 km kommt eine Kreuzung. Links abzweigen; nach weiteren etwa 6,5 km einen Weg bis zu einer Holzfällerhütte einschlagen. Von hier aus führt eine Steintreppe zu den Wasserfällen.
Ebenfalls zu erreichen mit dem Trotro vom Novotel (Accra).
Eintritt ca. 500 Cedis/Person; bewachter Parkplatz, Cafe. Auch Camping ist angeblich für ca. 1000 Cedis/Person möglich.

Weitere Ausflugsziele nördlich von Accra auf der *Akuapem-Höhe* siehe folgendes Kapitel.

Nordöstlich von Accra und Volta-Region

Akropong und Umgebung

Nur 30 km nördlich von Accra liegt die **Akuapem-Höhe** mit ihren vielen kleinen Dörfern, in denen die alten Traditionen und Bräuche noch weitgehend erhalten geblieben sind. Dank der Höhenlage (etwa 500 m über NN) ist das Klima angenehm (etwa 5 Grad weniger als an der Küste). Von Mai bis Oktober ist hier auch mit nebligem Wetter zu rechnen. Bereits die Missionare und frühen Kolonisatoren genossen das relativ kühle Klima dieser Gegend.

Zu den Sehenswürdigkeiten zählen die *Wasserfälle von Akropong*, *Obosomase* und *Konkonru*, die Holzschnitzer von *Aburi* und *Ahweras* sowie traditionelle Feste wie das *Odwira-Festival*. Jedes Jahr im September/Oktober wird dieses Ernte- und Reinigungsfest abgehalten; Höhepunkt des Festes stellt der große „Durbar" (Empfang) der „Chiefs" von Akropong dar.

Ebenfalls sehenswert ist die Kakao-Farm von *Tetteh Quarshie* in *Mampong* (Akuapem); er hatte von den *Fernando-Po-Inseln* Kakao-Bohnen mitgebracht und hier im Jahre 1879 die erste Kakao-Farm angelegt, die ebenso wie sein Wohnhaus besichtigt werden kann.

Unterkunft:
Saeko-Hotel, P.O. Box 91.

Koforidua

Koforidua liegt nördlich von Accra auf der *Akuapem-Höhe*. Hier beginnt der tropische Regenwald.

Unterkunft/Verpflegung:
Passo-Lodge
Etwas außerhalb, DZ ab 3000 Cedis inkl. Frühstück; Restaurant.

Hotel Eredec
P.O. Box 976, Tel. 32 95.
Hotel Partners May
P.O. Box 688, Tel. 31 38.
Restaurant Linda-Dor
Gutes Essen zu fairen Preisen.

Larteh

Larteh liegt 56 km nördlich von Accra, an der Straße nach Akasombo. *Akonedi Shrine*: Bekannt für seine Medizinmänner, Hexen und Fetischpriester.

Akosombo

Bekannt wurde dieser Ort durch den Bau des Volta-Staudammes. Der dadurch entstandene Volta-Stausee ist mit einer Oberfläche von etwa 8500 qkm der größte künstliche Binnensee der Welt; er dient neben der Gewinnung von Elektrizität vor allem der Bewässerung und der Regulierung des Hochwassers während bzw. nach der Regenzeit.

Für regelmäßigen **Schiffsverkehr** sorgt die *Akosombo Queen*, die auf der Strecke von *Akosombo* im Süden via *Kpandu*, *Kete-Krachi* und *Yeji* bis nach *Yapei* im Norden (32 km von *Tamale*) verkehrt.

Unterkunft/Verpflegung:
Akosombo-Hotel
In der Nähe des Yachtclubs.
Volta Hotel
(5 km weiter südlich in Atimpoku), bestes Hotel am Platz, schöner Blick über den Staudamm, den See und die umliegenden Hügel; Tel. (51) 753.
Lakeside Motel
Außerhalb von Atimpoku Richtung Kpong, Tel. (51) 310.

808 Länder, Routen, Sehenswürdigkeiten – Ghana

Benkum Hotel
Einfache DZ ca. 3000 Cedis.
Delta Queen Hotel
Gegenüber vom Busbahnhof.

Ho

Überragt von den *Kaba-Hügeln*, an der Grenze zu Togo, kann dieser Ort als das **Zentrum der Landwirtschaft** angesehen werden. Eine große Auswahl an Gemüse und Früchten findet man hier auf dem Markt. Außerdem sind kakao- und tabakverarbeitende Betriebe angesiedelt. Zwischen den bewaldeten Bergen und der Küstenebene gelegen, wurde Ho auch schon von den deutschen Kolonisatoren als Verwaltungssitz gewählt.

Im November findet in Ho alljährlich zu Ehren der Vorfahren ein Ewe-Fest statt *(siehe auch Kastentext: Die Ewe).*
Unterkunft:
Catering-Rest-House (Woerzer Hotel)
Mit Restaurant, DZ ab 7000 CFA.
E.P. Social Centre
DZ ab 4000 Cedis.
Tarso-Hotel
Große Zimmer mit Ventilator; DZ ca. 3500 Cedis. Tel. (091) 732.

Ausflug zu den Wli-Falls

42 km nördlich der Abzweigung nach Ho (bei *Hove Etoe* rechts halten, nicht über Kpandu!) liegt der Ort **Hohoe**. Von dort sind es 15 km nach Osten, und man gelangt zu den direkt an der Grenze zu Togo liegenden *Wli-Wasserfällen*.
Vom offiziellen Parkplatz wird man von einem guide durch Urwaldgelände ca. 40 Minuten lang zum ersten Wasserfall geführt. Es soll noch einen zweiten geben. Auf dem Weg überquert man auf Baumstämmen 11 mal den Bach, der vom Wasserfall kommt. Der Fall selbst ist ca. 60 m hoch; darüber sieht man weiteres schräges Gefälle. Er führt in der Regenzeit reichlich Wasser und soll in der Trockenzeit nicht versiegen. Um die Mittagszeit steht die Sonne günstig auf dem besprühten Nordhang mit Vogelnestern und Moos. Die Führung kostet 400 Cedis pro Person zzgl. Trinkgeld (Bericht von Peter W. Lukas).
Übernachtung in Hohoe:
Grand Hotel
DZ ab ca. 4000 Cedis.
African Unity Hotel
DZ ca. 2000 Cedis.
Pacific Guest House
DZ ab ca. 5000 Cedis.

Die Küste östlich von Accra

Tema
Folgt man der Küstenstraße Richtung Osten, vorbei am *Schloß Christiansborg* und am Messegelände, so erreicht man nach 29 km die moderne Stadt *Tema* mit ihrem **Hochseehafen**, einem der größten Afrikas; er wurde während der Regierungszeit Nkrumahs (1957 bis 66) gebaut. Tema besteht aus 11 „communities", jede hat ein Einkaufszentrum und eigene Schulen. Ein Spaziergang durch die Wohnviertel im Westen lohnt sich ebenso wie ein Besuch auf dem Markt. Das Industrieviertel im Osten beherbergt u. a. die Aluminiumfabrik *Valco*, eine Kakaofabrik, eine Erdölraffinerie und Handwerksstätten.

Unterkunft/Verpflegung:
Hotel Méridien
Restaurant, Bar, Night-Club, Konferenzraum, Schwimmbad, Tel. (21) 28 78.
Außerdem *Catering Resthouse*, *Page* (Tel. 21 60 98), *Supreme* und ein paar einfache Hotels ohne Komfort.
Restaurants *Dragon* und *Chopsticks*.

Verkehrsverbindungen:
S.T.C.-Busse und Eisenbahn sowie Trotro von Accra (Tema Station nähe *Art Center*) oder Sammeltaxi vom *Novotel* (kürzere Wartezeit und schneller!).
Die Frachtschiffe der *Black Star Line* stellen die Verbindung nach Europa und Amerika her; sie nehmen auch Passagiere an Bord.

Keta
Von Accra aus ist Keta auf verschiedenen Wegen zu erreichen: über die Straße bis kurz vor die togolesische Grenze, bei *Denu* dann Abzweigung nach rechts Richtung Küste. Von Denu ist Keta nicht mehr per Auto zu erreichen, da die Straße durch die bekannte Erosion im Meer verschwunden ist.
Eine andere Möglichkeit besteht darin, bis *Ada* zu fahren und dort mit einer Fähre über den Volta zu setzen oder kurz hinter *Sogakofé* rechts die neue Straße zur Küste über *Dzita* und das *Cap St. Paul* nach Keta zu wählen.
In **Sogakofé,** gleich hinter der Brücke links in einem Innenhof, werden von Frauen Gerichte aus Fleisch oder Fisch zubereitet, serviert auf großen Bananenblättern. Wer diese scharf gewürzte Kost nicht verträgt, kann auf dem Markt vielleicht ein paar Spieße mit gegrilltem Fisch oder Muscheln erstehen.
Keta ist einer der traditionellen Hauptorte der *Ewe* (s. u.). Das ursprünglich reine Fischerdorf wurde durch den Hafen, der für den Export von Palmöl, Kautschuk und Sklaven errichtet worden war, gänzlich verändert. Das Meer hat mittlerweile einen etwa 15 km breiten Landstreifen verschlungen; die Hütten der Ewe fielen wie Kartenhäuser zusammen, viele wurden vor der Fertigstellung wieder aufgegeben; den Vorschlag der Regierung, den Ort ganz zu verlassen, lehnen die traditionsbewußten Bewohner jedoch ab.
Blekusu und *Denu* sind wesentlich weniger vom Meer bedroht als Keta.
In **Aflao,** dem ehemaligen Grenzposten, ist in den letzten Jahren ein modernes Viertel mit Supermarkt, Post, Krankenhaus und Wohnblock entstanden. Übernachtung im *Sanaa-Hotel* (DZ 1500 Cedis, freundliche Leute; 100 m vor der Trotro-Station von Sogakofé kommend) oder im Motel von Denu.

Die Ewe

Die zahlenmäßig größte Untergruppe der Ewe sprechenden Völker, die Anlo, leben im südöstlichen Ghana und südlichen Togo. Auf dem schmalen Landstreifen entlang der Küste reiht sich ein Ewe-Dorf ans andere, und vor allem in der etwa 640 qkm großen Keta-Lagune bestreiten die Anlo ihren Lebensunterhalt mit Fischfang.

Die Geschichte der Ewe ist vor allem in den letzen Jahrhunderten gekennzeichnet durch zahlreiche Wanderungen und Kolonisation. Der Überlieferung nach sind sie ursprünglich aus dem heutigen Grenzgebiet zwischen Benin und Nigeria gekommen. Eine der ältesten Ewe-Siedlungen ist Notsé in Togo; dort sind sie schon im 17. Jahrhundert seßhaft geworden. Der Lebensraum, der ihnen zur Verfügung steht, ist jedoch begrenzt, der Landstreifen zwischen Küste und Lagune teilweise nur hundert Meter breit. Während ein Teil der Anlo mit bis zu 9 Meter langen und eineinhalb Meter breiten Pirogen aufs Meer hinausfährt, um seine Netze auszuwerfen, sind in der Lagune die Fischer mit viel kleineren Pirogen unterwegs, um ihre Netze, Haken, Reusen und Leinen auszulegen bzw. ihre Sperren aufzustellen.

Der Fischfang bildet die Lebensgrundlage der Anlo-Ewe; je nach Bodenbeschaffenheit bauen sie auch Mais, Maniok und Gemüse an. Kleintier- und Geflügelzucht wird hauptsächlich für den Markt betrieben. Daneben gehen sie noch handwerklichen Tätigkeiten wie der Herstellung von Stoffen und Töpferwaren sowie dem Flechten von Matten und Körben nach. Die Gewinnung von Palmkernöl ist ebenfalls von gewisser Bedeutung. Während die Männer fischen, betreiben die Frauen Handel, womit sie sich ihre wirtschaftliche Unabhängigkeit erwerben. Meist kaufen die Frauen den Fang von den Männern auf, trocknen die Fische und verkaufen sie dann wieder auf dem Markt; den Gewinn stecken sie in die eigene Tasche. Und da sie nur einen Teil zum Familienhaushalt beitragen müssen, können sie mit der Zeit ein beträchtliches Vermögen erwirtschaften, auf das die Männer keinen Anspruch haben. Manchmal ist ein „armer" Fischer mit einer „wohlhabenden" Bäuerin oder Händlerin verheiratet. Die unter Umständen gute wirtschaftliche Position steht jedoch in krassem Gegensatz zur sozialen Stellung der Frau, denn im gesellschaftlichen Leben ist die Ewe-Frau ihrem Mann untergeordnet, und in der Ehe wird der totale Gehorsam gegenüber dem Mann gefordert. Vor allem früher mußten die Frauen respektvoll in die Knie gehen, wenn sie einen Mann begrüßten, und bei Verdacht der Untreue durften sie geschlagen werden.

Nach alter Sitte darf eine Frau ihren Mann nie beim Vornamen nennen, sondern spricht ihn immer mit „älterer Bruder" an. Die Geschlechter sind bei den Anlo-Ewe, ähnlich wie bei moslemischen Ethnien, streng getrennt.

Zwei der insgesamt 15 Clans bilden königliche Dynastien, deren Mitglieder in dem Ort Anloga leben. Wertvollster Besitz des Klans ist der „heilige Stuhl", der ähnlich wie bei den Ashanti die Autorität des Häuptlings und die Einheit *der Klanmitglieder symbolisiert. Ahnenverehrung und Geisterkult sowie Hexen und Zauberer spielen im täglichen Leben der Anlo eine große Rolle. Pubertäts- und Initiationsriten haben dagegen keine große Bedeutung.*

Die Anlo glauben an den Weltenschöpfer Mawu; daneben gibt es die von ihm erschaffenen Trowo, kleinere Götter, die sich in der Natur, in Lagunen, Flüssen und Wäldern manifestieren. Im Gegensatz zu Mawu werden diese in Heiligtümern verehrt.

Daneben gibt es andere Kulte, wie den Yewe (Donnerkult) und den Afa (Kult der Weissagung). Beim Voduwo dienen Kopfbandfedern als Rangabzeichen der Mitglieder; die Priesterin erkennt man an der roten Pagageienfeder, der man magische Kräfte zuschreibt. Aus diesem Kult ist angeblich der karibische Voodoo hervorgegangen. Fast immer finden diese Zeremonien auf einem heiligen Platz statt, den man nur in traditioneller Tracht und barfuß betreten darf.

Inzwischen haben sich viele Bräuche mit denen der Nachbarn vermischt; auf der Suche nach fischreicheren Gewässern sind die Ewe zum Teil in anderen Gebieten seßhaft geworden und haben, als sie zurückkehrten, fremde Sitten mitgebracht.

Die Küste westlich von Accra

Wenn man von Accra die Küstenstraße Richtung Westen fährt, wird man an mehreren Stellen mit der **Geschichte der ehemaligen Kolonie „Goldküste"** und den Wurzeln des Sklavenhandels konfrontiert. Hier befinden sich zahlreiche, von Portugiesen, Dänen, Holländern und Briten im 17. Jh. errichtete „Forts" und „Castles",in denen die Sklaven gefangengehalten und versteigert wurden und der Handel mit Gold und Elfenbein abgewickelt wurde. Die Besichtigung dieser historischen Gebäude mit ihren Kerkern und Ketten ist mitunter erschütternd.

Insgesamt gibt es entlang der Küste Ghanas die folgenden Castles und Forts (von Osten nach Westen): *Keta, Old Ningo, Pram Pram, Christiansborg (Osu Castle)* in Accra, *Fort Good Hope* in Senya Beraku, *Fort Patience* in Apam, Abandzi, *Fort William* in Anomabu, *Fort Nassau* in Moree, *Cape Coast Castle* in Cape Coast, *Fort Stan Jago* und *St. George's Castle* in Elmina, *Fort Vredenbourg* und *Fort English* in Komenda, *Fort Sebastian* in Shama, *Fort Orange* in Sekondi, Butre, *Fort Metal Cross* in Dixcove, *Fort Princesstown* in Princesstown (als Friedrichsburg 1668 von Deutschen erbaut), *Fort St. Anthony* bei Axim und *Fort Apollonia* bei Beyin, etwa 65 km westlich von Axim. In den Forts Senya Beraku, Apam, Princesstown und Beyin kann man einfach und recht günstig übernachten.

In **Senya Beraku**, 50 km westlich von Accra, befindet sich das teilweise zerstörte *Fort Good Hope*, das von den Holländern im Jahre 1704 errichtet wurde. Schöner Blick vom Castle auf die Bucht; am Wochenende beliebter Ausflugsort der in Accra wohnenden Libanesen. Zu erreichen ist Seny Beraku mit dem Trotro von der Kaneshi Busstation in Accra.

Auf halbem Weg nach *Winneba* erreicht man **Kokrobite.** Zu erreichen ist der Ort ebenfalls mit öffentlichen Verkehrsmitteln von der Kaneshi Busstation. In dem **Trommelort** Kokrobite befindet sich das *Arts-Krokrobite-Beach-Resort* (AAMA, *Academy of African Music and Arts Ltd.*), wo man bei namhaften Musikern wie dem ghanaischen Trommler *Mustafa Tedy Addy* und dem Koraspieler *Sékou Kouyaté* aus Guinea Unterricht nehmen kann. Am Wochenende gibt es häufig Konzerte. Im Ort kann man ein Restaurant mit Fischspezialitäten aufsuchen. Für Übernachtungen sind Reservierungen empfohlen unter Tel. 66 75 46, Fax 66 75 33, bei *Sunseekers Tours* in Accra. Campen am Strand gegen geringe Gebühr möglich!

Winneba, 61 km westlich von Accra, ist ein kleiner Ort mit ruhiger Atmosphäre und schönem Strand.

Übernachtung im *Sir Charles Beach Center* (schöne Anlage, DZ kostet ca. 6000 Cedis) oder im *Yeenuah Hotel* (etwas außerhalb, einfache Zi., Bar-Restaurant).

Apam, etwa 20 km westlich von Winneba gelegen, ist bekannt für seine Riesenschildkröten. Übernachtung im Castle; Essen bekommt man entweder im Dorf oder am Busbahnhof. Man kann auch in dem 10 km westlich vom Ort

Küste bei Winneba

liegenden *Fort Patience* (auch Fort Leyd-Saamheid genannt), um 1700 von den Holländern erbaut, übernachten. Ein Teil des Forts wird heute als Polizeistation benutzt; Besichtigung soll jedoch möglich sein.

Einige Kilometer vor Cape Coast kommt man an **Saltpond** vorbei; dieser Ort ist bekannt für seine Keramikprodukte.

Übernachtung im *Palm Beach Hotel*, DZ 2000–10 000 Cedis (die Ausleihe einer Tauchausrüstung ist angeblich für Hotelgäste gratis!) oder im *Nkukem Motel* an der Hauptstraße.

20 km vor Cape Coast kommt man in **Biriwa** an. Am Ortsausgang von Biriwa lädt das *Biriwa Beach Restaurant* nicht nur zu einem Erfrischungsgetränk ein. Zur Übernachtung stehen im *Biriwa Beach Hotel* sowohl ein Camping-Caravaning-Platz mit elektrischen Anschlüssen und sanitären Anlagen sowie drei DZ (mit Ventilator) und 7 Appartements (mit Air-Condition) zur Verfügung. Der hoteleigene Sandstrand ist zum Baden nur bedingt geeignet. Tennisplatz, Swimmingpool, Minigolfanlage etc. sind geplant. Der Besitzer, Walter Kleinebudde, ist Deutscher und lebt mit seiner Familie seit über 10 Jahren in Ghana.

Cape Coast

Die heute 100 000 Einwohner zählende Hafenstadt war die erste Hauptstadt der britischen Kronkolonie „**Goldküste**". Als portugiesische Seefahrer mit den hier ansässigen Fanti Handel trieben, hieß dieser Ort noch *Oguaa*, später wurde er umbenannt in *Cabo Corso*, was von den Franzosen in *Cap Corso* und von den Engländern schließlich in *Cape Coast* umgewandelt wurde. Die Geschichte des Namens veranschaulicht auch ganz gut das Schicksal dieser Stadt. Die **zahlreichen Forts in und um Cape Coast** waren jahrzehntelang Streitmasse der europäischen Seefahrernationen. Das *Fort Victoria*, das westlich der Stadt auf einem Hügel liegt, wurde z. B. im 17. Jahrhundert von den Holländern zum Schutz des Schloßes von Cape Coast erbaut und dann von den Schweden eingenommen, bevor es in die Hände der Briten fiel. Wassergräben und eine hölzerne Zugbrücke sollten vor Eindringlingen schützen.

Ursprünglich als Handelsstützpunkt auf den Grundmauern des früher schwedischen *Fort Carolinsbourg* (in der zweiten Hälfte des 17. Jahrhunderts) errichtet, diente das *Cape Coast Castle* als Sklavenmarkt und später den britischen Gouverneuren als Regierungssitz. Heute ist in einem Teil des Castle ein Gefängnis untergebracht und im Erdgeschoß ein Museum.

Geöffnet: Di bis So 8–18 Uhr; „Guided Tours" (Führungen) Mo bis So 8–12 Uhr und 14–16 Uhr. Eintritt: 600 Cedis/Person; 600 Cedis/Guided Tour; 500 Cedis für Fotoerlaubnis, 1000 Cedis für Filmerlaubnis.

In Cape Coast gibt es sowohl die besten Secondary Schools als auch ein riesiges Universitätsgelände mit (1989) nur 1500 Studenten. Der größte Teil des Projekts ist in der Planung steckengeblieben; nur wenige Gebäude sind fertiggestellt.

PRAKTISCHE INFORMATIONEN

 UNTERKUNFT
Hotels
Sanaa Lodge
Modernes Luxushotel, DZ mit TV etc., DZ ab 25 000 Cedis.

Dan's Paradise Hotel
Westlich von Cape Coast Richtung Elmina; Tel. 29 42; Disco und Night-Club!
Hotel Savoy
Mittelklasse, angenehm, zentral gelegen; Tel. 28 05. Dz ab 10 000 Cedis.
Greenhill Motel
An der Straße nach Accra, mit schönem Ausblick!
Catering Rest House
Am Ortseingang, Bar-Restaurant, Tel. 25 94.
Adaaso Hotel
Ohne jeglichen Komfort.
Palace Hotel
Einfache Zimmer.

 ESSEN UND TRINKEN
Restaurants
The New Metropolitan Bar & Restaurant
Direkt gegenüber der Trotro-Station am östlichen Ortseingang (von Accra kommend); sauber, gutes Essen, freundliche Atmosphäre!
Saraggy Restaurant
Einheimische und europäische Küche, zentral gelegen nahe UTC.
Big Pineapple
Café, Bar, Disco, Treffpunkt.

 NOTFALL
Klinik
Tantri Clinic
Nahe Takoradi Station; *Dr. Dodoo* hat in Deutschland studiert.

 AUSFLÜGE
Fort Williams und Fort Nassau
Erwähnung verdient in der Umgebung von Cape Coast das *Fort Williams* in **Anomabu:** Ursprünglich englisch, wurde es 1806 von den Ashanti erobert. Das *Fort Nassau* (erbaut 1624) in **Moree** ist nur noch in Ruinen erhalten.

Entlang der Küste

Zahlreiche **Fischerdörfer** findet man entlang der Küste. Am Vormittag kommen die Fischer zurück, die die ganze Nacht draußen auf dem Meer verbracht haben. Aufregend ist der Moment, wenn sie mit ihren Booten die Brandung durchqueren. (Ebenso abends, wenn sie in See stechen.) Der Fang wird meist gleich an Ort und Stelle an die bereits wartenden Frauen verkauft.

Man kann von den Fischern eine Piroge mieten, und in der Nähe des *Kingsway Supermarktes* kann man sich Fahrräder ausleihen!

Nördlich von Cape Coast

Im Norden von Cape Coast hat man Wälder entdeckt, die noch zahlreiche, inzwischen sehr seltene (Säuge-)Tiere wie Elefanten, Leoparden, Wildschweine, Antilopen, verschiedene Affenarten sowie Riesenschildkröten und seltene Reptilien (verschiede Pythonarten, schwarze Kobra, Grüne Mamba, Puffotter und Krokodile) beherbergen.

In dem Gebiet östlich des *Pra-Flusses* soll ein Reservat errichtet und für Besucher zugänglich gemacht werden.

Elmina

8 km westlich von Cape Coast liegt Elmina. Das 1482 von Portugiesen erbaute Schloß *El Mina* war der **erste Handelsstützpunkt an der Küste Schwarzafrikas**; 1637 ging es in den Besitz der holländischen Westindienkompanie über. 1872 wurde es von den Engländern eingenommen.

Schräg gegenüber vom *Fort San Jago*, auf der anderen Seite der Lagune, befindet sich das **St. George's Castle**,

Elmina

wo Ende des 19. Jh.s der Ashanti-König *Nana Akwesi Agyemen Prempehl* für drei Jahre von den Engländern gefangengehalten wurde. Die Kerker und Verliese der Sklaven sowie die Räume, wo sie dichtgedrängt und angekettet bis zum Abtransport (oft monatelang) aufbewahrt waren, sind ebenso zu besichtigen wie die Auktionshalle und das Appartement des Gouverneurs mit Blick auf den Schlafsaal der Sklavinnen. Es werden Führungen angeboten. Sehenswert! Das Fort diente als Schauplatz in W. Herzogs Film *Cobra Verde* mit K. Kinski in der Hauptrolle. **Eintritt:** 600 Cedis; 500 Cedis für Fotoerlaubnis, 1000 Cedis für Filmerlaubnis.

Elmina selbst besitzt einen sehenswerten, bunten Fischerhafen und ist eine **sehr lebendige Stadt**; auch abends ist noch reges Treiben in den Straßen. Will man die im 14. Jahrhundert von den Portugiesen erbaute Kirche (die älteste Schwarzafrikas) besichtigen, so folgt man der Straße, die hinter dem Markt den Berg hinaufführt. In den meisten Kirchen Ghanas werden die Messen und Gottesdienste von Gospel-Songs und traditioneller Musik (Trommeln) begleitet.

Hinweis: Die „Castle-Beach" ist sehr beliebt, auch bei Dieben; daher keine Wertsachen unbeaufsichtigt liegen lassen!

PRAKTISCHE INFORMATIONEN

 UNTERKUNFT
Hotels
Osterbay-Hotel
Kurz vor Elmina (von Cape Coast kommend), direkt am Strand.
Elmina-Motel
Staatlich geführtes Hotel am östlichen Ortseingang; gut für ein paar Tage Strandurlaub in angenehmer Atmosphäre (DZ ca. 9000 Cedis, Essen ab 3000 Cedis), Tel. 24 99.
Hollywood-Hotel
DZ ca. 4000 Cedis.
Rest-House
Im Fort San Jago, Reservierungen beim *Ghana Museum and Monuments Board*, Cape Coast, P.O. Box 281.

 ESSEN UND TRINKEN
Restaurant
Castle Bridge Bar
In unmittelbarer Nähe der Brücke, schöne Aussicht auf das Castle.
Come All Snack Bar
Südlich der Brücke.
Das Restaurant im Elmina Motel serviert euopäische Küche.

Die Straße von Accra nach Takoradi ist in sehr gutem Zustand und kann fast als „Autobahn" Ghanas bezeichnet werden.
In dem Fischerort *Komenda*, ein paar Kilometer weiter westlich von Cape Coast, gibt es zwei weitere Forts, ein britisches und ein holländisches.

Sekondi-Takoradi

Die Stadt liegt 220 km von Accra entfernt und ist mit insgesamt etwa 300 000 Einwohnern sehr lebendig, ferner ein wichtiges Handelszentrum. Die Hafenstadt Sekondi liegt an der alten Küstenstraße.
Auf jedem freien Quadratzentimeter werden hier kleine und große Fische, silbrig glänzend, zum Trocknen in die Sonne gelegt. Sehenswert ist außer dem Hafen auch das Museum.

PRAKTISCHE INFORMATIONEN

 UNTERKUNFT

Hotels
Mittelklasse
Atlantic Hotel
Von der Terrasse bietet sich ein weiter Blick über die Stadt Takoradi; Tel. 33 00/-1/-2/-3, DZ ab 10 000 Cedis (mit Ventilator; mit Air-Condition teurer). Sa und So New Metropolitan Disco!
Hotel Lagoon Side
Sekondi; schöne große DZ ab ca. 6000 Cedis!
Western Palace Hotel
Takoradi, Tel. 36 01, DZ ab 9000 Cedis.
Ahenfie Hotel
Takoradi, Tel. 29 66 und 42 72, DZ ab 7000 Cedis.
Harbour View Hotel, Takoradi, Tel. 35 76.

Einfache Hotels
Embassy Hotel
Am östl. Ortseingang, an der großen Kreuzung; einfache Zimmer, Tel. 43 02, DZ ab 4000 Cedis.
Hotel Arvo
Im Zentrum, direkt am Markt bzw. Busbahnhof; relativ schmutzig; Tel. 26 31.
Hotel de Star
Takoradi, Tel. 36 15, DZ ab 4000 Cedis.
Zenith-Hotel
Takoradi, DZ ca. 4000 Cedis.
Valley Motel
Sekondi, Tel. 66 66, DZ ab 5000 Cedis.

 ESSEN UND TRINKEN
Restaurants
Habour-View-Restaurant
Hafen; einfache, gute Fischgerichte.
Shalimar
Südlich des African Roundabout, indische Küche.
Das Restaurant im *Ahenfie Hotel (s. o.)* bietet sehr gute einheimische Küche.

VERKEHRSVERBINDUNGEN
Wenn sie von Sekondi-Takoradi weiter in die Côte d'Ivoire wollen, können Sie zunächst bis zur Grenze (ca. 250 Cedis) mit dem Sammeltaxi fahren, dann etwa einen Kilometer zu Fuß weiter über die Grenze und hinter der Grenze zunächst mit einem anderen Fahrzeug bis nach *Aboisso* (ca. 1300 CFA); dann geht es weiter nach *Abidjan* (ca. 1700 CFA) im Peugot 504.
Wesentlich einfacher und komfortabler ist sicher die Fahrt mit dem S.T.C.-Bus von Accra nach Abidjan (Nachteil: Kommt erst spät abends in Abidjan an). Vom Bahnhof in Takoradi fährt täglich ein Zug (es gibt auch neue Züge aus der Ex-DDR!) nach *Kumasi*; Fahrzeit ca. 10 Std., 1000 Cedis/1.Kl.; 700 Cedis/2 Kl. Gönnen Sie sich die Erste Klasse!

Auf der Weiterfahrt von Sekondi-Takoradi entlang der Küste Richtung Westen bietet sich ein Abstecher zu den Fischerdörfern *Dixcove* und *Busua* an.

Dixcove und Busua
Dixcove und *Busua* sind über eine Stichstraße Richtung Küste zu erreichen; es besteht regelmäßiger Busch-Taxi-Verkehr.
Der *Busua Pleasure Beach* ist ein beliebtes Ausflugsziel der in Takoradi lebenden Europäer; daher ist er am Wochenende ziemlich voll.
Übernachtung in Bungalows möglich; Essen nur auf Bestellung, rechtzeitig vorher Bescheid sagen.
Die Bungalowanlage wurde vor kurzem renoviert. Übernachtung bei Einheimischen ist ebenfalls möglich (im Dorf fragen). Die Kokospalmen wurden fast alle von einer rätselhaften

Das Castle von Dixcove

Krankheit befallen, hatten innerhalb kurzer Zeit alle Blätter verloren und sind mittlerweile gerodet worden.
Läuft man etwa eine Dreiviertel Stunde am Strand entlang in Richtung Osten, am nächsten Dorf vorbei und durchwatet auch noch den kleinen Fluß, so gelangt man an einen traumhaften Strand.
Im *Castle von Dixcove* besteht nicht mehr die Möglichkeit, zu übernachten. Das Dorf selbst macht einen eher verschlafenen Eindruck; hier scheint die Zeit stehengeblieben zu sein oder zumindest langsamer zu laufen. Auf einem kleinen Fußweg kann man in 10 bis 15 Min. den Strand von *Busua* erreichen.

40 km westlich von Takoradi liegt **Nkroful**, Heimatort von *Dr. Kwame Nkrumah*, des ersten Präsidenten Ghanas, der einer der wichtigsten Vorkämpfer der afrikanischen Unabhängigkeit war. Nach ca. 66 km von Takoradi ist **Axim** erreicht. Die vielen alten Kolonialbauten, von denen meist nicht mehr steht als ein paar Ruinen, prägen entscheidend die Atmosphäre des Ortes.
Das von den Portugiesen zu Beginn des 16. Jahrhunderts errichtete *Fort Antonio* wechselte des öfteren seine Besitzer: 1642 die Holländer, 1872 folgten die Engländer. Auf der gegenüberliegenden *Insel Bobaysi* ist ein Leuchtturm installiert.
Beyin, ein 65 km westlich von Axim gelegenes Dorf, ist bekannt wegen des 1768 von den Engländern erbauten und bestens erhaltenen *Fort Apollonia*.
In *Half Assini*, 20 km weiter westlich von Beyin kurz vor der Grenze zur Côte d´Ivoire, kann man im *Hotel Captain Williams* übernachten.

Das Zentrum – Ashanti-Region

Kumasi

Die **alte Ashanti-Hauptstadt** Kumasi, 255 km nordwestlich von Accra gelegen, ist auch heute noch das wichtigste kulturelle Zentrum Ghanas und mit 550 000 Einwohnern **zweitgrößte Stadt von Ghana**.

Der Legende nach hat der Ashanti-König *Osei Tutu* auf Anraten seines Fetischmeisters *Okomfo Anokye* (der auch den Goldenen Stuhl „vom Himmel" erhalten hatte) diesen Platz ausgewählt, nachdem Zweige oder Samen des Kum-Baumes an zwei verschiedenen Orten eingepflanzt worden waren. Der Ort, an dem die Saat aufging, bekam den Namen *Kum-Asi* („derjenige, der blühte").

Gegen Ende des 19. Jahrhunderts wurde die einst „blühende" Stadt von den Engländern erobert und fast völlig zerstört; von dem alten Prunk ist daher nur noch wenig übrig. Heute prägen zahlreiche schattenspendende Bäume die Atmosphäre dieser Stadt, weshalb sie auch gerne „Gartenstadt" genannt wird.

Der **Universitätspark** (mit Schwimmbad) und der **Zoo** sind die beliebtesten Grünanlagen und Erholungsgelände Kumasis.

Die katholische Kirche, mit ihren zwei Glockentürmen weithin sichtbar, ist zwar von keinem besonderen Interesse, dient jedoch als Orientierung, um die „Straße der Goldschmiede" (wieder) zu finden. Verkehrsknotenpunkt und zentraler Platz ist der mit einem Springbrunnen versehene *Rond Point Kejetia*.

Sehenswürdigkeiten
National Cultural Centre
Unweit des Stadtzentrums gelegen beherbergt dieses Kulturzentrum sowohl ein Museum (Ashanti-Kultur, u. a. Demonstration der „sprechenden Trommeln"), eine Kunst-Galerie, ein Freilicht-Theater, mehrere Handwerksstätten, eine Modell-Farm und einen Zoo. Jeden Samstag finden hier von 14 bis 19 Uhr auch Musik- und Tanzveranstaltungen statt. Sehenswert!
Craft-Shop geöffnet:
Mo bis Fr 8–17.30 Uhr, Sa/So 8–13 Uhr.
Hier kann man einheimisches Kunsthandwerk wesentlich günstiger einkaufen als in den Geschäften im Stadtteil Odum.

Manhyia Palace
Dieser Palast ist die offizielle Residenz des Ashanti-Königs (Ashantahene), wo der heutige „König" ähnlich wie seine Vorfahren lebt, nur etwas „moderner". Von den ursprünglichen Gebäuden ist nicht mehr viel übrig geblieben, da die Engländer sie in Brand steckten. Mo und Do von 11–15 Uhr präsentiert sich der Ashantahene in seinem Hof der Öffentlichkeit; man sollte sich zuvor im Büro (Sekretariat) eine Erlaubnis holen.

Bantama-Mausoleum
Königliches Mausoleum der Ashanti. Für Touristen nicht zugänglich.

Markt
Der Markt von Kumasi, im Zentrum der Stadt, **zählt zu den größten Westafrikas**. Es handelt sich um ein riesiges Areal mit einem Labyrinth von Bretterbuden und Ständen, die alles mögliche und unmögliche anbieten. Die Orientierung fällt dennoch relativ leicht, da sich der Markt in einer Senke befindet, man also einen Blick auf die höhergelegenen Gebäude der Stadt hat.

Ghana Armed Forces Museum (Kriegsmuseum)
Im alten englischen Fort, gegenüber der Hauptpost, kann man Einzelheiten über die Eroberung Kumasis durch die Briten (1874) erfahren; zahlreiche Fotos dokumentieren den Krieg der Briten gegen die Ashanti.
Geöffnet: Mo bis Fr 9–14, Sa 9–12 Uhr.

Universität
Etwas außerhalb Richtung Südosten: weitläufiges Gelände mit viel Grünfläche und nettem „Club"; Swimmingpool, der auch für die Öffentlichkeit zugänglich ist; Botanischer Garten.

Komfo Anokye Krankenhaus
Hinter dem Krankenhaus ist der Platz markiert, wo der *goldene Stuhl* vom Himmel fiel!

Stadtteil Odum
Gegend um die Post; hier findet man zahlreiche Läden mit Holzschnitzereien (Masken, Ashanti-Fruchtbarkeitspuppen u. ä.).

PRAKTISCHE INFORMATIONEN

 UNTERKUNFT

Hotels
City-Hotel
DZ mit Air-Condition ca. 22 000 Cedis. Mit Casino Ashanti, Nightclub, Disco, Supermarkt etc.; eine der besten Adressen, Tel. 32 93.

Catering Rest House
Etwas außerhalb mit Blick auf Kumasi, Bungalowanlage (ca. 18 000 Cedis pro Bungalow), Tel. 36 56.

Hotel de Kingsway
P.O. Box 178, DZ ab 8000 Cedis, Air-Condition, Ventilator, sehr sauber; Restaurant.

Roses Guest House
Ridge; Bar und gutes Restaurant, angenehme Atmosphäre, DZ 13 000 Cedis, Tel. 40 72.

Stadium Hotel
Asokwa, DZ kostet ca. 13 000 Cedis, Tel. 336 47.

Kings Hotel
Ahodwo, Restaurant, DZ ca. 11 000 Cedis, Tel. 44 90.

Presbyterien Guest House
Ca. 1500 Cedis/Person, daher häufig ausgebucht, Tel. (051) 38 79.

Stadium Hotel
Im Asokwa-Viertel, gegenüber vom Sportstadion. Restaurant. Zimmer mit Ventilator.

Auf dem Busbahnhof in Kumasi

Hotel Montana
Zentral gelegen; DZ 3000 Cedis.
Menka Memorial Hotel
Amakom, 24 February Road, einfache Zimmer ab ca. 3000 Cedis, Tel. 6432.

ESSEN UND TRINKEN
Restaurants
Family-Restaurant
Neben Kingsway Hotel; Besitzer ist Libanese; gutes Frühstück und natürlich neben afrikanischen auch jede Menge libanesische Gerichte.
Cabin Restaurant
Accra Rd. nahe Universität. Europäische und chinesische Gerichte.
Joffles Restaurant
Bekwai Road, Garten-Restaurant.
Hit-Parade
Einheimisches Restaurant; einfach und sauber; in kleiner Seitenstraße zwischen Hotel Kingsway und Markt.

Chop-Stick
Chinesisch, etwas außerhalb, etwa 1 km vom City-Hotel. Schwierig, ein Taxi zu bekommen.
Berkley Restaurant
Am Kejetia Roundabout, Snackbar.

NACHTLEBEN
Night-Clubs/Discos
Old Timers Club, im Kingsway.
Nsadwase Disco, im City Hotel.
Podium Sweat, nahe Kingsway-Hotel.
Maxima
Nahe der Universität, Open-Air-Tanzfläche mit Live-Musik sowie Inside Disco mit Klimaanlage (Hiphop Music).
Außerdem *Sphinx Club, Dim Light* und *Fox Trap* (Nähe Menka Memorial Hotel).

Kinos
Odeon, nahe Cultural Center.
Außerdem *Rex* und *Rivoli.*

VERKEHRSVERBINDUNGEN

Regelmäßige **Flugverbindungen** von/nach *Accra, Tamale* und *Sunyani*.

Eine **Eisenbahnlinie** führt von *Accra* über *Takoradi-Sekondi* via *Tarkwa* und *Obuasi* nach Kumasi.

Mit dem **S.T.C.-Bus** ist Kumasi von *Accra* (gute, neue Asphaltstraße), *Tamale, Bolgatanga,* und *Cape Coast* zu erreichen. „Mammy Trucks" gibt es in alle Dörfer und kleineren Orte der Umgebung.

Taxis in der Stadt kosten zwischen 100 und 200 Cedis.

 SONSTIGES

Souvenirs: Gegenüber vom *Kingsway-Hotel* gibt es mehrere Stände mit kunsthandwerklichen Gegenständen; ebenso im *Craft-Shop* des *National Cultural Center* (siehe oben unter Sehenswürdigkeiten).

Postkarten gibt es vor dem *Post-Office* (Hauptpost) und im *City-Hotel*.

 AUSFLÜGE

Owabi Wildlife Sanctuary

Von Kumasi aus Richtung Westen, auf der Straße nach *Syniani* (16 km). Fahrzeuge müssen am Eingang des Reservats abgestellt werden. Wer das Reservat zu Fuß erkunden will, kann dies nur in Begleitung eines Führers tun.

Lake Bosumtwi

18 km südöstlich von Kumasi; **Übernachtung** im Government Rest House oder im Ort *Kuntansi*; das Dorf *Abonu* liegt direkt am See.

Obuasi

58 km südlich von Kumasi gelegener Ort mit etwa 70 000 Einwohnern. Hier befindet sich die **größte Goldmine Ghanas**. Führungen sind wochentags möglich, jedoch nur mit schriftlicher Voranmeldung bei:
The Public Relations Manager
A.G.C. (Gh.) Ltd, P.O. Box 10, Obuasi.
Im Ort selbst gibt es mehrere Juwelierläden und Goldschmiede, bei denen man direkt vom Künstler bzw. Hersteller kaufen kann.

Übernachtung/Verpflegung:
Silence Hotel, mit Restaurant, Tel. 80.
Ceci's Lodge, mit Restaurant, Tel. 43.

Bonwire

18 km nordwestlich von Kumasi. Heimat des berühmten „KENTE"-Stoffes. Ausflug zu den *Banfabiri-Wasserfällen* im Reservat von *Boumfoum* (erreichbar auf guter Staße durch *Ejisu* und *Kumawu*).

Ahwiaa

Etwa 15 km nach Kumasi, auf der Straße nach *Mampong*.
Bekannt für seine Holzschnitzkunst, besonders Holzmasken.

Pankrono

Zentrum für Töpferarbeiten, liegt auch auf der Straße nach Mampong.

Ntonso

18 km nördlich von Kumasi, an der Straße nach Mampong. Heimat des *Adinkra*-Stoffes.

Asawasi

Bekannt für die Kente-Stoffe, die sehr viel einfacher und billiger sind als im Cultural Center von Kumasi.

Nkawkaw

788 m hoher Berg (etwa auf halber Strecke zwischen Accra und Kumasi) in der Nähe des gleichnamigen Ortes *Nkawkaw*.

Die Ashanti

Die Ashanti-Region ist kulturelles Zentrum, die Heimat vieler bekannter Künstler und auch für die Musik Westafrikas von großer Bedeutung. Die Bildhauerkunst der Ashanti hat mit Recht große Berühmtheit erlangt; (Toten-) Masken und Anhänger aus Gold können als Meisterwerke der plastischen Gestaltung angesehen werden. Alljährlich findet in dieser Gegend im Januar das Adae-Kese-Fest der Ashanti statt.

Die Ashanti spielen bereits seit einigen Jahrhunderten in der Geschichte Westafrikas eine wichtige Rolle.

Im Akan-Staat von Akwamu hatte der Ashanti-König Osei Tutu zu Beginn des 18. Jahrhunderts den Handel mit den Europäern aufgenommen: Er wurde reich und mächtig. Er tauschte zunächst Gold und Elfenbein, später auch Sklaven (schwarzes Elfenbein) und landwirtschaftliche Produkte wie Kaffee, Kakao, Erdnüsse und Palmöl gegen Feuerwaffen, mit denen er die benachbarten Königreiche besiegte.

Gegen Ende des 19. Jahrhunderts forderten die Briten die Unterwerfung der Ashanti. Sir Frederick Hodgsons bestand damals darauf, daß der berühmte „Goldene Stuhl" (sikadwa) der Ashanti, das Symbol ihrer politischen Macht, zu ihm gebracht werden solle, in der Annahme, daß es sich dabei um eine Art Thron handelte. Er hatte nicht gewußt, daß der Goldene Stuhl kein normaler Häuptlingsstuhl war, sondern eine Art Symbol für den Geist bzw. die „Seele" der gesamten Ashanti-Nation. Niemand setzte sich auf diesen Stuhl, nicht einmal der König selbst. (Er wird in der Regel nur zur Inthronisation des Königs oder zum Begräbnis des Ashantehene öffentlich zur Schau getragen, die übrige Zeit wird er im „Stuhlhaus" aufbewahrt.)

Die Folge dieser Intervention war ein Aufstand der Ashanti (1874), den die Briten mit der Eroberung Kumasis im Jahre 1900 beendeten; das Ashanti-Land wurde von den Briten annektiert.

Doch auch die Kolonialherrschaft der Briten konnte nicht das Unabhängigkeits- und Nationalgefühl der Ashanti zerstören; beide sind auch heute noch eine starke Kraft. Auch die wichtigsten Traditionen des „sakralen Königtums" haben sich bis heute erhalten. So ist in der Ashanti-Gesellschaft die Abstammungslinie nicht patrilinear, sondern matrilinear; der größte Teil der

gesellschaftlichen Beziehungen eines Mannes wird von der mütterlichen Sippe (abusua) bestimmt. Die Königswahl wird z. B. von der Königsmutter geleitet, die sich zunächst mit den Ältesten berät; anschließend wird das Ergebnis dem versammelten Volk zur Entscheidung vorgelegt. Ist der Kandidat angenommen, wird er „eingestuhlt" und vor den Ahnen und der Erdgöttin vereidigt.

Eine eher demokratische Tendenz liegt mit der „Organisation junger Männer" vor, die jeweils einen Vertreter in die Versammlungen der Ältesten und Häuptlinge entsendet, um dort ihre Meinung zum Ausdruck zu bringen. Jeweils vor einer wichtigen Entscheidung wird dieser Vertreter vom König oder Häuptling konsultiert. Der König ist somit kein absoluter Monarch, sondern muß die Wünsche seines Volkes berücksichtigen.

Das Yams-Fest (odwira) stellt eines der wichtigsten kulturellen Ereignisse in der Gesellschaft der Ashanti dar.

Im folgenden stütze ich mich auf die Beschreibungen von T. E. Bodwich, der diesem Fest beiwohnte, als er den Ashanti-König 1817 im Auftrag der Royal African Company besuchte.

Er bezeichnet die großen Feste der Ashanti und vor allem das Odwira-Fest als Gesamtkunstwerke, bei denen alle Künste vertreten sind. Außerdem stellen sie keine Feste allein um der Feste willen dar, sondern versuchen, die gesamte kosmische Ordnung in bewegter Form darzustellen.

Die Vergegenwärtigung und Wiederbelebung der bestehenden sozialen, politischen und religiösen Beziehungen ist in erster Linie dann notwendig, wenn der Fluß des Gewohnten unterbrochen wird. Daher verdanken sich diese großen Zeremonien und festlichen Ereignisse entweder Naturzyklen wie dem Wechsel der Jahreszeiten, der Aussaat oder Ernte oder Unterbrechungen in der Sozialstruktur etwa durch Tod und Neuwahl eines Königs oder Häuptlings.

Auch wenn das Odwira-Fest vor allem ein Ernte-Fest ist, soll darüber hinaus die Einheit des Ashanti-Reiches (einer Konföderation unter der Hegemonie der Ashanti) demonstriert werden.

Zu dieser Zeremonie werden Vertreter aus jedem Mitgliedsstaat entsandt. Die Vielfalt der Kostüme und Kunstwerke (vor allem Textilkunst) sowie der Musik läßt die Repräsentanten unverwechselbar in Erscheinung treten. In ihrer Mitte sitzt überlegen und gebietend der Asantehene, mit einer prachtvollen Toga (kente) bekleidet, alle anderen an Pomp und Prunk übertreffend. Als wichtige Elemente der Ashanti-Feste nennt Bodwich den „inszenierten Tumult", die „Dichte der Atmosphäre", das „Körper-an-Körper-Stehen" und das Gedränge sowie die gleichförmigen Bewegungen und Worte der versammelten Menschenmenge.

Nach Schilderungen von Miklós Szalay finden die Ashanti-Feste auch heute noch in ähnlicher Form statt (siehe Die Kunst Schwarzafrikas, Trickster Verlag 1986).

Der Norden

Die **Savannenlandschaft** im Norden ist geprägt von mannshohem Elefantengras und Kariténußbäumen. Dazwischen finden sich ein paar Mangobäume und hin und wieder ein Baobab. Die nördlichen Regionen Ghanas sind **touristisch kaum erschlossen**; die Bewohner leben zum Teil noch nach den Traditionen ihrer Vorfahren in einfachen, in traditioneller Bauweise errichteten Siedlungen.

Eine fast durchgehend gute Asphaltstraße führt von *Kumasi* nach *Tamale*. Beachten Sie die riesigen Langholztransporter!

Tamale

Die etwa 200 000 Einwohner zählende Stadt liegt 393 km nördlich von Kumasi und 611 km von Accra entfernt. Sehenswert sind der Markt, das *Cultural Center*, die Moschee und der *Gulkpe Na's Palast*. Als **Verwaltungshauptstadt der nördlichen Provinz** ist Tamale auch zu einem wichtigen Verkehrsknotenpunkt geworden. Der riesige Hafen *(Yapei)* am *Weißen Volta* ist wichtige Schiffahrtsverbindung nach *Akosombo* im Süden. Hauptanbauprodukte der Umgebung sind Hirse, Maniok, Erdnüsse, Reis und Baumwolle. Zu bestimmten Jahreszeiten bestimmen die weithin grün leuchtenden Reisfelder und die Baumwollsträucher mit ihren weißen bis purpurfarbenen Blüten das Landschaftsbild. Ein Großteil des Bedarfs an Reis und Baumwolle wird im Land selbst produziert. Die klimatischen Bedingungen sind jedoch nicht besonders günstig. Mit täglichen Regenschauern ist hier nur in den Monaten Juni bis September zu rechnen (die eigentliche Regenzeit ist von April bis Oktober). Relativ unangenehm ist der in den Monaten Dezember und Januar von der Wüste her wehende *Harmattan*; die Luftfeuchtigkeit beträgt dann zeitweise nur noch 15%!
Seit Dezember 1989 erst wird Tamale mit Strom versorgt!

PRAKTISCHE INFORMATIONEN

 UNTERKUNFT
Hotels
Picorna-Hotel
Neues Hotel mit Restaurant, Bar und Gartenlokal.
Catering Rest House
Hotel mit gutem Restaurant, Tel. 29 78, DZ ca. 24 000 Cedis mit Air-Condition, bewachter Parkplatz, zeitweise fließend Wasser.
Alhassan Hotel
Direkt am Taxi-Brousse Bahnhof, gegenüber der Ghana Commercial Bank; Restaurant, Kino im Innenhof, DZ ab 3000 Cedis, Tel. 28 34.
Atta Essibi Hotel
Etwas außerhalb, DZ ca. 17 000 Cedis, Tel. 25 69.
Las Palmas Hotel
Neubau an der Straße nach Yendi. Kein fließendes Wasser; Dusche aus dem Eimer.
Inter Royal Hotel
Etwas außerhalb; ruhige, angenehme Atmosphäre; DZ ca. 5000 Cedis, kein fließendes Wasser (Wassertank); Tel. 24 27.

ESSEN UND TRINKEN
Restaurants/Bars
Picorna-Bar
Im Garten vom Picorna-Hotel.
Alhassan- Restaurant
Im gleichnamigen Hotel.
Catering Rest House (s. o.)
Workers Canteen, Disco, Bar.
Point 7, Bar an der Straße nach Yendi.

VERKEHRSVERBINDUNGEN
Regelmäßige **Flugverbindungen** bestehen von/ nachAccra und Kumasi mit *Ghana Airways*.
S.T.C.-Busse verkehren in alle Richtungen.
Auf der gesamten Strecke *Tamale – Bolgatanga* (von hier geht es weiter nach Burkina Faso) sind Verkehrsmittel rar!

 SONSTIGES
Beim *Cultural Center* von Tamale gibt es mehrere Kunsthandwerk-Stände (Souvenirs).

 AUSFLÜGE
Salaga und Yeji
In dem 117 km südlich von Tamale gelegenen *Salaga* hat sich eine Gruppe von moslemischen Haussa niedergelassen. Heute ist dieser Ort vor allem in Bezug auf Handel, Administration und ärztliche Versorgung (Krankenhaus) von Bedeutung. Während Salaga noch zum Gebiet der *Gonja* gehört, liegt Tamale bereits im Lebensraum der *Dagomba*.
39 km südlich von Salaga kann man mit einer Piroge ans andere Ufer des Stausees nach **Yeji** übersetzen. In Yeji Übernachtungsmöglichkeit im *Volta-Lake-Hotel* (sehr einfach) oder im *Nifa-Nifa-Hotel-Restaurant*.

Mole National Park
Der Nationalpark liegt 140 km westlich von Tamale, auf guter Piste auch mit öffentlichen Verkehrsmitteln zu erreichen. Bei *Yapei* ist der Volta mit einer Fähre zu überqueren.
Von Kumasi kommend ist der Park auch mit dem S.T.C.-Bus von Kumasi über Tamale verbunden. Man muß bei *Tamale Junction* (bei *Nterso*) aussteigen und fährt dann mit einem Mini-Bus weiter Richtung Westen bis *Damango* (Asphalt bzw. Wellplechpiste) oder besser gleich bis zum Dorf **Larabanga** (keine Versorgungsmöglichkeiten, Unterkunft im *Mole Game Reserve Motel, s. u.*). Hier steht die älteste Moschee Ghanas in west-sudanesischer Architektur und der *Mistery Stone*. Diesem Stein wird nachgesagt, daß er zur Errichtung einer Straße von seinem jetzigen Standort fortgerollt wurde, jedoch am darauffolgenden Morgen wieder an seinen ursprünglichen Ort auf unerklärliche Weise zurückgekehrt war.
Der 1971 errichtete Nationalpark stellt auch für viele Ghanaer ein lohnendes Ziel für einen Wochenendausflug dar. Der Park ist **ganzjährig geöffnet**. Allerdings empfiehlt sich ein Besuch während der Trockenzeit, da dann die Tiere an die hotelnahe Wasserstelle kommen und außerdem eine größere Tiervielfalt (Löwen, Elefanten, Krokodile, Affen usw.) zu beobachten ist.
Es besteht derzeit keine Möglichkeit, einen Rover zu mieten, so daß der Park nur zu Fuß besichtigt werden kann.
Unterkunft:
Mole Game Reserve Motel
Ca 5 km von der Dorfmitte Larabangas. Schöne Lage, geräumige Bungalows, Zi 3000–5000 Cedis; Schwimmbad (wird renoviert), Restaurant. Alle Mahlzeiten gibt es nur auf Bestellung

Fra-Fra-Gehöfte in der Region Bolgatanga

(einen Tag vorher anmelden). Reservierungen über das *Department of Game & Wildlife*, P.O. Box 8, Damongo. Campen ist möglich; man sollte ausreichend Verpflegung mitnehmen, da das nächste Dorf ca. 7 km entfernt ist. Auf Wunsch kann mit dem Leiter des Hotels ein Ausflug zu einem nahegelegenen Dorf unternommen werden. Dort wird *Pitou* gebraut (alkoholisches Maisgetränk). Probieren Sie – aber Vorsicht: unterschiedliche Qualität!

Verkehrsverbindungen:
Von Damango aus fährt einmal wöchentlich ein Bus nach *Wa*. Einfacher ist es, ein Auto anzuhalten und auf diese Weise weiterzureisen.

10 km vor *Bolgatanga* findet man die **Tongo Whispering Rocks**, eine Felsgruppe, die eine Art „Musik" erzeugt, wenn der Wind durchbläst. Das Orakel von Tongo zieht jedes Jahr zahlreiche Pilger aus allen Richtungen an, vor allem Ashantis.

Bolgatanga
Die nördlichste Stadt Ghanas hat etwa 100 000 Einwohner. Abgesehen vom Häuptlingspalast und dem Markt mit seinen bunten Körben, Matten, Strohhüten, Lederarbeiten etc. ist Bolgatanga nicht besonders sehenswert.
Wegen der Übernachtungsmöglichkeiten und der Verkehrsverbindungen (z. B. nach *Paga*) eignet sich „Bolga" gut als Basis für Ausflüge in die Umgebung.

Übernachtung/Verpflegung:
Hotel Oasis
An der Straße nach Tamale, DZ ab 4000 Cedis, Tel. 30 08.
Black Star Hotel
DZ ca. 7000 Cedis, Tel. 23 46.

Bolco Hotel
DZ ca. 4000 Cedis.
Hotel Central
Im Stadtzentrum, gegenüber vom Markt gelegen. Zu teuer für den geringen Komfort! Kein fließendes Wasser!
Catering Rest House
DZ 8000 Cedis; Tel. 23 99.
Catholic Social Center
DZ 5000 Cedis, Ventilator, gutes Preis-Leistungs-Verhältnis, Gemeinschafts-WC und -Dusche.
Comme Ci, Comme Ca
Restaurant hinter dem Taxi-Brousse Bahnhof.
Traveller´s Inn
Im Zentrum, beliebter Treffpunkt.

Bolgatanga – Bawku

Auf dem Weg nach *Bawku* kommt man an mehreren Frafra-Dörfern, etwa *Zebila* oder *Amkwalaga*, vorbei.

Paga

Paga ist Grenzort im äußersten Norden, an der Straße nach *Bolga – Po – Ouaga*. Einfache Unterkunft im *Paga Motel*.
In der Nähe des Paga Motels befindet sich der berühmte **Krokodil-Teich,** wo die Krokodile (als Touristenattraktion) mit lebenden Hühnern gefüttert werden.

Bolgatanga – Wa

Die Weiterreise nach *Wa* gestaltet sich sehr schwierig, da die Straßenverhältnisse im Norden immer schlechter werden (insbesondere mit dem Bus). Zwischen Bolgatanga und Wa gibt es nur eine Second-Class-Straße, die dieser Bus wahrscheinlich noch nie zu Ende gefahren ist. Das Weiterkommen ist wohl nur mit „Mammy Lorries" möglich (sehr anstrengend!).

Navrongo
Wenn Sie hier übernachten müssen, können Sie in der Regel bei der *Catholic Mission* oder zur Not auch bei der *Secondary School*, südlich der Stadt, Unterkunft finden.

Tumu
70 km westlich von Navrongo; Übernachtungsmöglichkeit im *Catering Rest House*.

Wa
Aufstrebende Provinzhauptstadt im äußersten Nordwesten des Landes an der Grenze nach Burkina Faso, in der Entwicklung (neue Straßen, Stromversorgung) und Tradition (alte Männer vor ihren Häusern...) aufeinandertreffen. Traditionelle Häuser, eine Moschee in westsudanesischer Architektur (wesentlich größer als in *Larabanga*) sowie ein in seiner ursprünglichen Form erhaltener Häuptlingspalast sind sehenswert.
Übernachtung/Verpflegung:
Catering Rest House
Mahlzeiten nur auf Bestellung.
Hotel du Pont
DZ ca. 3000 Cedis.
Seinu-Hotel
Neben dem „Lorry-Park" gelegen; Mahlzeiten werden auf Wunsch zubereitet; Tel. 157.
Sawaba Rest House
B.O. Box 143, DZ ca. 3000 Cedis, Gemeinschafts-WC und -Dusche.
Verkehrsverbindungen:
Dreimal täglich fährt ein Bus nach *Hamilé*, der Grenzstadt zu Burkina Faso. Ein einfaches Hotel findet sich jeweils auf ghanaischer und burkinischer Seite. Öffentliche Verkehrsmittel weiter nach *Bobo-Dioulasso* verkehren etwa alle zwei Tage.

Republik Togo

830 Länder, Routen, Sehenswürdigkeiten – Togo

Landeskundliche Informationen

Geographie

Die Republik Togo erstreckt sich mit einer Fläche von 56 785 qkm von der Küste (Golf von Guinea) im Süden über 650 km bis nach Burkina Faso im Norden; im Osten wird sie von der Volksrepublik Benin und im Westen von Ghana begrenzt. Auf die flache Küstenzone folgt ein Hügellandstreifen mit Höhen zwischen 60 und 200 m. Daran schließen sich eine Hochebene (mit einer Durchschnittshöhe von ca. 400 m) und die Gebirgszone der Togoberge mit dem *Mont Agou* (986 m) als höchster Erhebung an. Der *Oti* und seine Nebenflüsse bewässern die Savannenlandschaft im Norden. Entlang der Küste bestimmen tropische Wälder und Lagunen das Landschaftsbild, während im Landesinneren die für Feucht- und Trockensavanne typischen, einzeln stehenden Bäume und Sträucher anzutreffen sind sowie Galeriewälder entlang der Flüsse.

Klima

Togo hat **tropisches Klima** mit einer durchschnittlichen Regenmenge von 1 000 mm/Jahr.

Im Norden gibt es zwei Jahreszeiten: Die **Regenzeit** dauert von April bis Oktober und hat ihren Höhepunkt im August. Dies ist auch der kühlste Monat mit Mittagstemperaturen von ca. 30° C bei einer Luftfeuchtigkeit von ca. 76% und relativ starken Temperaturschwankungen zwischen Tag und Nacht. Die **Trockenzeit** währt von November bis März, wobei der März mit Mittagstemperaturen von 39° C der heißeste Monat ist. Im Januar ist die Zeit des von der Sahara wehenden *Harmattan-Windes*.

Im mittleren Teil des Landes und im Süden lassen sich zwei Regenzeiten unterscheiden: März - Juli und September - Oktober, wobei der Juni und der Oktober die regenreichsten Monate sind. Wärmster Monat ist der März (bis 32° C). Während der Regenzeit besteht generell eine hohe Luftfeuchtigkeit.

Die **beste Reisezeit** ist daher im Süden von Oktober - April und Juli - September, im Norden von November - Mitte April, auch wenn es im März relativ heiß ist.

Bevölkerung

Die etwa 3,4 Mio. Einwohner (Stand: 1984) Togos gehören **über 40 verschiedenen Ethnien** an, wobei die *Ewe* im Süden mit etwa 44% und die *Kabyé (Kabre)* im Norden mit etwa 23% die Hauptgruppen bilden. Während die im Süden lebenden Ewe schon früher vor allem im Bildungswesen, im Handel und in der Verwaltung tätig waren, sind die alteingesessenen Kabyé, zu denen auch Noch-Präsident *Eyadéma* gehört, vor allem als Landwirte tätig gewesen. Seit Eyadéma Regierungschef des Landes ist, sind mehr und mehr Kabyé in den Dienst von Militär und Polizei getreten, wo sie heute mit etwa 80% eindeutig in der Überzahl sind. Weitere Gruppen sind die *Moba* (vor allem im Norden), *Gourma* (5%, im Zentrum), die *Kotokoli* (7%) und *Bassari* sowie (im Süden) die *Fon* und *Yoruba*. *Fulbe* und *Haussa* sind im ganzen Land verstreut, vor allem jedoch im Norden als Händler anzutreffen.

Eine andere wichtige Bevölkerungsgruppe bilden die „Brasilianer", euroafrikanische Familien, meist Mischlinge von weißen Portugiesen und schwarzen Sklavinnen, die im 18./19. Jh. aus Brasilien auf der Suche nach einer neuen Heimat hierher kamen. Da sie meist eine europäisch geprägte Bildung hatten, waren sie vor allem in der Politik und Wirtschaft tätig.

Aufgrund der mit dem Lineal gezogenen kolonialen Grenzen wurden mehrere Ethnien (*Ewe, Adélé, Konkomba* etc.) zerrissen.

Splittergruppen leben auch in den Nachbarländern Ghana und Benin.

Sprachen

Amtssprache ist **Französisch**; daneben werden etwa 50 verschiedene einheimische Sprachen gesprochen.

Das *Ewe* wurde bereits im 19. Jh. als erste togolesische Sprache zur Schriftsprache. Unterrichtssprache an der Schule ist Französisch. Langfristig soll das Französische als Unterrichtssprache und als Amtssprache durch *Ewe* und *Kabyé* ersetzt werden. Außerdem sind die in Westafrika üblichen Verkehrs- und Handelssprachen *Fulbe* und *Haussa* in Gebrauch. Manche Togolesen sprechen auch englisch oder deutsch.

Religionen

Ca. 60% der Togolesen sind **Anhänger traditioneller afrikanischer Religionen**. Der Anteil der Christen (vor allem im Süden verbreitet) beträgt etwa 27% (21% Katholiken, 6% Protestanten).

Moslems sind (vor allem im Norden) mit etwa 12% vertreten. Daneben gibt es Methodisten und Baptisten.

Auch der Voodoo-Kult (siehe Benin) ist verbreitet!

Geschichte

Als 1481 die ersten **Portugiesen** an der Küste Togos landeten, waren die einzelnen Dörfer und Königtümer dieser Gegend ohne jegliche zentrale politische Gewalt auf lokaler Ebene organisiert. 1884 wurde die Region nach einem Vertrag zwischen *König Mlapa II.* und *Gouverneur Gustav Nachtigall* zum deutschen Schutzgebiet erklärt. Im Jahre 1914 mußte die deutsche „Schutztruppe" vor den französischen und britischen Truppen kapitulieren.

Ein Drittel des ehemalig deutschen „Schutzgebietes" wurde als *Transvolta-Togoland* der britisch verwalteten Kolonie *Goldküste* (heutiges Ghana) angegliedert; der restliche, größere Teil des Landes stand unter französischer Verwaltung und war ab 1936 Teil Französisch-Westafrikas. Die **Teilung Togos** brachte jedoch erhebliche Probleme mit sich, da ganze Völker, vor allem *Ewe, Adélé* und *Konkomba*, zerrissen wurden. 1941 entstand das *Comité de l'Unité Togolaise (CUT)* unter *S. Olympio*, woraus nach dem Zweiten Weltkrieg zusammen mit der an der Goldküste gegründeten *All Ewe Conference* eine *Pan-Ewe*-Bewegung entstand.

Die Ewe-Frage bietet auch heute noch ein latentes Konfliktpotential, vor allem mit dem Nachbarstaat Ghana.

Am **27. April 1960** erlangte Togo unter Präsident *Sylvanus Olympio* seine **Unabhängigkeit**. Drei Jahre später wurde Olympio ermordet, und *Grunitzky* übernahm die Regierung (Anführer der Putschisten war der heutige Staatspräsident Eyadema). Am **13. 1. 1967** wurde Grunitzky von den Militärs gestürzt, Parlament und Parteien wurden aufgelöst, und eine **Militärregierung** proklamiert, die mit einigen Abänderungen bis heute besteht.

Gnassingbé (Nyassingbe) Eyadéma
(Biographische Notizen)

Eyadéma wurde 1935 geboren und ist seiner „Ethnie" nach Kabyé. Von 1953-61 stand er im Dienst der französischen Kolonialstreitkräfte und war einer der führenden Kräfte beim Sturz und der Ermordung des damaligen Präsidenten S. Olympio (1963). Während der Regierungszeit Grunitzkys wurde er zum Oberbefehlshaber der togolesischen Streitkräfte ernannt; am 13. 1. 1967 fand unter seiner Leitung ein unblutiger Staatsstreich statt, der das Regime von Grunitzky beendete. Eyadéma ist Vorsitzender der 1969 gegründeten Einheitspartei „Rassemblement du Peuple Togolais" (RPT). 1979 erließ er eine neue Verfassung und ließ sich, jegliche Opposition unterdrückend, als Staatspräsident am 21. Dez. 1986 erneut im Amt bestätigen. Er wurde für die Dauer von sieben Jahren wiedergewählt.

Im Mai 1990 erwog Eyadéma – unter dem Druck der Oppositionsbewegung im Land sowie der westlichen Geberländer – erstmals öffentlich die Trennung von Staat und Partei. Im August 1991 nahm ihm – nach 24 Jahren Diktaturherrschaft – die Nationale Konferenz einen Großteil seiner Machtbefugnisse, die man dem zum Premierminister ernannten Koko Koffigoh übertrug. Aus der Nationalen Konferenz sollte – bis zur Errichtung einer parlamentarischen Demokratie – eine Übergangsregierung hervorgehen, jedoch erlangte Eyadéma mit Unterstützung des zum Teil offenen Terror ausübenden Militärs bis Ende 1992 wieder seine volle Macht zurück. Auch gelang es ihm, den Demokratisierungsprozeß, der bis zum 31. Dezember 1992 verwirklicht sein sollte, hinauszuzögern, indem er die für Dez. 1992 angesetzten Präsidentschaftswahlen ohne weitere Terminangabe verschob. Nachdem die USA und die EG ihre Finanzhilfen eingestellt hatten, rief die Opposition im Nov. 1992 einen unbefristeten Generalstreik aus, um Eyadémas Zustimmung zum Demokratisierungsprozeß zu erzwingen. Die unter Vermittlung der ehemaligen Kolonialmächte begonnenen Friedensgespräche in Colmar (Frankreich) wurden nach einem Tag erfolglos abgebrochen. Bei den Präsidentenwahlen am 25. August 1993 ging der Amtsinhaber Gnassingbé Eyadéma mit 96,4% der Stimmen offiziell als Sieger hervor. Ihm standen nur so unbedeutende Konkurrenten wie Jacques Amouzou und Adani Ifé gegenüber. Die wichtigsten Oppositionskandidaten hatten ihre Bewerbungen zurückgezogen, sie beschuldigten Eyadéma der Fälschung der Wählerlisten. Offiziell lag die Wahlbeteiligung bei 36,1% (laut französischen Wahlbeobachtern nur bei max. 30%). Da keine demokratischen Wahlen zu erwarten waren, verließ der als Wahlbeobachter angereiste Jimmy Carter bereits am Vorabend der Wahl wieder das Land. Am Abend vor der Wahl wurden 15 Oppositonsanhänger in Polizeigewahrsam genommen; ungeklärt ist, ob sie – wie die Regierung behauptet – durch von Anhängern überreichte, vergiftete Nahrungsmittel ums Leben gekommen sind, oder ob es sich um Todesfälle durch Ersticken handelte.

Regierung

Der Verfassung nach war Togo früher eine **präsidiale Republik** mit der Einheitspartei *RPT* als zentralem Entscheidungsorgan; die politische Mitsprache des Militärs war auf unabsehbare Zeit festgelegt.

Am 16. Juli 1991 wurde die Nationalversammlung von der Nationalen Konferenz aufgelöst, und als Volksvertretung der *Haut Conseil de la République (HCR)* als **Übergangsparlament** eingesetzt. Obwohl bereits mit dem Referendum vom 27. September 1992 ein Mehrparteiensystem gebilligt und seit April bereits die ersten unabhängigen Parteien gebildet worden waren, wurden die für den 31. Oktober 1992 vorgesehenen Parlamentswahlen ein fünftes (!) Mal bis auf weiteres ohne Terminangabe verschoben.

Der als Premierminister eingesetzte *Koffigoh*, einst hoffnungsvollster Kandidat der Opposition, entwickelte sich mehr und mehr zur Marionette des Präsidenten.

Von der Nationalen Konferenz wurde zunächst eine provisorische Verfassung verabschiedet, womit die Verfassung vom Dez. 1967 außer Kraft gesetzt wurde. In einem Referendum wurde der Verfassungsentwurf offiziellen Angaben zufolge von 98,11% der Teilnehmer angenommen. Von den insgesamt etwa 2 Mio. Stimmberechtigten hatten sich etwa 66% beteiligt.

Der **neuen Verfassung** zufolge soll der Präsident fortan für eine Amtsperiode von fünf Jahren direkt gewählt werden, nur eine Wiederwahl ist möglich. Ebenso ist die Einführung des Mehrparteiensystems darin verankert. Der Premierminister wird von der Mehrheitsfraktion gestellt und ist der Nationalversammlung verantwortlich. Die Legislaturperiode ist auf fünf Jahre begrenzt. Außer dem Schutz von Bürgerrechten und Pressefreiheit ist die Trennung von Exekutive, Legislative und Judikative geplant. Aufgrund der Entwicklung seit dem Jahre 1991 wird von verschiedenen Beobachtern inzwischen bezweifelt, daß Eyadéma bereit sein könnte, die Macht an demokratische Institutionen abzutreten; eine **Beendigung der Diktatur** auf friedliche Weise, wie zum Beispiel in Benin, scheint somit fast **ausgeschlossen**.

Da viele den Ausbruch eines Bürgerkrieges befürchteten, waren allein bis zum Februar 1993 über 40 000 Togolesen (davon 25 000 allein aus Lomé) in die Nachbarländer Ghana und Benin geflüchtet. Da sich die innenpolitische Situation noch nicht zu beruhigen scheint, ist derzeit (Anf. 1994) von einer Reise nach Togo grundsätzlich abzuraten, *(siehe auch praktische Informationen, auf den nachfolgenden Seiten).*

Ein erneuter **Putschversuch im Januar 1994**, bei dem etwa 40 Menschen ums Leben kamen, hat die Lage noch weiter verschärft. Die **Grenzen** zu den Nachbarländern wurden **geschlossen**.

Wirtschaft

Während der deutschen Kolonialzeit wurde der Anbau von Kakao, Baumwolle, Kautschuk etc. (ausschließlich für den Export) mittels sogenannter „Volkskulturen" eingeführt.

Etwa 80% der Erwerbstätigen sind nach wie vor in der **Landwirtschaft** tätig, wobei diese im Norden überwiegend noch den Status der Subsistenzwirtschaft hat. Wichtigste Grundnahrungsmittel sind Maniok, Mais, Hirse, Yams und Reis.

Speicher im Norden von Togo

Neben Kakao und Kaffee, Baumwolle und Palmölerzeugnissen zählt heute **Phosphat** zu den Hauptexportprodukten: Der Abbau wurde 1974 verstaatlicht. Mit ca. 2 Mio. t/Jahr erbringt er 40–50% der Exporterlöse. Daneben sind Kalkstein-, Marmor- und Erdölvorkommen (werden vor der Küste vermutet) vorhanden und geringe Mengen an Eisenerz, Kupfer, Bauxit, Uran, Dolomit und Chromit. Wichtigste **Handelspartner** sind die EG-Länder, USA und (wegen der Öleinfuhren) auch Nigeria. Mittels verschiedener Entwicklungspläne hat man versucht, sowohl die Infrastruktur auszubauen als auch die **Industrialisierung** mit Hilfe von Großprojekten (Erdölraffinerie, Elektrostahlwerk, Zementwerk, Düngemittelindustrie etc.) und hohen Auslandsinvestitionen bzw. -krediten zu fördern; außerdem sind Entwicklungsprogramme für die Landwirtschaft regional geplant sowie der Ausbau des Energieversorgungssystems (Wasserkraftwerke) und der Fischindustrie. Ein Projekt deutscher Technik(er) und Kapitalhilfe war der Ausbau des Tiefseehafens in Lomé. Auch wenn sich die seit 1983 durchgeführten strukturellen Anpassungsprogramme positiv auf die Zahlungsbilanz und die Wachstumsrate ausgewirkt haben, zählt Togo immer noch zu den unterentwickeltsten Ländern der Welt. Nicht zuletzt haben die politischen Unruhen der letzten Jahre die wirtschaftliche Lage des Landes drastisch verschlechtert; Gehälter wurden monatelang nicht mehr gezahlt. Somit haben sich auch die Lebensumstände eines Großteils der Bevölkerung eher verschlechtert als verbessert. Die Abwertung der CFA-Währung wird diesen Negativ-Trend noch beschleunigen.

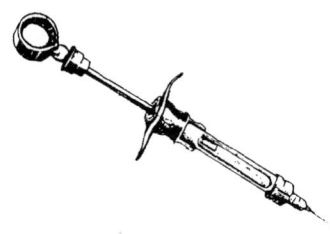

Gesundheitswesen

Nicht nur die ärztliche Versorgung, sondern auch die Ernährung, Trinkwasserversorgung und die hygienischen Einrichtungen sind im allgemeinen als **unzureichend** anzusehen.

Zu den häufigsten Todesursachen zählen angeblich Krankheiten wie Amöbiasis, Malaria, Masern, Meningitis, Tuberkulose und Tetanus.

Die etwa 370 staatlichen Gesundheitszentren und Dorfgesundheitsposten verfügen meist nicht über ausreichende Arzneimittel und medizinische Geräte. Sie kommen außerdem nur einem kleinen Teil der Bevölkerung zugute, da ihre Verteilung über das Land sehr unausgewogen ist.

Schulwesen

Das nach französischem Vorbild aufgebaute Schulsystem soll nach der **Schulreform von 1977** besser den Realitäten und Bedürfnissen des Landes angepaßt werden.

Bestandteile dieser Reform sind die **allgemeine Schulpflicht** vom sechsten bis zum fünfzehnten Lebensjahr und weitgehende **Schulgeldfreiheit**. Bildungsschwerpunkte liegen im Bereich der Erwachsenenbildung („Staatsbürgerliche und politische Erziehung"), im Sport sowie in afrikanischer Musik.

Unterrichtssprachen sind neben Französisch auch die beiden Hauptsprachen des Landes, *Ewe* und *Kabré*. Im Jahre 1980 waren **45%** der Bevölkerung **Analphabeten**; die Einschulungsquote betrug 71%.

Neben Grund-, Mittel- und höheren Schulen gibt es Berufsbildungs-Schulen und seit 1970 auch eine **Universität** in Lomé. Wer es sich leisten kann, studiert aber nach wie vor in Frankreich.

Medien
Rundfunk

Die staatliche Rundfunkstation *Radiodiffusion du Togo* strahlt internationale und nationale Hörfunkprogramme in Französisch, Englisch und einheimischen Sprachen wie Ewe und Kabré aus. Seit dem Generalstreik im Jahre 1992 gibt es den Untergrundsender *Radio Liberté* als Sprachrohr und Informationsorgan der Demokratiebewegung. Im Jahre 1989 waren ca. 719 000 Radioempfänger in Gebrauch.

Presse

Seit 1979 erscheint als einzige und regierungseigene Tageszeitung (in französischer Sprache) *La Nouvelle Marche* mit jeweils einer Seite in Ewe und Kabré. Außerdem gibt es die vom Informationsministerium monatlich herausgegebenen Zeitschriften *Espoir de la Nation Togolaise* und *Togo-Images,* daneben die unabhängigen *Forum Hebdo* und *La Tribune des Démocrates*.

Fernsehen

„Télévision Togolaise" (Farb-SECAM) gibt es seit 1973 mit 5 Sendern, die Programme in französischer und in einheimischen Sprachen ausstrahlen. Im Jahre 1989 gab es schätzungsweise 20 000 Fernsehgeräte im Land.

Praktische Informationen

ACHTUNG !
Aufgrund der innenpolitischen Lage besteht in Togo derzeit nur eine **eingeschränkte Reisesicherheit!** Aktuelle Informationen über die Situation vor Ort sollten Sie kurz vor Reiseantritt (telefonisch) bei Ihrer Botschaft/ Konsulat erfragen. Die im folgenden beschriebene touristische Infrastruktur besteht zwar zum Teil noch – vor allem die großen Luxushotels in Lomé sind weiterhin geöffnet – bei sonstigen Hotels, Campingplätzen, Restaurants etc. ist jedoch das Risiko jederzeitiger Schließung gegeben. Überall sind Anzeichen steigender Armut zu sehen, selbst die Banken sind manchmal zahlungsunfähig! Die Straßenbeläge werden immer löchriger, und auf 100 km ist mit 10 Kontrollen zu rechnen, was einem das Reisen im Land ganz schön verleiden kann.

An- und Weiterreise
Anreise von Europa
Mit dem Flugzeug
Die Anreise von Europa kann tägl. mit Linienmaschinen der *Air Afrique* und *UTA* über Paris oder Genf, mit Flügen der *KLM* über Amsterdam oder mit *Sabena* von allen großen deutschen Flughäfen über Brüssel oder *Ghana Airways* über Accra (Ghana) von Düsseldorf (seit Februar 1988) erfolgen.
Der internationale Flughafen *Tokoin* liegt etwa 5 km nordöstlich der Hauptstad Lomé; Zubringerdienste werden nur von (Sammel-)Taxis geleistet (Handeln ist angesagt!).
Die **Flughafengebühr** (bei der Ausreise zu entrichten) beträgt ca. 4000 CFA.

Internationale Verkehrsverbindungen von/nach
Burkina Faso
Überlandtaxis gibt es vom *Nouvelle gare routière* direkt nach Ouaga (ca. 10 000 CFA); die Fahrt dauert etwa 20 bis 24 Stunden.
Wenn nicht genügend Passagiere vorhanden sind, sollten Sie lediglich bis *Dapaong* fahren (Busch-Taxi ca. 3000 CFA, Peugot-Taxi ca. 3250 CFA) und dort in ein anderes Taxi nach Ouaga (ca. 3000 CFA) umsteigen; so ist es um einiges billiger. Es kann allerdings Tage dauern, bis in Dapaong ein Taxi nach Ouaga zu finden ist!
Beachten Sie, daß die Grenze nur von 7–18 Uhr geöffnet ist; Mittagspause von 12.30–15 Uhr! Sie sollten daher eine Übernachtung an der Grenze oder zumindest zusätzliche Wartezeit einkalkulieren! Kein Hotel an der Grenze!

Ghana
Ist die Grenze offen, so fahren Minibusse und Sammeltaxis vom Busbahnhof auf der ghanaischen Seite des Grenzübergangs nach Accra. Seit 1987 kommen Taxis im Verkehr von/nach Accra nicht mehr nach Lomé hinein. Der Grenzübergang ist täglich von 6 bis 18 Uhr geöffnet.

Benin
Täglich verkehren Minibusse nach *Grand Popo* (ca. 700 CFA), *Ouidah* (ca. 1000 CFA), *Cotonou* (ca. 1200 CFA) und *Porto Novo* (ca. 1500 CFA), auch Peugeots nach *Lagos* (Nigeria).
(Gepäck kostet zusätzlich eine Gebühr von ca.10% des Fahrpreises.)

Regelmäßige direkte **Flugverbindungen** an einigen Wochentagen bestehen von Lomé nach *Abidjan* (Côte d'Ivoire), *Accra* (Ghana), *Cotonou* (Benin) und *Ouagadougou* (Burkina Faso), meist mit *Air Afrique* oder den jeweiligen nationalen Fluggesellschaften.

Visa/Einreise/Zollkontrolle

Deutsche Staatsbürger benötigen für einen Aufenthalt bis zu drei Monaten **kein Visum**.

Für die Einreise sind lediglich ein gültiger Reisepaß sowie ein Internationaler Impfausweis mit gültiger Gelbfieberimpfung vorgeschrieben. Malariaprophylaxe ist ganzjährig für das gesamte Land dringend zu empfehlen!

Für Staatsangehörige der Schweiz und Österreichs ist jedoch ein Visum erforderlich. Meist wird dies zunächst nur für 48 Std. ausgestellt.

Eine Verlängerung ist bei der *Sûreté Nationale* in Lomé möglich (angeblich sehr bürokratisch, Gebühr 1000 CFA (Timbre Fiscal); 4 Paßfotos erforderlich, 2 Tage Bearbeitungszeit).

Hinweis: In Ländern, in denen es keine Botschaft der Republik Togo gibt, stellen die französischen Botschaften Einreisevisa für Togo aus.

Wenn Sie mit dem (eigenen) **Kraftfahrzeug unterwegs** sind, benötigen sie bei der Einreise einen *Internationalen Führerschein* und einen *Internationalen Kfz-Zulassungsschein*. Eine **Haftpflichtversicherung** muß bei der Ankunft in Togo abgeschlossen werden. Sie müssen damit rechnen, daß an der Grenze ein *Laissez-passer* gegen Gebühr ausgestellt wird, wenn kein *Carnet de Passage* vorgelegt werden kann. Wer ein gültiges Carnet de Passage hat, braucht normalerweise kein Laissez-Passez.

Botschaften
Diplomatische Vertretungen von Togo

♦ **Deutschland**
Botschaft der Repubik Togo
Beethovenallee 13, 5300 Bonn 2;
Tel. (0228) 35 50 91-93, Fax 35 16 39.

♦ **Österreich**
Konsulat der Republik Togo
Siebensterngasse 19, A-1070 Wien;
Tel. (0222) 96 13 29.

♦ **Schweiz**
Konsulat der Republik Togo
6, Rue Bellot, CH-1206 Genf;
Tel. (022) 46 39 22.

Diplomatische Vertretungen in Togo

♦ **Deutschland**
Ambassade de la République Fédérale d'Allemagne
Bd de la République, B.P. 1175, Lomé;
Tel. (0 02 28) 21 23 70 u. 21 23 38.

♦ **Schweiz**
Konsulat der Schweiz
294, Bd du 13. Jan., Tel. 21 56 19,
B.P. 4851.
Die Botschaft in *Abidjan* (Elfenbeinküste) ist auch für Togo zuständig.

♦ **Österreich**
Die Botschaft in *Abidjan* (Côte d'Ivoire) ist auch für Togo zuständig.

♦ **Ghana**
Botschaft von Ghana
Bd. Cirulaire West, B.P. 92, Lomé,
Tel. 21 34 94. Mo bis Fr 8–11 Uhr.
Die Ausstellung eines 14-Tage-Visums für Ghana dauert 2 bis 5 Tage, 4 Paßfotos sind dafür notwendig; Ge-

bühr ca. 10 000 CFA. Man braucht jedoch in der Regel eine Adresse (!) in Ghana; die eines Hotels reicht meist nicht aus!

Hinweis I:
Es gibt zwar keine Botschaft der Volksrepublik **Benin** in *Lomé*, jedoch ist jetzt an der Grenze (Straße von *Lomé* nach *Cotonou*) ein Visum für mehrere Tage, das im Land verlängerbar ist, zu bekommen; Gebühr 1000 CFA. Ein Laisser-passer für das Auto wird für 2000 CFA ausgestellt. Die Ausreise geht zügig und ohne Probleme.

Hinweis II:
Ein Visum für **Nigeria** wird in *Lomé* innerhalb von 24 Std. für 5000 CFA ausgestellt; es wird dabei aber ein „Empfehlungsschreiben" der Deutschen Botschaft verlangt, wenn keine Kontaktadresse in Nigeria angegeben werden kann. Empfehlungsschreiben bekommt man kostenlos bei der Deutschen Botschaft.
Ein Transitvisum über 14 Tage für **Zaire** ist in Lomé ebenfalls innerhalb von 24 Stunden für 14 000 CFA erhältlich, ein 4-Wochen-Visum kostet 28 000 CFA.

Reisen im Land
Verkehrsmittel
(Mini)Busse
Hauptverkehrsmittel sind Minibusse, die alle Orte miteinander verbinden; außerdem gibt es „Pick-ups" und Busch-Taxis, die jedoch in der Regel unbequem und überfüllt sind.

Preise:
Lomé - Kpalimé	ca. 600 CFA,
Lomé - Atakpamé	ca. 800 CFA,
Lomé - Dapaong	ca. 3000 CFA,
Lomé - Kara	ca. 2000 CFA,
Kpalimé - Atakpamé	ca. 500 CFA,
Atakpamé - Sokodé	ca. 950 CFA,
Atakpamé - Kara	ca. 1800 CFA.

Die **Fahrzeiten** sind sehr unterschiedlich, je nachdem, an wie vielen Polizeikontrollen man vorbei muß; auf den meisten Strecken werden Sie etwa alle 30 km angehalten!

Eisenbahn
Die Hauptlinie geht von *Lomé* (via *Atakpamé)* nach *Blitta* (276 km); Abfahrt tägl. ca. 5.45 Uhr, Fahrzeit 7–8 Stunden. Fahrpreis ca. 2200 CFA (1.Kl.), ca. 1000 CFA (2. Kl.). Derselbe Zug fährt gleich wieder zurück nach Lomé (Ankunft ca. 21 Uhr).
Auf der Strecke *Lome-Kpalimé* (121 km) gibt es normalerweise tägl. einen Zug, wenn er nicht gerade „en panne" ist; Fahrzeit etwa 6 Std., Fahrpreis ca. 500 CFA (2. Kl.).
Busch-Taxis oder Minibusse fahren dieselbe Strecke in 2 Std., der Fahrpreis ist nur geringfügig höher.
Falls sie jedoch noch nie in Afrika mit dem Zug gefahren sind, sollten Sie die Gelegenheit wahrnehmen!
Außerdem gibt es die Küstenstrecke Lomé-Anécho (44 km), auf der es allerdings seit Anfang 1988 keinen Personenverkehr mehr gibt.

Flugzeug
Im Landesinneren gibt es keinen Linienflugverkehr.

Unterwegs als Selbstfahrer
Straßenverhältnisse
Die wichtigsten Straßen Togos befinden sich in gutem Zustand und sind ganzjährig befahrbar; dazu gehört die internationale Küstenstrecke *Accra/*

Ghana- Lomé/Togo-Cotonou/Benin sowie die Hauptstrecke von Lomé nach Burkina Faso über *Atakpamé-Sokodé-Dapaong*.

Benzin
Die Preise sind im ganzen Land staatlich festgelegt:
Normal: 325 CFA/Liter,
Super: 350 CFA/Liter,
Diesel: 245 CFA/Liter.
Da es nicht sehr viele Tankstellen gibt, ist anzuraten, Reservekanister mitzunehmen und jede Möglichkeit zum Tanken zu nutzen.

Einheimische Küche
Falls Sie in einem der afrikanischen Restaurants essen gehen, werden Sie vielleicht auf folgende typisch togolesische Gerichte stoßen:

Gari
Hierbei handelt es sich um ein aus dem Grundnahrungsmittel Maniok hergestelltes Gericht; für ein Kilo togolesisches Gari braucht man etwa sieben Kilo Maniok, der gerieben, mit Wasser vermengt, gepreßt, fermentiert und anschließend auf einer Keramikplatte geröstet wird; dadurch wird er knusprig, leicht säuerlich und gut verdaulich.

Fechouada
Das nordafrikanische Gericht besteht aus roten und weißen Bohnen, Tomaten und Fleisch, gekocht mit Ernußöl, gewürzt mit Pfeffer, Salz, Knoblauch, grünem Anis und Zwiebeln. Es wird meist mit Gari oder Brot serviert.

Djécoumé
Das Gericht setzt sich zusammen aus Geflügel, Krabben oder Fleisch und geröstetem Hirse- oder Maismehl, zubereitet mit Palm- oder Erdnußöl.

Gboma Dessi
Gericht aus Hammelfleisch, geräuchertem Fisch, Krebsen und Krabben. Gewürzt mit grünem Anis und Nelken wird es meist mit Mais- oder Hirsebrei serviert.

Klako
Beignet (eine Art Pfannkuchen) aus sehr reifen Kochbananen.

Geld/Währung/Banken
Togo gehört der westafrikanischen Währungsunion an, somit ist der **Franc CFA** die landesübliche Währung.

Devisen dürfen in uneingeschränkter Höhe eingeführt werden; die Ausfuhr ist nur bis zu einem Gegenwert von 175 000 CFA erlaubt.

In Lomé selbst wechseln fast alle Banken zu ungünstigen Kursen plus Gebühren; die bessere Alternative stellen Ladenbesitzer und eine kleine Wechselstube in der Nähe von Marox dar; im übrigen Land kommt jedoch nur die *Union Togolaise de Banque* in Frage: Zweigstellen gibt es in *Kpalimé, Atakpamé, Dapaong, Sokodé, Kara* und *Anécho*.

Sollten Ihnen Ihre *American Express-Travellerschecks* gestohlen worden sein oder sollten Sie diese verloren haben, so werden sie Ihnen bei der *Société Togolaise Maritime et Portuaire (STMP)* in Lomé 2, Rue du Commerce, Tel. 21 26 11 od. 21 57 93, Telex: 5208 SAMLED (normalerweise innerhalb von 24 Stunden) ersetzt.

Post/Telefon
Die Hauptpost befindet sich in der Av. de la Libération. Am *Poste Restante*-Schalter (Gebühr pro Brief 150 CFA)

Kochbananen werden überall in den Küstenstaaten am Straßenrand zubereitet

werden die Postsendungen angeblich bis zu zwei Monaten aufbewahrt.
Gute internationale Telefon- und Telexverbindungen gibt es von den meisten großen Hotels und vom Hauptpostamt aus.
Vorwahl für Deutschland: 0049,
von Deutschland nach Togo: 00228.

Öffnungszeiten
Banken: Mo–Fr 7.30–11; 14.30 –16 Uhr;
Büros: Mo–Fr 7–12; 14.30–17.30 Uhr;
Geschäfte: Mo–Fr 8–12; 15–18 Uhr, Sa 8–12.30 Uhr.

Feiertage/Feste
1. Januar: Neujahr,
13. Januar: Tag der Befreiung,
24. Januar: Tag der wirtschaftlichen Befreiung,
24. April: Tag des Sieges,
27. April: Unabhängigkeitstag,
1. Mai: Tag der Arbeit,
28. Mai: Christi Himmelfahrt,
15. August: Maria Himmelfahrt,
1. November: Allerheiligen,
25. Dezember: Weihnachten,

Dazu kommen die bei den Moslems üblichen Feste, z. B. Ende des *Ramadan, Tabaski*.

Trinkwasserversorgung
Das Wasser muß in der Regel gefiltert und/oder abgekocht bzw. mit Micropur oder Romin bzw. Certisil behandelt werden.
Öffentliche Trinkwasserversorgung gibt es in allen 21 Präfekturhauptstädten (außer *Bodou*).

Strom
220 Volt/50 Hz Wechselstrom. Normalerweise ganztägige Versorgung. Die Spannung kann zeitweise um bis zu 10% abfallen.
Alle 21 Präfekturhauptstädte (außer Bodou) sind an das öffentliche Stromnetz angeschlossen, darüber hinaus allerdings nur wenige weitere Orte.

Uhrzeit
MEZ minus 1 Stunde,
MEZ minus 2 Stunden (während der europäischen Sommerzeit).

Reisen, Routen, Sehenswürdigkeiten

Lomé

Die im 19. Jahrhundert gegründete **Hauptstadt von Togo** zählte nach offiziellen Schätzungen im Jahre 1987 (also vor den poltischen Unruhen, bei denen Tausende in die Nachbarstaaten flüchteten) etwa 500 000 Einwohner; von vielen wurde sie als eine der angenehmsten Hauptstädte Westafrikas bezeichnet. Nicht nur die Lage direkt am Meer mit einer langen, palmengesäumten Uferpromenade („Marina" genannt) und die asphaltierten Straßen, sondern auch die zahlreichen alten, im Kolonialstil errichteten Gebäude um den *Grand Marché* herum, gaben dieser Stadt eine besondere Atmosphäre.

Hauptgeschäftsstraße war und ist die *Rue du Commerce*, an der sich auch die im neugotischen Stil erbaute Kathedrale *Sacré-Coeur* befindet. Wohn- und Regierungsviertel (im Westen) werden durch den Bahnhof vom Geschäftsviertel (Osten) getrennt. Das bunte Markttreiben in der *Rue du Grand Marché* und auf dem Grand Marché ist heute jedoch auf ein Minimum reduziert.

Lomé, das wegen seines brodelnden Nachtlebens auch gerne „Swinging Lomé" genannt wurde, hat früher viele Reisende (speziell Europäer der Nachbarländer) geradezu magisch angezogen; diese Zeiten sind jedoch vorbei.

In´der Umgebung von Lomé, ebenso wie in der Region von *Kara*, ist mit häufigen Kontrollen durch Polizei, Gendarmerie und „Zoll" zu rechnen.

Hinweis
Einige Straßennamen sind geändert worden:
Ehem. Bd d'Anécho = jetzt *Bd du Mono*;
ehem. Rue du Bé = jetzt *Bd Felix Houphouët Boigny;*
ehem. Route d'Atakpame = jetzt *Bd Eyadema;*
ehem. Route de Kpalime = jetzt *Bd de la Victoire*
ehem. Bd Circulaire = jetzt *Bd du 13 Janvier.*

Sehenswürdigkeiten
Grand Marché (Markt)
Der Markt ist wegen seines reichhaltigen Angebots absolut sehenswert! In der dreistöckigen Markthalle und an den Ständen in unmittelbarer Umgebung findet man nicht nur jede Menge Stoffe, sondern auch kleine rote Paprikaschoten, getrockneten Fisch und Bananen, dazu Kämme, Reisetaschen und Medikamente.

Der Markt ist das **„Königreich der Mama Benz"**, jener attraktiven Marktfrauen, die den größten Teil des Einzelhandels unter Kontrolle haben, meist irgendeiner Berufsorganisation angeschlossen sind und sich angeblich am liebsten in einem Mercedes Benz fortbewegen (daher der Name). Achtung: Taschendiebe!

Quartier Amotivé und Bé
Diese beiden alten Stadtviertel östlich vom Zentrum laden zu einem Spaziergang ein, bei dem man (mit etwas Glück) einige Künstler (Bildhauer bzw. Schnitzer) bei ihrer Arbeit sehen kann.

Marché Bé

Dieser etwa 4 km östlich vom Zentrum gelegene Markt wurde berühmt wegen seines großen Angebots an kuriosem „Fetisch-Material" (Knochen in verschiedenen Größen, Vogelköpfe, Tierfelle, Schlangenhäute, aber auch Zwillingsfiguren, Kaurimuscheln und „Donnersteine" etc.). Das *Quartier Bé* ist das Viertel der Fetisch-Priester. Heute ist dieser Markt lediglich Gemüsemarkt. Der Fetisch-Markt wurde nach *Akodessewa* (liegt noch weiter außerhalb) verlegt.

Quartier an der Grenze nach Ghana

Das Quartier ist auch abends oft sehr belebt; man trifft sich zum „Tam-Tam" um die Ecke und tanzt bis spät in die Nacht.

Kongreßzentrum RTP (Rassemblement du Peuple Togolais)

Vor diesem sehr eigenwilligen, modernen Gebäude, dessen Außenfassade mit Hochreliefs geschmückt ist, steht eine Statue von General *Eyadema* in Goldbronze, ein Geschenk des nordkoreanischen Staates.

Nationalmuseum

Vorübergehend im RPT-Haus untergebracht. Es ist jetzt geplant, ein Freiluft-Nationalmuseum zu errichten. Der Besuch lohnt sich auch jetzt schon. Neben einer umfangreichen Musikinstrumentensammlung findet man eine reichhaltige Steinsammlung. Zu sehen sind auch die sogenannten „Donnersteine", durchbohrte Quarzsteine, die früher als Zahlungsmittel dienten; je kunstvoller bearbeitet, desto höher der damalige Tauschwert. Außerdem sind die unterschiedlichsten Tongefäße ausgestellt; verschiedene traditionelle Medizinen werden ebenfalls gezeigt.

Auch die aus dem Indischen Ozean stammenden Kaurimuscheln, die nach den Quarzsteinen als Zahlungsmittel dienten, sind dort ausgestellt. Heute werden sie meist zu rituellen Zwecken (Kopfschmuck, Kostüme, Halsketten etc.) verwendet.

PRAKTISCHE INFORMATIONEN

i TOURISTENINFORMATION
Touristenbüro
Office National Togolaise du Tourisme
Route d´Aného,
Tel. (0 02 28) 21 43 13 u. 21 23 38.

UNTERKUNFT
Hotels
Lomé verfügt über ein recht breites Angebot an Hotels aller Kategorien, sowohl im Innenstadtbereich als auch in der sich östlich anschließenden Strandzone. Die großen Luxushotels am Strand sind trotz der prekären innenpolitischen Situation weiterhin geöffnet, die dazugehörigen Strandanlagen jedoch „außer Betrieb".

Luxushotels
Hôtel Sarakawa (PLM)
Modernes Luxushotel, etwa 5 km östlich des Zentrums, Tel. 21 65 90.
Hôtel du 2 Février (Sofitel)
Place de l'Indépendance, B.P. 131,
Tel. 21 00 03, Fax 21 62 66.
Zentral gelegener Hotelkomplex mit Casino, Kino, Disco etc., direkt gegenüber vom Kongreßpalast und Unabhängigkeitsdenkmal. Vom Dachrestaurant bietet sich ein phantastischer Panorama-Blick über die Stadt und die Küste.

Strand beim Hotel Tropicana

Hôtel de la Paix
Route d'Aného, Tel. 21 52 97,
Fax 21 23 02.
Hôtel Tropicana
Bungalowanlage am Bd du Mono,
Tel. 21 34 03
Hotel du Lac
Am Lac Togo; geschlossen von Mai bis Oktober; Reservierungen über Hotel Tropicana *(s. o.).*
Fast alle diese Hotels haben einen Swimmingpool, einen hoteleigenen Strand, Casino und Disco, mehrere Restaurants, Tennisplätze etc. und bieten Segeln, Wasserski, Windsurfen im *Barakuda-Club* am Lac Togo (30 km östlich von Lomé) an.
Die meisten verfügen auch über eine Telex-/Fax-Anlage, von wo man eine Nachricht nach Hause faxen kann.

Mittelklasse
Hôtel du Golf
Rue du Commerce, Tel. 21 51 41.
Hôtel Le Benin
Am Bd de la Marina; einziges Strandhotel in Citynähe, Swimmingpool, Gartenrestaurant, B.P.128, Tel. 21 24 85; Telex 52 64.
Le Maxime
Von Franzosen geführtes Hotel etwa 1,5 km westlich vom Zentrum, direkt neben Hotel de la Plage (s. u.); DZ mit Air-Cond. ca. 8000 CFA, Tel. 21 74 48. Gutes und wegen seiner Atmosphäre sehr beliebtes Restaurant.
Robinson Plage
In der Nähe des Hafens, etwa 8 km östlich von Lomé. Strand. Strandhütten für ca. 3500 CFA (Vent.), 6000 CFA (Air-Cond.); 500 CFA/Pers. fürs Zel-

ten. Restaurant mit guter Küche und großen Portionen zu günstigen Preisen!
Ramatou
Neben Robinson Plage. Strandhütte für ca. 3000 bis 5000 CFA, Camping möglich; Restaurant, Tel. 21 43 53.
Chez Alice et Koffi
schöne Camping- und Bungalowanlage (mit guter schweizer und französischer Küche – Alice ist mit einem Schweizer verheiratet), ca. 16 km östlich von Lomé; *siehe auch Anzeige am Ende des Buches!*
Hôtel Continental
EZ ca. 3000 CFA (Ventilator) und DZ ca. 5000 CFA (Air-cond.).
Strandhotel, etwa 3 km westlich vom Zentrum, an der Grenze nach Ghana.

Einfache Hotels
Hôtel de La Plage
Bd du 13. Janvier/ Ecke Bd de la République, DZ ab ca. 2500 CFA (Ventilator), für ca. 5000 CFA mit Air-Condition.
Hotel l´Abri
Bd de la Marina, 80 m westlich vom Hotel de la Plage; Terrasse und Restaurant, Tel. 21 35 84.
Hotel Le Galion
Eine Querstraße nördlich vom Hotel l´Abri *(s. o.)*, gutes Restaurant; DZ mit Vent. ca. 5000 CFA; Tel. 2 16 65 64.
Hotel California
Hôtel du Boulevard
204, Bd du 13 Janvier/Ecke Route d´Atakpamé; angemessene Preise.
Hôtel Continental
Im Stadtteil Amotivé, in unmittelbarer Nähe des Bd du 13 Janvier. Relativ sauber.
Hôtel Mawuli
21, Rue Maoussas, Seitenstraße neben der Moschee, DZ 3000 CFA (ventilée).

Camping
Robinson Plage, s. o.
Ramatou, s. o.
Chez Alice et Koffi, s. o.
Petit Alexandre
Pension und Campingplatz in *Baguida*, ca. 15 km östlich von Lomé, an der Küstenstraße; Preise DZ ca. 2500 CFA, Zelt und Wohnmobil 500 CFA. Europäische und afrikanische Küche.

¡¡♀ ESSEN UND TRINKEN
Das gastronomische Angebot ist relativ groß in Lomé; jeder wird etwas für seinen Geschmack finden, ob afrikanisch, französisch oder gar deutsch!

Restaurants
Exclusive Restaurants
L´Auberge Provencale
Bd de la République, direkt an der Marina, Blick aufs Meer! Tel. 21 16 82.
Restaurant „Le Berry"
Rue de l´Entente/Ecke Rue de l´Ocam, (So geschl.), Tel. 21 51 38. Französische Küche.
Ristorante da Silva
Exzellente italienische Küche in entsprechendem Ambiente (Kolonialstil-Villa).

Mittlere Preisklasse
Au Realis de la Poste
Av. de la Libération, ca. 50 m neben der Post (PTT); französ. Küche.
Restaurant Sénégalaise
Vis-à-vis vom Hotel du Golf; gutes Essen, günstige Preise, gute Atmosphäre und nette Leute.
Boulangerie Bopato
Gegenüber der B.I.A.O.; einer der billigsten Plätze.
Mini-Brasserie
Beliebter Treffpunkt von Travellern in der Rue de la Gare.

Café du Centre, Rue de la Gare.
Le Boul' Mich
Gegenüber Centre Culturel Français.
Café Santa Fé
Bd du 13 Janvier/Ecke Route d´Aného.
Café des Arts
Bd du 13 Janvier/Ecke Bd Eyadéma; seit Jahren der Treffpunkt!
La Rabile
Snack-Bar am Bd 13. Janvier/ Bd Eyadéma.
Chez Marox/Restaurant Alt-München
Deutsches Restaurant mit Schweinshaxn, Bier vom Faß etc. für diejenigen, die unterwegs nicht darauf verzichten können!

Einfache Restaurants
In der *Rue du Grand Marché* gibt es mehrere kleine afrikanische Restaurants, wo man für ein paar hundert CFA ein Essen bekommt, z. B. das *Restaurant de l'Amitié, La Paloma* oder *Chez Dadia*.
Abends kann man auch an den Strassenständen am *Bd Eyadéma* gut essen.
Mehrere einfache Restaurants/Bars mit Blick aufs Meer finden sich an der Uferstraße Richtung Ghana (ca. 1,5 bis 2 km vom Zentrum): besonders schön, um abends draußen zu sitzen.
Auch im *Quartier Amotivé* gibt es spät abends noch Straßenstände mit Fleischspießchen etc.

NACHTLEBEN
Night-Clubs
Moustache und *Atlantise* Bars/Cafés
„Café des Arts"
Bd 13. Janvier (Ost), Bistro, tägl. ab 19 Uhr geöffnet. Nicht nur bei Travellern beliebter Treffpunkt.
„Lomé Delices"
Salon de thé, Konditorei.

Kinos
Ciné du 24. Janvier
Casino
Centre Culturel Français
Av. 24. Janvier, zeigt täglich Filme in franz. Sprache.
American Cultural Center (gegenüber der Botschaft der USA): hier werden freitags kostenlos Filme vorgeführt. Ebenso zeigt das Goethe-Institut Filme, *s. Sonstiges*. Alle Kulturzentren verfügen auch über eine Bibliothek.

 VERKEHRSVERBINDUNG
Fluggesellschaften
Sabena
Rue Gallieni, gegenüber von S.T.M.P.; günstige Flugtickets (auch für Motorräder und Hunde).
Aeroflot
Av. 24 Janvier, billigste Flüge nach Europa (via Moskau), Tel. 21 04 80.
Swissair, Route d´Aného,Tel. 21 31 57.
Air Afrique
12, Rue du Commerce, B.P.11, Tel. 21 20 42.
Ghana Airways
Av. de la Libération, Tel. 21 56 91.
UTA
Rue du Grand Marché, Tel. 21 69 10.

Verkehrsmittel in der Stadt
Taxis
Innerhalb der Stadt kosten Taxis je nach Entfernung 175 bzw. 200 CFA (Nachttarif); in die Außenbezirke ca. 500 CFA. Fahrpreis vorher aushandeln!Taxis zum Flughafen kosten ca. 1000 CFA.
Bus
Die Bushaltestelle für den Bus nach *Ramatou* (Chez Alice, Robinson) befindet sich am Bd Mono, zwischen den Supermärkten Hollando und Marox.
Mietwagen
(auch mit Chauffeur) gibt es bei:

848 Länder, Routen, Sehenswürdigkeiten – Togo

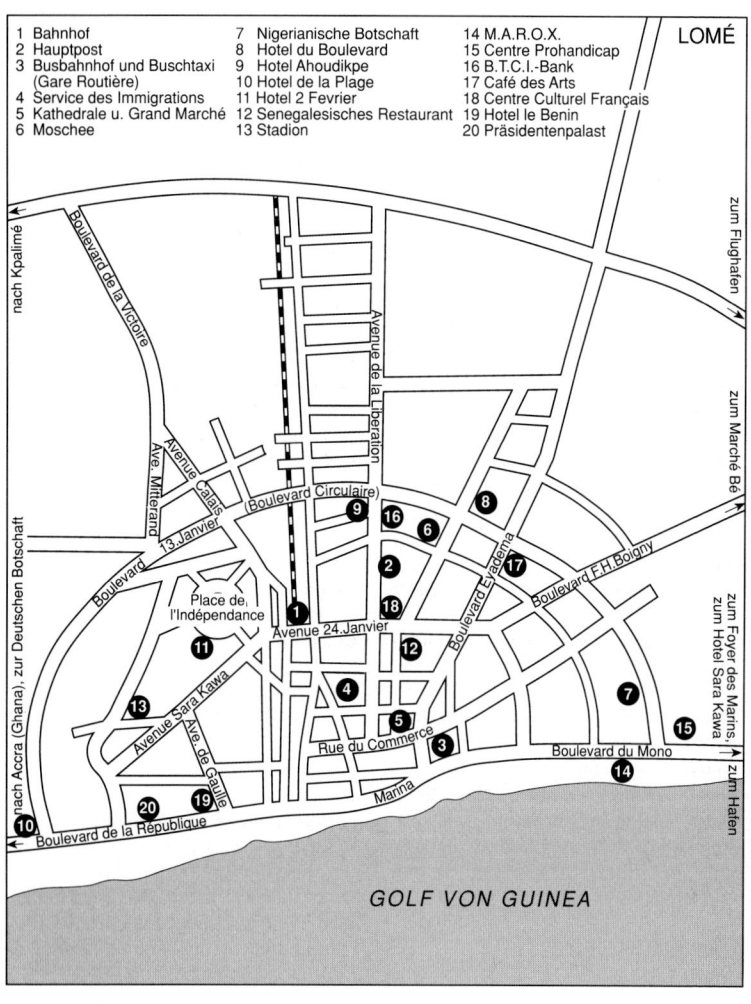

Avis Togo
252, Bd 13. Janvier, B.P. 3570,
Tel. 21 10 33.
Europ-Car National, Tel. 21 13 24.
Budget - Rent a car, Tel. 21 09 31.

Hertz
12, Rue du Commerce, Tel. 21 50 52.
Transcar
1120, Bd 13. Janvier, B.P. 12095,
Tel. 21 45 40.

Für Selbstfahrer ab 7000 CFA pro Tag, zuzüglich 68 CFA/km und 12% Steuern!
Die Vorlage eines Internationalen Führerscheins wird verlangt!
Es herrscht Rechtsverkehr.
Die meisten Agenturen haben einen Schalter am Flughafen.

Verkehrsverbindungen von/nach Burkina Faso
Vom neuen Busbahnhof *(nouvelle gare routière)* geht es mit dem Bus (ca. 5000 CFA) über *Atakpamé, Sokodé, Kara* nach *Dapaong*; von dort mit einem Peugeot 404 (ca. 5000 CFA) nach *Ouagadougou* oder direkt von Lomé (nouvelle gare routière) mit dem Peugeot-Taxi brousse nach Ouaga (ca. 10 000 CFA).

Benin
Vom Busbahnhof in der Nähe des Marktes (Grand Marché) starten mehrere Taxis und Minibusse.
Preise
Lomé–Cotonou: 1200 CFA/Minibus, 1500 CFA/Person/Taxi.
Lomé–Porto Novo: 1500 CFA /Minibus.
Lomé–Ouidah: 1000 CFA/Minibus; auch Peugeots Richtung Lagos (Nigeria).

Ghana
Sofern die Grenze offen ist, fahren Minibusse und Sammeltaxis von Lomé (Busbahnhof nahe dem Grand Marché) nach Accra.
Besser und schneller ist es, mit dem Stadttaxi zur Grenze (nur ca. 3 km vom Zentrum!) zu fahren und dann zu Fuß die Grenze zu passieren: Viele Minibusse/Peugeots stehen zur Weiterfahrt bereit.

 NOTFALL
Krankenhäuser
Clinique de l´Union
Neben der Ècole Française, Tel. 21 77 13.
Centre Medical Française
Bd du 13 Janvier, neben Texaco-Tankstelle.
(Das *Hôpital Tokoin* an der Route de Kpalimé ist nicht zu empfehlen.)

Apotheken
Pharmacie Pour Tous
Route d'Atakpamé.
Außerdem *Pharmacie de Boulevard* und *Togopharma*.
Hinweis: Sollten Sie unterwegs eine Cholera-Impfung brauchen, gehen Sie ins
Institut d'Hygiene (Lomé)
Tel. 21 06 33; andere Impfstoffe müssen Sie sich in einer der größeren Apotheken besorgen (s. o.).

 SONSTIGES
Kultur
Goethe-Institut
25, Rue Colonel , Maroix, B.P. 914, Tel. (0 02 28) 21 08 94.

Reisebüro
S.T.M.P.
2, Rue du Commerce, Tel. 21 26 11 od. 21 55 45.
Reisebüro, wo man günstige Schiff- und Flugtickets bekommt. Im gleichen Haus ist auch die Vertretung für
American Express
(Tel. 21 26 11, 21 57 93, 21 58 78); lagert „poste restante" auch für Nicht-Kunden.

Buchhandlungen
Librairie Bon Pasteur
Gegenüber der Kathedrale.

Maladise
Nahe der amerikanischen Botschaft.
La Bouquinerie
Gegenüber vom Hotel du Golfe.

Service Topographique et Cadastre
Rue du Colonel de Roux/ Ecke Albert Sarraut (zw. Bahnhof und Meer); Straßenkarten von Lomé bzw. Togo.

Supermärkte
Marox - Supermarkt
Am östlichen Ende der Rue de Commerce gelegen bietet er eine große Auswahl an europäischen und vor allem deutschen Produkten wie Knäckebrot, Pumpernickel, Leberwurst, Gummibärchen und was man noch so alles unterwegs nach einer gewissen Zeit vermißt. Das dazugehörige Restaurant bietet deutsche Küche an (für diejenigen, die's brauchen).
Preiswerte Supermärkte sind *Hollando*, unweit vom Marox und *Goyi-Score* in der Rue Gallieni, neben dem Sabena-Büro.
SGGG, Rue de la Gare.

Pro Handicap-Shop
Nicht weit vom Marox-Supermarkt, am östlichen Ende des Bd du 13 Janvier. Dieser Shop ist eine Dependance des Centre Pro Handicap in *Niamtougou*; hier werden von Behinderten angefertigte kunsthandwerkliche Gegenstände, vor allem gebatikte und bedruckte Stoffe mit afrikanischen Motiven, ausgestellt und zum Verkauf angeboten.

Schwimmbäder
Hôtel Sarakawa
Teuer, aber dafür auch luxuriös!
Hôtel du 2 Février
Relativ zentral gelegen.
Hôtel de la Paix.

Strände
Die Strandabschnitte vor dem *Hôtel de la Paix* sind relativ sauber. Da das Meer direkt bei Lomé jedoch aufgrund der starken Strömung sehr gefährlich ist, empfiehlt es sich, zum *Robinson Plage* (östlich des Hafens) zu fahren (Taxi oder Auto-Stop); dort kann man im Schutz der alten Küstenstraße ohne Gefahr baden.

 AUSFLÜGE
Lac Togo
Nicht weit außerhalb der Stadt gelegen, ist dieser See nicht nur ein Freizeitparadies (Wassersportzentrum im *Hotel Le Lac, s. u.*), sondern auch historische Stätte.
In dem Dorf Togo (heute *Togoville*) wurde am 5.7.1884 der Vertrag zwischen König Mlapa II. und Gustav Nachtigall, dem Vertreter des deutschen Kaiserreichs, abgeschlossen, der die deutsche Schutzherrschaft begründete.

Pirogenfahrt von Baguida nach Togoville
Touristisch und teuer. Man nehme besser eine Piroge von *Agbodrafo (Porto Seguro)*, 35 km östlich von Lomé, um die Lagunenüberquerung nach Togoville zu bewerkstelligen.
Übernachtung
Hotel du Lac
In Togoville (DZ ab 10 000 CFA), geschlossen von Mai bis Oktober; Reservierungen über Hotel Tropicana *(s. u.)*, Tel. 21 34 06.
L´Auberge du Lac
In der Nähe von *Kpessi* am Westufer des Sees, Bungalow ab 5000 CFA, Anlage mit Restaurant; Segelboot und Pirogenvermietung.
Auberge L´Abre à Palabre
Togoville, DZ ab 6000 CFA.

Der Süden und das Zentrum

Aného (ehem. Anécho)

Auf der palmengesäumten Küstenstraße Richtung Osten erreichen Sie nach 45 km Aného, die **erste Hauptstadt Togos**. Auch heute noch prägen zahlreiche Kolonialbauten das Stadtbild. Hier werden auch die Hauptexportprodukte wie Palmkerne und -kernöl, Mais und Maniok produziert. Donnerstags findet ein großer Wochenmarkt statt.

PRAKTISCHE INFORMATIONEN

 UNTERKUNFT

Hotels

Hotel de l'Union
An der Straße nach Lomé, Tel. 31 00 69, DZ mit Air-Cond. ab 8000 CFA.

Hotel-Restaurant de l'Oasis
DZ ca. 4500 CFA ohne Air-Cond. und ca. 6500 CFA mit Air-Cond.

Hotel Royal Holiday
Neues Haus – keine Atmosphäre, DZ ab 3500 CFA mit Ventilator.

Hotel Nous Les Jeunes
Etwas außerhalb; ca. 2500 CFA für einfaches Zimmer ohne fließend Wasser (d. h. „afrikanische Dusche" aus dem Eimer!).

ESSEN UND TRINKEN

Restaurants

Restaurant des Hotel de l'Oasis
In der Nähe der Brücke direkt an der Lagune, schöner Blick !

Außerdem gibt es mehrere kleine afrikanische Restaurants in der Nähe des Marktes.

Fischer beim Einholen der Netze

AUSFLÜGE

Glidji *(4 km)*

Das Dorf ist das sehenswerte Zentrum des aus Ghana eingewanderten *Guin-Stammes*. Unter Führung ihres Königs *Foli-Bébé* ließen sie sich hier Ende des 17. Jh.s nieder. Bekannt ist diese Bevölkerungsgruppe wegen ihrer zahlreichen Fetischisseure. Ihrem *Schutzgott Egou* haben sie einen Tempel geweiht. Für eine Audienz beim derzeitigen König von Glidji muß man sich zunächst bei der Präfektur und dann im königlichen Sekretariat anmelden.

Seit etwa 300 Jahren findet in Glidji alljährlich im September das viertägige, prunkvolle **Fest der Guin** statt.

Am ersten Tag (Donnerstag vor dem zweiten Sonntag im September) wird nach festgelegten Riten das Orakel befragt und die Farbe des heiligen Steins festgestellt, der zu verschiedenen feierlichen Anlässen verwendet wird. Ein weißer Stein bedeutet glückliche Umstände, ein schwarzer dagegen ein Jahr voller Schwierigkeiten. Am zweiten Tag gedenkt man der verstorbenen Ahnen. Am Samstag und Sonntag feiert man mit großer Begeisterung, vor allem durch Tänze wie den königlichen *Dgokoto*, *Adjogbo* und *Gbékon* den Beginn des Mondjahres.

Vogan *(20 km)*

In Vogan findet freitags einer der größten Märkte Togos statt.

Dieser ist unschwer zu finden, denn jeder ist freitags auf dem Wege dorthin. Alles was rund ums Haus wächst oder aufwächst, wird verkauft. Der eine zieht eine Ziege hinter sich her, die er zu verkaufen hofft, der andere trägt eine Kalebasse voll Paprikaschoten, weitere laufen mit einer Bananenstaude oder Kokosnuß auf dem Kopf herum, während ein kleines Mädchen versucht ein paar Zuckerrohrstangen auf dem Kopf zu balancieren zu umd diese zum Markt zu bringen. Allein das Drum herum ist schon ein malerischer Anblick.

Avévé *(22 km)*

Hier sind mit etwas Glück Flußpferde in dem Grenzfluß Mono zu beobachten.

Tsévié

35 km nördlich von Lomé gelegen ist der Ort mit dem Zug oder Minibus gut zu erreichen. In der Raffinerie von *Alokoegbé* werden für den örtlichen Verbrauch Palmkernöl und ätherisches Öl für die europäische Parfümindustrie hergestellt. Der Markt wird montags und freitags abgehalten. Eine relativ günstige **Übernachtungsmöglichkeit** bietet das *Hôtel Miva*.

Lomé – Kpalimé – Atakpamé – Blitta

⇨ **ca. 346 km** mittelmäßige Straße

Kpalimé (ehem. Palimé)

Das ca. 126 km nordwestlich von Lomé (mittelmäßige, löchrige Straße) gelegene **Kunsthandwerkszentrum** Kpalimé war schon bei den ehemaligen deutschen Kolonialherrn aufgrund seiner Höhenlage ein beliebter Erholungsort. Der fruchtbare Boden und das feuchtwarme Klima ermöglichten den Anbau von Kaffee und Kakao auf riesigen Plantagen. Dafür mußte ein Teil des dichten, tropischen Regenwaldes abgeholzt werden. Die Eisenbahnlinie Kpalimé - Lomé wurde für den Transport dieser Weltmarktprodukte gebaut. Auch heute noch kommen ca. **90% der Kaffee-**

Der Süden und das Zentrum: Kpalimé 853

und Kakaoproduktion des Landes aus der Region von Kpalimé. Ein schöner Markt findet dienstags und samstags statt.

Kpalimé ist auch bekannt für seine, mit Goldfäden durchwebten Stoffe; auch der Präsident läßt hier sein offizielles Gewand anfertigen.

Während der Trockenzeit bietet sich ein phantastischer Panoramablick vom *Mont Agou* (986 m).

PRAKTISCHE INFORMATIONEN

 UNTERKUNFT
Hotels/Campement
Grand Hotel du 30 Août
Tel. 41 00 95, etwa 2 km südlich der Stadt, DZ ab 8500 CFA.
Hôtel De La Détente
Etwa 1,5 km vom Zentrum an der Ausfallstraße Richtung Atakpamé (beschildert); DZ 2800 bis 4500 CFA (mit Air-Cond.).
Chez Aubergiste
An der Straße nach Klouto, DZ ab 3500 CFA , Restaurant mit franz. Küche.
Hotel Chez Solo
Günstige Doppelzimmer, typisch afrikanische Atmosphäre; gutes Restaurant.
Hôtel - Bar Domino
Das Hotel ist zentral gelegen und hat einen schönen Innenhof mit Garten, kleine DZ ab 3500 CFA, Tel. 41 01 87, im Restaurant gute einheimische Küche! (Sehenswert ist die Weberei gegenüber vom Hotel Domino: Hier werden die in Streifen gewebten Stoffe angefertigt.)
Außerhalb:
L´Auberge de Bethania
Tel. 21 35 51; etwa 30 km südlich an der Straße nach Lomé.

 ESSEN UND TRINKEN
Restaurants
Hotel-Bar Domino
Ausgezeichnete togolesische Küche.
Au Fermier
Etwas außerhalb, beim Kunsthandwerkszentrum (Straße nach Kloto).
ABC (Amical Bon Café)
Zwischen Markt und Busbahnhof, gute Küche.
Makumba
Neben der Garage von *Urs Bischofsberger*; z. Zt. die beste Küche aller Gaststätten in Kpalimé; beschilderte Zufahrt.
Das Restaurant im Grand *Hotel du 30 Août* ist wegen seiner Athmosphäre bei Touristen sehr beliebt, ebenso ißt man gut im Restaurant vom *Hotel Chez Solo* und im *Chez Aubergiste* (französische Küche).

 VERKEHRSVERBINDUNG
Zu erreichen ist Kpalimé mit dem Zug (lange Fahrt) oder mit dem Bus (Abfahrt vor dem Bahnhof in Lomé bzw. Rückfahrt am Busbahnhof in Kpalimé).

 SONSTIGES
KFZ-Werkstatt
Eine gute *Garage (Atelier Bon Conseil)* hat Urs Bischofsberger (hinter der neuen technischen Schule), B.P. 77, Tel. 41 00 86.

 AUSFLÜGE
Wasserfall von Kpimé
Etwa 10 km außerhalb von Kpalimé, an der Straße nach *Adéta*, zweigt links eine Piste zum sehenswerten Wasserfall von *Kpimé* ab (in der Trockenzeit führt er kein Wasser!). Eintritt 500 CFA pro Person. Der Weg führt entlang einer landschaftlich sehr reizvollen Strecke.

Pic d´Agou (986 m)

Eine schöne Aussicht bietet sich bei klarem Wetter von dem etwa 20 km südöstl. der Stadt gelegenen Mt.Agou.

Mt. Klouto (741 m)

Ein Ausflug zum Mt. Klouto lohnt sich nicht nur wegen der üppigen Vegetation und der zahlreichen tropischen Schmetterlinge, sondern auch wegen des Blicks rüber nach Ghana. Ausgangspunkt ist das *Campement de Klouto (s. o.).*

Klo(u)to

12 km nordwestlich von Kpalimé gelegen. Am besten ist der Ort an den Markttagen (Sa und Di) mit dem Sammeltaxi zu erreichen. Es herrscht relativ kühles und trockenes Klima und üppige Vegetation vor. Manche erblicken hier die **schönste Region Togos**.
Sehenswert ist das Zentrum des Kunsthandwerks, in dem zum Teil sehr anspruchsvolle Batik-, Töpfer-, und Holzschnitzarbeiten hergestellt werden.

Übernachtung

Campement de Klouto
In schöner Waldgegend oben auf einem Hügel gelegen; Zimmer mit Dusche und WC ca. 4200 CFA; Camping möglich. Im Gebäude des Campements war angeblich vor dem Ersten Weltkrieg ein Krankenhaus untergebracht.

Ausflüge

Von **Missahohé** öffnet sich ein weiter Blick über die Berg- und Hügellandschaft und die fruchtbaren Ebenen Kpalimés.

In der nationalen Landwirtschaftsschule in **Tové** werden Felder zu Versuchszwecken angelegt und seltene Pflanzen für Parfüm-Essenzen angebaut.

Fährt man von Kpalimé auf der Nebenstraße weiter Richtung **Atakpamé**, so führt die Straße zunächst zu dem kleinen Dorf *Adéta,* von wo aus man die Hochebene von *Danyi* und den Hauptort *Apéyémé* erreichen kann. Malerische Bergstraße bis *Evalagnon.* Um nicht dieselbe Strecke nach Adéta zurückfahren zu müssen, kann man ab *Evalagnon* (Wegweiser) die neue Piste nach *Badou* benützen, wo man eine Asphaltstraße (Richtung Osten) nach Atkapamé vorfindet.

Notsé

Älteste Stadt und Hauptstadt der *Ewe*; Ende des 16. Jh.s ließen sich hier einige Ewe nieder. Ihr Chef *Agokoli* hat eine riesige Verteidigungsmauer um die Ortschaft errichten lassen, um die Bewohner vor den Streifzügen der Sklavenhändler zu schützen. Als Material diente mit Kokosnußmilch verkneteter Ton. Als sich *Agokoli* (der Überlieferung nach) zu einem Tyrannen entwickelt hatte, verließen viele Ewe die Stadt und zogen Richtung Küste.

In Erinnerung an die Auswanderung der Ewe findet jedes Jahr am ersten Sonntag im September in *Agbogdozan* ein großes Ewe-Fest statt.

Mit Zepter und entsprechendem Kopfschmuck, den Zeichen ihrer Würde, erscheinen die Stammeshäuptlinge; umgeben von dichten Menschenmassen bewegen sie sich unter einem Baldachin fort. In großer Dankbarkeit werden den Ahnen Trankopfer dargebracht. Und natürlich bietet ein solches Fest auch immer Gelegenheit zum Tanzen: *Adéhoun* (Tanz der Jäger), *Akpesse* (Tanz der Jünglinge) und viele andere mehr werden aufgeführt.

Die Region von Notsé ist heute Zentrum des Ananas-Anbaus.

Übernachtung
Centre Social Naolo, mit guter Küche.
Hôtel Auberge de Haho
DZ 3000 bis 5000 CFA, am nördlichen Stadtrand der Hauptstraße (RN1).

Atakpamé

Die Stadt war zunächst von *Ewe* und *Ana* besiedelt, später auch von den *Akposso*.

Zur deutschen Kolonialzeit war Atakpamé die Residenzstadt deutscher Gouverneure. Hier befand sich auch die Telegraphenstation, die für den direkten Kontakt zwischen Togo und Berlin sorgte.

Heute verfügt Atakpamé über mehrere Schulen, Missionsstationen, eine Moschee, ein Krankenhaus und Flugplatz; spärliche, für Interessierte aber sehenswerte Reste der deutschen Kolonialbauten (u. a. Telegrafenstation) finden sich etwas außerhalb.

PRAKTISCHE INFORMATIONEN

 UNTERKUNFT

Hotels
Hotel Roc
Klimatisierte Zimmer, Restaurant, Night-Club; Tel. 40 02 37.
Relais des Plateaux (ehemal. SORAD)
500 m vom Busbahnhof. DZ kostet ca. 5300 CFA/Ventilator, ca. 7300 CFA/Air-Cond., ruhiger Garten !
Hotel Kapokiér
Zentral gelegen, in der Nähe des Marktes. Einfach, gutes Qualitäts-Preis-Verhältnis. Tel. 40 02 13.
Chez Soi
Einfaches Hotel an der Straße nach Sokodé, DZ mit Vent. ca. 5500 CFA.

Westafrikanische Schönheiten

🍽 ESSEN UND TRINKEN
Afrikanische Restaurants

La Sagesse
Etwa 100 m nördlich vom Grand Marché; gute europäische und togolesische Küche.

Bar-Restaurant Solidarité
Beliebter Treffpunkt, etwa 200 m südöstlich vom Grand Marché.

Togo-Bar
Restaurant mit guter togolesischer Küche, etwa 50 m westlich vom Markt, Sonntags geschlossen.

 AUSFLÜGE

In der Umgebung sind die **Wasserfälle von Ayomé** sehenswert; zu erreichen über die Straße nach Kpalimé, kurz hinter dem Dorf *Ayomé* rechts (Führer im Dorf).

Nach Badou
Nach 88 km Fahrt durch eine abwechslungsreiche Berglandschaft *(Akposso-Berge)* mit tropischem Regenwald erreicht man an der Grenze nach Ghana den Ort **Badou**.
Dieser ist Zentrum des Kakaoanbaus. Besonders interessant ist diese Fahrt zur Zeit der Kakaoernte von November bis Dezember.
Übernachtung im *Hotel Abuta* (EZ mit Air-Cond. ab 4000 CFA).

Tomégbe-Wasserfälle
Ca. 10 km südl. von Badou bietet sich das Schauspiel der Wasserfälle von *Tomégbé*. Zunächst gehen Sie zum Dorfchef, um sich anzumelden; dieser wird einen kleinen Geldbetrag verlangen und Ihnen einen Führer besorgen (obligatorisch!). Nach etwa einstündiger Wanderung bergauf durch tropischen Regenwald erreichen sie den über 200 m hohen Wasserfall.

Auf der Fahrt nach *Blitta* lohnt sich 27 km nördlich von Atakpamé ein kurzer Aufenthalt in *Anié*, vor allem donnerstags, wenn dort der große Markt abgehalten wird, auf dem man die für den Ort berühmten Fetische kaufen kann.

An der Form der Behausungen wird sichtbar, daß man sich nun im Land der *Kabyé* befindet; die Hütten sind nicht mehr viereckig, sondern rund und bilden die typischen Gehöfte „Soukoula". Jetzt werden auch vermehrt Yamsknollen, Maniok, Mais und Reis angebaut. Die Maniok- und Yamsfelder erkennt man an den vielen kleinen Erdhügeln, auf deren Spitze man meist einen Stein legt, um kenntlich zu machen, welche der Hügel schon bepflanzt wurden und welche noch nicht. Die Yamswurzeln können dreißig bis vierzig Zentimeter lang werden und haben einen Durchmesser von zehn Zentimetern; die Maniokwurzel ist kleiner. Auf den Märkten vor allem der nördlichen Regionen findet man ganze Berge dieser stärkehaltigen Knollen, die wie Kartoffeln in Wasser gekocht werden.

Blitta
Blitta ist die Endstation der von Lomé kommenden Eisenbahnlinie. Auffallend sind die Teakholzbäume, eine aus Asien stammende Baumart mit sehr geradem, schlankem Stamm, die in Europa vor allem in der Möbelindustrie Verwendung findet, in Togo selbst jedoch lediglich als Telegraphenmasten dient. Bekannt ist Blitta auch für seine Mangos, die ab April geerntet werden.

Übernachtung
Motel de Blitta
DZ ca. 1500 CFA, Bar-Restaurant. Einfache, gute togolesische und franz. Küche. Treibstoff.

Der Norden

Sokodé

Das heutige Verwaltungs- und Schulzentrum ist aus mehreren Dörfern zusammengewachsen. Zahlreiche Flamboyants und Mangobäume verleihen der Stadt eine angenehme Atmosphäre.
Montags ist Markt: reichhaltige Auswahl an Stoffen und Gewürzen. Gesichter, Frisuren und Bekleidung zeigen die Vielfalt der Bevölkerungsgruppen, die in Sokodé und Umgebung leben. Besonders auffällig sind die moslemischen *Kotokoli*. Die Männer dieser Ethnie erkennt man am traditionellen Gewand, dem „Boubou", der bestickten Kopfbedeckung und dem als Statussymbol am Arm hängend getragenen Schirm, die Frauen an den mit Metallfäden durchwirkten und mit Pailletten bestickten Schleiern.

PRAKTISCHE INFORMATIONEN

 UNTERKUNFT

Hotels/Campement
Hotel A. V. Kedia
An der Straße nach Kara, sauber, freundliche Leute, klimat. DZ ca. 4000 CFA.
Hotel Central
Klimatisierte Bungalows ab 7000 CFA, Campingmöglichkeit auf dem Hotelgelände; am südlichen Ortseingang, gleich hinter der Zollstation; Tel. 50 00 03.
La Bonne Auberge
2 km vom Zentrum in Richtung Lama-Kara; DZ ab 4500 CFA, gutes Restaurant, Tel. 50 02 35.
Hotel Kodédji
Nicht besonders sauber, DZ ca. 1500-2000 CFA.
Hotel La Cigale et la Fourmi
DZ mit Ventilator ca. 2500 CFA, mit Klimaanlage ca. 4000 CFA.
Hotel des Trois Fontaines
An der Straße nach Atakpamé, DZ mit Vent. ab 2500 CFA, Restaurant und schöne Gartenanlage.
Campement
Ruhiger Platz am Ortseingang, DZ ab 2500 CFA.
Hotel Alhamdou
Hinter dem Stadion, nicht sehr gepflegt, aber preiswert; DZ ab 2000 CFA. Restaurant.

 AUSFLÜGE

Nationalpark von *Fazao*
40 km südlich von Sokodé; kurz vor *Ayengré* Abzweigung nach rechts; etwa 23 km bis zum Dorf *Fazao*.
Unterkunft im Hotel in Fazao (DZ ca. 13 000 CFA), Schwimmbad; geschlossen von Mai bis Oktober.

Tierreservat von *Malfakassa*
Das Reservat befindet sich an der Straße von Sokodé nach *Bassar*.
In den Wäldern von Fazao und Malfakassa begegnet man außer den Savannentieren wie in *Kéran* auch einer sehr typischen Waldfauna mit verschiedenen Antilopen- und Affenarten.

Tchamba
24 km östlich von Sokodé gelegener Ort, der für seine kunstvoll dekorierten Kalebassen bekannt ist.
Übernachtung im Campement.

Bassar

Von Sokodé aus auf der R.N.17 nach 57 km zu erreichen; vorbei am Reservat von Malfakassa mit schönen Aussichtspunkten. Die *Bassari* züchten Rinder, Schafe und Ziegen; außerdem pflanzen sie eine besondere, kürzere Yams-Wurzel-Art an, die im Geschmack der Kartoffel sehr ähnlich ist.
Traditionelle Sitten und Bräuche sind bei den Bassari noch sehr lebendig. Pythonschlange und Fledermaus werden als Totem-Tiere verehrt. Alljährlich findet hier Anfang September das berühmte Yams-Fest statt, mit traditionellen Kostümen und Tänzen.

Übernachtung
Hotel de Bassar
Oberhalb des Dorfes, Bungalow-Hotel, relativ teuer!
Le Campement, gemäßigte Preise.
Katholische Mission.

In dem ca. 40 km entfernten **Bandjeli** (Straße nach Westen) kann man noch einen alten Hochofen besichtigen, mit dem die *Bassari* früher aus dem eisenerzhaltigen Boden Mineralien zur Herstellung von Waffen (Speerspitzen) und landwirtschaftlichen Geräten gewannen. Mit dem Busch-Taxi ist Bandjeli am besten donnertags (Markttag!) zu erreichen.
22 km nördlich von Bassar liegt **Kabou**.
Der Ort wird von den *Konkomba* bewohnt, die als Krieger wegen ihrer vergifteten Pfeile weithin gefürchtet waren. Auch wenn die Konkomba heute nicht mehr in demselben Ausmaß wie früher ihren kriegerischen Gelüsten nachgehen, so haben sie sich dennoch zahlreiche Bräuche wie Kriegstanz (mit Pfeil und Bogen) oder Totentänze erhalten.

Von Kabou 35 km nordwestlich liegt das Dorf **Gourinkouka** mit einer Zweigstelle der Mission in Bassar; Markt ist sonntags.
Auf der Straße *Sokodé-Bafilo* kommt man nach 36 km an der berühmten **Gesteinsspalte von Aledjo** *(Faille d'Aledjo)* vorbei.
Wer gerne klettert, kann den kleinen Weg rechter Hand vom Campement nehmen und 600 m senkrecht bis zum Todesfelsen („Rocher de la mort") klettern, wo früher die Hexen und Zauberer hinuntergeworfen wurden; unten warteten meist Löwen und Leoparden auf ihre Opfer.
Übernachtung im staatlichen Campement möglich; Essen nur auf Bestellung.
Bei einem Ausflug nach **Aledjo-Kadara** lohnt es sich, früh aufzustehen, da man in den frühen Morgenstunden mit etwas Glück einige Affen entlang des Weges treffen kann. Bei *Péwa* (an der R.N.1) die Piste Richtung Süden nehmen; nach 5 km erreicht man *Aledjo-Kadara*.

Die Asphaltstraße *Sokodé-Kara-Kandé* hat einige Schlaglöcher; es geht durch hügelige, teilweise gebirgige Landschaft. (Steigungen von 8–10% und enge Kurven bedeuten erhöhte Unfallgefahr, wovon die zahlreichen Autowracks entlang der Straße zeugen.)

Bafilo

Ein Abstecher nach **Bafilo** bietet sich an: Das angenehme Klima lädt zu Wanderungen in die Umgebung ein; ein Wasserfall ergießt sich am Ende des Ortes.
Markt ist in Bafilo alle sechs Tage; sehenswert sind die Produkte der Weber.

Bei den Somba im Grenzbereich von Togo und Benin

Übernachtung
Im neuen Kleinhotel *Massa Esso*, am nördlichen Ortsausgang von Bafilo; die Küche ist weniger gut.
Im Ort gibt es Läden und Treibstoff.

Bereist man Togo von Süden nach Norden, so stechen die **unterschiedlichen Behausungen** ins Auge. Während entlang der Küste palmblattgedeckte Hütten typisch sind, die den Saisonfischern als Unterschlupf dienen, ist im südlichen Togo die viereckige oder quadratische Hütte mit Satteldach üblich; das Strohdach wird heute häufig durch Wellblech ersetzt. Und je weiter man nach Norden kommt, um so häufiger trifft man runde Hütten an, die meist nur eine einzige kleine Öffnung besitzen. Bei den *Konkomba* ist diese in der Regel kreisförmig und befindet sich etwa 30 bis 40 Zentimeter über dem Boden, um vor allem das Eindringen von Wasser zu verhindern.

Hinweis! Viele Kontrollen durch Polizei, Gendarmerie und „Zoll", vor allem hier in der Region um Kara (als auch in der Umgebung von Lomé).

Kara

Das ehemalige Lama-Kara mit heute etwa 20 000 Einwohnern stellt das Zentrum des Kabyé-Landes dar; hier beginnt die Region der Trockensavanne. In den letzten Jahren hat sich dieser Ort zu einem der **größten touristischen Anziehungspunkte** Togos entwickelt.

Die *Kabyé,* auch „Steinbauern" genannt, versuchen dem unergiebigen Boden dieser Region durch terrassenförmig angelegte Felder die Feldfrüchte zu entringen. Viehhaltung und Fischfang tragen zur Ergänzung des Speisezettels bei. Die Kabyé sind weitgehend den Traditionen ihrer Vorfahren treu geblieben. Viele Dörfer besitzen auch heute noch einen heiligen Baum, dem außergewöhnliche Kräfte zugeschrieben werden. Die Autorität der Ältesten ist ungebrochen und die Gesellschaft sehr stark nach Altersklassen strukturiert.

Jedes Jahr im Juli findet das **Fest der „Evala"**, der heranwachsenden männlichen Jugend, statt, welches Anlaß zu Schaukämpfen ist; anschließend folgt das Initiationsfest der Mädchen, *Akpéma* genannt, womit die Mädchen ihre Heiratsfähigkeit erlangen. Früher waren die Mädchen bis zu diesem Fest lediglich mit ein paar Hüftschnüren „bekleidet" und durften erst ab der Initiation Kleidung anlegen.

Für die Männer findet alle fünf Jahre, nach einer Zeit der Abgeschiedenheit, die Initiation in die Kaste der Krieger statt. Den Abschluß bildet das Habyé-Fest, wo sich einzelne Männer ihren Körper mit Pfeilen durchbohren oder lebendige Kröten verschlucken.

Lebensmittel und Treibstoff sind in der Stadt erhältlich. Mehrere Banken gibt es, eine Post und ein Krankenhaus.

PRAKTISCHE INFORMATIONEN

 UNTERKUNFT

Hotels
Hotel Kara
Luxuriöse Anlage mit Schwimmbad und beste Adresse am Platz; klimatisierte Zimmer bzw. Bungalows, DZ ca. 18 000 CFA, Tel. 60 60 20.
Hotel Relais
Tel. 60 62 96, gute franz. Küche.

Hotel Sapaw
Beliebt bei Travellern; zwischen Markt und Hotel Kara; DZ ca. 2000 CFA; mit Air-Cond. ca. 4500 CFA. Restaurant.
Auberge Saint Sama
DZ mit Vent. ab 2000 CFA.
Hotel Parisien
Einfaches afrikanisches Hotel mit Bar-Restaurant; DZ mit Air-Cond. ab 5500 CFA.

 ESSEN UND TRINKEN
Restaurants
Le Jardin
Hotel-Restaurant, unter franz. Leitung, gute Küche, etwas teuer; an der Zufahrtstraße zum Hotel Kara.
Le Chateau
Etwa 50 m östlich vom Markt; unter deutsch-togolesischer Leitung.
Mini-Rizerie
Av. Eyadéma, gegenüber der Post.
Dacoomba
Bar-Grill-Restaurant, nahe Hotel Sapaw.
Außerdem gibt es ein Restaurant im Hotel Sapaw.

 AUSFLÜGE
Kétao
21 km auf der R.N. 16 Richtung Osten (Grenze nach Benin); hier findet mittwochs einer der größten Märkte Togos statt; sehenswert die Töpferwaren und der große Viehmarkt. Hier können Sie bei der Herstellung des einheimischen Hirsebiers „Tchoukoutou" zusehen.

Pya
Geburtsort und Sitz der Residenz des Präsidenten *Gnassingbé Eyadéma*.

Sarakawa
Anläßlich des Flugzeugabsturzes am 24. Januar 1974, den der Präsident

Eyadéma überlebte, wurde hier eine Gedenkstätte errichtet, in deren Innern die Flugzeugtrümmer aufbewahrt werden.

Übernachtung
Im *Tourist Hotel* in Kpagouda (westlich von Niamtougou); Bungalow mit Air-Cond. ca. 6000 CFA.

Strecke *Kara – Parakou* (Benin) via *Kétao – Djougou – Bétérou* (198 km): Guter Asphalt bis Kétao (Grenze), dann bis Djougou gute Piste; von Djougou bis Parakou starkes Wellblech. Einreiseformalitäten von Benin (Laissez-passer für Benin 2000 CFA).
Die Piste von Djougou über *Bérékou* nach *Tchaourou* ist inzwischen ausgebaut und ganzjährig für alle Fahrzeuge befahrbar.

Niamtougou
Der Ort ist Ausgangspunkt für Ausflüge in das Land der *Tambermas*, die von den Nachbarstämmen auch *Sombas*, die „Nacktgehenden", genannt werden. Die Sombas haben sich, mehr als die anderen Stämme Togos, ihre alte traditionelle Lebensweise weitgehend bewahrt. Sie wohnen auch heute noch in doppelstöckigen „Lehmburgen", in früheren Zeiten zum Schutz gegen Sklavenjäger gebaut.
Außerdem wohnen in dieser Region die *Naoudeba* und die *Lamba*.
Das Dorf hat einen internationalen Flughafen. Garage. Treibstoff. Post. Sonntags ist großer Markt.

Übernachtung
Camp-Motel Niamtougou
Bungalows am südlichen Ortsausgang an der R.N. 1.
Tourist Hotel
Bungalows (Air-Cond.) ab 5500 CFA.
Hotel Fanama, DZ ab 2500 CFA.

Sehenswert ist die große Behindertenwerkstatt mit einem neuen Verkaufspavillion direkt an der R.N. 1. Vor allem gebatikte und bedruckte Stoffe mit afrikanischen Motiven werden angeboten.

Auf dem Weg nach *Kandé* kommt man durch **Défalé**, das mitten in den Bergen gelegen, zu einem der landschaftlich schönsten Dörfer Togos gehört.

Kandé
Der Ort ist **relativ touristisch**, da von Lomé aus regelmäßig Exkursionen ins Land der *Tamberna* unternommen werden, was dazu geführt hat, daß ein Teil der Bewohner ihre Feldarbeit aufgegeben haben, da sie mit den Touristen viel mehr Geld verdienen können.
Die Tamberna leben, ähnlich wie die benachbarten Somba, in festungsartigen Lehmburgen, „Tata" genannt. Gebaut werden diese Gehöfte in mehreren Lagen aus Ton und hölzernen Balken, wobei die einzelnen Rundhütten durch eine dicke Mauer verbunden werden; nur ein einziger Eingang, normalerweise mit einer Strohmatte verschlossen, führt in das Innere der „Lehmburg". Vor dem Eingang sind zum Schutz vor unliebsamen Eindringlingen meist mehrere Haus- bzw. Familienaltäre aufgestellt. Im Erdgeschoß wird vor allem während der Regenzeit das Vieh untergebracht, und auf der Terrasse im ersten Stock spielt sich während der Trockenzeit das alltägliche Leben der Großfamilie ab. Hier werden die Feldfrüchte getrocknet, hier wird gekocht und während der heißesten Zeit auch geschlafen. Hier befinden sich auch die kleinen kreisförmigen Zimmer, mit einer winzigen Öffnung von etwa 50 cm Höhe als Ein- und Ausgang dienend.

Ein Tamberna-Dorf besteht in der Regel aus mehreren Gehöften, die gewöhnlich in einer Entfernung von 100 bis 150 m voneinander liegen.

Wer von *Kandé* Ausflüge in die Dörfer der Umgebung unternehmen will, sollte dies am besten an Markttagen machen (schon aus Transportgründen!).

Übernachtung

Campement de la Nouvelle Marché DZ mit Air-Cond. ca. 3500 CFA; Essen kann man in den „Buvettes".

Von Kandé führt eine sehr gute Piste (ganzjährig befahrbar) nach *Boukoumbé* (Benin) und weiter nach *Natitingou* (75 km): schöne Fahrt durch das Somba-Land. Ausreiseformalitäten von Togo im Grenzdorf *Nadoba* (etwa 16 km nach Kandé, gegenüber von einer Gruppe von Mangobäumen, Piste nach links).

Nationalpark von Kéran

Der ca. 109 000 ha große Nationalpark und das ca. 56 000 ha umfassende Tierreservat gehörten lange Zeit zu den touristischen Hauptattraktionen Togos. Die reichhaltige Flora und Fauna der Trockensavanne hatte auch denjenigen fasziniert, der nicht unbedingt auf Fotosafari (Fotoerlaubnis erforderlich!) gehen wollte. Elefanten, Büffel, Antilopen und Affen waren relativ leicht zu beobachten, während Löwen und Leoparden etwas mehr Geduld erforderten. Neben zahlreichen Vogelarten waren auch Krokodile im „heiligen" Krokodiltümpel zu sehen.

Mittlerweile ist der Nationalpark halbwegs **aufgelöst**. In Zusammenhang mit den innenpolitischen Unruhen ist die Bevölkerung vor einigen Jahren in den Park eingedrungen, hat zahlreiche

Kinder, immer neugierig den Fremden beobachtend

Tiere erschossen und den Park entlang der Straße wieder besiedelt und durch Brandrodungen verwüstet. Im Park selbst halten sich nur noch ein paar Aufsichtspersonen auf, die berichteten, daß der Park geschlossen sei und auch die Pisten nicht mehr befahrbar seien, da sie nicht mehr gepflegt würden. Dennoch kann man entlang der Hauptdurchfahrtsstraße vereinzelt Elefanten, Büffel und Antilopen sehen.

Nachzufragen ist im Büro des „Eaux et Forêts" in **Naboulgou**, das früher auch die Besuchserlaubnis ausgestellt hat.

Nähere Informationen über den Nationalpark oder das Tierreservat sind evtl. noch bei der *Direction des Fôrets, des Chasses et de l'Environnement*, Mininstère de l'Aménagement Rural, in Lomé, und bei der *Direction du Tourisme et de l'Hôtellerie*, Route d' Aného, B.P. 1289, Lomé oder im *Hotel Naboulgou* erhältlich.

Das Dorf Naboulgou ist ohne Versorgungsmöglichkeiten.

Achtung!
Die Geschwindigkeitsbeschränkung (50 km/h tagsüber, 40 km/h nachts) bei der Fahrt durch den Nationalpark ist einzuhalten; die Durchfahrtszeiten werden (wurden?) bei den verschiedenen Kontrollposten notiert und jede Überschreitung der auf Grund der Beschränkung berechneten Zeit nach unten oder oben wird mit einem Bußgeld geahndet (Tag 25 000 CFA, Nacht 50 000 CFA). Ob dies aufgrund der mehr-oder-minder-Auflösung des Nationalparks jetzt auch noch gilt, ist nicht bekannt.

Übernachtung
Motel-Restaurant in Naboulgou, das im Stil der einheimischen Gehöfte gebaut wurde (leider derzeit geschlossen); klimat. Zimmer ca. 7000 CFA. Menu 2800 CFA. Frühstück 800 CFA.

Camping ca. 1500 CFA mit Erlaubnis, die sanitären Anlagen zu benutzen.

Andere Unterkunftsmöglichkeiten: *Campement* von Kandé, Mango bzw. im *Motel* von Niamtougou.

Einmal in der Woche kommt eine Gruppe von Togo-Voyages in das Reservat. Sollten Sie Großgruppenveranstaltungen reserviert gegenüberstehen, dann erkundigen Sie sich nach dem jeweiligen Besichtigungstag!

Sansanné-Mango

Klimastatistisch handelt es sich hier um die **heißeste Stadt Togos**. Sehenswert ist der Markt, vor allem die Töpferwaren.

Zu den ursprünglichen Bewohnern dieser Region *(Gangam, Natchakou, Tamberma* und *Lamba)* wanderten im 18. Jh. , aus der heutigen Elfenbeinküste kommend, die *Tchokossi* ein und ließen sich in *Koundjokou* nieder, das später in Mango umbenannt wurde. Sie brachten zwei moslemische Führer mit, welche in dieser Region für die Ausbreitung des Islam sorgten. Die Tchokossi vertrieben die Lamba und Tamberna bis in die Gegend von Niamtougou und stießen weiter südlich auf ein anderes Kriegervolk, die Konkomba, die ihnen Widerstand leisteten.

Viele der alten Traditionen konnten sich die Tchokossi bis in die heutige Zeit bewahren, so z. B. ihre rituellen Tänze *Kélé* und *Mbié*.

Übernachtung
Hotel de l'Oti
Relativ schmutzig; an der Straße nach Dapaong, neben dem Fußballstadion. Bar-Restaurant.

Hotel Restaurant Bon Coin de la Savanne

Einfache Zimmer mit Dusche ca. 2000 CFA ; afrikanische Küche:

Lebensmittel sind im *SGGG-Laden* und auf dem Markt zu erwerben; es gibt auch Treibstoff und einen Polizeiposten.

Wer die Flußpferde entlang des *Oti* besuchen will, muß sich vorher bei der Präfektur eine „Autorisation" holen.

Auf dem Weg nach *Dapaong* kommt man an der **„Löwenhöhle"** vorbei, einem geschützen Wald mit einem See (den jeder kennt), der den Elefanten der Umgebung als Tränke dient. Zu beobachten sind die Elefanten am besten von Dezember bis Mai (gegen 15 Uhr).

Dapaong (Dapango)

Dapaong selbst ist die **nördlichste Stadt Togos**, nur etwa 30 km von der Grenze Burkina Fasos entfernt. Sehenswert sind der Sultanspalast und die Moschee. Versäumen Sie nicht den Markt am Samstag mit seinen bemerkenswert schönen Töpferwaren. Das einheimische, selbstgebrannte Hirsebier wird ebenfalls angeboten.

Der größte Teil der Bevölkerung (Dapaong hat ungefähr 17 000 Einwohner) gehört der Volksgruppe der Moba *(s. u.)* an. Die Moba sind berühmt wegen ihrer künstlerischen Fähigkeiten und werden insbesondere als Musiker sehr geschätzt. Nicht nur bei den „Rites de Passage" oder bei Zeremonien, wo Geister ausgetrieben werden, bietet sich Gelegenheit zu rhythmischen Tänzen, sondern auch vor der Aussaat bzw. vor der Hirse-Ernte (Oktober), wenn jedes Dorf am Erdaltar sein Dankesopfer bringt. Begräbnisfeiern finden in der Regel während der Trockenzeit statt.

PRAKTISCHE INFORMATIONEN

 UNTERKUNFT

Hotels
Hotel Le Verger
DZ ca. 5500 CFA mit Kimaanlage, sauber; bewachter Parkplatz.
Hotel Campement
Tel. 70 81 59, DZ mit Ventilator ab 4000 CFA, Air-Cond. ab 6000 CFA. Die Bar ist ein beliebter Treffpunkt.
Hotel Lafia
DZ mit Vent. ca. 3500 CFA. Restaurant.
Hotel Le Rônier
DZ mit Vent. ab 3000 CFA.
Chinese-Vietnamese Hotel
In hübscher Gartenanlage gelegen mit sehr gutem vietnam. Restaurant und angenehmer Atmosphäre; DZ ab 2900 CFA.

ESSEN UND TRINKEN
Restaurants
Le Flamboyant
In der Nähe des Marktes; gutes Preis-Leistungs-Verhältnis.
Bar-Restaurant Lafia
Etwas außerhalb; hier trifft man junge Togolesen, die sich bei afrikanischer Musik und Tanz vergnügen.
Le Relais des Savannes
Wer nicht nur essen will, sondern sich abends mit Einheimischen unterhalten, geht in diese Bar; preiswertes und gutes Essen (französische und togolesische Küche); gegenüber von der SHELL-Tankstelle am südlichen Ortsausgang. Einfache, saubere Hütten.

Cinkassé
Zollamt und Polizeiposten von Togo, geöffnet von 6–18 Uhr. Markt. Motel. Restaurant. Bank. Garage. Tankstelle.

Die Moba

In der Umgebung von Dapaong, im Nordwesten Togos sowie im benachbarten Grenzgebiet Nord-Ghanas lebt die etwa 110 000 Menschen umfassende Bevölkerungsgruppe der Moba (in Ghana „Bimoba" genannt). Nur wenige Moba-Clans sind autochthon, die meisten sind aus verschiedenen ethnischen Gruppen entstanden. Im Laufe der Jahrhunderte kamen mehrere kleine Gruppen von Einwanderern: die Konkomba aus dem Süden, die Gurma von Norden und die Mamprussi von Westen; außerdem haben sich einige Clans mit Nachkommen der Mossi und Haussa vermischt.

Lebensraum der Moba ist die Region der Trockensavanne, eine nur mit vereinzelt stehenden Büschen und Bäumen bedeckte Graslandschaft.

Sie leben auch heute noch überwiegend vom Feldbau, der als Hackbau betrieben wird; nur wenige Moba gehen modernem Handwerk (Schreiner, Maurer, Mechaniker etc.) in der Stadt nach. Fast alle Frauen sind mit Kleinhandel auf dem Markt bzw. mit Töpfern oder Flechten beschäftigt. Jagd und Fischfang haben heute nur noch geringe Bedeutung. Auf dem Land liegen die von Großfamilien bewohnten Gehöfte der Moba meist in einiger Entfernung voneinander, so daß nur gelegentlich geschlossene Dörfer entstehen.

Neben dem Feldbau wird eine intensive Haustierhaltung betrieben. Außerdem sammeln die Frauen die Nüsse des Schibutterbaumes (Karité) zur Herstellung von Fett, und die Früchte des Néré-Baumes finden als Gewürze Verwendung.

Die alte Sozialstruktur der Moba und das traditionelle Häuptlingstum sind bis heute erhalten geblieben. Der Respekt vor dem Häuptling und den Ältesten des Dorfes ist nach wie vor ungebrochen; sie schlichten auch heute noch so manche Streitigkeiten.

Urzeit- bzw. Schöpfungsmythen werden nur selten und meist nur bruchstückhaft von einigen Alten erzählt. Der Überlieferung der autochthonen Clans zufolge sind ihre Ahnen entweder aus der Erde gekommen oder an einer Schnur vom Himmel herabgestiegen. Bei dem Dorf Nandjoaré sollen noch heute an der Stelle, wo der Begründer des Clans, Siginayir, die Erde berührte, die drei Dolmen stehen, die er aus dem Himmel mitgebracht hat; von dort kletterte er auch regelmäßig in den Himmel zurück.

Der Himmels- und Schöpfergott Yendu hat ihrer Vorstellung zufolge alle Lebewesen erschaffen und wird mit der Sonne assoziiert. „Yendu ist die Sonne", sagen alte Moba und vermeiden es, diesen Namen nach Sonnenuntergang auszusprechen. Dem Gott Yendu selbst ist kein Kult gewidmet, da er zu weit entfernt ist. Nach dem Glauben der Moba hat jeder Mensch aber auch einen persönlichen „yendu", durch den das Schicksal vorherbestimmt ist. Mit „yendu" eng verbunden ist „naleng", die Seele, die sich im Gegensatz zum „yendu" vom Menschen trennen kann. Wenn ein Mensch nachts träumt, geht – in der Vorstellung der Moba – dessen „naleng" spazieren; Träume sind somit von der Seele erlebte Realitäten. Übrigens hat für die Moba jedes lebendige Wesen ein „naleng" (Seele).

Durch ein vom Wahrsager genau festgelegtes Opfer auf dem Altar des „yendu", der die Form eines Lehmkegels hat, kann man mit dem Himmelsgott in Verbindung treten. Auch bezüglich wichtiger Angelegenheiten wird ein Familienoberhaupt immer den Wahrsager konsultieren. Dieser wird mit Hilfe einiger Orakelschnüre, die mit den unterschiedlichsten Materialien wie Schlangenwirbeln, Tierfüßen, Ziegenhörnern, Holz- oder Eisenstücken, Kaurimuscheln, kleinen getrockneten Früchten etc. versehen sind, seine Weissagungen machen.

Neben dem Himmelsgott Yendu verehren die Moba auch die Erde, jedoch nicht in dem bei vielen Volta-Völkern üblichen Dualismus (männlicher Himmelsgott – weibliche Erdgottheit), sondern sie wird als männlich angesehen. Dieser Erdkult untersteht wie in fast allen alten afrikanischen Kulturen einem Erdherrn, der das Land des jeweiligen Clans verwaltet und für die Opfer am Erdaltar sowie für die Fruchtbarkeit der Felder und das Wohlergehen der Menschen und Tiere seines Kultbezirkes zuständig ist.

Die Moba sind nicht in Altersklassen organisiert; bei ihnen wird der Übergang vom Jüngling zum Erwachsenen durch die Änderung des Vornamens ausgedrückt. Die Zuteilung des neuen Namens erfolgt nach der Reihenfolge, in der die jungen Leute bei einem Wettrennen durchs Ziel gehen.

Für die Moba sind auch verschiedene Naturgeister von großer Bedeutung, vor denen sie sich in der Regel sehr fürchten. Jeder auffällige Platz in der Natur wird mit übernatürlichen Mächten in Verbindung gebracht. Vor Wassergeistern (kpungkpale), die sich die Moba mit roten Haaren und heller Haut vorstellen, haben sie großen Respekt, denn von einem Wassergeist kann man leicht in die Tiefe gezogen werden, wo man dann ewig trommeln muß. Gut „gefegte" Plätze im Busch, auf denen kein Gras wächst, gehören den Buschgeistern (sampula), die ebenfalls sehr gefürchtet sind. Wer solche Geister sieht und ohne jeglichen magischen Schutz ist, wird in der Regel wahnsinnig. Dann versucht man, mit Hilfe einer Geisteraustreibung die jeweilige Person wieder zu befreien.

Republik Benin

Landeskundliche Informationen

Geographie

Die Republik Benin erstreckt sich mit einer Fläche von 112 662 qkm vom Golf von Guinea, an dem sie mit einem etwa 120 km breiten Küstenstreifen Anteil hat, 650 km weit nach Norden. Im Westen grenzt Benin an Togo, im Osten an Nigeria, im NW an Burkina Faso und im Norden an die Republik Niger. Der Küstenstreifen im Süden ist von zahlreichen Lagunen durchsetzt; daran schließt sich eine – mit inzwischen stark gelichteten Feuchtwäldern und Ölpalmen bedeckte – Ebene an. Etwa 110 km weiter landeinwärts geht diese in ein Tafelland (Plateau) über mit zahlreichen bis zu 200 m hohen Inselbergen und Bergrücken. Hier herrscht die Feuchtsavanne vor, die weiter nördlich in die Trockensavanne (*Penjari-Tiefland* und Nigerebenen) übergeht. Höchste Erhebung sind die bis 800 m hohen *Atakora-Berge* im Nordwesten des Landes.

Einzige Wasserstraße ist der *Ouémé*, der in die Nokoué-Lagune mündet; der *Mono* fließt bei *Grandpopo* ins Meer. Aus dem *Atakora-Gebirge* im Norden kommen die zwei Seitenflüsse, *Mekrou* und *Alibori* des Niger, der Grenzfluß im Nordosten ist.

Klima

Im Küstengebiet (bis etwa 150 km nördlich von *Cotonou*) herrscht **äquatoriales Klima mit zwei Regenzeiten** (April bis Mitte Juli und September bis Mitte November). Die Luftfeuchtigkeit ist hoch, die Durchschnittstemperaturen bewegen sich zwischen 25 und 28° C. Weiter im Norden dominiert **tropisches Klima mit nur einer Regenzeit** (Mai bis Oktober). Während der Trockenzeit (November bis April) weht der *Harmattan*, ein heißer Wüstenwind, der feinen Sand mit sich führt. Je nach Jahreszeit liegen hier die Durchschnittstemperaturen zwischen 15° nachts und 42° C tagsüber.

Die durchschnittlichen Niederschlagsmengen belaufen sich im Süden auf etwa 1400 mm, im Norden auf 900 mm/Jahr.

Beste Reisezeit: Dezember bis März/April (im Süden und Norden) und Juli/August (im Süden).

Bevölkerung

Etwa drei Viertel der **4,73 Mio. Einwohner** Benins leben im Süden auf etwa 20% der Landesfläche. Insgesamt sind in diesem Land **60 verschiedene ethnische Gruppen** vertreten. Davon bilden die *Fon* mit etwa 39% die größte Einheit; sie leben hauptsächlich in der

Gegend von Cotonou, Ouidah und Abomey. An der Grenze zu Nigeria leben die *Yoruba* (etwa 12% der Bevölkerung); sie werden in Benin „Goun" oder „Nagout" genannt und sind sowohl Bauern als auch leidenschaftliche Händler (mit ihren Stammesgenossen in Nigeria unterhalten sie einen blühenden Schmuggel). Andere wichtige Stämme des Südens sind die *Aizo, Pédahn* und *Mina* sowie die mit den Fon verwandten *Adja* (11% der Bevölkerung). Die im Norden lebenden *Bariba* (9%) und *Dendi* (8%) betreiben vor allem Viehwirtschaft. Das Atakora-Gebirge im Nordwesten des Landes wird von den *Somba* bewohnt, einem Bauernvolk, das etwa 3% der Bevölkerung ausmacht. Im Nordosten sind auch die als Viehnomaden lebenden *Fulbe* (1,8%) vertreten, die in Benin langsam seßhaft werden.

Sprachen

Im Land werden insgesamt etwa **90** verschiedene **Dialekte** und Sprachen gesprochen. Amtssprache ist **Französisch**, das jedoch nur einem geringen Teil der Bevölkerung (vor allem in den Städten) geläufig ist.

Während die nördlichen Dialekte und Sprachen *(Bariba, Dendi)* der *Gur-Sprachfamilie* zugeordnet werden, gehören diejenigen in Mittel- und Südbenin *(Fon, Yoruba, Nago, Mina)* zu den *Kwa-Sprachen*.

Religionen

Der größte Teil der Bevölkerung ist den **traditionellen afrikanischen Religionen** treu geblieben.

Die Missionstätigkeit hat keine besonders großen Erfolge zu verbuchen gehabt (etwa 18% der Bevölkerung sind Christen, davon 15% Katholiken und 3% Protestanten), jedoch zur Errichtung eines relativ umfangreichen Schulwesens geführt. Daneben sind etwa 15% der Bevölkerung Anhänger des Islam; sie leben überwiegend in den nördlichen Landesteilen.

Die aus dem ehemaligen Dahomey stammenden und nach Südamerika transportierten Sklaven hatten in der Neuen Welt (Brasilien, Cuba, Haïti) ihre traditionelle Religion weiter verbreitet; die freigelassenen und nach Westafrika zurückgekehrten Sklaven haben diese als **Voodoo-Religion** dann wieder eingeführt. Die Regierung verhält sich religiösen Fragen gegenüber meist indifferent, hat jedoch Voodoo-Zeremonien offiziell verboten.

Generell wird der Voodoo-Kult von Europäern gerne als Hysterie oder Massenwahn abgetan, wobei nicht berücksichtigt wird, daß diese ekstatische Zeremonie nach ganz bestimmten Regeln und Gesetzmäßigkeiten abläuft, die in der afrikanischen Kultur selbst begründet und daher mit unserem europäischen Verstand nicht hinlänglich faßbar sind.

Auch während der Besessenheit hält der Eingeweihte den Kontakt mit seiner Umwelt aufrecht; seine physischen und geistigen Kräfte scheinen sich zu erhöhen, psychische Konflikte des „Besessenen" scheinen danach ausgeglichen oder aufgehoben.

Die soziale Funktion und das Ziel der Voodoo-Zeremonie sind nicht zuletzt in der Erhöhung der psychischen und geistigen Kräfte der Gläubigen zu sehen. Von einer Gottheit „besessen" zu werden stellt somit normales Verhalten dar, während ein Gläubiger, der niemals ergriffen bzw. besessen wurde, in Afrika eher als anomal angesehen und in keinen Kult aufgenommen wird.

Der Voodoo-Kult

Voodoo als religiöse und kulturelle Strömung ist sicherlich von allen Religionen am meisten mißverstanden worden. Vorurteile und Klischees haften allein schon dem Wort an und vielmehr noch den „düsteren" und „geheimnisvollen" Praktiken, die dahinter vermutet werden.

Das Wort „voodoo" kommt aus der Fon-Sprache des alten Dahomey. Es bedeutet „Gott" oder „Geist". Dahomey war das Zentrum des früheren Sklavenhandels. Von dort nahmen die verschleppten Afrikaner/innen ihre Götter, ihre Kultur in die fremden Länder Amerikas mit und behaupteten sie dort als eine Art Widerstandskultur. Voodoo (auch vodu, vodun, voudoun und vodoun) entspricht der heutigen sogenannten animistischen Strömung in Westafrika, die Juju genannt wird und der immerhin mindestens ein Drittel der westafrikanischen Bevölkerung angehört (etwa ein Drittel dürfte moslemisch, ein Drittel christlich bzw. christlichen Sekten zugehörig sein). Tatsache ist allerdings, daß in Westafrika und vor allem in Nigeria nichts ohne Geister und Götter geht.

Was mit voodoo, mit juju oder grigri (in französisch kolonialisierten Gebieten) bezeichnet wird, ist sowohl Geist als auch göttliche Energie, Kraftort als auch Kraftgegenstand. Um Voodoo zu begreifen, müssen wir auf unser westlich-lineares Denken verzichten.

Voodoo ist ein soziales, kulturelles, spirituelles Netz, eine Kommunikationsform, ein Weltbild des Verflochtenseins mit allen Wesen der Natur und die Sehnsucht danach, Götter und Geister zu rufen, zu spüren, in sich aufzunehmen und daran fröhlich und gesund zu werden. Voodoo ist eine nach unseren Begriffen „demokratische" Religion. Zwar gibt es Priester/innen und Eingeweihte, aber die Götter und Geister können jede Person erwählen und in sie hineinschlüpfen. Jeder Mensch kann göttlich sein, ist zu einem bestimmten Zeitpunkt seines Lebens von den Göttern erwählt, sofern der Ruf befolgt wird.

Den Loa, den Geistern, zu dienen, ist die zentrale Aufgabe in Voodoo, und das geschieht in der Hauptsache durch Tanzrituale, bei denen die Geister sich der Menschenkörper bemächtigen und sichtbar werden.

Voodoozeremonien sind fast immer Tanzfeste, bei denen die Geister und Götter beopfert und mit Gin oder Schnaps gerufen werden (spirit for the spirits). Das gilt auch für die Zeremonien des Juju, und im Grunde ist der einzige Unterschied zwischen dem heutigen Juju und Voodoo, daß letztere Strömung aus Haiti, dem Süden Amerikas und den westindischen Inseln nach Afrika zurückgekommen ist und lokale Einfärbungen mitgebracht hat, während Juju eine Tradition ist, die sich kontinuierlich im Animismus Westafrikas weiterentwickelt hat und auf eine ungebrochene Tradition zurückblicken kann. Die Christianisierung hat an den alten Religionen wenig geändert. Die Götter der frühen Zeiten werden heute in die Heiligenfiguren der Kirche gerufen. Maria und ihr Sohn Jesus wurden nahtlos integriert, und wenn eine afrikanische Christengemeinde Gottesdienst feiert, tun wir als Europäer uns schwer, diesen von einer Juju-Zeremonie zu unterscheiden, denn auch hier fehlen Trommeln und Tänze nicht.

Fetische sind Kraftgegenstände aus Materialien, die heilig gehalten werden oder eine besondere Kraft beinhalten. Fetische sollen die Geister und Götter rufen. Sie sind sozusagen die Wohnung oder das Lockmittel für die spirits. Je mehr die Voodoopriester über die einzelnen Materialien wissen, je tiefer sie mit den Göttern in Verbindung stehen, um so mächtiger sind die Fetische, um so wirksamer die Zeremonien. In Voodoo gibt es viele mächtige Frauen, die meisten einflußreichen Priester haben bei Frauen gelernt. Die Götter kommen über die Trance zu den Menschen. Es gilt als großes Glück, von den Göttern erwählt zu werden, wenn es auch oft mit großen Schwierigkeiten im Alltag verbunden ist. Denn wer den Ruf der Götter hört, wird in der Regel folgen und damit sein ganzes bisheriges Leben hinter sich lassen.

Bei Voodoo-Heilzeremonien werden Hühner geschlachtet und Altäre beopfert, um die Götter und Geister freundlich zu stimmen. Oft werden Kranke mit Hühnern von der schlechten Energie gereinigt, indem das lebende Huhn am Körper entlang gestrichen wird und dazu Gebete und Gesänge die Götter rufen und bitten. Schließlich wird das Huhn durch einen Schnitt in die Gurgel oder Halsumdrehen getötet, das Blut sowohl dem Kranken wie auch dem

Altar aufgetropft, manchmal wird es in Trancetänzen auch von den Tanzenden getrunken.
Wir tun uns mit dieser Vorstellung im allgemeinen schwer, haben aber kein Problem, Fleisch aus dem Supermarkt zu essen, von dem wir doch wissen, daß es in einer Art Massenvernichtung hergestellt wird.
Wichtiger Bestandteil einer Voodoozeremonie ist das Opfer. Um die Götter und Geister freundlich zu stimmen, muß etwas hergeschenkt werden. Dieses Opfern soll die Harmonie von Geben und Nehmen herstellen; es geht weniger darum, sich durch Geschenke göttliche Gunst zu erkaufen. Von den Opfern werden die Götter gerufen, dann gibt man ihnen Speisen, Spirituosen, Tabak und andere Gaben.
Voodoopriester/innen verfügen über magisches Wissen und Zauberkraft. Es gibt spezielle Voodoo-Schulen, in denen die magischen Praktiken gelehrt werden. Theoretisch kann mit jeder Götter-Anrufung sowohl Gutes als auch Schlechtes bewirkt werden. „Ich könnte Schlechtes tun, schwarze Magie bewirken", sagte mir ein Voodoo-Priester, „aber es würde auf mich zurückfallen, deshalb tue ich es nicht". Viele Voodoo-Priester verwenden mehr Zeit darauf, sich zu schützen, als andere Dinge zu bewirken.
Die treibende Kraft des Voodoo ist die Katzen-Energie, sie darf auf keinem Altar fehlen, entweder in Form von Statuen oder als Krallen, Fellstückchen oder Bilder. Die Farbe des Voodoo ist weiß, denn weiß ist auch die Farbe der Geister und Götter. In vielen Voodoo-Zeremonien tanzen nur Frauen. Sie tragen weiße Kopftücher und haben weiße Tücher um den Körper geschlungen. Beliebte Gaben, aber auch Schmuckstücke sind kleine Kaurischnecken, die die weibliche Macht verkörpern. Früher dienten sie als Geld oder Tauschobjekte. Mit Kauris werden auch Orakel geworfen, eine Technik, die vor allem von Frauen durchgeführt wird und vermutlich von Priesterinnen erfunden wurde.
Überall an der nigerianischen Küste wird Mami Wata verehrt, eine Göttin halb Frau, halb Nixe. Sie wird weiß dargestellt, und es ist oft spekuliert worden, daß sie weiß sei, weil die Eroberer mit Schiffen kamen, an deren Bug Gallionsfiguren in Gestalt weißer Frauen angebracht waren. Es gibt aber viele Ethnologen und Geschichtsforscher, die nachgewiesen haben, daß die weiße Farbe Mami Watas daher kommt, daß unter Wasser die Farbe der Haut ausbleicht, weil sie keine Sonne bekommt.
Ein großes Mami-Wata-Fest wird in Aneho (Togo) am 21. Dez. gefeiert.
Im Küstengebiet Nigerias gibt es zahlreiche andere Voodoogötter und Verehrungsformen, wie beispielsweise heilige Haine (bei Oshogbo zum Beispiel, wo die Österreicherin Susanne Wenger als Priesterin des Flußgöttinnenkults eingeweiht wurde).
Ein wichtiger Gott im Voodoo ist auch Legba, ein Wächtergott, der die Menschen warnt. Die Priesterinnen des Voodoo werden Mamissi genannt.
von Luisa Francia

Sehenswert zum Thema Voodoo:
Gin für die Götter
Dokumentarfilm von Peter Herrmann und Gabriele Wängler, Produktion der ART COM, München.

Geschichte

Das im 17. Jahrhundert gegründete Königreich *Dan-Homé* (Dahomey) von Abomey, das unter *König Gehzo* seine größte Machtausbreitung hatte, wurde Ende des 19. Jahrhunderts von den Franzosen unterworfen und zur Teilkolonie Französisch Westafrikas gemacht. Die aufgrund der ethnischen und geographischen Heterogenität bedingten regionalen Gegensätze wurden bereits zur Zeit des Sklavenhandels geprägt und sind auch heute noch spürbar. Während der Süden bereits sehr früh mit den Europäern in Kontakt kam und durch Missionierung und westliche Erziehung entsprechend geprägt wurde, stand der Norden immer unter dem Einfluß des Islam. Die zu Beginn des 19. Jahrhunderts aus Südamerika zurückgekehrten Sklaven, die „Brasilianer", siedelten sich an der Küste an und waren nur sehr schwer zu integrieren.

Im Jahre 1958 wurde Dahomey autonome Republik innerhalb der Französischen Communauté und erlangte am **1. 8. 1960** seine volle **Unabhängigkeit**.

Seitdem erlebte das Land bis zur Machtergreifung des derzeitigen Regimes unter *Brigadegeneral Kérékou* mehre-

Dahomey-Amazonen auf Elefantenjagd (aus „Tour du Monde" 1863)

re erfolgreiche Staatsstreiche und einige gescheiterte Putschversuche. Zur Vermeidung eines Bürgerkrieges wurde am 1. Mai 1970 ein Präsidialrat aus den drei Konkurrenten *Maga, Apithy* und *Ahomadegbe* gebildet, in dem jeder der Vorgenannten als primus inter pares nach einem zweijährigen Rotationsprinzip das Amt des Staatsoberhauptes innehatte.

Der Militärputsch am 26. Oktober 1972 unter Führung von *Mathieu Kérékou* setzte der Triumviratsherrschaft ein Ende. Kérékou ist seitdem Präsident und Regierungschef; er wurde sowohl im Jahre 1980 als auch im Jahre 1984 von der „Revolutionären Nationalversammlung" (Volksvertretung) in seinem Amt bestätigt. 1974 wurde der **Marxismus-Leninismus** zur **Staatsideologie** erklärt und ein Jahr später die Einheitspartei *Parti de la Révolution Populaire du Benin (PRPB)* gegründet. Eine möglichst große Beteiligung der Bevölkerung am politischen Leben versuchte man durch die verschiedenen „Massenorganisationen" (Jugendorganisation, Frauenorganisation, Komitee zur Verteidigung der Revolution (CDR) und Gewerkschaft) zu erreichen. Außerdem wollte man die Landwirtschaft genossenschaftlich umstrukturieren, jedoch blieb der größte Teil privat, nur auf etwa 10% der landwirtschaftlich genutzten Fläche wurden Staats- oder Kollektivfarmen errichtet. Die wichtigsten wirtschaftlichen Bereiche wie Banken, Versicherungsgesellschaften, Wasser- und Elektrizitätswerke wurden verstaatlicht; zudem war der Staat zur Hälfte am Kapital aller größeren Industrieunternehmen und mit 100% bei Pharma-Unternehmen, Erdöl- und Palmölproduktion sowie an Brauereien und großen Hotels beteiligt.

Im November 1975 wurde die Republik Dahomey in *Volksrepublik Benin* umbenannt.

Kérékou hatte **mehrere Putschversuche** zu überstehen, wobei die Invasion auswärtiger Söldner im Januar 1977 die ernsthafteste Situation darstellte. Ende 1989 kam es angesichts der weit verbreiteten Unzufriedenheit und der schwierigen Wirtschaftslage zu erheblichen Unruhen in der Bevölkerung. Am 19.2.1990 fand ein „ziviler Putsch" statt, d. h. es trat in eigener Machtvollkommenheit aus oppositionellen Kreisen eine „Nationalkonferenz" zusammen, die bis zum 28.2.1990 tagte; sie beschloß die **Rückkehr zum Mehrparteiensystem** und zur Demokratie mit eindeutiger Abkehr vom Marxismus-Leninismus. Nach einigem Zögern wurde dieser Beschluß vom Staatschef *Kérékou* akzeptiert, das bisherige Parlament aufgelöst und provisorische Regierungsorgane wurden gebildet. *Nicéphere Soglo* wurde im Februar 1990 zum Interimsregierungschef bestimmt; seine Aufgabe war vor allem, zunächst demokratische Parlaments- und Präsidentschaftswahlen vorzubereiten und durchzuführen. Anfang März 1990 wurde die ehemalige Volksrepublik Benin in Republik Benin umbenannt.

Bei der Präsidenten-Stichwahl am 24.3.1991 ging er im 2. Wahlgang mit 67,7% der Stimmen eindeutig als Sieger gegenüber Kérékou (32,27%) hervor. Mit dieser Wahl wurde das erste Mal ein afrikanischer Diktator auf demokratische Weise seines Amtes enthoben – ein nachahmenswerter Modellfall. Am 29.7.91 wurde unter *Soglo* eine „technokratische" Regierung gebildet, die von einer Koalition aus acht Parteien unterstützt wird.

> **Nicéphore Soglo**
> *(Biographische Notizen)*
> *Geboren am 29. Nov. 1934 in Togo ist er ein Angehöriger der Ethnie der Fon, die die Mehrkeit der Bevölkerung Benins bildet.*
> *Studium an der Pariser Sorbonne und an der École National d´Administration (ENA). 1963 Rückkehr nach Benin. Zunächst als Universitätsdozent tätig, hat er später das Amt des Finanz- und Wirtschaftsministers übernommen. Von 1972 bis 1979 arbeitet er beim Internationalen Währungsfond in den USA, als Direktor für Afrika initiiert er u. a. wichtige Studien zu Entwicklungsfragen Afrikas. Seit 1991 ist er Präsident der Republik Benin.*

Regierung

Durch den „zivilen Putsch" von 1990 wurde die seit 1977 bestehende Revolutionäre Nationalversammlung aufgelöst und Präsident Kérékou auf das Amt des Staatschefs beschränkt. Für die Übergangszeit (bis zur Verabschiedung einer neuen Verfassung und demokratischen Wahlen) wurde ein Hoher Rat der Republik gebildet, der sich aus dreizehn Mitgliedern zusammensetzte und als Legislative arbeitet und die Exekutive überwachen soll. Früher wurde der Präsident als Staatsoberhaupt und Regierungschef von den Abgeordneten gewählt, seit 1991 wird der Staatschef vom Volk direkt gewählt (für max. zwei Amtszeiten). Er ist immer noch gleichzeitig Regierungschef.
Früher bestand die Regierung aus dem *Conseil Exécutif National (CEN)*, der sich aus dem Präsidenten, Ministern und den Provinzpräfekten zusammensetzte. Die Revolutionäre Nationalversammlung verabschiedete die von der Regierung vorgelegten Gesetze. In den Provinzen, Distrikten, Kommunen, Dörfern und Stadtvierteln waren Revolutionsräte zur Ausführung der Staatsgewalt eingesetzt. Während Präfekte und Distriktchefs vom Staat eingesetzt waren, wurden Bürgermeister und Dorfchefs (ehrenamtlich) von der Basis bestimmt. Am 2.12.90 stimmten etwa 93% der Wähler für die Einführung des Mehrparteiensystems und demokratischer Institutionen. Am 17.2.91 wurde eine Nationalversammlung mit 64 Abgeordneten als Volksvertretung gewählt, wobei keine der 21 vertretenen Parteien die absolute Mehrheit erhielt. Stärkste Fraktion mit 12 Sitzen ist die *Union für den Triumph der demokratischen Erneuerung* (UTR), eine Dreiparteienkoalition mit einer Legislaturperiode von 4 Jahren. Die Wahlbeteiligung betrug nur 52,15%. Arbeiter und Bauern stellen zwar mehr als 90% der Bevölkerung, sind im Parlament jedoch so gut wie nicht vertreten,

Wirtschaft

Laut UNO gehört die Republik Benin zu den 16 ärmsten und am wenigsten entwickelten Ländern der Welt. Daher ist das Land in starkem Maße auf ausländische Investitionen und Hilfen angewiesen. Der größte Teil der für die Entwicklungsplanung benötigten finanziellen Mittel kommt von westlichen Staaten, vor allem von Frankreich. Aber auch Libyen spielt für Benin eine wichtige Rolle als Entwicklungshilfegeber. Wirtschaftliche Grundlage bildet die **Landwirtschaft**; Industrie und Gewerbe sind kaum entwickelt.

70% der Bevölkerung waren 1992 in der Landwirtschaft tätig. Es wird überwiegend in Kleinbetrieben mit traditioneller Brandrodung Subsistenzwirtschaft betrieben. Die meisten Betriebe sind in privatem Besitz; in Familienbetrieben baut man vor allem Maniok, Yams, Hirse, Mais, Süßkartoffeln, Hülsenfrüchte und Bananen an. Lediglich im Bereich der Palmöl-, Zucker-, Reis- und Maisproduktion gibt es staatliche Unternehmen, die sich jedoch im großen und ganzen als unwirtschaftlich erwiesen haben. Durch Preisfestsetzungen von seiten des Staates, die eine Vermarktung im Land unrentabel machen, sahen sich viele Bauern gezwungen bzw. veranlaßt, ihre Produkte „direkt" nach Nigeria zu verkaufen.

Die 1989 begonnenen und bis 1994 verlängerten **Strukturanpassungsprogramme** beinhalten v. a. die Privatisierung und Liberalisierung des Wirtschaftslebens; dies bedeutet konkret: Aufhebung der Preiskontrollen, Neuordnung des Zoll- und Steuersystems und die Sanierung von Staatsunternehmen.

Obwohl die Bevölkerung (trotz Belieferung mit Fisch in weiten Teilen des Landes) meist nicht ausreichend mit Eiweiß versorgt ist, wird die Rinderhaltung eher aus Prestigegründen betrieben als zur Versorgung der Bevölkerung und überwiegend den Fulbe, den traditionellen Viehhirten Westafrikas, überlassen. Im Süden wird die Rinderhaltung durch die Tse-Tse-Fliege fast bis zur Unmöglichkeit erschwert.

Fischfang spielt vor allem für die Bevölkerung der Küstenregion eine große Rolle, wobei fast ausschließlich traditionelle Fischfangmethoden angewendet werden. Mit libyscher Hilfe soll jedoch das Staatsunternehmen *Belipeche* industriellen Fischfang betreiben; bisher hat das Unternehmen angeblich nur Fisch importiert, da die finanziellen Mittel für die Anschaffung von Booten fehlten.

Seit 1983 ist die Förderung von **Erdöl** von gewisser Bedeutung; andere Mineralvorkommen sind noch ungenutzt. Die Kalksteinlager von *Onigbolo* werden von einer Zementfabrik verarbeitet, die Marmorvorkommen von *Bewmines*.

Der größte Teil des Energiebedarfes wird mit Hilfe von Brennholz und Holzkohle gedeckt; der Rest mit Hilfe von Erdölprodukten und (aus Ghana) importiertem Strom.

Mit dem Bau des Staudamms und Wasserkraftwerkes (eingeweiht Anfang 1988) von *Nangbéto* (Togo) soll der Bedarf an Elektrizität in Benin und Togo abgedeckt werden.

In dem industriell wenig entwickelten Land Benin sind die wichtigsten Industriebranchen die Argrarprodukte verarbeitenden Betriebe (Palmkern, Ernußöl etc.), die Textilindustrie (Baumwollkernungsanlagen, *Ibetex* und *Sobretex)*, die Nahrungsmittel- und Getränkeindustrie sowie die Baustoffindustrie.

Umweltprobleme

Größtes Problem im landwirtschaftlichen Bereich ist die **Bodenerosion**. In der Fischerei ging die Fangmenge vermutlich aufgrund von Überfischung und **Gewässerverschmutzung** erheblich zurück. Angeblich soll Benin der Lieferung von Giftmüll aus westlichen Industriestaaten zugestimmt haben.

Gesundheitswesen

Man versucht z. Z., die bislang **mangelhafte Gesundheitsversorgung** in

Gesundheitszentrum auf dem Land in Benin

der Republik Benin durch eine „basisorientierte Gesundheitspolitik" zu verbessern.

Fast überall mangelt es an Medikamenten und Verbandszeug. Durch ein System der Selbstfinanzierung („autofinancement") wird versucht, eine Änderung herbeizuführen. Malaria ist nach wie vor die weitverbreitetste Krankheit, gefolgt von Amöben-Infektionen und Ruhr, aber auch Masern. Im Norden herrscht hauptsächlich bei Kindern Fehl- oder Unterernährung vor.

In 19 Distrikten, darunter in *Malanville, Bassila, Savalou, Bante, Ceve,* sind im Rahmen deutscher Entwicklungshilfe Distriktkrankenhäuser mit Außenstationen errichtet worden.

Provinzhospitäler gibt es in *Porto Novo, Abomey, Natitingou* und *Parakou*; daneben existieren ein paar Fachkrankenhäuser für Psychiatrie, Tuberkulose, Lepra und Entbindung; außerdem mehrere medizinische Versorgungszentren.

Schulsystem

Es besteht **allgemeine Schulpflicht** vom 6.–12. Lebensjahr.

Aufgrund der nicht ausreichend vorhandenen Schuleinrichtungen, vor allem auf dem Land, können jedoch etwa nur 50% der schulpflichtigen Kinder die Grundschule besuchen. Nach UN-Schätzung belief sich 1990 die Analphabetenquote auf 23,4%, die durchschnittliche Dauer des Schulbesuches betrug 0,7 Jahre. 1988 besuchten etwa 52% die Grundschule (Mädchen nur zu 36%); nur 40% beendeten die Primarschule. Weiterführende Schulen besuchten etwa 16% (Frauen 9%).

Die nationale **Universität** in Cotonou zählte im Jahre 1985/86 etwa 9100 Studenten; etwa 1000 Studenten studierten im Ausland (Frankreich, Elfenbeinküste oder Senegal). 1988/89 besuchten etwa 2% der Bevölkerung eine Universität.

Medien
Rundfunk
Die staatliche Rundfunk- und Fernsehgesellschaft *Office de la Radiodiffusion et la Télévision du Benin* sendet Rundfunk-Programme in Französisch, Englisch und verschiedenen Landesdialekten. Es gibt zwei voneinander unabhängige Stationen: *Cotonou* und *Parakou.* Das Radio (*La Voix de la Révolution*) ist (wie überall in Afrika) wichtigstes Informationsmittel.

Fernsehen
Mit Hilfe Frankreichs wurde das Fernsehen in Benin eingeführt, die technische Ausrüstung kommt auch aus Deutschland; das Fernsehen sendet nur an vier Tagen in der Woche (Donnerstag-Sonntag). 1988 wurden etwa 18 000 Fernsehempfänger registriert.

Presse
Die Presse untersteht dem Ministerium für Kultur und Kommunikation. Als Tageszeitung erscheinen das *Bulletin de l'Agence Bénin-Presse* der offiziellen Nachrichtenagentur *Agence Bénin Presse*, die eng mit der *Agence France Presse* zusammenarbeitet. Als amtliche Tageszeitung hat *La Nation* 1991 die frühere *Ehuzu* abgelöst. Ferner erscheint täglich *l´Aube Nouvelle.* Die Agence Bénin Presse gibt auch die Wochenzeitung *Bénin-Presse Information* heraus. Seit 1988 besteht mit dem Tam-Tam-Express auch eine unabhängige Wochenzeitschrift (Auflage ca. 15 000). Vierzehntägige Publikationen sind: *La Croix du Bénin* (katholisch), *La Gazette du Golfe* (unabhängig) sowie das amtliche *Journal Officiel de la République du Bénin* (vom Informationsdienst der Regierung herausgegeben). Monatlich erscheint außerdem das *Bénin-Magazine.*

Der **Staat** hat eindeutig das **Informationsmonopol**; daher ist auch keine freie Meinungsäußerung für Journalisten gegeben.

Zeitungen und Fernsehen werden auch aufgrund des allgemein geringen Bildungsniveaus nur von einem kleinen Teil der Bevölkerung in Anspruch genommen.

Praktische Informationen

An- und Weiterreise

Von allen großen deutschen Flughäfen sowie von Basel und Zürich besteht mit *Sabena* eine Flugverbindung nach Cotonou.

Auch *Ghana Airways* fliegt von Düsseldorf einmal wöchentlich (mit Umsteigen in *Accra*) nach Cotonou.

Angeflogen wird Cotonou ferner von *Abidjan, Accra, Bamako, Lomé, Lagos, Niamey, Dakar* und *Ouagadougou* aus. Der Flughafen befindet sich etwa 6 km außerhalb von Cotonou; Taxis und Zubringer-Busse stellen die Verbindung her. Taxi-Preise unbedingt vor Fahrtantritt aushandeln!

Die **Anreise mit dem Kraftfahrzeug** ist von Niger oder Togo sowie von Nigeria (Autobahn) und Burkina Faso (z. Z. schlechte Piste) möglich (*Carnet de Passage* erforderlich).

Die Grenze schließt in der Regel um 18 Uhr.

Dreimal pro Woche fährt ein *S.N.T.N.-Bus* die Strecke Niamey (Niger)-*Parakou* (Benin); von dort verkehrt regelmäßig eine Eisenbahn nach Cotonou.

Einige der **Frachtschiffe** von Marseille nach Cotonou nehmen angeblich auch eine begrenzte Anzahl von Passagieren an Bord.

Ausreise-Visa sind zur Zeit nicht erforderlich; bitte vor Ort über den aktuellen Stand informieren.

Visa, Einreise, Zollkontrolle

Kein Visum benötigen deutsche Staatsangehörige, die im Besitz eines gültigen Reisepasses sind und sich nicht länger als 3 Monate im Land aufhalten wollen.

Im Internationalen Impfausweis muß eine gültige **Gelbfieberimpfung** eingetragen sein (für alle Reisenden zwingend vorgeschrieben). Auch **Malariaprophylaxe** ist dringend erforderlich. Österreichern und Schweizern ist die Einreise nur mit Visum erlaubt. Schweizer erhalten bei der zuständigen Botschaft zunächst ein 7-Tage Visum; Verlängerung für 5000–7000 CFA möglich (3 Fotos; Bearbeitungszeit 3 Tage). An der Grenze soll man ein 48 Stunden-Visum bekommen.

Die Botschaft von Benin stellt in der Regel nur Visa für 24–72 Stunden aus; eine Verlängerung ist sofort nach Ankunft beim *Ministère de l'Intérieur, de la Sécurité Publique et de l`Administration Territoriale* (Tel. 30 11 06) in Cotonou zu beantragen. Visaverlängerungen bis zu einem Monat werden bei Vorlage von drei Paßfotos normalerweise in 24 Stunden ausgestellt; Gebühr: 6000 CFA; Anträge müssen bis 11 Uhr eingereicht werden.

Da es in den benachbarten Staaten Togo oder Burkina Faso keine Botschaften der Republik Benin gibt, sollten Sie Ihr Visum nach Möglichkeit vor der Reise beantragen. Angeblich gibt es Schwierigkeiten bei der Visumerteilung, wenn Stempel von Israel oder Südafrika im Paß sind.

Unterwegs ist ein Visum lediglich in der Côte d'Ivoire (Abidjan), in Ghana (Accra) oder im Niger (Niamey) erhältlich. Eine Ausnahme besteht, wenn Sie von Togo über *Hilakandji* bzw. *Ouidah* einreisen: An der Grenze wird für ca. 2000 CFA (und 2 Paßfotos!) ein Visum ausgestellt, das 48 Stunden gültig ist,

und, falls erforderlich, in Cotonou *(s. u.)* verlängert werden kann.
Zigaretten und Alkoholika werden in Benin (wie in Togo) nicht besteuert und sind somit billig.

Botschaften
Vertretung von Benin
◆ **Deutschland**
Botschaft der Republik Benin
Rüdigerstr. 10, 5300 Bonn 2,
Tel. (02 28) 34 40 31/32.
Fax (0228) 85 71 92.
Geöffnet: Mo bis Fr 9–16 Uhr.
(Auch für die Schweiz und Österreich zuständig!)

Vertretungen in Benin
◆ **Deutschland**
Botschaft der BRDeutschland
7, Route Inter-Etats, B.P. 504, Cotonou. Tel. (0229) 31 29 67-68.

◆ **Ghana**
Botschaft der Republik Ghana
B.P. 448, 7, Quartier des Cocotiers, Avenue Jean Paul II, Cotonou, Tel. und Fax 30 07 46.
Geöffnet: Mo bis Fr 8–14 Uhr.
Wer Ghana von Benin aus besuchen will, sollte sich das Visum bereits in Deutschland besorgen.
Deutsche erhalten das Visum zwar auch von der Botschaft in Cotonou, müssen jedoch mit viel Papierkram und 3–4 Tagen Wartezeit rechnen.
Die Kosten sind je nach Aufenthaltsdauer unterschiedlich: Ein 7-Tage-Visum kostet ungefähr 14 000 CFA.

◆ **Niger**
Botschaft der Republik Niger
Im Zentrum, hinter dem Postamt, Tel. 31 40 30 und 31 33 34; geöffnet: Mo bis Fr 8–12 und 15–18.30 Uhr.

Visa werden innerhalb von 24 Std. ausgestellt. Zwei Paßfotos sind nötig, die Gebühr beträgt 5000 CFA.

◆ **Schweiz**
Honorarkonsulat der Schweiz
Coctiers, Cotonou, Tel. 30 14 68.

Visa für **Togo, Burkina Faso** und **Côte d´Ivoire** werden vom *Französischen Konsulat* ausgestellt, im Zentrum von Contonou, gleich hinter der Post.

Reisen im Land
Verkehrsmittel
Flugzeug
Der Flugverkehr innerhalb der Republik Benin ist z. Z. nicht möglich, da die *TAB (Transport Aeriens du Benin)* aufgelöst ist.

Eisenbahn
Die beninische Eisenbahn *(OCBN)* umfaßt ein Netz von etwa 600 km. Wichtigste Strecke ist die 440 km lange Nord-Süd Verbindung *Cotonou - Parakou* (ca. 12–16 Std., 438 km); im Nachtzug sind Schlafwagenabteile vorhanden.
Tägliche Verbindungen existieren in beide Richtungen. Fahrkarten kann man nicht im Voraus kaufen, daher sollte man morgens sehr früh am Bahnhof sein, wenn man den Zug um 8.30 Uhr nehmen will.
Darüber hinaus gab es auch eine Linie entlang der Küste, die jedoch inzwischen still gelegt wurde.

Taxi-Brousse/Omnibusse
Alle wichtigen Städte sind durch Omnibusse bzw. Minibusse (den Buschtaxis aus Gründen der Verkehrssicherheit

vorzuziehen) oder Buschtaxis zu erreichen.
Innerhalb der einzelnen Städte sorgen zahlreiche Busverbindungen für den öffentlichen Personentransport.

Taxis
Innerhalb von Cotonou sind die Preise festgelegt (Stadtfahrt pro Sitzplatz im Sammeltaxi ca. 100 CFA). Falls man jedoch ein Taxi für sich allein haben will, werden alle Plätze berechnet. Der Preis ist unbedingt vor Fahrtantritt zu vereinbaren!
Günstig sind *Mofa-Taxis* (erkennbar an den gelben Hemden der Fahrer), Stadttarif ca. 100 CFA.

Unterwegs als Selbstfahrer
Mietwagen
Mietwagen je nach Fahrzeugtyp ab 8500 CFA/Tag erhältlich (zuzüglich 27% Steuern und etwa 90 CFA/km). Benzin ist extra zu rechnen. In der Regel muß eine Kaution von 150 000 CFA hinterlegt werden. Internationaler Führerschein ist vonnöten.

Agenturen
Locauto Europcar
B.P. 117, Cotonou, Tel. 31 34 42, Telex 5078.
Socirel (Hertz)
B.P. 8128, Cotonou, Tel. 31 27 85, Telex 5178.

Straßenverhältnisse
Der größte Teil des Straßennetzes besteht in der Regel aus gut befahrbaren Pisten. In der/den Regenzeiten kann sich dieser Zustand jedoch sehr schnell verschlechtern. Es gibt nur wenige Allwetterstraßen; ein Teil der Pisten ist während der Regenzeit (Juni/September und Oktober/November) nicht passierbar.

Hauptverbindungsstrecken:
Die ca. 125 km lange, gut ausgebaute Küstenstraße zwischen *Lomé* (Togo) und *Lagos* (Nigeria) (Teerstraße),
die Nord-Süd-Strecke, von *Cotonou* nach *Malanville* (Teerstraße).
Teerstraßen gibt es ferner von *Dassa* bis *Savalon* und von *Porto-Novo* bis *Pobe* (teilweise in schlechtem Zustand).
In Benin herrscht **Rechtsverkehr**.

Benzin
Normal: 200 CFA/l (87 Oktan),
Super: 175 CFA/l,
Diesel: 135 CFA/l.
Lediglich 100 l Benzin dürfen zollfrei eingeführt werden; unterwegs sollten Sie jede Gelegenheit zum Tanken nutzen.

Camping
Ausländer dürfen in Benin nur in Hotels oder offiziell zugelassenen Unterkünften (oder von ihnen angemieteten Häusern, sofern sie offiziell gemeldet sind) wohnen. Es ist offiziell verboten, privat bei beninischen Bürgern zu wohnen bzw. zu übernachten.
Camping ist in ganz Benin **verboten**! Reisende, die am Strand oder in der Nähe von gesperrten Zonen (Militär) campieren, müssen mit Festnahme sowie der Beschlagnahme ihres Fahrzeuges rechnen!

Fotografieren
Grundsätzlich **verboten** ist das **Fotografieren** und Filmen von
Präsidentenpalast und Residenz,
militärischen Anlagen (Kasernen, Waffenlager, Flugplätze, Hafengelände, Bohrtürme für Erdöl),
Klöstern, Fetischtempeln und sonstigen religiösen Einrichtungen,

Innenräumen der Museen, kulturellen und religiösen Zeremonien (Initiationsriten etc.).

Erlaubt ist das Fotografieren von Küstenstreifen (ohne Hafengelände), Lagunen, Seen und Binnengewässern, Thermalquellen, Wasserfällen, Pfahldörfern, Nationalparks, historischen/kulturellen Monumenten, Märkten, Handwerkerstätten, nicht-religiösen, folkloristischen Tänzen und traditionellen Festen sowie Szenen aus dem alltäglichen sozialen Leben.
Um Schwierigkeiten zu vermeiden, sollten Sie vielleicht (zumindest in Cotonou) ganz auf das Fotografieren verzichten! Wer Personen fotografieren will, sollte unbedingt vorher fragen!

Geld/Währung/Banken
Währungseinheit ist der **Franc CFA**. Es ist zu empfehlen, Reiseschecks in Französischen Franc (FF) mitzunehmen. Die Einfuhr von Landes- und Fremdwährung ist unbegrenzt (Deklaration erforderlich); die Ausfuhr von Landeswährung dagegen nur bis zu 25 000 CFA.
Die *BCB (Banque Commerciale du Bénin, Abf. Commerce Extérieure)* sowie die *Financial Bank* wechseln Travellerschecks. Devisen wechseln außerdem die *Bank of Africa* und die *Ecobank*.
Geöffnet:
Mo bis Fr 8–11 und 15–16 Uhr.
Die Bank am Flughafen ist meist geschlossen. Im *Sheraton-Hotel* (15 Min. zu Fuß vom Flughafen) kann man jedoch angeblich ohne Schwierigkeiten von 8.30 - 14.30 und von 16.30 - 18.30 Uhr Travellerschecks wechseln. Umtauschmöglichkeiten außerhalb von Cotonou sind nicht vorhanden! (Ich bitte um Mitteilung, falls sich das ändern sollte.)

Post
Für die Aufbewahrung von Post am *Poste Restante*-Schalter muß man pro Brief oder Telex eine Gebühr bezahlen.

Öffnungszeiten
Banken: Mo bis Fr 8 - 11.30 Uhr und 15 - 17.30 Uhr. Sa 8 - 11.30 Uhr.
Geschäfte: Mo bis Fr 9 - 13 Uhr und 15.30 - 19 Uhr, Sa 8 - 12.30 Uhr.
Büros: Mo bis Fr 8 - 12.30 und 15 - 18.30 Uhr.

Feiertage/Feste
1. Januar (Neujahr),
16. Januar (Tag der Märtyrer),
Ostermontag,
1. Mai (Maifeiertag),
Christi Himmelfahrt,
Pfingstmontag,
1. August (Nationalfeiertag),
Allerheiligen,
25. Dezember (Weihnachten),
31. Dezember (Silvester).
Hinzu kommen die sich in der Zeit jährlich ändernden islamischen Feste *Ramadan* und *Tabaski*.

Trinkwasser
Wasser muß außerhalb der Großstädte abgekocht oder gefiltert werden.

Strom
(Sofern vorhanden) **220 Volt** Wechselstrom; die Mitnahme eines Adapters wird empfohlen (französisches Steckdosensystem).

Uhrzeit
MEZ (während der europäischen Sommerzeit minus 1 Std.).

Reisen, Routen, Sehenswürdigkeiten

Cotonou

Die etwa 500 000 Einwohner zählende **Hafen- und Verwaltungsstadt** Cotonou wird wegen des sehr schlechten Zustandes der Straßen von Insidern auch gerne „Cototrou" genannt.
Hier befindet sich der Sitz der Regierung sowie ein internationaler Flughafen (etwa 6 km vom Stadtzentrum). Cotonou hat aufgrund seiner nahegelegenen Strände auch den Reiz eines Badeortes und darüberhinaus einige Sehenswürdigkeiten zu bieten.

Sehenswürdigkeiten
Dantopka Markt
Typisch afrikanischer Markt (einer der größten Westafrikas) im gleichnamigen Viertel, direkt an der Lagune, mit zahlreichen kleinen Bretterbuden und Ständen. Ein brodelnder „Ameisenhaufen"! Im mehrstöckigen Gebäude selbst findet man nur wenig Interessantes.
Es gibt auch einige Batikwerkstätten in der Stadt; man kann sich vom Markt aus den Weg weisen lassen.

Nachtmärkte
Im Stadtteil *St. Michel* und *Kouhounou*, neben dem *Stade de l'Amitié*; *(s. Plan)*.

Präsidentenpalast
Man sollte sich den Palast nur aus gebührender Entfernung ansehen, vor allem in der Nacht: es wird scharf geschossen! Der Palast ist relativ schwer zu finden (glücklicherweise!?), da er schlecht ausgeschildert ist.

Im Innenhof einer Batikwerkstatt

„Village des Arts"

Der „Marché des Arts" in der Nähe des alten Hafens wurde aufgelöst; stattdessen gibt es jetzt das *Village des Arts* am Boulevard St. Michel.

Museum

Ethnographische Sammlungen geben einen Einblick in die Völker und Kulturen des Landes.

Trödelläden finden sich in der Rue des Libanais.

Malerische **Fischerdörfer** liegen entlang der Lagune und sind ebenfalls einen Besuch wert.

Vorsicht! Taschendiebe treiben sich v. a. am Strand *La Crique* herum, in der Nähe des Hotels Aledjo *(s. u.).* Man muß mit Inhaftierung rechnen, wenn man nachts am Strand angetroffen wird!

Hinweis:
Folgende Straßen sind umbenannt worden:
Die ehemalige *Route de l´Aeroport* heißt jetzt *Av. Jean Paul II,*
der ehemalige *Bd Sékou Touré* heißt jetzt *Av. Steinmetz,*
die ehemalige *Patte d´Oie* heißt jetzt *Voi de Cadjehoun.*

PRAKTISCHE INFORMATIONEN

 TOURISTENINFORMATION

Touristenbüro

Office National du Tourisme et de l'Hotellerie (ONATHO)
B.P. 89, Cotonou. Tel. 31 26 87. Büro in der Nähe des „Hôtel du Port" *(s. u.).*

UNTERKUNFT

Achtung! Schlafen Sie niemals im Freien und auch nicht im Fahrzeug, vor allem nicht am Strand *(s. unter Reisen im Land, Stichwort Camping)*!

Hotels
Luxusklasse

Benin Sheraton Hotel
5-Sterne-Hotelanlage, Bd de la Marina, B.P. 1901, Tel. 30 01 00, 30 12 56, Fax 30 11 55.

Hôtel Aledjo (PLM)
Luxus-Bungalowanlage direkt am Strand, Route de Porto Novo, etwa 2 km vom Zentrum Richtung Westen, B.P. 2292, Tel. 33 05 61/62 und 33 11 58, Fax 33 14 74, Übernachtung ab 25 000 CFA/ DZ.

Mittelklasse

Hôtel du Port
Zimmer mit Air-Condition, Restaurant, Swimmingpool (der Eintritt für Nicht-Hotelgäste kostet 1000 CFA), Night-Club; Tel. 31 44 443; schlecht organisiert.

Hotel El Dorado
Neben dem Hotel Aledjo P.L.M. Azur, direkt am Meer, Swimminpool, Tennisplätze, Strand! Tel. 33 09 23.

Palm Beach
Neues Hotel, etwa 10 km außerhalb Richtung Porto Novo.

Hotel du Lac
Hinter der alten Brücke an der Lagune; sehr schöner Blick auf die Lagune; DZ ab 15 000 CFA.

Einfache Hotels

Hôtel Miva
Tel. 33 12 08, Fax 33 06 01, 4 km außerhalb, an der Straße nach Porto Novo; klimatisierte Zimmer, relativ preiswert.

Hotel Pacific
Zentral an der Av. Clozel, DZ ca. 6000 CFA, Restaurant und Terrassen-Bar.

Hotel GL (Grâca Lavin)
Modernes Hotel mit steriler Atmosphäre am Place Lénine hinter der neuen Brücke, Tel. und Fax 33 16 17.

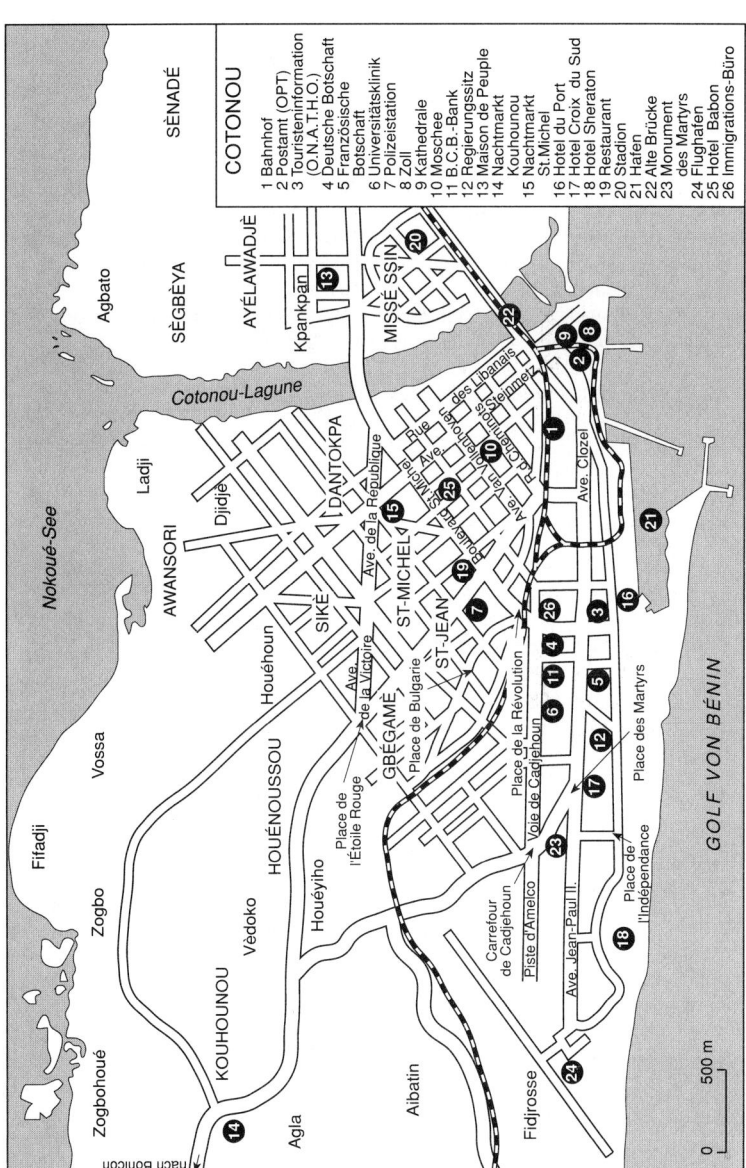

Hotel de l´Union
Bd St. Michel, Tel. 31 27 49.
Hotel Vichyfee
Zwischen Rue des Libanias und Av. Steinmetz.
Hotel Le Concorde
Tel 31 33 13; im Zentrum, Av. Steinmetz.
Hôtel Babou
Rue Agbeto Amadore. Tel. 31 46 07. 10 Min. vom Dantopka-Markt, in einer Seitenstraße von der Rue de Commerce; kaum zu verfehlen: Gebäude mit fünf Etagen (am besten Zimmer in der fünften Etage, da untere feucht); freundliche Leute. Restaurant.
Atlanticus
Von franz. Ehepaar geführtes Bar-Restaurant hinter der Eglise St. Michel, vermietet auch Zimmer mit HP für ca. 5000 CFA.

Campingplatz
Camping Ma Campagne
Tel. 36 01 63, 13 km westlich von Cotonou, an der Straße nach Lomé, im Quatier Gogomey, ca. 2000 CFA pro Person/Tag, ca.1000 CFA/Pkw/Tag, 1000 CFA/Wohnmobil/Tag; Zi. mit Vent. und Dusche ca. 3500 CFA/Person. Idyllischer Platz mit vielen Bäumen und kleinem Restaurant.

 ESSEN UND TRINKEN
Entlang des *Bd Saint Michel* gibt es zahlreiche kleine Restaurants um den großen Markt, außerdem mehrere Straßenstände, an denen man für ein paar CFA einen Teller Riz-Sauce bekommt. Im Vergleich zu den anderen westafrikanischen Ländern gibt es nur wenige *Café-au-lait-Stände*. Es besteht jedoch die Möglichkeit, sich (außer auf dem Markt) auch in einem der Supermärkte *(s. u.)* mit Lebensmitteln einzudecken.

Restaurants
L´Hexagone
Bd St. Michel, hinter der neuen Brücke.
La Terrasse, Rue Goa.
Le Sorrento
Bd St. Michel, neben Nachtclub „New York", frz. Küche, relativ teuer.
L´Oriental
Piste d´Amelco, Sonntags-Buffet, libanesische Küche – teuer!
La Sangria
Piste d´Amelco – gute frz. Küche.
L´Auberge
Av. Steinmetz, von der Kathedrale aus 2. Straße rechts – gute frz. Küche.
La Serre
Bd St. Michel, noch vor der Eglise St. Michel, frz. und afrik. Küche.
La Bodega, Av. Proche, Grill und Pizza.
Costa Rica, Av. Proche, Grill und Pizza.
Le Bilbao
Piste d´Amelco, Pizza und libanes. Küche.
Bangkok Terrasse
Bd St. Michel, thailänd. Küche.
Royal Toffa 1er
Franz. und afrik. Küche.
Maquis de la Résidence
Hinter der Deutschen Botschaft, afrik. Küche.

Einfache Restaurants
Le Calao
Av. Steinmetz, neben Cinema VOG, preiswert; Treffpunkt vieler Franzosen.
Atlanticus
Hinter der Eglise St. Michel, kleine preiswerte Gerichte; sauber; freundliche Wirtsleute *(s. a. Einfache Hotels)*.
Livingstone
Piste d´Amelco, Treffpunkt vieler Deutscher.
Maquis La Marielle
Hinter dem Bd St. Michel im Quartier Maro-Militaire.

Cafés/Salon de Thé La Caravelle
Kleinere Gerichte für den Hunger zwischendurch, gegenüber vom Supermarkt CFAO; hier trifft man so manchen Traveller.
La Gerbe d'Or
Bäckerei, Eisdiele und Salon de Thé. Leckere Eisbecher und Kuchen! Von der Hauptpost etwa 200 m Richtung „ancien port", auf der linken Seite.

 NACHTLEBEN
Bars/Night-Clubs/Discos
New York, Bd. St. Michel, Disco.
2001 (Disco)
Rue des Cheminots (Stadtteil Jenquet).
Africa Nights
Rue des Cheminots, Disco.
Memphis
Stadtteil Cadjehoun, Nightclub.
Number One & Two
Rue Goa, Nightclub.
Le Téké (Nightclub)
Im Sheraton-Hotel (Mo geschl.).
Kinos
Cinéma Benin, Bd. St. Michel.
Cinéma Vog, Bd. Sékou Touré.
Gute Filme zeigt auch das Freilichtkino im *Centre Culturel Français* (neben der Französischen Botschaft).

 NOTFALL
Krankenhäuser
C.N.H.U (Centre National Hospitalier et Universitaire)
Gegenüber der Présidence de la République *(s. Plan),* Tel. 30 01 55.
Policlinique Les Cocotiers
Privatklinik, Tel. 30 14 31.
Bei Verdacht auf Malaria kann man in den an Apotheken angeschlossenen Labors oder im C.N.H.U. *(s. o.)* eine Blutuntersuchung *(goutte epaisse)* machen lassen, auf dem Land in Provinz- und Distriktkrankenhäusern.

Apotheken
L´Èternité
Rue Wologuédé, Tel. 32 12 32.
Pharmacie de la Radio, Tel. 31 49 51.
Pharmacie Jonquet
Rue des Cheminots, Tel. 31 20 80.

VERKEHRSVERBINDUNGEN
Verkehrsmittel innerhalb der Stadt
Neben den wenigen Sammeltaxis (ca. 100 CFA), welche die weiter entfernt gelegenen Vororte mit dem Zentrum verbinden, gibt es viele Moped-Taxis (ca. 100 CFA innerhalb der Stadt).
Verkehrsmittel ins Landesinnere
Eisenbahn
Cotonou-Parakou
Dreimal tägl., ca. 6200 CFA, 1. Kl., Schlafwagen.
Nähere Informationen am Bahnhof.

Mini-Busse und Busch-Taxis

In der ganzen Stadt verteilt finden sich mehrere Haltestellen z. B. in der Rue des Libanias an der Tankstelle oder an der Rue des Cheminots gegenüber der Apotheke. Die Preise sind in der Regel im Wagen angeschrieben.

Nach *Abomey:*
Mehrmals täglich ein Bus. Abfahrt im Stadtteil *Missébo* (zwischen Av. Sékou Touré und Lagune).

Nach *Porto Novo:*
Bushaltestelle nahe des alten Hafens; ca. 200 CFA/Person.

In den Norden *(Natitingou):*
Ein Bus verkehrt Do und So; man sollte bereits vor 5 Uhr morgens am Busbahnhof sein, um einen Sitzplatz zu bekommen

Verkehrsverbindungen von/nach
Togo
Busch-Taxi nach Lomé ca. 1500 CFA/Person plus Gepäck. Abfahrt vor der Pharmacie Jonquet *(s. o.).*

Burkina Faso
Früher führte die schnellere Strecke über Togo; heute ist Togo aufgrund der politischen Lage zu meiden, es bietet sich an: *Natitingou-Tanguieta-Grenzort Porga-Fada N´Gourma* (ab Grenze asphaltiert).

Niger
Zunächst von Cotonou bis *Parakou,* anschließend mit dem Bus weiter nach *Malanville* (ca. 1800 CFA plus Gepäck) bzw. mit dem Sammeltaxi bis *Gaya* (Niger) für etwa 2500 CFA. Von dort besteht täglicher Busverkehr nach Niamey. Auch: direkt von Parakou nach Niamey (Niger) mit dem S.N.T.N.-Bus.

Fluggesellschaften
(Zu Flügen vgl. Kap. Praktische Informationen, An- und Weiterreise.)

Air Afrique
B.P. 200, Büro am Anfang der Av. Clozel, Tel. 31 39 44 und 31 21 07-8, Fax 31 53 41, Reservierungen unter Tel. 31 36 09.

U.T.A.
Av. Clozel, B.P. 905, Tel. 30 10 01, 30 14 16

Air France
B.P. 905, Tel. 30 18 15 und 30 17 61, Fax 30 13 90

Sabena
Am Place des Martyrs, B.P. 2622, Tel. 30 03 55, Fax 30 18 82.

Hinweis: Mit etwas Verhandlungsgeschick kann man für etwa DM 1500 ein Motorrad mit zurück nach Brüssel nehmen.

Aeroflot
Av. Jean Paul II, B.P. 2014, Tel. 30 15 74.

SONSTIGES
Formalitäten
Service des Immigration
(Paß- und Visaamt) in Cotonou, ca. 5 Gehminuten von der Deutschen Botschaft Richtung Innenstadt, gegenüber vom *Centre Culturel Chinois (s. Stadtplan Cotonou zwischen Nr. 3 und 7).*

Supermärkte
La Point, Rue Gouverneur Bayol.
BSS (Bénin Self-Service).

Buchhandlungen
Papeterie SONAEC
Av. Clozel, gut sortierter Laden, wo man auch internationale Zeitungen bekommt.

Librairie Notre Dame
Nahe der Kathedrale.

Institut National de Carthograhie
(IGN-Straßenkarte).

Reisebüros
Bénin-Tours
Im Sheraton-Hotel, Tel. 30 01 00, Fax 30 11 55.

Cobenam Voyages et Tourisme
Tel. 31 33 27 und 31 47 80.
C&C Voyages, Tel. 31 47 46.
Phimex Voyages, Tel. 31 21 37.

Swimmingpool/Strände
Achtung!
Der Aufenthalt am Strand in der Umgebung von Cotonou sowie in Cotonou selbst ist von 18–6 Uhr (an Sonn- und Feiertagen von 19–6 Uhr) verboten (Überfallgefahr!). Militär! Man muß mit Festnahme und Gefängnisaufenthalt rechnen!
Achtung! Aufgrund der starken Strömung ist es gefährlich, im Meer zu baden! Fast alle größeren Hotels oder Bungalowanlagen haben einen Swimmingpool:

Sheraton Hotel
Schönster und teuerster Swimmingpool, 1800 CFA/Tag Eintritt; geöffnet von 10–18 Uhr.
Eldorado
Ca. 1000 CFA/Tag, gleichzeitig Bademöglichkeit im Meer.
Hotel du Port, 1000 CFA/Tag.
Hôtel Croix du Sud
Ebenfalls ein sauberer Swimmingpool.

Ein schöner Strand befindet sich etwa 20 km von Cotonou in Richtung Nigeria, in *Sémé Upodji*: Bei km 11, noch vor der Kreuzung mit der *Porto-Novo*-Straße, einfach auf eine der Pisten nach rechts zum Meer abbiegen.
La Crique ist wegen der Diebe nicht zu empfehlen.

Swimmingpool Hotel „Croix du Sud", Cotonou

Die Küstenregion

Ganvié

Der sehenswerte, inzwischen sehr touristische Ort, wurde wegen seiner besonderen Bauweise oft das „Venedig Westafrikas" genannt. Er liegt 18 km nordwestlich von Cotonou am *Nokoué-See*.

Die über 15 000 Einwohner von Ganvié, der **größten Pfahlbausiedlung Afrikas**, gehören der Volksgruppe der *Tofinu (Fon)* an. Ursprünglich war Ganvié ein kleines Dorf, gegründet in der ersten Hälfte des 18. Jahrhunderts von den vertriebenen *Adja* unter Führung ihres Chefs *Agbogboe*. Ebenso wie andere Pfahlbausiedlungen war es vor allem ein Zufluchtsort. Die sumpfigen Wälder dieser Gegend sicherten die Möglichkeit zum Lebensunterhalt und boten gleichzeitig Schutz vor den Expansionsgelüsten der Könige von *Fon, Allada* und *Dan-Home*.

Anfangs wurden die Behausungen auf „natürlichen Pfeilern" (Bäumen) gebaut, später dann mehr und mehr auf „künstliche" Pfähle gestützt. In den aus Balken und Palmrippen konstruierten und mit dickem Schilfdach bedeckten Häusern führen die Bewohner von Ganvié ein sehr bescheidenes und anspruchsloses Leben. Auch wenn inzwischen der Einfluß der europäischen Besucher nicht zu übersehen ist, halten die Bewohner Ganviés dennoch an ihren uralten Traditionen fest. Sie leben, wie alle Tofinu, ausschließlich von der **Lagunenfischerei**; dabei handelt es sich eigentlich mehr um Fischzucht als um Fischerei. Die Fischplätze, sogenannte *Akadjas*, werden künstlich mit Buschwerk angelegt; es wird unterschieden zwischen „Fallen-Akadjas" und „Zucht-Akadjas". Während die Männer mit der Aufzucht und dem Fang beschäftigt sind, kümmern sich die Frauen um die Verarbeitung und Konservierung der Fische sowie um den Verkauf auf den Flußmärkten. Meist tauschen sie die geräucherten Fische gegen Yams, Maniok und Hirse ein.

In Bezug auf den Ursprung des Namens *Ganvié* gibt es mehrere Vermutungen; die genaueste Deutung des Wortes scheint die folgende: In der Tofinu-Sprache ist „Gan" ein Ausdruck der Erleichterung und heißt soviel wie „Wir sind gerettet" und „vie" bedeutet „Gemeinschaft".

Sehr eindrucksvoll ist der **„schwimmende Markt"** von Ganvié, wo Händler auf Pirogen oder Kanus ihre Nahrungsmittel und sonstigen Lebensgüter feilbieten. Meist sind es Frauen, die den Handel betreiben; sie sind von weitem schon an ihren riesigen Strohhüten zu erkennen.

In den Pirogen werden auf Holzrosten über kleinen Feuern Fische gegrillt bzw. geräuchert, das kostbare, vom Festland geholte Süßwasser ist ebenso im Angebot.

Seit der Fremdenverkehr von Ganvié staatlich organisiert ist, verläuft er in vorgeschriebenen Besichtigungstouren ab, für die relativ viel Geld verlangt wird. Dadurch hat sich jedoch angeblich auch die Zahl der nach Geld schreienden Frauen und bettelnden Kinder erheblich verringert und auch die an Touristenorten üblichen „Geschäftemacher", die den Fremden oft stundenlang unaufgefordert begleiten, haben

Im Pfahlbaudorf Ganvié

dadurch weniger Handlungsmöglichkeiten.

Individualreisende, die versuchen, sich bei der einheimischen Bevölkerung einzumieten, werden von staatlichen Behörden sehr ungern gesehen.

Für Malaria-resistente Traveller ist ein **kleines Hotel** vorhanden.

Weitere Pfahlbaudörfer befinden sich in *So-Awa* und *So-Tchanhoué*.

Da Ganvié bereits sehr überlaufen ist, empfiehlt sich eher eine Pirogenfahrt ab *Akassata*.

Verkehrsverbindung nach Ganvié: Von Cotonou geht es zunächst mit dem Sammeltaxi bis *Abomey-Calavi*; von dort weiter mit der Piroge (inkl. Besichtigung des Dorfes etwa 3000 bis 4000 CFA); Preis muß ausgehandelt werden.

Porto-Novo

Die **Verwaltungshauptstadt** von Benin hat etwa 119 000 Einwohner und ist rund 30 km östlich von Cotonou gelegen.

In der Geschichte Benins spielte sie eine große Rolle, was sich in den alten Kolonialbauten der Portugiesen (in einzelnen Vierteln) noch heute wiederspiegelt.

Die im 16. Jahrhundert gegründete Stadt war einer der berüchtigsten Sklavenmärkte an der Goldküste. Seit 1752 heißt sie *Porto-Novo* und zählt zu den interessantesten Orten des Landes.

Porto-Novo gilt als Zentrum des *Orisha-Kultes*, der die Grundlage für den auf den Antillen sowie in Haiti und Brasilien entstandenen Voodoo-Kult war.

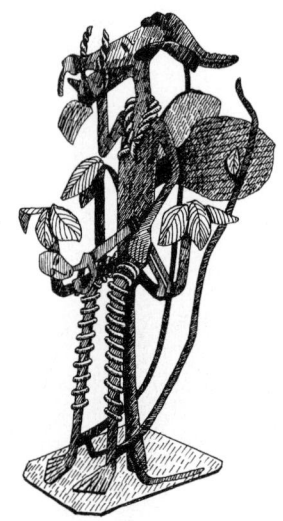

Sehenswürdigkeiten
Ethnographisches Museum
Das Museum enthält eine umfangreiche Sammlung an Masken, Kultgegenständen (u. a. Symbol des Donnergottes *Xango*), alten Waffen und Musikinstrumenten. Eintritt ca. 1500 CFA.

Palast des Toffa-Königs
Er liegt im Süden der Altstadt. Das inzwischen stark zerfallene Gebäude läßt immer noch den ursprünglichen Prunk erahnen.
Der Palast wird zur Zeit zu einem Museum umgebaut.

Kunsthandwerksstätten
Schmiede, Schnitzer, Gerber und Färber arbeiten im alten Stadtkern.

Alte Kirche
Ursprünglich in brasilianischem Stil errichtet, ist sie inzwischen zur Moschee umgebaut worden.

PRAKTISCHE INFORMATIONEN

 UNTERKUNFT
Hotels
Hotel Donna
Klimatisierte Zimmer, Restaurant, Nightclub „Mambo"; in der Rue Catchi (Zentrum), B.P. 95, Tel. 21 30 38.
Hotel Beau Rivage
Bd Lagunaire, klimat. Zimmer, schöne Aussicht auf die Lagune, Tel. 21 23 49.
Hotel Malabo
Bd Lagunaire, Bar-Restaurant, angenehme Atmosphäre, Tel. 21 34 03.

 ESSEN UND TRINKEN
Restaurants
La Royale
In der Nähe des Königspalastes, preisgünstiges Menü.
Casa Danza
In der Nähe des Ethnographischen Museums, preisgünstige Gerichte.

VERKEHRSVERBINDUNG
Es existiert ein täglicher Buschtaxiverkehr von/nach Cotonou.

SONSTIGES
Markt ist in Porto-Novo alle vier Tage.

Ouidah
Dieser geschichtsträchtige *(s. a. Teil Land und Leute, Kapitel Geschichte)*, 42 km westlich von Cotonou gelegene Ort, ist ein wichtiges **religiöses Zentrum des Landes**; hier befindet sich auch die „Wiege des Voodoo". Hauptattraktion für Touristen ist der Schlangentempel, in dem die mythische Regenbogenschlange *Dangbe* verehrt wird; außerdem sind viele kleine *Fetisch-Tempel* zu sehen, meist sehr schön dekoriert.

Die Küstenregion – Ouidah 893

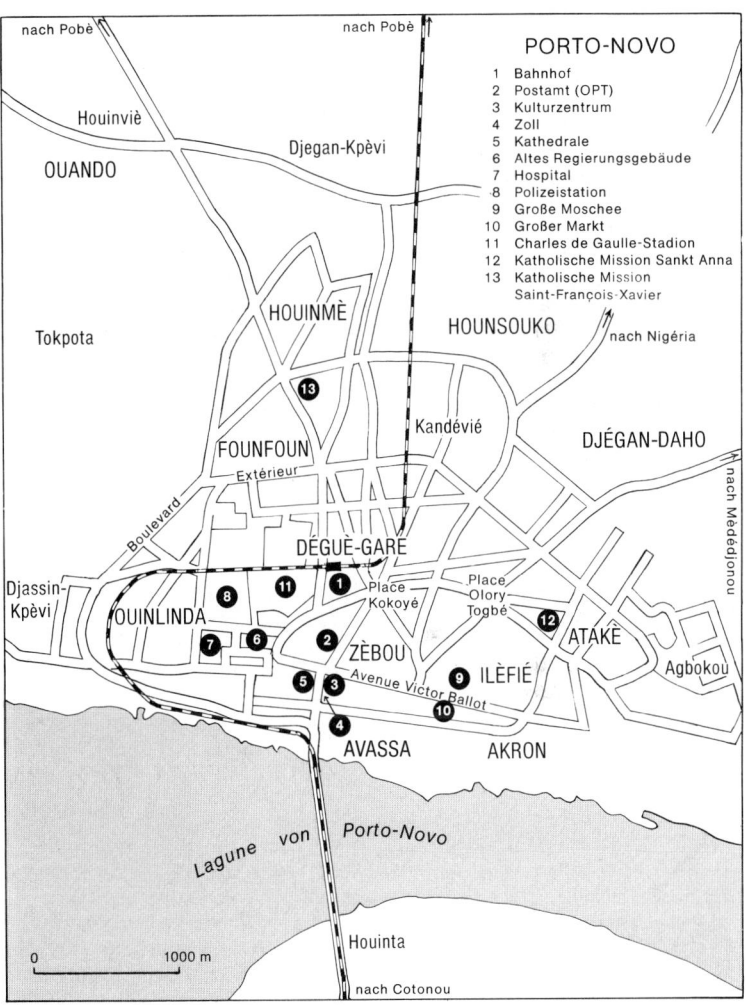

Im Schlangentempel können sich Mutige mit einer Python-Schlange um den Hals fotografieren lassen. Diesen heiligen Ort sollten Sie mit gebührendem Respekt betreten!

Im ethnographischen Museum (im alten portugiesischen Fort) sind einige Kunst- und Kultgegenstände ausgestellt; ebenso Fotos über die Geschichte der Sklaverei und den Voodoo-Kult.

Mit eigenem Fahrzeug (Geländewagen) ist Ouidah über die *Route des Pêcheurs* entlang der Küste zu erreichen.

Übernachtung/Verpflegung
Hotel Gbena
2 km nördlich vom Zentrum gelegen, Tel. 34 12 15.
Escale des Routiers
2 km östlich vom Zentrum, Restaurant mit guter franz. Küche.

Abstecher nach Possotomé
(84 km von Cotonou).
Der kleine Ort liegt am *Lac d´Ahémé* in einer landschaftlich sehr reizvollen Umgebung. Fahren Sie von Oudiah in Richtung *Comé*; in Comé rechts in Richtung *Possotomé* abbiegen.

Zu besichtigen sind Thermalquellen, wo das hiesige Mineralwasser „Possotomé" abgefüllt wird. Eine Pirogenfahrt auf dem See ist möglich!
Übernachtung
Village-Club Ahémé
Schöne Anlage direkt am See, DZ ab 6500 CFA; gutes Restaurant.

Grand-Popo
Grand-Popo, etwa 34 km westlich von Ouidah (80 km von Cotonou) gelegen, an der Straße nach Togo, ist bekannt für seine traumhaften Strände.
Übernachtung
L´Auberge de Grand Popo
Direkt am Meer mit guter Küche und schönem Strand. Zi. mit Vent. ab 7000 CFA; Übernachtung auch in einem der Zelte (ca. 1000 CFA) möglich.

Benin bietet traumhafte Strände

Das Zentrum

Cotonou – Abomey – Parakou
⇨ 411km Asphaltstraße

Nach *Allada* in *Huègbo* links abbiegen und über *Koussi* nach Toffo fahren; landschaftlich schöne Strecke (insgesamt 81 km).

Toffo
Sehenswert ist hier das Benediktinerkloster, *Monastère de Toffo*, mit zehn französischen Schwestern. Handgemachte Tischdecken und Sets sowie selbstgemachte Marmelade können erstanden werden.

Abomey

Die einstige Hauptstadt des *Fon-Königreiches Dahomey* zählt heute ungefähr 47 000 Einwohner und gehört zu den **interessantesten Plätzen des Landes**.
Der berühmteste König von Dahomey war der König *Glélé*; er regierte Ende des 19. Jahrhunderts das Land, kurz bevor die Franzosen an der Küste landeten. Angeblich soll er 800 Frauen gehabt haben, abgesehen von zahlreichen Bediensteten; neben einer Armee von 10 000 Mann soll ihm auch ein Heer von 6000 weiblichen Kriegern, sogenannten *Amazonen,* zur Seite gestanden sein. *(Siehe auch Kapitel Geschichte im Teil Land und Leute).*
Bekannt ist Abomey neben seiner Geschichte unter anderem auch wegen der Abomey-Decken *(siehe folgenden Artikel – Ein Geschichtsbuch auf Tuch)* Markt ist alle fünf Tage.

Sehenswürdigkeiten
Ehemalige Königsresidenz
Sie birgt eine bedeutende Kunstsammlung und das Historische Museum.
Nicht nur der mit Menschenschädeln geschmückte Thron des Königs *Ghézo* ist dort ausgestellt, sondern auch eine reichhaltige Sammlung mit königlichen Insignien und Juwelen sowie zahlreiche Kultgegenstände. Viele Infos über die Geschichte des Fon-Reiches und bemerkenswerte Wandmalereien an den Mauern sind weitere Gründe, die Residenz aufzusuchen.
Achtung! Fotografieren verboten!

Zentrum der Kunsthandwerker
(Centre des Artisanats), Rue de la Huchette, ganz in der Nähe des Museums.

PRAKTISCHE INFORMATIONEN

 UNTERKUNFT
Hotels (mit Restaurant)
Motel d'Abomey
B.P. 2168, Tel. 50 00 75; Bar-Restaurant.
Chez Monique
Am Ortsausgang in unmittelbarer Nähe von Onatho, DZ ca. 5000 CFA; sehr freundliches Personal, sauber, relativ zentral gelegen und gutes Restaurant. Schöner Tropengarten mit Affen!
Hotel Relais Sinnoutin
Tel. 51 00 75, hat eines der besten Restaurants der Gegend.

Ein Geschichtsbuch auf Tuch

In der Vorhalle des Historischen Museums von Abomey kann man Schneidern bei der Arbeit zusehen; mit Hilfe von Stoffapplikationen stellen sie in Serie bunte Wandbehänge her, auf denen nicht nur die Heldentaten der Könige von Dahomey dargestellt sind, sondern auch Lebensweisheiten.

Im alten Königreich Dahomey hatten die Herrscher besonders talentierte Handwerker zu sich an den Hof geholt, wo sie dann ausschließlich für den König arbeiten mußten. Neben Holzschnitzern, Schmieden, Gold- und Silbergießern waren vor allem Weber und Sticker beschäftigt, welche Zeremonialschirme, Kissen und Wandbehänge herstellten; die Technik der Stoffapplikation wurde dabei erst später eingeführt. Ähnlich wie bei den frühen Stickereien haben alle Figuren und Symbole ihre eigene Bedeutung; sie sind eine Art „Bilderschrift", die damals jedermann verstand. Anhand dieser Stoffbilder wurde die Geschichte des Landes, wurden die Heldentaten der Könige immer wieder erzählt, so daß auf diese Weise jedes Kind die wichtigsten historischen Ereignisse des Landes kennenlernte. Außer den Heldentaten des Königs wurden aber auch grausame, kriegerische Szenen dargestellt.

Im Museum selbst hängen noch ein paar Wandbehänge mit alten Applikationen; man erkennt sie gleich, da sie aus weniger grellen Stoffen hergestellt sind, denn damals verwendete man noch natürliche Farben zum Einfärben der Stoffe. Wenn man etwas Glück hat, findet man auch heute noch unter den älteren Schneidern solche, die die Figuren deuten können.

Das Symbol für den König Ghezo war z. B. ein Büffel, denn niemand konnte seiner Kraft widerstehen. Sein Sohn, König Glélé, der letzte mächtige Herrscher, bevor die Europäer im Land für Unruhe sorgten, wurde als Löwe dargestellt und folgender Spruch dazu erzählt: „Die Zähne sind dem Löwen gewachsen, und er ist der Schrecken aller". Symbol für den König Agadjy ist ein großes Schiff, denn seine Eroberungszüge führten ihn damals bis zur Küste, wo er die ersten Kontakte mit den Portugiesen aufnahm. Diese Stoffapplikationen können somit wie Geschichtsbücher gelesen werden.

Heute werden diese alten Wandbehänge massenweise von den Schneidern kopiert und nicht nur an Touristen verkauft; auch Einheimische kaufen sie gern.

Ein Geschichtsbuch auf Tuch 897

🚗 VERKEHRSVERBINDUNGEN
Mehrmals täglich verkehren **Buschtaxis** und **Mini-Busse** von/nach Cotonou *(s. o.)*; ein **Zug** fährt bis *Bohicon*, von dort kommt man mit dem Busch-Taxi weiter.
Ausflüge in die Dörfer der näheren Umgebung bieten sich an (evtl. mit dem Fahrrad).

Dassa-Zoumé

Dieser Ort liegt an der Strecke nach Savé und ist von Abomey 77 km entfernt und mit Buschtaxis zu erreichen. Die Attraktion befindet sich am Ortseingang rechts (von *Bahicou* kommend): eine Grottenkirche. Eine Kletterpartie auf die umliegenden „Berge" (herrliche Aussicht) lohnt sich.

Ein typisches Beispiel für afrikanische Brücken im Hinterland

Unterkunft
Auberge de Dassa
Direkt an der Hauptstraße von Cotonou Richtung Niger, ca. 203 km nördlich von Cotonou; Zi ca. 5000 bis 7000 CFA.

Savé

Der Ort liegt etwa 255 km nördlich von Cotonou auf der Strecke in den Niger. Touristisch bietet der Ort keine Höhepunkte, eignet sich aber als Versorgungspunkt. Hier gibt es billig Treibstoff aus Nigeria!
Unterkunft
Hotel les Mamelles de Savé
B.P. 09, Tel. 55 02 68, klimat. Zimmer, Generator von 19–7 Uhr. Terrasse mit Blick auf die umliegenden Hügel (*Mamelles*).

Dassa –Savalou – Djougou
⇨ **ca. 238 km**

Die Strecke *Dassa–Savalou–*(bis kurz hinter Savalou asphaltiert) *Bassila–Djougou–Natitingou* führt durch eine schöne Waldlandschaft, jedoch ist die Piste sehr ausgefahren. Beschädigungen des Fahrzeugs sind möglich. Treibstoff ist in allen genannten Orten erhältlich.
In **Djougou** gibt es einen Supermarkt und ein Motel
Übernachtung:
Direkt nach Ortseingang (von Djougou aus kommend) steht das *Hotel Kantaborifa*. Es ist sehr empfehlenswert, sauber und mit hervorragender französischer Küche zu humanen Preisen.
Von Djougou sind **Ausflüge** u. a. zu den Grotten von *Tanéka Koko* und dem *Königspalast der Kili* möglich.
Die nächste Möglichkeit zu **übernachten** besteht in **Natitingou** *(s. unter: Der Norden).*

Der Norden

Parakou

Als Endpunkt der Eisenbahnlinie von *Cotonou* ist Parakou von gewisser Bedeutung für den Handel in die Sahelländer.
Die Stadt selbst hat, außer dem Markt, der jeden Samstag stattfindet, **wenig touristische Attraktionen** zu bieten. Mit etwas Glück haben Sie vielleicht die Gelegenheit, der Zeremonie eines Fetischpriesters beizuwohnen: Verhalten Sie sich respektvoll!

PRAKTISCHE INFORMATIONEN

 UNTERKUNFT
Hotels
Hôtel des Routiers
Tel. 64 04 01, Tennisplatz, Schwimmbad umgeben von schöner Gartenanlage; Restaurant mit hervorragender Küche, klimat. DZ ab 8500 CFA.
Hôtel Les Canaris
Etwa 2 km vom Zentrum entfernt, DZ ca. 3500 CFA mit Ventilator, 6000 CFA klimatisiert; relativ gutes Restaurant.
Hotel Aux 2 Soleils
Sympathisches Personal, Zi für ca. 8500 CFA.
Am *Gare Routière* (Busbahnhof) gibt es angeblich auch die Möglichkeit, in Mehrbettzimmern zu übernachten (Bett ca. 500 CFA); eher für den Notfall, da ohne jeglichen Komfort!

🍴 ESSEN UND TRINKEN
Restaurants
Restaurant La Belle Epoque
Am nördlichen Stadtrand; frz. Küche.
Bar-Restaurant K. Mahatou
Afrikanisches Restaurant nahe Hotel Les Canaris *(s. o.)*.
Es gibt zahlreiche Straßenstände, an denen neben einem kleinen Imbiß, etwa den „brochettes" oder „beignets", auch die typisch afrikanischen Gerichte wie „fou-fou" mit extrem scharfer Soße etc. angeboten werden.

🚗 VERKEHRSVERBINDUNGEN
Zu erreichen ist Parakou mit dem **Taxi brousse** von Cotonou (ca. 5000 CFA) oder mit dem **Zug** (ca. 3500 CFA, 2.Kl.). Von Parakou fährt täglich ein **Bus** nach Natitingou; Abfahrt ca. 9 Uhr vor der Post. Falls Sie einen Sitzplatz haben wollen, sollten Sie ein bis zwei Stunden vorher erscheinen.

Parakou-Natitingou
⇨ **ca. 160 km**
(In der Regel) wesentlich schneller kommt man von Parakou nach Natitingou, wenn man mit dem Busch-Taxi zunächst bis nach *Djougou* fährt und anschließend mit einem anderen weiter nach Natitingou.
Ca. 60 km nördlich von Parakou beim Ort *Ndali* gibt es eine Übernachtungsmöglichkeit im *Campement von Ndali*. Weiter durch Savannenlandschaft ist nach 85 km **Guessou-Sud** erreicht.
Linker Seite führt eine schmale Piste (in gutem Zustand; kleiner Wegweiser) nach *Kouandé*) durch Waldregion mit Baumwollplantagen, Maniok- und Bananenpflanzungen nach Natitingou.
Nach ca. 40 km ist der Ort **Fô-Bouré** erreicht; auf schlechter Piste (bis 6 km vor *Tobre*) geht es weiter, dann mittel-

Getreidespeicher im Norden Benins

mäßig, aber ohne große Schwierigkeiten zu bewältigen, wenn man entsprechend langsam fährt.
Pehonco ist ca. 76 km nach *Guessou-Sud* und **Kouandé** nach ca. 114 km erreicht.
Hier ist Anmeldung bei der Polizei erforderlich.
Eine **Camping-Gelegenheit** besteht bei der Bar im oberen Teil des Dorfes. Wenn Sie Benin verlassen wollen, müssen Sie hier Ihren Paß bei der Gendarmerie abstempeln lassen.
Auf der Strecke *Guessou Sud-Kouandé* ist der **Busch-Taxi-Verkehr** recht stark.
Die Piste *Kouandé-Natitingou* wird z. Z. verbreitert; viele Brücken sind kurz vor der Fertigstellung.
Man verläßt *Kouandé* der Hauptallee folgend; nach etwa 6 km kommt eine starke, steinige Steigung; bei km 37 kreuzt eine größere Piste – hier nach rechts abbiegen; weiter geht es auf guter Wellblechpiste bis Natitingou.

Natitingou
Größter Ort im Land der *Somba* und besonders als Stützpunkt für Ausflüge in die Umgebung geeignet. Lebensmittel und Treibstoff sind hier erhältlich
Der in landschaftlich schöner Umgebung gelegene Ort wird von dem Gebirgszug „Chaine d´Atakora" begrenzt. Sehenswert ist der **Carrefour des Artisants**, ein Ausstellungsraum in einer *Tata* (Sombaburg), wo Kunsthandwerk der Somba zu festen Preisen angeboten wird.

Unterkunft
Tata Somba
Klimatisierte Zimmer, Swimmingpool (auch für Nicht-Hotelgäste), DZ ca. 15 000 CFA, Tel. 82 51 124, B.P. 4.

Das Land der Somba

Die Zeit, wo die Somba nur mit Penisfutteral bekleidet bzw. nackt gingen, ist vorbei. Sie leben zwar nach wie vor in ihren traditionellen Lehmburgen, „tata" genannt, jedoch trifft man immer häufiger bettelnde Kinder. Sie waren schon immer ein sehr traditionsbewußtes Volk, das sich auch den Kolonialmächten lange Zeit erfolgreich widersetzte. Abgeschirmt durch die während der Regenzeit unpassierbaren Pisten lebten sie lange sehr zurückgezogen nach ihren alten Sitten und Bräuchen.

Skarifikationen (Ritzungen der Haut) werden bei den Somba nicht nur zur Verschönerung angebracht, sondern vor allem, um das Eindringen böser Geister und Dämonen in den Körper zu verhindern.

Beim Initiationsfest spielt der Peitschen-Kampf eine wichtige Rolle, bei dem die jungen Männer weder Angst noch Schmerz zeigen dürfen. Durch das Ausgepeitschtwerden sollen sie ihren Mut als Mann und Krieger beweisen. Zur Vorbereitung nehmen sie meist eine stimulierende Kräutermixtur ein, um während des Kampfes in einem tranceähnlichen Zustand zu sein, der die Schmerzempfindung angeblich verringert.

Die Bauweise ihrer Lehmburgen ähnelt sehr derjenigen der Lobi (Burkina Faso und Ghana), sie liegen meist in großer Entfernung voneinander, dazwischen breiten sich riesige Felder und Plantagen aus. Eine „Sombaburg" ist in der Regel zweistöckig gebaut, wobei sowohl das Familienoberhaupt als auch jede seiner Frauen eine eigene kleine runde Hütte besitzen. Die Ställe befinden sich unten, während die Familie im ersten Stock lebt. Von der Terrasse aus, wo Hirse und andere Feldfrüchte zum Trocknen ausgelegt werden, kann man die Umgebung weit überblicken, was vor allem früher aus verteidigungstechnischen Gründen notwendig war. Die älteren Lehmburgen ohne Strohdächer sind vor allem in der Gegend von Tanguiéta zu finden. Vor dem Gehöft befindet sich der Familienaltar, auf dem regelmäßig Hirsebieropfer dargebracht werden. Die Bestattungs- und heiligen Plätze (oft ebenfalls in unmittelbarer Nähe des Hauses) sind durch phallische Säulen gekennzeichnet, die mit Hirsebrei und Blut von Opfertieren übergossen werden; diese Opfer-Zeremonien werden entweder vom Clan-Ältesten oder vom Familienoberhaupt durchgeführt.

Motel Nanto
Tel. 82 12 40; relativ laut, da häufig Veranstaltungen im Foyer.
L'Auberge Tanekas
Am Ortsausgang in Richtung Djougou, leicht heruntergekommen.
Hotel Cantaborifa (nahe Tanekas).
Motel Kantaborifa
Tel. 82 17 66; akzeptabel.
Hotel Le Bourgogne (ehem. Motel Nanto)
DZ ca. 4000 bis 6000 CFA, 5 Min. vom Bahnhof entfernt in Richtung Tangieta.

Bei *Abdoulaye Issa*, ca. 400 m hinter der Tankstelle Sonacop, an der Straße nach Djougou, kann man angeblich zu günstigen Preisen übernachten.

Ausflüge
Kota-Fälle
12 km südlich, auf der Piste nach *Djougou*, zweigt links eine Piste ab, die zu den Wasserfällen führt. Moped-Taxis verlangen ca. 3000 CFA.

Cascade de Tanougou
Ca. 60 km nördlich von Natitingou (49 km nach *Tanguiéta*, dann 11 km rechts Richtung *Batia*). Sehr schöne Wasserfälle inmitten tropischer Waldregion. Die Wasserfälle fallen über zwei Becken, in denen sich das Wasser sammelt, nach unten. Bademöglichkeit!

Lama-Kara (Togo)
Man kann von Natitingou aus einen drei- bis vierstündigen Ausflug nach *(Lama-) Kara* in Togo unternehmen. Landschaftlich ist die Strecke (Sombaland mit Sombaburgen) sehr schön!

Von *Natitingou* über *Boukoumbé* ist die Ausreise aus Benin/Einreise nach Togo möglich; *(s. a. Kandé/Togo).*

Auf der Piste *Natitingou-Tanguiéta* (starkes Wellblech) überquert man die **Atakora-Gebirgskette**; weiter geht es über *Porga* nach **Tindangou** (Zollposten von Burkina Faso).
7 km vor **Porga** findet die Ausreisekontrolle (Polizei) von Benin statt.
Hinweis: Vom Kontrollposten führt eine neue Piste, die Porga umgeht, nach *Tindangou.* Kein Zoll. Die Ausreise mit *Laissez-passer* stellt kein Problem dar. Wurde jedoch das *Carnet* bei der Einreise abgestempelt, muß man unter Umständen nach *Boukombé* (ca. 232 km hin und zurück!), um den Ausreisestempel zu erhalten.

Übernachtung in Porga:
Hotel Porga
Bungalowanlage. ca. 5000 CFA/DZ; gutes Restaurant.

Pendjari-Nationalpark
Der etwa 275 000 ha große Park, am Rande der *Atakora-Gebirgskette* gelegen, hat u. a. aufgrund der zahlreichen kleinen Bäche, Wasserfälle und Tümpel eine vielfältige Fauna zu bieten: Elefanten, Büffel, Warzenschweine, Flußpferde, Krokodile, Affen, Löwen, Geparden und verschiedene Antilopenarten.
Geöffnet ist der Park vom 15. Dezember bis Ende Mai; die beste und interessanteste Zeit ist von Januar bis Mai.
In der Regenzeit (Juni bis November) geschlossen!
Eintrittskarten (Gültigkeit 1 Jahr) sind sowohl beim *Service Forestiers* in Porga, Batia, Kérémou, Tanguiéta als auch Natitingou zu erhalten. In Porga besteht die Möglichkeit, für die Erkundung des Parks einen Land-Rover zu mieten; vorherige Reservierung ist jedoch notwendig.

Mit dem Auto zu erreichen ist der Park auf guter Asphaltstraße von Cotonou nach *Savalou* und anschließend auf guter Piste weiter nach Porga (Grenze Burkina Faso, ca. 59 km nordwestlich von Tanguiéta) oder nach *Batia* (ca. 41 km nordöstlich von Tanguiéta).

Übernachtung s. *Natitingou und Porga*

Camping ist im Park an drei Stellen erlaubt: *Mare Yangouali, Pont d'Arli* und im *Südosten* (s. a. *IGN-Karte, Nationalparks*).

Der Benin-Teil des *Nationalparks „W"* ist kaum für den Tourismus erschlossen; es bestehen keine Übernachtungsmöglichkeiten.

Guessou Sud – Malanville
⇨ **ca. 215 km**

Kandi
Die letzte große Stadt vor der Grenze nach Niger liegt ca. 130 km von Guesso-Sud entfernt. Hier bieten sich noch sämtliche Versorgungsmöglichkeiten.

Übernachtung/Essen
Hotel Baobab 2000
Einfach, sympathisches Personal.
Gargoterie de Kandi
Einfaches Restaurant direkt hinterm Markt.
Gute **Werkstätte** am Ortsausgang (sich bei der Tankstelle erkundigen).

Auf der Strecke von Kandi nach Malanville wurden schon öfter Elefanten gesehen, etwa in Höhe des *Forêt de Goungoun*.

Malanville
Grenzort zur Republik Niger mit großem Markt am Sonntag. Hier am Vierländereck trifft man Vertreter der unterschiedlichsten ethnischen Gruppen.

Übernachtung
Campement am Ortseingang; nicht besonders sauber.
Hotel Rose du Sable
Am Ortseingang, ca. 4000 CFA/DZ, gutes Essen, Polizeiposten direkt vor der Tür, dadurch gut bewacht.

Sombaburg in Nordbenin

Anhang

Glossar

Achoura: Mohammedanisches Neujahrsfest, am 10. Tag des ersten Monats im Jahr.

Ahnenkult: Bei den Völkern (West-)Afrikas weit verbreiteter Glaube, daß die Seelen der Verstorbenen weiterhin unter den Lebenden weilen. Mit bestimmten Opfern, Ritualen und Gebeten gedenkt man der Vorfahren (Ahnen); man versucht sie auf diese Weise gnädig zu stimmen und sie um Unterstützung in allen weltlichen Angelegenheiten zu bitten.

Aïd (Eïd): Fest, Festtag.
Aïd el Kebir (Großes Fest) s. Tabaski. *Aïd el Fitr* (Kleines Fest) am Ende des Ramadan.

Akkulturation: Gegenseitige kulturelle Anpassung zweier Kulturen bzw. Übernahme kultureller Elemente einer Kultur durch eine andere.

Alkalo: Bezeichnung für Dorfältester in Mandinka.

Allah: Name für Gott; von Mohammed zu dem allein existierenden Gott ernannt.

Almoraviden: Religiöse und kriegerische Moslemsekte in Nordwestafrika, die um 1040 von Abdallah Ibn Jasin gegründet wurde und den Islam in Westafrika verbreitete.

Altersklassen: Zusammenschlüsse von Individuen gleichen Alters, die neben den auf Blutsverwandtschaft basierenden sozialen Gruppen bestehen und als gegenseitige Hilfsgemeinschaft dienen (z. B. bei Feldarbeit und Hausbau). Der Übergang von der einen zur nächsthöheren Klasse ist meist mit Initiationsriten (s. dort) verbunden.

Altnigriter: Kleine, seit langem in der Sudanzone (Westafrika) ansässige, relativ isoliert lebende Ethnien, die ihre alte Kultur weitgehend bewahrt haben und als Hackbauern in patrilinearen Großfamilien bzw. Clans organisiert sind; typische Vertreter: Bassari, Dogon, Somba, Senufo.

Amulett: Gegenstand mit magischer Bedeutung, der den einzelnen Menschen und seine Familie, sein Haus und seinen Besitz vor bösen Einflüssen schützen bzw. seine eigenen Widerstandskräfte stärken soll (z. B. gegen den „bösen Blick" etc.).

Animismus: Glaube an die Beseeltheit der Natur. Oft als Sammelbegriff für die verschiedenen traditionellen religiösen Vorstellungen verwendet, wonach nicht nur Menschen, sondern auch Tiere, Pflanzen, Feuer, Wasser, Wind und Erde bzw. Felsen „beseelt" sind und durch Opfer besänftigt werden müssen; in Westafrika meist in Verbindung mit Ahnen- und Fruchtbarkeitskult.

arbre de palabre: Baum, der dem ältestenrat des Dorfes als Versammlungsort dient (siehe palabre).

arid (lat.): trocken, dürr, wüstenhaft.

Ashanti: Kriegerisches Königreich, welches wie das von Dahomey im 17. Jh. in Zusammenhang mit der Errichtung europäischer Handelsniederlassungen an der Küste des Golfes von Guinea entstand. Beide existierten bis zum 19. Jahrhundert.

Ashantihene: König der Ashanti.

autochthon: Im Lande selbst entstanden, bodenständig.

Azalai: Salzkarawane nach Bilma.

Bâchés: In Westafrika als öffentliche Transportmittel verkehrende Peugeots, auf deren offener Ladefläche Holzbänke installiert wurden.

Ballaphon (Balafon): Musikinstrument, das an ein Xylophon erinnert und unter dessen Klangstäben unterschiedlich große Kalebassen als Resonanzkörper befestigt sind.

Batik: Die Technik der Wachsbatik ist nicht ursprünglich afrikanisch, sondern von den Indonesischen Inseln auf einem langen Weg nach Afrika gekommen. Auch heute findet man auf den Märkten häufig bedruckte Stoffe, die mit „original english wax" oder „wax hollandais" ausgezeichnet sind; häufig in den ehemalig holländischen Kolonien in Südostasien (Borneo, Java, Sumatra) oder industriell in Holland hergestellt.

Banko: Gemisch aus Lehm, Stroh, Mist und Sand, aus dem luftgetrocknete Ziegelsteine hergestellt und mit demselben Material vermörtelt werden.

Bella: Ehemalige Sklaven der Sahara-Tuareg, negroid.

Beschneidung: Operation, die (im Islam) meist vor der Pubertät vom Schmied des Dorfes (bei Mädchen von der Frau des Schmiedes) durchgeführt wird. Bei Jungen wird die Vorhaut (Cirkumcision), bei Mädchen die Klitoris (Excision), manchmal auch die Schamlippen (Labien) entfernt; bei der selten vorgenommenen Infibulation wird die Vulva bis zur Heirat zugenäht (s. a. Initiation).

Bianou: Traditionelles Fest mit Maskentänzern (Agadez).

Bois sacré: „Heiliger Hain", an dem rituelle Zeremonien und kultische Handlungen (wie z. B. Initiationen) abgehalten werden. Der Zugang zu diesem heiligen Platz ist nur Eingeweihten erlaubt.

Bolong: Bezeichnung für den Seitenarm eines Flusses.

Bororo: s. Fulbe.

Boubou (od. **Bubu**)**:** Weites, ärmelloses Gewand der Moslems in fast allen Ländern der Sahel-Sudanzone, z. T. sehr aufwendig bestickt.

Busu: Ehemalige, negroide Sklaven der Tuareg; in Tamaschek „Akli" (Singular) bzw. „Iklan" (Plural).
Calèche: (franz. Kutsche) Zweirädrige Pferdekutsche, die in manchen Städten Westafrikas (wie z. B. St. Louis, Tambacounda, Bassé-Santa-Su) als öffentliches Transportmittel eingesetzt wird.

Cash Crop: Engl. Bezeichnung für die zum Verkauf bestimmte Ernte (z. B. Erdnüsse).

Casuarina (Kasuarine)**:** An der Atlantikküste Westafrikas anzutreffender Baum, auch in Australien und Indonesien beheimatet, der an seinen schachtelhalmähnlichen Zweigen zu erkennen ist.

Chech (Chèche, Schech)**:** Feiner, bis zu 6 m langer Musselinstoff, der als Turban um den Kopf geschlungen wird.

Clan (Klan)**:** Größere Verwandtschaftsgruppe, die auf gemeinsamer patrilinearer oder matrilinearer Abstammung von einem gemeinsamen wirklichen oder mythischen Urahnen beruht. Der Clan kann entweder Hunderte von Menschen einschließen oder nur wenige, er kann die Bevölkerung eines ganzen Gebietes, einer Stadt, eines Dorfes oder nur den Teil eines Gehöftes umfassen.

Cram-Cram: Sudanklette, typische Pflanze des Sahel und wichtige Futterpflanze mit klettenartigen Samenkapseln.

Dolo: Einheimisches Hirsebier; je nach Region anders bezeichnet, z.B. „djiapalo" oder „pito".

Djembé: In Senegal und Gambia verbreitete Trommelform, die ursprünglich aus Guinea stammt und sowohl als Solo- als auch als Begleitinstrument eingesetzt wird.

Djihad (Dschihad): „Heiliger Krieg" der Moslems gegen die Ungläubigen (Nicht-Muslime); laut Koran Pflicht eines jeden Moslems. Wobei diese Auslegung aber von weniger strenggläubigen Moslems relativiert wird.

Djinn: s. Génies.

Dum-Palme: Fächerpalme, deren Stamm sich verzweigt; wächst wild an relativ feuchten Stellen; typische Pflanze des Sahel. Blätter liefern wichtiges Rohmaterial für Flechtarbeiten.

Dyali (Jali): Mandingo-Bezeichnung für Griot.

endemisch (lat.): ortsgebunden; in bestimmter Gegend vorkommend.

Endogamie: „Binnenheirat", Vorschrift zur Heirat innerhalb der eigenen Verwandtschaftsgruppe. Die Endogamie ist häufig bei Gesellschaften mit Kasten anzutreffen.

Erdherr (Herr des Bodens): In westafrikanischen Kulturen der Nachkomme eines meist legendären Dorfgründers, in dessen Namen der Erdherr Grund und Boden der Ansiedlung verwaltet. Er ist auch für die Rituale des Ahnenkultes zuständig.

Erg: Sandwüste mit oder ohne Dünen.

Erosion: Zerstörung von Bodenoberflächen durch Verwitterungskräfte (z.B. Wasser, Regen, Wind, Temperaturspannungen und Lichteinwirkung).

Ethnie: Bevölkerungsgruppe, die eine einheitliche Kultur und Sprache hat und deren Zusammengehörigkeitsgefühl auf dem Glauben an eine gemeinsame Abstammung basiert; meist identisch mit dem undifferenziert gebrauchten Begriff „Stamm", der von Ethnologen kaum mehr verwendet wird.

Exogamie: „Außenheirat", Gegensatz zu Endogamie; Vorschrift zur Heirat außerhalb der eigenen Verwandtschaftsgruppe.

Faktorei: Koloniale Handelsniederlassung in Übersee.

Fetisch: Objekt (Holzfigur, Kalebasse, Tonkrug, Tasche), das einen magischen, kraftspendenden Stoff (Puder, getrocknete Pflanzen, Knochen) enthält. Diesen Objekten bringt man regelmäßig Opfer dar, indem man sie mit Hirsebrei oder Tierblut übergießt.

Fetischpriester: s. Magier.

Fromager: s. Kapok-Baum.

Fruchtbarkeitsriten: Tradierte magische Handlungen, welche die Fruchtbarkeit von Mensch, Tier und Boden fördern sollen (z. B. Aufstellen von Phalli und Geschlechtsverkehr auf frisch angelegten Feldern etc.)

Fulbe (Fulani, Peul): Volksgruppe mit gemeinsamer Sprache, dem Fulfulde, die in sehr unterschiedlichen Ausprägungen im gesamten Sudan anzutreffen ist, z. B. Fulbe-Bororo.

Galeriewald: In afrikanischen Savannen- und Steppengebieten entlang von Flüssen anzutreffender Feuchtwald.

Gamin: Franz. Bezeichnung für Straßenjunge.

Gare Routière: Im franzspr. Afrika übliche Bezeichnung für Busbahnhof.

Geheimbünde: Soziale Organisationen, welche (vor allem in Westafrika) die Rechte von ethnischen oder sozialen Minderheiten (Kasten, Frauen) vertreten. Geheim ist meist nicht ihre Existenz, sondern sind ihre Satzungen, ihre Mitglieder und ihre Zeremonien.

Génies: Franz. Bezeichnung für Geistwesen, welche als Ursache für physische und psychische Störungen angesehen werden; vergleichbar mit den Dämonen im Christentum und den „djinns" im Islam.

Gewel: Wolof-Bezeichnung für Griot.

Griot (Griotte): Musiker(in) und Sänger(in), die früher für die mündliche Überlieferung der wichtigsten geschichtlichen Ereignisse (Genealogien der Herrscherhäuser, große Schlachten etc.) zuständig waren; auch Bewahrer von Tradition, Sitten und Moral. Diese Hof- oder Wandermusiker lebten als endogame soziale Gruppe oft in eigenen Wohnvierteln. Heute haben sie weitgehend ihre ursprüngliche Bedeutung verloren, werden aber weiterhin zu Festen eingeladen.

Gris-Gris: Amulett zur Abwehr negativer magischer Kräfte (aus Materialien wie Leder, Stoff, Metall). Oft auch ein Koranspruch in einem Behältnis.

Großfamilie: Wirtschaftliche und soziale

Einheit, die mehr als zwei Generationen umfaßt, über den Rahmen der Kleinfamilie hinausgeht und an einem Ort zusammenlebt. Die Großfamilie (oder erweiterte Familie) ist in Westafrika bei den meisten Völkern die im alltäglichen Leben wichtigste Verwandtschaftsgruppe.

Hackbau: In Westafrika weit verbreitete traditionelle Form der Bodenkultivierung; wichtigstes Gerät ist die Hacke (im Vgl. zum Pflug beim Ackerbau).

Halbnomadismus: Halb- oder Teilnomaden betreiben sowohl Viehzucht als auch Ackerbau; zum Teil in Abhängigkeit von Jahreszeiten.

Hangar: Sonnenschutzdach.

Harmattan: Trockener Wüstenwind, der Staub und Sand aus der Sahara bis weit in den Süden Westafrikas (manchmal bis zur Küste!) weht.

Haussa (Hausa)**:** Große westafrikanische, islamisierte Bevölkerungsgruppe. Ihre Sprache, das Haussa, ist Verkehrs- und Handelssprache in weiten Teilen der südlichen Sahara.

Hedschra (Hidjra): Die Auswanderung Mohammeds von Mekka nach Medina im Jahre 622; vom Kalifen Omar I. als Beginn der islam. Zeitrechnung festgesetzt.

Henna: Aus Blättern und Rinde des Strauches wird ein roter Farbstoff gewonnen, den vor allem in der nördlichen Sahara, aber auch in Westafrika, die Frauen zum rituellen/symbolischen Einfärben von Händen und Füßen benützen.

Hexe: In vielen afrikanischen Gesellschaften sehr gefürchtete Frau, die – oft ohne es zu wissen – die Lebenskräfte ihrer Mitmenschen beeinträchtigt; sie hat den „bösen Blick".

Hirse (franz.: mil, engl: millet)**:** Hauptnahrungsmittel in der Südsahara und im gesamten Sahel; es gibt viele verschiedene Arten; die Stengel werden zu Flechtarbeiten, (Matten, Zäune etc.) verwendet.

Hyläa: Die „waldige Zone"; tropische Waldgebiete.

Indigo: Blauer Farbstoff, aus den Blättern der Indigo-Pflanze gewonnen. Besonders bei den Tuareg und Dogon sehr beliebter Farbstoff zum Einfärben von Gewandstoffen.

Initiation (lat.)**:** Bei Eintritt der Geschlechtsreife werden in vielen Gesellschaften sogenannte Initiationsriten abgehalten, denen eine Vorbereitungszeit vorausgeht, in der die Initianden auf das sexuelle, religiöse und kultische Leben der Gemeinschaft vorbereitet werden. Sie müssen sich dabei Prüfungen und Mutproben unterziehen. Höhepunkt stellt häufig die Beschneidung (bei Knaben Entfernung der Vorhaut und bei Mädchen u. a. die Entfernung der Klitoris) dar. Auch bei der Aufnahme in Geheimgesellschaften und Kultgemeinschaften (Männer- und Frauenbünde) werden bestimmte Initiationsriten durchgeführt.

Inschallah: „Nach dem Wunsch Gottes (Allahs)", „So Gott (Allah) es will".

Islam: Name der Weltreligion, die auf Mohammed zurückgeht und heute etwa 600 Mill. Anhänger (N-Afrika, Vorder-, Zentral- und Südostasien) zählt. Strikter Glaube an den „einen" Gott (Monotheismus). Die „Fünf Säulen" des Islam sind Glaubensbekenntnis, fünfmal täglich Gebet Richtung Mekka, Almosen geben, Fasten im Ramadan, Pilgerfahrt nach Mekka; verboten sind u. a. der Genuß von Alkohol, Schweinefleisch, Glücksspiele etc.

Jali: s. Dyali.

Kalebassen: Getrocknete und ausgehöhlte Kürbisse, die man als Gefäße (Schüsseln, bauchige Flaschen, Löffel etc.) benützt; meist mit Brandmalerei verziert oder bemalt.

Kapok-Baum (engl. „Silk Cotton Tree")**:** Großwüchsiger Baum mit auffälligen, weit ausladenden und meterhohen Brettwurzeln und schirmförmiger Krone. Im frankophonen Afrika auch „Fromager" genannt, da aus seinem Holz auch Käsereien hergestellt werden.

Kaste: Streng abgegrenzte Gruppe innerhalb eines sozialen Systems, die von der Majorität diskriminiert wird, endogam ist und meist ein bestimmtes Handwerk ausübt (in Westafrika z. B. die Schmiede).

Kauri: Kleine, weiße Muscheln aus dem Indischen Ozean, die lange Zeit in großen Teilen Afrikas als Zahlungsmittel dienten; heute werden sie jedoch hauptsächlich für familiäre oder religiöse Zwecke verwendet (Masken, Amulette etc.). Bei den Lobi (Burkina Faso) angeblich auch heute noch in Gebrauch, mit einer festen Parität: 20 Kauris haben einen Wert von 5 CFA.

Koran: Heilige Schrift des Islam; Sammlung der von Mohammed empfangenen göttlichen Offenbarungen in Form von 114 Kapiteln (= Suren).

Kora: 21-saitiges, harfenähnliches Musikinstrument; wichtigstes Begleitinstrument der Jali (Griots) in Gambia.

Kori: Fluß, Flußlauf.

Kosmogonie: Legende von der Entstehung des Kosmos; in Afrika meistens die legendäre Geschichte der Schöpfung durch einen Gott.

Laterit: Rötlicher, unfruchtbarer Boden, typisch für die Tropen; entsteht durch Einlagerung von Eisenoxyden und verschiedenen Metallsalzen in den oberen Bodenschichten (bei Verdunstung).

Layènnes: Von Seydina Limamou Laye im 19. Jh. gegründete islamische Bruderschaft im Senegal mit relgiösem Zentrum in dem Dorf Yoff (Region Cap Vert).

Levirat: Die Witwe heiratet (zur Fortpflanzung, Sicherung der Sippe und angemessenen Altersversorgung) den Bruder ihres verstorbenen Ehemannes.

Lineage: Gruppe mehrerer verwandter Großfamilien, die einen gemeinsamen Vorfahren haben; entspricht etwa der „Sippe".

Litham: Gesichtsschleier der Tuareg (s. a. Tagelmust).

Lutte: In Senegal und Gambia sehr beliebter, ringkampfähnlicher Nationalsport. Ein riesiges Spektakel, in Gambia „wrestling".

Magal: Große Wallfahrt der Mouriden.

Magie: Anwendung und Wirkung von Kräften, mit denen man sich durch bestimmte Riten oder Beschwörungen überirdischer Kräfte bedient; die sog. „weiße" Magie dient sozial erwünschten Zwecken (Heilung, Regenzauber etc.), mit „schwarzer" Magie dagegen versucht man, anderen Schaden zuzufügen.

Magier: Mensch, der mit übernatürlichem Wesen in Verbindung steht, und somit über gewisse Kenntnisse und Kräfte verfügt; oft eine Art Seher oder Wahrsager, denn er erkennt die unsichtbaren Ursachen und Kraftverbindungen, die zu einem bestimmten Ereignis geführt haben oder führen werden. Er kann Regen machen, Kranke heilen, das Wachstum der Pflanzen fördern und Hexen und Zauberer bannen. Er stellt Talismane (gris-gris) her, die vor negativen Einflüssen schützen sollen.

Marabout: Von einem Volk aufgrund seiner besonderen Fähigkeiten (Wundertaten) als „Heiliger" verehrte Person, ein Weiser, Alter, Heilkundiger, Gelehrter o. ä., der als Vermittler zwischen Gott und den Menschen dient.

matriarchalisch (lat.): mutterrechtlich.

Matrilinearität: Verwandtschaft wird über die weibliche Linie, d. h. über die Mutter bestimmt. Ein Kind gehört demnach immer der Verwandtschaftsgruppe der Mutter an. Typisch für Ethnien mit matrilinearer Abstammungsfolge ist eine besondere Wertschätzung und sozial wie wirtschaftlich bedeutende Stellung der Frau; noch bei vielen Völkern Westafrikas anzutreffen (vgl. Patrilinearität).

Mohammed: Begründer des Islam und letzter Prophet Allahs, der seinen Schreibern die Heilige Schrift (Koran) diktierte. Geb. 570 in Mekka, gest. 632 in Medina.

Mouloud: Geburtstag des Propheten Mohammed.

Mouriden: Von Amadou Bamba in Touba (Senegal) gegründete islamische Bruderschaft.

Muezzin: Gebetsrufer, der die Moslems fünfmal täglich ans Gebet erinnert.

Moslem od. **Muslim:** Mitglied der moslemischen Glaubensgemeinschaft, des Islam.

Négritude: Von dem Politiker und Dichter Leopold Sédar Senghor und dem schwarzen Dichter der Antillen Aimé Césaire initiierte und propagierte Rückbesinnung auf die eigene schwarze Kultur (= „Neger-Sein").

Neusudanier (Jungsudanier): Begründer großer Staaten (wie die mittelalterlichen Großreiche Ghana, Mali, Songhay) im Sahel-Sudan, die wichtige Impulse von den „Weißafrikanern" (Arabo-Berbern) aus dem Norden erhielten. Im Gegensatz zu den Altnigritern haben sie eine feudalistische Sozialordnung (Adelige, Freie, Berufskasten, Sklaven) und ein sehr hochentwickeltes Kunsthandwerk bzw. Lehmarchitektur. Seit dem 10. Jh. n. Chr. sind sie islamisiert (typische Vertreter: Bambara, Malinke, Wolof, Haussa und Songhay).

Ndeup: Geistheilungsritual mit Tänzen zur Heilung Kranker bzw. Austreibung böser Geister (Region Cap Vert/Senegal).

Nity-Fest: Initiations-Fest der Bassari (Senegal).

Oued oder **Wadi:** Meist trockenliegendes Flußbett.

pagne: Baumwollstoffbahn, welche von afrikanischen Frauen um die Hüfte gewickelt als Rock oder um den Oberkörper gebunden als Bluse getragen wird; eine dritte Stoffbahn dient den Frauen als Tragetuch für Kinder.

palabre: Traditionelle afrikanische Form der gemeinschaftlichen Problemlösung, wobei ein Sachverhalt von den Ältesten eines Dorfes oder einer Sippe so lange diskutiert wird, bis eine für alle Beteiligten akzeptable Lösung gefunden ist. Versammlungsort ist meist ein Baum, der sogenannte „arbre de palabre" (s. ebd.).

patriarchalisch (lat.): vaterrechtlich.

Patrilinearität: Verwandtschaftsrechnung, bei der die Abstammungsfolge nur über den Vater bestimmt wird. Im Islam vorherrschend (Ausnahme z. B. bei den Tuareg!).

Piroge: Schmale Boote, welche nicht nur den einheimischen Fischern als Fortbewegungsmittel dienen; früher meist aus einem Baum geschnitzt und mit Paddel betrieben, heute häufig mit Motorantrieb und mangels großer Bäume aus verschiedenen Hölzern hergestellt.

Polygamie: Oberbegriff für die Verbindung mit mehreren Partnern, im Gegensatz zur Monogamie, der in Europa üblichen Eheform eines Mannes mit einer Frau. In afrikanischen Kulturen ist dagegen die Polygynie, die eheliche Verbindung eines Mannes mit mehreren Frauen, häufig anzutreffen.

Priester: Auserwählter Mann, der die religiösen Zeremonien leitet und mit Hilfe seiner besonderen Fähigkeiten den Kontakt zu den Ahnen herstellen kann.

Ramadan: Fastenmonat bei den Moslems (Neunter Monat im islamischen Kalender); dauert von einem Neumond zum nächsten. Ungefährer Beginn des Ramadan in den nächsten Jahren: 13.-15.2.94 und 2.-4.2.95. Während des Ramadan dürfen die Moslems von Sonnenaufgang bis Sonnenuntergang nichts essen, nichts trinken (auch kein Wasser) und nicht rauchen. Das Ende des Ramadan wird mit dem Fest „Aid es Seghir" gefeiert.

Regen(zeit)feldbau: Extensiver Anbau mit der Hacke in Vegetationszonen mit weniger als sechs feuchten Monaten. Wenn der Boden erschöpft ist, wird ein neues Feld durch Brandrodung erschlossen.

Sahel: „Ufer", Übergangszone zwischen Wüste und Savanne.

Savanne: Vegetationszone, die eine Übergangszone zwischen Wüste und Feuchtwald darstellt; es werden Feuchtsavanne, Trockensavanne, Dornbuschsavanne und Wüstensavanne unterschieden.

Schwirrholz: Meist ovales, flaches Holzstück unterschiedlicher Größe, das an einem Faden so über dem Kopf geschwungen wird, daß ein hohler, pfeifender Ton entsteht; dies deutet man den Nicht-Eingeweihten als Stimmen der Ahnen und Geister.

Sippe: s. Lineage.

Sororat: Verpflichtung der Familie der Ehefrau, falls diese unfruchtbar ist oder frühzeitig stirbt, ihrem Schwiegersohn eine andere Tochter zur Frau zu geben.

Stamm: s. Ethnie.

Subsistenzwirtschaft: Eine ganz oder überwiegend auf Selbstversorgung ausgerichtete (landwirtschaftliche) Wirtschaftsform, die nicht für den Markt produziert.

Sudan: Geographische Bezeichnung für das Gebiet zwischen Atlantik im Westen und Nil im Osten bzw. zwischen Wüste im Norden und tropischem Regenwald im Süden; nicht zu verwechseln mit dem Staatsbegriff für die Republik Sudan (südlich von Ägypten).

Sudanischer Baustil: Mehrgeschossige Lehmarchitektur, die sich im Nigergebiet als Baustil für städtisch-bürgerliche Häuser aus einer Verschmelzung traditioneller Baustile der Altnigriter und Stilelementen aus Nordafrika und dem Orient entwickelt hat.

Sukkulenz: Fleischige Verdickung von Pflanzen zur Wasserspeicherung in Trockengebieten, wie Sahel und Wüste.

Tabaski (arab. „Aid el Kebir"): „Hammelfest", mohammedanisches Fest vierzig Tage nach Ende des Ramadan, bei dem zur Erinnerung an die Opferung Isaaks durch Abraham Hammel geschlachtet werden.

Taguelmost (litham): Gesichtsschleier der Tuareg-Männer, mit dem Mund und Nase verdeckt/geschützt werden.

Takuba: Zweischneidiges Schwert der Tuareg.

Tamaschek (Tamahag): Sprache der Tuareg, „Berbersprache".

Tanganas: Straßenstände, an denen Speisen und Getränke wie Kinkeliba-Tee oder Milchkaffee sowie Weißbrot zum Frühstück (manchmal auch abends) angeboten werden.

Tifinar: Alte Berberschrift; noch heute von den Tuareg verwendet.

Toubab: In Westafrika weit verbreitete Bezeichnung der Einheimischen für „Weißer" bzw. „Europäer"

Tubu: „Felsenmenschen"; Bevölkerung mit dunkler Hautfarbe (jedoch nicht negroid) aus dem südlichen Tibesti-Gebirge; evtl. die Nachkommen einer Urbevölkerung der Sahara.

Totemismus: Vorstellung, daß die eigene Familie von einem nicht-menschlichen Ahnen abstammt (Tier, Pflanze etc.); zumeist darf dieser Ahne nicht geschädigt werden durch Jagd, Essen, Verbrennen o. ä. und wird zu bestimmten Zeiten mit Opfern geehrt.

Tuareg (Sg. mask. TARGI, Sg. fem. TARGIA): Hellhäutige Ethnie, die in der zentralen und südlichen Sahara als Viehzüchter und Nomaden lebt; heute auch zum Teil im Sahel anzutreffen. Eigenbezeichnung: Imuschagh (Imohagh bzw. Imazighen).

„Verlorene Form": Gußtechnik, bei der man zunächst die zukünftige Metallplastik in Wachs vorbildet, dieses dann mit einem Tonmantel umgibt, das Wachs ausschmilzt (cire perdue) und dann das geschmolzene Metall in die Hohlform gießt, die nach dem Erkalten des Metalles zerschlagen wird.

Verwandtschaft: In den traditionellen afrikanischen Gesellschaften gibt es eine Verwandtschaftseinteilung, nach der alle Angehörigen der gleichen Generation als „Schwestern" oder „Brüder" bezeichnet werden, egal in welchem verwandtschaftlichen Verhältnis sie zueinander stehen. Die der ältesten Generation werden „Großvater/Großmutter", der mittleren „Mutter/Vater" und die der jüngeren „Sohn/Tochter" genannt. So kommt es, daß ein einzelner Dutzende oder Hunderte von „Vätern", „Brüdern/ Schwestern" etc. hat.

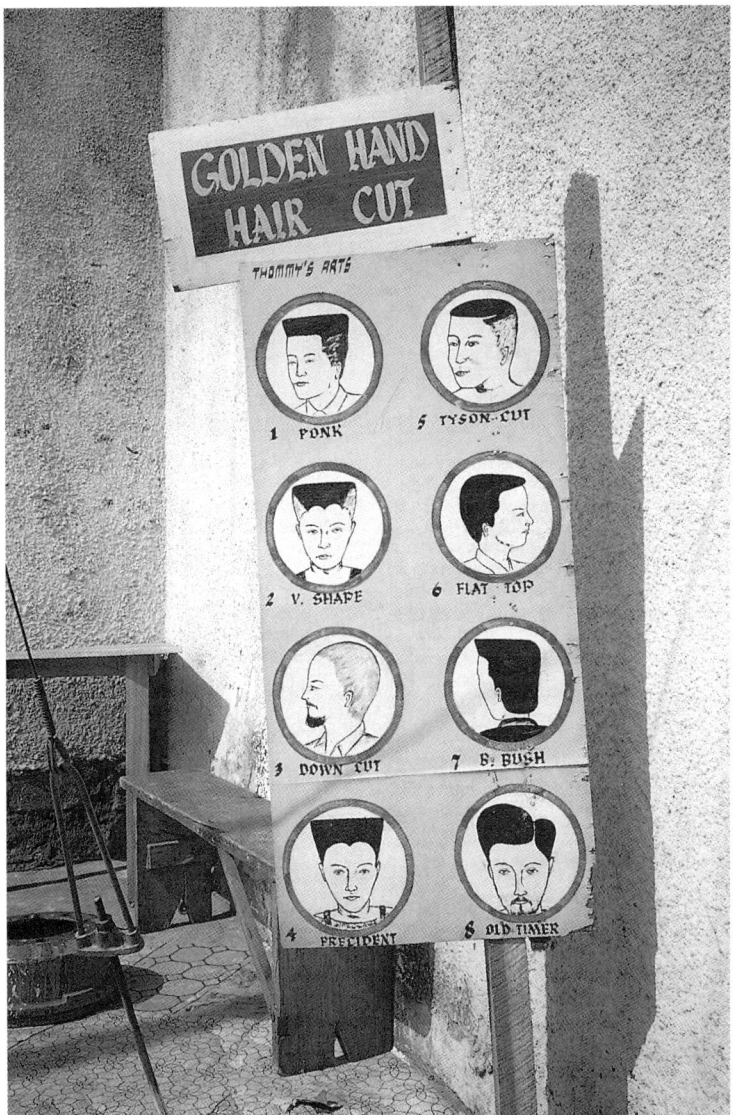

Frisurentafeln wie diese findet man in ganz Afrika

Vollnomadismus: Wirtschafts- und Lebensform von Viehzüchtern, die keinen Ackerbau betreiben (dies ist Aufgabe der Abhängigen) und mit ihren Herden (Kamele, Rinder, Ziegen, Schafe) großräumige zyklische Wanderungen (je nach Jahreszeit) durchführen. Charakteristisch für die Nomaden des Sahel ist bzw. war eine strikt hierarchische Gesellschaftsordnung, mehr oder weniger stark islamisiert; sie leben in Leder-, Matten- oder Baumwollzelten, die schnell auf- und abgebaut sind (typische Vertreter: Tuareg, Fulbe-Bororo).

Wadi: s. Oued.

Wachsbatik: s. Batik.

Wellblech-Piste: Durch Beschleunigungs- und Bremsmanöver von Pkw und Lkw kommt es auf stark befahrenen Pisten im Laufe der Zeit zu waschbrettartig strukturierten Pistenoberflächen, besonders an Steigungen, Gefällen und in Kurven, aber auch auf schnurgeraden, tischebenen Pistenabschnitten. Der Abstand von Wellengipfel zu Wellengipfel kann von zwanzig Zentimetern bis zu einem Meter betragen. Auch die Tiefe der Querrinnen variiert sehr stark, von zehn bis fünfzehn Zentimetern bis zu „Knietiefe".

Wrestling: s. Lutte.

Zauberer: s. Magier.

Zeugenberge: Einzeln stehende Berge in Wüstenlandschaft, die von einem ehemaligen Plateau zeugen.

Literatur und Karten zu Westafrika

Air Afrique (Hrsg.)
- Mali/Niger. Guides touristiques de l'Afrique. Paris 1979
- Sénégal/Mauritanie. Guides Touristiques de l'Afrique. Paris 1979

Bertaux, P. (Hrsg.)
Afrika. Fischer Weltgeschichte (Bd. 32), Fischer TB-Verlag 1966

Barth, Heinrich
Reisen und Entdeckungen in Nord- und Centralafrika (1849–1855), Bd. I-V.
J. Perthes, Gotha 1857/1858

Baumann, Heinrich (Hrsg.)
Die Völker Afrikas und ihre traditionellen Kulturen, Teil I u. II. Wiesbaden 1979

Bänzinger, Andreas
Die Saat der Dürre – Afrika in den achtziger Jahren. Lamuv-Verlag, Bornheim-Merten 1986

Bender, Wolfgang
Sweet Mother – Afrikanische Musik. Trickster Verlag, München 1985

Beuchelt, Eno
- Die Afrikaner und ihre Kulturen.
Berlin 1981
- Mali. Kurt Schröder Verlag, Bonn 1966

Beuchelt, Eno/Ziehr, W.
Schwarze Königreiche, Völker und Kulturen Westafrikas. Frankfurt 1979

Chemoff, John Miller
Coole Trommeln. Rhythmen und Sensibilität im afrikanischen Leben.
München 1990

Chesi, Gert
Voodoo, Afrikas geheime Macht. Perlinger Verlag, Wörgl/Österreich.

Chesi, Gert
Die letzten Afrikaner. Perlinger Verlag, Wörgl/Österreich.

Cobbinah, Jojo
Ghana. Peter Meyer Verlag, 1992

Cornevin, Robert u. Marianne
Geschichte Afrikas. Klett-Cotta, Ullstein TB, Frankfurt/M. 1980

Crowther, Geoff
Afrika on a shoestring. Lonely Planet, South Yarra, Australia.
6. Auflage 1992

Dammann, Ernst
Die Religionen Afrikas. Stuttgart 1963

Därr, Klaus
Transsahara. Reise-Know-How, Afrika-Führer, Bd 1: Ausrüstung, Durchführung, Vorbereitung von Afrika-Reisen mit dem Auto. Därr Reisebuch-Verlag, 8. Aufl. 1991

Därr/TCS
Durch Afrika. Reise-Know-How, Afrika-Führer, Bd 2: Routenbeschreibungen für ganz Afrika. Därr Reisebuch-Verlag, 8. Aufl. 1991

Frehn, Beatrice / Krings, Thomas
Afrikanische Frisuren. DuMont Verlag, Köln 1986 (vergriffen)

Förster, Till
Glänzend wie Gold – Gelbguß bei den Senufo, Elfenbeinküste. Reimer Verlag, Berlin 1987

Frobenius, Leo
- Schwarze Sonne Afrika. Mythen, Märchen und Magie. Düsseldorf/Köln 1980
- Kulturgeschichte Afrikas. Prolegomena zu einer historischen Gestaltlehre. Peter Hammer Verlag, Wuppertal 1993

Fuchs, Peter
Sudanische Landschaften. Menschen, Kulturen zwischen Niger und Nil. Anton Schroll Verlag, Wien/München 1977

Gardi, Bernhard
Ein Markt wie Mopti. Wepf & Co. AG Verlag, Basel 1985

Gardi, René
- Auch im Lehmhaus läßt sich's leben. (Bildband) Bern 1973
- Unter afrikanischen Handwerkern. Graz 1974
- Cram-Cram. 1974, Benteli-Verlag
- Ténéré. Därr-Reisebuch-Verlag, 1976 (vergriffen)

Göttler, Gerhard
Sahara. Mensch und Natur in der größten Wüste der Erde. DuMont Kunst-Reiseführer, Köln, 4. Aufl. 1992

Griaule, Marcel
Schwarze Genesis. Ein afrikanischer Schöpfungsbericht. Suhrkamp Taschenbuch 624, Frankfurt 1980

Griebel/Reithmeir
Senegal mit Gambia und Mauretanien. Preiswert reisen. Hayit, 2. Aufl. 1991

Harding, Leonhard/Reinwald, Brigitte (Hrsg.):
Afrika – Mutter und Modell der europäischen Zivilisation? Die Rehabilitation des afrik. Kontinents durch Cheikh Anta Diop. Reimer Verlag, Berlin 1993

Hoffmann, Mourad
Der Islam als Alternative. Eugen Diederichs Verlag, München 1993

Huet, Michel
Afrikanische Tänze. DuMont-Verlag, Köln 1979

Italiaander, Rolf (Hrsg.)
Heinrich Barth – Im Sattel durch Nord- und Zentralafrika. Wiesbaden 1967

Jahn, Janheinz
Muntu – Die neoafrikanische Kultur. Diederichs Gelbe Reihe/63 Afrika

Jahn, Rosel
Gambia. Mai-WF, Nr. 29, Mai-Verlag, 3. (durchgesehene) Aufl. 1991

Ki-Zerbo, Joseph
Die Geschichte Schwarz-Afrikas. rororo Taschenbuch 6417

Kossodo, B.
Die Frau in Afrika. Zwischen Tradition und Befreiung. München 1975

Krings, Thomas
Sahel – Senegal, Mauretanien, Mali, Niger. Islamische und traditionelle schwarzafrikanische Kultur zwischen Atlantik und Tschad-See.
Kunst und Kultur-Reiseführer. DuMont-Buchverlag, Köln, 5. Aufl. 1990

Lötschert, Prof. Dr. W. / Beese, Dr. G.
Pflanzen der Tropen. BLV Verlag, München, 4. Aufl.1992

Manshard, Walter
Afrika – südlich der Sahara. Fischer Länderkunde 5, Frankfurt 1970

Martin, Michael
SAHARA. Bildband, Anacon-Verlag, München 1990

Michler, Walter
Weißbuch Afrika, Bonn 1991

Morgenthaler, Fritz / Parin, Paul / Parin-Matthey, Goldy
Die Weißen denken zu viel. Psychoanalytische Untersuchung in Westafrika. München 1974

Nass, Klaus Otto
Stirbt Afrika? Europa Unions Verlag, Bonn 1986

Nohlen, Dieter / Nuschler, Franz (Hrsg.)
Handbuch der Dritten Welt, Band 4: West- und Zentralafrika. J.H.W. Dietz Verlag - Nachfolger, Bonn 1993

Park, Mungo
Reisen ins innerste Afrika (1795-1806). Erdmann-Verlag, Tübingen 1974 (vergriffen)

Pern, Stephen
Maskentänzer von Westafrika. Die Dogon. Time-Life Books, Amsterdam

Rapp/Ziegler
Burkina Faso – eine Hoffnung für Afrika? Gespräche mit Thomas Sankara. Rotpunkt Verlag, Zürich 1987

Ritter, Hans
- Salzkarawanen in der Sahara. Zürich/Freiburg 1980 (Bildband)
- Sahara (Bildband). Weiße Reihe, Ellert und Richter, Hamburg 1989

Rautenstrauch-Joest-Museum
Sahara. 10 000 Jahre zwischen Weide und Wüste. (Ausstellungskatalog) Köln 1978

Senger, Peter
Afrikanische Reise. Mit dem Auto von Tunis nach Lomé.
Reise-Story (Reihe Reise Know How). Därr-Reisebuch-Verlag, Hohenthann 1991

Simon, Karl Günter
Islam und alles in Allahs Namen. Gruner & Jahr, Reihe Geo-Buch, 2. Aufl. 1991

Sommer, Dr. Theo (Hrsg.)
Zeitpunkte: Der Islam – Feind des Westens. Zeit-Verlag. Hamburg 1993

Stahn, Eberhardt
Nigeria. Mai-Weltführer Nr. 3, Mai-Verlag, 3. Aufl. 1990

Striedter, Karl Heinz
Felsbilder der Sahara (Frobenius-Institut, Frankf./M.). München: Prestel-Verlag, 1984

Studienkreis für Tourismus und Entwicklung i.G.
(Tel. (08177) 17 83) „Islam verstehen", Sympathie Magazin-Nr. 26, 1993

Thiam, Awa
Die Stimme der schwarzen Frau. Vom Leid der Afrikanerinnen. Reinbek 1981

Trouillet, Jean / Piper, Werner (Hrsg.)
Weltbeat. Werner Piper´s Medienexperimente, Löhrbach 1989

Trimingham, John Spencer
Islam in West-Africa. Oxford 1959

Troßmann, Thomas
Motorradreisen. Reise-Know-How, Därr-Reisebuch-Verlag, 4. Aufl., Hohenthann 1994

von Maydell, H. J.
Arbres et arbustes du Sahel. Eschborn 1983, (ISBN 3-88085-195-6)

Wodtcke, Anne
Senegal/Gambia. Edition Erde, Nürnberg 1993

Wöhe, Gerti
- Westafrika – mit Schwerpunkt Nigeria. Wöhe 1986
- Nigeria – hinter den Kulissen. Reise-Story (Reise-Know-How), Därr-Reisebuch-Verlag, Hohenthann 1990

Jean Ziegler
Sankara. Un nouveau pouvoir africain. Edition Pierre-Marcel Fauvre

Zwernemann, Jürgen
Die Erde in der Vorstellungswelt und Kulturpraktiken der sudanischen Völker. Berlin 1968

Literatur zum Einstimmen
Ackermann, Irmgard (Hrsg.)
Frauen in Afrika. Erzählungen und Berichte, München 1987

Bâ, Mariama
- Der scharlachrote Gesang. Frankfurt/M. 1984
- Ein so langer Brief. Berlin 1983

Bebey, Francis
Alle Menschen sind schwarz. Geschichten aus Afrika und Europa, Peter Hammer Verlag, Wuppertal

Bowen, Elenore Smith
Rückkehr zum Lachen. Ein ethnologischer Roman. rororo TB 5851, 1987.

Bugul, Ken
Die Nacht des Baobab.
Zürich 1991

Cerny, Christine
Von Senegal bis Kenia – Abenteuer-Report. Schneider-Verlag, München 1987

Condé, Maryse
Segu. Roman. Kiepenheuer & Witsch, Köln 1988

Eghbal, Afsaneh
Als der Mond sein Gesicht verbarg. rororo Neue Frau 5623

Francia, Luisa
Der afrikanische Traum. Stechapfel-Verlag, Zürich

Haley, Alex
Wurzeln ROOTS, Fischer TB 2448

Heise, Gertrud
Reise in die schwarze Haut. Fischer TB 3762

Horstmann-Neun, Regina
Djenah – Meine schwarze Freundin erzählt. Laetare Frauenprogramm, Burckhardhaus-Laetare Verlag, 1986

Lang, Othmar Fritz
Geh' nicht nach Gorom-Gorom.
dtv-junior, 7844

Pollok, Christine
Kulturschock Islam. Travellers's Background (Reise- und Verhaltenstips für Frauen, die islamische Länder bereisen wollen). Peter Rump Verlag, Bielefeld 1992

Ritter, Hans
Sahel – Land der Nomaden. Trickster Verlag, München 1986

Rüdel, Walter
Abenteuer Afrika. Neske Verlag, 1979

Sèmbene, Ousman
- Chala. Berlin 1992
- Die Postanweisung. Berlin 1988

Tutuola, Amos
Der Palmweintrinker. Heidelberg 1955

Welsch, Renate
Ich verstehe die Trommeln nicht mehr. Erzählungen aus Afrika, dtv pocket

Zeitschrift
Afrika-Post
Magazin für Politik, Wirtschaft und Kultur Afrikas. Deutsche Afrika Stiftung e.V. (Hrsg.); zu beziehen bei Afrika-Post, Bonner Talweg 225, 53129 Bonn, Tel. 0228-21 90 11/12, Fax 22 27 11

Landkarten
Michelin 953 (unentbehrlich!)
AFRIKA – Nord und West. 1:4 Mio.

Michelin 975, Elfenbeinküste. 1:1 Mio

IGN, Afrika
1:1 Mio. 57 topographische Blätter von Nord- und Westafrika. Für entlegene Gebiete ohne Straßenkarte.

IGN, Benin
Carte Routière et touristique. 1:600 000

IGN, Burkina Faso
Burkina-Faso. 1:1Mio. Carte Routière

The Gambia
Tourist Information and Guide Map, 1:500 000

Tourist Map of Ghana
Nur gelegentlich in Ghana erhältlich!

IGN, Guinea
Carte Routière et touristique. 1:1 Mio.

IGN, Guinea-Bissau
Carte Routière et touristique.1:500 000

IGN, Mauretanien
Carte Routière et touristique. 1:1 Mio.

IGN, Niger
Carte Routière et touristique. 1:2,5 Mio.

IGN, Senegal
Carte Routière et touristique. 1:1 Mio.

IGN, Togo
Carte Routière et touristique. 1:500 000

IGN, Nationalparks Westafrika
Versch. Maßstäbe:Arli, Pendjari, W-Comoé, Keran etc.

Nachwort

Mit diesem Buch hoffe ich, allen Reisenden und Afrikafreunden und denen, die es werden wollen, eine Hilfe in die Hand gegeben zu haben, diesen Kontinent und seine Leute kennen und lieben zu lernen. Außerdem ist es mir ein Anliegen gewesen, Verständnis für diesen oft sehr fremd erscheinenden Kulturkreis zu wecken.

Herzlichen Dank all jenen, die zur Entstehung dieses Buches beigetragen haben und ohne deren Hilfe und Unterstützung der Reiseführer nicht in dieser Form hätte erscheinen können: Dr. Michael Köhler, Köln; Dr. Helmut und Cordula Schulz-Asche, Ouagadougou; Jürgen Wachsmuth, Cotonou; Hans-Udo Behnke, Ouidah; Rainer Nordmeyer, Benin; Wilfried und Monika Hochkeppel, Benin; Christian Vogel, Bobo-Dioulasso; Dr. Michael Strobel, Ambach; Luisa Francia, Ambach; Regina Steinleitner, München; Thomas Keller, München; Erika Därr, Hohen-thann; Hajo Banzhaf, München; Roman Loimeier, Bayreuth; Siggi Krigar, München; Wolfgang Seel, München; Wolfgang Fritz, Berlin; Jean-Jaques Bancal, St. Louis; Walter Kleinebudde, Cape Coast; Gert Wilden, München, Walter Egeter, München, Daniel Kammermann, Luzern, Gerhard Göttler, Freiburg.

Vielen Dank allen Leserbriefschreibern für die nützlichen und vielfältigen Informationen und Verbesserungen zur 3. Auflage. Außerdem möchte ich an dieser Stelle all denjenigen danken, die mir unterwegs mit nützlichen Informationen sowie Rat und Tat zur Seite standen. Weiterhin freue ich mich natürlich über alle ergänzenden und konstruktiven Leserzuschriften, denn ohne diese Hilfe wäre ein Buch diesen Umfangs nicht zu überarbeiten.

Für alle ausführlichen Ergänzungen und Korrekturen gibt es weiterhin ein Buch des Därr-Reisebuch-Verlages kostenlos.

HILFE! **Dieses Reisehandbuch** ist gespickt mit unzähligen Adressen, Preisen, Tips und Infos. Nur vor Ort kann überprüft werden, was noch stimmt, ob sich Preise verändert haben, ob Hotels oder Restaurants immer noch empfehlenswert sind, ob ein Ziel erreichbar ist oder nicht mehr. Die Autoren dieses Buches sind zwar ständig unterwegs und versuchen, das Buch alle zwei Jahre auf den neuesten Stand zu bringen, aber auf die Mithilfe von Reisenden können sie nicht verzichten.

Darum : Schreibt uns, was sich geändert hat, was besser sein könnte, was ergänzt werden soll. Nur so bleibt unser Buch stets aktuell und zuverlässig. Hilfreiche Zuschriften belohnt der Verlag mit einem Freiexemplar der nächsten Auflage.

Schreibt direkt an den Verlag: Därr Reisebuch Verlags-GmbH, Im Grund 12, 83104 Hohenthann–Tths.

DANKE!

Fotonachweis:
A. Wodtcke: S. 17, 25, 40, 85, 97, 102, 107, 117, 120, 123, 125, 127, 136, 160, 172, 195, 205, 214, 220, 221, 226, 237, 239, 246, 254, 267, 363, 366, 370, 379, 383, 386, 391, 393, 528, 537, 550, 556, 561, 628, 635, 642, 662, 663, 669, 675, 678, 688, 693, 704, 713, 716, 735, 736, 745, 751, 763, 785, 794, 804, 813, 815, 818, 821, 835, 841, 851, 855, 862, 877, 883, 891, 894, 900, 903, 911
M. Strobel: S. 75, 89, 113, 138, 200, 231, 791, 827, 851, 855
Th. Keller: S. 29, 33, 34, 129, 241, 320, 349
K. u. E. Därr: S. 35, 38, 63, 186, 235, 256, 262, 272, 289, 303, 352, 520, 525, 575, 589, 619, 620, 646, 845, 859, 889, 898
R. Steinleitner: S. 538, 711, 766, 771, 855
S. Tondok: S. 368, 583
W. Seel: S. 615, 623, 693, 917
W. Gartung: S. 870
W. Egeter: S. 654, 657, 659, 661
G. Göttler: S. 277, 283, 284, 291, 295, 298, 300, 307

D. Kammermann: S. 23, 175, 189, 218, 223, 250, 404, 406, 409, 412, 419, 423, 426, 429, 436, 441, 445, 452, 459, 464, 469, 470, 475, 478, 481, 482, 489, 491, 496, 498, 500, 503, 505, 506
Archiv B. Gardi: S. 651
René Gardi: S. 65, 133, 142, 154, 196, 547, 583, 604, 610, 772, 897
Thomas Trossmann: S. 671
M. Hochleitner: S. 73, 75, 78, 110, 146, 153, 157, 162, 169

Farbteil:
Thomas Keller: Senegalesin und Mann mit Fahrrad.
Matthias Brenzinger, Köln: Honoratioren der Ashanti,
Michael Strobel: Medizinmann, Kinder mit Hirsebrei, Targui, alte Frau, Bozo-Dorf, Versammlungsplatz der Dogon, Malereien in Songo, Felsennester der Dogon.
Die restlichen Farbbilder sind von der Autorin.

Die Festung Djaba, 10 km nordwestlich von Djado

Register

A
Abdou Diouf 316
Abengourou 753, 754
Abidjan 721
Aboisso 753
Abomey 895
Aboulaye Wade 316
Abron 756
Abuko Reservat 377, 393
Aburi Gardens 806
Accra 795
Achegour 618
ADAC 177
Affenbrotbaum 32
Afrikanische Küche 238
Agadez 608
Ahnenverehrung 108
Ahwiaa 822
Aids 188
Aïr-Gebirge 579, 616
Akan 82
Akasombo-Kraftwerk 781
Akassata 891
Akazienbäume 32
Akosombo 807
Akropong 807
Albreda 399
Aledjo-Kadara 858
Altersgruppen (klassen) 91
Aloco 713
Alpha Oumar Konaré 518
Ältestenrat 90, 92
Amöbenruhr 187
Analphabetismus 319, 422, 520, 584, 637, 709, 782, 836, 877
Aného 851
Animismus 108
Anreise 180
Ansongo 574
Arbre du Ténéré 617
Architektur 139, 911
Aribinda 700
Arlit 614
Asawasi 822
Ashanti 51, 823
Assakan 700
Assamaka 615
Assini 752
Atakora-Berge 868
Atakpamé 855
Attiéke 713

Autoausrüstung 195
Avévé 852
Ayamé 754
Ayorou 576, 598
Azuretti 750

B
Bafilo 858
Baguida 850
Bakel 349
Bamako 531
Bambara 74
Bambara-Reiche 49
Banco-Nationalpark 730
Bandama 703
Bandama-Fluß 745
Bandiagara 560
Banfora 631, 636, 689
Bani 24, 554, 699
Bania 762
Baobab 32
Basilika Notre Dame de la Paix 741
Bassar 858
Bassari-Land 373
Basse-Casamance 366
Baulé 705
Baumwolle 32
Bavé 762
Bawku 828
Begräbnis-Ritual 630
Berber-Sprachen 87
Beschneidung 99
Bewässerung 35
Bienenkorbhütten 139
Bilharziose 185
Billigreiseländer 201
Bilma 607, 617
Bingerville 729
Birni 604
Birni-Nkonni 602, 608
Blaise Compaoré 631ff.
Bobo 72, 638
Bobo-Dioulasso 677
Bodou 842
Boké 486
Bolgatanga 827
Bondoukou 756
Bonwire 822
Boromo 677
Bossou 506
Botschaften 176
Bouaflé 745
Bouaké 743

Boubelé 739
Boubon 598
Bouna 758
Boundiali 771
Brandrodungsbau 38
Bräuche 96
Brautwerbung 101
Bregbo 730
Busua 817

C
Campements villagois 363
Cap Skirring 367
Cape Coast 813
Casamance 313, 356
Casamance-Fluß 26
Cascade de Tanougou 903
Cavally 703
Chien qui Fume 483
Chirfa 619
Cholera 182
Christentum 123
Chutes de Barou 601
Chutes de Koudou 601
Chutes de la Sala 479
Chutes de Nawa 734
Cinkassé 864
Clantotemismus 91
Comoé 703
Comoé Nationalpark 703, 759
Comoé-Fluß 750, 759
Conakry 449
Convention démocratique et sociale 582
Cotonou 883
Cram-Cram 34

D
Dabola 488
Dagana 348
Dagomba 51
Dahomey 53
Dakar 329
Dalaba 474
Daloa 745
Danané 749
Daniel Kablan-Duncan 707
Dapaong 864
Dassa-Zoumé 898
Dédougou 688
Dekolonisierung 59
Dengue-Fieber 187
Desertifikation 35

Dinguiraye 488
Diola 357
Dioula 705
Dirkou 618, 619
Ditinn 475
Diula 77
Divo 733
Dixcove 817
Djado 619
Djado-Plateau 579
Djembering 369
Djenné 546
Djerma-Songha 580
Djiffer 354
Djougou 898
Dodo-Carneval 645
Dogon 72, 557, 566
Dogondoutchi 602
Dori 699
Dornensavanne 34
Dosso 601
Doudou 695
Dürrekatastrophen 34

E
Ebarak 374
Elinkine 366
Elmina 815
Emanzipation 60
Entdeckungsreisende 42
Erdnuß 33
Erebo 758
ethnische Gruppen 62
Etiolo 374
Ewe 83, 810

F
Fachi 617
Fada-N'Gourma 671
Fadiouth 353
Fährverbindungen 215
Fahrzeugverkauf 214
Fakaha 770
Faranah 507
Färben 150
Felix Houphouët-Boigny 707
Ferkessédougou 764
Ferkéssedougou 763
Filingué 598
Flaschenkürbis 32
Fô-Bouré 899
Forestières 409
Foto-/Filmausrüstung 198

Foufou 713
Fouta Djalon 312, 404, 408, 410, 472
Foutou 712
Frachtschiffe 217
Franc Guinée 439
Fresco 703
Fria 483
Frisuren 134
Front Populaire 634
Fruchtbarkeit 104
Fruchtbarkeitskulte 112
Fulbe 70, 408, 580
Fulbe-Staaten 49

G
Gagnoa 734
Gambia 404
Gambia-River 26
Gansé 762
Ganvié 890
Gao 49, 572
Gaoua 695
Gaya 601
Geheimbünde 94, 116
Gelbfieber 182
Gelbguß 153
Gepäck 193
Geschichte 41
Geschlechtskrankheiten 188
Glasfabrikation 155
Glidji 852
Glongouin 749
Gnassingbé Eyadéma 833
Goethe-Institut 177
Gold 45
Gorom-Gorom 699
Grand Bassam 706, 750
Grand Lahou 732
Grand-Bérébi 738
Grand-Popo 894
Griot 170
Großfamilie 95
Großtiere 32
Guekedou 499
Guessou-Sud 900
Guineaküste 26

H
Habib Thiam 317
Handelsgesellschaften 54
Handelsreiche 45
Harmattan 29
Haussa 79, 580

Haustypen 139
Henri Konan Bédié 707
Hepatitis A 181
Hepatitis-B 182
Heuschrecke 32
Hexenglauben 118
Hirsebrei 33
Ho 808
Holzplastiken 145
Holzschnitzkunst 148
Hounde 688

I
Iferouane 616
Ile de Karabane 367
Ile de Tiegba 732
Impfpaß 179
Impfungen 181
In-Gall 613
Indigofarbe 150
Initiation 90
Insel Gorée 334, 340
Insel N'Gor 334, 341
Iringou 759
Islam 121, 410, 515, 629

J
Jacqueville 731
Joal 352

K
Kabou 858
Kafolo 762
Kamel 37
Kamsar 485
Kandé 862
Kandi 903
Kankan 490
Kanuri 580
Kaolack 353
Kaouar-Stufe 579
Kapkin 762
Kapokbäume 32
Kara 859
Karawanenstraßen 45
Kasombarga 769
Kassa 464
Kastenwesen 92
Katiola 744
Kauara 771
Kavara 765
Kaya 698
Kayar 342
Kayes 542

Kedjenou 713
Kédougou 374
Keta 809
Kétao 860
Keur Moussa 342
Kindia 467
Kinkon-Fälle 477
Kissidougou 495
Kita 541
Kleinfamilie 96, 107
Klimazonen 26
Klo(u)to 854
Koffigoh 834
Koforidua 807
Kokrobite 812
Kolbenhirse 33
Kolia 773
Kolonialmächte 57
Komadougou-Gana 579
Kong 762, 765
Koni 769
Königreiche 45
Königsepen 168
Konkouré 404
Korb- und Mattenflechterei 149
Korhogo 767
Körperschmuck 130
Kossou 745
Kota-Fälle 902
Kouandé 900
Koudougou 675
Koufey 607
Koulda-Fluß 758
Kouroussa 489
Kouto 773
Kpalimé 852
Kulte 157
Kultur 130
Kumasi 819
Kunst 130
Kunsthandwerk 144
Kurumba 79
Küstenvölker 82
Kwa-Sprachen 87

L
La Guinguette 687
Labbézanga 574
Labé 477
Lac Togo 850
Lake Bosumtwi 822
Lakota 733
Landnutzung 35

Lansana Conté 416
Larteh 807
Le Dent 749
Lederhandwerk 151
Lehmbauten 140
Lélouma 480
Léopold Sédar Senghor 315
Les Baguezans 616
Les Cascades 748
Lobi 74, 692, 705
Lola 505
Lomé 843
Los-Inseln 461
Louga 347
Loupougo-See 773

M
Macenta 499
Madaoua 602
Mahamane Ousmane 582
Mais 32
Malaria 184
Mali 482
Malika-sur-Mer 342
Mamou 473
Man 703, 704, 746
Manantalis 541
Mandé 704
Mande-Sprachen 87
Maradi 603
Maraoué-Nationalpark 745
Marcoye 700
Markt 127
Masken 156, 160, 163, 166
Matam 349
Mathieu Kérékou 874
matrilineare Gesellschaften 89
Mboro-sur-Mer 342
Mbour 351
Medizinmann 119
Mekrou-Fluß 599
Metallverarbeitung 152
Mirriah 607
Missionare 61
Missirah 354
Moba 81, 865
Mogho Naaba 650
Mole National Park 826
Mono 868
Monogaga 737
Monogamie 124
Mont Nimba 504
Mont Agou 831

Mont Greboun 579
Mont Tonkoui 748
Mopti 549
Mory Kanté 424
Mossi 50, 77
Mossi-Plateau 628
Mouriden 314
Moussa Traoré 516
Mt. Klouto 854
Mt. Loura 482
Musik 156, 170
Mutterrecht 66

N
Naboulgou 863
Naboulou 863
Namoro 598
Nangbéto 876
Nara 542
Nationaler Demokratischer Kongreß 780
Nationalpark 644
Nationalpark von Fazao 857
Nationalpark von Kéran 862
Nationalpark Arly 674
Nationalpark Basse Casamance 369
Nationalpark Boucle de Baoulé 541
Nationalpark Delta du Saloum 353
Nationalpark Niokolo Koba 371
Nationalpark von Djoudji 346
Nationalpark „W" 677
Natitingou 900
Navrongo 828
Ndali 899
Ndangane 353
Negroide Völker 70
Néré-Tamarinden 32
neusudanische Kultur 74
Nguigmi 607, 618
Niakaramandougou 765
Niamey 592
Niamtougou 861
Nianing 352
Nicéphore Soglo 875
Niega 737
Niger 24, 404, 579, 601
Nimbagebirge 703
Niofouin 770
Nkawkaw 822
Nkrumah, Dr. Kwame 780

Nokoué-See 890
Nomadismus 37
Notfälle 202
Notsé 854
Ntonso 822
Nyende 81
Nzérékoré 501

O
Oase Bilma 607, 618
Oberer Volta 50
Obervolta/Haute Volta 627
Obuasi 822
Odiénné 763, 773
Onchozerkose 186
Opferritual 109
Ouagadougou 628, 638, 647
Ouahigouya 696
Ouango-Fitini 762
Ouangolodougou 764, 770
Ouanobian 698
Ouémé 868
Oursi 700
Oussouye 366
Owabi Wildlife Sanctuary 822

P
Paga 828
Palmarin 354
Pankrono 822
Parakou 899
Parcs National du „W" 599
Parti de la Révolution Populaire du Benin 874
Parti Démocratique de Guinée 415
Parti Démocratique Sénégalaise 316
Parti Socialiste 316
Partie Démocratique de la Côte d'Ivoire 706
Patrilineages 84
Patrilineare Gesellschaften 89
Pendjari-Nationalpark 903
Petite Côte 350
Pfahlbauten 143
Pic d'Agou 854
Pita 476
Plage Bel-Air 484
Plage de Vridi 729
Pocken 182

Podor 348
Polio 182
Politische Organisation 88
Polygynie 91
Polygynie/Polygamie 101
Pont des Lianes 748
Porga 903
Porto-Novo 891
Possotomé 894
Prostitution 105
Pya 861

R
Rassemblement du Peuple Togolais 833
Rawlings, Jerry J. 781
Regenzeit 27
Reich Ghana 45
Reich Mali 46
Reiseapotheke 192
Reisebüros 208
Religionen 108
Rhythmus 170
Richard Toll 348
„Richtige Hand" 249
Rolle der Frau 104
Room 462
Rosso 348
Roter Volta 627
Rufisque 350

S
Sabou 676
Sahara 26
Saharadurchquerung 214
Sahel 26, 28
Salaga 826
Salémata 374
Samatiguila 774
San 545
San-Pédro 737
Sansanné-Mango 863
Sapia 758
Sarakawa 861
Sassandra 703, 735
Savannenbauern 38
Savé 898
Schibutterbaum 32
Schöpfungsmythen 109, 168
Schwarzafrikaner 72
Schwarzer Stein 190
Schwarzer Volta 627
Ségou 544

Sekondi-Takoradi 816
Sékou Touré 409, 417
Senegal 26, 347, 404
Senegambia 317
Senufo 73, 705, 767
Sérédou 500
Sexualität 100, 105
Siedlungsformen 139
Sikasso 544
Sindou 690
Sine-Saloum 26
Sinématiali 767
Sitten 96
Sklavenhandel 51, 53
So-Awa 891
So-Tchanhoué 891
Sokodé 857
Soko 757
Somba 901
Songhay 77
Sorghum 33
Soubré 734
Soziale Struktur 88
Sprachen 87
St. Louis 343
Städte 143
Sudan 26, 28
Sukkulentengewächse 34
Sylvanus Olympio 832

T
Tabou 739
Tagesbudget 208
Tahoua 608
Taï-Nationalpark 739
Tamale 825
Tamara 465
Tamaschek 87
Tambacounda 370
Tänze 156, 158
Tchamba 857
Teggida n'Tessoum 615
Télimélé 470
Tema 809
Téna Kourou 691
Tenakourou 627
Ténéré-Wüste 579
Termit-Massiv 607
Tessalit 576
Tetanus 182
Thiès 343
Thomas Sankara 631, 632, 634
Tidjania 314

Tierreservat von Malfakassa 857
Tillabéry 598
Timbo 487
Timbuktu 515, 567
Tod 103
Toffo 895
Togoville 850
Tokounou 495
Toma 411
Tongo Whispering Rocks 827
Töpferei 151
Torgokaha 769
Tortiya 770
Totenkult 114
Touba 350, 749
Tové 854
Transsahara-Handel 126
Trinkwasser 183
Trockensavanne 34
Trockenzeit 28
Trommel 170
Tropenmedizinische Institute 191
Tschad-See 579
Tschado-hamitische Sprachen 87

Tsévié 852
Tuareg 62, 580
Tubu 580
Tukulor 80
Tumu 828

U
Unabhängigkeit 59
Union für den Triumph der demokratischen Erneuerun 875

V
Vasallen
Verelendung 96
Versicherungen 200
Viehzucht 37
Visum 179
Vogan 852
Volta 26
Volta-Sprachen 87
Volta-Staudamm 777, 807
Volta-Stausee 26
Voodoo-Religion 869, 870
Voodoo-Zeremonien 114

W
Wa 828

Wadi Tilemsi 25, 574, 41
Wahrsager 119
Währung 204
Wald-Guinea 497
Waldlandbauern 39
Waraniene 769
Warapa-See 773
Weben und Spinnen 149
Weißafrikaner 62
Weißer Volta 627
Westatlantische Sprachen 87
Wirtschaftsformen 33
Wli-Falls 808
Wolof 81

Y
Yalogo 699
Yamoussoukro 740
Yeji 826
Yoff 342
Yoruba 86

Z
Zaranou 756
Zengou 605
Ziguinchor 360
Zinder 603

Notizen:

Das Camping- und Bungalowdorf "Chez Alice" liegt in Avepozo, ca 12 km westlich der Hauptstadt Lome, direkt am kilometerlangen, feinsandigen Strand und besteht aus dem Campingplatz, 16 Bungalows und 5 Appartements im afrikanischen Stil.

Im Dorf werden Sie von Alice, einer Schweizerin, persönlich betreut.

CHEZ ALICE
AFRIKANISCHES BUNGALOWDORF UND CAMPING

TOGO hautnah und ursprünglich erleben

Preise 1994	(100 CFA ca. 0,30 DM)
Camping/Tag/Person	750 CFA
Bungalow/Tag/Person	2500 CFA
Zimmer/Tag/Venti/Strom	3500 CFA
Appartement/Tag/2 Personen mit fl. Wasser/WC/Strom	6000 CFA
zusätzlich HP/Tag/Person	3300 CFA
Busch-Taxi zur Hauptstadt Lome	250 CFA

Im Restaurant mit Bar haben Sie die Auswahl zwischen Schweizer Küche oder afrikanischen Spezialitäten.

Auch die Unterhaltung kommt nicht zu kurz: Jeden Mittwoch wird im Dorf eine afrikanische Nacht mit Live-Musik und Tanz veranstaltet, zudem können Sie am Strand faulenzen, Sport treiben (z.B. surfen), auf einer Safari die vielfältigen Naturschönheiten des Landes kennen- und lieben-lernen, eine Trommelschule oder die vielen Fetischmärkte besuchen und an Festen und Zeremonien teilnehmen.

Information in Deutschland: Reisevermittlung Siggi & Holger • Bahnhofstrasse 1 • 7316 Köngen • Tel. 07024/970110 • Fax 970119

PROGRAMMÜBERSICHT

REISE KNOW-HOW Bücher werden von Autoren geschrieben, die Freude am Reisen haben und viel persönliche Erfahrung einbringen. Sie helfen dem Leser, die eigene Reise bewußt zu gestalten und zu genießen. Wichtig ist uns, daß der Inhalt unserer Bücher nicht nur im reisepraktischen Teil „Hand und Fuß" hat, sondern daß er in angemessener Weise auf Land und Leute eingeht. Die Reihe REISE KNOW-HOW soll dazu beitragen, Menschen anderer Kulturkreise näher zu kommen, ihre Eigenarten, und ihre Probleme besser zu verstehen. Wir achten darauf, daß jeder einzelne Band gemeinsam gesetzten Qualitätsmerkmalen entspricht. Und um in einer Welt rascher Veränderungen laufend aktualisieren zu können, drucken wir bewußt kleine Auflagen.

SACHBÜCHER:

Die Sachbücher vermitteln KNOW-HOW rund ums Reisen: Wie bereite ich eine Motorrad- oder Fahrradtour vor? Welche goldenen Regeln helfen mir, unterwegs gesund zu bleiben? Wie komme ich zu besseren Reisefotos? Wie sollte eine TransSahara-Tour vorbereitet werden?
In der Sachbuchreihe von REISE KNOW-HOW geben erfahrene Vielreiser Antworten auf diese Fragen und helfen mit praktischen, auch für Laien verständlichen Anleitungen bei der Reiseplanung.

WELT

Motorradreisen
DM 34,80 ISBN 3-921497-20-5
Um-Welt-Reise
REISE STORY
DM 22,80 ISBN 3-9800975-4-4
Achtung Touristen
DM 16,80 ISBN 3-922376-32-0
Die Welt im Sucher
DM 24,80 ISBN 3-9800975-2-8
Wo es keinen Arzt gibt
DM 26,80 ISBN 3-922376-35-5
Fahrrad-Weltführer
DM 44,80 ISBN 3-9800975-8-7
Auto(fern)reisen
DM 34,80 ISBN 3-921497-17-5
Äqua-Tour
RAD & BIKE
DM 28,80 ISBN 3-929920-12-3

REISE STORY:

Reise-Erlebnisse für nachdenkliche Genießer bringen die Berichte der REISE KNOW-HOW Reise-Story. Sensibel und spannend führen sie durch die fremden Kulturbereiche und bieten zugleich wertvolle Sachinformationen. Sie sind eine Hilfe bei der Reiseplanung und ein Lesevergnügen für jeden Fernwehgeplagten.

STADTFÜHRER:

Die Bücher der Reihe REISE KNOW-HOW CITY führen in bewährter Qualität durch die Metropolen der Welt. Neben den ausführlichen praktischen Informationen über Hotels, Restaurants, Shopping und Kneipen findet der Leser auch alles Wissenswerte über Sehenswürdigkeiten, Kultur und „Subkultur" sowie Adressen und Termine, die besonders für Geschäftsreisende wichtig sind.

EUROPA

Portugal-Handbuch
DM 29,80 ISBN 3-923716-05-2
Mallorca
DM 29,80 ISBN 3-927554-17-0
Mallorca für Eltern und Kinder
DM 24,80 ISBN 3-927554-15-4
Madrid
DM 26,80 ISBN 3-89416-201-5
London
DM 26,80 ISBN 3-89416-199-X
Rom
DM 26,80 ISBN 3-89416-203-1
Berlin mit Potsdam
DM 26,80 ISBN 3-89416-202-3
Ungarn
DM 32,80 ISBN 3-89416-188-4
Paris
DM 26,80 ISBN 3-89416-200-7
Prag
DM 26,80 ISBN 3-89416-204-X
Warschau/Krakau
DM 26,80 ISBN 3-89416-209-0
München
DM 24,80 ISBN 3-89416-208-2
Frankfurt/Main
DM 24,80 ISBN 3-89416-207-4
Schweden-Handbuch
DM 36,80 ISBN 3-923716-10-9
Oxford
DM 26,80 ISBN 3-89416-211-2
Budapest
DM 26,80 ISBN 3-89416-212-0

EUROPA

Ostdeutschland individuell
DM 32,80 ISBN 3-921838-12-6
Ostseeküste/Mecklenburg
DM 19,80 ISBN 3-89416-184-1
Freistaat Sachsen
DM 26,80 ISBN 3-89416-177-9
Rügen/Usedom
DM 19,80 ISBN 3-89416-190-6
Land Thüringen
DM 24,80 ISBN 3-89416-189-2
Türkei-Handbuch
DM 32,80 ISBN 3-923716-02-8
Türkei West & Südküste
DM 29,80 ISBN 3-923716-11-7
Zypern-Handbuch
DM 26,80 ISBN 3-923716-04-4
Skandinavien – der Norden
DM 32,80 ISBN 3-89416-191-4
Irland-Handbuch
DM 36,00 ISBN 3-89416-194-9
Schottland-Handbuch
DM 36,00 ISBN 3-89416-179-5
Baltikum – Estland, Lettland, Litauen
DM 39,80 ISBN 3-89416-196-5
Litauen mit Kaliningrad
DM 29,80 ISBN 3-89416-169-8
Estland
DM 26,80 ISBN 3-89416-215-5
Lettland
DM 26,80 ISBN 3-89416-216-3
Oberlausitz
DM 24,80 ISBN 3-89416-165-5

PROGRAMMÜBERSICHT

AFRIKA

Durch Afrika
DM 56,80 ISBN 3-921497-11-6

TransSahara
DM 29,80 ISBN 3-921497-01-9

Marokko
DM 44,80 ISBN 3-921497-81-7

Ägypten individuell
DM 34,80 ISBN 3-921838-10-X

Kairo, Luxor, Assuan
DM 26,80 ISBN 3-921838-08-8

Kenya
DM 39,80 ISBN 3-921497-45-0

Agadir und die Königsstädte Marokkos
DM 29,80 ISBN 3-921497-71-X

Zimbabwe
DM 34,80 ISBN 3-921497-26-4

Westafrika
DM 39,80 ISBN 3-921497-02-7

Madagaskar, Seychellen, Mauritius, Réunion, Komoren
DM 36,80 ISBN 3-921497-62-0

Tunesien
DM 44,80 ISBN 3-921497-74-4

Die Wolken der Wüste
REISE STORY
DM 24,80 ISBN 3-89416-150-7

Nigeria – hinter den Kulissen
REISE STORY
DM 26,80 ISBN 3-921497-30-2

Afrikanische Reise
REISE STORY
DM 26,80 ISBN 3-921497-91-4

Tonführer Ägypten: Luxor, Theben
DM 29,80 ISBN 3-921838-90-8

Tonführer Ägypten: Kairo
DM 32,00 ISBN 3-921838-91-6

Kamerun
DM 36,80 ISBN 3-921497-32-9

ASIEN

Jemen
DM 39,80 ISBN 3-921497-09-4

Myanmar (Burma)
DM 29,80 ISBN 3-9800464-3-5

Phuket/ Thailand
DM 29,80 ISBN 3-89416-182-5

Thailand Handbuch
DM 36,80 ISBN 3-89416-171-X

Bangkok
DM 26,80 ISBN 3-89416-205-8

China Manual
DM 44,80 ISBN 3-89416-167-1

Sri Lanka
DM 36,80 ISBN 3-89416-170-1

Sprachbuch
China
Hoch-Chinesisch (Mandarin), Kantonesisch, Tibetisch
DM 24,80 ISBN 3-922376-68-1

Sprachbuch
Südostasien
Indonesisch, Thai, Tagalog
DM 24,80 ISBN 3-922376-33-9

RAD & BIKE:

REISE KNOW-HOW „RAD & BIKE" sind Radführer von lohnenswerten Radreiseländern bzw. Radreise-Stories von außergewöhnlichen, extremen Rad- und Mountainbike-Touren durch außereuropäische Länder und Kontinente. Die Autoren waren oft jahrelang unterwegs, und sie sind entweder bekannte, gestandene Biketouren-Profis oder „newcomer", die mit ihrem Bike in kaum bekannte Länder und Regionen vorstießen. Wer immer eine Fern-Biketour plant - oder auch nur davon träumt – kommt an den RAD & BIKE-Bänden nicht vorbei!

ASIEN

Malaysia & Singapur mit Sabah & Sarawak
DM 36,80 ISBN 3-89416-178-7

Singapur
DM 26,80 ISBN 3-89416-210-4

Bali & Lombok mit Java
DM 36,80 ISBN 3-89416-173-6

Sulawesi (Celebes)
DM 36,00 ISBN 3-89416-172-8

Reisen mit Kindern in Indonesien
DM 26,80 ISBN 3-922376-95-9

Vietnam-Handbuch
DM 36,00 ISBN 3-89416-195-7

Nepal-Handbuch
DM 36,80 ISBN 3-89416-193-0

Ladakh und Zanskar
DM 36,80 ISBN 3-89416-176-0

AUSTRALIEN NEUSEELAND

Neuseeland
DM 34,80 ISBN 3-923716-09-5

Neuseeland
REISE STORY
DM 24,80 ISBN 3-921497-15-9

Australien-Handbuch
DM 32,80 ISBN 3-923716-03-6

AMERIKA

USA/Canada
DM 39,80 ISBN 3-927554-12-X

Durch den Westen der USA
DM 36,80 ISBN 3-927554-16-2

Durch Canadas Westen (mit Alaska)
DM 36,80 ISBN 3-927554-03-0

Durch die USA mit Flugzeug und Mietwagen
DM 36,80 ISBN 3-927554-10-3

Als Gastschüler in die/den USA
DM 22,80 ISBN 3-97554-14-6

Amerika von unten
REISE STORY
DM 22,80 ISBN 3-9800975-5-2

„Und jetzt fehlt nur noch John Wayne…"
REISE STORY
DM 22,80 ISBN 3-927554-18-9

Mexiko
DM 36,80 ISBN 3-9800975-6-0

Guatemala
DM 36,80 ISBN 3-89416-214-7

Peru/Bolivien
DM 34,80 ISBN 3-9800376-2-2

Traumstraße Panamerikana
REISE STORY
DM 24,00 ISBN 3-9800975-3-6

Venezuela
DM 36,80 ISBN 3-921497-40-X

Sprachbuch
Lateinamerika
Spanisch, Quechua, Brasilianisch,
DM 24,80 ISBN 3-922376-18-5

Trinidad & Tobago
DM 36,80 ISBN 3-89416-174-4

Sprachführer (nicht nur) für Globetrotter
die Reihe KAUDERWELSCH

Die Sprachführer der Reihe **Kauderwelsch** helfen dem Reisenden, wirklich zu sprechen und die Leute zu verstehen. Wie wird das gemacht? Abgesehen von dem, was jedes Sprachbuch bietet, nämlich Vokabeln, Beispielsätze etc., zeichnen sich die Bände der Kauderwelsch-Reihe durch folgende Besonderheiten aus:

● Die **Grammatik** wird in einfacher Sprache so weit erklärt, daß es möglich wird, ohne viel Paukerei mit dem Sprechen zu beginnen, wenn auch nicht gerade druckreif.

● Alle Beispielsätze werden doppelt ins Deutsche übertragen: zum einen **Wort-für-Wort,** zum anderen in "ordentliches" Hochdeutsch. So wird das fremde Sprachsystem sehr gut durchschaubar. Denn in einer fremden Sprache unterscheiden sich z. B. Satzbau und Ausdrucksweise recht stark vom Deutschen. Ohne diese Übersetzungsart ist es so gut wie unmöglich, einzelne Wörter in einem Satz auszutauschen.

● Die **Autorinnen** und **Autoren** der Reihe sind Globetrotter, die die Sprache im Land selbst gelernt haben. Sie wissen daher genau, wie und was die einfachen Leute auf der Straße sprechen. Deren Ausdrucksweise ist nämlich häufig viel einfacher und direkter als z. B. die Sprache der Literatur.

Kauderwelsch-Sprachführer gibt es für über 70 Sprachen, darunter:

Mandinka (Gambia), Wolof (Senegal), Französisch für Afrika-Reisen

Jeder Band hat 96 bis 160 Seiten, viele Abbildungen und ein Vokabular von ca. 1000 Wörtern in beide Richtungen geordnet.
Zu jedem Titel ist eine begleitende Tonband-Kassette erhältlich.
Buch und Kassette kosten jeweils 14.80 DM

Reise Know-How Verlag Peter Rump GmbH, Bielefeld

Werbung 927

REISEFILTER
für sicheres Trinkwasser

Handlicher Pumpen-Filter stoppt zuverlässig: **Bakterien, Amöben, Bilharziose** usw.
Ideal für Reise und Expedition, wenn die Trinkwasserqualität zum Problem wird; z.B.: trübes, stark verschmutztes verkeimtes Wasser. Kernstück ist das bekannte Berkefeld-Filter®-Keramikelement mit seiner sehr langen Haltbarkeit von 15-30.000 Liter. Länge 23,5 cm, Gewicht 550 g, Wasserdurchlaß 0,7 l/min.
Lieferbar sind auch **Siphon-** und **Einbaufilter** für Wohnmobile.

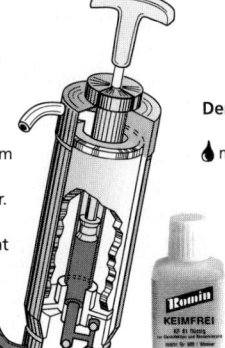

ROMIN
Der Tropfen für Ihre Sicherheit

◊ neutral in Geruch und Geschmack
◊ schnell wirksam (15 Minuten)
◊ unbedenklich für die Gesundheit
◊ entkeimt und konserviert Wasser bis zu 6 Monaten
◊ wirksam durch Silberionen und Chlor (auch ohne Chlor lieferbar)
◊ Nur 2 Tropfen auf 1 Liter. Inhalt reicht für 500 Liter.

Händlernachweis und Spezialprospekte:
RELAGS® R.Trinkl GmbH • Im Grund 10 • 83104 Tuntenhausen/Hht.

Nigeria – hinter den Kulissen
von Gerti Wöhe

Reihe Reise Story. Ein Lesebuch für Touristen, Entwicklungshelfer und „Gastarbeiter" in Nigeria.
Die Autorin und Journalistin Gerti Wöhe, lebte lange in Nigeria und bereiste Ende der 80 er Jahre nochmal als Touristin das Land. Sie schildert Ihre Eindrücke und Erlebnisse; berichtet von Missionsstationen, ihren Besuchen in kleinen Dörfern, bei Nigerianern und Deutschen. So entsteht ein buntes Mosaik des Landes, das durch en Ölboom der 70er Jahre wie kaum ein anderes Volk Westafrikas mit den Werten der westlichen Welt konfrontiert wurde.
240 Seiten, ISBN 3 – 3921497 – 30 – 2 DM 26,80